中国石油天然气集团公司年鉴

2002

中国石油天然气集团公司　编

石油工业出版社

图书在版编目（CIP）数据

中国石油天然气集团公司年鉴：2002/中国石油天然气集团公司编．北京：石油工业出版社，2003.1

ISBN 7－5021－4023－9

Ⅰ．中…

Ⅱ．中…

Ⅲ．①石油工业－企业集团－中国－2002－年鉴
②天然气工业－企业集团－中国－2002－年鉴

Ⅳ．F426.22－54

中国版本图书馆 CIP 数据核字（2002）第 087597 号

许可证号：京工商广临字 2003—01 号

石油工业出版社出版
（100011 北京安定门外安华里二区一号楼）
石油工业出版社印刷厂排版印刷
新华书店北京发行所发行

*

787×1092 毫米 16 开本 40.5 印张 65 插页 1350 千字 印 1—5000
2003 年 1 月北京第 1 版 2003 年 1 月北京第 1 次印刷
ISBN 7－5021－4023－9/TE·2872
定价：160.00 元

《中国石油天然气集团公司年鉴》
编　委　会

《中国石油天然气集团公司年鉴》
主 编、副 主 编

《中国石油天然气集团公司年鉴》
编　辑　部

编 辑 说 明

一、《中国石油天然气集团公司年鉴》是中国石油天然气集团公司主办的专业性年鉴，是一部全面记录中国石油天然气集团公司主要发展情况的编年书，是一部具有权威性的大型资料性工具书。书中全面、系统、真实地记述了中国石油天然气集团公司的发展状况，向广大读者展示了中国石油天然气集团公司在社会主义物质文明和精神文明建设中所取得的成就。

二、本年鉴采用“板块式”结构，分类编纂，点面结合，把综合记述和条目记述相结合，力求全面地反映所记事项。全书分为篇目、栏目、条目三个层次，以文字叙述为主，辅以必要的图表。内容包括总述、油气勘探开发生产、油气储运、炼化与销售、对外合作与交流、工程技术服务、科技发展、质量安全与环境保护、企业改革与管理、精神文明建设、机构与人物、企事业单位概览、中国石油天然气集团公司大事纪要等。

三、本年鉴2002年卷所引用的各种数字和资料，截至2001年底。所收资料虽经过反复核实，但由于统计重点不同，来源渠道有别，时间也有差异，因此，难免存在收集不全、照顾不周，甚至互相矛盾之处。书中除特别指明者外，一般指中国石油天然气集团公司统计数字。

四、本年鉴稿件、资料主要由中国石油天然气集团公司机关和中国石油天然气股份有限公司机关各部门的有关领导与专家、各企事业单位办公室或史志办及年鉴办的同志提供，各单位的领导对稿件进行了审阅。

五、为行文简洁，本年鉴中对机构名称一般采取以下处理方法：在首次出现时用全称，随后出现时用简称。例如，“中国石油天然气集团公司”简称为“集团公司”，“中国石油天然气股份有限公司”简称为“股份公司”，“大庆石油管理局”简称为“大庆局”或“大庆油田”等。

六、遵照年鉴编辑的有关规范，编辑部对撰稿人提供的稿件进行了必要的编辑加工。主要是依据编写大纲与撰稿要求，统一了全书的体例，规范了专业名词术语，删除了明显的重复，补充了部分资料，理顺了语言文字。力求做到文字顺畅、资料翔实、叙述简洁、数据准确。尽管如此，由于编辑水平有限，疏漏和欠妥之处在所难免，恳请读者提出批评意见。

七、在本年鉴的编辑和出版过程中，承蒙集团公司机关和股份公司机关各部门，各企事业单位领导和同志们的大力支持与帮助，在此，谨向为本年鉴提供稿件和资料、审查稿件，以及提供各种帮助的同志们，致以诚挚的谢意。

《中国石油天然气集团公司年鉴》编辑部

2002年12月

序

2001年，是集团公司为完成"十五"计划和应对入世后新挑战打基础的重要一年。一年来，在党中央、国务院的领导下，我们认真贯彻落实江总书记"三个代表"重要思想，按照2001年初集团公司工作会议的部署，以发展为主题，以结构调整为主线，积极推进改革，依靠科技进步，狠抓内部管理，各项工作都取得了新的进展。特别令人高兴的是，股份公司在体制转轨、机制转换上迈出新的步子，经营管理水平进一步提高，在油价下跌的情况下仍然取得良好业绩，在国内外投资者和广大股东中树立了规范运作、诚实守信的形象；存续企业生产经营状况有明显改善，改革、发展的目标和思路基本理清，自我生存发展能力提高，实现了平稳过渡；集团公司上下认真贯彻党组意图，统一思想，统一意志，进一步形成团结一致、整体发展的局面，共同创造了"十五"良好开局。

回顾一年来的工作，我们所有成绩的取得，无不是党中央、国务院正确领导及国家有关部门和地方政府大力支持的结果，也是集团公司上下共同奋斗、不懈努力的结果。我代表集团公司党组向全体干部职工、离退休老同志以及始终关心和支持我们工作的国家有关部门、各省市区的同志们，表示衷心的感谢！

（节录自《与时俱进，开拓创新，为建设具有国际竞争力的企业集团而奋斗——马富才同志在集团公司2002年工作会议上的报告》，以此代序）

马富才

2002年1月

2002 年 1 月 22 日至 25 日，中国石油天然气集团公司 2002 年工作会议在北京举行 （韩吉人等 摄）

部分老领导出席集团公司 2002 年工作会议 （韩吉人等 摄）

2002年1月25日，集团公司与六家特困企业签订扭亏解困责任书　　（韩吉人等　摄）

中国石油天然气股份有限公司2002年业绩合同签字仪式　　（韩吉人等　摄）

2001 年，塔里木油田的油气勘探连获重大突破。图为迪那 2 井于 2001 年 7 月 1 日放喷测获高产油气流的场面

（杜文祥 王志良 摄）

玉门油田分公司在 2000 年获得重大勘探成果的基础上，继续扩大战果。图为位于妖魔山下正在钻进中的重点探井

（韩 杰 摄）

到2001年12月31日，大庆油田已连续26年保持年产原油5000万吨以上水平。图为大庆油田丛式井井场
（赵永安 摄）

在油气田开发建设中，新建产能的整体效益进一步提高。图为长庆油田分公司第一采气厂净化厂
（武 铭 摄）

抚顺石化分公司在优化生产布局、资源配置和产品结构方面实施了重大动作。2001年，其重油接触裂解制乙烯工业化试验装置开工顺利　　（翟波　摄）

大庆石化分公司依靠科技创新，优化生产方案，使装置长周期、大负荷生产水平达到新的高度　　（廖和明　摄）

2001年，吉林60万吨燃料乙醇项目开工　　（张平　摄）

西气东输工程程序规范，管理科学，基础扎实。图为其试验段上的全自动焊机组 （杨志明 摄）

兰成渝管线是兰州—成都—重庆的多品种输油管道。2001 年，这条管线的兰州—成都段已全线贯通，成都—重庆段正在加紧施工

（杨志明 摄）

2001 年，涩宁兰输气管道工程竣工投产。图为涩宁兰管线在全线最高点——海拔 3840 米的拉鸡山施工时的情景

（杨志明 摄）

科威特27号、28号集油站采用的油气集输工艺代表了当前国际油田工程建设的先进水平。图为夜色中的27号集油站 （龚 诚 摄）

中委公司管理的两个油田产量不断提高。图为位于南美洲第一大湖——马拉开波湖上的英特甘博油田20号转油站（王毅锴 摄）

苏丹1/2/4石油项目是目前CNPC最大的海外项目。这是油田中心处理站CPF （王振良 摄）

作为中油集团公司开拓海外钻井市场的主力军，长城钻井公司的钻机已分布在15个国家。图为长城钻井公司GW61钻井队在委内瑞拉GE89井进行钻井作业 （郭 才 摄）

秘鲁石油项目是CNPC在海外操作的第一个油田开发项目，也是第一个进入盈利期的项目，并成功地建立了一套有自己特色的海外油田管理经营模式。图为该项目4226井的中秘员工合影 （思 政 摄）

中油一建公司围绕市场需求，积极推动企业的改革和发展，市场份额不断扩大　　（李常新　摄）

面对中国加入WTO的新形势，集团公司不断提升工程技术服务实力。图为大庆石油管理局物探公司通过更新改造关键技术装备，赢得了一定的局外市场份额　　（陶文忠　摄）

中油吉林化建特种结构工程有限责任公司承建的广州体育馆工程

2001年5月17日，集团公司领导为中国石油集团工程设计有限责任公司成立揭牌　（吴纯忠　摄）

大连石油化工公司在改革与发展的实践中，积极探索，大胆开拓，总结出"四个坚持，四个创新"的企业成本管理之路
（马谊东　矫德峰　摄）

世界石油大会亚洲地区会议于2001年9月17日下午在上海大剧院开幕　（王明毅　摄）

2001年9月19日，集团公司总经理马富才（左）亲切会见专程来上海参加会议的沙特阿拉伯王国石油和矿产资源部部长阿里·纳依米　（王明毅　摄）

集团公司领导陪同世界石油大会主席罗林等贵宾参观中国石油展台
（王树勇　摄）

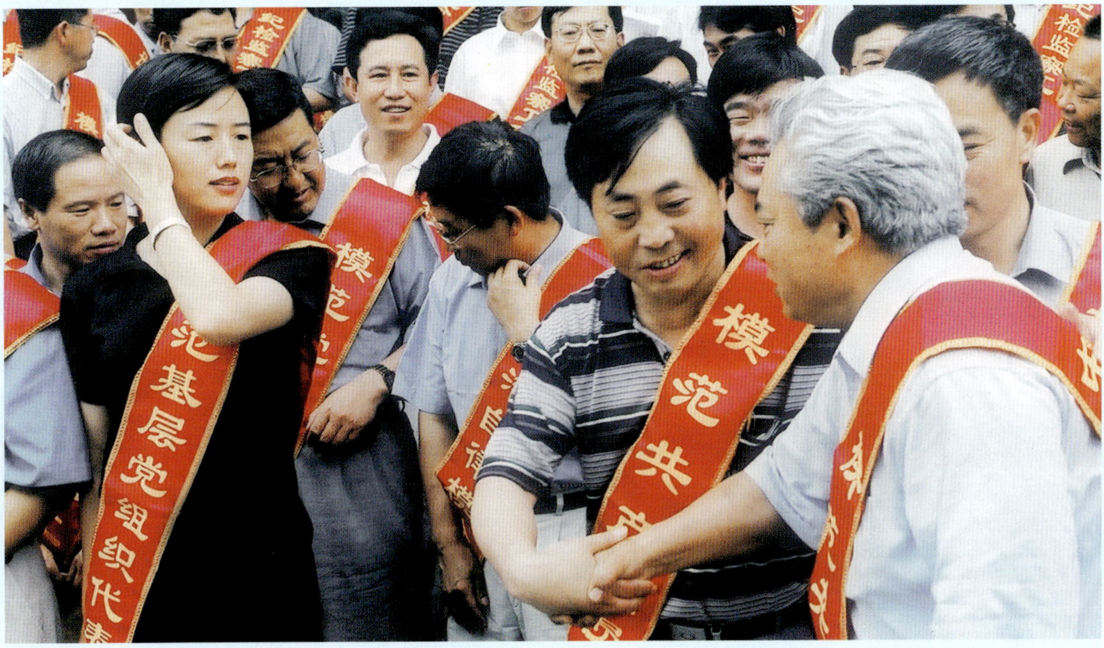

受表彰的集团公司模范基层党组织代表、模范共产党员、模范党务工作者、纪检监察先进集体代表、廉洁自律模范干部、模范纪检监察干部欢聚北京　　（晓晗　摄）

为了加快实施人才发展战略，实现集团公司人才队伍的良性循环，集团公司拨款3000万元在清华大学、北京大学、石油大学等15所院校设立“中国石油奖学金”基金，对优秀学生进行奖励，鼓励高素质毕业生到中国石油工作。图为在北京国际会议中心举行的“中国石油奖学金”签约仪式　　（余海　摄）

集团公司用先进的理念指导企业经营，用企业模范塑造员工形象，涌现出了一大批全国劳模。集团公司于2001年6月29日下午隆重召开大会，纪念中国共产党成立80周年，同时表彰集团公司先进模范

（韩吉人 摄）

以查找和解决班子及成员中存在的影响企业改革和发展的突出问题为重点，各企业深入开展“三讲”学习教育活动。图为集团公司“三讲”学习指导检查组深入试点单位辽河油田，检查指导“三讲”学习教育活动

（单勇 摄）

中国石油天然气股份有限公司组织机构图

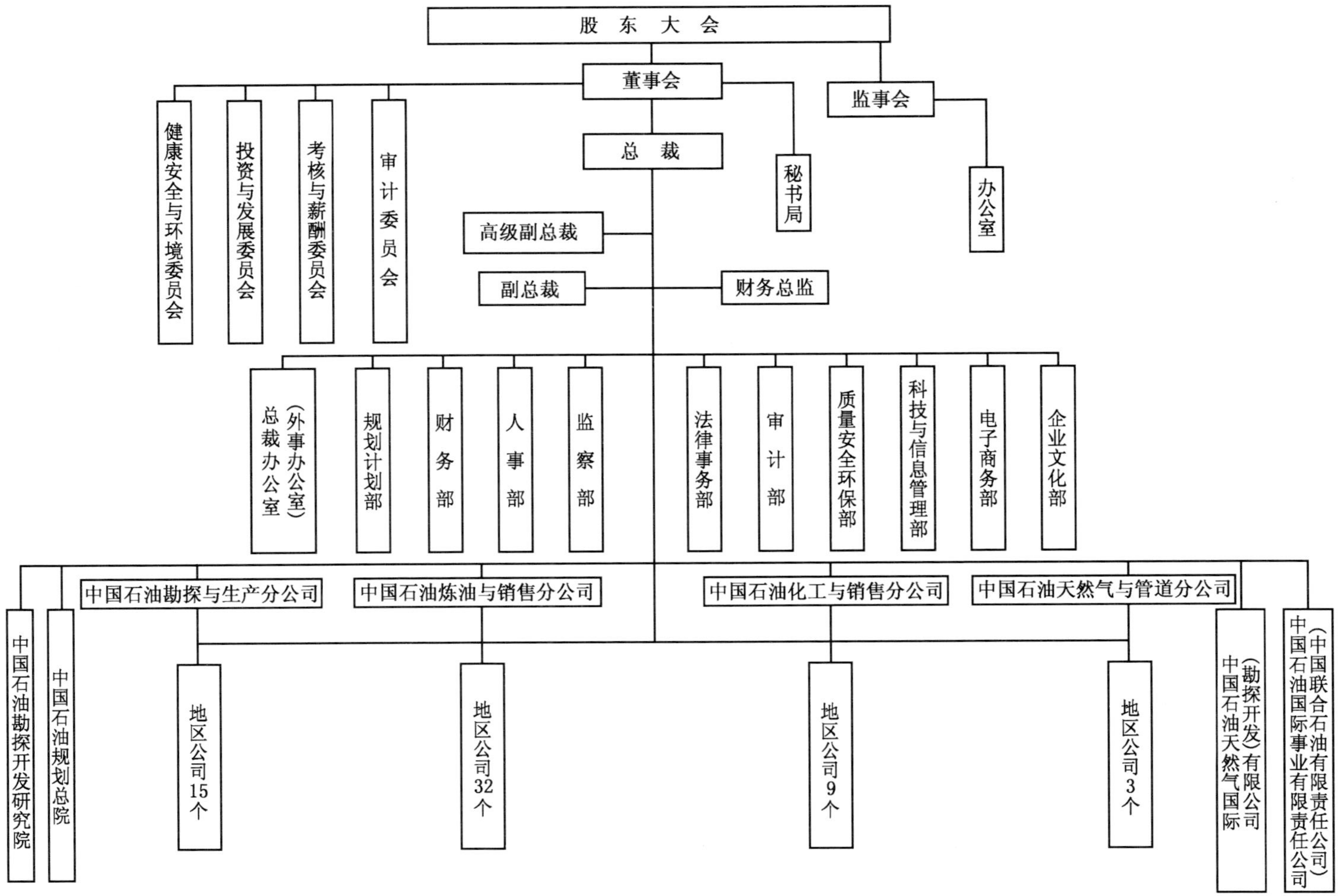

资料截至时间：2001年12月31日。

要　　目

目　　录

第一篇　总　述

综　述

特　载

专　文

专　稿

第七篇　质量安全与环境保护

综述

安全生产

股份公司安全生产工作

质量监督

股份公司质量工作

标准化工作

股份公司标准化工作

计量工作

股份公司计量工作

环境保护

股份公司环境保护工作

卫生与健康

股份公司健康工作

节能节水工作

第十篇　机构与人物

第十一篇　企事业单位概览

第十二篇 中国石油天然气集团公司大事纪要

第十三篇 附 录

第一篇
总　　述

综　述

2001 年中国石油天然气集团公司工作情况概述

2001 年，集团公司上下统一思想，统一意志，进一步形成团结一致、整体发展的局面，共同创造了“十五”良好开局。

(1) 经济效益状况良好。在油价持续下跌、炼油化工收入锐减的情况下，各企业努力消化经营风险，努力控制成本、降低消耗、增加盈利，并加大外部市场创收力度，使经济效益有了新的提高。全年共实现销售收入 3435 亿元、实现利润总额 434 亿元。

(2) 油气勘探开发成效显著。通过不断加大勘探力度，增加科技投入，甲乙方团结奋战，全年国内新增探明石油储量 4.57 亿吨、控制储量 3.5 亿吨、预测储量 7 亿吨，新增探明储量中三年内可动用的比例达到 90% 左右；新增探明天然气储量 4072 亿立方米、控制储量 5447 亿立方米、预测储量 3530 亿立方米。油气开发整体向良性循环转变，油气当量稳中有升。全年国内生产原油 10653 万吨（含延长）、天然气 206 亿立方米，共完成油气当量 12292 万吨，比 2000 年增长 1.89%。天然气产量的增长幅度达到两位数，创历史新水平。

(3) 炼油化工在优化升级中稳步发展。在进口原油一度过量、市场供过于求、成品油价格一再下跌的困难情况下，炼油化工和销售企业以控亏、扭亏为重点，狠抓资源平衡，加强产销衔接，优化生产运行，突出技术改造和新产品开发，为扭转经营形势付出了艰苦努力。全年加工原油 8694.7 万吨（含延安、延长、胜华），生产汽、煤、柴等成品油 5449.2 万吨，生产主要化工产品 737.7 万吨。营销网络建设和终端销售进一步加强，成品油销售量达 5392 万吨，国内市场份额达到 43%。

(4) 重点工程建设进度和质量均创出高水平。集团公司调集精兵强将，集结于“西气东输”工程建设第一线，按照技术领先、质量第一、打造品牌的要求，严密组织推进工程建设，创出了管道施工的新水平。西气东输管道工程关键工段已经开工，涩北—西宁—兰州输气管道工程建成投产，忠县—武汉输气管道工程的前期工作正在进行，兰州—成都—重庆成品油管道主体工程建设已经过半。中俄原油管道可行性研究工作进展顺利。吉林燃料乙醇工程项目已经开工建设。

(5) 海外业务发展呈现良好态势。进一步实施“走出去”战略，大力开拓海外业务，海外主要投资项目的油气产量和经济效益实现同步增长。全年生产原油 1623 万吨、天然气 9.26 亿立方米，集团公司获权益产量原油 831 万吨、天然气 5.77 亿立方米，分别比 2000 年增长 20.9% 和 29.6%；实现份额油气销售收入 9.1 亿美元，实现利润 1 亿美元。海外施工作业的队伍已达到 171 个；技术服务、工程承包和物资装备出口新签合同金额达 14.85 亿美元，完成合同额 8.1 亿美元。

(6) 工程技术服务的自我发展能力进一步增强。全年投资 45.48 亿元，对物探、钻井、测井、井下作业、施工建设的技术装备进行了更新改造，重点武装了 30 个能打入国际市场的专业队伍；利用企业现有的资源、技术等优势，发展了一批有市场潜力、投资少、见效快、附加值高、吸纳就业人员多的新兴产业项目。全年工程技术服务和生产服务业务实现营业收入 687 亿元，比 2000 年增长 7.6%。

(7) 科技创新能力有新的提高。全面启动了“十五”科技发展计划，全年投入科研经费 33 亿元，组织实施的 10 个国家级、74 个集团公司级重大科技攻关项目稳步推进，有些项目已取得显著阶段性成果，其中国家油气勘探开发项目有 19 项。一大批科技创新成果的应用，在推动生产发展、经济效益提高和结构优化调整中发挥了十分明显的作用，有效地增强了企业核心竞争力。全年共申请专利 357 项，创历史最高纪录。

(8) 企业改革和管理迈出重要步子。股份公司的法人治理结构更加健全，市场化运作更有成效。存续企业的产权制度改革取得重要进展，实施整体带资分流改制试点立项单位48家，并有15个单位实行了国有控股公司制改造。干部人事制度改革有新的突破，人员能进能出的机制进一步形成，全年又有12.7万人办理了有偿解除劳动合同手续，累计有偿解除劳动合同人员已达36万人。住房分配货币化已全面启动。在产业结构调整上，按照专业化管理的原则，对部分炼化企业和销售业务的管理体制进行了改革，对勘察设计等业务进行了以产权为纽带的联合重组，并顺利完成了甘肃庆阳和宁夏大元两地炼化企业的划转工作，资源配置进一步优化。企业管理进一步转到练内功、挖潜力、增效益方面来，管理方式和手段有了新改进。原油生产、炼油加工等单位成本费用比2000年又有下降，资金集中管理水平和使用效率不断上升，安全生产、质量管理和环保工作继续保持了好的势头。

(9) 党的建设和领导班子建设得到进一步加强。全年紧扣党中央的重大部署和国内重大政治活动，组织开展了以“三个代表”为重点的政治学习教育。根据中央关于在国有大中型企业开展“三讲”学习教育活动的部署，集中时间和精力，在集团公司党组班子、总部机关和100多个直属企业，开展了“讲学习、讲政治、讲正气”的学习教育活动；认真学习贯彻江总书记“七一”重要讲话和十五届六中全会决定精神，落实“八个坚持、八个反对”的要求，并组织开展了庆祝建党80周年活动，切实加强了党的作风建设。按照中组部的要求，部署和展开了干部人事制度改革试点工作。这些环环相扣、步步深入的党建工作安排，始终贯穿了“三个代表”的主题和主线，使集团公司党的建设工作在适应改革开放新形势、建立现代企业制度新要求方面掀开了新的一页，使新世纪的第一年成为名副其实的“加强党建工作年”。

一、股份公司

1. 强化勘探开发工作，遏制住了原油产量下降的趋势

按照集团公司党组“三讲”整改要求，进一步明确了把勘探作为重中之重、加速增储上产的指导思想，突出重点，加大了准噶尔、鄂尔多斯、松辽南部、塔里木和玉门等探区的勘探力度。同时，强化地质综合分析研究，依托勘探项目，大力加强技术攻关，积极推广应用工业化储层预测、油气层识别、储层改造等一系列先进适用的勘探主导新技术。通过努力，全年新增石油探明储量4.57亿吨，其中三年内可动用的比例达到90%以上。全面完成石油三级储量任务，资源接替序列趋于合理，勘探工作正在逐步走上良性循环的轨道。尤为可喜的是，石油勘探取得了四个具有战略意义的重大发现和一批重要进展。准噶尔盆地腹部盆5井获高产油气流，展现了马桥凸起勘探的新局面。塔里木盆地却勒1井在下第三系获高产油气流，展现了库车坳陷石油勘探的良好前景，特别是英吉苏构造英南2井，中途测试获得工业油气流，实现了塔里木勘探以来盆地东部的首次突破，开拓了油气勘探的新领域。鄂尔多斯盆地陇东地区长6—8层段发现厚油层，新增三级储量1.2亿吨。酒泉盆地窟窿山砾岩体4口井获高产油流，初步估算油藏规模在5000万吨以上，成为玉门探区近期增储上产的高效储量区，最近甩开预探，在窿8井又发现厚层砂岩含油，勘探领域进一步扩大。同时，在准噶尔盆地三个泉背斜带、鄂尔多斯盆地王窑南地区、松辽盆地南部英台—四方坨子和大情字井地区以及北部新肇地区，新探明了6个3000万—5000万吨较整装的优质储量区块，为开发建产创造了条件。

各油田紧紧围绕股份公司原油生产目标，精心组织，周密安排，加快重点地区的产能建设步伐，狠抓老区综合治理，加大高含水油田改善水驱开发效果和稠油蒸汽驱、低渗透油藏高效开采等技术的攻关和应用力度，全面完成和超额完成了原油生产计划指标。大庆油田千方百计地减缓递减，努力提高三次采油效果，全年生产原油5150万吨，创造了连续26年稳定在5000万吨以上的油田开发高水平。新疆、长庆、塔里木、吉林、玉门、青海、冀东等油田原油产量比2000年有了不同程度的增长，为公司增产目标的实现做出了重要贡献。特别是长庆油田，原油产量净增56万吨，一举上到520万吨，增幅为12%，是上产幅度最大的油田。辽河、华北、大港、吐哈等油田也都超额完成全年计划，为公司增产目标的实现做出了积极的贡献。全公司全年生产原油10336万吨，比计划指标超产86万吨。与2000年相比，按同等天数实际增长了6万吨，扭转了连续3年原油产量下滑的被动局面。

2. 炼化业务进行结构调整，竞争能力有所增强

全年加工原油8285万吨、生产汽柴油4727万吨，分别比2000年增长3.3%和9.9%；生产乙烯157万吨，同比增长5.1%。用于炼化业务结构调整、技术改造、网络建设等方面的投资共160多亿元，实施重大技改和新建项目59项。

炼化业务的竞争能力有所增强，主要体现在：一是生产结构得到进一步优化，生产集中度有所提高。

二次加工配套率提高到75.4%；装置负荷率达到81.2%，提高0.8个百分点。二是产品质量升级按期实现，产品结构得到进一步优化。所属各炼油企业出厂柴油已全部达到新标准要求，有三分之一企业出厂汽油能够达到新标准要求。高标号和低烯烃汽油产量与2000年相比，分别增长47%和81%。柴汽比达到1.7，高档润滑油比例由19.3%提高到27.8%。高附加值化工产品的产量和档次明显提高。三是主要技术经济指标进一步改善，缩小了与国内外先进水平的差距。炼油轻油收率达70.1%，同比提高1.6个百分点；综合商品率达到91.5%，同比提高0.6个百分点；加工损失率降到0.99%。乙烯收率提高到32.4%；树脂专用料比例上升到33.5%，同比增长15.5个百分点；合成纤维差别化率上升到26.1%，同比增长14个百分点。四是炼化科技进步不断加快。清洁油品生产组合技术和重油深度加工技术得到开发应用，重油悬浮床加氢、两段提升管催化工业化试验取得实质性进展，化工廉价原料技术开发和试验取得重大进展。五是营销网络建设取得新成效。新增库容76万立方米，新增加油站1841座，加油站总数达到12102座。国内市场份额从40.6%提高到43%，零售比例从26.7%提高到38%。化工业务积极推动统一销售工作，统销产品占总销量的比例达到27%。通过调整结构、技术改造、加强管理、扭亏解困等一系列措施，一批炼化企业增强了盈利能力和竞争能力，大连、克拉玛依、抚顺、锦西、华北、哈尔滨、大庆石化等7个炼化企业和新疆、黑龙江等4个销售企业实现了盈利。

3. 天然气业务发展速度明显加快，重点工程进展顺利

按照上下游同步推进的原则，突出重点地区的天然气勘探，科学安排产能建设进度，狠抓管道建设和下游市场开发，使天然气业务快速发展。全年探明天然气地质储量4072亿立方米，为年度计划的4倍；生产天然气205.8亿立方米，销售气量150亿立方米，均达到两位数的增长幅度，是增幅最大的一年。

西气东输工程前期准备工作取得实质性进展。塔里木盆地又新发现的具有上千亿立方米储量规模的迪那2气田以及迪那1气田，使西气东输的资源基础更加可靠。长庆气区在苏里格等地区的天然气勘探又取得了一系列新进展，全区探明地质储量总规模已达到上万亿立方米，为满足京津冀鲁地区市场需求增长和西气东输工程东段建成后的前期供气奠定了资源基础。同时，管道现场施工的各项准备工作全部就绪，试验段已焊接50千米，长江、黄河穿越等控制工程已经开始施工，淮河穿越一次成功。市场用户开发取得了重要进展。对外招商取得阶段性成果，与壳牌投资集团签署了阶段性协议。年前，国务院117次办公会议已批准了西气东输工程项目可研报告。经过两年来的努力，西气东输工程开工建设的条件已经具备。

与此同时，还建成投产了涩宁兰输气管道，开始向西宁和兰州的商业供气。忠武输气管道前期准备进展顺利，市场开拓成效显著，与武汉、长沙等7个地市签订了照付不议合同，可研报告即将上报国家计委。陕京线实现满负荷运行，全年供气量达18.85亿立方米，首次实现盈利1.87亿元。

4. 大力实施低成本战略，各项成本指标进一步降低

勘探与生产板块通过调整优化生产运行方案，压缩低效无效工作量，降低各种消耗，削减各项管理费用等措施，使单位油气操作成本降到4.37美元/桶，比2000年降低了0.31美元/桶。炼油与销售板块加强生产运行管理，关停低效高耗装置，大力降低能耗物耗和人工成本，单位现金加工费降到97.73元/吨，同比降低近1%。化工板块从原料采购、生产消耗、检修维修、公用工程等方面，严格控制每个环节的费用支出，完成业务发展计划中削减成本的均衡目标。据统计，与2000年相比，全年共削减成本25.7亿元，在国际资本市场上树立了良好商誉。与此同时，财务系统通过加强资金集中管理，加大资金运行的调控力度，加强与有关部门的协调联系，共取得效益26.5亿元。

5. 整合管理体制和管理流程，持续重组取得新进展

各油气田公司进一步精简管理层次，压缩机关人员，推行“采油厂—作业区—井站”的管理模式已见到成效。炼化企业按照压缩一级管理层次的要求，调整内部组织结构，撤销分厂或车间，合并生产单元，精简管理人员，取得了初步效果。对成品油销售，改革过去按行政区域层层设置机构的做法，取消地、县级销售公司，按照资源流向合理、运输成本最低的原则设立若干配送中心，实行送货制。同时，完成了558个县级公司的业务划转、职能调整工作，减少管理人员近60%。化工产品统一销售运作体制，在大庆石化试点的基础上，正在建立和完善。大力推进电子商务工作，建立了电子交易平台、电子商务的管理

体系和网络，并开始整合采办业务，实行网上采购。在持续重组中，各地区公司继续推进减员增效，全年又净减员1.5万人，累计达到5.5万人，提前三年完成了裁员5万人的目标。

二、存续企业

1. 生产经营势头良好，企业经济状况明显改善

分开分立之初，存续企业的各种矛盾集中凸现出来，生产经营困难比较大。经过努力工作，生产经营呈现出持续发展的态势。

一是经营收入稳步增长。全年共实现经营收入1032.4亿元，比2000年略有增加。实现企业增加值249亿元，比2000年增加5.7亿元，增长2.3%。

二是生产运行总体上保持平稳。工程技术服务业发展较为迅速，与2000年相比，除二维地震工作量有所下降外，其他都有不同程度的增长。其中，三维地震完成12121平方千米，增长35.8%；钻井进尺完成1160.5万米，增长8.4%；测井、录井、试油、井下作业等，增幅达到3%—10%；建筑施工完成产值126.5亿元，增长9.5%。加工制造业全年实现工业总产值77亿元，比2000年增长8.6%，其中机械制造增长12.4%，炼化深加工基本持平。生产服务业与2000年相比，供电量完成213.8亿千瓦·时，增长1.4%，其他均基本持平。

三是企业扭亏工作已见成效。存续企业在不计“三项费用”补贴的情况下，全年控亏48.9亿元，比2000年减亏29.7亿元。其中，重组企业亏损59.8亿元，比2000年减亏26.5亿元；非重组企业盈利10.9亿元，比2000年增利3.2亿元。在“三项费用”补贴之后，全年实现利润0.6亿元，亏损企业由2000年的11家减少为8家。在43家企业中，有37家完成集团公司年初下达的利润指标。

2. 结构调整取得重要成果，主营业务得到有效发展

针对企业结构性矛盾突出的状况，各单位按照集团公司“十五”计划的要求，围绕做专、做强、做优主营业务的战略目标，坚持缩减总量、优化存量、控制增量、提高质量，下决心压缩过剩生产能力，淘汰陈旧落后装备。率先从缩编钻井队、压缩钻机入手，取得了比较好的成效。全年已压缩钻井队32个，报废钻机111台，基本实现了年初确定的预期目标。华北石油局计划报废钻机的数量多达30部，已全部完成。大港油田不仅完成了钻机报废任务，还以此带动了井下作业装备的结构调整。在压缩总量的同时，采取有力措施，积极发展主营业务，增强了竞争能力和企业发展后劲。

一是以钻机为重点的工程技术服务装备更新的步伐正在加快。全年完成各类工程技术服务装备更新投资达45.5亿元，占全年总投资的30%，比2000年增长17.3%。全年共更新钻机47台，使钻机系列更为合理，钻机配置更加先进。同时还新配备国外物探队11个，更新配套成像测井和数控测井17套，更新修井机49台，新配置管道和道路施工设备823台(套)，使总体技术装备水平开始得到改善。

二是生产服务业的燃料结构调整初见成效。全年共安排11个煤代油和2个气代油的改造项目，规划总投资28.8亿元。其中，已完成投资20.9亿元，有8项已投产或部分投产。项目全部建成投产后，年替代燃料油100万吨，年节约成本5亿元左右。

三是低产低效油田合作开发开始启动。集团公司制定了《合作开发未动用石油储量工作指导意见》，确定低产低效油田合作开发的合作范围、运作方式、审批程序等。经过地区服务公司与股份油田分公司的共同努力，合作开发工作已开始启动，长庆、吉林等油田已建成部分产能，取得了较好效果。

此外，全年还安排了华北大口径直缝埋弧生产线、华北管道内涂层和外防腐生产线改造、四川螺旋焊管机改造、宝鸡石油钢管厂大螺旋钢管防腐生产线改造等一批相应的配套项目，并基本建成投产。

3. 企业改革稳步推进，经营机制发生较大转变

在妥善处理改革、发展和稳定关系的前提下，积极推进深化企业改革，转换经营机制，取得了新的进展和成效。

一是主辅分离和专业化重组取得可喜成果。各企业普遍重视以解体“小而全”为重点的组织结构调整，积极推进主业与辅业、生产服务与社会服务的分离，以多种方式和渠道放开搞活社会通用业务和多种经营。大多数企业已将生活服务、物业管理、多种经营、文教卫生等从二级单位剥离出来，实行集中管理，单独运行，独立核算。并在公共事业和物业管理实行企业化经营、市场化运作方面，积极探索新的路子。许多企业从市场需求和本单位实际出发，积极推进内部专业化重组整合，专业集中度和市场竞争力明显提高。物探局撤消作为二级单位的5个地调处，将51个地震队划归局总部的国际、国内两个事业部进行集中管理，形成了事业部筹划、地区经理部运作、地震队按项目管理的运行机制。大庆局重组设立的“大庆石油建设集团有限责任公司”，已被建设部列入全国重点改制试点企业。新疆局通过内部整合成立的

"新疆石油工程建设有限责任公司"，已成为疆内最大最强的、具有综合性施工总承包一级资质的建筑安装企业。长庆局将3个钻井处重组整合成立的钻井总公司，全年实现产值突破18亿元，创历史最好水平，并刷新钻井速度、固井质量和井身质量等多项记录。在集团公司层面上，跨地区、跨企业重组设立的"中油国际工程有限责任公司"和"中国石油集团工程设计有限责任公司"已步入正常运行轨道，业务开展顺利。大连石化设计院以资产入股方式并入工程设计公司，使公司上下游一体化的业务功能得到完善。

二是以整体带资分流改制为重点的产权制度改革试点工作进展顺利。集团公司通过理顺改制程序，规范改制运作，探索解决产权制度改革中一些重大问题，对部分企业中能融入社会的非主营业务单位，积极稳妥地进行了整体带资分流改制的试点。全年集团公司共批准整体带资分流改制试点立项48家，涉及职工1.18万人、资产总额46亿元。其中已完成改制的有31家，分流职工近7000人。这些企业都实行了股权多元化，国有股均在25%以下，其中有25家国有资本已全部退出。物探局将物探装备总厂所属的特车制造、机加工等3个单位，管道局将铁岭机厂、汽修总厂和印刷厂等单位，都改制为职工控股企业，国有资本参股比例降为25%以下。大港运输公司对部分职工实行有偿解除劳动合同之后，尚留有近1000人，他们对此又进行改制，实现了全部由职工控股，成为集团公司运输业中第一家改制的单位。大庆局确定对资产规模较大、人员较多的昆仑实业总公司等4个单位实施整体带资分流改制，工作已进入实质性阶段。改制后的这些企业都建立了规范的法人治理结构，明晰了产权关系，转变了职工劳动关系，转换了经营机制，实现了"四自"运作。此外，还进行了15家国有控股的公司制改革试点，涉及职工4万多人、资产总额55亿元。

三是"三项制度"改革逐步深化。集团公司作为全国国有企业干部人事制度改革综合试点单位，在中组部的指导下制定了《干部人事制度改革试点工作方案》和8个方面的配套措施，并在存续企业中选择了大庆石油局等8家作为试点单位。这些试点单位都制定了具体试点方案。在对大庆局、抚顺石化公司、林源炼厂、国际工程公司和部分工程建设、机械制造企业等10个单位的副职领导干部的调整中，还试行了公开竞聘办法，在建立良好的领导干部任用机制上迈出了可喜的一步。深化劳动用工制度的改革，主要是继续加强劳动合同管理。对新增人员全部签订了劳动用工合同，对劳动合同到期人员，按期办理了续签或终止合同的手续。辽河局对新增的400多名职工全部实行了"市场工资、短期合同"的用工制度。在工资分配制度改革方面，实行以效益调控工资总量，以劳动贡献值调控新增工资，以实现利润调控实提工资的办法，初步形成了工资收入与经营业绩、劳动成果挂钩的机制。

四是在国家政策支持下，减员增效继续获得显著成绩。为解决存续企业冗员过多的矛盾，许多单位按照集团公司有关规定，又办理职工有偿解除劳动合同达11万人（累计达30.5万人）。加上整体带资分流改制等其他方式在内，并在消化新增大学生、复转军人和地方划转企业的基础上，总共减员31万人。使职工总数从2000年分开分立时的106万人减至75万人，减员幅度达29%。

五是移交企业办社会职能的工作迈出重要步伐。各单位在这方面做了大量艰苦的工作。培黎石油学校已整体移交给了地方管理。华北局、物探局将所属的职工大学，分别整体划转给了集团公司系统以外的企业和地方有关部门，与其所属的办学单位合并办学。四川局已将川西北矿区所属的中小学整体移交给当地政府管理；同时将川中矿区中小学合并后，与地方重点中学合作办学，为下一步与企业分离打下基础。宝鸡石油机械厂对所属的医院实施整体带资分流改制，改制方案已经集团公司批复。兰化公司、吐哈指挥部、西仪厂等单位，也都在积极探索医院、学校与企业分离的路子。按照国办有关通知精神，已有大庆石化总厂、新疆局、辽河局、乌石化总厂和塔里木指挥部等企业的公安机构划转给地方政府管理。另外，吉化集团还将明城石灰石矿、水泥厂、轮胎有限公司等4家企业整体划转给了地方管理，共划转职工997人、资产9亿元。

此外，在深化住房制度改革方面，集团公司研究制定了实行住房分配货币化的实施方案，明确了相关政策，并对这项改革工作全面进行了部署。企业职工住房普查和建立职工住房档案工作已基本完成，住房分配货币化的实施办法正在研究制定之中。大港油田和大连石化作为集团公司的两个试点单位，其住房分配货币化实施办法已经制定，并准备报集团公司审批。

在深化改革的同时企业管理工作也得到了加强。各单位狠抓管理增效，在节支降耗、杜绝"跑、冒、滴、漏"现象方面取得了明显效果。大庆局深入开展"企业管理年"活动，仅在清理外部物资供销单位和施工队伍挂靠企业的工作中，共清查出物资单位481家、施工队伍及个人972个，挽回工作量流失10多亿元。锦西炼化总厂通过改革医疗费管理制度，就节约开支1000万元；加强用电管理，又节约开支1000万元。四川局通过强化管理，实施经济责任制，落实人均节约1000元的指标，全局实现了管理增效4000万元。

4. 海外经营持续快速发展，经济效益有新的提高

全年共实现海外收入17.2亿美元（折合142.8亿元人民币），占存续部分营业收入的13.8%。

海外油气项目按照“抓牢现有项目，寻机不断扩张”的思路，在保持现有项目平稳运营的基础上，加快投资回收，加大渗透和扩张，运营质量和效益明显提高。全年新增石油可采储量3002万吨。海外油田全年生产原油1623万吨、天然气9.26亿立方米，其中我方获权益原油产量831万吨、天然气产量5.77亿立方米，比2000年分别增长21%和29.6%。全年份额油气销售收入达9.1亿美元，实现利润1亿美元，比2000年有一定程度的增加。苏丹项目继续取得新的进展，1/2/4区原油日产量比年初提高22.7%，达到3.29万吨/日；在一些地区获得了重要的勘探成果。哈萨克斯坦阿克纠宾项目原油日产量比年初提高50%以上，超过1.1万吨/日。

境外工程承包、技术服务、劳务输出和物资装备出口项目执行情况良好。全年新项目签约额14.85亿美元。共完成各种项目合同额8.1亿美元，为年计划的101.3%。在国外作业的工程建设和技术服务等队伍有171个、4800人，其中技术服务队142个、工程建设队29个，分布在苏丹、哈萨克斯坦、委内瑞拉、伊朗等24个国家和地区。国际工程公司2000年新签合同额达8.29亿美元，实际完成合同额5.48亿美元，分别比2000年增长50%和72%。长城钻井公司2000年新增带出钻机20台，累计达到53台，实现营业收入1.14亿美元，并创带出钻机数和完成合同额的历史最好水平。石油技术开发公司全年组织向国外销售钻机18台，是近几年出口最多的一年。物探局已在海外建立了6个项目经理部，有20个物探队在海外从事作业，全年签订合同额为1.5亿美元，实现营业收入9150万美元，比2000年分别增长30%和48%。大庆局、辽河局、长庆局等3家企业已有4个物探队进入了国际市场。

5. 市场开发能力增强，市场占有份额逐步扩大

在油区工程技术服务市场对外扩大开放、市场竞争日趋激烈的情况下，各企业进一步转变观念，不断增强市场竞争意识、服务质量意识和成本效益意识，在努力巩固内部市场的同时，积极开拓外部市场，取得了比较好的效果。

各地区服务公司按照集团公司的规定，一方面认真与股份油田分公司和炼化分公司签订并严格执行关联交易协议，确保重点项目建设，保证日常生产运行。另一方面，积极参与本区内部市场的投标，依靠地域、技术、质量、价格等优势，并通过“优质服务”、“满意服务”、“精品工程”等，树立良好信誉，建立新的伙伴关系，努力把这部分市场站稳、留住。

与此同时，走出本区市场，大力开发区外市场特别是社会市场。四川局全年有45个钻井队、17个测井射孔队和一批其他作业队伍走出本区市场，进入国内外市场，从外部获取的工作量占总工作量的50%以上。吐哈指挥部在外部市场的收入占总收入的30%以上。管道局在认真抓好兰成渝成品油管道等重点工程建设的同时，积极开拓社会市场，共拿到12个项目，合同额2亿多元。社会通用性强的业务，特别是建筑施工、工程设计、机械制造、运输以及化工产品，也重视加大社会市场的开发力度。大庆石化总厂在外部市场中标了一批工程技术服务和计算机软件开发方面的项目，而且还在省内和上海、重庆、苏州等地承担了一些项目的工程管理和监理任务。一些单位抓住国家实施西部大开发的有利时机，努力抢占西部地区路桥、管道、水库等建设市场，取得了可喜成效。据统计，全年一些主要工程技术服务在外部市场完成的工作量占总工作量的比例有新的提高。其中：二维地震和三维地震分别达到20.5%和16.1%，比2000年提高8.9个百分点和4.7个百分点；在外部市场竞争激烈的情况下，建筑施工仍达到30.7%。

6. 技术创新成果显著，企业发展后劲明显增强

全年共获得10项重大科技成果和81项专利技术成果。在勘探方面，重点加强了深层地震勘探技术和复杂地层地震采集、处理、解释技术的研究。针对东部深层的地震勘探技术难题，在模拟观测系统设计、聚束滤波去多次波，以及复杂地质情况下的储层预测技术等方面有所创新，对指导勘探工作起到了积极的作用；针对西部复杂地区的地震勘探技术难题，重点开展了地震采集、处理、解释及装备一体化等项目的技术攻关，基本形成了相关的地震勘探技术系列，并在应用中发现了一批高产含油气构造圈闭，特别是在迪那2大气田的三维地震勘探中发挥了重要作用。在

钻井方面，针对吉林油田的复杂地层，开展了提高大情字井地区钻井速度的技术研究，并取得突破性进展，使该地区钻井速度明显提高，全年平均钻井周期降为16天，比2000年缩短三分之一以上。在测井方面，采取自主开发同引进、消化、吸收相结合的方式，重点开展了成像测井、核磁测井等技术的研究与开发，为油气勘探开发提供了有力的支持。

围绕"西气东输"工程建设，着重开展施工技术及机具的国产化研究，效果显著。完成了"大口径管道内对口器、坡口整形机"、"大口径螺旋钢管国产化"和焊接技术、大口径输气管道弯管技术、外防腐与内涂层技术等一批项目的研究与开发。在精细化工方面，利用双环戊二烯中试技术，开发出合成光固化涂料中试技术，并已建成年产3000吨双环戊二烯工业化装置；开发出乙醛酸法制取甲乙基香兰素的成套技术，为实现产品的工业化生产提供了技术保证。

（言　实）

特　载

中国石油天然气集团公司反不正当竞争管理办法（试行）

（2001年1月21日中国石油天然气集团公司以中油市管字［2001］第42号文发布）

第一章　总　　则

第一条　为维护集团公司石油工程技术服务和产品经营的市场秩序，鼓励和保护公平竞争，制止不正当竞争行为，保护经营者的合法权益，保障社会主义市场经济的健康发展，根据《中华人民共和国反不正当竞争法》和有关法律法规的规定，结合集团公司的实际情况，特制定本办法。

第二条　凡在集团公司所属市场内从事与石油天然气相关的产品经营和营利性服务（包括但不限于工程技术服务、生产服务、生活和社会服务）的经营者须遵守本办法。

第三条　本办法所称不正当竞争，是指经营者在市场交易中违反自愿、平等、公平、诚实信用的原则和公认的商业道德，损害其他经营者的合法权益、扰乱社会经济秩序的行为。

第四条　任何组织和个人对不正当竞争进行社会监督应受到鼓励、支持和保护。对检举、揭发和协助查处不正当竞争行为的组织和个人，管理部门应当为其保密，并给予奖励。

第二章　不正当竞争行为

第五条　经营者不得以排挤竞争对手为目的，以低于成本的价格投标或者销售商品，扰乱正常的生产经营秩序，损害国家利益或者其他经营者的合法权益。但有下列情形之一的除外：

（一）处理有效期限即将到期的商品或者其他积压的商品；

（二）季节性降价；

（三）因清偿债务、转产、歇业、拆迁而降价销售的商品。

第六条　经营者提供服务或销售商品，不得违背相对交易者的意愿搭售商品和服务或附加其他不合理条件，如要求相对交易者提供或者购买指定的既不能公开披露也不在合同范围内的服务、商品或其他便利条件。

第七条　经营者不得要求相对交易者接受下列不合理的降价条件：

（一）要求相对交易者开标后接受非招标文件明述的降价条件。

（二）要求相对交易者接受不合理的低于成本的价格。但不包括积压产品、淘汰设备和工具，以及采用上述设备、工具、材料提供的服务。

第八条　经营者不得捏造、散布虚伪事实，或者片面地与其他经营者的同类商品做对比宣传，以损害竞争对手的商业信誉、服务或商品声誉。

第九条　经营者在经营活动中不得实施下列行为：

（一）胁迫他人同自己交易或者强迫相对交易者提供合同范围以外的服务和商品或其他便利条件；

（二）利用欺诈手段骗取他人同自己交易；

（三）采用欺诈性招标条件，要求相对交易者接受显失公平的合同；

（四）雇用未持有相应专业市场准入证照的承包商施工；

（五）迫使竞争对手回避或者放弃与自己进行竞争；

（六）迫使他人之间进行交易；

（七）阻碍他人之间建立正常的交易关系；

（八）扰乱或者妨碍竞争对手的正常经营活动。

第十条　投标者之间不得采用下列手段串通投标，以损害招标者的利益或者社会公共利益：

（一）抬高或者压低投标价；

（二）轮流以高价位或者低价位中标；

（三）其他损害招标者利益或者社会公共利益的手段。

第十一条　投标者与招标者不得采用下列手段相互勾结，以排挤竞争对手的公平竞争：

（一）擅自开启标书，获取其他投标者的报价或者其他投标条件；

（二）非法获取或者泄露招标底价等不能公开的信息；

（三）通过接受贿赂等不正当行为，在审查、评选标书时，对同样的标书实行差别对待，或采用不同的评标标准。

第十二条　有下列联合行为之一的，不属于不正当竞争行为：

（一）为降低成本、改进质量而统一商品价格、服务规范或者共同研究开发商品或技术的；

（二）为适应市场经营而优化组合，进行专业化发展的；

（三）为适应市场变化，制止产品生产明显过剩或销售严重下降，而采取共同行为的；

（四）为促进开拓海外市场，相互约定、共同参与国际竞争的。

第十三条　经营者不得擅自使用他人的注册商标、企业名称以及代表其名称的标志、图形、文字、代号，不得擅自使用知名商品特有的名称、包装、装潢。

第十四条　经营者不得在提供服务和销售产品过程中伪造或冒用认证标志、质量标志、证书、专利标志、资质证书、市场准入证照，不得伪造或冒用商品的生产、制造加工地、性能、用途、规格、等级、生产日期、安全使用期和失效日期。

第十五条　经营者不得利用广告或其他促销方法，对服务或商品的价格、质量、性能、制作成分、用途、生产者、产地、有效期限、售后服务等方面做引人误解的虚假宣传。

第十六条　具有独占地位的经营者不得采取下列限制竞争的行为：

（一）限定消费者购买、使用其提供或其指定的经营者提供的服务和商品，排斥经过法定机构检验、符合技术标准要求的其他经营者的同类服务和商品。

（二）对抵制上述各项行为的消费者滥收费用和拒绝、中断、拖延、消减提供必要的服务或商品。

（三）限制其他经营者正当的经营活动，阻止其他经营者进入某一特定市场。

第十七条　经营者不得采用财物或其他手段进行贿赂来获取服务项目、达到销售或者购买商品的目的。在账外暗中给予对方单位或个人回扣的，以行贿论处。对方单位或个人在账外暗中收受回扣的以受贿论处。

经营者销售、购买商品或获取服务项目，可以以明示方式给对方折扣，可以给中间人佣金。经营者给对方折扣、给中间人佣金须如实入账。接受折扣、佣金的经营者也须如实入账。

本条所称财物是指现金和实物，包括经营者假借促销费、宣传费、赞助费、科研费、劳务费、咨询费、佣金等名义，或以报销各种费用等方式给付对方单位或个人的财物。本条所称其他手段是指财物以外的非物质性利益，用以满足受贿对象的某种需要和欲望。

经营者按照商业惯例赠送小额广告礼品和实施一般性招待活动的，不视为商业贿赂行为。

第十八条　经营者不得采用下列手段侵犯商业秘密：

（一）以盗窃、利诱、胁迫或者其他不正当手段获取权利人的商业秘密；

（二）披露、使用或者允许他人使用以前项手段获取的权利人的商业秘密；

（三）违反约定或者违反权利人有关保守商业秘密的要求，披露、使用或者允许他人使用其所掌握的商业秘密。

第三人明知或应知前三条所列违法行为，获取、使用或者披露他人的商业秘密，视为侵犯商业秘密。

本条所称的商业秘密，是指不为公众所知悉、能为权利人带来经济利益、具有实用性并经权利人采取保密措施的技术信息、经营信息和知识产权。

第三章　监督检查

第十九条　对不正当竞争行为，由集团公司市场管理部按照规定程序进行监督检查。

第二十条　监督检查部门在监督检查不正当竞争行为时，被检查的经营者、利害关系人和证明人应当如实提供有关资料和情况，不得拒绝、拖延或提供虚假陈述。

第二十一条　监督检查部门在监督检查不正当竞争行为的过程中，对经营者的商业秘密应当予以保密。

第四章　赔偿责任

第二十二条　经营者违反本办法规定，监督检查部门核实后可依据国家有关条法呈报政府主管机关并责令停止违规行为，对经营者或直接责任人可进行内部处分、没收违规所得并令其赔偿受侵害的经营者损失、宣布投标无效等处罚决定。对违规行为的具体罚则将另行规定。

第二十三条　监督检查部门对违规行为定期进行公告并记入档案，对严重违规行为，在定性之后立即公布。

第二十四条　对年内多次违规或严重违规者，将建议有关部门暂停或取消其市场准入资格。

第五章　附　　则

第二十五条　本办法自2001年2月1日起施行。本办法由集团公司市场管理部负责解释。

《关于加快产权制度改革的意见》的补充规定（试行）

（2001年2月10日中国石油天然气集团公司以中油资字［2001］第34号文发布）

集团公司《关于加快产权制度改革的意见》等几个政策性文件下发后，各企业积极行动，对产权制度改革进行了有益的探索，同时也遇到了一些矛盾和问题，亟待解决。为了进一步搞好产权制度改革试点工作，总结经验，更好地规范改制行为，按照《关于加快产权制度改革的意见》的精神，针对目前整体带资分流改制中出现的问题，特制定本补充规定。

一、整体带资分流试点的范围

（一）整体带资分流试点的选择原则。整体带资分流试点的选择原则是：按国家宏观政策国有经济需要逐步退出、放开搞活的业务，进行产权制度改革，融入社会，放开经营。

（二）整体带资分流试点的主要范围。主要包括：一般性建筑施工和设计单位；机械维修和一般性的机械制造单位；劳动密集的小型化工产品延伸加工单位；普通客货运输单位；餐饮服务、文化娱乐、宾馆和疗养院、商业贸易等单位；目前不能移交地方的医院等社会服务机构。

在上述原则的指导下，各企业要结合自身实际，确定本企业应该整体带资分流的行业和单位，优选净资产和职工解除劳动合同补偿额大体相当、不同行业的1—2个单位，参加集团公司改制试点，由集团公司总体平衡。

二、股权设置及治理结构

（一）新公司的组织形式

改制后公司采取有限责任公司、股份合作制等多种形式。

（二）股权设置的要求

1. 职工股。按照集团公司规定的解除劳动合同补偿标准，参加整体带资分流职工用获得的补偿资产所认购的股权。

2. 经营者要持大股。经营者除持有带资分流补偿资产认购的股权外，比其他职工多持有的股权要用现金购买。

经营者与普通职工的持股比例在2∶1到10∶1之间。

3. 国有资本不控股。职工按补偿标准带资分流后剩余的净资产，按以下方式处理：

一是先由职工和经营者购买，后由其他购买者购买，国有资本完全退出；

二是资转债，即将剩余净资产转为改制后的公司对原上级企业的负债，国有资本完全退出；

三是资转租，由改制后的公司向原上级企业租赁，国有资本完全退出；

四是国有资本只参股，参股比例原则上要低于25%。在法律允许的范围内，国有股可设为优先股。

五是要建立起国有资本的退出机制。对于国有资本参股的企业，要鼓励改制后公司的经营者、员工和其他股东购买国有股，鼓励社会投资者购买国有股，使国有资本逐步退出。

4. 严禁原上级企业经营管理人员入股。整体带资分流单位原上级企业的经营管理人员，不得以任何名义在改制单位入股。

（三）建立有效的法人治理结构

1. 明确产权关系。带资分流新设公司的股东会是公司最高权力机构，和原单位、原企业已无任何行政隶属关系，要按照“四自”机制运作。

2. 新设公司要严格按照《公司法》等有关规定，建立公司法人治理结构，严禁原上级企业违法干预新公司的生产经营活动。

3. 国有股设为优先股的参股公司，在公司章程中要明确约定股息率，优先股不享受普通股的表决权，只派代表参加监事会，不参与公司的经营决策。

4. 国有股为普通股的参股公司，原上级企业以出资额为限承担有限责任，通过股东会按股权比例行使表决权，只派股东代表，可担任董事、监事，但不出任法定代表人。

三、资产和债务的处置

（一）资产处置

1. 资产清查，产权界定

改制单位要组织全面财产清查，对流动资产中的呆坏账损失，潜亏挂账，长期投资损失，待处理财产损失，固定资产中的闲置、待报废、非经营性资产和账外资产要进行清查，清理债权债务，编制企业财产清册，进行产权界定。

2. 资产评估

（1）资产评估的立项申请报告要按规定程序上报审批，要聘请有资格的中介机构进行资产评估和财务审计，评估机构选择原则上实行异地评估，采取合理的评估方法，以保证评估结果的可靠和公正。

（2）改制单位要将资产评估结果按照规定的程序上报确认，以批复的评估结果为准制订股权设置方案。

3. 资产处置

（1）改制单位要将全部资产纳入改制范围，原则上不进行资产剥离。经评估确认后的净资产可按照“附件一”的规定，确定一次性付款优惠比例。对资产质量和未来盈利能力差的单位，经批准，一次性付款优惠比例可以适当放宽。

（2）特殊情况要进行资产剥离的，资产剥离方案要报集团公司批准，剥离的资产必须是与改制后新公司的生产经营业务无关或相关性不大的非经营性资产。

（3）经营者和职工在按带资分流补偿资产认购股

权以外再购买的股权，不享受上述标准的优惠，对采取一次性付款的，可给予5%—10%的优惠。

（二）债务处置

1. 按照“债务随着资产和业务走”的原则，凡是与列入改制范围的资产和业务有关的债务必须一同列入改制范围，一般不得进行剥离，并要签订有关债务转移协议，取得债权人的认可。

2. 为推进整体带资分流改制，可区分以下情况进行处理：

（1）改制单位直接从金融机构取得的借款，要全部列入改制范围。

（2）改制单位外部往来形成的负债，要全部列入改制范围。

（3）改制单位从原上级企业财务结算中心取得的内部借款，以及在经济业务往来中形成的应付原上级企业的负债，要列入改制范围。评估后的国有净资产按照集团公司批准的比例优惠后，不足以抵补有偿解除劳动合同补偿金的，可按计算的差额，将相应的内部借款或应付原上级企业的负债进行转资。转资后所剩余的债务要全部列入改制范围。

（4）改制单位在企业内部与其他单位内部往来形成的负债，在上述应付原上级企业的负债和内部借款不足以抵补有偿解除劳动合同补偿金的，先转为对原上级企业的负债，再做转资处理。转资后所剩余的债务要全部列入改制范围。

四、土地处置

（一）根据国家和地方土地管理部门的相关政策和改制单位的实际情况，土地使用权可采取出让、作价入股和租赁等方式处置。

（二）采取国家授权经营方式处置时，土地使用权处置方案须报集团公司审批。

（三）被外部企业收购或兼并的单位，其土地资产的处置要纳入整体收购或兼并方案中考虑，土地资产的处置要服从整体方案，整体收购或兼并方案须报集团公司审批。

（四）对于整体划转、移交地方政府的学校、医院等社会服务单位，其使用的土地一并划转，不再进行处置。

五、劳动关系的处理

（一）改制单位的所有全民在册职工，不受年龄限制，应参与单位改制，实行整体带资分流。

（二）对参与整体带资分流的职工，可以将评估后的净资产，按照职工实际连续工龄，每满一年原则上给予不高于本企业上一年度2.5个月平均工资的标准水平折算进行转让性补偿。评估确认的净资产不足以支付补偿的，可由改制单位以应付原上级企业的负债和应付其他内部单位的负债进行转资，转资后仍不足的，可由原上级企业用现金补足。

（三）凡实行整体带资分流的单位，必须由原上级企业按照集团公司有偿解除劳动合同的审批程序，提出申请，上报花名册，经集团公司批准后，与职工签订解除劳动合同协议，并依法办理公证手续（解除劳动合同协议书参考文本见“附件二”）。

（四）凡获得经济补偿的职工要与原企业解除劳动合同，与改制后的公司重新签订劳动合同，建立劳动关系。

六、改制运作程序

整体带资分流试点工作的运作程序分四个阶段：一是立项阶段，二是改制方案编制与审批阶段，三是实施阶段，四是总结阶段。

（一）立项阶段

在该阶段，企业要选择整体带资分流试点单位，编制立项报告，报集团公司产权制度改革领导小组办公室（以下简称“办公室”），由办公室负责办理立项批复。立项阶段企业要对拟改制单位的资产、负债、人员及业务范围进行全面分析研究，编制初步可行性立项报告，不进行改制动员和资产评估等实质性工作。

立项报告内容主要包括：改制单位基本情况，改制初步设想、有关资产、债务、土地、人员、职工持股等问题的处理意见，改制可行性分析等。

（二）改制方案编制和审批阶段

1. 改制方案编制

编制方案时，企业要做的主要工作有：①进行资产清查，清理债权债务，编制企业财产清册，进行产权界定；②按规定程序办理资产评估立项，聘请有资格的中介机构进行资产评估和财务审计，办理资产评估结果确认；③根据资产评估结果，确定职工带资分流的补偿方案；④确定股权设置，制订改制方案，草拟《公司章程》和《职工持股管理规定》（如有持股组织的）；⑤改制方案交职工代表大会讨论通过。

2. 改制方案的主要内容

改制方案内容主要包括：改制单位基本情况，改制目的、指导思想和原则，改制后公司组织形式，股权设置，资产债务处置，人员安置，土地处置，改制前后效益对比分析及其他需特别说明的问题。

3. 改制方案上报及审批

改制方案完成后，由企业上报集团公司。

集团公司接到企业上报的改制方案后，组织有关部门会审，对重大改制方案要听取改制单位专题汇报或进行现场调研，及时进行审批。

（三）实施阶段

企业根据集团公司批准的改制方案，按规定程序进行人员安置，与改制单位的职工办理有偿解除劳动合同，依法办理公证手续；进行资产和债务处理、土地处置等工作；办理股东出资手续，召开股东会，完成工商登记，成立新公司；新公司与聘用的职工签订新的劳动合同，建立新的劳动关系。

（四）总结阶段

企业要对整体带资分流试点工作进行全面总结，对试点中的各种资料和法律性文件要妥善保存，并将试点工作总结及时报送集团公司产权制度改革领导小组办公室。

七、其他问题

（一）改制方式问题。实行带资分流改制试点时，试点单位的资产和职工都要纳入改制范围，实行整体带资分流，严禁留“壳”式改制。

（二）市场问题。改制后的公司要不断增强市场竞争能力，在竞争中求生存，促发展。各企业要在原有市场、原料供应等方面按照同等优先的原则处理好与改制后公司的关系。

（三）税收问题。集团公司持续重组是中油股份公司重组上市的延续，在实施整体带资分流改制时，各企业要认真研究国家对集团公司的有关税收政策和当地政府的政策环境，积极与地方政府部门协商，争取利用当地各种优惠政策，做好纳税筹划，降低改制成本。

（四）职工持股的法律问题。整体带资分流改制为有限责任公司时，不论是职工持股会，还是单位工会代表职工持股，都要符合法律规定，制订相应的持股管理规定。

（五）法律关系问题。改制后的公司已经成为独立的法人实体，与原上级企业无行政隶属关系，应依照有关法律规定办理注册登记手续，按照《公司法》等有关法规独立运作，独立承担民事责任，不能在新公司名称中冠以“中国石油天然气集团公司”或“中国石油集团”等字样。

（六）改制后续问题。各企业要为改制单位创造有利的改制环境，协助办理各项社会保险、党群关系等接续工作。

本补充规定由集团公司产权制度改革领导小组办公室负责解释。

中国石油天然气集团公司计量管理办法

（2001年5月24日中国石油天然气集团公司
以中油质字［2001］第214号文发布）

第一章　总　　则

第一条　为加强计量管理，充分发挥计量检测工作在中国石油天然气集团公司（以下简称集团公司）生产建设、经营管理和科学研究中的作用，适应社会主义市场经济发展的需要，加快与国际惯例接轨，提高集团公司的整体经济效益，依据《中华人民共和国计量法》和《中华人民共和国计量法实施细则》，制定本办法。

第二条　集团公司计量工作的任务是：贯彻国家的计量法律法规，保证计量单位制的统一；建立计量的量值溯源体系，确保计量检测数据的准确可靠；开展计量科学技术研究，增强计量检测能力；依靠先进科学技术和现代管理方法，提高计量管理水平，为集团公司的发展提供可靠的计量保证。

第三条　依照《计量法》的规定，集团公司采用国家法定计量单位。因特殊情况需要沿用非法定计量单位的，须按国家规定报经有关人民政府计量行政部门批准。

第二章 机构及职责

第四条 集团公司计量主管部门，负责归口管理计量工作。其主要职责是：

（一）贯彻国家计量法律法规和有关计量工作的方针政策，结合集团公司的特点制定相应的管理办法，组织推行国家法定计量单位；

（二）组织编制计量发展规划、计划，组织实施并进行监督检查；

（三）规划建立石油专用计量器具的量值溯源系统，制定计量人员的考核管理办法，组织编制计量标准、规程和规范；

（四）监督管理所属企业的计量工作，推行现代科学的计量管理方法，完善计量检测体系；

（五）指导集团公司所属专业计量站、校准实验室和其他计量检测机构的业务工作；

（六）会同集团公司科技主管部门组织开展计量科学技术研究，推动计量检测技术的发展和进步；

（七）调解处理重大计量纠纷；

（八）组织国内外计量技术培训与交流；

（九）完成上级交办的其他计量工作任务。

第五条 集团公司专业计量站，是集团公司设置的石油专用计量技术保障机构，其主要职责是：

（一）建立和保存集团公司最高计量标准、工作计量标准，负责集团公司所属企业专用计量标准器具、工作计量器具量值溯源的技术服务与技术指导；

（二）开展石油专用计量技术研究，参加国内外计量学术活动，承办集团公司委托的计量新技术交流工作；

（三）承担经批准授权的新型石油专用计量器具、计量检测设备的型式试验和定型鉴定、集团公司所属企业计量标准器具的考核任务；

（四）受国家或集团公司委托，承办计量人员的业务培训工作；

（五）协助集团公司计量主管部门，调解和处理计量纠纷；

（六）完成上级安排的其他计量工作任务。

第六条 计量校准实验室是承担计量器具及专用计量检测设备检定、校准等量值溯源任务的计量技术服务机构。对全国性或区域性开展计量检定、校准服务的计量校准实验室，须经国务院计量行政部门或有关地方人民政府计量行政部门批准授权，对集团公司所属企业开展石油专用计量器具和计量检测设备检定、校准服务的计量校准实验室，须经集团公司计量主管部门审核同意。集团公司计量校准实验室的考核、授权管理规定，由集团公司另行制定。

第七条 集团公司所属企业应设立计量管理部门。其主要任务是：贯彻国家计量法律法规，统一管理本企业的计量工作；建立各类计量标准器具，开展计量检定、校准和检测工作；组织建立计量检测体系，确保量值统一和计量检测数据准确可靠；制定计量管理制度，协调处理本单位的计量纠纷；为本企业建立质量体系、提高管理水平和经济效益，提供可靠的计量保障。其具体工作职责，由各企业参照本办法自行制定。

第八条 企业应本着保证计量器具和计量检测设备量值统一的需要和适当集中的原则，建立或委托相应的计量技术机构，负责本企业的计量器具检定、校准、检测和其他计量技术工作。

第三章 计量标准的设置与考核

第九条 建立各级计量标准应遵循以下原则：

（一）满足计量器具、计量检测设备量值统一的需要；

（二）可依靠地方社会公用计量标准进行量值溯源的，应避免重复建设；

（三）统筹规划，合理配置计量检定、校准资源。

第十条 建立集团公司石油专用最高计量标准和工作计量标准。集团公司最高计量标准和工作计量标准由集团公司计量主管部门负责统一规划建立，经考核合格后，由集团公司批准使用。集团公司最高计量标准器具和工作计量标准器具的管理规定，由集团公司另行制定。

第十一条 企业建立的最高计量标准，在正式使用前，须经国务院计量行政部门或有关人民政府计量行政部门考核合格，由本单位批准使用。

第十二条 企业的下属单位建立的次级计量标准，由其上级计量主管部门组织考核，考核合格的由本单位批准使用。

第十三条 企业经考核合格的各类最高计量标准，在批准使用后，应报集团公司计量主管部门备案。其他计量标准应报上一级计量主管部门备案。使用中的各级计量标准，应按《计量法》的规定，进行检定或校准，向上一级计量标准溯源。计量标准器具在暂停使用或废除时，应报上一级计量主管部门备案。未经考核或考核不合格的计量标准器具，不得使用。

第四章　计量器具的管理与监督

第十四条　集团公司所属企业生产《中华人民共和国依法管理的计量器具目录》所列计量器具产品，应按照《计量法》的规定，向当地省级人民政府计量行政部门申请办理《制造计量器具许可证》。

第十五条　对列入《中国石油天然气集团公司石油专用计量器具管理目录》的部分石油专用计量器具，实行产品质量认可证制度。《石油专用计量器具管理目录》和实行产品质量认可证制度的石油专用计量器具目录由集团公司另行公布。对规定必须经过产品质量认可的石油专用计量器具，未取得产品质量认可证书的，不得采购和使用。

第十六条　对列入《石油专用计量器具管理目录》的计量器具新产品，在定型鉴定时，须经通过国家计量认证或集团公司授权的计量检测机构，对其定型设计和计量检测性能进行全面审查和测试，其各项计量性能指标不得低于国家标准或行业标准的规定。

第十七条　各所属企业购置的国家依法管理的计量器具，必须具有国家或地方省级人民政府颁发的《制造计量器具许可证》及其标志、产品合格证书。对实行产品质量认可证制度的石油专用计量器具，应有集团公司颁发的产品质量认可证书。购置的计量器具到货后，应进行检定或校准验收，合格后才能交付使用。

第十八条　引进国外计量器具，应按《中华人民共和国进口计量器具监督管理办法》的要求办理有关手续。引进石油专用计量标准器具和批量专用计量器具，需经集团公司计量主管部门参与审查。未经国务院计量行政部门批准，任何单位不得引进非法定计量单位的计量器具。

第十九条　对列入国家依法管理目录的在用计量器具，各级计量管理部门应按分工，制定检定计划，并组织进行检定，以保证计量器具的准确可靠。

对列入《石油专用计量器具管理目录》的专用计量器具，使用单位的计量管理部门应制定管理制度，进行检定、校准或比对，不合格的专用计量器具不得使用。

第二十条　对用于贸易结算、安全防护、医疗卫生和环境监测方面，列入国家强制检定管理的工作计量器具，应按《中华人民共和国强制检定的工作计量器具检定管理办法》的规定，申请强制检定或申请授权自行检定。

第二十一条　对分析化验和检测实验室中的各种分析、化验、检验、测试的计量检测设备，应制定管理和检定、校准制度，溯源于上一级计量标准或采用国家标准物资进行检定、校准或比对，以保证分析化验和实验数据的准确一致。

第二十二条　计量器具的检定工作，应按相应的计量检定规程进行。石油专用计量器具及其他计量检测设备的校准，应依据校准规范。需要强制统一量值溯源方法的计量器具，应申请制定国家或部门计量检定规程，其他量值溯源方法的可以制定校准规范。

尚未制定国家或部门检定规程、集团公司校准规范的计量检测设备，各企业的计量管理部门或使用单位，应自行制定校准规范，作为校准的依据。

第二十三条　各种计量器具、计量检测设备的使用，必须遵循操作规程。未经检定或检定不合格的计量器具，一律不准使用。未经校准或经校准不能满足要求的专用计量器具及计量检测设备，一律不得使用。使用计量器具的单位和个人具有维护、保养的责任和义务，发现问题应及时报告有关计量技术机构，不得擅自拆卸、变动参数，损害计量器具的准确度。

第二十四条　各企业应依据国家发布的《计量法》及《测量设备的质量保证要求》，按照突出重点、兼顾一般的原则，建立计量器具及计量检测设备的文件化管理程序和检定、校准、比对、在用、停用等标识，逐步采用分类管理、计算机管理、标志管理等先进的管理方法，提高计量器具管理水平。

第五章　计量保证和计量数据监督

第二十五条　企业应根据生产建设、经营管理和科学研究的需要，配备必要的计量器具及计量检测设备。计量器具和检测设备的计量准确度等级、测量范围、使用条件、配备数量，应符合有关计量法规、计量标准规范、技术合同的要求。

第二十六条　企业应按照国家标准规定的《测量

设备质量保证要求》建立和完善企业的计量检测体系，制定本单位计量检测数据的管理办法，加强对计量检测数据的监督管理，提高企业测量过程控制能力，保证计量检测数据的准确可靠。

第二十七条 处理计量检测数据不一致发生计量纠纷时，应遵循以下原则：企业内部计量检测数据不一致时，以本单位最高计量标准器具的检测数据为准；企业之间计量检测数据不一致时，以社会公用计量标准器具检测数据为准；石油专用计量器具计量检测数据不一致时，以集团公司最高计量标准器具或工作计量标准器具的检测数据为准。

第二十八条 集团公司设立的产品质量检测机构、提供公正检测数据服务的专业检测实验室，应取得计量认证证书或实验室认可证书。

第六章 计 量 人 员

第二十九条 计量人员是指从事计量管理、计量检测、计量校准、计量操作、计量器具维修等工作的人员。计量检定、计量校准和油气计量操作人员，必须经考核合格后持证上岗。计量人员的考核，按照《中国石油天然气集团公司计量人员考核发证和管理工作规定》执行。

第三十条 各企业要有计划地培训计量人员，不断提高工作能力和业务水平，以适应计量工作发展的需要。新增加的计量人员，应具有高中以上文化程度，并经过计量专业培训后上岗。

第三十一条 各级计量人员应保持相对稳定。计量人员技术职务系列、计量工人的技能鉴定、计量人员的劳动保护待遇，按照有关规定执行。

第七章 计量经费

第三十二条 建立集团公司最高计量标准和量值溯源系统，重大计量科研项目所需的经费，应编制年度投资计划报集团公司审定后划拨。

第三十三条 企业建立计量标准、购置批量计量器具，更新改造计量检测设备等构成固定资产的，应列入企业的年度资金预算。检定、校准、修理计量器具所需的费用，按有关规定纳入单位年度经费预算。

第三十四条 各级计量技术机构检定、修理计量器具的收费标准，按照国家质量技术监督局、国家物价局、财政部制定的《计量收费项目及收费标准》等规定执行。集团公司所属企业内部计量器具检定、校准、修理的收费标准，按照当地物价部门批准的或合同约定的标准执行。

第八章 奖励与处罚

第三十五条 对于严格执行计量法规和制度，忠于职守，坚持原则，为计量工作做出成绩的单位和个人，各企业应根据贡献大小予以表彰和奖励。计量人员受到表彰和奖励应作为考核工作、晋级、晋职的依据。

第三十六条 计量管理和计量技术成果，应纳入相应的科技成果评选，按规定给予奖励。集团公司优秀计量成果的评选奖励办法，由集团公司另行公布。

第三十七条 计量人员因失职、出具错误检测数据或因损害其公正地位的行为而造成损失的，各级计量管理机构应会同有关部门，按情节轻重，分别给予批评教育、经济处罚或行政处分。

第三十八条 对违反计量法律、法规和本单位计量管理制度，玩忽职守、破坏计量器具准确度、伪造计量数据、利用计量器具作弊的单位和个人，各级计量管理部门应会同有关部门，视情节轻重，分别给予批评教育、经济处罚、行政处分等处理，情节特别严重的，应报请有关人民政府计量行政部门或其他执法机关，依照《计量法》和《计量法实施细则》的有关规定进行处理。

第九章 附 则

第三十九条 各企业可根据本办法，制定本企业的计量管理办法或实施细则。

第四十条 本办法由集团公司计量主管部门负责解释。

第四十一条 本办法自发布之日起实施。原“［1996］中油技监字第412号”文件发布的《中国石油天然气总公司计量管理办法》同时废止。

中国石油天然气集团公司
工程建设项目及物资设备招投标管理暂行办法

（2001 年 4 月 29 日中国石油天然气集团公司
以中油计字［2001］第 187 号文发布）

一、总　　则

第一条　为规范中国石油天然气集团公司（以下简称集团公司）工程建设项目和物资设备招投标活动（以下简称招投标），保护招投标当事人的合法权益，保证工程质量，降低工程造价，提高投资效益，根据《中华人民共和国招标投标法》及有关法律法规，特制订本暂行办法。

第二条　招投标要遵守《中华人民共和国招标投标法》，坚持公开、公平、公正和择优、诚实、守信的原则，提倡开放市场，保护正当竞争，各企业不能以任何借口为招投标设置障碍。

第三条　本办法适用于集团公司所属各企业的工程建设项目主体工程设计、建筑安装、监理、工程总承包以及非进口的物资设备采购。

二、招　　标

第四条　工程建设项目招标范围和规模标准，执行经国院批准，国家发展计划委员会发布的《工程建设项目招标范围和规模标准规定》。

第五条　工程建设项目业主或依法进行工程建设项目勘察、设计、施工、监理以及与工程建设有关的重要设备、材料等招标的法人（以下简称项目法人）可以自行组织招标，也可以委托代理招标。

第六条　项目法人自行组织招标应执行国家发展计划委员会 2000 年第 5 号令发布的《工程建设项目自行招标试行办法》。

第七条　项目法人因缺乏专业技术力量或其他原因不能自行组织招标的，应当委托经法定主管部门审定的有相应资质的招标代理机构招标。

第八条　工程建设项目及设备、材料招标可以采用公开招标和邀请招标方式进行。

第九条　公开招标应按照国家发展计划委员会 2000 年第 4 号令《招标公告发布暂行办法》和《国家计委关于指定发布依法必须招标项目招标公告的媒介的通知》（计政策［2000］868 号）的要求，在指定媒介向社会公开发布招标信息。

邀请招标应向三家以上有资格的潜在投标人发出投标邀请。

第十条　项目法人根据招标项目要求编制招标文件。招标文件中规定的各项技术规格应符合国家有关规定、规范和规程的要求，不得要求或者标明特定的生产供应者以及含有倾向或者排斥潜在投标单位的内容。

第十一条　项目法人可根据批准的初步设计及概算、国家有关规定和集团公司有关定额标准自主确定标底，标底价格要公正合理，综合考虑投资、工期与质量的关系。

三、投　　标

第十二条　参加工程建设项目投标的单位须具备以下条件：

（一）具有招标文件要求的资质证书，并为独立的法人实体或有法人授权委托。

（二）承担过类似建设项目的相关工作，并有良好的工作业绩和履约记录；

（三）财务状况良好，没有处于财产被接管、破产或其他关、停、并、转状态；

（四）在最近三年内没有与骗取合同有关以及其他经济方面的严重违法行为；

（五）近几年有较好的安全记录，投标当年没有发生重大质量和安全事故。

第十三条　投标单位应根据招标文件的要求编制投标文件。投标报价由投标单位根据自身竞争能力和市场情况自主确定。

第十四条　投标人有以下情况之一的，属于恶性竞争，将取消其投标资格：

（一）以低于成本价投标；

（二）以牺牲工程质量为代价获取标的；

（三）串通作弊，哄抬投标价格；

（四）与项目法人串通，排斥其他投标人。

（五）向招标人或者评标委员会成员行贿谋取中标。

（六）以他人名义投标或者以其他方式弄虚作假，骗取中标。

第十五条　两个以上的投标人可以进行联合投标，联合体各方均应当具备承担投标项目的相应能力。由同一专业的单位组成的联合体，按照资质等级较低的单位确定资质等级。

四、开标、评标、定标

第十六条　开标应按招标公告或投标邀请函规定的时间、地点以公开方式进行。开标应由招标人主持，邀请投资方、投标单位、企业有关业务主管部门、监察审计部门和其他有关单位代表参加。开标时应公开唱标，并作好记录。

第十七条　项目法人应成立由其指定的招标代表、技术专家和经济、法律、财务审计人员组成的评标委员会。总人数为五人以上单数，其中专家不少于三分之二。与投标单位有利益关系的人员不得进入评标委员会。

第十八条　评标前，项目法人和评标委员会应共同制订出评标程序、评标标准和评标纪律，并报企业主管部门备案。

第十九条　评标要严格根据招标文件要求和评标标准确定中标人，招标方不能任意修改招标文件内容或提出其他附加条件作为中标条件。

第二十条　评标过程应严格保密，未宣布中标人之前，有关评标情况不得向投标人或与招标工作无关的人员透露。

第二十一条　评标结束后，要将招投标的有关资料和评标意见存档备查。

第二十二条　定标后，招标单位应尽快向中标单位发出中标通知，同时通知其他未中标人。

第二十三条　中标人应当按照合同约定完成中标项目。中标人不得向他人转让中标项目。

五、管理与监督

第二十四条　集团公司规划计划部是监督和管理集团公司工程建设项目及设备、材料的招投标活动的主管部门，负责以下工作：

（一）制订有关规定、办法和工作规程。

（二）在审批重点工程建设项目时，核准项目的招标方式；

（三）对项目招投标中集团公司所属企业间发生的争议进行调解和仲裁；

（四）会同监察、审计等有关部门定期监督检查企业招投标活动和招投标结果的执行。

第二十五条　各企业应指定一个综合管理部门作为本企业工程建设项目及主要设备、材料招投标活动的主管部门，并负责以下工作：

（一）参与制订招标方案；

（二）核备招标文件；

（三）根据国家法规及集团公司有关规定，核准评标程序和评标标准；

（四）定期向集团公司通报本企业工程建设项目招投标动态，处理本企业招投标中的争议和纠纷。

（五）做好文件建档和资料保存。

第二十六条　企业招投标中，凡违反本办法规定事项，弄虚作假、徇私舞弊、以不正当手段骗取中标的，一经发现，集团公司招投标管理部门可中止或宣布该次招投标无效。情节恶劣的要给予相应处分。

第二十七条　招投标过程中发生严重纠纷时，当事人可申请仲裁或向法院提请诉讼。

第二十八条　本办法自颁布之日起实行。

中国石油天然气集团公司
资金授权管理办法

（2001年6月2日中国石油天然气集团公司
以中油财字［2001］第229号文发布）

第一章　总　　则

第一条　为加强资金管理，规范决策程序，有效控制资金支出，建立和完善资金管理的约束机制和监督机制，根据《中华人民共和国会计法》、国务院发布的《总会计师条例》、国务院下发的《关于加强国有企业财务监督意见的通知》（国发［1997］9号），及中央纪委监察部关于国有企业领导干部廉洁自律的有关规定，特制订本办法。

第二条　本办法旨在明确各项资金支出的审批权限和办理程序。

第三条　本办法所称资金支出是指集团公司总部为组织经营活动以及其他需要所发生的支出。包括预算内资金支出、预算外资金支出、金融理财资金支出等。

第四条　本办法适用于集团公司总部。

第二章　预算内资金支出授权管理

第五条　预算内资金支出是指经集团公司常务会议批准，列入集团公司年度预算的所有资金支出，包括集团公司投资、重组企业补贴、有偿解除劳动合同补偿金支出、科研项目投入、科研事业单位经费补贴和集团公司总部有关业务部门安排的专项费用支出。

第六条　集团公司对预算内各项资金支出实行分级管理、分级负责、按程序规范操作。年度预算内各项资金支出预案由各业务部门提出并报财务资产部统筹平衡，由财务资产部制定年度收支预案，经总会计师核准后，报请集团公司常务会议确定年度预算分块资金支出总量。各业务部门安排的支出必须控制在年度预算确定的分块资金支出总量之内，因特殊情况需要超出资金支出总量的，一律按照预算外资金支出的审批程序予以办理。

第七条　集团公司投资的支出程序。规划计划部对各单位上报的投资项目按规定程序进行审查，提出年度投资计划建议，报集团公司常务会议讨论后，下达年度投资控制计划；并在年度投资控制计划总量之内，根据项目进展情况提出执行建议，经集团公司分管计划的副总经理审批后，正式下达投资计划。其中，经营性项目集团公司单项投资5000万元以上（含5000万元）的、非经营性项目集团公司单项投资500万元以上（含500万元）的，应报集团公司常务会议批准后，列入投资计划。财务资产部根据下达的投资计划以及各企业的《投资回报承诺书》，综合平衡资金，按项目建设进度编制月度资金拨款计划，经财务部门负责人审查后拨款。

第八条　重组企业补贴的支出程序。列入年度预算的重组企业补贴总额经集团公司常务会议批准后，由财务资产部根据集团公司确定的补贴政策审核确定分单位的补贴额，报经总会计师审批后，于每月下旬编制下月度的拨款计划，经财务部门负责人审查后拨款。

第九条　有偿解除劳动合同补偿金的支出程序。

（一）有偿解除劳动合同补偿金的预拨。企业办理有偿解除劳动合同时，应按规定将申请报告及相关资料上报集团公司，由人事劳资部会同财务资产部审查后提出意见，报经集团公司分管劳资的副总经理和总会计师审定后下发文件批复。财务资产部根据批复文件和集团公司常务会议确定的补偿金年度预算总量，综合平衡资金，编制分期分批拨款计划，经财务部门负责人审定后拨款。

（二）有偿解除劳动合同补偿金的清算。企业有偿解除劳动合同工作办理完毕后，应向集团公司提交资金清算报告及有关附件，经人事劳资部和财务资产部审核后进行清算。对预拨资金超过清算资金的，其超拨的资金应由企业退回财务资产部；预拨资金小于清算资金的，其欠拨的资金经财务部门负责人审查，并报总会计师审批后，办理拨款。

第十条　科研项目投入的支出程序。年度预算科研项目投入总额经集团公司常务会议批准后，由科技发展部在各单位申报的基础上，综合平衡编制年度科研投入建议计划，经集团公司科技委员会审查，并报集团公司分管科研的副总经理审批后，正式下达集团公司科研投入计划。科技发展部根据年度计划，分批编制拨款计划，报财务资产部，经财务部门负责人审查后拨款。

第十一条　科研事业单位事业经费补贴和专项费用支出的程序。科研事业单位事业经费补贴和专项费用的年度预算支出总额经集团公司常务会议批准后，由财务资产部会同科技发展部等相关部门根据单位上报的预算，提出审核意见报总会计师审批后，正式批复分单位的预算。财务资产部根据批复的预算，综合平衡资金，编制月度拨款计划，经财务部门负责人审查后拨款。

第三章　预算外资金支出授权管理

第十二条　预算外资金支出是指未列入集团公司年度预算的各项资金支出，包括预算外固定资产投资、股权投资、长期债权投资、管理费支出、捐赠赞助等支出。

第十三条　集团公司对预算外资金支出实施从严控制，依据支出项目的金额实行分级审批管理。按照国务院《总会计师条例》中由总会计师主管财务收支审批工作的规定，集团公司预算外资金支出由总会计师归口核准。

第十四条　集团公司分级授权审批的额度划分如下：

（一）单笔资金支出金额不超过50万元的，由业务部门提出资金支出的书面申请，报集团公司分管业务副总经理审查签批后，由总会计师归口核准；

（二）单笔资金支出金额在50万元以上，不超过200万元的，由业务部门提出资金支出的书面申请，报集团公司分管业务副总经理审查签批后，由总会计师归口核准，并报总经理批准；

（三）单笔资金支出金额在200万元以上的，由业务部门提出资金支出书面申请，报集团公司分管业务副总经理和总会计师审查后，提交集团公司常务会议研究决定，并形成会议纪要。

（四）集团公司总部各部门无权审批预算外资金支出。

第十五条　预算外资金支出必须按以下程序办理：

（一）各有关部门和单位向集团公司业务分管副总经理提交资金支付申请报告，写明资金支付的用途、理由、金额和支付方式等。

（二）对不同金额的资金支出按照本办法第十四条的规定办理审批。

（三）财务资产部按规定对已批准资金支付申请的批准程序、相关单证及支付方式等进行复核。复核无误后，依据预算外事项的进展情况和重要程度，实行分次或一次性拨款。属于预算外固定资产投资及对外长期投资的，由规划计划部根据有效批件调整投资计划，财务资产部根据调整后的投资计划编制月度拨款计划，经财务部门负责人审查后拨款。

第十六条　预算外资金支出的后续管理。财务资产部办理完预算外资金支出的拨付手续后，要对审批的资金用途、金额、使用单位及部门、拨付日期、签批领导等内容予以备案，建立台账，并按月将预算外资金支出的审批情况向总经理报告。年终，财务资产部在汇报财务决算情况时，要专题汇报全年预算外资金的支出情况。

第十七条　所有预算外资金支出，要有集团公司领导的书面批示或集团公司常务会议纪要，并以此作为资金支付的依据和会计凭证的附件。

第四章　资金调度及资金运作授权管理

第十八条　集团公司总部的资金调度和资金运作要本着“保证资金安全、提高资金运营效益”的原则，充分进行效益和风险的论证，严格按规定的权限和程序操作。

第十九条　集团公司总部在各金融机构已开立的银行账户之间调度资金的，由财务资产部负责人审批后办理相关手续。因业务需要，需新开立银行账户并调度资金的，由财务资产部提出申请，经总会计师审查批准后，办理开户手续。

第二十条　集团公司总部进行一年以内的国债买卖运作，由财务资产部提出运作方案，单笔资金金额不超过1亿元的，报总会计师审核批准后执行；单笔资金金额在1亿元以上的，由总会计师审查，并报总经理批准后执行。财务资产部应随时跟踪资金的运作情况，及时向总会计师报告资金运作的效益和风险变化等情况。

第二十一条　集团公司资本运营部进行资金运作所需的周转资金，由资本运营部提出运作所需资金的额度，报总会计师审查后，提交集团公司常务会议讨论批准。资本运营部在批准额度内进行具体资金运作时，向财务资产部提出用款申请，经财务资产部负责人审查后，办理付款手续。

第五章　贷款及担保授权管理

第二十二条　集团公司委托中油财务公司对所属企业发放的内部贷款，由用款企业提出借款申请，列明借款项目、借款金额和期限、还款计划、还款来源等情况，由财务资产部审查后提出意见，报总会计师审批后，办理委托贷款手续。

第二十三条　集团公司担保的审批。集团公司对担保业务实行集中管理，统一按以下程序办理：

（一）集团公司所属企业在中油财务公司借款，需由集团公司提供担保的，由借款单位提出担保申请并提供相关资料，由财务资产部审核批准后，办理担保手续。

（二）集团公司所属企业在中油财务公司以外的其他金融机构借款，需由集团公司提供担保的，由借款单位提出担保申请并提供相关资料，由财务资产部审核后提出意见，担保借款金额不超过5000万元的，报总会计师审批后，办理担保手续；担保借款金额在5000万元以上的，经总会计师审查，并报总经理批准后，办理担保手续。

（三）非集团公司所属企业向金融机构的借款，如需要由集团公司总部或集团公司所属企业提供担保的，由借款单位提出担保申请并提供相关资料，财务资产部审查后提出意见，报总会计师审查，并提交集团公司常务会议集体决策。集团公司或所属企业经批准对非集团公司所属企业提供担保，一律要求被担保单位出具反担保。

第二十四条　担保的后续管理。对于集团公司提供的担保，财务资产部应就担保项目、担保金额、担保期限等内容予以备案，建立动态担保管理档案，并对被担保单位借款的使用、还款进度、还款能力等情况进行跟踪，监督被担保单位按合同约定归还借款。

第六章　建立资金签批和执行责任制

第二十五条　为加强对资金使用的管理和监督，完善资金管理责任制度，实行资金授权管理办法后，要建立资金签批责任制，对于预算外资金支出，实行“谁签字，谁负责”。违反上述规定的，按集团公司有关规定追究责任人的责任。

第二十六条　集团公司各有关部门应严格按照本办法规定的程序办理各项资金支出业务，加强对资金使用情况的监管。

第二十七条　经批准使用预算外资金的部门和单位要对签批的分管领导负责，遵守国家的财经法规和集团公司的规定，严格按照批准的用途使用资金，把支出控制在签批的金额以内，不得转移、挪用，形成账外资金。

第二十八条　各用款单位要按照会计制度的规定正确核算各项预算外资金，并在年度终了时将其实际支出纳入年度决算。

第二十九条　项目执行单位有以下情况之一的，要将已拨付的资金退回财务资产部，或通过清算用于其他批准的项目支出。

（一）已批准项目终止执行的；

（二）项目执行完成后有节余资金；

（三）已批准的项目延迟执行的。

第七章　附　　则

第三十条　本办法由集团公司财务资产部负责解释。

第三十一条　本办法自发布之日起施行。

中国石油天然气集团公司节约能源管理办法

（2001年6月12日中国石油天然气集团公司以中油质字［2001］第248号文发布）

第一章　总　　则

第一条　为推进企业节约能源，保障集团公司低成本发展战略实施，保护环境，根据《中华人民共和国节约能源法》、《重点用能单位节能管理办法》等有关法律、法规，结合集团公司实际，制定本办法。

第二条　本办法旨在通过加强节能管理，推进节能技术进步，提高能源利用效率，促进各企业向节能型发展。

第三条　集团公司鼓励、支持企业和职工开展节能科学技术研究和推广，企业和职工有履行节能的义务和责任。

第二章　管理体系与职责

第四条　集团公司质量安全与环保部综合管理各企业的节能工作，其主要职责是：

（一）负责组织贯彻执行国家有关节能法律、法规和方针、政策，研究制定适用于企业的节能管理办法、规定、标准，并组织实施。

（二）根据集团公司整体发展战略，负责组织编制节能工作的长远发展规划和年度工作计划，并组织实施。

（三）负责组织对重点耗能设备、装置、系统的节能监测，促进企业提高能源利用效率。

（四）负责组织节能技术信息交流和节能新技术推广应用，参与组织重大节能科研攻关项目的立项、实施和成果的评审验收。

（五）参与重大固定资产投资工程项目立项的节能论证，参与项目可研和初步设计“节能篇（章）”的审查并参与项目竣工验收。

（六）负责节能信息系统的建设和管理工作，编报发布集团公司能源消耗与节约统计信息。

（七）负责组织、指导节能宣传和对企业节能人员的业务技术培训。

（八）负责指导集团公司所属节能监测机构和节能技术研究机构的建设和业务工作的开展，指导和协助组织“节能专业标准化技术委员会”业务开展和节能标准宣贯。

第五条　各企业节能管理部门负责组织本企业的节能工作，应担负以下主要职责：

（一）负责贯彻国家和集团公司有关节能工作的法律、法规、办法、规定、细则、标准；组织制定本企业的节能管理办法、规章制度和能耗定额，并组织实施。

（二）负责组织制定实施本企业的年度能源消耗计划、节能计划和长远规划，监督本企业合理用能情况，对本企业所属单位进行能耗和节能指标的考核和奖罚。

（三）负责组织编制实施本企业节能技术改造计划。

（四）负责组织对本企业重点设备、装置、系统的节能监测。

（五）参与本企业固定资产投资工程项目立项的节能论证，参与项目可研、初步设计中“节能篇（章）”的审查及竣工验收，参与新增用能设备的采购审查。

（六）负责本企业能耗统计分析，定期向上级部门报送节能统计报表、能源利用状况报告和节能工作情况，公布本企业的能耗情况信息。

（七）负责组织节能培训和节能宣传。

第六条　各企业年耗能10000吨（标准煤）以上的单位必须设专职的节能岗位，节能岗位人员应熟悉国家和集团公司有关节能法律、法规、办法、规定、细则、标准，具有节能专业知识、实际工作经验和中级以上技术职称。

第三章　节能管理

第七条　节能计划管理。集团公司节能主管部门每年下达各企业节能指标计划，各企业节能主管部门应将下达的指标分解到各用能单位，并落实节能措施。

第八条　节能统计管理。集团公司节能主管部门定期统计、分析、公布各企业能源消耗与节约状况、主要单耗状况和主要耗能设备、装置、系统运行效率状况。

各企业应当建立健全能源消耗原始记录（票据、凭证）和统计台账，每年1月15日前报送企业上年度能源消耗与节约统计报表和统计分析报告，7月15日前报送企业上半年能源消耗与节约统计报表。

第九条　节能监测管理。集团公司按专业或地区设节能监测中心，企业可设节能监测站，节能监测机构业务上受同级节能管理机构指导。经计量认证和职能审定的节能监测机构受节能管理部门委托，依照有关节能法规和标准对用能单位的能源利用状况、用能设备（系统、装置）效率和能耗指标进行检查、测试、评价。节能监测机构实施节能监测的经费由委托部门安排。

重点用能单位的主要耗能设备每年要有计划实施节能监测，至少每5年重复一次。

第十条　固定资产投资工程项目节能管理。

（一）年耗能量超过3000吨（标准煤）的固定资产投资工程项目，其可行性研究报告必须有“节能篇（章）”专题论证用能合理性，初步设计文件中必须有“节能篇（章）”落实可研究报告提出的节能指标、措施和要求。

（二）项目的主管部门应会同同级节能部门审查、监督项目“节能篇（章）”中的节能措施与能耗指标的落实和达到情况，无“节能篇（章）”或经审查达不到有关节能设计规范要求的工程项目不予批准建设，主要能耗指标达不到设计要求的工程项目不予竣工验收。

第十一条　节能标准化管理。各企业应当执行国家、行业和集团公司企业节能标准，并可根据情况制定本企业节能标准。制定节能标准要本着技术上先进，经济上合理，符合国家、行业政策和企业特点，以及有利于加强节能工作的原则。

第十二条　能耗定额管理。各企业应当制定先进合理可行的主要产品（作业）能源消耗定额，定期（一般为三年）修订，实行单位产品综合能耗定额和单项能耗定额考核。

第十三条　能源计量管理。各企业应按《中华人民共和国计量法》和国家标准《企业能源计量器具配备和管理通则》配全、管好、用好能源计量器具。生活用能与生产用能应当分开计量，实行计量考核、计量核算、计量收费，不允许无偿使用或者实行包费制。

第十四条　能源供应管理。做好能源收、发、管、用各环节的管理工作，防止能源的损失和浪费。

（一）能源采购供应管理部门应按照国家规定的能源质量标准对购进能源进行质量、数量验收；

（二）向外单位转供的能源应按规定收费。

第十五条　节能宣传教育。集团公司和企业节能管理部门要积极组织宣传国家和集团公司的节能法律、法规、办法、规定、细则、标准，普及节能科学知识，提高全员节能意识。

各级节能管理人员和技术人员应积极参加国家、集团公司和本企业组织的节能培训。重点用能岗位操作人员未经节能教育、培训，不得上岗工作。

第四章　合理使用能源

第十六条　企业应建立有利于节能、降耗、增效的节能工作责任制，并纳入经济责任制。

第十七条　企业应按照国家和集团公司有关节能技术政策、标准，优化用能经济结构，提高能源利用效益。

第十八条　企业应对生产系统进行整体用能优化，对能源转换、传输、利用系统加强管理，实现节能经济运行，提高能源利用效率。

第十九条　企业应充分利用低谷期电力。

第二十条　企业应充分利用余热、余压等余能，回收利用放散可燃气体和低热值燃料。

第二十一条　企业应因地制宜地开发利用地热

能、太阳能、风能等新能源和可再生能源。

第二十二条　企业必须按照国家有关规定，禁止生产、销售国家明令淘汰的用能设备，正在使用的要限期停用。

第二十三条　设计单位应按照优化能源资源配置原则进行工程项目的设计，采用先进合理的用能工艺、技术、设备和节能措施，为项目投产运行时节能创造基础条件。

第五章　节能技术进步

第二十四条　集团公司确定并组织实施有引导和示范作用的节能科研、新技术推广项目和节能示范工程，各企业要积极采用节能新工艺、新技术、新设备和新材料。

第二十五条　各企业根据生产经营实际，在科学研究资金中适当安排节能资金，用于先进节能技术研究。

第二十六条　各企业应安排足够的技术改造资金，用于实施节能技术改造。

第二十七条　各企业节能主管部门要对节能项目跟踪考核，进行节能投资效益分析评价。

第二十八条　集团公司鼓励各企业采取共担风险、共获收益的节能技术服务机制，促进节能技术改造项目的实施。

第六章　奖励和处罚

第二十九条　集团公司和各企业对节能先进单位和先进个人进行表彰和奖励。

第三十条　各企业应根据节能净收益情况在工资总额中列支部分节能奖，集团公司重大节能项目成果奖由总经理奖励基金开支。

第三十一条　集团公司和各企业对违反本办法的单位和个人，视情节轻重给予通报批评；对于工作失职，造成严重浪费能源和经济损失的，要追究责任，给予行政处分和经济处罚。

第七章　附　　则

第三十二条　各企业可根据本办法，结合本单位实际情况制定相应的管理办法。

第三十三条　本办法由集团公司质量安全与环保部负责解释。

第三十四条　本办法自发布之日起施行。

中国石油天然气集团公司
科技成果登记管理办法

（2001年7月26日中国石油天然气集团公司
以中油科字［2001］第323号文发布）

第一条　为规范集团公司科技成果登记管理工作，确保及时、准确和完整地开展科技成果统计，根据国家科学技术部《科技成果登记办法》（国科发计字［2000］542号文件），制定本办法。

第二条　本办法适用于集团公司所属各单位和集团公司控股公司。

第三条　凡承担国家科技计划、集团公司科技计划、企业和研究院所各级科技计划产生的应用技术类、基础理论类和软科学类的科技成果，一律要进行登记。

第四条　集团公司科技发展部归口管理集团公司成果登记管理工作；集团公司所属各单位和集团公司控股公司的各级科技管理部门负责本单位的科技成果登记管理工作。

第五条　集团公司制定统一标准，开发配置统一软件，并对从事成果登记管理工作的人员进行培训。

第六条　科技成果的完成单位，向本单位主管科技工作的部门办理科技成果登记手续。科技成果不得重复登记。两个或两个以上单位共同完成的科技成果，由第一完成单位办理登记手续。

第七条　进行成果登记时，要提交《中国石油天然气集团公司科技成果登记表》及下列材料：

（一）应用基础和应用技术成果：相关的评价证明（鉴定证书，验收、评审、评定报告，行业准入证明，新产品证书等）和研制报告；或者知识产权证明（专利证书、专有技术认定书、软件登记证书等）和用户证明。

（二）基础理论成果：学术论文、学术专著、本单位学术部门的评价意见和论文发表后被引用的证明。

（三）软科学研究成果：相关的评价证明（软科学成果评价证书或验收报告等）和研究报告。

第八条　科技成果登记要规范、完整、齐全、真实；已有的评价结论持肯定性意见；不违背国家的法律、法规和政策。

第九条　各单位科技管理部门负责本单位科技成果登记档案保存、数据录入和汇总、统计、分析工作，将已经登记的科技成果及时报送集团公司科技成果登记站登录集团公司科技成果数据库，并于每年11月30日前把本年度的汇总数据和年度分析报告连同电子文件各一份报送集团公司科技成果登记站。

第十条　各单位科技管理部门要认真审核申请登记的科技成果材料，确保数据的真实、有效。

第十一条　申请科技成果登记的项目材料，要经过本单位知识产权管理部门的审核，对于应申请专利而未申请的科技成果，申请专利后再进行登记；对于应认定专有技术而未认定的，经认定后再进行登记；软件成果要经过软件著作权登记之后才能进行成果登记。进行知识产权审核的工作人员和单位要严格把关，在《中国石油天然气集团公司科技成果登记表》的有关栏目中签字盖章，表明可否登记，并说明理由。

第十二条　集团公司科技成果登记站负责对各单位报送的数据和资料进行形式审查，对符合条件的予以登记，出具登记证明。科技成果登记证明不作为确认科技成果权属的依据。

第十三条　集团公司科技成果库登录的科技成果定期在“中国石油科技网”上发布。

第十四条　凡存在争议的科技成果，在争议解决之前，不予登记；已登记的科技成果，发现弄虚作假，剽窃、篡改或以其他方式侵犯他人知识产权的，注销登记。

第十五条　科技成果登记不收取任何费用，负责成果登记的各级部门不得对申请登记的科技成果收取任何费用。

第十六条　没有进行登记的科技成果不得申报集团公司技术创新奖；未报送年终科技成果登记汇总和年度分析报告的单位，集团公司将不受理其推荐的技术创新奖励项目。

第十七条　负责科技成果登记的工作人员擅自使用、披露、转让所登记科技成果的技术秘密，侵犯他人知识产权的，追究相应的法律责任。

第十八条　由知识产权审核工作造成的成果登记后技术秘密泄漏或流失，责任由负责知识产权审核工作的部门承担。

第十九条　本办法由集团公司科技发展部负责解释。

第二十条　本办法自发布之日起施行，本办法实施前公布的有关规定同时废止。

中国石油天然气集团公司关于在外投外借资金清查工作中实施责任追究和奖励的办法

（2001年8月16日中国石油天然气集团公司以中油监字［2001］第372号文发布）

第一条　为确保国有资产安全完整，防止国有资产流失，加强对外投资、对外借款和对外担保（以下简称“外投外借资金”）的管理和清查追偿工作，根据《中国共产党纪律处分条例（试行）》、国务院《企业职工奖惩条例》等法规、规定以及集团公司有关规定，制定本办法。

第二条 集团公司所属各企事业单位，在外投外借资金清查工作中，依据本办法，对违规行为和造成损失问题的责任人以及清查不力的单位负责人实施责任追究；对清收有功的人员（应追究责任的人员除外）给予奖励。

第三条 责任追究坚持实事求是，惩前毖后，防止和最大限度减少国有资产流失的原则。

第四条 责任追究的方式有以下几种：

（一）通报批评；

（二）经济处罚：扣发奖金，扣发工资，赔偿损失；

（三）行政处分：警告，记过，记大过，降级，撤职，开除留用察看，开除。

上述追究方式可以单独使用，也可以合并使用。

情节严重构成犯罪的移交司法机关处理。

第五条 责任追究要分清直接责任者和主要领导责任者：

（一）直接责任者，指直接参与决策并起主要作用的人员。即外投外借资金发生的决策者和提出外投外借资金项目申请或建议书的项目负责人。个人擅自决策的，直接责任者为决策者个人；领导班子集体研究决策的，直接责任者为决策时会议的召集人和授权人，批准项目的企业负责人（法定代表人）或主管领导。

（二）主要领导责任者，指未直接参与决策，但由于不履行或不正确履行职责，致使本单位发生违规对外投资、对外借款、对外担保和造成经济损失问题的企业法定代表人和主管领导。

第六条 凡在《关于集团公司所属企事业单位对外担保、投资、外汇融资和股权融资等四项经济活动审批权限的通知》（中油财字［1999］第14号，以下简称《通知》）下发后，发生下列情况的，要进行专项调查，分清责任，根据情节轻重和损失大小，对责任人进行追究：

（一）未经集团公司批准，擅自对外投资的；

（二）未经集团公司批准，对集团公司以外的单位或个人提供各种经济担保的；

（三）违反规定对外借款的；

（四）在非银行金融机构或在单位所在地以外的金融机构存款或变相存款，造成损失的；

（五）对《通知》下发后发生的外投外借资金项目，因管理不善造成损失的；

（六）其他违反集团公司外投外借、对外担保有关规定及造成损失的。

第七条 在《通知》下发之前发生的外投外借资金项目，除因违法违纪、个人擅自决策或严重失职渎职，造成重大损失和恶劣影响的，应追究责任外，一般不予追究。

第八条 对应追究责任的人员，根据情节轻重和损失金额大小，按以下规定进行处罚：

（一）发生第六条所列情况，未造成损失，累计外投外借资金额在5000万元以下（不含5000万元）的，给予直接责任者通报批评或警告处分，给予主要领导责任者通报批评；累计外投外借资金额在5000万元以上（含5000万元）的，给予直接责任者警告、记过或记大过处分，给予主要领导责任者通报批评、警告或记过处分；

（二）发生第六条、第七条所列情况，造成较大损失的，给予直接责任者警告、记过或记大过处分，扣发直接责任者2个月的工资、奖金，并由其个人按损失额的1%—5%赔偿损失，给予主要领导责任者通报批评、警告或记过处分；

（三）发生第六条、第七条所列情况，造成重大损失的，给予直接责任者记过、记大过或降级处分，扣发直接责任者4个月的工资、奖金，并由其个人按损失额的1%—5%赔偿损失，给予主要领导责任者警告、记过或记大过处分；

（四）发生第六条、第七条所列情况，造成巨大损失的，给予直接责任者降级、撤职或撤职以上处分，扣发直接责任者6个月的工资、奖金，并由其个人按损失额的1%—5%赔偿损失，最高赔偿额为15万元，给予主要领导责任者记大过、降级或撤职处分。

第九条 本办法所称“造成损失”，是指已有下列情况之一发生：

（一）被投资企业、被投资项目长期严重亏损，或已经停产、中止、关闭、破产，使原始投资全部或部分无法收回；

（二）短期投资处置时，全部或部分原始投资无法收回；

（三）对外借款未约定或超过约定的还款期限，且存在借款单位拒不还款，或已证实借款单位没有还款能力，或已同借款单位失去联系等情况，造成借款全部或部分不能收回；

（四）对外担保因被担保单位或个人未履行约定义务，已被要求履行担保责任，或已经履行担保责任支付货币资金或其他经济补偿；

（五）企业存款或变相存款，已证实存款本息全部或部分不能收回；

（六）因外投外借而造成的其他经济损失。

第十条　本办法所指较大损失、重大损失、巨大损失的衡量标准：

（一）较大损失。直接经济损失10万元以上（含10万元），50万元以下；

（二）重大损失。直接经济损失50万元以上（含50万元），100万元以下；

（三）巨大损失。直接经济损失100万元以上（含100万元）。

第十一条　应追究责任的人员，有下列情节之一的，从重或加重处罚：

（一）个人擅自决策的；

（二）个人从中捞取好处的；

（三）为亲属或其他个人、私营企业提供担保或借款，进行营利活动或非法活动的；

（四）因不行权管理、逾期不追偿或其他失职渎职行为，使损失扩大的；

（五）涂改、伪造、转移和销毁证据的；

（六）阻挠、抗拒检查和清查或拒不纠正问题的。

第十二条　应追究责任的人员，有下列情节的，从轻或减轻处罚：

（一）积极配合清查工作，主动说清问题，提供真实情况和有关资料，并采取措施使企业损失降低的；

（二）积极追款，收回资金，有效地阻止损失发生，最终未给企业造成损失的。

第十三条　责任的认定与追究。

（一）由各单位清查办公室查清有关责任人员的问题事实，提出责任追究的初步意见；

（二）应追究责任的人员属处级及处级以下干部的，由各单位纪检监察部门进行调查核实，认定责任性质和情节轻重，提出处理意见，由各单位按照干部管理权限进行审批和处理，并报上级主管部门备案。

（三）应追究责任的人员属副局级以上领导干部的，由集团公司党组纪检组、监察部负责调查和提出处理意见，集团公司党组审批。

（四）应追究责任的人员已离任的（含已离开集团公司系统的），由原单位纪检监察部门提出责任追究意见，转交现管辖单位或部门处理，同时报上级纪检监察部门备案。

（五）责任人已死亡的，其个人责任不再追究。

第十四条　对组织清查效果突出的单位，由上一级主管部门审核认定并予以通报表彰。对清收有功的人员（应追究责任的人员除外），由清查办公室根据清收工作的实际情况提出奖励意见，报单位主管领导审批后给予奖励。奖励标准如下：

（一）收回1995年底以前外投外借资金的，按收回额的3%—5%计奖，个人最高奖金额不超过15万元；

（二）收回1996年至1998年底期间外投外借资金的，按收回额的2%—4%计奖，个人最高奖金额不超过10万元；

（三）解除对外担保，降低企业风险的，可根据避免和挽回损失的大小，给予10万元以下的奖励。

第十五条　对推诿扯皮、清查工作组织不力的单位，给予通报批评，对其负责人给予警告处分；对因清查不力、管理混乱，造成外投外借资金损失加大的，对其单位负责人给予记过以上行政处分。

第十六条　本办法仅适用于集团公司2001年外投外借资金清查工作中的责任追究和奖惩。在本办法下发后仍发生违规外投外借资金行为的，不论外投外借资金额大小和有无造成损失，对直接责任者和主要领导责任者将严格追究，加重处罚。

第十七条　各单位可依据本办法制定实施细则。

第十八条　本办法由集团公司监察部负责解释。

第十九条　本办法自下发之日起施行。

关联交易结算管理暂行办法

（2001 年 9 月 7 日中国石油天然气集团公司
以中油财字［2001］第 422 号文发布）

第一章　总　　则

第一条　为了规范关联交易结算行为，明确结算依据，严肃结算纪律，简化结算程序，加快结算进度，依据国家有关法规以及《中国石油天然气集团公司与中国石油天然气股份有限公司产品和服务互供总协议》（以下简称总协议），中国石油天然气集团公司（以下简称集团公司）与中国石油天然气股份有限公司（以下简称股份公司）共同制定本办法。

第二条　本办法适用于集团公司所属未上市企业与股份公司所属地区分公司、全资子公司和控股子公司之间的结算业务。各单位可根据本暂行办法制定具体实施细则。

第三条　关联交易结算范围是指关联交易总协议以及其他相关协议所确定的产品和服务项目。

第二章　结 算 程 序

第四条　关联交易协议和合同是甲乙双方办理关联交易结算的依据。

第五条　乙方向甲方有关职能部门提出结算申请并附报必要的结算资料，结算申请应载明项目或服务的进度、工作量等内容。

第六条　甲方有关职能部门审核确认并出具付款通知。

第七条　甲方财务部门根据甲乙双方签订的协议、合同副本、有关职能部门出具的付款通知及乙方提供的正式发票办理结算。

第八条　甲方所有有关职能部门对资料的审核确认应在乙方提出结算申请后 5 个工作日内完成，并向财务部门出具付款通知，如有异议，应在发现问题后 2 个工作日内及时通知乙方；财务部门应在接到付款通知之日起 3 个工作日内完成结算付款。

第九条　甲乙双方至少每月结算一次，月度结算时间及次数由甲乙双方协商确定。重组过程中所签协议有明确付款要求的，从其规定。

第三章　结 算 支 付

第十条　对于钻井、录井、测井、试油、井下作业、油田建设、炼化建设、装置设备维修检修、公用工程等工程技术服务项目，合同签订后，甲方可向乙方支付一定比例的预付款，预付款比例一般不超过合同总价款的 30%。

工程技术服务项目可根据当月实际完成的工作量或形象进度办理月度结算，工程进度款为合同总价款的 85%至 95%。

第十一条　工程项目完工后，乙方应在合同规定的时间内向甲方移交工程并提交竣工资料，同时甲方应组织竣工验收，验收合格颁发《工程竣工验收合格证书》，在规定的时间内办理竣工决算、支付工程尾款，并可根据项目性质预留 5% 至 10% 的质量保证金。

第十二条　竣工决算一般应在竣工验收（即颁发《工程竣工验收合格证书》）后 45 日内办理完毕，当年完工的项目在年终决算前应办理完成结算事宜。

第十三条　生产服务类、物资供应类、生活服务类和社会服务类等服务项目根据实际提供的服务量和确定的价格按月进行结算。

第十四条　按比例分摊费用的服务项目，根据分摊总额均衡结算。

第四章　附　　则

第十五条　本办法所称“甲方”是指接受产品和服务的单位，“乙方”是指提供产品和服务的单位。

第十六条　各单位必须严格执行本暂行办法的各项规定，不能发生故意拖延结算等问题，否则将予以严肃处理。如发生结算纠纷，双方应尽量协商解决，若无法达成一致意见，可分别书面上报集团公司和股份公司予以协调。

第十七条　本办法由集团公司财务资产部和股份公司财务部负责解释。

第十八条　本办法自2001年1月1日起执行。

中国石油天然气集团公司股权管理暂行办法

（2001年11月19日中国石油天然气集团公司以中油资字［2001］第541号文发布）

第一章　总　　则

第一条　为规范中国石油天然气集团公司（以下简称集团公司）的股权管理行为，明确集团公司作为股东的权利、义务和责任，维护集团公司股权的完整，全面提升集团公司股权价值，根据《中华人民共和国公司法》、《中华人民共和国证券法》、《股份有限公司国有股权管理暂行办法》和《企业国有资本与财务管理暂行办法》等有关法律、法规，结合集团公司的实际情况，制订本办法。

第二条　股权管理是指集团公司作为国家授权投资机构和国有控股公司，按照国家相关法律、法规的要求，为正确行使股东的资产受益、重大决策、选择管理者等项权利，使国有资产保值增值，而向所投资公司委派股权代表，推荐董事和监事，建立股权决策支持和股权信息管理系统，分析、研究股权价值等一系列行为的总称。

第三条　股权管理工作遵循以下原则：

（一）依法管理原则。按照法律、法规、规章的要求，规范各方面的管理工作；

（二）同股同权同利原则。保障集团公司的股东权益，做到与其他股东同股同权、同利；

（三）分级管理原则。按照“谁投资，谁行权”的原则，对各层次的股权实行分级管理；

（四）价值最大化原则。努力提高股权管理效率，不断降低管理成本，促进资源合理配置，优化投资结构，提升集团公司的股权价值。

第四条　集团公司对所持股份依法进行管理，股权管理的主要内容为：

（一）委派股权代表参加所投资公司的股东大会或股东会，审议和表决股东大会或股东会议程所列有关内容；

（二）根据所持股份或出资比例依法推选董事、监事，或者提出罢免董事、监事的议案；

（三）建立股权管理决策支持系统，为行使股东权利提供全面的决策支持；

（四）对股权信息进行系统的管理，与所投资公司保持信息沟通，以便对其经营状况有客观的了解和判断；

（五）通过对所投资公司重大决策信息进行研究，确保集团公司按照所持股份或出资比例行使重大决策权；

（六）根据所持股份或出资比例行使资产受益权；

（七）对所投资公司的股权价值进行研究和分析，并采取必要的对策以贯彻集团公司的发展战略。

第五条　本办法适用于集团公司管理其直接投资的控股公司和参股公司的股权，全资公司的股权管理可参照本办法执行。

(一) 控股公司指集团公司拥有实际控制权的公司，包括：

1. 集团公司拥有50%（不含50%）以上股份或出资比例的绝对控股公司；

2. 集团公司拥有50%及以下股份或出资比例且为第一大股东，由于股权分散或其他原因而拥有控制权的相对控股公司。

(二) 参股公司指集团公司拥有其股份数额较小，且无控制权的公司。

第二章 股权代表

第六条 集团公司的法定代表人是集团公司股权的法定代表，集团公司也可授权其他人员担任股权代表，对于同一股权，集团公司委派一名股权代表在授权范围内行使股东权利，并对集团公司决策层负责。股权代表不得以个人名义行使国有股权。

第七条 股权代表实行登记制。除集团公司法定代表人以外被委派的股权代表应与集团公司签订委托责任书，明确任期、任职的目标要求、责任和权利，以及严重违约、损害集团公司利益应承担的法律与经济责任。

第八条 集团公司委派的股权代表应具备以下条件：

(一) 熟悉和遵守国家以及国有资产管理的有关法律、行政法规；

(二) 熟悉和了解所投资公司经营管理及财务状况，能够对公司发展提出积极的建议；

(三) 能够依法维护集团公司作为股东的权益，正确行使表决权；

(四) 能够代表集团公司履行公司章程规定的义务，并正确行使权力；

(五) 掌握金融知识，了解资本市场，具备资本运作的能力。

第九条 集团公司委派股权代表出席所投资公司的股东会议，依据所持股份或出资比例对重大经营决策、管理者的选择、收益的分配等事项行使表决权，保证集团公司发展战略和资产收益的实现。

第十条 委派的股权代表在股东大会或股东会上行使表决权时必须执行集团公司的决定，并在授权的权限范围内进行表决；凡不按集团公司决定进行表决，给集团公司利益造成损失的，集团公司将予以追究。

第十一条 在股东大会或股东会闭会期间，股权代表履行下列职责：

(一) 协助集团公司有关部门与所投资公司进行联络和沟通；

(二) 帮助集团公司股权管理支持系统获得必要的信息，以便对拟在所投资公司股东大会或股东会上提出的议案和需进行表决的事项进行研究和准备；

(三) 督促有关职能部门，对集团公司依法应得的资产收益，及时、全额收缴入账；

(四) 根据集团公司的决定，提议召开临时股东大会或临时股东会会议。

第十二条 通过股权代表，集团公司在必要时将对所投资公司提出有关的建议或议案，其内容包括但不限于：

(一) 对公司章程的修改意见；

(二) 对公司建立有效的决策机制和管理机制的建议；

(三) 对公司发展战略规划、重大决策原则、利润分配原则的建议；

(四) 提名董事、监事候选人或提出罢免董事、监事的议案。

第三章 股权管理决策支持

第十三条 股权管理决策是指集团公司作为股东，依据《中华人民共和国公司法》以及所投资公司章程的规定，对所投资公司须提交股东大会或股东会表决的重大决策、收益分配、管理者人选等形成意见或决定。

第十四条 为确保股权管理决策的科学和高效，集团公司建立战略管理、投融资、人事与考核、收益管理等股权管理的专业委员会。股权管理各专业委员会由集团公司相关主管领导和职能部门的成员组成，对集团公司决策层负责，为集团公司进行股权管理提供决策支持。

第十五条 股权管理各专业委员会的基本职责：

(一) 通过股权管理信息渠道获取信息，并进行整理、研究、论证；

(二) 提出相关股权管理事项的意见、建议；

(三) 对股权管理决策的执行情况进行跟踪，提出建议或质询；

（四）协助股权代表开展工作；

（五）集团公司推荐的董事、监事认为必要时，为其履行职责提供支持。

第十六条　战略管理委员会的主要职责：

（一）依据集团公司整体发展战略和经营规划，对所投资公司产业发展方向进行研究并提出发展战略规划方面的建议；

（二）对所投资公司的产业布局进行研究，提出公司经营方针的建议；

（三）根据市场趋势分析，结合所投资公司的具体情况，提出业务整合或业务领域拓展的建议。

第十七条　投融资委员会的主要职责：

（一）对所投资公司须经股东大会审议的重大投资项目进行论证；

（二）对所投资公司提交股东大会审议的重大收购、兼并等项目进行论证；

（三）对所投资公司的直接融资（如增发新股、配股、发行公司债券等）活动及须经股东大会审议的重大对外举债进行分析论证；

（四）对所投资公司的股权价值进行分析和研究，适时提出股权运作方案。

第十八条　人事与考核委员会的主要职责：

（一）提出向所投资公司委派股权代表和推荐董事、监事人选的建议；

（二）组织向所投资公司委派和推荐的人员与集团公司签订委托责任书；

（三）组织向所投资公司委派和推荐的人员定期向集团公司述职；

（四）负责对集团公司向所投资公司委派和推荐人员进行监督、评议和考核；

（五）制订集团公司向所投资公司委派和推荐人员的管理制度并组织实施。

第十九条　收益管理委员会的主要职责：

（一）依据集团公司的投资收益目标，研究所投资公司的具体情况，提出对所投资公司的年度利润建议目标；

（二）跟踪、评价所投资公司利润目标的实现情况；

（三）研究所投资公司的股利分配政策并提出建议；

（四）对提交所投资公司股东大会或股东会的利润分配方案和弥补亏损方案进行研究，提出审议意见；

（五）定期分析和总结股权收益的收缴情况。

第二十条　股权管理决策的主要工作流程如下：

（一）集团公司授权股权管理部门通过股权信息渠道获得有关需进行决策的信息。获取信息次日，经整理登记后分送各相关股权管理专业委员会；

（二）各专业委员会进行研究、分析，在10个工作日内形成决策建议，向集团公司决策层汇报；

（三）相关专业委员会根据决策层意见，在2个工作日内形成书面材料并送交股权管理部门，特殊股权管理信息（如董监事人选等）可直接送达股权代表；

（四）股权管理部门将决策意见登记后送达股权代表，股权代表根据决策意见依法行使表决权，并将表决结果及时反馈股权管理部门。

第四章　股权信息管理

第二十一条　股权信息是指集团公司为行使股东权利所需要的有关所投资公司的重大经营决策、收益分配、管理者选择和经营业绩以及对所投资公司进行分析和评价所需要的信息。

第二十二条　重大经营决策信息主要包括：所投资公司的发展战略和中长期规划；年度经营计划；年度投资计划；年度财务预算方案；重大融资方案；重大兼并方案；其他需要股东大会或股东会审议的重大事项。

第二十三条　收益分配信息主要包括：股利分配政策；中期、年度财务报告；中期、年度利润分配方案；股利分配决议等。

第二十四条　管理者的选择及其经营业绩方面的信息包括：董事会、监事会就董事、监事候选人向主要股东发出的征求意见函；董事会、监事会关于提名董事、监事候选人的决议；股东大会或股东会通过的对董事、监事的薪酬方案与考核办法；公司的主要利润指标；董事会、监事会的工作报告；推荐的董事、监事的述职报告等。

第二十五条　对所投资公司的价值进行分析与评价应获得的信息包括：可依法取得的有关外部审计报告；财务季报；预算执行季度报告；生产经营年报、公报、重大诉讼等法律纠纷的信息等。

第二十六条　股权管理部门负责与所投资公司指定部门建立股权信息沟通渠道。集团公司派出的股权代表和推荐的董事、监事应协助建立集团公司与所投资公司之间的股权信息渠道，并努力维护股权信息渠道的畅通。

第二十七条 集团公司股权管理各专业委员会根据各自的职责对所获取的重大经营决策、收益分配、选择管理者等方面的信息，及时进行研究和分析，提出建设性的意见，为集团公司决策层提供支持。

第二十八条 为加强股权信息的管理，集团公司制订股权信息管理手册，以提高股权信息管理的效率与水平。

第二十九条 建立实用、高效的股权信息管理系统，指定专人对所投资公司送达的文件和资料及时进行登记、整理、存档、维护。股权信息资料的保管应符合集团公司档案资料管理的有关规定。

第三十条 股权管理部门负责协调所投资公司在规定时间内送达的须提交股东大会或股东会表决的重大经营决策、收益分配、管理者人选及对所投资公司的价值进行分析和评价所需要的信息。

第三十一条 对集团公司根据国家有关部门授权、委托统计或转报的有关所投资公司的信息，目前仍按原工作程序进行，由集团公司职能部门直接与所投资公司对口联系。

第三十二条 对股权信息实行严格的保密制度。对因国家宏观管理需要提前获得的股权信息，要严格控制其传播范围。严禁股权信息知情人员在所投资公司信息公开披露前对外泄露有关信息。

第五章 股权设置与确认

第三十三条 根据集团公司结构调整和持续重组战略，对所属企业依法进行公司制改造，改制为有限责任公司或股份有限公司。改制过程中，要设置合理的股本结构，实现投资主体的多元化。

第三十四条 国有股权的设置应遵循如下原则：

（一）对集团公司重点发展和控制的领域，国有资本应保证拥有实际控制权。可结合股东的构成情况，选择绝对控股或相对控股，使国有资本充分发挥效能。

（二）对属于放开搞活的领域，国有资本可以参股，保持一定的持股比例，也可以全部退出。

第三十五条 改制企业应对股权设置方案进行充分论证，并按国家有关规定向集团公司报送股权确认的申报材料。

第三十六条 集团公司按相关程序进行审核，审核重点为国有股权的设置及管理方案、拟设立公司的章程等。集团公司将依据审定后的股权管理方案，依法直接或间接持有改制企业的国有股权。

第三十七条 企业的股权确认后，集团公司对企业的股权进行登记。集团公司建立国有股权管理档案，包括国有股持股单位名称、国有股比例、持股凭证、国有股权代表、推荐的董事和监事、国有股股利收缴、国有股权变动等，对国有股权实施动态管理。

第六章 股权变动

第三十八条 股权变动是指集团公司直接或间接持有的控股公司、参股公司的股权在持股比例或持股数量方面发生变化，主要包括：增资扩股、送红股或公司公积金转增股本、股权的增持和减持、债权及股权转换、内部流动等。

第三十九条 为加快整体发展，保证国有资产保值、增值，集团公司将充分利用资本市场，通过股权的增持、转让、合并、拆分、回购、置换等方式，实现集团公司资源的优化配置。

第四十条 集团公司的控股公司从优化资产结构、调整股权结构等目的出发，根据国家有关法律、法规和集团公司整体发展战略，可进行债权与股权的转换。转换方案须经集团公司审核同意并报国家有关部门批准后方可实施。

第四十一条 以调整资产结构为目的，间接控股的上市公司的国有股东可依法转让国有股权。股权转让须符合国家有关法律、法规、产业政策和集团公司整体发展战略。转让上市公司的国有股份时，有关持股单位须向集团公司提交转让申请报告，对转让的目的、对象、数额、价格等作详细说明，经集团公司同意并报国家有关部门批准后实施。

第四十二条 间接控股的上市公司进行配股、增发新股或国有股回购等项工作时，其控股股东应依照法律法规的要求，向集团公司报送国有股权的管理方案（包括国有股权的变动分析、国有资产的认股方案、国有股回购的可行性论证等），经集团公司同意报国家有关部门批准后方可实施。

第七章　附　　则

第四十三条　集团公司股权管理各专业委员会的工作程序和管理细则由各委员会另行制订。

第四十四条　集团公司所属企业和控股公司可根据本办法，结合本企业实际情况制订内部股权管理实施细则，并报集团公司备案。

第四十五条　本办法由资本运营部负责解释。本办法如与国家有关法律、法规相抵触，以国家法律、法规为准。

第四十六条　本办法自颁布之日起施行。集团公司以前的有关制度和规定与本办法相抵触的，以本办法为准。

中国石油天然气集团公司
“十五”员工培训规划

（2001年12月3日中国石油天然气集团公司
以中油人劳字［2001］第576号文发布）

“十五”期间，是集团公司深化改革，实现整体发展，全面增强核心竞争能力的关键时期。为适应集团公司改革与发展对人才及队伍素质的需求，配合干部人事制度综合改革，按照中央《2001—2005年全国干部教育培训规划》（中发［2001］4号）的要求，特制定本规划。

一、指导思想、总体目标和工作原则

（一）指导思想

以邓小平理论为指导，按照江泽民同志“三个代表”重要思想的要求，认真贯彻中组部、国家经贸委《“十五”期间全国企业经营管理人员培训纲要》（国经贸培训［2001］748号）的精神，紧密围绕集团公司“十五”发展战略和改革发展目标，以市场为导向，以效益为中心，强化管理创新和机制创新，积极推进企业教育培训工作的发展，为提高集团公司的队伍整体素质和国际竞争力提供强有力的人力资源保证。

（二）总体目标

“十五”期间，“建立三支队伍，形成一个体系”。即用3年时间建设一支政治素质高、懂经营、会管理，能带领企业开拓市场、赢得竞争的企业领导人员队伍；用3年时间建设一支精干高效、结构合理，有创新能力的专业技术人员队伍；用5年时间建设一支技术过硬、能够按照国际市场规范化施工作业的操作人员队伍。同时，教育培训工作要体制创新，功能拓展，创造一个良好的人才成长环境，逐步形成提供人才保障的全员岗位培训体系。

（三）工作原则

1. 前瞻性原则。要着眼于企业长远发展，着眼于人才的接替与储备，超前规划，提前运作，分析和预测企业对不同层次、不同专业人才的需求趋势，为企业可持续发展有计划、有目的地储备各类高素质人才。

2. 效益原则。要以效益为中心，不断推进企业培训的市场化和产业化。增强培训工作的针对性和实效性，注重培训工作的质量。把是否有利于提高队伍素质，是否有利于提升队伍资质水平，是否有利于增强企业竞争实力，作为衡量培训效益和质量的标准。

3. 创新原则。转变观念，深化改革，坚持培训体制创新、方法创新和内容创新，建立具有时代特征和石油行业特色的人才培养模式及与现代企业制度相适应的培训管理体制和运行机制。

4. 分级管理原则。按照“谁主管、谁培训”的原则，培训工作分级管理，分层实施，避免多头主管，重复培训。

5. 用人育人一体化原则。坚持“先选拔后培训，先培训后上岗”，全面实行持证上岗。把培训与使用有机结合起来，坚持选拔、培养、考核、使用一体化。在行业内的重要岗位有计划、有步骤地推行资格准入制度。

二、基本任务和要求

（一）抓好企业领导人员培训

1. 搞好“双基”培训。根据中组部、国家经贸委的统一安排，用两年时间集中力量对企业各级领导人员进行《国有大中型企业建设现代企业制度和加强管理的基本规范》（以下简称《基本规范》）与世贸组织基本规则的培训。举办高层次、多形式的培训班，使直属企业领导人员充分了解和掌握《基本规范》的主要内容和要求，了解世贸组织基本规则的内涵和我国的承诺及应对措施，为建立现代企业制度和加强管理，尽快与国际接轨，提高国际竞争力做好基础工作。

2. 规范工商管理培训，推行职业资格证书制度。工商管理培训是提高企业领导人员驾驭市场能力的一项重要内容。“十五”期间，要加强对国有及国有控股大型企业领导人员的工商管理培训，要以邓小平理论和江泽民同志“三个代表”重要思想为重点，在坚持原有培训内容的基础上，补充国际商务、跨国经营、企业发展战略、企业发展目标与企业重组、利用国际资本市场等方面的内容。集团公司所属各培训点要强化案例教学，改进培训形式和方法，更新和完善培训手段。结合企业实际，对直属全资企业的领导，控股、参股企业的产权代表（董事长、财务总监、监事会主席）实行调训，在系统内全面推行工商管理职业资格证书制度。

3. 加强思想政治教育培训。继续办好集团公司机关党校，深入开展马列主义、毛泽东思想、邓小平理论和江泽民同志“三个代表”重要思想的理论培训，每年举办 2 期培训班，计划培训 800—1000 人，全面提高各级企业领导人员的思想政治素质。各企业也要采取多种形式加强思想政治教育培训工作。

4. 开展企业发展战略研讨。继续办好企业党政一把手企业发展战略研讨班，每年举办 1 期培训班，计划培训 500 人。聘请国家有关部门领导、专家及集团公司领导授课，对事关集团公司长远发展的热点、难点问题进行研讨，提高企业主要领导人员的战略决策水平。

5. 加强企业领导人员后备队伍培养。集团公司每年举办 2 期中青年企业领导人员培训班，计划培训 300 人。各企业要高度重视领导人员的后备队伍建设，严格选拔推荐程序，认真组织培训。

6. 开展国外培训交流活动。要逐步推行企业领导人员“学术休假”制度。每年有计划地选派大约 30 人到发达国家学习考察，开阔眼界，提升自身水平。

7. 切实抓好工商管理硕士（MBA）培养。每年选拔 10 名左右年轻并有发展潜力的集团公司直属企业领导人员或后备人选到国外大学攻读 MBA 学位，计划培养 50 人。每年选拔 100 名左右企业所属单位的领导人员或后备人选攻读国内管理硕士，计划培养 500 人。通过培训使集团公司直属主要企业的领导班子中至少有 1 名获得国外 MBA 学位的领导人员，使大多数企业所属单位的领导班子中有 1—2 名取得国内 MBA 学位的领导人员。

8. 继续推行重要岗位的领导人员任职资格培训。在计划、财务、审计、人事（劳资）、纪检监察、科技管理、市场管理、安全质量、物探、钻（录）井、测井、井下作业、基建（设计、施工、监督、监理）等重要管理岗位推行任职资格证书制度。到“十五”末，持证上岗率达到 100%。

（二）抓好跨国经营骨干人才的培训

1. 适应集团公司大力开拓海外市场的需要，继续举办对外合作管理和技术骨干培训班。围绕建立 120 支跨国经营工程技术服务队伍的目标，在目前规模上，重点培养项目经理以及石油地质、钻井工程、地球物理、油气集输、经济评价、财务会计、安全环保（HSE）、营销采办等专业人员 500 名左右。培养一批具有良好职业道德、专业精、外语强、善管理、熟悉国际作业规范的对外合作骨干。

2. 加快培养适应国际国内工程技术服务市场要求的工程监督和监理人员。提高工程监督、监理单位的竞争能力和资质水平，建立一支专业门类齐全、懂得市场运行规则和国际惯例、专业技术规范的工程监督、监理队伍。同时对通用专业逐步实行职业资格取证社会化。“十五”末计划培养工程监督和监理人员 3000 人。

（三）抓好专业技术人员的继续教育

1. 开展创新能力培训。为跟踪世界尖端技术发展趋势，针对企业在关键技术上存在的难题，每年选派 10 名左右具有敬业精神和较大发展潜力的技术拔尖人才赴国外培训研讨。同时，要广开渠道，借助国内高校、科研院所的技术优势，培养专业拔尖人才。通过参与相关技术攻关课题研究，提高学员的创新能力，解决集团公司的重大技术难题。

2. 全面提高工程技术骨干队伍的综合素质。集团公司选定 2—3 所高校，以物探、钻井、测井、井下作业、设计施工和加工制造等专业为重点，每年选拔 100 名左右具有明确培养使用目标的优秀专业技术人员攻读工程硕士学位。工程硕士生由企业、院校和个人三方协商确定研究方向，要结合企业科研和生产需要，突出解决科研生产中的技术难题。

3. 严格执行继续教育制度。为提高专业技术人员的创新能力和专业技术水平，加强专业技术人员的知识更新培训，每人每年脱产学习不少于15天。普及外语和计算机培训，推行外语水平和计算机等级考评制度，并把这项培训作为专业技术人员职称评审的条件之一。"十五"期间，计划每年培训5000人，共培训25000人。

4. 广泛开展复合型高级技能人才的培养。"十五"期间，根据企业生产组织结构发展和生产技术变化，计划培养10000名技艺精湛、一专多能、能够适应国际市场规范施工作业的操作技术骨干。要充分利用现代技术手段，不断提高操作人员的培训效率和质量，并切实搞好职业技能鉴定工作。

5. 开展重要项目的适应性短期培训。围绕企业改革和发展中的热点、难点问题，为适应管理创新、技术创新的需要，广泛开展资本运营、市场营销、金融财税、法律知识、企业管理信息化、电子商务、网络技术等内容的适应性短期培训。

（四）大力推进企业的自主培训

自主培训是建立现代企业制度和加强企业管理的内在要求，是提高企业竞争力、培育企业文化的重要手段。各级企业要结合自身管理和发展的需要，充分发挥人事部门、业务部门和培训单位的作用，自主选择培训院校，自主选择培训内容和形式，自主确定培训对象，自主安排培训时间，组织好政治理论、工商管理知识、专业技术知识、职业技能等内容的培训。

三、保障措施及激励机制

（一）保障措施

1. 加强培训基地和教师队伍建设。"十五"前期，对现有培训基地的办学条件和教学质量进行考核、评估和认证。在此基础上，按照资源优化，结构合理，功能齐全的基本要求，对培训基地进行重组整合，并抓好重点培训基地建设。各大型油田、炼化企业要根据企业培训的要求，充分利用和完善现有的培训基地，逐步将企业现有学历教育基地转变为职业教育基地。"十五"中期，建立起以集团公司重点培训基地为骨干，以企业培训基地为主体，以普通高校和社会培训市场为补充的全方位的培训基地网络。

要进一步加强师资队伍建设。建立起教师的聘任上岗、培训进修、教学质量考核等管理制度。到"十五"末期，两级培训基地都要建立一支适应企业和市场要求、以专职教师为骨干、兼职教师为主体、突出石油行业特色的职业教育教师队伍。

2. 保证和加大培训经费的投入。按照中共中央、国务院《关于加强职工教育工作的决定》（中发［1981］8号）的要求，企业管理费中的职工教育经费计提比例不得少于工资总额的1.5%。企业大项目的引进和建设，新技术、新产品的开发与研究应按规定在项目投资或费用中列支专项培训费。要进一步加强对培训经费使用的监管力度，健全完善各项规章制度，确保专款专用。

3. 加强培训生源的选拔推荐工作。结合企业对各级各类人才的需求，制定切实可行的培训计划和人才使用政策，按照"优秀人才优先培养、重要人才重点培养、紧缺人才抓紧培养"的原则，选派好学员。

4. 加强培训市场建设。继续完善培训市场运作规则，规范市场行为，实行培训承办单位资格审查和市场准入制度。重点培训项目要通过招投标的办法确定培训承办单位，实现同中选强、强中选优，努力提高培训的效率、质量和效益。

（二）激励机制

1. 把培训作为开发人才、留住人才、吸引人才的重要手段。要充分发挥培训的激励作用，把个人对企业的贡献与培训挂钩，对做出突出贡献的人员，要给予奖励性培训，包括可以自主选择与本岗位相关的专业培训或高一层次的学历进修。对有培养和发展潜力的专业人才，要结合企业发展和本人专长，帮助其进行职业生涯设计，促其早日成才。

2. 把培训作为企业领导人员选拔培养的重要条件。按照先培训后上岗、先培训后使用、先培训后提拔的原则，逐步实行持证上岗制度和岗位任职资格考试制度，把培训情况与岗位聘任和职位晋升结合起来。对经过培训并取得优秀成绩的后备人选，经考察可以重点培养优先使用。

四、深化培训体制改革，建立高效培训运行机制

（一）完善管理体制

适应企业改革与发展的需要，按照"人事部门牵头、业务部门指导、培训单位实施"的培训管理体制，建立与其相适应的科学化、规范化的运行机制。

1. 分级管理。集团公司人事劳资部是集团公司教育培训工作的主管部门，负责制定集团公司教育培训工作的方针、政策，编制集团公司教育培训工作规划、计划；负责集团公司直属和企业领导人员、集团公司级的学术技术带头人及关键岗位人员培训的组织实施；负责协调、指导、检查所属各企（事）业单位教育培训工作。各企（事）业单位人事部门是教育培训工作的主管部门，要按照集团公司教育培训工作总体部署，结合本单位实际抓好各级各类人员的教育培训。

2. 明确职责。各级人事部门根据企业长远发展战略，负责制定本单位教育培训规划和培训计划，建立和完善选拔、考核、使用、评估、激励等制度，向培训实施单位提出培训项目所要达到的目标和要求，配合和监督培训项目的实施，制定科学的考试、考核办法和培训质量评估标准及组织评估实施，做好培训项目的人员选派、培训后上岗工作并负责培训经费管理及使用。各级业务部门根据本系统、本专业队伍素质状况以及科技发展和经营管理需要，提出培训需求，参与培训需求分析并审定培训大纲及教材，参与培训项目评估以及推荐本专业专家参与教学等。培训单位负责开发培训项目，编写培训教材和大纲，进行师资队伍和培训基地建设，按计划组织具体培训项目的实施。

（二）健全管理制度

1. 建立领导责任制度。企业主要领导要把握好教育培训工作的方向。在确立企业改革、发展重大事项时，要将人力资源开发和教育培训工作作为重要内容，同步考虑，统筹安排。各级主管人事工作的领导负责培训工作，要及时研究涉及有关教育培训方面的政策和重大事项，协调解决存在的突出问题。通过进一步完善领导业绩考核制度，将企业培训工作实施状况作为主管领导任期目标及绩效考核的一项重要内容，并作为是否续聘的重要依据。各企业要设立培训管理机构和管理人员，稳定机构和队伍。

2. 建立培训质量考核、评估、检查制度。按照国家经贸委推荐采用的标准（GB/T 19025—2001—ISO 10015）规范教育培训，提高培训质量。要按标准确立和分析培训需求，组织有关专家参与培训项目的立项、评估、设计和开发，评价培训成果，提高培训有效性。对承办单位资质要进行考核认证，未经考核或经考核不合格的培训单位，不得承担培训任务。在培训项目实施过程中，要定期检查，反馈信息，总结经验，调整培训内容及方法，确保培训质量。项目结束后，要定期跟踪检查培训合格人员履行岗位职责的能力。实行培训项目后评估，作为衡量培训项目效果的主要依据。

3. 推行培训项目公示制。本着“公开、公平、公正”的原则，拟定培训项目要利用报纸、杂志、网络等媒体进行公示，将培训项目的培养方向、选人标准、承办单位、资费情况、选拔结果等进行公示，使所有员工都具有均等参与选拔和竞争的机会，为优选培训人员奠定广泛的群众基础。

4. 实行培训责任追究制度。要搞好培训考核登记工作，对参加培训人员，由培训实施单位就培训项目、培训内容、培训时间以及达到水平等项进行考核登记，作为责任追究的依据。明确培训实施单位、用人部门和员工的责任，将培训过程各个环节的责任明确到人。要定期检查培训人员的上岗情况和岗位工作情况，对未进行相关培训和培训后未达到相应标准而导致工作（生产）出现问题，追究有关领导责任。培训合格上岗造成工作损失和操作失误，由责任人承担责任，同时要围绕责任人培训内容是否合理、培训考核是否科学等情况，层层追究有关部门和人员的责任。

5. 建立培训人员管理制度。各企业要针对不同的培训项目，制定明确的培养目标和选人标准，并建立培训人员数据库，为后期的管理提供基础资料。要建立培训协议制度，参加重大培训项目的人员和接受培训超过半年以上的人员，必须与企业签订培训协议，明确双方在费用分担、培养使用、考核奖惩、服务期限等方面的权利和义务，对违约方要依照协议追究违约责任。

关于开展电子商务工作的实施意见

（2001 年 2 月 9 日中国石油天然气股份有限公司
以石油办字［2001］第 36 号文发布）

各公司、院：

随着国际互联网的迅猛发展，开展电子商务工作已经成为促进企业持续重组、加强管理、降低生产经营成本、增强市场竞争力的必备技术手段。石油行业属于资本密集型的成熟性产业，采购供应成本比重大，开展电子商务从物资采购入手，不仅可以从根本上解决在长期计划经济体制下和当前企业实行分散采购中普遍存在的种种弊端，增强物资采购的透明度，降低生产成本，还将促使企业进一步转换经营机制，变革传统的管理流程和管理方式，提升公司价值，更好地兑现公司对投资者的承诺，增强公司在国际市场的竞争力。为此，2000年8月，公司董事会适时做出了开展电子商务的决议，之后，通过与和记黄埔等合资方进行谈判，签订了合资合同，并选聘了管理咨询公司。目前，首批公开招聘人员已到位，着手进行电子商务的筹备工作。为了进一步加快推进这项工作，特提出如下实施意见：

一、抓好组织落实，组建电子商务组织机构

当前，要本着机构精简、职责明确、办事高效、运转协调、行为规范的原则，抓紧、抓好公司电子商务管理体系建设。股份公司电子商务组织机构分两个层面设置：股份公司总部组建电子商务办公室，各地区公司成立电子商务管理部门。

电子商务办公室是股份公司电子商务工作的组织、管理、协调和指导部门。其主要职责是：负责制定公司电子商务的战略、发展规划和业务发展计划；负责物资采购及产品销售交易过程中的规范管理；负责对物资采购供应商进行统一招标及网上采购的决策管理；负责地区公司电子商务部门的业务归口管理，搞好与电子商务合资公司的业务协调。公司电子商务办公室下设商务处、技术处、业务发展与综合管理处三个处，编制控制在20人以内。

各地区分（子）公司电子商务管理部门接受总部电子商务办公室的业务领导，其主要职责是：负责制定本地区电子商务实施计划；负责地区公司的商品采购和供应；负责与存续企业业务的协调与衔接；负责地区公司物流管理及物资管理；负责地区公司电子商务系统的终端维护，保证电子商务工作正常进行。各地区公司电子商务管理部门要与现有物资采购机构统筹考虑，可根据工作需要设立采购、管理和技术等岗位，人员控制在10人以内。

电子商务所需人员优先从存续企业原物资采购人员中招聘，要充分发挥原有采购业务人员的作用。

二、统一搭建电子商务平台，立足现有资源优化利用

开展电子商务要根据电子商务办公室的总体规划，统一搭建电子商务平台，各地区电子商务管理部门根据业务需要，设立使用终端，实现资源共享。股份公司的任何下属单位都不得单独搭建电子商务平台，以避免搞“小而全”，造成资源浪费。

开展电子商务采购业务，要规范运作。在实施过程中，既要确保电子商务平台的先进性，又要充分利用存续企业现有的局域网、仓储设施等资源，加强相互之间的合作和协调。股份公司及所属单位在认真履行业主职责的同时，要充分发挥地区存续企业对物资采办提供催交、运输、入库验收、仓储管理及发料配送等方面的服务优势，不得重建仓储设施，不得搞重复建设。

三、加强电子商务实施和管理，注重提高电子商务质量

着眼于提高企业整体效益，提升公司价值，从实际出发，分步骤、积极稳妥地推进电子商务工作的开展。这项工作大体分为四个阶段：

第一阶段，组织机构落实。2001年3月底前，完成电子商务办公室和地区电子商务管理部门两层机构的组建及人员的招聘工作，同时，调整及修订运行计划，制定工作规范，为下一阶段的工作开展奠定基础。

第二阶段，电子采购阶段。2001年6月底前完成电子采购平台的搭建和技术整合，初步筛选供应商，进行技术培训，完成网上采购金额5%。

第三阶段，电子销售阶段。2001年12月底前，力争实现网上采购金额达到10%。同时，努力完成电子销售、电子市场平台的搭建和技术整合，实现网上销售。

第四阶段，电子市场阶段。2002年12月底前，完善电子采购、电子销售及电子市场功能，网上采购额和网上销售额均达30%，进一步扩大电子市场的交易，使网上交易总量达到500亿元人民币以上。

当前，要按照上述计划，作好开展电子商务的组织研究，特别是实施电子采购所涉及的关键环节的组织和落实工作，以提高运作效率和整体效益。要坚持电子采购从易到难的操作方式，从主要品种、大宗物资采购入手，逐步扩大电子采购的品种和数量，并不断摸索和建立一套行之有效的办法和措施。同时，各地区公司在实施网上交易过程中，要搞好与原有管理流程和管理模式的衔接，保证生产连续、平稳运行。

四、加强电子商务工作的领导，保证电子商务工作顺利开展

开展电子商务工作是继重组上市之后，为适应市场竞争和生存发展需要，在经营管理方式上的调整和管理流程的持续重组。各级领导要统一思想，顾全大局，切实加强组织领导，树立全新的经营理念，着眼于提升公司价值，按照既定目标和要求，扎扎实实地推进工作。各单位要把开展电子商务列入重要议事日程，并明确一名领导分工抓好工作落实。

当前，要按照股份公司电子商务总体安排，搞好电子商务办公室的职能定位，积极推进电子商务各项业务的开展。重点组织研究并尽快实施对物资采办管理流程进行整合，以提高运作效率和整体效益。同时，要与集团公司有关部门和地区存续企业积极协调，尽快实现由传统采购方式向电子商务的转变。

中国石油天然气股份有限公司
名牌发展战略规划纲要

（2001 年 3 月 20 日中国石油天然气股份有限公司
以石油质字［2001］第 72 号文发布）

一、目的意义

中国石油天然气股份有限公司（以下简称“股份公司”）作为目前中国最大的上市公司，其总体发展思路是：以提升公司价值和实现对股东最大回报为宗旨，继续实施加快主营业务发展、削减成本、科技创新、持续重组四大战略，稳步推进国际化经营，进一步完善现代企业制度，转换经营机制，强化企业管理，着力培育新的业务增长点，提高盈利能力、竞争能力和抗御市场风险的能力，把股份公司建设成为国际一流的大型综合石油公司。

实施名牌发展战略，对于保证上述发展思路和发展目标的实现有着十分重要的意义：

1. 实施名牌发展战略可促进股份公司产品质量的提高和产品结构的优化，实现结构调整、增强企业实力；

2. 实施名牌发展战略可增强股份公司市场竞争能力；

3. 实施名牌发展战略可树立股份公司良好的企业形象，建立起股份公司企业文化；

二、战略目标

股份公司实施名牌发展战略的目标是：经过 3 到 5 年的努力，通过推行先进的质量管理方法，创建一批具有高质量、高效益、高知名度和高市场占有率，且达到或超过国际同类先进水平的产品。到 2005 年，通过实施有效的市场营销战略，创建 3 到 5 项在全国有较大影响的、被用户普遍接受的、有较强市场占有率的驰名商标，并力争在国际市场产生一定的影响力和市场占有率。

三、指导思想

股份公司实施名牌发展战略的指导思想是：坚持以创造公司最高价值和实现股东最大回报为宗旨，以发展为主题，以结构调整为主线，以深化改革和科技创新为动力，通过创建名牌产品和驰名商标达到树立“中国石油”良好企业形象的目的，不断提升股份公司在国内和国际市场的竞争能力，保证股份公司总体发展目标的顺利实现。

四、遵循原则

股份公司实施名牌发展战略要遵循如下基本原则：

1. 统筹规划、分步实施、面向市场、重点突破。

统筹规划、分步实施、面向市场、重点突破，就是要改变当前股份公司所属各产品生产单位在产品开发、市场开拓、创名牌产品和名牌企业等方面各自为政的现状。从股份公司整体利益出发，全面设计股份公司名牌战略目标、指导思想和总体规划。以专业公司为实施主体，在对市场和产品生产情况进行充分调查研究的基础上，按照轻重缓急，首先有重点地选择一批具有较强市场竞争能力和较大市场占有率的产品，作为股份公司实施名牌发展战略的首要对象。集中人力、物力和财力，先国内、后国外，有组织、有计划、有步骤地实施名牌发展战略。

2. 统一标准、统一商标、统一认定、统一宣传。

统一标准、统一商标、统一认定、统一宣传，就是要针对具有一定市场知名度和市场竞争潜力的产品，组织专家对产品执行的国内外标准进行分析，确定股份公司应统一执行的产品标准。同时，对执行同一标准的产品品牌进行整合，并依据统一的产品标准，组织专家对股份公司所属单位生产相应产品的质量管理体系和产品技术水平进行评审，认定企业是否可使用股份公司统一规定的产品商标。其目的是调整产品结构，优化资源配置，实现强强联合，共同提高产品质量，增强股份公司的整体实力。对创品牌的产品，股份公司统一策划，专业公司、地区公司分工负责，以统一的宣传口径，在国内外各大媒体进行广告宣传，以增强广告宣传的效果。

3. 质量第一、用户至上、实事求是、注重实效。

股份公司实施名牌发展战略的主要任务之一是要提高股份公司的产品质量和服务质量，以高质量的产品和服务占领市场，扩大市场占有份额，增强市场竞争能力，提高股份公司企业整体形象。因此，专业公司、地区公司，特别是产品生产型企业和产品销售型企业，要坚定不移地走质量效益型发展道路，以市场为导向，根据本企业的实际情况适时地开展各种群众性质量管理活动，全面开展质量体系认证和产品质量认证，积极开发具有潜在市场的新产品，在创品牌中创新，在创新中发展。加强质量管理和质量监督，充分发挥股份公司质量监督检验机构的作用，加大股份公司产品质量监督抽查力度，促进股份公司产品质量的提高。

五、实施步骤

1. 品牌调查。针对目前股份公司所属单位生产的产品进行全面的调查，摸清产品及商标的现状，调查内容主要包括：

（1）产品名称、类别、规格、型号；

（2）产品所执行标准；

（3）产品质量状况；

（4）产品产量、销量；

（5）产品与国内外同类产品的水平对比分析；

（6）产品销售地区和主要用户；

（7）产品获奖情况；

（8）产品商标情况；

（9）产品广告情况。

2. 品牌评估。委托国内或国外有关评估公司对重点产品进行市场评估。市场评估的主要内容包括：

（1）产品的市场占有率；

（2）产品的用户满意度；

（3）产品的市场信誉度；

（4）产品的品牌知名度。

3. 品牌整合。根据产品市场评估的结果，选择重点产品，在实现强强联合的基础上，进行品牌整合。品牌整合的主要内容包括：

（1）统一产品所执行的标准；

（2）确定并统一产品的商标；

（3）统一产品包装；

（4）统一售后服务。

4. 品牌认定。建立品牌认定和管理制度，对使用统一商标的产品进行品牌认定，以确保产品的质量达到或超过统一标准规定的各项技术指标。品牌认定主要包括如下内容：

（1）产品质量抽查检验；

（2）质量保证体系审核；

（3）技术水平专家评审。

5. 品牌宣传。品牌宣传由股份公司主管部门统一组织策划。全面实施“中国石油”形象包装工程，通过各级新闻媒体，大力宣传“中国石油”品牌，树立股份公司的企业的形象和风范。

六、组织协调

实施股份公司名牌发展战略是一项系统工程，需要股份公司所属各部门、各专业分公司及各地区分公司统一协调和共同协作。股份公司质量安全环保部作为股份公司质量工作的归口主管部门，牵头负责股份公司名牌发展战略的总体规划及有关问题的综合协调。股份公司各专业分公司是股份公司实施名牌战略的主体，按照专业分工负责本专业板块名牌战略的具体实施。

中国石油天然气股份有限公司关联交易结算管理暂行办法

（2001年9月21日中国石油天然气股份有限公司以石油财字［2001］第249号文发布）

第一章　总　　则

第一条　为了规范关联交易结算行为，明确结算依据，严肃结算纪律，简化结算程序，加快结算进度，依据国家有关法规以及《中国石油天然气集团公司与中国石油天然气股份有限公司产品和服务互供总协议》（以下简称总协议），中国石油天然气集团公司（以下简称集团公司）与中国石油天然气股份有限公司（以下简称股份公司）共同制定本办法。

第二条　本办法适用于集团公司所属未上市企业与股份公司所属地区分公司、全资子公司和控股子公司之间的结算业务。各单位可根据本暂行办法制订具体实施细则。

第三条　关联交易结算范围是指关联交易总协议以及其他相关协议所确定的产品和服务项目。

第二章　结算程序

第四条　关联交易协议和合同是甲乙双方办理关联交易结算的依据。

第五条　乙方向甲方有关职能部门提出结算申请并附报必要的结算资料，结算申请应载明项目或服务的进度、工作量等内容。

第六条　甲方有关职能部门审核确认并出具付款通知。

第七条　甲方财务部门根据甲乙双方签订的协议、合同副本、有关职能部门出具的付款通知及乙方提供的正式发票办理结算。

第八条　甲方所有有关职能部门对资料的审核确认应在乙方提出结算申请后5个工作日内完成，并向财务部门出具付款通知，如有异议，应在发现问题后2个工作日内及时通知乙方；财务部门应在接到付款通知之日起3个工作日内完成结算付款。

第九条　甲乙双方至少每月结算一次，月度结算时间及次数由甲乙双方协商确定。重组过程中所签协议有明确付款要求的，从其规定。

第三章　结算支付

第十条　对于钻井、录井、测井、试油、井下作业、油田建设、炼化建设、装置设备维修检修、公用工程等工程技术服务项目，合同签订后，甲方可向乙方支付一定比例的预付款，预付款比例一般不超过合同总价款的30%。

工程技术服务项目可根据当月实际完成的工作量或形象进度办理月度结算，工程进度款为合同总价款的85%至95%。

第十一条　工程项目完工后，乙方应在合同规定的时间内向甲方移交工程并提交竣工资料，同时甲方应组织竣工验收，验收合格后颁发《工程竣工验收合格证书》，在规定的时间内办理竣工决算、支付工程尾款，并可根据项目性质预留5%至10%的质量保证金。

第十二条　竣工决算一般应在竣工验收（即颁发《工程竣工验收合格证书》）后45日内办理完毕，当年完工的项目在年终决算前应办理完成结算事宜。

第十三条　生产服务类、物资供应类、生活服务类和社会服务类等服务项目根据实际提供的服务量和确定的价格按月进行结算。

第十四条　按比例分摊费用的服务项目，根据分摊总额均衡结算。

第四章　附　　则

第十五条　本办法所称“甲方”是指接受产品和服务的单位，“乙方”是指提供产品和服务的单位。

第十六条　各单位必须严格执行本暂行办法的各项规定，不能发生故意拖延结算等问题，否则将予以严肃处理。如发生结算纠纷，双方应尽量协商解决，若无法达成一致意见，可分别书面上报集团公司和股份公司予以协调。

第十七条　本办法由集团公司财务资产部和股份公司财务部负责解释。

第十八条　本办法自2001年1月1日起执行。

中国石油天然气股份有限公司
电子商务应用系统管理办法（试行）

（2001年11月2日中国石油天然气股份有限公司以石油商字［2001］第285号文发布）

第一章　总　　则

第一条　为规范中国石油天然气股份有限公司（以下简称股份公司）网上采购和销售行为，加强电子商务应用系统的管理，制定本办法。

第二条　本办法适用于股份公司总部、专业分公司、全资子公司、地区分公司和直属科研规划院（全资子公司、地区分公司和直属科研规划院以下简称地区公司）；控股子公司、参股公司可参照执行。

第三条　股份公司电子商务应用系统是利用高可靠、高安全和可扩展的信息技术平台，实现股份公司的网上物资采购与产品销售，并提供工作流管理及信息管理的大型企业计算机应用系统，包括电子采购系统、电子销售系统及相关的管理信息系统。

第二章　组织架构及职责

第四条　股份公司电子商务部是股份公司电子商务工作的组织、管理、协调和指导部门，负责对电子商务应用系统进行归口管理。地区公司电子商务管理部门需设立技术岗位，并在需要的业务岗位上配备电子商务应用系统终端。

第五条　股份公司电子商务部在电子商务应用系统归口管理中的职责包括：

1. 负责制定股份公司电子商务技术发展规划、确定技术关键、选择技术路线；
2. 负责按照股份公司信息技术战略规划，组织实施电子商务相关应用系统建设，以及系统集成；
3. 协调股份公司电子商务技术和业务之间的关系，保证技术和业务的整合；
4. 负责与中油和黄信息技术有限公司（以下简称合资公司）的协调，确保电子商务平台的平稳运行；
5. 负责股份公司电子商务应用的技术指导，组织推广培训工作。

第六条　地区公司电子商务管理部门在电子商务应用系统中的管理职责包括：

1. 负责本地区公司电子商务应用的技术管理、指导、支持；
2. 负责本地区公司电子商务应用系统终端的管理与维护；

3. 协调本地区公司电子商务应用中技术与业务之间的关系；

4. 负责本地区公司电子商务应用的技术推广与培训。

第三章 系统管理

第七条 电子商务应用系统由股份公司统一规划、统一建设、统一管理，各专业公司、地区公司不得单独搭建电子商务平台，以避免重复建设，搞“小而全”，造成资源浪费。

第八条 股份公司电子采购系统的主要业务功能包括：采购需求汇总，采购申请与审批，动态采购（网上招标、谈价议价、反向拍卖），采购订单的供应商网上确认与管理，合同管理，物资验收，统计报表等。

第九条 股份公司电子销售系统的主要功能业务包括：目录式销售，谈价与议价，网上招标，网上拍卖等。

第十条 股份公司电子采购、电子销售系统实行分级授权维护与管理，分别设立系统管理员岗，并赋予相应的管理权限。

第十一条 股份公司电子商务部系统管理员负责各地区公司的系统管理员的权限分配和管理。并负责股份公司机关的用户、角色、权限的管理，确保内容的准确。

第十二条 各地区公司系统管理员根据本单位的具体业务规定负责本单位用户、角色、权限的添加、删除、修改，并确保内容的准确。

第十三条 各级系统管理员对于用户、角色、权限的添加、删除、修改工作须经本单位电子商务主管领导审批。系统管理员负责保存用户申请及审批文档。

第十四条 在电子采购系统中，股份公司电子商务部系统管理员负责Ⅰ类物资目录的管理。各地区公司系统管理员负责Ⅱ类物资目录的添加、删除、修改。各级系统管理员对于目录的增、删、改工作，应经过本单位电子商务部门的主管领导审批。各级系统管理员应确保目录内容的及时更新与准确。

第十五条 在电子销售系统中，各专业公司电子商务应用系统管理员负责统销产品目录及价格的维护。各地区公司系统管理员负责非统销产品目录及价格的维护。各级系统管理员应确保目录内容的及时更新与准确。

第十六条 电子采购系统的业务规则包括采购申请的审批规则、收货验收的审批规则、用户信息修改的审批规则以及目录信息的审批规则。由电子商务部系统管理员统一管理。各地区公司的系统管理员负责本单位和下属单位的用户文件配置工作。

第十七条 如果系统中设定的业务规则不能符合业务发展的要求或者业务规则发生变化，但不能通过配置用户文件实现相应的修改；由地区公司系统管理员以书面形式提交报告。经本单位电子商务管理部门主管领导同意，报股份公司电子商务部审批处理。

第十八条 电子采购、电子销售系统的用户、权限、目录、业务规则的维护由各级系统管理员负责，各单位也可根据需要委托合资公司负责维护，并书面通知股份公司电子商务部。

第十九条 电子采购系统（目录采购）的供应商必须是经过股份公司电子商务部或各地区公司电子商务管理部门经过招标等手段选定的。

第二十条 电子采购系统的供应商必须是“能源一号网”的会员。合资公司负责管理电子采购系统供应商的相关信息。供应商信息管理工作包括：供应商信息的登记和录入、供应商信息修改、供应商资格的失效和恢复等工作。供应商信息的变更须经股份公司电子商务部审批。

第二十一条 股份公司电子商务部负责对供应商资质的考核。供应商信息的删除和供应商资格的取消，由电子商务部提出书面要求，合资公司实施。

第二十二条 股份公司各级管理部门根据业务规定建立相应的报表查阅制度，对不同类型的用户所能查阅的报表有相应的权限控制。

第二十三条 地区公司在系统管理过程中出现的问题可以向股份公司电子商务部咨询解决方案。

第二十四条 电子商务应用系统的文件归档和保管工作参照股份公司档案管理办法执行。

第四章 安全保密管理

第二十五条 电子商务应用系统的安全管理按照《中华人民共和国计算机信息系统安全保护条例》（中华人民共和国国务院令第 147 号）及《中国石油天然气股份有限公司信息化工作管理暂行办法》（石油科

字［2001］50号）有关规定执行。

第二十六条　电子商务应用系统储存着大量重要的甚至高度机密的企业信息，对系统不正确的使用或毁坏会给企业带来严重的后果，因此，必须加强电子商务应用系统的安全管理。其目的是：

1. 确保股份公司电子商务应用系统免受毁坏、随意更改和非法侵入；

2. 确保股份公司电子商务应用系统的安全保护措施得以贯彻实施。

第二十七条　电子商务安全组织架构：

1. 股份公司电子商务部负责电子商务应用系统安全保障的组织工作，对支持电子商务应用系统运行的所有的设备、软件、数据库及其他组成部分行使检查监督职能；

2. 各地区公司电子商务管理部门负责本单位相关电子商务安全维护、执行，并定期向股份公司电子商务部报告本单位电子商务安全问题及安全规定执行情况。各级电子商务管理部门可根据自己的业务运作情况建立更详细的安全管理办法；

3. 股份公司电子商务部可以根据具体情况，选择合作伙伴对电子商务应用系统的安全性能进行评估和改进。

第二十八条　电子商务应用系统安全管理适用于股份公司所有员工、顾问、代理商等任何与公司有关的个人或团体。

第二十九条　合资公司负责对电子商务数据中心内任何在物理上与企业局域网/广域网相连的所有设备等实施安全控制。

第三十条　所有从内联网或互联网上下载的非企业资源的软件，在使用之前均应通过防病毒软件进行检测。

第三十一条　电子采购、电子销售应用系统的系统管理账号要受到严格的管理和控制。使用电子采购、电子销售应用系统的单位和个人要严格保护好密码，并定期改变，密码长度不得小于6位。

第三十二条　股份公司及地区公司的系统管理员只能为使用电子商务应用系统的企业员工提供技术支持。当员工脱离原岗位后，系统管理员要及时取消员工的用户权限。

第三十三条　股份公司电子商务部负责电子商务应用系统的备价管理。电子采购、电子销售系统备份工作由合资公司执行，并根据要求定期将备份结果送到股份公司电子商务部存档。

第三十四条　除股份公司电子商务部组织的安全评估外，任何人不能在电子商务应用系统上测试系统的安全机制。

第三十五条　报告安全问题与事故：

1. 电子商务应用系统的用户有责任向本单位电子商务管理部门报告任何已知的或可疑的电子商务安全隐患；

2. 对于任何形式的电子商务应用系统反常表现，例如文件丢失，频繁出现的系统崩溃或出错信息等，用户要立即向地区公司电子商务管理部门报告，由地区公司电子商务管理部门根据当时情形采取适当措施并向股份公司电子商务部报告具体情况。股份公司电子商务部根据具体情况采取措施或组织有关单位进行调查；

3. 如果信息丢失，地区公司电子商务管理部门要根据当时情形采取适当措施并向股份公司电子商务部报告。股份公司电子商务部根据具体情形采取适当措施；

4. 用户一旦发现系统被病毒感染或攻击，要立刻向地区公司电子商务管理部门报告。地区公司电子商务管理部门需根据具体情况采取适当措施并立即向股份公司电子商务部报告。

第五章　合作伙伴关系管理

第三十六条　合资公司是股份公司电子采购、电子销售系统的总体技术合作伙伴。股份公司电子商务部负责协调与合资公司之间的关系。

第三十七条　股份公司电子商务部负责监督并定期检查确保合资公司向股份公司提供高质量的服务，以满足股份公司的需求。

第三十八条　合资公司负责协调与电子采购、电子销售系统的软硬件供应商和集成商的关系。

第三十九条　地区公司如有问题需与合资公司联系或交涉，应上报股份公司电子商务部，由电子商务部协调解决。

第六章　应 急 措 施

第四十条　应急小组由股份公司电子商务部、合资公司选派部分人员组成，由电子商务部负责。

第四十一条 应急小组的职责是：

1. 下达实施应急处理和解除应急处理指令；

2. 制定应急解决方案及协调督促故障的处理；

3. 对应急期间的工作进行评估。

第四十二条 在下列任一情况出现时，应急小组立即投入工作。

1. 网站平台的网络与中油企业网或 Internet 不能连通；

2. 网站平台应用系统不能正常工作；

3. 中油企业网网络不能工作。

第四十三条 在下达应急处理指令至解除应急处理期间，电子商务应用工作按应急处理流程运行。应急处理流程：采购和销售业务转为手工处理，待应急状态解除后在网上补作处理。

第四十四条 应急状态解除后，规定在网上采购和销售的业务应立即转入在网上进行。

第四十五条 应急结束后一周内，各业务单位将在应急期间产生的手工单据汇总上报股份公司电子商务部，以便对应急期间的工作进行考核。

第四十六条 应急结束后一周内，应急小组对应急期间的工作做出评估报告。

第七章 培训与推广

第四十七条 股份公司电子商务部负责公司电子商务应用系统推广、培训的规划、组织及管理。

第四十八条 地区公司电子商务管理部门负责对本单位及下属单位的电子商务应用系统培训推广工作。

第八章 物资管理信息系统建设

第四十九条 股份公司电子商务部在公司的 IT 战略规划下统一组织物资管理信息系统建设。

第五十条 股份公司物资管理信息系统，由公司电子商务部统一组织引进、开发和推广，各专业公司、地区公司不得重复建设。

第五十一条 地区公司电子商务管理部门要加强对物资管理信息系统的建设、推广、运行和技术支持。

第九章 与后台系统集成

第五十二条 股份公司电子商务部应按照公司信息技术总体规划负责组织设计和实施电子采购、电子销售系统，并实现与各地区公司后台系统的集成。

第五十三条 股份公司电子商务部统一组织制定集成方式和标准，安排各地区公司实施集成的时间及人员等。

第五十四条 股份公司各级单位在考虑本单位后台系统与电子采购、电子销售系统集成时，要依据股份公司电子商务部组织制定的集成方式及标准进行。

第十章 奖惩措施

第五十五条 任何单位和个人不得利用电子商务应用系统危害股份公司的安全；不得侵犯股份公司的利益和合法权益；不得从事违法犯罪活动。如有违犯，一经查实，将追究其法律责任。

第五十六条 各单位要按照电子商务应用系统规范进行上网交易；各级管理员要严格按照管理员规范行使职责和义务。各级管理员及用户如有违反职权，泄露密码，延误上网工作的行为，造成损失的，将追究其责任，并视情节轻重予以处理；情节严重的将追究法律责任。

第五十七条 地区公司电子商务工作考核办法，参见当年度电子商务业绩考核指标体系。对于优秀的单位及个人予以奖励，对不合格的予以处罚。

第五十八条 各级单位对其提交的资料的真实性、准确性和完整性负责；接收部门应对接收的材料保密。对在提交工作中出现的弄虚作假及渎职等行为，一经查实，将终止并取消继续参与本工作的资格；造成损失的，将依法追究责任。

第五十九条 目录提交、录入人员不得擅自改动、披露、使用或向他人提供被提交的内容。对违反规定者，将予以处分；对造成损失和恶劣影响的，将依照国家有关法规和本单位相关规定，追究法律责任。

第十一章　附　　则

第六十条　本办法由股份公司电子商务部负责解释。

第六十一条　地区公司可根据本规定制定实施细则，并报股份公司电子商务部备案。

第六十二条　本办法自印发之日起试行。

中国石油天然气股份有限公司
资金授权管理办法

（2001年11月13日中国石油天然气股份有限公司以石油财字［2001］第288号文发布）

第一章　总　　则

第一条　为加强资金集中管理，规范资金支出程序，提高资金使用效益，建立资金管理的约束和监督机制，明确各项资金支出的审批权限和办理程序，根据《中华人民共和国会计法》、《总会计师条例》等有关法规、《中国石油天然气股份有限公司章程》，制定本办法。

第二条　本办法所称资金支出是指股份公司总部为组织经营活动和其他需要所发生的支出，包括预算内、外资金支出，理财资金支出等。

第三条　本办法适用于股份公司总部、专业分公司。股份公司所属地区分公司和全资子公司应参照本办法制订本单位的管理办法；股份公司控股、参股子公司可参照本办法制订自己的管理办法。

第二章　授权的内容

第四条　资金授权管理包括：预算内、外资金支出，理财资金支出，提供担保等。

第五条　预算内资金支出是指列入年度预算的所有资金支出，包括资本性支出（资本金拨款、长期负息资金和5%折旧拨款）、归还借款及下拨还贷资金、下拨短期负息资金、科研拨款、总部及两院经费拨款、总部缴所得税及下拨地区公司缴所得税款、出口原油支出、派息支出、上存资金利息支出以及总部有关部门的专项费用（如安保基金等）支出等。

第六条　预算外资金支出是指未列入年度预算的各项资金支出，以及赞助、捐赠支出等。

第七条　理财资金支出是指总部对于经营过程中暂时沉淀的资金进行的理财管理支出。

第八条　提供担保是指股份公司对控股和参股公司以及外部单位的借款或其他经营行为提供担保。

第三章　分级授权

第九条　股份公司对预算内、外资金支出，依据支出项目的金额，实行董事长或总裁授权下的分级审批制度。

第十条　预算内资金支出：经董事会批准的年度预算内的资金支出，在实际运行中，各专业公司提出使用计划，由分管副总裁审批。

第十一条　预算外资金支出分级授权：

1．单笔资金支出金额不超过50万元人民币的，由董事高级副总裁、董事副总裁、财务总监批准。

2. 单笔资金支出金额在 50 万元人民币以上，不超过 200 万元人民币的，由总裁批准。

3. 单笔资金支出金额在 200 万元人民币以上的，由总裁办公会议批准。

4. 预算外资金支出中属于资本性支出的，在未经董事会批准之前需要实施的，需经总裁办公会议研究，报董事长批准。

第十二条　一年以内的国债回购业务资金支出由财务总监批准；资产委托管理业务等其他理财支出，由总裁办公会议批准。

第十三条　担保分级授权：

1. 对控股、参股子公司 5000 万元以下借款提供担保，由财务总监批准；

2. 对控股、参股子公司 5000 万元以上借款提供担保，由财务总监审核后报总裁批准；

3. 对外部单位提供担保以及对控股、参股子公司除借款以外的其他经营行为提供担保，由总裁办公会议批准。

第四章　审 批 程 序

第十四条　预算内资金支出由财务部根据年度预算，结合地区公司生产经营实际情况以及各专业公司根据投资项目建设进度和科研项目进度提出的用款计划，综合平衡资金需求，编制月度资金支出预算，经财务部总经理审核后，报财务总监批准执行。

第十五条　预算外资金审批程序：

1. 由业务部门提出书面申请，并附资金支付的用途、理由、金额和支付方式等。

2. 经业务部门总经理呈报申请，由财务总监核准后，送分管副总裁（或相当于副总裁级别的分管领导）批准。

3. 属于总裁或总裁办公会议批准的资金支出，在财务总监核准后，报总裁或提交股份公司总裁办公会议批准后执行。

第十六条　总部一年以内国债回购业务审批程序：

由财务部提出运作方案（包括额度、收益论证、建议等），财务部总经理审核，报财务总监批准后执行。

第十七条　总部理财资金审批程序：

1. 由财务部提出资产委托管理运作方案（包括额度、委托管理机构、品种、收益论证、建议等），财务部总经理审查，报财务总监审核后，提交总裁办公会议讨论批准。

2. 在总裁办公会议批准资产委托管理额度和运作方案后，日常具体操作由财务部提出方案，经财务部总经理审核后，报财务总监批准后执行。

第十八条　担保业务审批程序：

1. 股份公司控股、参股子公司向金融机构借款，如需要由股份公司提供担保的，由借款单位提出担保申请并提供相关资料，财务部审查后提出意见，报财务总监批准或由财务总监审核后报总裁批准。

2. 股份公司控股、参股子公司除借款以外的其他经营行为如需要由股份公司提供担保的，由被担保单位提出担保申请并提供相关资料，提交股份公司总裁办公会议批准。

3. 股份公司原则上不对外部单位提供担保，如确需股份公司担保的，需提交股份公司总裁办公会议批准，并一律要求被担保单位出具反担保。

第十九条　所有资金支出和担保，按照本办法关于分级审批的规定，都要有股份公司有关领导的书面批示或董事会或总裁办公会议会议纪要，并以此作为资金支付和提供担保的依据。

第二十条　所有资金支出和担保，按照本办法关于分级审批的规定审批后，凡涉及合同事项的，按照股份公司有关合同管理办法执行。

第五章　监督和责任制

第二十一条　为加强对资金使用的管理和监督，完善资金管理责任制度，实行资金授权管理办法后，要建立资金签批责任制，对于资金支出，实行“谁审批，谁负责”的制度。

第二十二条　股份公司各有关部门应严格按照本办法规定的程序办理各项资金支出业务，加强对资金使用情况的监管。

第二十三条　经批准使用预算外资金的部门和单位要对签批的分管领导负责，遵守国家的财经法规和股份公司的规定，严格按照批准的用途使用资金，不得转移、挪用，形成账外资金。

第二十四条　各用款单位要按照会计制度的规定正确核算各项预算外资金，并在年度终了时将其实际支出纳入年度决算。

第二十五条　对于股份公司提供的担保，财务部应就担保项目、担保金额、担保期限等内容予以备案，建立动态担保管理档案，并对被担保单位借款的使用、还款进度、还款能力等情况进行跟踪，监督被担保单位按合同约定归还借款。

第二十六条　凡是未按照本办法履行审批手续的资金支出事项，财务部一律不得办理付款手续。

第六章　附　　则

第二十七条　本办法由股份公司财务部负责解释。

第二十八条　本办法自印发之日起施行。

中国石油天然气股份有限公司
成本、费用核算与管理办法

（2001年12月5日中国石油天然气股份有限公司以石油财字［2001］第407号文发布）

第一章　总　　则

第一条　为了进一步规范中国石油天然气股份有限公司及所属企业的成本、费用核算与管理，根据《企业会计准则》和《企业会计制度》，以及国家相关法律法规，参照《国际会计准则》，结合企业生产经营的特点，制定本办法。

第二条　中国石油天然气股份有限公司及所属企业执行本办法。

第三条　成本、费用管理的任务

（一）认真执行国家制定的企业成本、费用核算与管理制度，严格遵守成本开支范围和费用开支标准，规范成本、费用核算。

（二）正确编制成本费用预算，分解成本费用指标，落实奖惩措施，降低成本费用。

（三）做好成本费用的事前预测、事中控制和事后分析工作，揭示成本升降的原因，挖掘降低成本的潜力，为管理者经营决策提供快速、准确、可靠的财务会计信息。

（四）落实成本管理责任制，考核成本、费用预算的执行情况，实行业绩指标的完成与奖惩挂钩。

（五）采用先进的成本核算、管理方法和手段，提高成本管理水平，追求效益最大化。

第四条　成本、费用核算应遵循的基本原则

（一）按照权责发生制的原则，划清资本性支出与收益性支出之间的界限；划清产品制造成本与期间费用的界限；划清本期产品与下期产品应负担费用的界限；划清各种产品之间的费用界限；划清本期完工产品与期末在产品之间的费用界限；划清板块之间的成本费用的界限。

（二）成本核算以月为成本计算期，计算当月成本。费用开支和产品产量，起讫日期按公历起讫日确定。

（三）成本核算资料必须如实反映企业生产经营过程中的各种消耗，有关成本核算的原始记录、凭证、账册、费用汇总和分配表、统计资料等，内容必须详实、完整，记载和编报必须及时。

（四）各企业必须根据计算期内完工验收入库的产品数量、实际消耗和实际价格，计算产品的实际成本。材料按计划价格进行核算的，计划价格与实际价格的差异必须按月分配，调整为实际成本，计入当期的产品成本。

（五）按实际成本结转原料及主要材料、在产品、自制半成品、产成品成本，一律采用加权平均法计算。

（六）成本核算中的各种处理方法必须坚持一贯性原则，前后各期必须一致，不得任意变更。如确需

变更，必须报股份公司财务部批准，并将变更的原因及其对成本和财务状况的影响，在当期的财务会计报告中详细说明。

（七）固定资产计提折旧采用直线折旧法（国际准则中勘探板块油气资产除外），统一折旧年限。如确需变更，必须报股份公司财务部批准，并在变更的会计期间以数量表明和揭示影响，并说明变更的原因。停工检修和停工待料期间的装置和设备，仍须计提折旧。

（八）需要三年一修或两年一修的固定资产，跨年度的固定资产修理费用支出和租入固定资产改良支出在长期待摊费用中核算。修理费用支出应当在大修理间隔期间内平均摊销；固定资产改良支出应当在租赁期限与租赁资产尚可使用年限两者孰短的期限内平均摊销。

（九）同存续公司关联交易的结算价格应遵循“有序竞争、比质比价、共同发展”的原则，凡是国家有定价的，参照国家价格执行；凡是国家没有定价的，已有市场价格的参照市场价格执行；如既没有国家定价，也没有市场价格的，执行协议价，并按照相应的费用列支渠道正确列支关联交易费用。

第五条　各企业可根据本办法，结合本企业的实际情况制定成本、费用管理与核算实施细则。

第二章　成本、费用定义和确认原则

第六条　成本、费用的定义

成本，是指企业为生产产品，提供劳务而发生的各种耗费。

费用，是指企业为销售商品、提供劳务等日常活动所发生的经济利益的流出。

第七条　费用的确认

费用的确认是指确认费用包括的范围、归属的期间。

（一）按配比原则确认。配比原则是指收入和与之相关的费用，在同一期间进行配合，以确定各期损益。

（二）按分配方法确认。分配方法是指跨期收益的费用，按一定的标准计算出应作为本期收入减少的费用。

（三）直接确认。直接确认是指与各项特定收益无直接关系，在支付时即予以确认，或者是其受益期难以确定，就应当在其发生期内确认为费用，计入当期损益。

第八条　成本、费用的分类

成本、费用分类有不同的标准，为了有助于企业了解费用计划、定额、预算执行情况，控制成本费用支出，加强成本管理和成本分析工作，鉴于股份公司实际特点，规定所属企业按费用的经济用途分类。

成本、费用按经济用途分类，就是按成本项目进行分类。成本、费用按经济用途不同，可以分为产品制造成本和期间费用两大类。

产品制造成本包括：企业生产过程中实际消耗的直接材料、直接人工、其他直接支出和制造费用等。

期间费用包括：管理费用、财务费用和营业费用。

第三章　石油、天然气成本、费用核算

第一节　成本构成及项目

第九条　石油、天然气成本构成

石油、天然气成本，指在一定时期内，为了生产一定数量的石油、天然气产品而发生的用于矿区取得、地质勘探、开发井及直接相关设施建设和石油、天然气的采出、处理、集输、储存等活动发生的支出，包括矿区取得成本、地质勘探成本、油气开发成本、油气生产成本四部分。

（一）矿区取得成本，指为了取得一个矿区的探矿权和采矿权而发生的购买、租赁支出，含买价或租赁费、购买或租赁时发生的资料费、经纪人费用、登记费用、法律费用等。矿区取得支出包括探矿权支出和采矿权支出。矿区取得成本项目包括：探矿权使用费、探矿权价款、采矿权使用费、采矿权价款。

（二）地质勘探成本，指为了识别保证勘查的区域和对特定区域探明或需进一步探明石油、天然气储量而发生的地质调查、地球物理勘探、钻探探井和勘探型参数井以及维持未开发储量而发生的支出。勘探成本可能发生在矿区取得之前，也可能发生在矿区取得之后。地质勘探成本项目包括：地质测量、控制点、地形测量、地球物理勘探及探井成本。

（三）油气开发成本，指为了开发探明储量，建造或更新用于开采、处理、集输、储存石油和天然气的设施而发生的支出。包括开发井钻前准备、钻井、完井成本，矿区集输管线、分离处理设施、计量设备、储存设施、公共设施（如道路桥涵、通讯设施、水电设施、废物处理设施、配套设施等）成本和提高采收率系统发生的成本。油气开发成本项目包括：油气生产井、注入井、资料研究井，联合站、集输站、计量站，井场装置、热采设施，集输管线，油气处理设施，储油设施，污水处理及其他环保设施，油气田内部供排水、供电及通讯设施等。

（四）油气生产成本，指在油气生产过程中发生的支出，包括操作成本和折旧、折耗。操作成本也称作业成本，包括油气生产过程中发生的材料、燃料、动力、人员费用等。

第十条　油气生产成本项目

（一）操作成本。

1. 直接材料：指油气生产过程中，直接耗用于油气水井、计量站、中转站等生产设施的各种材料。

2. 直接燃料：指油气生产过程中，直接耗用于油气水井、计量站、中转站等生产设施的各种燃料。

3. 直接动力：指油气生产过程中直接耗用于油气水井、计量站、中转站等生产设施的电费等。

4. 生产人员工资：指油气生产过程中直接从事油气水井、计量站、中转站等生产设施维护管理人员的工资、奖金、津贴和补贴。

5. 职工福利费：按规定比例计提的职工福利费。

6. 驱油物注入费：指为提高采收率，对油气储层进行注水、注气或注入化学物所发生的费用。

7. 井下作业费：指为提高油、气、水井生产能力及维护油、气、水井正常生产而发生的井下技术措施费用及维护作业费用。

8. 测井试井费：指油气生产过程中为掌握油气田地下油气水分布动态所发生的监测费用。

9. 维护及修理费：指为了维持油气生产的正常运行，保证地面设施设备原有的生产能力，对地面设施设备进行维护、修理所发生的费用。

10. 稠油热采费：指为开采稠油采取蒸汽吞吐、汽驱或其他热采方式而发生的生产蒸汽、注入蒸汽、保温等费用。

11. 轻烃回收费：指从原油、天然气中回收轻烃产品所发生的费用。

12. 油气处理费：指油气生产过程中对油、气、水等混合物分离发生的费用。

13. 天然气净化费：指利用天然气净化装置对已产出的天然气加工成商品气所发生的各项费用。

14. 运输费：指为油气生产提供运输服务发生的车辆养路费、河道养护费、单井拉油运输费等。

15. 其他直接费：指除上述费用以外的直接用于油气生产的其他费用。

16. 厂矿管理费：指直接从事油气生产的采油（气）厂、作业区（矿）两级生产管理部门为组织和管理生产所发生的各项费用。

17. 自用油气产品：指油气生产过程中耗用的自产油气产品成本。

（二）折旧、折耗：指油气生产过程中，按规定提取的折旧、折耗。

第十一条　根据现行油气产品价格体系和财务管理要求，单独核算和管理输油输气成本。输油输气成本指油气田企业通过油气专用运输管线对外输送油气商品过程中发生的各项费用。

油气田内部油气集输属于油气生产过程中的一个环节，应纳入油气生产成本核算。

第二节　成本核算对象及核算要求

第十二条　核算对象

（一）石油、天然气成本核算以区块为成本核算对象，按照区块和成本项目归集和分配各项费用，分别计算各项成本，包括矿区取得成本、地质勘探成本、油气开发成本和油气生产成本的总成本和单位成本。

（二）区块划分的原则。

1. 一个油（气）藏为一个区块；

2. 若干相邻且地质构造或地层条件相同或相近的油（气）藏为一个区块；

3. 一个独立集输计量系统为一个区块；

4. 一个大的油（气）藏上面分成几个独立集输系统并分别计量的，可以分为几个区块；

5. 采用重大、新型采油技术并工业化推广的区域为一个区块。

第十三条　核算要求

（一）矿区取得成本。

1. 探矿权支出。

探矿权支出包括探矿权使用费和探矿权价款，费用发生时，按区块计入“地质勘探支出—探矿权使用费”和“地质勘探支出—探矿权价款”，月末转入地质勘探费用，列入当期损益。

2. 采矿权支出。

采矿权支出包括采矿权使用费和采矿权价款，采矿权使用费发生时，计入“管理费用—采矿权使用费”；采矿权价款发生时，计入“油气开发支出”，完成时计入“无形资产—采矿权价款”，按规定受益期限摊销。

（二）地质勘探成本。

地质勘探成本发生时，计入地质勘探支出。

按照成果法核算要求：

1. 地质调查、地球物理勘探成本和其他非钻井成本，月末转入地质勘探费用，列入当期损益。

2. 探井经过评价，如果未发现经济可采储量，即确定为干井，探井成本转入地质勘探费用，列入当期损益。如果发现经济可采储量，即确定为成功探井，有效井段探井成本转入油气资产予以资本化，有效井段成本按实际成本结转；无效井段探井成本转入地质勘探费用，列入当期损益。探井完井一年后仍未能做出成功或失败结论的，应将探井成本转入地质勘探费用，列入当期损益。探井成本的核销或结转应按照规定程序办理审批手续。

（三）油气开发成本。

油气开发成本发生时计入油气开发支出，工程达到预定可使用状态时按规定转入油气资产。

（四）油气生产成本。

油气生产成本包括直接费用和间接费用。直接费用是指那些与特定矿区上的石油或天然气的生产有紧密关系的成本，直接计入区块油气生产成本；间接费用是指那些与特定矿区石油和天然气的生产没有紧密关系的成本，间接费用根据其受益对象，可选择井的数量、设备使用的时间、产量或其他一些适当的基数作为分配标准。期末，油气生产成本按产量系数法在各产品间进行分配。

1. 材料成本的核算。

（1）直接用于油气水井、计量站、中转站等生产设施的油管、抽油杆、抽油机配件、抽油泵、电泵电缆、地面保温材料、采油树、化学药剂、直接生产人员的劳动保护费等在直接材料费用中核算。间接发生的材料费，视受益对象分别在各专项成本中核算。

（2）领用材料应按消耗定额严格控制，领用时要认真填制领发料单，填明领料单位、区块和工作项目，以便正确计算成本。

（3）领用的各种材料如按计划价格计算，计划价格与实际价格的差异，每月应按各类材料的差异率（可按上月的差异率）计算分摊，列入各有关项目。差异率的计算公式如下：

本月材料成本差异率＝（月初结存材料的成本差异＋本月收入材料的成本差异）/（月初结存材料的计划成本＋本月收入材料的计划成本）×100％

领用材料应负担的成本差异＝领用材料的计划成本×差异率

（4）各基层单位的现场料，应采取永续盘存制，期末进行清点，办理退料（或假退料）手续。

（5）期末将领料单进行汇集，按区块和部门以及成本核算对象分析编制材料消耗汇总表（包括材料成本差异）计入油气生产成本的材料费用项目。

采油厂应加强油管的收发核算，在物资供应部门领取准备加工的油管，不应直接进入油气生产成本。加工后，使用单位领用油管时应办理领料手续，按实际消耗数列入有关成本项目内。回收的旧油管、抽油杆、井下工具等应加强管理，充分利用。

2. 燃料费的核算。

（1）直接用于油气水井、计量站、中转站等生产设施的原油、天然气、汽油、煤油、柴油、重油、煤炭、其他燃料等在直接燃料费用中核算。间接发生的燃料费，视受益对象分别在各专项成本中核算。

（2）消耗自己生产的产品如原油、天然气等，应按实际消耗量及规定的结算价格计算燃料成本。

（3）消耗的燃料能落实到各区块的，应直接计入各区块成本。共用的燃料，月末按油气井开井口数分配计入区块成本的燃料费用项目。

3. 人员费用的核算。

（1）核算与当期职工有关的工资、福利费用、教育经费、工会经费、养老保险、待业保险、独生子女费、住房公积金、防暑御寒津贴、采暖费、民用物业管理费、误餐补贴以及外雇佣工支出等。

（2）各矿区、采油厂支付给从事油气生产人员的工资性费用，要根据手续完备的原始凭证，进行汇集计算和分配。

（3）采注合一的采油（气）队发生的工资性费用，应按采油（气）井和注水井口数的比例分配。

（4）各生产部门、各基层单位都应作好职工考勤和耗工记录，月末据以编制工资分配表，分别计入各有关成本内。

4. 动力费的核算。

各生产部门要建立健全计量和仪表记录。月末将发生的动力费按区块、专项核算项目等编制电力消耗汇总表。

5. 驱油物注入费的核算。

按区块核算发生在注水站（岗）、注气站、注聚站、聚合物配置站、水处理站的注入物（水、气、聚合物、化药剂等）及材料、燃料、动力、人员、修理等相关费用。

6. 井下作业费的核算。

按区块核算外包的井下技术措施费用、维护作业费用及内部作业所发生的材料、燃料、动力、人员等相关费用。同时按作业项目归集支出。措施性作业项目包括：压裂、酸化、下大泵、热采、堵水、防砂、调剖、排水采气、增压、分采等；维护性作业项目包括：检泵、换管、洗井等。

7. 测井试井费的核算。

按区块核算外包的监测费用及内部监测所发生的材料、燃料、动力、人员等相关费用。主要监测项目包括：同位素注入剖面、过环空产出剖面、放射性校深等测井费用及压力监测、电子压力测试等。

8. 稠油热采费的核算。

核算生产蒸汽、注入蒸汽、保温所发生的材料、燃料、动力、人员等相关费用。能直接计入区块的直接计入区块采油采气成本，不能直接计入的，月末按注汽量分配计入相关的区块成本。热采前发生的措施作业费用在井下作业费中核算。

9. 油气处理费的核算。

核算分离产出油、气、水中的化学物、渣、硫等混合物时发生的材料、燃料、动力、人员等相关费用。包括为满足环保要求所发生的污水处理及回注费。能直接计入区块的直接计入区块采油采气成本，一套处理装置同时分离几个区块的油、气、水等混合物所发生的费用，月末按区块产液量分配计入相关的区块成本。

10. 轻烃回收费的核算。

核算原油进入稳定装置、天然气进入处理装置，从原油或天然气中回收轻质油和液化气时所发生的材料、燃料、动力等相关费用。及时统计各个区块进入同一装置的原油量和天然气量，准确分配计算区块成本。

11. 天然气净化费的核算。

核算天然气处理装置在净化天然气时所发生的材料、燃料、动力、人员等相关费用。能直接计入区块的净化费，直接计入区块采油采气成本，不能直接计入区块成本的，月末应按各区块需净化的天然气产量分配计入相关的区块成本。

12. 维护及修理费的核算。

维护和修理中发生的各种材料、人员及外包支出等相关费用，按维护和修理项目施工的，以项目为核算对象进行归集和汇总，否则，以费用为核算对象进行归集和汇总，计入所在区块的油气成本。为保证油田安全生产修建小型防洪堤、防火墙、防风防沙林等不属于资本化支出的费用及辅助设备、设施发生的维修费用也应计入本项目核算。需在区块间进行分配的按区块的油气产量比例进行分配。

13. 厂矿管理费的核算。

各采油（气）厂（矿）的生产管理部门发生的各项费用按项目归集，能直接计入区块的，直接计入区块采油采气成本；不能直接计入区块的，月末按开井口数在各区块间进行分配。每月发生的厂矿管理费应在当月全部分配，月末不应留有余额。

14. 输油输气成本的核算。

输油输气成本以输油（气）量为核算对象，按照成本项目核算完全成本，月末全额结转主营业务成本，不留余额。

15. 辅助生产成本核算。

辅助生产成本是为油气生产提供产品和劳务的辅助生产单位发生的费用，以产品和劳务的类别为成本核算对象，按照成本项目组织核算。辅助生产成本或成本差异要按照受益对象合理分配。

（1）采油（气）厂所属的辅助生产单位，直接为本厂采油采气服务，可以按其本身的生产过程和核算对象，自行设置成本项目。一般应包括直接发生的材料、人工、其他直接费用和制造费用等。

（2）按月归集上述各项生产费用，计算出各核算对象的总成本和产品或劳务作业的单位成本。

（3）按月归集的生产费用总额，应按产品或劳务作业的受益单位和用途，分配计入各区块油气操作成本的有关项目内。月末辅助生产账户不应有余额。

16. 折耗、折旧。

（1）油气资产折耗。

油气资产采用直线法计算折耗。

年折耗率＝（1－预计净残值率）/折耗年限×100%

月折耗率＝年折耗率/12

月折耗额＝固定资产原价×月折耗率

（已计提固定资产减值准备的固定资产在计提折旧时，其固定资产的账面价值等于固定资产原价减去累计折旧和已计提的减值准备）

（2）固定资产折旧。

固定资产是指除油气资产以外的为油气生产服务的有关设备和设施，包括为油气生产服务的可移动设备、辅助生产和企业管理部门用的设备和设施。

固定资产折旧执行股份公司统一规定的折旧办

法，提取的折旧费应按照受益对象在勘探成本、开发成本、生产成本、其他成本费用等之间分配。

第三节　成本计算程序

第十四条　成本计算程序

以各油气区块为核算对象，计算各区块矿区取得成本、地质勘探成本、油气开发成本和油气生产成本，按照各区块各项生产成果如探明储量、探明开发储量、油气产量分别计算各区块内各种产品的总成本和单位成本，汇总计算出矿区（采油、气厂）和企业的各种产品的总成本和单位成本。在回收凝析油、液化石油气和天然气净化过程中，凡同一装置同时生产两种以上产品的，均采用产量系数法计算各种产品的成本。

（一）收集各区块的探明储量、探明开发储量和原油、天然气、净化天然气、凝析油、液化石油气、硫磺等各种产品的生产量、自用量、商品量、销售量、库存量等有关资料。

各种产品的商品产量＝生产量－油气生产自用量—生产损耗量

（二）分区块按规定的成本项目归集各项成本。

（三）分区块计提资产折旧、折耗。

（四）分区块归集油气操作成本。根据区块油气商品量计算油气商品单位生产成本，并据此结转库存商品。

（五）分区块汇集已完工勘探项目支出，根据探明可采储量计算勘探成本。

勘探成本＝已完工勘探项目支出/新增探明可采储量

（六）分区块汇集已完工开发项目支出，根据开发可采储量计算开发成本。

开发成本＝已完工开发项目支出/新增开发可采储量

（七）矿区（采油厂）或企业汇集各区块的各项成本，计算单位成本。

第四节　成本分析、指标考核

第十五条　成本分析内容

（一）油气产量情况的分析。

原油、天然气等产品产量、商品量本年预算完成情况，对比分析上年同期影响产量、商品量的增减因素，包括产量、自用量和损耗量等。分析由于产量的增减而影响生产成本相对额的升降。

（二）产量结构变化的分析。

产量结构变化，是指各采油区块和各采油厂的产量（产液量）和成本在各企业的总产量和总成本中所占的比例变化，包括稠油、高凝油等产量和成本的比例变化。

（三）物料、动力消耗的分析。

1. 分析油气井数量和集输设施的变动对各项消耗的影响；

2. 分析各项消耗定额的执行情况，是否超耗或节约；

3. 分析材料、燃料、动力的价格和数量变化对成本的影响。

（四）职工工资及附加费的分析。

1. 分析职工人数的增减变化情况；

2. 分析工资总额增减变化的原因。

3. 分析社会保险比例升降变化情况对各项保险费的影响。

（五）驱油物注入费及井下作业的分析。

1. 分析水、气（汽）、化学物注入量的增减变化对油气生产成本、注入成本及注入单位成本的影响；

2. 分析注入量、注入成本与采收率、油气产量的关系；

3. 分析井下作业数量及项目结构的增减变化和井下作业价格的变化对油气生产成本及油气产量的影响。

4. 计算对比措施作业增产效果。

（六）轻烃回收费的分析。

1. 分析收率升降的原因；

2. 分析原料处理量对回收成本的影响；

3. 分析回收费总额的变化情况。

（七）油气处理费的分析。

1. 分析处理费总额的变化情况；

2. 分析处理液量对成本的影响。

（八）天然气净化费的分析。

1. 分析净化费总额的变化情况及其主要内容增减的原因；

2. 分析天然气净化量对单位成本的影响。

（九）其他直接费的分析。

1. 分析除上述费用以外的直接用于油气生产的其他费用总额的变化情况；

2. 分析影响其他费用变化的主要项目支出的原因。

（十）厂矿管理费的分析。

1. 分析厂矿管理费的实际发生额与预算和上年同期相比的变化情况；

2. 分析费用结构的变化情况及增减变动的主要原因。

（十一）油气资产折耗的分析。

1. 分析油气资产折耗的绝对额和预算和上年同期相比的变化情况；

2. 分析各区块油气资产总值增减原因。

第十六条　成本分析的一般方法

油气成本分析方法主要是比较分析法、因素分析法、趋势分析法、成本效益分析法等。

比较分析法主要是通过计算增减额、增减率、结构比来分析报告期与基期的成本（同期成本、预算成本、目标成本）变化情况和变化原因。

因素分析法是在比较分析法的基础上，分析报告期与基期的总成本中各成本项目和费用要素变化情况和变化原因。

趋势分析法是根据对预期工作量的安排，分析确定预期成本，通过与历史成本比较，揭示成本未来发展方向和发展水平。

成本效益分析法是按照投入产出原理，分析成本的投入总量和投入结构的变化对效益的影响。

第十七条　成本考核的主要指标

（一）油气单位操作成本。

油气单位操作成本＝油气操作成本总额/当年的总商品量

（二）每桶当量营运成本。

每桶当量营运成本＝（采购、服务及其他＋人工成本＋销售及管理费用＋折旧、折耗和摊销＋勘探费用化支出）/当年的总商品量（桶）/汇率

（三）单位油（气）勘探综合成本（元/桶）＝当年勘探综合投资/当年新增可采油（气）储量。

（四）单位油（气）开发综合成本（元/桶）＝当年开发综合投资/当年新增动用油（气）可采储量。

第五节　预 算 编 制

第十八条　成本、费用预算的编制

（一）预算内容。

1. 取得成本、地质勘探成本、油气开发成本、油气操作成本预算。

2. 资产折旧、折耗预算。

（二）编制成本预算依据。

1. 年度业务发展计划；

2. 油气勘探开发生产建设安排；

3. 各项消耗定额、费用定额、结算价格、工资奖金预算等；

4. 上年各项实际支出；

5. 本年影响成本预算的各种因素。

（三）成本预算编制程序和方法。

1. 收集整理与编制成本预算有关的各种指标和资料；

2. 根据当前原油、天然气价格、税金、期间费用、勘探费用支出、折耗、折旧和目标利润情况，计算油气生产的全部成本；

3. 分析各区块的各项成本，提出合理安排意见；

4. 经本企业预算管理委员会审批后报上级部门。

（四）预算的分解、落实。

企业的年度成本预算，经上级部门审查批准后，应将成本预算指标逐级分解，层层下达，落实到各责任单位。各责任单位要制定完成降低成本的措施，并组织实现。

第六节　国际会计准则油气成本核算

第十九条　根据国际资本市场要求，油气操作成本项目需按国际通行做法核算，即按经济性质归集和反映。

1. 劳动力：核算因运行、维护相关设备和设施发生的所有人员成本。

2. 注水、气、聚合物：核算注入地层的水、气、聚合物等成本。

3. 动力、燃料：核算油气生产过程中消耗的外购动力、外购燃料等成本。

4. 修井作业：核算为提高生产能力和维护正常生产能力，对油气水井采取技术措施、维护作业等服务支出。

5. 地面维修：核算运行井和相关设施过程中的维修服务支出。

6. 管理支出：核算为组织油气生产的人员所发生的差旅费、办公费、会议费、宣传费、咨询费、业务招待费等管理性支出。

7. 运营、供应：油气操作成本总额剔除以上六项支出后的余额，其中包括：

（1）外购材料：核算为正常生产而消耗的一切从外部购入的主要材料、辅助材料等；

（2）运输费：核算为油气生产提供运输服务发生的车辆养路费、河道养护费、单井拉油运输费等；

（3）测井测试：核算为监测地下油气水分布动态发生的服务支出；

（4）其他：核算除上述项目外的各项运营、供应支出。

第二十条　折耗、折旧

油气资产折耗

国际会计准则油气资产采用产量法分区块、按月计算折耗。

区块折耗率＝区块当期产量／（区块期末剩余已开发储量＋区块当期产量）

折耗额＝∑区块折耗率×（区块期初油气资产净值＋区块当期资本化油气资产）。

固定资产折旧

固定资产折旧依照本办法中第十三条第四款16项，固定资产折旧计算方法计算。

第四章　炼油、化工产品成本、费用核算

第一节　成本构成及项目

第二十一条　炼油、化工产品制造成本构成及项目

炼油、化工产品制造成本包括企业生产过程中实际消耗的直接材料、直接工资、其他直接支出和制造费用等。

（一）直接材料。

1. 原料及主要材料：指经过加工构成产品实体的各种原料及主要材料。

2. 辅助材料：指有助于产品形成，但不构成产品实体的材料。如各种催化剂、引发剂、助剂、触媒、生产过程中使用的净化材料等。

3. 外购半成品：指生产耗用的各种外购半成品和外购件。

4. 燃料：指生产耗用的各种固体、液体和气体燃料。

5. 动力：指生产耗用的水、电、汽、风等。

6. 包装物：指生产过程中用于产品包装的各种包装物（不包括另计价出售的包装物及周转使用的包装物）。

7. 其他直接材料：指不能列入以上各项目的直接材料。

（二）直接工资。

包括企业直接从事产品生产人员的工资、奖金、津贴和补贴等。

（三）其他直接支出。

包括直接从事产品生产人员的职工福利费等。

（四）制造费用。

包括生产车间为组织和管理生产所发生的各项费用。

1. 工资：指发放给车间管理人员的工资、奖金、津贴和补贴等。

2. 提取的职工福利费：指按规定计提的职工福利费。

3. 折旧费：指车间应计提折旧的固定资产按规定比例计提的折旧。

4. 输转费：指企业储运车间向有关生产车间提供的输转劳务费用。

5. 租赁费：指车间从外部租入各种固定资产和工器具而支付的租金。

6. 修理费：指支付车间的各种修理费及负担的内部修理劳务费用。

7. 机物料消耗费：指车间为维护生产设备等所消耗的各种材料（不包括修理用和劳动保护用材料）。

8. 低值易耗品：指车间耗用的各种低值易耗品。

9. 取暖费：指车间发生的取暖费。不包括支付给职工个人的取暖津贴。

10. 水电费：指车间为组织生产耗用水、电而发生的费用。

11. 办公费：指车间发生的文具、印刷、邮电、图书资料费及办公用品等费用支出。

12. 差旅费：指车间的职工因公外出的差旅费、出国人员经费、住宿费、市内交通费、各种补助费以及按规定支付的职工探亲路费和调遣的费用。

13. 运输费：指车间对外支付的各种运输费用及应负担的厂内运输部门提供的运输劳务。

14. 设计制图费：指支付的车间设计费、技术资料费、图纸及有关用品的费用。

15. 试验检验费：指车间对材料、产品进行的分析、试验、化验、检验、容器检定等所发生的费用。

16. 劳动保护费：指车间所发生的各种劳动保护费用。

17. 停工损失：指车间因季节性和修理期间停工而发生的费用。

18. 排污费：指车间负担的污水车间或工段处理废水等所发生的费用。

19. 其他：指车间发生的不能列入以上各项目的其他制造费用。

第二节　成本核算对象及核算要求

第二十二条　炼油、化工产品成本核算对象

根据炼油产品连续加工的生产特点，一般以每种产品及各生产步骤为成本核算对象，对耗用同一种原料生产出两种以上联产品（包括分类产品）应分别列为成本核算对象；对副产品，一般可采用按固定价格在成本中扣除的办法，不单独列为成本核算对象。

成本核算对象划分如下：

（一）产成品：指已经完成生产过程，并已经验收合格入库可供出售的产品。

（二）在产品：指月终尚未完成或虽已完工但尚需等待检验等原因，不具备入库条件的各种形态制品。

（三）自制半成品：指企业的一个基本生产车间已经加工完毕，待转入下一基本生产车间继续加工或暂时入库的自制半成品，包括可供出售的自制半成品。

（四）辅助生产部门生产、加工（包括转供）的各种水、电、蒸汽、气、风等产品和劳务。

第二十三条　核算要求

（一）直接材料成本的计算。

1. 材料成本包括：材料原价、运杂费、装卸费和定额内的合理损耗、入库前加工、整理及挑选费用以及缴纳的税金等。

2. 原油及其他原料油按实际成本核算，采用加权平均的方法。

3. 一般材料采用计划成本进行核算，重要的大宗材料应按大类计算成本差异，其余的综合计算差异，按材料的去向，逐月分配材料成本差异，不得在季末或年末一次计算。发出材料应负担的成本差异，可按当月或上月的实际差异率计算，差异率的计算公式详见第十三条的有关规定。

4. 凡直接用于产品生产的原材料和自制半成品，直接计入各产品成本。几种产品合用一种原料，领用时不能分开的，可按一定的比例进行分配；按联产品计算成本时，则用规定的方法实行综合成本分离计算（下同）。

（二）燃料及动力的成本计算。

燃料及动力应按实际成本计入产品成本，用计划成本计算的必须按月调整成本差异，一个车间（装置）内几个产品耗用同一种燃料或动力时，能按产品计算耗量的应直接计入产品成本，不能直接计算耗量的按一定的比例进行分配。

（三）生产工人的工资、奖金、津贴和补贴及提取的福利费的成本计算。

生产工人工资、奖金、津贴和补贴及提取的福利费凡能直接计入产品成本的，应直接计入产品成本，因生产几种产品而不能直接计入产品成本的可按一定的比例分配。

（四）制造费用的分配。

为生产产品和提供劳务而发生的不能直接计入产品成本的各项间接费用，通过“制造费用”科目归集，并按一定比例分配计入有关的成本核算对象和成本项目。

（五）辅助生产成本的计算与分配。

企业的辅助生产部门应单独核算成本并进行分配。

1. 辅助生产部门（或车间）生产的水、电、汽、风以及提供的劳务等，由于生产品种单一，可采用品种法计算产品成本。

2. 根据管理和核算的要求，水、电、汽、风和劳务等费用的分配一般分以下几种情况：

(1) 辅助生产部门为生产、管理部门提供的产品、劳务应按实际耗用量和定额工时，直接分配计入有关成本、费用。

(2) 辅助生产之间相互提供的产品劳务，应进行一次交互分配。

(3) 辅助生产为生产、管理部门提供的劳务，应按实际成本结算。

（六）在产品成本的计算。

为简化在产品计算，划清在产品和产成品之间界限，正确计算在产品成本，可按以下三种办法：

1. 在产品数量较少，或生产周期较短的，可不计算在产品成本。

2. 在产品数量较大，但各月之间变动不大的，可以不计算在产品成本，也可采用“计划成本法”。

3. 对于原材料占成本比重较大的产品，可只计算在产品的原材料费用、不计算加工费用。

（七）半成品成本的计算。

半成品成本的计算，原则上采用按与原油、产成品成本相配比的实际成本计算方法计算。采用按计划成本核算方法的企业，每年必须按预算进行一次合理的调整，年内不得随意变更，如确需变更需报股份公司财务部和炼油（化工）与销售专业公司备案。

第三节　成本计算程序

第二十四条　成本计算程序

（一）收集成本计算的基础资料：根据各专业部门提供的资料，确定各种产品的生产量，包括入库量、自制半成品的产量、在产品的盘存量；确定各车间原料、自制半成品、辅助材料、燃料、水、电、蒸汽、风的消耗量。

（二）成本费用的归集：按基本生产车间（装置）、辅助生产车间（部门）的成本费用项目归集所发生的成本费用。

（三）分配辅助生产车间的成本费用：按辅助生产车间（部门）所归集的成本费用、产品产量，根据一定的方法分配。

（四）计算产成品、自制半成品、在产品的总成本和单位成本：按基本生产车间（装置）所归集的成本费用及产成品、自制半成品、在产品的产量，采取一定的方法，在产成品、自制半成品、在产品间进行分配。

（五）结转完工产品成本，计算产品单位成本。

第二十五条 产品成本的计算

（一）炼油产品制造成本的计算。

根据炼油企业同一种原料生产出多种产品的特点，产品成本采用分类计算方法。这种方法是将生产车间的生产费用平行汇总（扣除内部互供的半成品），加、减期初期末半成品、及在产品差额，减自用燃料油、气及供其他专业系统的产品成本，从而计算出商品的总成本；再按系数法分别计算出各种产品的总成本和单位成本。

1. 原油加工费的计算，在炼油生产过程中为加工原油（含外购原料油）而消耗的各项支出为制造加工费，包括辅助材料、燃料、动力、直接生产人员工资、提取的职工福利费和制造费用。计算方法如下：

原油单位加工费（元/吨）＝（制造加工费－自用燃料油－自用燃料气）÷（原油加工量＋外购原料油加工量）

2. 本期加工各类原油（含原料油）的商品总成本＝原料成本＋添加剂成本＋制造加工费±期初期末自制半成品－（自用燃料油气、供其他专业系统自用产品）。

3. 产品成本计算，按股份公司确定的产品综合系数（见附表），采用系数法分别计算出各种产品的总成本和单位成本。如有附表中未列出的产品系数，企业可以参照表中所列同类产品系数自行制定，报股份公司财务部及专业公司备案。

计算方法如下：

（1）某产品成本积数＝某产品成本系数×产品产量

（2）某产品总成本＝全部产品总成本÷全部产品成本积数和×某产品成本积数

（3）某产品单位成本＝某产品总成本÷某产品产量

4. 产品成本的结转，产品成本的计算采用加权平均法计算。产品成本的结转计算公式如下：

主营业务成本＝期初结存产品成本＋本期商品成本±盘盈盘亏产品成本－期末结存产品成本

（二）炼油车间（装置）成本的计算。

各生产车间按规定的装置技术系数计算联产品成本，其计算方法如下：

1. 月终根据有关费用科目，按成本项目汇集计算出车间总成本。

2. 计算车间联产品成本。

（1）计算车间联产品积数和，即各联产品产量乘装置技术系数之总和。

（2）计算积数单位成本，即车间联产品总成本除以积数和。

（3）计算各联产品总成本和单位成本。

某联产品总成本＝某联产品积数和×积数单位成本

某联产品单位成本＝某联产品总成本÷某联产品产量

3. 装置的联产品成本计算采用逐步结转分步法，即上道工序的产品就是下道工序的原料，而下道工序加上加工费后，再通过系数法进行联产品成本分配，结转到下一道工序计算产品成本。

4. 制订装置技术系数的根据：应按照产品加工流程长短、难易程度，产品质量标准，产品收率高低来确定。同时要体现有利于提高产品质量，有利于增加新品种，有利于提高技术水平和经济效果。各企业可根据新增装置的产品实际情况来制订装置技术系数。

（三）化工产品制造成本的计算。

化工（包括化肥、合成纤维及原料，合成树脂、催化剂添加剂等，下同）产品成本的计算

1. 根据化工产品连续生产，顺序加工的特点，产品成本的计算采用“逐步结转分步法”、“平行结转分步法”。

2. 化工联产品成本计算采用“系数法”，先按成本项目（含副产品项目）汇集（分离前的）综合成本，再用技术系数分离综合成本，算出各联产品的成本。

分类产品中，因品种相同而规格、等级、型号不同的产品，其成本计算也采用"系数法"，用系数将综合成本分离计算，计算方法和计算公式同上述联产品。

3. 单一品种的产品成本计算采用品种法。

4. 副产品及不合格品的核算。

不合格产品应与合格产品同样计算成本，或为简化核算，副产品及不合格品可采取按固定成本在主产品成本中扣除的方式核算。

（1）副产品不需加工即可出售的

单位固定成本＝单位售价－单位税金

（2）副产品需加工后才能出售的

单位固定成本＝单位售价－（单位税金＋单位加工费）

单位固定成本应一年一订，单位售价可按上一年度的累计平均售价计算。

第四节　成本分析、指标考核

第二十六条　成本分析的内容

（一）炼油产品成本分析。

1. 炼油成本分析的主要内容：全部商品成本预算完成情况分析、主要产品单位成本分析、加工原油及外购原料油成本分析、炼油单位加工费分析和期间费用分析等。

2. 炼油成本分析的一般内容和方法。

（1）原料价格变化影响成本降低额＝∑［（基期价格－实际价格）×实际加工量或消耗量］

（价格包括原油、其他原料油、添加剂、催化剂、燃料和动力等的价格）

（2）原料比例变化影响成本降低额＝∑［（原料基期加工量－原料实际加工量）×基期价格］

（3）消耗定额变化影响成本降低额＝∑［（基期单耗－实际单耗）×原料实际加工量×基期价格］

（4）原料加工量变动影响成本降低额＝（实际加工量－基期加工量）×基期单位固定加工费

（5）产品结构及收率变动影响成本降低额＝∑［（实际产品产量－按基期收率计算的产品产量）×基期单位成本］

（6）固定费用变化影响成本降低额＝基期固定费用总额－实际固定费用总额。

（7）炼油单位加工费分析。

①加工量变化影响。

原油及其他原料油加工量变化对单位加工费的影响＝（基期加工费总额÷实际原油及外购原料油加工量）－（基期加工费总额÷基期原油及外购原料油加工量）。

②加工费总额的变化影响。

炼油加工费总额的变化对单位加工费的影响＝（实际加工费总额÷实际原油及外购原料油加工量）－（基期加工费总额÷实际原油及外购原料油加工量）。

3. 固定费用和变动费用的划分。

固定费用指相对比较稳定，其增减变化与产量、加工量或工作量的增减变动的关联程度不是十分密切的生产费用，如直接工人工资及福利费、折旧费、修理费、保险费等；变动费用指随着产量和工作量的增减变动而相应变动的生产费用，如辅助材料、燃料费和动力费用等。

4. 产品成本降低的计算。

产品生产成本降低额与降低率的计算公式：

产品生产成本降低额（负数为超支额）＝按基期平均单位成本计算的总成本－产品生产成本本年实际总成本。

产品生产成本降低率＝本期产品生产成本降低额÷按基期平均单位成本计算的总成本×100%。

（二）化工产品成本分析。

1. 成本分析主要内容：全部商品成本预算完成情况分析、主要产品单位成本分析和期间费用分析。

2. 化工成本分析的方法。

（1）消耗量变化的影响。

单耗变动对制造成本影响的降低额（负数为超支额，下同）＝∑［（基期单耗－报告期单耗）×基期单价×报告期实际产量］

消耗总量变动影响成本的降低额＝∑［（基期消耗量－报告期消耗量）×基期单价］

（2）价格变动的影响。

降低额＝∑［（基期单价－报告期实际单价）×报告期消耗量］

（3）产品产量变动造成的固定费用的相对降低或升高。

降低额＝∑［报告期实际产量×基期平均单位固定费用－基期固定费用总额］

（4）固定费用绝对额的降低或升高。

固定费用绝对降低额＝基期固定费用总额－报告期实际固定费用总额

3. 产品成本降低的计算。

产品生产成本降低额与降低率的计算公式：

产品生产成本降低额（负数为超支额）＝按基期平均单位成本计算的总成本－产品生产成本报告期实

际总成本。

产品生产成本降低率＝产品生产成本降低额÷按基期平均单位成本计算的总成本×100%。

第二十七条 成本考核的主要指标

（一）炼油成本考核的主要指标。

1. 吨油现金加工费。

吨油现金加工费＝现金加工费÷原油及外购原料油加工总量

现金加工费是扣除自用燃料油、气的当期加工费总额减去在基本生产车间制造费用中列支的折旧费用后的余额。

2. 吨油变动加工费。

吨油变动加工费＝变动加工费总额（扣除自用燃料油、气）÷原油及外购原料油加工总量

变动加工费是指炼油产品成本项目表中发生的辅助材料、燃料（扣除自用燃料油、燃料气）和动力费用的合计金额。

3. 扣除折旧的固定费用：指基本生产车间的直接人工工资及其他直接支出、扣除折旧的制造费用等。

4. 含期间费用的现金单位加工费。

含期间费用的现金单位加工费＝吨油现金加工费＋吨油现金管理费用＋吨油现金营业费用。

（二）化工成本考核的主要指标。

1. 单位商品现金加工费。

（1）单位商品现金加工费＝总现金加工费/总商品量。

总现金加工费＝全部产品生产总成本－生产成本中的原料成本－生产成本中的折旧及摊销总额＋营业费用＋管理费用－营业费用、管理费用中的折旧及摊销

总商品量指企业本期生产入库，并用于对外销售的所有主营业务产品的数量和。

（2）为保证考核指标的可操作性，各地区公司需将本企业化工板块总现金加工费分解成化肥类产品现金加工费及非化肥类产品现金加工费，分别计算各自的单位现金加工费。

化肥类产品单位现金加工费＝化肥类产品现金加工费/化肥类产品的商品量

化肥类产品包括：尿素、硝酸铵、合成氨、浓硝酸

非化肥类产品单位现金加工费＝（总现金加工费－化肥类产品现金加工费）/（总商品量－化肥类产品的商品量）

2. 总销售管理费用占现金成本的比重＝（销售费用＋管理费用）/化工总现金成本×100%。

3. 扣除折旧的管理费用。

4. 扣除折旧的营业费用。

第五节 预算编制

第二十八条 成本、费用预算的编制

（一）预算的主要内容。

1. 全部商品总成本及单位成本预算。

2. 生产费用及制造费用预算。

3. 加工费预算。包括原油单位加工费用、单位现金加工费、含期间费用吨油加工费、含期间费用吨油现金加工费、吨油变动加工费和吨油固定加工费。

4. 期间费用预算。包括期间费用、现金管理费用、现金营业费用和吨油期间费用预算。

（二）预算编制依据。

1. 年度业务发展计划；

2. 炼油、化工生产建设安排；

3. 各项消耗定额、费用定额、结算价格、工资奖金预算等；

4. 上年各项实际支出；

5. 本年影响成本预算的各种因素。

（三）预算的编制程序。

1. 编制成本预算所需资料不仅包括各种成本核算的实际资料，而且包括有关生产计划、消耗定额、劳动工资和维修计划等相关资料。

2. 在收集各类资料后，财务部门组织测算出预算成本。

3. 预算成本的测算和确定

（1）根据原油（原料）加工量、产品品种和商品总量、预算利润总额和预算期间费用等测算出预算商品产品总成本、炼油单位加工费。

（2）将经有关计划、生产、销售等部门和办公会讨论通过的成本预算上报炼油（化工）与销售专业公司财务处。

（3）经炼油（化工）与销售专业公司审查、汇总、上报股份公司批准后，各企业必须将预算成本按照核算体系进行分解，建立预算成本管理体系。

4. 在预算执行过程中，如遇到实际情况变化较大时，企业每季应根据炼油（化工）与销售专业公司的安排对预算进行必要的调整。

（四）预算的分解、落实。

企业的年度成本预算，经上级主管部门审查批准后，应将成本预算指标逐级分解，层层下达，落实到

各责任单位。各责任单位要制定完成降低成本的措施，并组织实现。

第五章　输油输气成本、费用核算

第一节　成本构成及项目

第二十九条　输油输气生产成本构成

输油输气成本指通过专用管线输送石油及天然气等商品所发生的费用，包括输油输气过程中实际消耗的辅助材料、燃料、动力和直接工资等其他直接支出以及制造费用。

（一）辅助材料：指输油输气过程中，根据输油输气工艺需要使用的填加剂、降凝剂、减阻剂、甲醇、乙二醇等。

（二）燃料：指输油输气生产过程中，为原油加热、天然气加压消耗的各种固体、液体、气体燃料等。

（三）动力：指输油输气生产过程中直接消耗的水电等支出。

（四）工资：指直接从事输油输气生产的工资、奖金、津贴、补贴等。

（五）提取的福利费：按照直接从事输油输气生产的员工工资总额和规定比例提取的福利费。

（六）输油输气损耗：指输油输气生产过程中发生的正常油、气损耗。

（七）制造费用：指输油输气生产过程中发生的不能直接计入成本的各项费用。其主要明细项目规定如下：

1. 折旧费：指用于输油输气的固定资产按规定提取的折旧。

2. 修理费：指用于输油输气的固定资产、低值易耗品进行修理所发生的修理费用。

3. 工资：指不直接从事输油输气生产的员工工资支出。

4. 提取的员工福利费：指按照不直接从事输油输气生产的员工工资总额和规定比例提取的福利费。

5. 办公费：指输油输气生产和管理部门发生的文具、印刷、邮电、办公用品等费用。

6. 水费：指输油输气管理部门耗用水所支付的费用。

7. 电费：指输油输气管理部门耗用电所支付的费用。

8. 取暖费：指输油输气生产和管理取暖所支付的费用。

9. 差旅费：指从事输油输气生产和管理的员工因公出差等发生的费用。

10. 物料消耗：指为输油输气生产组织和管理所耗费的一般材料。包括压缩机组消耗的润滑油费用。

11. 低值易耗品：指输油输气生产和管理过程中实际发生的低值易耗品费用。

12. 保险费：指用于输油输气生产的财产物资进行保险所支付的费用。

13. 劳动保险费：指为从事输油输气生产和管理的员工按当地政府规定标准提取并交纳的养老统筹金等。

14. 失业保险金：指为从事输油输气生产和管理的员工按当地政府规定标准提取并交纳的失业保险金。

15. 劳动保护费：指为从事输油输气生产和管理的员工按规定发放的劳动保护用品以及劳动保护措施等费用。

16. 运输费：指用于输油输气生产和管理的车辆所发生的燃料、牌照、年检、过桥、过路费、养路费等。外雇车辆运输费用也在该项目核算。

17. 业务招待费：指为业务经营的合理需要而发生的费用。

18. 租赁费：指以经营方式租入的固定资产和租用通信及卫星通信频带所支付的费用。

19. 物业管理费用：指为输油输气生产和管理所支付的物业管理费用。

20. 科研实验费：指输油输气生产过程中发生的研究新技术、新工艺，新技术推广费等。

21. 土地（海域）使用及损失补偿费：指输油输气生产过程中使用土地（海域）而支付的费用，以及损坏未征用土地所支付的土地损失补偿费。

22. 税金：指按规定交纳的房产税、土地使用税、车船使用税、印花税等。

23. 工会经费：指按照规定提取的工会经费。

24. 职工教育经费：指按照规定的标准计提的职工教育经费。

25. 住房公积金：指按规定提取的员工住房公积金。

26. 排污费：指按规定交纳的排污费。

27. 绿化费：指为输油输气生产的站区、厂区进行绿化而发生的费用。

28. 警卫消防费：指输油输气生产和管理过程中发生的警卫消防费用。

29. 劳务费：指为输油输气生产服务外雇员工而发生的费用。

30. 其他：指上述项目以外的其他费用支出。

第二节　成本核算对象及核算要求

第三十条　成本核算对象

输油输气生产成本核算以交油或交气量（吨或千立方米）为核算对象，按管线和成本项目归集和分配费用。

第三十一条　成本核算要求

（一）材料成本核算。

1. 领用材料应按消耗定额严格控制，领用时要认真填制发料单，填明发料单位、工作项目、用途、领料人，以便正确计算成本。

2. 领用的各种材料应按实际成本计价。

3. 各单位的现场料，应采用永续盘存制，月末清点，办理退料（或假退料）手续。

4. 月末将领料单进行汇集，按照单位及核算对象，编制“材料消耗分配表”分别计入该成本的有关项目中。

（二）燃料成本核算。

1. 认真执行燃料消耗定额，以计量仪表原始记录的实际数编制“燃料油（气）消耗分配表”为会计原始凭证，作为分配计入成本的依据。

2. 自用燃料油（原油）计入成本时按生产报表纯油量计算。

3. 自用燃料气计入成本时按生产报表气量计算。

（三）动力成本核算。

按照权责发生制原则，以输油输气生产过程中月末计量确认的应付电费、水费结算单为会计原始凭证，据实计入动力成本。

（四）人工成本的核算。

根据有关规定和手续完备的原始凭证进行计算、汇集和分配。

（五）输油输气损耗的计算。

输油损耗＝∑（报告期首站收油＋期初库存－各交油点交油－期末库存－自用燃料油）×单价

输气损耗＝∑（报告期首站交气＋期初库存－各交气点交气－期末库存－自用气）×单价

以上各项均为纯油量（气量）并以生产报表为依据。

（六）折旧成本的核算。

1. 固定资产的折旧应根据有关固定资产管理的规定计提。

2. 输油输气生产和管理使用的固定资产按规定提取的折旧计入制造费用，其他单位按规定提取的折旧计入管理费用或营业费用。

3. 采用承包方式管理生产运行的单位，折旧统一在企业本部计提，并按规定分别计入制造费用、管理费用或营业费用。

（七）修理费的核算。

1. 管线修理费：输油输气管线及沿线建筑物的修理及维护所发生的一切费用支出。管线清蜡、通球、清管、内外检测费用、巡线、防汛抢险费用、干线阀门、截断阀的更换修理及其他费用也在此项目列专项反映。

2. 电力线路修理费：指站外电力线路维修所发生的费用。

3. 站内电器系统修理费：指站内电器设备、电力线路、维修费用。

4. 设备维修费：指站内输油泵、炉、输气压缩机组、通信设备、自动化控制设备等通用设备的维修、测试所发生的费用。各种设备附属仪器、仪表的维修、更换以及锅炉软化水用盐所需费用和热媒炉更换热媒也在本项目核算。

5. 工艺管网修理费：站内的输油输气工艺管线、水暖管线、小型阀门等维修费所发生的费用。

6. 油、气储罐、地下储气库修理费用：指原油、成品油、天然气储罐和地下储气库的维修所发生的费用。

7. 房屋、建筑物修理费：指生产用房屋、水池、排污池、水塔、烟囱、地沟、围墙、道路等建筑物的修理所发生的费用。

8. 消防费：指站区、罐区消防系统维修发生的费用。

9. 其他修理费：指不包括在上述修理费项目中的费用。

（八）杂费成本的核算。

1. 单独收取杂费的各单位应根据作业任务确定核算对象，一般为储油费、装卸费。发生的燃料、动力、直接人工和其他直接费用分别计入该项成本。

2. 属于经营和组织储油（气）、装卸车部门（指泵站级）发生的费用，包括管理人员工资、提取的福费、折旧费、修理费等应在制造费用中归集。不能直接确定各项作业项目的制造费用，应按照储油（气）

量、装卸车量等比例标准分摊。分摊方法一经确定，不得随意变动。

3. 按规定核算对象和成本项目，归集应计期间发生的生产费用，计算出当期各核算对象的总成本，并按生产部门提供的作业量计算出单位成本。

第三节　成本分析、指标考核

第三十二条　成本分析内容

（一）交油、交气量完成情况。

分析交油、气量同预算和上年同期增减变化情况。

（二）燃料、动力对成本的影响。

（三）工资支出对成本的影响。

员工人数增减变动情况和工资性支出总额增减变化原因等。

（四）制造费用对成本的影响。

侧重制造费用支出的绝对额与预算和上年同期对比分析。

1. 修理费项目的支出情况详细分析。

2. 折旧费对成本的影响。

分析新增或减少的固定资产数量及原值对折旧费绝对额的影响。

3. 其他费用发生额较大项目的分析。

第三十三条　成本分析方法

（一）价格变动影响成本降低额。

成本降低额＝（基期实际总成本－报告期实际总成本）或（数量变动影响成本降低额＋消耗降低影响成本降低额）

（二）数量变动影响成本降低额。

成本降低额＝（基期数量－报告期数量）×基期单位成本

（三）消耗降低影响成本降低额。

成本降低额＝（基期单位成本－报告期单位成本）×报告期产量

第三十四条　成本考核的主要指标

（一）输油单位运营成本。

输油单位运营成本＝（输油成本＋管理费用＋营业费用－折旧和摊销）/交油量

（二）输气单位运营成本。

输气单位运营成本＝（输气成本＋管理费用＋营业费用－折旧和摊销）/交气量

第四节　预 算 编 制

第三十五条　成本、费用预算的编制

（一）预算的主要内容。

1. 输油、输气成本预算。

2. 期间费用预算。

（二）预算编制的依据。

1. 股份公司和专业公司下达的成本费用编制参数。

2. 输油、输气生产建设计划。

3. 油、气、电消耗定额、材料消耗定额、费用定额、固定资产折旧、修理费预算、工资支出预算、内部结算价格等。

4. 关联交易合同及结算价格。

5. 上年各项成本费用实际支出。

（三）预算编制程序和方法。

1. 收集整理与编制成本预算有关的各种指标和资料。

2. 根据股份公司和专业公司下达的成本预算参数和有关成本资料，财务部门组织测算出预算全部成本。

3. 将经各单位预算委员会审定后的预算上报专业公司。

4. 经专业公司审查、汇总、上报股份公司批准后，各单位应详细分析各项成本构成，将预算成本按照预算体系进行分解，建立预算成本管理体系。

5. 在预算执行过程中，如遇到实际情况变化较大时，企业每季度应根据专业公司的安排对预算进行必要的调整。

（四）各企业的年度成本预算经专业公司审查批准后，应将成本指标逐级分解，层层下达，落实到各责任单位。各责任单位要制定完成降低成本指标的措施，并组织实施。

第六章　期 间 费 用

第三十六条　期间费用是指不能直接归属于某个特定产品成本的费用。期间费用包括：管理费用、财务费用和营业费用。

第三十七条　管理费用，是指企业为组织和管理生产经营活动所发生的各项费用。

（一）管理费用的内容。

1. 工资：指企业管理部门人员的工资、奖金、津贴和补贴等。

2. 提取的职工福利费：指按企业管理人员工资

总额规定比例计提的职工福利费。

3. 差旅费：指企业职工因公外出的各种差旅费、出国人员经费、住宿费、市内交通费、各种补助费以及按规定支付的探亲路费和调遣费用。

4. 办公费：指企业管理部门的文具、印刷、邮电、办公用品等费用。

5. 折旧及摊销：包括企业管理部门的各项固定资产按照规定计提的折旧费、无形资产摊销、长期待摊费用摊销和开办费摊销等。

6. 修理费：指企业管理部门支付的各种维修费用。

7. 物料消耗：指企业管理部门耗用的各种材料。

8. 低值易耗品：指企业管理部门使用的低值易耗品。

9. 会议费：指企业管理部门因召开会议按规定支付的各种费用，其中包括会议伙食补助费、会议公杂费、住宿费和会场租赁费、会议交通费等。

10. 宣传费：指非广告性质的宣传费用。

11. 工会经费：指按照国家规定的标准计提的工会经费。

12. 职工教育经费：指按照国家规定的标准计提的职工教育经费。

13. 劳动保险费：指企业支付给离退休职工的退休金（包括按规定交纳的离退休统筹金）、价格补贴、医药费（包括企业支付离退休人员参加医疗保险的费用）、职工退职金、六个月以上病假人员工资、职工死亡丧葬补助费、抚恤费、按规定支付给离休干部的各项经费。

14. 待业保险费：指企业按国家规定交纳的待业保险基金。

15. 财产保险费：指上缴股份公司总部的安保基金和其他财产保险费用。

16. 其他保险费：指支付的其他保险费。

17. 董事会费：指企业最高权力机构及其成员为执行职能而发生的各项费用，包括差旅费、会议费等。

18. 咨询费：指企业向有关咨询机构进行科学技术和经营管理咨询所支付的费用，包括聘请经济技术顾问、法律顾问等支付的费用。

19. 审计费：指企业聘请注册会计师及审计部门进行查账验资以及资产评估等发生的各项费用。

20. 聘请中介机构费：指企业聘请中介机构所支付的费用（除审计费外）。

21. 诉讼费：指企业因起诉或者应诉而发生的各项费用。

22. 排污费：指企业按规定交纳的排污费。

23. 绿化环境卫生费：指企业支付的绿化环境卫生费用。

24. 房产税：指企业按规定支付的房产税。

25. 车船使用税：指企业按规定支付的车船使用税。

26. 土地使用税：指企业按规定支付的土地使用税。

27. 印花税：指企业按规定支付的印花税。

28. 采矿权使用费：指企业按规定支付的采矿权使用费。

29. 警卫消防费：指企业按规定支付的警卫消防费。

30. 运输费：指企业管理部门应负担的厂内运输部门和厂外运输机构所提供的运输劳务费用。

31. 化验检验费：指企业及所属生产厂对材料、产品进行分析、化验、检验所发生的费用。包括工厂试验室和检验部门所耗用的材料以及委托外部进行检查试验时所支付的费用等。

32. 劳动保护费：指企业管理部门所发生的各种劳动保护费用。

33. 住房公积金：指企业按规定支付的住房公积金。

34. 存货的盘亏和毁损：指按股份公司规定报经批准由当期损益负担的存货的盘亏和毁损净额（减盘盈数）。

35. 存货跌价准备：指按股份公司规定计提的存货跌价准备。

36. 土地使用费（海域使用费、口岸使用费）：指企业使用土地（含海域、口岸）而支付的费用。

37. 土地损失补偿费：指企业生产经营过程中破坏的国家不征用的土地所支付的土地损失补偿费。

38. 技术转让费：指企业使用非专利技术而支付的费用。

39. 研究与开发费：指企业研究开发新产品、新技术、新工艺所发生的新产品设计费，工艺规程制定费，设备调试费，原材料和半成品的试验费，技术图书资料费，未纳入国家计划的中间试验费，研究人员的工资，研究设备的折旧，与新产品试制，技术研究有关的其他经费，委托其他企业进行的科研试制的费用，试制失败损失等。

企业为开发新产品、新技术而购置的单台设备价值在 10 万元以下的，可一次提足折旧计入费用，不留残值，并在备查账簿登记，加强实物管理。

40. 坏账损失：指企业按照股份公司的规定提取坏账准备。

41. 业务招待费：指企业为业务经营的合理需要，按国家规定支付的费用。

42. 微机联网安装费：指微机联网安装所支付的费用。

43. 水电费：指企业管理部门用于消耗水、电而支付的费用。

44. 取暖费：指企业管理部门发生的取暖费。

45. 租赁费：指企业管理部门租赁办公、土地、设备等发生的费用，包括并单列支付给存续公司的土地租金。

46. 矿产资源补偿费：指企业按规定计算的应交纳的矿产资源补偿费。

47. 安置职工补偿费：指企业解除劳动关系而支付给职工的安置补偿费。

48. 外雇劳务费：指企业临时雇佣劳务所支付的费用。

49. 其他：指不能列入以上各项目的各种管理费用。

（二）管理费用的控制。

1. 预算控制。通过预算的编制，对管理费用中的各项费用进行分解，纳入考核指标体系中，并按月度将实际发生情况同预算进行对比，找出与预算偏差的具体原因，采取切实有效的措施，使管理费用控制在预算之内。

2. 审批程序控制。建立健全严格的费用审批手续制度，规定明确的审批权限和审批程序，预算内资金实行责任人限额审批，限额以上资金实行集体决策和审批。严格控制无预算的资金支出。

3. 执行控制。对实际发生的管理费用实行财务监督。

（三）为了真实反映各板块的经营成果，必须严格划分板块之间的管理费用界限，对板块间共同承担的费用，要采用合理的分摊方法进行分配。与人员有关的费用按工资总额比例分配，与资产有关的费用按固定资产原值比例分配，其他费用按主营业务收入比例分配。

第三十八条 财务费用，指为筹集生产经营所需资金等而发生的各项费用。

（一）财务费用的内容。

1. 利息支出：指生产经营期间发生的利息支出减利息收入的净支出。利息支出包括：国内长期借款利息、外资长期借款利息、内部长期负息资金利息支出、短期借款利息、应付债券利息和内部短期负息资金利息支出等。利息收入包括：银行存款利息、内部存款利息、中油财务公司存款利息和总部补贴利息。

2. 汇兑净损失：指外汇兑换、用汇兑换率的差异。

3. 调剂外汇手续费：指申请和调剂外汇而发生的各种手续费。

4. 金融机构手续费：指向金融机构申请贷款，发行债券、股票而发生的各种手续费。

5. 其他费用：指筹资过程中发生的其他费用。

（二）财务费用的控制。

财务费用主要是利息支出。减少利息支出的主要途径有：

1. 抓好投资决策，降低投资成本，提高投资效益。对固定资产投资项目严格执行资本金制度，对投资项目实行效益否决，使企业的资产负债率逐步合理。

2. 集中管理资金，统一调度资金，减少银行贷款。

3. 加强货款的清欠力度，加速资金回笼。

4. 降低物资库存，减少资金占用。

5. 在采购和销售环节，采用灵活的、对企业有利的结算方式。

6. 多种途径盘活、调整存量资产，优化资本结构，减债增资。

7. 权衡利率、汇率风险，选择不同的借款种类，适时归还高利率的借款，减少汇率风险。

（三）为了真实反映各板块的经营成果，必须严格划分板块之间的财务费用界限，对板块间共同承担的费用，按贷款平均占用额比例进行分配。

第三十九条 营业费用，指在销售产品过程中发生的各项费用以及专设销售机构的经营费用。

（一）营业费用的内容。

1. 运输费：指为销售产品和提供劳务而发生的运输费用。

2. 装卸费：指为销售产品和提供劳务而发生的装卸费用。

3. 包装费：指为销售产品和提供劳务而发生的包装费用。

4. 保险费：指为销售产品和提供劳务而支付的各类保险用。

5. 委托代销手续费：指委托其他销售机构代销的手续费，如出口产品的代理费等。

6. 广告费：指为销售产品和提供劳务而发生的广告、宣传费用。

7. 展览费：指为销售产品和提供劳务而举办、参加展销的费用。

8. 租赁费：指为销售产品而从外部租入各种固定资产和工器具而支付的租金。

9. 销售服务费：指销售和提供劳务过程中发生的服务费。

10. 销售部门人员工资：指销售部门人员的工资、奖金、津贴及补贴等。

11. 职工福利费：企业按规定提取的销售部门的福利费。

12. 差旅费：指为销售产品和提供劳务而发生的各种差旅费用。

13. 办公费：指为销售产品和提供劳务而发生的办公费用。

14. 折旧费：指销售机构按规定计提的折旧费。

15. 修理费：指销售机构发生的各种修理费用。

16. 物料消耗：指销售机构耗用物料而发生的费用。

17. 低值易耗品：指销售机构耗用的各种低值易耗品的摊销额。

18. 产品出口手续费：指出口产品发生的各种手续费。

19. 港杂费：指出口产品发生的港口费用。

20. 运输途中合理损耗：指销售企业购买商品过程中发生的运输途中合理损耗。

21. 挑选整理费：指销售企业购买商品入库前发生的挑选整理费。

22. 仓储费：指发生的商品仓库储藏费用。

23. 其他：指不能列入以上项目的各种销售费用。

（二）营业费用的控制。

比照管理费用的控制规定执行。

第七章　成本管理

第四十条　为了保证成本核算的真实性，必须做好以下成本管理的基础工作：

（一）定额管理。

对各种原材料、辅助材料、燃料、动力的消耗及工时、设备利用等费用应按平均先进的原则，按照国家（行业）规定或装置设计资料制定定额，并结合本企业的实际情况，及时修订、补充和完善。凡是能够计量和考核的成本费用，按照重要性原则和核算级别确定定额管理核算内容。

（二）计量管理。

一切物料的进出、消耗，都要认真办理验收、计量、入、出库手续。各种计量设备、仪表和工具必须配备齐全、手段先进，并经常进行维修校正，确保灵敏准确。

（三）财产盘存。

必须建立健全财产的盘存制度，定期或不定期地对所有财产进行清查，及时报批处理各种财产的盘盈、盘亏、毁损、报废手续，经股份公司批准后做出账务处理，做到账证相符、账账相符、账实相符、账表相符。

（四）内部结算价格。

为明确经济责任，各企业应根据核算和管理的需要建立健全企业内部的结算价格管理制度。对各种互供的原材料、内部联产品、在产品、半成品、产成品、燃料、动力和劳务等要制定企业的内部结算价格。为使内部结算价格尽量贴近市场实际，当与市场偏离较大时应及时修订，原则上应一年或半年修订一次，并将修订后的差异上报有关部门。

（五）原始记录。

对产量、材料消耗、在产品、半成品的转移、产成品的入库与发出、财产、物资的报废、毁损等都要建立完整的原始记录，并规定科学的原始记录传递程序。

（六）关联交易。

同存续企业签订的关联交易协议，要求手续齐备，价格、取费合理，内容完整、详实、具体，范围明确，执行严格。关联交易的费用列支渠道必须准确，分清工程成本、福利费用、生产成本和期间费用等列支渠道。对板块之间共同承担的费用，要按照合理的分配标准进行分配。

（七）班组经济核算。

按成本费用的分解指标，对各班组的产量、质量、消耗和收率等指标进行核算、考核，不断提高班组参与经济核算的积极性。

第四十一条　建立成本预测制度

成本预测主要是根据成本习性和数学等分析方法，预测产品成本的发展趋势。

（一）事前对生产计划、生产工艺方案进行成本预测，根据预测数据进行决策，调整计划方案，使成本得到事前控制。

（二）事中要定期对生产过程的生产经营情况进行成本控制，根据测算结果及时采取措施，使成本得到事中控制。

（三）事后要根据实际发生的情况同预测进行比较分析，找出偏差的原因，为搞好下一阶段预测工作积累经验。

（四）根据生产和市场的变化情况，及时组织测算加工原油的保本价格和边际贡献，为生产经营提供准确的决策依据。

第四十二条 建立健全成本管理组织，落实分级归口责任制度。

企业的主要负责人对本企业的成本管理工作负完全责任。总会计师及财务负责人负责组织实施成本管理与核算，并对其真实性、合法性负责。

企业要在财务会计部门内设置成本管理岗位，车间要设置专职（兼职）成本核算员，负责车间成本管理与核算工作。成本管理岗位人员应保持相对稳定。

企业要建立与健全部门、分厂、车间的各级成本管理责任制，把成本管理的任务落实到实处。

第四十三条 成本管理与核算的分级责任

（一）专业公司。

1. 按照股份公司的授权，拟定专业公司的《成本、费用核算与管理办法》；

2. 编制、汇总板块内所属的年度成本预算并组织上报、下达、实施；

3. 按年向所属地区公司下达成本、费用预算指标，并检查、督促、帮助其实施；

4. 组织板块所属地区公司的成本、费用分析；

5. 组织板块所属地区公司加强成本管理，降低产品成本的经验交流和推广工作；

6. 对板块所属地区公司的成本、费用指标完成情况进行考核；

（二）地区公司。

1. 在不违反股份公司《成本、费用核算与管理办法》的前提下，结合实际，制定相应的成本管理和核算实施细则；

2. 编制年、季、月成本、费用预算并组织上报、下达、实施；

3. 按年向所属单位下达成本预算指标，并检查、督促、帮助其实施；

4. 核算产品成本，车间（装置）成本，编报成本报表；

5. 与有关部门共同制定内部结算价格；

6. 组织开展班组经济核算；

7. 组织成本、费用分析；

8. 组织内部加强成本管理，降低产品成本的经验交流和推广工作。

第八章 成本费用报表格式与要求

第四十四条 成本费用报表

（一）费用类：《管理费用表》、《营业费用明细表》、《财务费用表》、《投资及生产经营支出表》、《预提费用表》、《制造费用明细表》等。

（二）成本类：

1. 勘探开发成本报表。

《采油采气成本计算表》、《油气处理成本计算表》、《驱油物注入成本计算表》、《输油输气成本计算表》、《稠油热采成本计算表》、《井下作业成本计算表》等。

2. 炼油、化工成本报表。

《炼油产品成本计算表》、《原油到厂成本情况表》、《炼油单位加工费分析表》、《化工产品成本计算表》、《主要化工产品单位成本表》等。

3. 天然气运输成本报表。

《输油输气成本表》。

第四十五条 成本费用报表分为月报、季报、年报。季报和年报要附有详细的分析说明。

第九章 附 则

第四十六条 本办法自 2002 年 1 月 1 日起施行。

第四十七条 本办法实施后，如国家有新规定，并与本办法内容相抵触的，按新规定执行。

第四十八条 本办法解释权归中国石油天然气股份有限公司财务部。

中国石油天然气股份有限公司依法治理指导意见

（2001年12月25日中国石油天然气股份有限公司以石油法字［2001］第320号文发布）

遵照中共中央、国务院“中发［2001］8号”文件和《全国人大常委会关于进一步开展法制宣传教育的决议》，股份公司决定，从今年开始，在全面启动“四五”普法的同时，更加深入地开展依法治理工作，并将其作为提高公司竞争力的战略性举措，坚持不懈地向前推进。

一、全面认识依法治理的必要性和重大意义

公司依法治理是国家依法治国方略的重要组成部分，也是公司适应市场经济体制和法制环境变化、对传统管理方式进行变革的重要内容。当前，股份公司正处在由传统企业制度向现代企业制度转变的关键时期，全面推行依法治理，对于提高公司员工的法律意识、实现公司规范运作，进而优化公司经营管理、提升公司综合竞争力和价值、树立公司良好形象，都有着十分重要的意义。

（一）依法治理是适应市场和法制环境新变化的必然选择。近几年来，我国正加快社会主义市场经济法律体系建设，加入世贸组织后，要全面适用世贸组织规则。同时，政府进一步强化维护市场秩序、公共安全和社会利益的职能，运用法律手段管理经济、规范企业运行的机制正在形成。股份公司作为境外上市公司，不仅受到国内法律的调整和监管，还须遵守上市地法律和规则，面临的市场和法制环境更加复杂。这些变化，使公司组织行为、交易行为、劳资关系、政企关系等各个方面，全面趋于法制化，并对公司生存与发展产生深刻影响，传统管理理念和管理方式已不能适应新的市场环境和法制环境。因此，确定依法治理的理念和管理方式，尽快完成由传统管理向以市场为主导的法制化管理的转变，已成为公司进一步转换机制、实现制度创新的当务之急。

（二）依法治理是公司优化管理、降低成本、防范风险的内在要求。在同等的市场法律环境下，企业规模越大、经营环节和管理层次越多、生产要素市场化配置程度越高，法律管理在公司经营管理、成本控制和风险防范的地位就越重要。股份公司是上下游、内外贸、产供销一体化的特大型石油公司，经营管理广泛涉及民事、商事、行政、劳动等复杂的法律关系，而总分公司体制决定了股份公司须对所有分公司的行为承担法律后果，法律风险被放大。不仅如此，油气田、管道企业治安形势十分严峻，不仅导致外部成本增大、效益流失，而且严重影响正常生产秩序。法律因素与公司管理、成本、风险和效益的关联度很高。目前公司经营管理中忽视法律因素、不计法律后果的行为，在有的单位仍程度不同的存在，个别情况还很严重。因此，推进公司依法治理，最大限度地减少或避免因法律因素导致成本提高或效益流失，保障公司运营安全，已是势在必行。

（三）依法治理是与国际大公司接轨、提高公司竞争力、树立良好市场形象的客观需要。依法治理是现代公司经营管理的重要内容，也是公司经营管理水平和企业形象的重要标志。国际大公司为适应激烈竞争和防范风险的需要，都高度重视对法律的遵守和谋求最大合法利益。在内部，他们不仅拥有权威、强大的专业法律顾问队伍，而且还使每一个经营管理人员了解与岗位工作相关的法律常识和应对突发法律事件的基本技能，特别是注重培育守法经营的经营管理理念和价值取向，违法经营行为无论是给公司、他人或社会造成损害，都被视为决策者及实施者的重大劣迹，也被视为损害公司形象的严重污点。在处理对外关系上，国际大公司特别注重发挥法律人员的作用，在对外谈判签约、处理公共关系和诉讼事务等方面，公司法律力量已成为公司竞争力的体现，也是取得利益、减少风险和损失、塑造公司形象的重要保障。股份公司作为境外上市的大公司，将与国际大公司在同样的市场和法律环境下开展多领域的合作与竞争，虽然由于历史原因与其存在差距，但法律的较量和市场竞争不承认差距。从这个意义上说，股份公司依法治理的任务更为艰巨，且攸关公司长远发展。

二、依法治理的指导思想和基本思路

公司依法治理要以江泽民总书记“三个代表”重要思想为指导，认真贯彻依法治国、建设社会主义法治国家的治国方略，针对股份公司上市后的体制特点和进一步转换经营机制、改进管理方式的需要，努力提高全体员工的法律意识和建立依法决策、依法经营、依法管理的机制。力争通过3—5年的努力，在理念更新、制度建设、机制形成等方面见到明显成效，保障公司各项活动纳入依法运行的轨道。公司依法治理的基本思路是：

（一）确立依法治理的公司理念。要大力开展法制宣传教育，在公司上下营造学法、用法、守法的文化氛围，使公司全体员工熟悉岗位所必须的法律知识，依法行使权利、履行义务、承担责任，树立权利、义务、责任相统一的法制观念。要增强公司经营管理人员的法律风险意识和法律效益观，确定不获取非法利益、追求最大合法权益的价值取向，把依法决策、依法经营、依法管理作为经营管理人员的基本理念和行为准则，塑造公司富有社会责任感和公众信任感的道德形象。

（二）在公司经营管理的主要领域形成依法治理的格局。

1. 以公司法、证券法为依据，规范公司的组织和行为。公司法、证券法是上市公司设立、存续和运作的基本法律规范。作为境外上市公司，应在处理股东的关系、法人治理结构的运作、对分公司的授权及市场并购、合资合作、股权管理、关联交易、同业竞争、信息披露等方面，严格遵守公司法、证券法及上市地的法律和规则，执行公司章程、履行对投资者的承诺，建立公司存续和健康发展的法律基础。

2. 以合同法、招投标法为依据，规范公司市场交易行为。合同是公司对外经济联系的重要方式，合同管理蕴含着巨大的经济潜力，是企业降低成本、防范风险、实现经济利益的重要手段和基础性工作。要全面推行招投标制度，引入竞争机制，优选市场主体；进一步完善合同管理制度，健全合同管理流程，提高管理效率和规范化程度；加强对合同履行的监管管理，依法解决合同纠纷，维护公司合法权益。

3. 以行政法为依据，规范行政法律关系。行政法是调整行政法律关系、解决行政争议和纠纷的根据。随着我国行政立法日趋健全和行政监管力度不断加大，行政法对公司经营管理的影响越来越突出。石油石化企业涉及的行政执法领域非常广泛，土地、资源、质量、安全、环保、税费、工商、交管、水电、城建、治安等行政争议和纠纷居多，亟须结合公司特点，对涉及行政法的主要领域，加大依法治理力度。

4. 以劳动法为依据，规范劳动关系。随着深化劳动人事制度改革，人力资源市场化配置程度越来越高，劳动合同已成为规范公司与员工劳动关系的主要形式。要依法完善责权利相统一的劳动合同制度，强化劳动合同管理，妥善处理劳动用工中涉及的法律问题，预防和减少劳动纠纷，维护公司和社会稳定大局。

（三）建立以各项业务为依托的依法治理工作机制。公司经营管理的各个领域，几乎都有专门的法律进行调整。以各项经营管理业务为依托开展依法治理工作，有利于促进业务与法律的高度融合，提高公司整体法律化管理水平。

要充分发挥业务部门在依法治理中的作用。业务部门应当熟悉涉及部门业务的专门立法，要在加强业务管理的同时，抓好法律的贯彻实施，努力将国家法律与业务实践相结合。要建立依法经营管理责任制，把法定或符合法律要求的责任分解到各个工作岗位，传递到每一个员工，并纳入考核内容。要建立依法解决争议和纠纷的机制，对外发生的任何法律争议和纠纷，必须向有关主管部门申报，不允许岗位人员“私了”。同时，要注意总结法律失误的经验教训，从中发现管理上存在的问题，及时堵塞漏洞，改进工作，避免同类问题再次发生。

法律部门要会同各业务部门积极推进各个业务领域的依法治理工作。在开展法律宣传教育、完善业务制度、建立依法经营管理责任制、处理争议纠纷、改进公司经营管理工作等方面形成有效的协作机制，共同促进依法治理工作深入开展。

（四）建立高素质的专职法律顾问队伍和强有力的法律工作保障体系。专职法律顾问队伍是依法治理的重要力量，完备的法律顾问工作体系，是实现依法治理的重要保障。要完善以合同管理为重点的民事法律工作体系，以公司、证券为重点的商事法律工作体系，以防范和处理行政争议为重点的行政法律工作体系和以公司法律工作一体化为目标的法律顾问管理体系。要细化法律专业分工，健全法律服务、支持功能；抓好重点专业建设，培养重点专业的业务带头人和专家型人才；建立适应公司特点和需要的法律顾问管理体制，做到法律与业务俱进，形成与生产经营相结合的法律保障体系。

三、2002 年依法治理的主要措施

依法治理是一项涉及面广、连续性强的系统工程和长期任务，既要立足长远、全面规划，又要做好阶段性的工作安排，确保持续不断地向前推进。2002年，要侧重做好依法治理的基础工作，解决影响公司发展和容易招致风险的突出问题，为深入开展依法治理奠定基础。

（一）认真组织普法学习，学用结合、普治兼顾，逐步形成依法治理的机制。学法、懂法是守法、用法的前提，也是提高法律意识、确立法制理念、自觉推进依法治理的基础所在。按照股份公司“四五”普法规划安排，普法学习的重点是领导机关、领导干部和经营管理人员。领导机关和领导干部要带头学法、用法，建立并落实学习制度，按照国家的要求，对领导干部实行任职前法律知识考核，将依法决策、依法经营、依法管理作为任职期间是否胜任工作的考核依据。对企业经营管理人员，特别是对外引起法律关系的岗位人员，要把是否熟悉有关法律、法规作为上岗资格的重要内容，并把法律规定的权利义务通过劳动合同方式予以确认，作为设立、变更、终止劳动关系的重要依据。2002 年，要以安全、质量、环保三路管理业务为试点，推行重点岗位合同化管理，并积极探索其他有效方式，使学法、守法、用法有可靠的机制保障。

（二）抓好制度建设，建立与公司一级法人体制相适应的制度规范。规章制度是公司内部经营管理的依据，也是实施国家法律的有效形式。完善的制度体系和实施程度，体现着公司的管理水平，对一级法人、多级经营管理的上市公司，更具有根本性意义。

按权事划分界定公司总部与地区公司的制度制定权限。凡是法律要求必须由法人从事的业务和重大管理事项，应由股份公司建立统一制度。地区公司在股份公司授权范围内，制定实施办法。

完善公司制度制定程序。公司章程由股东会制定；基本制度即董事会职责权限的制度，由董事会制定；总裁职责权限内的制度，由总裁组织制定。通过完善制度制定程序，提高制度的权威性和可操作性。

完善公司制度会审和法律审议制度，避免与国家法律法规相冲突或内部制度之间不协调。从 2002 年开始，要按专业和单位，对现有公司（包括地区公司）制度进行清理，针对存在的问题，加以完善。制定公司规章制度管理办法，将规章制度的制定权限、起草、审议、颁布等程序化、规范化，力求使制度建设符合现代企业制度和公司新体制、新机制的要求。

（三）建立重大决策法律论证制度。决策的失误是根本的失误，往往产生不可挽回的影响。公司上市后，经营管理决策中存在大量法律问题，依法决策对公司的生存与发展至关重要。为提高决策的科学性，最大限度地避免法律风险，根据国家的要求，建立重大决策的法律论证制度，就改革方案、规章制度、合资合作、市场购并、重大权益处置、重大管理措施及重大关系的协调处理等，按规定的程序规则，进行法律论证。鉴于决策中的法律风险短期内具有隐蔽性，要建立决策者及参与论证者对决策项目法律风险持续负责的制度，落实决策失误的责任。

（四）全面加强合同和招投标管理，规范经营行为。要严格执行招投标法和合同法，贯彻股份公司关于招投标和合同管理的规定，对所有重大采购、外包工程、合资合作及重大服务项目，全面实行招投标，择优选择供应商或服务商。要完善标书制作和招投标程序，做到公开、公平、公正。公司对外交易活动，除即时清结的小额交易外，一律签订合同。所有合同项目必须列入投资计划和预算，必须经过法律部门审查。所有签约人员必须依法履行授权手续，不允许擅自对外承诺、签约。

今年，公司总部要对地区公司合同管理进行全面检查，针对薄弱环节提出整改措施。各地区公司要大力开展“重合同，守信用”活动，尽快成为所在地省级“重合同，守信用”单位，全面提升股份公司的市场信誉。要大力加强合同管理基础工作，制订标准化合同文本，进一步完善合同管理流程，实现合同网络化管理，提高合同管理效率和质量。

（五）强化反倾销法律事务的统筹和管理。我国已成为世贸组织成员国，石化、化工产品会面临来自国内外更为激烈的竞争。在努力提高产品竞争力的同时，充分利用世贸规则允许的反倾销等贸易保护手段，阻止来自国外石油、化工产品的倾销活动，并避免公司产品在国际市场低价倾销，保护公司的合法权益。要加强反倾销工作的统筹和管理力度，建立由业务主管部门统一组织、法律部门有效配合的应对国内外反倾销的工作机制，组织价格、营销、法律等相关人员学习、掌握反倾销的规则和程序，建立健全反倾销的相关制度和快速反应机制，形成价格、信息和统一应对的工作体系。加强对进出口产品、销售情况和市场的监测，以便倾销发生或被反倾销时，及时地主张权利，保护公司产品在国内外市场的竞争力。

（六）加大整治力度，努力改善发展环境。要以国家整顿市场秩序为契机，积极配合地方政府和司法

机关，打击侵占企业财产、破坏生产经营秩序的各类违法犯罪活动。特别要制止和打击乱开滥采油气资源、盗抢原油、破坏油气生产和管道等设施、冒用企业名称和标识等违法犯罪活动。要切实加强内部管理，堵塞漏洞，完善防范措施，提高员工依法保护企业财产的意识和能力。

（七）加强企业法律顾问工作。2002 年是股份公司法律工作与国际大公司接轨的关键一年。要认真总结公司上市后法律工作的经验，全面落实 2000 年法律工作会议精神和依法治理指导意见，大幅度提高法律工作的水平。一是健全机构、完善职能、拓展业务，形成以公司、合同、行政法律事务和法律顾问管理为主的四大业务体系，全方位地拓展法律工作领域，维护公司合法权益；二是在总结大庆、辽河、抚顺、大港、长庆、兰化等 6 家法律工作体制试点经验的基础上，全面推行集中管理和授权管理相结合的法律管理体制以及地区公司法律部门负责人在法律业务上对地区公司领导和公司总部双向负责的机制；三是根据国家经贸委要求，在具备条件的单位试行总法律顾问制度，并在法律人员录用、职级评定、待遇等方面，引入市场机制，建立与法律业务特点相适应的用人机制；四是根据公司法律工作的特点和业务需要，有计划、有针对性地培养各个重点法律专业的专家型人才和法律事务的管理型人才，建立法律人才数据库，为股份公司适应入世后国内市场、法律环境的变化，参与国际市场的激烈竞争，奠定坚实的法律人才基础。

四、加强对依法治理工作的组织和领导

依法治理是寓于公司各项经营管理业务之中的综合性工作，也是领导工作的重要内容。各级领导同志要从讲学习、讲政治、讲正气和“三个代表”的高度，从公司制度创新、转换机制和提高综合竞争力的实际需要出发，充分认识依法治理的必要性、紧迫性和重大意义，务必加强领导、妥善组织、抓实抓好。

各单位要把依法治理作为“一把手工程”，纳入重要议事日程。党政一把手与班子成员分工负责、齐抓共管，切实把抓依法治理同优化决策、优化业务管理紧密结合起来。要突出抓好制度、机制的建立和完善，建立依法治理领导责任制，分管不同业务的领导，要把依法治理贯穿于分管业务之中，使依法治理工作与推进业务建设同步进行。领导班子要结合本单位实际，研究制定依法治理具体方案。

本指导意见与股份公司普法规划同步实施。依法治理的综合性工作由法律部门负责，有关专业法的学习和依法治理工作由有关专业部门负责。各部门要相互配合，共同促进依法治理工作的深入开展。

专　文

跨入新世纪　认清新形势
努力开创集团公司改革和发展的新局面[1]

——马富才同志在集团公司 2001 年工作会议上的报告

（2001 年 1 月 13 日）

同志们：

在我们刚刚告别 20 世纪，胜利跨入 21 世纪，刚刚结束“九五”，开始实施第十个五年计划的时候，集团公司决定召开这次工作会议，主要是深入学习贯

[1] 根据《年鉴》编辑体例的要求，对本报告的某些标题序号做了适当的修改，对部分内容进行了删节。

彻党的十五届五中全会和中央经济工作会议精神，全面总结“九五”及2000年的工作，部署“十五”发展计划，安排今年的各项工作，动员广大干部职工，认清形势，抓住机遇，继往开来，团结奋进，确保“十五”计划开好头、起好步，努力开创集团公司新世纪改革和发展的新局面。

现在，我代表集团公司做工作报告。

一、关于“九五”及2000年的工作回顾

“九五”是我国国民经济和社会发展取得重大成就的五年，也是我国石油石化工业管理体制发生重大变革，实现持续、稳定发展的五年。在过去的五年里，我国政府沉着应对国际政治经济风云变幻，采取一系列重大的战略举措和宏观调控政策，有效地抵御了亚洲金融危机的冲击，保持了国民经济适度稳定增长。石油集团公司正是在这种国际国内政治和经济背景下应运而生，在应对各种严峻挑战中不断深化改革、持续重组、发展壮大。五年来，在党中央、国务院的领导下，我们不仅全面完成了“九五”计划确定的各项生产经营指标，而且在企业改革、加强管理和精神文明建设等方面都取得了重大进展，为新世纪的发展奠定了坚实的基础。

1. 石油勘探开发取得重大进展，原油产量稳定增长

“九五”期间，新增探明石油地质储量24.4亿吨，比“八五”增长18.4%；新建原油生产能力5252万吨，累计生产原油54222万吨（含延长油矿和海外份额油），比“八五”增长11.6%。截至2000年底，累计探明石油地质储量145亿吨，剩余石油可采储量达到17.8亿吨，石油储采比由“八五”末期的14.9:1增长到目前的17.2:1。

五年间，我们按照“稳定东部、发展西部”的战略方针，本着突出效益、突出重点的原则，在深化老区勘探的同时，大力加强新地区、新领域的勘探，取得了一批重要成果。准噶尔盆地连续发现五个5000万—10000万吨级场面的大油田，五年累计探明石油地质储量4.62亿吨；陕甘宁盆地靖安和安塞地区已形成大规模含油连片的局面，五年新增探明石油地质储量5亿吨；渤海湾盆地老区新带连续获得新的重要发现，滩海地区探明辽河月海亿吨级油田，大港马东东和辽河笔架岭发现两个千万吨级的含油区带，年均新增探明石油地质储量1.2亿吨以上；松辽盆地长垣以西和大情字井地区，初步拿到近5亿吨的储量规模；酒西盆地基本落实5000万吨储量规模，酒东盆地长沙岭构造也获得重要突破，使玉门这个有60多年勘探历史的老油田焕发了新的生机。

2. 天然气勘探开发取得重大突破，呈现快速发展的势头

“九五”期间，新增探明天然气地质储量9298亿立方米，比“八五”增长72%；新建天然气生产能力106亿立方米，比“八五”增长116%；累计生产天然气793亿立方米，比“八五”增长24.7%。截至2000年底，累计探明天然气地质储量1.99万亿立方米，剩余天然气可采储量为1万亿立方米，储采比达到72:1，为“十五”期间天然气的大发展提供了可靠的资源保障。

经过“九五”期间的努力，基本形成了新疆、陕甘宁、川渝和青海四大气区，并在勘探上获得一系列重大突破。主要是：塔里木盆地探明天然气地质储量4700亿立方米，特别在塔北库车坳陷发现了储量规模为2506亿立方米的克拉2气田，是我国迄今为止最大的整装气田；陕甘宁盆地新增探明天然气地质储量1724亿立方米，累计达到4000亿立方米。尤其是在上古生界发现了四个含气富集区，苏6井区获日产百万立方米高产气流，已提交控制储量1198亿立方米；四川盆地川东和川西北侏罗系浅层气勘探分别形成了1000亿立方米以上的储量规模；柴达木盆地三湖地区新发现一批天然气田，预计储量规模可达到2000亿—2500亿立方米。

随着天然气的加快发展，管道建设也取得了重要进展。五年间建成投产了新疆鄯善至乌鲁木齐和长庆气田至银川、西安、北京四条输气管道，共2000千米，新增年输气能力约50亿立方米。同时，开展了“西气东输”的前期工作，并开工建设涩北—西宁—兰州输气管道。

3. 炼油化工达到一定规模，市场营销呈现新的局面

集团公司的炼油化工业务，是在1998年石油、石化两大集团公司重组中，按照上下游、内外贸、产销一体化原则重新建立起来的。目前，原油加工能力达到10705万吨/年，占全国的43%；2000年加工原油8232万吨（含地方炼厂加工量），约占全国的42%；乙烯生产能力达到146万吨，约占全国的35%；合成树脂和合成橡胶生产能力，分别占全国的18%和26%。炼化业务已发展成为集团公司的一大支柱产业，上下游一体化增强了抵御市场风险的能力。

两年多来，按照“区域优化、厂际优化、厂内优化”的原则，我们对炼油化工企业进行了调整和整合。一是将新疆、大港、华北和大庆油田所属的炼化厂分立；二是将兰炼、兰化合并，成为西北地区最大的炼油化工一体化生产基地；三是将大庆油田炼化厂与林源炼油厂重组，形成以炼油、油田化学品为主的生产基地；四是将润滑油业务按照生产、科研、销售一体化的原则进行集中和整合。同时，还淘汰了一批低效、落后的炼油和化工装置，使炼化企业的产业集中度有所提高，产品结构、产品质量明显改善，市场竞争能力得到增强。

与此同时，按照资源“配置、运输、定价、结算”四统一的经营模式和“一级集散、二级分销、三级零售”的营销思路，努力加强营销网络建设，扩大终端销售。目前，共拥有11350座加油站，区内油品批发市场占有率，从1998年的75%提高到目前的92%；区外市场从无到有，市场占有率两年达到25%，基本形成以区内为主、辐射全国的成品油营销网络。

4. 国际化经营取得重大进展，正在成为集团公司新的经济增长点

“九五”期间，集团公司国际化经营实现了战略性的重大转变，从“八五”期间以“请进来”、开展国内合作为主，转向了积极“走出去”，参与开发和利用国外石油资源；从在海外购买储量、进行小规模低风险油田开发试验，转向了油田勘探生产和管道、炼厂建设等大型项目的综合开发；从资金投入转向了投资回收、滚动发展的良性循环。五年间，共签订7个海外石油勘探开发合同、1个炼厂项目合同和1个管道项目合同。这些项目主要分布在7个国家，基本形成了中东—北非、中亚—俄罗斯、南美三大战略发展区。

目前，我们在海外共获得份额石油可采储量4.6亿吨，原油年生产水平达到1350万吨；五年累计获得份额油1000万吨以上，份额销售收入13亿美元。正在执行的项目，大多数已进入投资回收期，按国际油价18美元/桶测算，内部盈利率平均为18%，投资回收期一般为5—6年。

海外项目的拓展还拉动了对外工程承包、技术服务和物资装备出口。到去年底止，在海外进行过施工作业的工程技术服务队伍已达150多个，主要分布在秘鲁、苏丹、伊朗、委内瑞拉和哈萨克斯坦等十几个国家和地区。五年累计完成技术服务、工程承包和物资装备出口26.6亿美元。

与此同时，国内石油对外合作也取得了明显成效。现已累计在64个区块签订了49个勘探开发合同；炼油化工签订合作项目7个；天然气合作已与壳牌勘探（中国）公司签订了长庆天然气上游勘探开发合同，以及外输天然气管道与合作开发意向书。

5. 管理体制改革取得突破性进展，经营机制发生重大转变

“九五”是石油工业管理体制发生重大变革的时期，特别是连续两次大重组和改制上市，意义重大，影响深远。1998年，根据国家对国有企业进行战略性改组的总体部署，按照政企分开和上下游、内外贸、产销一体化的原则，首先对石油、石化两大总公司进行大重组，从宏观管理体制上解决了石油石化工业结构不合理的矛盾。1999年，为进一步解决集团内部体制、机制和结构上的深层次矛盾，石油集团公司内部又进行了大规模资产重组和改制上市，将石油勘探开发、炼油化工及销售、管道运输等核心业务及其相关的资产、人员分离出来，注入新成立的中国石油天然气股份有限公司，其他业务及相应资产、人员留在原企业。这次重组，直接涉及53个企事业单位、5000多亿元资产、154万职工，是迄今为止我国企业规模最大的一次重组。

通过这次重组改制，使石油集团公司在建立现代企业制度上迈出了一大步，多年企盼的解体“大而全”、“小而全”，建立“油公司”的愿望终于成为现实。重组改制、上市后，不仅筹集到了石油石化建设发展所需的部分资金，拿到了进入国际资本市场的通行证，而且使集团公司的管理体制和经营机制发生了重大变化，初步构建起符合现代企业制度要求的母子公司体制框架，增强了集团公司参与市场竞争，抵御市场风险的能力。股份公司建立起规范的法人治理结构，资产、债务、队伍结构得到明显优化，集中力量加快发展核心业务，提高了投资回报率。存续企业充分利用国家的扶持政策，抓住机遇，深化改革，在减员增效、开拓市场、保持稳定等方面取得了显著的成效。这次重组的重大意义，正在和必将在石油集团公司今后的发展中进一步显现出来。

6. 企业管理得到加强，经济效益显著提高

“九五”期间，集团公司及所属企业按照科学管理的要求，加快“转轨变型”，努力改变以生产为中心、单纯追求产量、靠堆工作量求发展的管理模式，开始走上以市场为导向、以效益为中心的发展轨道。几年来，围绕资产保值增值和效益最大化目标，不断探索和完善集团内部资产经营责任制及相应的考核指标体系，调动了企业加强经营管理的积极性和主动性；大力推广邯钢经验，实施目标成本管理，精打细

算，挖潜增效，严格控制各项成本费用开支；树立“今天的投资就是明天的成本”的思想，严把项目投资关，在内外部环境比较困难的情况下，大部分企业基本做到了投资不增、成本不升、生产持续发展，初步实现了良性循环。严格清理银行账户，建立企业内部结算中心，实行货币资金集中管理；大力清理和回收对外投资及各种拖欠，严格控制对外担保，整顿会计秩序；实施全面预算管理，严格控制各项支出，大幅度提高了资金的运营效益。同时，还以五大特困企业为重点，大打扭亏脱困攻坚战，基本实现了国务院提出的国有企业三年扭亏脱困目标。

通过加强企业管理，集团公司整体经济运行质量和效益明显提高。五年间，累计实现销售收入14796亿元，比“八五”增加10235亿元；实现利润总额1040亿元，比“八五”增加1026亿元；上缴国家税费（不含所得税）1511.5亿元，比“八五”增加987.5亿元。同时，职工收入也有明显增加。

7. 科技进步取得重大成绩，人才培养见到显著成效

“九五”期间，我们进一步加大了科技攻关和新技术推广的力度，取得一批重大成果，在生产建设中见到显著成效。主要是：全三维地震勘探技术、山地地震采集处理解释技术，在新区勘探中得到广泛应用，促进了克拉2等一批大型油气田的发现；储层预测技术，解决了薄层岩性油藏勘探的难题，使陕甘宁盆地油气勘探不断获得新的重大发现；欠平衡钻井和成像测井等技术，在复杂油气藏勘探开发中发挥了重要作用；定向井和水平井钻井技术，三次采油技术，促进了老油田的稳油控水，延续了大庆油田的持续高产稳产；炼厂干气制乙苯技术，为低成本生产乙烯闯出了新的路子；重油悬浮床加氢技术，为加工劣质稠油提供了有效的技术手段，等等。五年间，共投入科研经费150多亿元，有50多项科技成果获得国家级奖励，有些重大科技成果达到了国际先进水平。

在人才培养方面，“九五”期间基本建立了一套专家、专业人才、技术工人的培养、培训和管理体系。五年间，对1800多名局处级领导干部进行了工商管理知识培训；对400多名局级干部进行了股份制、关联交易和财务知识培训；有数百名中青年干部在国内攻读MBA，15名青年干部派往美国、加拿大攻读MBA。为适应集团公司开拓海外的需要，我们还实施了“511”人才培养工程，共培养出570多名从事海外项目的骨干人员，涌现出一批可以参与国际作业的总经理、部门经理和国际法律与商务人才。与此同时，“九五”期间集团公司还有5人当选为中国科学院和工程院院士；17人被评选为国家有突出贡献的科学、技术和管理专家；200多人被评为国家跨世纪学术、技术带头人。

经过广大干部职工的共同努力，我们全面超额完成了2000年各项生产经营指标。全年预计新增石油地质储量43285万吨、天然气地质储量4109亿立方米，分别比上年增长7.5%和347%；生产原油11110万吨（含延长油矿和海外份额油），天然气188亿立方米，分别比上年增长1.4%和12.3%。加工原油8232万吨（含地方炼厂加工量），比上年增长7.6%；生产汽、煤、柴、润四大类油品4774万吨，比上年增长11.6%；生产乙烯149.5万吨，比上年增长10.6%。全年实现销售收入4039亿元，比上年增长15.4%；实现利润600亿元，比上年增长242.8%；上缴国家税费410亿元（不含所得税），比上年增长29.3%。实现利税总额超过1000亿元，经济效益创历史最好水平。

二、关于“十五”期间的改革与发展问题

“十五”是我国经济和社会发展的重要时期，也是集团公司深化改革、实现整体发展的关键时期。党的十五大和十五届五中全会，做出了跨世纪发展的总体部署，明确提出“十五”期间要以发展为主题，以结构调整为主线，以改革开放和科技进步为动力，以提高人民生活水平为根本出发点。这是我们进入新世纪的行动纲领，也是集团公司安排部署“十五”各项工作的基本方针。

石油是关系国计民生和国家安全的重要战略物资，石油石化工业是国民经济的基础和支柱产业。党和国家历来十分重视和关心石油石化工业的发展。去年八九月份，江泽民总书记和朱镕基总理分别到大庆油田和塔里木油田视察，作了一系列重要指示。五中全会通过的《中共中央关于制定国民经济和社会发展第十个五年计划的建议》，把加快石油工业发展作为今后五至十年的一项十分重要的任务，提出要“实行油气并举，加快石油天然气勘探、开发和利用。通过合作开发方式，积极利用国外油气资源”。不久前结束的中央经济工作会议全面审视世界经济形势，提出“有三个不确定因素值得我们高度关注”，其中之一就是国际油价上涨。“十五”期间，国家将集中力量办几件大事，抓好有战略意义的重大项目建设，西气东输、国家石油战略储备均在其列。我们是国有特大型企业，是国内主要的石油生产和供应者。石油的特殊战略地位，党中央、国务院对石油石化工业的高度重视，赋予了

我们历史的重任，同时对我们寄予了殷切的希望。我们一定要把国家与企业的利益紧密结合起来，千方百计增加石油生产，努力保障国内石油供应。

当前，从总的国内外形势来看，我们面临着许多有利的发展机遇，同时也面临着许多严峻的挑战，但机遇大于挑战，对石油石化工业的发展比较有利。

首先，经济全球化趋势增强。知识经济、信息经济时代已经到来，国内市场日趋国际化。特别是我国即将加入世界贸易组织，这是又一次更为深刻的改革开放，有利于我们在更大范围内和更深程度上参与国际经济合作与竞争，更便捷地引进国外资金、技术和管理经验，发挥后发优势，促进企业技术更新、装备改造和产业结构优化升级。

其次，国民经济战略性调整步伐加快。“十五”期间，国家将进一步加大对水利、交通、能源等基础设施建设的投资，加快能源、化工等重点行业的技术改造，同时鼓励以资源开采为主的城市和大型矿区，因地制宜地发展接续和替代产业。从总体上看，石油石化工业是结构调整和基础设施建设的重点，是需要加快发展和做大、做强的产业。

第三，国家实施西部大开发战略，为集团公司在新世纪的新发展提供了重大机遇。西部地区是我国石油工业的发祥地，是今后油气产量增长、资源战略接替的主战场。特别是西气东输工程的启动和建设，将有力地推动西部地区油气资源勘探开发，加快西部油气资源优势向经济优势、市场优势的转化，有效带动工程技术服务和第三产业、新兴产业的崛起和发展。

第四，国家加快实施“走出去”战略，鼓励有比较优势和竞争力的企业走出国门，开展跨国经营。特别对石油、石化集团公司这样关系国家经济命脉的大企业和大集团，政府将在信贷、保险等方面给予优惠政策，并从政治、外交等方面给予大力支持。这非常有利于我们充分利用国内外两种资源、两个市场，加快扩大海外石油生产规模，壮大集团公司的经济实力，并为保障国家石油安全做出自己应有的贡献。

但是，我们也要清醒地看到，随着国内石油市场的全方位、多层次、宽领域的对外开放，现有的市场格局终将被打破，竞争会更加激烈。而且在今后几年里，不可预见因素较多，原油价格可能出现大幅度波动，世界经济增长速度有可能减缓，国际股市更是变幻莫测。另外，今年国家将择机开征燃油税，从量计征，税额较大，可能会影响到油品的销售和价格。我们对这种潜在的市场风险，一定要有充分的估计和认识。

面对激烈的市场竞争和潜在的市场风险，我们还存在着许多不容忽视的问题，主要表现是：在思想观念上，少数同志对集团公司重组改制和上市的战略意义缺乏深刻理解，对国内石油市场开放的必然性和由此带来的激烈竞争认识不足，在困难面前有畏难情绪，缺乏进取精神。在业务发展上，石油后备储量不足，资源接替紧张；炼油化工、技术服务等业务结构性矛盾比较突出；市场销售网络覆盖面不宽，占有率不高。在管理上，机构臃肿，队伍庞大，冗员过多，劳动生产率不高；有些企业管理粗放，亏损或潜亏比较严重。在改革上，尚未建立起与市场经济体制相适应的选人用人机制、分配激励机制、监督约束机制等。所有这些，都在一定程度上影响了企业经济增长方式的根本性转变和市场竞争力的提高，制约了集团公司的改革和发展。“十五”期间，我们能否审时度势，把握有利时机，制定应对方略，及时、有效地解决这些问题，事关重组改制的成败和集团公司的整体可持续发展。

经过反复认真研究，集团公司党组对“十五”期间总的考虑是：以邓小平理论为指导，全面领会“三个代表”的重要思想，深入贯彻党的十五大、十五届五中全会和中央经济工作会议精神，坚持以市场为导向，以效益为中心，以发展为主题，以结构调整为主线，以科技创新、体制创新和管理创新为动力，突出主营业务，持续改革重组，全面提高核心竞争力，努力实现集团公司整体持续、稳定、协调发展。

“十五”期间的主要发展目标是：

（1）到2005年，原油产量12000万吨，其中国内产量10500万吨，海外份额油达到1500万吨；天然气产量增加到340亿立方米（含海外份额气）；炼油加工能力达到11780万吨/年，原油加工量1亿吨。

（2）到2005年，集团公司盈利能力进一步增强。中油股份投资资本回报率继续保持在10%以上；存续部分实现整体扭亏为盈，所有企业实现“四自”经营，大部分企业要有盈利。

（3）队伍结构调整取得重大进展。到2005年，通过各种措施，职工总数控制在100万人以内，其中股份公司40万人，存续部分60万人。

（4）全面完成集团公司所属企业的改制及股份公司的规范运作和持续重组，进一步完善集团内部制度建设和功能建设，从根本上转换经营机制，基本建立起符合现代企业制度规范的母子公司体制。

（5）精神文明建设取得新的进展。集团公司和各石油石化企业继续走在全国和所在省市区精神文明建设的前列。

按照上述发展目标，“十五”期间要重点抓好“十大工程”：

（1）油气勘探开发工程。油气勘探开发是我们的优势所在、效益所在。“十五”期间，要采取切实有效的措施保持原油产量稳中有升，天然气产量实现大幅度增长，确保集团公司在国内油气领域的主导优势地位。要继续坚持“稳定东部、发展西部”的工作方针，立足松辽、渤海湾、陕甘宁、四川、柴达木、准噶尔、塔里木与吐哈等八大盆地，集中精力搞好老油田挖潜增产和外围区块的滚动勘探开发，加快新区、新领域、新层系的勘探步伐，争取有新的发现和重大突破。

（2）炼油化工优化升级工程。炼油化工是提高石油产品附加值、增强市场竞争力的重要产业。“十五”期间，炼油方面要坚决关闭布局不合理的企业和落后装置，加快建立和完善抚顺、大连、“两锦”（锦州、锦西）、兰州四个大型炼油基地，进一步提高生产集中度，使装置负荷率达到85%以上；加大技术改造力度，集中建设改造好重整装置和柴油加氢装置，搞好二次加工配套，主要技术质量指标达到国内先进水平；大力调整产品结构，尽快形成润滑油、石蜡、高等级道路沥青三大优势产品生产中心。化工方面要按照“大规模、低成本、短流程、差别化”的目标，调整生产布局和产品结构，重点搞好现有6套乙烯装置的技术改造，新建兰州60万吨大乙烯项目。同时，进一步扩大合成树脂、合成纤维、有机原料等化工产品的生产能力，搞好化肥装置的气代油改造，形成四个各具特色的大型石化基地。

（3）输油输气管道建设工程。油气管道是连接资源和市场的纽带。“十五”期间，计划建成5条油气长输管道，包括塔里木—上海、青海涩北—甘肃兰州、重庆忠县—湖北武汉和陕京复线四条输气管道，以及兰州—成都—重庆的成品油管道，总长度超过8000千米。其中，塔里木—上海输气管道东段今年开工，2003年建成，把天然气输送到上海。然后建设西段，并根据市场情况逐步将输气量提高到每年200亿立方米以上；涩北—兰州的输气管线今年10月建成投产，忠县—武汉的输气管线和兰州—成都—重庆的成品油管线也要抓紧施工建设，争取尽快建成投产。同时，抓紧启动引进俄罗斯天然气管道工程，积极准备建设俄罗斯至中国东北的原油管道工程。最终将形成横跨东西、纵贯南北、连接海外的我国输油、输气干线管网。

（4）市场网络建设工程。市场是生产经营的起点和终点，也是企业实现效益的关键环节。“十五”期间，按照整体规划、分类实施、各有侧重的原则，原油营销要立足于现有渠道，并充分利用进出口调节机制，实现产销运平衡，确保市场稳定；天然气营销要紧紧围绕输气管道建设，加大培育市场、开发客户、延伸服务的力度，尽快形成与输气能力相适应的天然气营销网；成品油营销要在普遍推行“送货制”的基础上，通过建立若干布局合理的油品配送中心，加快营销体制改革，降低成本和流通费用，并建立起有效的质量监督体系。要继续加强终端销售网络建设，五年计划新增加油站9600座，到2005年汽煤柴油的销售总量达到6500万吨，国内市场份额保持在42%，零售市场占有率达到30%；化工产品营销要在加强集中统一管理的基础上，进一步完善物流和信息流相配套的网络体系，提高营销水平和市场竞争能力；工程技术服务要突出市场拓展、服务质量、商业信誉等，加快集团内外部市场的一体化进程。同时，要把销售网络建设与信息网络建设结合起来，把传统营销网络与电子商务结合起来，尽快形成覆盖全国、延伸海外的集团公司整体市场营销和信息网络，全面增强市场竞争力和控制力。

（5）海外项目开发工程。海外项目事关国家石油安全和集团公司的长远发展。“十五”期间，要立足于现有基础，以中东—北非、中亚—俄罗斯及南美三大战略区为重点，继续搞好苏丹、哈萨克斯坦、委内瑞拉的合作项目，力争在中东、里海、俄罗斯等地区有所突破。要通过建立海外战略联盟，有效借助国际资本市场和金融手段，加快开辟新领域、新项目，增加海外份额油储量和产量，并相应强化国际营销，提高经济效益。计划2005年份额油产量达到1500万吨。

（6）工程技术服务改组改造工程。工程技术服务是油气勘探开发、炼油化工等业务不可缺少的生产手段和技术保障，也是集团公司的主营业务和支柱产业之一。“十五”期间，要根据市场竞争和发展的需要，坚持缩减总量、优化存量、控制增量、提高质量，下决心淘汰一批陈旧落后设备，集中资金择优扶强，重点对物探、钻井、测井、作业、施工建设和化工深加工等关键技术装备进行更新改造，着力武装一批打入国际市场的专业队伍，逐步形成一批技术一流、服务一流、管理一流、效益一流，在市场竞争中具有明显优势的工程技术服务队伍。

与此同时，要充分利用企业现有的资源、装备、技术、人才等优势，有计划、有重点地渗透和发展一批市场潜力大、技术含量高、附加值高的新兴产业项目。采取多种经济形式和经营方式，大力发展投资少、见效快、吸纳就业人员多的第三产业项目，活跃和丰富矿区（厂区）市场，扩大就业安置能力。

(7) 技术创新与人才开发工程。科技进步和创新，是实现集团公司可持续发展的关键。“十五”期间，科技工作要坚持发挥集团公司的整体优势，充分利用多年积累形成的完整的科研体系，搞好统筹规划、组织协调和力量整合，进一步完善集团公司的技术创新体系。要抓住制约勘探生产、炼油化工、天然气与管道等主营业务发展的技术重点、难点，加大资金投入，集中攻克一批关键性技术难题；要进一步加强集团公司重点实验室和企业技术开发中心建设，加快新技术的推广应用，争取使科技贡献率达到55%以上；要切实重视决策科学研究，进一步完善集团公司决策支持体系；要十分重视应用基础理论和前沿技术研究，密切跟踪国际石油石化工业的最新技术动态，加强对外技术交流与合作，不断增强自主创新能力，逐步缩小与国外先进水平的差距。

推进科技创新，人才是关键。“十五”期间，要把培养、吸收和用好人才作为一项重大战略任务，积极营造有利于人才脱颖而出的政策环境，不拘一格地选拔、培养和使用人才。要继续强化工商管理知识培训，着力培养一批素质高、掌握最新知识和技能，适应企业发展和国际化经营需要的高级财会、金融、证券、法律、贸易、营销等专业人才队伍；要加紧培养年轻的科研人员，造就一大批德才兼备的学科带头人和高层次的技术专家；要广泛开展继续工程教育、转岗转产培训，加快知识更新，进一步提高全体职工的业务素质。

(8) 企业改革工程。改革是企业发展的动力。“十五”期间，要围绕建立和完善现代企业制度，进一步深化改革，转换机制，增强企业活力。要突出产权制度改革，加快推进公司化改造，完善法人治理结构，有条件的可以改制上市，全面构建集团内部以产权为纽带的控股、参股关系；要加快集团公司的角色转换和功能到位，加强资本经营和股权管理，履行好作为国家授权投资机构、国家控股公司应有的职能，以及国有净资产保值增值的责任。要按照“抓大放小”的原则，进一步突出存续企业的主营业务，把工程技术服务、生产服务等做专、做强；放开搞活多种经营，加快分离企业办社会职能。要继续深化“三项制度”改革，搞好有偿解除劳动合同、整体带资分流工作，突出组织结构调整和减员增效，尽快形成“人员能进能出、收入能高能低、干部能上能下”的选人用人机制和激励、约束机制。

(9) 企业管理工程。管理是企业永恒的主题。“十五”期间，要进一步强化管理，努力提高企业的整体素质和科学管理水平。首先，要增强战略管理意识，学会从大处着眼、小处着手，切实把握宏观经济大局，密切关注技术发展、市场变化和政策动态，研究制定科学合理的企业战略目标和战略部署，确保企业沿着正确的方向前进。其次，要切实加强投资决策管理、资金管理、成本管理、市场管理、物资管理、质量管理、安全环保管理、审计监督管理等，坚持做好定额、计量、标准化等基础工作，完善管理制度，大力推广现代化管理方法和手段。特别要重视法律事务管理，加强法律管理机构，充实法律人员。企业在签订经济合同时，法律人员要事前介入、事后审查。一旦发生合同纠纷，要严格依法办事，尽可能避免或减少经济损失。要调动各方面力量，采取切实有效的措施，下大气力做好企业扭亏解困工作，确保“十五”效益目标的圆满实现。

(10) 企业文化建设工程。文化是企业的灵魂，是凝聚广大干部职工的精神力量。“十五”期间，要继续弘扬“爱国、创业、求实、奉献”的大庆精神，把石油工业的优良传统、作风与当代企业的改革和管理有机结合起来，着力培育具有时代特征、符合企业改革和发展需要的经营理念、价值取向，作为指导全体职工行为的准则；要积极开展创建文明企业、文明班组和争当文明职工活动，在职工中树立爱岗敬业、诚实守信的良好职业道德和职业风尚；要十分注意塑造良好的企业社会形象，为企业的改革、发展和稳定营造一个良好的内外部环境；要广泛开展群众性的业余文体活动，繁荣矿区（厂区）文化生活，展示职工精神风貌。

通过实施上述“十大工程”，集团公司的主营业务将更加突出，天然气及海外项目实现更大发展，工程技术服务业务成为新的支柱产业。集团公司内部的管理体制基本理顺，股份公司实现规范运作，盈利能力进一步增强；存续企业的改制、改造和专业化重组基本完成，大多数企业摆脱困境，走上“四自”的良性发展道路。科技创新能力明显增强，网络和信息技术广泛普及。届时，集团公司将成为实力雄厚、技术先进、机制灵活、队伍精干、效益明显，具有强大市场竞争力、科技创新能力和抵御风险能力，跻身世界大公司前列的跨国集团。

三、关于改革发展中需要把握好的几个问题

去年9月集团公司领导干部会议后，集团公司总部组织了四个调研组，深入企业调查研究。党组认真听取了各调研组的汇报，结合学习、贯彻党的十五届五中全会和中央经济工作会议精神，认为在实施集团公司“十五”改革和发展计划中，要着重把握好以下几个关键性问题。

（1）关于集团公司发展的战略方向和目标问题。党的十五届五中全会通过的《中共中央关于制定国民经济和社会发展第十个五年计划的建议》指出，“要通过兼并、联合、重组等形式，形成一批拥有自主知识产权、主业突出、核心能力强的大公司和企业集团，提高产业集中度和产品开发能力”。这次中央经济工作会议明确要求，“发展一批主业突出、管理水平高、竞争能力强的大型企业集团”。全国经贸会议进一步提出，加快培育有国际竞争力的大公司和企业集团，“力争经过三、五年或更长时间的努力，在国民经济的关键领域和重点行业，形成50到100个大公司和企业集团，使其真正成为国民经济的骨干。”

国家对石油石化行业进行战略性改组，组建中国石油天然气集团公司，其目的就是要使集团公司朝着主业突出、实力雄厚、核心能力强的跨地区、跨行业、跨所有制和跨国经营的大型企业集团发展，成为“国民经济的骨干”，“实施‘走出去’战略的排头兵”，为中华民族的伟大复兴作出贡献。这是国家和民族赋予我们的历史使命，也是我们集团公司发展的战略方向和目标。

按照这一战略方向和目标，我们要继续实施整体发展战略，着眼于发挥集团的整体优势和协同效应，增强集团公司整体经济实力和市场竞争能力。近两年来，从我们集团公司的整体重组改制、中油股份公司上市，到各企业的深化改革和持续重组，我们一直追求的是一种整体运行效果：就是既要建设一个精干高效、规范运作、具有国际竞争力的中油股份上市公司，又要在存续企业造就一批能够自主运营、自负盈亏、具有较强竞争力的地区服务公司和专业技术公司；既要实现国内油气生产的持续增长，又要加快海外石油的发展步伐。力求用一种全新的体制框架和运行机制，充分调动各个企业的积极性和开拓创新精神，从而实现集团公司整体持续、稳定、协调发展。这是我们发展战略的核心所在。各单位都要按照这个总体要求，明确自己的定位和发展方向，并在发展中注意处理好两个关系：

一是，要处理好整体发展与企业自主经营、独立运作的关系。集团公司尊重各企业的法人地位，并依据出资比例行使出资者权利，通过委派产权代表贯彻集团公司的战略意图，确保各企业的法人财产权，充分调动企业的主动性、积极性和创造性；各企业要自觉地服从和贯彻集团公司的总体战略，维护集团公司的整体利益，走整体发展、共同发展的道路。各企业之间要按照“双赢互利”的原则，加强相互之间的联合与合作，搞好各种资源的综合利用，取长补短，优势互补，避免出现重复建设和新的“大而全”、“小而全”。对现已探明、尚未动用的低产低效油气储量，股份公司正在研究制定有关政策和办法，今年先在部分油气田进行试点，有关方面要密切合作，加快这类资源的开发利用，提高集团公司的整体效益。

二是，要处理好当前发展与长远发展的关系。我们属于资源采掘行业，油气资源是集团公司生存和发展的基础。股份公司要加大勘探力度，努力增加可采储量，确保油气生产的持续稳定增长。工程技术服务、生产服务等单位，要在结构调整中着力搞好技术改造和创新，增强核心竞争能力，以技术的不断进步保证企业的长盛不衰。各企业都要立足当前，着眼长远，实事求是，量力而行，不能一讲发展就大量上新项目、铺新摊子。这样做，很可能欲速不达，把企业拖入困境。类似的情况过去已有不少教训，希望大家引以为戒。

（2）关于结构调整问题。在国家确定的国有经济战略性调整和国有企业战略性改组中，石油天然气开采和炼油化工关系国民经济命脉和国家经济安全，属于国家要保持一定控制力的行业，国有资本应保持控股地位。我们集团公司是国有特大型石油、石化企业，属于国家重点发展，做大做强的企业。但这并不意味着集团公司的所有业务都要做大做强，而要区别不同情况，有进有退，有所为有所不为，着力搞好产业结构、队伍结构和组织结构调整，在结构调整中实现新的发展。

从集团公司目前情况来看，产业结构调整的重点主要在四个方面：一是，需要做大做强、提升国有资本控制力的业务，包括石油天然气勘探开发、炼油化工和储运销售等业务。这是集团公司最重要的主营业务，要集中资金，集中力量，加快发展。二是，需要保持一定控制力、提高竞争力的业务，包括工程技术服务、生产服务和加工制造等业务。要通过技术更新和技术改造，做专做强，向“高、精、特、新”方向发展。三是，需要逐步退出、放开搞活的业务，包括各种非油产业和多元开发业务。要通过深化产权制度改革，逐步融入社会，放开经营。四是，需要彻底分离的业务，主要是企业办社会部分。要按照国家的政策，积极创造条件，移交地方，推向社会。通过结构调整，集中精力，集中资金，集中力量，加快发展主业；同时，对国有资本逐步退出的领域，采用更加灵活的管理体制和经营机制，放开搞活，使其更快地发展。从这个意义上讲，抓大是发展，放小也是发展。各企业要根据集团公司结构调整的总体规划，进一步突出主营业务，该进则进，进而有为；该退则退，退而有序。

在搞好产业结构调整的同时，要大力推进企业组织结构和队伍结构调整。股份公司要通过持续重组，精简机构，缩减油田公司的矿（大队）、炼化公司的分厂、管道公司的输油处及销售公司的市县级公司等管理层次。存续企业要下决心压缩过剩的施工作业能力。计划到2005年，物探队从目前的159个精简到115个，钻井队从目前的580个精简到450个，测井队从目前的412个精简到360个。同时，继续推进减员增效工作，到2005年，集团公司职工总数要在现有130万人的基础上再压缩30万人以上，实现组织和队伍的精干高效，提高劳动生产率和企业经济效益。

结构调整是企业面向市场、不断优化资源配置的过程。调整是经常的事，不能设想经过一次调整就“一劳永逸”。我们要在发展中不断进行调整，在调整中实现持续有效的发展。

(3) 关于深化改革问题。集团公司资产重组和改制上市后，在建立现代企业制度方面迈出了重要的一步，但就整个集团公司来说，管理体制和经营机制距现代企业制度的要求还相差很远，改革的任务依然十分繁重。在这个问题上，我们一定要保持清醒的头脑，充分看到企业当前面临的许多问题是在长期计划经济体制下积累形成的，只有通过不断深化改革，才能得到有效的解决，早改早主动，晚改就被动。

当前，企业改革的工作千头万绪，但重点要围绕建立和完善现代企业制度，抓住转换经营机制这个关键点，进一步深化产权制度改革，加快公司化改造的步伐，全面推进劳动用工、干部人事和分配制度的改革。产权制度改革和带资分流直接涉及职工的切身利益，政策性很强，必须在试点的基础上稳步推开、有序进行。公司化改造要强调依法规范运作，建立起各负其责、协调运转、有效制衡的法人治理结构，并积极创造条件，有计划、有重点地培育新的上市公司。三项制度改革已经取得重要进展，积累了宝贵的经验，今后要在继续深化用工制度改革、进一步完善全员劳动合同制的同时，着力加大干部制度改革的力度，彻底打破干部、工人的身份界限，对主要经营管理人员实行公开招聘和择优选拔，把组织推荐同引入竞争机制有效地结合起来；要全面推行任期目标责任制，严格年度考核和任期考核，凡任期内完不成目标的，一律解聘，不再保留原级别待遇。进一步深化分配制度改革，调整工资结构和分配方式，积极探索年薪制和要素参与分配的新模式，形成符合现代企业制度要求的有效的激励、约束机制。

改革必然触及原有利益格局的调整，总会遇到这样或那样的困难和阻力。集团公司、股份公司及所属企业的各级管理机关，要始终走在改革的前列，发挥好表率带头作用。今明两年，要针对管理机关普遍存在的机构臃肿、人浮于事、效率低下等问题，下决心调整职能，精简机构，分流人员。股份公司机关，还要抓紧研究在新体制下如何处理好综合部门、专业公司、地区公司三者之间的关系问题，探索在高度集权下的适当分级分权管理制度，充分调动各方面的积极性，促进股份公司的持续快速发展。

(4) 关于市场开放问题。市场开放是大势所趋，不可阻挡。随着中国加入世贸组织，国内外市场一体化进程将进一步加快，对此必须要有充分的思想准备。按照集团公司与股份公司关联交易总协议的安排，今年股份公司范围内工程技术服务市场要开放50%，3—5年内全部开放，所有项目公开对外招标竞争。这是实现股份公司规范运作和存续企业深化改革、提高竞争力的必然要求。开放促进发展，封闭必然落后。我们既要看到市场开放后的激烈竞争，又要看到开放带来的发展机遇，尽快把工作的着眼点转到适应市场开放、提高自身的竞争能力上来。

从现在起，集团公司从上到下都要抓紧做好迎接市场开放的准备工作。首先，要强化对市场的监管，保证规范运作，有序竞争。在国家行业监管体制到位之前，我们要按照公开、公正、公平的原则，建立和完善市场准入制度，严格资质审查，严防不具备资质的各类队伍进入油田、炼化企业工程技术服务市场；要依法规范市场主体行为，强化对招标、投标全过程的监督，防止暗箱操作，杜绝腐败现象；要充分发挥中介机构作用，完善协调和仲裁机制，制止恶性竞争和不正当竞争，尽快形成集团内部市场监督管理体系，确保内部市场在规范有序中逐步开放。同时，要进一步规范股份公司与存续企业的关联交易。股份公司要削减成本，实现业绩考核指标，不能完全依赖关联交易；存续企业的盈亏、生存和发展，也不能完全依赖于关联交易。要严格按照关联交易总协议和有关规定，完善计价取费标准及结算办法，简化结算程序，促进关联双方的协调配合，保证关联交易协议的顺利执行，实现双赢互利、共同发展。

面对市场逐步开放的新形势，各企业都要明确市场定位，研究制定正确的市场开发战略和竞争策略，以优质的服务、合理的价格、良好的信誉，开拓和占领市场。要发挥集团整体优势，实施统一品牌战略，加快市场网络建设和横向联合，防止自相竞争。要充分发挥勘探开发公司、国际工程公司在开拓国际市场中的窗口和主力军作用，带动集团成员企业加快“走出去”，更好地参与国际竞争。

最后，讲一讲做好今年工作，为“十五”发展起好步、开好局的问题。

今年是进入新世纪、实施“十五”计划的第一年，也是集团公司再接再厉、乘势前进，夺取改革和发展新胜利的关键一年。对于今年的工作安排和要求，三忠和黄炎同志还要做具体的部署，各单位要认真贯彻落实。这里，我想强调几点：

一是要认真学习党的十五届五中全会和中央经济工作会议精神，全面准确地理解中央的方针政策，用中央的精神统一我们的思想认识，指导我们的各项工作。要充分认识集团公司肩负的重大责任和历史使命，深入分析企业面临的形势和任务，以及改革和发展中出现的新情况、新问题，把中央的精神和本企业的实际结合起来，树立新观念、研究新思路，创造性地做好工作。要牢牢把握企业改革和发展的战略方向，增强改革的自觉性和主动性，抓住机遇，乘势而上，加快发展。

二是要狠抓落实，努力完成和超额完成今年的各项生产经营任务。经集团公司研究确定，今年计划新增石油可采储量8237万吨、天然气可采储量570亿立方米；生产原油10900万吨（其中海外份额油650万吨）、生产天然气190亿立方米；加工原油8260万吨，生产汽、煤、柴、润四大类产品5340万吨，生产乙烯139万吨。这些目标能不能实现，关系到集团公司的全局和整个“十五”的发展。各单位要采取切实有效的措施，狠抓落实。绝不能满足于一般号召，抓而不实，等于不抓。对主要生产经营指标，要层层分解，落实到人，明确责任，明确进度，明确要求，一抓到底，确保各项生产经营任务的圆满完成。

三是要精心组织实施好重点工程项目。特别是西气东输工程，要作为重中之重来抓。目前，西气东输项目建议书已经国务院批准，可研报告预计在今年六月份批复下来。要严格按照基建程序，抓紧作好施工图、项目预算的编制和设备、材料的招标等各项开工准备工作，保证顺利开工建设。同时，对涩宁兰输气管线，也要抓紧工程进度，确保今年10月份建成投产。忠武输气管线和兰成渝成品油管道，今年要完成干线焊接、下沟及场站开工等工作。

四是要切实抓好结构调整和产权制度改革工作。结构调整是主线，改革是动力。这两项任务都是今年工作的重头戏。无论是结构调整，还是产权制度改革，都会涉及广大职工的切身利益，难度很大，并可能引发新的不稳定因素。各单位要认真细致地做好工作，有计划、有步骤地向前推进。

同志们，我们已经跨入一个新的世纪，面临的改革和发展任务十分繁重。让我们高举邓小平理论的伟大旗帜，紧密团结在以江泽民同志为核心的党中央周围，同心同德，开拓进取，振奋精神，乘势前进，为全面完成集团公司改革和发展的各项任务而努力奋斗！

马富才同志在集团公司电视电话会议上的讲话

（2001年7月24日）

同志们：

为了总结上半年的工作，安排和部署下半年的任务，动员集团公司全体干部职工再接再厉，团结奋斗，全面完成今年的各项工作任务，经党组研究，决定召开这次电视电话会议。下面，我根据集团公司党组研究讨论的意见，主要讲两个方面问题。

一、上半年生产经营和各项工作进展情况

今年是实施“十五”计划的起步年，也是全面推进企业改革和发展的关键年。半年多来，集团公司各企事业单位按照年初工作会议要求，带领广大干部职工，认真贯彻党的十五届四中全会、全国经济工作会议和经贸工作会议精神，坚持以发展为主题，以结构调整为主线，大力推进企业改革，着力实施科技创新，努力加强企业管理，使生产经营和各项工作都有了新的进步，两个文明建设取得显著成果。

1. 生产经营全面完成预期目标

（1）主要经济效益指标完成比较好。上半年，集团公司实现工业总产值（现价）1834亿元，比去年同期增长4.9%；完成工业增加值847亿元，同比增长11.7%；实现销售收入1645亿元，同比增长24%；实现利润总额299亿元，同比增长11%；实现税费364亿元，同比增长11%。

（2）石油勘探又有新发现和新突破。上半年，新增探明石油地质储量2.99亿吨、控制储量2.14亿吨、预测储量2.65亿吨，分别完成年度计划的73.5%、61.2%和58.3%。鄂尔多斯盆地的志丹—靖边—安塞三角洲含油面积继续南延、西扩，在王窑南区、五里湾—盘古梁、吴旗—薛岔区，初步形成一个亿吨级、两个5000万吨级的石油勘探场面。松辽盆地南部的英台—四方砣子地区11口井获工业油流，该区以东沿江地区已基本控制含油面积80平方千米，控制石油地质储量2500万吨，初步形成了具有高效开发条件和规模效益储量的构造岩性油藏区。准噶尔盆地腹部的三个泉凸起东段已识别出6个圈闭，资源量在1.5亿吨以上；三个泉背斜带西段继去年发现亿吨级油田后，今年在陆9、陆11、陆12、陆13、陆15、陆22井区，初步探明石油地质储量2757万吨，控制2000万吨。玉门探区的窟窿山构造带发现整体含油，局部富集，在窿5和窿103井均获百吨以上高产工业油流。此外，渤海湾盆地、塔里木盆地和外围盆地的石油勘探也有新的进展。

（3）天然气勘探立足控制大场面，取得一批新的成果。上半年，新增探明天然气地质储量619.7亿立方米、控制储量1227亿立方米、预测储量1544.84亿立方米，分别完成年度计划的61.97%、50.7%和47.8%。鄂尔多斯盆地苏里格庙地区含气面积进一步扩大，在东、中、西三个砂体带相继获得新的发现，累计探明和控制储量已达5000亿立方米。四川盆地的川东飞仙关地区坡2井获百万立方米高产气流，铁山坡构造带鲕滩气藏可获预测储量500亿立方米。塔里木盆地库车坳陷迪那2井获日产天然气218万立方米，迪那—库车塔吾构造带已落实的8个圈闭，预测资源总量超过1万亿立方米，展现了广阔的勘探前景，西气东输所需资源得到进一步保证。

（4）油气生产比较主动。年初确定的原油生产计划目标为全年产油10250万吨，后来根据国民经济发展需要和油价比较高的实际，我们研究制定了“加快方案”，将年产原油计划上调到10320万吨，比原来计划增加70万吨。实际运行下来后，上半年共生产原油5152.04万吨，完成年初确定计划目标的50.26%，完成“加快方案”目标的49.92%，比去年同期的5169万吨少产47万吨；生产天然气103.37亿立方米，完成年计划的53.84%，比去年同期多产13亿立方米。共完成折合油气当量5976万吨，比去年同期多58万吨。通过实施“加快方案”，原油和天然气平均日产水平不断攀升，6月份原油平均日产水平达到28.59万吨，比去年同期增加2868吨，是自去年4月份以来的最高平均日产水平；6月份天然气平均日产5418万立方米，比去年同期增加653万立方米。

（5）炼油化工取得较好成绩。今年以来，在国内原油进口过量、市场供过于求、成品油价格一再下调的困难情况下，炼化板块以确保上游生产为重点，狠抓资源平衡，强化协调运行，突出市场开拓，并大力开展装置达标和节能降耗活动，主要经济技术指标有明显改善。上半年，共加工原油4126.36万吨，同比增加164.4万吨；生产成品油2495万吨，销售2574万吨，同比增加254万吨；零售市场份额19.5%，比上年末提高4.4个百分点；生产乙烯79.42万吨、树脂98.76万吨，分别为年计划的53.7%和55.2%，化工产品整体产销率99.5%。6月份，炼油销售业务实现整体扭亏为盈。

（6）重点工程建设项目进展顺利。西气东输工程可研报告已于4月30日报国家计委，目前正接受中咨公司评估，计划于四季度开工建设。为西气东输配套的三个制管厂的大口径制管生产线已投入小批量生产，国产全自动焊机、内对口机、坡口机、冷弯管机已研制成功；工程对外招商工作正在抓紧进行，已有7家外国公司递交了投资建议书。涩—宁—兰输气管道工程的干线敷设基本完成，5月份已开始向西宁供气，预期10月向兰州供气。忠县—武汉输气管道工程的预可研报告已经获得国家计委批准，兰州—成都—重庆的成品油管道工程已经全面开工。

（7）海外项目保持良好发展态势。上半年，境外投资项目的油气产量和经济效益同步增长，正在执行的境外项目共生产原油 772 万吨、天然气 4.05 亿立方米，同比分别增加 141.24 万吨和 5700 万立方米；集团公司获得份额原油 314.18 万吨、天然气 2.71 亿立方米，分别比去年同期增长 27%和 16%；实现份额油气销售收入 4.78 亿美元，实现利润 5136 万美元。境外工程承包、技术服务、劳务输出和物资装备出口新签合同金额 8.45 亿美元，实际完成 4.08 亿美元，实现销售收入 8 亿美元。今年 4 月与委内瑞拉国家石油公司签署的设计年产 650 万吨乳化油项目，可行性报告已经国务院批准，预计年内可以正式启动。另外，还对伊朗、利比亚、乌干达、俄罗斯、土库曼斯坦等十多个国家的 30 多个项目，进行了重点评价研究和现场考察，已投标或准备投标的项目有 10 个以上。

(8) 工程技术服务系统在对内服务、对外拓展方面成绩突出。上半年，完成二维地震 2.24 万千米，三维地震 6188 平方千米，其中集团公司外部市场的工作量分别占 24.7%和 16.5%，同比分别提高 11.9 和 6 个百分点；完成钻井进尺 598.3 万米，同比增长 7.5%；试油完成 1094 层，同比增长 19%；测井测试完成 14949 井次，同比增长 3%；建筑施工完成产值 38.4 亿元，同比增长 7%。既保证了主营业务发展的需要，又拓展了外部市场。

2. 企业改革进一步深化

今年以来按照年初工作会议关于围绕建立和完善现代企业制度，进一步深化企业改革，转换经营机制的要求，重点抓了三个方面的工作。

一是狠抓结构调整，继续实施持续重组。按照专业化管理的原则，将克拉玛依、长庆、辽河三个石化分公司划归炼油板块管理，同时完成了吉林油田炼厂与前郭石化分公司的合并。为优化资源配置，提高生产经营集中度，增强市场竞争力，对石油规划设计院、四川设计院、华北设计院和吉化设计院进行联合重组，于 5 月中旬正式成立了具有石油、化工综合设计资质和 EPC 总承包能力的中国石油集团工程设计有限责任公司。各地区服务公司也在持续重组和结构调整方面做了大量工作，将内部所属的工程技术、建筑安装、机械制造等业务进行合并重组。分离企业办社会的工作，也取得了一些进展。

二是积极推进以整体带资分流为重点的产权制度改革。在做大做强勘探开发、炼油化工、储运管道以及工程技术服务、生产服务、加工制造等主营业务的同时，对能够融入社会的非主营业务领域，实行整体带资分流。截至 6 月底，集团公司共批准整体带资分流改制试点立项的单位有 29 家，涉及职工 11500 多人，资产总额 42.38 亿元，负债 25.52 亿元，净资产 16.86 亿元。在股权设置上，坚持产权多元化，国有资本不控股，其中有 25 家国有资本完全退出。对从事设计业务的一些单位，则按国有控股、职工参股的方式实施了改制。

三是大力推进三项制度改革。在干部人事制度改革方面，把党管干部的原则同董事会依法选择经营管理者以及经营管理者依法行使用人权有机结合起来，在改制单位初步形成了比较规范的股东会、董事会、监事会、经理层各负其责、协调运作、有效制衡的法人治理结构。同时，大力推行领导人员公开招聘、民主选举、竞争上岗、择优录用制度。在劳动用工制度改革方面，在定责、定编、定岗、定员、定上岗规范的基础上，继续积极稳妥地实施富余职工有偿解除劳动合同工作。到 6 月底，已累计有近 33.7 万人办理了有偿解除劳动合同手续，其中股份公司 5.2 万人，存续企业 28.5 万人。对企业新增人员，根据生产经营需要实行专项指标控制，并通过劳动力市场，面向社会公开选聘。同时，加强岗位动态考核管理，建立职工竞争上岗机制。在工资分配制度改革方面，坚持按效益调控工资总量，以劳动贡献值（即增加值和营业收入）调控新增工资，以实现利润（或控亏额）调控实提工资，初步拉开了企业之间和企业内部分配的差距。

3. 企业管理和科技创新有了新的进步

首先是，增强战略管理意识，加强事关集团公司长远发展和全局性的重大问题的战略研究，强化了决策支持系统。今年由集团公司领导直接上手抓，与国家有关部门和重点高等院校、研究机构合作，相继组织开展了 10 个重点课题的调研，下半年开始将陆续拿出研究成果。各企事业单位为适应重组改制后管理体制和经营机制的重大变化，普遍重视抓大事，注重发挥战略研究部门的参谋作用，对重大问题进行超前研究和整体谋划，认真研究制定企业的战略目标和规划，推进了企业决策管理的科学化。

其次是，继续实施低成本战略，各项成本费用得到有效控制。今年以来，通过继续加大成本控制力度，实施全面预算管理，逐级分解、落实成本控制指标，大力降低各种消耗，压缩管理费用支出，各项生产成本费用比上年又有所下降。

第三是，强化资金集中管理，提高了资金的使用效率。各单位普遍建立起内部资金结算中心，企业内部的各项结算业务均通过资金结算中心办理，减少了资金沉淀，提高了资金的使用效益。股份公司各企业的原油、成品油全部实现货款封闭运行，加速了货款回笼，减少了结算环节和资金占用。同时，继续加大力度清理外投外借资金，防止了资金流失和新的未经批准外投外借情况的出现。

第四是，积极实施科技创新工程，在生产经营中发挥了重要作用。根据集团公司“十五”科技发展计划，在地质勘探、油气开发、炼油化工以及物探、钻井、测井等技术领域确定的44个重大科技攻关项目，目前大部分已经启动运行，在以往工作的基础上，有些已取得重要阶段成果。同时，把现代信息网络技术进一步运用到企业管理中来，有效地提高了工作效率和管理水平。

4.认真开展“三讲”教育，促进了党的建设和精神文明建设

今年3月中旬以来，集团公司按照中办发8号文件要求，认真开展了以讲学习、讲政治、讲正气为主要内容的“三讲”学习教育活动。党组和总部机关的“三讲”集中学习教育已于5月20日结束，100多个直属企业的“三讲”学习教育活动分三批陆续展开，第一批31个单位已经结束，第二批15个单位正在进行。在学习教育活动中，各级领导班子始终站在政治和全局的高度，把开展好“三讲”学习教育作为事关企业改革、发展和稳定的一件大事来抓。严格按照中央规定的工作程序和方法步骤，把认真解决领导班子及其成员中存在的影响企业改革、发展、稳定的突出问题作为首要任务，明确指导思想，把握基本要求，认真制定方案，周密组织运行，使这项工作紧张而有秩序地推进。各单位的“三讲”学习教育抓得紧，要求严，开展得扎实，自始至终贯穿了“三个代表”重要思想、坚定搞好国有企业信心这一主题，按照“三个代表”的要求进行对照检查、自我总结和整改，领导班子成员都感到收获很大。

这次“三讲”学习教育，还有一个突出特点，就是坚决不走过场，重在提高认识和解决存在的问题，把功夫下在整改上。党组在“三讲”中查找的17个突出问题，把责任落实到党组成员和有关部门后，在有关单位和部门的积极配合下，现大都基本拿出了具体整改措施。各企业领导班子对查找出的突出问题，也都普遍实行了领导责任制，分别制定整改方案，一项一项地抓好落实。通过“三讲”学习教育，各级领导班子整体素质有了新的提高，加快集团公司改革与发展的历史使命感和政治责任感进一步增强，振奋了精神，坚定了信心，促进了各项工作的开展。

二、下半年主要工作安排

进入下半年后，在改革、发展、稳定方面，我们的任务依然十分繁重。考虑到国内外经济形势的变化，不确定因素和风险有可能增加，因此，集团公司上下不得有丝毫麻痹和松懈，一定要始终保持冷静的头脑，始终保持奋发向上的斗志，牢牢把握住改革、发展、稳定的大局。根据党中央、国务院一系列指示精神和国家经贸委的要求，各单位要继续按照集团公司年初工作会议的部署，切实抓好各项工作的落实。在此再重点强调几点：

1.认真学习贯彻江总书记“七一”重要讲话精神，推动企业各项工作

江总书记“七一”重要讲话，集中反映了全党全国各族人民的意志和愿望，是对马列主义、毛泽东思想、邓小平理论的坚持和运用、继承和发展，是推进建设有中国特色社会主义伟大事业和党的建设新的伟大工程的纲领性文件，也是我们集团公司实现新的发展目标最根本的思想理论保证和政治保证，我们一定要认真学习、深刻领会、吃透精神、坚决贯彻。各单位都要把学习江总书记重要讲话当作一项重大政治任务来抓，在思想上高度重视，在行动上认真落实，切实把思想和行动统一到讲话精神上来，用讲话精神统领全局，指导集团公司的各项工作。

首先是，要认真组织学习，深刻领会精神，解决好企业发展的政治方向和指导思想问题。江总书记讲话立意高远、内涵丰富、思想深刻，在一系列重大问题上创造性地提出了许多重要的新思想、新观点、新论断。从集团公司党组到各企事业单位党组织，都要作出集中学习的安排。重点是抓好各级中心组和处以上干部的学习。近期每周至少安排两个半天，集中时间、集中精力，组织集中学习讨论，从理论上加深认识、思想上自觉接受、行动上把握准则，注重以江总书记讲话为武器，认识和分辨各种复杂的矛盾和问题，牢牢把握改革发展的主动权。各级中心组和党校、培训中心，要把学习江总书记讲话作为今年政治理论学习的主要内容。各单位宣传部门要专题列出计划，组织报纸、电视、广播等宣传媒体，广泛深入地宣传江总书记讲话精神和干部职工的学习体会，不断扩大学习宣传和教育效果。

其次是，要结合实际，落实措施，把“三个代表”重要思想贯穿到各项工作中去。江总书记反复强调，学习贯彻“三个代表”重要思想，关键是重实际、见实效。我们要实践“三个代表”重要思想，落

实“三个代表”的要求，就要更加坚定不移地高举邓小平理论伟大旗帜，努力深化改革，大胆探索，加快发展，在建设有中国特色社会主义事业中充分发挥国有特大型骨干企业的“支柱、主力、中坚”作用。要按照党组确定的“十五”计划纲要和总体发展战略，创造性地开展工作，在建立现代企业制度、完成企业内部结构调整、提高企业竞争实力和经济效益，推动我国石油石化工业发展中，力争走在前头，不断有新的建树。要从“三个代表”的高度，对“三讲”中广大群众反映的突出问题，认认真真抓整改、抓落实。这就是“重实际、见实效”，也是贯彻“三个代表”重要思想的实际表现。

2. 按照已经调整的“十五”计划要求，集中精力抓好主营业务的发展，确保全年生产经营目标的实现

根据国民经济发展对油气需求不断增长的需要，集团公司对“十五”计划安排作了必要调整。经对现有和预期资源状况进行认真经济技术论证和实际能力评估，决定适当调高了“十五”原油生产计划总量指标，由原来安排的51035万吨调整到51862万吨，增加827万吨。我们要努力实现这一目标。

油气生产经营作为我们的核心主营业务，是集团公司的优势所在、效益所在，必须始终抓得很紧很紧。上半年油气生产经营全面完成预期目标，为“十五”开好局打下了基础。但后面的任务很重，困难也还比较多。我们要更加深入地贯彻落实党中央、国务院领导同志对石油工业的重要指示，进一步从讲政治和讲大局的高度深刻认识加快油气主业发展的重大意义，抓住机遇，乘势前进，力争全年油气生产有一个新的发展。

要突出重点探区，合理调整部署，力争油气勘探有更大发现。在国际油价保持较高水平的情况下，要适当增加勘探投入，加大甩开勘探力度，积极寻找大油田，努力获得新发现。各地区油田公司也要在年度计划框架内，根据所获得的勘探成果，对工作量进行合理调整。

油气生产上要开足马力，努力增产增效。切实组织好长庆、吉林、新疆、玉门等重点油区和新疆陆9、莫北、百重7、塔里木哈得4、吉林英台—四方坨子等重点区块的新建产能工作，落实好产能建设安排和工作量安排。继续抓好90个重点区块的控水稳油和综合治理，确保超额完成全年原油加快方案目标。要科学组织，周密安排，协调好产、运、销各环节的衔接，保证各油区特别是西北地区各油田原油正常生产和外运，不允许任何一个油田、一口油井因为运销环节上的问题而关井限产。在国内市场缺口增大，进口原油价格高、需支付大量外汇的情况下，努力多增产原油，不仅是企业提高经济效益的需要，也是对国家经济建设的贡献，是每个石油企业的义务和责任。这要成为我们安排油气生产的一个重要指导思想。要努力加快低效未动用储量的开发，由油田公司与未上市企业采取合作开发方式，油田公司划定区块，未上市企业组织作业力量，双方签订合同，经批准后规范运作，双赢互利，盘活资产，提高资源利用率。要围绕西气东输工程，抓紧气田产能建设前期准备工作，加快天然气生产的大发展。

炼油化工要以市场为导向，以技术改造和技术创新为重点，进一步搞好结构调整、挖潜增效。炼油生产要进一步优化生产运行和资源配置，适时增产柴油，关闭装置小、效益差的小炼厂，抓好装置整改达标，加快重点装置技术改造，促进产品更新换代，搞好产销衔接，提高生产效率。化工生产要狠抓辽化、吉化、宁化三大企业的扭亏，加快实施兰化乙烯建设工程，抓好节能降耗和装置的整改达标。营销工作要加强网络建设，理顺体制机制，加大市场开发特别是机构用户的开发力度，确保区内油品批发市场份额达到95%以上，零售市场份额达到60%，并进一步扩大区外市场份额。还要抓住机遇，努力开发天然气市场，延伸陕京管线，提高市场份额和盈利水平。

重点工程建设项目要抓住不放，集中力量，加快实施。要统筹安排，搞好协调，加强督促检查，保证按计划正点运行。西气东输工程是实施西部大开发的国家重点工程，要作为重中之重，继续抓紧开工准备工作，抓紧招商引资工作，确保四季度东西段全面开工建设。随着开工时间的日益临近，协调工作量及其难度将会越来越大，因此有必要重申，在今后整个西气东输工程的组织协调工作中，不论哪个单位和部门，也不论甲方乙方，都要服从统一的协调和指挥，各方面形成整体合力，加快推进工程建设的进度。涩—宁—兰输气管道工程要抓好收尾工程和竣工验收工作，确保10月份全线投产供气一次成功。兰—成—渝成品油管道工程要力争年内完成主体工程。忠县—武汉输气管道工程也要争取年内开工建设。各重点工程项目都要牢固树立“百年大计，质量第一”思想，切实加强监督、强化管理，在确保质量的前提下，努力缩短工期，节约投资，提高效益。

国际化经营要以效益为中心，加大市场开发力度，扎扎实实地向前推进。境外勘探开发要重点做好苏丹1/2/4区新油田投产和6区、3/7区勘探开发工

作，抓紧哈萨克斯坦阿克纠宾项目的开发建设，搞好委内瑞拉英特甘博油田基础设施改造工程，提高现有项目的生产经营和管理水平，确保全年实现份额销售收入9亿美元，利润1亿美元。同时，力争年底前再拿到3—5个海外勘探开发新项目，打开“十五”发展新局面。境外工程承包、技术服务和物资装备出口，要加强项目合同的标准化管理，提高运营效率，进一步加大市场开发力度，实现全年销售收入8亿美元，并力争新签合同额1.5亿美元以上。

技术服务要以规范关联交易为重点，加强内外市场开拓工作。要认真贯彻落实集团公司对关联交易的整改意见，理顺甲乙方关系，抓紧签订地区公司与未上市企业之间的关联交易协议；加强定额管理及定额体系建设，争取年内完成部分专业定额的制订工作；完善关联交易结算管理办法，制定禁止同业竞争、重复建设管理办法，加强监督、检查和协调，实现服务市场的平稳开放和有序竞争，今年开放市场要达到50%，在确保核心主营业务需求的同时，促进未上市企业在开放、竞争中不断发展。

在整个生产经营运作中，要继续坚持整体发展的方针，站在集团公司工作大局的高度，正确处理各个部分的发展与整体发展的关系。各级领导要讲大局、顾大局，使局部工作服从和服务于整个大局。希望各单位和各部门的同志、尤其是领导干部，要在更深层次上统一对整体发展战略的认识，并用以处理好实际工作中遇到的具体问题。

3. 继续搞好结构调整，深化企业内部改革

股份公司的改革，重点是以建立规范完善的现代企业制度为目标，强化制度建设，完善运行机制，调整好内部各方面关系。要从思想上明确，完成分离分立、实现海外上市，并不等于已经完成了建立现代企业制度的任务。同中央的要求相比，我们在许多方面还存在着这样那样的差距。我国加入WTO在即，面对国外强势石油公司的陆续进入，我们必须抓紧完善企业组织制度，建立科学严密的内部管理制度，进一步转换机制，转变管理方式方法，为应对新的竞争和挑战，在企业制度建设上努力打牢基础。尤其要充分发挥专业公司作为运营主体和利润中心的作用，并注意调动各地区公司的积极性，使他们有动力和能力承担相应的责任和压力。

存续企业的改革，要按照集团公司年初工作会议部署，继续重点搞好结构调整，积极推进以整体带资分流为主要内容的产权制度改革。要按照抓大放小的原则，进一步突出主营业务，把工程技术服务、生产服务等做专做强；放开搞活多种经营，加快分离办社会职能；要以产业结构调整带动队伍结构调整，根据市场需求适当调减工程技术服务队伍总量；要在试点的基础上，通过产权制度改革，使一些与主营业务关联度较差、能融入社会的单位，与原所在企业彻底脱钩，实现职工整体带资分流。

要以石油集团公司被列为全国干部人事制度改革综合试点单位为契机，深化三项制度改革。根据中央组织部的决定，中油集团公司已被列为全国企业中惟一的一家干部人事制度改革综合试点单位。我们要以此为契机，加快推进企业的三项制度改革。目前集团公司正在抓紧研究制定试点工作方案，进行前期准备工作。初步考虑，在改革试点中，一是要进一步完善集团公司领导体制，建立并规范由集团公司党组统一领导、对各级经营者分级管理、有效调控的分级分类管理体制，加强集团自身功能建设和制度建设；二是要改进企业领导人员选拔任用方式，规范企业领导人员的公开选拔、竞争上岗、轮岗交流和公开招聘制度；三是要改进对企业领导人员的考核办法，坚持并完善年度考核和任期考核；四是要建立与岗位职责相适应、与工作业绩直接挂钩的薪酬制度，完善分配激励机制；五是要加强组织纪律检查监督、职工民主监督和审计监督，强化监督约束机制；六是要改进对企业领导人员的培训内容和方法，健全培养培训制度。通过干部人事制度改革，争取在企业领导人员的选拔、任用、考核、激励、监督约束以及培养培训等方面取得新突破。希望下一步被列入试点范围的单位，党政一把手要高度重视，争取摸索出具有我们石油集团公司特点的干部人事制度改革路子和经验。在搞好干部人事制度改革试点工作的同时，要继续采取措施，搞好劳动合同管理、优化劳动组织、分流安置富余人员以及住房、保险等方面的改革。在住房制度改革方面，前几天集团公司专门召开了住房制度改革会议，对实行住房分配货币化工作做出了具体部署和安排。这是一项政策性很强的工作，涉及千家万户职工切身利益，希望各单位认真按照集团公司的统一政策，既积极推进，又谨慎操作，确保这项改革的顺利进行。

在深化改革中，决不能放松管理。当前，要特别抓好成本管理，在更高层次上实施低成本战略，不断提高成本效益上的竞争力。事实证明，集团公司确定的低成本战略是完全正确的，应当坚持，并力求搞得更好。尽管经过这两年一再压缩成本，但在这方面仍有一定的潜力。从参与国际竞争的需要和成本管理的

实际状况看，继续坚持低成本发展，既是必要的，也是能办得到的。有些单位的成本比较紧是事实，而成本管理上仍然粗放，存在不少漏洞也是事实。要注重工作思路和管理方式的转变，努力闯出一条科学有效的降本增效新路子。要逐步改进成本控制的办法，注意充分发挥技术进步的作用，依靠科学决策、技术创新和加强管理降低成本，克服成本控制上的短期行为。

4. 认真做好明年的部署和准备工作，确保持续稳定发展

提前做好下年度的准备工作，关系到生产经营的良性循环，一定要引起重视。要按照“十五”计划的总体安排和今年工作的进展情况，尽早研究明年的部署，就2002年的生产经营计划做出安排。要抓紧编制明年的投资预算，确定成本削减目标。特别是勘探与生产板块，要依照四个重点区块的加快方案，在加大勘探力度、进一步落实资源的同时，提前着手编制2002年的勘探开发、产能建设业务计划。炼油化工，要编制好技术改造、产品升级换代、销售网络建设等方面的计划；同时，要根据预计年底前我国将加入WTO的形势，认真研究如何进一步提高炼油化工业务的盈利能力和竞争能力问题，对全国市场及区域性市场组织开展调研，制定出市场战略。工程技术服务，要提前研究工作量的平衡问题，相应做好市场调查工作。尤其是外部市场的开拓，要提前落实单位和工作量，做好预投标的准备。这方面，下手越早越主动。装备的更新改造也要早做计划和安排。

对明年的工程建设项目，要超前进行可行性论证，做出经济技术评价。需要向国家申报、审批的项目，要预先做好联系、沟通、协调工作。

为了制定好明年的业绩目标，要根据国际市场特别是石油市场的变化趋势，对明年的油价尽可能做出科学预测，作为制定生产经营计划的基本依据。

5. 进一步加强领导班子建设和基层基础工作，确保工作大局稳定

要以江总书记“七一”重要讲话为指导，按照“三个代表”的要求，结合正在进行的“三讲”学习教育活动，努力加强企业领导班子建设。按照《党章》和《公司法》的要求，积极探索新体制下充分发挥党组织政治核心作用的具体途径，建立和完善党组织各项管理和工作制度，做到管好方向、管好干部和党员，参与好企业重大经营决策。要扎实推进各级领导班子的思想政治建设、组织制度建设和党风廉政建设，使绝大多数领导班子有一个能起核心作用的好带头人，有一个适应企业现代化经营管理的群体结构，有一种开拓创新、奋发进取的精神状态。为应对加入WTO以后的新挑战，着力培养和提高企业领导者的市场意识、竞争意识、创新意识和科学决策能力、快速应变能力、驾驭复杂局面的能力，把企业领导班子建设提高到一个新的水平。

坚持“两手抓、两手都要硬”的方针，进一步把精神文明建设和思想政治工作抓紧抓好。要坚持围绕中心、服务大局，深入开展各具特色的文明创建活动，在新的历史时期和新的形势下，使整个队伍始终保持坚定正确的政治方向和健康向上的精神风貌。

要高度重视和努力做好维护稳定的工作。稳定是大局，是压倒一切的大事。职工队伍不稳定，上下不安宁，深化改革、加快发展都谈不上。从集团公司总体情况看，由于各级都比较重视，稳定工作总的形势是好的。但从各单位反映的情况看，不稳定因素仍然存在，有时还呈上升势头。这在利益格局发生大的变化、内外部环境经常处在变动中的情况下，是不可避免的。我们既要客观辩证地分析看待，又要十分审慎地具体对待，务必不可掉以轻心。产生不稳定因素的原因，有社会大环境影响方面的，有工作没有做好引起的，也有政策制定上不严密、执行中有偏差造成的。当前要特别强调维护集团公司在政策、纪律方面的集中统一，既是改革发展的需要，也是做好稳定工作的重要前提和保证。各级领导一定要树立大局意识，保持政令统一、政策统一，反对各行其是。这是一条政治纪律，是对领导干部政治思想素质方面的必然要求，同时也是各级领导班子必须履行的责任。绝不允许在政策问题上乱开口子，置集团公司党组三令五申于不顾，自己另搞一套。特别是在关系职工切身利益的有关政策上，必须严格执行统一规定，不能自作主张，擅自更改变通。对违反政策、纪律的行为，要严肃进行处理。

最后，再强调讲一下安全生产问题。今年以来，整个集团公司安全生产形势总体上是好的，重大事故发生起数和死亡、重伤人数都比去年同期有所下降，但是井喷着火、交通伤亡事故仍时有发生，必须引起我们的高度重视。各单位要认真学习贯彻江总书记关于安全生产工作的重要指示，牢固树立“安全第一”、“安全就是效益”的思想，进一步落实安全生产责任制，建立并完善安全总监体制和HSE管理体系，强化薄弱环节，抓好关键要害部位，消除事故隐患，努力杜绝重大事故的发生，确保国家财产和人民生命财产安全。

同志们，下半年改革、发展、稳定的工作都不轻

松，需要我们勇于挑起重担，敢于承受各种困难、风险的挑战，借国家治理整顿经济环境取得明显成效、国民经济持续保持良好增长态势和我国申办奥运会成功的东风，奋发努力，扎实工作，夺取全年生产经营和各项工作的新胜利，把新世纪和新五年计划开局之年的工作做得更好、更出色，不辜负党中央、国务院的重托和厚望。

专　稿

中国石油天然气集团公司2001年工作会议在北京召开

2001年1月13—16日，集团公司工作会议在北京召开。国家经贸委主任盛华仁出席会议并讲话。国家经贸委副主任王万宾，原国家石油和化学工业局局长李勇武、副局长陈耕及有关部门的负责人应邀出席了会议。集团公司领导马富才、阎三忠、黄炎、任传俊、苏树林、郑虎、李克成、贡华章等出席会议。原石油部和原总公司老领导也出席了会议。来自石油企事业单位的代表212人参加了会议。总经理马富才作工作报告。集团公司副总经理阎三忠传达了国务院副总理吴邦国对中国石油天然气集团公司的指示精神，并作了“坚定信心，开拓进取，全面推进未上市部分的改革和发展”的讲话。副总经理黄炎作了“树立新理念，迎接新挑战，全面实现股份公司的发展目标”的讲话。会议由阎三忠主持。

这次工作会议的主题是：深入学习贯彻党的十五届五中全会和中央经济工作会议精神，全面总结“九五”及2000年的工作，部署“十五”发展计划，安排2001年的各项工作，动员广大干部职工，认清形势，抓住机遇，继往开来，团结奋进，确保“十五”计划开好头，努力开创集团公司新世纪改革和发展的新局面。

马富才代表集团公司作了题为“跨入新世纪，认清新形势，努力开创集团公司改革和发展的新局面”的工作报告，总结了“九五”期间所取得的突出成就。报告共分以下几部分：(1) 石油勘探开发取得重大进展，原油产量稳定增长。(2) 天然气勘探开发取得了重大突破，呈现快速发展的势头。(3) 炼油化工达到一定规模，市场营销呈现新的局面。(4) 国际化经营取得重大进展，正在成为集团公司新的经济增长点。(5) 管理体制改革取得突破性进展，经营机制发生重大转变。(6) 企业管理得到加强，经济效益显著提高。(7) 科技进步取得重大成绩，人才培养见到显著成效。(8) 精神文明建设得到进一步加强，基本实现了“两个走在前列”的工作目标。

马富才在总结2000年工作时指出，集团公司面对分开运行后出现的一系列巨大变化和利益格局的重大调整，以及各种新情况和新问题，广大干部职工从国家和集团公司大局出发，坚决贯彻党中央、国务院的重大部署，上下一心，团结奋进，迎难而上，充分展示了石油队伍良好的精神风貌。经过广大干部职工的共同努力，我们全面超额完成了2000年各项生产经营指标，实现利润600亿元，比1999年增长242.8%；上缴国家税费410亿元（不含所得税），比1999年增长29.3%。实现利税总额超过1000亿元，经济效益创历史最好水平。

马富才就“十五”的工作安排指出，集团公司党组对“十五”期间总的考虑是：以邓小平理论为指导，全面领会“三个代表”的重要思想，深入贯彻党的十五届五中全会和中央经济工作会议精神，坚持以市场为导向，以效益为中心，以发展为主题，以结构调整为主线，以科技创新、体制创新和管理创新为动力，突出主营业务，持续改革重组，全面提高核心竞争力，努力实现集团公司整体持续、稳定、协调发展。

按照上述发展目标，“十五”期间，集团公司要重点抓好“十大工程”，即油气勘探开发工程、炼油化工优化升级工程、输油输气管道建设工程、市场网络建设工程、海外项目开发工程、工程技术服务改组改造工程、技术创新与人才开发工程、企业改革工程、企业管理工程、企业文化建设工程。“十大工程”的实施，将使集团公司成为实力雄厚、技术先进、机制灵活、队伍精干、效益明显，具有强大市场竞争力、科技创新能力和抵御风险能力，跻身世界大公司前列的跨国集团。

马富才在工作报告中强调，集团公司在改革发展中要着重把握好五个关键问题，即集团公司发展的战略方向和目标问题、结构调整问题、深化改革问题、市场开放问题和稳定问题。

为进一步加强集团公司党的建设和思想政治工作，要以“三讲”教育为契机，大力加强企业领导班子建设；要认真贯彻中纪委五次全会精神，全面加强党风廉政建设；要进一步加强精神文明建设和思想政治工作，继续保持“两个走在前列”；还要切实加强机关建设，转变机关工作作风。

国家经贸委主任盛华仁在讲话中首先肯定了集团公司“九五”及2000年所取得的巨大成就。他指出，集团公司在机制上、效益上和“走出去”战略的实施上取得的成就尤为瞩目，这是石油战线发扬大庆精神、铁人精神和敢打硬仗精神的体现。集团公司取得的成就来之不易，要用已有成就鼓舞职工，激发职工团结奋斗的精神，并对集团公司下一步的工作提出希望。他强调，集团公司要继续在资源开发、深化改革和减员增效、科技进步和技术更新、加强内部管理以提高企业效益等方面继续努力。

会议期间，大家认真听取并讨论了马富才的工作报告，阎三忠、黄炎的讲话和郑虎关于集团公司“十五”计划的说明；讨论了《关于加快产权制度改革的意见的补充规定》、《关于进一步规范关联交易的指导意见》和《关于加快未上市部分经济结构调整的若干意见》3个政策性文件；大庆油田有限责任公司、新疆油田分公司、吉化集团公司和中国石油天然气管道局等17个单位作了典型经验发言。

这次会议，总结了“九五”和2000年的工作；规划和部署了“十五”和2001年的改革和发展，目标明确、鼓舞人心；进一步统一了思想，振奋了精神，增强了信心，达到了预期目的，取得了圆满成功。

（朱树振　周凤兰）

中国石油加快电子商务发展把“能源一号”建成中国一流网站

2001年2月9日，股份公司印发了《关于开展电子商务工作的实施意见》，该意见指出：随着国际互联网的迅猛发展，开展电子商务工作已经成为促进企业持续重组、加强管理、降低生产经营成本、增强市场竞争力的必备技术手段。石油行业属于资本密集型的成熟性产业，采购供应成本比重大，开展电子商务从物资采购入手，不仅可以从根本上解决在长期计划经济体制下和当前企业实行分散采购中普遍存在的种种弊端，增强物资采购的透明度，降低生产成本，而且还将促使企业进一步转换经营机制，变革传统的管理流程和管理方式，提升公司价值，更好地兑现公司对投资者的承诺，增强公司在国际市场的竞争力。股份公司总部组建电子商务办公室，负责制定公司电子商务的战略、发展规划和业务发展计划；负责物资采购及产品销售交易过程中的规范管理；负责对物资采购供应商进行统一招标及网上采购的决策管理；负责地区公司电子商务部门的业务归口管理，搞好与电子商务合资公司的业务协调。

7月6日，股份公司与集团公司、香港和记黄埔有限公司以及高盛亚洲、中银国际、工商银行、建设银行下属公司合资成立的中油和黄信息技术有限公司，召开董事会第一次会议，并举行开业庆典，标志着石油天然气行业的电子商务工作正式展开。

同日，中国石油能源一号电子商务网站运行仪式在北京举行。股份公司总裁黄炎亲自操作第一笔网上电子采购交易。当天实现网上交易额1.3亿元人民币。有近亿元钢材、电脑等实现网上交易。黄炎总裁在运行启动仪式上提出：“要确保网站的平稳运行，要把能源一号网建成开放的、国际性网站公司，要继续加强各方配合，创出品牌，创出信誉，不断取得丰硕成果。”股份公司副总裁王福成主持运行启动仪式。任传俊、郑虎、李克成、史兴全、林青山、张新志、沈平平、王国樑、贾承造等领导出席运行启动仪式。

能源一号网站是由中国石油建立的石油石化行业大型电子商务门户网站，是一个立足于国内外石油天然气企业、面向整个能源行业的、中立性的协同交易平台。网站采用国际先进技术，投资规模居国内同类网之首，是高效、独立、公平的B2B交易平台。能源一号电子商务网站的启动，表明中国石油已开始由传统采购方式向电子商务转变。

10月30日下午，中国石油天然气股份有限公司董事长马富才，中国石油副总裁王福成实地考察了中国石油能源一号电子商务网站。董事长马富才提出要把中国石油“能源一号”建成中国一流的电子商务网站，充分发挥电子商务在降低成本、提高经济效益等方面的积极作用。

11月8日至9日股份公司在北京召开了电子商务工作会议。会议讨论并安排部署开展电子商务事宜。这是股份公司应对入世和迎接电子商务时代的一次誓师大会。总裁黄炎对开展电子商务的意义、组织、落实、运行作了重要讲话。任传俊、王福成、史兴全、沈平平、王国樑、刘宝和等领导出席了会议。此次会议明确了股份公司开展电子商务的重要性，制定了物资采购与电子商务管理办法和电子商务应用系统管理办法（试行），提出了2002年电子采购业务计划，确立了2002年实现电子采购100亿元、节约成本5%的目标。

（尚　真　王万梅）

中国石油天然气集团公司直属机关党的工作会议在京召开

2001年2月26日，集团公司直属机关党委七届三次全委（扩大）会议暨2001年党的工作会议在京召开。集团公司领导马富才、郑虎、李克成、贡华章等出席会议。集团公司和股份公司直属机关的150多名代表参加了会议。

集团公司党组书记马富才在会议开幕式上作了重要讲话：(1) 认清形势，明确任务，增强做好直属机关党的工作的责任感和使命感；(2) 以“三个代表”重要思想为指导，切实加强直属机关党的建设；(3) 进一步加强精神文明建设和思想政治工作，为改革和发展提供强有力的思想保证和精神动力；(4) 进一步加强机关建设，切实转变机关作风。

集团公司党组成员、纪检组组长、直属机关党委书记李克成在会议结束时讲了五点意见：(1) 统一思想，提高认识，进一步增强做好党的工作的责任感和使命感，在加强和改进上下功夫。(2) 要改进机关作风，努力建设务实创新、高效廉洁的机关。(3) 要加强直属机关的党风廉政建设，增强拒腐防变能力。(4) 紧紧围绕集团公司和股份公司的发展目标和工作任务，扎实有效地做好直属机关党的工作。(5) 关于加强理论学习问题。

关晓红作了“围绕中心，服务大局，努力开创直属机关党的工作新局面”的工作报告，安志忠作了“加大力度，狠抓落实，坚定不移地搞好直属机关反腐倡廉工作”的报告。

会议传达了中央企业工作委员会和集团公司工作会议精神，总结了2000年直属机关党的工作，研究部署了2001年的工作任务，并对2001年集团公司直属机关党风廉政建设和反腐败工作及2001年纪检监察工作作了部署。

会上对集团公司直属机关先进集体和先进个人，对“机关为基层服务十大实事”进行了表彰和奖励。

会议要求：以邓小平理论和江泽民同志“三个代表”重要思想为指导，深入贯彻落实中央企业工作委员会和集团公司2001年工作会议精神，以经济效益为中心，以建党80周年和“三讲”教育为契机，进一步加强党的建设、思想政治工作、精神文明建设和群团工作，不断提高直属机关党的工作水平，为实现集团公司改革和发展的奋斗目标而不懈努力。

中国石油天然气集团公司在北京召开“三讲”学习教育活动电视电话动员会

2001年3月16日，集团公司召开“三讲”学习教育电视电话动员会议，传达贯彻落实《中共中央关于在国有大中型企业领导班子及成员中开展以“讲学习、讲政治、讲正气”为主要内容的学习教育活动的意见》和中央组织部《关于在中央管理的国有重要骨干企业领导班子及成员中开展“三讲”学习教育活动的实施方案》，同时对国有大中型企业“三讲”学习教育活动进行动员和安排部署。

中央组织部赴集团公司“三讲”学习教育活动指导检查组成员，集团公司党组成员马富才、阎三忠、黄炎、吴耀文、任传俊、陈耕、苏树林、郑虎、李克成、贡华章等出席会议，集团公司、股份公司机关各部门负责人和在京各直属单位党政领导班子成员，总部机关离退休党总支委员在北京主会场出席了会议。126个企事业单位的党政领导班子成员及有关负责人，在59个分会场参加了会议。中央组织部赴集团公司“三讲”学习教育活动指导检查组组长关敦在会上作了重要讲话。集团公司党组书记、总经理马富才作动员报告。党组成员、副总经理郑虎对集团公司“三讲”学习教育活动作了具体安排。党组成员、纪检组组长李克成主持会议。

关敦在讲话中指出：中央决定在国有大中型企业领导班子及成员中开展“三讲”学习教育活动意义重大。这是学习和实践江泽民同志“三个代表”重要思想，加强和改进党对国有企业的领导，加快推进国有企业改革与发展的重大举措。中国石油天然气集团公司是中央管理的44户国有重要骨干企业之一，关系到国家安全和国民经济命脉。集团公司作为第一批开展“三讲”学习教育活动的单位，我们相信在党组的领导下，结合集团公司的实际，扎扎实实努力工作，一定能够解决领导班子及成员中存在的、影响企业改革发展稳定的几个突出问题，促进企业健康持续发展。

马富才在会上作了“认真搞好‘三讲’学习教育，为实现集团公司“十五”发展目标提供思想政治保证”的动员报告。他指出，我们集团公司被列为44户中管企业首批开展“三讲”学习教育活动的单位，这是对我们的信任，也是对集团公司工作的一个极大推动。马富才在会上着重讲了三点意见，一是从政治和全局的高度，充分认识开展“三讲”学习教育活动的重要性和必要性；二是开展“三讲”学习教育活动的部署安排和基本要求；三是集中时间，集中精力，高质量地完成“三讲”学习教育的各项任务。

郑虎对集团公司“三讲”学习教育活动作了具体安排后强调指出，一要加强对“三讲”学习教育活动全过程的组织领导；二要认真抓好企业领导班子及成员的培训工作；三要严格掌握政策，注意正确引导；四要积极主动参与“三讲”学习教育的各项活动；五要加强上下联系，及时沟通情况。

（朱树振 周凤兰）

股份公司机关开展“三讲”教育

2001年3月27日，集团公司、股份公司两个机关“三讲”教育部署会后，股份公司机关召开有各单位第一责任人参加的会议，提出了《股份公司机关关于开展“三讲”学习教育活动的实施方案》，进行了具体安排并提出明确要求。股份公司机关“三讲”活动正式启动。

集团公司党组成员、纪检组组长、直属机关党委书记李克成就两个机关认真开展好“三讲”学习教育活动强调了五点意见。第一，切实提高对开展“三讲”学习教育活动重要性、必要性的认识，严格认真地按中央的要求和党组的部署切实搞好机关的“三讲”学习教育活动。第二，开展“三讲”教育要求真务实，注重效果，确保“三讲”学习教育活动达到预期目的。第三，要把解决领导干部中存在的突出问题作为“三讲”的重点环节，重在提高思想政治素质。找准并解决好领导干部中存在的突出问题。思想政治上的问题是“三讲”学习教育活动的关键和重点。第四，注意掌握政策，保证“三讲”教育的顺利开展。第五，切实加强对机关“三讲”学习教育活动的组织领导。各部门、各专业公司的第一责任人，要切实负起责任。李克成最后强调，搞好“三讲”学习教育活动，关键在于领导干部的认识和决心，带头学习，带头查找问题，带头开展批评与自我批评，带头抓好整改，真正把机关的“三讲”学习教育活动抓好，抓出成效来。

4月6日，股份公司机关召开“三讲”教育理论学习交流会，交流了理论学习的心得体会，总结了“三讲”教育第一阶段的情况，部署安排了第二阶段的任务。集团公司“三讲”教育领导小组副组长、股份公司直属机关党委书记李克成出席会议并讲话。股份公司领导罗英俊、史兴全、林青山、张新志、王国樑、贾承造、寿铉成出席了会议。规划计划部副总经理吴枚，审计部副总经理陈桂儒，炼油与销售分公司党委书记、副总经理李润生和勘探与生产分公司副总经理刘宝和进行了学习交流发言。直属机关党委副书记刘敏星对第一阶段的情况进行了总结。李克成针对下一步“三讲”学习教育活动提出明确要求；一要严肃认真，要按照安排，一步步做好工作，不能逾越程序。二要讲求实效，结合工作实际，找准问题，解决问题。三是一定要通过“三讲”讲出团结，讲出风格，讲出干劲。要积极开展批评与自我批评，把握好政策界限。四是要讲究工作方式方法，做到业务工作和“三讲”学习教育两不误，两促进。

5月22日，股份公司机关召开“三讲”学习教育活动总结大会，集团公司党组成员、副总经理、股份公司总裁黄炎，集团公司党组成员、副总经理、股份公司高级副总裁任传俊，集团公司党组成员、副总经理郑虎到会并作重要讲话。股份公司管理层其他领导及机关各部门、专业公司、直属单位领导出席了大会。

机关各部门，专业公司和部分直属单位共16个单位领导班子和70名副局以上干部，以饱满的政治热情，认真的学习态度，积极参加了机关“三讲”学习教育活动。

（尚 真 王万梅）

胡锦涛考察哈密石油基地

中共中央政治局常委、国家副主席、中央军委副主席胡锦涛在新疆考察工作时于 2001 年 6 月 8 日下午专程来到哈密石油基地。

在具有当今世界先进水平的地球物理计算机处理室，吐哈石油勘探开发指挥部的科技人员向胡锦涛副主席演示了物探资料的分析和处理过程。胡副主席边观看边了解有关技术问题。当他询问 20 世纪 50 年代吐鲁番的石油勘探为什么没有获得突破时，吐哈指挥部的同志解释说，主要是当初技术水平的制约。胡副主席说："科技在油田发展中的作用的确明显。"在吐哈油田研究院岩心库，胡锦涛副主席拿着一岩心，仔细看着，然后向技术人员详细询问了岩心的地质年代、在石油地质研究中的作用等问题。随后，他又详细了解三塘湖盆地、玉门油田的勘探等情况。

胡锦涛副主席面对环境优美的石油基地说："你们的小区建设得不错，沿海城市的小区也不过如此。"当胡副主席准备离开基地时，心情愉快地连连向职工们招手致意。

（朱树振　周凤兰）

中国石油天然气股份有限公司 2000 年度股东年会在北京召开

2001 年 6 月 8 日，中国石油天然气股份有限公司 2000 年度股东年会在北京召开，中国石油天然气集团公司、BP 阿莫科等股东或股东代表共 4 名出席了这次会议，本公司 4 名董事和 6 名监事也出席了会议，公司聘任的律师、会计事务所的代表列席了会议。

这是中国石油天然气股份有限公司成立以来的第二次股东年会。年会听取并审议了报告及议案。董事长马富才代表董事会作了《中国石油天然气股份有限公司 2000 年度董事会报告》，副董事长阎三忠宣读了《关于中国石油天然气股份有限公司董事变更的议案》，副董事长兼总裁黄炎宣读了《关于授权公司董事会决定公司 2001 年中期利润分配方案的方案》，监事会主席李克成代表监事会宣读了《公司 2000 年度监事会报告》、《中国石油天然气股份有限公司关于聘任 2001 度境内外会计师事务所的方案》，公司财务总监王国樑宣读了《公司 2000 年度财务报告》、《中国石油天然气股份有限公司 2000 年度末期股息宣派方案》，执行董事、副总裁王福成宣读了《中国石油天然气股份有限公司关于修改公司章程的方案》。通过股东或股东代表的认真审议，报告和方案全部获得批准。

会议还通过了蒋金楚辞去股份公司董事以及委任陈耕为董事的方案。

（尚　真　王万梅）

中国石油天然气集团公司纪念中国共产党成立 80 周年暨表彰大会在京召开

2001 年 6 月 29 日，集团公司隆重召开大会，纪念中国共产党成立 80 周年。集团公司党组成员、集团公司老领导、集团公司机关、股份公司机关及直属单位的共产党员、离退休老同志代表，共计 1000 多人参加大会。总经理马富才作重要讲话，副总经理黄炎宣读党组表彰决定，党组纪检组长李克成宣读直属机关党委表彰决定，会议由阎三忠主持。

马富才在讲话中指出，回顾党的光辉历程，缅怀党的丰功伟绩，更加雄辩地证明：中国共产党的领导是历史的选择，是人民的选择。只有中国共产党才能领导中国人民取得民族独立、人民解放和社会主义的胜利，才能开创建设有中国特色社会主义的道路，实现民族振兴、国家富强和人民幸福。

马富才代表党组要求：（1）学习贯彻"三个代表"的重要思想，要落实到全力促进集团公司的整体发展上。(2) 学习贯彻"三个代表"的重要思想，要落实到大力加强领导班子建设和党风廉政建设上。(3) 学习贯彻"三个代表"的重要思想，要落实到大力加强基层党组织建设上。（4）学习贯彻"三个代表"的重要思想，要落实到大力加强精神文明建设上。(5) 学习贯彻"三个代表"的重要思想，要落实到始终坚持全心全意为人民服务的根本宗旨、切实维护职工群众的利益上。

党组号召集团公司广大共产党员：(1) 要始终不渝地加强学习，坚定共产主义理想信念，做一个政治上合格的共产党员。(2) 要努力掌握现代企业管理知识和市场经济知识，做高素质的复合型人才。(3) 要刻苦钻研技术业务，努力成为本岗位、本专业的行家里手。（4）要大力发扬艰苦奋斗的精神，勇于开拓创新。

马富才最后强调，全体共产党员要紧密地团结在以江泽民同志为核心的党中央周围，坚定不移地高举邓小平理论伟大旗帜，以"三个代表"重要思想为指导，坚持党的基本路线不动摇，团结和带领广大职工群众，坚定信念，振奋精神，同心同德，开拓进取，创造更加辉煌的成绩，为祖国的现代化建设做出新的贡献。

中国石油天然气集团公司电话会议在北京召开总结上半年工作，部署下半年任务

2001年7月24日，集团公司在北京召开电话会议。集团公司领导马富才、阎三忠、黄炎、吴耀文、任传俊、陈耕、郑虎等出席了会议，集团公司机关和直属单位的负责人参加了会议。所属各企事业单位的领导干部分别在60个分会场收听电话会议。总经理马富才代表集团公司对2001年上半年工作进行了全面总结，对下半年的任务进行了安排和部署，会议由阎三忠主持。

马富才在总结上半年工作时指出，集团公司各企事业单位按照年初工作会议要求，带领广大干部职工，认真贯彻党的十五届四中全会、全国经济工作会议和经贸工作会议精神，坚持以发展为主题，以结构调整为主线，大力推进企业改革，着力实施科技创新，努力加强企业管理，使生产经营和各项工作都有了新的进步，两个文明建设取得显著成果。主要体现在以下几个方面：(1) 生产经营全面完成预期目标，实现工业总产值1834亿元，比2000年同期增长4.9%；完成工业增加值847亿元，同比增长11.7%；实现销售收入1645亿元，同比增长24%；实现利润同比增长11%；实现税费同比增长11%。

石油勘探又有新发现和新突破。新增探明石油地质储量、控制储量、预测储量分别完成年度计划的73.5%、61.2%和58.3%。上半年集团公司共生产原油5152.04万吨，完成年初确定计划目标的50.26%，生产天然气103.37亿立方米，完成年计划的53.84%，比2000年同期多产13亿立方米。海外项目保持良好发展态势。上半年，境外投资项目的油气产量和经济效益同步增长，正在执行的境外项目共生产原油772万吨、天然气4.05亿立方米。工程技术服务系统在对内服务、对外拓展方面成绩突出。上半年，集团公司共完成二维地震224000千米，三维地震6188平方千米。(2) 企业改革进一步深化。今年年初以来，重点抓好三个方面的工作。一是狠抓结构调整，继续实施持续重组。二是积极推进以整体带资分流为重点的产权制度改革。三是大力推进三项制度改革。(3) 企业管理和科技创新有了新的进步。组织了10个重点课题的调研，下半年将陆续拿出研究成果；继续实施低成本战略，各项成本费用得到有效控制；强化资金集中管理，提高了资金的使用效率；积极实施科技创新工程，在生产经营中发挥了重要作用。(4) 认真开展“三讲”教育，促进了党的建设和精神文明建设。集团公司开展了“三讲”学习教育活动。100多个直属企业的“三讲”学习教育活动分三批陆续展开，各单位还认真组织开展庆祝建党80周年活动，加强党的建设和思想政治工作。

马富才在部署下半年的工作时强调，各单位要切实抓好以下各项工作的落实：(1) 认真学习贯彻江总书记“七一”重要讲话精神，推动企业各项工作。(2) 按照已经调整的“十五”计划要求，集中精力抓好主营业务的发展，确保全年生产经营目标的实现。(3) 继续搞好结构调整，深化企业内部改革。(4) 认真做好2002年的部署和准备工作，继续保持稳定发展。(5) 进一步加强领导班子建设和基层基础工作，确保工作大局稳定。

马富才最后要求，集团公司下半年改革、发展、稳定的工作需要大家一起克服各种困难、共同承担市场经济带来的风险和挑战，借国家治理整顿经济环境取得明显成效、国民经济持续保持良好增长态势和我国申办奥运会成功的东风，扎实工作，夺取全年生产经营和各项工作的新胜利，把新世纪和新五年计划开局之年的工作做得更好、更出色，不辜负党中央、国务院的重托和厚望。

（朱树振　周凤兰）

中国石油与四家国际投资集团分别签订西气东输项目合作谅解备忘录

2001年7月24日，西气东输项目招商合作谅解备忘录签署。中国石油天然气股份有限公司与壳牌国际天然气有限公司、埃克森美孚中国天然气管道有限公司集团（含中电企业创建有限公司）、BP环球投资有限公司集团（含马来西亚国家石油公司、日商岩井株式会社）、俄罗斯天然气工业股份公司集团（含俄罗斯天然气建设与输送公司）等4家外商投资集团在北京分别签署了西气东输项目合作谅解备忘录。合作谅解备忘录明确了谈判与合作的目的、方法以及有待

框架协议解决的事项。它的签署标志着西气东输项目对外招商工作取得了阶段性成果，确立了各投资集团在西气东输项目中潜在投资的意向，并为随后进行的选择伙伴的进程和时间表作出了规定，为下一步合营框架协议的起草、谈判和签署奠定了基础。

国家西气东输工程建设领导小组第三次工作会议召开

2001 年 9 月 9—10 日，为落实国务院关于加快西气东输工程建设的指示精神，国家西气东输工程建设领导小组在上海召开了国家西气东输工程建设领导小组第三次会议。

此次会议主要目的是审议西气东输工程项目可行性研究报告和项目可研评估报告，研究和协调工程开工前需要准备的工作和急需解决的问题，动员并布置下一阶段的工作。中国石油天然气集团公司、中国国际工程咨询公司分别介绍了可研阶段工作、可研报告和可研评估意见。领导小组成员单位和与会的有关单位结合西气东输有关情况提出了意见。国家计委、国家经贸委、财政部、国土资源部等国家主管部门，新疆自治区、上海市、江苏省等管道沿线各省、区、市，中国石油、中国石化、中国海洋石油总公司、宝钢集团、中国银行等有关企业，共 200 名代表参加了会议。会上，中国石油天然气集团公司汇报了西气东输工程可行性研究报告的主要内容，中国石化、中国国际工程咨询公司等单位作大会发言，各单位对西气东输工程可行性研究报告进行了分组讨论，最后由国家计委副主任、国家西气东输工程建设领导小组组长张国宝作大会总结。会议经过讨论，认为西气东输工程可行性研究报告已基本具备审批条件，但上、中、下游都还需要做很多工作。会上，张国宝副主任就管道线路走向、气价、税费等重要问题进行了说明和澄清，统一了各方的思想，明确了下一步的工作重点和要求。此次会议为国家审批西气东输管道工程可行性研究报告作好了充分准备。

（尚　真　王万梅）

中国石油天然气集团公司党组理论学习中心组成员深入学习江总书记“七一”重要讲话

2001 年 9 月 11 日，集团公司党组理论学习中心组成员与部分在京老领导共同学习江总书记“七一”重要讲话。集团公司党组成员阎三忠、吴耀文、任传俊、李克成，原石油部老领导张文彬、焦力人、侯祥麟等参加了学习会。会议由阎三忠主持。

阎三忠指出，这次党组中心组邀请离退休的部级老领导一起学习，目的是通过共同学习，相互交流学习体会，进一步加深领会江总书记“七一”重要讲话精神，更好地用江总书记的“七一”讲话精神指导思想和工作，不断将集团公司的改革、发展和稳定工作提高到新的水平。

阎三忠谈到学习落实江总书记“七一”讲话时说，江总书记“七一”重要讲话发表后，集团公司党组把学习贯彻讲话精神作为第一位的任务，进行了周密部署和安排。党组成员体会最深的是，江总书记的讲话系统总结了我们党 80 年的光辉历程和基本经验，全面阐述了“三个代表”重要思想的科学内涵，深刻回答了在新的历史条件下，加强和改进党的建设需要解决的一系列重要问题，指明了党的新世纪的历史任务和奋斗目标。

阎三忠结合集团公司党组成员学习贯彻江总书记“七一”重要讲话精神，概括为三个方面的共识：一是要代表中国最先进的生产力，就必须坚持在解放思想、深化改革中解放和发展生产力，合理配置集团公司各生产力要素，提高集团公司国际竞争力，充分发挥集团公司在国民经济中的支柱、主力和中坚作用，努力为保障国家石油供应和石油安全多做贡献。二是要代表中国先进文化的前进方向，就必须始终坚持“两手抓、两手都要硬”的方针，努力培育能够充分展示石油工业优良历史传统、未来发展前景和时代特点的企业文化，培养高素质的知识化职工队伍，使石油工业艰苦奋斗的优良传统和大庆精神在新时期进一步发扬光大。三是要代表最广大人民群众的根本利益，领导班子就必须坚持全心全意依靠工人阶级，领导干部自觉树立公仆意识，在领导决策上寻求企业长远发展和职工根本利益的统一，努力解决职工群众普遍关心的问题。

吴耀文结合集团公司海外发展战略，畅谈了对“三个代表”的认识。任传俊就江泽民总书记关于“科学技术是第一生产力，而且是先进生产力的集中体现和主要标志”的重要论述，是马克思主义生产力观和科技思想的新发展谈了认识。李克成就坚持干部队伍“四化”方针和全面加强党的建设提出了要求。

与会同志认为，要带头学好江泽民同志“七一”重要讲话，并自觉地去实践讲话的精神，积极支持集团公司的改革、发展、稳定，努力促进“十五”规划目标的实现。

中国石油天然气集团公司党组务虚会在北京召开

2001年10月9日，集团公司党组务虚会在北京召开。集团公司领导马富才、阎三忠、黄炎、吴耀文、任传俊、陈耕、郑虎、李克成、贡华章等出席会议。国务院派驻集团公司监事会主席王天凯出席会议，集团公司机关、股份公司机关的有关部门负责人参加了会议。党组书记马富才在会上作重要讲话。会议由阎三忠主持。

这次会议的议题是：审视集团公司的发展战略，研究分析当前面临的主要问题，为集团公司2002年工作计划做准备。

马富才在讲话中强调：(1)关于加快主业发展的问题。要把油气勘探生产放在更突出的位置，这是我们的立足之本。要注意结构调整，抓好储采和产量的结构调整；要依靠技术创新，组织好有效的技术创新体系；要从战略上加快天然气的发展，以“西气东输”这个国家重点工程来带动天然气的快速发展；坚持上下游协调发展，在发展上游的同时，炼化企业要突出自身的资源和品种优势；技术服务业要努力为主业发展创造条件，进一步树立整体发展的思想。(2)关于深化改革的问题。深化改革势在必行，尤其是存续部分改革条件日趋成熟。要着眼于从根本上解决问题，不能留后遗症；要紧紧按照现代企业制度要求，在转换机制上下功夫，解放思想，实事求是，立足大局，着眼长远，重点突出，配套推进；要积极稳妥地推进产权制度和公司制改造，要加强结构调整和专业化重组，进一步深化三项制度改革。(3)关于加强管理的问题。要严格管理，“三老四严”等优良传统不能丢，要防范有章不循、盲目投资、虚盈实亏、虚报假账和腐败行为；要根治经营管理粗放的顽症；要科学管理，赋予传统管理方式以新的内涵；要靠机制管理，形成有效的激励、约束机制，并能适应快速的市场变化。

马富才要求，各级领导要进一步增强对中央六中全会精神的认识，以老老实实的态度、务实求真的作风抓好落实，要在解决实际问题上见到实效。

中国石油天然气集团公司技术能手表彰大会在北京召开

2001年10月18日，集团公司召开技术能手表彰大会，来自生产一线的106名技术能手受到了表彰与奖励。国家劳动和社会保障部副部长林用三，中国就业培训技术指导中心党组书记沈宝英出席会议，集团公司机关各部门的负责人参加了会议。总经理马富才在大会上作重要讲话，党组成员、纪检组组长李克成宣读了表彰决定，副总经理黄炎主持了表彰大会。

马富才指出，集团公司召开技术能手表彰大会，是贯彻落实党的十五大提出的“培养同现代化要求相适应的数以亿计高素质劳动者和数以千万的专门人才”要求的重要举措，是建立集团公司改革发展需要的三支队伍的必要措施。当前国有企业改革正向纵深发展，我国加入WTO在即，企业发展的环境发生了深刻的变化。为适应这一变化，集团公司制定了内部基本建立起符合现代企业制度的母子公司体制，结构调整取得实质性进展，企业经营机制发生了根本性转变，企业办社会和富余人员问题基本得到解决，使集团公司成为竞争优势明显、经济实力雄厚、主要经济技术指标进入世界大石油公司行列的国际大型石油石化企业。要实现这一目标，一靠科技进步，二靠提高队伍素质。

马富才在谈到技术能手培养时强调：一要进一步建立和完善有利于技能人才培养、成长和使用的激励机制和政策措施；二要大力开展职工培训；三要大力推行国家职业资格证书制度，在广大职工队伍中树立学历文凭和职业资格两种证书制度并重的观念；四要继续做好技术能手评选表彰和职业技能竞赛工作。

马富才最后要求，各单位要通过技术能手评选表彰和职业技能竞赛活动，推动广大职工积极参与群众性的岗位练兵、技术比赛、技术协作、技术革新活动，争取涌现出更多的技能人才。

马富才在2001北京世纪石油论坛发表演讲 阐明中国石油发展战略

2001年10月23日，集团公司总经理马富才应“2001·北京——世纪石油论坛”组委会邀请，就“中国石油与天然气的发展”在会上发表演讲，阐明了中国石油天然气集团公司今后的八大发展战略。

马富才在谈及中国石油天然气集团公司的发展时强调，我们将重点实施如下经营战略：(1) 充分发挥资源优势，加大国内石油勘探开发力度，进一步增强上游业务的竞争优势，不断加强石油勘探开发业务是我们战略发展的重点；(2) 加快天然气发展，构筑新的经济增长点，培育新的竞争优势；(3) 加快推进炼油化工的结构调整和优化升级，提高产品质量，增强盈利能力；(4) 大力开拓市场，加快建设营销网络，不断提高服务水平和竞争能力；(5) 大力实施“走出去”战略，努力拓展国际市场，培育国际竞争实力；(6) 搞好石油工程技术服务业的改组改造，加快培育具有国际竞争力的专业化队伍；(7) 大力推进科技进步和技术创新，为企业发展提供有力的技术保障；(8) 着力推进管理创新，加快建设适应市场经济和集团化经营的新型管理构架。

马富才最后说，面向新世纪，中国的未来充满着希望和机遇。中国经济的持续、快速、健康发展，为我国的石油工业搭建起了广阔的舞台。CNPC真诚地希望与国内外石油界、金融界、科技界加强合作与交流，共同为21世纪人类社会的繁荣与进步和世界石油石化工业的持续发展，做出新的贡献。

中国石油天然气集团公司召开在京领导干部会议传达中央经济工作会议精神

2001年11月30日，集团公司召开在京领导干部会议，学习传达中央经济工作会议精神。集团公司机关、股份公司机关及在京直属单位的主要党政领导和部分老领导共130多人参加了会议。总经理马富才传达了中共中央总书记江泽民在会上的重要讲话、国务院总理朱镕基就明年经济工作具体部署的重要讲话。会议由阎三忠副总经理主持。

马富才首先传达了中央经济工作会议精神。中央经济工作会议指出，不断深化经济体制改革，为加快发展和扩大开放创造良好的体制环境。要按照“产权清晰、权责明确、政企分开、管理科学”的要求，继续深化国有企业改革，健全责权统一、运转协调、有效制衡的公司法人治理结构。符合条件的国有大中型企业要加快实行股份制改造。继续推动国有企业的战略性改组。

中央经济工作会议指出，以加入世界贸易组织为契机，进一步扩大对外开放。各级干部特别是领导干部，首先要认真学习并熟悉世贸组织的基本原则和有关规则。转变政府管理经济的方式，增强政策的统一性和透明度，提高按国际通行规则办事的能力。抓紧培养和造就一支精通国际经济和法律的人才队伍。各类企业都要增强紧迫感和竞争意识，抓住过渡期的有限时间，加快技术创新和产品开发，提高质量，改善服务，扩大市场占有率。要充分利用入世的有利条件，实施多元化战略，千方百计扩大出口。抓住入世的新机遇，提高利用外资水平。

中央经济工作会议强调，我们要紧密团结在以江泽民同志为核心的党中央周围，高举邓小平理论伟大旗帜，按照“三个代表”重要思想要求，统一认识，齐心协力，深入实际，调查研究，关心群众疾苦，注意工作方法，坚持真抓实干，认真贯彻落实中央确定的方针政策和部署，全面完成明年经济工作和社会发展的各项任务，以优异成绩迎接党的十六大的召开。

马富才结合集团公司实际提出要求：各单位要组织全体职工认真学习好中央经济工作会议精神，并把会议精神贯彻落实到我们的工作中去。要认真分析当前国际国内形势，特别是加入世界贸易组织后，我们所面临的机遇和挑战，结合具体情况分析、思考和研究新情况、新问题，理出思路，为2002年的工作作好思想准备；积极抓好创新体系的建立和人才发展战略研究；要严格按照中央经济工作会议精神，加大企业结构调整力度，不断将我们的企业改革推向深入。

（朱树振　周凤兰）

中国石油涩宁兰输气管道工程竣工典礼在兰州举行

2001年12月12日，中国石油天然气股份有限公司（简称中国石油）涩宁兰输气管道工程竣工典礼在兰州市隆重举行。中国石油副总裁史兴全、甘肃省和青海省负责同志、兰州市和西宁市负责同志和工程建设单位的代表出席了竣工典礼。

涩宁兰工程是国家重点工程项目，是西部大开发十大重点工程之一。涩宁兰输气管道将青海涩北地区丰富的天然气输送到西宁和兰州地区。该管道西起青海省柴达木盆地涩北一号气田，经青海省西宁市，终至甘肃省兰州市，全长930千米，管径660毫米，设计压力6.4兆帕，设计年输量20亿立方米，总投资22.5亿元，是国内目前已建成的管线最长、海拔最高、自然环境及社会依托最差的输气管道。

涩宁兰工程于2000年5月1日正式打火开焊。2001年5月21日实现了涩北至西宁段成功通气，西宁地区的用户2001年6月1日开始用上了天然气。2001年9月6日，涩宁兰输气管道在完成主体工程安装后，在西宁至兰州段点火成功。至此，涩宁兰输气管道全线贯通并达到投产运行条件。在绵延930千米的管道施工现场，广大建设职工克服了高原缺氧、温差大、紫外线照射强烈等恶劣自然环境以及高海拔、大落差、复杂地形地貌地质等技术难题，按照国际惯例组织施工，设计、采购、施工和监理等全部采取招投标形式，全面贯彻健康、安全、环保的管理模式，高质量地完成了管道建设。预计投产后的第二年即2002年用气量可达7.74亿立方米，2005年用气量可达20亿立方米。

涩宁兰输气管道建成投产，使中国石油进一步加强了在天然气业务方面的竞争优势，增加了天然气的销售量和经营收入。同时，这条管道把优质清洁的天然气能源输送到西宁、兰州等地区，对改善青海、甘肃两省的燃料结构，减轻大气污染，改善城市环境，提高人民生活质量，促进当地经济和社会发展将发挥重要的作用。

（尚　真　王万梅）

第二篇

油气勘探开发生产

油气勘探

【勘探任务完成情况】

1. 勘探工作量完成情况

2001年油气勘探（含滚动）共安排二维地震29038千米，三维地震7587平方千米；探井675口，探井进尺174.57万米。

全年实际完成二维地震27604千米，为年度计划的94.19%；完成三维地震8597平方千米，为年度计划的113.31%；完成探井663口，为年度计划的98.22%；完成探井进尺167.15万米，为年度计划的95.74%。新获工业油气流井325口，探井综合成功率53.01%。

与1999年、2000年度工作量对比分析表明，2001年勘探工作量总体完成情况较好。二维地震1999年计划58123千米，实际完成58759千米，完成率为101%；2000年计划44389千米，实际完成44909千米，完成率为101.2%；2001年计划29308千米，实际完成27604千米，完成率为94.19%，与前两年大体相当。三维地震1999年计划8051平方千米，实际完成6987平方千米，完成率为86.8%；2000年计划7588平方千米，实际完成7841平方千米，完成率为103.3%；2001年计划7587平方千米，实际完成8597平方千米，完成率为113.31%。2001年三维地震完成情况好于前两年。

2. 储量任务完成情况

2001年油气勘探（含滚动）计划探明石油地质储量41750万吨（可采储量8507万吨），探明天然气地质储量1000亿立方米（可采储量570亿立方米）；控制石油地质储量35000万吨，控制天然气地质储量2420亿立方米；预测石油地质储量45500万吨，预测天然气地质储量3230亿立方米。

2001年石油探明控制预测三级储量全面超额完成年初确定的工作目标，天然气探明控制预测三级地质储量创历史最高纪录。全年实际新增探明石油地质储量45683万吨（可采储量9714.1万吨），完成年计划的109.4%；探明天然气地质储量4071.8亿立方米（可采储量3249.04亿立方米），完成年计划的407.2%；控制石油地质储量35337万吨，完成年计划的101%；控制天然气地质储量5446.8亿立方米，完成年计划的225%；预测石油地质储量70258万吨，完成年计划的152%；预测天然气地质储量3530亿立方米，完成年计划的109.3%。

总的来看，三级储量任务全面完成，准噶尔、鄂尔多斯和松辽南部、酒泉盆地四个加快探区探明石油地质储量23962万吨，占股份公司总探明储量的57.39%；天然气探明地质储量在去年突破4000亿立方米的基础上，继续保持大幅度增长的势头。油气控制、预测储量的任务指标也一改往年情况，全面完成年初预定的工作目标，勘探工作正在逐步走上良性循环的轨道。

3. 油气勘探效益

各油气田分公司在勘探工作中始终坚持以经济效益为中心，勘探开发有机结合，积极探索勘探开发一体化的有效方式，在千方百计寻找可动用的高效储量、提高储量动用程度方面见到了非常好的效果。

根据勘探开发有机结合共同确定的数据统计，近期可动用储量在90%以上。当年已投入开发的区块64个，动用储量15085万吨，占35%；2002年和2003年两年准备开发的区块52个，储量23962万吨，占56%。根据各油田公司开发部门2002年开发计划报告，已安排动用81块24390万吨，已建产能85.5万吨、正建产能192.67万吨、计划建产能273.08万吨。

2001年新增探明石油地质储量中大于1000万吨储量的区块18个，占总储量的64.8%。新增探明天然气储量中大于100亿立方米的区块10个，占总储量的96.2%。新增石油控制地质储量中，大于1000万吨的区块有14个，占总储量的74.39%。新增天然气控制地质储量的11个区块全部大于100亿立方米。新增石油预测地质储量中，大于1000万吨的区块有18个，占总储量的84.69%。新增天然气预测地质储量的11个区块全部大于100亿立方米。

【油气勘探主要成果】 2001年股份公司油气勘探工作仍坚持“以经济效益为中心，以商业储量为目标，深化研究，优选项目，突出重点，加强预探，依靠科技，降低成本”的原则，通过加大综合地质研究的力度和先进适用技术的应用，加强新区、新领域和重点盆地、重点项目的勘探工作，石油勘探在新疆、塔里木、长庆、玉门、吉林、大庆、大港、华北、西南等探区取得了一批具有重要意义的发现和进展；天然气勘探也在四大气区都取得了新的发现，探明或控制了几个具有规模性的优质储量区块。

1. 松辽盆地石油勘探获多项重要进展，形成多个规模效益储量区块

（1）松辽盆地北部评价勘探探明新肇、葡31两个超千万吨级效益储量区块。

新肇地区位于大庆长垣以西的新肇鼻状构造，主要目的层为葡萄花油层。油藏类型为构造、构造—岩性复合和岩性油藏。提交石油预测储量5081万吨，预测含油面积284.6平方千米。

2001年，新肇油田葡萄花油层提交探明Ⅲ类石油地质储量为4128万吨，含油面积157.9平方千米，可采储量1132.1万吨。

葡31区块位于大庆长垣葡萄花构造，2001年12口井压裂后达到工业油流，平均日产3.88立方米。整个试采过程均表明油藏以弹性驱动仍能保持较高的稳产，说明了油藏有较充足的供给能力。

在综合评价的基础上，优选富集区块（丰度大于45万吨/平方千米），葡31区块扶杨油层新增探明Ⅲ类石油地质储量为1145万吨，含油面积25.4平方千米。其中，扶余油层探明石油地质储量711万吨，含油面积12.6平方千米，杨大城子油层一组探明石油地质储量434万吨，含油面积12.8平方千米。

（2）松辽盆地完成石油控制储量5484万吨。

北部地区为两个东倾的鼻状构造，勘探面积约360平方千米，勘探目的层为葡萄花油层；截至2001年底，累计产油5767.33立方米。

该区葡萄花油层埋藏浅、产量高，为构造—岩性、断层—岩性油藏。2001年提交控制含油面积116.8平方千米，新增控制石油地质储量5484万吨。

（3）松辽盆地南部地区勘探成果不断扩大，三级储量超过亿吨。

松辽南部地区2001年新增探明含油面积131.3平方千米，探明石油地质储量5055万吨。

同时，在主体区外围勘探取得新进展。主体区以东预测储量1894万吨，以北预测储量2531万吨；尤其是以西地区，在2247.4—2254.2米井段获日产油14.2立方米，2224—2217.6米井段获日产油48.6立方米，新增控制储量1548万吨。含油面积向东、西、北进一步扩大，展示了该区仍有很大的勘探潜力。

（4）松辽盆地南部地区经过勘探开发一体化评价，亿吨级场面已经落实。

该区是重点加快的石油探区，根据对该区油藏控制因素及资源潜力的认识，在高分辨率三维地震勘探成果的基础上，坚持勘探开发有机结合，精心部署，精心实施。2001年新增探明石油地质储量227万吨，控制储量4908万吨，预测储量4628万吨，亿吨级储量场面已经落实，并在6个已获高产油流的断块进行了滚动开发，目前已建产能30万吨。另外，在主体探区外围构造圈闭钻探也获新成果，为今后扩大勘探成果提供了接替战场。

2. 渤海湾盆地立足富油坳陷精细勘探，取得一批重要成果

（1）渤海湾盆地东部凹陷应用综合配套勘探技术开展火山岩油藏勘探，储量规模进一步扩大。

东部凹陷火山岩分布十分广泛，火山岩成为该凹陷勘探的重要领域。通过技术引进、方法攻关、合作研究，在东部凹陷火山岩勘探实践中逐步摸索形成了火山岩发育区地震采集技术、有利于火山岩分布预测技术、火山岩储层测井评价技术、油气层保护技术、油气层改造增产技术等配套的技术系列。2001年累积产油1975吨。通过两年的工作，在黄沙坨构造累计探明石油地质储量2053万吨，成为近期重点的开发区之一。

（2）连片解释、整体评价，西部低潜山带勘探取得新突破。

截至2000年底探明含油面积63.1平方千米，探明石油地质储量10147万吨。通过三维地震资料连片解释，整体编图和叠前深度偏移处理技术，进行深度域成像等工作，共发现和落实潜山圈闭18个，面积38.3平方千米。随着勘探工作的深入，预计西部低潜山带探明储量规模可达1500万—2000万吨。

（3）滩海潜山勘探见到好苗头。

通过三维资料的解释，在构造带南、北各发现一个面积较大的低幅度圈闭，选择地层发育全、储盖组合有利圈闭部署探井，在中生界顶部和古生界见荧光显示，岩心观察裂缝十分发育，储层物性较好，证明了浅层披覆构造是形成大型油气藏的有利部位。根据目前的构造解释，认为在区域上馆陶组地层披覆于潜山之上，受潜山局部高点控制，在南、北各形成了幅度较低、面积较大的披覆背斜圈闭，钻探位置处于南高点的中低部位，向南北两侧构造抬升，油层发育有变厚的趋势，推测高部位可能是形成富集油藏的有利部位。

（4）黄骅坳陷探明千万吨级的优质高效储量

区块。

构造勘探面积 60 平方千米，2001 年在地震资料目标精细处理及三维处理基础上，加强了地层对比、精细构造解释、油藏控制因素及油藏特征研究。新增探明含油面积 5.4 平方千米，探明石油地质储量 1087 万吨，形成一个 1000 万吨级可供开发的优质储量区块。截至 2001 年底，累计产油 36111 吨。

（5）滩海断阶区预探取得新发现，形成一个 3000 万吨级的储量区。

滩海断阶区位于南部边界，勘探面积约 1000 平方千米，2001 年在滩海新采集的三维连片处理的基础上，开展构造精细解释和圈闭评价，发现和落实了一批有利圈闭，预测资源量 3176 万吨，新增预测含油面积 8.5 平方千米，预测石油地质储量 1334 万吨，证实该地区具有良好的成藏条件，并为后续勘探准备了一批良好的钻探目标，形成一个 3000 万吨级的增储区。

（6）冀东探区坚持勘探开发一体化，南堡凹陷柳赞、老爷庙深化勘探取得新成果，新增探明储量 459 万吨。

柳赞地区 2000 年对原采集的三维地震资料进行了叠前深度偏移处理，处理后品质明显改善，发现该区由三个断鼻组成，面积约 12 平方千米。2001 年部署滚动探井 2 口，日产油 25.8 吨，新增探明石油地质储量 173 万吨，含油面积 0.3 平方千米。

老爷庙地区有利勘探面积 80 平方千米，分为背斜和断鼻 2 个部分，油气资源丰富。2001 年背斜较高部位钻探井发现厚油层，完井后对油气显示层进行了系统 MDT 测试，共进行了 34 点测试，发现油层 13 层。2001 年新增探明石油地质储量 286 万吨，含油面积 0.7 平方千米。

3. 鄂尔多斯盆地油气并举，油气勘探成果不断扩大

（1）陇东地区发现厚油层，新增三级储量超亿吨，成为继志靖三角洲之后新的储量接替区。

陇东地区面积约 3 万平方千米，发育侏罗系、延长组等多套油层，2001 年新增控制石油地质储量 5900 万吨，新增预测石油地质储量 3949 万吨，三级储量合计 12233 万吨。

（2）鄂尔多斯盆地勘探成果不断扩大，累计探明储量超亿吨。

在去年工作的基础上，进一步扩大含油面积，2001 年新增含油面积 135 平方千米，探明石油地质储量 7143 万吨，加上以往探明的 4070 万吨，累计探明储量超 1 亿吨。从电测解释的情况来看，这一地区油层稳定，含油范围还可以继续扩大。

（3）苏里格气田含气范围继续扩大，初步探明储量规模达 6000 亿立方米。

2001 年苏里格庙地区作为天然气勘探的重点目标，累计探明天然气地质储量 2204.75 亿立方米。另外，2001 年在 3 个井区初步探明天然气地质储量 3820.52 亿立方米，从而使该区基本探明天然气地质储量 6025.27 亿立方米，控制地质储量 1009.88 亿立方米，预测地质储量 1568.89 亿立方米。

4. 准噶尔盆地甩开预探，有重大突破发现，评价勘探获重要进展

（1）盆地腹部探井获高产油气流，打开了准噶尔盆地的勘探局面。

准噶尔盆地腹部勘探面积 6000 平方千米，二次资源评价油气当量资源量为 18 亿吨，一直是地质上比较看好的地区。2001 年钻探的探井电测解释油层 1 层 4 米，油气层 1 层 14 米，日产油 83 立方米，天然气 25 万立方米。新增含气面积 21.9 平方千米，探明天然气地质储量 68.8 亿立方米，凝析油 172.3 万吨，这是准噶尔盆地腹部油气勘探又一重大突破，打破了该地区油气勘探十几年徘徊不前的局面，开拓了新的勘探领域。

（2）腹部背斜带新增探明储量 5468 万吨，累计探明储量超亿吨，成为亿吨级大油田。

准噶尔盆地腹部隆起西段，2000 年当年发现、当年探明石油地质储量 6755 万吨，同时还申报控制储量 584 万吨、预测储量 1148 万吨，另 4 个井区储量 1319 万吨。经过 2001 年的评价勘探，新增探明石油地质储量 5468 万吨，累计探明石油地质储量超亿吨，使之真正成为一个亿吨级的大油田。这也是新疆油田改革开放 20 年来，发现的一个规模最大、埋藏最浅、评价勘探时间最短的高产高效益油田。目前，该地区已完成三套开发井网，动用了 7 个探明储量计算单元中的 5 个单元，已完钻开发井 215 口，投产 194 口。2002 年计划新建产能 57 万吨，年产能力达 110 万吨。

5. 塔里木盆地坚持区域甩开，新区新领域油气勘探获四项重要发现，评价勘探取得多项重要成果

（1）却勒 1 井获高产油气流，展现了库车坳陷石油勘探的良好前景。

库车坳陷作为股份公司天然气勘探的重点地区，以克拉 2 气田的发现为标志在天然气勘探方面实现了历史性的突破，这已载入我国天然气工业的史册。

2001年在继续加强天然气预探的同时，位于库车坳陷坳陷构造带上的却勒1井又实现了石油勘探的重要突破，完钻电测共解释油层6层10.4米，日产油82.56立方米、天然气32181立方米，却勒1油藏新增含油面积26平方千米，预测石油地质储量937.8万吨，溶解气地质储量43.33亿立方米。却勒1号油藏为库车坳陷第三系首次发现的油藏，目前研究认为该区存在成藏条件相似的三排构造带，资源量3.8亿吨，展示了良好的勘探前景。

（2）继发现克拉2大气田之后，库车坳陷又发现迪那1和迪那2两个大气田。

迪那2井位于库车坳陷构造带东段，日产油145.21立方米，日产天然气217.8万立方米，2001年新增含气面积59平方千米，控制天然气地质储量556.82亿立方米、凝析油储量394万吨。预测整个构造天然气储量规模在1000亿立方米左右。迪那1构造上探井产油70立方米、天然气118万立方米。2001年新增第三系含气面积40.5平方千米，预测天然气地质储量357.12亿立方米、凝析油储量220万吨。迪那2井在获高产工业油气流，是继克拉2之后的又一重大突破，不仅发现了亿吨级规模的油气田，而且夯实了“西气东输”的资源基础。

（3）塔东凹陷勘探获重要突破，探井日产气6.9万立方米、油4.72立方米。

塔东凹陷构造带英南2井，测井解释气层40米/11层，日产气6.9万立方米，凝析油4.72立方米，结论为气层。英南2圈闭面积60平方千米，幅度420米，预测圈闭资源量天然气756亿立方米。英吉苏凹陷位于塔里木盆地东部，面积3.1万平方千米，为一个发育在下古生界剥失地貌背景上的中—新生界断—坳型盆地。英吉苏凹陷的勘探突破是塔里木盆地东部勘探的历史性突破，具有战略性意义。该地区具有目的层埋藏浅、圈闭发育、钻井速度快、勘探评价容易等优点，它将成为塔里木盆地今后有利的勘探接替区。

（4）轮南潜山勘探取得重要进展，已成为塔里木油田近期石油增储上产的主攻战场。

轮南潜山位于塔里木盆地塔北隆起中段，有利面积4420平方千米，在2000年轮南地区完成高分辨率三维地震叠前满覆盖面积567平方千米的基础上，2001年新增含油面积58.2平方千米，预测石油地质储量7303万吨。新增含油气面积94平方千米，预测天然气地质储量311.53亿立方米，凝析油687.3万吨。轮南潜山通过新的高分辨三维地震资料和精细储层描述，新一轮勘探取得显著效果，正成为塔里木油田石油勘探的主攻战场。

（5）塔东2井获得源自寒武系—下奥陶统烃源岩的原油，勘探意义重大。

塔东2号构造位于塔里木盆地塔东背斜构造带上，是目前塔里木盆地发现的最大的背斜，在地震反射层构造图上，背斜面积980平方千米，幅度600米，高点埋深4560米，圈闭资源量石油9800万吨。塔东2井2001年10月19日完钻，目的层为寒武系，进行裸眼中途测试，采用二开二关工艺，测试压差38兆帕，回收液1.48立方米，起钻见0.03立方米稠油，取样器内1500毫升油，1000毫升钻井液。这是塔里木盆地首次直接获得源自寒武系—下奥陶统烃源岩的原油，勘探意义重大，展示了塔东地区良好的勘探前景。

6. 四川盆地在川东鲕滩气藏勘探规模继续扩大的同时，川中石油勘探取得新进展

（1）金珠1井获工业气流，鲕滩气藏勘探取得突破。

金珠1井是鲕滩储层的一口预探井，日产气量7.22万立方米，经气藏描述新增含气面积35.9平方千米，预测天然气地质储量114.74亿立方米。

金珠1井获得工业气流，是川东北部地区首次在北西向构造上发现飞仙关组鲕滩气藏，扩大了鲕滩勘探范围。

（2）铁山坡构造评价勘探获重要成果，新增天然气控制储量448亿立方米。

利用地震“亮点”技术，1999年在铁山坡构造上钻探坡1井，并于飞仙关组鲕滩储层测试获日产气26.72万立方米，天然气预测储量184.05亿立方米。为进一步探明气藏高度，2000年在铁山坡构造南段钻探坡2井，2001年试油射开5层78米，日产气104.89万立方米，H_2S含量151.439克/立方米。

该井钻遇厚气层，使铁山坡构造含气面积扩大，经气藏描述新增天然气控制地质储量448亿立方米，含气面积45.7平方千米。

（3）川中石油勘探在公山庙构造的沙溪庙组和大安寨组取得新进展。

为了解公山庙构造岩相变化及含气情况，扩大公山庙构造油气勘探成果，2001年公山庙构造新增石油预测储量3658万吨，含油气面积330平方千米。该地区发现了新的含油层系，对下一步勘探具有重要的指导意义。

7. 柴达木盆地东部天然气勘探取得新进展，尕

斯油气区三维地震连片处理解释发现一批有利圈闭

(1) 盆地东部伊深 1 井钻遇厚气层，全盆地天然气储量规模已超过 3000 亿立方米。

为了了解柴达木东部天然气勘探的潜力，开辟天然气勘探的新领域，2000 年部署了预探井 1 口，该井电测解释气层 25 层 43.1 米，2001 年分 7 次试气全部出气，单层日产气 3 万—5 万立方米。同时，借鉴涩北一号气藏描述的做法进行研究，涩北二号和台南两个气田新增控制天然气地质储量 980.36 亿立方米，含气面积 84.2 平方千米，从而使柴达木盆地天然气储量规模已超过 3000 亿立方米。

(2) 尕斯油气区三维地震连片处理解释发现一批有利圈闭。

为了提高尕斯油气区原油勘探开发的成效和钻探成功率，2001 年对该区现有的 7 块 750 平方千米三维地震进行了连片处理解释，截至 2001 年底已完成了地震构造解释，获得重要成果，发现了 7 个可供钻探的有利圈闭，仅 E_3^1 一个目的层的总面积就达 39.6 平方千米。该成果对尕斯地区增储上产具有重要意义，同时深化了尕斯油田 E_3^1 油藏的认识。

8. 酒泉盆地青西油田整体评价勘探取得重要发现和进展，油田规模向西、向南继续扩大，初步形成了亿吨级储量规模的勘探场面

青西油田自 2000 年在窟窿山构造钻探的窿 4、窿 5 井相继获得高产工业油气流，发现新的砾岩体高产油气藏后，2001 年以砾岩体油藏为主体，开展勘探开发一体化的整体评价，扩大了窟窿山构造南部的含油气范围。此外，2001 年还有 3 口开发井在窟窿山油藏获得高产油流，日产油 131 立方米。

2001 年，窟窿山油藏新增探明含油面积 37.8 平方千米，新增探明石油地质储量 1255 万吨。截至 2001 年底，累计探明 1909 万吨，新增控制含油面积 23.9 平方千米，新增控制石油地质储量 2425 万吨，新增预测含油面积 23 平方千米；预测石油地质储量 4061.2 万吨，三级储量累计达 8395.2 万吨，初步形成了亿吨级储量场面。通过 2001 年的工作，在窟窿山构造带西部又发现了金海子构造，在东部推覆带又发现了青山头构造带，都是与窟窿山相似的油气聚集区，勘探前景十分广阔。

9. 优选中小盆地勘探取得多项重要成果

(1) 二连盆地隐蔽油藏勘探取得突破，巴音都兰凹陷构造带探明加控制石油地质储量 2000 万吨。

巴音都兰凹陷位于二连盆地马尼特坳陷东北部，面积约 1200 平方千米。2001 年在深入研究斜坡带沉积体系，构建构造—岩性油气藏成藏模式的基础上，创新思路，开展地震资料的精细解释，预测砂体的平面分布，准确识别出巴 9 井扇三角洲沉积体，新增探明石油地质储量 1241 万吨，控制石油地质储量 1021 万吨，形成了一套二连盆地构造—岩性油气藏勘探的方法和技术系列，开拓了二连盆地勘探新领域。

(2) 二连盆地乌里雅斯太南洼油气勘探取得重要成果，形成千万吨级控制储量规模。

乌里雅斯太凹陷位于二连盆地马尼特坳陷东北部，面积近 2500 平方千米。到目前为止，仅上交控制石油地质储量 771 万吨。

2001 年，通过精细研究选择构造太 21 井高部位水下扇主沟道上部署钻探太 41 井，该井在腾一段 1609.4—1754.0 米井段电测解释油层 56.8 米/5 层、差油层 56.4 米/5 层，合计 113.2 米/10 层，压裂后获日产油 19.79 吨。

位于太 101 井高部位的太 43 井，电测解释油层 28.4 米/3 层，差油层 5.8 米/2 层。对 1872—1892 米井段 20 米/3 层试油获日产油 12.39 吨。太 47 井位于太 43 井以北，对阿尔善组井段测试，自喷，日产油 12.9 立方米，气 3531 立方米，突破了自喷工业油流关。通过上述探井的钻探实施，基本查明了太 43 井区的油藏特征和分布范围。太 43 井区预计可形成 1000 万吨以上的储量规模，将成为 2002 年二连探区增储稳产的一个现实接替地区。

(3) 吐哈盆地主攻火焰山构造带，神北 4 井获工业油流，火焰山构造带勘探前景进一步明朗。

火焰山构造带横贯吐哈盆地中部，油气源充足，具备多期成藏、多层系含油的地质条件。但由于地面、地下条件复杂，构造难以落实，制约了勘探的进程。经过山地地震攻关落实构造，2000 年钻探的火 3 井获日产油 65 立方米、气 15000 立方米，揭示了火焰山构造带良好的勘探前景。2001 年在加快火焰山构造带山地地震处理、解释攻关的同时，为了进一步扩大整装油藏勘探成果，分别于火焰山构造带西部的神北 2 号构造和东部的玉北 2 号构造部署了神北 4 井和火 6 井。

神北 4 井电测解释油层 1 层 3.8 米，差油层 2 层 2.8 米，油水同层 1 层 1.4 米。完井试油日产 71.92 立方米、气 19760 立方米。经初步测算，预计可新增含油面积 6 平方千米，石油地质储量 100 万吨。该区钻探的神北 3 井、神北 201 井、葡 2 井都不同程度地见到了油气显示或油流，进一步证实火焰山构造带是一个低幅度构造、薄层、低丰度构造—岩性油气藏复

合连片的含油气区。

神北 4 井喜获工业油流，使火焰山油气富集区带的勘探前景进一步明朗。

（4）海拉尔盆地呼和诺仁地区贝 301 区块完成石油探明地质储量 1336 万吨，实现了该盆地探明储量零的突破。

呼和诺仁地区贝 301 区块处于海拉尔盆地贝尔凹陷。该区已钻探井及开发井 8 口，已测试的 3 口井均获工业油流，平均日产量 57.61 吨。该油藏由海拔 -1140米等高线圈闭，构造幅度 720 米，面积 17.8 平方千米，为受反向正断层遮挡的继承性断鼻构造。受西南部物源控制，该区发育扇三角洲平原、前缘的辫状水道、河口坝沉积，岩性以砂岩、砂砾岩为主，埋藏浅，物性好。

2001 年，在贝 301 区块南屯组油藏提交石油探明地质储量 1336 万吨，溶解气地质储量 3.47 亿立方米，面积 8.1 平方千米，实现了海拉尔盆地探明储量零的突破。

（5）冀东油田在苏北盆地洪泽凹陷取得重要突破，管 1 井获工业油流。

管 1 井位于苏北盆地洪泽凹陷构造上，2001 年冀东油田获得洪泽凹陷的探矿权后，对管 1 井进行了压裂改造，平均日产原油 12 立方米，取得了外围勘探的新突破。

洪泽凹陷位于苏北盆地盐阜坳陷西北，面积 3000 平方千米。烃源岩厚度一般在 100—400 米之间，资源量 1.00 亿—2.13 亿吨。管 1 井试油获工业油流，突破了洪泽凹陷出油关，进一步证明凹陷内具有较好的成藏条件。

（6）沁水盆地首次提交煤层气探明地质储量 352.26 亿立方米。

沁水盆地是以石炭—二叠系含煤沉积为主的富煤沉积盆地，煤层气资源丰富。发育山西组 3# 煤、太原组 15# 煤。1997 年，原勘探局新区勘探事业部在位于沁水盆地南部钻探晋试 1 井获得稳定日产气 2700 立方米，最高日产气 4050 立方米的煤层气流。1998 年，围绕晋试 1 井钻探晋 1 - 1、晋 1 - 2、晋 1 - 3、晋 1 - 4、晋 1 - 5 组成的试验井组，4 口井达到工业气流，单井日产气 2716—3394 立方米，最高达 9780 立方米。1999 年，钻探晋试 2、3、4 井，2000 年开始试气，煤层日产气 2700 立方米以上，最高日产气 4407 立方米，煤层晋试 4 井日产气 1967 立方米。2001 年 3 月，经对煤层气藏的综合评价描述，提交了该区块山西煤层和太原组煤层两个煤层气藏探明储量。其中，山西煤层探明 287.94 亿立方米，含气面积 182.22 平方千米；太原组煤层于晋试 2、4 井区探明 64.32 亿立方米，含气面积 65.47 平方千米；合计探明 352.26 亿立方米，面积 182.22 平方千米。

樊庄区块是股份公司获得的第一块煤层气探明地质储量，对于推动股份公司煤层气的勘探开发具有重要意义。

（姚　超　何海清）

勘探工程技术

【物探技术】　2001 年，通过加大物探技术宏观管理的力度和加强重点项目的技术跟踪支持，有效地促进科研与生产的紧密结合，充分发挥股份公司的整体技术实力，大力推广了一批先进适用的主导物探技术，并针对生产中的技术“瓶颈”问题，积极组织技术攻关和技术引进，取得了一系列重要成果，在勘探开发生产中发挥了举足轻重的作用。

（1）前陆盆地山前地震勘探技术攻关取得了突破性进展，为开辟库车、青西、柴西、川东等地区勘探新领域奠定了基础。

①迪那 2、却勒塔格山地三维地震攻关。迪那 2 井、却勒 1 井获得重大发现后，迪那构造带和却勒塔格构造带成为股份公司的重点勘探目标。2001 年分别部署了迪那 2 和却勒塔格两块山地三维，偏前满覆盖面积分别为 675.95 平方千米和 244 平方千米。为了克服复杂地表地下条件对资料的影响，塔里木油田分公司通过加大技术攻关力度，拓宽思路，采用卫片等多种地理信息进行施工部署及设计优化，大规模开展了多种方法的表层结构调查。同时，通过采用规则及不规则三维观测系统和大吨位可控震源与深井激发相结合等一系列技术措施，摸索并完善了中间参考面初至静校正方法，并在却勒三维中首次采用“分段连续模型静校正”，有效控制了长波长静校正量并兼顾解决了短波长静校正量。剖面信噪比和分辨率比二维

地震剖面都有了较大提高，侧面干扰得到了归位，第三系的膏盐层顶面反射清晰，为准确落实构造形态打下了坚实的基础，使复杂山地三维地震勘探技术上了一个新台阶。

②玉门油田窟窿山宽线地震攻关。酒泉盆地窟窿山逆掩推覆带由于海拔高、地形陡峭、地表结构类型复杂，高速基岩裸露，逆冲断层导致新老地层倒置、倾角大，难以获得有效反射，地震资料品质差，不能满足构造解释的要求。自玉门油田窿5井取得重大发现后，为了进一步落实窟窿山的构造面积，股份公司在该地区部署了60千米的二维测线，其中包括一条山地宽线地震攻关。在该项目中，通过运用卫片数据库和地震波场数值模拟优化并指导施工设计，采用深井激发、小道距和横向拉开检波器组合接收、加大排列长度、合理选线选点和山地三维静校正方法，同时通过开展正演模拟等宽线处理攻关，资料品质得到提高，较清楚地揭示了窿5井以南几个逆冲推覆断面以及断面以下的白垩系目的层。

③青海油田东柴山三维地震攻关。东柴山三维满覆盖面积250平方千米。该地区表层结构复杂，能量吸收和散射严重，地层倾角大，地下构造复杂。该项目通过聘请国内知名专家严把地震采集设计关，确定了较窄方位角，复杂区顶部加密炮点，并采用多道大排列观测等采集方案，并针对该区地表高程起伏大、低降速带变化剧烈的特点加强了DMO技术论证和试验，并应用折射波静校正等技术措施，有效地解决了中、长波长的静校正，使构造两翼波形特征较清楚，构造主体部位反射品质也有所提高。

④西南油气田川东大巴山山前山地地震攻关。大巴山山前石炭系由于地表出露，地下为典型的高陡构造，其构造顶部难以获得反射信息，资料信噪比低，成像困难。西南油田分公司多年来在该地区一直坚持开展高陡构造山地地震攻关，2001年在七里峡构造带的地震攻关中获得了较大突破。该项目通过开放市场，引入竞争机制，采用大排列、小道距、高覆盖、大药量双深井等一系列技术措施，结合深度域偏移成像攻关，使构造顶部反射同相轴较为清晰，成像质量得到了较大改善，为高陡构造的有效勘探做出了贡献。

(2) 以复杂断块为主要目标的精细三维勘探为渤海湾老区的增储上产做出了贡献。

渤海湾盆地三维地震已基本覆盖，但随着勘探开发要求的不断提高，以复杂小断块为主要目标，兼顾深层和岩性圈闭的勘探需求对地震资料提出了更高的要求，老三维资料难当此重任。近几年，在对地震资料进行全面评价的基础上，针对重点目标区开展精细三维地震勘探，在勘探开发中已见到了明显效果，成为渤海湾老区增储上产的有效手段。

2001年，辽河油田在欧北、曙北等地区分别实施了139.7平方千米和66平方千米的精细三维地震勘探，在加强精细施工设计和严格设计审查的基础上，针对激发接收条件、排列长度等问题，提出了加强表层结构调查，根据岩性实时确定激发接收因素，采用10赫兹及40赫兹高频检波器等一系列措施，由勘探开发研究院、物探局等多家单位进行了处理方法攻关，提出了利用控制点进行叠前时间偏移速度分析和DMO叠后时间偏移、认真进行反褶积参数试验等措施，确保了两工区地震剖面整体水平比以往资料有了一个较大的提高。信噪比普遍提高，分辨率比老资料提高了10赫兹。

(3) 针对南方碳酸盐岩小盆地的地震技术攻关使南鄱阳凹陷地震资料的品质获得较大改善。

围绕南方小盆地——南鄱阳凹陷二维地震勘探攻关，通过专家对施工设计参数反复进行论证，同时采用一系列有针对性的野外及室内试验，并对处理流程进行多次修改；提出了利用动力学微测井解释方法进行近地表岩性分析以及单炮质量综合分析等新思路，明确了多井组合、地表一致性振幅补偿、分频、分偏移距叠加和RNA波场分离去噪等技术措施；取得了较好的效果，中浅层的信噪比和分辨率得到了较大提高，解释并绘制出了中生界顶面和古生界顶面平面构造图。

(4) 以连片处理、目标处理解释为重点的重新处理解释技术工作取得一系列重大成果，已成为油田增储上产、降低成本的重要手段。

以三维地震资料连片处理和目标处理解释为重点的重新处理解释工作已成为降低勘探开发成本、提高勘探效益的重要途径。此项工作在各油田的广泛开展，不但重新发现一系列有利构造和圈闭，深化了地质认识，而且指导了勘探部署，有效地避免了地震资料的重复采集，取得了明显的勘探效果及经济效益。近年来，通过老资料处理解释累计发现和落实圈闭共1303个，面积17502.37平方千米，并在勘探生产中取得了一系列重大发现。

华北油田通过地震老资料的目标精细处理解释，在巴音都兰隐蔽油藏勘探中获重要突破，整装探明石油地质储量和控制石油地质储量均超过千万吨。大庆油田通过对海参4井和铜1井两片三维区进行了地震资料的连片处理，使海拉尔盆地在多年没有重要进展的情况下，找到了日产百吨的高产井和油气富集区。冀东油田利用在柳赞新采集的地震资料与高尚堡的三维资料进行了连片处理，资料品质有大的改善，断裂及地层的接触关系更加清楚，为高—柳地区隐蔽油藏的勘探打下了良好的基础。柴达木尕斯油气富集带的稳产是青海油田生存和发展的基石，为了提高其钻探成功率和滚动成效，2001 年对现有的 7 块共 750 平方千米三维地震进行了连片处理解释。目前，已完成 T_2、T_4 两层构造解释，发现了 7 个有利圈闭，E_3^1 目的层的总面积达 39.6 平方千米，对该区的滚动勘探开发具有十分重要的意义。

（5）以叠前深度偏移技术为代表的复杂构造成像技术不断完善，在东部潜山和西部逆掩带的勘探中发挥了重要作用。

随着叠前深度偏移技术的不断发展和应用水平的不断提高，2001 年该项技术在渤海湾地区已逐渐走向成熟，并在西部山地勘探中也不断完善，取得了较好成果。其中，针对辽河油田燕南潜山构造带，通过在时间域采用精细剩余静校正，优化信号增强及减去法压制多次波，建立合理的速度模型，进行叠前深度域成像取得了较好效果，解释了燕南潜山带的燕南、燕东断裂的空间展布形态以及潜山内幕的结构，前中生界地层的反射成像，潜山顶面的形态，火成岩高速地质体的分布更加清楚。在华北油田深潜山勘探中，通过应用叠前深度偏移技术落实兴隆宫潜山，认为过去曾解释的潜山并不存在，从而避免了钻探的风险。塔里木油田在大北 1 井获得成功后，开展了一系列叠前深度偏移实验工作，在此基础上确定的大北 2 井及目的层的预测深度与实钻基本吻合。

（6）精细储层预测技术从定性向定量，从物性预测到油气检测，在岩性勘探及开发中发挥着日益重要的作用。

苏里格庙地区地震资料岩性预测及烃类识别：长庆油田分公司为了进一步加快油气田的勘探开发进程，以公开招标的方式，确定勘探开发研究院等 4 家单位承担了苏里格庙地区上古生界砂岩储层及物性含气性预测项目的研究工作。通过围绕如何寻找砂岩、高渗砂岩和含油气砂岩等三方面任务，强调了地质研究—测井评价—叠前处理—储层反演—油气检测到多学科一体化集成与综合评价，采用了波形分析、AVO、速度变异等多种叠前属性分析等新技术，摸索出一套较适用的工作流程及技术方法，有力地推动了长庆探区储层分布及含气性预测工作的深入开展，使预测工作逐渐走向定量化。据初步统计，长庆油田利用该项技术在苏里格庙地区共提供完钻探井 32 口，预测盒 8、山 1 共 57 层，砂岩预测符合率 80.7%，试气井 28 口，获工业气井 21 口，钻探成功率达 75%。

吉林松南地区储层预测与综合评价研究：吉林油田自 1998 年以来，连续开展大规模的高分辨率三维地震勘探，资料的分辨率有较大的提高。2001 年勘探开发研究院、西北分院、廊坊分院等多家单位在大情字井、英台—四方坨子等地区，以高分辨率三维地震剖面为基础，应用最新解释技术，在小断裂检测、微幅度构造的识别和储层岩性反演三个环节进行攻关，不仅提高了预测精度，而且缩短了研究周期，取得了明显的地质效果。目前基本可检测 6 米左右的小断距，断裂延伸长度误差可限制在 5 米之内，砂层预测精度可达 5 米左右，使上述地区的成藏规律性更加明朗。

四川鲕滩气藏预测：川东下三叠统飞仙关鲕滩储层已成为四川继石炭系后新的战略接替领域，以“亮点”技术为核心的鲕滩识别技术在鲕滩气藏的勘探过程中起到了重要作用。为了进一步提高储层的定量预测和烃类检测水平，勘探开发研究院与西南油气田分公司共同进行了方法攻关，对渡口河、五宝场、罗家寨三个区块重新统一进行了速度反演，计算出了鲕滩储层的毛厚度、净厚度、平均孔隙度及 $H \cdot \phi$ 值，并通过大量正演模型、地震相分析及 AVO 分析等手段，使鲕滩识别技术向定量化方向跨出了一大步。在此基础上部署的坡 2 井和罗家 5 井均获突破，为深入开展气藏预测工作奠定了基础。

（7）四维地震生产试验取得进展，充分显示出开发地震技术的巨大魅力。

地震技术向开发领域的不断延伸，极大地提高了地震资料的应用价值，在油田剩余油分布的预测及采收率的提高等方面显示出了巨大的潜力。冀东油田公司 2001 年应用高尚堡及柳赞地区二次采集的三维资料，针对上第三系馆陶组以上浅层开展了四维地震处理解释攻关试验工作，通过认真进行互均化处理和数据差异分析，在利用地震资料进行油藏动态监测方面进行了有益的尝试，并取得了可喜的成果，根据所预测的剩余油分布图部署的一批滚动勘探井，均取得较好成果。

（8）综合地球物理技术不断发展，在油气检测、近地表结构调查等方面进行了积极的尝试。

2001 年，股份公司在西部油田推广应用以轻便高精度重磁力仪为基础的重磁采集技术和以GPS同步遥测电磁仪为基础的电磁采集技术进行现代山地非地震数据采集，对研究前陆盆地基底结构、断裂展布及山前逆掩带等具有积极的意义，有效地指导了后续勘探部署。同时，部分油田公司还尝试采用多种综合地球物理方法在油气检测、近地表结构调查等方面取得了较好的生产效果。2001年，长庆油田分公司通过招投标在地表困难地区开展了叠加自然电位、复合电阻率法等7种非地震勘探试验。其中，在陇东进行的叠加自然电位法实验以三口已知井异常为标准图版，预测出为有利井和不利井点，与实钻结果基本吻合。塔里木油田分公司利用高精度电磁法圈出了相应深度上电阻率高和相位低异常带，在大宛齐预测并评价了油气的有利区。此外，塔里木、青海、新疆等油田利用电磁测深技术开展了表层结构调查的试验，通过结合地震的小折射、微测井等方法进行表层结构调查，其纵横的分辨率得到了提高，为复杂地区的表层结构调查提供了新的思路。

【井筒技术】　2001年，通过大力推进先进适用技术的应用和推广以及新技术试验和引进，结合重点井、工程复杂井的技术跟踪研究，井筒技术在勘探开发生产中发挥了重要作用。

(1) 先进的测井技术系列对于提高油气层和储层的识别、加快勘探节奏、减少无效套管入井等方面起到了非常重要的作用。

模块式地层动态测试技术（MDT）在新疆、冀东、塔里木油田应用中取得好的效果，为在股份公司进一步推广应用奠定了良好基础

新疆油田以MDT为主的快速储层评价技术得到进一步推广，MDT测试36井次。针对准噶尔盆地低孔低渗储层的地质特征，建立了油气层识别与测井储层评价的模型和解释图版，初步形成了低孔低渗储层测井定量评价技术，有效地提高了测井解释符合率，避免了4口井下入无效套管，直接节约套管、固井费用300万元。

冀东油田庙105X1井，采用MDT测试取得良好效果。该井目的层为东三段，钻井过程中，在东一和东三段发现良好显示，MDT测试8层，落实油层43.4m，快速准确地评价了两套储层。采用MDT测井技术解决了多层系、岩性复杂储层的快速评价问题，该井缩短周期40天，减少试油层位5层，直接节约成本200万元。

塔里木油田阿克1井钻至3310—3334米时见到良好油气显示，在3225—3515米井段实施了MDT和CMR等新技术测井采集。在孔隙度仅有7%—8%的地层中完成了地层压力测量和PVT取样工作，并为该井气水层界面划分提供了直接依据，从而确保了储层的快速评价。

继续加强与斯伦贝谢公司的技术合作，针对各油区重点探井的特殊测井等在油气层的发现和储层的识别等方面起到了重要作用。2001年是股份公司与斯伦贝谢公司新一轮测井技术合作开始的一年，2月16日正式签订了合同。本轮合作以解决勘探生产难点为目的，工作量安排突出重点勘探项目、重点区块、重点探井的特殊测井项目以及部分综合地质联合研究。2001年，斯伦贝谢公司共测井90口103井次，其中MDT作业53井次，CMR、FMI、DSI分别作业42口、31口、25口，指导了生产，体现了先进技术的导向作用。同时，双方为了加强交流，建立了合作年会制度，以便于及时交流各油田分公司应用斯伦贝谢公司的新技术所取得的成果及联合研究项目进展，了解斯伦贝谢公司最新技术发展。

针对复杂油气藏的评价，与斯伦贝谢公司合作开展了“吉林油田大情字井和四方坨子地区测井解释及油气层评价合作研究”和“酒泉盆地青西坳陷窟窿山构造油藏描述合作研究”项目，取得了良好的地质效果。

吉林油田综合研究项目依据本区地层发育特征，综合利用FMI解释成果，编制了各砂组地层厚度、砂岩厚度及孔隙度的平面分布图；第一阶段提交了29口关键井储量计算参数，开展了储层精细描述、图版标定工作，大大提高了测井解释符合率，研究成果已得到储委认可。

玉门油田综合研究项目初步掌握了窟窿山构造油藏特征和油气富集规律，提供了优选钻探目标和窟窿山构造储量计算参数。根据储量参数下限标准，对青西油田21口井下沟组地层分7个储量计算单元进行了储量参数汇总，已得到储委认可。优选的钻探目标如窿8井已在后续钻探过程中得到证实。

以CMR、FMI、DSI等测井项目为主的成像测井系列在储层识别上发挥了重要应用。

以成像测井技术为特点的测井新技术特别是电成像（FMI）、声成像（DSI）测井和核磁共振（CMR）测井复杂岩性识别评价技术得到广泛应用，在开展碳酸盐岩等地层流体性质的识别，缝洞性储层孔隙结构的评价，复杂构造带储层特征参数的拾取，低孔、低渗、低阻储层的产能预测方面取得显著成绩；同时，在修正和完善各探区原有测井解释图版上发挥了重要

作用。

华北油田西 20 井进行了 CMR - Plus 测井，1830—1849m 井段裂缝、孔洞发育，但由于井壁粘满原油导致深、浅侧向电阻率增高，表现为致密层特征，而 CMR - Plus 反映出有大孔洞存在，从而为有效评价西 20 井储层提供了可靠依据。该井段试油日产油 226.8 吨。

长庆油田由于低渗透、非均质油气藏的特殊条件和常规测井系列能力差所限，测井在油气层识别与油气藏评价方面仍然面临较大的困难。经过 Maxis500 测井系列在复杂孔隙流体识别与低阻油气层评价上的应用，结合 5700 测井，修正了原测井解释图版，提高了测井解释精度。长庆油田苏 20 井盒 8 储层核磁共振测井 T_2 谱存在双峰，解释了可动气的存在，从而提高了对低阻气层的解释精度。庄 13 井长 2 储层常规曲线判断应为水层或含油水层，但该层核磁测井显示有效孔隙度 12%，自由流体占 9%，T_2 谱靠后，差谱有明显的含烃显示，高分辨率感应显示该层渗透性较好，综合解释为油水同层，试油获日产油 2.67 吨、水 1.6 立方米，提高了解释精度。

开展过套管电阻率测井试验，取得了丰富的地质信息，可有效地进行剩余油分布研究，发现漏失油气层。

过套管电阻率测井是近年来发展起来的一项新型电阻率测井技术，通过测量漏过套管进入地层的漏电电流求出地层电阻率，然后与原完井电测地层电阻率对比，从而起到评价可能漏失油气层、评价剩余油饱和度及油藏动态监测的作用。2001 年，在冀东、华北、新疆油田进行了 5 口井免费试验，取得丰富的地质信息，对油藏动态评价、老井复查提供了很好的帮助。其中，冀东油田庙 19—15 层过套管电阻率测井发现了 3 段异常点，目前经回采 40 号、41 号层已证实含油。

(2) 欠平衡等保护油气层钻井技术研究应用效果显著，及时发现并保护了油气层，提高了钻井速度，体现出单项技术高投入带来了整体效益的提高。

2001 年继续推广欠平衡钻井技术，大庆、西南、大港等油田公司欠平衡钻井作业 4 口井。其中，大庆油田卫深 5 井采用水包油钻井液实施欠平衡钻井，钻至 3670 米井深时，原钻具中途测试，套压 19.4 兆帕、油压 18.3 兆帕时，日产气量 41000 立方米；油压 16 兆帕时，日产气量 70000 立方米。西南油气田公司充深 1 井欠平衡钻进至 2200—2207 米井段，点火焰高 3—5 米，经中途测试，地层压力 34.646 兆帕，日产天然气 37000 立方米、油 0.55 吨、水 4 立方米。欠平衡钻井的应用，有效地保护了储层，评价了储层的自然产能。

另外，大港油田针对中浅层储层开展了无固相钾盐聚合物钻井液和甲酸盐钻井液试验，试验 5 口井，相比甲酸盐钻井液在页岩稳定性、减少地层伤害、防腐蚀、水力学性质方面更具优越性。新港 508X6 井采用甲酸盐钻井液，平均机械钻速达 16.2 米/小时，新港 508X7 等井采用钾盐聚合物钻井液平均机械钻速达到 12.6 米/小时，高于采用铁络盐钻井液的新港 508 等井平均机械钻速 10.3 米/小时。采用低密度甲酸盐钻井液气测显示活跃，有利于油气层发现，射孔后初始产能提高反映钻井液滤液侵入浅，有效地保护了储层。新疆西 5 井利用有机盐、聚合醇钻井液，减少了井下复杂事故，钻井速度明显提高。尽管甲酸盐钻井液成本较高，但钻井效益明显得到提高。

其次，加强钻头选型，提高了钻井速度。塔里木油田在迪那 2 井调整 17.5 英寸钻头为 16 英寸钻头，并配合井下动力钻具，大大提高了钻速。该钻头 4 次下井，累计进尺 1723 米，平均机械钻速 2.42 米/小时，而同井 17.5 英寸钻头平均机械钻速 1 米/小时。该做法已在国外、海洋普遍应用。此外，钻头优选及钻头厂家跟踪生产及时调整设计在新疆、玉门、青海等油田也见到了明显的效果，机械钻速得以明显提高，反映了国内钻头技术与服务的进步。新疆准南西 5 井针对表层大段砾石层钻进钻具憋跳严重、钻头磨损严重的问题，引进了美国 MGSSH 牙轮钻头，入井三次，进尺 372 米，基本钻穿了主要砾石层；另一只江汉 GJ135 牙轮钻头进尺 230.4 米，一开平均机械钻速达到 5.75 米/小时。

(3) 低压低渗油气藏储层改造及产能评价试验经过两年多的工作，在 CO_2 泡沫压裂等储层改造工艺和产能评价方法上取得了长足的进步，见到了良好的效果。

CO_2 泡沫压裂改造工艺试验见到了良好的效果。针对低压低渗油气藏压裂改造和压后排液问题，长庆油田和大庆油田分别进行了 CO_2 泡沫压裂试验工作。其中，长庆油田针对低渗气藏，开展了压后评估分析，试验井总共 19 口（2001 年试验 6 口），涉及中渗、低渗、致密储层；CO_2 泡沫压裂在压裂改造效果上具有明显的优势，在排液性能上表现更加显著，有效地节约了排液时间，减少了对储层的伤害，通过与邻井水力压裂对比，一般增产 10%—20%。大庆油田针对低渗油藏开展了 CO_2 泡沫压裂也取得了明显的效果，试验井压后增产 3—4 倍，与水力压裂对比平均增产 60%，体现了 CO_2 泡沫压裂在低渗油气藏勘探开发上的作用。

清洁压裂液试验见到了初步效果。大庆油田针对扶杨油层低渗透储层，引进了 Dowell 清洁压裂液技术，试验了 3 口井，其中葡 333 压前日产量 0.216 吨，压后日产 12.27 吨。长庆油田在盘 56－24、路 36－26 等 6 口井分别开展了引进和国产清洁压裂液现场试验，试验效果显著，与邻井对比在较长的试采期间始终保持较高的产能，反映了清洁压裂液在降低污染方面的优良性能，清洁压裂液室内评价岩心恢复渗透率为 99.8%以上（常规压裂液为 68%）。

（4）深井及高温高压油气藏测试工艺、酸压改造技术日渐成熟。

2001 年是塔里木油田测试工艺和酸压改造技术取得丰硕成果的一年。柯深 101、迪那 11 井等高温高压井的安全测试以及轮南潜山奥陶系储层成功的酸压改造，标志着深井及高温高压油气藏测试工艺、酸压改造技术日渐成熟。

柯深 101 是典型的高温高压井，该井是在克服柯深 1 试油失败后高温高压井试油的一次成功尝试，在试油工艺上也做了大胆探索，完善了高压井井下管串、地面流程，保证了测试安全。经测试下第三系卡拉塔尔组经酸化获日产天然气 136869 立方米、油 105 立方米，油压 43.2 兆帕。迪那 11 井采用了射孔、酸化联作方式、迪那 2 井在实现井口控制后也都进行了安全测试，评价了产能。其中，迪那 2 井日产油 116 立方米、天然气 154 万立方米。

塔里木轮南潜山轮古 11 等 9 口井采用多级稠化酸酸压、闭合酸化工艺见到显著效果，标志着超深井酸压改造技术的进步，在工艺上创下了混合液量 1300 立方米（酸液 750 立方米）的国内酸压规模记录。轮古 11 酸压前日产气量为 45776 立方米，酸压后日产气量为 523550 立方米，日产油 71.22 立方米。大北 2 储层深度 5658—5669.5 米，酸压前日产气量为 30574 立方米，油压 24.12 兆帕，酸压后日产气量为 301022 立方米，油压 34.28 兆帕。对 5559—5593 米合层酸化，日产气量由酸化前的 210000 立方米增加到 503000 立方米。轮古 15 奥陶系为稠油藏，该井酸化前试油日产量为 47 立方米，酸压后试油日产量为 447 立方米。

（5）加强录井单项技术的现场应用和及时分析，避免了对轻质油层的错误判断，保证了油气发现。

大庆油田将地化热解、气相色谱分析等单项技术应用到现场，提高了油气的及时识别。贝 302 井通过地化录井现场分析化验，观察到 30—55 号层地化热解总值均较高，且 S_1/S_2 值也较大，反映为轻质油特征，而该井井壁取心送到实验室再次做地化热解、气相色谱分析则均呈非油层特征，从而避免了错误解释（测井根据邻井解释结果，错误判断 30—55 号层为水层）。该层试油结果为高产油层，压后日产油达 165 立方米。

2001 年在井筒技术应用上取得了很大的进步，但是塔里木山前构造、玉门青西、川东罗家寨、准噶尔南缘等地区钻井事故、复杂情况也十分频繁，共有 6 个油田的 14 口井出现严重复杂情况与事故。其中，报废井 1 口（罗家 3 井）、迪那 2 井喷失火，损失达 8000 万元，复杂与事故处理时间超过 50 天的有 5 口，被迫侧钻井 4 口，累计损失 731 天。如按每日费用 8 万元计算，损失达 5800 万元。反映出的主要问题如川东普遍性井漏、塔里木山前的卡钻事故、井眼防斜以及深井钻井速度低等均制约着勘探开发的进度，必须从管理体制上和技术上加以重点解决。

（阎世信）

勘探管理

【2001 年主要工作】

1. 理顺计划管理体系，强化油公司项目管理，确保油气勘探工作顺利进行

2001 年全面实行了股份公司范围内勘探项目和目标的统一评价和统一优选，勘探计划按照统一排队的结果，采取末尾淘汰的原则编制。勘探实践证明，在深入细致地质综合研究的基础上坚持统一评价、统一优选勘探项目，是把握正确的勘探投资方向、提高勘探决策水平、降低油气发现成本的首要环节和关键环节。根据地下地质情况和目标准备程度，2001 年从 38 个勘探项目中选择了 13 个作为股份公司的重点勘探项目。对重点项目进行重点管理，通过一年的实

施，效果非常明显，构成了2001年勘探成果的主体。13个重点项目探明油气储量当量为股份公司的88.8%，起到了以重点保全局、带全局的作用。

在计划下达方面，继续坚持分批下达的办法，针对油气勘探工作的特殊性，按照勘探计划在实施过程中不断调整的原则，根据生产中出现的新情况，从四月份开始就陆续对新疆、吉林、塔里木、长庆、大庆、辽河、华北、大港、青海、玉门、四川、吐哈等探区的部署进行了及时调整。这样，勘探上出现好情况的一些区块及时调整工作量，扩大了勘探成果，出现复杂情况的区块及时调减工作量，避免了可能造成的损失和浪费。

按照2000年初下发的“油气勘探项目管理办法”，对包括不同地区深度超过一定界限的井位、新盆地新坳陷的第一口井、动用钻井船的井共三种井位实行了统一集中审查管理，由专家组初审，报勘探与生产公司终审。通过审查，对勘探投资大、工程事故多、钻井周期长、只有地质意义没有经济意义的深井、超深井得到了有效控制，强化了勘探的效益观念，促进了勘探效益的进一步提高。

2．科研与生产紧密结合，使科研成果及时应用于勘探实践，提高勘探效益

多年来的实践证明，加强应用性、目标性地质综合研究是提高勘探效益、降低发现成本的关键环节。2001年下达勘探计划和具体实施时，一方面将与各探区日常拿储量直接有关的生产性、目标性研究课题与实物工作量一道纳入勘探计划一次下达，由各油田公司主管勘探的领导根据生产情况纳入生产统一管理，自己掌握实施。勘探与生产公司将重点组织和协调带有普遍性、战略性、先导性和跨大区的关键地质研究工作。通过一年的实施，生产性、目标性研究课题和勘探与生产公司将重点组织和协调的研究课题在及时解决生产中的难题、把握正确的勘探方向、储量任务的完成及下一年油气勘探领域及目标准备等方面起了重要作用。另一方面，为了充分发挥股份公司直属研究院所的作用，以合同的方式有意识地安排“三院两所”深入油气田现场紧密结合油气勘探生产实践开展工作。具体工作内容和要求的提出、中间的检查指导、最终的验收全部由油田公司负责进行。这一做法见到了非常好的效果。

3．探索油公司体制下物探及井筒技术管理模式，分别编制近三年物探及井筒技术需求与发展规划

制定中油股份公司2001—2003年物探技术发展规划。该规划在全面概述国内外物探技术发展现状和趋势的基础上，重点针对股份公司五大勘探领域对物探技术的需求，认真分析了股份公司物探技术的能力与差距，明确了物探技术发展的思路和原则。提出了大力推广高分辨率地震勘探技术、储层综合预测技术、复杂区地震勘探技术、综合物化探技术等四项物探主导技术；积极跟踪和发展井下地震技术（井间地震、三维VSP、随钻地震）、多波多分量地震勘探、动态油藏描述等三大前缘技术的措施和具体目标。制定了发展物探技术的五项措施，为股份公司的发展、做好物探技术支持奠定了基础。

制定中油股份公司近三年勘探井筒技术需求与发展规划。该规划在全面概述国内外工程技术发展现状和趋势的基础上，重点针对股份公司对工程技术的需求，认真分析了股份公司工程技术的能力与差距，明确了工程技术发展的思路和原则。提出了大力推广和完善低孔低渗油气藏勘探工程配套技术、前陆冲断（高陡构造）带勘探工程配套技术、低阻油气藏勘探工程配套技术；积极攻关或引进碳酸盐岩油气藏勘探工程配套技术、复杂岩性油气藏勘探工程配套技术、特殊工艺井钻井及井筒配套技术、高温高压油气藏勘探工程配套技术；发展和储备随钻录井资料的综合应用技术、套管钻井及过套管测井工程技术、测井地质及工程评价技术，为股份公司的发展、做好工程技术支持奠定了基础。

4．加强技术交流和培训，努力提高人员的素质及管理水平

2001年5月，针对年度计划和五年滚动规划的编制工作，组织由各油气田分公司和研究院所计划相关人员组成的计划培训班，该项工作在2002年度计划编制的规范化和统一目标评价方面起了重要作用。通过前两年勘探目标评价方法和技术的探索和准备，2002年计划编制过程中，组织勘探开发研究院对各油气田分公司2002年上报计划勘探目标进行统一排队，采用末尾淘汰的原则，严格按排队结果编制2002年油气勘探计划，从而使计划的编制向定量化、规范化和科学化迈出了重要的一步。

针对物探技术近几年的发展和存在问题，组织了“中油股份与Paradigm公司综合油藏成像与描述研究解决方案技术研讨会”、“地震资料解释新技术成果交流会”以及“物探高级监督培训班”、“地震解释新技术培训班”等，对促进股份公司整体物探技术水平的提高起到了重要作用。

为了尽快培养、建立油公司的监督力量，编写了钻井、录井、试油等专业监督培训系列教材，举办了

一期钻井监督和一期试油监督培训班。钻井监督班有64名学员，试油监督班52名学员，学员主要来自各油田分公司管理部门和一线技术人员，具有一定的理论基础和现场作业经验。通过培训，为股份公司选拔专业监督人员奠定了基础。2001年底，在中国石油勘探开发研究院成立了勘探与生产工程监督中心，将对完善油公司工程监督体系、加强工程技术管理起到积极的促进作用。

5．强化工程技术管理，制定物探和井筒技术规范

为了强化物探技术的规范管理，制定并下发了《物探工程技术资料管理规定》、《地震资料储层反演技术规范》、《地震老资料重新处理解释工作管理办法》等文件，起草了《山地野外单炮质量评价规定（草稿）》和《高分辨率地震资料处理技术标准（草稿）》。

为规范股份公司井筒技术管理，制定下发了油勘字［2002］5号文《钻井设计编制规范》、《钻井地质设计规范》、《钻井工程设计规范》、《固井技术规定》、《固井设计》、《钻井工程投资预算书》。这些管理办法以及其他规范将于2002年下发。

6．规范化管理，制定勘探前期评价管理办法

为了加强对勘探前期评价项目的规范管理工作，满足油气勘探生产的需要，使前期评价研究成果在生产中发挥应有的作用，使油气勘探规划部署编制更具科学性，不断开拓油气勘探新领域，特制定勘探前期评价管理办法。该管理办法规定了勘探与生产公司直管的勘探前期评价项目的主要内容、项目申报与确定、项目执行与实施、项目成果验收与管理等方面的内容。

7．规范市场管理，推进市场开放

为了加强物探和工程技术市场的规范化管理，认真贯彻落实《勘探与生产工程技术服务管理办法及市场准入细则》，2001年通过两次勘探与生产市场准入审查和一次施工作业队伍现场抽查，完成了物探、钻井、测井、录井、试油和井下作业6个专业、2737个施工队伍的市场准入申请审查，其中2298个施工队伍获“市场准入许可证”(见表1),通过率为84%。

通过2001年的具体实施，市场开放还存在东西部不平衡、开放的方式和程度存在较大差异等问题，需要在今后的工作中进一步规范和加强。2001年市场开放的总体情况是东部油田市场开放程度远远低于西部油田，原油公司模式运作的油田中，塔里木、冀东市场基本全部开放。

（赵贤正　郑新权）

表1　2001年勘探与生产市场准入终审结果汇总

序　　号	专　　业	审查队伍（个）	通过队伍数量（个）	未通过队伍数量（个）	获通过率（%）
1	物探	200	171	29	85.5
2	钻井	658	456	101	84.7
	钻井技服		101		
3	录井	225	221	4	98.2
4	测井	402	345	57	85.8
	试油	366	280	86	76.5
6	井下	886	724	162	81.7
7	合计	2737	2298	439	84.0

油田开发

【主要指标完成情况】

（1）原油产量超额完成业务发展年度计划目标。2001年生产原油10336.16万吨，为业务发展年度计划目标10230万吨的101.04%。

(2) 产液量和注水量接近原预计指标。2001 年产液 59480.73 万吨，为原预计指标 59762 万吨的 99.53%；2001 年注水量 66952.13 万立方米，为原预计指标 68732 万立方米的 97.41%。

(3) 综合含水比原预计指标略低。2001 年平均综合含水 82.62%，比原预计指标 82.85%低 0.23 个百分点。

(4) 措施年增油量和当年新井产油量都比预计多。2001 年措施增油量 732.93 万吨，比原预计指标 637.08 万吨多 95.85 万吨；当年新井产油 570.46 万吨，比原预计指标 498.9 万吨多 80.56 万吨。

(5) 新增原油生产能力比预期计划少。2001 年新增原油生产能力 1065 万吨，为原预期计划 1147 万吨的 92.9%。

【油藏管理主要工作及其效果】

1. 始终坚持搞好油田开发动态和发展趋势预测分析，认真做好宏观调控工作，不断为原油生产协调发展创造良好条件

一是通过半年、年度分析、现场调研、新增原油生产能力安排、配产配注、开发数据整理及综合分析等项工作，做好 13 个油区和一些重点油田的开发形势分析，为有关领导和相关处室提供分析资料、数据。二是搞好新疆、长庆、吉林、玉门、青海、吐哈等重点油田调研，认真做好油田稳产状况及开发潜力研究，尤其是上产油田的基础和资源条件的分析。在调查研究的基础上依据各油田开发现状、发展趋势、勘探和生产潜力，对部分油田“十五”前三年原油产量、产能建设在原计划指标基础上作了调整，调整后的基本状况是：减产的油田四个，即大庆、辽河、华北和吐哈油田，大约每年减产 195 万吨左右；基本稳产的油田三个，即大港、冀东和四川；产量上升的油田六个，即长庆、新疆、吉林、塔里木、青海和玉门，大约每年增产 200 万吨左右。参与制定了“十五”加快发展的建议目标，配合计划处落实了加快方案，为领导决策提供依据。三是在平时掌握情况的基础上，积极参与近期与年度计划的研讨和调整部署，对大庆、新疆、长庆、吉林、玉门、青海、辽河、吐哈、塔里木、川中等油田提出了实事求是的宏观调控建议，促进了原油生产经济有效的持续发展。2001 年通过共同努力，原油产量超额完成业务发展计划目标。

2. 贯彻实施低成本发展战略，积极开展工作取得明显效果

一是广泛开展优化注水和产液结构调整，进一步提高注水效率，减少无效注水和无效提液量。据 1—11 月份统计，减少无效注水量 1296.7 万立方米、无效产水量 1047.2 万吨。二是坚持以经济效益为中心，上下结合反复优化产能建设部署方案和做好结构调整。在 2000 年下半年初步筛选安排 209 个新老区块的基础上，2001 年又进一步进行了优选调整，对于计划中的区块，根据资源落实程度和效益评价情况进行排序。配合计划处做工作，分三批下达产能建设项目，保证了投资的有效性，降低了投资风险。2001 年按效益第一原则新老区前后一共落实方案区块 194 个（其中新区块 99 个，动用地质储量 30430 万吨），一共钻井 7169 口，进尺 1174.6 万米，建产能 1147 万吨。同时，进一步加强了开发方案管理，组织了开发前期评价研究工作，对产能建设规模大于 20 万吨的新疆陆 9 井区、莫北油气田、百重 7 油藏、吉林大情子井油田、英台地区等重点区块组织了开发方案编制及审查。在方案优化过程中，围绕有效降低开发成本和操作成本，积极推进和采用先进适用的新技术，如哈得 4 油田采用水平井为主的开发、低渗透油田矩形井网与开发压裂技术、低渗透油田同步或超前注水技术等，其提高产能的效果是明显的。对长庆、新疆、吉林、塔里木、玉门等重点油区及靖安、安塞、陆九井区、莫北井区、英坨地区、大情子井地区、青西油田、哈得 4 油田等重点区块进行跟踪分析或及时调整，确保产能建设整体效益和目标的实现。经过上下共同努力，产能建设除吉林、辽河、新疆因钻井成本比年度计划下达的定额上升，塔里木油田因修路挤占资金等原因没有完成计划任务外，多数油田公司都完成或超额完成了计划目标。到年底，实际动用地质储量 34036 万吨，新老区一共钻井 6882 口，进尺 1053.99 万米，建成产能 1065 万吨，比“十五”业务发展计划预计的指标要好。三是坚持深化油藏研究，优化措施结构和优化方案设计，应用先进、适用的技术降低成本，提高措施效益。2001 年 1—11 月老井措施效果与 2000 年和 1999 年同期对比是明显变好的，见表 2。

表 2　1999—2000 年老井措施同期对比表

年．月	总井次	有效井次	年累积增油（吨）	措施有效率（%）	平均单井次增油（吨）
1999.11	19275	14732	620.24	76.43	321.8
2000.11	17801	13943	603.26	78.33	338.9
2001.11	18714	15042	649.80	80.38	347.2

2001年由于新动用地质储量和已开发油田综合调整挖潜，使新老区新增可采储量11852.0万吨，完成计划指标的110.1%，当年实现储采平衡。四是开展了1996—2000年新老区产能建设项目检查，其目的是为了总结经验，整改问题，提高产能到位率和投资效益。据13个油区检查结果见表3。

整装油田（区块）产能到位率一般较高，据15个产能30万吨以上的区块调查，有13个区块产能建成后第一年产量达到方案要求，产能到位率100%，但有两个区块产能到位率低，即安塞“九五”新区为78.4%，小拐油田仅为24.4%，而且递减特快。大部分整装区块能稳产2年左右。总的说来，小拐油田的经验教训，使我们进一步认识到，加强开发前期工作的重要性。

表3　产能到位率

年　份	建成后第一年到位率（%）	第二年到位率（%）
1996	81.8	76.4
1997	89.4	72.5
1998	102.7	87.9
1999	90.3	

3．突出整体治理方针，进一步深化“控水稳油”及区块综合治理工作

2001年组织重点区块86个，覆盖地质储量16.27亿吨，经6月份检查就已见到明显效果，日产油量由治理前的53345吨上升到治理后的54962吨，上升了1617吨，含水由76.3%基本稳定在76.7%。12月份又检查一次，效果仍然较好。统计85个区块，治理后与治理前相比，平均日产油量只下降了0.97%，自然递减率下降2.2%，平均含水上升值为1%。由于坚持不懈地广泛深入地开展综合治理工作，使已开发油田储量动用状况和开发效果不断得到改善，对控制含水上升速度和减缓老井产量递减是十分有效的。2001年老井产量自然递减率和综合递减率分别为12.65%及5.56%，与2000年相比综合递减有所减缓，自然递减基本稳定。预计2001年平均含水上升率为1.01%，与2000年的1.05%相比有所下降。年综合含水上升值控制在1.05%。

2001年区块综合治理工作的特点，更加突出整体治理和向精细方向发展。广泛应用精细油藏描述技术，从深化油藏研究入手，不断加深对各类油层剩余油分布特点的认识，优化地质、工艺方案，优化措施结构，从油藏整体出发，深入细致地进行注采结构调整，有利于增强稳产基础。华北油田在区块综合治理上不断总结经验，由单一的井点挖潜向整体调整转变，由直接增油措施向增强油田稳产基础转变，由笼治治理向分层治理上转变，由治理主力油藏向综合治理主力和非主力油藏转变，由平面调整为主向剖面接替转变。上半年10个治理区块实现了日产油量上升，含水下降的好效果，日产油量由治理前的2646吨上升到2767吨，含水由81.66%下降到79.38%。吉林油田综合工作改变了以往单纯在水井上改变注水结构的做法，先从油藏研究入手，深化对储层非均质性、沉积微相与水淹特征关系和剩余油的认识，从根本上了解和把握调整挖潜方向，调整与之相适应的注采井网及分注层段，制定科学合理的注水政策。今年上半年实施四个治理区块，明显地改善了开发效果，日产油由治理前的409吨上升到446吨，含水由65.6%稳定在65.9%。在主力老油田综合含水接近或已经达到90%的大庆、大港油区，从去年以来大面积推广应用大庆中区西部、北一区断东等区块和大港港东油田精细地质研究、精细油藏描述和油藏数值模拟形成的配套技术，每年选择重点区块，在对剩余油分布预测的基础上，采取“关井、转注、间注间采、控制、堵调、提液、压裂、补孔、细分层段、钻补充井”等综合措施，有效挖掘剩余油潜力，减缓产量递减，不断提高水驱采收率。

4．推广应用新技术，加强目标优选，滚动勘探开发成效显著

2001年，组织各油田分公司紧紧围绕新老区产能建设优选有利的滚动目标，推广应用三维地震精细构造解释、测井约束反演、全信息储层预测、VSP测井、声电成像等新技术，并将滚动勘探开发工作与未动用储量评价、产能建设、老油田精细油藏描述相结合，努力实施增储上产一体化、快节奏、高效益。年初业务发展计划滚动勘探工作量安排：三维地震采集、处理、解释分别为580平方千米、1800平方千米和2330平方千米，钻井117口，进尺27万米，测井117口，试油190口387层。预计新增探明石油地质储量7300万吨，新增可采储量1510万吨。通过共同努力，滚动勘探探明储量超额完成年初计划。到年底完成三维地震资料野外采集、处理、解释分别为631平方千米、2482平方千米、3018平方千米，钻各类井121口，进尺26.73万米，新增探明石油地质储量8575万吨，可采储量1833万吨。其中当年动用6529万吨，动用率76.14%，建成生产能力124万

吨，占计划新区产能建设的20.6%。

新疆油田分公司2001年滚动勘探开发结合紧密，新增探明石油地质储量1138万吨，动用1518万吨（含2000年部分滚动探明储量），新建产能25.7万吨。辽河油田分公司2001年通过优化部署，滚动探明石油地质储量2524万吨、天然气储量10.39亿立方米，在老区新块、新层、老区扩边等都取得了新进展。长庆油田分公司2001年滚动勘探新增探明石油地质储量1972万吨，动用2109万吨（含2000年部分滚动探明储量），建成能力41万吨。华北油田分公司坚持边勘探边滚动，"找米下锅"，2001年滚动勘探泽10断块，新增探明石油地质储量526万吨，当年全部动用新增产能4.56万吨，取得良好效益。

5. 油田动态监测管理为适应上市发展需要积极开展工作

2001年油田动态监测管理主要抓了四个方面的工作：一是组织技术交流和人员培训，先后召开了"注硼—中子寿命测井技术应用交流会"和"油田开发测试新技术应用研讨会"，举办了"示踪技术油田开发应用"、"核磁共振技术油田开发应用"两期培训班，培训125人，在推广氧活化注入剖面测井技术、阻抗或电阻率法两相流产液剖面测井技术、核磁共振技术、同位素示踪技术等方面取得较大进展。为加强测井监督工作，保证资料录取质量，组织办了第一期"开发测井监督培训班"，培训62人，以充实各油田甲方测井监督。二是强化合同管理，规范油田动态监测市场。组织了测井、试井队伍市场准入审查专家组，对通过严格审查的队伍统一颁发股份公司级市场准入证。中标的监测队伍与油田公司签订规范的甲乙方技术服务合同，对油田公司内部队伍，原则上签订甲乙方技术服务框架合同。通过加强合同管理，保证动态监测技术服务有序进行和取全取准各项资料。三是为了摸清家底，组织开展了油田开发动态监测调研，了解掌握重组改制后各油田动态监测机构、人员、队伍、装备、市场、技术水平现状等情况，为今后更好的开展动态监测工作提供决策依据。四是组织各油田根据实际情况重新制定或优选测试系列，优化动态监测方案，提高资料利用率，已在大庆、辽河等油田取得良好进展。

6. 努力推进油藏管理规范和技术进步

为推进油藏管理规范化和技术进步，2001年主要抓了以下几个方面的工作：

（1）积极推进油藏目标管理，以求最大限度地提高油藏的经济价值。一是坚持油藏分类及开发水平分级管理，要求各油田认真贯彻石油天然气行业标准（SY/T 6219—1996），每年统计检查一次，按油藏类型及开发水平分级最好指标制定油藏管理目标，同时为综合治理提供依据。二是新老油田在新的规范没有出台之前，仍按原来规定指标执行。要求老油田调整井平均单井增加可采储量0.8万—1.0万吨，每年配产配注制定各油田含水上升率及老井产量递减率控制指标。新油田（区块）开发产能建设投资回收期不得大于6年，内部收益率不得小于12%，其采油速度一般要求2%左右，低渗透油田不低于1.2%。

（2）组织重新制定油藏管理规定。为使油田开发工作进一步规范化、科学化，不断改善和提高油藏管理水平，2001年上半年组织制（修）订了油藏管理规定，以1988年3月原石油工业部印发的《油藏工程管理规定（试行）》为基础，结合十多年的贯彻执行情况经过多次修改完善，内容归纳为油田滚动勘探开发、油藏评价与油藏工程设计、油藏动态监测、油田开发动态分析与控制、油田开发过程的监控与调整、油藏管理日常工作等六章。

（3）组织科技项目攻关、技术交流和新技术推广应用。对油藏管理处负责的2001年科技项目组织了专家组进行开题论证、签合同，对勘探开发研究院、廊坊分院承担的11个2000年科技项目进行了中评估检查，并推荐了2002年科技项目。对直接与生产发展紧密相关的增效开发技术，积极组织推广应用，通过组织"高含水期开发技术经济政策研讨"、"低渗透油藏增效开采技术研讨"、"中油股份有限公司油气田开发技术座谈会"和"油藏管理高级培训班"等环节，促进技术交流，更新知识。

（4）油田开发数据库建设及管理有进步，但各油田公司之间存在较大差距。从2000年元月以来，油田开发数据信息的统计、查询、分析和管理，要求各油田不再使用文件管理模式的DBASE数据库管理系统，而要建立真正意义上的ORACLE数据库，并推广应用PDPMIS油气田开发信息管理系统。到目前为止，已建立了ORACLE数据库的有大庆、辽河、新疆、华北、塔里木、长庆、青海和冀东等八个油田。

油田开发数据管理的成绩，主要是收集、处理各油田月度开发生产数据、编制年度开发数据手册，配合油田动态分析，检索、查询大量数据。按各种要求对数据信息进行统计分析，做出相应的跟踪曲线及图表。

【油田开发形势】

1. 油田开采现状

到2001年底，中油股份公司所属13个油区投入开发油田共240个，动用地质储量110.17亿吨，可采储量38.38亿吨。共有采油井87309口，开井70708口，日产油水平28.35万吨，年产油10336.16万吨，累积产油27.14亿吨，采油速度0.94%，采出程度24.63%，剩余可采储量采油速度8.42%。共有注水井29308口，开井23937口，日注水平192.67万立方米，月注采比1.03，累积注采比1.00。

2.2001年油田开发动态特点

(1) 注采保持平衡，产液量、注水量基本实现同步增长。与2000年同期相比，产液量增加2965万吨，注水量增加1893万立方米，注采比保持在1.02左右。全年老井转注、新井投注2345口，比2000年多62口，注采井数比仍保持在2.97。

(2) 原油产量变化6月份以前平稳上升，6月份后平稳下降，总的说来生产比较主动。2001年没有特大洪灾的影响，原油生产基本上按要求的日产水平运行。1—6月份原油日产水平由年初的28.4万吨平稳上升到6月份的28.6万吨。7—10月原油日产水平保持在28.3万吨以上，后两个月为明年做好生产准备，对原油生产主动的油区作了调整，年底原油日产水平虽明显下降，但总体上按完成工作目标及加快方案要求的日产水平进行调控运行。

(3) 老井稳产形势较好，老井综合递减率有所下降，自然递减率基本稳定。2001年老井综合递减率5.56%，比2000年下降0.46个百分点；自然递减率12.65%，和2000年的12.41%略高一点，属基本稳定。

(4) 油田含水上升速度得到较好控制。2001年平均含水82.62%，比2000年上升0.95%，但与2000年比1999年上升1.27%相比有明显减缓。2001年平均含水上升率1.01%，比2000年下降0.04%。这是老油田深化控水稳油及区块综合治理带来的好效果。

（李松泉）

天然气开发

【主要指标完成情况】

1. 产气量

2001年股份公司计划工业产气量192亿立方米，实际年产工业气205.8亿立方米，完成年度计划的107.2%。气层气产量约占总产量的70%左右。

2. 外供气

2001年股份公司年计划外供气135.5亿立方米，实际供气155.6亿立方米，完成计划的115%，外供气年增长达13.5%。

3. 产能建设

2001年股份公司完成钻井66口，进尺18.4万米，配套建井64口，新增动用可采储量368亿立方米，新建产能12.56亿立方米，是年度新建产能计划的75.5%。其中，四川、长庆、青海三大气田新建产能占股份公司新建产能的64.1%。

4. 新增储量

2001年股份公司新增天然气探明地质储量4320亿立方米，可采储量3309亿立方米，继续保持了自"九五"以来天然气探明储量的高速增长。

5. 新井及措施增产

2001年股份公司全年共投产新井109口，日产气324.4万立方米，当年产气14.9亿立方米；老井措施挖潜403井次，年增产气6.1亿立方米。

【主要工作及其成果】

1. 天然气开发生产情况

(1) 天然气产量得到快速增长。

与2000年相比2001年工业产气量增长了12%，是历史上增长幅度最大的一年，其中增加幅度最大的地区是长庆油田分公司，工业产气量增幅达到64%。由于受天然气下游市场的影响，股份公司对吉林的年度产量计划作了调整。西南、长庆、青海油田分公司工业产气量分别完成了调整年度计划的116%、142%和159%。

(2) 天然气产能建设进一步调整。

股份公司2001年计划新建产能16.6亿立方米，实际新建产能12.56亿立方米，主要由于部分地区气藏地质复杂，对开发方案进行了调整，另外部分地区产能建设配合下游进展速度推迟实施。

2. 西气东输工程进展情况

围绕"西气东输"、川渝天然气东输以及"十五"

天然气发展的总体部署，组织编制和审查了几个重点气区的资源可行性论证报告和开发方案，涉及评价地质储量11549亿立方米，生产能力350亿立方米，有力促进了西气东输工程的立项。

“西气东输”资源开发可行性研究报告已编制完成，并上报国家计委，资源开发工作正按计划运行。股份公司天然气“十五”发展计划已编制完成，“十五”天然气开发将进入一个新的发展时期，“十五”期间，西气东输、川渝天然气东输、陕京复线等工程全面建成并投入生产。将以每年使天然气产量大于12%的速度递增，同时为了满足下游用气需要，“十五”需要新建天然气产能工作量是前几十年的总和。

为了搞好“西气东输”资源论证工作，保证“十五”天然气发展计划的实施，我们组织有关部门，利用多方面的力量，重点在三大气区完成了以下几个方面的工作：

(1) 塔里木气区。

组织编制和审查了“西气东输”塔里木年输120亿立方米天然气的总体开发方案。该方案涉及“一大五中”六个气田。其中包括克拉2气田、英买七等五个凝析气田。塔里木年输120亿立方米总体开发方案涉及的气田建设无论从规模还是从开发要求上讲，都是在我国气田开发建设史上前所未有的，是对我们天然气开发技术的一次挑战和考验。目前面临的许多技术难题正有待不断深化和认识。

组织编制完成了“西气东输”年输120亿立方米资源可行性研究报告，该报告5月份通过了集团公司咨询中心组织的专家审查，国家计委将于近期审批。

根据“西气东输”可行性研究的需要，开展了“西气东输”上游气价研究工作，并取得了重要成果，国家计委已初步确定上游气价为0.45元/立方米，很好地协调了上、下游气价关系。

(2) 长庆气区。

组织编制和审查了长庆气区年产110亿立方米的总体开发方案和长庆气区年产130亿立方米的总体规划方案。根据长庆目前探明天然气资源程度，长庆气区年产130亿立方米的总体规划方案具有一定的资源基础，利用现有储量进行一期建设，实现“西气东输”启输，利用后备储量进行区块接替，以实现效益最大化。

完成了对长北合作区块总体开发方案的初步评估。Shell公司自1999年11月开始对长庆合作区块进行近两年的开发前期评价，进行了切实有效的现场工艺先导试验，解释和录取了大量的资料，提出了阻流带的存在，并定义长北气田天然气泄流区宽度平均为600米，长度3000米。并将这一重要认识应用于地质建模和数值模拟预测，为水平井和双侧向水平井的应用提供了理论依据，为开发方案的编制提供了依据。Shell公司在长北区块的前期评价经验和采用的开发技术为实现长庆苏里格气田的有效开发提供了经验。

(3) 川渝气区。

围绕川渝气东输，开展了上游资源论证和东输主供气田开发方案编制审查工作，包括川渝地区天然气东输30亿立方米/年总体开发方案、四川盆地东部地区年产100亿立方米总体规划方案、罗家寨气田开发概念设计、冯家湾气田开发评价方案及沙坪场气田开发方案。川渝天然气东输30亿立方米的资源可行性研究报告，近期即将完成。

3. 以经济效益为中心，继续加强气田开发前期评价工作

根据股份公司不同类型气藏的特点，抓住影响气田开发效益的主要因素，努力探讨和解决生产中的重大技术问题。重点在塔里木、长庆、青海、四川和大港开展了主体开发技术研究工作，并取得了重要进展和成果。

塔里木：针对克拉2异常高压气藏的特点，重点围绕地层压力下降岩石物性参数的变化、边底水的活跃程度对开发的影响和高压高产条件下的钻采工艺技术开展工作。此外，部署了三维地震和克拉205评价井，进一步落实克拉2气田的构造和储量及高产气井的井身结构和完井工艺。这些工作的开展，不仅积累了异常高压气藏的开发经验，同时也有力促进了西气东输工程的立项。

长庆：针对苏里格气田辫状河流相沉积的地质特点，重点围绕提高单井产能展开工作，科学地部署了一批评价工作量，包括：6口井进行的修正等时试井、1800千米二维地震测线的特殊处理、200平方千米的三维地震、2口直井、2口水平井及一批重点技术专题研究项目。通过评价，进一步认识到苏里格气田的复杂性，对2002年的开发部署提供了科学依据。

青海：针对青海涩北气田浅层疏松砂岩的地质特点，重点围绕防砂、合理划分层组、气水关系分析和双管采气等主体技术开展工作。考虑到青海油田公司天然气开发技术力量薄弱的具体情况，组织了廊坊分院、四川石油设计院等单位，积极协助青海油田展开工作，取得了较好效果。

四川：针对川东北地区飞仙关鲕滩气藏高含硫的

特点，围绕硫沉积、硫磺出路、防腐技术、安全生产与环保、钻井完井技术等方面开展工作。相继开展了《高含硫气田完井及投产工艺研究》、《高含硫气田集输工艺技术研究》、《高含硫气田脱水、脱硫净化工艺技术研究》、《高含硫气田缓蚀剂和硫溶剂研究》等开发前期攻关工作，目前高含硫气田开发技术准备已取得重要进展，为罗家寨等气田的开发奠定了较好的技术基础。

大港：针对千米桥潜山凝析气藏储层变化大、非均质性强的特点，组织各方面的力量开展了大量的研究工作，结合3口开发评价井的钻探成果，取得了大量的新认识，根据这些认识，在几次专家咨询研讨会的基础上，提出了千米桥凝析气藏放慢开发节奏，强化前期评价研究的部署。

4.根据股份公司上市后的新形势，积极推进规范化运作

股份公司上市以后，天然气开发生产经营管理体制和运行机制本着以提高经济效益为中心、获取最大化的投资资本回报率为首要目标的指导思想组织有关工作，加大了开发方案评估力度。在对开发方案正式评审之前进行预评估，进一步降低开发方案的开发风险，提高气田开发的整体效益，并首次在《长北合作区总体开发方案》的评估上尝试取得很好效果。同时加大了开发前期的评价力度，制定了相应的管理办法。

5.积极协调上下游关系，合理安排天然气产能建设

根据下游用气需求，为避免产能积压，积极协调忠线－武汉管道的建设和下游用气计划，合理安排天然气产能建设节奏，较好地衔接了上游建设计划。

6.加强生产管理，精心组织生产，确保天然气开发生产指标顺利完成

天然气生产受下游市场情况影响很大。2001年全国天然气需求转热，出现了市场的有利时机，各油气田积极适应市场形势变化，精心组织生产，加强了气藏管理和开发动态分析工作，使老区稳产基础有所加强，同时做好新区产能建设的实施工作，保持了股份公司天然气产量的稳步增长。各油田努力适应开发新形势要求，积极开拓市场，优化天然气产量结构，在降低开发成本上下功夫，使2001年的外供气量比2000年也有了较大的增长。

7.重视技术培训和交流，有力促进了天然气开发技术的进步

“十五”天然气将进入一个大发展时期，为搞好复杂气田的高效开发，做好规模开发的技术准备工作，多次组织重点开发技术的交流、咨询和研讨会，组织完成了计量技术培训班、气藏工程培训班，多次组织重点开发技术交流和研讨会，包括长庆苏里格气田开发技术研讨会、青海涩北气田开发技术研讨会、大港千米桥潜山凝析气藏开发技术研讨会等。

8.配合西气东输和天然气管道板块，完成了西气东输配套地下储气库的预可行性研究工作

西气东输地下储气库研究通过100个目标的库址选择和对比，确定了建设盐穴地下储气库的目标，以满足西气东输2005年应急调峰和2007年季节调峰的需求。

【天然气开发基本形势】

1.天然气开发现状

至2001年底，股份公司所属13个油气田开发动用气层气储量占已探明储量的44%，未动用储量高达56%，且主要分布在中、西部。

2001年12月气井开井达到1327口，平均井口日产气层气5900万立方米，已累积采气2736.6亿立方米，年采气速度2.4%，采出程度26.2%。

2001年底，所属油田井口平均日产伴生气1600万立方米，累计采出程度82.7%，剩余可采储量储采比为14:1。东部地区生产的溶解气占股份公司溶解气产量的50%。股份公司目前天然气生产格局依然是中西部以气层气为主，东部以溶解气为主。

2.天然气加快发展的资源基础进一步加强

“九五”期间，天然气勘探目标和方向明确、勘探技术飞速发展，在几个主要领域天然气勘探均取得重大突破，天然气勘探进入了历史性的快速发展阶段。随着西气东输工程的启动，天然气勘探需要不断加强，预计“十五”天然气新增探明储量还会有较大幅度的增长。

目前股份公司四大气区的主体格局基本形成。股份公司探明气层气储量主要分布在四川、长庆、塔里木和青海四大气区，探明储量占股份公司气层气探明储量的86.4%，是未来天然气发展的主体。目前四大气区气层气可采储量的动用程度和采出程度分别为41%和15.7%。除了四川气区动用程度和采出程度较高，分别为90.7%和47%外，其他三大气区动用程度和采出程度非常低，长庆气区动用程度23.9%，采出程度1.5%；塔里木气区动用程度8%，采出程度2.2%，青海气区动用程度40%，采出程度1.8%。

总之股份公司已具备较雄厚的储量基础，动用程

度、采出程度低，开发潜力大，具备大规模上产的资源条件。

与天然气探明储量高速增长相比，天然气受客观条件的制约，产量上升速度相对滞后，使得股份公司天然气储采比大幅度上升。1995 年股份公司剩余天然气可采储量储采比为 41:1；至 2001 年 12 月，股份公司剩余天然气可采储量储采比上升到 59:1。

3. 输配气系统快速发展，管输能力大幅度增加

天然气开发是一个系统工程，输配气系统是连接天然气勘探开发以及下游天然气消费利用的桥梁，是实现天然气工业良性循环的重要保证。目前股份公司已建成天然气管输能力达到 255 亿立方米左右。初步形成三种类型的管网，即四川气区连接成都、重庆等地市等大用户的环型管网、长庆气区的放射状管网及各油气田连接周边市场的局部管网。输气管网的建设有力促进了天然气销售的增长，2001 年股份公司的天然气销售量达到 138.2 亿立方米。此外，轮南—上海的西气东输管线即将进入实施阶段，重庆忠线—武汉、长庆气区连接京津冀鲁市场的长输管线论证工作已接近尾声，“十五”期间，这些长输管线建成投产，届时股份公司天然气管输能力将达到 420 亿立方米。

4. 天然气大规模上产，开发任务艰巨

本着“储量、产量、市场、效益”四统一的原则，根据储量现状和市场需求预测，“十五”期间天然气开发要达到长输管道启输条件，满足主要目标市场需求，加快产能建设速度，大幅度增加产量，天然气开发将以前所未有的发展速度来进行产能建设。“十五”天然气产能建设的对象主要集中在中西部，四大气区是“十五”新建产能的主体对象，新投入开发的气田圈闭类型多、储层变化大、油气水关系多变、流体类型复杂，所需的开发技术涉及面广、难度大，技术含量要求高。目前尚缺乏高效开发四大气区主力气田的主体开发技术和经验。目前我们拥有的成熟的开发技术和经验主要在碳酸盐岩气藏和中低含硫天然气的开发方面，对塔里木的深层超高压砂岩气藏、长庆上古的低渗透砂岩、青海的多层疏松砂岩、四川的高含硫鲕滩灰岩的开发还需要大量的技术攻关和经验的积累。同时，为满足西气东输供气需要，也要有一定的时间进行气田开发前期评价和技术攻关，减少气田开发风险。

东部油田“十五”期间可新投入开发的气田较少，已开发的气藏多数是处于开发中后期的小断块气藏，少部分处于稳产阶段，气井积液或产水问题较突出，在气藏开发难度不断加大的情况下，也需要研究相应的技术经济政策，尽量保持天然气产量的稳定。

【重点气区天然气生产动态】

（1）西南气区。

西南油气田分公司天然气勘探开发继续保持持续稳定发展的势头。2001 年底，已探明未投入开发的气田有 11 个，其中 10 个分布在川东地区；川西白马庙、观音寺侏罗系浅层气勘探连续取得重大进展，四川盆地天然气勘探开发已进入增储上产发展阶段，剩余可采储量储采比达到 27:1，以孔隙型整装气藏为主体的试采气田、稳产气田及探明未开发的气田，无论从市场需求上还是剩余可采储量的比例关系上，都具备了以较大的增长幅度上产的条件。2001 年全国天然气需求转热，市场发展加快，四川气区作为股份公司目前最大的生产基地，2001 年完成天然气工业产气量 83.6 亿立方米，目前井口生产能力、井口配套能力已与市场需求平衡。

四川盆地在满足现有用户和今后可能发展的新用户的前提下，已经具备了向两湖地区供气 30 亿立方米/年的资源条件。《川渝地区天然气东输 30 亿立方米总体开发方案》于 2001 年 9 月审查通过。按照川渝天然气东输两湖地区 30 亿立方米/年，稳定供气 12—15 年的要求，并有利于提高川东地区地面管网和气量的调配能力、有利于实施东输长期稳产的资源接替等基本原则，确定川东六个气田为东输的主供气田：天然气探明储量 1130 亿立方米，总体开发规模可达 66.6 亿立方米/年。气田具有储量丰度大、气井产能高、稳产能力强的特点。

（2）塔里木。

塔里木盆地是中国天然气资源量最大的盆地，盆地面积 56 万平方千米，天然气资源量 8.4 万亿立方米。其中，库车凹陷—塔北隆起、巴楚隆起—塔西南凹陷为两个最大的富气区，占总资源量的 65%。目前已探明气田基本未投入开发储采比高达 183。根据气田的分布区域、气田规模等因素综合考虑，启动西气东输工程首先开发库车—塔北地区的“一大五中”六个气田，可建成天然气年生产能力 139 亿立方米，实现首期年供气 120 亿立方米，第二阶段拟投入开发吐孜络克、雅克拉、和田河等九个已探明气田，达到长期稳定供气目的。

目前塔里木天然气生产以伴生气为主。牙哈凝析气田于 2000 年 10 月投入循环注气开发至 2001 年已进入规模生产，年循环注采气 10 亿立方米，年生产凝析油 66 万吨。

克拉2气田目前正加紧进行气田开发前期准备工作，计划2001年5月完成克拉2气田的总体开发方案编制工作，年底完成初步设计。

(3) 长庆气区。

长庆天然气主要分布在神木—子州地区、苏里格地区和靖边地区。目前已建成年产37亿立方米的生产能力和陕西—北京、陕西—宁夏、靖边—西安、靖边—榆林四条输气干线，日供气量夏天200万立方米左右，冬季最大日供气量达到1400万立方米，由于供气峰谷用气量的悬殊，气井冬季超负荷生产。

长庆气田靖边区下古气藏气藏圈闭类型为古地貌—岩性复合型。古地貌是决定储层保存和发育程度的重要条件，气藏的主要特征是低渗、低丰度，气藏大面积连通，无边底水，属定容干气气藏。目前处于建产、稳产开发阶段，采出程度低。通过四年的气田开发，证实了气井产能受裂缝发育程度控制，单井产能差异大，部分中、高产气井具有短期放大压差提高产量的能力。

长庆气区上古气藏基本处于试采和早期评价阶段，其中榆林区和苏里格气田2001年新钻一批开发评价井和水平井先导试验，并先后开展了气井产能试井、定压生产试井、不稳定试井、地震资料的采集、处理及解释的等多项开发前期评价工作。通过压裂改造新工艺、新技术的使用，可进一步提高单井产量，扩大生产规模。

根据西气东输工程总体部署，2003年底长庆油田公司需要提供80亿立方米左右的商品气量，为此需要进一步加强气田开发早期评价，在近1—2年内建设一批气井生产能力。

(4) 青海气区。

截至2001年底，柴达木盆地先后探明了涩北一号、涩北二号、台南、南八仙等一批气田，目前仅有涩北一号、涩北二号气田投入试采，动用37%的天然气地质储量，天然气剩余可采储量的储采比高达175:1。

青海气区在天然气开发方面进行了大量的前期评价及试采工作。涩北一号、涩北二号、南八仙和南翼山凝析气田自1995年起，先后进行了不同程度的试采工作。至2001年底，涩北一号气田已建成9亿立方米/年试采生产能力，修建了南翼山—花土沟、涩北—格尔木、涩北—南八仙—敦煌输气管线，南八仙—南翼山的输气管线。

东部三大气田储层岩性以第四系泥质粉砂岩、泥质细砂岩为主，储层物性较好，但储层层位新，埋藏浅、欠压实，胶结疏松，具边底水，开发过程中面临着出砂、出水的威胁；纵向上气层多，单层厚度小，分布井段长，气水层间互。除台南气田边水活跃外，涩北一号、二号气田的强水驱特征不明显。青海油田已编制完成了“青海省柴达木盆地涩北气田开发可行性研究报告”，确认建成年产34亿立方米生产能力，稳产20年是可行的。

目前气田开发早期评价工作的重点仍然是围绕开发方案的总体部署，进一步加强试采评价，重点解决以下问题：

一是围绕提高单井产量，开展大井眼、长井段合采射孔试验。进一步研究开发层系，划分确定每个层系的主力产层，优化组合。

二是进一步研究开发过程中的产能、层系、井网的优化。

三是进一步开展水体活跃程度对气田开发效果的影响研究。

四是针对不同层系、不同区块的储层结构、地层压力、生产压差、产量大小及流体性质的关系，进一步加强分析与评价，研究出砂规律，寻求经济有效地解决气井出砂的主体技术。

(5) 新疆油区。

近年来新疆油区天然气产量持续稳定增长，是目前西部地区生产天然气最多的油区。至2001年底，新疆油田基本建成了天然气集输和输配网络。建成了彩—石—克输气管线，配套完成了石西、彩南等天然气处理、增压站等地面配套装置，通过对报废井的利用，有效解决了呼图壁气田污水回注问题。

(6) 大港油区。

2000年底建成为北京、天津城市用气调峰的大张坨储气库在2001年投入试运行，已经为北京冬季用气高峰进行了调节，2001年4月正式向气库注气，日注气量达到200万立方米以上。

2000年千米桥潜山凝析油气藏的发现，使大港天然气资源矛盾有了较大的缓解，为天然气发展创造了新机遇。但该气田开发面临一些困难；一是储层非均质性强、认识难度大，地质构造形态有待进一步研究；二是根据试采分析，油井生产动态变化较大，油气水关系复杂；三是储层埋藏深、温度高，流体成分复杂，含H_2S、CO_2等气体，给钻采、集输工艺带来困难。鉴于千米桥潜山气藏复杂的地质条件，需要进一步加强开发前期评价，进行重点专题技术研究。

（李海平）

采油工程

【井下作业】 2001年井下作业围绕着降低油气操作成本，推进技术进步，提高作业质量和管理水平，努力实现股份公司可持续稳定发展等方面开展工作。

1. 工作量完成情况

2001年在油水井新增近6500口的情况下，完成井下作业总工作量110112井次，其中维护作业70362井次，油水井措施29699井次，大修2621井次，与2000年对比见表4。

表4　井下作业主要指标统计对比表

年　度	总井数（口）	总工作量（井次）	单井年作业次数（井次/年）	维护工作量（井次）	单井年维护次数（井次/年）	油水井措施（井次）	大修（口）	油水井免修期（天）
2000	110923	103815	0.94	64410	0.58	30249	2179	629
2001	119441	110112	0.92	70362	0.59	29699	2621	619
对比	+8518	+6297	-0.02	+5952	+0.01	-500	+442	-10

（1）作业总工作量得到较好控制，在增加近6500口新井（增长5.7%）的情况下，作业工作总量增加6297井次，单井年作业次数由去年的0.94下降到0.92。

（2）维护性作业工作量完成70362井次，增加5952井次。由于油水井总井数比2000年增加近6500口井，因此单井年维护次数略有上升，为0.01。油水井免修期减少10天，为619天。

（3）老井措施工作量完成19854井次，有效率80.8%，累计增油733万吨，单井次增油369吨；与2000年同期对比总工作量增加897井次，有效率提高2.4%，增产量增加66万吨，单井次增油略有增加，老井措施情况统计对比见表5。

表5　老井措施情况统计对比表

年　度	总井次	有效井次	有效率（%）	增油量（万吨）	单井次增油（吨/井次）
2000	18957	14867	78.4	667	352
2001	19854	16046	80.8	733	369
对比	+897	+1179	+2.4	+66	+17

老井措施总的趋势是：工作量上升、增产量上升，有效率上升，单井次年增油略有上升。近年在各油田选井选层困难、增产潜力变差的情况下，老井措施强化经济效益观念，加强措施方案的论证、经济评价工作，强化施工过程甲方监督，加强施工后分析和评价工作。三年来，控制了老井措施单井次年增油连年下滑的势头，效果略有改善。

（4）大修。各油田公司充分利用了大修侧钻基金，全年完成2621口井，比2000年增加442口，增长21%。

2. 加强管理，推动技术进步，控制作业成本

这方面主要做了井下作业队伍市场准入管理和技术培训工作。

（1）编写《股份公司井下作业管理办法》，制定了井下作业管理的总目标：依靠科技，强化质量监督，加强作业项目管理，规范作业市场，促进市场开放，控制作业费用，实现股份公司低成本发展战略。内容包括：作业方案设计与审批、市场准入管理、招投标管理、作业监督与管理等部分。已组织有关人员进行讨论，准备下发。

（2）通过制定《股份公司井下作业监督管理办法》，适应股份公司上市后新的形势，完善监督管理制度，细化监督管理，明确监督的责权利，提高作业质量，降低作业成本。

（3）在大港和冀东油田开始试用《井下作业措施标准化施工设计》软件，使作业施工设计标准化。软

件主要内容：

①建立井下作业标准化工序库和建立井下作业标准化工序下的施工单元库；

②建立基础定额数据库，编制价格体系；

③编制工序预（结算）定额；

④编制井下作业措施标准化施工设计系统的数据库管理系统；

⑤编制井下作业措施标准化施工设计任务书生成系统和井下作业成本构成分析与预测系统。

该设计软件的大规模推广应用，将有利于作业成本的控制。

（4）着手准备《措施经济评价》软件有关资料，对辽河、新疆、华北油田部分采油厂纳入老井措施的压裂、酸化堵水等措施进行经济评价，确定措施增产方法及增产经济极限，为老井措施调整提供依据。

（5）完成了井下作业队伍市场准入资质审查工作。4月完成了第一批689个作业队伍的材料审查，5月对完成了大港、冀东、四川、新疆四个油田10个队伍现场抽查工作，最终554个队伍通过审查，获得股份公司勘探与生产技术服务市场准入证；135个队伍由于存在人员、装备、业绩等方面的问题未能通过审查，专家组提出整改意见。第二批197个作业队伍的材料审查，其中170个作业队伍通过初步审查。

（6）井下作业井控检查。11月参加集团公司和股份公司联合组织的井控检查，对大庆油田公司试油试采公司、井下作业公司、采油厂的作业队伍进行抽查，检查内容为以井控为主的质量安全环保、方案设计、操作规程、工具等。

【机械采油】　截至2001年10月，股份公司所属油田机械采油总井数已达到84140口，其中有杆泵井80653口，电泵井3129口，水力泵井269口，气举井89口。股份公司95%以上的产量是依靠机械采油方法生产的，因此，机械采油是降低成本、提高效益目标的重点之一。2001年度机械采油工作在全面贯彻领导指示的前提下，主要围绕以降低成本，提高系统效率为目标，通过技术研究、协调和推广，取得了较好的效果。

1. 机采技术不断配套完善

（1）以提高机采系统效率为核心的综合技术试验获得成功。采取将机采系统分解，逐项测评，开展敏感性分析，实施了一些针对性方案，提高机采系统效率。如华北油田以能耗、成本最低为原则，对抽油机井的电机功率、动液面、冲程、冲次及皮带轮进行了现场测试，在产液量、管径基本保持不变的前提下，进行了更换电机和皮带轮，调冲程、冲次，优化杆柱组合及换泵等，使单井系统效率有了不同程度的提高，其中提高幅度最大的雁50－1井，系统效率由调整前的19.5%提高到56.5%，提高了37%。系统效率提高幅度最低的雁50－12井，也提高了3.1%。从可对比的44口井效果看，单井平均系统效率由实施前的36.31%，提高到目前的55.33%，平均提高了19.02%，平均单井年节电4.5万千瓦·时。

（2）以提高泵效为目标的技术试验研究有新的突破。加强提高泵效技术的研究试验和应用，规模实施提泵效工程：计算机参数优化、高效抽油泵、长冲程慢冲次、小泵深抽、负压采油、杆柱防偏磨、套管定压放气阀、气锚、洗井防漏失封隔器等新技术、配套工具和科学管理，不断提高了泵效。如大港油田“提泵效”工程共实施各类治理措施累计达1.5万余井次，在泵挂不断加深的情况下，反而使大港油田抽油机井泵效逐年上台阶，由1995年底的40.7%提高到目前的42.49%，提高了1.79%，增油25万吨。

（3）机械采油诊断和优化设计技术水平进一步提高。垂直井的诊断和优化设计技术已经达到了较高的完善水平，而定向井诊断和优化设计问题由于涉及三维建模问题，难度系数大，多年来始终没有太大的发展，从而制约了定向井潜力的发挥。

针对这个问题，今年加大了技术攻关的力度，到目前，该项目已经取得了如下成果：①建立了包括杆、管、液体三个系统的受力和位移都是相互耦合的三维空间振动的数学模型；②开发出以矢量特征法对泵功图实施多故障的人工智能自动识别系统；③综合了加重杆设计、扶正器间距设计、抽油机平衡分析、抽吸参数的优化设计等功能；④编制出“有杆泵抽油系统诊断及优化系统”计算机设计软件，并在长庆油田三个采油厂现场进行了100多口井的跟踪拟合试验，通过不断改进和完善，符合率达到90%以上，为定向井有杆泵抽油系统诊断及优化设计奠定了科学的基础。

（4）以提升机械采油装备技术性能为目标的研究和技术推广正在取得规模效益，机械采油装备性能大幅度提高，新设备、新工具、新仪器层出不穷，为高效、低成本、可持续发展奠定了良好的基础。主要表现在：

①节能抽油机技术。进一步开展抽油机“五个基本要素”技术理念的贯彻和普及，抽油机技术得到了飞跃的发展。如：双驴头、偏轮式、摆杆式、调径变矩、下偏杠铃、低矮式、带副连杆的四连杆式、移动

平衡式、摩擦式、直线往复式等新型节能抽油机在油田的应用数量大量增加。华北、新疆等油田实施抽油机节能改造和节能抽油机的推广使用，规模化降低投资和节能效益突出。如新疆对闲置的150台常规三型抽油机进行节能改造，采用下偏杠铃技术将冲程由1.2米增加到1.8米，用于克浅10井区，节约产能建设投资280万元。

协调和帮助大庆油田实施了对抽油机节能机理和不同结构的节能抽油机适应性的试验研究，已取得重大认识。

②开展了抽油杆和油管失效原因的调查和分析研究。初步调查发现油井维护作业原因的大头来自抽油杆和油管问题。主要反映在抽油杆断脱、杆管偏磨、油管螺纹漏、管壁穿孔等。针对这个问题，今年开展了问题原因的研究和解决手段的初步调查，总结提出要进一步深入调查在用杆管的质量和新度状况、无损检测技术的筛选、杆管的选型、抽油机井设计方法和工作参数的优化等一系列解决思路，为2002年工作目标探明了方向。

③开展了机械采油节电器技术的初步调研工作。目前油田在用的节电器种类繁多，通过初步调查基本理清了目前机械采油在用节电器的技术和方法种类。主要是：节能电机启动器、超越离合器、抽油机变频调速、节能控制柜、超小皮带轮系统、节能变压器等节电设备，节电率可达到12%—22%，能有效地提高油井生产效率，节约电费。但是，据反映每种方法的适用条件是不同的，下一步要深化调研，解决目前的盲目应用的状况，提高使用效果。

2．组织召开了股份公司首届有杆泵采油技术座谈会

会议共收到论文报告57篇，内容包括了抽油机井和螺杆泵井采油的各个方面。参加会议的有31个单位86位代表。会议全面总结交流了近几年来在油井条件不断恶化的情况下，为适应油田生产发展的需要，有杆泵采油在技术、装备和管理方面的不断进步和发展，为进一步推动有杆泵采油技术的发展，促进各油田均衡发展起到了积极的作用。

【稠油开发】 2001年稠油工作的重点，主要抓了稠油开采工艺的技术进步和管理工作。

到2001年底稠油产量完成1167.3244万吨，其中吞吐产量为943.8487万吨，汽驱产量为100.1979万吨，稠油产量比2000年增加41万吨。目前稠油开发的主要矛盾是储量、产量和成本。对于产量和成本这对矛盾，要通过技术进步、加强管理来实现提高产量、降低能耗、降低成本的目的。在这方面辽河和新疆及其他稠油油田都做了大量工作。在多年来形成了中深层蒸汽吞吐开采配套技术、浅层蒸汽驱配套技术和超稠油吞吐开采配套技术的基础上。今年工作更加深入，有针对性坚持开展攻关研究，取得了很大成绩，有些项目的成功对今后工作很有指导意义。

1．降低成本方面

（1）辽河油田2001年提出了“三个五工程”，其中明确了降低无效、低效注汽量100万吨工作目标，为此，辽河成立了王正江副总经理任组长的领导小组，通过各项措施的开展，全年减少注汽量114万吨。

（2）辽河“煤制热煤气替代注汽锅炉燃料油”和“注汽锅炉改烧水煤浆”项目的招标工作已完成，并进入现场安装。

（3）辽河、新疆油田开展了热采系统热效率的调查，通过调查摸清楚不同区块稠油热采系统热损失情况，为下一步如何提高注汽质量，杜绝无效注汽，降低成本，提高产量，有的放矢开展工作。目前辽河已在六个采油厂，七个区块，进行抽查，抽查结果表明：锅炉热效率在78%—85%，注汽管网千米热损失在3%—24%。井下管柱热损失在6%—22%，热损失较大的主要原因是新旧隔热管混用。新疆油田提高系统热效率调查已完成44台锅炉和6千米管线的调查，根据调查结果，确定了提高系统热效率的方法和手段，现已着手对锅炉实施改造措施。另外，初步完成了不同类型油藏、不同开采周期注汽参数优化工作，并在现场进行实施。

2．技术进步方面

（1）辽河油田狠抓了齐40蒸汽驱和锦90非混项驱转换开发方式的试验工作，该项目的成功与失败关系到辽河中深层稠油吞吐后用什么方式开采问题，带有方向性。为了把齐40项目在管理好，成立了项目组，同时得到勘探开发研究院热采所的技术支持，实施到现在齐40蒸汽驱已达到设计要求，真正实现蒸汽驱，吞吐加汽驱采收率已达到66.9%，为辽河在齐40块大面积转蒸汽驱提供了宝贵经验，辽河计划2002年在齐40块再转蒸汽驱七个井组。锦90非混项驱试验九个井组，2001年在项目组的领导下，针对注采井网不完善、发泡剂注入浓度过低等问题，调整了四口井的注采关系，提高注入浓度，目前已有三个井组明显见效，试验区总体发展见到好形势。

（2）辽河油田超稠油开发成功的关键是坚定降低成本的目标，坚持不懈攻关研究，形成符合开采油藏

特点成本较低的配套工艺技术。2001年辽河油田超稠油产量可达到150万吨，比2000年增加50万吨，操作成本控制在400元。

（3）新疆油田六—九区浅层稠油蒸汽驱已形成了配套技术，有了一套管理办法，取得了非常好的效果，在此基础上，2001年又转驱了68个井组，产量比2000年增加1万吨。

（4）新疆油田今年在12口因出砂长期计划关井和因出砂不能正常生产的井上使用螺杆泵，收到好效果，12口井累计增油2622吨。

（5）吉林套保油田是一个新开发的浅层稠油油田通过不断实践，不断认识，2001年采用引进的螺杆泵进行冷采试验开采，现已下井13口，初期日产5—6吨，是其他井的四倍。

（6）勘探开发研究院对稠油开采存在的问题进行专题研究，提出建设性意见。

①完成了辽河不同油藏高轮次吞吐开采趋势分析，共选择了高3块块状油藏、杜66薄互状油藏、齐40厚薄互状油藏，根据目前井网，油价、经济油汽比，通过数模、计算求得继续吞吐结果。

②完成了辽河锦90块纵向动用程度状况研究，根据现场吸汽剖面、产液剖面、温度剖面测试和室内模拟方法，得出6至10轮吞吐后纵向动用情况。

③完成辽河、新疆两个区块氮气辅助吞吐有关机理、油藏适宜条件、参数优选及经济分析等研究工作。

【低渗透改造】　重点抓整体压裂技术水平提高工作。

（1）为了提高压裂设计水平，由研究院所和各油田的技术骨干参加成立了FRACPRO软件技术支持小组，负责做好对所有油田用户的技术支持与服务，并组织进行了三次应用经验交流与研讨，推动该软件在各油田的应用。

（2）组织FRACPRO软件的汉化研制工作，共完成20万字的汉化翻译，组织进行了三次大规模系统测试。通过精心组织和扎实的工作，于2001年9月正式推出FRACPRO汉化版本，共有各油田和存续单位近90人参加汉化版培训，对提高集团公司、股份公司的压裂设计和施工水平，产生了积极的影响。

（3）为了提高压裂增产效果，继续加强对重点压裂材料的质量监控。2001年重点是加强对压裂支撑剂的质量检查，到目前为止没有出现油田使用的支撑剂质量有问题的现象。其次在全面调研国产支撑剂的生产、使用和管理的基础上，为了达到规范化管理，已编写出“支撑剂管理规定”讨论稿，正在广泛征求油田的意见，待审批后计划于年底前下发，明年开始执行。

（4）继续加强压裂监督工作，提高施工设计的符合率，提高压裂施工质量。

通过上述工作，推动压裂酸化技术不断进步，有步骤地促进技术升级，促进了股份公司的低渗透和难采储量开发，促进了老油田的增产挖潜工作。2001年新建产能的重点区块吉林大情字井区为低渗透油藏，按方案建产能50万吨，钻新井270口，全部采取压裂投产。通过精心组织、精心施工和采用先进软件优化设计，使单井压后产能普遍达到设计方案的8吨以上。玉门青西油田为复杂岩性裂缝性油藏，埋藏深（4200米），自然产能低，多年没有取得突破。通过与勘探开发科学研究院万庄分院压裂中心联合攻关，在酸压技术上取得突破，使单井产量由压前几立方米普遍达到压后100吨以上，通过酸压主要是解除了钻井时对裂缝的深度堵塞与污染，达到了解放油层提高单井产量，使青西油田的勘探开发都取得了突破。

【管理工作】

（1）方案审查工作。2001年结合油田重点产能建设区块，和油藏处、地面工程处等处室合作，共同组织国内有关方面专家，对新疆的莫北、陆9井区、百重7和九1、九5区齐古组的加密开发方案，吉林油田大情字井、英台四方坨子油田的开发方案，吐哈油田蒲北注气先导试验方案和辽河冷家油田合作区开发方案等共计八个重点开发方案进行了评审。通过方案审查发现，采油工程方案的编制水平普遍有较大提高，但各油田的水平还不够平衡，有待进一步提高。

（2）组织《采油工程管理规定》的修改工作，目前已完成第一稿。因工作量较大，政策性强，同时还要适应当前股份公司运营的新机制。

（3）采油工程生产数据库的管理。按公司领导决定，采油工程生产数据的上报维持现状。完善了采油工程数据的上报汇总工作。各油田分公司的生产数据可用采油工程数据库OPMIS上报，也可以在“采油工艺处网页”上填报。股份公司用“采油工程数据报表系统”进行汇总查询。定期将“采油工程年报表”及“采油工艺月报表”加载到股份公司“生产报表”网页上，供领导及有关专业人员查询。

（4）组织会议及技术讲座：

①组织召开了“第十一次油田堵水调剖技术研讨会”，参加会议的有132位代表，本次会议主题是

"发展堵水调剖技术，为高效经济地开发高含水油田提供技术支撑"。会议共征集堵水调剖技术及其相关技术的论文60多篇，内容涉及堵水调剖技术工作总结、室内研究和现场应用等多个方面。

②组织各油田作业技术人员听取贝克公司有关修井、压裂酸化、堵水等井下工具和技术讲座

③组织油田听取了PCM公司"螺杆泵技术讲座"。该公司在螺杆泵的制动系统、定子、转子、橡胶设计和制造等方面有独特之处，参加会议人员均表示拓宽了思路，收获很大。

④协助对外合作经理部组织召开了与哈里伯顿公司的"石油钻采技术交流会"，各油田公司都派专业技术人员参加了本次具有较高水平的技术研讨会。

⑤完成"水平井及复杂井身结构井钻采技术研讨会"的准备工作。

（魏项民　赵德琼）

地面工程

【地面工程各项重点工作】　2001年地面建设工作预计完成新老区产能及老油气田改造和系统配套工程项目340个，完成地面工程总投资127.8亿元，占股份公司油气田开发总投资的45.3%。完成油田产能建设1065万吨、气田产能建设12.9亿立方米的地面配套建设以及靖咸输油管道工程、长庆第二净化厂一期工程、辽河沈—抚输油管道工程等一系列重点工程。

1. 靖咸输油管线工程

靖咸输油管线全长463千米，管线所经黄土高坡地形复杂，沟壑茆梁较多，管线最大落差达1112米。在管道工程的设计、施工及组织管理方面遇到了很大的困难，也是长庆油田几十年所投的管线最长、落差最大、变径最多、施工最难的一条管线。因此，对该工程的预可行性研究、可行性研究、初步设计、工程建设和竣工投产一直给予了高度的重视，特别是今年工程建设关键时期，三次到现场调查和检查工程进度和质量，促进了建设工程质量的提高。在管道投产试运时及时到达现场，积极参与该工程的投产工作，特别指出高落差造成的水击问题要求油田高度重视，并制定相应措施，使管道在自动化没有投产的情况下安全投产运营，并及时编制了《靖咸输油管道安全运行操作规程》。该工程9月22日投运，9月29日末站见油，实现投运一次成功。目前运行正常，累计输油80万吨。

2. 污水处理五项重点工程项目

随着我国对水资源和环保问题越来越重视，油田污水的处理达标外排及回用已引起各方面的高度重视。目前油田综合含水率已达83%左右，日产污水135万立方米。目前污水处理方面面临：

（1）设备老化、效率较低，处理水质不达标；

（2）低渗透油田注水水质达标；

（3）稠油污水回用锅炉和达标外排；

（4）高含盐污水处理；

（5）注聚合物产出水的处理；

（6）污泥的处理等问题。

针对这些问题，确定了辽河欢三联污水处理工程、新疆六九区稠油污水处理工程、大港污水外排工程、华北雾迷山油藏污水处理工程、大庆注聚合物污水处理等五项重点工程。通过这几项工程的示范作用，力求尽快解决污水处理存在的关键问题。

对各油田污水处理技术的现状和存在的问题进行调研后，有针对性地举办了技术交流，基本确定污水处理的技术路线和处理原则。采用"走出去"和"请进来"的方式，解决重点和难点问题。对于辽河、新疆、大港三个重点油田，分别制定污水处理总体技术方案，争取1—2年有一个大的改观。使大港的污水能达标排放，辽河每天剩余6万立方米稠油污水回用锅炉，新疆每天剩余4万立方米稠油污水第一步达标外排，第二步回用锅炉。这不仅节省了水资源，还节约了大批污水无效回罐费用。目前，大港油田的剩余污水实现了达标排放；新疆六九区的污水处理工程10月份投产，达到了达标外排，目前正开展回用锅炉的技术准备；辽河油田稠油污水处理技术路线已经确定，工程的前期准备正按计划进行。华北雾迷山油藏高含盐污水处理、大庆注聚合物污水处理工程的技术方案已编制完毕，目前在做技术上的进一步论证。

气浮选和横向流聚结除油技术在处理含聚合物污水的工业化试验中取得了良好效果。2001年2座含

聚合物污水处理站采用了气浮选工艺，浮选后水质指标为含油≤60毫克/升，悬浮物含量≤40毫克/升，经过滤后水质达到中高渗透层注入水质标准。

2001横向流聚结除油技术处理含聚合物污水工业化试验在采油五厂建成，并取得了良好的处理效果。在聚合物浓度为0.01%时，处理后水中含油73.7毫克/升，悬浮固体平均去除率40.1%，达到了滤前水质的要求。

3．玉门青西油田产能建设地面骨架工程

对玉门青西油田地面工程项目确定了“先拉后输、先井后站、先骨架后配套”的基本地面建设原则。为提高青西油田开发整体效益，降低成本，根据油田目前的实际情况，对青西油田地面工程上半年做了可行性研究报告的审查（目前尚无正式开发方案），并组织了初步设计方案的咨询，帮助玉门油田确定了骨架工程的规模、主要工艺技术路线等，为青西油田的建设顺利进行打下了良好的基础。在条件具备的情况下，于11月组织了该项目的初步设计审查工作，最终确定了骨架工程的建设规模、工艺流程及布局。

4．坚持建设项目验收制度，做好重点工程的竣工验收

2001年验收了长庆气田年产30亿立方米天然气的地面建设工程和塔里木牙哈凝析气田地面建设工程。这两项工程的验收对于总结气田建设经验，为“十五”期间天然气大发展将提供最直接的指导和借鉴意义。

（1）长庆气田30亿立方米/年产能建设地面工程是中国石油天然气集团公司”九五”期间建设的国家大型能源建设项目，其建成投产为改善北京、西安、银川等大中城市的大气环境，改善能源结构，提高人民的生活质量有着显著的经济效益和社会效益。长庆气田的开发建设促进了我国天然气工业的发展，为实现国家“加快西部开发”战略和“西气东输”工程的启动具有重要作用。

（2）牙哈凝析气田是目前国内规模最大的采用循环注气部分保持地层压力方式开发的高压整装凝析气田，气藏类型复杂、埋藏深、地层压力高，气田开发地面工程难度大，技术含量高。循环注气采用高压注气压缩机增压，注气压力之高、单台排量之大，创国内外先例。经过建设、设计、施工、监理、质量监督、生产运行等单位的共同努力，工期提前两个月，单位工程优良率达到94.5%，百万吨产能建设投资低于全国油田建设平均水平，全面实现了把牙哈凝析气田建设成为“技术可靠、水平高、投资少、效益一流”的整装凝析气田的既定目标。牙哈项目在设计、施工、项目管理、生产运行等方面做了大量的开创性工作，应用了多项新技术、新工艺、新方法，牙哈凝析气田建设创国内、外凝析气田开发的先进水平。它的高效开发建设，对今后深层凝析气田的开发建设具有指导意义。牙哈凝析气田在深层高压气田开发建设方面所取得的成功经验，对西气东输气田建设具有重要的先导作用。

5．控制油气田开发地面建设项目的投资

控制地面建设投资，首先从加强设计审查做起，做好重点项目投资的事前控制；通过加强管理，大力推进项目管理，做好建设项目投资的事中控制。

（1）通过初步设计方案的优化，降低地面建设投资。今年审查的11个项目，油气田上报概算投资26.69亿元。通过技术论证、方案比选，使投资得到有效控制，11个项目初设审查后，批复概算投资24.37亿元，与油气田上报相比节约投资近2.32亿元。

在初设审查中，坚持做到：一是严格控制投资规模和建设标准，按照立项审批的内容严格控制工程内容和数量，杜绝搭车工程；二是初步设计技术部分审查和概算部分审查紧密结合，同步进行，并请有关专家咨询，保证了审查的科学性、权威性和准确性；三是注重审查与现场实际相结合，既能减少设计的错漏碰缺，又使设计文件的质量不断提高，从而也提高建设工程的效益；四是初步设计审查与可研审查紧密结合，控制建设投资。对那些可研审查了投资估算的项目，初步设计概算审查时也严格要求。对于概算投资超过可研批复投资的项目，通过仔细分析原因，对工程量进行仔细分析，合理安排，达到投资最省的目的。

（2）大力推进项目管理，努力提高油气田地面建设项目的整体效益。项目管理是股份公司从事油气田地面建设管理的主要方式，抓好项目管理，主要从两大问题入手：一是解决地面建设“弱甲方”的问题，提高工程建设的质量和效益；二是对于项目管理基础好的单位，促进其与国际项目管理接轨，提高工程项目管理水平，适应国际大市场，更有效地提高投资效益。为解决地面建设“弱甲方”的问题，举办了第一期项目管理培训班，各油田公司共68人参加了学习。本次项目管理培训不仅从组织、控制、计划的角度，全面讲述了实现项目成本、质量、工期目标有效控制的项目管理体系，而且讲述了成功项目管理的实例和项目管理软件，还讲述了市场经济条件下，建设项目

中联系甲、乙、丙各方关系纽带的“合同”关系——合同法。

6. 努力抓好老油田地面操作成本的不断下降

（1）优化老油田地面生产系统，加强节能技术改造，降低操作成本。油田开发进入后期，随着含水的上升，使油田能耗呈上升趋势，控制能耗增长速度是老区改造的重要任务之一，老油田地面生产系统只有通过不断地优化工艺和技术参数、加强节能技术改造达到降低成本的目的。2001 年主要抓了大庆、辽河、大港、华北等四油田的四个节能示范项目，取得了较好的效益。

①大庆老区节能降耗技术。为了降低集油温度，扩大加流动改进剂低温集油的应用范围，有效地降低运行成本，2001 年在大庆油田 2330 口油井上推广应用了掺低温水加流动改进剂低温集油技术，收到了良好的节能效果，油井单井进站温度普遍降低了 5—10℃，年节约天然气 1965 万立方米，可降低成本 937.3 万元。

完善并推广注水系统优化运行技术，降低注水单耗。2001 年杏南油田采用的注水系统用能改进及优化的注水模拟仿真系统在生产中发挥了重要作用，注水单耗从每立方米 6.04 千瓦·时降到了 5.81 千瓦·时，年节电 3320 万千瓦·时，创经济效益 343.62 万元。

②辽河油田燃油加热炉改烧煤工程。辽河油田共有计量、转油站等 593 座（不包括单井点、拉油平台和边远采油站），联合站 30 座、外输首站 5 座。有各种类型加热炉共计 1834 台，各种加热炉消耗热负荷共为 128 万千瓦（即 109960 万千卡/小时）。稠油和高凝油产量占大多数（占总产量的 70%以上），操作温度高（60—95℃），全部采用燃料油加热集输方式，每年消耗大量燃油，。在广泛的市场调研基础上，通过以煤代气、以气顶油、以煤代油等措施，优化燃料结构，努力降低原油自用量，提高原油商品率。

为引进先进技术，验证加热炉改烧煤技术改造项目经济、技术的可行性，辽河油田与六家国内锅炉厂家合作，针对不同加热点，不同负荷情况，联合开发了新型燃煤加热炉，于 2000 年年底开始，优选两座联合站、两座转油站、两座计量站分别进行加热炉改烧煤试验。经过半年多施工、调试，六个试验站均已投产运行，完成了该技术的试验研究。2001 年 8 月该项目通过了验收，燃料结构调整工作中的最关键问题已经解决，为下一步大面积推广做好技术准备。通过综合计算，《燃油锅炉改烧煤工艺试验项目》具有较好的经济效益，在评价期内增量投资回收期 3.40 年、增量内部收益率 39.16%、增量财务净现值 1312.6 万元。

③大港油田注水系统优化运行，降低能耗项目。大港油田注水系统注水压力高，决定了注水能耗较高，目前设计注水压力为 25 兆帕的注水站有 27 座，设计注水压力为 35 兆帕的注水站有 35 座，注水井实际平均注水压力为 18.5 兆帕。注水耗电是油田耗能大户，注水耗电占大港油田开发耗电的近三分之一。而大港油田从“九五”以来平均注水压力以每年近 0.9 兆帕的速度上升（见表 6），能耗有进一步增大的趋势。因此，开展注水系统优化运行与调改措施研究，降低注水系统能耗是降低油田开发成本的最有效措施之一。

为此，开展了注水站系统能耗大调查、注水系统效率调查分析和调改措施优化研究及实施。通过提高注水水质、规模推广注水泵节能技术、单井增压技术以及对高耗能注水站进行改造和管线清防垢技术、优化注水系统参数等措施，使能耗得到有效降低，平均注水单耗由 1999 年的 7.68 千瓦·时每立方米下降到 2001 年的 6.98 千瓦·时每立方米，节能效果显著。

表 6　历年注水压力上升表

年　份	平均注水压力（兆帕）	年　份	平均注水压力（兆帕）
1995	13.1	1999	16.9
1996	14.1	2000	17.8
1997	15.2	2001	18.5
1998	16.1		

④华北小断块油田降本增效工艺。华北油田采油五厂在油田开发中存在着原油拉运费用高、原油商品率低、开采难度大等一系列问题，导致原油操作成本高。根据生产实际情况，从内部挖潜入手，先后实施了一系列措施，降低了操作成本。主要包括：特高稠油的冷采；采用复合塑钢的单管通球常温输送工艺，既解决了油田腐蚀问题，又降低了能耗；积极有效的开展了伴生气的回收和综合利用，降低油田操作成本；在拉油站点实施小断块热化学沉降脱水工艺，有效地降低了原油拉运费用；充分利用地热作为油田生产用热源的替代能源，减少加热炉燃料用量，提高了原油商品率。这些措施的实施，取得了明显的效果，单位成本由 1997 年的 584 元降到 2001 年的 467 元，

吨油动力费由 86 元下降到 35 元，原油商品率由 94.45%上升到 96.85%。这些成功模式为小断块油田的低成本发展提供了非常有益的经验。

(2) 不断推广新技术，降低生产成本。在 2001 年油气田地面工程建设中努力推广成熟配套的先进工艺技术。对于成熟的技术，结合新油田建设工程推广应用，对于降低成本效益突出的项目结合老油田改造，与工程投资相结合，安排推广应用。

2001 年重点推广工作如下：

①在高含水老油田推广流动改性剂、联合站水处理推广净水剂。在大庆、吉林、冀东、大港、华北、新疆等高含水油田推广流动改性剂，逐步取消集油管线伴热。

②稠油推广蒸汽干度控制技术。在新疆、辽河推广蒸汽干度控制。

③三次加密井简化地面工艺技术。三次加密井采用新井挂老井集油掺水管道的环状集油流程，井口计量采用计量车、油井洗井采用洗井车以及加流动改进剂等配套技术。2001 年在大庆杏 1—3 区块的 71 口三次加密井推广了此项技术，油井集油温度普遍降低了 8—10℃，节约各种成本 2100 万元。

④简化聚合物驱简化地面配套工艺技术。2001 年在聚合物驱地面工艺技术方面取消了注入站母液储罐平台和罐间阀室，母液储罐安装在辅助间屋面上，注入泵撬装，这种工艺不但便于搬迁，而且节省占地面积和投资，与以往同规模的注入站相比节省投资 10%，而且生产成本也进一步降低。2001 年在 7 座站推广了此工艺，共节省基建投资和运行成本 455 万元。

⑤结合老油田改造，推广高效加热炉。股份公司油田油气集输与处理系统共有各类加热炉 13000 台左右，其中使用 15 年以上的加热炉约占 80%，这些设备中有相当一部分效率较低。早期建设的炉子大部分为方箱式炉，炉效一般在 74%以下，燃料油消耗较高。这些腐蚀、老化、低效加热炉需逐年更换为高效加热炉，以降低原油操作成本和提高安全系数。今年结合老油田改造，推广了 200 多台高效加热炉，热效率达到了 87%以上，降低了燃气的消耗，节约了成本。

7. 开展国内外油田地面生产系统节能技术状况的信息调查和研究

委托石油规划总院对国内外油田地面生产系统节能技术状况的信息调查和研究，并以通讯的方式发到有关单位。对股份公司油田地面生产能耗现状进行了重点分析，确定了节能重点系统和环节，对油气集输、稠油热采油田地面生产、注水和含油污水处理、油田供配电等主要系统的国内外最新节能技术进行了综合分析，提出了油田生产节能降耗的综合技术对策，以达到节约油田油、气、水资源，降低能耗和成本，保护环境的目的。该研究将为实现股份公司地面生产系统节能、高效运行提供重要的指导作用。

8. 开展油田地面生产系统专用设备优化筛选工作

2001 年对股份公司所属的九个油田进行了地面设备使用情况调研，收集了大量的设备使用情况的资料与信息，根据油田反馈的信息对有关设备生产厂商进行调研，现已优选出了 30 多家厂商的设备，并进行了资料的编辑整理工作，完成了油田污水处理设备优化筛选的初稿工作。这项基础工作对提高油田地面生产系统的技术水平、降低能耗、节约设备运行成本、提高油田经济效益具有非常重要的意义。

（孟宪杰　汤　林）

经济技术指标

【生产指标完成情况】

(1) 勘探工作量。2001 年完成二维地震 27604 千米、三维地震 8597 平方千米、探井 663 口、探井进尺 167.15 万米。

(2) 勘探油气储量。2001 年新增探明石油地质储量 45683 万吨，可采储量 9714.1 万吨；探明天然气地质储量 4071.8 亿立方米，可采储量 3249.04 亿立方米。

(3) 油气产能建设。2001 年建产能 1065 万吨，完成进尺 1054 万米。

(4) 原油产量。2001 年生产原油 10336.16 万吨，完成计划的 100.84%。

(5) 天然气产量。2001年生产天然气205.8亿立方米，为计划指标的107.2%，

2001年股份公司共生产油气当量产量11976万吨，完成年初计划的101.7%，比2000年增长157.4万吨，实现了中油股份原油产量基本稳定、天然气产量明显增长、油气当量适度增长的预定目标。

【生产经营状况】　2001年油气勘探成本实际完成0.5美元/桶，比年初计划降低62.4%；油气开发成本实际完成3.54美元/桶；油气操作成本继续按照股份公司的总体部署，实现了持续削减的目标，油气操作成本为4.377美元/桶。

国际会计准则经营利润769.32亿元，投资资本回报率26.04%。

【提高效益的主要措施】

1. 油气勘探获得了一批重要发现，为油气田的稳产、上产提供了物质条件

(1) 东部地区基本按"十五"勘探计划正常实施。

松辽盆地石油勘探获得多项重要进展，形成多个规模效益储量区块。

①松辽盆地北部评价勘探2001年探明新肇石油地质储量4128万吨、葡31石油地质储量1145万吨这两个千万吨级效益储量区块，并在卫星地区完成石油控制储量5484万吨；

②松辽盆地南部大情字井地区勘探成果不断扩大，2001年新增探明石油地质储量5055万吨，新增控制石油地质储量1548万吨，新增预测石油地质储量4425万吨，三级储量超过亿吨，含油面积向东、西、北进一步扩大，展示了该区仍有很大的勘探潜力；

③松辽盆地南部英台—四方坨子地区经过勘探开发一体化评价，2001年新增探明石油地质储量227万吨、控制储量4908万吨、预测储量4628万吨，已显示出亿吨级储量的场面。

渤海湾盆地立足富油坳陷精细勘探，取得一批重要成果。

①辽河东部凹陷应用综合配套勘探技术开展火山岩油藏勘探，储量规模进一步扩大；

②大民屯凹陷连片解释、整体评价，西部低潜山带勘探取得新突破。2001年新增探明石油地质储量103万吨、控制石油地质储量1522万吨，预计西部低潜山带探明储量规模可达1500万—2000万吨；

③辽河滩海燕南潜山勘探见到好苗头；

④大港黄骅坳陷王官屯东地区探明一个千万吨级的优质高效储量区块，2001年探明石油地质储量1087万吨；

⑤大港滩海关家堡断阶区预探取得新发现，2001年新增预测石油地质储量1334万吨，初步形成一个3000万吨级规模的储量区；

⑥冀东探区坚持勘探开发一体化，南堡凹陷柳赞、老爷庙深化勘探取得新成果，新增探明储量459万吨。

2001年计划探明石油可采储量4516万吨，实际完成4906万吨，为计划指标的108.6%，为东部油气田储采关系调整和减缓总递减速度奠定基础。

(2) 西部地区油气勘探有较大突破，为加快西部开发提供了资源保障。

鄂尔多斯盆地油气并举，油气勘探成果不断扩大，为长庆油气上产提供充足的储量资源。塔里木盆地坚持区域甩开，新区新领域油气勘探获四项重要发现，评价勘探取得多项重要成果。四川盆地在川东鲕滩气藏勘探规模继续扩大，进一步夯实了"川气东输"的资源基础。准噶尔盆地腹部获高产油气流。酒西盆地砾岩勘探又有了新的突破，相继获得高产油气流。这些勘探成果为新疆、玉门探区近年增储上产，奠定了坚实的基础。

2001年石油勘探计划探明可采储量3991万吨，实际完成4808.7万吨，完成计划的120%；天然气勘探计划探明可采储量为513亿立方米，实际完成3194.8亿立方米，完成计划的623%。

2. 原油加快方案的实施，遏制了原油产量的下降趋势

2001年勘探与生产分公司根据鄂尔多斯盆地、准噶尔盆地、松辽盆地南部、酒西盆地的勘探出现的新形势、新情况，结合各油田开发现状、发展趋势及生产潜力，在"十五"计划论证分析的基础上，对2001—2005年原油产量指标进行调整，制定了股份公司原油加快方案。调整计划后股份公司2001年原油产量由年初计划的10250万吨增加到10320万吨，2001年实际完成10336.16万吨。由于强化开发工作，部分油田实施加快方案，遏制住了原油产量下降的趋势。

3. 各油气田分（子）公司以股份公司可持续发展的大局为重，努力实现加快方案，千方百计挖潜增产

(1) 新疆油田。2001年在狠抓老油田挖潜保稳产的同时，积极调整开发部署，加快产能建设步伐，特别是陆梁地区从2000年下半年通过控制井超前评

价，2001年新井时率提高，为全年超产11万吨创造了条件。

（2）辽河油田。通过提高新井时率，改善大修侧钻效果，加强探井试油及长停井恢复等措施，原油产量超过年初计划10万吨。

（3）吉林油田。通过集中力量提前组织新区产能建设大会战，延长新注水井排液时间，强化老区挖潜，抓好有效注水，加强合资合作新井投产力度等措施，使原油产量超计划12万吨。

（4）长庆油田。在勘探取得较好形势下，追加产能建设任务50万吨，为长庆油田顺利实施并最终超产30万吨奠定了基础。

（5）塔里木油田。狠抓了老油田的综合治理，加快了新区的开发方案研究，加大了滚动勘探开发力度。实行勘探开发一体化，发现油层后，及时转入试采，加快了油田的开发进程，提高了开发效益。同时，积极应用新技术，实现了塔里木油田高效开发。如哈得4油田采用智能双台阶水平井钻井技术开发超薄油层，使得以往难动用的储量得到高效开发，并在哈得4获得3口高产井，为塔里木超产4万吨奠定了坚实的基础。

（6）大港油田。通过提高追加产能的新井时率，增加产量1万吨；强化老区挖潜措施增油比往年多1万吨；加大孔南合作区块的管理力度，超产3万吨。

（7）冀东油田。通过老区挖潜超产1万吨。

（8）玉门油田。在搞好老区稳产的同时，加快青西油田建设，为全年超产4万吨奠定了基础。

天然气超计划完成产量指标。西南、长庆等气区市场需求增加，生产能力充足，产量有较大增长，股份公司天然气产量超过计划13.8亿立方米。

4．气田开发前期评价取得了一批阶段性成果

2001年编制完成了包括克拉2气田开发方案、英买7等六个凝析气田开发方案等在内的塔里木气区东输120亿立方米/年总体开发方案，完成了西气东输120亿立方米/年资源可行性研究报告，已获国家计委批准；长庆气区编制了年产110亿立方米的总体开发方案，包括下古年产55亿立方米气田开发方案、苏里格年产45亿立方米初步开发方案、乌审旗和榆林南气田年产10亿立方米的开发方案；川渝气区编制了川渝天然气东输30亿立方米/年总体开发方案，四川盆地东部地区年产100亿立方米总体规划方案。上述工作为保证西气东输等项目的顺利立项起到了重要的作用。

5．新技术研究与应用得到进一步加强

（1）水平井在新油田开采中实现了少井高产。

随着水平井钻采技术的发展，水平井在股份公司的应用规模逐步扩大。应用水平井效果最好的塔里木油田分公司，现在共有水平井（含侧钻水平井）80口，井数占总油井数的24%，而年产油已占全部油井的52.6%。继塔中4CⅢ油组和塔中16油田以水平井为主成功开采后，在哈德4油田薄砂岩开发中应用阶梯式水平井又见到了明显效果，经济效益十分显著。哈德4油田中泥岩段有两个分布稳定的薄砂岩储层，单层厚度小于2米，为提高单井产量，采用先进的随钻测试技术，成功地钻成了3口阶梯式水平井，成功率100%，预计单井日产可达到43吨，是一般直井日产量的十倍左右，经济效益十分显著。

（2）以提高单井产量为核心的配套工艺技术促进了低渗透储量的有效动用。

长庆油气田针对低渗透油田储量丰度低、渗透率低、单井产能低的特点，发展应用了超前注水配套技术使油井初期产量明显提高，为低渗透油田难动用储量开发开创了一条新路子。与此同时，还进一步改进水力压裂技术，改造低渗透油层，提高单井产量；通过采用简易采油技术，有效地降低了低渗透油田开发的建设投资和生产费用。

吉林、玉门油田广泛应用储层保护技术于油田开发生产，有效地减少了钻井、完井和开发作业中对低渗透储层的损害。如吉林大情字低渗油藏，2001年投产后全部采取先进软件及工艺技术压裂投产，使单井日产量普遍达到8吨以上，大大促进了低渗透和难采储量的开发；玉门青西复杂岩性裂缝油藏，通过酸压解除钻井对裂缝的深度堵塞和污染，解放了油层，使单井日产量由压前的几吨普遍提高到压后的100吨以上。

（赵贤正　张广杰）

技术项目

【概述】 勘探与生产分公司2001年科技项目重点研究的领域为：石油重大勘探领域与目标评价研究；大中型气田勘探接替领域研究；油气地质勘探专项应用理论、技术研究；油气勘探生产工程配套技术研究；油气勘探生产发展战略及经济评价方法研究；大庆油田稳产技术研究；高含水后期开采新技术；低渗透油田高效经济开采新技术研究；稠油、超稠油开采新技术研究；天然气开采新技术研究；三次采油新技术研究。

【勘探方面】

1. 预探项目研究进一步明确了油气勘探主攻领域

(1) 塔里木盆地。

在岩溶古地貌、多属性、相干体分析、三维可视化等研究基础上，在轮南地区优选并评价了四个预探区带。

(2) 完成了渤海湾盆地滩海主要远景区带的优选排队任务。在沉积相分析和储层预测的基础上，重点对滩海油气系统的生储运进行了模拟，明确了下步勘探方向。

(3) 进一步证实松辽盆地西坡存在大面积展布的岩性圈闭带。通过层序地层与沉积相分析、地震特殊处理、隐蔽油气藏预测，证实松辽盆地西坡发育有不整合遮挡、地层超覆岩性圈闭；构造—岩性、断层—岩性、砂岩透镜体圈闭；砂岩透镜体、砂岩上倾尖灭圈闭。

(4) 鄂尔多斯盆地天然气勘探研究。

①通过层序地层学和沉积学研究，将西北部地区上古生界划分为七个沉积相和21个沉积亚相类型；五个准二级层序，15个三级层序及37个体系域，系统编制了七张沉积体系与砂体展布图；

②明确了盆地上古生界岩石学特征为高填隙物含量、高成分成熟度和低结构成熟度；高效储层的主要孔隙为次生溶蚀孔隙。

③评选出的三个天然气勘探有利目标区。

(5) 柴达木盆地。

①系统研究了柴达木盆地的水文地质条件，确定了三湖地区生物气以水溶气为主要运移方式；

②首次提出了地理环境和水文地质条件决定了生物气溶解在地层水中发生远距离横向运移后，在北缘斜坡部位聚集成藏的认识；初步建立了柴达木盆地三湖地区生物气藏形成的运聚模式；

③根据生物气运聚规律，确定了生物气聚集的有利部位。

(6) 四川盆地。

①通过对四川盆地地质调查、岩心观察、地震剖面解释、岩心综合录井图解释等多方面的工作，确定了海槽的延伸方向和发育位置；

②从层序地层和沉积学研究，划分出四个三级层序，并分别以海侵、高位体系域为单位，首次系统编绘了八张四川盆地不同层序格架内各体系域岩相古地理图，探讨了海槽的发展、演化史，指出高位体系域台缘滩最为发育；

③对鲕滩白云岩形成机理进行了分析，指出鲕滩白云岩的形成主要受混合水白云岩化和埋藏白云岩化共同作用而形成，并编制了不同类型白云岩分布图，指出了勘探前景区。

2. 生产类项目不断有新的油气储量发现

(1)《川中地区侏罗系凉高山、沙溪庙砂岩油藏勘探新领域与目标评价研究》项目的主要阶段成果和初步认识，已成为2001年川中地区凉高山油藏和沙溪庙油藏勘探部署的主要依据和技术支撑。已部署凉高山、沙溪庙滚动勘探开发井10口。对已完钻的6口井试油均获工业油气流。到目前为止，27口油气井获原油预测储量6912万吨，溶解气预测储量113.8亿立方米。

(2) 多种技术结合，突破川西地区浅层气勘探，攻克了地震勘探技术难点，结合欠平衡钻井技术、储层改造增产工艺技术，经过60多口实钻井结果证实，其预测准确率80%左右。上述技术的综合应用，先后在川西地区优选出的七个构造带10个重点勘探区块上钻井上百口，已钻获气田1个，含气构造4个，获探明储量268.72亿立方米，预测储量877.55亿立方米。

(3) 青西油田评价勘探获得重要发现和进展，已基本控制含油面积53.3平方千米，初步形成了亿吨级储量规模的勘探场面。

（4）滩海预探区带与目标评价取得重大勘探成果，形成了两个3000万吨的储量接替区。

（5）《伊通地堑含油气系统研究及效益目标评价》研究课题，成果直接应用于生产，指导井位的优选与部署，优选了10个钻探目标，已被采纳五个，完钻井见到较好的油气显示。

3. 老油田精细评价取得丰硕成果

大港油田分公司近两年开发出一套适应中浅层勘探的优势技术系列：

（1）在成藏规律总结以及剩余资源分布研究基础上选择目标区。

（2）利用高精度地震目标处理以及复合波变焦处理。

（3）利用高频旋回地层对比与常规地层对比相结合进行分析。

（4）通过相干切片、时间切片、垂直剖面、可视化立体显示等手段，提高了圈闭以及微小断层解释精度。

（5）宏观和微观研究基础上，利用地震约束反演结合属性分析，开展储层横向预测。

（6）在中浅层降低钻井液密度，用近平衡钻井技术保护油气层。

（7）高分辨率阵列感应测井和核磁共振测井技术识别低电阻油层。利用上述技术系列，精细评价中浅层，发现了六个整装高效储量区块。总储量约3000万吨，为老油田的勘探挖潜和储量接替做出了贡献。

4. 勘探技术取得新进展

《华北廊固凹陷低电阻轻质油天然气藏测井识别与评价技术应用研究》课题，初步完成了中子伽马时间推移测井识别油气层方法等三种解释方法研究。应用最新研究成果，对廊固凹陷进行老井复查104口，变动井数40口，新增Ⅰ类油气层118层347米，新增探明石油地质储量247万吨，天然气储量31.9亿立方米。11口井49层试油后证明测井解释符合率达83.7%，取得了良好的效果。

【开发方面】

1. 裂缝性油藏开发方案的编制取得突破

针对玉门青西柳沟庄裂缝性油田，研究了多参数联合地震反演以及重构有效孔隙度的地震储层预测新技术，预测了裂缝发育有利区带以及裂缝性储层的三维展布规律，提出了井位部署意见。编制出了符合油田实际的开发方案，该方案在油田实施后，部署11口井，现有8口井完钻试油都获得单井100吨/日以上高产油流，最高达300吨/日。

2. 依靠科技对老油田精雕细刻

（1）老油田精细油藏描述取得丰硕成果。大港油田分公司在油藏精细描述方面丰富和发展了微地质界面研究、流动单元研究、数值模拟研究、低阻油层和水淹层评价、储层预测模型建立、储层物性动态变化空间分布规律研究等十项技术。港东开发区通过油藏精细描述新增可采储量103万吨，方案部署新井24口，提出各类措施220井次。已钻新井20口，建成能力7.4万吨；实施油水井措施110井次，累计增油7.5万吨。

（2）《井网不规则三次加密调整新技术》研究课题，成果已在大庆油田开发中获得应用，增储上产效益显著。

①新的单层水淹程度判别方法精度提高。通过五个不同特点的实例充分验证，对小层水淹程度判别精度明显高于测井水淹层解释的精度，方法可靠。目前该项技术已在大庆油田采油一至六厂13个开发区块6512口井剩余油分析中得到应用。

②三次加密方案的设计方法更加科学系统，增储上产效益显著。应用百万节点数值模拟、精细地质解剖技术，提出了三次加密调整技术经济界限和不均匀布井原则。该阶段成果已应用于大庆喇萨杏油田加密调整方案编制。完成了杏1—3区西部、北三区东部、北一、二排三次加密调整方案设计，已投产或设计三次加密井2000多口。增加可采储量1010万吨。

3. 改善聚驱配套技术逐步走向完善

在新型接替聚合物的研制开发、聚合物配制及注入工艺、聚合物驱油数模软件的完善与应用、聚合物驱油油藏动态监测技术、聚合物产出液处理等方面取得了较大进展。

（1）建立了聚合物驱开采指标测算方法和技术经济指标评价方法，并在大庆油田聚合物驱规划部署方案的编制中得到应用。

（2）清水低浓度交联聚合物调驱矿场试验取得了明显的技术经济效果。

（3）成功研制了污水配制聚合物，初步解决了污水配制聚合物的抗盐问题，基本上实现了降低成本的目标，同时解决了油田污水排放问题。

（4）在原有的“单泵单站”工艺基础上发展了聚合物母液配注工艺，使聚合物配注系统设备国产化率达到100%。

（5）以理论研究和实验结果为依据，发展完善了聚合物驱油数模软件。

(6) 配套发展聚合物驱油的动态监测技术和设备。

(7) 聚合物驱油产出液处理技术进一步提高。

4. 三元复合驱配套技术效果显著

(1) 表面活性剂研制方面已开发出了植物羧酸盐、烷基芳基磺酸盐和烷基苯磺酸盐等三元复合驱用的国产表面活性剂，探索了一套工业生产合成驱油用的烷基苯磺酸盐表面活性剂的工艺参数及控制指标。

(2) 通过对三元复合驱举升方式的适应性评价、优选及现场试验，明确了小排量螺杆泵对三元复合驱具有较好的适应性。

(3) 形成了二大类三元复合驱配注工艺，基本上满足开发试验的要求。

5. 稠油蒸汽驱技术得到进一步完善

辽河齐40块自1998年实施蒸汽驱以来，生产形势良好。实施蒸汽驱后，日产油水平由蒸汽驱前的12吨/日提高到105吨/日。相关技术得到进一步完善。

(1) 针对目前蒸汽驱技术水平和现场试验的具体情况，开展了提高汽驱效果的复合蒸汽驱工艺技术可行性研究、高温作业技术研究、多相流计量技术研究、蒸汽驱中后期油水分离技术研究，为蒸汽驱后期措施提供了理论依据。

(2) 研制出了新型高温作业管柱，可确保汽驱注入井在不压井条件下更换注汽管柱。

(3) 研究出了适合于汽驱开采的油水分离技术和耐高温破乳剂，为蒸汽驱中后期油水处理提供了良好的技术保障。

6. 攻克天然气开采关键技术，经济效益显著

(1) 新研制的井下节流工艺技术先进，工艺设计合理，操作容易，坐封、投、捞可靠。应用该技术能提高气井排液能力，减少水合物生成的危害，取消单井地面加热装置，节约加热用气，简化井场生产流程。

(2) 采用醇胺法脱硫工艺和撬装移动式脱硫装置解决了边远分散井的脱硫问题。具有高效、节能和安装、管理方便的优点，产品符合国家二类天然气气质标准，具有很好的推广应用价值。

7. 三低油藏经济有效开发配套技术

(1) 基本形成了以地质、地震、测井为手段的储层综合预测和评价技术，从而保证了从已探明或正在探明的油田中找出较多可供开发的石油富集区块。

(2) 研制了多功能一体化含油污水处理装置和多功能组装化原油采出液处理装置。采用了分散水源、分散注水的简易工艺流程；油井化学清防蜡技术代替双管回掺水技术，有效地简化了油田地面流程。

(3) 小井眼注水开发试验实现了小井眼抽油举升、分层注水和机采配套，特低渗透油层通过整体压裂改造和调整试验提高了区块采油速度，改善了开发效果。

8. 关键工程技术研究取得突破

(1)《大庆油田套损井配套修复技术研究》针对大庆油田套损井特点，开展的小通径套损井打通道技术、长井段套损井密封加固技术、深部取换套工艺技术等三项技术攻关，现场应用89口井，成功率77.53%。初步配套了大庆油田套损井修复技术，为大庆油田套损井综合治理提供实用的技术措施。

(2)《长庆欠平衡钻井应用技术研究》使深井天然气欠平衡钻井取得首例成功。

(3) 污水处理后回用锅炉技术研究，达到了预期的效果。

(4) 新疆莫北油田开发钻井不下套管技术获得成功。

(刘德来　张仲宏)

质量安全环保

【安全方面】

(1) 建设项目的劳动安全卫生预评价工作。2001年各油气田分公司对各类新、改、扩建工程的限上项目开展劳动安全卫生预评价（简称安评）工作，组织评审了八个项目的劳动安全卫生预评价报告，编写了工程项目的劳动安全卫生预评价导则，目前正在进行配套的研究和修改管理规定，原则是根据介质的危险性、工艺的成熟度和环境特征来确定安评的等级和是否评价，目的是在遵守国家有关规定的框架下，简化安评工作量和费用。预计预评价导则和管理规定，2001年发布执行。

(2) 老站、库的安全评价工作。与新站、库的安

全预评价相比，对投产多年的老站、库分门别类地进行全面、科学的安全评估有时则是更为紧迫的事情。这样既可以明确危险部位、危险设施设备，定量了解危险程度，有针对性地进行安全生产管理，又可以为下年的老区改造计划提供科学依据。各油气田分公司根据各自情况，在有能力的前提下，选择有代表性的老站、库开展安全评价。长庆、华北、吉林油田分公司已开始了这项工作。

（3）对岗位风险的识别与评估。安全工作的软件是指安全管理体系、管理制度和对员工的安全教育等。其中最基础、最核心的是对岗位风险的识别与评估。大多数油田分公司这项工作开展得比较好。各级公司领导重视，教育、发动员工进行现场各类危害因素的识别、评估，了解危害的后果程度，提高对身边危害的认识，加强安全意识。并针对各类危害因素，制定防范措施和抢险预案。

（4）安全基础工作。2001年对安全、健康的危险岗位分级，编制各类施工的作业指导书样本和员工安全教育培训软件进行立项。2001年5月召开了第一次HSE工作座谈会，部署了落实股份公司领导要求的安全生产三项制度（安全监督、员工安全生产合同和承包商安全生产合同）的有关内容，各油田座谈交流了在新形势下各自做好HSE工作的作法与经验。根据股份公司安全电话会安排，2001年组织了各油田交叉安全检查。通过检查，各油田对兄弟油田提出很好的建议，也学到别的油田好的经验和做法，这种检查形式很受各油田欢迎。经过努力，今年的安全业绩取很好的效果，人员伤亡事故48起，死亡4人，重伤6人，轻伤38人，直接经济损失16.28万元，均比2000年有较大幅度下降，分别减少93起、3人、32人、67人和112.62万元；火灾事故1起，没有伤亡；事故、死亡、重伤和轻伤数分别比2000年减少17起，3人、1人、4人。

【环保方面】

（1）组织好新建项目的环境影响评价工作。国务院1999年颁布的《建设项目环境管理条例》，把环境影响评价工作作为控制新污染源的重要手段和工程建设必不可少的重要一环。2001年共组织了新建项目的环境影响评价八项。其中对于涩北气田项目的环境影响评价，排除了压力，及时组织环评单位开展工作，协调国家环境保护总局特事特办，完成了环境影响评价报告，通过国家环保总局的评审。

（2）采取各种方法，降低环境污染治理的成本。为了满足国家在环境保护方面的要求，同时适应股份公司降低生产成本的总体的需要，2001年在环境污染的治理方面采取各种措施降低成本。一是选择经济高效的环境污染治理途径和治理技术，组织技术专家进行论证，为油田提供技术咨询，通过技术降低污染治理的成本，推广无害化钻井液体系和废弃钻井液固化等。二是协调政府有关部门，通过科研、评价，在不对环境造成影响的基础上，适当调整污染物排放标准，降低环境污染治理的成本。

（3）帮助吉林油田协调解决英台地区开发过程中遇到的环境保护问题。2001年多次到英台油田调查了解情况，提出工作建议。多次协调国家林业局、国家环保总局，争取他们的支持和理解。目前国家林业局野生动物司已经同意调整自然保护区的功能区划，现正进行文件的申报、上报和审批工作，英台油田的冬季生产暂不受影响。

通过加强对老污染源的治理，加强对现有污染治理设施的管理，提高处理效果和以上方面的工作，促进了勘探与生产分公司整体环境保护水平的提高。污染物排放达标率从公司成立初期的11%，年末达到了67%，提高了55%。公司成立以来未发生重大以上环境污染责任事故。

【质量、计量、标准化等方面】

（1）协助股份公司进行每个季度的产品质量抽查和下个季度的抽查计划安排。抽查的产品包括原油破乳剂、絮凝剂等化学产品，回注污水质量、含水分析仪、变压器等。协助股份公司出台股份公司产品质量抽查细则。

（2）组织油田公司研究编制《勘探与生产分公司采购产品质量认可管理办法》，目的是把住采购产品的入口关，保证勘探与生产分公司采购的产品在质量上不出现问题，避免质量事故和因此而引起的安全生产事故。目前该《办法》已经形成，正在征求意见之中，该办法受到了油田的大力拥护和支持。

（3）接管了划归勘探与生产分公司管理的九个质检机构，并审查了这九个质检机构2002年的质检工作计划，形成了2002年的工作经费预算和企业标准制修订经费预算。

（4）组织了覆盖全部油田的外输交接计量普查性调研，并对吉林油田的特殊情况进行了专项现场调研。根据调研情况，为规范计量交接行为，组织计量人员研究、编写了《勘探与生产分公司原油、轻烃、天然气交接计量管理暂行规定》，包含四个附件。该管理规定目前已经成稿，在征求意见之中。

（5）成立了勘探与生产分公司专业标准化技术委

员会（37 人组成）和秘书处；按照中国石油天然气股份公司专业标准化技术委员会章程指南，勘探与生产专标委会实行委员会成员制，具有广泛的代表性和权威性。

（6）完成了 2001 年的勘探与生产分公司企业标准制修订计划共 12 项，其中当年完成八项，跨年完成的四项。当年完成的八项标准已经通过了秘书处组织的专家审查，待专标委年会上委员表决通过。完成了勘探与生产分公司专业标准化技术委员会年会的准备工作。

（7）组织宣贯了关于原油和液体石油产品交接计量的 GB/T 1884—2000 国家标准。这次培训是根据中国石油天然气股份有限公司“油质字［2001］1 号”文，股份公司于 2001 年 4 月 1 日起在原油和液体石油产品交接计量中执行 GB/T 1884—2000 国家标准的要求而进行的，目的是提高交接计量人员，特别是外输口交接计量人员对新国家标准的理解和掌握，保证国家标准的顺利实施。参加培训的有来自 13 个油气田的 43 名学员。

（朱一清　穆　剑）

第三篇

油气储运、炼化与销售

炼油与销售

【概述】　2001年，面对国际油价持续下跌、国内市场供过于求、油品价格大幅度下滑、产销矛盾十分突出的严峻形势，炼油销售企业认真贯彻集团公司党组和股份公司管理层的各项要求，深入开展“转观念、找差距、上水平、增效益”活动，紧紧围绕提高企业竞争能力和盈利能力开展工作，为股份公司整体效益的提高做出了应有的贡献。

1. 狠抓降本增效，盈利能力有所增加

2001年集团公司加工原油8404.5万吨，同比增加172万吨，占国内加工份额的42.4%，同比提高1.7%；股份公司加工原油8285万吨，同比增加266万吨，生产成品油5038万吨，同比增加397万吨；按对外承诺三年削减成本13亿元的计划，2001年实际削减3.67亿元，两年共削减11.5亿元。在价格到位率仅92%、消化跌价损失29亿元的情况下，炼油实现经营利润-3.52亿元，比2000年减亏82.6亿元，板块实现经营利润-21.9亿元，比2000年减亏65.5亿元。

2. 深入开展企业达标活动，装置结构和产品结构进一步优化

2001年26家炼油企业参加达标活动，当年达标率26.9%。320套装置参加达标，当年达标率27.6%，完成了“十五”达标规划当年的任务。轻油收率70.1%，同比增加1.6%，综合商品率91.5%，同比增加0.59%。大连、锦西60万吨/年重整、抚顺120万吨/年加氢精制等一批新装置建成，增强了配套能力和深加工能力。大连、兰州两个炼油基地建设已经开始启动。高档润滑油、高等级道路沥青、改性沥青、特种蜡、专用蜡等优势产品正在逐步形成新的效益增长点。

3. 大力推进技术进步，质量升级按期完成

2001年，26个炼油企业实现了柴油质量升级换代。汽油升级换代正在落实。润滑油高档比例提高到27.8%，高标号汽油生产能力提高到10%以上。累计在34套大型装置上推广实施了先进控制系统。清洁油品生产技术和重油深度加工技术的开发取得重要进展，重油催化裂化新技术获集团公司技术创新一等奖。成品油产销存信息系统已全部投用，购销存系统在两个大区公司和13个省公司实施，加油机IC卡改造工程在13个城市进行了试点，取得良好成效。

4. 灵活调整营销策略，市场占有率稳步提高

根据市场定位和积极慎重发展网络，全年投资销售网络建设66亿元，新增油库25座，新增库容76.2万方。新增加油站1841个，新增年零售能力550万吨，到2001年底，股份公司共有加油站12102座，资产型加油站6408座。全年销售成品油5392万吨，同比增加16.3%，市场占有率43%，同比提高2.4%，零售1583万吨，同比增加43%，零售市场占有率20.6%，同比提高5.5%。重点发展宾馆、工厂、机关、公交系统和重点项目等机构用户，同时发挥中国石油的品牌优势，以资产为纽带，同专业用户的合作取得新进展。

5. 加大改革力度，内部持续重组取得进展

在集团公司和股份公司的统一组织下，完成了大庆油田炼厂与林源炼厂、前郭石化与吉林油田炼厂、兰炼与兰化的合并重组，对克拉玛依、长庆、辽河、宁夏大元、庆阳炼化实行了归口管理。到2001年10月，东北、西北和西南地区除进关和东调油品外，陆上和海上一次送货全面实现。全面接管未上市销售企业，内部撤消558个县公司，撤并18个地市级公司。推进减员增效，销售企业当年有偿解除劳动合同2.4万人，三年共减员5.5万人，减幅达44%。加油站全面推行吨油工资含量制度，区外销售企业社会用工占95%，有效地控制了员工数量。

6. 结合“三讲”教育切实加强两级领导班子廉政建设

公司根据销售企业特点，6月初在内蒙古销售分公司召开了纪检审计监察工作座谈会，所属28个单位主要领导、纪委书记参加会议，提出领导干部一定要“掌好手中的权，管住国家的钱，管好身边的人”，进一步加大反腐力度，领导班子成员和主管处室长分别签订了《领导干部廉洁自律承诺书》和《党风廉政建设责任书》，各省市、大区公司205个处级以上单位实行了党风廉政建设责任制，2636名局、处、科级干部签订了“两书”。全年对23名处级干部、11名科级干部进行了责任追究。对群众反映有一般问题

的干部，按责任分工及时进行戒勉谈话。全年销售系统纪检监察部门共查办大案7件，涉及金额1277.2万元。一年来，各炼油销售企业不断加强职工队伍建设和思想政治工作，深入开展爱岗敬业教育和勤政廉政的监督检查，企业的管理水平进一步提高，凝聚力不断增强，炼油销售分公司纪检审计监察处被评为2001年度集团公司先进集体。

为弘扬正气，宣传销售员工爱岗敬业精神，展现销售风采，公司举办了"销售风采"演讲比赛，全国人大常委、集团公司老领导王涛部长、集团公司副总经理阎三忠出席了讲演会。集团公司办公厅、人事劳资部、政治思想工作部、党组纪检监察部、股份公司总裁办、人事部、党群工作部与炼油与销售分公司领导也参加了演讲比赛。参赛者用自己身边的真人真事，讲述发生在身边的不平凡的故事，充分展现了销售职工的崇高理想。与会同志被销售一线干部员工为整顿和捍卫成品油销售市场，为保护国家财产，不畏强力所屈，用自己的血肉之躯诠释生命意义的壮举所感动；被加油站站长勤奋工作、无私奉献，不畏艰难地开拓市场，争创最大效益的动人事迹，被加油员爱岗敬业，把客户满意作为自己永远的追求，在平凡的岗位上书写不平凡的人生精神所感动。弘扬正气，传颂英雄事迹是我们思想政治工作不可缺少的重要组成部分。

（朱　文　王祯祥）

【炼油生产简况】 2001年是中国石油"十五"炼油业务发展计划实施的起始之年。炼油业务紧紧围绕提高企业盈利能力和竞争能力开展工作，继续坚持股份公司价值最大化。为适应市场需求，优化资源配置，搞好生产运行，调整炼油结构，在技术经济指标方面缩小与国内外先进水平的差距，降低成本费用、扭亏增盈，推动技术进步，提高炼油与销售业务竞争力和盈利能力等方面取得了一定成效；在顾全大局，充分体现股份公司上下游一体化优势，提高股份公司整体经济效益方面发挥了重要作用。

1. 炼油装置与加工能力

截至2001年底，股份公司共有蒸馏装置53套，分别加工大庆、吉林、辽河、新疆、孤岛、长庆、华北、大港、青海、克拉玛依及进口原油等。实际加工能力9640万吨/年（不含西太平洋公司），比2000年新增能力170万吨。2001年共加工原油7674.9万吨（不含西太平洋公司），负荷率80.3%。综合常一线收率7.326%，常二线收率14.09%，常三线收率4.925%；常压拔出率36.3%，减压拔出率20.69%，总拔出率57%。综合能耗平均474.32兆焦/吨，最高910兆焦/吨，最低300.55兆焦/吨。

股份公司的炼油二次加工以催化裂化、延迟焦化、催化重整、加氢裂化等为主，其中催化裂化占较大比重，2001年股份公司共拥有55套催化裂化装置，能力4098万吨/年，比2000年新增152万吨/年。2001年装置处理量3395万吨。各产品平均收率：干气4.63%，液态烃12.1%，汽油40.51%，轻柴油28.05%，重柴油2.89%，油浆3.92%，焦炭7.28%，损失0.66%。综合能耗平均2947兆焦/吨。催化剂单耗平均0.8484千克/吨。

股份公司2001年共拥有27套汽煤柴油加氢装置，能力1240万吨/年，新增能力240万吨/年。实际加工742万吨。综合能耗平均978.747兆焦/吨。

股份公司2001年共拥有润滑油综合生产能力209万吨/年，比2000年增加20万吨/年。基础油生产装置包括：脱蜡设备29套，能力约609万吨/年，2001年实际处理量385万吨；糠醛精制设备16套，能力402万吨/年，2001年实际处理量231万吨；蜡脱油设备101套，能力约250万吨/年，2001年实际处理量174万吨；石蜡成型设备31套，能力约105万吨/年，2001年实际处理量62万吨。

（焦丽菲）

2. 以效益为核心，优化资源配置，搞好生产运行

2001年炼油生产从原油配置上做好原油加工总量的控制。在资源供大于求的情况下，把握市场契机，优化生产运行。在市场价格不好时，安排企业提前检修，市场价格好时推迟企业的检修，使有限的资源向接近国内主导市场的企业倾斜，向生产方案优化、产品结构合理、柴汽比高、效益好的企业倾斜。2001年华北和沿海地区炼油企业加工量同比提高138万吨。对一、二次能力不配套、商品渣油多、柴汽比低的三家企业减少加工量36万吨。

（楼　森）

3. 主要技术经济指标有所提高

2001年，原油加工负荷率80.3%；高附加值产品收率完成76.26%，同比提高1.80%；其中轻质油收率70.1%，同比提高1.53%；可比综合商品率91.80%，同比提高0.16%；综合自用率7.32%，同比下降0.24%；炼油综合损失1.34%，同比降低0.24%，其中加工损失率0.99%，同比降低0.12%；单位能量因数耗能13.47千克标油/（吨·因数），同比降低0.43千克标油/（吨·因数）；生产柴汽比1.70，同比提高0.06；外排污水合格率97.83%，同

比提高 8.89%；设备完好率 99.25%，同比提高 0.16%。

4. 完善技术手段，全面提升汽柴油质量

近年来，国家对环保的要求越来越严格，在燃料油方面，尤其是对汽柴油产品质量的要求更加严格。国家质量技术监督局对汽柴油分别制定了新的标准。其中 GB 252—2000 中规定，在 2002 年 1 月 1 日前，柴油中的氧化安定性总不溶物小于 2.5 毫克/升。2001 年，为解决二次加工柴油总不溶物尚不能保证全部合格的问题，新建和扩建了一批加氢精制装置。2002 年 1 月 1 日，股份公司柴油已全部按 GB 252—2000 标准生产。

GB 17930—1999 中规定，在 2003 年 1 月 1 日前，汽油中的烯烃含量低于 35%。为解决股份公司部分炼厂存在汽油烯烃含量高问题，针对各企业不同的生产情况，逐厂解决。主要新建和扩建一批重整装置，改进催化裂化技术，降低汽油组分中的烯烃含量和硫含量。2003 年 1 月 1 日，汽油也将全部达到 GB 17930—1999 中的规定。

5. 以市场为导向，调整产品结构

目前，国内炼厂的柴油产量已不能满足市场消费增长的需求。2001 年股份公司把增产柴油、提高柴汽比作为炼油企业的一项重要任务来抓。主要措施：

（1）通过调整操作提高柴汽比。

根据柴油闪点标准变化，改变馏分切割点；优化催化裂化工艺操作；应用增产柴油的催化剂；合理利用常三线和减一线馏分油；夏季多生产 5# 和 10# 柴油；保证加氢裂化装置满负荷运行；优化乙烯原料，以石脑油顶替出裂解柴油；加大西部炼油企业化工轻油向区外的供应，减少以柴油馏份作为乙烯料外供；在煤油总体产大于销的情况下，把部分煤油转产为柴油。焦化装置满负荷开工，全年焦化装置负荷率提高了 8%。商品重油同比减少 4.5%。

（2）依靠技术进步提高柴汽比。

对部分乙烯裂解炉进行改造，退出柴油馏份，增加了柴汽比；一些企业实施了 MGD、提升管快分技术，柴汽比明显提高。全年生产柴油 2808 万吨，柴汽比达到了 1.7，比预算提高 0.13，同比提高 0.06。柴汽比同比提高较大的企业有锦西石化、乌鲁木齐石化、独山子石化、吉林石化等。

（3）增产高标号汽油。

2001 年生产汽油 1656 万吨，比预算减少 6 万吨。生产 93# 汽油 135 万吨，同比提高 47%。生产低烯烃清洁汽油 179 万吨，适应了三大城市对清洁燃料的要求，提高了效益。高标号汽油生产比例高的地区分公司有大庆石化、兰州石化、克拉玛依石化、抚顺石化等。

（4）提高优势产品附加值。

润滑油公司成立以来，在提高润滑油产品档次、增加品种、改善包装形象等方面做了大量工作，润滑油成品率同比提高 7.7%，高档润滑油比例达到 27.8%，同比提高 8.6%；包装油比例同比提高了 3.7%，小包装比例同比提高了 1.9%。润滑油基础油、全损耗机械油和 HL 液压油销售比例同比降低了 5.3%。

重交沥青产量达到 77 万吨，占沥青总生产量的 47%，同比提高 8%。

6. 以达标为重点，提高技术经济指标

为提高炼油的各项技术经济指标，分公司制定了“十五”达标规划和实施方案，把整体目标定位在跟踪国际先进水平，具体措施分两步实现。为了落实达标工作，4 月份召开了达标工作会议，对 26 家炼油企业 320 套装置安排专业公司级和地区分公司级达标任务，召开了达标现场经验交流会。达标工作走上了制度化、规范化的轨道。

依靠加强管理、技术进步和技术改造，提高达标工作水平。去年各地区分公司在节能降耗、装置长周期运行方面做了大量工作，采取了回收低压瓦斯、加强火炬管理、以气代油、提高重油催化和焦化装置重油加工能力、改造蒸汽发电系统和余热锅炉、回收冷凝水、污水回用、利用低温余热等措施。2001 年分公司用于这方面的投资达到 3.58 亿元，取得了较显著的成效。2001 年单位能量因数耗能达到 13.47 千克标油/（吨·因数），同比降低了 0.43 个单位。西太平洋石化公司开展全面设备管理，加强技术改造，主要装置实现了“三年一修”。大连石化加强生产管理、油品输转和出厂管理，对装置瓦斯排放、气柜回收、火炬等全过程控制，加工损失和能耗指标达到股份公司先进水平。锦州石化针对加热炉指标开展竞赛活动，燃料油（气）同比降低了 1.98 千克/吨原油，炼油综合能耗同比下降了 10.48%。独山子石化达标组织健全、指标设置先进、管理到位，对完不成任务的车间或装置挂警示牌，并严格考核，取得了很好效果。

通过达标活动的深入开展，主要技术经济指标显著提高。全年综合商品率达到 91.5%，同比提高 0.55%；轻油收率达到 70.1%，同比提高 1.53%；加工损失率 0.99%，同比降低 0.12%；生产柴汽比达到 1.7，同比提高 0.06；单位能量因数耗能 13.47

千克标油/(吨·因数),同比降低0.43个单位。

(焦丽菲)

【成品油销售】

1. 销售总体概况

中油股份销售系统自组建以来,经过三年多的努力,销售组织体系不断完善、网络建设合理布局、结构调整逐步深化、管理体制逐渐理顺、运行机制趋于合理,石油产品销售实现统一运作、陆上送货全面推行、产销一体化的优势进一步得到发挥。在国家总量平衡和宏观调控政策指导下,2001年重点对成品油批发和零售企业进行清理整顿。面对国际油价持续下跌、国内市场供过于求、油品价格大幅下滑、产销矛盾十分突出的严峻形势,销售系统认真贯彻股份公司管理层的各项要求,与中石化联合限产推价,合理调配资源流向,紧紧围绕提高企业竞争能力和盈利能力开展工作,取得了良好的经营业绩。

2001年股份公司销售汽煤柴5164万吨,其中国内销售4890万吨,出口273万吨。国内市场份额43%,比2000年增长2%。零售成品油1583万吨,市场份额20.6%,比2000年增长5%。

石蜡、沥青和润滑油等产品的销售管理进一步加强,优势产品的经济效益进一步提高。全年销售石蜡81万吨,国内市场份额达66%,出口26万吨,占世界贸易量的26%。销售沥青149万吨,同比增加4万吨,国内市场份额达27%,销售高等级道路沥青66万吨,同比增加7万吨。润滑油公司成立一年来,实施"五统一、一集中"的经营策略,形成了产、研、销一体化的经营模式,品牌形象迅速推广,高档润滑油的销售比例从上年的19%提高到31%。

2. 成品油销售管理

(1)销售系统根据竞争形势的发展和经营环境的变化,有针对性地制定营销策略。

①根据市场细分和经济评价,实施"巩固纵深,稳定交界,抢占边缘,大力开拓沿海及西南"的营销策略,优化资源配置,积极开拓高效市场,使竞争能力不断提升。根据用户群的需求特点,针对性采取了各具特色的营销策略,做到了"培育一个点,控制一条线,站稳一大片"。

②根据供求动态和竞争形势,采取"从量定价、以价保量、量价互动、增效创利"的营销策略,不断提高经济效益。

③在确保生产后路畅通的同时,把握市场走势,在价格波动中合理运作库存,降低费用、减少跌价、增加效益。

④为有效保护区内高价位市场,按照合理的经济半径对交界地区省(区)市分公司实施市场"前移"策略,有效地构筑了区内市场保护带。

⑤加强与中石化合作,实施双赢策略,加强总量控制、联手推动国内价格到位。

(2)在销售网络不断完善的基础上,大力开拓市场,以拓展终端市场为重点,在加大零售市场开发的同时,重点发展宾馆、工厂、矿山、机关、公交系统和重点工程项目等机构用户。区外大区公司着力开发大中城市、交通干道和水上市场等重要市场,销量创历史最高水平,确保了生产后路畅通,实现上下游协调发展。充分发挥中国石油的品牌优势,以资产为纽带,同专项用户的合作取得突破性进展。2001年12月,我们与新疆生产建设兵团签订了合作意向书,为规范疆内市场,提高经济效益创造了条件。按照有投资要回报的原则,网络布局进一步合理,经营能力不断增强,确保了国内市场份额稳步提高,成品油自营比例大幅增加,竞争能力和抗风险能力大大增强。

(3)管理体制改革取得新进展,运行机制进一步完善。

继2000年东北区内和下海油实行送货后,2001年4月和10月,又分别对西部地区和西南地区组织送货,海上陆上送货全面完成。

为进一步深化营销体制的改革,提高终端市场的控制力,在实施送货制的基础上,着手推行终端配送。改革过去按行政区域层层设置机构的做法,取消地、县级销售公司,按经济区域整合地市公司,按经济半径整合物流体系,建立配送中心和以销售代表责任制为核心的终端市场开发价格体系,配送中心试点工作初见成效。同时,完成了558个县级公司的业务划转、职能调整工作,减少管理人员近60%。销售企业运行效率提高,市场控制力进一步增强。

(杨景娟)

【加油站建设】 2001年面对竞争日益激烈的国内市场,炼油与销售分公司持续加大零售网络建设力度,加强终端销售,扩大零售市场份额。截至年底,2001年新增加油站1841座,当年新增零售量90万吨,新增年零售能力550万吨。全年零售量达1583万吨,较2000年增加了483万吨。2001年中国石油集团所属加油站共12102座,其中年零售总量超万吨的加油站80座。

【加油站管理】 2001年炼油与销售分公司加强加油站管理工作,狠抓新增加油站的投运率及并表率,促使零售网络建设投资效益能够得到真正体现,全系统成品油零售量大幅增加。销售系统所属各级公司认真核对加油站建设开发明细，分类汇总未纳入股份公司核算和未投入运行的原因，提出解决方案，明确责任到人。截至年底，1841 座新增加油站投入运行和财务并表完成达 90%以上。新增加油站的投运和并表，保证了当年投资、当年生产、当年见效，提高了投资效率，确保了投资回报。

加油站管理逐步规范化。2001 年初，炼油与销售分公司组织编写了关于加油站进销存方面的六个管理办法，并下发讨论、试行。通过这些举措，加油站管理工作逐步向规范化迈进。所属各分公司也在加油站管理方面开展了有益的尝试，普遍开展了加油站达标上等级及创建、培育万吨站活动。

按照国家统一要求，2001 年炼油与销售分公司开始对所属加油站进行税控改造工作，提出了：按需投入、税控一体、整机防爆的工作思路，并在工作中进行跟踪检查，确保加油机税控改造工作按时、保质、保量完成。截至年底，所属各单位已基本完成了加油机的税控装置的安装改造工作。为下一步迎接国家的费改税政策的出台做好了准备。

为了使加油站管理工作尽快走上规范化、制度化、科学化轨道，提升加油站整体管理水平，增强终端市场的竞争能力，2001 年炼油与销售分公司组织专家编辑了符合现代物流和配送原则的中国第一部加油站管理方面的规范——《中国石油加油站管理规范》。《规范》共十章 261 条，超过 20 万字。内容涵括了人力资源、客户和服务、油品物流管理、HSE（健康、安全、环保）、设备管理与维护、财务、非油品销售、信息等方面内容，并制定了中国石油加油站达标创星管理办法及考评细则。《规范》以客流、物流、资金流和信息流为主线，引进了先进的管理理念，具有较强的可操作性。《规范》编辑完成后，炼油与销售分公司首先对所属分公司经理、主管副经理进行了规范培训。

（王　磊）

【加油站合作项目】　2001 年炼油与销售分公司积极吸收国际先进的管理经验和成功的经营管理模式。通过接触，初步拟定了与日本出光公司合作，在中国石油所属加油站开展 TBA 项目试点销售的合作意向，迈出了加油站非油品销售项目国际合作可喜的一步。

2001 年，炼油与销售分公司在对日、美等国加油站经营管理模式认真研究的基础上，确立了在所属加油站开展便利店服务项目的工作方向，并且初步确定了合作伙伴。

（王　磊）

【成品油价格管理】　炼油与销售分公司经过一年多的运行，纳入统一销售的成品油不断增加，集中度逐步提高，其中部分油品价格的统一管理已相对成熟。以实现股份公司效益为中心，总结经验、完善管理，加强制度建设成为 2001 年股份公司成品油价格管理的主题。

1. 积极促进、落实国内成品油价格形成机制改革

针对 2000 年 6 月份国内成品油价格接轨新加坡市场后，其定价存在一定的盲目性，国内油价调整频繁，起伏过大的情况，通过搜集国际市场历史资料，进行了多方面的测算，积极建议、协助国家计委进一步改革完善国内油价形成机制。自 2001 年 10 月 17 日起，国家成品油价格机制进行了调整：国内汽柴油价格由单纯接轨新加坡市场变为接轨新加坡、鹿特丹、纽约三地市场，同时规定三地市场汽柴油离岸价平均变动超过一定幅度时，相应调整国内成品油价格；放开石脑油、灯用煤油、天然气等产品价格，两大集团对汽柴油零售价格的浮动幅度由 5%提高到 8%等，两大集团的定价权进一步扩大。11 月 22 日国家计委进一步规定，航空煤油仍然单一接轨新加坡市场，但自 2001 年 11 月 24 日起，其价格要在新加坡市场每月平均价格变动超过一定幅度后再做调整。股份公司认真贯彻落实了国家上述成品油价格政策。

2. 健全完善汽柴油内部出厂价格形成机制

为了真实反映各生产经营者的经营成果，最大限度地实现炼油与销售分公司经济效益，本着公平透明、合理可行的原则，自 2001 年 3 月份起，对股份公司汽柴油出厂价作价办法进行了新的规定。即东北大连地区炼油企业和西北陕甘宁炼油企业的汽柴油平均出厂价以当期国家出厂中准价为基础并高于出厂中准价确定，其他炼油企业比照合理的地区差价相应确定。此项机制的建立，不仅合理划分了炼油与销售企业的利益关系，而且体现了统一运作的整体优势，有利于生产企业合理安排生产，保证其更新改造与产品研发的正常进行。

3. 对润滑油基础油实行统一定价

股份公司润滑油实行统一经营后，对润滑油价格管理进行了合理划分。考虑到润滑油成品油品种、牌号繁杂、竞争激烈，市场化程度高的情况，其价格由润滑油分公司具体管理。从协调好炼化企业与润滑油公司利益及平衡润滑油成品油生产成本出发，润滑油基础油出厂价由股份公司炼油与销售分公司统一制定。年初，制定了上半年润滑油基础油出厂价作价办

法。在此基础上，为了进一步完善基础油价格形成机制，从保证润滑油基础油统一销售初期的顺畅运行，按照平稳过渡分步实施的思路，本着同一地区、同一品种、同一价格，优质优价、特质特价的原则，对下半年的润滑油基础油出厂价进行了重新确定，使基础油统一定价基本纳入了正常轨道，运行基本正常，为股份公司统一润滑油管理，集中力量树品牌打市场的营销发展战略起到了一定的积极作用。

4. 制定了非统配油品收购价格管理办法

为统一规范内部经营行为与市场秩序，加大成品油统一销售力度，制定了东北地区非统配油品出厂价确定办法，初步实现了非统配油品“统一收购、集中调配、定向销售”的目的。

5. 建立了适应市场变化的销售价格管理机制

为了维护成品油市场的正常秩序，适应成品油与国际市场接轨的形成机制，建立快速反应市场情况变化的成品油价格管理制度，按照国家现行成品油销售价格管理政策，给销售企业一定的价格浮动权，增强了它们的经营活力。

6. 强化了内部价格的协调制度

为了加强内部价格的管理与协调工作，炼油与销售分公司成立了价格领导小组，成员主要由炼油与销售分公司有关领导组成，负责研究协调确定炼油与销售分公司成品油内部价格。制定了价格领导小组的工作程序与规章制度。

总之，2001年股份公司成品油价格管理在着重制度建设与机制运行的基础上，体现了合理透明、贴近市场的管理原则。深化了成品油产销一体化的管理体制。

（吕东悦）

【炼油科技】 2001年炼油科研工作以“改善质量、降低成本、增加品种、提高效益”为中心任务，重点开展了清洁油品生产技术，重油深加工技术、润滑油、石蜡、沥青、三剂四大类产品的开发和新技术的应用推广。2001年炼油科研重点开展了以下几个方面的工作：

1. 适应国家环保要求，开发清洁油品生产技术

（1）搞好新型降烯烃催化剂、助剂的开发和应用。第一代降烯烃催化剂、助剂在大连、兰州、锦州、锦西、乌鲁木齐石化等炼油企业应用，取得降低烯烃8%—12%，同时保持汽油辛烷值90以上的较好结果。为汽油质量升级提供了一项低成本、少投入的有效措施。

（2）开展汽油回炼改质和汽油醚化技术研究，为汽油升级提供多项组合技术措施。

汽油升级不能靠单一手段，必须针对具体装置情况进行多项技术的组合以达到最佳效果。汽油回炼改质和轻汽油醚化是两项有效的措施。

①汽油进原提升管回炼改质，大庆石化、哈尔滨石化、大庆炼化等企业在2001年实施应用，取得明显效果，可降烯烃5%—10%，干气和升焦略有增加，同时可以增产柴油；

②新建一辅助提升管专用于汽油改质。2001年实验室研究表明可以降汽油烯烃20个单位以上，同时汽油辛烷值略有增加。

轻汽油醚化技术在抚顺石化公司已完成中试，取得降低汽油烯烃5%—7%，辛烷值提高1—2个单位的效果。2002年将用较少的投入恢复原25万吨/年的老装置，进行工业应用。

（3）搞好清洁汽油高辛烷值组分生产技术研究。2001年开展了清洁高辛烷值汽油组分生产技术的研究。

①在兰州石化进行了丁烯齐聚生产异辛烯工业实验，丁烯转化率80%—95%、丁烯—2单程转化率达到76%，高辛烷值异辛烯选择性达85%以上，RON辛烷值达到95—104。2002年继续进行加氢生产高辛烷值汽油组分及联产车用LPG工业试验，获得间接烷基化成套生产技术；

②进行了混合碳四烯烃水合合成碳四醇类的研究。碳四醇类可用作高辛烷值汽油调和组分，和作乙醇汽油的助溶剂，降低乙醇汽油的成本；

③继续开展催化汽油加氢异构脱硫降烯烃技术的研究、固体酸烷基化技术的研究，争取尽快取得突破。2001年还组织兰州石化分公司、吉化分公司开展了乙醇汽油调和、储存、运输实验，为股份公司开展实施乙醇汽油工程提供了技术支持。

（4）2001年还开展了生产低硫、低芳烃清洁柴油的高效加氢催化剂的研究开发，目前试验室研究工作已取得较好结果，争取2002年在大庆石化分公司、辽河石化分公司进行工业化试验。为满足新的更严格的清洁柴油标准做好准备。

（5）开展了新型高效催化柴油非加氢精制技术研究。该项技术在抚顺石化分公司进行工业试验取得良好效果，大幅度改善氧化安定性和色度指标，为解决部分没有加氢装置企业的催化柴油质量问题和降低炼油生产成本做出了重要贡献。

通过以上研究和试验工作，使几项行之有效的改善汽油、柴油质量的技术措施，得到尽快应用和推

广，为全面搞好汽油柴油质量升级提供技术支持。

2. 组织悬浮床重油加氢和两段提升管催化等重大炼油技术攻关

悬浮床重油加氢和两段提升管催化是具有重要创新的重大关键炼油技术，经过多年的研究开发已处于工业化的前夜。2001 年组织克拉玛依石化分公司、抚顺石化分公司、石油大学（华东）赴美国利用 HTI 公司的 1800 吨/年中试装置进行了中试，打通了工艺流程并取得物料和能量平衡数据。并针对中试中出现的反应器内结焦问题组织石油大学、清华大学开展新型反应器研究。2001 年底新反应器研究取得进展，新反应器冷模和热模试验取得成功，基本解决了反应器内结焦问题。2001 年底委托集团公司咨询中心进行了工业化实验的可行性评估，准备利用抚顺石化分公司闲置装置进行 5 万吨级悬浮床重油加氢技术的工业试验，目前可行性报告已通过集团公司咨询中心组织的专家论证，计划 2002 年在抚顺石化分公司进行 5 万吨/年的工业化试验。

两段提升管催化技术研究 2001 年也取得重大进展。研究表明用串联的两段提升管反应器取代原有的提升管反应器，构成新的反应—再生系统流程，借助催化剂整体活性及选择性的提高强化催化作用，可以达到提高转化深度、提高轻油收率、改善产品分布和提高产品质量的目的。2001 年已通过专家的评审，计划 2002 年 5 月份在石油大学胜华炼油厂 10 万吨/年催化装置上进行两段提升管催化技术工业化试验。

3. 巩固和加强现有特色优势产品，调整和改善产品结构

2001 年组织润滑油分公司、抚顺石化分公司、辽河石化分公司、石油大学等单位研究编制了润滑油、石蜡、沥青三类产品的技术发展规划，并提交炼油化工技术委员会进行了审查。2001 年重点组织开展了高档润滑油产品、高质量石蜡、高等级沥青等新产品开发。

（1）润滑油：润滑油公司成立后充分利用股份公司高质量加氢基础油在开发高档润滑油成品及配方复合剂化等方面取得重要进展，推动了润滑油产品的升级换代和结构调整，提高了整体盈利能力。2001 年完成 10W/40SH 汽油机油、15W/40CF－4 柴油机油、85W/90GL－5 车辆齿轮油、85W/90MT－1 手动变速箱油、HF－0 高压抗磨液压油等高档润滑油产品开发，并形成批量生产。这些研究成果在国内处于领先地位，部分项目达到了国际先进水平。开发的高质量内燃机油以良好的性能和优质的服务赢得用户信赖，成为东风汽车公司出厂汽车装车油；克拉玛依石化分公司针对高压加氢产品存在颜色变黄的现象，评选出了经济合理的复合添加剂配方，同时开发了溶剂精制—加氢组合工艺，改进了产品质量，通过了广东珠江三角洲地区橡塑企业的严格检测，满足用户的要求，开辟一个新的用户群。2001 年股份公司润滑油基础油和全损耗机械油等低档产品销售比例同比例降低了 5.3%，润滑油成品率同比提高 7.7%，高档润滑油比例达到 27.8%，同比提高 8.6%。

（2）石蜡：大连石化公司研制的熔膜铸造蜡在西安中飞机械制造公司选择具有代表性的飞机发动机零件进行使用试验，蜡的流动性、稳定性、成型性、焊接性、涂挂性以及重复性等完全满足使用性能要求，可以替代进口，西安中飞机械制造公司已来函预购熔膜铸造蜡。该产品形成批量生产。开发的汽车底盘防护蜡、水果保鲜蜡等产品都深受市场欢迎，推广应用后有明显的经济效益和社会效益。

抚顺石化分公司开展了“石蜡调和工艺研究”，考察了调和蜡熔点、含油、特别是碳数分布的变化规律，研究了调合经验公式，降低了石蜡调合成本，提高了成品石蜡质量，根据测算吨蜡增加效益 200 元以上，目前已建成了 20 万吨/年工业装置，将大幅度提高石蜡生产水平和经济效益。

抚顺石化分公司还开展了喷雾脱油新技术的研究，可显著改善微晶蜡质量和降低微晶蜡生产成本，2001 年进行了中试并取得成功，为 2002 年建设微晶蜡工业生产装置奠定了基础。

（3）沥青：2001 年辽河石化总厂和兰州石化分公司分别建设了 5 万吨/年 SBS 改性沥青装置，并投入批量生产。辽河石化总厂采用欢喜岭重交通道路沥青为原料生产的改性沥青产品具有很好的使用性能，产品质量达到国际同类产品先进水平，并应用到北京平安大街和中南海环路改造工程中。2001 年获得集团公司技术创新二等奖。

克拉玛依石化分公司在 2001 年完成了改性沥青中试。产品通过了新疆高速公路管理局的检验，25 吨产品应用在小草湖高速公路段。为 2002 年 5 万吨/年改性沥青工业装置的投产，奠定了市场基础。克拉玛依石化厂研制的水工沥青、改性机场沥青在三峡水利工程和西部机场改造等国家重点工程中被指定为专用产品。

股份公司润滑油、石蜡、沥青新产品逐步成为炼油企业效益增长点。

4. 大力推广使用新技术、新工艺、新设备，降

低炼油生产成本

2001年加大了科技成果的宣传力度，不定期发布新技术、新产品开发信息，组织新技术交流推广会，促进科技成果商品化，降低炼油生产成本，提高经济效益。2001年重点开展了催化裂化新技术、汽油降烯烃生产技术、柴油非加氢精制、润滑油非加氢精制、增产柴油催化剂、先进和优化控制等技术和产品的推广应用。克拉玛依石化分公司应用催化快分VQS技术对催化装置进行改造，提高了掺炼重油的能力，降低了干气和升焦，年增效2000万元以上；乌鲁木齐石化分公司应用LBO－2降烯烃催化剂取得明显降烯烃效果，为汽油升级寻找到一项低成本措施；抚顺石化分公司开展了柴油非加氢精制技术的应用，将大幅度降低生产成本；独山子石化分公司、大连石化分公司大力在炼油装置实施先进控制和优化控制，提高了过程控制水平，直接从生产过程获得效益，8到10个月就可以收回投资，取得明显效果。

5. 组织炼油企业搞好与国外公司的技术合作和技术交流

目前股份公司炼油企业在生产技术和企业管理等方面与国外大公司相比都有较大差距，开展与国外公司的交流，了解掌握新技术发展趋势，更新观念，提高技术和管理水平具有重要意义。2001年公司与美国索罗门国际咨询公司合作，对六个炼油企业进行了竞争能力评价分析，并引进国际先进管理经验，建立科学合理的炼油绩效评价考核体系。2001年组织了有关企业的技术、财务人员参加的竞争能力评价分析数据采集方法的培训班，并和索罗门公司专家一起深入企业指导、校核有关数据。

2001年组织与UOP公司进行了清洁油品生产交流；与美国HTI公司合作进行重油悬浮床加氢中试，促进重油悬浮床加氢技术早日工业化；与Lummus公司、法国石油研究院、加拿大油砂研究所进行重油加氢技术交流；与哈萨克斯坦石油研究院进行汽油、柴油加氢技术交流等。

6. 科研项目的管理得到进一步加强

2001年炼油与销售分公司根据科技项目管理规定，加强对科研项目进展的检查监督，并对重油悬浮床加氢、两段提升管催化技术等重大和周期长的项目组织专家进行了中间评估，确保科研项目向正确方向发展。对完成项目合同任务的芳烃抽提溶剂过滤新技术、新型催化剂等20多个项目组织专家进行鉴定，促进了新技术的转化。

各地区分公司也通过采取各种措施强化科技管理。如：对股份公司重点科研项目都成立攻关组，由主管领导专门负责。加强了对项目进展的控制，在项目主要承担单位内部坚持按季度考核，落实专业管理考核办法，加强对科研项目的考核力度，使课题能按进度完成。强化了地区分公司技术委员会的作用，通过对科研项目阶段评估，及时对课题的运行提出指导性意见。

对有所创新、形成股份公司自主知识产权的技术，按照股份公司有关规定及时组织研究单位申报专利，2001年已有重油悬浮床加氢、两段提升管催化等50个技术项目申请国内、国际专利，维护了股份公司权益。

7. 研究、建立符合专业公司特点的科技开发新体系

入世后炼油行业将直接面对国外大公司的竞争。中国石油必须有一支高水平的科研队伍。初步设想对炼油企业内部科研机构进行调整、重组、联合社会高水平科技开发力量，建立重油加工技术、加氢技术两个工程技术研究中心和润滑油、石蜡、沥青三个产品开发中心。逐步建立股份公司内炼油科研开发新体系，在催化裂化和重油加氢裂化等领域形成一批具有自主知识产权和较强竞争能力的核心技术，为提高股份公司炼油业务竞争能力提供技术支持，使科技真正发挥第一生产力的作用。

（马　安）

【管理信息系统】　“成品油销售管理信息系统”是股份公司信息管理系统的一个重要组成部分。1999年3月，集团公司科技发展部批准成品油管理信息系统的研究立项。1999年12月份，完成了总体方案的研究，由股份公司科技信息部组织专家论证通过。2000年4月该系统的可研报告由股份公司规划计划部组织专家评审通过并纳入了股份公司的信息管理系统。2000年6月，根据销售业务发展的需要，决定先实施该系统的基础部分：包括涵盖生产业务数据的炼厂产、销、存信息系统、以成品油销售商流业务数据为主线的购、销、存系统、以加油站零售业务为主线的IC卡零售信息系统。

在股份公司和炼油与销售分公司领导的大力支持和大家的共同努力下，目前产、销、存信息系统已经投入使用，购、销、存信息系统已通过试运行，即将转为全系统正式运行，零售管理信息系统试点已在13个省（市）的城市和华北公司展开，其中鸡西市、兰州、乌鲁木齐项目已经通过验收。

1. 购、销、存信息系统

"购、销、存信息系统"在 2000 年 7 月开始启动，经过多次修改完善测试后，于 2001 年 3 月在东北地区的黑龙江、吉林、辽宁、大连和华北地区实施。5 月份开始对西北地区的甘肃、宁夏、青海、新疆、内蒙古、陕西省公司实施。11 月又在四川、重庆、西南大区公司实施。2001 年完成了整个区内和华北、西南两个大区公司共计 150 个地州市公司 880 个营业室、396 个油库系统安装、调试和试运行工作。

2001 年 12 月东北三省一市、内蒙古及华北大区公司开始正式上传数据。

为确保系统的正常运行，2001 年总部集中组织培训了四期业务操作员应用培训班，培训了业务骨干 285 人；三期系统管理员培训班，培训系统管理员 192 人。又配合各省市分公司对其下属公司的系统管理人员和基层业务操作人员进行了技术培训。目前完成了 12 个省（市）公司、2 个大区公司业务操作人员现场的技术培训工作近 30 多次。通过购、销、存信息系统的推广应用，为各级公司培养了一大批即懂专业、又熟悉计算机操作的复合型人员，为将来的企业发展打下了良好的基础。

通过购、销、存信息系统的应用，以新的营销管理理念改革不合理的传统工作方式和旧的思维模式，减少各主要环节的经营随意性，堵塞因管理造成的部分漏洞。通过该系统的使用，建立了一套自下而上统一的购、销、存业务管理流程，使各项管理更加透明化，更加科学化，更加制度化，更加规范化。

通过购、销、存信息系统的应用，使过去的月数据统计细致到日数据统计，使业务信息更加及时、准确，使业务数据资源达到了充分共享。各级领导通过该系统可以随时了解企业生产、销售、采购、库存、价格等各部门的实际运营情况，随时发现经营中的各种问题，并及时采取措施加以解决，提高市场应变能力。

2．产、销、存信息系统

"产、销、存信息系统"从 2001 年 3 月开始进行系统需求调研，5 月完成了"产、销、存信息系统"的 V1.0 版软件开发工作。"产、销、存信息系统"的主要功能：采集炼厂每天的生产数据，包括原油进厂、加工、主要产品产量、成品出厂等数据以及与生产活动相关的计划数据、库存数据。从炼厂向总部传输汇总数据。总部能对以上数据进行统计查询、分析。

为了尽快实施与推广该软件，6 月份集中举办了"产、销、存信息系统"推广应用培训班，参加培训的有 28 家炼厂共计 70 余人。经过现场培训，大家掌握了系统安装及操作步骤，且独立完成了系统的软件安装和试运行工作。

通过试运行，进一步对软件进行了修改完善，并于 12 月对版本做了升级，同时也举办了升级培训。目前，"产、销、存信息系统"已在炼油与销售的 28 个炼化企业开始了应用。

3.IC 卡零售信息系统

IC 卡零售信息系统开始在大连市、鸡西市、兰州市、乌鲁木齐市、西宁市、银川市、重庆市、成都市、西安市、沈阳市、长春市和哈尔滨共 12 个中心城市全面进行试点建设，共建立 12 个数据中心，完成 329 座加油站的网络连接，在 1474 台加油机、2195 条加油枪上进行卡机联动改造，完全实现加油机插卡自动加油、自动结算，加油信息自动传至加油站后台，然后上传市数据中心。试点过程中发行各类加油卡一万余张，向社会发行 4412 张司机卡，卡片储值 3480 万元。

2001 年 5 月 31 日，同中国工商银行签订"牡丹中油联名智能卡项目"合作协议。按照双方合作目标和任务，完成了项目各项技术标准的制定工作，包括卡机联动加油机规范、非卡联网加油机规范以及牡丹中油联名卡结构规范。并在华北五省二市启动牡丹中油联名智能卡项目的建设工作，北京市加油卡系统还能够实现牡丹中油交通卡的应用。

2001 年公司还组织编制了炼油企业管理信息系统建设方案，根据炼油与销售分公司目前需要，拟先建立先进计划调度系统。炼油先进计划调度系统是股份公司管理信息系统总体规划中炼油与销售专业公司的重要内容，主要是搞好原油资源的优化分配、专业公司和地区分公司两个层次的优化加工、生产的油品优化运输的全流程优化，对提高炼油管理水平和经济效益具有重要意义。目前，此项目正做前期工作。

（方 琳 周宝霞）

【固定资产投资】 固定资产投资在资金不足的情况下重点保炼油基地项目、提高产品质量项目和降本增效项目，销售网络重点放在一、二级油库配套建设和区外及区内外交界地区加油站建设项目。

1．炼油投资

全年炼油业务建设项目 167 个，其中 5000 万元以上项目 40 个，投资 49.8 亿元；2000 万—5000 万元项目 20 个，投资 4.1 亿元；2000 万元以下项目 107个，投资 6.5 亿元。

年初年度投资计划安排 47.4 亿元，股份公司追加 13 亿元用于解决产品质量，全年总投资为 60.4 亿元。年底实际完成 55.28 亿元。

重点项目主要有大连 350 万吨/年重油催化，兰州 300 万吨/年重油催化，大连 60 万吨/年连续重整、450 万吨/年蒸馏、抚顺 120 万吨/年柴油加氢，辽河 80 万吨/年重交沥青，锦西石化、华北石化、玉门炼化、克拉玛依石化、大庆炼化等企业的柴油加氢和部分重整项目，抚顺一厂东蒸馏改造、酮苯脱蜡等。

2. 成品油销售投资

2001 年销售企业固定资产投资继续以实现股份公司成品油经营大流通、大网络、大效益的战略目标为宗旨。销售网络建设继续贯彻一级集散、二级批发、三级零售的三级网络开发思路。随着中国加入 WTO，市场开放进程的加快，资源的多样性是市场开放的必然结果，成品油市场竞争不可避免地向全方位发展。面对新的竞争态势，经营策略已经从"规范区内、发展区外"向细分市场发展。根据各地市场和竞争特点，将市场细分为纵深市场、交界市场、边缘市场、沿海和西南市场，按不同市场定位确定了不同的营销策略。为此在销售网络建设上要进一步完善投资策略。要按不同市场定位，确定不同的投资重点。使销售网络建设做到整体布局合理，投资重点突出，资金使用合理。

在项目管理方面，针对销售网络投资具有极大的分散性、不确定性和决策时间紧、风险高，管理难度大的特点。2001 年修订了《关于销售网络建设项目与投资计划管理的暂行规定》，进一步规范项目建议书、可研编制、上报、审批环节，推行项目经理责任制。要求各类投资项目必须遵循规划—计划（年度）—可研—评估—审批—实施—投产—后评估的程序，做到科学管理，使投资管理更加规范。为适应加快加油站建设速度的要求，及时出台了《关于加油站建设项目投资管理的暂行办法》，并针对项目执行过程中出现的一些问题，提出了加油站建设过程中的注意事项，要求各单位加强前期工作，力争在立项时就要保证投资效益，最大限度地规避投资风险。各单位成立了专门的项目评审委员会，按项目管理的程序和要求，对投资项目逐级把关。

对限上项目严格按《暂行规定》的程序进行评审，配合规划计划部抓紧重点项目前期评估、论证。重点抓好兰成渝成品油管道配套工程、一级库、油轮合作等项目的立项、评估、论证工作；牵头做好北京市液化气配送中心项目的筹建工作。

2001 年 5 月，对区内黑龙江、吉林、辽宁、内蒙古、陕西分公司的加油站建设以及油库设施现状等情况进行了调研，期间考察了 15 个市（地）县公司的 150 余座加油站和 12 座油库，通过上百个项目的抽样调查，客观评价了 2000 年项目投资的执行效果，对发现的问题限期改正，对续建、新开工程进程进行督促，并对下半年工作任务、投资计划进行适当压缩，控制了工作进度。

计划安排上尽量做到资金量与工作量的总体平衡，重点安排销售网络建设和储运设施安全改造，严格控制非生产性投资项目。在年度计划确定后，落实季度投资计划，掌握和检查工作进度，成熟一批下达一批，确保全年网络建设任务的完成。

2001 年投资完成 66 亿元，其中销售网络投资 64.1 亿元，技术改造投资 1.4 亿元，非安装设备 0.4 亿元。网络建设投资中区外市场和区内交叉市场总投资为 56.2 亿元，占总投资的 85%。

油库投资 9.8 亿元，共新增库 25 座，改扩建库 18 座，新增库容 76.2 万立方米，新增年分销能力 400 万吨。重点项目有深圳美视库、秦皇岛永晖库、台州华源库、汕尾四海库、承德双兴库、河南平顶山库、重庆白市绎库、锡林浩特库、甘肃陇西库、临洮库、成县库等。

加油站投资 54.1 亿元，共新增 1841 座，改扩建 432 座，新增年零售能力 550 万吨。重点项目有北京小西天站、重庆万州东方站、华东蛇口加油站和吉林长通加油站等。

（岳　立）

【建设项目管理】　2001 年建设项目管理坚持以效益为中心、以质量为重点，全面推行项目管理，落实项目经理负责制，理顺管理体系，完善规章制度，严格控制投资，促进工程建设管理上水平，确保工程优质高速建成，投产一次成功，安全、平稳运行，实现投资效益最大化。年底，建设项目管理的任务和目标基本实现。

1. 强化项目管理，完善规章制度

为了加强对工程建设项目的管理，提高管理水平，年初下发了《关于印发〈中国石油天然气股份有限公司炼油与销售分公司工程建设项目管理 2001 年工作要点〉的通知》（油炼销字［2001］70 号）、《关于印发〈中国石油天然气股份有限公司炼油装置与成品油储运设施建设项目初步设计审批管理办法〉的通知》（油炼销字［2001］24 号）、《关于印发〈中国石油天然气股份有限公司炼油与销售分公司建设项目工程建设总体部署编制办法〉的通知》（油炼销字［2001］231号）和《关于做好炼油装置与成品油储运设施工程建设进度统计报表工作的通知》（油炼销函字［2001］87号）四个管理文件，明确了全年的建设任务和管理目标，规范了项目管理，取得了良好的效果。新上建设项目全部按照基本建设程序执行。

2. 落实项目经理负责制

2001年，锦西石化分公司、锦州石化分公司新成立了工程管理中心；为了加强对“十五”重点炼油基地建设项目的管理，大连石化分公司和兰州石化分公司均成立了炼油基地建设领导小组和项目管理机构，至此炼油板块归口管理的地区公司均成立了项目管理机构。在销售板块，为了加强对兰成渝管道配套油库建设工程的管理，西北销售分公司、甘肃销售分公司、四川销售分公司、西南销售分公司及重庆销售分公司所属油库建设项目均成立了项目管理机构。项目管理机构的职责是负责工程建设，招投标、设计、施工、设备材料采购、工程质量监督和竣工验收。

3. 加强对重点炼油建设项目初步设计审批的管理

对重点炼油建设项目初步设计实行预审制度，即重点建设项目初步设计在向股份公司报批之前，地区公司应组织对初步设计的预审查，初步设计上报后，由炼油与销售分公司和股份公司规划计划部共同组织各部门处室人员和国内相关技术专家对初步设计进行审查，最后由股份公司领导签发后批复，实现初步设计批复前的地区公司和股份公司两级把关，使初步设计方案得到了进一步优化，投资得到了合理控制。2001年炼油与销售分公司新上重点（2000万元以上）建设项目共计25项（新上炼油重点建设项目19项，新上成品油库建设项目6项）。截至年底，已组织了对22项重点建设项目初步设计的审查，其中已批复18项。已批复的14个炼油建设项目，初步设计批复概算同可研批复投资相比，节省投资5.0%，同上报概算相比节省投资10.0%；已批复的四个成品油库建设项目，初步设计批复概算同可研批复投资相比，节省投资1.0%，同上报概算相比，节省投资5.0%。

4. 全面推行招投标制

2001年，公司要求对重点建设项目的建设监理、工程设计、物资采办、工程施工等承建单位一律通过招投标择优选择，各地区公司认真地予以落实，确保了工程质量、工期，控制了工程投资。如大连石化分公司的二蒸馏装置改造工程和60万吨/年连续重整抽提装置新建工程初步设计分别于2001年5月和8月批复。按计划两工程当年投产，因此建设任务重、时间紧。通过招投标选择了施工队伍后，两项已分别于8月28日和10月22日中交，目前已投产，工程从施工到投产进展顺利。

5. 建设项目完成情况

2001年续建和新建的重点建设项目目前进展顺利，没有发生任何质量事故。续建项目，如大连石化分公司的热电厂改造工程已竣工投产，锦西石化分公司的100万吨/年柴油加氢改质工程和60万吨/年连续重整装置工程基本建成并具备中交条件，辽河石化分公司80万吨/年重交沥青技术改造工程的氧化沥青装置已建成投产。新建项目，如大连石化分公司的二蒸馏装置改造和60万吨/年连续重整抽提装置新建工程已实现“当年审批，当年建成投产”，大连石化分公司的350万吨/年催化裂化装置改造工程已于5月28日开工，土建、地下隐蔽工程开始施工；兰州石化分公司300万吨/年重催工程场坪已完，主装置基础开始施工；其他提高产品质量的工程进展顺利，预计到2002年年底全部建成投产。

【成品油储运设施】　2001年销售系统共有油库908座（含租赁20座），总库容870.55万立方米（含租赁54.64万立方米）。其中股份公司油库370座（含租赁20座），总库容726.32万立方米（含租赁54.64万立方米）；铁路专用线263.073千米；成品油长输管道528千米；铁路槽车1079辆；油罐车1822辆。

（朱华锋）

【安全环保】

1. 开展HSE管理工作

2001年是实施第十个五计划的第一年，做好2001年安全生产工作，对于炼油与销售分公司开好头、起好步至关重要。为此，我们坚持“安全第一、预防为主”的方针，从“讲政治，保稳定，促发展”高度，切实提高对安全生产工作重要性的认识。2001年1月至12月，炼油与销售分公司发生生产责任死亡事故一起。重大事故发生率为百万工时0.005起，保证了生产的正常运行。

（1）按照股份公司安全生产会议精神，结合炼油与销售分公司实际，年初下发了《中国石油天然气股份有限公司炼油与销售分公司2001年安全工作要点》，明确了全年工作目标和重点工作，对全年安全管理工作做出了安排。

（2）建立安全监督体系，重点抓责任制落实。炼油与销售分公司配备了专职安全总监，各地区公司配备了专（兼）职安全总监，车间有安全监督，班组有安全员。

（3）在修订完善安全合同样本的基础上，与职工签订《安全生产合同》。年初各单位完成了与重点岗位员工的安全合同的签订工作，目前正在向全体员工范围拓展，计划明年初完成。

（4）细化关联交易内容，严格关联交易管理。

（5）加强对外承包商的安全管理工作。

2.继续推进HSE管理体系工作，努力提高健康、安全、环保工作综合管理水平

（1）完善体系，稳步推进。为推进、改善炼油与销售HSE管理体系的实施，正式下发《炼油与销售分公司HSE管理体系专业指南》，作为整个板块的指导性文件。12月组织各地区公司进行了HSE内审员的培训工作。为此，HSE管理体系已在炼油与销售分公司各所属公司中全面建立。

（2）完善安全组织建设，明确机关安全职责。为保持炼油与销售分公司HSE委员会工作的连续性，2001年4月23日召开了第二次HSE委员会，结合炼油与销售分公司实际，对部分HSE委员进行调整，并重新划分了委员承包责任区。

3.修订并完善了各项安全管理规定，继续做好“建章立制”工作

2001年把安全工作重点放在炼化企业上，9月份出台《中国石油天然气股份有限公司炼化专业关键生产装置和要害部位安全管理规定》、《中国石油天然气股份有限公司炼化专业工业用火安全管理规定》、《中国石油天然气股份有限公司炼化专业有限空间作业安全管理规定》、《炼油化工企业安全台账管理规定》、《建设项目劳动安全卫生监督管理规定》、《炼油化工企业防雷安全技术规定》、《安全卫生技术装备管理规定》、《炼油化工企业防静电安全技术规定》、《炼油企业安全检查表》等12项安全管理规定。同时组织编写了《炼油企业安全培训教材》，计划明年试行。

4.加强对各分公司安全检查、监督工作

（1）按照国家、股份公司有关安全活动的通知精神，安排整个板块的安全工作。公司先后转发股份公司《关于转发国家经贸委〈关于加强安全生产工作确保“两会”顺利召开的紧急通知〉的通知》、《关于加强当前安全生产工作和开展2001年“全国安全生产周”活动的通知》及督促各分公司积极贯彻落实股份公司安全生产电话会议精神。结合第11次“安全生产周”，大力开展“落实安全规章制度，强化安全防范措施”活动。所属10家归口管理的炼油企业及18家销售分公司、1家海运分公司积极投入到活动中。

（2）针对安全生产、节假日的具体情况和特点，做好安全指导工作。炼油与销售分公司先后下发了《关于做好春节期间安全生产工作的通知》，《关于加强“五一”节日期间安全生产工作的紧急通知》（油炼销传字［2001］127号）、《关于加强国庆节期间安全生产工作和组织安全生产检查的通知》（油炼销传字［2001］254号）。针对七月份炼厂及销售公司库存上升的情况，及时下发了《关于现阶段加强安全工作的通知》。第二季度以来，销售工作及工程建设工作进入繁忙期，下发《关于加强工程建设、检维修工作安全管理的通知》（油炼销传字［2001］137号）要求加强防范措施，确保安全生产。

（3）及时通报哈尔滨、兰州石化分公司事故及系统外事故，使各单位引以戒。公司分别下发了《关于哈尔滨石化分公司供排水车间“8.3”事故的通报》、《关于兰州石化分公司“11.14”事故的通报》、《关于转发辽宁销售分公司〈关于整顿规范石油市场确保安全生产的紧急通知〉的通知》、《关于兰州一个体加油站爆炸事故的通报》，达到警钟长鸣的目的。

（4）认真组织炼油与销售分公司2001年度安全检查工作。为此，分别下发了《关于开展炼油与销售分公司2001年度安全生产检查的通知》、《炼油与销售分公司2001年度安全生产检查的通报》，并专门集中进行培训和总结。此次检查工作得到炼油与销售分公司领导的高度重视，在生产工作压力较大的情况下，共组成4个炼厂、15个销售企业，96名安全管理技术人员参加的检查组，采取交叉的方式进行检查，对归口管理的12家炼油企业、15家销售企业的安全管理工作进行了检查。分别检查了12家炼厂的120套主要装置和重点要害部位及15家销售分公司的105座油库、83座加油站。查出各类问题2574项，其中炼油企业583项，销售企业1991项。

（5）安全工作应防患于未然，做到未雨绸缪。为合理安排使用技术改造资金，对有安全隐患的储运设施优先安排整改，上半年下发了《关于上报2002年储运设施隐患整改和技术改造项目计划的通知》，下半年对上报情况进行了分类和研究，并制定了实施方案。同时配合计划处对2001年地区公司隐患整改、技术改造项目进行了审查。

同时，进行现场调研，发现了吉林销售分公司、宁夏销售分公司、华北销售分公司的部分油库安全隐患，并提出了整改意见。

（6）严格按“三同时”要求，把好安全“源头关”。组织做好对建设项目的安全预评估工作，确保新建、改扩建装置的本质安全。全年分别组织了“锦

州石化分公司原油进厂及液化气下海工程劳动安全卫生预评价报告书”等三项改造工程劳动安全卫生预评价报告书的审查工作，抓住了安全生产工作的源头。

(7) 做好安全预评估工作。委托华东院安全卫生预评价所对归口管理的十家炼厂进行安全评估工作，在编制《安全评估大纲》基础上，完成了前郭、兰州、锦州、哈尔滨石化分公司四家炼厂现有装置的《风险评估报告》，为隐患整改提供依据。

5. 做好安保基金的收缴、管理以及灾害损失理赔工作

(1) 全年炼化企业（12 个）、销售企业（18 个）共上缴保基金 1.5 亿元。

(2) 按照《股份公司安全生产保证基金管理办法》规定，对西藏销售分公司（78.9 万元）、华北石化分公司（17.5 万元）、甘肃销售分公司（12.3 万元）等受损投保企业及时进行了调查和理赔工作，使重建工作顺利进行。

(3) 根据股份公司有关规定，建立科学有效的激励约束奖励机制，年初评选出 4 家安全生产先进企业、24 家安全先进车间、站库、6 家安全先进处室并同时对有关安全管理人员 164 人进行了奖励。

（陶　辉）

【质量管理】 2001 年，炼油与销售分公司在股份公司的正确领导下，狠抓油品质量管理，从组织机构入手，建立健全质量保证和监督体系，使 2001 年质量管理取得较好的成绩。

1. 建立健全组织机构，完善质量监督保证体系

产品质量是企业的生命线，是经济效益的保障。为加强油品质量管理，2001 年炼油与销售分公司组建了质量技术监督处，专门负责公司产品质量管理工作，同时组建大连、兰州两个石油产品质量监督检验中心，并在东北、西北、华北、华东和西南五个大区销售分公司设立了专门的质量管理机构，各省市销售公司设立了质量管理监督岗，加上炼厂已有的质检机构，在组织机构及人员配备上形成了一个从油品出厂、储存、运输到销售的立体、交叉质量保证监督体系。在此基础上组织大连、兰州质检中心通过了国家计量认证，保证了出具数据的权威性和公正性。

为进一步完善销售系统质量保证体系，加强销售系统质量管理，在销售系统主要油库投资建立化验室，保证油品交接环节的质量控制。同时加强质检人员的培养，先后安排大连、兰州和大庆质检中心进行了四期、200 余人的质量检验员培训。销售企业质检人员素质得以提高，使质量监督工作有了组织上和技术上的保证。

2. 加大监督检查力度，保证油品质量

2001 年组织大连、兰州以及大庆石油产品监督检验中心，对所属地区分公司生产、经销、采购的车用无铅汽油进行了产品质量监督抽查，全年共抽查车用无铅汽油 429 批次，涉及 41 家所属生产、销售企业，有效地促进了企业提高质量管理水平。在国家二季度三大城市车用汽油质量抽查中，中国石油所属加油站合格率高达 92.6%，其中上海和广州加油站合格率达到 100%，总合格率在全国名列前茅。

【计量管理】 油品计量与公司利益息息相关。2001 年的计量管理工作坚持“外树形象、内降损耗”原则，在继续强化成品油贸易计量、加强成品油计量过程控制的基础上，进一步加强油品内部交接管理。以下海成品油计量交接为突破口，通过现场调查、跟踪、讨论、研究，制定并下发《下海成品油计量交接管理细则》，使油品损耗得到了有效的控制。同时进一步加强计量人员培训、考核，做到了参加计量交接人员持证上岗。

【标准化管理】 2001 年，在成立炼油与销售专业标准化技术委员会的基础上，组织召开了第一届专标委年会，审议通过了《专标委章程》、《专标委秘书处工作细则》、《专标委经费管理办法》等文件，并对《石脑油》和《润滑油基础油》标准进行了表决，调整和补充了新的专标委委员，建立了由 73 名专家组成的数据库。通过近一年的探索和实践，炼油与销售的标准化工作基本走上了规范化管理的道路。为今后进一步加强炼油与销售方面的标准研究和制定工作奠定了基础。

（叶鑫午）

【中国石油润滑油公司】

1. 润滑油公司组建情况

中国石油润滑油业务经过 40 多年的发展，已成为中国最大的润滑油生产商和供应商。但由于分散经营、各自为战，没有充分发挥出我们在资源占有、生产能力和科研等方面的优势。为此，股份公司上市后，作为持续重组战略的一个重要举措，将润滑油业务作为一个业务单元，进行重组、整合，组建中国石油润滑油公司，对润滑油的生产、科研和销售实施集中统一管理。以适应市场经济的需要，充分发挥优势，最大限度地占领市场，最大限度地增加利润，提升润滑油业务的价值，提升股份公司的价值，形成新的增长点。

根据股份公司管理层的决定，2000 年 3 月，炼

油与销售分公司组织专门人员，对润滑油行业和市场情况开展调研，提出组建润滑油公司的设想。7月12日，董事会第六次会议通过决议：同意设立润滑油分公司。10月12日，股份公司和集团公司党组任命了总经理和党委书记。10月23日，任传俊高级副总裁主持召开总裁办公会，听取润滑油公司组建方案的汇报，确定了润滑油公司的业务范围、机构设置及人员配备等问题，标志润滑油公司开始筹建。10月25日，股份公司印发了《关于组建中国石油天然气股份有限公司润滑油分公司有关问题的通知》，明确提出润滑油公司"资源统一配置，产品统一标准，网络统一布局，价格统一管理，科研统一组织，集中力量推出名牌"的经营战略。11月9日，任传俊高级副总裁主持专门会议，确定润滑油科研、生产调和、销售的划转原则。11月22日至12月3日，在人事部主持下，基本完成克拉玛依、独山子、兰州、大庆一厂、大庆二厂五个调和厂和兰州、大连两个研究院的划转工作。11月26日，股份公司公开招聘润滑油公司副总经理和总会计师。12月7日，公司完成工商注册。12月12日，股份公司人事部宣布各润滑油厂负责人。12月19日，润滑油公司正式挂牌成立。20日，任传俊高级副总裁出席润滑油公司干部会议，宣布领导班子，提出工作要求。至此，按照股份公司管理层的要求，润滑油公司初步完成了组建工作。

到2001年底，公司共拥有七个润滑油厂、六个销售中心和两个研究开发中心分部，公司机关设"五部一室"，即：计划部、财务部、销售与市场开发部、生产技术部、人力资源部和总经理办公室。公司总资产326346万元人民币，固定资产原值127171万元人民币，员工2803人（含租赁企业）。可生产13个大类近300个牌号的润滑油产品；建立了覆盖全国的营销、服务信息网络；润滑油科研能力在国内处于领先水平。

2. 生产经营

2001年共接受基础油131万吨，生产润滑油成品油90.3万吨。实现主营业务收入330390万元，产品平均销售收入3180.48元/吨，比原各炼化公司2000年平均收入2506元/吨提高674.48元/吨，上升了26.9%。产品结构改善，高档油占润滑油总量的比例提高8.5%；成品油销售比例提高7.7%，基础油+全损耗油+HL油的销售比例降低5.3%。

3. 企业管理

2001年，润滑油公司以"五统一、一集中"经营战略为指导，以股份公司领导提出的"最大限度开发市场、最大限度提高经济效益"为奋斗目标，全体员工团结一致，按年初制定的"千方百计增加销售收入，千方百计降低营运成本，千方百计严格内部管理"的工作目标开展工作，完成了股份公司下达的生产经营任务，整合润滑油业务、实行集中统一管理见到明显成效。

（1）资源统一配置结束了多年分散经营的局面，实现了特点突出，流向合理，优势互补。润滑油公司组建以后，首先在合理利用好资源上做文章。在摸清各企业基础油特点的基础上，确定东北地区重点发展中高档内燃机油；西北地区重点发展中低档内燃机油、电器用油、橡胶油、船用油和工业用油，改变了过去各企业都在品种上追求多而全，重点不突出的局面，为充分发挥资源特性，集中优势形成拳头产品，创造了条件。

在内部资源调配方面，把西部地区多余的BS油调给重组分不足的东北地区，实现了内部组分互供，替代进口；把大庆二厂的异构脱蜡油供给大庆一厂，大连厂，实现了优质资源的优化利用；把独山子船用油的品牌优势同大连地处沿海，贴近市场的优势有机结合起来，实现了品牌、资源、技术、市场的优势互补，进一步挖掘了现有产品的市场潜力。同时，实现了各企业在市场信息、销售网络、库存空间、运输设备等方面的统一安排、互相调剂，大大提高了各种资源的使用效率。

（2）统一标准为提高产品质量，实现产品生产、销售规范化奠定了基础。统一标准是实现润滑油生产、科研、销售规范化的先决条件，公司从开始组建，就把统一标准作为一项重点工作来抓。公司充分利用现有科研力量，历时10个月，将现有100多个牌号的基础油标准进行了修订归纳，制定了中国石油系统润滑油基础油标准；历时11个月，对润滑油产品进行统一分类和命名，制定出286种产品标准和产品目录，结束了中国石油系统润滑油基础油和产品多年来没有统一名称和标准的状况。

在对基础油适应性进行深入细致研究的基础上，通过大量试验工作，对各企业产品配方进行了质量、经济性能的综合评价，确定并推广了部分经济配方；使用量大、对产品质量影响较大的添加剂品种，实行了技术准入制度，由公司统一组织招标采购。

（3）统一产品销售和价格制定工作，发挥行业整体实力的主导作用。公司组建之后，我们牢记股份公司领导"要树立强烈的市场观念，没有市场就没有润滑油业务生存和发展"的指示精神，始终把销售工作作为公司的核心业务来抓。从 2001 年 1 月 1 日正式运作开始，就实行了计划管理下的销售。根据市场需求，按照流向合理、效益最佳的原则，统一调动各地资源，统筹安排各企业的仓储能力和运输设施，并利用掌握资源的优势，采用全国市场协调一致，统一制定价格，同时针对不同时期，不同地区的市场变化情况，发挥价格杠杆的作用，积极抢占商机，大幅度地提升了润滑油的销售价格，获得了较好的经济收益，起到了主导市场的作用。彻底改变了中国石油润滑油业务过去分散经营时期，内部企业之间无序竞争的局面。

在统一组织销售的同时，按网络统一布局的原则，着手建立统一的销售体系。在历时两个月，深入进行市场调研及驻外销售机构人财物调研的基础上，对各企业的驻外销售机构进行了整合，把全国市场划分为六个大区，组建了销售中心，赋予其管理、销售、信息和服务四大职能，初步形成了销售人员贴近市场前沿，产品、库存贴近市场前沿，强化管理，强化服务，以市场为核心，以计划为导向，层次分明的销售网络，为进一步建成覆盖全国，不断向终端延伸、专业化、规范化的营销和服务网络奠定了基础。

（4）紧密配合生产和市场开发，统一组织科研力量。科研是润滑油发展的基础和保障。公司组建之后，归纳合并了内容有交叉重叠的科研项目 108 项，集中使用台架装备，撤消了一些较小的科研机构，重点加强兰州、大连两个力量较强的研究院，大幅度减少了科研经费。

作为企业的科研机构，我们坚持科研为生产经营服务，科研是市场开发的主要力量，科研要着眼于未来发展的方针，在基础油、产品标准的制定，添加剂技术准入和招标采购，经济配方的优选推广，电力、汽车、铁路机车等行业用油的市场调研和 OEM 攻关等方面，研究院的同志做了大量深入细致的工作，发挥了重要作用。

在新产品开发上，科研人员紧紧跟踪润滑油发展的前瞻性技术，多方位开展技术交流与合作，多种方式培训人才，根据未来市场的发展趋势开发了第五代铁路机车用油、CF－4 油和燃气车用油等新产品，并成功地将 CF－4 油作为东风汽车的装车油，真正起到了为生产、销售提供技术支持的作用。

（5）启动品牌战略，树立中国石油润滑油的旗帜。按照“集中力量推出名牌”的战略，公司从开始组建就着手开展了统一品牌的工作。在仔细比选、公开征集、专家评定的基础上，最终确定以“昆仑”作为中国石油润滑油的品牌名称，并请著名广告公司为“昆仑”设计了标识，于 2001 年 11 月在中国国际润滑油脂展览会上隆重推出“昆仑”品牌，正式开始启动中国石油润滑油统一品牌，集中力量推出名牌的战略。为使新品牌一面市就给人以高品质、高质量、名牌产品的认知，经过反复研究，制定了品牌规划，从品质、价格定位，到生产、包装、营销策略都做出了详尽的安排。新品牌的推出树起了中国石油润滑油的旗帜，标志着润滑油业务的发展开始了新的起点。

（6）内部机制基本理顺，初步形成了润滑油专业化管理的体制和运行模式。在润滑油行业管理上，按照业务单元重组，润滑油在中国石油是第一次；将润滑油的产研销组合在一起，中国石油在中国是第一个。没有现成的模式和经验，一切都需要从头开始。2001 年完成了七个润滑油厂、两个研究院、六个销售中心的财务资产划转、租赁、财务机构组建、会计核算体系建立等工作，完成了润滑油厂、销售中心、研发中心的一整套管理制度，完成了《中国石油润滑油公司财务管理办法》、独特的《润滑油公司主营业务利润表》等 40 多种规章制度，理清了工作程序；完成了滑油厂班子搭建，完成了销售中心班子公开评聘、搭建，并对润滑油厂、销售中心班子进行了考核；组织了 10 余次有关销售、财务、投资业务的培训工作；初步实现了销售系统的计算机管理；建立了符合润滑油公司特点的党群组织结构，并结合生产经营特点开展了“为了润滑油公司的两个最大化，我能做什么”的系列活动。

（李　楠）

化工与销售

【概述】　中国石油天然气股份有限公司化工与销售分公司管理大庆石化、吉林石化、抚顺石化、辽阳石化、兰州石化、乌鲁木齐石化、独山子石化、宁夏石化、大庆炼化共九个石化公司，同时对其他石化公司的化工业务实行专业管理。这些石化公司生产的主要产品有基本有机化工原料、合成树脂、合成橡胶、合成纤维原料及聚合物、合成纤维、化肥等六大类，截至2001年底乙烯年生产能力157.5万吨，合成树脂年生产能力179.7万吨，合成纤维年生产能力30.3万吨，合成橡胶年生产能力28.3万吨，尿素年生产能力351.0万吨。

1. 主要化工产品产量

截至2001年12月31日，化工与销售分公司四大类主要产品产量超额完成预算指标，生产乙烯157.1万吨，同比增长5.1%；合成树脂178.9万吨，同比增长9.8%；合成纤维32.7万吨，同比增长7.3%；合成橡胶23.9万吨，同比增长9.1%；尿素306.8万吨，同比减少1.4%。

2. 化工产品销量

2001年产品销量1036万吨，同比增加4.2%；产销率达103%。

3.2001年重点工作

化工与销售分公司2001年面对年初以来市场持续下滑的严峻形势，重点从内部挖潜入手，强化管理。一是建立HSE管理体系，保证生产安全平稳运作；二是开展化工装置和专业达标活动，加大成本削减力度；三是从原料采购、生产消耗、检维修、公用工程等每个环节，严格控制各项费用支出；四是重点开展了节水工作，完成五年节水计划的36%，受到国家经贸委的赞扬；五是对亏损严重的企业进行深入调查研究，提出扭亏措施；六是认真贯彻股份公司管理层的指示精神，加大化工产品统销力度；七是严格控制资本性支出，确保投资效益；八是通过技术创新，加大技改力度，提高企业竞争能力；九是适时关停低效无效装置，减少亏损。通过以上措施，大大降低了成本，完成了股份公司上市时对外承诺至2002年底化工业务削减成本12亿元目标的88%，并使化工产品各项技术经济指标明显改善。

4. 主要生产技术经济指标情况

2001年主要技术经济指标水平有明显提高，与中石化的差距在缩小。乙烯加工损失率为1.04%，同比降低0.3%，其中：抚顺石化0.64%、大庆石化0.76%、独山子石化0.78%、兰州石化0.89%；乙烯燃动能耗817千克标油/吨，同比降低55千克标油/吨；聚乙烯总物耗1028千克/吨，同比降低9.2千克/吨，其中独山子石化和抚顺石化均小于1014千克/吨，在国内名列前茅；综合能耗211千克标油/吨，同比降低20千克标油/吨。合成树脂专用料比例33.50%，同比增加15.47%；合成纤维差别化率26.10%，同比增加14.09%。

5. 化工与销售分公司机构变化情况

为推进股份公司化工产品销售体系整合，保证完成2002年1月1日实现全部化工产品统销的任务，进一步加强终端销售力量，股份公司于2001年9月12日下发了油人字［2001］296号《关于组建中国石油天然气股份有限公司大庆化工销售中心的通知》文件，决定组建大庆化工销售中心进行化工产品销售体系整合的试点工作。

按照股份公司2001年11月21日下发的油人字［2001］401号《关于化工与销售分公司处室调整有关问题的批复》文件规定，化工与销售分公司对原有的销售业务管理处室进行了调整，增设价格信息处、化工销售综合管理处，现石化产品销售处更名为化工产品营销处。

在大庆化工销售中心作为化工产品销售体系整合试运行的基础上，股份公司于2001年12月21日分别下发了油人字［2001］431—438号共八个文件，分别是：《关于组建中国石油天然气股份有限公司化工与销售西南分公司的通知》、《关于组建中国石油天然气股份有限公司乌鲁木齐化工销售中心的通知》、《关于组建中国石油天然气股份有限公司独山子化工销售中心的通知》、《关于组建中国石油天然气股份有限公司抚顺化工销售中心的通知》、《关于组建中国石油天然气股份有限公司吉林化工销售中心的通知》、《关于组建中国石油天然气股份有限公司兰州化工销售中心的通知》、《关于组建中国石油天然气股份有限公司宁夏化工销售中心的通知》、《关于组建中国石油天然气股份有限公司辽阳化工销售中心的通知》。至此，化工销售形成了以四个大区公司和八个地区中心为主体的全国的销售网络，逐步建立了适应市场经济和中国石油发展战略的布局合理、统一协调、有竞争力的化工营销体系。

（胡徐腾　钟艳阳）

【有机原料】　化工与销售分公司有机原料的主要品种有乙烯、丙烯、丁二烯、苯、甲苯、二甲苯、烷基苯、甲醇、异丙醇、丁醇、辛醇、环氧乙烷、甲醛、乙醛、醋酸、苯酚、丙酮、苯乙烯和苯酐等，其中乙烯、丙烯、丁二烯、苯、甲苯和二甲苯为基础有机原料，其余为主要中间原料。2001 年主要有机原料的产量见表 1。

表 1　2001 年主要有机原料产量　　单位：万吨

生产企业 \ 品种	乙烯	甲醇	丁醇	辛醇	环氧乙烷	醋酸	苯酚	苯乙烯	烷基苯
大庆石化	50.42		4.07	4.45		9.91		6.89	
吉林石化	47.73		6.56	6.11		20.51	4.06	10.62	
抚顺石化	17.38				6.25				12.99
辽阳石化	7.59				4.80				
兰州石化	17.01							4.86	
独山子石化	17.36	0.69							
大连石化								2.46	
长庆油田甲醇厂		8.18							
青海油田炼厂		9.01							
克拉玛依石化		0.33							
前郭石化		1.08							
西南油气田		10.03							
合　　计	157.12	29.37	10.63	10.56	11.05	30.42	4.06	24.83	12.99

1. 乙烯

乙烯和丙烯、丁烯等同属于具有双键的低分子烯烃，化学性质活泼，能与许多物质发生反应生成一系列重要的产物，因而是基本有机化学工业的最重要原料，其产量及技术经济指标常作为衡量一个国家石油化学工业发展水平的标志。将石油系烃类进行热裂解是获取乙烯等低分子烃类的主要方法。

共有六家企业七套乙烯装置，分别为大庆石化（48 万吨/年）、吉林石化（38 + 15 万吨/年）、抚顺石化（14 万吨/年）、辽阳石化（12 万吨/年）、兰州石化（16.5 万吨/年）和独山子石化（14 万吨/年）。2001 年底总生产能力为 157.5 万吨/年。2001 年共生产乙烯 157.1 万吨，比 2000 年增加 7.6 万吨，占当年全国总产量的 32.8%。

2001 年狠抓乙烯原料优化和装置安全平稳运行，乙烯的主要技术经济指标均比 2000 年有所提高，乙烯平均收率为 32.4%，高于国内同行业平均水平 1%，平均燃动能耗和加工损失率接近国内平均水平。完成了吉林石化乙烯和辽阳石化乙烯的扩能改造，年生产能力分别提高到 38 和 12 万吨。

2. 甲醇

甲醇是由一氧化碳和氢催化合成而得，是主要的基础化工原料之一，也是医药、农药的原料，还可用做溶剂。2001 年生产甲醇 29.37 万吨。生产企业有长庆油田甲醇厂、西南油气田川西北甲醇厂、青海油田格尔木炼厂，以及克拉玛依石化、前郭石化、吉林石化和独山子石化。

3. 丁醇/辛醇

丁醇主要是由丙烯羰基催化丁醛后加氢制成，此外还可通过粮食发酵法和乙醛缩合法制得，有正丁醇和异丁醇两种同分异构体。可用于制造增塑剂、润滑剂、石油添加剂、涂料和染料等许多化工产品。辛醇是由丙烯羰基催化丁醛后经缩合加氢而成，亦可用于制造增塑剂、石油添加剂和溶剂等很多化工产品。2001年生产丁醇10.63万吨、生产辛醇10.56万吨。生产企业有大庆石化和吉林石化。

4. 环氧乙烷

环氧乙烷的生产方法主要有乙烯直接氧化法和氯醇法，作为重要的有机原料，主要用于制造乙二醇及合成洗涤剂等。2001年生产环氧乙烷11.05万吨。生产企业有辽阳石化和抚顺石化。

5. 醋酸

醋酸又名乙酸，由乙醛直接氧化或甲醇羰基合成而制得，主要用于生产醋酸纤维、醋酸脂类和醋酐等，也可用于染料、电影胶卷和医药等工业。2001年生产醋酸30.42万吨。生产企业有大庆石化和吉林石化公司。

6. 苯酚/丙酮

苯酚又名石炭酸，目前最主要的制备方法是丙烯经苯烃化合成异丙苯然后经过氧化分解为苯酚和丙酮。苯酚主要用于制造苯胺、酚醛树脂和双酚A等；丙酮是优良的溶剂和化工原料。生产苯酚的企业只有吉林石化，采用异丙苯法工艺，称为苯酚/丙酮装置。2001年实际生产苯酚4.06万吨，丙酮2.43万吨。

7. 苯乙烯

苯乙烯又名乙烯基苯，由苯和乙烯烃化生成乙苯、然后脱氢而得。主要用于生产苯乙烯系列树脂、丁苯橡胶和涂料等。2001年生产苯乙烯24.83万吨。生产企业有吉林石化、抚顺石化、兰州石化和大连石化。

（章龙江）

【合成树脂】　截至2001年12月底（下同），化工与销售分公司合成树脂生产能力为179.65万吨/年，2001年产量178.94万吨。其中，各种合成树脂生产能力所占比例分别为：聚乙烯51.9%，聚丙烯35.3%，聚苯乙烯3.6%，ABS树脂8.3%，AS树脂0.8%。各种合成树脂生产能力及产量见表2。

表2　2001年合成树脂生产能力及产量　　单位：万吨

品　　种	2001年能力	2001年产量
聚乙烯	93.3	102.85
低密度聚乙烯	8	9.65
高密度聚乙烯	36.5	36.81
低压线性聚乙烯	48.8	56.39
聚丙烯	63.35	55.57
聚苯乙烯	6.5	4.23
ABS	15.0	15.07
AS	1.5	1.22
合　　计	179.65	178.94

1. 低密度聚乙烯

化工与销售分公司现有低密度聚乙烯（LDPE）装置两套：大庆石化6万吨/年，兰州石化2万吨/年，总生产能力为8万吨/年。2001年产量为9.65万吨。

2. 高密度聚乙烯

化工与销售分公司现有高密度聚乙烯（HDPE）装置3套：大庆石化22万吨/年，兰州石化7万吨/年，辽阳石化7.5万吨/年，总生产能力为36.5万吨/年。2001年产量为36.81万吨。

3. 线性聚乙烯

化工与销售分公司现有线性聚乙烯装置5套：大庆石化7.8万吨/年，吉林石化15万吨/年，抚顺石化8万吨/年，兰州石化6万吨/年，独山子石化12万吨/年，总生产能力为48.8万吨/年。2001年产量为56.39万吨。聚乙烯装置生产情况见表3。

表3 聚乙烯装置生产情况

企业名称	装置产量（万吨）			
	低密度聚乙烯	高密度聚乙烯	线性聚乙烯	合　计
大庆石化	7.69	25.73	8.10	41.51
吉林石化			16.09	16.09
抚顺石化			11.95	11.95
辽阳石化		3.39		3.39
兰州石化	1.96	7.69	5.87	15.52
独山子石化			14.38	14.38
合　计	9.65	36.81	56.39	102.85

4. 聚丙烯

化工与销售分公司现有聚丙烯（PP）生产能力为63.35万吨/年。其中连续法聚丙烯装置9套：大庆石化10万吨/年，辽阳石化4.35万吨/年，大连石化11万吨/年（两套，分别为4万吨/年和7万吨/年），抚顺石化9万吨/年，兰州石化11万吨/年（两套，分别为4万吨/年和7万吨/年），独山子石化7万吨/年，华北石化6万吨/年，合计生产能力为58.35万吨/年；小本体法聚丙烯装置四套：大庆石化0.5万吨/年，大连石化2万吨/年，乌鲁木齐石化1.5万吨/年，呼和浩特石化1.5万吨/年，合计生产能力为5.5万吨/年。2001年聚丙烯产量为55.57万吨，其中连续法聚丙烯产量为49.20万吨，小本体法聚乙烯为6.37万吨，见表4。

表4 聚丙烯生产情况

企业名称	产　量（万吨）		
	连　续　法	间　歇　法	合　计
大庆石化	10.47	0.22	10.68
辽阳石化	1.01		1.01
大连石化	12.17	1.55	13.72
抚顺石化	7.54		7.54
兰州石化	8.73		8.73
独山子石化	7.49		7.49
华北石化	2.81		2.81
乌鲁木齐石化		3.16	3.16
呼和浩特石化		1.44	1.44
合　计	49.20	6.37	55.57

5. 聚苯乙烯

化工与销售分公司现有聚苯乙烯（PS）装置两套：兰州石化 0.5 万吨/年，抚顺石化 6 万吨/年，总生产能力为 6.5 万吨/年。2001 年产量为 4.23 万吨，其中兰州石化 0.24 万吨，抚顺石化 3.99 万吨。

6.ABS 树脂

化工与销售分公司现有 ABS 装置两套：兰州石化 5 万吨/年，吉林石化 10 万吨/年，总生产能力 15 万吨/年。2001 年产量为 15.07 万吨，其中兰州石化 4.19 万吨，吉林石化 10.88 万吨。

另：化工与销售分公司现有 AS 树脂装置一套：兰州石化 1.5 万吨/年。2001 年产量为 1.22 万吨。

（王正元）

【合成纤维】　化工与销售分公司合成纤维生产由合成纤维单体、合成纤维聚合物和合成纤维组成。2001 年合成纤维单体的生产能力为 96.4 万吨/年，合成纤维聚合物的生产能力为 43.6 万吨/年，合成纤维的生产能力为 30.3 万吨/年。

1. 合成纤维单体

化工与销售分公司生产的合成纤维单体有精对苯二甲酸、对苯二甲酸二甲酯、丙烯腈、锦纶 66 盐、乙二醇等。2001 年产量为 90.77 万吨，分品种产量见表 5。

表 5　2001 年合成纤维单体产量

单位：万吨

产品名称	2001 年产量
精对苯二甲酸	34.73
对苯二甲酸二甲酯	8.05
丙烯腈	21.75
锦纶 66 盐	1.83
乙二醇	24.41
合计	90.77

2. 合成纤维聚合物

化工与销售分公司合成纤维聚合物产品主要有聚酯、聚酰胺、纤维级聚丙烯等。2001 年的产量为 49.42 万吨，分品种产量见表 6。

3. 合成纤维

化工与销售分公司生产合成纤维的企业有大庆石化、抚顺石化、辽阳石化、兰州石化、乌鲁木齐石化、大连石化等。生产的品种有锦纶、涤纶、腈纶和丙纶。2001 年合成纤维的产量为 32.70 万吨，占全国产量的 4.2%，其中：腈纶产量 13.11 万吨，占全国产量的 25.6%。分品种产量见表 7，分企业产量见表 8。

表 6　2001 年合成纤维聚合物产量

单位：万吨

产品名称	2001 年产量
聚酯	46.61
聚酰胺	0.14
纤维级聚丙烯	2.67
合计	49.42

表 7　2001 年合成纤维产量

单位：万吨

产品名称	2001 年产量
锦纶	0.27
涤纶	17.75
腈纶	13.11
丙纶	1.57
合计	32.70

表 8　2001 年合成纤维各企业产量

单位：万吨

企业名称	2001 年产量
大庆石化	6.28
抚顺石化	4.99
辽阳石化	16.16
兰州石化	2.05
乌鲁木齐石化	2.54
大连石化	0.68
合计	32.70

（陈　瑛）

【合成橡胶】　合成橡胶是三大高分子合成材料之一，广泛应用于交通运输、水利设施、电子信息、航空航天、日用民品等各个领域。

化工与销售分公司现有合成橡胶生产企业5家。可生产丁苯橡胶、顺丁橡胶、丁腈橡胶、乙丙橡胶、氯磺化聚乙烯、硅橡胶等6大类23个品种牌号的产品，是国内仅有的丁腈橡胶和乙丙橡胶生产商，与上年相比，2001年丁腈橡胶和乙丙橡胶生产增长幅度较大，其中：丁腈橡胶增长9.4%，乙丙橡胶增长102.7%。2001年底合成橡胶的生产能力为28.3万吨/年，产量为23.90万吨，比2000年增长9.4%。

1. 丁苯橡胶

化工与销售分公司现有两家企业生产丁苯橡胶。2001年丁苯橡胶的生产能力为11.6万吨，产量为12.8万吨。其中：吉林石化生产能力为8万吨，2001年产量为8.57万吨；兰州石化生产能力为3.6万吨，2001年产量为4.23万吨。

2. 顺丁橡胶

化工与销售分公司现有三家企业生产顺丁橡胶，2001年底顺丁橡胶的生产能力为12万吨/年，产量为8.16万吨。其中：大庆石化总厂生产能力为5万吨，2001年产量为4.23万吨；独山子石化生产能力为2万吨/年，2001年产量为2.2万吨；锦州石化年生产能力为5万吨/年，2001年产量为1.73万吨。

（陈　瑛）

【化肥】　化工与销售分公司化肥生产包括合成氨、尿素、硝铵及丙烯腈装置副产的硫铵。

1. 合成氨

2001年底化工与销售分公司有合成氨装置10套，其中大型合成氨装置6套，在建大型合成氨装置1套。新建成泽普石化第二套化肥装置于2001年11月投产，其合成氨年生产能力20万吨/年，尿素生产能力34万吨/年；兰州石化2001年12月完成原料由渣油改用天然气的改造。合成氨总生产能力为221万吨/年,实际生产201.90万吨。见表9。

2. 尿素

2001年底化工与销售分公司有尿素装置8套，其中大型尿素装置6套，总生产能力为351万吨/年，实际生产306.81万吨。见表10。

3. 硝酸铵

2001年底化工与销售分公司有硝酸铵装置2套，总生产能力为41万吨/年，实际生产12.92万吨。见表11。

表9　2001年合成氨生产情况

企业名称	产　量（万吨）
大庆石化（大型）	35.59
大庆石化（中型）	4.21
吉林石化	7.71
兰州石化	24.43
乌鲁木齐石化（第一套）	32.86
乌鲁木齐石化（第二套）	32.49
宁夏石化（第一套）	24.04
宁夏石化（第一套）	31.44
泽普石化（第一套）	9.14
合　计	201.90

表10　2001年尿素生产情况

企业名称	产　量（万吨）
大庆石化（大型）	55.00
兰州石化	28.99
乌鲁木齐石化（第一套）	57.60
乌鲁木齐石化（第二套）	55.67
宁夏石化（第一套）	41.63
宁夏石化（第一套）	52.52
泽普石化	15.39
合　计	306.81

表11　2001年硝酸铵生产情况

企业名称	产　量（万吨）
大庆石化（中型）	6.79
兰州石化	6.13
合　计	12.92

（马昌峰）

【精细化工】　精细化工是当今世界化学工业发展的重点之一，标志着一个国家综合技术水平的高低。目前发达国家精细化工的产值已占化学工业总产值的65%左右，而我国只有35%左右，存在着明显的差距。集团公司重组后，重视资源优化和深度加工，进行产品结构调整，加大投入力度，促进了精细化工的发展。在催化剂、石油添加剂、橡胶助剂、溶剂、表面活性剂、染料和合成洗涤剂等产品的生产上具备相当强的能力。

1. 催化剂

催化剂技术是石油化工的核心技术之一。化工与销售分公司拥有兰炼催化剂厂和抚顺石油三厂催化剂厂两个大型催化剂生产基地，以生产炼油催化剂为主。

兰州石化催化剂厂是国内第一家、也是集团公司惟一的催化裂化催化剂生产基地，有10套生产装置，2001年综合生产能力为2.3万吨/年。2001年生产了2.73万吨催化剂，比2000年增加了0.32万吨，占国内的1/3左右。

2. 表面活性剂

化工与销售分公司表面活性剂原料的生产基地是抚顺石化。烷基苯主要是用做洗衣粉和农药乳化剂的中间体。2001年生产烷基苯13万吨。

（章龙江）

【质量安全环保管理】　2001年质量安全环保工作主要以保证安全生产和降低成本创造效益为主线，建立和实施HSE管理体系，提高整体安全环保管理水平。安全方面，开展风险管理，减少或避免事故，保证安稳长运行；环保方面，在生产过程贯穿清洁生产，积极进行物料回收利用，减少污染排放；节能工作，开展加热炉和裂解炉能耗检测，通过检测发现存在的问题，提出改进意见，实现节能降耗；节水工作，本着先易后难原则，先规划，先开展效益好的工作，既要体现经济效益，同时创造社会效益和环境效益；质量标准化工作，配合统一销售，开始统一产品标准的试点，建立质量规范，对产供销全过程质量把关。2001年先后组织了大庆石化、吉林石化、辽阳石化、兰州石化、独山子石化、大庆炼化、抚顺石化共12个项目的安全预评价和环境影响评价项目审查。通过质量安全环保管理工作产生了十分可观的经济效益和社会效益。

1. 安全工作方面

（1）组织编写印发了《安全生产责任制》等化工安全生产规章制度23项，为地区公司安全管理提供了依据。

（2）召开了化工与销售分公司第二次HSE会议并下发纪要。制定了《领导干部安全承包办法》，并下达化工与销售分公司领导承包单位。同时，化工与销售分公司从总经理到机关处室长认真学习了国务院《关于特大安全事故行政责任追究的规定》，强化了安全责任落实。

（3）开展安全生产检查。自10月22日至11月30日历时40天，对所有地区公司进行安全生产检查。共查出各类问题779个，各单位对查出的问题立即安排了整改计划，95%的问题得到改正，暂无法解决的，也列入了计划。对个别问题较多的单位专门组织了复查，验证检查后问题整改情况，经过复查认为整改效果不错。

（4）开展重点化工生产装置安全性评价，上半年组织安全技术机构对大庆炼化两套主要生产装置进行安全性评价。下半年，组织技术机构和专家对辽阳石化、抚顺石化和大庆石化聚烯烃装置进行安全性评价，认真全面分析装置的本质安全情况，为改进和完善安全管理提供了科学的依据。

（5）组织安全技术培训工作。先后组织了三期安全技术培训，包括邀请壳牌公司介绍安全评价技术，组织石化企业防火设计规范等技术培训，组织了防雷防静电技术培训。

（6）组织安全技术检测工作。组织安全技术机构对部分地区公司可燃气体报警器、防雷防静电设施等进行检查和抽测，对发现的问题下发检查通报，要求抓紧改正。

（7）表彰化工与销售分公司2000年度安全生产先进单位和个人。组织评选了2000年度化工与销售分公司安全生产先进企业、先进分厂、先进车间和先进个人评选活动。共评选出大庆石化、抚顺石化、兰州石化、乌鲁木齐石化等四家地区分公司为2000年度股份公司化工专业安全生产先进企业；评选出大庆石化化工一厂等八个生产厂为2000年度股份公司化工专业安全生产先进厂；评选出大庆石化化工三厂苯乙烯车间等16个生产车间为股份公司化工专业安全生产先进车间；评选出大庆石化白斌等11名同志为股份公司化工专业安全生产先进个人；并颁发了奖牌和证书，以资鼓励。

（8）加大隐患治理力度。2001年，化工与销售分公司解决了14个隐患治理项目，解决了地区公司一些较大隐患问题，提高了地区公司安全技术水平。

（9）为地区公司配发了50多种安全书籍，要求各企业、各厂、各车间认真组织学习研究，以提高安全技术水平、降低事故风险。

2.HSE 管理体系建立工作

（1）开展风险管理工作，组织对化工与销售分公司所属地区公司进行风险因素识别和评价，年底前对各地区公司进行风险管理工作验收。

2001 年开展风险管理工作取得了明显效果，大庆炼化、抚顺石化、独山子石化将风险管理用于装置检修中，没有发生上报事故的工作业绩。大庆石化在生产检修中应用风险管理方法，组织 HSE 人员对不停工检修做了风险评价，针对风险采取了十分严密的控制和防范措施，顺利完成抢修任务，既为企业创造了效益，又确保了安全生产。

（2）组织召开了 HSE 风险评价技术交流会，各地区公司共撰写技术交流材料和论文 34 篇，并在会上现场发表、交流，为地区公司相互取长补短起到了很好的作用。

（3）通过对化工与销售公司实施 HSE 管理体系工作经验的总结，编辑出版了一套 HSE 管理体系实用丛书。丛书共分为八册，系统介绍了 HSE 管理体系的标准要求、工作原理、工作方法和思路，阐述了风险识别与评价、体系设计、体系文件化、内部审核和管理评审等内容。

丛书在出版过程中，受到各级领导的广泛关注。全国人大常委、环境与资源保护委员会副主任委员王涛同志为丛书题写了书名，股份公司高级副总裁任传俊同志特别为该丛书做了《适应国际规范要求全面推进股份公司 HSE 管理体系的建立》的序。丛书出版以后，化工与销售分公司要求从事 HSE 管理工作的同志认真组织学习，并把丛书作为化工与销售分公司的 HSE 的培训教材。

3. 环保工作方面

（1）开展清洁生产试点，在辽阳石化进行清洁生产试点。组织专家进行清洁生产培训，筛选确定清洁生产的两套试点装置。由专家和企业管理和技术人员共同开展装置清洁生产工作，从工艺和管理进行分析，筛选出清洁生产方案 45 项，其中无费和中低费方案 42 项，高费方案 3 项，已经实施无费和中低费方案 38 项，投入资金 32 万元，减少废水排放量 12 万吨/年，减少 COD 排放 18 吨/年，减少二氧化硫排放 25 吨/年，节约新鲜水 21 万吨/年，产生经济效益 309 万元。

在这些试点单位的带动下，辽阳石化其他单位也开展了清洁生产工作，实现减少固体废物排放量 10 万吨/年，实现节水 320 万吨/年。

（2）召开燃煤锅炉脱硫和粉煤灰综合利用技术交流会。2001 年 10 月组织召开燃煤锅炉脱硫和粉煤灰综合利用技术交流会，介绍国内外脱硫和粉煤灰处理先进技术，部分地区公司介绍了开展脱硫和粉煤灰综合利用情况，参观了吉林石化粉煤灰综合利用现场。会后下发了会议纪要，推荐了一些解决二氧化硫和粉煤灰污染，实现资源综合利用的成熟技术。

（3）组织开展的 ABS 污水和腈纶污水治理技术研究取得成功。其中 ABS 污水治理技术获得重大技术突破，可以多回收 ABS 物料，又可减少污水的排放。

（4）开展污水回用试点工作，实现水资源的综合利用。在抚顺石化、大庆石化、独山子石化和辽阳石化开展污水综合利用试点工作，其中重点在抚顺石油一厂、石油二厂、洗化厂、辽阳石化聚酯一厂、大庆化肥厂等单位采用不同技术路线的污水回用试验，目前抚顺石化已经实现工业化，为化工与销售分公司节水工作奠定了技术基础。

4. 节能节水工作方面

（1）加热炉和裂解炉节能检测工作。组织节能检测机构对地区公司加热炉和裂解炉进行全面检测，通过对检测结果的分析，基本找出了存在的问题症结，为下一步进行整改提供了依据。

（2）开展节水工作。根据股份公司领导的指示，2 月份召开了中国石油天然气股份有限公司炼化企业节水和水资源综合利用技术交流会。国家经贸有关领导到会指导，并于会后向国家经贸委李荣融主任和王万宾副主任做了专题汇报，王万宾副主任提出要在新闻媒体上进行宣传，并提出要向全国各行业推广。

2001 年化工与销售分公司所属各地区公司加大了节水工作的力度，取得了明显的成效，与去年同期相比新鲜水耗量减少 6600 万吨，产生效益约为 1.5 亿元。

5. 质量标准工作方面

（1）制定发布了股份公司化工产品质量管理规定，从原料进厂到产品出厂，产品储存、运输和销售以及售后服务都做了质量管理的明确要求，明确了各环节的职责，做到了产品的全过程质量管理。

（2）加强了产品的质量管理，2001 年股份公司共安排了四个季度的化工产品质量抽查，抽查结果显示，化工产品的合格率达到了 100%。

（3）组织化工产品统一标准的试点工作。为了配合统一品牌和统一销售工作，率先把大颗粒尿素作为统一标准的试点工作，已经完成标准审查，正式报请股份公司批准。另外，还进行了ABS产品统一标准工作，2001年基本完成了标准讨论稿。

（4）化工与销售专标委工作，组织召开了化工专标委第二届年会。审议了大颗粒尿素和ABS标准，总结了专标委一年来的工作，探讨新一年的方向。会议组织了技术交流，邀请国内技术专家介绍乙烯、树脂和化纤国内外现状和今后发展趋势，开阔企业的眼界，引导企业研制生产适应市场需求、附加值高、效益好的产品。

（彭　力）

【设备管理】　截至2001年底化工与销售分公司固定资产原值为813.25亿元，固定资产净值为485.51亿元，新度系数为0.60。2001年重点做了以下工作：

1. 电气设备管理

为落实2000年10月召开的炼油化工企业用电管理暨企业自备电站达标工作座谈会精神，2001年3月11日至5月15日，技术装备处组织专业技术人员对企业自备电站、电网和机组自保系统、仪表三率进行检查和安全性评价工作。此次检查直接到现场对电站、电网的绝缘、防止过电压水平、继电保护、自动装置、电缆品种等威胁电力系统安全可靠运行的环节进行检查和评估，收集了大量的第一手资料，并对大庆石化自备电站和供配电系统存在的隐患进行了整改。

2001年11月，会同炼油与销售分公司组织召开《加强供电管理、确保安全生产经验交流会》。大庆石化、吉林石化、兰州石化、独山子石化、长庆、抚顺石化等地区公司剖析了2000—2001年发生的电气事故、教训及解决措施和用电管理方面的经验，结合2001年3—5月电气隐患专项检查发现的问题，对今后的电气管理工作提出了要求。邀请ABB等十家公司就完善开关柜的“五防”、继电保护、6千伏消弧线圈、防止电压互感铁磁谐振和防污闪等问题的技术解决办法进行了交流。会议讨论并完善了电站达标的有关条款。

为节约采购资金、规范采购行为，组织了地区公司和生产厂商进行低压开关柜采购框架协议的谈判，发挥集团采购优势，不仅能得到质量最好、服务最优的产品，价格普遍比原合同价低10%左右。

2. 锅炉、压力容器和大型机组管理

组织抚顺石化设备研究所、合肥通用机械研究所、兰州炼化设备研究所利用一个月时间对所属地区分公司的压力容器、工艺管道、大型转动设备的状况和管理工作进行了检查和安全评估。此次检查评估对安全生产的关键设备的状况有了一个比较清楚的了解，为下一步的整改和管理工作打下了基础。

根据兰州石化高压聚乙烯装置使用年限久和目前的运行状况，组织兰州石化、合肥通用机械研究所、兰州石油机械研究所等单位对高压聚乙烯装置高压设备进行安全评估，并根据检测报告和近几年来生产运行情况，组织国家压力容器标准委员会、甘肃省技术监督局和大庆石化、兰州石化等单位的专家、技术人员对该检测报告进行审查。最终确认2#、4#两条生产线能继续安全运行。为确保2#、4#两条生产线的安全运行，利用安保基金隐患治理补助资金对2#、4#两条生产线主要隐患进行了治理。

3. 检维修管理

为了加强设备修理费的管理，合理控制修理费的使用，根据修理费统计不规范的情况，召开了“设备修理费使用及设备管理体制改革研讨会”，沈钢副总经理参加了会议，并就召开研讨会的目的、化工与销售分公司上半年生产经营状况、控制设备修理费的要求，以及开好研讨会的要求等问题作指示，各地区分公司与会代表就设备修理费使用情况、检维修关联交易情况进行了交流，分组对《股份公司化工与销售分公司设备修理费财务管理规定》（讨论稿）进行了讨论。会议还组织参观了中石化镇海炼化公司炼油厂新区，并与镇海炼化公司设备管理人员就设备管理体制、国产化设备的应用、修理费及设备更新等费用的管理和使用情况进行了交流。《股份公司化工与销售分公司设备修理费财务管理规定》为规范修理费的预算和使用起到了积极的作用。

4. 水质管理

根据2001年股份公司炼化节水和水资源综合利用交流会精神要求，积极推广应用节水技术。通过采用美国贝笛技术，提高循环水水质和浓缩倍数、降低补水。推广凝结水回收技术，提高蒸汽冷凝液回收率、降低了生产成本。

为配合节水工作的开展，在充分讨论的基础上下发了《股份公司炼化企业工业水管理制度》，并于2001年7月份举办了节水和水资源综合利用技术培训班。来自股份公司炼油和化工两个分公司所属企业的80多名技术人员参加了培训。培训班不仅请中石化科学研究院、清华大学等专家、教授介绍国内外石化企业节水和水资源综合利用的技术，还参观抚顺石化节水现场，取得了较好的效果。

5. 长周期运行管理

于11月27—29日在吉林石化组织召开了“化工生产装置长周期运行经验交流会”。沈钢副总经理作了题为《依靠科技进步，强化设备管理，确保装置长周期安全运行》的报告，吉林石化、大庆石化、抚顺石化等九个地区公司及部分主要生产厂作了交流发言，辽阳石化、宁夏石化在交流发言中还专门对前一时期发生的事故进行了剖析。会议在总结、交流化工生产装置长周期运行的经验和教训的基础上提出了长周期运行的目标和要求，并对在长周期运行中出现的问题进行了探讨。会议还邀请了兰州石油机械研究所、美国TRECONEX、上海大通材料高科技有限公司、天津鼎明密封技术公司等单位介绍新技术、新设备、新材料。会后根据大家意见起草制定并下发了股份公司《主要化工生产装置长周期运行管理办法》（试行），为以后的长周期运行管理打下了基础。2001年除个别单位外，大部分企业的非计划停车次数、时数比2000年有所下降，其中抚顺石化非计划停车次数、时数分别下降66%和83%；大庆石化分别下降56.7%和52.5%。

（刘农基）

【化工科技开发】 2001年化工与销售分公司科技工作在有关领导的正确指导下，本着“重点突出、有所为有所不为”的战略思想，集中有限的科技开发经费，紧紧围绕KPI开展工作，实现了“重变轻”和“轻变重”战略突破；根据市场需求，积极开发新产品，推广新技术，为企业增效做贡献。在2001年度，化工与销售分公司所属的大庆石化、吉林石化、抚顺石化、辽阳石化、兰州石化、乌鲁木齐石化、独山子石化、宁夏石化等地区分公司投入了约1.88亿元科技开发经费，获得了一项国家科技进步二等奖，六项集团公司（省部级）技术创新奖；申请专利44项。

1.“重变轻”和“轻变重”战略

“重变轻”战略，以重油催化裂解技术工业化试验为重点，加快技术的产业化步伐。继大庆炼化CPP工业化试验取得成功之后，投资1.5亿元于2001年底在抚顺石化建成重油催化裂解工业试验装置。“轻变重”战略，组织召开了第四次天然气化工利用会议；调整了天然气化工发展思路及布局，部署了新一轮重点研究项目；与中科院合作在大庆石化共同建设了天然气化工利用中试基地，完成了含氮合成气与超临界甲醇、二甲醚的集成模试及转化催化剂评价装置建设。

2.重点项目执行情况

（1）“重变轻”项目：大庆炼化的CPP工业试验成果于2001年6月15日通过了中国石油和中国石化进行的联合鉴定。

组织完成了RSCC催化剂研究的中间试验。

HCC项目，上半年完成了对外技术交流和前期立项工作，6月底进行可行性研究报告审查及初步设计审查，10月底装置完成“中交”，11月底装置建成。

（2）“轻变重”项目：组织大庆石化研究院进行天然气化工中试基地的建设，签订了中国石油和中国科学院天然气化工中试基地合作协议、管理办法，成立了基地管理委员会和执行委员会。8月份，中国石油和中科院领导为大庆天然气化工利用中试基地举行了揭牌仪式。基地已完成了含氮合成气与超临界甲醇、二甲醚的集成模试及转化催化剂评价装置建设。

（3）茂金属助剂项目：6月底开始，项目组陆续完成了设备安装和单机试运、中交、建成了中试装置；11月中旬，审查开工方案和确认开工条件，开展了假物料试车。

（4）油田化学品项目：

①2000年立项“丙烯酸共聚”项目已完成合同任务，目前已生产8000吨，矿厂应用良好。

②2000年立项“超高相对分子质量聚丙烯酰胺”项目，已完成后水解配方，实验室评价理化指标达标，达到超高相对分子质量水平，计划明年工业化。

③新建了一套油田化学剂中试装置（用于聚合物中试）。

3.新产品、新技术推广应用情况

兰州石化石油化工研究院于2001年1月与抚顺石化签订了丁苯透明抗冲树脂LH-01、LH-03中试成套技术转让及合作开发工业生产技术的合同，提出5000吨/年工业试验装置的初步设计数据，完成了5000吨/年工业试验装置岗位操作指南的编写工作。

兰州石化石油化工研究院根据市场需要，开发成功通用抗冲击ABS板材料E-2001和冰箱内衬板材专用ABS树脂E-2002S，2001年为用户生产200余吨产品，产品技术指标与国外进口同类产品相当。2000年11月成套技术实现对兰州石化合成橡胶厂的转让。2001年12月项目技术通过中石油技术鉴定，2002年“2万吨/年板材专用ABS树脂工业改造”项目在中国石油立项，预期年内完成技术改造。

2001年1月上海高桥石化丙烯酸厂与兰州石化石油化工研究院正式签订《6000吨/年丙烯氧化制丙烯酸（两步法）催化剂工业试验合作开发技术合同》及《主要技术经济指标（合同附件）》后，兰州石化石油化工研究院开始试验生产催化剂。2001 年 11 月双方论证 6000 吨/年装置试车的催化剂装填方案，兰州石化石油化工研究院进行单管试验。

吉林石化针对市场需求，面向用户需要，加大新产品开发力度。开发了用作润滑油黏度指数调节剂的乙丙共聚物 J－0050、J－0080、J－0030 等系列产品，改变了国内润滑油黏度用乙丙橡胶全部由国外进口胶的局面；开发了用于密封条、轮胎等领域的 J－3080、J－3080P、J－3080LP、J－2070、J－4080、J－3062E等产品。2001 年共生产 12 个牌号的乙丙橡胶，生产负荷比 2000 年提高了 50％以上。

大庆石化同上海石化研究院合作，在丙烯腈装置成功地完成了提高精制回收率技术的开发应用，丙烯腈精制回收率由 89％—90％提高到 95.2％，达到国内领先水平，增效显著。

大庆石化丙烯腈装置采用具有国际先进水平的国产 MB－98 催化剂，使反应器丙烯腈单收由 77％提高到 80％以上。

大庆石化 2001 年紧紧围绕市场需求，开发新产品 12 种。包括：高压聚乙烯：20D、25E；低压聚乙烯：2600J、5500E、6200M；腈纶：三角形异形丝、高染色纤维；聚苯乙烯：GPPS－210，聚丙烯：X37F、F30S、PD50P；ABS750A。其中塑料厂开发的 2600J 和腈纶厂开发的高染色纤维经后加工试验都已于当年批量生产投放市场。全年共扩大新产品产量 18.44 万吨，新产品开发增效 1300 万元。

辽阳石化开发的 0.89dtex 细旦涤纶短纤维 2000 年通过纺纱、织布、染整及成衣试验，可以满足用户需求，2001 年共生产 2047 吨，一等品率达到 91％，国内市场占有率 50％以上。

4．科技规划及科技改革

通过对股份公司科技体制改革战略的研究，提出了化工与销售分公司科技整合构架、重点研究院定位和重点发展方向的设想，建设四大研究基地和四大工业试验基地。以现有研发力量为基础，完善四大研究基地：大庆石化研究院，负责天然气化工利用，聚烯烃树脂加工应用；吉林石化研究院负责精细化工与特种化学品；辽阳石化研究院负责新型化纤原料及产品；兰州石化研究院负责聚烯烃合成催化剂及树脂加工应用、石油化工催化剂。围绕核心业务建立四大工业试验基地：抚顺石化的重油催化裂解制烯烃技术基地；西南油气分公司的天然气化工利用技术基地；吉林石化研究院的石脑油催化裂解制烯烃技术基地；兰州石化研究院的合成树脂新产品应用基地。

组织编制了 2002 年重点工作计划和“十五”发展规划，提出 2002 年科技开发项目的立项指南和较为合理的“十五”发展规划。

5．信息工作

组织编制了化工生产管理信息系统可研报告，完成“化工与销售分公司管理信息系统总体方案”（报审稿）并报科技信息部和规划计划部；参与了中油 ERP 等项目的评审工作。

（黄　强）

【石化工程项目管理】　2001 年化工与销售分公司石化项目计划投资 41.35 亿元，全年实际完成投资 41.48 亿元，完成年度投资计划的 100.3％；全年有 13 套投资 2000 万元以上的生产装置建成投产，投资 2000 万元以下小型技措及安全环保项目全部完工投用。全面实现股份公司规定的“资本性支出实际完成与预算差异控制在 ± 5％”及“投产一次成功、投料试车有效益”等 KPI 业绩考核指标。

1．石化项目前期工作管理

（1）积极进行结构调整，加大主导产品投资力度。2001 年列入化工板块投资计划的石油化工建设项目总投资 98.5 亿元，其中乙烯、合成树脂、化纤原料、化肥等主导产品项目的总投资 69.56 亿元，占项目总投资的 70.6％。2001 年当年计划投资 27.18 亿元，占当年投资的 65.7％。这些项目全部建成后，年新增乙烯能力 40 万吨、合成树脂 54 万吨、尿素 34 万吨，其中 2001 年增加乙烯 12 万吨/年、聚乙烯 13 万吨/年、ABS5 万吨/年、瓶级聚酯 10 万吨/年、烷基苯 5.6 万吨/年、乙二醇 8 万吨/年、尿素 34 万吨/年。

（2）严格项目筛选，严把投资关和新开项目投资回报率，实现了股份公司规定的项目财务内部收益率（税后）12％以上的目标。2001 年列入化工板块投资计划的石油化工建设项目总投资 98.5 亿元，税后利润 14.1 亿元，平均税后投资利润率 14.3％，其中新开项目平均税后投资利润率 17.91％。

（3）认真落实国家经贸委和股份公司炼化节水工作会议精神，节水工作取得初步成效。通过加强管理和适量资本投入，年节约新鲜水 5061 万吨，回收凝结水 284 万吨，节约蒸汽 68 万吨，降低成本 4260 万元。

2．石化重点工程进展

（1）13 套生产装置建成投产。2001 年建成投产 13 套生产装置（投资 2000 万元以上），单位工程质量合格率 100％，工期符合率 100％，实现投产一次成功、安全平稳运行。投产的主要生产装置：塔里木油田分公司泽普20万吨/年合成氨、34万吨/尿素及其配套工程，兰州石化分公司30万吨/年合成氨装置油改气工程，大庆炼化分公司8万吨/年丙烯腈装置，大庆石化分公司1.8万吨/年丁烯－1装置，吉林石化分公司10万吨/年苯酚丙酮装置、20万吨/年聚乙烯粉料，吉林石化股份公司16万吨/年芳烃抽提装置，辽阳石化分公司12万吨/年乙烯装置、7万吨/年聚乙烯装置，华北石化分公司6万吨/年聚丙烯装置。

（2）重视化工业务“重变轻”和“轻变重”技术战略实施。抚顺石化分公司重油接触裂解制乙烯工业化试验工程8月28日开工建设，10月28日实现工程中交，使股份公司化工业务“重变轻”战略实施提前了一个年度；大庆天然气化工中试基地8月20日与中科院在大庆举行了基地挂牌仪式，2001年完成了含氮合成气与超临界甲醇、二甲醚的模式集成试验及转化催化剂评价装置、造气及超临界甲醇中试装置的建设。

（3）在建重点工程进展顺利。吉林石化30万吨/年合成氨装置更新改造、38万吨/年乙烯改扩建一期工程、15万吨/年ABS技术改造，独山子石化22万吨/年乙烯脱瓶颈改造，兰州石化24万吨/年乙烯改造工程，辽阳石化10万吨/年瓶级聚酯切片技术改造等一批重点工程按化工与销售分公司批准的工程建设部署正点运行，并全部完成2001年度投资计划。

3. 初步设计审批与管理

严格执行《石油化工装置基础设计（初步设计）内容规定》和股份公司《炼油化工建设项目初步设计审批管理暂行办法》，不断加大初步设计审批与管理的工作力度，初步设计的深度和质量进一步提高，工程投资得到有效控制。去年化工板块完成了34个投资2000万元以上项目的初步设计审批，批复概算投资较可研估算降低14627万元，降幅3.5%，且无一项目概算超可研估算。

4. 工程招标投标管理

全面推行工程招投标制，在确保工程质量、工期、安全的前提下，努力降低工程造价。2001年各地区公司加大了工程招投标工作的力度，不仅优选了承建单位，而且降低了工程投资。据不完全统计，去年设计、采办、施工通过招投标共节约投资1.5亿元；抚顺石化、兰州石化、吉林石化、大庆炼化等地区公司实现了“建安费节约5%”的控制目标；大庆石化、辽阳石化、吉林石化、独山子石化、抚顺石化、兰州石化、乌石化、大庆炼化等地区公司的器材设备采购节约投资较概算比都在3%以上。

5. 工程质量管理

2001年化工板块及各地区公司认真总结工程质量管理的经验教训，剖析深层次问题，积极寻求新体制下抓好工程质量管理和确保工程质量的有效途径，炼化工程质量基本处于受控状态：

（1）施工图会审工作得到加强。坚持工期再紧也要认真组织施工图会审，保证设计质量。独山子石化在22万吨/年乙烯改造项目施工图会审，共发现问题1826项，仅图面节约投资330万元。吉林石化38万吨/年乙烯改造、辽阳石化12万吨/年乙烯改造、乌鲁木齐石化40万吨/年重整等项目的施工图会审分别发现问题1201项、604项、117项等，共计图面节约投资300多万元。

（2）加大设备驻厂监造和检验工作力度，保证了器材设备质量。吉林石化在对催化“三机组”、外取热器、ABS的热油炉、乙烯的高压汽包等重要、关键设备进行了驻厂监造的同时，加强设备开箱检验工作，发现不合格设备器材21项，整改14项，退货处理7项，并将问题比较集中的23家供应商从吉化物资网络成员单位中清理出局。兰州石化组织六个小组分赴设备制造厂对合成氨油改气工程中的CO_2压缩机、防爆双梁起重机、真空泵机组等30多台套设备实施驻厂监造、检验和催交，保证了设备质量和按期交货；严格材料检验和复验，对存在严重质量问题的78件弯头和表面锈蚀严重的10吨螺纹钢全部退货。

（3）加大现场工程质量抽检的力度，工程质量基本处于受控状态。2001年各地区公司在做好日常工程质量管理工作的基础上，加大了现场工程质量抽检的力度，做到了工程质量“警钟长鸣”。2001年化工板块先后于4月、7月、9月份工程建设高峰期，分别对辽阳石化、抚顺石化、吉林石化、兰州石化、乌鲁木齐石化、独山子石化等六家地区公司、16项在建工程、323项分项工程进行了质量抽查，抽查的主要结果是：抽查保证项目962项，934项符合要求，符合率97.1%，较2000年提高10.4%；基本项目735项，727项合格，合格率98.9%，较2000年提高6.2%；允许偏差项目实测实量4391点，合格4127点，点合格率94.0%，与2000年基本持平。抽评底片1893张，底片合格率96.1%，评片准确率99.4%；从抽查底片统计焊接一次合格率为98.4%；现场抽拍片167张，合格率99.4%；底片合格率、评片准确率、焊接一次合格率等与2000年基本持平。

（罗汉华）

【化工产品销售】 2001年是股份公司化工营销体制发生重大变革的一年。在过去的一年里，面临严峻的市场形势和国内外竞争对手的激烈竞争和冲击，化工与销售分公司及时调整销售策略，建立起配套的集中销售运作管理办法和统一销售网络体系，加强日常运营管理，完善化工集中销售的体制，集中销售的优势逐步得以体现，各项工作取得了一定的成绩。

1. 化工产品销售情况

（1）2001年化工产品共实现销量1036万吨，同比增加4.2%；产销率103%；年末库存60.9万吨，同比下降41%。

（2）2001年统销产品共实现销量234万吨，产销率101%。其中地区公司自销117万吨，占50%；大区公司销售117万吨，购销率98%，大区销量占整个化工产品总销量的11%，占统销产品总销量的50%。

2. 化工产品销售管理

（1）按照股份公司管理层的总体部署和要求，初步实现了"资源统一配置、价格统一制定、结算统一管理、运输统一组织"的四统一模式，基本建立了适应股份公司业务发展的市场营销体制框架。2001年10月，根据股份公司销售业务进一步深化的要求，成立了大庆化工销售中心，开始进行中国石油全部化工产品集中销售的试点工作。12月，完成了中油化工销售系统的整合，成立了八个地区化工销售中心，直接受股份公司领导，取消了各地区分公司的销售职能，实施统一管理、集中销售，建立了适应市场经济和中国石油发展战略的化工营销体系。

（2）在资源的统一配置上，建立了产销衔接的运行机制，按照销售半径最小，运输成本最低，效益最大的原则对树脂、化纤、聚酯产品实施了资源整体优化配置，使统销前存在的东北资源调到西北，西北资源调到东部交叉销售，造成效益流失的现象得以避免；在价格的统一制定上，已实现了总部对价格的统一管理，根据市场变化制定区域销售价格，依据市场价格制定企业与大区公司的结算价格，减少了区域间的内部价格竞争，增加了效益；在信息及客户网络管理上，建立了分布较为合理的客户群体和营销网络。在主销区域市场，初步建立了54个仓储配送中心，11个合资联营公司，实现了中油产品在主销市场的统一仓储，有效保证了生产后路畅通和客户提货。2001年5月，中国石油化工销售信息网的投入使用，为实施化工销售信息的联网和推进电子商务打下了基础；在统一运输组织上，利用海运和规模运输的优势，集中组织运输，降低了运输成本和保险费率，全年增效2134万元；统一封闭的财务结算体系保证了地区分公司货款的及时回笼，防止、减少了坏账及呆死账的发生，提高了资金的安全性和运转效率。

（3）实施股份公司内部的化工原料互供，化肥的集中统一淡储，提高了板块的效益。2001年加强了股份公司内部互供料的管理，取消互供中间流通环节，保证了企业生产原料的及时供应，提高了股份公司的整体效益，全年累计完成原料互供24.4万吨。化肥的统一运作，由总部统一指挥调拨和下达限价，控制了黑龙江化肥市场，大幅度地提高了大庆石化尿素销售的经济效益，同时由于抽紧了西部化肥资源，改善了西部化肥市场的供求关系，为2002年西部化肥市场的全面启动奠定了基础。

3. 化工产品销售流向（见图1）

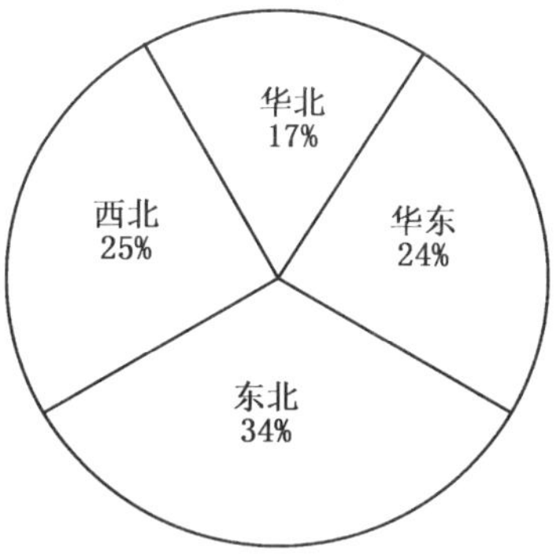

图1 化工产品销售流向图

（郑　焰）

天然气与管道

【原油天然气储运设施及能力】　2001年股份公司拥有长输油气管道22682.24千米，比2000年增加1140.4千米。其中，原油管道8878.59千米，比2000年增加113.4千米；天然气管道12644.16千米，比2000年增加1027千米；成品油管道1025.07千米。

2001年原油运输总量完成11287.49万吨，为年计划的104.04%。其中，管道运输8960.39万吨，铁路运输1515.64万吨，水运811.46万吨。天然气管道运输总量完成150.6亿立方米。

（黄松源）

【储运安全】

（1）部分储运设施严重老化，事故隐患增加。原油长输管道大部分已进入“老龄期”，运行时间超过20年的占50%，在15—20年之间的占35%。管道腐蚀穿孔、漏油事故呈上升态势。特别是东北输油管网沥青防腐层大多老化，同时，由于地理环境的变迁，穿越河床下切，使东北管网管道干线隐患增加。针对这一情况，2001年对东北、四川、大港等地区的管道进行了安全和技术改造。

（2）近年来，管道打孔盗油、盗气案件以及对管道设施非法占压等事件频繁发生。2001年，仅管道分公司管辖的管线被打孔破坏87次，其中秦京线发生35次，马惠宁线27次，中沧线8次，铁秦线8次，庆铁老线1次，庆铁新线3次，铁大线5次，不仅严重影响了管道的安全运行，而且还给国家造成极大的经济损失。针对这些情况，为维护企业的利益和保证油气储运设施的安全，股份公司在加强日常安全管理的同时，严密注视管道的运行动态，及时向国家有关部门及管道沿线有关省市政府反映情况，共同加强管道保护工作。目前，国务院已颁布实施《石油、天然气管道保护条例》。

（3）为切实抓好和落实安全管理，2001年11月，对管道分公司及北京天然气集输公司所辖油气管道进行了安全大检查。检查结果表明，管道分公司和北京集输公司的总体安全形势较好，建立健全了安全监督体系和安全合同管理体系，部分设备存在的安全隐患已进行了整改。

（郭晓英）

【技术进步】

（1）为加强科技工作，天然气与管道分公司成立了天然气与管道技术委员会，制订了《天然气与管道专业技术委员会简章》，建立了管理机构，明确了科技管理人员，落实了科技经费，使科技工作有完整的组织保障。

（2）2001年开展科技项目6项，投资2401万元。为规范科技立项程序，对部分项目引进竞争机制，实行了项目招标（议标），提高了科技质量，降低了研究和开发成本。全年科技计划完成率100%，经费到位率100%。中评估课题19个，优秀率75%，项目验收8个，验收评价优秀率为50%。

（3）开展管道三层结构聚乙烯防腐层的优化、天然气管道内涂层技术、超声流量计现场应用和多出口成品油管道运行与管理等课题的研究工作。编制完成了《三层结构聚乙烯防腐层的企业标准草案》，取得了初步成果。

（4）开展了天然气管线内减阻涂料的研制开发工作，完成了中试，基本具备了工业化生产及应用条件。完成了抗失压起泡测试的试验装置的设计、委托加工制作及安装调试，作为国内惟一的一套天然气减阻涂层失压起泡测试装置，已正式用于西气东输管道工程内涂层监制，为保证西气东输管道工程内涂层质量起到了决定性的作用。

（5）完成了超声流量计现场应用研究，现场试验考察和评价了理想安装条件与非理想安装条件下不同压力、多台流量计计量性能，对不同声道进行了现场应用试验研究，考察了现场适应性和可靠性，并与国内普遍采用的孔板流量计进行了比对，为流量计选型提供了依据。

（6）成品油管线大落差瞬态、混油控制研究部分研究成果已用于兰州—成都—重庆成品油管道的设计、投产方案确定及运行管理准备，开发的运行管理软件将在兰成渝管线投产后投入使用。

（孙　齐）

【计量管理】

(1) 组织开展气体超声流量计的现场应用研究。完成气体超声流量计的系统测试，提出了较为完善合理的测试方法，为气体超声流量计的引进提供了选型依据，对天然气准确计量，维护供需双方利益有重要意义。

(2) 建成了大连鲇鱼湾新港计量站。配备了七台DN400美国Simth刮板流量计，一套Simth标准体积管，最大排量为每小时2000立方米，是我国目前排量最大、设备最先进的计量站。

（郭晓英）

【管道建设】

1. 已投产油气管道建设项目

(1) 涩宁兰输气管道。涩宁兰输气管道工程是国家西部大开发的重点工程项目，该管道首起青海涩北气田，经西宁分输站后，终到甘肃省兰州市，全长约930千米，管径660毫米，设计压力6.4兆帕，输气能力20亿立方米/年。

管道工程于2000年5月1日开工建设，2000年年底完成管道主体焊接。2001年5月22日，涩北至西宁段点火成功。2001年9月6日，西宁至兰州段点火成功。2001年12月12日管道全线正式投产运行。

(2) 港沧（大港至沧州）输气管道。港沧输气管道是股份公司为确保安全平稳向沧州化肥厂供气而投资建设的。管道全长97千米，管径406毫米,设计压力4兆帕，年输气能力5.0亿立方米。工程于2001年3月正式开工，2001年6月30日投产运行。

(3) 中银（中宁至银川）输油管道。中银输油管道是长庆油田向宁夏大元石化股份公司输送原油的长输管道。由股份公司所属石油龙昌股份公司与宁夏大元石化股份公司合资建设。管道全长113.4千米，管径273毫米，设计压力6.4兆帕，设计年输量70万—120万吨。工程于2000年6月正式开工，2000年10月建成，2001年3月25日投产运行。

2. 在建油气管道项目

(1) 兰成渝输油管道。兰成渝输油管道工程是中国石油天然气股份有限公司为解决西北成品油出路和占领西南成品油市场的生命线工程。该管道起于兰州市西固区北滩油库，经甘肃、陕西、四川到达重庆末站伏牛溪油库，全长1247千米，设计压力为10兆帕。其中兰州—成都段881千米，管径为508毫米和457毫米，设计输量为500万吨/年；成都—重庆段366千米，管径为323.9毫米，设计输量为250万吨/年。

2001年2月6—8日，中油股份公司在北京对兰成渝输油管道工程的初步设计进行了审查。工程全面开工建设。截至2001年底，隧道工程累计掘进21009米，完成计划21359米的98.36%；线路工程累计组焊1083.4千米、补口991千米、下沟回填956.4千米。

(2) 沧淄输气管道。沧淄输气管道工程是股份公司为培育和发展山东地区的天然气市场、提高天然气销售能力而修建的重要工程。该管道首站位于港沧输气管道复线的沧州分输站，末站是山东省淄博市。管道全长约215千米，管径508毫米，设计压力4兆帕，设计输量10亿立方米/年。

股份公司于2001年5月批准了沧淄输气管道工程的可行性研究报告，并于2001年9月批准了工程的初步设计。2001年11月工程开工建设，至2001年年底，累计扫线207.59千米、组焊195.42千米、下沟回填81.06千米，全部工程预计于2002年2月结束。

(3) 陕京输气管道地下储气库扩建。陕京输气管道地下储气库是冬季向京津地区供气的调峰气源，设计日注气能力为320万立方米，日供气能力为500万立方米，已于2000年底建成投用，目前运行正常。为确保2002年及以后几年京津地区的安全平稳供气，特别是满足冬季调峰供气的需要，有必要对地下储气库进行扩建。经调研比选，选定将大港油田板876凝析气藏作为地下储气库扩建工程的库址。

扩建储气库运行压力在13—25兆帕之间，最大库容量是4.65亿立方米，有效工作气量是2.17亿立方米；采气期为120天，平均日采气量是180万立方米，平均日注气量是98.64万立方米。

工程已于2001年7月开工建设，预计2002年3月建成投产。

3. 管道建设项目前期

忠武（四川忠县至武汉）输气管道工程包括忠武输气干线和三条输气支线，管道设计输量为30亿立方米/年。其中，四川忠县—湖北武汉输气管道干线全长738千米，管径711毫米，设计压力忠县到利川段为6.8兆帕、利川到武汉段为6.4兆帕；枝江—襄樊支线全长240千米，管径406.4毫米，设计压力6.4兆帕；武汉—黄石支线全长85千米，管径323.9毫米，设计压力6.4兆帕；潜江—长沙支线全长341千米，管径610—508毫米，设计压力6.4兆帕。

国家计委于2000年6月21日批准了忠武输气管

道工程的预可行性研究。2001年进行了开工准备工作。截至2001年年底，管道控制点工程—忠县长江穿越开挖过江隧道1642米，12条山区隧道也全面开始挖掘。

【西气东输管道工程】　西气东输是国家实施西部大开发战略的标志性工程，也是加快西北地区经济发展，促进长江三角洲地区能源结构调整、保护环境的幸福工程。西气东输管道干线西起新疆塔里木轮南，东至上海白鹤镇，自西向东途经新疆、甘肃、宁夏、陕西、山西、河南、安徽、江苏和上海等9个省（区）直辖市，全长约3900千米。管道采用带减阻内涂层的X70钢管，管径1016毫米，设计压力10兆帕，年设计输量120亿立方米，管道外防腐采用三层PE。管道穿越长江1次、黄河3次、淮河1次、其他大型河流8次，陆上隧道16条。管道全线共设工艺站场35座，其中压气站10座。管道工程估算总投资为463.14亿元。

国家计委于2000年9月14日批准管道工程的预可行性研究，2001年12月31日批准管道工程的可行性研究。

西气东输管道工程的试验段于2001年9月底开工建设，截至2001年年底，已完成测量放线219.37千米、扫线86.54千米、布管37.09千米、焊接33.25千米、补口23.26千米，完成淮河定向钻穿越工程。

（黄松源）

【原油销售】　2001年由于国内成品油销售疲软，库存居高不下，迫使炼化企业不得不大幅度削减加工量，原油库存始终处于高罐位，给原油运销造成很大压力。在此形势下，通过严格执行股份公司的配置方案，加强与各有关部门的衔接，周密安排运行计划，充分利用油田、炼厂、港口的库存能力，保证了油田的正常生产，超额完成了销售计划。

2001年，股份公司原油生产完成10336.16万吨，为年计划的100.84%。完成销售商品量9810.18万吨，为年计划的101.20%，其中：供股份公司炼厂7142.55万吨，为年计划的99.65%；供中石化炼厂1548.92万吨，为年计划的117.24%；供地方炼厂206.55万吨，为年计划的98.69%；供地方小炼厂261.94万吨，为年计划的86.08%；完成原油出口368.34万吨，为年计划的91.51%。

2001年股份公司实现原油销售收入1664.74亿元，与2000年1917.92亿元相比减少了253.18亿元。主要原因是2001年国际油价下跌，股份公司原油的平均含税价格为1699.43元/吨，比2000年原油的平均含税价格1963.21元/吨，减少了263.78元/吨。

按照2001年天然气与管道分公司业务发展计划，全年天然气与管道分公司管输原油4242.14万吨，为年计划的101.44%，其中：管输大庆原油3521.3万吨、吉林原油151.3万吨、长庆原油207.54万吨、塔里木原油362万吨。管输量与去年相比减少193.7万吨。

【原油配置】　2001年，由于受国际油价波动的影响，上、下游企业的生产和销售受到严重冲击，与此相对应，加大了原油运行工作的压力。

年内，为缓解成品油库存居高不下的紧张局面，国家经贸委先后几次要求中石油、中石化两大集团公司联手削减原油加工量，导致股份公司原油生产运行经受了严峻的考验。我们采取紧急措施，要求管道系统、炼厂进行代储，并与中石化协商，减少原油进口量，多接国内原油，同时积极组织出口，不仅保证了油田的生产，而且使炼油企业减少了亏损，维护了股份公司整体利益。

东部地区受大庆油田产量逐年递减和区内炼厂加工量增加的影响，东北输油管线均处于最低安全输量运行，给管线的安全运行造成很大威胁。根据这种情况，我们对主要管线的输量及时进行了调整，对原油流向进行合理配置，并对东北管网进行低输量改造，保证了大庆油田正常生产和管道安全运行。

西部地区突出的矛盾是原油资源供过于求，新疆、长庆油田是增产的主要油田。长庆油田靖咸管线投产期间，正值长庆油田库存较高之际，且长庆石化分公司停厂检修。为配合靖咸管线投产，我们紧急协调炼油与销售分公司及油田、炼厂，提前装置点火，保证了靖咸管线的顺利投产和安全运行。为保证新疆原油的销路，从增加加工量、提高掺炼比等各方面考虑，为新疆原油增产创造条件，疏通后路。

（贺克奋）

【天然气市场开发】　2001年，市场开发取得丰硕成果。

西气东输：已同45家用户签署了带有“照付不议”性质的《天然气供用气意向书》，初步落实的意向用气量：2004年80亿立方米，2007年达到166亿立方米。

忠武管道：在2001年12月26日签订7个城市用户25亿立方米气量的“照付不议”《天然气销售与输送合同》，2002年1月28日又签订了11个城市的“照付不议”《天然气销售与输送合同》，合同气量第一年为7亿立方米，第五年为34亿立方米。

涩宁兰管道：已与青海、甘肃两省9个城市及企业签订了“照付不议”的《天然气销售与输送合同》，合同气量2002年为7亿立方米，2005年达到19亿立方米。

陕气东输：与壳牌公司合资组成市场组，积极开辟陕气东输供京津冀鲁市场，开发了4个省市天然气公司和4个大工业用户，除北京燃气集团外，与7个用户签署了“照付不议”性质的《天然气购销意向书》。

其他地区的市场开发也取得新的突破：2001年5月与淄博市签订了天然气购销合同，合同量2002年为1.4亿立方米，2006年为3.4亿立方米。此外，陕气已供达沧州、石家庄和保定；吐哈气已供达米泉和昌吉；西南气已供达眉山和乐山。

（陈晓鸣）

【天然气销售】　2001年是股份公司天然气业务发展较快的一年。陕京线市场的逐步完善、涩宁兰管道投产供气、忠武线下游市场的开发落实对天然气业务的快速发展起到了极大的促进作用。按照股份公司“开拓天然气利用市场，将资源优势转化为产业和经济优势，形成新的经济增长点”的总体要求，天然气销售工作主要从加强计划管理、调整销售结构、加大下游市场开发力度等方面入手，知难而进，开拓创新，较好地完成了天然气销售任务。

1. 天然气销售达到10%以上的增长速度

2001年中国石油天然气股份公司天然气产量205.8亿立方米，销售天然气150.6亿立方米，为年计划137亿立方米的109.9%，比2000年增加11.4%。2001年股份公司天然气销售情况详见表12。

股份公司天然气销售的区域主要是京津冀鲁地区、西南地区、东北地区、西北地区，共有大中小用户近700个。2001年四个区域的销售比例分别为：15.3%、53.2%、12.1%、19.4%（见图2）。

表12　2001年股份公司天然气销售情况表　　单位：亿立方米

单位名称		2001年计划	2001年销售量	为年计划（%）	为去年同期（%）
股份公司销售量		137.0	150.629	109.9	111.4
各油气田销售量	天然气板块	113.5	125.002	110.1	113.1
	辽　河	5.2	5.546	106.6	102.5
	华　北	3.2	3.813	119.2	114.9
	大　港	3.1	3.117	100.5	96.6
	西　南	74.5	80.062	107.5	104.6
	长庆（周边）	8.3	12.032	145.0	143.5
	青海（周边）	3.3	3.911	118.5	150.2
	陕京线	15.4	16.123	104.7	138.1
	涩宁兰	0.5	0.546	109.2	
	鄯乌线	4.7	5.167	109.9	107.2
	中沧线	2.5	1.985	79.4	62.9
	非天然气板块	23.5	25.626	109.0	103.7
	吐　哈	5.8	5.803	100.1	111.7
	塔里木	2.4	2.124	88.5	79.0
	新　疆	4.4	4.848	110.2	104.6
	大　庆	10.5	12.289	117.0	99.6
	吉　林	0.3	0.371	123.8	85.9
	冀　东	0.1	0.191	190.5	108.7

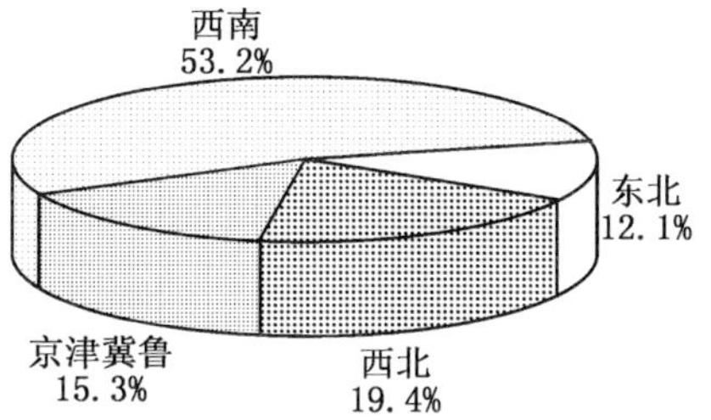

图 2 2001 年股份公司各区域天然气销售比例图

近些年来，为提升股份公司在资本市场上的价值、实现天然气的增产增效，我们通过销售结构优化工作，不断调整天然气消费流向，使价格相对较高的城市民用和工业燃料用气量的比例逐步提高，价格低的大化肥、中小化肥用气比例逐步下降（见图 3）。

2. 加强销售管理，保证了天然气销售任务的完成

天然气销售工作从加强计划与合同的管理、加强与用户的沟通、加强销售人员的业务培训三个方面下手。一是加强计划与合同的管理，对各销售单位，制定《中国石油天然气股份有限公司天然气销售计划管理暂行办法》，对天然气销售计划编制的原则和主体、计划的执行和调整、考核等问题予以明确规范；对用户，签订详细而确定的购销合同来明确双方的责任与义务。二是加强与用户的沟通，举行供需双方见面订购会，及时掌握用户的用气项目进展和用气规模，保证了业务计划的落实。三是加强天然气销售人员的业务培训，提高销售人员素质。在原有天然气销售价格和定价机制、天然气销售合同等培训内容的基础上，又增加了我国天然气市场发展方向和动态、“照付不议合同”和“管输费两部制定价法”等。通过理论与实践相结合的培训，使天然气销售人员对我国天然气发展的总体趋势全面了解，提高了销售人员在经济、法律、谈判等方面的业务素质，这将为股份公司今后天然气业务的发展做好充足的人才储备。

3. 促进天然气价格体制改革，推进价格调升

一方面，积极配合国家计委、国务院体改办所做的我国天然气价格体制、天然气下游行业监管等课题的研究，提供相关资料、意见以促进天然气价格体制改革。另一方面，通过给用户做工作、调整天然气消费流向、加大下游终端市场的开发力度等方式，推动天然气整体效益的提高与价格的调升。2001 年股份公司天然气销售综合价为 0.714 元/立方米（含税价），比 2000 年同期上涨 7.2%。

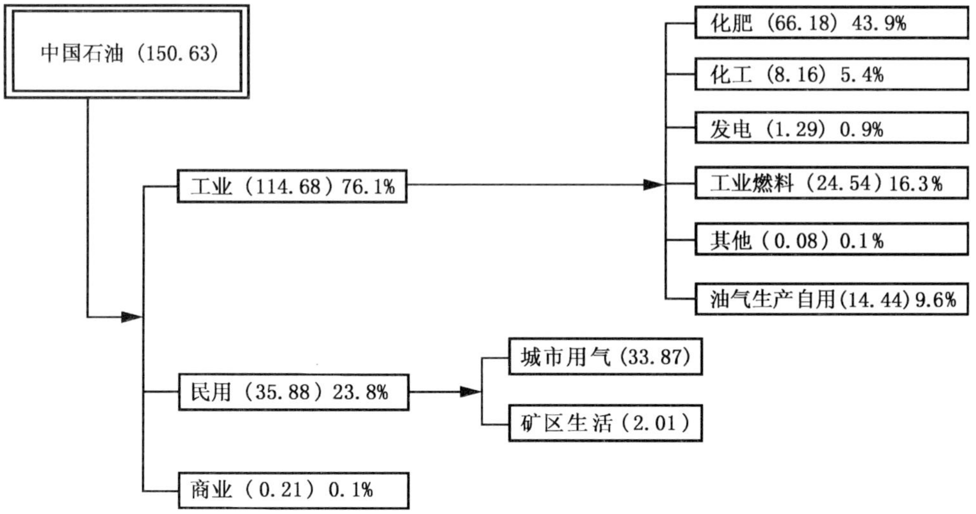

图 3 2001 年股份公司天然气消费各流向数量和比例（单位：亿立方米）

（公 禾）

第四篇

对外合作与交流

对外交流与外事工作

【外事管理与协调】　国际合作部组织对四川石油管理局、大港油田集团有限责任公司、中国石油集团地球物理勘探局（简称物探局）及中国石油集团工程技术研究院等四家单位的外事外经贸工作进行了深入调研，对加快海外市场开发、加强外事管理和服务提出了具有针对性的建议，得到集团公司的肯定并逐步推广。

按照集团公司提出驻外办事处对集团公司从事石油工程技术服务和物资装备出口的境外单位要做到“集中办公、统一后勤、一致对外”的要求，集团公司驻苏丹、哈萨克斯坦、委内瑞拉、伊朗、伊拉克、阿联酋、土库曼斯坦和俄罗斯等办事处实现了“集中办公、一致对外”的目标，“统一后勤”的工作也正在稳步推进中。按照“做好协调服务，避免内部竞争”的要求，共备案登记了203个项目。完成向政府有关部门申报和审批海外项目30个，其中包括苏丹1/2/4区勘探开发、输油管线建设和喀土穆炼油厂项目、委内瑞拉奥里乳化油项目、缅甸IOR－4区块项目和叙利亚GBEIBE油田项目。为配合集团公司国际化经营战略的需要，国际合作部组织力量对海外13个产油国的6种，共78个相关法律、法规或法令进行了收集、整理和翻译工作。到2001年底，已完成苏丹、哈萨克斯坦、委内瑞拉和伊朗四个国家的劳动法、税法、外国投资法、公司法、海关法和石油法等六种法律以及叙利亚和缅甸的劳动法和税法，共28个法律的收集、整理和翻译工作。此外，还编辑出版了包括世界68个主要产油国政治、经济、地质、石油工业、相关法律法规和政策等重要信息的《世界产油国投资指南》两卷，作为开拓海外市场的工具书。

通过强化内部管理，改进和简化工作程序，加强与外交部和各驻华使馆的联络和协调，克服了由于赴海外执行招投标、技术服务、设备出口和工程劳务任务的团组明显增多而造成的出国团组和人数快速增长，处理紧急事务以及意外情况的急、特、超常规办理手续的出国团组数量增加和从未办理过签证的国家相继出现的种种困难，保证了集团公司参与国际化经营活动人员及时外派。2001年共申办新护照及护照延期9000余本，派遣出国团组2729批，13776人次，前往美洲、非洲、亚洲、欧洲、澳洲的70多个国家和地区执行公务。其中，执行友好访问227人次，经济贸易5403人次，科技交流213人次，留学进修培训733人次，劳务457人次，国际会议933人次，其他4810人次。全年共发入境签证邀请函842份，接待来华外宾1626人次，来华人员国籍40个，签证驻外使领馆40个。

【对外宣传】　完成集团公司年报（中文、英文、俄文版），对外宣传画册（中文、英文、俄文版）的出版发行以及录像片的编辑制作工作；四期《中国油气》（China Oil & Gas）英文杂志的出版发行工作；2001年9月在京召开了《中国油气》杂志第三届编委会会议。

【科技合作项目】

1．科技合作项目

共签两项科技合作项目，即中国石油天然气集团管材研究所加入加拿大C－FER公司“管线定量风险评价工业联合项目”，并对项目软件成果进行二次开发，合作期限一年；中国石油集团经济和信息研究中心与美国东西方研究中心签订“油气客户订阅服务合同”，合作期限一年。此外，集团公司与加拿大国际油气新技术开发公司合作的2000年度重点国际合作项目“裂隙油气藏表征及开发地震技术合作研究”项目，在物探局和石油大学（北京）物探重点实验室共同努力下进展顺利。

2．无偿援助项目

加拿大政府援助的“塔里木盆地自然资源保护和持续利用项目”（总援助额约800万加元），经过中加双方的共同努力，于2001年7月顺利结束。由加拿大国际发展署、加方执行机构和加方项目监督共同组成的加方项目终审团赴塔里木石油勘探开发指挥部对设备、培训、妇女发展等项目执行情况进行了全面评审、验收，并于7月在库尔勒召开了中加双方共同参加的项目终审会，双方对项目的执行和取得的成果给予了高度评价。

【海外办事处】　集团公司分别在印度尼西亚和缅甸设立了办事处。截至2001年底，集团公司海外办事处共有12个。

【人才培训】　2001年共派出各类进修和培训人员

1733人次，邀请国外专家48人次，就石油勘探开发、炼油化工、经济管理等内容进行讲座，集团公司近600名一线科技和管理骨干参加了培训。

【国际会议与展览】 2001年，集团公司参与组织了在上海举办的“世界石油大会亚洲地区会议暨展览”，取得圆满成功；同时还组织参加了境外36个国际会议，派出人员达110人次；参加境外国际展览8个，共租用展台面积605平方米，派出参展人员195人次。

（卢　颖）

国外油气田勘探开发

【概述】 中国石油天然气勘探开发公司（CNODC）是中国石油天然气集团公司的全资子公司，负责集团公司海外投资项目的统一管理与运作。

2001年，海外油气业务继续保持良好的发展态势，产量、储量大幅度增长，经济效益不断提高，新项目开发工作取得重要进展，展现出更大的发展局面。经营业务范围由石油勘探、生产、炼制逐步向石油化工和成品油销售市场延伸。

海外勘探开发项目全年新增石油可采储量3002万吨，储量置换率达到185%；完成原油作业产量1623万吨，天然气作业产量9.26亿立方米；集团公司获得原油权益产量831万吨，天然气权益产量5.77亿立方米，分别比2000年增长20.96%和29.66%。实现油气份额销售收入9.4亿美元，利润超过1亿美元。上游人均年产原油超过1万吨，人均年产值超过100万美元。

【现运营海外项目】

1. 苏丹1/2/4区石油勘探开发与管道项目

2001年新采集二维地震1236千米，三维地震343.68平方千米；完成二维地震处理2727千米，三维地震资料处理795.2平方千米；发现和落实圈闭56个；完钻探井21口（其中预探井14口，勘探评价井7口），中完1口，正钻井2口；完成探井试油17口，其中预探井16口，评价井1口；新增可采储量1.06亿桶。项目自1999年6月建成投产以来，已有9个油田投入开采，另有1个油田正进行开发建设。2001年投产总井数129口，开井96口，平均日产油23.2万桶/日，全年生产原油1104万吨，实现分成收入3.91亿美元。

黑格林格（Heglig）油田至苏丹港原油长输管线，全长1506千米，共设六座输油站和一座海上终端。管道系统具备年平均日输21万桶的输油能力。苏丹港海上终端安装了5座40万桶的储油罐和3台离心装船泵机组，具有了120万桶/日的装船能力。2001年实现平均输油22.1万桶/日，并于当年创造了24.4万桶/日的最高输油纪录。

2. 苏丹3/7区勘探开发项目

2001年成功接收了阿联酋Thani公司转让18%的股份，使CNPC在该项目的权益达到41%。全年采集二维地震1113千米、三维地震215平方千米；新钻探井2口，评价2口，均见到良好油气层；第一口探井Agordeed 1井分别在浅层和深层获得油气发现，控制石油地质储量450万吨。该井是CNPC参与3/7区项目后的第一口探井，也是3/7区项目勘探区块内的第一口油气发现井。该井的发现，展现了中方的技术实力，获得了合作伙伴的认同，预示着该区较好的勘探前景。

3. 苏丹6区勘探开发项目

2001年完成二维地震采集及处理804千米，三维地震采集及处理212.82平方千米；新钻5口探井均获成功，发现地质储量5000万吨级的Fula North整装油田；另外获得控制储量2000万吨，预测储量3000万吨以上，为近期建成50万吨的产能规模提供了充分的保证。

4. 苏丹喀土穆炼油厂项目

全年完成原油加工量230万吨，轻质油收率79.49%，综合商品率92.49%，产品出厂合格率100%。生产各类石油产品205.31万吨，其中汽油85.20万吨，航煤11.30万吨，柴油87.15万吨，液化气21.52万吨，煤油0.15万吨。利用25天完成全厂停工检修任务，用不到4个月的时间建成航煤装置，投产一次成功，并生产出合格的航煤产品。

喀土穆炼油厂牢固树立“安全第一、预防为主”的思想，积极推行HSE管理体系，强化全员HSE意识，做到了安全无事故，实现了“三消灭一降低”的安全生产管理目标。

5. 苏丹聚丙烯项目

2001 年 6 月 20 日，在北京正式签署苏丹聚丙烯项目合同。该项目是 CNPC 第一个海外化工项目，全部采用中国技术和装置，由制氮装置、气体分馏装置、丙烯聚合装置、造粒系统和储运精制系统组成，设计年生产聚丙烯 1.5 万吨，12 月底工程按期投产。

6. 苏丹加油站

CNPC 海外第一个加油站——苏丹 ALMAKRAT 加油站于 2001 年 3 月 1 日建成投入，开业以来经营情况良好，平均日销量 20 吨以上。该加油站的建成和投运为进一步扩大海外经营业务链进行了探索，而且起到了很好的品牌效应。

7. 哈萨克斯坦阿克纠宾项目

2001 年生产原油 326 万吨，天然气 8.8 亿立方米，实现销售收入 3.72 亿美元。该项目通过油层精细对比，不但在低产区找到了高产层，而且试油证实油水界面下移 10—30 米，增加地质储量 1440 万吨。全年新开钻井 41 口，交井 38 口；原油日产水平由年初的 7451 吨/日，提高到 8 月底的 10000 吨/日，12 月中旬突破 11000 吨/日，增长了接近 50%；不但创造了该油田投入开发以来日产水平和增产速度的最好纪录，而且在哈萨克斯坦六大石油公司中，年增产幅度和日增产幅度均居首位。

2001 年，阿克纠宾项目组织实施了地面工程建设、钻井及新井投产和增产工艺三大部分 8 个重点工程项目（老处理厂改造、新厂建设、新井钻井、油井气举、压裂酸化、电网改造、注水工程和稠油热采），为项目油气上产奠定了基础。

8. 委内瑞拉石油勘探开发项目

在老井递减加大、委内瑞拉国家石油公司（PDVSA）对产量和工作量实施限制的不利条件下，该项目优化生产部署，深挖细找，实现原油产量基本按限产上限运行，年产油 168 万吨。

9. 秘鲁油气开发项目

生产原油 21 万吨，天然气 3427 万立方米。

10. 加拿大油气开发项目

生产原油 1 万吨，天然气 1197 万立方米。

【新获勘探生产区块】

1. 委内瑞拉奥里乳化油项目

2001 年 4 月 17 日，集团公司总经理马富才与委内瑞拉国家石油公司（PDVSA）总裁拉梅达将军代表合作双方签署《联合开发奥里乳化油合作协议》，江泽民主席和委内瑞拉总统查韦斯出席了签字仪式。12 月 27 日，中委双方签署了《合资经营协议》，项目正式开始运作。CNPC 拥有该项目 70% 权益，将于 2004 年建成年产乳化油 650 万吨的生产能力。

2. 缅甸项目

2001 年 11 月份签署购买加拿大 TG WORLD 公司项目合同，该项目共包括 3 个区块，即 IOR－3、RSF－2 和 RSF－3。

2002 年 12 月 12 日与缅能源部签署 IOR－4 区块项目合同。

【经营管理】

1. 挖掘内部潜力，优化资金运作，提高整体经济效益

公司始终把加快投资回收和提高项目经济效益作为中心任务，切实保证中方的投资利益。苏丹 1/2/4 区项目优化各区块产量结构与项目进度，加强中方对原油分成和管输费的管理，最大限度确保中方按时足量提油。苏丹炼厂努力提高产品收率，积极做好投资回收工作。阿克纠宾项目不断拓宽销售渠道，增加原油出口，提高总体售价水平。

公司总部加强了对各海外项目的财务管理和商务支持，优化资金结构，探索增加效益的新途径。为苏丹 3/7 区项目争取到中国进出口银行 4 亿人民币低息优惠贷款；为苏丹 1/2/4 区项目和苏丹炼厂项目申请到 37.68 亿人民币买方信贷；协助阿克纠宾公司发行了 5000 万美元次等级债券。

2. 加大新项目开发工作力度，取得重要进展

公司年初成立了由总经理亲自挂帅的新项目开发委员会。一年来，对 30 多个国家的 104 个项目进行了筛选和评价，对 20 多个项目进行了可行性研究，并对这些国家的政治、经济环境和项目的合作模式、合同条款进行了详细研究。新项目开发取得了初步成果，签署了委内瑞拉奥里乳化油项目、缅甸项目和苏丹聚丙烯项目。在俄罗斯、北非、中东等地区的新项目开发工作取得重要进展。

3. 技术支持为海外项目发展做出重要贡献

基本建立起以海外研究中心为主体的技术支持体系，同时借助油田和其他研究单位的力量，不断加强了对海外项目的技术支持，收到了良好效果。强有力的技术支持为海外项目增储上产和下步发展起到了重要作用。

4. 加强国际化经营管理人才队伍建设

为适应海外项目发展的需要，积极做好人员的选聘、配备和调整工作，全年新增 132 人赴海外项目工作，人员轮换 74 人。通过人员轮换，特别是年初对主要海外项目的总经理的轮换，促进了项目间的交

流，引进了新的经营理念和思路，提升了各主要项目的整体管理水平。在人力资源管理上，进一步规范了人员借聘制度和选拔程序。为提高员工的整体素质，公司加大了人员培训工作力度，开办各类培训班 21 个，加上其他中长期培训，全年共计培训 742 人次。

5. 加强党组织建设，确保海外事业健康发展

通过“三讲”学习教育活动，提高了各级领导对江总书记“三个代表”重要思想的理解和认识，增强了加快海外石油事业发展的责任感和紧迫感，统一了思想，开阔了思路，明确了方向，增强了信心。公司各级党组织深入学习江总书记“七一”重要讲话和党的十五届六中全会精神，并努力贯彻到党的建设中去。根据海外项目人员变动较大的特点，及时调整增补支部成员，确保党建工作的连续性和稳定性。2001 年，又有 14 名同志光荣加入中国共产党，党员总数已经占到公司全体职工的 40.63%。

（古金民　徐大鹏）

股份公司对外合作

【概述】　2001 年，股份公司国内油气勘探开发对外合作贯彻持续重组的方针，按照与国际化经营接轨的思路，加强项目管理，提高合同质量，巩固合作成果；拓宽对外合作的新领域、新渠道，确保对外合作稳中有进；在引进资金、引进新技术、改善管理和培训人才方面取得了新成绩。截至 2001 年底，陆上石油对外合作累计签订石油合同 50 个，合作区面积 243632 平方千米，合同规定勘探和开发（包括先导试验）义务工作量投资 12.24 亿美元。2001 年新签石油合同 1 个，终止合同 3 个。现执行合同 13 个，完成并批准总体开发方案 2 个，已编制总体开发方案 7 个。

截至 2001 年底，对外合作累计完成二维地震 17687 千米，三维地震 374 平方千米；完钻探井 27 口，进尺 68750 米；评价井 10 口，进尺 20849 米；钻开发井 1075 口。累计探明原油储量 3744 万吨，控制原油储量 1167 万吨。按合同规定累计完成义务工作量投资 9.16 亿美元。累计生产原油 928.85 万吨，生产天然气 7.99 亿立方米。

截至 2001 年底，完成了 21 个联合研究项目，对国内主要的含油气盆地、勘探远景区块、开发难点区块，做过综合研究，提供了大量的技术报告和分析资料，对于加深国内地质认识，加速国内资源勘探开发有着重要的参考价值。

全部合作项目安全生产无大、小事故。大多数合作项目健康、安全、环保（HSE）能够达到国际标准。

2001 年外方实际投入勘探开发资金 1.1485 亿美元。生产原油 227.06 万吨，天然气 3.81 亿立方米。

2001 年西气东输上游合作项目已完成前期评价和框架协议主要条款的谈判。

塔里木、柴达木、鄂尔多斯和四川四大盆地的天然气对外合作进展较快，标志着陆上石油对外合作已经进入到上下游一体化，油、气勘探开发全面开展国际合作的新阶段。

【主要合作项目】

1. 合同执行情况

目前股份公司正在执行的石油合同 13 个。分布在大庆、吉林、辽河、大港、长庆、西南、青海、新疆等九个油气田，合作领域包括风险勘探、难动用储量开发、天然气开发以及稠油开发。具体情况分述如下：

（1）风险勘探项目（2 个）。

①大港赵东区块：位于渤海湾盆地黄骅坳陷的滩海地区，面积 197 平方千米。作业者美国阿帕契公司。已完成二维地震 390.5 千米，三维地震 208.32 平方千米；完钻探井 6 口、评价井 7 口；获得商业性油井 7 口。探明含油面积 9.2 平方千米、储量 3744 万吨。赵东总体开发方案获国家计委批准。2001 年开发作业全面启动运行。

②青海涩北区块：位于柴达木盆地东部青海省涩聂湖北，面积为 6998 平方千米。作业者意大利阿吉普公司。完成二维地震 439.6 千米和新老地震资料的处理解释，2002 年将在盐湖构造上钻第一口探井（盐深 1 井）。

（2）难动用储量开发项目（6 个）。

①大庆州 13 区块（1—2 区）：位于松辽盆地南部黑龙江省肇州县境内，面积 32.8 平方千米。合同

执行以来，原作业者加拿大皇朝能源公司完成5口先导试验井钻井，2000年编制完成总体开发方案，并于2001年2月获得国家计委批准。新作业者香港中汇石油有限公司受让本合同后，对总体开发方案进行了适当调整，已提出2002年开发作业计划。

②吉林民114区块：位于松辽盆地南部吉林省松原市新民乡，面积78.7平方千米。作业者香港中汇石油有限公司。合同执行以来，进行了不同井距注水开发试验。累计完钻开发井32口，生产原油2.1249万吨。正在修改总体开发方案。

③吉林大安、庙3、莫里青区块：位于松辽盆地南部吉林省大安县、前郭县、伊通县境内，面积分别为81平方千米、253平方千米、71.5平方千米。2001年美国微生物总公司担任作业者后，完成了现场油井交接，根据合同的修改协议，编制完成了三个区块的现场实验方案。在大安区块完钻新井2口，并进行了压裂作业；对5口老井进行了微生物增产试验，1口老井进行了深挂泵增产试验；接管后合作区已生产原油0.3077万吨。编制了3个区块的总体开发方案。

④大港孔南区块：位于渤海湾盆地黄骅坳陷南部河北省沧县境内，面积90.5平方千米。作业者加拿大泛华公司。按照先导试验方案，已完钻开发评价井5口，完成修井5井次，在8口井进行试生产，累计生产原油4.9020万吨。编制完成了总体开发方案，并通过股份公司专家评审。

（3）天然气开发项目（2个）。

①长庆长北区块：位于鄂尔多斯盆地北部陕西省榆林市北，面积1588平方千米。作业者英荷壳牌公司。评价作业期间完成2口新井（长1，长2井）的直井和水平井井段钻井。其中长1井在山西组水平钻进557.5米，测试日产气40万立方米；长2井在山西组水平钻进1068米，测试日产气28万立方米。投资约7000万美元。试生产（由中方任作业者）动用含气面积124平方千米，储量150亿立方米，目前有生产井16口，2001年生产天然气2.63亿立方米，累计生产天然气6.04亿立方米。壳牌公司已完成并提交总体开发方案。由于投资效益问题，壳牌公司尚未作出决策。

②西南川中区块：位于四川盆地中部四川省南充、锦阳地区，面积7525平方千米。原作业者美国安然石油公司，已完成修井3口，完钻评价井3口。合同先导试验期结束后，经安然石油公司要求，同意其进入评价期（二年），要求其完成一定的评价工作量，并完成总体开发方案。2001年安然石油公司将其在该合同项下的权益转让给美国伯灵顿公司，进入评价期后已完成2口井修井，完成了天然气销售协议的谈判。

（4）稠油开发项目（2个）。

①辽河冷家堡油田：位于渤海湾盆地辽河坳陷冷家堡，面积270.8平方千米。作业者香港BECKBURY公司。合作以来累计完成钻开发井216口，生产原油515.46万吨。

②新疆克拉玛依油田九1—九5区块：位于准噶尔盆地西北部，面积20平方千米。作业者香港HAFNIUM公司。合作以来累计完钻开发井806口，生产原油401.72万吨。

2. 新签石油合同

大庆州13区块（3—6区）位于松辽盆地南部黑龙江省肇州县，面积74.6平方千米。作业者香港中汇石油有限公司。合同于2001年12月7日在北京签订，报国家对外贸易经济合作部批准，于2002年2月1日开始执行。

3. 合同终止

（1）冀东蛤坨区块：位于河北省唐海县以南渤海湾浅海区，合同面积317平方千米，作业者美国科麦奇公司。累计完成二维地震531.88千米，完钻探井1口（坨1井），进尺3000米。项目累计完成投资1371.4万美元。由于合同勘探期第一阶段到期无油气发现，合同于2001年6月终止。

（2）大港张东区块：位于河北省黄骅市张巨河村以东渤海湾滩海区，面积50平方千米，作业者美国路安开喜公司。项目累计完成投资269.7万美元。由于作业者未按期履行合同义务，合同于2001年7月终止。

（3）冀东北堡西区块：位于渤海湾盆地南堡凹陷，面积370平方千米，作业者意大利阿吉普公司。项目累计完成三维地震76.68平方千米，完钻探井1口（堡深1井），进尺3885米，项目累计完成投资1141.5万美元。由于合同勘探期第一阶段到期无商业性油气发现，合同于2001年8月终止。

4. 做好前期评价工作，保证顺利实施“西气东输”项目

“西气东输”管道建设工程是我国实施开发西部大战略的一项标志性工程，集团公司、股份公司在部署西气东输工程国际招标之前，就提前对上游气田开发进行前期评价工作，研究上游合作模式。从1999年下半年开始对库车地区克拉2号等五个气田进行了资源评价和经济评价，论证对外合作开发的可能性，

提出对外合作的初步方案，为西气东输工程上游合作提供了可靠的依据。西气东输工程开始招标后，对克拉2号等气田所作的前期经济评价结果与外方报价很接近，经过双方谈判基本达成一致，为该项目及该地区其他合作项目建立起基本的合同框架。现西气东输框架协议仍在谈判之中，石油合同主要条款已于2001年12月9日达成一致。

【技术交流】 2001年10月16日在成都召开对外合作前期准备工作会议，刘宝和副总裁参加会议并做重要讲话，会上与埃克森、壳牌公司分别就库车的联合研究、长北开发方案的优化等进行了交流。

1. 库车地区天然气储量评价

埃克森—美孚中国塔里木盆地天然气有限公司与中国石油对外合作经理部于2000年1月26日签署联合研究协议，对库车地区的天然气潜力进行资源评价。同时对该地区天然气开发进行气藏工程研究；对华东地区天然气市场进行调研和分析；对气田开发和管线建设进行经济评价。联合研究区面积20350平方千米，大体包括克依构造带、秋立塔克构造带西段及塔北隆起的羊塔克、英买7和玉东2等凝析气田。

2. 开发配套技术和方案优化设计

中国石油与壳牌公司合作开发的鄂尔多斯盆地长北区块是典型的“低孔、低渗、低产”气田。壳牌公司合作提出了“阻流带”的概念，评价井都部署在探井控制程度低、预测储量丰度低的区域。壳牌公司采用了大规模压裂、水平井钻井、放大压差试采等一系列先进适用技术和措施。壳牌公司钻的水平井长－1井，直井段压裂后试气产量为34万立方米/日，水平段进尺530米，试气产量40万立方米/日。长－2井直井段压裂前试气产量4.3万立方米/日，压裂后达到了52.7万立方米/日。壳牌公司在长北区块两年的评价期内下大力气做好前期评价工作，探明地质储量增加32%，标定的采收率提高27.3%，基本具备年产天然气24亿—30亿立方米的工艺技术，具有供气20年的资源基础。

【调查研究】

股份公司伊始，难以立即开展海外勘探开发业务。在集团公司整体规划海外发展战略的前提下，为股份公司发展海外业务做准备，我们适时地对海外发展的机会做了调查研究。我们从股份公司尽快起步开拓海外业务的愿望出发，本着油、气兼顾，以油为主，勘探开发并重，以开发为重点，陆上和海上统一规划，优先选择陆上勘探开发项目的原则，对俄罗斯、中亚、马来西亚、印尼等地区进行初步调查，对可能作为起步的项目进行重点评价，向股份公司领导提出了我们的建议，为今后股份公司扩大经营海外业务做好准备。

2001年4月12日中国石油天然气集团公司以中油股字［2001］150号文《关于在英属处女群岛设立“中国石油天然气国际有限公司”的请示》，拟在境外设立中国石油天然气股份公司所属的负责国际合作业务的公司。2001年5月17日国家对外贸易经济合作部以外经贸合函［2001］32号文《关于同意设立“中国石油天然气国际有限公司”的批复》，批准中国石油天然气股份公司在英属维尔京群岛独资设立“中国石油天然气国际有限公司”（英文：PetroChina International Ltd.）经营运行海外投资合作项目。

【新开放区块】 2001年经国家有关部门批准，同意塔里木盆地库车坳陷克拉2等六个区块对外合作开发天然气（见表1）。

表1 2001年批准的对外合作开放区块

序号	区块名称	面 积（平方千米）	天然气探明储量（亿立方米）	天然气预测储量（亿立方米）	凝析油探明储量（万吨）	合作方式
1	塔里木盆地克拉2	99.74	2506.1			天然气开发
2	塔里木盆地英买7	194.04	295.47		463.1	天然气开发
3	塔里木盆地羊塔克	75.18	249.07		216.5	天然气开发
4	塔里木盆地玉东2	15.53	73.32		142.5	天然气开发
5	塔里木盆地大北	100.03		1007.47		天然气开发
6	塔里木盆地依南－吐孜	244.92	221.27			天然气开发

【人员培训】

（1）加强对外合作项目人员培训的制度建设。根据2000年西安会议讨论意见，在总结以往对外合作项目人员培训经验的基础上，经广泛征求有关部门和单位的意见后，与人事部协商同意，报股份公司领导批准，2月2日以石油合作字［2001］26号文印发《中国石油天然气股份有限公司对外合作项目人员培训管理办法》，明确了对外合作项目人员培训的管理体制、培训目标、范围、内容、方式、类型，并对培训人员选拔、培训费使用、培训计划编制实施程序，培训人员待遇、使用与管理等都作了具体要求。为对外合作项目人员培训工作提供了制度保证。也是到目前为止，以股份公司文件形式印发的第一个上游对外合作规章制度。

（2）实施了2001年度对外合作项目人员培训计划。全面完成冀东北堡西区块、青海涩北区块、西南川中区块、长庆长北区块、大港孔南区块、赵东区块、吉林大安庙3莫里青区块培训计划。全年利用对外合作项目培训费用培训289人次，其中：有66人次赴国外培训，有223人次在国内参加培训。特别是与意大利阿吉普公司合作的涩北、北堡西区块，请意大利阿吉普公司派来的美国得克萨斯州奥斯汀石油学院著名教授和其他外国专家在石油管理干部学院举办的项目管理等培训，前后4个班，有关项目和油田88人次参加；与英荷壳牌公司合作的长北区块，请壳牌公司派来的采办专家在西安办的全球采办培训，有各油田对外合作项目20多人参加；效果反映都非常好。项目人员培训从注重数量向提高质量转变。

（3）2000年和2001年我们加大了人员学历培训力度，两年派出项目工作人员9人（其中8人脱产出国）实施学历培训。为项目工作人员提高自身素质、充电、加油，提供了难得的机会。对调动现有人员工作的积极性，起到了促进作用。

（王铁夫）

对外工程技术服务

【钻井技术服务】　长城钻井公司与油田企业密切合作，大力开拓国际市场，对外钻井技术服务取得新进展。2001年，签订钻井技术服务项目合同额13418万美元，实现营业收入12717万美元，实现利润283万美元。在国际市场上作业的钻井、修井机新增20台，总数达到53台。成功进入委内瑞拉、巴基斯坦、伊朗、尼尔利亚等国钻井市场，钻井队伍在16个国家执行钻（修）井合同。海外项目共开钻186口，完井148口，修井79口108井次，钻井进尺355021米。

1．苏丹钻井合作项目

长城钻井公司2000年10月与GNPOC大尼罗河石油公司签订的，由华北油田GW5003钻井队、南阳油田顶驱和中原32747钻井队在1/2/4区块提供钻井工程服务合同正在执行过程中。2001年2月18日，在1/2/4区块又与GNPOC签订两个合同，分别由华北油田GW27钻井队和长城钻井公司所属顶驱公司提供服务。2001年4月9日和5月17日，分别与PETRODAR公司签订了两年的3/7区固井服务和钻井服务合同，由辽河油田GW28钻井队和四川油田固井公司提供相关服务。2001年9月13日，与CNPCIS签订了6区钻/修井合同，分别由大港油田GW52钻井队和辽河油田GW29钻井队提供服务。苏丹钻井合作项目全年开钻33口，完钻32口，累计钻井进尺66998米。

2．埃及钻井合作项目

自1998年4月长城钻井公司与新疆石油管理局共同投资在埃及注册成立“中埃钻井公司”以来，由新疆石油管理局、华北石油管理局提供钻井工程服务的50D和GW735钻机以及南阳油田提供修井工程服务的ZXJ－120，ZXJ－80两台设备，与AGIBA公司合作，全年开钻16口，完钻17口，累计钻井进尺26271米。

3．泰国钻井合作项目

2000年8月与PTTEP签订的C－OPA 00－0036钻井服务合同，合同期三年，由华北石油管理局提供一台ZJ20K钻机，2001年11月22日施工队伍出国。全年开钻1口，完钻1口，钻井进尺1930米。

4．哈萨克斯坦钻井合作项目

继1999年11月，中哈长城钻井有限责任公司与合资公司合作伙伴签订20口井的为期一年的钻井工程和相关作业技术服务合同后，2000年10—12月，又分别签订了哈国2000—2001年肯基亚克油田盐下井、哈国2000年扎那诺尔油田开发井、哈国2001年扎那诺尔油田开发井合同，目前项目正在执行中。全年开钻36口，完钻34口，累积钻井进尺130028米。

5. 委内瑞拉钻井合作项目

2001年5月24日，与PDVSA一举签订五台1500马力钻机钻井合同，由大庆、辽河、大港、华北、四川五个油田提供钻机服务，2001年6月2日起运；7月10日又与PDVSA签订两台2000马力钻机钻井合同，由新疆和四川石油管理局提供钻井服务，2001年8月18日起运。全年开钻9口，完钻3口，累积进尺25389米。

6. 巴基斯坦钻井合作项目

2001年5月14日，与巴基斯坦石油公司签订的钻井合同，由四川石油管理局提供一部70D钻机，2001年6月起运，项目执行中，受“9.11”事件影响，战争风险减小后继续作业。全年开钻1口，累积进尺1174米。

7. 也门水井合作项目

2001年公司重组后，从原中油技术服务有限责任公司手中接管此项目，由新疆钻井公司提供两台ZJX120修井机进行水井工程施工。全年开钻8口，完井6口，累积钻井进尺4280米。

8. 印度尼西亚修井合作项目

该项目由原中油技术服务有限责任公司与加德士太平洋印尼公司签订的3+1年的油气服务合同，由华北油田和辽河油田分别提供XJ120、XJ450修井机，2001年长城钻井公司正式接管此项目，逐步理顺项目管理。全年修井22口，累积钻井进尺1848米。

9. 伊朗钻井合作项目

该项目由原中油技术服务有限责任公司与伊朗国家石油公司签订的19口钻井+2口修井项目，2001年长城钻井公司正式接管此项目。由四川、辽河、新疆、中油测井以及长城公司所属钻井液公司、顶驱公司提供设备及服务。全年开钻1口，累积进尺174米。

（曹海霞）

【测井、地质录井和油气测试】　中油测井技术服务有限责任公司（简称测井公司）是一个以从事国内外项目市场开发和作业的专业公司，是中油国际工程有限责任公司的全资子公司。2001年，是测井公司重组改革后独立运作的第一年，在国际公司领导下，公司进一步加大了海外市场开发力度，在开拓国际市场及国内反承包市场方面取得较大进展。海外测井、录井、测试专业新签合同额3800万美元，完成合同额3300万美元。其中海外井筒技术服务创产值2954万美元，占总产值的88%。

市场主要分布在委内瑞拉、伊朗、苏丹、哈萨克斯坦、埃及和泰国等国家。

1. 苏丹作业区

该作业区主要分为1/2/4区、3/7区和6区三个区块，2001年4月26日，公司成功与大尼罗河石油公司续签苏丹1/2/4区一年期测井和射孔服务合同。在苏丹3/7区块，公司凭借实力一举中标测试和录井项目。由于这是测井公司的测试和录井服务队伍首次进入苏丹市场，公司领导对该项目极为重视，积极组织前线职工克服重重困难，进行了细致周密的准备工作。最终一线人员凭借丰富的现场经验，为甲方提供了优质高效的服务，全方位树立了测井公司在苏丹3，7区的良好形象，为巩固和扩展市场打下坚实的基础。苏丹6区块是中方的全资项目，测井公司为其提供测井和测试两项服务，该地区全年实现作业收入1000多万美元。

2. 伊朗作业区

伊朗国家石油公司（NIOC）77166合同是测井公司走向国际市场后首次赢得非CNPC投资的国际投标项目，合同期为两年。公司领导极为重视该项目的运作，在2000年执行合同的基础上，2001年进一步加大管理上的投入，取得极为显著的效果，以优良的作业质量和良好服务得到甲方一致好评。

2001年10月，公司又同NIOC勘探部签订了2年期测试服务合同，合同额达千万美元，是目前CNPC曾经获得的最大海外测试合同。作业项目包括：APR井下测试，膨胀式裸眼跨隔测试，MFE井下测试，连续油管作业，注氮排液服务，生产测井与钢丝试井，高压物性取样，TCP射孔作业和地面油气测试服务等九大项。11月还中标了NISOC公司测井项目，合同正在谈判中，19口气井项目的测井、录井、测试专业服务队伍已在年底开始作业。

3. 委内瑞拉作业区

该市场是测井公司转向国际技术服务市场后开发的第一个海外市场，经过几年的市场开拓，在委内瑞拉技术服务市场上成功地从中美公司（中国石油天然气集团公司投资区块）、委内瑞拉国家石油公司（PDVSA）及其他油公司取得服务项目，还通过投标获得委内瑞拉国家石油公司（PDVSA）2口定向井服务合同，从较单一的射孔服务逐步扩展到测井、录井和定向井服务。

4. 哈萨克斯坦作业区

在哈萨克斯坦作业区，测井公司通过合资公司SANESKO与哈萨克斯坦阿克纠宾油气股份公司签订了测井、射孔和资料解释服务合同，组织专家为甲方提供高能复合射孔技术，提高油井产量，还协助甲方开展老油田水淹层研究，研究报告得到甲方认可。

5. 埃及项目组

2001年公司已中标PETROZEIT公司的录井项目：包括海上4口井和陆上4口井。该项目将于2002年初启动。目前公司正在努力开拓新的市场。

（王　京　姚玲玲）

【地面工程项目】　在CNPC“走出去”战略的带动下，对外工程承包业务保持了良好的发展势头，在2001年获得了新的发展。当年新签对外工程承包合同额38500万美元，为2000年13100万美元的294%；完成合同额14100万美元，与2000年的11500万美元相比，增长了123%；实现利润925万美元；带动国产设备材料出口907万美元。所属中国石油工程建设（集团）公司连续七次被美国《工程新闻报道》杂志评为“全球最大225家国际工程承包商”。

对外工程承包业务以石油和石油化工项目为主，兼及其他项目，主要分布在北非、海湾、中亚和南亚四个地区。

在苏丹，在建项目13个，总规模1亿多美元，共完成营业额近6500万美元。班布油田集油站项目是苏丹各项目中的重中之重，通过精心组织，科学安排，该项目临时生产设施（EPF）顺利投产。其他一些非石油项目，如高压输电线、电站、机场改造、集输管线等项目也进展顺利。

在科威特，继去年日处理原油19万桶、气200万立方米的27号集油站投产后，28号站也于2001年3月22号建成投油并一次成功，这两座集油站都受到业主的高度评价，称赞该项目是科威特技术最先进、质量最好、规模最大的集油站，达到了国际同类设施一流水平。

在哈萨克斯坦，扎那诺尔油气处理厂改造项目经过精心组织，顺利完成预定任务，2#原油处理装置比原计划提前100天完成任务，给业主带来了效益，也给我们带来了信誉，受到业主的高度赞扬。肯基亚克油田热采试验区项目已经在三个月内完工。此外还重点追踪了哈萨克斯坦新油气处理厂项目。

在巴基斯坦，成品油管线项目已经顺利启动，管线全长817千米，管径26英寸，设计输量1200万吨/年，合同额为31700万美元。该借鉴以往国外EPC总承包的经验，严格防范风险，统筹安排资源配置，为项目的最终顺利完成奠定了基础。此外，还追踪了也门、利比亚、委内瑞拉、吉尔吉斯斯坦等国的一批石油项目。

从2001年的情况看，对外石油工程承包市场继续向多元化发展，项目执行能力有新的提高。更重要的是通过近年来大量EPC总承包项目的中标与实施，为我们加快开展对外承包的道路积累了丰富的经验，并且所属的中国石油工程建设（集团）公司等对外承包企业的资质、信誉以及国际竞争力进一步增强。这为以后将该项业务范围进一步拓宽奠定了良好的基础。

（宋立志）

石油技术装备引进

【概述】　随着集团公司改革重组的进一步深休，石油技术装备引进也发生了较大变化。许多企业从降低生产成本、提高效益考虑，大幅度压缩了进口项目，同时，一些具有自营进出口权的企业所属外贸部门，为了生存和发展，对本单位有限的进口项目抓得很紧。在这种形势下，作为集团公司进口主渠道的中国石油物资装备（集团）总公司（以下简称公司）认识到必须调整自我，适应严峻的挑战。公司领导反复强调要继续转变观念，提高服务意识，充分发挥自身优势，抓住西气东输管道建设的机遇，做好外贸进口工作，坚决完成集团公司下达的经营任务。

为更好地搞好引进工作，公司于5月与集团公司规划计划部联合召开了第三次石油技术设备引进工作研讨会。共有51个单位102名代表参加了会议。集团公司总经理助理刘海胜同志出席会议并做了重要讲话。与会代表就集中引进、坦诚合作、优势互补、联合发展达成了共识，提高了招标采购意识。

一年来，在集团公司和股份公司的领导、规划计划部门和其他有关部门的支持下，公司及各企业从维护集团公司的整体利益出发，认真贯彻集中采购统一引进的精神，使石油技术装备进口保持了稳定发展的态势，全年共签订石油技术设备进口合同 431 份，总金额达 2.34 亿美元。

【石油技术装备引进】　西气东输是世界瞩目工程。为保证按时开工，在时间紧、订货量大的情况下，公司严格按照招标采购程序，在不到两个月的时间里，完成了吊管机、弯管机、坡口机、内对口器等重要管道施工机具 376 台套的进口合同签约任务，总金额达 2346 万美元。

为股份公司和斯伦贝谢公司签订了为期 3 年的测井服务合同，总金额达 4000 万美元。经公司坚持不懈的努力，多方面做工作，获得了海关总署给予外方服务所带设备进口免税的优惠待遇，使这个长期困扰有关部门和企业的问题得到了合理合法的解决。

为吉化 ABS 技术改造、30 万吨合成氨更新改造、催化裂化装置改造、乙二醇空气系统改造项目的技术设备引进，连续工作 40 天，签订进口合同 13 份，总金额达 2200 万美元。

为独山子石化分公司进行乙烯、聚乙烯技术改造和扩建，同意大利、英国、美国公司签订技术引进和装置进口合同 29 份，总金额达 1980 万美元。

为兰成渝输油管线所需进口设备签订合同 27 份，总金额达 1478 万美元。签约时，所有的供货商都保证能够按时交货。但由于这个项目的工期急、交货时间短的特点，届时有三分之一的厂家不能按合同规定的时间交货。为确保工期进度和外商提供设备的质量，公司采取改海运为空运，用罚款补作空运费，预报关等多种方法，昼夜与外商谈判，以求最佳解决方案，基本上化解了迟交货这一严重问题。

为物探局、长庆、大港和四川油田物探公司进口法国 SERCEL 公司 SN388、SN408 和美国 I/O 公司系统Ⅱ等遥测地震数据采集系统 10 套，合同总值 2300 万美元。其中将近半数的仪器用于国外勘探项目，三分之二为新购完整系统，三分之一为原有仪器的扩容升级。

根据测井需要，为新疆、四川、长庆油田进口美国哈里伯顿公司和贝克·阿特拉斯公司的测井仪器，共 917 万美元。

为满足青海油田发展建设需要，同美国索拉公司签订了三套 TITAN130 大力神燃气轮机发电机组进口合同，总金额 1520 万美元。设备于 2002 年秋季到货安装运行后，将有效地缓解油田用电紧张的局面。

应当指出的是，按照集团公司关于现有钻机升级改造的部署，根据专家论证的整机性能保证条件，大港、四川、长庆、新疆油田经公司统一购买了美国卡特匹勒公司 CAT3512 柴油发电机组 31 台套，总值 678 万美元。买卖双方包括使用单位均认为统一引进成本低、效率高。

（徐永春）

石油装备制造

【概述】　截至 2001 年，列入石油装备制造统计年报的企业共 35 个。其中：专业装备制造企业七个（包括五个直属装备制造企业），石化装备制造企业六个，油田、物探、管道装备制造企业（以下简称油田装备制造厂）十九个，油田钢管厂三个。全行业现有在册人数 35298 人，形成固定资产原值 49.21 亿元，固定资产净值 29.29 亿元。按 1990 年不变价格计算，2001 年石油系统内石油装备制造行业共完成工业总产值 46.22 亿元，其中：专业装备制造机械厂完成 16.13 亿元包括直属企业 13.12 亿元），石化装备制造厂完成 4.33 亿元，油田装备制造厂完成 22.33 亿元，石油钢管厂完成 7.92 亿元（含宝鸡石油钢管厂）。完成石油机械产品 198038 吨。完成石油冶金产品 325625 吨。完成的主要品种是：

1. 石油机械产品

（1）石油设备 64409 套（台），144257 吨。

①地震勘探及钻井设备 3966 套（台），26875 吨。其中：各种钻机 384 套，井架 21 套，井架底座 4 套，机泵组 42 套，机泵组座 2 套，钻井泵 171 台，固控系统 895 套，油水罐 145 套，活动机房 152 套，防喷器 312 台，螺杆钻具 827 套，地层测试器 818 套，其他钻井设备 193 套。

②采油设备58936台（万米），97885吨。其中：抽油机4301台，抽油杆522万米，抽油泵20278台，螺杆泵171台，热采注气装置5台，水套加热炉99台，分离器317台，换热器6台，石油开发注入装置13台，采油井口装置3283套，其他石油开发设备29941台。

③石油石化专用车载设备495辆，9713吨。其中：地震车载设备22辆，测井仪器车35辆，电测车40辆，其他地震测井仪器车23辆，固井及压裂车1辆，钻采车载设备25辆，油水罐车68辆，其他石油专用车载设备105辆，石化专用铁道罐车176辆。

④炼油设备998套，7082吨。其中：塔类41套，容器221套，空冷器48台，冷换设备279台，炼化非标设备196套，球罐67台，燃气轮机5台，离心机37台，结片机1台，其他炼油设备103套。

⑤天然气压缩机14台，2702吨。

（2）其他石油石化机械产品7728台，31026吨。

（3）石油配件及工具19212吨。其中：钻采工具2649吨，打捞工具1吨，钻采部件2260吨，钻采配件12491吨，炼化配件368吨，三机配件519吨，钻头12523只，924吨。

（4）非石油机械产品2539吨。

（5）石油专用仪器仪表423台（套），其中：勘探仪器271套，（其中：地震仪124套，测井仪146套，其他勘探开发仪器1套）钻采仪表149台，其他专用仪器仪表3台。

（6）地震检波器1749683只。

（7）石油专用控制电缆2753千米。

（8）石油射孔弹211万发。

（9）石油导爆索22万米。

（10）自动化仪表4778台。其中：电动仪表3518台，气动仪表304台，其他自动化仪表956台。

（11）内燃机725台，427328千瓦。

（12）发电机组173台，60023千瓦。

（13）抽油机节能装置1410台，36843千瓦。

（14）工业泵179台，717吨。

（15）高中压阀门15080套，287吨。

（16）仪器零部件84.72万件。

2.完成的石油冶金产品

主要品种有：

（1）石油焊接钢管231251吨。其中：螺旋焊接钢管200175吨，直缝焊接钢管31076吨。

（2）石油套管70148吨。

（3）冷拔无缝钢管1287吨。

（4）钻井钢丝绳20151吨。

（5）钢绞线234吨。

（6）钢丝2554吨。

【科技成果及新产品】　2001年各企业加大科技进步力度，工厂技术创新能力明显增强。

西安石油勘探仪器总厂完成重大科研项目三项，其中：24位遥测地震仪和SKC2000增强型数控测井系统通过国家经贸委组织的验收，分别荣获国家科技部“九五”优秀成果奖和省科技进步一等奖。在引进3700数字测井仪技术的基础上，通过消化吸收和资助创新，形成了根据用户的不同需要，多层次开发的SKC9800普及型数控测井系统、SKC2000增强型数控测井系统和ERA2000成像测井系统。2001年完成了1503感应、2227密度、1229双侧向等20个国产化项目。承担了国家“863”计划项目——海上多波勘探装备，取得了三项专利，达到国际先进水平，填补了国内空白。MWD无限随钻测量仪已基本完成了国产化工作，价格仅是进口产品的一半，性能价格比有明显的竞争优势。通过努力，企业已形成了30余项具有独立知识产权的新一代主导产品，新产品产值率逐年上升。

大港油田中成机械制造公司坚持围绕石油机械开发产品，搞好现有产品的升级换代，满足市场需求，产品开发体现“快”字的新产品开发思路和产品发展方向。完成科技项目21项，12⅓英寸深井PDC钻头等三项通过了中油集团公司的评定验收。长寿命螺杆钻具转动轴、马达线形和橡胶研究已取得实质性的进展；3ZS-8/44型齿轮转动泵进入海洋市场；大排量往复式高压注水泵在大港、江苏、新疆油田打开了局面。

宝鸡石油机械厂加大技术创新力度，精心组织新产品设计和技术研究开发，全年设计开发各类新产品50余项，新产品实现产值1.5亿元。23项钻机新产品中，ZJ70D、ZJ50D、ZJ50DL、ZJ40L钻机形成系列化。对防喷器铸造问题、钻机绞车厢体漏油、钻井泵主轴承螺栓孔加工及F泵曲轴降低补焊率等技术难题进行攻关，经过努力按期完成，解决了问题，收到良好效果。

华北石油管理局第一机械厂完成了B型游梁抽油机优化设计和系列化开发，完成了堵水泵、油田污水处理系统和粉末涂层油管等产品研制开发和API抽油机的设计工作，为工厂提供了产品储备。在技术改造方面，完成了抽油机扩能改造一期工程，为提高产品质量、扩大生产规模奠定了良好基础。

宝鸡石油钢管厂紧紧围绕西气东输这一国家重点项目，狠抓技术创新，使企业的竞争能力进一步增强。2001年完成了重点项目《西气东输用1016毫米×14.6毫米×70毫米大口径螺旋埋弧焊管国产化》的实施，顺利通过了国家经贸委和中油集团公司的鉴定和验收；完成了西气东输工程钢管生产管理信息系统的开发、研制工作，为钢管生产中的首检、生产检验、原材料检验及解决生产过程中的技术难题提供了有力的技术支持；研制的ERW直缝电阻焊套管，荣获国家技术创新优秀项目和国家重点新产品，同时荣获集团公司技术创新二等奖。

承德司达石油装备技术开发公司一是为满足出口要求的NEMA D电动机，完成了20HP和30HP电动机的设计、试制和试验，为扩大印尼这个大国际市场奠定了重要基础。二是大功率3型电机的设计试制工作取得了阶段性成果，完成产品图样设计和样机制造，并已通过型式检验，性能参数达到设计要求。三是完成了1140V CJFT成套防盗拖动装置的改造，产品再次投放到长庆油田，经过三个多月的运行，用户反映良好。

济南柴油机股份有限公司为适应加入WTO以后的全球化市场竞争，形成250—2320千瓦190V型柴油机、180—1160千瓦直列柴油机和50—2450千瓦天然气发动机三大系列主导产品，并使上述产品的经济技术指标迅速达到或接近世界先进水平，以此作为2001年产品开发的重点。经过努力，年初确定的21项开发项目，到年底实际完成30项，并开发设计出变型产品50余种，取得了丰硕的成果。新产品产值率高达59%，创全行业最好水平。

(1) 3012机的试制，历经半年多的苦战，通过六次重大整改，开始小批量生产并已陆续投入市场。601型柴油机做完了性能复核和全速全负荷考核试验，样机拆检恢复后，将进行耐久考核和产品定型，第一台商品601型柴油机已发运用户装船。

(2) 直列船用型柴油机又添新族。350—540千瓦强化型六缸直列船用型柴油机已完成样机的试制试验并投放市场。四缸直列船用型柴油机实现当年开发设计，当年试制试验，当年批量生产形成商品。该机功率160—330千瓦，转速900—1500转/分，成本大幅度下降，在同等功率柴油机中必将取得竞争优势，为扩大南方渔船及内河航运等市场创造条件。同时为满足江船、海船的要求，该机设计了两种不同转向的左右机型，六缸直列船用型柴油机左右机也研制完成，使应用范围进一步扩大。四缸直列船用型柴油机陆用发电机组也在开发生产，可用于石油矿场发电。此产品同国外进口发电机组相抗争，市场的潜能很大。

(3) 天然气发动机开发也有新进展。2001年试制出200千瓦六缸直列天然气发动机及天然气发电机组并已投放市场。还组织了40—80千瓦小型天然气发动机的试制试验，形成了生产能力。与中科院合作，利用城市垃圾处理伴生沼气作燃料开发的450千瓦沼气发电机组已试制完成，将发往用户使用，该机有良好的市场需求。500千瓦的煤气发动机业已完成设计并投入制造。

【产品质量与质量管理】　2001年在质量管理上，各企业牢固树立用户满意的观念，强化质量管理体系的运行和质量过程的控制，深入开展“创名牌、塑精品”活动，促进了企业产品质量和质量管理水平的不断提高。各企业顺利通过了ISO 9000质量体系和API换证复审工作。

宝鸡石油机械厂主要采取了强化全员质量意识；实行“三包”费用由责任单位承担制度；按新标准编制、实施《质量手册》和《程序文件》；通报影响较大的质量事故，提出分阶段、分层次打歼灭战的质量问题解决方针等几项措施，使产品质量得到进一步提高。

咸阳石油钢管钢绳厂重视精品工程，实施精品工程落实到人。举办各种提高人员质量意识培训65班次，培训人员达1539人次，占职工总人数的174%。使人员整体素质得到了提高，为精品工程的顺利实施提供了重要保证。

西安石油勘探仪器总厂为提高技术管理水平，促进产品质量的提高主要开展了以下几个方面的工作：

一是坚持重点产品和出口产品的质量监造工作。对出口产品中子寿命测井仪、SN4系列、SN7C系列检波器等产品进行全过程监造，取得了良好的效果。

二是切实把满足用户的要求作为质量管理工作的出发点。对用户提出的质量问题积极落实，认真整改。如多年未解决的双侧向测井仪双轨问题和双感应八侧向负差异问题，2001年经过技术人员的艰苦努力，两大难题得到了彻底解决，用户非常满意。

三是严格技术基础管理。进一步规范新产品产业化，规范技措技改项目的立项、管理、验收、运行程序，使技术管理水平得到提升，产品质量稳步提高。2001年环宇牌检波器被中国质量协会用户委员会评为全国用户满意产品。

华北石油管理局第一机械厂的Z12V190B系列柴

油机大修工作于1995年通过ISO 9002质量体系认证，并通过了国家技术监督局“完善计量检测体系认证”；大修柴油机的一次开机成功率为72.96%，一次试车合格率为99.71%；整机随中原、华北、大港、辽河等油田的钻井队到俄罗斯、苏丹、科威特等国家和地区使用，经受住了高寒、高温和强风沙的考验，使用寿命保持在11000—12000小时之间。受到国内石油行业和国外同行的一致好评。2001年不仅ISO 9002复审合格，而且被评为“河北省用户满意产品”。

宝鸡石油钢管厂以西气东输工程为契机，进一步加强“以人品保精品”的质量方针，以精品钢管塑造企业形象。2001年坚持质量管理制度的有效运行，开展工艺纪律的严格检查以及过程控制、产品验收的监督检查，对检查发现的问题及时通报，迅速整改，从而保证了产品质量。精品钢管不仅要求制造环节是精品，服务环节同样要求出精品。在抓好产品质量的同时，努力做好售后服务工作。在兰成渝管线提供中，工厂安排3人专门在管线的五个站点进行服务；在靖边—榆林输气管线上，安排专人协助商检部门，免费维修因装卸而损坏的30余根钢管；在西气东输项目中，专门组织现场服务小组赴新疆库尔勒，听取采办处、中转站、监理单位以及施工单位对产品质量、售后服务方面的意见，对现场反馈回来的问题和意见及时整改。这些举动不仅受到用户的好评而且使产品质量得到进一步提高，企业形象进一步巩固。

济南柴油机股份有限公司为从根本上解决外协件质量状况，规范配套厂家，利用当前产品更新换代的时机，以专业化分工和协作为原则，开始组建以公司主导产品为龙头，以共同利益关系为纽带的集团企业，即依托公司的独资直属分厂生产内燃机产品的关键件和高技术含量工序，形成核心层；选择4—5家有条件的厂，以无形资产参股方式，组成合资有限责任公司，形成紧密层。这些企业在济柴的技术支持和质量监督下，按照济南柴油机股份有限公司下达的生产计划组织配件生产，产品由济柴统一销售管理。并按专业分工逐步将配套产品转移到这些紧密层企业，形成几个（1000—2000）万以上规模的生产基地，既壮大了济南柴油机股份有限公司的实力，又盘活了无形资产，使企业得到很好的经济效益。

【基本建设和技术改造】　2001年石油设备制造行业完成基本建设投资14764万元；其中工业生产投资11159万元，完成更新改造投资15641万元。新增固定资产投资41426。项目投资主要根据做专做强核心产品，增强竞争实力，积极扩大产品出口，提高经济效益的原则进行。如：宝鸡石油钢管厂大螺旋钢管内防腐生产线，总投资1590万元。该项目满足西气东输工程需要，与大螺旋钢管生产线相配套，回收期3.43年；宝鸡石油机械厂钻机生产线改造，总投资7330万元，2001年完成400万元。西安石油勘探仪器总厂电驱动钻机电控系统生产线改造，总投资905万元，2001年完成100万元；射孔弹生产线投资383万元，建线后解决关键工序手工操作问题，增加检测设备提高产品质量，净化生产环境，年产射孔弹从30万只增加到50万—60万只。

【经济效益】　2001年中油集团公司石油装备制造企业经济效益状况良好。在油价持续下跌、炼油化工收入锐减的情况下，各企业努力消化经营风险，努力控制成本、降低消耗、增加盈利，并加大外部市场创收力度，使经济效益有了新的提高。面对国内外激烈的市场竞争，各企业把握经济回升时机，加快机制的转变、产品结构的调整、内部管理的提高，普遍加大了科技投入，大力开发适销对路的新产品，取得了突破性的成绩，摆脱了全行业连续八年的亏损局面。

根据35个企业的统计，2001年装备制造行业完成工业增加值13.53亿元，比2000年增长19%；全员劳动生产率（按工业增加值计算）为3.97万元/人年，比2000年增长75.66%。实现销售收入48亿元，比2000年增长4.23%。其中：专业装备制造企业16.82亿元，直属装备制造企业13.54亿元，石化装备制造企业5.5亿元，油田装备制造企业19.97亿元，石油钢管制造企业（含宝鸡管厂）10.66亿元。全行业共盈利3649万元，比2000年减亏1.62亿元，其中：专业装备制造企业赢利5596万元，直属装备制造企业盈利3165万元，石化装备制造企业亏损741万元，油田装备制造企业亏损3228万元，石油钢管制造企业（含宝鸡管厂）盈利2973万元。七个专业装备制造企业全部实现盈利；六个石化装备制造企业中有两家亏损，亏损率为33%；十九个油田装备制造企业中有九家亏损，亏损率为47.37%；三个油田钢管制造企业中有一家亏损，亏损率为33.3%。从以上资料可以看出2001年石油装备制造的经济形势有明显好转，经济效益与2000年相比有较大的增长。从全行业平均水平看是摆脱了扭亏，但还有少部分油田、石化装备制造企业仍然亏损。要实现全行业的全面盈利，还须继续努力。

（焦爱民）

石油物资装备出口

【概述】 2001年，中国石油技术开发公司（CPTDC）全年执行外贸合同396个，新签出口合同额27246万美元，完成合同额24700万美元，实现利润173万美元。出口产品销往独联体、中东、非洲、南北美洲和东南亚等地区的几十个国家。特别是在土库曼斯坦、乌兹别克斯坦、乌克兰、伊拉克、墨西哥、委内瑞拉、印度等部分老市场，出口额都创历史新高；在澳洲、欧洲等新市场的开发也取得可喜进展，实现了当年开发当年签约的成效。出口产品包括成套钻机、修井机、成像测井系统、地震数据采集处理系统、金刚石钻头、牙轮钻头、抽油机、抽油泵、抽油杆、井口、采油树、输送管、套管、钻杆和石油化工产品等各类用于石油工业的材料和设备。

【物资装备出口特点】 2001年，公司石油物资装备出口呈现以下特点：

一是大型成套设备出口形成批量。2001年已中标钻机项目18台，签订了18台修井机、3台水泥车等大型设备合同。这些大型成套设备的出口标志着我国石油物资装备出口已由低附加值、低技术含量产品向大型成套和高附加值产品发展，出口的广度、深度以及数量、质量都跃上了一个新台阶。

二是CPTDC机电产品出口额最高的一年。2001年在全国机电产品出口严重下滑的形势下，中国石油技术开发公司机电产品出口额连创新高，海关统计到12月末CPTDC机电产品出口额达21210万美元，比2000年全年10081万美元增长2倍多。根据海关统计，2001年CPTDC机电产品出口额列外（工）贸公司第一名，在国外经济合作营业额排名中列第8名。

三是CNPC项目以外市场签约额最多的一年。2001年CPTDC在集团公司海外项目中的合同额为7872万美元，CNPC以外市场合同额达19272万美元，占其全年合同总额的71%，是历年来最高的一年。CPTDC与委内瑞拉国家石油公司签订了三台修井机合同，这是在委内瑞拉CNPC海外项目以外市场取得的重大进展。与哈萨克在CNPC项目外油田签订四台螺杆泵，约7万美元。

四是新市场、新产品开拓最有成效的一年。一年来，CPTDC新市场开发遍地开花，特别是独联体地区取得突破性进展，土库曼、乌兹别克等新市场签约额达4888万美元，较2000年同期增加4479万美元，增长了10倍多；2001年CPTDC第一次涉足欧洲和澳洲市场，当年即取得成效，欧洲市场已签订483吨钢管合同，金额34万美元。在澳洲市场通过向用户提供试用品等方式，也初步打开了市场，目前已有缸套、钎头、检波器、卡瓦、牙轮钻头、轧阀等七种产品进入了该市场，并签订了2500只钎头合同，金额约1.75万美元；东南亚地区2001年采取了灵活的市场策略，做活了整个市场，在泰国已有一台钻机意向，菲律宾、越南等国也有很多询价和意向；为加大石化产品及设备开发力度，CPTDC组建了石化部，并把其作为一个新的经济增长点。一年来，石化部做了大量基础工作，走访了国内外许多客户和生产厂，搜集了大量市场信息和生产厂的资料，并编辑整理了石化产品宣传册。经过努力，石化部实现了当年组建当年见效的目标，目前已中标七个合同，金额约120万美元。

2001年也是CPTDC民品市场开发力度最大的一年。首先把苏丹作为民品市场的开发试点，对苏丹民品市场做了大量调查，获得了第一手资料。其次积极在当地寻找合作伙伴，经过筛选，决定与当地NASIF投资有限公司联合在苏丹建立合资公司，经营民品。目前，CPTDC已在苏丹建立了民品展厅，并已签订了第一个民品合同，金额约32万美元。下一步还将加快建立合资公司的步伐，加大苏丹民品市场开发力度。

五是部分老市场出口额最多的一年。独联体地区2001年签约额达8785万美元，几个老市场如土库曼、乌兹别克和乌克兰等的签约额都达到有史以来最高；印尼签订了四台修井机合同，全年合同额约288万美元，是继1997年以来合同额最高的一年；伊拉克2001年中标达2400万欧元，也是有史以来最高；另外，美国、墨西哥、委内瑞拉、秘鲁和印度、巴基斯坦等10多个国家和地区2001年签约额都达到历史最高水平。

六是一般贸易合同额所占比重最高的一年。由于重组过程中定位的变化，2001 年 CPTDC 技术服务合同额 6908 万美元，是近年来最低的一年。同时，一般贸易合同额大幅度上升，而且特点是代理合同比例下降，CPTDC 自己中标的项目增多，并在新领域有较大拓展。说明 CPTDC 在转变观念、彻底进入市场，靠自身实力参与竞争的意识和实力都在增强。

（杜　娟）

第五篇

工程技术服务

石油地球物理勘探

【概述】　2001年，中国石油天然气集团公司（以下简称集团公司）共有十二家地球物理勘探（以下简称物探）企业，它们分属于不同的石油管理（勘探）局。这些企业是石油地球物理勘探局、大庆石油管理局物探公司、吉林石油集团有限责任公司地质调查处、辽河石油勘探局物探公司、大港油田（集团）有限责任公司物探公司、华北石油管理局物探公司、长庆石油勘探局物探处、四川石油管理局地质调查处（含四川山地公司）、新疆石油管理局地质调查处、吐哈石油勘探指挥部物探公司、青海石油管理局物探公司、浙江石油勘探处。这些物探企业，在中国的陆地和海滩、在世界各地开展石油地球物理勘探工程技术服务，包括野外采集、资料处理、成果解释等。

2001年，石油物探企业经过改革、结构调整和减员增效，主业人员进一步减少。人员总数为21310人，比2000年减少12227人，减员幅度达36.5%。在现有21310人中，石油地球物理勘探局有7094人，大庆石油管理局物探公司1524人，吉林石油集团有限责任公司地质调查处1224人，辽河石油勘探局物探公司1431人，大港油田（集团）有限责任公司物探公司776人，华北石油管理局物探公司1076人，四川石油管理局地质调查处4276人，长庆石油勘探局物探处1240人，吐哈石油勘探指挥部物探公司615人，青海石油管理局物探公司812人，新疆石油管理局地质调查处1063人，浙江石油勘探处179人。

按文化结构分：研究生学历以上人员为203人，本科学历为3246人，大专学历为3236人，中专及高中学历为9700人，初中及以下学历为4925人。

按专业结构分：专业技术人员15108人。设备、供应等专业服务人员3111人，机关及其附属人员为3091人。

2001年，国内的石油地球物理工程技术队伍主要面对中国石油天然气股份有限公司物探市场，大部分合同通过关联交易，由油田分公司获得。

国外市场份额又有所增加。2001年，共有24个地震队在国外施工，其中石油地球物理勘探局18个（包括1个非地震队），主要在苏丹、尼日利亚、伊朗、也门、哈萨克斯坦等8个国家，为20多家油公司提供采集、处理、解释和非地震服务。已在北非、西非、伊朗、巴基斯坦、美洲、中东等地区和国家设立了6个区域性项目经理部，以及在16个国家设立了办事处。

2001年，集团公司物探专业共完成二维地震剖面35630千米，获得记录总张数563999张；完成三维地震覆盖面积11218平方千米，获得记录总张数762738张。其中，国外完成二维地震剖面7369千米，获得记录总张数139541张；完成三维地震覆盖面积1974平方千米，获得记录总张数126866张。地震记录合格率平均在99%以上。

2001年，集团公司物探施工共动用地震队和非地震队152个，其中，国外24个地震队。按施工方法分，共有二维地震队91个，三维地震队61个。其中在国内施工队128个，国外施工队24个。在用的非地震队22个，其中重磁力队4个、电法队9个、化探队1个、在用VSP队8个。

2001年，集团公司在国内发现和复查各类圈闭总数为3663个，发现和复查各类圈闭总面积为33706平方千米。

【物探设备状况及技术发展】　集团公司物探企业（不包括股份公司）共有地震遥测仪器13大类107台，主机控制单位151个，采集站28371个，总道数146550道，平均每台仪器1332道。非地震仪器104台，其中，重力仪器41台，磁力仪器23台，电法仪器24台，化探仪器1台。石油物探可控震源有12种型号111台，其中国产22台。石油物探钻机共1845部，其中，车装钻机有18种型号560台，人抬钻机有19种型号1285台。石油物探推土机10种型号195台。数据处理计算机，型号28种以上，CPU总数约为430个。应用软件37种以上，主要采用美国西方地球物理勘探公司的OMEGA、法国CGG公司的GEO VENSOR和美国PGS TENSOR软件。此外，大多数计算站配备有PARADIGM公司的叠前深度偏移软件。磁带机197台，绘图仪器93台。资料解释计算机型号15种以上，CPU71个，应用软件23种以上，主要采用美国西方地球物理勘探公司的OMEGA、法国CGG公司的GEO VENSOR和美国PGS TENSOR软件。磁带机156台，绘图仪52台。

在“九五”科技攻关和技术创新的基础上，2001年，物探科技进步效果显著。

(1) 西部复杂山地地震勘探技术有了提高。在塔里木盆地迪那2井区域进行的我国最大一块三维地震(670平方千米)作业，标志着我国山地三维地震勘探技术的逐步成熟，其采集、处理、解释已达到国际先进水平。此外，轮南碳酸盐岩精细勘探技术的应用取得重要进展，塔中沙漠区、巨厚黄土及砾石区地震采集方法攻关见到成效，资料明显改善。

(2) 以开发地震为代表的前沿技术研究取得进展。通过技术引进和自主开发，在多波勘探技术、AVO、裂缝检测技术等方面提高了技术水平，移植、开发了一批配套软件，形成了具有自主知识产权的Klseis2.0、GRLSYS/ws-6.0、Grlstation/ws-3.0系列软件产品。

(3) 物探装备制造水平取得显著进展。WTZR-2000B型山地钻机较以前有了重大改进。50米沙漠螺旋钻机的研制成功，进一步增强了集团公司石油物探队伍解决复杂地区勘探施工问题的能力。

(姜新生)

钻井工程

【概述】 2001年，中国石油天然气集团公司所属14个油气田共有钻井队605支，比2000年减少了88支。拥有各类钻机670台，其中4000米以上钻机295台。全年共有521支在册钻井队在国内作业，有46支钻井队在国外作业。国内共完成钻井6492口，钻井进尺1132万米(工作总量中未包括大庆油田有限责任公司井下作业公司的钻井工作量：650口，进尺77.63万米)。国外钻井完成174口，钻井进尺35.5万米。

2001年，集团公司平均动用钻井队351.14个。完成井平均井深1747.12米，平均建井周期19天23小时，平均钻机月速2956米/(台·月)，平均机械钻速11.34米/小时，平均动用队年进尺32257.26米。与2000年相比，平均动用钻井队减少了50.04个，开钻井增加110口，完井增加119口，钻井进尺增加95.32万米，完成井平均井深增加79.22米，平均建井周期增加19小时，平均钻机月速度增加6.4%，平均机械钻速增加8.73%，平均动用队年进尺增加6443.21米，增幅为19.97%。

其中，探井平均动用钻井队96.47个，开钻565口，完井567口，钻井进尺145.33万米，完成井平均井深2608.48米，平均建井周期64天10小时，平均钻机月速1390米/(台·月)，平均机械钻速5.40米/小时，平均动用队年进尺为15064.83米。与2000年相比，开钻增加6口，完井增加11口，钻井进尺增加3.44万米，完成井平均井深减少26.08米，平均建井周期增加19小时，平均钻机月速度提高9.06%，平均机械钻速增加11.85%，平均动用队年进尺增加2840.52米，增幅为18.86%。

开发井平均动用钻井队254.67个，开钻5932口，完井5925口，钻井进尺987.35万米，完成井平均井深1664.69米，平均建井周期15天17小时，平均钻机月速3544米/(台·月)，平均机械钻速13.53米/小时，平均动用队年进尺38796.82米。与2000年相比，开钻增加104口，完井增加112口，钻井进尺增加91.87万米，完成井平均井深增加89.19米，平均建井周期增加19小时，平均钻机月速度提高3.81%，平均机械钻速提高5.17%，平均动用队年进尺增加7096.22米，减幅为18.3%。

钻井工作总时间为2758728小时。生产时间为2506091小时，生产时效为90.85%，其中：钻井进尺时间1662751小时，占60.28 %。纯钻进时间998927小时，占36.21%。非生产时间252637小时，占9.16%。其中：钻井工程事故占1.86%，卡钻占0.85%，设备修理占0.87%，组织停工占2.8%，处理复杂情况占2.87%，其他停工占0.43%。与2000年相比，钻井工作总时间增加59109小时，增幅为2.14%，生产时效降低了0.9%，进尺工作时效降低了0.18%，纯钻进时效提高了2.06%，钻井工程事故提高了0.12%，卡钻事故降低了0.7%，设备修理降低了0.06%，组织停工提高了0.28%，处理复杂情况提高了0.24%，其他停工提高了0.08%。其中探井生产时效为86.6% ，进尺工作时效为58.49%，纯钻进时效为35.76%。非生产时间中，钻井工程事故占3.17%，卡钻占1.26%，设备修理占0.85%，组织停工占4.13%，处理复杂情况占4.6%，其他停工占0.51%。与2000年相比，生产时效降低了

1.94%，进尺工作时效降低了1.91%，纯钻进时效降低了1.17%，钻井工程事故提高了0.52%，卡钻事故提高了0.02%，设备修理提高了0.01%，组织停工提高了0. 38%，处理复杂情况提高了1.16%，其他停工降低了0.04%。开发井生产时效为92.44%，进尺工作时效为60.95%，纯钻进时效为36.38%。非生产时间中，钻井工程事故占1.37%，卡钻事故占0.69%，设备修理占0.88%，组织停工占2.3%，处理复杂情况占2.23%，其他停工占0.4%。与2000年相比，生产时效降低了0.51%，进尺工作时效提高了0.11%，纯钻进时效降低了0.97%，钻井工程事故降低了0.01%，卡钻事故降低了0.16%，设备修理降低了0.11%，组织停工提高了0.24%，处理复杂情况降低了0.08%，其他停工提高了0.14%。

完成井钻井工程质量情况。2001年完成的6492口井，井身质量合格6491口，井身质量合格率为99.99%；油层套管固井6364口，固井质量合格6328口，固井质量合格率为99.44%；钻井取心530口，取心进尺21584.52米，岩心长度21138.40米，取心收获率97.94%，取心平均单筒进尺7.84米。工程报废井11口，工程报废进尺15512米，工程返工进尺26627米。与2000年相比，井身质量合格率提高了0.14%，油层套管固井质量合格率降低了0.4%，取心平均单筒进尺降低了0.29米，工程质量报废井增加10口，工程报废进尺提高了12142米，工程返工进尺增加了13446米。其中：探井完成567口，井身质量合格567口，井身质量合格率为100%；油层套管固井493口，固井质量合格493口，固井质量合格率为100%；钻井取心416口，取心进尺17165.99米，岩心长度16851.41米，取心收获率98.17%，平均单筒进尺8.01米；工程报废井5口，工程报废进尺8339米，工程返工进尺11511米。与2000年相比，井身质量合格率提高了0.54%，油层套管固井质量合格率提高了0.8%，取心收获率提高了1.27%，取心平均单筒进尺减少了0.38米，工程报废井数增加4口，工程报废进尺增加了5539米，工程返工进尺增加了9055米；开发井完成5925口，井身质量合格5924口，井身质量合格率为99.99%；油层套管固井5871口，固井质量合格5835口，固井质量合格率为99.39%；钻井取心114口，取心进尺4418.53米，岩心长度4286.99米，取心收获率97.03%，平均单筒进尺7.24米。工程报废井6口，工程报废进尺7173米，工程返工进尺15116米。与2000年相比，井身质量合格率提高了0.12%，油层套管固井质量合格率降低了0.5%，取心收获率提高了1.83%，取心平均单筒进尺减少了0.27米，工程报废井增加了5口，工程报废进尺增加了6603米，工程返工进尺增加了4391米。

【工艺技术】

1. 深井、超深井钻井技术

2001年共完成4000米以上深井157口，完成进尺72.84万米，平均井深4639.61米，平均钻速1145米/（台·月），平均机械钻速3.92米/小时，平均钻井周期112天，平均建井周期138天，平均单井消耗钻头19只。其中：塔里木石油勘探开发指挥部完成59口，占总量的37.58%，新疆石油管理局完成57口，占总量的36.31%，玉门石油管理局完成17口，大港油田（集团）有限责任公司完成8口，华北石油管理局完成4口，四川石油管理局完成5口，吐哈石油勘探开发指挥部3口，冀东石油勘探局、大庆石油管理局、长庆石油勘探局、青海石油管理局各完成1口。各油田在钻井过程中，采用了提高深井钻井速度的综合配套技术，如“钟摆防斜钻具＋井下动力钻具＋PDC钻头”的钻具组合，提高了深井的钻井速度。同时，通过对深井钻具失效机理的研究与实验，有效预防了钻具事故的发生。与2000年相比，完钻口数增加了53口，机械钻速提高了1.1米/小时，提高了39.01%，平均钻机月速度提高了304米/（台·月），提高了36.02%。新疆石油管理局50594钻井队完成的MB2019井，完钻井深4048米，建井周期31.25天，是本年度4000—5000米建井周期最短的井。塔里木60115钻井队完成的轮南26－5井，完钻井深5015米，建井周期44.33天，是全年度5000米以上建井周期最短的井。本年度最深的井为塔里木的柯深102井，完钻井深6850米。

2. 水平井钻井技术

2001年水平井开钻36口，完井28口，其中长半径水平井1口，中半径水平井27口，总进尺16.6万米。完钻井深在4000—5000米的井有4口，5000米以上的井有16口，最深的为塔中47H井，完钻斜深5660米。完成水平井平均井深4826.29，平均建井周期107.92天，平均动用队年进尺17043米。与2000年相比，开钻口数增加了12口，完井口数增加了2口，平均井深减少了127米，平均建井周期减少了1天，平均钻机月速度降低了10%。上述数据表明：水平井数量呈上升趋势，水平井市场仍有潜力，但整体技术指标有所下降。大港油田（集团）有限责任公司先进的水平井钻井技术继续在塔里木探区服务11口水平井，其中有3口哈德逊区块水平井水平段的纵向控制精度在1米以内。

3. 定向井钻井技术

2001年各油田动用132.17支钻井队打定向井，完成定向井2565口，钻井进尺476.11万米，完井口数比2000年度增加343口，增幅为15.44%，占集团公司内部市场当年总井数的39.3%；定向井钻井进尺比2000年增加了92.41万米，增幅为24.08%，占当年进尺总数的42.03%。完成井平均井深1870.28米，平均机械钻速12.82米/小时，平均钻机月速3215米/（台·月），平均建井周期19.34天。与2000年相比，在完成井平均井深增加69.49米的情况下，平均机械钻速增加0.41米/小时，平均钻机月速度增加工153米/小时。这说明：虽然各油区小靶圈、多目标和“筒子靶”定向井的数量增加造成施工难度加大，但是由于各地区服务公司该项技术水平提高，使本年度的定向井技术指标好于2000年。

4. 特殊工艺井施工技术

2001年共进行尾管施工作业53次，双级注水泥固井作业12次，稠油热采及先期防砂工艺井399口。在53次尾管施工作业中，辽河油田占39次，大港油田、四川油田分别为6次，华北油田和冀东油田各1次。在12次双级注水泥固井作业中，分别是四川油田5次，大港油田、华北油田各3次，新疆油田1次，固井成功率83.33%，比2000年提高了0.2个百分点。采用稠油热采及先期防砂完井工艺共完成井424口，主要在辽河和新疆两个油田，其中辽河油田136口，新疆油田275口。

5. 欠平衡钻井技术

欠平衡钻井有利于发现和保护油气层，提高钻速，减少井下事故复杂。2001年共完成欠平衡井14口，比2000年减少5口，其中大庆油田1口，辽河油田1口，吉林油田1口，大港油田4口，吐哈油田2口，青海油田2口，四川油田3口。完成的14口欠平衡井中，7口为预探井，这些井的完成为发现新油气藏，增加地质储量起到了明显的效果。

6. 高效能PDC钻头应用技术

推广应用PDC高效能钻头是近年来优化钻井技术不可缺的组成部分，它对于提高钻井速度，减少井下事故复杂起着重要作用。2001年，各油田积极推广应用高效能PDC钻头，大庆油田共使用468只，平均单只进尺2758米/小时，比2000年增加了252米，平均机械钻速为28.45米/小时，创造了单只钻头进尺6746米的历史最高记录，取得了可观的经济效益。辽河油田共使用94只，累计钻井进尺65816.63米，平均机械钻速8.29米/小时，机械钻速比同井型、同地层使用的优质三牙轮钻头提高了2倍以上，大大改变了深井钻井速度慢、事故发生率高的状况，创造了可观的经济效益。新疆油田根据不同的地层特点选用不同类型的PDC钻头，使钻穿萨尔图油气井的平均机械钻速由2000年的21.39米/小时提高至2001年的23.94米/小时，提高了11.92%，钻穿高台子油气层的平均机械钻速由2000年的9.44米/小时提高至2001年的13.42米/小时，提高了42.16%。大港油田全年共使用PDC钻头134只，单只钻头的机械钻速高达38.09米/小时。四川油田在川东地区深井钻井中应用PDC钻头+动力钻具组合，使深井机械钻速与牙轮钻头在同尺寸井眼的机械钻速相比提高了80%至120%。

7. 优质钻井液与完井液技术

为了保护油气层，减少钻井事故复杂的发生，实现优质、快速、高效钻进，各油田针对不同地区不同地层的特点，优选并应用新型钻井液体系。大港应用钾酸盐无固相低密度钻井液体系保护油气层，效果明显，得到甲方认可。新疆油田为解决深井、超深井、高压井钻井过程中高密度钻井液变性难以控制的问题，在卡7、卡002等井应用新型的有机盐钻井液体系，使钻井液在密度高达2.2克/立方厘米的情况下，保持了很好的流动性，并且井眼稳定，井径规则，实现了难度井、复杂井的安全钻进。辽河油田全年在70多口深井推广应用了硅氟钻井液体系、硅聚醇完井液体系、KCl钻井液体系和聚合醇——屏蔽暂堵等钻井液、完井液技术，有效预防了深井事故复杂的发生，保护了油气层，取得了较高的经济效益。四川油田针对本探区高陡构造易斜、塌、卡、漏、喷等复杂特点，运用“四川地区典型坍塌地层不稳定因素研究”等科研成果，在防塌和综合防漏方面，大力开展优质钻井液体系技术攻关，使钻井液三大性能指标优质合格率继续保持了较高的水平。

（郭世超）

测　井

【概述】　2001年，中国石油天然气集团公司所属的测井、射孔技术服务的企业共有13家，规模化的测井、射孔设备和器材制造厂4个，测井研究所1个，目前共有员工约12700人。施工队伍主要从事探井测井、生产井测井、工程测井、特殊方法测井和射孔作业，从事专业工作人员约9600人，队伍总数451个，主要装备包括引进的ECLTPS－5700、EXCELL－2000成像测井队、引进数控测井队、国产数控测井队、国产数控射孔队，以及测井资料解释处理计算机工作站和测井资料解释处理软件包；制造厂以生产测井、射孔仪器、器材和辅助设备为主，专业制造人员1200余人，有引进的设备器材生产线、先进的机加工手段和专业化的产品检验设施。

中国石油天然气集团公司在国内技术服务市场共动用测井射孔队伍数量为435个，其中成像测井队20个，引进数控测井队62个，射孔队103个；进入海外服务市场的队伍数量为16个，其中成像测井队伍11个，引进数控测井队2个，射孔队1个。

中国石油天然气集团公司测井、射孔技术服务行业资料采集工作量如下：

（1）裸眼井常规测井工作量：完井9456口/11120井次，对比730口/761井次，成像286口/286井次，核磁69口/74井次，倾角测井160口/177井次，地层测试器107口/107井次，测量米为9752.03万米，折合工作量55978万条件米；

（2）声放磁测井工作量：声放磁6982口/7043井次，自然伽马291口/401井次，声幅1467口/1606井次，磁定位75口/98井次，工程测井477口/1078井次，测量米2813.5万米，折合工作量14250万条件米；

（3）射孔工作量：过油管射孔78口（海外），油管传输射孔2475口/37280米，电缆射孔9381口/88828米，折合射孔标准工作量1186815标准炮；

（4）取心工作量：常规井壁取心1303口/1336井次/45456颗，旋转式井壁取心10口/15井次/196颗；

（5）动态测井工作量：产液剖面自喷井177口/190井次，产液剖面机械977口/1228井次，注水剖面3147口/3575井次，注蒸汽剖面5口/7井次，动态工程测井355口/395井次，中子寿命89口/96井次，C/O测井197口/200井次，油水界面62口，油气界面22口/43井次，RFT（FMT）测试34井次。

在测井资料处理解释方面，测井技术服务行业拥有解释工作站222台（套），以及15个微机解释网络，测井解释系统是以具有自主产权的FORWARD测井评价系统和CIF－2000系列多井测井解释系统为主的国产软件，此外还有斯伦贝谢、哈里伯顿和阿特拉斯等公司测井解释评价软件。

【测井技术发展】　测井数据采集技术。目前测井仪器已基本实现数控化，其中各种国产数控测井仪器占65%以上。在岩性简单、均质和中、高孔隙度储层，使用国产数控测井解决地质问题效果较显著。在我国每年新钻的油气井中，使用国产数控测井设备的约占2/3。

在重要探井和开发井中，目前主要使用引进的成像测井仪和数控测井仪（约占井数1/3），可以取全九条常规测井曲线，并可以获得微电阻率扫描成像、阵列感应成像、方位电阻率成像、模块式地层动态测试、高分辨率地层倾角测井、电磁波传播测井、长源距声波等测井资料；这些资料的应用不仅可以区分油、气、水层，求储层物性参数，还可研究地质构造、断层、沉积环境，识别裂缝等。

2001年，国产测井仪器也有较快的发展，研制出ERA2000测井地面设备的样机，结合微电阻率扫描成像测井等井下仪器完成了现场试验。

测井处理解释技术。测井资料解释已由手工处理解释发展到计算机处理解释，将定性解释与定量解释相结合。各油田测井公司都已建立了计算机处理解释站，并引进了GEOFRAME软件，EXPRESS软件，和哈里伯顿等外国公司的解释处理软件。在建立5种具有特色的测井处理、解释技术（即单井处理解释技术、多井处理解释技术、油（气）藏描述解释技术、特殊处理解释技术和水淹层测井解释技术）的基础上，开发了FORWORD和START软件平台，可进行单井、多井处理，已在各油田广泛使用，目前正向单井精细解释、多井测井资料综合解释上发展。2001年，“多井解释软件平台START”完成了cif2002版本软件，增强了网络功能，实现了网上评价处理；FORWORD测井评价系统增强了解释处理功能，完善了测井工程应用、成像核磁共振测井资料处理等功能，并成功销往海外。

此外，还开发了适应本地区的解释处理方法及软件系统，其水平优于国外技术。例如：

（1）ogview成像测井储层定量评价系统；

（2）裂缝型储层流体类型识别系统；

（3）低阻油气层测井评价系统；

（4）水泥胶结测井评价系统；

（5）油藏描述测井评价系统；

（6）砾岩油气层测井评价系统；

（7）水平井测井评价系统；

（8）射孔优化设计分析系统；

（9）水淹层测井解释系统；

（10）多相流生产测井评价系统。

测井资料的地质应用技术。近十多年来，我国油气勘探开发中引进了多种先进的测井技术，测井地质应用技术有了许多新发展，在解决碳酸盐岩、火成岩裂缝性油气层、砾岩石油气层、复杂岩性油气层、低孔低渗油气层、稠油层、水淹层剩余油饱和度等难题方面取得了新进展。

开发测井技术。我国大多数油田已处于多井、多层、多方向见水阶段，油田平均含水超过80%。为提高油田采收率，挖掘油田剩余储量，要确定注入水未波及到的、采出程度低的剩余油富集区，估算剩余油量，测井技术是进行水淹层评价及生产监测的重要手段。经过30多年的发展，初步形成了一整套有特色的开发测井技术，主要包括水淹层测井技术、注水剖面测井技术、产液剖面测井技术、套管井剩余油饱和度测井技术、工程测井技术等。

射孔技术。射孔工艺已经从单一的普通电缆射孔发展到油管传输射孔、水平井定位射孔、过油管张开式射孔、深穿透射孔、高能气体压裂射孔等特殊射孔工艺技术。射孔器材制造技术也有了大幅度的提高，射孔弹的最大穿深已经超过1米，深穿透、大孔径、无枪身等等射孔弹及器材配套齐全，基本可以满足各种射孔施工作业的要求，射孔器材已经进入国际市场。

但总体来讲与国外测井技术相比，我国测井技术大致相当于国外20世纪80年代末的水平，在测井装备、处理技术、多学科综合应用、现代化管理等方面都存在明显差距。

【装备更新改造】　2001年为了配合测井装备更新改造，对CNPC测井行业装备情况进行了调研，现有成像测井地面设备37套，数控测井设备267套，生产测井设备95套，射孔设备121套。测井设备存在以下问题：

（1）成像测井系统都是近几年引进的设备，设备状况较好，但有半数以上的设备没有配齐井下仪器；

（2）高精度数控测井系统中，有90%以上的设备都已超过使用年限（超期服役的主要是CSU系统以及引进的3700系统），特别是CSU仪器全部是超期服役，很多都是20世纪80年代末购买斯伦贝谢的仪器；

（3）国产数控仪器是在20世纪90年代初期开始投入使用，主要是替代JD－581模拟测井装备。早期研制的国产数控问题较多，基本上属于数字记录设备，且现在也到了报废年限，需要淘汰和更新。这类设备占全部国产数控仪器的65%。近期更新改造的国产数控设备技术上有了提高，状态较好。

【市场管理】　测井技术服务市场存在着：技术力量分散，常规服务能力过剩，先进技术设备利用率不高，市场竞争剧烈，服务价格普遍偏低等问题。

【经营状况】　CNPC在国内外服务的测井射孔技术服务队伍总数为451个，总资产净值约为22亿元，2001年总的收入为21.7亿元。其中在国内作业的服务队伍435个，共收入19.2亿元，除在CNPC系统内施工外，在中石化和地矿系统服务的测井射孔队伍34个，作业2314井次；进入国际市场的施工队伍数量为16个，分别在苏丹、泰国、哈萨克斯坦、伊朗、委内瑞拉、也门等国家作业，年工作量为772井次，经营收入折合人民币约2.5亿元。

（安　涛）

井下作业

【概述】　2001年，井下作业系统按照集团公司工作会议精神，牢固树立“服务就是市场，服务就是效益”的理念，以科技进步为先导，以提高服务水平、降低生产成本、提高效益为宗旨，积极开展“树精品工程、创满意服务”等活动，圆满完成了生产任务。

(1) 队伍状况。2001 年中国石油天然气集团公司所属的大庆、吉林、辽河、冀东、大港、华北、长庆、四川、青海、玉门、新疆、吐哈等 12 个油田有井下作业队伍，除大庆井下作业队伍划归大庆油田子公司外，其余都在存续企业（以下数据不包括大庆油公司的井下作业队伍）。截至 2001 年底共有井下作业队伍 934 个，其中大修侧钻队 148 个，小修作业队 559 个，试油队 128 个，酸化压裂队 35 个，测试队 64 个。

(2) 设备状况。集团公司共有修（通）井机 1655 台，其中车载钻机 4 台，50 吨及以上车载修井机 215 台，50 吨以下修井机 502 台，履带式通井机 874 台，轮式通井机 60 台；共有压裂车组 48 组，其中 2000 型车组 8 组；有连续油管设备 16 套；此外有注氮车、捞油车、捞砂车等 86 台。

(3) 人员状况。井下作业系统在册职工总数为 45762 人，本科学历以上人数 1988 人，高级工程师以上职称人数 276 人，工程师人数 1969 人。

【工作量及经营情况】 2001 年共完成井下作业工作量 92894 井次，比 2000 年同期增长 8.03%。压裂酸化等增产措施工作量 31912 井次，比 2000 年增加 35%；大修侧钻工作量 1286 口井；维护性工作量 48531 井次；试油 2662 层。2001 年井下作业大修、侧钻、小修、试油队伍施工效率分别为 15.6 井次/年、7.9 井次/年、110.9 井次/年和 18.3 层/年。完成年度工业总产值 45.5 亿元，实现利润 2.6 亿元。

【技术创新】 井下作业系统结合油田区域的特点，发挥技术专长，多方筹措资金开展技术开发、引进与创新活动，增强企业竞争力。辽河石油勘探局大力推广绿色修井作业技术，不断完善柔性抽油杆技术、人工井壁防砂等新工艺。吐哈石油勘探开发指挥部实施“特色技术、特色人才、精细管理、强健体制、优美形象”的管理方案，盘活人才技术资源，开发高砂比混气加砂压裂技术等 6 项具有国内领先水平的项目，高温深井碳酸岩储层酸压和混气酸压改造技术等 4 项具有国际水平的项目。吉林石油集团有限责任公司利用二氧化碳泡沫压裂技术的优势开拓大庆、长庆、辽河、地矿部等油田外市场。

【市场开拓】 2001 年，井下作业系统积极开拓国内外市场，共有 73 支队伍在本油区以外市场作业，其中有 36 支队伍在 CNPC 以外市场作业，年完成工作量 848 井次，在国外作业的队伍有 10 支；在本油区以外 CNPC 以内作业的有 37 支。大港井下作业公司通过与壳牌合作的长庆压裂项目、泛华公司的修井、压裂、测试等项目，初步掌握了国际石油工程项目的运作与管理，更新了设备、锻炼了队伍、开拓了视野、增长了经验，见到了一定的经济效益。吐哈井下作业公司，根据自己的地理优势、装备优势、技术优势制定了站稳一个点（吐哈市场），拓展一个面（西北市场），开拓一条线（中亚市场）的市场开发战略。

【技术培训】 2001 年，井下作业系统在原有教育培训的基础上，从实际出发，结合市场特点，加大了专业培训投入。华北石油管理局井下作业公司为了提高队伍的技术素质，适应市场发展需要，先后举办外出人员、反承包项目人员培训、HSE 管理培训、英语培训、井下作业技术人员等 30 多个培训班。针对外部项目英语人才和 HSE 管理人员缺乏的实际，选送技术人员到石油大学等高等院校进行英语和 HSE 管理强化培训。

（胡守林）

管道建设

【概述】 中国石油天然气集团公司从事长输管道、大型储罐建设、地面建设及其勘察设计研究的单位共 31 家，其中：主营长输管道和大型储罐建设的科研、设计、施工和技术服务有 13 个单位。分别是：中国石油天然气管道工程有限公司，中国石油天然气管道科学研究院，中国石油天然气管道第一、第二、第三、第四工程公司，管道电力通信公司，中油管道防腐有限公司，中油管道技术公司，中油管道建工集团，中油管道维修抢修有限公司，中油管道物资装备总公司，塔里木管道公司等；以主营油田地面安装工程建设为主、兼营长输管道和大型储罐的设计、施工的单位有 16 家。分别是：大庆石油管理局油田建设工程公司，大庆石油管理局油田安装工程公司，吉林石油集团有限责任公司建设公司，辽河石油勘探局油田建设工程一公司、二公司，辽河油田工程有限公司，华北石油管理局 第一油田建设公司、第二建设工程公司，大港油田集团建设工程公司，大港油田集团勘察设计院，四川石油管理局油气建设工程公司，四川石油勘察设计研究院，新疆石油工程建设有限责任公司，新疆时代石油有限公司，长庆石油勘探局油田建设公司，青海石油管理局油建工程公司等；集团公司所属专业研究院（所）2 家。分别是：中国石油天然气集团公司工程技术研究院和石油管材研究所等等。上述单位拥有职工总数 40125 人，男职工 30683 人，女职工 9442 人；其中技术管理人员 13912 人，占职工总数的 34.7%，工人 26213 人（技师 522 人）。随着 2000 年石油系统富余职工有偿解除劳动合同的实施，一批大专、本科毕业生充实到各企业的技术和管理岗位。企业的用工制度也产生了变化，开始实行弹性用工制度，从而培训了一大批生产技术型合同制员工的施工作业队伍，石油管道建设的队伍结构正在由劳动密集型逐步向管理技术密集型转化。

【管道建设技术发展】 自 1998 年中国石油行业持续重组开始，中石油所属的各个从事管道建设的施工企业针对本企业所面临的形势，进一步明确企业改革和发展目标，提出了“依靠科技进步，坚持科技兴企，加速人才培养，提高管道建设技术水平”的指导思想。经过近年来的不懈努力，由于不断的应用新技术、新工艺和先进的装备，使管道建设的技术水平接近或达到了 20 世纪 90 年代末的国际先进水平。

1. 施工技术与装备

在管道焊接技术方面，由于管道焊接自保护药芯焊丝技术的日趋成熟，在手工下向焊工艺的基础上，手工半自动焊和 STT 半自动气体保护焊、全位置内外自动焊接等技术得到广泛应用，从而大大提高了焊接工效和焊接质量。从 2000 年开始工程研究院和管道局研制并消化管道环焊缝全位置自动焊机及施工技术，并取得了可喜的成果。其中管道局研制的 PAW2000 管道自动焊机先后在郑州—义马输气管线、福建漳州水管线和涩宁兰输气管线工程中进行工业性试验。试验结果表明，其性能指标已达到国外同类产品水平。这种焊接设备和焊接技术已在西气东输工程建设中进行推广和采用。在管道施工敷设技术方面，管道“二接一”施工技术的推广和应用有效地实现了工厂预制化与施工现场的同步作业，使管道施工在原有流水作业的基础上减少了近一半野外焊接工程量，为进一步提高管道焊接质量，缩短了施工周期，具有积极的推动作用。非开挖管道敷设技术在管道工程建设中得到普遍应用。已从国外引进的各类水平定向钻机及自行研制的中小型水平钻机基本上配套并形成了系列；近年来已成功地在国内外完成了四十余个不同地质、不同管径大中型河流的穿越，如苏丹的尼罗河穿越、浙江上虞曹娥江穿越，特别是在西气东输管道施工中黄河、淮河等等，穿越在管道工程建设市场上具有较强的竞争力。

2. 管道防腐技术

近年来长输管道外防腐材料及生产工艺有了长足的发展，防腐材料以由石油沥青、聚乙烯胶粘带、黄夹克发展为煤焦油瓷漆、容结环氧粉末、三层 PE 等，防腐性能明显提高。特别是三层 PE，由于其具有优良的防腐蚀和抗冲击性能，已得到普遍认同和采用。另外针对西气东输工程的内减阻工艺，管道局科学研究院研制了大口径钢管内涂层涂敷作业线，该套涂敷作业线，属壳装式，工艺流程先进，填补了国内空白，并被西气东输工程所推广、采用。热煨弯管的外防腐一直是管道防腐技术难题，以前主要依赖人工防腐，1999 年初，管道局科学研究院开始“热煨弯管熔结环氧粉末外防腐涂敷作业线”进行研制攻关，于年底试制出样机，申报了专利。并在涩宁兰管线建设中得以采用。在此基础上又进行完善，目前可以防腐 $\phi720$—$\phi1118$、壁厚 8—30 毫米的热煨弯管。

3. 管道安全检测与评估技术

管道局自 20 世纪 80 年代初期借鉴国外经验开展了管道内检测技术的研究，并取得了很好的应用性成果。近年来还相继完成了 $\phi377$ 漏磁腐蚀检测器和 $\phi426$、$\phi610$ 变形检测器的国产化研制工作。“长输管道对接环焊缝相共振全自动超声波检测装置”是管道局承担的集团公司的科研项目，适用管径 4—56 英寸，可检测管道壁厚 6—50 毫米，对缺陷的位置及大小、形状准确的识别功能和对管口进行返工或报废的判断功能，达到了国外同类产品同期的先进水平。

4. 提高管道专业队伍的竞争实力

结合国家重点项目，大力开展科技攻关和引进先进的技术和装备，以提高专业队伍的整体竞争实力，是 CNPC 一贯的方针。在管道工程建设的设计与研究方面，CNPC 具有一批优秀的科研骨干和技术力量，2001 年完成了西气东输管道 X70 材质焊接工艺的研究、管道外自动焊机的研制、大口径管道坡口整形机的研制、大口径管道内对口器的研制以及管道项控阵检测系统等科研项目，这些成果已先后投入各工程中使用，不但提高了管道工程的科技含量，也促进了管道工程主要设备的国产化进程。

在引进和消化的基础上，CNPC还大力开展了施工设备、施工机具的技术攻关和研制工作。其中CWY－1219型垂直液压管道弯管机、大口径管道中频加热器、大口径管道X射线爬行器、大口径撬装式多功能防腐作业线和大口径钢制管道内涂层作业线工艺流程的研制成功，使CNPC管道施工的已接近或达到世界先进水平，为全面提高CNPC在国内外管道市场的整体竞争力，实施“走出去”战略，将起到不可估量的作用。

【设备更新改造】　“十五”期间是我国石油天然气管道建设的高峰期，国家在建和拟建的长距离、大口径石油天然气管道累计达1万多千米。如涩宁兰、兰成渝管道工程，特别是在建的西气东输天然气管道工程、即将开工的忠武输气管道工程，以及即将纳入议事日程的中俄输油管道工程、陕京输气（复线）工程等。这些无论从施工难度、施工技术，还是施工技术装备上对石油管道建设施工队伍都是挑战。从1999年开始，集团公司所属的管道（油建）施工企业投资近10亿元对施工设备进行更新改造。截至2001年末，管道（油建）施工企业拥有主要施工设备上万台套。在关键的施工设备中，有63—70吨吊管机75台、40吨吊管机175台、40吨以下吊管机143台；有直径38—42英寸或直径1016毫米内对口器56台、其他对口器214台、管道内自动焊机8台、管道外自动焊机204台；有回拖力450吨的特大型定向钻机2台、回拖力150—250吨大型定向钻5台、其他定向钻13台；还有冷弯机31台、大型管道防腐作业线8条（三层PE作业线5条、内涂作业线3条）、储（球）罐自动焊机187台。还有管道工程施工必备的挖掘机、运管车、穿越公路所需的水平钻机、试压干燥、井点降水、压力容器、机加工等其他设备。

【市场管理】　近几年，CNPC管道工程建设队伍在西气东输工程项目以及涩宁兰输气管道、兰成渝成品油管道等国家重点项目中做出了十分优秀的业绩。特别是伴随着西气东输工程项目的启动，我国管道建设又掀起了一轮新的建设高潮，中国石油的管道建设企业迎来了又一次难得的发展机遇。在西气东输管道工程的前两轮施工投标中，中石油的管道施工企业取得了83%的市场份额，并在设计、物资采购代理、物流管理、监理、建造无损检测等方面充分发挥了专业化公司的优势，真正起到了国家队和主力军的作用。西气东输工程随着壳牌公司的介入，管道承包商必将在工程项目管理上，特别是在HSE管理上跃上一个新的台阶，大大提高中国石油管道企业的综合素质与管理水平，增强在国内外市场的竞争力。

在2001年，中石油的管道（油建）施工企业共完成国内工程量91.8亿元，敷设管道3002千米、安装各类储罐71.44万立方米、定向钻穿越河流25.42千米。

在海外市场，CNPC管道工程建设队伍先后在苏丹管道一期工程和二期工程、澳门项目工程、哈萨克斯坦扎纳诺尔油气处理新厂工程、阿联酋阿布扎比供排水管道工程、孟加拉输气管道（ϕ762毫米）等项目中也取得了较好的业绩和效益，2001年国外项目收入为3003万美元，比2000年增加了2541万美元。

通过各施工单位和广大员工的不懈努力，2001年共有32个施工项目和企业获得国家、省部级各类奖项及称号。这些奖项中有一项获国家最高工程奖——鲁班奖、一项获国家质量金质奖、一项获全国用户满意工程奖，石油天然气管道二公司及四川局油气田建设工程公司获全国优秀施工企业称号、石油天然气管道二公司获全国用户满意施工企业称号。

（夏祖华）

第六篇

科 技 发 展

科　技　发　展

【概述】　2001年，科技发展紧紧围绕技术创新战略的实施和集团公司核心竞争力的提高，全面启动技术创新工程，探索高效精干的集团公司技术创新体系的建设途径，研究建立适应现代企业制度的技术创新管理体制和运行机制，加快落实“十五”科技发展计划，突出重点，抓好关键技术开发项目的实施，积极推进高新技术产业化，加强国际科技合作与交流，科技改革与发展都取得了很大进展。年初，研究制定了2001年工作要点，提出了八项重点工作任务：一是开展集团公司技术创新战略研究，为集团公司科技委提供决策参考；二是修订完善“十五”科技发展计划，并抓紧组织实施；三是突出重点，抓好关键项目实施；四是运用产业化风险基金，推进高新技术产业化工作；五是加快科技系统的结构调整和重组，建立“结构优化、布局合理、精干高效、纵深配置”的技术创新体系；六是建立市场化科技管理方式；七是积极有效地开展国际科技交流与合作，推动前沿技术进步的跨越式发展；八是建设一支高素质的技术创新队伍。4月25日，阎三忠副总经理主持召开集团公司科技委员第三次会议，审议并通过了集团公司“十五”科技发展计划及2001年科技计划。5月23日召开集团公司2001年科技工作电话会议，郑虎副总经理主持会议，阎三忠副总经理发表讲话，刘振武主任作工作报告，落实了科技任务，提出了工作要求，大庆石油管理局、吉化集团公司、地球物理勘探局、管材研究所等4个单位作了大会发言，下设37个分会场，共有1800余人参加会议。

【“十五”计划修订】　根据科技委员会的决议，年初，对集团公司“十五”科技发展计划进行修订：关于“十五”国际科技合作计划纲要，组织15个单位的20多名专家完成计划纲要编制，本着“集中精力、突出重点，以我为主、双赢互利，加强协调、多方参与”的原则，围绕“十五”科技发展计划的实施，在一些前沿技术领域，与国外著名研究机构进行合作开发研究或交流，准备通过实施5—10个重大国际合作项目，建立比较稳定的国际合作渠道，培养一批有一定国际知名度的研究人才和专家，缩小与国外的技术差距；关于“十五”石油装备技术发展计划，组织专家在对集团公司石油装备现状、发展趋势及与国内外对比的基础上，提出了物探、测井、钻井工程技术装备科技发展的目标、任务及重点，并提出了具体的实施措施；为进一步加强实验室的创新能力，做好应用基础研究的整体规划，组织编制了集团公司“十五”应用基础研究纲要及项目指南；根据科技委专家的建议，组织了固井、加氢催化剂、天然气综合利用等专业技术研讨，进一步明确了技术发展方向，对科技计划的相关内容进行了补充。

【年度科技计划】　2001年，承担国家级科技攻关项目10项，集团公司安排20项。国家级项目包括：国家科技部应用基础研究“973”项目“大幅度提高石油采收率的基础研究”、“中国优质天然气藏形成和高效开发应用基础研究”等；国家科技部重大攻关项目“中国油气资源发展关键技术研究”；国家经贸委重大装备研制“西气东输工程成套设备研制”、“石油天然气勘探、钻采和三次采油装备研制”等；国家经贸委重点技术创新项目“复杂区地震勘探新技术”；国家科技部新产品开发“ZJ70D直流电驱动钻机”；以及国家计委“地球物理勘探技术产业化示范工程”等，争取到国家财政科技投入5900万元。集团公司级项目按照工程技术主营业务发展的需求，分物探、钻井、测井、地面工程、炼化延伸加工、信息技术等六个专业领域。这些技术开发计划以市场为导向，以效益为中心，以技术创新、体制创新和管理创新为动力，以产业升级、开拓市场、降低成本为目标，紧紧抓住工程技术服务急需解决的技术难点，突出重大关键技术，目标是增强企业的核心竞争力。计划优选了一批具有较大市场前景，创造较大经济效益的新产品、新技术，坚持集中资源、突出重点的原则，按基础研究、技术开发、产业化三个层次进行“一条龙”安排。与财务部共同研究论证，确立了5项高新技术产业化贷款计划。集团公司全年科技投入2.8亿元。

【科技成果】　为了加大技术开发项目的集中度，选择十个重大攻关项目作为实施的重点，包括：复杂地区和复杂地质体地球物理勘探技术，开发地震技术，欠平衡钻井技术，特殊工艺井钻井技术，成像测井系统，组合测井系统，西气东输工程施工技术，加氢催化剂等精细化工系列新产品研究开发，合成胶乳等合成材料产品延伸加工及利用技术，企业信息化技术。至年末，绝大部分项目（课题）都不同程度地取得进展。全年申请专利61项，已批准17项，形成较大成果25项。

【国家项目成果】　集团公司“九五”期间承担的4项国家攻关项目2001年均通过了国家科技部组织的验收，取得一批好的科技成果，为集团公司生产经营的发展和经济效益的提高提供了强有力的技术支持。特别是在鄂尔多斯气田发现、塔里木盆地库车凹陷勘探、大庆油田稳产中发挥了重大作用。塔里木盆地石油天然气勘探研究，进一步揭示了前陆区丰富的天然气资源潜力及其分布规律与富集条件，发现了克拉2、迪那2等一批大中型气田，新增探明天然气储量4000亿立方米；大中型气田勘探开发研究，在煤成烃机理、天然气成藏动力学、盆地建模等方面取得19项成果，其中四川盆地上二叠统生物礁、下三叠统生物滩、上三叠统煤系地层和陕甘宁盆地上古生界，均取得了许多重要研究成果。在陕甘宁、四川、准噶尔和柴达木盆地发现和探明16个大中型气田，新增探明天然气储量4000亿立方米。大庆油田年产5300万吨至2000年稳产技术，组织了三大课题攻关，取得了高含水后期薄差层精细描述，聚合物驱工业化应用和低渗透油藏高效开采等配套技术，实现聚合物驱油800万吨/年的好效果。复合驱成套技术及矿场试验，取得了国产表面活性剂工业化生产的重大突破，各油田矿场试验都取得提高采收率20%的好效果。

两个“973”项目于5月由国家科技部组织了专家中评估。叠合盆地油气形成富集理论与分布预测，以塔里木盆地和渤海湾盆地为典型实例进行解剖，在4个方面取得了重大进展：地球物理调查初步揭示出塔里木盆地的深部结构特征，结合地质学和地球化学的综合研究，提出了控制塔里木盆地的地球动力学机制；对库车坳陷—天山这一典型盆山体系进行剖析，揭示了其新生代构造与沉积耦合特征；在海相烃源岩的发育和成烃条件研究方面获得新认识，为寻找和判识优质海相烃源岩做了理论上的初步准备；叠合盆地油气成藏机理方面取得了新认识，如叠合盆地油气成藏具有多套烃源岩混合充注和多期充注的特点。大幅度提高石油采收率的基础研究，组织了石油勘探开发科学研究院、中科院、大学和油田的100多名专家进行多学科联合攻关。针对我国油藏特点，以改进、完善化学复合驱油技术为重点，从分子设计入手，以研制高效、廉价、无环境污染的驱油体系为突破口，在驱油用聚合物与表面活性剂分子设计、储集层原型地质规律、复杂驱动体系物理模拟及数值模拟研究等方面取得重要阶段成果。

【十大工程技术成果】　2001年，工程技术取得10项重要成果：

（1）地震采集工程软件系统KLSeis 2.0版，开发了“二维观测系统设计”、“弯线观测系统设计”、“二维模型正演模拟”、“三维模型法静校正”、“三维折射法静校正”和“地震资料品质定量分析”等6个部分模块。其中“弯线观测系统设计”、“二维观测系统设计”、“二维地质模型模拟”、“地震资料品质定量分析”为本系统特有技术，“三维静校正”技术具有多项创新，同国外软件相比功能更强、解决实际生产问题更有效。KLSeis2.0版比1.0版在许多方面有了很大的进展，相对于国际流行的绿山软件具有了新的市场竞争力。

（2）石油物探装备新成果，山地钻机和沙漠钻机在西部石油物探工作中发挥的重要作用。山地钻2000B自3月立项，3—5月完成调研和技术方案确定，6—8月完成技术资料准备及样机试制，9月进行钻机综合测试及实地钻井试验，研制了新型潜孔锤，超长高耐磨型输气管线，改进了的动力头设计，优化了井架结构设计。研制的35台山地钻2000B将参加物探局国际勘探事业部的伊朗重油项目的山地勘探。研制的新型沙漠螺旋钻机WTZ－50M型，有9个创新点，在塔中沙漠区钻井23口，最大井深53米。降低了成本，提高了地震资料采集的质量。

（3）ERA2000成像测井地面仪，该系统是为满足国际、国内市场的需要而研制的具有全系列测井服务功能的成像测井地面仪。项目组进行了生产样机的设计、生产、调校，该系统采用了最新电子及软件技术，在多任务、多线程面向对象的软件设计开发、数据库、多媒体技术、测井仿真、仪器动态添加等方面都具有自主知识产权。开展了与BHTV井下声波电视测井仪、WDS微电阻率扫描测井仪的配接和井下试验，还分别对SKC系列井下仪器九种组合进行了下井试验，年底在长庆油田进行了现场试验，取得了好的结果。近期已通过技术鉴定，目前已经签订了第二套地面系统的订货合同以及两套地面仪的订货意向。

（4）聚焦激发极化和自然电位组合测井仪，可以定量求解地层水电阻率、地层水矿化度，对确定高含水、特高含水期水淹层剩余油饱和度具有独特的作用。该仪器是我国自行研制，具有独立知识产权。第四季度完成了仪器总装、联调、温度试验等工作，年底在台二井现场试验，取得合格资料。

（5）多参数超声工程测井方法与仪器研究，在原有的固井质量检测基础上，通过增加套管检测功能，使该仪器具备了套管和水泥胶结两种检测功能。该仪器正在进行系统联调，已上井试验，取得合格资料。

（6）提高大情字井地区钻井速度技术研究，针对吉林油田大情字井区块下部地层钻速慢、效益低的难题，通过一年的攻关，开展了井壁稳定性技术研究、岩石力学参数的测定与钻头选型、新型牙轮钻头的研制与PDC钻头试验、钻进参数和水力参数优化、钻井液技术和完井技术等多项技术研究，取得了突破性的进展，使该地区2001年钻井速度比2000年有了明显地提高，钻井周期由2000年的25天下降到2001年的16天，缩短了近9天，经济效益显著。

（7）西气东输管道工程建设技术成果。大口径管道内对口器、坡口整形机已研制成功，通过了技术鉴定。PPC3640大口径管道内对口器适用管径为ϕ920—1016毫米，以压缩空气作为动力，气动控制系统技术先进，参数控制可靠。管内爬行平稳，并具有15°以下的爬坡能力，对口胀紧力大，操作简单方便。对口精度满足有关技术标准对焊接工艺的要求，整体技术性能达到国内先进水平。所研制的管道内对口器及坡口整形机在管道局焊接工艺评定和管道各施工单位的焊工培训中，深受施工单位的好评。目前已为管道施工单位加工出7台内对口器及5台坡口整形机，即将用于西气东输工程。西气东输工程用X70钢板卷、螺旋管国产化研制项目在广泛调研分析国内外输气管线用板卷和钢管的标准规范和补充技术条件的基础上，对高压输气管线用钢的化学成分、显微组织、工艺及性能的关系、屈强比、HIC控制、包辛格效应等性能进行了比较系统的试验和研究，对管线钢提出了针状铁素体、母材止裂韧性及焊缝起裂韧性的要求，结合西气东输管道的安全性、技术可行性和经济合理性，提出了西气东输工程板卷、钢管技术条件，已通过石油管材专业标准化委员会的审查，并被西气东输工程采用。板卷、钢管技术条件的制定，为大口径钢管国产化奠定了基础。大口径螺旋钢管国产化、直缝埋弧焊缝钢管、焊接技术及装备、大口径输气管道弯管技术及装备国产化研制以及外防腐、内涂层技术及作业线研制等项目均取得重要进展，为西气东输工程的开工提供了有力的技术支持。设备的国产化研制成功，还起到了平抑国际市场价格的作用，降低了项目实施的工程成本。

（8）合成光固化涂料中试技术，完成用80%的双环戊二烯生产出DCPA，DCPA—TCPA交比混合单体及ESOBDA小试工艺技术开发，建立了300吨/年合成光固化涂料中试装置，成功生产出三种新型PCAA单体，涂料指标经检测达到市场上同类产品指标。正积极准备年产4000吨的光固化涂料工业化装置初步设计。已实现销售收入3190万元，利税347万元。

（9）乙醛酸法香兰素新工艺成套技术开发，确定了乙醛酸法合成甲、乙基香兰素氧化工序所用的脱羧催化剂，完成了20吨/年甲、乙基香兰素的中试设计；通过90批中试试验，找到了乙醛酸法合成甲、乙基香兰素最佳中试工艺条件；打通了乙醛酸法合成甲乙基香兰素的工艺流程，甲基香兰素的精制品收率达到84%，成品收率达到78%；乙基香兰素粗制品率达到80%，成品收率达到70%；完成了200吨/年乙基香兰素的氧化塔工艺设计。

（10）4万吨/年聚苯乙烯预聚合反应器国产化研究，研制的反应器在4万吨/年聚苯乙烯装置上获得一次开车成功，产出优质聚苯乙烯，技术指标好于国外进口设备，在聚苯乙烯预聚合、聚合设备生产成套技术方面形成了专有技术，关键设备可取代国外进口，节省大量外汇，抚顺石化分公司此次应用4台，直接效益1600万元。产品优级品率由66%提高到95%以上，能耗由125千克/吨降到94.0千克/吨。

【应用基础研究】　继续加强重点实验室建设，确定了实验室2001年度的研究重点，签订了课题合同和运行费用合同。组织编制了重点实验室考核评估软件，为开展重点实验室的评估提供了有效的手段；各重点实验室根据评估细则分别完成了主实验室及各研究室的自评工作。紧密结合勘探开发和炼油化工实际需要，大力开展前沿技术和应用基础理论研究，出了一批高水平的成果，在各种期刊上发表高水平论文479篇，其中有89篇论文被SCI和EI收录，出版重要专著43部，研制软件24套，新仪器新产品15种。地球化学重点实验室在对全球范围碳酸盐岩大中型油气田海相烃源岩广泛调查的基础上，结合国内碳酸盐岩烃源岩研究及油气勘探现状，通过实验室模拟实验，明确提出海相优质烃源岩的判识标准。在山地及深层三维采集技术、复杂油气藏测井新方法、大口径输气钢管国产化等应用基础研究方面也取得了一批重要进展。

【软科学研究】　围绕集团公司发展战略研究、规划计划研究、政策法规研究、管理与体制改革及技术创新研究，立项的软科学课题22项。落实承担单位，开展研究工作。已有20项完成研究任务，对其中11项进行了专家评审。以上研究成果为集团公司领导和部门起到了较好的决策支持和参考作用。中国石油天然气集团公司进一步建立和完善现代企业制度的研究，首次比较系统地提出了作为国有特大型企业建立现代企业制度的体制框架，结合中油集团公司改革实际，进一步明确了母子公司关系及集团公司的功能定位，对未上市部分企业的深化改革特别是公司化改造提出了具有可操作性的建议和对策，这些对策建议对集团公司建立现代企业制度具有指导和借鉴作用；石油天然气会计问题研究，研究了新中国石油天然气会计制度的变迁及发展，油气会计准则，油气成本控制，油气会计核算和石油天然气税收会计，为规范集团公司会计工作起到了重要作用；石油经济危机及安全防御战略复杂决策系统研究，提出了“现代石油危机”及“发展安全”理论，全面评估了我国石油安全现状及抗风险能力，研制了“石油经济安全监测预警”系统软件，成果达到了国内同类研究的领先水平；集团公司高级管理人才开发机制研究，提出了集团公司新形势下企业高级管理人才选拔的指标体系和标准，其成果为新形势下高级管理人才开发提供了新的思路，为干部人事制度综合改革提出了指导意见，体现了课题研究的前瞻性与实用性；中国石油集团参与西部大开发战略研究，深入分析了中油集团参与西部大开发的基础和优势，明确了中油集团公司在西部大开发中的战略地位及面临的机遇和挑战，系统阐述了中油集团参与西部大开发的总体思路和战略重点，提出了中油集团参与西部大开发应采取的对策措施。

【科技合作与交流】　年初，组织物探局等15个单位30位专家编制了集团公司“十五”国际合作科技合作纲要（中英文）。提出了物探、测井、钻井、地面工程、精细化工、信息六大领域的发展目标、任务及措施，并编制了《项目建议书》及《合同书》，确立了裂缝油气藏纵波识别技术和复杂山地地震正演模拟等3个项目列入2001年国际合作计划。对2000年立项的国际合作项目，积极促进项目实施。协调物探局联合集团公司物探重点实验室（石油大学）同OGI公司，对中方12位人员进行了5个月培训。研究人员努力工作，在软件移植（14个源码、23个执行码、4个软件包），资料处理等方面完成了合同任务；与国际合作部一起组织参加了POSC会议，交流研究了下一步工作；对CNPC—CPC科技交流与合作协议进行具体落实，并组织有关单位对下步交流与合作的项目意向进行研究，起草了有关合作工作建议与安排；配合人教局开拓与美国COLOLADO合作事宜。

组织申报国家外专局人才引进项目32个，编写下发了2001年人才引进工作要点，审核批准62个人才引进项目，年末已经执行26项。

【中青年创新基金】　根据集团公司重组改制后的新情况，调整了中青年创新基金的申报条件，完善评估体系和软件，确定了评审专家。组织40位专家对今年18个单位257个项目进行了初评，确定40项列人年度计划。编制了开放课题指南，向清华、北大、中科院等单位开放，在媒体上发布。2001年共结题20多项，其中一些项目已转入攻关项目或国家项目，有些已开发出仪器与产品。

【技术中心建设】　按照国家经贸委的要求，结合集团公司科技体制改革的基本思路，借鉴国外油公司和工程技术服务公司技术研发体系的设置和管理方式，提出了集团公司技术中心组织结构建设的基本框架和发展思路。技术中心包括两个层次：第一层次是集团公司重点实验室和专业技术研究中心，主要从事共性关键技术的超前储备研究和共性重大技术的开发，对物探、测井、钻井三个专业技术研究中心建设组织了调研工作，其中物探、测井两个技术研究中心提出初步框架意见；第二层次是企业技术分中心，主要解决本单位的生产技术问题和新技术推广及产业化工作。初步设想是，通过结构调整和制度创新，经过3—5年的发展，建立符合现代企业制度、与国际大油公司和工程技术服务公司技术创新体系接轨、具有较强自主创新能力的技术中心。这项工作已经向经贸委有关部门做了汇报，取得了经贸委有关部门的支持。

【院所改革】　江汉机械所、测井研究所、工程技术研究院、西安管材所等直属院所根据国家科技部和集团公司要求，积极探索，进行了机构改革和人员分流，精干队伍。江汉机械所由338人减为146人，专业技术人员占职工总数的98%。测井所职工总数由285人减为142人，专业技术人员占职工总数的90%。各单位深化三项制度改革，调动了科技人员的积极性。对石油勘探开发科学研究院、西北石油地质研究所、杭州石油地质研究所、工程技术研究院、石油经济与信息研究中心等5个院所完成了清产核资工作，国家财政部已批复“科技单位资金核实报表”和下发“产权占有登记证”。

【项目与成果管理】　突出了对重大项目的管理，全年新签合同87个，对59个课题进行了年中检查；10月中旬对114个合同进行了年度检查。开展了科技项目招标工作，制定发布了项目招标管理办法，编制了投标书、标函和招标公告，进行了4个项目的招标，共有27个单位投标，在集团公司机关部门、各单位反映良好。建立了专家库，共录入75人，为今后公正科学地进行项目论证评估提供了基础。在“九五”项目验收方面，加强了综合集成，以批准的可行性研究报告、合同文本或计划任务书的内容和确定的考核目标为基本依据，重点对项目成果的水平、应用效果、知识产权的形成和管理、项目实施的组织经验和教训、经费使用情况等做出实事求是的评价。规范项目管理，召开了项目（课题）长会议，落实项目长负责制，重点抓好知识产权管理、技术合同申请认定、投资经费审计等工作。并规范了文档管理，建立了文档数据库。进一步加强了科技经费管理，与财务资产部一起制定了科技经费授权管理办法，进一步明确了科技经费工作流程。

加强成果管理，制定下发了集团公司成果登记管理办法；组织了“九五”重大装备国产化项目的鉴定工作；国家召开科学技术奖励表彰大会，集团公司有4个重大科技项目获奖，17项成果、14名个人受到表彰；推荐申报了2001年国家科学技术进步奖，组织了项目的预答辩；完成2001年集团公司技术创新奖评选工作。

【科技管理制度建设】 年初编制了2001年科技工作要点；继续抓了科技管理制度建设，制定了《中国石油天然气集团公司科技项目内部招投标管理暂行办法》、《中油集团公司软科学研究课题立项建议书》、《中油集团公司软科学研究课题项目合同书》以及《中国石油天然气集团公司高新技术产业科技贷款项目管理暂行办法》；为适应重组改制后新形势下科技管理的要求，规范管理，提高工作效率，开发并开通了中国石油科技网页，定期发布国家、集团公司有关科技政策的信息；组织进行了科技管理信息系统的开发工作。

全年举办了六个培训班，包括技术创新与科技管理、知识产权管理、专利管理、科技成果管理等四个科技管理培训班和测井、物探等两个新技术培训班，都收到很好效果。

【技术创新战略研究】 针对重组改制后科技工作面临的新形势，组织开展了集团公司技术创新战略的研究工作。课题主要围绕以下内容展开研究：一是21世纪初期影响石油工业的重大关键技术预测；二是集团公司技术创新体系和运行机制；三是集团公司技术中心建设方案；四是集团公司技术创新管理方式和运行机制；五是企业研发机构改革与发展；六是集团公司技术创新人才培养战略；七是国内外石油工程技术服务公司、国内技术创新典型企业技术创新体系和运行机制；八是知识产权战略。

在21世纪初期影响石油工业的重大关键技术预测研究中，紧紧围绕集团公司“十五”战略目标的要求，以促进科技与经济密切结合、促进科技成果转化和实现科技产业化为主要任务，组织有关单位和专家开展研究，分析了国内外油气资源领域重大关键技术科技现状、发展趋势；总结我国重大关键技术发展历程及分析与国外的差距，提出了本世纪初5至10年集团公司科技发展的重点、优先发展领域以及重大关键技术。

对国内外石油工程技术服务公司、国内技术创新典型企业技术创新体系和运行机制进行了研究，完成了对哈里伯顿公司、斯伦贝谢公司、贝克休斯公司、华为技术有限公司、中国海洋石油总公司、中国航天科工集团公司的技术创新体系的调研。

开展了集团公司技术创新体系和运行机制研究、技术中心建设、技术创新管理方式和运行机制的研究，完成了：

（1）集团公司研究开发体系的历史沿革和现状分析。系统总结了建国以来石油科技工作伴随石油工业发展的历程，优势和取得的成绩；分析了改革开放后，计划经济体制下形成的研究开发体系的问题和调整改革的方向。

（2）物探、测井、钻井专业技术研究中心组建方案。针对重组改制后的新情况和工程技术服务面临的激烈竞争，立足于集中优势、培育和提高集团公司核心竞争力，打破研究开发重复分散、层次不清，前沿、共性研究薄弱的状况，提出了物探、测井、钻井专业技术研究中心组建方案。

（3）研究开发运行管理的初步框架内容。对科技经费的筹集使用、科技计划、项目筛选、过程控制、成果管理等研究开发管理的主要内容进行了初步的研究。

【知识产权研究】 对知识产权研究工作确定两个重点，即知识产权战略研究和专利资产评估研究。

知识产权战略研究包括“科技专利战略研究”和“知识产权管理模式与机制”两部分。第一部分从世界专利的角度衡量集团公司的科技实力，考察集团公司在物探、测井、钻井技术领域的技术水平，在这些技术领域中开展专利战略研究，以确定今后的主要研究方向；第二部分在调查研究国内外企业知识产权管理模式、管理机构、管理人员、管理制度的基础上，结合集团公司体制改革、经营战略、技术创新战略目标，找出知识产权管理和保护工作的问题与差距，对集团公司管理现状做出综合评价，制定集团公司知识产权管理办法。年初，确定了测井、物探和钻井领域的6个方向（提高地震勘探分辨率技术、多波多分量地震勘探技术、多分枝井钻井完井技术、大位移井钻井技术、过套管电阻率测井、成像测井），年末，课题组基本完成检索工作。

专利作为资产评估在集团公司尚属首次，通过广泛调研，选择在知识产权评估方面有较多的经验和较高权威性的连城资产评估公司为合作单位，以大港油田集团公司和地球物理勘探局为试点，制定了课题设计。在《无形资产（专利、专有技术）的价值评估及财务管理方法》研究方面，完成了物探局克浪公司KLSeis1.0版本计算机软件价值评估、《石油企业知识产权管理现状评估及推荐管理制度、工作流程》与《关于中国石油天然气集团公司知识产权管理模式的建议》报告。

【国家科技进步奖】 2001年集团公司获得3项国家科技进步奖。

1. 一等奖（1项）

克拉2大气田的发现和山地超高压气藏勘探技术。主要完成单位：中国石油天然气股份有限公司塔里木油田分公司、中国石油集团地球物理勘探局；主要完成人：邱中建、梁狄刚、钱荣钧、贾承造、廖永远、张玮、俞新永、吴奇之、周新源、刘超颖、唐继平、王招明、高岩、皮学军、张福祥。该项目针对克拉2大气田所在的库车前陆逆冲带油气勘探存在的一系列世界级难题，应用国内外相关学科的先进技术进行攻关与研究，形成了一套适合于库车前陆盆地油气勘探技术系列，带动了塔里木盆地库车前陆逆冲带天然气勘探的大发现、大发展，并取得了一系列创新成果。通过地质攻关研究，搞清了库车前陆盆地石油地质特征，明确了勘探方向，发现了中国有史以来最大的单个天然气田——克拉2气田；利用前期气藏描述，解决了超高压气藏的评价问题，用少量的探井高效益探明了天然气地质储量2506亿立方米；形成了一套成熟的适合于库车前陆盆地的油气勘探技术系列，包括：复杂山地、高陡构造及低信噪比区的地震勘探技术；复杂构造精细地质建模及圈闭描述技术；运用地表储层建模技术解决了储层描述问题；形成高陡复杂构造防斜打快、复杂地层防塌防漏和高密度水泥浆配注工艺等多项技术；形成一套超高压气井钻杆试油技术。项目系统总结了库车前陆逆冲带油气藏特征及其富集规律，突破了山前超高压区大型油气田的勘探，揭示了超高压气藏成藏规律，实现了地质研究与勘探技术的协同攻关。通过项目实施，在库车坳陷共发现、落实各类圈闭46个，提供钻探井位26口，探井成功率达50%。以上技术系列已在库车油气勘探实践中广泛应用，不仅深化了地质认识、缩短了钻井周期，使勘探生产成本降低30%—40%，而且油气勘探取得了重大突破，累计探明天然气2506.1亿立方米，预测天然气储量3543.56亿立方米，保证了塔里木盆地天然气储量资源稳定增长，为国家“西气东输”重点工程奠定了雄厚的资源基础。所获得的技术系列对我国西部13个前陆盆地的地质研究、油气勘探都有重要的指导作用。

2. 二等奖（2项，表1）

表1 2001年获国家科技进步二等奖项目

序号	项目名称	主要完成单位	主要完成人
1	川东上二叠统生物礁气藏形成条件及勘探目标评价研究	西南油气田分公司勘探开发研究院、四川石油管理局测井公司、四川石油管理局、西南石油学院	王一刚、刘划一、文应初、任兴国、罗蓉、张帆、姚声贤、杨雨、梁华、黄先平
2	大型合成氨装置耐硫变换催化剂的研制及应用	齐鲁石油化工公司研究院、乌鲁木齐石化公司化肥厂	张新堂、纵秋云、汤福山、毛鹏生、高建国、田兆明、王建良、谭永放、荆宏健、刘捷

【集团公司技术创新奖】 组织了2001年集团公司技术创新奖评选工作，各单位共申报154项，经专家评审，有56个项目获奖，其中：“苏里格特大型气田的发现及综合勘探技术”、“大庆油田高含水后期水驱挖潜技术研究”获特等奖，“四川盆地东北部长兴组—飞仙关组气藏条件研究及勘探目标评价”等11个项

目获一等奖，“煤层气勘探技术研究与试验”等43个项目获二等奖。

1.特等奖（2项）

（1）苏里格特大型气田的发现及综合勘探技术。

完成单位：长庆油田分公司；主要完成人：王涛、史兴全、胡文瑞、何自新、傅锁堂、赵政璋、马新华、杨华、韩申庭、蒋加钰、包方钧、费安琪、马振芳、付金华、钱凯、宋岩、王益海、席胜利、李巨才、何晓菊、李景明、史松群、魏国齐、李静群、陈志远、周树勋、董亭莘、王大兴、包洪平。苏里格特大型气田位于鄂尔多斯盆地长庆气田西侧的苏里格庙地区，完试6口井均获得工业气流，新增天然气探明地质储量2204亿立方米，控制储量和预测储量为3000亿立方米，预计可形成5000亿—7000亿立方米探明储量规模。在苏里格特大型气田勘探发现中，针对盆地气藏控制因素复杂、储层非均质性强、储层普遍存在低渗透、地表条件差等一系列技术难题，以先进的油气勘探理论为指导，开展了勘探各个环节的技术试验和攻关研究，探索了一条上古生界低渗透背景下如何寻找相对高孔高渗型大型气藏的有效途径，并逐步形成了一套适合盆地上古生界气藏特点的综合勘探配套技术系列。在分析盆地上古生界天然气形成富集规律的基础上，运用先进的地质评价技术，完成了盆地气藏的综合评价，明确了勘探方向；通过以沉积体系、高孔、高渗储层形成控制因素和分布特点为重要内容的地质攻关研究，指出了大气田勘探的有利目标，发现了苏里格特大型气田；完善了一套以储层描述为重点的地震横向预测技术系列，包括：巨厚干沙土层及草滩区的地震野外采集技术，复杂巨厚沙土层区地震资料综合处理技术，基于客观建模、基于空间建模以及纵、横波联合反演技术和AVO含气性检测技术。推广应用了以提高钻速、保护气层、综合录井、井下电测、中途测试为重要环节的气层综合评价技术。探索了CO_2泡沫压裂、液氮拌注、大规模压裂等一系列气层增产技术。通过本项目实施，基本落实了苏里格庙地区气层展布，提供13口探井，工业性气层钻遇率达100%。

（2）大庆油田高含水后期水驱挖潜技术研究。

完成单位：大庆油田有限责任公司。主要完成人：苏树林、巢华庆、王启民、王玉普、隋军、郭万奎、计秉玉、赵翰卿、杜庆龙、冀宝发、徐正顺、程杰成、隋新光、黄伏生、薛家峰、吕晓光、车学林、付志国、唐许平、任玉林、林影、王渝明、李彦兴、万新德、宋吉水、赵永胜、程保庆、陆会民、李洁、王者琴。该项目围绕非均质多层砂岩油田高含水后期油藏精细地质描述、各类剩余油综合定量描述、剩余油综合挖潜技术及矿场综合试验研究等核心技术开展了深入细致的研究。经过5年攻关研究，形成了一套适用于多层砂岩油田高含水后期以挖掘薄差油层潜力为主的油藏精细地质描述、建模，单层剩余油识别，剩余油综合挖潜的提高水驱采收率的综合配套技术，并取得了一系列重大突破和创新成果：形成了以油藏精细描述成果为基础，以剩余油预测结果为直接依据的高含水后期不均匀加密调整技术；发展了油田细分注水技术，提高油层动用厚度8%—10%；油湿油层周期注水试验取得成功，提高采收率1%—2%；建立了剩余油挖潜措施优化数学模型，发展了油田开发指标预测方法。剩余油描述技术已成功地应用在大庆油田采油一至六厂15个开发区块7587口井剩余油分布研究中。以精细地质和剩余油研究成果为依据进行了不均匀加密井调整方案设计，已完钻和已设计3664口井，在对各区块进行剩余油分析的基础上，结合加密井技术经济界限，对加密井调整潜力进行了估计，预计潜力井3710口。与以往采用均匀布井试验区相比，应用该成果后新钻高含水井比例下降了29.6%，低效或无效井比例由原来的30%降低到10%以下。该项技术为“九五”期间大庆油田原油持续高产稳产发挥了巨大作用，5年间大庆油田水驱采收率提高3.1%，增加可采储量1.3721亿吨以上，2000年大庆油田年产油量保持在5300.09万吨，实现了预期的攻关目标。项目攻关研究过程中，在国内外学术杂志上发表论文、专著100余篇，进一步发展了陆相河流—三角洲储层沉积学理论。大庆油田的持续高产稳产同时带动了地方经济的发展，创下了良好的社会效益。经测算，采油一至七厂已创直接经济效益（利润总额）15.8亿元。

2.一等奖（11项，表2）

3.二等奖（43项，表3）

表 2　2001 年集团公司技术创新一等奖获奖项目

序号	项 目 名 称	完 成 单 位	主要完成人	专业
1	四川盆地东北部长兴组—飞仙关组气藏条件研究及勘探目标评价	西南油气田分公司、四川石油管理局、西南石油学院	冉隆辉、王一刚、杨雨、罗蓉、刘划一、夏新宇、文应初、任兴国、陈更生、汪泽成、李剑、黄先平、王兴志、谢芳、张 静	勘探
2	柴达木盆地第四系天然气富集规律及勘探目标评价	青海油田分公司、青海石油管理局	黄立功、管志强、徐子远、李建青、党玉琪、徐凤银、刘志强、胡 勇、张道伟、周瑞年、洪 峰、姜桂凤、欧阳永林、王金鹏、刘明德	勘探
3	油气井射孔增产技术研究	大庆油田有限责任公司、大庆石油管理局、四川石油管理局	刘顺生、袁吉诚、杨宝君、孙新波、潘永新、刘方玉、古海波、陈锋、赵明辉、石前、颜卫军、薛卫东、蔡山、罗宏伟、李东传	勘探
4	地震采集工程软件系统 KLSeis1.0	中国石油集团地球物理勘探局	郭钟灿、刘贤功、林庆忠、冉贤华、文佳敏、宋葵、蒋先艺、杨海申、高彦林、罗开云、高开华、李培明、李继平、张瑞天、任彦勇	勘探
5	中国东部深层石油地质综合研究与目标评价	勘探开发研究院、大庆油田有限责任公司、吉林油田分公司、辽河油田分公司、大港油田分公司、华北油田分公司、冀东油田分公司	谯汉生、牛嘉玉、关德师、乐金、王永春、吴永平、孟卫工、迟元林、周海民、杜金虎、王明明、魏志平、张凤莲、门广田、袁选俊	勘探
6	储层露头精细描述与应用研究	勘探开发研究院	穆龙新、贾爱林、沈平平、闫存章、袁士义、王元基、李松泉、黄石岩	开发采油
7	委内瑞拉 CARACOLES 复杂老油田挖潜开采技术研究	勘探开发研究院、中油国际委内瑞拉公司	沈平平、袁士义、穆龙新、叶先灯、孙波、郭睿、张建英、周煦迪、周丽清、陈和平、吴向红、熊春明、赵丽敏、杨元军、胡永乐	开发采油
8	钻进地层和油层岩石矿物组分和理化性能的研究及分区分层钻井液标准设计研究	大港油田（集团）有限责任公司、华北石油管理局、辽河石油勘探局、大庆石油管理局、吉林石油集团有限公司、长庆石油勘探局、四川石油管理局、塔里木石油勘探开发指挥部、新疆石油管理局、冀东石油勘探开发公司、青海石油管理局、玉门石油管理局、吐哈石油勘探开发指挥部、石油勘探开发研究院	徐同台、张玉士、陈远数、洪培云、李建成、赵玉娟、王行愚、雷耀洲、罗永俊、王书琪、杨金荣、郭留敢、陈其正、费智毅、贾彪	钻井
9	丁苯透明抗冲树脂成套技术	兰州石化分公司	龚光碧、吕爱新、陶惠平、杨绮波、陈建刚、孟晓亮、张银娥、贺琼玉、柳敏、杜正银、李锦山、姜向新、赵健、渊安成、李毅	炼化

续表

序号	项　目　名　称	完　成　单　位	主要完成人	专业
10	重油催化裂化新技术	石油大学（北京）、前郭炼化分公司、大港炼化分公司、呼和浩特炼化分公司、石油大学（华东、）胜华炼油厂、中石化胜利炼化分公司	林世雄、时铭显、徐春明、刘耀芳、高金森、毛羽、潘惠芳、刘为民、卢春喜、郭毅葳、张建芳、武振林、董伟、黄星亮、朱洪亮	炼化
11	中国石油财务管理信息系统（PCFMIS）	中国石油天然气股份有限公司财务部、辽河电脑应用开发公司、浪潮集团山东通用软件有限公司、普华永道咨询有限公司	贡华章、王国樑、徐丰利、于毅波、柴守平、裴玉宝、王庆贤、孙铁民、强云峰、刘志海、宗雷、蔺国强、崔晶、张晓燕、姜信元	综合管理

表 3　2001 年集团公司技术创新二等奖获奖项目

序号	项　目　名　称	完　成　单　位	主要完成人	专业
1	煤层气勘探技术研究与实验	勘探开发研究院	赵庆波、吴国干、李景明、李五忠、张建博、王红岩、姚超、李安启、尚尔杰、王一兵	勘探
2	中国未成熟—低成熟石油的成因机制、成藏条件和资源预测	勘探开发研究院、石油大学(北京)、江汉石油学院、大庆油田分公司、华北油田分公司	黄第藩、张大江、王培荣、张林晔、江继刚、秦建中、孔庆云、廖志琴、王铁冠、王文军	勘探
3	青藏高原石油地质综合评价与勘探目标研究	勘探开发研究院	赵政璋、张昱文、李永铁、许怀先、雷振宇、纪有亮、秦建中、刘池阳、罗建宁、叶和飞	勘探
4	新盆地、新层系、新领域研究和科学探索井选择与实践	勘探开发研究院	赵文智、袁明生、党玉琪、邹才能、李伟、杨永泰、门相勇、秦长文、张龙海	勘探
5	生产测井配套技术	大庆油田有限责任公司、大庆石油学院、石油大学（北京）	谢荣华、吴世旗、王金钟、刘兴斌、李进旺、侯云福、吕鹏举、李少泉、金宁德、吴锡令	勘探
6	冀中坳陷油气分布规律及勘探方向研究	华北油田分公司	杜金虎、雷怀玉、邹伟宏、张以明、张凤藻、李维华、易士威、张文朝、韩春元、李恋	勘探
7	准噶尔盆地陆梁油田的发现与探明	新疆油田分公司	王宜林、姜建衡、张义杰、周德明、贾希玉、匡立春、张年富、凌立苏、吕焕通、薛新克	勘探
8	滩海地区地震勘探装备及技术研究	大港油田集团有限责任公司	熊金良、王长春、郭德荣、刘威北、陈水兴、王梅生、魏学进、王厚常、赵学军、刘毅	勘探
9	塔里木盆地非构造油气田勘探目标选择与评价	中国石油集团地球物理勘探局	吴奇之、高岩、张玮、王小平、田兵、谷跃民、徐礼贵、胡少华、孙维昭、杨耀琴	勘探

续表

序号	项目名称	完成单位	主要完成人	专业
10	电磁勘探新技术	中国石油集团地球物理勘探局、江汉石油学院	何展翔、严良俊、王小牧、胡文宝、刘东琴、孙卫斌、刘雪军、江汶波、刘宏、苟量	勘探
11	高分辨率地震勘探技术研究	大庆石油管理局、大庆油田有限责任公司、大庆石油学院	李勤学、王建民、陈树民、王云专、牛彦良、崔凤林、贺玉山、王允清、傅朝奎、易维启	勘探
12	储层物理性质及测井新方法研究	石油大学（北京）、江汉测井研究所	冯启宁、李长文、楚泽涵、彭石林、汪功礼、柯式镇、高杰、王贵文、余春昊、曾花秀	勘探
13	黑帝庙、两井地区储层、构造精细解释及岩性油气藏的识别	吉林石油集团有限责任公司、大庆石油学院	何树山、刘军、侯平、魏茂林、卢军、马世忠、秦文明、苗志、吴名、邸明	勘探
14	聚合物驱2—3层分注技术研究	大庆油田有限责任公司	王玉普、程杰成、梁福民、王凤山、王研、裴晓含、杨子强、曹明君、黄有泉、张书进	开发采油
15	曙一区超稠油降低成本开采综合技术研究	辽河油田分公司	王正江、刘福余、刘喜林、余五星、包连纯、郑恕忠、郑南方、林军、薛海晖、康秀发	开发采油
16	轮南油田中含水期以水平井为主的调整挖潜稳产技术研究与应用	塔里木油田分公司	孙龙德、宋文杰、江同文、伍轶鸣、徐安娜、朱中谦、甘功宙、李汝勇、吴迪、范颂文	开发采油
17	吉林难采储量评价技术	吉林油田分公司	梁春秀、刘刚、高绍青、刘子良、于孝玉、司云革、栾海波、王建国、孙辉、贾丽莹	开发采油
18	油水井捞砂工艺技术研究	辽河石油勘探局	张凤山、刘树明、付奎仕、郭革、齐广和、兰爱芳、胡守林、刘秀平、于启海、林杰	开发采油
19	562系列潜油电泵机组研制	大庆石油管理局	梅思杰、邓辉、邵永实、刘宇蕾、应文、董振刚、殷红雯、徐树文、胡志文、唐凤锐	开发采油
20	ERW直缝电阻焊套管	宝鸡石油钢管厂、宝山钢铁集团公司、石油管材研究所、武汉钢铁集团公司、中国石油专用管非破坏性检测中心	潘茂祥、丁晓军、张居勤、赵克枫、苏琦、张永嘉、李文斌、雷胜利、郭斌、龚守贵	钻井
21	大庆聚合物驱三次采油成套装备研制	大庆石油管理局、大庆油田有限责任公司	王德民、袁敬先、张斌、卢怀宝、龚晓红、姜有林、杨殿民、王树伦、徐德刚、张宝良	钻井
22	（CPSZ75型）深井超深井钻机盘式刹车装置	勘探开发研究院、新疆石油管理局、四川石油管理局	高向前、展恩强、田富林、谭刚强、张宇、杨向前、张绪平、余明建、程元旭、苏恒	钻井
23	高陡构造防斜打快技术研究与应用	勘探开发研究院	王珍应、苏义脑、孙振纯、王家进、潘欣、贾立强、游晓波、张宗林、王绪业、孙保民	钻井
24	刮刀式PDC钻头推广应用	大庆石油管理局	张书瑞、邹野、季海军、王峰、何俊才、陈士维、李景海、郭光奇、申胡成、郑淑华	钻井

续表

序号	项目名称	完成单位	主要完成人	专业
25	OFA-1型石油荧光分析仪	勘探开发研究院	赵菊英、杨杰、陈丽华、张宇、吕文海、邓亚平、高占玲	钻井
26	套管螺纹滑脱原因及影响因素的研究	管材研究所、石油大学（北京）	韩勇、李平、史交齐、张宏、赵克枫、黄俊斌、吕拴录、李平全、薛小刚、齐俊林	钻井
27	油气井抢险灭火技术研究	四川石油管理局	孙振纯、曾时田、马宗金、杨令瑞、肖润德、李艳丰、陈光、宁正经、王春鹏、田强	钻井
28	聚合物驱采出液高效处理技术研究	大庆油田有限责任公司	杨殿民、李学军、张宝良、杨文录、陈忠喜、朱利民、夏福军、王金龙、康威、郭春昱	地面工程
29	高寒地区石蜡基原油不加热集输工艺技术	大庆油田有限责任公司	王德民、王瑞泉、程杰成、宋承义、王再山、吴迪、吴长利、古文革、张国友、韩凤臣	地面工程
30	西部原油长输管道常温输送技术研究	石油大学（北京）、石油天然气管道分公司、勘探开发研究院	张劲军、严大凡、闫久红、孙维中、谢慧专、黄启玉、张帆、杨文友、朱宝青、张付生	地面工程
31	苏丹混合原油加剂常温输送工艺研究	中国石油管道分公司、石油天然气管道局	徐诚、沈嘉良、艾幕阳、赵丽英、刘为民、苗青、洪建勇、李莉、李锦昕、杨组佩	地面工程
32	SN-222钻杆内防腐涂料国产化研究	华北石油管理局	李连宝、薛登存、薛志军、王惠敏、刘瑞学、贾少恩、张志川、李贵生、曹育红、张桂新	地面工程
33	高收缩腈纶纤维开发	大庆石化分公司	周振环、李天书、吴景哲、梁富、李建忠、孙继良、郭太一、车宏晶、李峰、宁书贵	炼化
34	LAN4204齿轮油复合剂及其应用	中国石油兰州润滑油研究开发中心	伏喜胜、续景、李军、赵建设、陈俊仁、许向真、华秀菱、蔡继元、马育体	炼化
35	ABS树脂工业技术及新产品开发	兰州石化分公司	田冶、孙延军、荔栓红、安晓峰、赵旭涛、葛蜀山、梁韬、王斌、张志彪、方圆	炼化
36	欢喜岭AH-70重交通道路沥青的开发与应用	辽河油田分公司	李占宁、汪太龙、张世杰、张善华、卜凡宏、孟凡春、张浩、王继龙、田荫怀、马作霞	炼化
37	高仿真多动能差别化FDY纤维开发	辽阳石化分公司	吕文军、许平、葛蓬、高琳、乔长海、于玲、童志金、高万会、宿奎影、牛爱群	炼化
38	高掺炼比减渣催化裂化催化剂LVR-60工业化开发及应用	兰州石化分公司、北京石油化工科学研究院	朱伟东、龙军、吴凯、陈爱忠、田辉平、刘怀远、羊建国、王少飞、夏荣安、许明德	炼化
39	化学气相沉积法SIC连续纤维用炭芯的研制	石油大学（华东）、中国科学院山西煤炭化学研究所	查庆芳、张玉贞、吴明铂、杜寿考、郭燕生、李兆丰、杨建国、朱星明、史景利	炼化

续表

序号	项 目 名 称	完 成 单 位	主要完成人	专业
40	大庆地区石化企业结构调整优化方案研究	中国石油天然气股份有限公司规划设计总院	刘江波、黄海军、张庆龙、段伟、赵鸿贵、苗承武、王功礼、陈振京	综合管理
41	大连石化公司计算机集成生产系统（DP－CIMS）	大连石化分公司、北京华创公司	张义、孟纯绪、蒋凡、李鸿学、刘永、何盛宝、梁琪、王世斌、吴云美、苏文荣	综合管理
42	地震检波器测试仪的量值溯源	西安石油学院、四川实时信号研究所、中国石油集团地球物理勘探局	石金成、王东旭、汉泽西、程实、蒋建军、冯旭东、严正国、付小宁、汪平、陈涵实	综合管理
43	《英汉石油大辞典》编辑出版	石油工业出版社	施鸿熙、魏宜清、张镇、鲜于德清、李武斌、马金华、邓传彩、罗光文、蒋文贞、徐建山	综合管理

【科技统计与保密】

（1）科技统计。按时完成2000年科技统计工作，各项报表、数据准确无误，根据新的形势任务，改革了科技统计报表的格式与内容。

（2）科技保密。根据国家科技部的要求，组织申报了国家秘密技术项目，协助科技部组织“石油天然气专业小组”审查秘密技术项目4项，解密技术1项。

【科技期刊管理】 为《油田节能》、《石油防腐技术》、《钻井液与完井液》、《国外油田工程》、《油气田环境保护》、《石油地球物理勘探》、《天然气工业》、《石油机械》、《石油工程建设》、《石油规划设计》、《测井技术》、《特种油气藏》等16种期刊办理了正式期刊、更名、增刊、改期及变更主办单位等各种手续。

组织了“中国期刊方阵”工作。经国家科技部评选，集团公司有下列11种期刊进入期刊方阵：《石油地球物理勘探》、《合成橡胶工业》、《天然气工业》、《油气储运》、《石油勘探与开发》《钻井液与完井液》、《中国石油文摘》、《石油与天然气文摘》、《测井技术》、《国外油田工程》和《大庆石油地质与开发》为石油期刊“创立名牌，走向世界”打下了基础。

组织参加了“中国期刊展”。组织了集团公司的8种期刊参加展览，这是新中国成立以来规模最大的期刊展，使石油期刊展示了自己的实力，有利于石油期刊进入和建设“强劲的中国期刊方阵”。

【科技资源】

（1）科技机构与人员。集团公司拥有科研机构86个（不含企业二级科研机构)。其中集团公司直属7个，企业直属79个；科研机构从业总人数为26331人，其中从事科技活动的人数为20014人，占76%；在从事科技活动人员中，课题活动人员13775人，占69%；具有博士和硕士学位的人数分别为228人和1310人，各占1.1%和9.5%。

（2）科技经费筹集与支出。2001年共筹集经费31.9亿元，其中拨款（主要包括集团公司和企业拨款）25.3亿元，占79%。2001年实际支出额为29.6亿元。

（3）资产状况。按原值计算，2001年科研机构共有67.6亿元的资产。其中62.7亿元为固定资产；无形资产为6千万元。

（4）科研课题。2001年科研机构共承担了3012个课题，其中R&D课题1999个。当年开题1893个，当年完成1772个。课题经费支出为17.9亿元。

（5）科技成果。2001年被受理的专利申请272件，被授权专利156件，其中发明专利31件；国外授权为零。发表科技论文2554篇，其中国外发表143篇。出版科技著作94部。

（刘炳义）

信　息　工　作

【概述】　2001年，集团公司采取了一系列重要措施，大力整体推进信息化建设。首先，集团公司初步理顺了信息化工作的决策与管理机制，将集团公司信息化工作的管理职能划入规划计划部，设立信息管理处，负责信息化工作的规划、管理与协调；其次，成立了集团公司信息化工作领导小组，负责整个集团公司信息化工作的决策、推进与协调，领导小组办公室设在集团公司规划计划部。这些重要举措，为大力推进集团公司系统的信息化工作提供了重要保证。

一年来，集团公司对全系统信息化及网络应用情况进行了全面调查，基本摸清了集团公司、股份公司信息化的现状。集团公司确定了信息基础设施建设“统一规划、统一标准；分级建设，同步实施；网络共用，资源共享”的原则。上市部分和非上市部分共同推进信息化和进行信息基础设施建设，正式立项启动了石油计算机网络二期工程和集团公司机关办公自动化系统建设。所属各单位也积极行动，配套进行相关的信息化建设。以中油财务信息系统为代表的管理信息化和以勘探、开发、炼化、技术服务等为重点领域的信息技术应用都有新的发展，效果显著。

【信息化决策机制】　2001年2月21日，郑虎副总经理主持会议，听取石油经济和信息研究中心关于集团公司信息化工作“九五”进展和“十五”工作思路的汇报。会后印发的集团公司第（4）号办公会议纪要确定：“成立集团公司信息化工作领导小组，领导小组组长由集团公司主管领导担任，成员由集团公司和股份公司有关管理和专业部门的领导担任，建立明确的协调机制和工作程序，负责整个集团公司信息化工作的决策、推进与协调”。

5月28日，中国石油天然气集团公司信息化工作领导小组成立，集团公司陈耕副总经理任组长，股份公司副总裁王福成、集团公司总经理助理刘海胜、股份公司科技与信息管理部总经理刘希俭任副组长，办公室设在集团公司规划计划部。集团公司信息化工作领导小组的成立，在集团公司系统的最高层面确立了信息化工作的决策机制。

【信息化管理】　2001年1月3日，集团公司办公会议纪要（第（1）号）确定：“为了理顺信息化管理工作和技术支持的关系，更好、更有力地推动集团公司信息化工作的进程，将信息化的管理职能划入规划计划部，设立相应机构，负责集团公司信息化工作的规划、管理与协调”。2月5日，集团公司人事劳资部下文，在集团公司规划计划部设立信息管理处，职能是：负责制订集团公司信息化规划、标准和制度，协调集团公司信息化工作的有关重要事项。集团公司首次实现了信息化管理和信息技术服务的分离，加之信息化工作领导小组办公室设在规划计划部，对加强和规范集团公司信息化工作的管理提供了重要的组织保证。

规划计划部在集团公司信息化工作规划、信息化急需的规范、管理办法的研究起草方面做了许多工作。《集团公司机关信息设备配置、更新、维修暂行办法》的印发实行，使集团公司机关信息设备管理更加规范。

【企业信息化工作】　2001年上半年，集团公司、股份公司开展了全系统信息化及网络应用情况调查。根据调查结果，到2000年底，全系统拥有巨型/大型计算机174套，服务器1634套，工作站3653台，台式计算机65587台，便携机3104台；各级网络已装备路由器503台，交换机5932台，集线器3374台；在网上运行的电子邮件服务器174台，域名服务器138台，网络管理服务器96台，信息网站服务器319台；已建数据库1374个，入库数据达3.6TB（相当于1千8百亿汉字）；已开发应用管理软件613种/套，科研软件1022种/套，办公软件533种/套；已举办各种信息技术用户应用培训1436班次，培训44873人次，信息技术专业培训1669班次，培训13634人次。

【石油计算机网络二期工程和办公自动化系统建设】　2001年9月6日，在对项目进行大量的前期调研、需求分析、规划设计和论证工作的基础上，集团公司印发了“关于办公自动化系统建设立项实施的通知”和“关于石油计算机网络二期工程立项实施的通知”，正式启动了这两项“十五”信息化工程。

石油计算机网络二期工程包括石油主干网、企业主干网和园区网/局域网三个互联层次的建设。三级网络同步建设，分工负责，并重发展。第一级石油主干网，指集团公司机关到所属企业的广域网（包括各联网单位与集团公司总部联网的出口路由器)，由集团公司和股份公司统一研究部署，统一投资，统一安排建设和管理。第二级企业主干网，指集团公司和股份公司各企事业单位机关到其下属单位的广域网，由网络资产的归属单位按照统一的技术标准投资建设和运行管理。第三级园区网/局域网是指各单位内部的局域网和互联局域网，是石油主干网和企业主干网的接入网，由各使用单位或其上级部门负责建设和管理。

办公自动化系统建设的目标是：建设集团公司总部和企事业单位机关两级互联的办公自动化系统。主要包括：建成集团公司总部机关、各直属单位机关办公业务网，建成全集团公司的办公业务资源网，完善办公自动化基础设施。

11月底，两个项目招标工作完成。12月20日，网络二期工程和办公自动化项目实施领导小组成立并召开第一次会议，同时成立专家组，负责石油计算机网络二期工程、集团公司机关办公自动化系统建设的技术方案把关和技术协调；网络二期工程项目管理部，负责网络二期工程具体实施的各项工作；机关办公自动化项目管理部，负责集团公司机关办公自动化项目具体实施的各项工作。工程随之进入合同谈判和实施阶段。

(张耀臣)

股份公司科技发展

【概述】 2001年，是股份公司在新体制下全面推进改革和发展的一年，公司领导层对科技战略实施、科技体制重组和科技运行机制的改革多次提出明确要求。在公司统一安排下，科技一路各级管理部门把科技进步和技术创新与公司生产经营实际紧密结合，注意突出重点，集中资金，攻克关系公司发展的重大核心技术问题。并从抓科技体制重组、运行机制创新入手，进一步理顺了科技管理思路和理念。在广大科技人员的积极努力下，一年来在推动公司科技创新、支持公司主营业务发展和低成本战略实施等方面做了大量工作。

2001年，公司共申请国家专利260项，其中发明专利占50%左右，专利技术含量大大提高。获集团公司技术创新奖36项，占授奖总数的64%，其中"苏里格特大气田发现及综合勘探技术"和"大庆油田高含水后期水驱挖潜技术研究"获特等奖。"克拉2大气田发现和山地超高压气藏勘探技术"获国家科技进步一等奖。

【年度科技计划】 在"十五"规划基础上，各专业公司进一步征求了地区公司及有关管理部门意见，有的还组织了专题研讨会，经反复筛选，2001年股份公司共安排科技项目54项，其中与上、下游生产紧密结合的关键技术攻关和新产品开发项目40项，占74%；超前共性研究项目14项，占26%。2001年科技项目比2000年项目减少24项，计划更加突出了重点。2001年科技计划经费预算总计53082万元，总部超前共性研究部分预算12000万元，四个专业板块经费预算41082万元，其中勘探与生产分公司18000万元、天然气与管道分公司2371万元、炼油与销售分公司12000万元、化工与销售分公司8711万元。

【科技成果】 2001年，股份公司科技工作紧密结合公司主营业务发展需求，突出重大核心技术创新，经过广大科技人员的艰苦努力，取得一批重大技术突破和成果，并在实际应用中见到明显的效果，推动了公司降本增效目标的实现：

1．油气勘探研究取得重大进展

2001年，公司在油气勘探一路首次按重点应用基础研究、重点领域预探目标评价和勘探部署前期准备三个层次统一组织了技术攻关和技术准备，已取得较好的协同效果：

"重点盆地油气资源评价"由石油勘探开发研究院与油田分公司联合组成项目组，按新的思路和与国际接轨的方法对油气资源进行新一轮评价，目前项目进展良好，预计2002年上半年可出结果，这对公司油气勘探战略决策具有重要指导作用，部分成果已在油气勘探部署中得到应用。

"重点领域油气预探目标评价"涉及七大盆地和部分中小盆地14个重点目标区，由油田分公司和石油勘探开发研究院紧密配合进行。经过近一年的工作，成果突出，项目组分层次提出石油预探有利区带92个，天然气预探有利区带30个，并结合勘探部署提出一批预探井位，为"十五"后四年寻找大中型油气田和油气勘探快速发展提供了决策依据。

“勘探部署前期技术准备”是结合生产目标组织的新技术应用研究和推广，经过近两年实施，大大提高了勘探成功率和优质储量发现率。

2001年，股份公司探明石油地质储量4.3亿吨，控制和预测石油地质储量10.57亿吨，在几个主要探区取得重大突破；探明天然气储量4073亿立方米，控制和预测天然气储量8977亿立方米，天然气勘探进入高速增长期。更可喜的是，2001年新增石油储量中，优质储量份额加大，可动用率由“九五”小于50%，预计上升到90%左右，勘探成本有所下降。

2. 油气开发研究取得了一系列重要进展

进入“十五”，东部老油田面临重大技术难题：注水开发油田高含水后期如何改善水驱开发效果，三次采油技术如何配套应用，稠油热采高轮次吞吐后期如何接替，超稠油如何开采，以及低渗透油藏如何高效开发。围绕解决这些难题，通过开发战线广大科技人员的共同努力，进一步完善和发展了五项配套技术：

(1) 高含水油田油藏精细描述和不规则加密技术。该套技术在大庆、大港油田得到全面推广应用，使大庆油田年产5000万吨以上已稳产了26个年头，使大港油田经过37年开发，部分开发指标得到明显的改善。

(2) 油田高含水后期聚合物驱和三元复合驱配套技术。经过大庆油田、大庆炼化和石油勘探开发研究院联合攻关，2001年聚合物驱技术进一步完善，聚合物驱年产油保持900万吨以上水平，占大庆油田年产油量的17%。聚合物已形成高、中、低分子系列，耐盐5000—20000克/吨的新型聚合物已实现工业化生产。国产重烷基苯磺酸盐已在大庆工业化生产，矿场工业化试验证明驱油效果良好。石油磺酸盐、萘系石油磺酸盐研制也取得重要进展。

(3) 稠油蒸汽驱配套技术。新疆油田浅层稠油蒸汽驱技术取得重要进展，蒸汽驱年产油已达百万吨以上。经过矿场先导试验，辽河中深层稠油蒸汽驱技术也取得重要进展，齐40块已具备工业化推广应用条件。

(4) 中深层超稠油开采配套技术。辽河油田曙一区超稠油地下粘度50000—400000毫帕·秒，一般属于开采的禁区，他们筛选集成了高效隔热注汽、中频泵下电加热、注采冲防一体管柱、燃煤—燃气介质炉及综合防砂等一整套技术，使该区年产超稠油120万吨以上，吨油直接成本降为400元左右，成为超稠油开采的一朵金花。

(5) 低渗透油藏高效开采配套技术。经过近两年探索，已基本形成了低渗透有效储层识别与评价、油气富集区筛选、低伤害压裂酸化、深部酸压及注气开采等技术，低渗透油田经济开发已基本实现。另外，含水天然气田、含硫气田开采技术也得到完善和提高，已在四川气田开发中发挥重要作用。

上述技术的发展与配套，使股份公司在油气开发主体技术领域保持着领先的优势，高含水油田开发技术处于国际先进行列。

3. 炼油化工“瓶颈”技术攻关和应用取得重大进展

公司炼油化工处于结构性调整的转型期，技术创新至关重要。一年来，炼油和化工两个专业板块集中目标、集中资金抓“瓶颈”技术、抓战略性技术开发，经过广大科技人员艰苦努力，取得一批突出成果。

(1) 清洁油品生产组合技术开发和应用取得重要进展，基本满足当前市场对产品的需求。2001年在部分炼化企业推广应用了降烯烃催化剂和助剂，取得降低烯烃8—12个百分点，汽油辛烷值保持在90以上的好效果。同时开展了汽油回炼改质和汽油醚化等技术研究和试验，已见到降烯烃的效果。开展了清洁汽油高辛烷值组分生产技术、催化汽油加氢异构脱硫降烯烃改质，以及生产低硫、低芳烃清洁柴油的高效加氢催化剂等研究开发，以适应市场对清洁油品生产的更高要求。

(2)“重油悬浮床加氢”、“两段提升管催化”技术工业化试验取得实质性进展。经过2001年的进一步研究，已基本解决反应器内结焦等技术难题，具备了悬浮床加氢技术进行5万吨/年、两段提升管催化技术进行10万吨/年工业化试验的基本条件。

(3) 化工廉价原料技术开发和试验取得重大进展。充分利用公司资源优势生产廉价化工原料是股份公司重大战略举措，尽管资金紧张，但经抚顺石化分公司等单位的努力，“重油接触裂解制乙烯”工业化试验装置2001年10月底完成中交，11月装置建成，正待投料试验。为发展公司天然气化工产业，2001年在大庆石化分公司建立了股份公司和中科院联合的天然气化工中试基地，目前基地已完成含氮合成气与超临界甲醇、二甲醚的模式集成试验及转化催化剂评价装置建设。在西南油气田分公司建设天然气化工利用工业试验基地，目前研究人员正参加丹麦科技大学肖式法天然气直接转化制甲醇、二甲醚技术复现工作。

（4）结合炼化产品结构调整，加强了具有资源和技术优势的产品开发和工业化生产。2001 年在高档润滑油技术开发、微晶蜡喷雾脱油技术研究及沥青新产品开发等方面取得较大进展。丁苯透明抗冲树脂工业化生产、茂金属助剂开发及油田化学剂新产品开发等也取得积极成果，为炼化产品升级换代奠定了基础。

4．天然气与管道板块核心技术攻关进展顺利

（1）东北输油管网优化运行及安全可靠性研究项目进展顺利。针对东北输油管网输油能耗高、铁大输油管道输量下降的生产运行实际情况，开展了大庆原油降温输送和低输量运行技术的研究，并取得阶段成果。一是，研制开发了东北管网动态条件下蜡沉积及放大模型和结蜡模拟与预测软件；二是，针对大庆原油特点的降凝剂研制已取得重大进展；三是，为解决存在体积型腐蚀缺陷的输油管道安全性评价问题，研制开发了有关系统软件；四是，大型储油罐低温储油技术研究取得一定成果。

（2）油气管道腐蚀与防护新技术研究已直接指导生产。鄯善首站已在本课题协助下完成了管道防腐大修，并实施了站区阴极保护；针对惠宁输油管道/鸣红输水管道并行管段阴极保护多年来存在的保护不足问题，进行并行管道阴极保护整改技术研究；针对沙漠地区土壤干燥，开发研制一种低渗透且可补液的长效参比电极。

（3）多出口成品油管道运行与管理研究多项成果和天然气管道内涂层技术应用研究成果，已分别用于兰成渝成品油管道和“西气东输”管道的设计中。

【科技管理】

1．制定了公司科技体制重组、运行机制创新的战略和方案

根据公司“持续重组战略”和领导的指示精神，通过广泛调研和集中研究，并广泛征求公司领导、有关部门、专业公司和研究院所的意见，形成了“股份公司科技体制及运行机制改革方案”，其要点如下。

（1）按集中、精干、效能和调整的原则重组股份公司科技体制和科研业务：

①按一体化思路整合上游研发体系，形成股份公司勘探生产决策、生产技术服务、超前技术准备和重大技术攻关的强有力支持系统；

②在总部建立“炼化技术中心”，按“择优扶强”的原则重组地区公司“炼化研究中心”和“工程中心”，坚持开放机制，2—3 年内形成公司炼化核心技术研发和服务体系；

③建立天然气与管道生产决策和研发支持体系。

（2）重新设计了科技业务流程和管理细则，使之更加科学化、规范化，重新设计的业务流程包括四个方面 21 条，如科技需求信息收集和整理分析流程、科技计划管理方面核心技术确定流程、项目管理方面项目组合筛选流程等，通过这些流程的建立将有力地促进科研工作与生产的结合，突出重中之重，提高科技立项的水平，从组织管理上有效地解决科研项目低水平重复分散问题。

（3）建立科技绩效考核和激励机制，吸引和留住优秀科技人才。

2．进一步完善科技管理体系和科技立项管理办法

2001 年，在股份公司一级法人、三级管理大框架下，为理顺科技管理体制和流程、完善科技立项管理办法，主要做了下面工作。

（1）逐步完善科技管理和决策体系。2001 年在炼化板块成立专业技术委员会的基础上，天然气与管道、勘探与生产专业公司相继成立了专业技术委员会，加强了对本专业科技规划、计划和重大科技项目的审定、把关。大多数地区分公司也调整完善了科技委员会、调整充实了科技与信息管理处，加强了对科技的管理和投入，目前股份公司新体制下的科技管理系统基本形成。

（2）下决心解决科技立项中分散、重复问题，已见到一定的效果。科技立项重复分散问题是计划体制下留给我们的顽症，公司领导多次严肃提出批评。2001 年各专业公司、地区公司注意集中资金、集中精力抓重大技术攻关，已见到好效果，但分散、照顾、养人现象仍然存在。为了解决这一问题，由各专业公司协作，制定了股份公司“十五”优先发展技术立项指南，今后对不符合指南要求的科研项目不予立项。在安排 2002 年科技计划时，还按炼化科技体系重组的框架，择优让具有技术优势的单位承担项目，逐步形成炼化企业的研发体系。并正着手公司内知识共享体系的建立，争取在较短时间内把分散重复问题解决好。

（3）规范科技项目投入预算和科技外协管理制度。针对科技项目投入预算管理粗放和科技外协管理中的问题，组织编制了科技项目投入预算细则，目前已形成初稿，经讨论修改后，可作为 2002 年科技项目投入预算编制办法实施。同时还设计了科技外协项目运行流程和管理办法。

【国际科技合作研究】　2001年，股份公司重点开展了六项国际合作研究，收到较好的效果：

（1）与美国斯坦大学合作开展“中国海相有效烃源岩评价标准”研究；

（2）和澳大利亚联邦科学与工业研究组织石油资源部联合开展了“塔里木盆地满西区块层序地层学研究”；

（3）与美国德州大学合作开展了“酸化优化设计与评估专家系统研究”；

（4）与俄罗斯科学院生物研究所合作进行了“本源微生物提高石油采收率及矿场试验研究”。另外“三次采油用表面活性剂研制”、“天然气直接转化制备甲醇新技术”与国外的合作对象进行了广泛的交流，达成了初步的合作意向。

【培训工作】　2001年共组织举办了“三次采油技术”和“储层评价及预测技术”两期专业培训班，参加人员均为各地区公司的业务骨干，共160人次。

（股份公司科技与信息管理部）

股份公司信息工作

【概述】　为加快推进股份公司信息化建设，各级信息管理部门对信息技术总体规划中的基础设施项目和专业应用项目进行了可行性研究和初步设计。34个项目中有两个已经启动，四个已经得到批准实施，八个通过了规划计划部组织的论证评估，19个已经完成了可行性研究报告，总体规划的实施取得了实质性进展。同时，信息管理工作得到了进一步加强。

【信息标准化】　遵循信息化工作标准先行的原则，为使股份公司信息化工作能够高效、健康、有序发展，最大限度地实现信息交换和资源共享，在完成信息标准体系的情况下，依据标准体系表，主要做了以下工作。

（1）制定《信息分类与编码导则》。该项目旨在为股份公司信息系统建设的信息分类提供统一的分类方法，为数据的编码提供统一的编码方法，对数据编码规则和信息分类做出统一规范。此部分工作首先对原CNPC信息编码17个相关数据项标准，约两万个数据项进行了人工录入。然后进行校正，索引、排序、建立数据库。通过对这些数据的分析，找出规律，根据中国石油的实际，编制《信息分类与编码导则》文本，指导中国石油信息系统数据集成与信息共享。

（2）考虑实施系统集成、信息共享的方法与途径，进行数据交换标准与交换模型的分析、实验。利用XML标准与技术进行初步的试验，实现了基于XML标准的数据交换和INTRANET网络环境下异构数据库的系统集成。

（3）召开信息标准化委员会年会，通过了六项标准的最终评审并交送出版社出版。即：

①办公自动化信息分类代码；

②计算机网络及其节点名称规定与IP地址分配方式；

③网站建设与信息发布规范；

④成品油销售单位代码；

⑤加油站和发卡点代码；

⑥成品油购销存信息代码。

（4）加强信息标准化的宣传工作。一是编辑出版《信标委标准化工作通讯》四期，集中报道了信标委的标准制、修订情况以及科研活动等，起到了较好的作用；二是开通了信标委工作报道的网页，便于大家查询信息化工作进展情况，并且保证重要标准化信息经常更新。

【石油物资分类与代码数据库建设】　该项目基于中石油的《石油工业物资分类与编码》行业标准将完成60大类、1.3万个品种、50多万个具体物资（产品）18位完整码的编目工作，并且根据新产品的不断出现，实现物资编码库的动态更新与维护；建立物资分类与编码网站，提供六及时（及时申请、及时更新、及时发布、及时查询、及时下载、及时使用），使电子商务真正为企业管理信息系统服务。该项工作涉及化工与销售分公司、炼油与销售分公司以及CNPC物资装备公司等多个部门，为了搞好工作，组织了由50多人组成的项目组，进行了两次集中办公，历时3个多月，完成了714个物资产品的低位码编制工作，并加载入库。

【网络建设和管理】　根据地区公司的申请，先后调试连通了宁夏石化分公司、北京华油天然气有限责任公司、长庆油田分公司、塔里木油田分公司到中国石油总部的专线，并为了他们能够访问整个石油企业网建立了动态路由，满足了这四家分公司急切要与总部联网的需求。同时，调试开通了 CNPC 与洲际大厦的千兆光纤网络。为提高中国石油员工访问互联网的质量，在洲际大厦开通了互联网宽带出口，取得了良好的运行效果。解决了北京华油天然气有限责任公司、北京石油勘探研究院、北京石油设计总院的互联网访问，直接节省了他们访问互联网的费用。

组织编写了《网络总体方案设计》、《信息系统安全体系用户需求》、《网络安全总体设计方案》、《总部网络安全总体设计方案》、《网络病毒防护建议书》。

在提高网站效率方面，通过把外部网站转移至洲际大厦，有效解决了在外部访问中国石油外部网站速度慢的问题，并整理细化了栏目设计，提高了网站的应用效率。外部网站获得《亚洲货币》2001 年“最佳网站”评选第 2 名。

【电子邮件系统】 组织编写完成了《邮件系统规划书》、《电子邮件系统实施方案》、《电子邮件系统项目建议书》，试点实施了在宁夏石化分公司、北京石油勘探研究院、北京华油天然气有限责任公司、青海油田分公司等四个单位的中国石油企业电子邮件系统。为加强安全防护，在外部增加了邮件防病毒网关，从外部来的邮件和外出的邮件通过它来过滤转发，减少了病毒的传播。

【电视电话会议系统解决方案】 为保证电视电话会议系统的质量，项目组对国家计委、铁道部、公安部、北京电信、中国人民银行、中石化等单位进行了实地调研，吸取大量的系统设计、管理、应用等诸方面的经验和教训，制定和完善了项目方案。在此基础上，组织专家小组对 PICTURETEL、VTEL、VCON、POLYCOM、ACCORD、RADVISION 等控制设备进行了为期一周的严格测试，并与固安通信公司、中国电信、铁通、吉通、网通、联通等线路运营商进行了接洽，商讨最后一公里等问题的解决办法，完善通信线路的技术方案；与七彩阳光、高科诚华、金威等会议室投影设备厂商进行了接洽，根据中国石油实际情况制定了会议室投影系统方案。

【中国石油关键信息技术应用研究】 为推进《中国石油信息技术总体规划》的实施，做好项目实施的前期研究工作，2001 年 7 月组织开展了数据仓库等 12 个 IT 关键技术工作包的可行性研究工作。

本项目研究的是《中国石油信息技术总体规划》34 个工作包中的 12 个工作包：数据仓库、企业信息门户、数据中心、企业系统管理、企业灾难恢复计划、建立信息部门职能、帮助热线、制定安全政策和标准、信息技术能力、信息技术共享服务中心、信息技术专家中心、项目管理。这些工作包是中国石油 IT 架构的基础设施和应用系统。

为确保信息技术总体架构与中国石油的业务发展战略保持一致，在充分分析中国石油 IT 领域管理与应用现状，分析各部门需求的基础上，结合国际最佳实践，提出以集中管理模式作为总体方案选择，统一管理中国石油的 IT 项目、资金、人员、基础设施、服务、政策标准等。将现有的各个分散的数据集散地合并，在中国石油范围内设计 12 个数据中心；建立五个信息技术共享服务中心，将 IT 人员集中管理，统一服务；建立一个信息技术专家中心，提供咨询服务，解决关键技术问题；采用基于 VoIP 体系架构的系统建立帮助热线，把呼叫中心与互联网集成为一体，在五个信息技术共享服务中心分别建立帮助热线，提供在线帮助；企业系统管理安装在六个数据中心，管理中国石油信息系统的软、硬件资产及运行；设置三个企业灾难备份中心，对中国石油的重要系统建立备份和灾难后快速恢复机制，以保障重要业务的连续性。制定了全面的信息安全政策和标准框架，建立信息技术能力模型；设计了中国石油数据仓库的逻辑结构和物理结构；设计了中国石油企业信息门户架构；设计了信息管理部门组织机构和职能；设计了一套 IT 项目管理体系。

【ERP 可行性研究】 ERP（Enterprise Resource Planning，企业资源计划）是《中国石油信息技术总体规划》中核心的管理系统。ERP 的特点在于它能将各业务模块（如财务、采购、销售、仓储、生产、计划、人事等）高度集成，实现信息在企业内部高效地传输，为决策支持、数据仓库、电子商务等高级信息系统提供重要的基础。为作好项目实施前的论证工作，2001 年 7 月组织进行了中国石油 ERP 可行性研究工作。

在广泛调查分析的基础上，采用世界流行相关技术和管理模式，参照国际大石油公司的经验和标准，制定了中国石油 ERP 的技术方案。中国石油 ERP 的建设目标是：数据标准化、企业集成、业务优化、企业协同。在实现数据的标准化、准确、统一的基础上，实现企业内部集成，共享数据，并为企业的管理决策提供充足、准确的数据。在此基础上，进一步应用先进的计划系统，优化整个供应链、价值链的管理，从而达到以市场为导向，实现从原油生产到市场销售的效益最大化。企业的协同旨在达到中国石油与业务伙伴间的互动、协同作战，以期适应市场变化、增强市场竞争力。

整个项目完成了全部报告和试点实施计划及一些技术附件。可行性研究报告分为以下六大部分：

（1）中国石油企业资源计划可行性研究报告概述；

（2）勘探与生产企业资源计划可行性研究报告；

（3）天然气与管道企业资源计划可行性研究报告；

（4）炼油与化工企业资源计划可行性研究报告；

（5）销售与市场企业资源计划可行性研究报告；

（6）总部企业资源计划可行性研究报告。

在对比分析的基础上，可行性研究报告推荐了中国石油 ERP 的架构：中国石油 ERP 系统采用适度集中式方案，选用一种 ERP 产品，集成四套 ERP 系统，各系统之间通过接口相互集成，以满足中国石油企业管理与决策的要求。

【企业信息门户试点实施】　企业信息门户（EIP）不仅是 IT 总体规划中的一个独立工作包，它也为 IT 总体规划中的其他工作包提供统一的用户入口。因此，积极推进企业信息门户系统建设将为中国石油信息技术总体规划的顺利实施起到巨大作用。2001 年，完成了企业信息门户工作包的可行性研究工作，并以科技与信息部、法律事务部、石油勘探开发研究院为试点进行了企业信息门户标准化建设工作，建立科技与信息管理系统、法律事务系统、北京勘探开发研究院内协同工作平台，为中国石油企业信息门户（EIP）提供了样板，为进一步推进企业信息门户的实施和推广奠定了基础。

【统一计算机类产品供应商】　计算机是中国石油实施信息化建设需要采购的大宗产品，每年需要花费数亿元资金。为节约资金，发挥规模采购的优势，通过招标，进一步统一了计算机类产品采购供应商。入围的产品供应商作为中国石油电子商务网站上的会员登录到该网站上，所有的采购流程在电子商务网站上运行。中国石油所属各单位全部计算机类产品需向入围的供应商定向采购，享受入围供应商在价格和服务方面给予的优惠。2001 年入围的计算机类产品供应商包括：戴尔、联想、IBM、HP、SGI、SUN，根据 2000 年与上述几家产品供应商的合作经验，以及计算机类产品发展的新需要，通过协商取得了更为优惠的价格，签署了新一轮的合作协议。新协议的签订大幅度降低了采购成本。

（股份公司科技与信息管理部）

学会活动

【组织建设】　2001 年，中国石油学会在组织建设及管理工作方面，主要做了以下几个方面的工作。

（1）积极深入基层、加大组织协调力度，为基层学会解决实际问题。一年来，中国石油学会共派出五批人员深入到山东、河南、四川、吉林、黑龙江等基层学会现场办公、理顺和协调各种矛盾，总结和推广先进经验，进一步密切了上下关系，加强了基层学会之间的横向交流与联合，使学会工作有序前进。

（2）会员重新登记和换证工作已基本完成。截至 2001 年底，除辽宁、湖北、湖南、海南、安徽、宁夏等石油学会外，其他 22 个省、市、自治区石油学会已全部完成了会员重新登记工作，占总会员单位的 79%。据不完全统计，重新登记的会员人数为 5.1 万名，其中，具有高级职称（包括博士学位）以上的会员约占 35%。通过两年的会员重新登记和换证工作，基本摸清了中国石油学会的个人会员情况。为建立以个人会员为主体的组织体制打下了牢固基础。

（3）积极支持和参与了中国科协第六次全国代表大会的有关工作，得到了中国科协的表彰。经中国石油学会和各省市石油学会推荐的大庆油田苏树林、大港油田吴永平、新疆油田王宜林、兰化公司李成贵、兰炼公司秦松、中石化科学研究院景振华、中石化九江石化总厂童仲轩、中石化长岭炼油化工有限责任公司刘伯龙、中海石油研究中心曹文贤等九名同志被评为全国优秀科技工作者；石油炼制分会张青、青海省石油学会梅洪等二名同志被评为先进工作者；中海油（中国）有限公司天津分公司邓运华同志获第七届中国青年科技奖。

（4）根据中国科协国际部的要求，推荐了中石油勘探开发研究院李凡华博士为 2002 年度英国皇家奖学金人选。

（5）根据中国科协和民政部《关于认真做好全国

性社会团体分支机构和代表机构复查登记工作》的通知要求，于2001年12月31日前对中国石油学会所属的2个分会、13个专业委员会、2个工作委员会、1个文献资料部进行了全面认真的复查登记，已报中国科协待批。

（6）中国石油学会五届二次全国秘书长工作会议于2001年3月17—19日在上海市召开。来自28个省、市、自治区石油学会，14个专业委员会，4个工作委员会的96名代表参加了会议。中国石油学会理事长邱中建、副理事长戴焕栋、上海市科协副主席刘海涛、上海市石油学会理事长瞿国华、石油科普教育委员会主任傅诚德等领导出席了会议。

中国石油学会副秘书长何庆华同志在大会上做了“团结拼搏，乘势前进，努力把学会办成新型的科技团体”的工作报告。报告全面总结和回顾了2000年中国石油学会在组织建设、学术交流、科普咨询、期刊出版等方面所取得的可喜成绩和成功经验，精辟地分析了新世纪学会所面临的形势和任务，提出了2001年的工作指导思想和工作安排。

【学术交流】 2001年，中国石油学会紧密围绕经济建设主战场，开展多学科、跨部门、综合性、高层次的学术活动。

（1）中国石油学会第四届石油炼制学术年会在福建厦门召开。中国石油学会石油炼制分会围绕“21世纪的中国炼油工业——创新、环保、效益”这一主题，于2001年4月19—23日在福建厦门召开了第四届石油炼制年会。来自燕山石化、齐鲁石化、大庆石化、大连石化等炼油企业及北京大学、清华大学、石油大学、中石化北京石油化工科学研究院、抚顺研究院、大连化学物理研究所等科研院所61个单位200多名代表参加了会议。中国石油学会副理事长袁晴棠、石油炼制分会主任李大东、副主任张德义、孟纯绪、洪定一、朱煜、李志强及我国炼油界著名院士专家侯芙生、时铭显、何鸣元、胡永康、杨启业、郭孔辉等出席了会议。

会议共收到论文260多篇，其中，15篇大会报告和36篇分会（组）报告，从不同方面总结和展示了我国炼油与石油化工科学研究领域中的最新进展和成就，为我国炼油界专家、学者提供了一个相互学习和交流的舞台，为科研成果的实施推广搭起了桥梁。

（2）“全国碳酸盐岩油气勘探研讨会”在西安召开。由中国石油学会石油地质专业委员会、中国地质学会石油地质专业委员会、中石化新星石油公司西北石油局联合主办的“全国碳酸盐岩油气勘探研讨会”于2001年4月24—27日在西安召开。来自中国石油天然气集团公司、中国石油化工集团公司、中国海洋石油总公司、国土资源部、有关高等院校和斯伦贝谢公司等单位的102名代表参加了会议。中国石油学会副理事长、新星石油公司副总经理周佰修和中国石油学会副秘书长、中国石油化工集团公司研究院副院长戴进业以及中国石油天然气集团公司勘探开发科学研究院副总地质师顾家裕教授、钱凯教授、梁生正教授等领导专家出席了会议。

会议共收论文60篇（摘要），其中：地质类29篇、物探技术类8篇、测井类21篇、其他方面2篇。

（3）“21世纪石油环境保护技术研讨会”在昆明召开。为解决我国石油化工行业的污水处理及净化新技术方面的问题，中国石油学会石油环境保护专业委员会于2001年5月11—13日在昆明滇黔桂石油勘探局举办了“21世纪石油环境保护技术研讨会”。来自中国石油天然气集团公司、中国石油化工集团公司、中国海洋石油总公司所属50多个单位以及5家来自国内外的环保厂家的代表参加了会议。环境保护专业委员会主任苗承武、副主任董国永、詹鲲同志参加了会议。会议的主题是：加入WTO后我国石油化工行业面临的机遇和挑战以及水资源的利用问题。会议期间，三大石油集团（总）公司负责环保工作的领导同志分别针对本企业环境保护问题做了发言。

与会代表通过对我国水资源现状分析以及石油化工行业用水、节水情况，提出：节约用水、污水资源化是提高企业经济效益的有效途径。建议：炼油企业吨油新鲜水单耗为1.0立方米。

（4）“石油工程青年论文发布会”在青岛召开。由中国石油学会石油工程专业委员会举办的“石油工程青年论文发布会”于2001年5月19—23日在青岛召开。来自中国石油天然气集团公司、中国石油化工集团公司、中国海洋石油总公司等单位的科研院所和生产一线的78名代表参加了会议。石油工程专业委员会副主任、石油勘探开发科学研究院副院长袁士义出席了会议。本次会议共收集到论文189篇，经评审，录用65篇、会议宣讲52篇，书面交流4篇。论文涉及油田开发、采油、钻井、装备、环保、经济、地面工程等专业。石油青年科技工作者所取得的成果得到与会专家们的一致好评，会议评选出24篇优秀论文，并颁发了证书。

（5）“第四届全国石油地质实验技术交流会”在上海召开。由中国石油学会地质专业委员会、石油科技装备专业委员会、中国地质学会石油地质专业委员会、北京石油学会等单位联合举办的“第四届全国石油地质实验技术交流会”于 2001 年 6 月 8—11 日在上海召开。来自中国石油天然气集团公司、中国石油化工集团公司、中国海洋石油总公司所属的 17 个油田分公司、12 个油公司科研院所、2 个中国科学院和国家重点实验室、7 所高等院校、2 个地区科委、1 个出版社、14 个国内外仪器公司和厂家共 54 个单位的 181 名代表出席了会议。会议征集论文在百篇以上，论文的主要内容是：近几年来，各单位为解决石油天然气勘探开发生产和科研中的热点和难点问题，为顺利完成“九五”期间国家和油公司的科技攻关课题，而研究开发出的新技术、新方法。这些新技术、新方法及时地应用到勘探开发生产实际中去，既保证了科研技术的创新，也为解决勘探开发中遇到的实际问题、降低原油成本和增储上产做出了贡献。会议开得圆满成功。

(6)“中国国际石油天然气管道建设与油气储运装备展览会”在北京举行。由中国石油学会石油储运专业委员会与中国国际贸易促进委员会、建设部科委地下管线委员会共同举办的“2001 年中国国际石油天然气管道建设与油气储运装备展览会”于 2001 年 6 月 20—23 日在北京举行。来自美国、德国、英国、澳大利亚、意大利、俄罗斯、日本、韩国等十多个国家和中国石油天然气管道局、大庆油田、华北油田、胜利油田、武汉钢铁集团公司等国内外 200 多家企业参加了展览。展览内容包括管道、施工机械、检测设备、流体机械、油气储运和地下管线管理等各种先进技术装备，参观人数超过万人。业内人士评价：“本次展览会是国内规模最大、水平最高、参展商最多、内容最丰富的管道建设装备展览会”。为此，中央电视台将本次展览会作为重要新闻于 6 月 20 日在“现在播报”中播出，并在次日的“新闻 30 分”中重播，展览会取得了圆满成功。

(7)“全国石油物探东部地区第 10 次技术研讨会暨大庆地震会战 40 周年地震技术回顾与展望”在黑龙江省齐齐哈尔市召开。由中国石油学会石油物探专业委员会举办的“全国石油物探东部地区第 10 次技术研讨会暨大庆地震会战 40 周年地震技术回顾与展望”于 2001 年 7 月 23—27 日在黑龙江省齐齐哈尔市召开。来自中国石油天然气集团公司、中国石油化工集团公司、中国海洋石油总公司及下属东部地区各油田、研究院所、石油地球物理勘探局及大专院（校）的 120 多名代表参加了会议。国务院监事、原石油工业部副部长闫敦实同志出席会议并作了重要讲话。会议征集论文 38 篇，大会交流 28 篇。

(8)“第 11 次全国油田堵水调剖技术研讨会”在丹东市召开。由中国石油学会石油工程专业委员会举办的“第 11 次全国油田堵水调剖技术研讨会”于 2001 年 7 月 30 日—8 月 3 日在辽宁省丹东市召开。会议主题是：“发展堵水调剖技术，为高效经济地开发高含水油田提供技术支撑”。来自中国石油天然气集团公司、中国石油化工集团公司、中国海洋石油总公司及其所属的大庆、胜利、辽河、新星等 17 个油田和研究院（所）、校的 170 多名代表参加了会议，共发表论文 41 篇。论文从不同观点、角度反应了近年来国内外堵水调剖技术的发展水平，会议取得了圆满成功。

(9)“全国石油物探西部地区第 10 次技术研讨会”在敦煌市召开。由中国石油学会石油物探专业委员会举办的“全国石油物探西部地区第 10 次技术研讨会”于 2001 年 8 月 14—17 日在敦煌市召开。来自全国石油系统 50 多个单位的 230 名代表参加了会议。会议收到论文 95 篇，经编审组审定 87 篇论文作为交流材料编入论文集。这些文章充分反映了我国地球物理勘探新技术在我国西部地区发现的鄂尔多斯盆地苏里格庙特大气田、塔里木盆地迪那 2 大气田、准噶尔盆地的陆梁亿吨级油气田中的重要作用，这些重大发现都是与近年来地球物理勘探新技术的发展分不开的。特别是以“柴达木盆地地震勘探难点分析和解决对策”为代表的技术报告更加展示了我国地震勘探技术在复杂地区采集攻关的水平和成果。

(10)“中国石油学会石油统计专业委员会三届二次全委会暨第 13 次统计学术研讨会”在上海召开。由中国石油学会石油统计专业委员会举办的“石油统计专业委员会三届二次全委会暨第 13 次统计学术研讨会”于 2001 年 9 月 12—15 日在上海召开。来自中国石油天然气集团公司、中国石油化工集团公司、中国海洋石油总公司所属 70 多个单位的 125 名代表参加了会议。会议主要议题是：总结近两年工作情况，安排部署后两年工作任务，研究探讨新形势下加强学会工作的思路和措施，努力提高统计工作水平，为石油企业的改革和发展服务。中国石油学会石油统计专业委员会主任汪国良同志主持会议并做大会报告。经过交流讨论，会议取得了三个方面的共识：①要坚持正确的办会方向；②要继续推进石油统计的科研活动在新水平上保持发展；③团结、务实、创新、开创学会工作新局面。

(11)“依靠科技进步降低油气成本学术讨论会”

在南昌举行。由中国石油学会石油工程专业委员会和北京石油学会共同举办的“依靠科技进步降低油气成本学术讨论会”于2001年9月23—27日在江西南昌市举行。来自中国石油天然气集团公司、中国石油化工集团公司、中国海洋石油总公司的39名专家学者参加了会议，中石油股份公司副总裁沈平平同志出席会议并致词。会议发表论文28篇，专家们围绕依靠科技创新降低油气成本这一主题，进行了热烈讨论，一致认为：降低油气成本必须依靠科技创新，在生产中因地制宜地选择简化实用的有效技术，利用高新技术成果，解决油气勘探开发中的重大关键技术问题，才能达到低投入高产出的目的。会议达到预期目的。

（12）“油藏地球化学研究与技术进展学术研讨会”在昆明召开。由中国石油学会石油地质专业委员会、中国石油天然气集团公司科技发展部、中油股份公司科技与信息管理部、石油勘探开发科学研究院、中国石油天然气集团公司地球化学重点实验室等单位联合举办的“油藏地球化学研究与技术进展学术研讨会”于2001年9月25日—10月1日在昆明召开。中国石油学会理事长邱中建院士、地质专业委员会委员戴金星院士，副主任贾承造总地质师、中石油科技委员会秘书长傅诚德等领导出席了会议。来自中国石油天然气集团公司、中国石油化工集团公司、中国海洋石油总公司及中国科学院等23个单位68名代表参加了会议，20多名专家学者在会上作了精彩的学术报告。国际著名地球化学专家英国纽卡斯尔大学S.Larter教授，著名有机地球化学专家、澳大利亚CSIRO高级研究员S.George博士以及加拿大地质调查局黎茂稳博士出席了会议并进行了学术交流。

这是首次在国内举办的“油藏化学”学术会议，专家们的报告以油气成藏地球化学为主题，主要围绕着“多源与混源油”、“成藏期次与时间”、“油气运移与油藏注入史”、“稠油研究”等专题，充分反映了我国油藏地球化学研究水平与技术发展的现状。三位外籍专家有关原油的生物降解作用、轻烃成分、单体烃氢同位素研究及其在油藏地球化学中应用前景的学术报告，带来了国际上最新的科研成果与信息。同时，他们对本次会议的学术报告给予高度的评价，认为，有些报告已接近或赶上了国际先进水平，建议在《Organic Geochemistry》杂志上将会议成果出版专集。

（13）“新世纪石油地质理论展望研讨会”在京召开。由中国石油学会石油地质专业委员与中石油勘探开发科学研究院共同举办的“新世纪石油地质理论展望研讨会”于2001年10月21日在北京召开。邱中建、翟光明、涂光炽、叶连俊、马宗晋、杨起、刘光鼎、任纪舜、李德生、戴金星等20多名中国工程院、中国科学院院士和来自各有关单位的100多名专家学者出席了会议。中国石油学会理事长邱中建院士、中石油勘探开发科学研究院院长沈平平分别代表中国石油学会和中石油勘探开发科学研究院讲话。

（14）“全国石油物探南方地区第11次技术研讨会”在湖南省张家界市召开。由中国石油学会石油物探专业委员会举办的“全国石油物探南方地区第11次技术研讨会”于2001年10月25—27日在湖南省张家界市召开。来自中国石油天然气集团公司、中国石油化工集团公司、中国海洋石油总公司及大专院校所属26个单位的130多名代表参加了会议。会议共收到论文67篇，大会报告38篇，4位老专家就一些关键技术做了点评发言。会议主要围绕复杂地质条件下的地球物理勘探技术应用进行交流，会议取得圆满成功。

（15）“对外合作专题战略研讨会”在京召开。由中国石油学会与中国石油天然气集团公司联合举办的“对外合作专题战略研讨会”于2001年10月30日在中国石油天然气股份有限公司石油勘探开发科学研究院召开。中国石油学会理事长邱中建、中国石油天然气股份公司副总裁、石油勘探开发科学研究院院长沈平平、中国石油天然气集团公司总经理助理、勘探开发公司总经理周吉平、国家计委产业发展司司长徐锭明等有关领导、专家共81人参加了会议。

（16）“2001年中国润滑油国际研讨会”在京召开。由中国石油学会石油炼制分会举办的“2001年中国国际润滑油研讨会”于2001年11月26—27日在北京召开。来自中国石油天然气集团公司、中国石油化工集团公司、中国汽车工程学会、雪佛龙（Chevron）公司、路博润（Lubrizol）公司、润英联（Infineum）公司、乙基（Ethyl）公司、罗曼克斯（Rohmax）公司等中外企业及中国科学院兰州化物所200多名代表参加了会议。

【期刊出版】　2001年，中国石油学会主办的《石油学报》、《石油知识》、《石油学报》（石油加工）仍然坚持高质量、高品位、繁荣石油科技、促进学术交流的办刊宗旨，一年来，取得了丰硕成果。

（1）《石油学报》共编辑出版6期，发表学术论文123篇，科技信息44篇，总字数140万字，年处理稿件500篇。其中：属国家自然科学基金会项目、国家“863”、“973”项目和中国石油天然气集团公司“九五”科技攻关项目的论文占所发表论文的60%以上。2001年《石油学报》首批入选由国家中宣部、新闻出版署和科技部共同实施组建的“中国期刊方阵”，并被评为全国百种重点科技期刊。根据中国科技信息所最新公布的《中国科技期刊引证报告》，《石油学报》的影响因子和总被引频次，已分别进入中国科技期刊这两项重要量化指标排序中的前100名；在能源科学类期刊中，《石油学报》的影响因子和总被引频次排序分别为第一名和第二名。

(2)《石油学报》（石油加工）2001年共编辑出版七期，发表学术论文117篇，总字数134万字，其中：属国家自然科学基金会和其他研究基金会项目的论文44篇，占所发表论文的38%。经过不断努力，该刊已成为《EI》和俄罗斯《文摘杂志》收录的中国科技期刊之一。

(3)《石油知识》编辑部于2000年底重新组建后，在一年内基本实现了自负盈亏，在人员减少的情况下，完成了改版，扩大了发行，全年共编辑出版五期，发行20万册。由于该杂志在内容、版面上进行了改进，深受广大读者的好评。

【科普教育】　2001年中国石油学会根据自身特点，结合石油、石化企业实际和社会需求，不断拓宽科普工作渠道，以各种形式极大地丰富了科普工作内容。

(1) 中国石油学会科普工作委员在2001年5月召开了全国科普工作会议，会议以提高学会干部的科学文化素质、对科学普及的理解和做好科普工作的认识为重点，邀请了三位专家做了“科学技术对石油工业的作用及发展对策”、“从科学普及到科学传播”、“理解科学”等专题报告。同时对多年从事学会科普工作，工作成绩突出的同志进行了表彰。

(2) 山东省石油学会结合社会稳定、生产发展和知识更新的需求，面向广大科技人员、企业职工和青少年，充分利用各种科普资源，加大科普工作力度，举办各种报告会、讲座54次，共计3229人参加；举办各类培训班三次，258人参加；举办科普展览三次，共计68700人参加；编辑科技图书出版物三种，印发9000册；完成技术合同44项。这些活动增强了科技人员的创新意识，满足了广大会员对科技知识的需求，提高了企业职工的科学文化素质。

(3) 陕西省石油学会举办科普集市一次，科普展览二次，科普知识竞赛1次，板报橱窗40块，印发科普资料800多份，发送科普图书480份；开展技术咨询七次，技术服务二次，实施金桥工程项目10项。

(4) 四川省石油学会开展科普活动24次，举办科技橱窗10期，科普板报4期，宣传栏6期；签订技术服务合同14个，合同金额达到120万元；实施金桥工程项目六个。

(5) 河北省石油学会举办科普展览、画廊等21次，各种科技讲座63次，编辑文选一册。

【科技工作者联谊】　为体现党和国家的知识分子政策，弘扬“尊重知识、尊重人才”的社会风尚，根据中国科协组织人事部［2001］035号《关于2001年组织优秀科技工作者开展科技交流与联谊活动的通知》精神，积极组织了200多名石油、石化系统科研、生产一线的优秀科技工作者参加了科技交流与联谊活动。

（何庆华）

第七篇

质量安全与环境保护

综　述

【概述】　2001 年，集团公司进一步加强安全、消防、交通、质量、标准化、计量、环境保护、卫生与健康、节能和节水工作，取得了显著的成果，促进了改革的深入发展和经济效益的提高。2001 年共发生上报职工伤亡事故 45 起，死亡 30 人，重伤 17 人，直接经济损失 77 万元。与 2000 年相比，事故起数和伤亡人数分别下降 51% 和 33%，直接经济损失减少 56%。杜绝了一次事故死亡 2 人及 2 人以上的重、特大职工伤亡事故，交通事故、火灾事故指标也有较大幅度下降。集团公司对所属 49 个企事业单位进行达标考核，对 29 个企业进行了现场检查，安全达标率为 85.7%。集团公司表彰大庆石油管理局、辽河石油勘探局、大庆石油化工总厂、吉化集团公司等 16 个企业为集团公司安全生产先进企业。

2001 年，集团公司对 243 个企业的 49 种产品进行了 338 批次的产品质量监督抽查，抽查综合合格率为 83.7%。对企业质量工作的提高和规范管理、净化市场发挥了重要作用。截至 2001 年底，集团公司存续企业中已有 290 个单位通过了质量管理体系标准认证。组织了对第十三批、第十四批油化剂产品的考核，经考核和检测，共有 60 个企业的 211 种产品符合集团公司油田化学剂产品质量认可条件，其中产品增项的有 5 个企业。组织召开了“第三届石油工业质量管理优秀论文发布会”，评选出优秀论文一等奖 6 篇，二等奖 12 篇，三等奖 22 篇，优秀论文 33 篇。召开了石油工业 2001 年 QC 小组成果发布会，评选出石油工业优秀 QC 小组一等奖 77 个，其中 25 个被评为国家级优秀 QC 小组，二等奖 169 个，三等奖 212 个。

2001 年，集团公司组织制定了 16 项集团公司企业标准。组织完成了集团公司承担的 6 项国家标准、38 项行业标准的制（修）订工作任务，完成了 111 项行业标准的复审工作。积极参与石油工业标准化技术委员会的工作和活动，做好石油天然气国家标准和行业标准的归口管理工作。协调落实了物探、劳动定额、节能、地质、仪器仪表、安全、采油采气等专标委的换届和调整工作。共同组织召开了石油工业标准化技术委员会第二次年会。参加了“强制性国家标准和行业标准清理整顿工作”和“石油天然气行业标准体系修订研究工作”。

2001 年，为了进一步规范和加强集团公司的计量工作，重新修订印发了《中国石油天然气集团公司计量管理办法》。与中国石油化工集团公司、中国海洋石油总公司和中国石油天然气股份公司共同组织召开了 2001 年度石油工业计量技术交流会。组织石油物探计量器具检测中心地震检波器检定装置通过了国家质量技术监督局的计量考核。组织完成了对石油管材质检中心、油井水泥质检中心和大港油田钻采院中心实验室等 3 个检测实验室国家计量认证的增项和复查考核工作。组织进行了对四川石油管理局石油钻采院钻井液实验室的计量认证监督检查。

2001 年，集团公司认真贯彻国务院《关于环境保护若干问题的决定》要求，围绕可持续发展战略的实施，以团结开拓的精神和高度的社会责任感，不断创新和自我完善，迎接新的挑战。在追求最大经济回报、扩展生存空间的同时，努力实现“关注环境、关爱社会，创造能源与环境的和谐”的郑重承诺。通过落实环境保护目标责任制，建立运行健康、安全与环境（HSE）管理体系，推行清洁生产，实施污染物总量控制，加强建设项目的环境影响评价和“三同时”管理，杜绝了重大、特大污染和生态破坏事故的发生。工艺废气排放达标率为 98.3%，固定源废水排放达标率为 97.4%，有效地保护了环境，达到了节约资源、减少污染、增加效益、节能降耗的目的，促进了集团公司经济效益、社会效益、环境效益的协调发展。

2001 年，集团公司通过实施健康、安全与环境（HSE）管理体系，规范职业病防护措施和强化健康体检，有效地减少了职业病的发生，杜绝了重大食物中毒事件以及重大疫情的发生。职业病发病率控制在 1‰以下，职业病患病率控制在 6‰以下，就业前体检率达到 95%。

2001 年，集团公司服务企业以党的十五届五中全会“三大战略资源”精神为指针，以企业重组改制为动力，加强节能节水管理，推进节能节水技术进步，取得了较好的节能节水工作成效。全年直接节能投资 1.11 亿元，新建技术措施节能能力 21.7 万吨（标煤），当年节约各种能源 19.1 万吨（标煤），价值约1.33亿元，技术措施节能率达到2.3%；节水投资0.57亿元，新建技术措施节水能力1725万立方米，当年节水1224万立方米，价值约0.21亿元，工业水重复利用率达到86%。

（佟铁墉）

安全生产

【安全生产基本情况】　2001年，是集团公司重组改制后快速发展的一年。各企业深入贯彻党的十五届五中、六中全会精神，认真学习江泽民总书记“三个代表”重要思想，积极落实年初集团公司工作会议部署，面对持续重组带来的新情况、新问题，加强领导，强化管理，积极工作，勇于实践，实现了全年安全生产形势的基本稳定。在体制、管理和绩效上采取了有力措施，做了大量卓有成效的工作，从根本上遏止了各类重、特大事故的发生，为集团公司各项生产任务的完成创造了良好的安全生产环境。

2001年共发生上报职工伤亡事故45起，死亡30人，重伤17人，直接经济损失77万元。与2000年相比，事故起数和伤亡人数分别下降51%和33%，直接经济损失减少56%。杜绝了一次事故死亡2人及2人以上的重、特大职工伤亡事故。交通事故、火灾事故指标也有较大幅度下降。

集团公司对所属49个企事业单位进行达标考核，对29个企业进行了现场检查，安全达标率为85.7%。集团公司表彰大庆石油管理局、辽河石油勘探局、大庆石油化工总厂、吉化集团公司等16个企业为集团公司安全生产先进企业。

【安全生产责任制】　2001年朱总理签署了302令《国务院特大安全事故行政责任追究规定》，集团公司和各企业都进行了认真贯彻和落实，通过整章建制，加大了对安全生产工作的领导力度，进一步规范了各级领导干部的安全责任，有效地防范了重、特大事故的发生，从严治企，效果明显。

（1）安全目标管理责任制得到有效落实。

各企业把安全生产工作列入重要议事日程，认真落实集团公司下达的“四个杜绝、三个不超、一个确保”安全生产目标。坚持安全生产目标管理责任制，将指标纳入领导班子年度业绩考核内容，并层层签订责任书、协议书，关键要害部位签订安全合同。未改制的多种经营企业实施安全生产许可证管理，明确了考核主体和责任人。大庆石油管理局、兰州化学工业公司结合本企业实际，制定目标管理考核细则，普遍与二级单位签订了目标责任书。辽河石油勘探局坚持“分级管理、分系统负责”，执行局、处领导安全风险抵押金制度，实行一级抓一级，一级带一级。

（2）建立新体制，运行新机制，安全生产管理监督工作得到进一步加强。

集团公司下发了《关于在企业设置总监、副总监的通知》，推行了大港油田集团有限责任公司、中国石油集团地球物理勘探局安全监督管理模式，大庆、吉林、大港、四川、冀东、乌石化等6个企业积极探索安全监督管理的方式方法，陆续设置了企业级安全总监或副总监，并通过制订监督管理办法和严格的考核制度，使监管机制更加趋于完善，有效地防范了各类事故的发生。华北、大港、吉化、新疆等企业的主要二级单位，按照生产的危险程度和单位的重要程度，也设置了专职安全总监或副总监。吉林、华北、大港、新疆油田在风险较大的二级单位成立了安全监督站。由于安全监督体制的逐步建立，企业行政正职负总责，分管领导负管责，安全总监负监责的全新安全监督、管理体制框架初步形成。在此基础上，集团公司成立了第一届安全生产专家组，聘任了安全综合、物探、测井、修井、基建、炼化检修仪表、电力、消防等9个专业的安全专家62名，负责对重大隐患评估，开展安全技术咨询，参加有关重、特大事故或疑难事故的调查分析等。

（3）各企业在安全生产工作上坚持了“四个亲自”、“三个第一”，安全第一的方针得到了进一步体现。

2001年，大部分企业行政正职领导在安全工作中做到了“四个亲自”、坚持了“三个第一”，即：亲自组织召开安全生产委员会会议；亲自组织研究重大安全生产问题；亲自落实事故隐患治理资金；亲自组织安全生产专项整治。坚持每年召开的第一个会议是安全生产工作总结、部署会；年初下发的第一个文件是安全工作计划；签订的第一份承包合同是安全生产责任状和风险抵押合同。

（4）各企业局、处两级领导干部承包关键装置、要害部位制度得到进一步落实和深化。

2001年各企业局、处两级领导干部认真履行安全责任，严格执行局、处领导承包安全重点要害部位制度，在承包到位率、解决问题以及在承包深度、广度和内容上都有了新的内涵，做到了安全承包“四个结合”，即将承包部位的风险程度与承包领导职责相结合；将承包部位的工作性质与承包人的负责专业相结合；将承包人的业务范围与承包部位的薄弱环节相结合；将领导承包与承包单位业务部门相结合。据不完全统计，2001年共有188位局级领导、1342名处级领导参加了安全生产要害部位的承包，分别到现场914次和9506次，共解决问题7458个。炼化企业领导干部在重点要害部位的承包上也有针对性地开展了形式多样的承包活动，如局级领导干部承包重要车间，处级干部承包关键班组，安全承包活动开展得既扎实，又有效，“一个必办”得到了进一步的深化和落实。

（5）从严治企，严格执行事故处理“四不放过”，严肃行政责任追究。

一年来，各企业，认真落实国务院302号令精神，严格执行“四不放过”原则，严肃查处各级领导、事故责任人的责任，对防范和有效控制重、特大事故的发生起到了促进作用。长庆石油勘探局制定了《厂处级领导干部辞职制度》，规定凡是由于失职、渎职导致重大安全环保事故发生的领导干部，责令辞职；凡是发生特大安全事故的单位领导，必须引咎辞职。抚顺石油化工公司出台了《事故管理及处罚特别规定》，规定对发生重特大事故的单位领导，给予解聘下岗、记大过等处分。

【HSE管理体系的建立与实施】　2001年HSE管理体系取得了跨越式发展，以“两书一表”为主要内容的HSE管理体系的建立与实施工作取得了丰硕成果，并向纵深方向发展。具有CNPC特色的HSE管理体系框架已日趋完善，所表现出来的绩效也日益显现。北京中油HSE审核认证中心，通过了国家OHS委员会认可委员会的审核验收。

为了推进“HSE管理体系、HSE管理人才、HSE技术创新”三大工程的有效实施，集团公司HSE管理体系的建立和实施工作得到了全面推进。按照“突出重点、注重实效、分类指导、整体推进”的工作思路，油气田服务企业全部推进了HSE管理体系，并将试点单位普遍建成了HSE示范点。辽河石油管理局所属的25个主要二级单位全部建立、实施了HSE管理体系，并发布了体系文件，其中6个单位实施了“两书一表”，并按岗位编写了检查表，树立了9个标准示范队，工程技术服务单位在HSE管理体系的建立与实施方面得到了广泛的普及。

以“两书一表”为主的HSE风险管理取得实质性进展，试点单位的工作健康发展，HSE绩效水平正在稳步提高。中国石油天然气管道局在西气东输工程管道施工中全面实施风险管理，推行“两书一表”，针对山高路险、泥石流、水田等不同的地理环境制定相应的风险削减措施，并认真组织落实，有效地规避了风险，保证了施工作业的安全。中国石油集团地球物理勘探局国际勘探部按照HSE管理体系的要求，始终以风险管理为核心，坚持对新项目的风险与甲方共同识别，并随着条件的变化，实施动态管理，针对不同国家、地区的危害建立了风险档案，在地震勘探取得新成果的同时，国外20支地震队实现全年累计1100万小时无死亡事故，其中尼日利亚项目连续600万工时无工时损失和伤害事故，并受到了壳牌公司的表彰。

在技术服务系统取得成功经验的基础上，大部分企业在生产服务系统也开展了HSE管理体系的试点工作。如大庆石油管理局供电公司在体系的建立与实施上，认识明确，自觉加压，争取主动。在2001年发布体系文件后，该公司针对电力行业的特点和危害，编写了较高水平的、既体现电力行业特点又符合企业实际的《风险识别及削减措施》，在电网检修中，严格按“两书一表”施工，未发生任何人身和设备损坏事故。大港、华北等企业的生产服务类单位在HSE管理体系的建立与实施方面也有条不紊地推进。

炼化企业在借鉴油气田企业成功经验和典型做法的基础上，积极消化、吸收HSE体系管理的精髓，加快了HSE管理体系的建立步伐。辽阳石油化纤公司，根据炼化企业的特点，结合实际，按照“体系分级建立、程序分层运行、文件分级管理”的运行模式，编写了十几万字的HSE策划方案。在HSE指导委员会下，又成立了HSE风险评估委员会和HSE体系编写委员会，公司开发了31个程序文件、56个执行文件，采取“全面识别、系统评估、分级管理、重点监控”的方式，识别出公司33类风险共2167个，并对关键任务进行了分配，全面落实了风险监控措施。在石化分公司装置检修中参加检修的50多个车间，编写《HSE作业计划书》127份，《HSE作业指导书》176份，车间级《HSE检查表》151份，班组级《HSE检查表》362份，并在检修中发挥了重要作用。

在大庆石化、辽阳化纤、兰化等炼化试点企业的带动下，大部分炼化企业HSE管理体系建立工作已全面展开。特别是炼化检（维）修单位HSE管理体系实施步伐逐步加快，吉林化建公司通过实施HSE管理，不断赢得市场份额，经营指标逐年提高。具有炼化企业特色的HSE管理体系框架初步形成。经过近3年的艰苦工作，HSE管理理念已深入人心，在管理体系的建立上已取得了丰硕成果。据不完全统计，集团公司已有22家企业建立与实施了HSE管理体系，其中275个二级单位建立并发布了体系文件，2753个基层队站实施了HSE“两书一表”管理。

HSE管理体系认证工作也得到健康发展，在大港、新疆、吐哈等7家二级单位认证试点取得成功的基础上，去年各企业逐渐认识到认证审核的重要性，以及拓展市场的紧迫性，油气田企业加快了认证步伐。15家油气田企业所属的57个单位提出了认证申请，经北京中油HSE认证中心审核，37家单位通过了认证。

【整章建制】 2001年，在集团公司持续重组、改革力度不断加大的情况下，面对新的管理模式和出现的新问题，集团公司和各企业全面制定适应服务企业运作的安全规章制度，并及时修订、完善适应新体制、新机制要求的各项管理制度。集团公司先后印发了《HSE作业指导书编写指南》、《HSE作业计划书编写指南》、《集团公司事故隐患治理监控管理规定》、《集团公司百万工时统计方法》等制度，并将2000年出台的有关规定、文件汇编成册，印发各企业指导工作。

各企业在细化集团公司下发的各项规章制度的同时，针对管理方式、法人结构等方面的变化，认真清理、筛选现有制度，按照新形势的要求，对有关制度进行了全面修订和完善。据统计，2001年各企业共修订、制定了673项制度，基本保证了基层单位有法可依，有章可循，为安全生产工作的顺利开展，提供了可靠的制度保证。去年朱总理签署了302令《国务院特大安全事故行政责任追究规定》，集团公司和各企业都进行了认真贯彻和落实，加大了对安全工作的领导力度，进一步规范了各级领导干部的安全责任，有效地防范了重大、特大事故的发生，从严治企，效果明显。

【安全生产大检查】 各企业始终把加强基层现场管理作为重点，以加强现场检查为手段，以创建安全生产达标班组等活动为载体，按照检查制度的要求，认真开展各种形式的安全检查，坚持行之有效的检查方式，局级企业每年安全检查至少两次，厂（处）级每季度检查一次，三级单位每月检查一次，基层站（队）车间每周检查一次，生产班组（岗位）天天检查。由于检查到位，整改彻底，大量的事故隐患和苗头在检查中得到治理，安全生产环境得到进一步净化。据不完全统计，15736个基层队站中有14388个队站实现了零事故，占基层队站总数的91.4%.

一是突出重点，严格把关，安全生产检查和专项整治工作取得阶段性成果。各企业按照国务院和集团公司关于开展安全生产专项整治的要求，开展了火工品、化学危险品货物运输、公众聚集场所消防安全、施工现场、交通安全、集体企业等专项整治活动和综合性安全大检查。通过分类，逐项排查，及时治理了一批重大隐患，取得了阶段性效果。新疆石油管理局地调处严把火工品运输、储存、使用、清线和验收等5个关键工序，加大整治力度，认真做好使用过程中的安全管理，做到了万无一失。吉化集团公司以“责任、信任与关怀”为理念，从规范制度、实行危险标识和危险化学品周知卡、生产、储存、紧急救护、应急演练上，加强对化学危险品的管理，确保了化学危险品生产过程各个环节的安全。吐哈石油勘探开发指挥部结合实际，开展了“抓宣传、查违章、畅通路、压事故”的交通安全整治活动，通过认真分析事故原因，采取了车辆集中管理、加强对外租车辆和人员管理、实行驾驶员HSE作业指导卡和粘贴最高限速提示标志、组织路查等措施，有效地杜绝各种重大违章，在交通安全上取得了历年最好的成绩。各企业在开展各项整治的同时也组织了大规模的安全检查活动，据不完全统计，在整治期间共组织检查3000多次，查出问题18000多个，已整改17900余项，封停场所50多个，清理各种挂靠车辆1300台，处罚金额10万多元。

二是各企业还针对节假日、季节转换、施工现场以及事故多发季节，开展了各种专业检查，做到了安全检查“五个结合”，即专业检查与五项整治相结合，重点检查和隐患整改相结合，安全检查与HSE审核相结合等。2001年11月份，集团公司组织了6路安全检查组，对所属的东部、西部和华北地区的25家企业，进行了为期20天的安全生产大检查，共检查二级单位209个，基层单位354个，深入施工作业现场、班组、岗位537个，共发现问题和隐患1280个，1040个问题和隐患进行了当场整改，通过集团公司和各企业自上而下的抽查，自下而上的整改，安全生产专项整治和大检查工作取得成效。

各企业在生产经营困难、扭亏解困任务繁重、资金紧张的情况下，始终把重大安全隐患的治理作为各项工作的当务之急，摆在突出位置来抓，多方克服困难，筹措资金。据不完全统计，2001年各企业投入隐患整改资金7504万元，整改了4116个隐患项目，投入安全技措经费7350万元，完成技措项目659个，解决了一批多年来存在的隐患，有效地遏止了各类事故的发生，为各企业生产经营的顺利进行提供了可靠的安全保障。

2001年部分企业加大了安全科技攻关力度，一批安全科技成果应用于生产实践，收到了很好的效果。如辽河石油勘探局，几年来始终注重开展安全科技工作，并作为安全管理的重要内容之一。他们严格奖罚，结合实际，每年都有针对性地确定科研课题和攻关重点，已累计完成安全科技成果166项，推广应用新技术、新成果13584台（套），设备设施本质安全进一步提高，有效地避免了各类事故的发生。

【安全生产宣传教育】 集团公司始终认真组织开展安全宣传教育活动，不断赋予新的内涵，根据重组改制后人员组成和队伍结构、用工形式等方面发生的变化，给安全工作带来了新的问题，确定2001年为安全培训年。集团公司有重点、分层次地开展了多种形式的安全培训工作，富有成效地组织了各种大型宣传活动。

2001年，集团公司组织专家编写了11部基础专业教材，成立新疆职工培训中心等4个培训基地，先后组织了风险管理识别技术、安全处长岗位任职资格、交通安全管理干部、消防战备训练管理干部、HSE内审员、HSE认证单位管理者代表、职业健康等培训班25期，培训各类安全环保与健康业务骨干2000余人。在积极组织以“落实安全生产规章制度，强化安全防范措施”为主题的安全生产周和“安康杯”活动的同时，与国家劳动保护杂志合作，编辑出版了石油专刊，马富才总经理发表了题为“实践‘三个代表’思想，建立企业安全监督管理机制”的署名文章，阎三忠副总经理发表了题为“全面推进健康安全环境管理工作”的署名文章。

各企业也加大培训力度，在费用上给予必要的支持，辽河石油勘探局投入300万元培训经费，培训人员数万人；四川石油管理局针对重组后人员变动，部分职工退养，买断工龄的实际，充分利用局内的7个职工技能考核鉴定中心，开展培训教育工作，在培训中坚持做到“四个百分之百”，培训工作取得了良好效果。据不完全统计，各企业组织各类培训班5400多期，培训人员48000多人次。各基层单位办不同类别培训班1206期，培训人员数十万人次。

按照集团公司的部署，结合各自实际，各企业开展了形式多样、内容丰富的安全宣传教育活动。大庆、辽河、四川、长庆、吐哈、物探、大庆石化、辽化等企业都在企业报刊上开辟了HSE专栏或安全生产通讯栏目，以加大宣传力度。大部分企业都组织了各级干部、广大职工观看了《人命关天的事》安全教育片。大连石油化工公司组织了2600人参加的安全知识竞赛答卷活动，并开展了安全专题合理化建议活动，征得合理化建议400多条；济南柴油机厂组织了“让事故远离你我他，让安全永记我心中”千人签名活动；哈尔滨炼油厂开展了以“查隐患，促整改，保安全”为主题的安康杯竞赛活动。

（集团公司质量安全与环保部）

股份公司安全生产工作

【概述】 2001年，股份公司上下认真贯彻落实党和国家领导人关于安全生产的一系列重要指示精神，按照国家和股份公司有关安全生产工作的安排部署，把管理创新、制度创新与加强基础工作结合起来，狠抓各级领导安全生产责任制的落实，加强一个安全生产监督保障，推行两个安全生产合同管理，强化安全教育培训工作，稳步推进健康安全环境管理体系建设。全年各项安全生产指标与去年同期相比有明显进步，有力地保障了股份公司生产经营和其他各项任务的完成。

据统计，股份公司全年共发生各类事故256起，死亡27人（其中交通事故死亡18人，11人是企外人员）。与2000年相比，事故起数下降了51.05%，事故死亡人数下降了32.50%。有新疆油田等54个地区公司实现了重特大事故为零的目标。涌现出大庆油田等11个2000—2001年度安全生产先进单位。总的看，股份公司上下通过一年多辛勤工作，取得较好的成绩。股份公司上市两年来，安全生产工作基本形成了符合新形势下安全生产工作要求，以推进全员安全生产责任制落实为中心的2个合同、1个监督和1个体系的安全生产管理模式（即与员工、与施工作业队伍签订的2个安全生产合同，1个安全监督保障网络和1个质量健康安全环境管理体系）。

【安全生产责任制】 安全工作的关键在领导。从2000年开始，股份公司就把避免重大事故作为专业公司和地区公司主要领导的KPI指标进行考核。2001年，64个地区公司中有63个完成了该项指标。长庆油田等22个地区公司把安全生产指标纳入到各级领导、部门负责人的KPI考核指标之中，严格兑现，并在评选先进单位、先进个人中实行安全生产“一票否决”。大连石化等34个地区公司实行领导安全生产风险抵押金制度，层层签订安全生产承包责任书，缴纳安全风险抵押金，坚持重奖重罚。去年4月，国务院发布《关于特大安全事故行政责任追究的规定》（国务院令第302号）后，大庆油田等五个地区公司根据本单位实际制定了《重大事故责任追究暂行规定》。这些措施的实施，有力地促进了各级领导安全生产责任制的落实。

【安全生产总监、监督】 股份公司加强了安全生产监督保障工作。至2001年底，有59个地区公司任命了安全总监，其中辽河油田分公司、大港油田分公司、华北油田分公司、新疆油田分公司、长庆油田分公司、西南油气田分公司、冀东油田分公司、吉林石化分公司、大庆石化分公司、抚顺石化分公司、长庆石化分公司、克拉玛依石化分公司、管道分公司、北京天然气集输公司和大连销售分公司等18个地区分公司，已经配备了专职安全总监。各地区公司所属单位的安全总监及要害部位、关键施工现场的安全监督也大部分配备到位，初步建立了安全监督保障网络。按照《安全生产监督暂行规定》，明确了安全总监、安全监督职责，建立了安全监督培训、检查、汇报、考核和奖惩制度。各项关键环节及现场的安全监督检查工作得到了加强。

在加强和规范日常安全监督检查的基础上，各专业公司、地区公司还继续坚持行之有效的节假日、季节和岗位责任制大检查等安全生产检查活动。勘探与生产分公司组织地区公司之间互查，既达到了检查的目的，又起到了相互学习的作用；化工与销售分公司组织专家进行安全检查，深受地区公司欢迎；炼油与销售分公司制定了安全检查表，克服了安全检查的随意性；天然气与管道分公司对储运设施组织了专项安全检查。据不完全统计，专业公司和地区公司两级开展的安全检查就达320多次。

交通安全和海上石油作业安全监督管理也得到了加强。针对重组分开后，公司交通安全形势出现小车多、非专职驾驶员多、车辆分散等新特点，各地区公司完善了交通安全管理制度，加大了交通监督管理力度。辽河油田于2001年年初专门成立了交通安全管理站，加强车队安全管理，定期监督检查，驾驶员持准驾证上岗率达到100%。华北油田认真开展了“挂靠”机动车的清理工作，共清理挂靠机动车1039台，彻底解决了挂靠在公司其他单位机动车辆的交通安全管理问题。辽河、大港和冀东油田加强了海上石油作业安全监督管理，全年组织各类海上石油作业安全检查52次，下发浅海安全检查通报59期，海上石油设施办证率和出海人员办证率都达到100%。

（股份公司质量安全环保部）

质量监督

【概述】 集团公司于2月17日召开了“质量和节能节水工作会议”。会议明确了“十五”期间和2001年的工作指导方针、目标、任务和措施，统一了认识、开阔了思路，有力地推动了集团公司存续企业的质量标准化计量工作。

组织编制并下发了《中国石油天然气集团公司未上市企业质量工作“十五”发展计划》，有效地引导和组织了所属企业质量工作的规划和开展。企业质量管理体系不断完善；群众性质量活动成效显著；产品质量水平稳中有升；工程质量保持较好水平；配合西气东输工程加强了驻厂监造和检测监督工作；标准化和计量基础工作不断加强。

【质量抽查】 集团公司2001年分两批组织对243个企业的49种产品，进行了338批次的产品质量监督抽查。抽查综合合格率为83.7%。对企业质量工作的提高和规范管理、净化市场发挥了重要作用。

【质量认证】　为了更好地指导所属企业开展 ISO 9000 系列标准的宣贯和认证工作，印发了《集团公司关于贯彻质量管理体系国家标准的实施意见》。集团公司和各企业共举办宣贯班 303 期，培训各级质量管理骨干 15662 人。截至 2001 年底，集团公司存续企业中已有 290 个单位通过了质量管理体系标准认证。

【资质认证】　组织制定并印发了《中国石油天然气集团公司石油工程技术服务企业及施工作业队伍资质管理规定》和《关于贯彻实施〈集团公司石油工程技术服务企业及施工作业队伍资质管理规定〉的若干意见》等文件，组织指导企业进行资质认证工作的系列规定，同时继续进行物探、钻井、测井、井下作业等施工作业队伍资质认证工作。

【质量认可】　组织了对第十三批、第十四批油化剂产品的考核。根据 70 个企业的申报情况，组织了 12 个考核组分地域开展工作；经考核和检测，共有 60 个企业的 211 种产品符合集团公司油田化学剂产品质量认可条件，其中产品增项的有 5 个企业。

【驻厂监造】　继续组织集团公司石油管材质检中心和防腐保温质检中心对西气东输工程用管进行驻厂监造，并批准管道局管道科学研究院工程材料研究所承担感应加热弯管的驻厂质量监造工作任务。

【质量检查】　组织了对大庆石油管理局、大庆石油化工总厂、吉化集团公司和辽河石油勘探局等东部企业的质量标准化计量工作的调研检查，了解了集团公司质量工作会议的落实情况，摸清了企业质量标准化计量工作的现状，推动了工作的进一步开展。

【质量月活动】　组织开展了“2001 年全国质量月活动”。与集团公司政治思想工作部联合行文转发了中共中央宣传部、国家质量监督检验检疫总局、中华全国总工会、共青团中央等四部门关于开展质量月活动的文件，组织集团公司所属各石油企业开展活动并提出了相关要求。这次质量月活动的主题是：新世纪，新质量，新生活。质量月期间，共组织座谈会 50 次，其他活动 568 次，发放材料 50000 份，电视报道 378 次，报刊登载 315 次。全面、有力地推动了质量月活动的开展。

【石油工业质量管理协会】

（1）国家经贸委批准石油质量协会为中国质量协会石油分会，在民政部进行了注册登记。

（2）组织召开了“第三届石油工业质量管理优秀论文发布会”。评选出优秀论文一等奖 6 篇，二等奖 12 篇，三等奖 22 篇，优秀论文 33 篇。

（3）召开了石油工业 2001 年 QC 小组成果发布会。来自中国石油集团公司、股份公司和中国石化集团公司的 83 个 QC 成果在大会发布。评选出石油工业优秀 QC 小组一等奖 77 个，其中 25 个被评为国家级优秀小组，二等奖 169 个，三等奖 212 个。长庆石油勘探局被评选为全国 QC 小组活动优秀企业；大庆石油管理局热电厂电机班 QC 小组被评选为全国质量“信得过”班组。

（4）经石油质量协会推荐，玉门石油管理局获 2001 年全国用户满意企业称号；西安石油勘探仪器总厂生产的环宇牌检波器获 2001 年全国用户满意产品称号。

（集团公司质量安全与环保部）

股份公司质量工作

【质量监督检验机构】　为适应股份公司加强石油和化工产品质量监督抽查的需要，规划筹建并经人事部批准正式成立了股份公司大连石油产品质检中心、股份公司兰州石油产品质检中心和股份公司吉林化工产品质检中心。上述三个机构均通过了国家计量认证并正式开展工作，为股份公司开展产品质量监督抽查和加强对自产产品的质量工作创造了良好的条件。

【产品质量监督抽查】　对股份公司生产的石油和化工产品及使用的大宗采购物资，按季度组织开展了产品质量监督抽查工作。2001 年股份公司组织对 10 类产品实施了产品质量监督抽查，通过监督抽查，综合合格率为 86.5%，较 2000 年的 86% 提高了 0.5%，使重点产品质量得到有效控制。

【名牌战略】　起草并印发了《中国石油天然气股份有限公司名牌发展战略规划纲要》，开展了名牌战略实施情况前期调研，推动了企业加强质量管理、创名牌活动的开展。2001 年，股份公司所属大庆石化分公司生产的“大庆”牌尿素、宁夏石化分公司生产的“宁化”牌尿素和乌鲁木齐石化分公司生产的“天池”牌尿素在全国同类产品中首次获得“国家免检产品”

称号，被授予免检资格。大庆油田有限责任公司成为全国连续三年获得“全国质量效益型先进企业”的八家企业中，惟一一家石油石化企业。组织在中国质量报、人民日报、市场报、农民日报、经济日报和消费者报等报刊上就股份公司在加强质量管理、确保产品质量方面所取得的成果进行了重点宣传报道，树立了股份公司的良好企业形象。

【西气东输工程质量监督】 会同监察部、审计部组织对西气东输工程用钢管的各制管厂、防腐厂和驻厂监造情况进行了监督检查，发现了问题并及时上报股份公司领导，促进了西气东输管道工程制管质量的提高。

（股份公司质量安全环保部）

标准化工作

【标准的制定和修订】 编制下发了2001年集团公司企业标准制（修）订项目计划。组织制定了16项集团公司企业标准。组织完成了集团公司承担的6项国家标准、38项行业标准的制（修）订工作任务，完成了111项行业标准的复审工作任务。

【标准化技术委员会】 积极参与石油工业标准化技术委员会的工作和活动。与中国石油化工集团、中国海洋石油总公司和中国石油天然气股份有限公司相关部门协作，做好石油天然气国家标准和行业标准的归口管理工作。协调落实了物探、劳动定额、节能、地质、仪器仪表、安全、采油采气等专标委的换届和调整工作；共同组织召开了石油工业标准化技术委员会第二次年会；参加了“强制性国家标准和行业标准清理整顿工作”和“石油天然气行业标准体系修订研究工作”。

【标准化管理】 组织召开了“石油标准化信息网”二期工程评审会。二期工程增加了“标准制修订动态查询”、“标准出版发行信息查询”和“《石油工业技术监督》杂志资料查询”。丰富了石油标准化信息网的有效信息内容，促进了企业标准化工作广泛、深入地开展。

【标准出版发行与宣贯】 与中国石油化工集团公司、中国海洋石油总公司和石油工业出版社共同组织召开了2001年石油天然气行业标准发行工作会议，对标准发行工作进行了总结，表彰了企业标准发行先进单位。

【国际标准化工作】 为了进一步加强标准化与国际接轨的工作，组团出国参加了美国石油学会（API）标准化年会和国际标准化组织石油设备材料标准化委员会（ISO/TC67）年会，深入了解了国际石油界标准化的发展动态，掌握了情况，开阔了视野。

（集团公司质量安全与环保部）

股份公司标准化工作

【企业标准体系】 继2000年组建勘探与生产、炼油与销售、化工与销售、天然气与管道和信息与计算机五个股份公司专业标准化技术委员会和审计规范标准化直属工作组后，今年又组建了节能节水、劳动定员定额和HSE等三个股份公司标准化直属工作组，股份公司企业标准制修订体系基本建立。下达了2001年股份公司企业标准制修订项目计划共61项，批准发布股份公司企业标准13项。组织开展“股份公司企业标准化体系研究”等四项标准化研究项目，取得阶段性成果。加强了股份公司标准化信息工作，组织开发了股份公司标准化信息主页，并在股份公司主页上链接上网，解决了网上标准的查询检索和信息发布。编印下发了《2000年股份公司标准化工作年报》。

【标准实施监督抽查】 组织开展了股份公司标准实施监督抽查制度的研究，起草了《标准实施监督抽查规定》和《标准实施监督考核规范》，并在大庆、辽河和大港等单位进行了试点。下达了车用无铅汽油、天然气等六项2001年股份公司重点实施标准目录，使股份公司标准实施监督抽查制度初步建立。

【行业标准化】 积极参与石油工业标准化技术委员

会活动，成功地组织召开了石油工业标准化技术委员会第二次年会。积极参与了《石油工业标准体系研究》等三个科研项目的研究工作。组织开展了股份公司承担的国家标准和行业标准共 33 项的制修订工作。

【国际标准化】　积极参与国际标准化活动，派团参加了 ISO/TC 67、ISO/TC 193、ISO/TC 45，API 等国际或国外标准化组织的年会，掌握了相应组织的国际标准化最新工作动态。组织编写了《石油工业国际标准化工作指南》。

（股份公司质量安全环保部）

计量工作

【计量管理与技术研究】　为了进一步规范和加强集团公司的计量工作，重新修订印发了《中国石油天然气集团公司计量管理办法》。与中国石油化工集团公司、中国海洋石油总公司和中国石油天然气股份有限公司共同组织召开了 2001 年度石油工业计量技术交流会。

【石油专用计量器具量值溯源】　为了逐步建立和完善石油专用计量器具的溯源体系，组织石油物探计量器具检测中心地震检波器检定装置通过了国家质量技术监督局的计量考核。组织大庆石油化工总厂向国家质量监督检验检疫总局报送计量标准装置的计量考核。

【实验室计量认证】　组织完成了对石油管材质检中心、油井水泥质检中心和大港油田钻采院中心实验室等 3 个检测实验室国家计量认证的增项和复查考核工作。组织进行了对四川石油管理局石油钻采院钻井液实验室的计量认证监督检查。

（集团公司质量安全与环保部）

股份公司计量工作

【油气贸易计量】　按照《计量法》要求和强制检定计划安排，组织国家原油大流量计量站和国家原油大流量计量站成都天然气分站对 122 个原油、天然气和轻烃贸易计量站（点）的 1000 多台次计量器具进行了强制检定，保证了油气贸易交接计量器具的准确可靠。

【实验室计量认证】　组织对股份公司所属的 17 个实验室开展了实验室计量认证工作，组织对股份公司所属计量认证评审员和有关专业人员进行了“实验室计量认证/审查认可评审准则”的宣贯和取证考核。

【西气东输计量】　会同天然气与管道分公司和西气东输管道分公司，针对建立西气东输计量系统和量值溯源系统，先后组织了六次专题研讨和与国外的技术交流，为确定了西气东输计量系统和量值溯源系统的总体设计方案提供了技术支持。

【计量技术研究】　组织开展了“天然气测量技术研究”等 10 项计量研究项目，参照国外先进标准组织起草了《天然气计量系统技术要求》和《用气体超声流量计测量天然气流量》等重要国家标准，为保证油气生产建设和经营管理，特别是西气东输等重点天然气管道工程提供了重要的技术基础保证。

【计量技术交流】　与中国石化和中国海洋石油共同组织召开了石油工业计量技术交流会，加强了石油和石化行业计量技术交流。获奖技术论文中，股份公司获一等奖 1 篇，二等奖 4 篇，三等奖 9 篇。

【计量纠纷】　会同勘探与生产分公司、化工与销售分公司组织有关专家成立联合调查小组，协调调解了大庆油田与大庆石化油气交接的重大计量纠纷问题。股份公司下发了《大庆油田有限责任公司与大庆石化分公司油气交接计量问题协调会会议纪要》，维护了股份公司内正常的油气交接秩序。

（股份公司质量安全环保部）

环境保护

【概述】 集团公司认真贯彻国务院《关于环境保护若干问题的决定》要求，围绕可持续发展战略的实施，以团结开拓的精神和高度的社会责任感，不断创新和自我完善，迎接新的挑战。在追求最大经济回报、扩展生存空间的同时，努力实现“关注环境、关爱社会，创造能源与环境的和谐”的郑重承诺。通过落实环境保护目标责任制，建立运行健康、安全与环境（HSE）管理体系，推行清洁生产，实施污染物总量控制，加强建设项目的环境影响评价和“三同时”管理，杜绝了重大、特大污染和生态破坏事故的发生；工艺废气排放达标率为98.3%，固定源废水排放达标率为97.4%，有效地保护环境，达到了节约资源、减少污染、增加效益、节能降耗的目的，促进了集团公司经济效益、社会效益、环境效益的协调发展。

【环境管理】 2001年，集团公司落实环境保护目标责任制，按照《集团公司所属企业生产经营考核试行办法》、《集团公司安全生产环境保护达标企业考核细则（试行）》，组织制定了集团公司环境保护考核规范和2001年污染物达标考核实施方案，在此基础上组织了集团公司所属企业环境保护达标验收。

集团公司严格按照《建设项目环境保护管理条例》规定，加强重大建设项目的环境保护管理工作，强化了环境影响评价和“三同时”管理。2001年集团公司“西气东输管道工程”、“壳牌勘探（中国）有限公司长北合作区块天然气勘探和生产项目”、“大连石化分公司350万吨/年催化裂化装置改造项目”等26个大型项目环境影响报告书全部通过预审，对重大项目建设中的环境管理、污染治理、生态保护、总量控制、清洁生产、HSE管理体系建立与运行等相关内容提出具体要求。2001年完成塔里木牙哈凝析气田开发建设工程、吉化集团公司丁辛醇工程的项目工程环境保护验收工作，落实“三同时”管理，做到了项目建设前有环境评价，建设中有环保监督，竣工后有环保验收，实现全过程的环境管理。2001年集团公司新、改、扩建项目环境影响评价执行率达到100%。

【HSE管理体系培训工作】 按照集团公司健康、安全与环境（HSE）管理体系实施的总体部署，2001年集团公司重点做好HSE管理体系培训基础工作。

（1）规范了HSE培训教材。集团公司组织编写了《集团公司HSE管理体系系列培训教材》，规范了HSE基础知识、HSE体系筹划和建立、HSE风险管理技术、HSE管理体系审核和认证等培训内容，结合实际情况，编制了物探、钻井、井下、施工作业、炼化HSE风险管理培训内容。

（2）规范了培训咨询机构建设。根据《集团公司HSE培训咨询机构管理暂行规定》，对辽化培训中心、新疆石油学院、物探局培训中心、重庆石油高等专科学校培训中心等四个HSE培训基地的建设进行了指导，并对培训机构进行了资质认可。

（3）规范了审核员资质管理。2001年举办HSE审核员培训班共8期，培训人员500人次。按照《集团公司HSE审核员注册管理暂行规定》，经培训资格审核和注册申请审核，批准公布了集团公司HSE审核员62名、实习审核员201名。

【ISO 14000环境管理体系宣贯】 为进一步推动HSE体系与国际石油公司接轨，结合HSE管理体系，2001年着重抓好ISO 14000环境管理体系认证试点工作。分别在四川石油管理局、辽河石油勘探局、大庆石油管理局、长庆石油勘探局对钻井、井下作业、化工、机械加工等四个不同专业性质的企业ISO 14001环境管理体系认证进行了试点，为进一步开展认证，积极推动HSE管理体系与国际石油公司接轨打下了良好的基础。截至2001年底，共有14家企业通过环境管理体系认证，12家企业正在建立ISO 14000环境管理体系。

【环境统计】 2001年集团公司组织研究国际石油公司环保管理指标控制体系，制订了《中国石油天然气集团公司环境统计管理规定》，《中国石油天然气集团公司环境统计技术规范》，强化环境污染及生态破坏事故报告的管理，全面规范、调整环境统计指标，增加了二氧化碳、总烃等国际通用指标，开发了集团公司环境统计管理软件，促进集团公司环境统计工作与国际石油公司接轨。

全年集团公司非上市部分用于钻井、井下作业以及管道建设生态保护及污染控制费用8.6亿元，确保生产作业与环境保护的协调统一，华北二连油田、塔里木油田，以及涩宁兰管道建设高度重视施工过程中生态保护，得到国家环保部门和地方政府的高度评价。全年集团公司非上市部分新建污染治理设施投资1.5亿元，三废综合利用产值1.4亿元，创利润305万元。截至2001年，集团公司非上市企业污染治理设施共652套。废水处理设施288套，正常运行的270套，处理设施原值4.2亿元，年运行费0.50亿元；废气处理设施364套，正常运行的355套，处理设施原值3.66亿元，年运行费0.40亿元；固体废物处理设施18套。

2001年，集团公司非上市企业废气排放总量758.39亿立方米，废气达标率为98.3%，比2000年提高1.3个百分点。废气中二氧化硫排放总量5.45万吨，烟尘排放总量为3.11万吨。废水排放总量为3097万吨，达标排放量3017万吨，排放达标率为97.4%。废水中石油类排放量141吨，COD排放量3028吨，悬浮物排放量1267吨。固体废物产生量为196.3万吨，综合利用量为70万吨，利用率为35.53%，贮存量42万吨，处置量83万吨，排放量为1.3万吨。

【环境科研和对外交流】　2001年集团公司组织对“九五”重点科研项目进行了验收，《油田含油污泥处理及回收油技术研究》、《炼油化工厂污水回用技术研究及工业试验》和《天然气吸附储存技术用于汽车燃料的工业放大试验》等项目于2001年12月通过集团公司科技发展部组织的验收，项目研究成果达到了国内先进水平。集团公司研究制定了“十五”期间环境保护重点科研项目，设立了《钻井污染防治技术研究》、《井下作业污染防治技术研究》等科研课题。各石油企业积极开展环境保护科学研究，设立污染防治、生态环境保护和资源综合利用等科研项目共22项，环境科研投资1500多万元。集团公司提出了项目的验收考核指标。

为全面提高集团公司环境保护和健康工作技术支持能力，整合现有环境保护技术机构，实施强强联合，优势互补，组建成立了中国石油集团环境工程技术中心，实现了环保实用技术、环境影响评价、环境保护设计、环保产业、环保咨询等专业的有机整合，提高了集团公司环境保护技术支持能力。按照集团公司HSE人才发展战略，与清华大学共同举办了石油企业（环境工程）硕士班，共选派30名石油企业技术骨干参加了进修。

集团公司积极加强与国际石油公司的环境保护合作，2001年举办了国际HSE管理体系与废物管理研讨班、国际ISO 14000环境管理体系研讨班各1期，共培训石油企业HSE管理、环保技术骨干110人。与SHELL石油公司、加拿大JW环境公司、日本COSMO石油公司、出光石油公司开展了环境保护方面的技术、管理交流，先后派出15人赴日本、加拿大进行温室气体减排、清洁生产技术研修。中加合作21世纪议程项目《塔里木油田可持续发展》通过了验收，在油气田开发的清洁生产、资源利用方面取得较大进展。

（集团公司质量安全与环保部）

股份公司环境保护工作

【概述】　股份公司强化环保管理，继续加大污染治理投入力度，为股份公司树立良好的企业形象，增强国际竞争力，实现可持续发展提供了保障。勘探与生产分公司、炼油与销售分公司和化工与销售分公司污染物排放达标率进一步提高，管道分公司各项排污指标总量控制均与2000年持平，实现了增输不增污的目标。

【环境保护管理】　各专业公司根据国家《建设项目环境管理条例》的要求，把环境影响评价工作作为控制新污染源的重要手段和工程建设必不可少的重要一环，积极落实新建项目的环评制度和“三同时”制度。同时各专业公司进一步加强了对老污染源的治理，积极增加污染治理资金投入，提高污染物排放达标率，促进了股份公司整体环境保护水平的提高。新疆油田分公司投资1亿元建成了国内最大的稠油污水处理站，辽河油田分公司投资8千万元建成了超稠油污水处理回用系统。

各地区公司针对自身实际，积极建立完善各项环保规章制度。炼油与销售分公司所属锦州石化分公司制定《大检修期间文明检修防止环境污染的环保管理办法》，有效杜绝了大修期间环保管理松懈、污染事故频发的现象。

化工与销售分公司在所属地区公司进行清洁生产试点并组织专家进行清洁生产培训，在减少污染物排放，节约资源能源方面取得了效果。

【环境保护科研】　各专业公司积极开发研究环保新技术、新工艺，解决污染治理的技术难题。勘探与生产分公司组织技术专家为油田提供技术咨询，降低污染治理成本。化工与销售分公司组织召开技术交流会，取得了多项科研成果，其中二氧化硫和粉煤灰污染治理技术进一步成熟，ABS污水治理技术获得重大技术突破。股份公司环境监测总站在美国贸发局的资助下，与美国格恩实公司共同开发研究污染物排放自动监测系统。

（股份公司质量安全环保部）

卫生与健康

【概述】　集团公司依据国家有关法律法规，按照《中国石油天然气集团公司职业健康管理规定》，建立健全了职业病防治管理体系，坚持“预防为主、防治结合”的方针，依靠科技进步，重视科技人才，提高管理水平，采取切实有效的措施；结合健康、安全与环境（HSE）管理体系的实施，改善职工劳动条件与环境，消除不良因素，降低职业危害，保护劳动生产力，为企业生产服务，促进石油职业卫生发展，依法做好预防、控制和消除职业病危害工作。

通过实施健康、安全与环境（HSE）管理体系，规范职业病防护措施，强化健康体检，有效地减少了职业病的发生，杜绝了重大食物中毒事件以及重大疫情的发生，职业病发病率控制在1‰以下，职业病患病率控制在6‰以下，就业前体检率达到95%。

【健康管理】　2001年，集团公司制定了《集团公司2001年环境保护、健康工作要点》，提出了全年健康工作的指导思想和工作目标、主要工作任务和主要工作措施。制定发布了《中国石油天然气集团公司健康工作“十五”计划》，明确集团公司所属企业“十五”期间健康基础管理、职业病防治、“三同时”管理、职业危害治理工作、职业病防治、健康教育与科研学术工作以及医院管理等方面的健康管理任务，提出加强健康工作领导、健全健康管理机构等实现健康工作“十五”规划的具体保证措施。

【宣传与培训】　2001年，集团公司重点做好《中华人民共和国职业病防治法》的学习、宣传和贯彻工作，深入基层，面向职工，充分利用各类媒体，采用各种形式，开展全方位、多层次的宣传，使广大干部职工领会其精神实质，准确掌握法律条文内涵，明确在职业病防治工作中的职责。

2001年，集团公司组织HSE健康管理培训班、医院管理培训班和职业卫生培训班，培训管理人员、技术人员共200人，提高了HSE审核员、健康专业技术和管理人员的素质与能力，为提高企业健康管理水平提供了人力资源保证。组织开发了集团公司职业卫生管理软件，对所属企业职业卫生管理、职工健康体检、有毒有害作业场所监测等工作进行了统一标准、规范统计，促进了集团公司健康管理工作规范化、信息化。

（集团公司质量安全与环保部）

股份公司健康工作

【概述】　为了学习和贯彻《中华人民共和国职业病防治法》，股份公司编写并下发了宣传材料，同时在总部机关进行了《职业病防治法》相关知识竞赛活动，进一步明确了股份公司作为“用人单位”的责任和义务，加强了股份公司的职业卫生法制化建设。股份公司按照《职业病防治法》的要求，规范或促进了健康风险评估、作业场所卫生检测、建设项目卫生评价等工作。

2001年，股份公司为保证员工健康，制定并实施了定期健康监护计划，共为189648名员工进行了体检，计划完成率达到92.4%。

（股份公司质量安全环保部）

节能节水工作

【概述】　2001年集团公司的节能节水工作，以党的十五届五中全会“三大战略资源”精神为指针，以企业重组改制为动力，加强节能节水管理，推进节能节水技术进步，取得了较好的节能节水工作成效。全年直接节能投资1.11亿元，新建技术措施节能能力21.7万吨（标煤），当年节约各种能源19.1万吨（标煤），价值约1.33亿元，技术措施节能率达到2.3%；节水投资0.57亿元，新建技术措施节水能力1725万立方米，当年节水1224万立方米，价值约0.21亿元，工业水重复利用率达到86%。

【节能节水管理】

1．继续健全节能管理制度

集团公司以“中油质字［2001］248号”文件印发了《中国石油天然气集团公司节约能源管理办法》、《中国石油天然气集团公司固定资产投资工程项目节约能源管理规定》、《中国石油天然气集团公司节约能源监测管理规定》等三个节能管理办法及规定。这三个办法和规定的出台为推动企业节能工作的深入开展，提供了政策性和制度性的依据。

2．编制了《中国石油天然气集团公司“十五”节水计划和2015年节水展望》

这项工作是按照国家经贸委2000年四季度以来对加强工业企业节水工作的统一要求进行的。按照集团公司领导的指示，这项工作由集团公司质量安全与环保部牵头，集团公司和股份公司质量安全与环保部共同负责组织实施。整个《计划和展望》编制工作历时4个月，先后进行了基础资料的调查、收集、处理和分析，组织有关专家深入5个典型企业进行现场调研和集中编写，提请计划编制领导小组审查编写提纲和讨论稿、送审稿，向阎三忠副总经理书面请示和汇报工作4次。这项工作最终按计划高质量完成任务，得到了国家经贸委的肯定和表扬，而且《计划和展望》对股份公司和服务企业编制“十五”节水计划具有指导和依据性作用。

3．编制了《中国石油天然气集团公司节约和替代燃料油工作实施方案》

该项工作也是按照国家经贸委2000年下半年突出抓节约燃料油工作的统一要求进行的。该项工作经集团公司领导批示由集团公司计划部牵头，质量安全与环保部共同参与。《方案》分析了石油集团用油现状、提出节油代油技术路线、节油目标、政策措施，确定了代油项目和投资计划。整个石油集团做出节油代油计划300万吨，超过了国家经贸委提出的目标要求。

4．编制印发了《中国石油天然气集团公司未上市企业“十五”节能节水计划》

在对未上市企业节能、节水、节材及综合利用工作“九五”以来的成效进行调查汇总，对“十五”的潜力进行调查分析的基础上，依据《中国石油天然气集团公司未上市企业“十五”计划纲要》、《中国石油天然气集团公司“十五”节水计划及2015年节水展望》、《中国石油天然气集团公司替代和节约燃料油工作实施方案》，集团公司质量安全与环保部组织编制了《中国石油天然气集团公司未上市企业“十五”节能节水计划》。《计划》中提出的工作目标是：年新增技术措施节能率达到2%以上，其中直接节油率6%以上；“以气代油，以煤代油”到2005年形成替代燃料油能力124.25万吨；重点用能单位的锅炉、加热炉、泵、电力系统等主要耗能设备和系统监测合格率达到70%以上，并提高运行效率2个百分点以上；到2005年工业水重复利用率由目前的83%提高到90%，累计节水0.5亿立方米以上；废旧物资综合利用率达到50%以上，其中粉煤灰综合利用率年均达到60%以上。

5．对部分企业进行了节能节水监测

9—12月，集团公司质量安全与环保部组织油田节能监测中心和西北节能监测中心监测了大港油田集团有限责任公司、长庆石油勘探局、乌鲁木齐石油化工总厂、辽阳石油化纤公司4个小区的用水效率和大庆石油管理局、新疆石油管理局、华北石油管理局3个区块的供配电线路网损率。共测试了水流量和压力计量点906个、3410次，供水主干线测漏35000米；供配电线路17条122300米，变压器47台，各类用电设备240台。监测结果表明，供水支管线泄漏率一般在30%以上，有的高达77.5%；供配电线路监测综合合格率只有35.48%，但较上年有所提高。质量安全与环保部发布了《节能节水监测公报》，对监测不合格的企业提出了限期整改的要求。

6. 调查分析了企业供水用水和发电供电情况

6—8月，按照国家经贸委《关于加强工业企业节水工作的意见》、《节约用电管理办法》的有关要求，为加强对企业水、电系统的管理，保障主业的正常平稳生产，集团公司质量安全与环保部制定统一的表式，对企业供水用水和发电供电的情况进行了进一步的摸底调查。此次摸底调查、了解并掌握了企业水、电系统的基本情况、存在的问题及企业对加强管理工作的建议和要求等，编写了调查分析报告，为进一步搞好企业节水节电工作打下了基础。

7. 组织开展了企业节水对策和用水定额研究

在对企业供水用水情况普遍调查的基础上，集团公司质量安全与环保部组织开展了《企业用水现状分析与节水对策研究》，进一步分析企业供水用水现状和存在的问题，提出了进一步提高对节水重要性的认识、加快节水工作制度化建设、推进水资源合理利用、提高水的综合利用水平、加强节水管理、加大节水技术改造力度、抓好重点用水系统、加强节水培训和信息交流等8条节水对策。

同时，按照国家经贸委对工业用水重点行业加强用水定额管理的要求，组织开展了《企业用水统计和定额指标体系研究》，参照有关国家和行业标准，研究提出了适用于企业的用水统计指标16项，用水定额指标19类，对规范和加强企业节水管理、促进企业实施用水定额管理，将具有指导性作用。

8. 组织了节能节水的宣传和培训

11月，按照国家经贸委等6部门的统一要求，集团公司组织各企业参加了以“节约能源，持续发展”为主题的“全国节能宣传周活动”，质量安全与环保部与中国石油报联合举办了“节能节水杯有奖征文活动”。自2001年11月5日至12月31日，共收到征文稿件141篇，刊登43篇；评选出10篇文章，分别获一、二、三等奖，5个单位获组织奖，较好地宣传了石油集团各企业的节能节水工作成效。

6月和8月，集团公司质量安全与环保部分别组织举办了企业节能节水管理干部培训班和节水节电国家标准宣贯班，各企业共有100余名节能节水管理干部参加了学习。

【节能节水技术】　6月，集团公司质量安全与环保部与科技发展部共同组织论证了集团公司“十五”节水节能科研课题。大庆石油管理局、辽河石油勘探局、抚顺石油化工公司和集团公司节能研究中心、大庆石油学院共同申报了5项课题，经专家严格论证，大庆石油管理局区域供水系统及龙凤热电厂节水综合技术研究、抚顺石油化工公司热电厂综合节水技术研究被批准立项。目前，这两个项目已开展研究工作，并取得阶段性成果。

（集团公司质量安全与环保部）

股份公司节能节水工作

【节水规划】　为落实国家经贸委等六部委关于加强工业节水工作的要求和国家“西北地区石油和天然气工业用水对策研究”项目，配合集团公司组织对西北地区12个地区分公司进行了二次节水调研工作，并开展了节水“十五”规划的编制，下发了《股份公司关于加强节水工作的意见》。

【节能监测】　有针对性地开展重点节能监测评价工作。组织节能技术监测机构对青海油田和西北地区炼化企业的主要耗能设备进行了节能监测。针对大庆乙烯装置能耗较高问题，会同化工与销售分公司组织完成了大庆石化乙烯裂解装置现场能耗检测和评价工作。

【节能节水技术交流】　会同科技与信息管理部和各专业公司委托股份公司节能技术研究中心组织专家对华北地区、西北地区、东北地区的节能节水技术进行了调研，并对节能节水技术进行了筛选，在此基础上召开了股份公司首届节能节水技术交流会，并协同化工和炼油两个专业公司组织召开了股份公司炼化系统节水和水资源技术交流会，对股份公司节能节水工作的开展和促进低成本战略的实施起到了推动作用。

【统计与分析】　组织编制了股份公司节水统计软件，组织举办了股份公司节能节水统计软件培训，进一步完善了节能节水统计制度。编制印发了《股份公司2000年节能工作年报》，对所属各地区公司的主要能耗指标和节能技术措施实施情况等进行了统计分析，对有关用能单位的节能监测结果进行了评价。

股份公司质量安全环保综合工作

【规章制度】　为进一步规范股份公司质量安全环保监督工作程序、完善管理制度，2001年组织制定并发布了《中国石油天然气股份有限公司安全生产监督暂行规定》、《中国石油天然气股份有限公司产品质量监督抽查实施细则》、《中国石油天然气股份有限公司产品质量监督员管理规定》，以及下发了《安全生产合同通则》等。

【QHSE管理体系】　在总结国内外管理体系标准经验的基础上，组织制定了《质量健康安全环境管理体系》系列QHSE标准，并予以发布，为股份公司所属单位建立实施QHSE管理体系创造了条件。

编制并发布了《健康安全环境管理体系总体指南》，还首次编制并发布了《2000年健康安全环境报告》。勘探与生产分公司针对各地区公司的实际情况，对建立健康安全环境管理体系工作分别进行了具体指导。炼油与销售分公司发布了《健康安全环境管理体系专业指南》，并积极引导销售企业开展ISO 14000环境管理体系认证工作。化工与销售分公司组织所属地区公司全面开展了HSE体系的建立工作，并召开了健康安全环境管理体系经验交流会。管道分公司进行了HSE管理内部审核并组织了管理人员培训。

股份公司还制定发布了《质量健康安全环境管理体系基础和术语》等三项企业标准，对下一步QHSE管理体系的建立、运行、审核、改进提供了指导性标准。

各地区公司积极开展风险评价，建立并推动管理体系运行，现已取得阶段性成果。大港油田去年发布了QHSE管理体系管理手册，并组织进行了体系试运行。独山子石化把HSE管理体系的工作重点放在基层和现场，去年重点加强了危害识别和风险控制工作，对车间的60多套安全检查表（包括周检查表和岗位检查表）进行了完善。大港石化在开展风险评价过程中，请美国达信公司对八个A级场所进行了安全风险评价，基本上达到了国际平均水平。

【员工培训】　针对员工队伍新老交替加快，转岗、并岗增多，安全意识和技术素质亟待提高的实际，各专业公司、地区公司都分别组织编辑了一系列安全教材，分层次、分专业进行安全知识培训和岗位技能培训。锦西石化请安全教授、专家分别对厂处长、科室长和安全系统人员进行了安全知识系统培训，提高管理人员的理论水平。宁夏石化推行“安全末位离岗学习”制度，经过季度考核，末位者离岗学习，考试合格后方能重新上岗，否则下岗培训，目前已经有70多人参加了末位离岗学习。通过这项制度的实行，提高了全员的安全意识和岗位员工处理异常情况及突发事件的能力。股份公司举办了第一期安全总监培训班，对40名安全总监和安全处长进行了系统化专业知识培训。

股份公司还组织收集200多起国外石油天然气等重大火灾爆炸事故，编制了50集事故案例警示片，在基层放映后，引起极大震动。在第十一次全国“安全生产周”活动和股份公司组织的“防触电、防雷击、防油气火灾爆炸、防淹溺、防高空坠落、防中毒中暑、防倒塌、防重大人身伤亡交通事故、防井喷及防泄漏污染”等“十防”为重点的安全生产活动期间，各地区公司开展了形式多样的安全生产宣传教育活动，激发了员工参与的积极性，提高了自我保护意识，增强了安全生产责任感。

同时为了进一步提高股份公司质量安全环保其他方面工作人员的业务素质，股份公司分别举办了“股份公司质量监督员培训班”、“股份公司质量体系内审员培训班”、“股份公司环境保护管理培训班”、“股份公司标准化基础知识培训班”、“股份公司计量主考员培训班”、“股份公司计量纠纷调解员培训班”和“股份公司健康管理培训班”等，共培训各级、各类管理人员838人。

【国际交流】　协助外事办举办中日环保技术交流会，参加世界石油大会亚洲地区会议并提交“中国石油的健康安全环保管理体系”论文一篇等。

（股份公司质量安全环保部）

第八篇

企业改革与管理

企业改革与管理

【战略管理】

1. 确定了集团公司“十五”发展思路和目标

集团公司继续实施整体发展、持续重组、低成本发展、技术创新和市场营销等五大战略，尤其在突出主营业务，加快结构调整，实施国际化经营，推进存续企业改革等方面实施了一系列新的战略举措。特别是根据国内外政治经济形势的新变化，以及对我国加入WTO后集团公司面临的机遇与挑战的科学分析，从长远发展战略出发，研究提出了“十五”发展的总体思路：以邓小平理论为指导，全面领会“三个代表”的重要思想，深入贯彻党的十五大、十五届五中全会和中央经济工作会议精神，坚持以市场为导向，以效益为中心，以发展为主题，以结构调整为主线，以科技创新、体制创新和管理创新为动力，突出主营业务，持续改革重组，全面提高核心竞争力，努力实现集团公司整体持续、稳定、协调发展。

集团公司“十五”期间的主要发展目标是：

(1) 到2005年，原油产量12000万吨，其中国内产量10500万吨，海外份额油达到1500万吨；天然气产量增加到340亿立方米（含海外份额气）；炼油加工能力达到11780万吨/年，原油加工量1亿吨。

(2) 到2005年，集团公司盈利能力进一步增强。中油股份投资资本回报率继续保持在10%以上；存续部分实现整体扭亏为盈，所有企业实现“四自”经营，大部分企业要有盈利。

(3) 队伍结构调整取得重大进展。到2005年，通过各种措施，职工总数控制在100万人以内，其中股份公司40万人，存续部分60万人。

(4) 全面完成集团公司所属企业的改制及股份公司的规范运作和持续重组，进一步完善集团内部制度建设和功能建设，从根本上转换经营机制，基本建立起符合现代企业制度规范的母子公司体制。

(5) 精神文明建设取得新的进展。集团公司和各石油石化企业继续走在全国和所在省市区精神文明建设的前列。

2. 明确集团公司的战略部署，全面实施“十大工程”

(1) 油气勘探开发工程：采取切实有效的措施保持原油产量稳中有升，天然气产量实现大幅度增长，确保集团公司在国内油气领域的主导优势地位。

(2) 炼油化工优化升级工程：大力调整炼化产业布局，进一步提高生产集中度，加快建立和完善四大炼油基地和四个各具特色的大型石化基地；加大技术改造力度；大力调整产品结构，增强市场竞争力。

(3) 输油输气管道建设工程：重点建设好5条油气长输管道，包括塔里木—上海、青海涩北—甘肃兰州、重庆忠县—湖北武汉和陕京复线以及兰州—成都—重庆的成品油管道，及时启动中俄油管线。

(4) 市场网络建设工程：按照整体规划、分类实施、各有侧重的原则，原油营销要实现产销运平衡；天然气营销要紧紧围绕输气管道建设，尽快形成与输气能力相适应的天然气营销网；成品油营销要建立若干布局合理的油品配送中心。

(5) 海外项目开发工程：立足于现有基础，以中东—北非、中亚—俄罗斯及南美三大战略区为重点，力争在中东、里海、俄罗斯等地区有所突破，加快开辟新领域、新项目，增加海外份额油储量和产量。

(6) 工程技术服务改组改造工程：根据市场竞争和发展的需要，坚持缩减总量、优化存量、控制增量、提高质量，逐步形成一批技术一流、服务一流、管理一流、效益一流，在市场竞争中具有明显优势的工程技术服务队伍。

(7) 技术创新与人才开发工程：发挥集团公司的整体优势，充分利用多年积累形成的完整的科研体系，搞好统筹规划、组织协调和力量整合，进一步完善集团公司的技术创新体系和完善人才选拔、培养和使用机制。

(8) 企业改革工程：围绕建立和完善现代企业制度，进一步深化改革，转换机制，增强企业活力；深化三项制度改革，完善人才的激励和约束机制。

(9) 企业管理工程：增强战略管理意识，加强投资决策管理、资金管理、成本管理、市场管理、物资管理、质量管理、安全环保管理、审计监督管理等，努力提高企业的整体素质和科学管理水平。

(10) 企业文化建设工程：把石油工业的优良传统、作风与当代企业的改革和管理有机结合起来，着力培育具有时代特征、符合企业改革和发展需要的经营理念、价值取向。

通过实施上述“十大工程”，集团公司的主营业务将更加突出，天然气及海外项目实现更大发展，工程技术服务业务成为新的支柱产业。集团公司内部的管理体制基本理顺，股份公司实现规范运作，盈利能力进一步增强；存续企业的改制、改造和专业化重组基本完成，大多数企业摆脱困境，走上“四自”的良性发展道路。科技创新能力明显增强，网络和信息技术广泛普及。届时，集团公司将成为实力雄厚、技术先进、机制灵活、队伍精干、效益明显，具有强大市场竞争力、科技创新能力和抵御风险能力，跻身世界大公司前列的跨国集团。

3. 组织开展重大战略问题的研究

针对集团公司改革和发展过程中遇到的热点、难点、重点问题，及时组织开展多项专题研究。主要有：按照国家实施大公司、大集团战略的总体部署，结合集团公司的实际情况，就如何培育和增强集团公司国际竞争力的战略和对策问题进行了研究；根据存续企业的改革发展状况，在深入调研的基础上，对其产业定位、结构调整和专业化重组等问题明确了思路，并提出了《关于存续企业深化改革的若干意见》；根据世界政治、经济和军事格局的发展变化，组织了对世界石油地缘政治、国际石油市场、油价以及我国石油安全等方面问题的研究。这些研究成果为集团公司进行重大战略决策提供了依据。

为加强战略管理与研究，举办了第一期企业战略管理学习研讨班。组织各石油、炼化企业及其他有关单位从事战略研究等工作的高级管理人员，学习现代战略管理理论与方法，研讨涉及企业全局和长远的战略方向、战略目标、战略部署等问题，取得了预期的效果。

（冯连勇）

【住房制度改革】

2001年以来，集团公司党组从“三个代表”的高度出发，认真贯彻落实国务院《关于进一步深化城镇住房制度改革加快住房建设的通知》（国发［1998］23号）和建设部、财政部、国家经贸委、全国总工会联合下发的《关于进一步深化国有企业住房制度改革加快解决职工住房问题的通知》（建房改［2000］105号）精神，把深化石油、石化企业住房制度改革，实行住房分配货币化工作列入重要议事日程。

集团公司加强了房改工作的组织领导，及时调整充实了集团公司住房制度改革领导小组及其办事机构。下发了《关于调整集团公司住房制度改革领导小组成员的通知》（中油研字［2001］87号），集团公司副总经理陈耕担任房改领导小组组长，集团公司和股份公司机关有关部门的负责同志任领导小组成员。住房制度改革领导小组的办事机构集团公司住房制度改革办公室设在发展研究部，办公室成员由集团公司、股份公司机关有关部门的人员组成，负责住房制度改革的日常工作。

根据集团公司领导的安排，房改办从年初开始组织广泛深入的调研。一是深入研究国家房改政策。反复学习、研究国家和有关部委关于进一步深化住房制度改革、推行住房分配货币化的政策文件、国务院和有关部委领导的讲话，收集并研究了全国大部分省市的房改政策文件。二是赴有关研究机构和企业进行调研。走访了国务院体改办、中国住房研究会、北大不动产研究中心以及中国人民大学等单位，就房改理论问题进行了咨询。两次到马钢专题调研，学习了中石化、中海油的做法和思路。三是广泛听取企业关于推行住房分配货币化的意见。先后召开了5次企业房改座谈会，了解企业职工住房情况和房改工作情况，征求企业对住房分配货币化的意见和建议。集团公司领导亲自到会听取企业意见。集团公司房改办还于4月中旬组成两个调研组，深入19家石油、炼化及销售企业调研，并走访了企业所在地政府的房改部门。四是组织对职工住房情况摸底调查。对集团公司所属57个企事业单位职工住房情况进行了摸底调查，共涉及各类人员189万人。在此基础上，对集团公司按规定实行住房分配货币化所需的补贴资金进行了初步测算。

在调查研究的基础上，房改办起草了集团公司住房分配货币化实施方案。集团公司房改领导小组多次听取汇报和研究有关问题，指导方案起草工作。实施方案先后修改了8稿。

6月7日，集团公司总经理办公会议专门听取了关于住房分配货币化实施方案的汇报。经审议，原则同意实施方案，并对方案的修改作了具体指示。

经过认真的筹备，于7月17日至18日，集团公司住房制度改革工作会议在北京召开。集团公司副总经理陈耕作了重要讲话，集团公司副总经理阎三忠在会议结束时做了总结讲话。这次会议对集团公司实施住房分配货币化工作进行了全面安排和部署。会议对《实施方案》进行了讨论，再次征求了各企业的意见。会议以后，集团公司房改领导小组印发了《中国石油天然气集团公司关于深化住房制度改革实行住房分配货币化的实施方案》（房改字［2001］1号），标志着集团公司系统住房分配货币化的工作开始全面启动。

在住房分配货币化工作中，集团公司和企业精心组织，认真抓好各项重点工作。一是切实加强对住房分配货币化工作的组织领导。各企事业单位主要领导亲自进行住房分配货币化工作的组织和领导工作。存续企业与股份地区公司搞好协作配合，双方有关人员共同组成住房委员会，充实和加强了办事机构，保证住房分配货币化工作做到统一政策，同步实施。二是开展房改政策和工作规范的培训工作。集团公司房改办举办了两期住房分配货币化政策和业务培训班，培训各单位的房改业务骨干近200人。各石油、石化企业也组织了二级单位房改人员的培训班。三是全面开展职工住房普查和建立职工住房档案工作。各石油、石化企业按照集团公司的统一规定，采取个人填报、单位审核、上级单位抽查的方式，对公有住房状况和职工住房情况进行全面普查。同时，按照建设部和集团公司的有关规定，对职工住房建筑面积全部进行了重新核定。各企业为此还建立了专门的普查员队伍。为了高质量、高速度地完成普查建档工作，在住房普查建档工作中运用了计算机和数据库技术。由集团公司经济和信息研究中心、华北石油管理局统计信息中心承担了开发《职工住房普查及住房补贴管理信息系统》的研制任务。在各企业的支持下，用较短时间完成了软件开发工作，提供企业使用，并根据企业的要求，对软件进行了完善。四是加强对试点单位的工作指导。集团公司确定大港油田和大连石化作为住房分配货币化试点单位。集团公司房改办与企业同志共同讨论，总结经验，发现问题，研究提出解决办法。试点单位的领导和房改部门的同志以高度的责任感积极探索，努力工作，为面上工作提供了经验。

在住房分配货币化实施阶段，集团公司房改办注意随时跟踪继续搞好调查研究，及时研究解决实际工作中提出的问题。从10月中旬至11月上旬，房改办组织分地区召开了3个座谈会，进行经济适用住房价格的专题调研，共有48个单位参加，还深入部分重点单位调研，确定了审批各单位经济适用住房价格的原则。根据企业工作中提出的问题，集团公司房改办印发了“关于集团公司系统内跨企业（地区公司）异地调动职工住房补贴发放办法的通知”（房改办字［2001］6号）、“关于住房分配货币化工作中若干具体问题的处理意见”（房改办字［2001］7号）。“关于企业住房分配货币化实施办法报批问题的通知”（房改办字［2001］8号）等文件，对住房分配货币化的具体政策、工作程序作出规定。

为了做好推进住房分配货币化的宣传教育工作，集团公司房改办与政治思想工作部联合发文，对各事企业单位，提出了具体要求。集团公司房改办全年还编发7期《住房制度改革工作简报》，指导了各企业住房分配货币化的工作。

截至2001年底，企业住房分配货币化工作进展顺利，基本上完成了职工住房普查和职工住房信息数据录入计算机工作。大部分单位进入住房分配货币化实施办法的制定和住房普查数据核查阶段。

根据国家要求，还进一步加强了公积金管理工作。截至2001年底，16家石油独立工矿区住房公积金归集总额为82.8亿元。

（官大宏）

股份公司改革与管理

【概述】 2001年是股份公司改制上市后继续开拓前进的一年。公司全体员工以江泽民总书记“三个代表”重要思想为指导，认真贯彻落实集团公司党组以及服务公司董事会的各项决策和部署，在国际油价走低、国内成品油和化工产品市场疲软的不利情况下，迎难而上，克服重重困难，取得了良好的经营业绩。按国际会计准则计算，全年实现对外收入2388.93亿元，经营利润722.2亿元，净利润468.08亿元。尽管原油平均销售价格比上年下降221.12元/吨，但通过增加油气总当量、成品油和天然气销售量，以及削减成本等主要途径，部分抵消了价格下跌的影响。剔除油价因素，实现净利润比2000年增长10.8%。净利润继续在国有及国有控股企业中名列榜首，在亚洲上市公司中名列第一。

中国石油良好的经营业绩和规范的动作，在国际资本市场上树立了良好的形象，获得了国际资本市场的一致好评。2001年7月，在美国《商业周刊》公布的全球1000家最有价值的公司及全球新兴市场200强排名中，中国石油从2000年的105位，上升至73位，并且实现利润高居全球新兴市场200强之首。2001年12月，在亚洲金融及投资管理的权威杂志《亚洲货币》进行的“2001年度最佳管理公司”十项系列评选中，中国石油均榜上有名，其中最佳管理公司、最佳投资者关系、最佳公司战略、最佳公司治理等八项进入前三名。

【管理创新】 股份公司始终把管理创新作为提高公司管理水平的重要途径，予以高度重视，采取措施，积极推进。2001年，在以下主要方面又取得了新的进展。

不断完善集中统一的销售管理体制。成品油销售按照资源流向合理、运输成本最低的原则设立若干配送中心，实行送货制。除部分铁路入关油品外，全面实现陆上和海上一次送货，推行配送制试点的工作也取得了积极成效。化工产品统一销售运作体制，在大庆石化试点的基础上，调整了原有四个大区销售公司的职能，并把原属地区公司的销售部门分立，新设了大庆、吉林、抚顺、兰州等八个地区销售中心，由化工与销售板块直接管理，对全部化工产品实行了集中统一销售。通过统一的组织、统一的运作发挥整体优势，通过统一配置、统一管理巩固营销网络，通过统一运输、统一结算降低成本和费用，通过统一品牌、统一服务树立市场形象，从而初步稳定了市场价格，防止了公司内部各企业之间的自相竞争和物资、产品的无序流动，提高了效率和效益。

大力推进电子商务。建立了电子交易平台、电子商务的管理体系和网络，实行网上采购和网上销售。股份公司总部组建了电子商务办公室，各地区公司相应成立电子商务管理部门。公司还与香港和记黄埔等合资设立了中油和黄信息技术有限公司，建立“能源一号”石油石化行业电子商务网站，为实现网上采购和网上销售提供技术平台和服务支持。整合物资采办业务，按照“集中采办，分类管理”的原则，对一、二类物资特别是石油专用管材和西气东输管道工程所需大宗物资，实行网上采购。2001年7月6日完成了首笔网上交易，并初步完成了西气东输工程用料的网上采购准备工作。同时，本着先试点、后推开的原则，积极开展成品油及化工产品等大宗商品的网上销售。这些措施，对降低物资采购成本，促进传统管理流程和管理方式的变革，提升公司的价值，正在产生深远的影响。

整合对外合作业务。成立了中国石油国际勘探开发公司和国际事业有限责任公司，使股份公司对外合作管理体制进一步完善。其总体格局是：国际勘探开发有限公司负责境外上游业务；国际事业公司负责勘探开发以外的国际业务；国内的对外合作，上游业务由对外合作经理部负责，其他领域的对外合作项目按业务范围，分别由有关板块牵头，与所属地区公司协调进行运作。

【持续重组】 继续实施持续重组战略，加快结构调整，取得新的进展。为提高专业化管理水平和整体效益，将辽河石油化工总厂、新疆油田克拉玛依石油化工厂、长庆油田炼化总厂从油田公司分离出来，划归股份公司直接管理，使业务划分进一步清晰，实施生产、销售统一管理更加有效。

各油气田公司积极整合内部管理架构和管理流程，进一步精简管理层次，压缩机关人员，推行“采油厂—作业区—井站”的管理模式已见到成效。大庆油田把采油九厂各采油矿全部改为作业区，压缩了人员，使吨油成本下降了7.4%，操作成本下降了4.4%。炼化企业按照压缩一级管理层次的要求，调整内部组织结构，撤销分厂或车间，合并生产单元，精简管理人员，也取得了初步进展。成品油销售系统，改革过去按行政区域层层设置机构的做法，取消地、县级销售公司，按照经济区划和合理的销售半径进行重组，合并了部分地市公司，地市公司和直属公司的数量由上划时的292个减少到274个。同时，完成了558个县级公司的业务划转和职能调整工作。

化工企业加大资产重组力度，积极调整产品结构。综合考虑市场、需求、成本、利润、技术水平和创新能力等因素，逐厂逐产品地对主要生产装置进行全面的经济技术分析，围绕重点发展的三大主线和有竞争力的产品，分产品、分装置、分企业地进行结构调整，关停低效、高耗装置，停产既没有市场、又没有效益的产品。吉林石化分公司2001年共关闭了67套长期亏损的生产装置。

【减员增效】 结合持续重组、调整优化结构、减少管理层次、推行“五定”工作等，通过有计划地实施有偿解除劳动关系等方式，2001年，股份公司减员增效工作继续取得新的进展和成效。员工总量由44.1万人减少到42.2万人，减少1.9万人，累计达到5.8万人，提前三年完成了裁员5万人的目标。

【股票表现】 2001年，世界经济增长持续减缓，国际政治局势动荡不安，全球股市在众多负面因素影响下低迷不振，而中国石油的股价继续保持了走赢大市的平稳走势。大致可分为三个阶段：

（1）年初走势平淡。年初至4月中旬，受市场环境的影响，股价表现平淡。美国存托股份（ADS）年初一直在16.56—17.85美元的区间徘徊；香港H股在 1.3—1.46 港元之间小幅波动，交投不够活跃。

(2) 2000 年年报公布前后稳步攀升。从 4 月中旬开始，中国石油明显走强，出现了连续的上涨势头，成交量也成倍放大。2000 年年报公布之后，在宏观基本面及公司本身各项利好消息的刺激下，H 股股价摸高至 1.89 港元，同日，存托股份也于纽约股市升至 23.45 美元的高位。其后，由于周边股市大盘整体下挫，而中国石油股价连续走高，形成部分获利回吐，股价走势开始回调，步入中期调整。2001 年中报之后，受利好消息刺激，股价有所上扬，成交量急速放大。

(3) 年末企稳强于大盘。由于"9.11"事件的影响，导致全球股市大幅下跌，加之中东局势的急转直下，国际原油价格疲弱不振，使石油类股票全线走低。直至年底，在全年业绩向好的朦胧预期下，中国石油股票价格开始止跌企稳。

从 2001 年中国石油股票的整体走势来看，总体市场表现良好。以发行价 1.28 港元/股为基数，股价一直在发行价以上波动，最高涨幅达到 47.7%，至 2001 年最后一个交易日（12 月 31 日）报收于 1.38 港元/股，比年初上升了 6.16%。而同期香港恒生指数从 14870 点跌至 11466 点，下跌了近 23%。表明中国石油股票走势远远强于大盘。

（股份公司总裁办公室调研室）

股份公司监事会运作

【概述】 2001 年度，监事会严格按照《中华人民共和国公司法》、《公司章程》和《监事会组织和议事规则》的有关规定，以维护股东利益为己任，积极探索监事会有效运作途径，规范运作，加大过程监督力度，认真履行了职责。先后召开 2 次监事会会议，列席了 2000 年度股东大会，列席了 4 次董事会会议；召开 2 次听证会，分别听取了财务部、审计部、普华永道、监察部和人事部关于公司财务、关联交易及高级管理人员监督情况的报告，质询有关问题；开展公司财务、成品油销售等专项审计调查 3 次；组织监事到下属企业巡视 2 次。通过上述工作，加大了对公司财务及高级管理人员执行职务行为的监督力度，提高了监督效果，保障了股东的权益和公司的长远发展利益。

【监事会会议】 监事会全年召开了两次会议。第一次会议是 2001 年 4 月 20 日召开的首届监事会第五次会议，审议通过了《首届监事会第五次会议有关议案表决办法》、《监事会关于审议公司 2000 年度财务报告的意见书》、《关于中国石油天通然气股份有限公司总裁班子成员 2000 年度业绩考核意见书》、《监事会 2000 年度工作报告》和《关于聘用公司 2001 年度境内外会计师事务所的议案》，并通报了监事会工作；第二次会议是 2001 年 8 月 29 日召开的首届监事会第六次会议，审议通过了《关于首届监事会第六次会议有关议案表决办法》、《中国石油天然气股份有限公司 2001 年度上半年财务决算报告》、《中国石油天然气股份有限公司 2001 年度中期利润分配方案》、《中国石油天然气股份有限公司首届监事会第六次会议关于公司 2001 年度中期财务决算报告审查意见书》、《中国石油天然气股份有限公司首届监事会第六次会议关于公司 2001 年度中期利润分配方案审查意见书》和《中国石油天然气股份有限公司监事巡视制度》。

【监督检查工作】 为了把监事会的职责落到实处，监事会通过列席董事会会议、召开听证会、监事巡视和专项检查等四种形式，加大了监事会对公司财务监督的力度，提高了监督效果。

(1) 列席了首届董事会第九次、十次、十一次、十二次会议及 2000 年度股东大会。第九次董事会议上，监事会发布了《关于制定总裁班子成员 2001 年度业绩合同和修改总裁班子成员业绩考核办法议案的审阅意见书》；第十次董事会议上，监事会发布了《监事会关于审议公司 2000 年度财务报告的意见书》、《关于中国石油天通然气股份有限公司总裁班子成员 2000 年度业绩考核意见书》；第十一次董事会议上，监事会发布了《中国石油天然气股份有限公司首届监事会第六次会议关于公司 2001 年度中期财务决算报告审查意见书》和《中国石油天然气股份有限公司首届监事会第六次会议关于公司 2001 年度中期利润分配方案审查意见书》；2000 年度股东大会上，提交了《监事会 2000 年度工作报告》和《关于推荐公司 2001 年度境内外会计师事务所的议案》。

(2) 召开了三次听证会，听取了普华永道会计师事务所、财务部、审计部、监察部和人事部等部门汇报。第一次是2001年2月8日，监事会与董事会考核与薪酬委员会一起听取了股份公司人事部《关于制定总裁班子成员2001年度业绩合同和修改总裁班子成员业绩考核办法的议案》和《关于一年来业绩考核工作的汇报》；第二次是2001年4月20日，在首届监事会第五次会议上，听取财务部、普华永道会计师事务所和审计部关于公司2000年度财务决算和审计情况等汇报，以及人事部2000年度对总裁班子成员业绩考核情况汇报；第三次是2001年8月29日，在首届监事会第六次会议上，听取了财务部关于公司上半年财务决算和利润分配情况汇报，以及审计部、普华永道会计师事务所关于公司上半年内（外）审计情况的汇报。

（3）为了使监事更多地了解企业的实际情况，更好地履行自己的监督职责，先后两次组织监事到基层单位巡视。第一次是2001年12月12日至12月18日，白新贺、孙崇仁两位监事到西南油气田分公司和西南销售分公司，分别对两个单位的“关联交易情况”和“销售网络建设情况”进行了巡视；第二次是2001年12月20日至12月29日，吴志攀监事到华东销售分公司，对“销售网络建设情况”及营销情况进行了巡视。两次巡视都写出了巡视报告，得到了管理层的重视。

（4）组织了两次专项检查。2001年5月10日至25日，监事会办公室与监察室、炼油与销售分公司组成两个检查组，分别对东北、西北地区的部分炼厂，2001年1至4月份成品油销售“四统一”规定执行情况进行了检查。7月25日至8月12日，监事会办公室组成调研组，对东北地区的辽河油田分公司等六家企业2001年上半年经营情况进行了调研。先后听取了六家企业的汇报，查看了上半年的会计报表，视察了部分企业的生产现场和加油站等。

【理论研究】 1999年10月中国石油天然气股份有限公司监事会成立以来，严格按照《公司法》和《公司章程》的要求，忠实地履行自己的职责，取得了较好的成绩，得到了中国证监会的肯定，但在实际工作中，还面临着这样或那样的问题。为了更好地保护股东的合法权益，实施更有效的监督，结合股份公司的实际情况，年初完成了“监事会的有效运作”课题立项，对课题的项目概要、基本框架、研究目的及意义、国内外研究概况、进度安排及最终目标、研究思路、项目组织实施方法、应用前景等做了明确和分析。该项目已委托科研机构进行研究。经过反复研究、讨论，项目初稿已经完成。

【经验交流】 2001年监事会在加强对自身工作研究的同时，积极开展对外交流活动，注重汲取别人的先进经验。

（1）加强同证券监管部门的联系。2001年2月13日和9月28日先后两次向中国证监会汇报工作。证监会听取汇报后，对中国石油监事会的工作给予了很高的评价，认为中国石油监事会的工作到位，走在了前面，实实在在地发挥了作用，为中国上市公司树立了榜样，提供了许多生动的实例和做法，走出了新路子。

（2）2001年6月12日，组织召开了中油系统监事会工作座谈会。中国石油、吉林化工、石油龙昌、三星石化和锦州六陆五家上市公司监事会派代表参加会议。与会代表畅所欲言、各抒己见，不仅介绍了本单位监事会工作的开展情况，分析了存在的问题，而且对如何做好监事会工作提出了一些好的建议。

（3）2001年6月26日，监事会办公室到中国石化股份有限公司监事会办公室进行工作交流。双方介绍了各自监事会工作开展情况，并对一些具体问题进行了磋商。

（4）2001年6月27日，监事会办公室到中国人民大学拜访了监事会学者殷少平先生，并就监事会工作进行了交流座谈。

（白新贺　王一端　佟魁杰）

股份公司法律顾问工作与管理

【概述】 2001年，股份公司总部及地区公司按照股份公司2000年法律工作（电话）会议精神，紧紧围绕公司中心工作，将保障公司依法规范运作，防范法律风险，维护公司合法权益作为工作的基本点，在调整法律管理体制，理顺和完善法律业务体系，健全法律工作制度，加强队伍建设，优化合同纠纷管理以及参与公司重大项目等方面进行了大量卓有成效的工作，基本形成了公司新体制下法律工作管理和法律业务体系的基本框架，建立起总部和地区公司较为完整的法律工作体系，法律业务范围不断拓宽，工作质量进一步提升，法律工作在企业经营管理中发挥着越来越重要的作用，并出现良好的发展势头。

【重大项目法律服务】　2001 年，股份公司总部直接运作的重大项目明显增多。既有西气东输、电子商务、中俄管线等重大合资合作项目，又有托管加油站收购等境内外市场并购项目；既有化工产品销售、润滑油等业务整合和海外设立公司等涉及的法律体制和法律程序问题，也有建立安全生产合同制度等重大管理举措涉及的法律机制问题。经营性项目投资小则上亿、大则上百亿，管理性项目也都有全局性影响，对股份公司发展有根本性意义。同时，无论经营性项目还是管理性项目，都广泛涉及多个法律专业领域，要求法律部门具有相应的专业知识和技能，对法律部门的专业素质和工作水平提出了更高的要求。保障项目依法安全运作成为公司法律部门的一项重要工作。

2001 年，法律部门主持或参与各类重大项目 21 个，其中合资合作项目十个，市场并购六个，管理性项目五个。每个项目都有专人或专门班子自始至终跟进，提供全方位、全过程的法律支持，保障了项目顺利开展。特别是对公司发展有战略性影响、但又存在很大法律风险的收购项目，法律部门会同有关部门认真研究措施，最大限度地回避或化解风险，实现公司战略意图。如南方某地区油库的股权收购，针对被收购公司土地使用权由原股东持有并已抵押等重大风险，公司主管领导亲自主持研究，在资金支付、解除抵押和土地权属变更等方面采取了严密的法律措施，实现了低风险收购，并在收购后不久很快化解风险。在设立电子商务公司、电子商务网站的筹备工作中，法律部门与股份公司有关部门、中介机构密切配合，起草审查了合同、章程、协议等各类法律文件，筹备董事会等有关会议，办理合资公司设立登记、互联网信息服务许可证等工作，保证了项目的顺利实施。为有效保护公司商标权，法律部门提出了境外商标注册方案，积极协调境内商标注册工作，并获国家商标局初审通过。

2001 年，各级法律部门积极介入公司重大决策，按照“预防为主，积极参与”的原则，对重大项目、重大方案和重大管理措施积极进行法律论证，向各级领导提供了大量法律论证意见，为领导决策提供了有效的法律支持，法律工作在决策中的作用日益突出。在公司总部和部分地区公司，法律论证已初步成为决策前的重要程序，并开始由一般咨询型向筹划设计型转变。全年，法律部共向管理层呈报书面法律论证报告 70 件，有 68 件被全部采纳并实施。其中，法律部会同有关部门先后设计提出的以作业服务方式合作开采难动用储量、公司托管加油站收购及境内外股权或资产收购、规范公司合资合作管理及对销售系统收购加油站实行授权管理、中俄管道合作模式等各类方案和意见，都得到管理层的高度重视，实施中也收到了好的效果。

在股份公司重大项目运作过程中，法律部门与总部机关各部门、各业务板块以及项目涉及的有关地区公司，建立了密切的工作联系，相互配合协作的工作机制开始形成，项目运作中的法律风险和失误明显减少。

【合同管理】　2001 年，股份公司把合同管理作为法律工作的重中之重，从完善制度入手，全面加强合同管理，公司合同管理状况有了较大改观。一是，普遍建立合同管理制度和管理流程，形成了统一管理、归口审查、分级负责的管理格局。据统计，公司 2001 年签订各类合同 118764 件，按规定进行了法律、经济、技术审查的 103411 件，占合同总件数的 87%，签约覆盖率有所提高。二是，严格并完善了签约授权制度。在公司总部，所有合同及协议性文件，都须经总裁书面授权，所有授权都对签约人的权利、义务作了明确规定。2001 年，总部机关对外签署 421 个合同和协议性文件，没有越权签约情况。各地区公司授权管理也逐步走向规范。大庆油田制定了授权管理制度，严格按规定的事项和程序授权，有效地避免了乱签约的情况发生。三是，大部分地区公司根据公司新体制要求加大了合同集中管理和监控力度，克服了管理分散导致的风险扩大。抚顺石化实行集中管理后，进一步规范合同管理权限和程序，将合同订立、审查、履行纳入年度考核范围，节约资金近 4000 万元，合同签约率、审查率和履约率均达到 100%。四是，合同管理由重合同订立向招投标和履约监控双向延伸。法律部门参与招投标和谈判的全过程，冀东油田企管法规处还牵头组织各类招投标活动，大大地提高了合同管理的透明度。不少地区公司法律部门会同有关部门或单位跟踪合同的履行，促进了合同的实际履行。五是，推行现代管理手段，引入计算机管理。大庆、大港、抚顺等地区公司运用现代化手段管理合同，提高了管理效率。公司总部法律部门在科技信息部门的大力支持下，已研究开发了合同管理软件，待地区公司网络连通后即可实施。2001 年，辽河油田、青海油田、抚顺石化、兰州石化四家地区公司被国家工商总局优选为全国性的“重合同、守信用”单位。通过加强合同管理，有效地维护了公司交易安全，提高了经济运行质量，同时由于采取引入竞争机制、减少预付款等措施，降低了成本、提高了效益。

2001年股份公司各级法律部门积极采取措施，依法处理各类争议和纠纷，在提高胜诉率、降低诉讼成本、减少损失程度上狠下工夫，有效地维护了公司合法权益。股份公司总部还会同专业公司、地区公司妥善处理了一些重大疑难案件，从已结案件情况看，胜诉率较高。在处理重组前遗留案件工作中，各地区公司和存续企业始终坚持维护全局利益，对内严格执行重组协议，形成合力、一致对外，较好地维护了集团公司和股份公司合法权益。

【法律工作管理体制调整】 2001年，法律部门研究借鉴国外大公司法律管理的经验和做法，积极探索适应公司新体制、新机制的法律工作业务体系、管理体制、运行机制，力求从根本上奠定股份公司法律工作的基础，公司法律管理体制、机制在实践中不断趋于完善，法律工作业务体系和队伍建设进一步加强。在管理体制方面，按照股份公司一级法人体制和防范风险的要求，初步建立了地区公司法律业务由公司总部和地区公司双重管理、法律机构对公司总部和地区公司领导双向负责、地区公司对所属单位法律事务实行集中管理的体制，并在大庆油田、辽河油田、抚顺石化、大港油田、兰州石化、长庆油田等六个地区公司进行试点。通过一年试点工作，基本解决机构人员不健全、制度不完善、法律业务分散、上下信息不畅通等影响法律工作开展的主要问题和薄弱环节，健全了机构设置，优化了人员结构，提高了人员素质，完善了工作制度，奠定了建立相对集中的法律工作体系的组织基础，初步形成了法律工作双重管理和双向负责，内部法律业务相对集中管理的新的法律工作管理体制和工作机制的基本框架，初步达到了人员合理配置、业务优化管理、风险共同防范的目的。在业务建设方面，初步形成了以合同管理为主的民事法律工作体系，以公司、证券业务为主的商事法律工作体系，以安全、环保、质量等业务为主的行政法律工作体系，以重大涉外项目为主的涉外法律工作体系和以建立规范的法律工作体制、机制为主的法律顾问管理体系。同时，法律部门积极探索公司法律工作的合理定位，本着服务于公司主营业务的宗旨，建立法律业务与经营管理业务融合、法律部门与业务部门相互协作、共同防范风险、促进业务发展的工作机制，在实践中已见到了较好的效果。

为适应股份公司法律工作发展的需要，法律部重点加强了法律工作队伍建设和法律人员素质提高等工作，加快了实施人才培训战略的步伐。按照培养一批既懂外语，又熟悉涉外法律业务的专家型和复合型法律人才的要求，法律部采取多种形式提高总部法律人员的综合素质，加大了业务人员对公司证券、反倾销、反垄断以及外语学习、培训力度，使总部法律人员综合专业素质和整体外语水平有了新的提高。根据股份公司法律工作实现与国际大石油公司接轨的需要，拟定了法律人员国外培训五年规划，确立了培养复合型涉外法律人才的工作目标和具体措施。为加强地区公司法律工作队伍，法律部分两期对地区公司100名非法律专业毕业，具有大学学历，有较丰富的企业工作经验，比较优秀的处、科级干部和业务骨干进行了为期四个半月和三个月的法律专业培训，通过严格考核，这些同志较好地掌握了法律专业大学本科主要课程内容，基本具备了从事企业法律顾问工作所需要的专业知识条件，对充实和加强地区公司法律工作队伍起到了积极作用。

【企业依法治理】 根据国家“四五”普法的统一规划和普治结合的要求，法律部经过大量调查研究和反复论证，结合公司改制上市的特点，在安排“四五”普法的同时，制定了股份公司依法治理指导意见，形成了公司依法治理的基本思路和工作方案，对确立公司依法治理的理念，强化公司证券、对外交易、专业管理、劳动用工四大领域的依法经营管理，建立公司法律业务与各项经营管理业务相结合的工作机制和加强法律顾问工作，作了全面的部署安排。各单位依据“四五”普法规划和依法治理指导意见，并结合各自实际情况研究制定了本单位推进依法治理工作的具体措施，公司“四五”普法和依法治理工作全面启动。

为实现法律工作制度化和规范化，总部和地区公司结合企业法律工作和依法治理的需要，进一步健全和完善了法律工作管理和法律业务的各项制度，逐步形成公司统一的法律工作制度体系。公司先后下发了《关于改进和加强股份公司法律工作的通知》、《股份公司“四五”普法规划》、《股份公司依法治理指导意见》，起草完成了《股份公司法律工作管理规定》、《股份公司纠纷案件申报办法》和《地区公司外聘律师管理办法》等基本制度和有关业务管理办法。地区公司根据公司的制度和规定，结合实际情况也分别制定了相关办法和实施细则，建立和完善了法律咨询论证、合同管理、纠纷处理、工商登记、招投标等有关业务工作流程。

针对股份公司上市后安全生产面临的新形势，法律部会同质量安全环保部、人事部研究起草了《公司安全生产合同管理通则》，运用法律手段增强员工的风险意识，建立员工安全生产责任制，采用合同方式明确外委工程服务项目双方的安全生产权利义务关系，最大限度地改善公司安全生产的薄弱环节。

为建立企业依法治理的良好氛围，提高企业员工的法律意识和法律素质，各级法律顾问采取多种形式积极开展法制宣传教育，使广大员工掌握与本职工作密切相关的法律知识，为企业形成良好的法律氛围奠定了基础，有效地促进了依法治理工作的顺利进行。

法律部将积极参与国家的立法活动，努力为股份公司营造一个良好的法律监管环境作为一项重要工作，全年共处理国家有关部委立法事项七件，其中，具体负责答复了《中华人民共和国对外合作开采陆上石油资源条例》修订的征求意见稿，提出了有利于股份公司的答复意见，大部分内容已被国家立法部门采纳，并于2001年将修订稿颁布实施。同时，组织专人对外经贸部《民商事管辖权及外国判决公约》征求意见稿，从保护公司利益角度进行了研究答复，如被采纳，也将影响我国对涉外民商事案件管辖、相应判决的承认与执行等方面的立法。

【基层法律顾问工作】　2001年，地区公司按照股份公司法律工作重点，紧紧围绕企业经营管理工作，以规范公司运作、防范法律风险、维护公司合法权益为重点，积极探索适应上市公司发展的法律事务工作机制和工作内容，不断拓展业务领域，提高服务质量，主动参与企业重大生产经营活动，认真开展了法律咨询论证、合同管理、纠纷案件处理、工商登记注册、招标投标、关联交易、法制宣传教育等法律事务工作，为地区公司生产经营管理活动的规范安全运行提供了有效的法律保证。

一是，进一步调整法律工作机构，优化法律人员结构，明确工作职责，拓宽业务领域。各单位根据国家经贸委《企业法律顾问管理办法》和公司《关于改进和加强股份公司法律工作的通知》、公司人事部《关于调整地区公司法律事务组织设置有关问题的通知》的规定，结合企业实际情况，逐步健全法律机构设置，优化法律人员配备，进一步调整和明确了法律机构工作职责，突出了法律顾问在参与重大经营决策法律论证、审查管理企业重要规章制度、管理企业合同、参与重大项目、处理行政法律事务等方面的职责和功能，法律业务领域进一步延伸，法律工作可以直接参与不同层次的经营管理活动，面对面地提供法律服务。大庆油田根据企业对法律工作的实际需要，确立了法律部门的合同管理、关联交易、经济纠纷案件处理、企业登记、合格分承包方资格审检、法人授权、依法治理、法律培训等工作职责，工作领域基本涵盖了企业经营管理的主要领域。

二是，加大合同管理力度，不断提高合同管理水平。2001年，地区公司坚持以事前防范为主、加强事中控制的原则，进一步完善了分级负责、分专业审查、统一管理的合同管理工作体系，加大合同监管力度，理顺合同专业管理与综合管理的关系，合同管理水平有了较大程度提高。合同管理部门注重发挥综合协调的职能，加强合同履行监督，合同管理由过去的事后管理，逐步变为事前防范和事中控制，部分单位运用现代化管理手段，加大合同监管力度，实现了管理方式上的创新。在合同签订过程中，严格履行重大合同签订审查程序，确保重大合同的签约质量，法律顾问介入合同管理的程度普遍提高。大庆油田通过理顺合同专业管理和综合管理的关系，建立完善合同管理和监督程序，开发合同动态管理系统，实现了合同管理工作从过去的传统管理模式向现代管理模式的跨越，有效地提高了合同管理的工作效率和整体水平。抚顺石化从规范合同签订的权限、合同专用章的管理、合同签订程序入手，加大整顿和规范合同管理秩序的力度，健全合同管理流程，并将对合同“签订、审查、履约”三率纳入对所属企业年度考核范围，直接与奖金挂钩，全年签订各类合同一万余份，合同签订、审查、履约率均达100%。大港、长庆、玉门等公司，也相应地加大了对合同集中管理和规范管理工作力度，有效地维护了交易安全。各地区公司法律顾问还结合合同管理工作，积极参与企业招投标活动，处理有关法律事务，并对招标程序、招标文件、投标方资质等进行严格的法律审查，保证了招标活动依法规范运行。

根据集团公司2001年工作会议和股份公司关联交易工作会议精神，在认真贯彻“双赢”战略的基础上，依法规范了关联交易合同的签约行为，保证了关联交易协议既符合文件规定，又符合上市地相关法律要求。

三是，按照预防为主的原则，积极开展法律咨询论证工作，为各级领导当好法律参谋。地区公司法律顾问针对企业经营管理工作实际需要，围绕矿产资源、环境保护、企业改制、合资合作、企业设立和变更登记、招标投标、土地使用权、诉讼非诉讼案件、行政处罚以及劳动关系等多方面提供法律意见和建议，大部分被各级领导和有关单位采纳，保证了公司重大经营事项的合法性。在工作中还形成了很多成功范例，大港油田法律部门对地方政府强制收取环保排污费的法律依据进行了充分论证，在确认其乱收费性质后，向领导提出先协商、后诉讼的法律建议，经与地方政府多次交涉，依法据理力争，为公司避免1000多万元经济损失。为了更好地解决企业经营活动中经常遇到的法律问题，法律部门主动为企业经营管理活动提供法律咨询服务，并向各单位下发了《关于征集各单位在生产经营管理中遇到的有关法律问题的通知》，对所收集的问题整理归纳为七大类27种，在组织人员认真研究后，深入到各单位提供有针对性的法律咨询和法律服务，收到了较好效果。甘肃销售法律部门对地方政府有关部门滥收加油站占道费进行深入论证，向公司领导提出依法申请取消该项收费的方案，并直接负责程序运作，最终结束了长达十年之久的不合理收费。华东销售法律部门针对销售设施收购中主体法律关系、财产权属关系存在的问题，提出依法规范的论证意见并得到采纳，目前这项工作已取得很大进展。通过对决策的法律论证，不仅有效地防范了法律风险，避免或减少了决策失误，而且对优化公司经营管理，也起到了积极作用。长庆油田法律事务处按照“全过程、全方位、深层次”的原则，积极地为企业生产经营活动提供高质量的法律服务，全年就油田勘探开发中涉及的资源保护、环境保护、企业开业和变更登记、招标投标、土地使用权、诉讼非诉讼案件等方面向企业提供法律意见275件（次），多数意见被领导采纳，受到各方面的好评。

四是，积极处理纠纷案件，维护油田公司合法权益。2001年，地区公司加大了纠纷案件处理力度，依法有效地维护了企业合法权益和公司正常的生产经营秩序。在案件处理过程中，充分发挥专职法律人员的作用，将提高案件胜诉率，降低诉讼成本作为处理经济纠纷的重中之重，并妥善处理好与存续企业关系，积极协调配合，共同维护双方的合法权益。大庆油田法律部门通过处理各类案件，有效地避免和挽回了经济损失。长庆油田外部环境差，公司领导重视运用法律武器护厂保油，法律部门全年通过诉讼等方式避免和挽回大量经济损失，维护了企业的合法权益。宁夏销售法律部门针对假冒“中国石油”名称和标识等侵权情况，请求并主动配合工商行政部门依法查处，维护了公司的名称权和市场信誉。

五是，采取多种形式进行法制宣传教育。为使广大员工掌握必要的法律知识，提高法律意识，增强法制观念，各级法律顾问，采取专题讲座、以案讲法等多种形式对广大员工普及法律知识，进行法律培训，为企业依法规范运作创造良好的法律氛围。兰州石化结合企业的突出问题编写典型案例，通过内部网向职工发布，宣传有关法律、法规，并组织职工对《劳动法》、《工会法》等与其自身利益密切相关的法律问题进行讨论，取得了好的效果。长庆油田针对近年来油区治安环境日趋复杂，破坏油田设施和输油管道、盗抢物资器材和原油、围攻殴打企业职工、非法采油和乱开滥采等违法犯罪行为不断发生的实际，组织法律顾问深入基层向一线员工巡回宣讲有关法律知识，并结合企业实际案例，编写了《依法护矿保油宣传手册》，使广大职工能够自觉地运用法律武器依法维护企业合法权益。大庆油田企管法规部组织法律人员，对公司组建以来发生的一些典型经济纠纷案件进行分析，在总结经验教训的基础上编写案例，下发至有关单位和人员，用案例进行法制宣传和教育，以提高广大员工的法律意识，

六是，妥善处理工商法律事务。针对公司持续重组带来的个别分公司合并、分离、名称变更、经营范围变化、负责人调整等情况，地区公司法律人员从保证依法开展经营活动需要出发，规范经营性机构变更登记行为，及时办理了相关的工商变更登记和注销登记手续，为公司及所属单位开展经营活动提供了法律保障。

【基础工作】 2001年，根据法律工作的特点和实际需要，法律部进一步强化部门自身建设，组织力量加大对反垄断、反倾销、电子商务等前瞻性法律问题的培训和研究工作力度。同时，进一步加强文书、档案、资料的管理，基本实现了文书档案资料系统化分类管理。

针对公司资本市场突发事件、境外并购和合资合作项目较多、需要使用外部律师的实际情况，为了保证服务质量、控制费用支出，股份公司加强外聘律师的使用管理，严格控制法律费用，建立并严格执行外聘律师使用管理制度。一是，所有项目外聘律师统一由法律部门负责办理，任何部门和单位不得擅自有偿使用外部律师。二是，对外部律师的聘用实行招标，法律部会同有关部门评选确定，紧急事项来不及招标的，也要在2家以上比选，集体研究提出选聘方案。所有选聘律师都须经管理层最终审定。三是，对需要外聘律师的项目，要求内部做好基础工作，凡法律部门、业务部门自己能做的事情不能甩给律师做，尽量减少律师计时费用。四是，凡律师服务事项，必须向

法律部预先提交预算，项目完成后法律部对其服务质量和服务时间进行审核，否则不予付款。同时，法律部注重与外聘律师的合作和交流，培养内部人员处理专项法律事务的技能，尽量摆脱对外部律师的长期依赖。在运作过程中，法律部与有关部门密切合作，基本保证了外聘律师的服务质量，满足了公司业务发展中特殊的法律需求，且外聘律师费用严格控制在预算之内。

（股份公司法律事务部）

人事管理

【概述】 2001年，集团公司人事工作以江泽民总书记“三个代表”重要思想为指导，认真贯彻党的十五届五中、六中全会精神，按照全国组织部长会议、人事、劳动厅局长会议及集团公司工作会议的要求，紧紧围绕集团公司总体发展目标，转变工作作风，改进工作方法，进一步加强企业领导人员、专业技术和管理人员、操作人员“三支队伍”建设，加大人事、劳动用工、工资分配和社会保险等配套制度改革力度，不断探索和完善与现代企业制度相适应的人才选拔任用机制、监督约束机制、考核激励机制和培训培养机制，开创了人事工作的新局面。

【领导班子考核建设】

1. 以“三讲”学习教育活动为契机，加强企业领导班子思想政治建设

根据中组部、集团公司党组的统一部署，在集团公司及57个所属单位的领导班子中全面开展了“三讲”学习教育活动，制定了集团公司“三讲”学习教育活动实施方案，举办了企业领导人员“三讲”学习教育培训班，培训了400多人；编辑出版了《集团公司“三讲”学习教育活动文件材料汇编》，选派业务骨干参加集团公司“三讲”指导检查组，指导企业开展“三讲”学习教育活动。通过“三讲”学习教育活动，使企业领导班子的思想政治建设见到明显成效。

2. 以“三个代表”重要思想为指导，大力加强领导班子组织建设

坚持以“三个代表”重要思想为指导，坚持德才兼备、党管干部和公开、平等、竞争、择优的原则，以企业领导人员选拔任用机制改革为突破口，积极推行差额竞聘制，全年26个单位的领导班子实行了公开选拔、竞争上岗。对拟聘人员全部进行任前公示，扩大选人用人的民主。同时，坚持按职数配备，不断优化班子的年龄和专业知识结构，提高各级班子的整体素质。全年共考核、充实、调整了集团公司党组管理的领导班子82个，提拔企业领导人员108人，一大批优秀年轻干部走上了领导岗位。通过调整、充实，企业领导班子的整体力量得到加强，领导班子的年龄结构、专业结构明显改善，凝聚力、战斗力明显增强。

【干部培养、聘任、选拔】

1. 加快培养优秀年轻领导人员，不断优化班子结构

结合企业改革、扭亏解困和生产经营工作实际，针对一些领导班子年龄结构不合理、专业不配套、改革创新意识不强的问题，进一步加强企业领导班子的充实、调整、配备工作，选配了41名40岁以下，政治素质好，年富力强，有改革创新意识，熟悉市场经济，具有工商管理、法律、商务、金融、涉外知识的年轻干部进入领导班子。

2. 抓好后备领导人才的培养工作

结合企业领导班子考察，对集团公司管理的后备领导人才队伍进行充实、调整，通过民主推荐和严格考察，掌握了一批成熟的后备人选。对后备人选通过压担子和强化培训等措施，提高他们的实际工作能力和政策理论水平。继续有计划地开展领导人员交流工作，推进地区公司与专业公司、机关与基层之间领导人员的交流，全年共交流领导干部30多人。

【人事制度改革】

2001年，集团公司被中组部列为国有企业人事制度改革综合试点单位。集团公司以此为契机，积极稳妥地全面推进人事制度改革试点工作。

1. 明确了人事制度改革的目标和任务

在中组部的具体指导下，制定了集团公司《干部人事制度改革试点工作方案》，确定了人事制度改革试点的目标和任务，提出了12个方面的研究课题，明确了需要制定的20个配套制度。通过召开集团公司人事制度改革座谈会，全面部署了人事制度改革试

点工作，确定了股份公司、大庆石油管理局、大庆油田分公司、抚顺石化公司、抚顺石化分公司、地球物理勘探局、哈尔滨石化分公司等7家综合试点单位和辽河石油勘探局、长庆石油勘探局、华北石油管理局、物资装备（集团）总公司等5家单项试点单位，要求各试点单位解放思想、观念创新，力争在完善企业领导人员管理体制、改进选拔任用方式、完善考核办法、健全激励机制和监督机制、强化培养培训、加强企业党的建设等七个方面取得突破。

2．人事制度改革试点工作取得了阶段性成果

12个方面的研究课题取得重大突破，20个重点配套政策制度也比较完善。中组部下达的重点研究课题“企业经营管理人员综合业绩考核办法”和“国有企业发挥党组织政治核心作用问题研究”取得重要进展。特别是企业领导人员任用机制改革取得新的突破。在集团公司统一组织下，累计对26个大型骨干企业的领导班子，按公开选拔、竞争上岗的办法配备了行政副职，占所属企业的15%。通过公开竞聘，在任用机制上迈出了可喜的一步，使一大批优秀同志脱颖而出，班子整体素质得到了提高，班子的活力和战斗力得到增强。特别是通过公开竞聘，促进了新的选人用人机制的形成，也大大促进了企业生产、经营和改革事业的发展。

【劳动力管理】

1．调整队伍结构和组织结构

根据集团公司持续重组的要求，按照突出主业、分离辅业、整合归并的原则，对队伍结构进行了调整。通过加强工程技术服务队伍，优化生产服务队伍，精干加工制造队伍，改制多种经营队伍，分离社会服务队伍，使队伍结构进一步得到优化，参与市场竞争能力得到增强。组建了中国石油集团工程设计有限责任公司，实现了工程设计的专业化管理。根据管理和经营需要，先后对中国石油审计所等单位的机构进行了更名，并调整了中国石油第一建设公司、第六建设公司、第七建设公司的隶属关系。指导基层单位按照专业化管理、集约化经营的思路，遵循精干、高效的原则，对企业内部的机构进行了调整优化。

2．推进减员增效工作

一是认真做好“五定”工作，精简机构，精干人员。二是积极稳妥地开展有偿解除劳动合同工作，加强了对解除劳动合同人员的审查，防止造成技术骨干人才流失。全年共批复9.6万人办理有偿解除劳动合同。三是分离企业办社会职能，指导企业积极与地方协商，解决所属的学校、医院等社会机构移交问题，全年共划转职工1.7万人，96所企业所属学校为划转地方做好了准备。四是围绕产权制度改革，推进整体带资分流。全年对31家改制立项单位的改制方案进行了审查，涉及整体带资分流的职工近7000人。通过实施减员增效，企业职工队伍专业结构、年龄结构、文化结构有了较大改善，企业人工成本得到有效控制。同时，进一步规范劳动合同管理，指导企业及时做好劳动合同的续签、变更、解除及终止工作。

【培训工作】

1．加强对培训工作的宏观指导和管理

制定了《“十五”教育培训规划》，提出了“十五”期间培训目标及措施，对企业培训工作起到了宏观指导作用。督促检查《关于加强培训工作的意见》及《关于加强培训工作的意见实施细则》的落实情况，指导基层单位对存在的问题进行了及时整改。制定了《关于处级干部任职资格培训的实施意见》，规范和加强了处级岗位任职资格培训工作。

2．抓好重点项目培训工作

分4期对所属企业局级领导进行了“三讲”教育和企业发展战略培训，共培训407人。组织实施了4期企业领导干部国外MBA培训，共培训46人（其中派出31人，待派出15人），学成归国人员7人。举办了12期处级干部岗位任职资格培训班，共培训384人。开展了技术服务队伍对外合作、外语和商务管理、国际财务与会计、项目管理（PMP）等出国培训，共培训148人。2001年，集团公司完成各类培训项目113个，其中A类项目12个，B类项目101个，培训各类管理和专业技术人员5916人。同时，各企业还采取不同形式，广泛开展了以鉴定前培训为重点的操作人员培训，全年共培训13.4万人。

【工资管理】

1．完善工资总量调控办法

基本理顺了国家对集团公司及集团公司对企事业单位的工资总量调控办法。2001年对集团公司所属企事业单位工资总量考核时，延续了“两考两挂”的办法，完成了对各单位年度工资总额的考核与调控。并在此基础上，引进劳动力价位、工资指导线和人工成本等辅助控制指标，提出了集团公司对所属单位的工资总量调控办法。

2．提出了基本工资制度改革方案

按照国家《关于深化企业内部分配制度改革的指导意见》，在多次调研套算的基础上，提出了集团公司基本工资制度改革及实施方案。其中，准备对高级管理岗位人员实行年薪制，对中层及以下的管理、专

业技术人员实行岗位工资制，对操作服务人员实行岗技工资制。新拟定的基本工资制度改革方案，调整了工资结构，简化了工资单元，加大了岗位要素及绩效工资在工资结构中的比重，在体现岗酬结合、技酬结合、劳酬结合等方面取得了新的突破。

【人才交流】

1. 人才引进工作

2001 年，集团公司共接收毕业生 3305 人，其中研究生 63 人，本科生 2482 人，专科生 454 名；组织召开了 2001 年毕业生引进工作经验交流会，成立了集团公司毕业生引进工作协会，建立起企业与院校之间的联系纽带。为了加强校企之间的合作，扩大企业影响力，树立“尊重知识、尊重人才”的良好企业形象，集团公司出资 3000 万元在 15 所高等院校设立了“中国石油奖学金”，并通过设立的企业博士后工作站，积极吸引高级人才为企业服务。

2. 做好人员借聘和留学生服务工作

为了适应海外勘探开发对人才的需求，制定了新的借聘政策，下发了《关于海外石油资源开发项目借聘人员有关问题的通知》和《关于国外石油工程承包项目借聘人员有关问题的通知》。全年办理借聘 107 人次。制定并组织实施了 2001 年度赴俄留学生培养项目，全年共派出 10 名研究生和 24 名进修生赴俄留学。根据人才交流中心试点工作经验，积极探索企业人才市场与社会人才市场接轨的办法，进一步加强了人才劳动力市场建设。

【职（执）业资格评定】

1. 进一步完善专业技术人员管理体制

配合人事制度改革工作，起草了集团公司专业技术人员管理改革指导意见、专业技术人员岗位聘任管理办法、专业技术人员岗位设置意见等管理办法，准备通过以上意见和办法，进一步完善专业技术职务聘任制和评聘分开的管理体制。建立健全了岗位职责和与之相适应的绩效考核制度，使专业技术人员管理更加科学、规范。2001 年，向中国科学院和中国工程院推荐了 9 名院士候选人，向国家推荐了 30 名享受政府特殊津贴人员及 10 名专家；组织开展了教授级、副高级职称评审工作，共评审高级职称 1470 名；组织了 21945 名职工参加集团公司 2001 年度晋升职称外语考试，通过率为 43.2%。

2. 加强职业技能鉴定站（所）建设

建立了集团公司职业技能鉴定站（所）达标评估制度。根据劳动和社会保障部《关于开展全国职业技能鉴定质量检查工作的通知》，结合集团公司实际，制定下发了《职业技能鉴定中心年检评估验收标准》和《职业技能鉴定站验收评估标准》，按照标准对 33 个企业的 14 个鉴定中心和 46 个鉴定站（所）进行了检查。认真做好企业鉴定试点工作，新增了华北石油管理局、抚顺石油化工公司、新疆石油管理局三个单位为第二批国家企业鉴定试点单位，并指导他们制定了试点实施细则。指导大庆石油管理局等四个首批试点企业探索操作技能考核与企业生产实际相结合的鉴定方法。2001 年，各企业共鉴定 14.5 万人，其中 11.2 万人取得职业资格证书。

3. 开展技师、高级技师考评工作和集团公司技术能手评选活动

下发了《关于技师、高级技师考评有关问题的通知》，进一步规范了技师、高级技师考评工作。2001 年底，集团公司高级技师人数从 2000 年的 419 人增加到 539 人。开展了第三次集团公司技术能手评选表彰活动，共有 106 名技术工人被评为集团公司技术能手，其中 95% 以上的技术工人来自生产一线。到 2001 年底，各企业累计评选技术能手 55440 人。

【社会保险】

1. 研究石油企业多层次保险体系

根据国务院有关加快建立企业多层次保险体系，提高职工的退休待遇水平和医疗保障水平的精神，在充分调研、测算的基础上，按照“先基本后补充，效益第一，量力而行”的原则，研究提出了石油企业年金制度实施方案和石油企业补充医疗保险实施办法，待时机成熟时，组织企业实施。企业年金实行基金完全积累，专项储存，独立运营，个人账户管理。补充医疗保险重点解决参加地方基本医疗保险统筹后，在职职工和退休人员医疗费用负担过高和大病医疗保险问题。

2. 做好有偿解除劳动关系人员社会保险接续工作

根据实施有偿解除劳动关系政策后反映的社会保险接续问题，积极向劳动保障部汇报，落实有关政策问题；对所有企业社会保险接续工作进行调查，逐一分析各险种接续情况以及没有接续的原因，针对各企业接续工作中不同问题和具体情况，提出解决措施和办法；同时配合企业积极做好地方政府工作，分别到辽宁、吉林、四川等省与地方劳动和社会保险部门沟通情况，多方协调，使 90% 的人员接续了养老保险关系。同时，要求企业做好有偿解除劳动关系人员的思想工作，取得他们的理解和信任。

【基础工作】

1. 继续做好劳动定额管理工作

组织制定、修订了采气工程、输气工程等 9 项劳

动定额标准，举办了一期定额员培训班，培训定额员60余名；组织了“双定”学术研讨活动，编制了“标准体系课题研究报告”。

2. 加强人事劳资统计与信息工作

全面、准确、及时完成了各项报表任务，编写了分析报告，保证了各方面对统计资料的需求。举办了人事统计人员岗位培训班和计算机培训班，培训200多人。完成了集团公司“九五”人事统计资料汇编，参加了集团公司组织的统计执法检查工作。认真办好《石油人事劳动》，出版了四期，起到了研究政策、交流经验、沟通信息的作用。

3. 人事档案管理工作取得了新的成绩

按人事档案达标升级标准完成了所管档案的整理。组织开发了人事档案管理软件，并进行了试运行。重新修订了档案管理培训教材，举办了两期档案管理人员培训班，共培训200多人。对前郭炼油厂、济南柴油机厂等8个申报档案目标管理等级的单位进行了检查验收。到2001年底，43个企业490个管档单位档案管理达标，其中242个管档单位达一级标准。

（集团公司人事劳资部）

股份公司人事管理

【概述】　2001年股份公司人事工作以党的十五届六中全会精神和江泽民同志“三个代表”的重要思想为指导，紧紧围绕股份公司总体发展战略，以建立“六个新机制”（新的任用机制、新的用工机制、新的分配机制、新的考评机制、新的监督约束机制、新的培训机制）为工作重点，开拓进取，狠抓落实，比较好地完成了各项工作任务，为股份公司的改革和发展提供可靠的组织和人力资源方面的保证。

【领导班子建设】

1. 大力推行领导班子行政副职全员竞聘上岗，为领导班子建设注入新的生机与活力

2001年股份公司人事部按照中央《深化干部人事制度改革纲要》和集团公司党组、股份公司管理层的有关要求，在2000年对地区公司领导班子补充人选实行差额竞聘的基础上，又将改革向前推进了一步。以建立新的任期任届制度为契机，实行领导班子行政副职全员重新竞聘上岗，并先后在吉林油田分公司、冀东油田分公司、抚顺石化分公司、管道分公司、哈尔滨石化分公司、润滑油分公司等6个地区公司和电子商务部、中油和黄信息技术有限公司实施，共有246人报名参加竞聘，23人通过竞聘走上领导岗位（其中原班子成员6人）。领导班子行政副职全员竞聘上岗工作的开展，激发了经营管理者潜在竞争意识，增强了干部的事业心和责任感，拓宽了识人视野和选人渠道，促进了优秀人才脱颖而出，进一步解决了干部能上能下问题，提高了班子的凝聚力和战斗力，有效地防止和克服了用人上的不正之风。

2. 进一步加强领导班子思想、组织、作风建设，全面提高领导班子建设水平

为了准确掌握各专业公司、地区公司和科研规划单位领导班子现状，切实加强领导班子建设，人事部对各公司（院）领导班子现状逐个进行了认真的分析研究，按照班子的职数限额、缺员情况和专业、年龄结构等方面的实际情况，找出每个班子目前存在的突出问题，确定了考核建设的重点，提出了充实调整建议。2001年共充实调整领导班子46个，任免领导干部163人，一大批优秀中青年干部走上了专业公司、地区公司和科研规划单位领导岗位，进一步改善了领导班子的年龄和专业结构，增强了领导班子的生机与活力。同时积极配合有关部门认真抓好总部机关、地区公司和在京单位领导班子及其成员“三讲”学习教育活动，制定了整个活动的运行计划，落实参加培训人员，指导各单位制定活动方案，并派人参加“三讲”督导组，调查了解活动开展情况和班子思想作风建设情况，为有针对性地抓好各地区公司领导班子建设打下了基础。

【劳动力管理】

1. 继续实施持续重组

为理顺内部管理体制，进一步提高专业化管理水平，在2000年持续重组基础上，将辽河油田石油化工总厂、克拉玛依石油化工厂、长庆油田炼油化工总厂从油田分公司中分立出来，分别组建辽河石化分公司、克拉玛依石化分公司、长庆石化分公司。按照化工产品统一销售的要求，组建了大庆、吉林、抚顺、辽阳、独山子、兰州、乌鲁木齐、宁夏等8个化工产品销售中心。

2. 压缩管理层次，优化组织结构

各地区公司按照股份公司总体要求，从本单位生产经营实际出发，积极调整组织结构，减少管理层次，压缩管理人员。油田分公司按照撤销矿（大队）级管理层次的总体要求，推行“采油厂—作业区—井站”管理模式，已初见成效。炼化地区公司按照压缩一个管理层次的要求，撤销分厂或车间，合并生产单元，精简管理人员。成品油销售方面，改革过去按行政区域层层设置机构的做法，撤销县级公司，成立经营部，并按照资源流向合理、运输成本最低的原则设立若干配送中心，实行送货制。

3. 强化“五定”工作，优化人员配置

各地区公司根据股份公司“五定”工作的总体要求，与技术改造、优化生产模式、工艺流程、操作规范、优化管理模式、改革劳动组织形式和轮班作业制度相结合，对所属二级单位的编制定员水平重新进行了核定，将各二级单位富余人员统一调剂到缺员岗位，为新增生产项目挖掘了所需劳动力，优化了组织结构和人力资源配置，盘活了劳动力存量，也有力地支持了减员增效工作。

4. 积极稳妥推进末位淘汰工作

在推进末位淘汰工作上，一是抓制度建设，二是狠抓落实。建立了以考评为基础的末位淘汰制度，加强了绩效考核和日常管理，使末位淘汰和劳动合同到期终止工作迈出可喜一步，也是建立员工能进能出机制的一个良好开端。

5. 继续做好减员增效工作

结合持续重组、优化结构、减少管理层次、推行“五定”工作、强化绩效考核等工作，通过有计划地实施有偿解除劳动关系等方式，2001 年员工总量由 44.1 万人减少到 42.2 万人，减少了 1.9 万人。

【工资管理】

1. 修改完善薪酬总额与业绩挂钩办法

为了促进地区公司增盈减亏，全面完成股份公司确定的各项经营指标，在 2000 年工效挂钩办法的基础上，进一步加大薪酬总额与业绩指标挂钩的激励力度。一是薪酬总额整体与业绩挂钩；二是薪酬总额主要与利润挂钩，其他指标作为辅助考核指标；三是加大了考核力度，对完不成控亏指标的亏损企业，按工资基数的 70% 兑现工资，完成控亏指标的，按工资基数的 85% 兑现工资。实现减亏的，在此基础上适当增加薪酬。对完成盈利指标的企业，按工资基数的 100% 兑现工资，增盈或减利的企业，按一定比例增加或减少挂钩薪酬，拉大了盈亏企业之间的分配差距。

2. 根据业绩考核结果兑现高级管理人员 2000 年度业绩奖金

股份公司根据《高级管理人员业绩考核暂行办法》，对公司及所属各地区公司、院的高级管理人员 2000 年度业绩进行了考核，并根据考核结果和董事会确定的业绩奖金标准对上述人员兑现了业绩奖金。

3. 完成了股份公司对所属各单位 2000 年薪酬清算和 2001 年薪酬计划的调整

根据 2000 年薪酬总额与业绩挂钩办法和各单位 2000 年度业绩指标完成情况，对各单位 2000 年薪酬总额做了清算。为体现减人增效，在下达各地区公司 2001 年薪酬总额基数时，对有偿解除劳动合同人员的工资基数做了扣除。年末，根据公司管理层关于降低人工费用、压缩薪酬总额的指示精神及各单位全年完成业绩指标情况的预测，对 2001 年的薪酬总量重新做了调整和安排。

【员工培训】

1. 股份公司 2001 年员工培训总体情况

2001 年，股份公司共培训员工 469336 人次，其中培训高级管理人员 342 人次，经营管理人员 33624 人次，专业技术人员 97683 人次，操作人员 337687 人次，人均培训时间超过 5 天，员工队伍素质得到了普遍的提高。

2. 建立了新的培训机制，并开始运作

为了提高培训质量，降低培训成本，对培训项目承办单位的确定开始实行招投标制度，并制定下发了《中国石油天然气股份有限公司培训项目招标投标管理暂行办法》，对培训项目招投标的程序、范围、职责等进行了规定，使这项工作有章可循、有法可依。组织了 7 个重点培训项目招投标工作试点，提高了培训质量，降低了培训成本，取得了很好的效果。

3. 重点组织了高级管理人员培训

从 2001 年 3 月 16 日到 5 月 13 日，与集团公司一起组织了 4 期 216 名地区公司班子成员参加的“三讲”教育和企业发展战略培训班。通过培训，企业领导人员统一了思想，提高了认识，开阔了视野，增强了党性意识和大局观念，保证了“三讲”教育活动的顺利开展。

（股份公司人事部）

规划计划改革与管理

【概述】 2001年，集团公司规划计划部按照年初集团公司工作会议的部署，以发展为主题，以结构调整为主线，积极推进改革，狠抓基础管理，紧紧围绕改革、发展和稳定的重点工作，以十五大精神和江泽民同志“三个代表”的思想为指导，从大局出发，进一步树立为基层服务意识和创新意识，为存续企业寻找到新的经济增长点、为困难企业扭亏解困做了积极的工作，各项工作都取得了新的进展。

为做好项目前期工作，降低生产运行成本，重点在生产服务和加工制造方面加强了前期管理工作，在编制完成了非上市企业“十五”专题计划概要的基础上，下发了集团公司“十五”计划纲要，为全面落实存续企业“十五”计划奠定了坚实的基础；年度投资计划坚持贯彻集团公司对存续企业结构调整的总体思路，重点推进了钻井队伍结构调整，同时，通过完善投资审计制度，加强了对计划执行的监管力度；进出口工作认真贯彻落实国家法律法规及有关要求，围绕企业发展和结构调整，进口先进技术设备，推进企业结构调整，加快了生产装备的更新换代，促进了产品质量和品种升级，为提高企业经济效益发挥了积极作用；统计工作紧密围绕企业改革、发展对统计工作的要求开展工作，经过积极的探索和实践，在统计工作的改革、建设、服务等方面做了大量卓有成效的工作；为依法处置土地资产，在调研的基础上，依照国家的法律法规，印发了《中国石油天然气集团公司改制企业土地资产处置暂行规定》，支持了以带资分流为重点的企业产权制度改革试点工作；工程勘察设计工作，按照国务院的部署，加快推进了工程勘察设计单位由事业性质向科技型企业转变的改革进程，完成了4个甲级院重组改制；为满足开拓市场的需要，积极推动了监理和施工队伍的结构优化和资质认证工作。

集团公司为加强对信息化工作，2月5日，正式在我部设立了信息管理处，明确了信息管理处的职能，即：负责制订集团公司信息化规划、标准和制度，协调集团公司信息化工作的有关重要事项。

（尹成昌）

【战略研究和中长期规划】

1. 下发了集团公司“十五”计划纲要

根据2001年集团公司工作会议精神，对“十五”计划纲要（讨论稿）数据进行了修订完善，于2月20日正式下发了《中国石油天然气集团公司“十五”计划纲要》、《中国石油天然气集团公司未上市企业“十五”计划纲要》和《关于加快未上市企业经济结构调整的若干意见》。

2. 编制完成了未上市企业“十五”专题计划概要

在2000年安排专题规划的基础上，召开了多次研讨会，几易其稿，编制完成了物探、钻井、测井、工程建设、国际化经营、机械加工制造、化工延伸加工和节油代油等8个专题的“十五”计划概要，以及国外技术服务公司发展战略研究，全部收入在规划计划部编辑完成的《中国石油天然气集团公司“十五”计划资料汇编》。

【项目前期管理】

1. 生产服务

为降低生产运行成本，经过广泛、深入的项目前期调研，编制完成了集团公司“十五”节油代油计划，并向国家经贸委上报了《中国石油天然气集团公司替代和节约燃料油工作实施方案》。根据实施方案，“十五”期间，集团公司每年将替代和节约燃料油300万吨。2001年先后批复了大庆石油管理局龙凤热电厂、抚顺石油化工公司热电厂的“煤代油”技术改造项目，以及大庆石油管理局和辽河石油勘探局以煤代油集中供热规划。大庆和辽河的部分煤代油项目已于年底取得显著成效。

2. 加工制造

机械制造依托西气东输等重点工程，完成了对宝鸡、华北、辽阳等骨干制管企业的技术改造，巩固了石油集团在国内制管行业的领先地位。宝鸡石油机械厂等企业抓住各油田钻机更新的有利时机，引进国外先进的钻机制造技术，加大技术改造力度，生产能力和技术水平都有了提高。

化工延伸加工在对市场、技术和风险进行充分论证的基础上，批准了大庆和抚顺石化BOPP薄膜、吉化公司丙烯腈改造、辽阳石油化纤公司双环戊二烯和乌鲁木齐石油化工总厂三聚氢胺等项目，对于炼化企业的扭亏解困起到了积极的作用。

3. 项目管理培训

为适应未上市企业投资项目在管理内容和管理方

法方面的新变化，提高管理水平，7 月份举办了第一次“项目投资管理培训班”，重点培训各直属企业计划部门的项目管理骨干。

（翁心林）

【投资计划】　全年下达固定资产投资总额 153 亿元，其中：工程技术服务装备更新投资 45 亿元，“煤代油”改造工程投资 15.7 亿元，海外油气勘探开发投资 50 亿元。

1. 钻井队伍结构调整

2001 年重点解决钻机总量过剩和系列不合理、技术设备陈旧的问题。根据“十五”规划的总体目标再次明确了各企业钻井队伍缩编、钻机报废和更新的总体方案和分年进度。成立了集团公司钻机报废与更新工作领导小组，下发了《关于钻机报废及更新工作有关事项的通知》，建立了钻机报废与更新月报制度，从组织上、措施上保证方案的实施。全年共有 113 台钻机完成资产报废，其中 110 台进行了实物销毁。

2. 加强计划执行的监管力度

2001 年进一步强化了投资计划管理的制度建设，编印下发了《中国石油天然气集团公司工程建设项目及物资设备招标管理暂行办法》、《关于开展 2000 年投资计划执行情况分析和集团公司投资项目审计调查的通知》和《关于开展 2001 年投资计划年中执行情况分析及重点项目报告的通知》等文件，对投资计划执行情况和投资项目的信息反馈与跟踪管理进行了规范。

首次委托集团公司审计服务中心对 2000 年集团公司投资项目进行了审计调查，共对 15 家单位的 30 个项目和价值 3 亿元的 60 台（套）大型成套设备进行了审计调查，对上述单位的投资计划执行情况做了总体评价，并就存在问题提出了中肯的改进建议。集团公司领导充分肯定了这一做法，并指示“各石油企业也应照此办理，形成健全的投资控制体系”。

（陈　路）

【进出口管理】

1.2001 年进出口总额有大幅度增长

通过集团公司进口机电产品金额为 2.999 亿美元，比 2000 年增加了 12%。出口金额为 2.2 亿美元，比 2000 年增长了一倍多。通过这些机电产品的出口，支持带动了国内一大批石油机厂的生产，特别是成套钻机设备的出口，取得了显著的成绩。

2. 贯彻国家的产业政策，优化机电产品的进口结构

主要引进国内尚不能生产或技术性能达不到用户要求的设备，通过引进高技术含量设备，支持企业设备的更新换代和产品升级。由于西气东输工程的全面展开，2001 年管道施工装备占进口总量的四分之一，主要集中在弯管机、吊管机、对口器、定向钻等国内生产尚达不到工程要求的高技术含量设备。股份公司为达到国家新的成品油标准，实现炼化企业升级，炼化设备的进口量有较大幅度提高，占进口总量近三分之一。由于物探、钻井、测录井等专业队伍结构调整和重组正在调研之中，所以装备的进口比例较小。

3. 严格程序、规范操作方面有较大进步，招标采购比例有较大幅度提高

2001 年通过国际招标采购的 158 项，合同金额 13282 万美元，占整个机电产品进口总额的 44.3%。这是集团公司从 1999 年开始通过招标采购连续大幅度提高的一年。在招标过程中，各企业能严格按照程序办事，在规范化、公开化等方面取得较大进步。

4. 免税工作卓有成效

对国家鼓励发展的投资项目，在规定范围内，继续积极办理免征关税和进口环节增值税。2001 年共办理国家鼓励发展的内外资项目确认书 58 项，涉及采购金额 13061 万美元。

（杨　桦）

【生产经营与统计】

1. 不断完善统计指标体系

统计指标体系是整个统计体系的主体。为了进一步完善存续企业的统计指标体系，我们在收集整理了有关单位反馈意见的基础上，对 2000 年 8 月印发的《集团公司生产经营与统计指标解释》进行了修订，补充了统计人员应掌握的国民经济主要指标解释；向国家有关部门咨询了供水、供电、通信等通用行业生产能力指标的计算方法、计算口径；依照外经贸部的统一规定，全面修改了有关国际工程承包、劳务合作等部分的指标解释。

为适应集团公司大力开拓海外市场，提高国际竞争力的需要，2001 年 8 月，增加了全面反映集团公司所属企业国（境）外业务情况的月快报，从海外项目合同签订情况、执行情况、出国队伍装备情况等几个方面对物探、钻井、测井、建筑工程承包和物资装备等出口业务开展情况进行了统计监测，为集团公司领导和有关部门及时了解海外项目进展情况提供了有力依据。

2. 深入贯彻《统计法》，圆满完成统计执法大检查

2001 年 6 月，国家统计局、监察部、司法部联合发出了《关于开展〈统计法〉和“两办通知”执行

情况大检查的通知》，集团公司以中油计字［2001］226号文件进行了转发，就集团公司统计系统重点检查的内容、时间安排等提出了具体要求。从7月中旬至8月初，由集团公司规划计划部和纪检监察部牵头组织，集团公司人事劳资部、质量安全与环保部、科技发展部、市场管理部、多种经营管理部等业务部门共同参加，组成联合检查组，分东北和西北两组对集团公司所属的吉化、吉林、辽河、大连石化、兰化、兰炼、新疆、乌石化等8个企业的统计执法情况进行了重点抽查，并对抽查情况进行了通报。同时对检查中发现的问题都提出了相应的整改措施，问题及时得到了纠正。

3．积极开展统计分析活动

提高统计分析水平，是发挥统计整体功能的一个重要环节。一年来，存续企业广大统计人员在统计任务较重的情况下，开拓进取，努力开展统计分析活动，2001年上报统计分析报告79篇。经有关专家评审，共评选出优秀统计分析报告33篇，占参评总数的41.8%。其中：特等奖6篇，一等奖13篇，二等奖15篇。从总体上看，2001年参评的统计分析报告与2000年相比上了一个大台阶。主要表现在四个方面：

一是上报的分析报告数量多，共79篇，是2000年的3.6倍。

二是小单位踊跃参评，还写出了较高水平的统计分析报告。

三是统计分析工作在二级单位深入开展，在今年参评的79篇分析报告中，有30篇是二级单位编写的，占总数的37.9%。

四是在分析水平上，无论文字还是选题及实用性都有较大提高。在选题上，综合性的生产经营分析多了，紧密联系改制上市后如何闯市场的文章多了，为企业领导和有关部门及时调整生产经营部署提供了重要的决策依据。

4．积极参与国际学术交流

为了交流各国的统计工作经验和统计科研成果，学习和借鉴国外先进的统计理论、方法及技术，提高我们的统计工作和统计科学研究水平，2001年8月组织华北、大港两名同志赴韩国参加国际统计学会第53届大会，并在大会上宣读了《我国油气田存续企业发展战略研究》论文。

5．统计信息系统建设正式启动

集团公司重组改制后，为保证统计管理工作的正常运行，经集团公司科技发展部批准，《综合统计管理信息系统》正式列入2001年集团公司科学研究与技术开发项目。本着“投资少，见效快”的原则，在充分调研的基础上，采用了久其软件公司报表数据管理系统，使统计月快报、年报汇总及查询等都由计算机自动进行处理，为统计部门提供了较强的信息资料处理技术手段，减轻了统计人员的负担，提高了工作效率。

（张仙珍）

【土地管理】 按照集团公司2001年工作会议精神，集团公司存续企业以带资分流为重点的产权制度改革试点工作正式启动。2001年2月，贡华章总会计师率带资分流产权制度改革调研组，先后赴大庆石油管理局、中国石油天然气集团公司管道局、中国石油天气集团公司石油地球物理勘探局、辽阳石油化纤公司等单位进行调研。调研中发现，土地问题是制约产权制度改革的难点之一。为支持企业改革，集团公司制定了改制企业的土地处置方式由企业自主选择的优惠政策，极大地促进了企业改革的进程。为依法处置土地资产，规范运作土地处置审批程序，2001年2月印发了《中国石油天然气集团公司改制企业土地资产处置暂行规定》（中油计字［2001］231号）。按照规定的要求，改制企业根据企业的具体情况，分别采取出让、出租和国家授权经营等多种方式处置土地资产。2001年集团公司存续企业46家完成了改制，其中带资分流改制的企业31家；国有控股的公司制改造15家。绝大部分改制企业完成了土地资产的处置，其中，采取授权经营方式处置土地资产的企业有8家，共处置土地面积2445506.00平方米，土地资产价值56320.0万元。为争取地方土地行政主管部门对企业改制的支持，先后协调了河北、陕西、甘肃、宁夏、吉林、黑龙江等省级土地行政主管部门。

为解决1999年重组时遗留的未上市销售企业问题，2001年9月，未上市销售企业重组的土地评估正式启动。此次重组涉及的县（市）级石油公司686家，其中大区、省级直属单位41家，地市级直属单位143家，县级单位502家。重组涉及加油站2994座、油库478座。涉及11个省、市、自治区范围内的土地共计3652宗，其中，划拨土地3006宗，出让土地646宗。土地总面积2542万平方米，土地资产总价值29.9亿元。按照重组方案，此次重组涉及的划拨土地资产，经国土资源部批准授权集团公司经营管理后，连同出让土地资产一起作价投入给股份公司使用。尽管此次重组涉及的土地权属状况复杂，在集团公司、股份公司与土地评估中介机构的共同努力下，整个土地评估工作进展顺利。到2001年底，基本按计划进度完成了土地估价的现场工作，初步形成了估价报告的汇总。按照调整后的基准日 2002 年 3 月 31 日，预计 2002 年 6 月完成全部土地估价结果上报工作。

（张维全）

【工程勘察设计】

1. 队伍现状

集团公司现有工程勘察设计单位 127 个，其中甲级 14 个、乙级 17 个、丙丁级 96 个。甲乙级工程勘察设计单位中，主营石油天然气工程设计的 16 个、石化化工工程设计的 11 个、建筑通信工程设计的 2 个、工程勘察的 2 个。甲乙级工程勘察设计单位拓展经营领域，具备工程咨询、工程总承包、工程监理、工程造价咨询、环境评价等多种功能，并拥有建筑、市政公用等 10 多项跨行业设计资质。

2001 年末甲乙级工程勘察设计单位共有职工 10410 人，其中生产人员 9953 人、专业技术人员 8819 人、分别占职工总数 95.6% 和 84.7%。专业技术人员构成为：高级职称 2309 人，占 26.1%；中级职称 4071 人，占 46.2%；初级职称 2439 人，占 27.7%。甲乙级工程勘察设计单位现有国家注册执业人员 782 人，其中注册建筑师 221 人、注册结构师 244 人、注册造价师 139 人、注册监理工程师178 人。

2. 生产经营

2001 年甲乙级工程勘察设计单位工程勘察完成合同 321 项、合同额 21803 万元；工程设计完成合同 1224 项、合同额 77503 万元；初步设计完成投资额 1311008 万元、完成建筑面积 53.87 万平方米；施工图设计完成投资额 3061312 万元、完成建筑面积 311.22 万平方米；工程咨询完成合同 238 项、合同额 4320 万元；工程总承包完成合同 30 项、合同额 25604 万元；工程监理完成合同 59 项、合同额 2999 万元。全年营业收入 143753 万元，其中：工程勘察收入 9653.68 万元、工程设计收入 77727.06 万元、工程总承包收入 25577.38 万元、工程咨询收入 3388.24 万元、工程监理收入 3061.3 万元、境外收入 8830 万元、其他收入 15215.9 万元。全年实现利润总额18805.35万元，比2000年增长48.9%。甲乙级工程勘察设计单位拥有专利56项、专有技术 103项、科技成果521项，承担编制国家技术标准 10 项。

管道工程有限公司、中国石油集团工程设计有限公司西南分公司（原四川石油勘察设计研究院）等 8 个甲级工程勘察设计单位承担了国家重点项目——西气东输工程勘察设计任务，严密组织，精心设计，旨在创出长输管道工程勘察设计的新水平。

3. 资产状况

2001 年末甲乙级工程勘察设计单位资产总计 170099.27 万元，固定资产 70426.3 万元，流动资产 98379 万元，年末负债 75396.6 万元，所有者权益 94702.67 万元。

4. 体制改革

根据国务院办公厅《转发建设部等部门关于工程勘察设计单位体制改革的若干意见的通知》（国办发［1999］101 号）精神，工程勘察设计单位加快由事业性质向科技型企业转变的改革进程，14 个甲级工程勘察设计单位全部成为独立的企业法人。2001 年 5 月，石油规划设计总院、四川石油勘察设计研究院、华北石油勘察设计研究院和吉化集团设计院等 4 个甲级院重组改制成立中国石油集团工程设计有限责任公司，专业集中度和市场竞争力明显提高。2001 年 9 月，大连石化设计院又以资产入股的方式并入工程设计公司，完善了公司上下游一体化的业务功能，当年就实现了盈利。

（王林林）

【工程建筑施工】

1. 队伍现状

集团公司现资质管理的施工企业 58 个，其中特级总承包企业 2 个、一级总承包企业 26 个、一级专业承包企业 30 个。总承包企业主营化工石油的 22 个、房屋建筑的 1 个、公路工程的 3 个；专业承包企业主营化工石油管道设备安装的 10 个、管道工程的 2 个、电信工程的 2 个、无损检测的 8 个、防腐保温的 2 个、其他 8 个。一级资质企业还具有市政、电力、机电安装、土石方、钢结构、消防、混凝土预制等增项专业资质。

2001 年末一级以上施工企业共有职工 64900 人，其中专业技术人员 17249 人，占 26.6%。专业技术人员构成为：高级职称 1900 人，占 11.0%；中级职称 6423 人，占 37.2%；初级职称 8926 人，占 51.7%。现有施工项目经理 3120 人。

2. 技术装备

2001 年末一级资质施工企业共有设备 47932 台，设备总功率 1507109 千瓦，动力装备率 15.2%。

3. 生产经营

2001 年一级以上施工企业竣工单位工程 3478 项，完成建筑业总产值 1564274 万元，利润总额 31498 万元，上缴所得税 4025 万元；2001 年末资产总计 1948578 万元，负债总额 1320744 万元，所有者权益 627834 万元。

4. 体制改革

根据建设部《建筑业企业资质管理规定》（建设部第 87 号令）等有关文件精神，一级以上石油施工企业经资质重新就位，全部完成了法人化改造，转变为自主经营、自负盈亏的法人实体和市场主体，其中 32 家按照《公司法》进行了股份制改造。大庆石油管理局将 6 家施工企业重组成立大庆石油工程建设集团公司，申报特级资质；中油吉林化建工程股份公司改制成立一年多，效益显著并正在筹备上市；华北油建一、二公司合并重组，成立华北石油工程建设有限责任公司；大庆石化施工企业以工程公司为核心重组整合，优势互补，申报一级总承包资质；四川石油管理局 7 家中小型施工企业合并重组四川天弛油气田开发建设有限公司；15 家施工企业与原单位分离，成为专业承包公司。经过体制改革，提高了石油建筑施工队伍的整体素质和市场竞争力。

（刘　颖）

【工程建设监理】 集团公司现有工程建设监理单位 34 个，其中甲级 14 个、乙级 20 个。2001 年末建设监理单位从业人员 2793 人，其中专业技术人员 2485 人，占 88.9%。专业技术人员构成为：高级职称 697 人，占 24.96%；中级职称 1419 人，占 50.81%；初级职称 369 人，占 13.21%。现有国家注册监理工程师 663 人、部（省）级监理工程师 1321 人。

建设监理单位拥有化工石油工程、房屋建筑工程、市政公用工程、公路工程、水利水电工程、电力工程、林业生态工程、通信等多方面资质，能满足石油工程建设监理的需要。

2001 年完成监理工程 574 项，其中投资额 3000 万元以上的 158 项；完成建设监理项目投资总额 2260000 万元；实现工程监理收入 19900 万元。

2001 年北京兴油工程建设监理有限公司、天津大港油田集团建设监理有限责任公司等 6 家企业进行了公司制改造；辽河油田工程建设监理公司和欣荣工程监理公司合并重组，成立辽宁辽河石油工程建设监理有限公司；大庆天然气工程建设监理公司和大庆石油工程监理处合并重组，组建大庆石油工程监理有限公司；物探局工程建设监理公司实行整体带资分流，改制为涿州华宇工程建设监理有限公司。

在中国建设监理协会组织的全国优秀建设监理单位评选活动中，北京兴油工程建设监理有限公司、吉化集团吉林工程建设监理公司获全国优秀建设监理单位称号，许志宏等 6 名同志获得全国优秀监理工程师称号。

（李明光）

股份公司规划计划管理

【概述】 2001 年是实施股份公司“十五”计划的起步年，也是全面推进企业改革和发展的关键年，特别是中国加入 WTO，标志着我们在更高的层次和更深的意义上，进入了国际市场经济运行的轨道，公司发展将面临更加严峻的挑战。在这种形势下，对规划计划工作提出了更新、更高的要求。面对新形势，在 2001 年一年中，规划计划工作紧紧围绕公司发展战略，不断地更新观念，转变规划计划管理理念，加强规划基础工作，健全规章制度、规范管理程序、提高管理效率，加大战略研究力度，不断创造性地开展工作。工作中通过认真开展调查研究，及时调整投资方向，发挥综合管理优势，精心协调上下游的衔接平衡，分析油品经营的国际形势，争取国家的政策支持，及时调整股份公司进出口计划等工作，确保股份公司价值的提升和各项工作的顺利开展。

（岳　巍）

【战略研究和中长期规划】

(1) 组织完成了“十五”计划的编制、下发，主要抓了以下三方面的工作。

一是全套“十五”计划报告的编制出版，共 7 册，它们分别是：《股份公司“十五”计划总论》和《勘探与生产》、《炼油与销售》、《化工与销售》、《天然气与管道》、《科技与信息》、《质量安全环保》六个分报告。材料主要发送给集团公司领导、股份公司领导、股份公司各部门主要领导、专业公司主要领导。

二是“十五”计划总报告简本。按照商业秘密要求，编制印刷“十五”计划报告简本，发送国家有关部委、股份公司各部、各专业公司、各地区公司。

三是“十五”计划宣传画报，向股份公司内外部有关部门发送。广泛宣传股份公司“十五”计划，大力推行股份公司“十五”计划以发展为主题、以结构调整为主线、以提高公司价值为出发点和落脚点的发展方针。

（2）组织召开了全系统的规划工作会议。

这是股份公司重组上市后，也是自1994年以来，召开的第一次规划工作会议。会议主要内容是落实股份公司“十五”计划、部署和启动2002—2006年滚动业务发展计划、研究加强规划工作的思路和措施。会议为落实股份公司“十五”计划、为全面开展滚动业务发展计划工作奠定了坚实的基础。

（3）开展2002—2006年滚动业务发展计划的编制工作。

为确保股份公司业务发展计划编制具备战略性、指导性、前瞻性、可操作性和有效性，在“十五”计划的基础上，开展了编制2002—2006年滚动业务发展计划的基础工作。主要是根据资源、市场、政策等情况的变化，细化2002年年度计划、调整2003—2005年计划和延伸2006年计划。特别是面对我国已经加入WTO的紧迫形势，通过加紧研究和采取有效应对措施，调整“十五”计划的相关内容，提高股份公司的竞争力。明年初，股份公司将在落实2002年年度计划的基础上，认真组织2002—2006年业务计划的调整工作。

（4）参与股份公司组织的关于加入WTO应对措施的研究。

（李 娥）

【项目管理】

1. 进一步规范建设项目管理，出台一系列项目管理规定

进一步规范建设项目管理，出台一系列项目管理规定，使得建设项目从前期立项到后评价的各个环节都有章可循，为提高投资项目的效益、规范管理工作奠定了基础。

（1）项目前期方面。

①组织编制完成了股份公司《建设项目经济评价工作的若干规定》和《建设项目经济评价方法与参数》，并以股份公司石油计字［2001］68号文件下发执行。这是股份公司下发执行的第一个项目经济评价方面的规定性文件，也是对1994年出版的《石油工程项目经济评价方法与参数》的修改。

②完成了5类地面建设项目可行性研究报告的编制规定，主要是：油田地面工程项目、气田地面工程项目、输气管道工程项目、天然气净化厂工程项目的可行性研究报告的编制规定，并以股份公司石油计字［2001］31号文件下发专业公司、地区公司执行，该规定作为股份公司选择项目可行性研究编制单位招投标及可行性研究报告评审的依据。

（2）项目建设过程中的管理。

根据项目建设过程中存在的问题，在调查研究基础上，以股份公司文件下发了《进一步加强工程项目管理工作的通知》（［2001］121号文），并要求对1999年以来已竣工和在建项目基本情况进行清查，进一步规范项目实施过程中各方参与者的行为。

（3）项目后评价方面。

为加强股份公司建设项目全过程管理，提高项目决策水平和投资效益，建立健全建设项目后评价制度，规范项目后评价工作，我们制定《中国石油天然气股份有限公司建设项目后评价工作管理办法》、《中国石油天然气股份有限公司建设项目后评价报告编制规定》和《中国石油天然气股份有限公司建设项目后评价情况简表》，以股份公司石油计字［2001］195号文件印发各公司、院执行。同时，以石油计字［2001］247号文件，下达了第一批股份公司管理的3个后评价项目计划，并组织和委托各相关单位按照股份公司有关规定，开展后评价工作。

（陈方红）

2. 重大项目前期工作进展顺利

（1）西气东输招商工作取得阶段性成果。2001年7月，中国石油聘请德意志银行为招商财务顾问，聘请香港年利达律师事务所为招商法律顾问。在财务顾问和法律顾问的协助下，7月24日，中国石油与BP国际投资有限公司、马来西亚国家石油公司和日商岩井株式会社组成的集团，埃克森美孚中国天然气管道有限公司和中华电力有限公司组成的集团，俄罗斯天然气工业股份公司和俄罗斯建设与输送公司组成的集团，壳牌国际天然气有限公司（也代表香港中华煤气有限公司）等4家外商投资集团签署了西气东输项目合作谅解备忘录。2001年12月29日，中国石油与壳牌投资集团包括壳牌公司、俄罗斯天然气工业股份公司、俄罗斯天然气建设与输送公司、香港中华煤气有限公司，就一些原则性问题达成共识，签署了《为完成西气东输合营框架协议奠定基础的阶段性协议》。

（2）西气东输及其他油气管道项目前期工作进展顺利。为确保西气东输管道按期向长江三角洲地区供气，组织审查并向国家计委上报了西气东输工程可行

性研究报告，同时还向国家计委上报了《关于西气东输管道工程项目自行开展招标工作的请示》、《关于提前进行西气东输工程部分材料设备招标采购的请示》，均获得国家计委的批复。2001年还加快了其他油气管道工程的建设力度，先后批准建设港沧输气管线改（扩）建工程、白莎至佛荫输气管道复线工程、沧州—淄博输气管道工程、花土沟—格尔木输油管线改扩建工程。

（赵忠勋）

3. 炼油化工项目管理

为加强股份公司炼油化工项目前期管理工作，组织编制完成了《股份公司炼油化工项目可行性研究报告编制规定》，规范了项目前期工作标准和程序。

2001年炼油改造重点是提高成品油质量项目，销售重点是加强销售网络建设，化工重点是提高产品质量、提高竞争力的项目。2001年经国家经贸委批准的重点项目有《大庆石化聚乙烯专用树脂改造项目》、《抚顺石化12万吨/年分子筛脱蜡改造项目》，经国家计委批复的重点项目有《乌鲁木齐石化大化肥油改气工程》、《宁夏石化一化肥油改气工程》。2001年组织安排了《大连石化350万吨/年重油催化装置改造工程》、《兰州石化300万吨/年重油催化装置改造工程》、《华北石化60万吨/年柴油加氢、30万吨/年重整装置》、《玉门石化50万吨/年柴油加氢装置》、《辽河石化45万吨/年柴油加氢装置》等一批项目的评估论证，其中22项得到股份公司批复。

（李　军）

【概算管理】

1. 贯彻落实股份公司低成本战略，确保概算审查的准确性和合理性

概算审查认真贯彻股份公司低成本发展战略，严格把关，严格控制工程投入，认真把握工程建设的标准和水平，确保了概算审查的准确性和合理性。2001年初共审查限上项目初步设计及概算50项，上报投资176.9亿元，其中已审查完发批复文件的有40项，总投资146.9亿元，净核减投资10.58亿元。批复概算投资全部控制在可研估算范围之内，批准投资总额比可研降低4.15%，比上报概算投资总额降低7.21%。今年限上项目投资控制比较好，这对整个股份公司资本化支出大盘子的控制起到了至关重要的作用。

2. 贯彻落实股份公司低成本战略，完善造价管理的基础工作

（1）印发执行了新的《石油建设安装工程概算指标》。

（2）印发执行《石油建设工程量清单计价规则》（A版），其内容条款与国际惯例接轨，并将进一步规范石油建设工程投标报价、商务评标等招投标活动。

（3）与财务部密切配合，与建设部和国家税务总局多次协调，争取到税务总局以国税函［2000］695号文件下发给各省、区、市税务局，明确防腐管段为设备不计取营业税。

（4）编制完成并下发《西气东输工程临时补充计价依据》，满足西气东输工程建设的需要。

（5）进一步补充完善造价体系的其他计价依据，编制完成了《长距离管道修缮工程预算》、《石油建设工程参考指标》的第六册（油田工程册），并对第一册进行了补充和修订，完善了石油工程造价体系。

（6）不断加强股份公司的概预算人员的培训工作，进一步做好造价管理系统的交流，组织好股份公司工程造价管理工作座谈会。

（翁中原）

【投资计划管理】　随着市场竞争的加剧和经营机制的调整，投资控制与投资需求增长的矛盾十分突出，综合平衡的压力越来越大。在投资管理上，严格按照利润最大化和回报最大化的要求，坚持实施谨慎的投资策略：

一是年度投资计划以股东大会审定通过，并以向资本市场披露的5年业务发展计划及滚动计划为依据，生产没有大的发展，效益没有大的提高，投资规模不得突破。

二是项目安排以投资回报率为首要标准，内部收益率低于12%的勘探开发和销售项目，内部收益率低于10%的炼化和管道项目一律不纳入年度投资计划。

三是坚持搞好综合平衡，运用价值评估模型等科学手段和方法，按效益优先、末位淘汰的原则进行整体优化、专业优化和项目优选，保证股份公司整体效益最大化。

四是贯彻落实四大发展战略，把握投资方向，优化投资结构，突出油气勘探开发，加快天然气新经济增长点的形成，对炼化业务实施战略性调整，坚决压缩非生产性支出。

五是加强对国家石油石化工业政策、国际国内石油市场和竞争对手的跟踪分析和研究，根据市场变化和生产经营实际需要，对年度投资计划及时进行调整。

全年资本性支出达到612亿元，比2000年增长2.4%，低于扣除油价因素后公司净利润增长的水平。其中，勘探与生产412亿元，占总规模的67.4%；炼油与销售110.5亿元，占总规模的18.1%；化工

与销售40.6亿元，占总规模的6.6%；天然气与管道45.6亿元，占总规模的7.4%；公用工程3.2亿元，占总规模的0.5%。

（宋晓丹）

【油气产运销平衡】

1. 争取到了生产经营政策

一是申请到了油品进出口所需配额共计1392.5万吨，其中，原油进口配额700万吨，原油出口配额367.5万吨，汽油出口配额190万吨，重油进口配额94万吨，蜡油进口配额30万吨，润滑油出口配额5万吨，基础油出口配额6万吨；二是争取到了辽河油田分公司和大港油田分公司计划价气量分别减少0.15亿立方米和0.2亿立方米，为股份公司增加效益约1500万元。

2. 精心调控总量平衡方案

针对2001年6月底成品油憋罐堵库、价格不到位、效益严重流失情况，在精心编制季度原油生产、配置、加工及进出口总体安排方案的同时，重点加强了月度总量平衡方案的跟踪调控，确定了7—12月份月原油加工及资源平衡计划，组织专业公司严格执行，使三、四季度加工量分别完成2058万吨和2168万吨，比原方案减少89万吨和64万吨，很好地贯彻了经贸委抽紧资源、控制加工量的精神，为改善国内市场环境创造了条件。

3. 积极疏通西部油田后路

经艰苦谈判，2001年6月29日与中国石油化工集团公司签订了全年增供80万吨西部原油的协议，8月8日，又签订了将全年供石化集团西部原油数量调增为100万吨的会谈纪要。全年石化集团实际增接西部原油80万吨（其中，塔里木原油48万吨，长庆原油32万吨），保证了西部地区产销平衡。

（吴建国）

【综合统计】

1. 完成各项统计调查任务

2001年统计处确保股份公司生产经营综合信息的收集、加工、整理和统计报表报送任务的完成。为国家经贸委、国土资源部、中国石油和化学工业协会等有关部门，及时准确地提供了有关统计资料。特别是股份公司上市后，每个季度向股份公司董事会秘书局提供生产经营主要指标完成情况，并在股份公司网页上公布。一年来，在广大统计人员的共同努力下，上下注重统计月快报数据质量，向董事会秘书局及时提供生产经营主要指标数据，保证了股份公司信息披露工作的正常进行。

2. 完善统计方法制度

针对股份公司出现的国内合资合作开采油气资源的新情况，根据国家有关统计方法和制度，下发了《中国石油天然气股份有限公司国内合资合作开采油气资源统计暂行规定》的文件，保证了油气产量及产值等统计指标的准确性和完整性。针对股份公司企业内部存在产品核算统计时间不统一的情况，经领导批示，下发了《关于股份公司内部产品核算统计时间进行规范的请示》，对股份公司内部产品核算统计截止时间作出了规定。同时，为了符合综合统计信息系统的要求，对统计报表制度进行了重大的调整，将年报和月报的报表合为一体，使数据库的查询更加灵活。

3. 强化统计制度管理

股份公司新的管理体制和运营机制，为统计工作带来了全新的变化，为了进一步促进统计工作整体水平的提高，年初下发了《股份公司综合统计目标管理评比办法》、《统计月快报和统计年报报表评分办法》和《优秀统计分析报告评选办法》，制定了评定统计工作先进单位、单项工作优胜单位的标准，对于搞好统计工作，促进统计工作规范化，发挥统计的整体功能，起到了积极的作用，使股份公司的综合统计工作制度化。

4. 搞好统计大检查工作

国家统计局与监察部、司法部联合开展了全国性的统计执法大检查。股份公司按照国家统计大检查的要求，于2001年6—8月进行了统计执法大检查工作，主要做了以下三个方面的工作：（1）动员和部署统计大检查工作；（2）组成检查组，对部分单位的统计执法情况进行了重点抽查；（3）对统计大检查情况进行总结。

经过详尽检查和认真总结，股份公司下发了《关于股份公司统计执法检查组检查情况的通报》，对股份公司统计执法检查组检查情况进行了总结通报，针对检查中存在的问题提出了整改要求，使统计执法工作取得切实的成效，并且向全国统计执法情况大检查领导小组办公室报送了统计执法情况大检查工作总结。

5. 做好统计分析工作

2001年在统计分析方面，主要针对季度生产经营情况的综合统计分析，在企业季度生产经营情况分析的基础上，利用《股份公司生产经营简报》认真分析描述股份公司整体生产经营状况，并对各单位上报的统计分析报告，评选出股份公司优秀统计分析报告一等奖6篇，二等奖7篇，三等奖11篇。

6. 积极开展统计科研

为了适应股份公司新体制和新机制的要求，解决统计工作中出现的新问题。根据股份公司新体制、新机制和财务制度的变化，确立了《股份公司石油企业增加值核算方法研究》科研课题，进一步研究股份公司和企业计算增加值的准确性。该课题已经通过验收，研究工作基本完成，为股份公司 2001 年的统计报表制度的编制奠定了基础。根据股份公司上市后统计指标的变化，两次研究讨论了《股份公司综合统计指标解释》，初稿工作已经完成。

7. 统计信息管理系统建设取得重大进展

全年股份公司综合统计信息管理系统建设工作加快，做了以下四个方面的工作。第一，综合统计信息管理系统第一次在 2000 年统计年报和 2001 年月快报投入使用，顺利完成了报表的汇总工作，达到了预期的效果。第二，向规划计划部的领导和全体人员介绍了综合统计信息管理系统，得到了领导的肯定。第三，按照综合统计信息管理系统建设进度安排，开始进行分公司的综合统计信息管理系统建设，2001 年 5 月份召开了分公司综合统计信息管理系统需求分析会，确定了分公司级的用户需求，于 9 月份下发了分公司级系统光盘（第一版），到目前为止已有 20 个分公司准备使用该系统。新系统灵活的输入和输出功能，受到了基层单位的欢迎。第四，建立了统计历史台账数据库查询系统，部分主要统计指标数据已经入库。

8. 加大培训力度，提高人员素质

为适应股份公司新体制新机制发展的要求，提高统计人员的业务素质，增强在企业的创新竞争能力，开展了统计培训工作，举办了统计分析和综合统计信息管理系统两个培训班。参加培训人员达 200 多人，取得了预期培训效果，使统计人员增长了知识、开阔了眼界，为统计工作的进一步提高打下了基础。

（吴卫星　王玉和）

【土地管理】

土地管理工作以协调服务为宗旨，为基层生产建设服务。

（1）按照《中华人民共和国土地管理法实施条例》和《建设用地审查报批管理办法》的有关规定，呈请国土资源部对西气东输管道工程的用地进行预审，并获得国土资厅［2001］125 号文的批准。

（2）为支持西气东输管道的合资合作，向管道建设用地提供方便和保障，对有可能造成用地阻碍的问题，上报并协调国土资源部，得到国土资源部的大力支持，以国土资函［2001］327 号文对我们提出的问题进行了批复，并成立了西气东输管道工程用地协调小组，协调建设中的有关用地问题。

（3）参加西气东输管道建设合营谈判工作，就用地问题与外商进行了交流，同时对外商提出的新问题和要求，及时协调国土资源部进行答复。

（4）按照股份公司的安排，对 H 股上市时经评估进股份公司的土地、房屋以及股份公司成立以来新增的土地、房产权证办理情况，租赁土地、房产的法律手续是否完备等情况开展调查。在时间紧任务重的情况下，按要求完成了工作。

（5）举办了土地管理知识培训班。参加培训班的有 13 家油田公司、11 家炼化公司和 14 家销售公司共 61 名代表。本次培训由国土资源部规划计划司计划处、土地利用管理司资产处、耕地保护司征地管理处、地籍管理司土地登记处处长授课，讲课内容有土地利用计划管理、土地利用预审制度、土地的供应政策及使用制度、土地征用报批程序、报批材料的组织、地籍登记管理等；为土地管理工作，解决股份公司、各地区公司土地管理中的问题提供了帮助。

（李　娥）

【技术设备引进管理】　根据石油人字［1999］第 7 号文关于机关部门职责范围划分的规定，规划计划部作为股份公司技术设备引进工作的归口管理部门，主要负责技术设备引进计划的编制和重大引进项目的立项审批，对技术设备国际招标过程进行监督、协调和管理，审查配额产品、特定产品和一般机电产品的进口手续。

按照集中投资决策、分级授权管理的总体要求，建立了统一领导、分级归口管理的引进工作管理体制。其中，建设项目内的引进项目按投资决策权限划分进行管理，不再单独办理立项审批手续；单机引进项目，凡用汇在 50 万美元及以上的进口设备和 10 万美元及以上的技术软件，由股份公司审批，其他由地区公司审批。

在审查办理技术设备引进手续的过程中，严格执行国家和集团公司的有关规定，重点把好引进项目立项关和对外采购招标关，全年共审查引进项目 200 余项，没有出现任何问题和差错。

（宋晓丹）

财务资产改革与管理

【概述】　2001年是中国石油天然气集团公司（以下简称集团公司）全面推进企业改革和发展的关键一年。集团公司财务资产工作紧紧围绕集团公司改革与发展的总体目标，认真学习贯彻集团公司工作会议和财务资产工作会议精神，以提高效益为中心，以发展为主题，以结构调整为主线，努力强化资金和资产管理，规范会计核算工作，加强成本控制和管理，加强财税政策的研究与落实，加强财会队伍建设，财务资产管理工作水平不断提高，确保了集团公司改革与发展的稳步推进和经营目标的实现，较好地完成了各项工作任务。全年集团公司实现主营收入3435亿元；实现利润434亿元，实现税费628亿元；国有资本保值增值率108%。

（万　钧）

【资金管理】

1. 加强资金管理制度建设，积极探索资金运作的新思路，规范资金运作

针对重组后在资金管理方面出现的新情况、新问题，积极探索资金运作的新思路，组织制定了一系列加强资金管理的制度、办法。主要有：一是出台了《中国石油天然气集团公司资金授权管理办法》，该办法对预算内资金支出、预算外资金支出、资金调度及运作、借款及担保几项内容的管理做出了规定，明确了各项资金支出办理的程序，明确了办理资金业务各环节中相关部门及领导的责任等；二是制定了《关于进一步加强和规范资金运作管理的通知》，明确了从事委托理财、有价证券买卖、高息存款、进行期货交易、在生产经营所在地以外的金融机构办理存款或变相存款业务、在中油财务公司以外的非银行金融机构办理存款或变相存款业务以及购买除国债以外的债券等七项资金运作事项必须报经集团公司批准的规定；三是制定了《关于加强债务管理的通知》，对各单位银行存款、应收款项、担保等明确了管理要求，规定未经集团公司批准，各单位不得擅自新增长短期借款，要严格按照借款合同按时还本付息等；四是制定了《中国石油天然气集团公司重大财务会计事项报告制度》，明确了在金融机构存款或代保管的有价证券到期不能收回、银行账户被冻结等十二项报告事项，规定了各单位财务负责人对于发生的重大财务会计事项要在72小时内进行书面汇报。这些资金管理制度的实施，使集团公司资金管理基本做到了有章可循，进一步促进提高了资金管理工作水平。

2. 积极筹措资金，确保了集团公司生产经营和平稳过渡的资金需求

在集团公司领导的直接组织和股份公司的积极配合下，2001年进行了以所得税的退税和落实各项财政预算资金为重点的资金筹措工作。全年取得资金收入378亿元，其中所得税退税163亿元，各项财政资金2.7亿元。合理调配资金，优先确保企业三项费用和各项投资资金的及时到位，进一步促进了集团公司改革、发展与稳定工作的正常进行。

3. 组织进行了银行账户清理工作

按照《国务院办公厅转发监察部、财政部、人民银行、审计署关于清理整顿行政事业单位银行账户的意见的通知》（国办发［2001］41号）和中央行政事业单位银行账户清理整顿工作会议的要求，对集团公司所属7个事业单位银行账户进行了认真清查。通过清查，撤消了25个账户，对各单位银行账户进一步进行了规范管理。

4. 进行了在京单位费用改革工作

按照集团公司关于进行机关费用改革的要求，2001年在对集团公司所属18个在京企事业单位和股份公司费用收支情况全面调查的基础上，根据国家有关部门的规定，参照在京其他行业单位的做法，制订出了集团公司、股份公司机关费用改革的初步意见，经集团公司总经理办公会讨论，出台了《通讯费用补助管理办法》、《离退休职工医疗管理费用管理办法》和《托儿费补助管理办法》等三个费用管理办法；核实下发了《集团公司关于机关服务中心服务收费问题的通知》，对于机关服务中心向受益单位收取费用的问题作了进一步明确。

5. 组织完成了债转股工作

按照集团公司领导关于债转股工作的指示精神，积极组织进行签署债转股协议的各项准备工作。组织律师拟定了债转股协议文本；多次召集机关有关部门、法律顾问和中金、高盛等中介机构对债转股问题进行讨论研究；与国家开发银行等债权银行进行了多轮协商和谈判，并及时向国家经贸委等国家有关部门

汇报债转股工作存在的问题。经过艰苦工作，于2001年12月5日与债权银行正式签署了《债权转股权协议》。

【外投外借资金清查】 为加强对外投外借资金的管理工作，按照集团公司工作部署，2001年会同集团公司监察部、审计部、规划计划部等有关部门，组织对集团公司所属企事业单位的对外投资、对外借款、对外担保及异地存款进行了全面清查。制定并下发了《中国石油天然气集团公司关于彻底清查对外投资和对外借款及对外担保的通知》，对清查范围、工作程序及清查时间安排等都做出了规定，安排部署了开展外投外借清查工作；组织企业制定了清查措施，全面开展清理回收工作。通过清查，掌握了对截至2000年末集团公司本部及所属企事业单位对外投资、对外借款、对外担保及异地存款的具体情况和存在的问题，起草并完成了《集团公司外投外借情况的分析报告》。此外，还配合集团公司监察部制定并下发了《中国石油天然气集团公司关于在外投外借资金清查工作中实施责任追究和奖励的办法》，明确了对外投外借清查的有关奖惩规定，为进一步加强和规范资金管理奠定了基础。

（陈　奕）

【会计核算】 加强会计基础工作建设。一是按照财政部颁布的《企业会计制度》，结合集团公司实际，经与中介机构、基层单位多次进行研讨，在对原集团公司内部会计核算办法进行修订的基础上，组织制定了《集团公司会计核算办法》，对内部会计科目设置、会计估计、会计政策等做了较为详细地规定；二是对钻井、测井等八个专项成本核算办法进行了修改，制定了以工程技术服务板块成本核算为核心的《集团公司专业成本核算办法》，为集团公司进行专业化改革提供了会计核算基础。三是制定并下发了《中国石油天然气集团公司会计基础工作规范实施细则》，进一步明确了对会计机构和人员、会计核算、会计监督及内部会计管理制度等方面的具体规定，对提高会计工作管理水平起到了重要的促进作用。

规范会计核算工作。2001年中先后转发了财政部《关于国有企业年度会计报表注册会计师审计若干问题的通知》等11个文件，制定并下发了《集团公司关于整体带资分流改制试点有关会计处理的规定》、《集团公司关于委托贷款利息会计处理的规定》、《集团公司关于科学事业单位转企过程中若干财务会计处理衔接问题的通知》、《集团公司关于住房制度改革中有关会计处理的规定》等10个会计核算类规定、办法，明确并统一了集团公司改革与发展过程中所遇到的财务会计事项的处理办法；此外，进一步加强了对会计报表的审计工作，聘请注册会计师对集团公司合并报表及所属60个单位的会计报表进行了审计，确保了集团公司会计核算行为的规范性和会计信息的真实性。

收集整理集团公司的各项会计信息，为领导及有关部门进行决策提供了依据。集中审查了集团公司所属企、事业单位2001年财务决算报表，完成了集团公司2001年度财务决算报表编制、分析、上报工作；按照规定，按时向国家各主管部委、行业协会以及集团公司领导提供了有关财务会计信息资料。

组织进行了科研转制及事业单位企业化管理的会计制度转换工作。经国家主管部门批准，集团公司对科研转制及企业化管理事业单位的会计制度进行了转换，对转制单位注册资本和实收资本的确定、基建账与企业账的衔接、固定资产折旧的处理和2001年月（季）度会计报表的填报等问题明确了要求。在2001年决算中，各科研转制单位及企业化管理的事业单位首次统一报送企业类报表，并全部纳入集团公司合并报表范围。

（黄　鸿）

【《会计法》执行情况检查】 为贯彻落实国务院关于整顿和规范市场经济秩序的决定精神，按照财政部开展《会计法》执行情况检查工作的部署和要求，集团公司于2001年4—12月组织开展了《会计法》执法情况大检查活动。一是统一部署了《会计法》执行情况的检查工作，确定了检查工作的目的、内容、范围和方法，成立了以总会计师贡华章同志为组长的集团公司《会计法》执法情况大检查工作领导小组。各单位认真组织学习《会计法》、《企业财务会计报告条例》、《会计基础工作规范》等法律法规。通过召开动员会、举办会计知识讲座等多种形式，大张旗鼓地进行宣传发动工作。二是抓好《会计法》检查的具体组织工作。制定了《集团公司〈会计法〉执行情况大检查实施方案》，确定了四大类150条具体检查标准，并组织所属的63户企事业单位全面开展自查工作，自查面达到100%。在各单位普遍开展自查的基础上，对22户企事业单位进行了重点检查，查帮结合，边查边纠，以检查促规范，以检查促会计基础建设。通过检查，提高了单位负责人和会计人员学法、守法、依法办理财务会计事务的自觉性，为进一步完善会计核算体系、健全内部控制制度和提高会计信息质量奠定了基础。

（陈　鹏）

【年报社会审计】 根据财政部《关于国有企业年度会计报表注册会计师审计若干问题的通知》（财企字［2000］905 号）规定，集团公司委托北京天华等具有大型国有企业审计资格的会计师事务所，对集团公司合并报表及所属 60 户企业的 2001 年度会计报表进行了注册会计师审计。其中：会计师事务所对 47 户企业出具了无保留意见审计报告，对 12 户企业出具了保留意见审计报告，北京天华会计师事务所对集团公司合并报表出具了无保留意见审计报告。2001 年各企事业单位反映在会计核算上的不规范行为得到纠正，注册会计师揭示出的问题得到如实整改，会计报表真实全面地反映各单位的财务状况、经营成果和现金流量情况，会计信息质量取得明显提高。

本年度年报审计工作突出抓了以下几个关键环节：一是注重对参与集团公司年报审计的会计师事务所的资格认定，把好会计师事务所的选择关。依照财政部有关文件规定，凡不具备各种资格的会计师事务所不再安排委托审计业务。二是认真核查《审计业务约定书》，凡不符合年报审计要求的约定书一律退回重新签定。三是严格分清企业应负的会计责任和事务所应负的审计责任，做到不混淆不推脱。四是认真研究审查事务所提出的审计意见，把好审计报告类型关。五是对注册会计师披露的问题，及时跟踪督促企业整改，把好企业审后问题的整改关。

【监事会监督检查】 2001 年 4 月 27 日，按照《国有企业监事会暂行条例》规定，由国务院派出的国有重点大型企业监事会（第 37 办事处）首次进驻集团公司，代表国家对集团公司的国有资产保值增值状况实施监督。监事会主席为王天凯同志。监事会履行的职责主要有：检查集团公司贯彻执行有关法律法规和制度的情况；检查财务，查阅财务会计等资料，验证集团公司财务会计报告的真实性和合法性；检查经营效益、利润分配、国有资产保值增值、资产运营等情况；检查企业负责人的经营行为，并对其经营管理业绩进行评价，提出奖惩、任免的建议。7 月 10—25 日、9 月 12—29 日，贡华章总会计师陪同监事会成员赴大庆地区和新疆地区对集团公司所属在该地区的企业进行监督检查。此外，根据国有企业监事会办公室《关于报送 2001 年度〈企业基础材料〉的通知》（国监办发［2001］9 号），组织集团公司总部及所属企业填报了 2001 年度的《企业基础材料》，保证了监事会对集团公司的监督管理需要。

（肖文建）

【中油财务管理信息系统建设】 一是进行了软件的升级，中油财务管理信息系统财务分系统由 3.0 版升级到了 5.5 版。新版软件增加了预算管理、应收应付管理、期末汇兑损益计算、功能权限的细化管理等功能和模块；采用了 32 位计算、控件等先进的计算机技术；报表部分采用了 Excel 风格界面，格式定义灵活，公式丰富，除底稿处理外，还提供了报表透视、任意汇总查询等分析功能；新版软件满足了企业会计制度的要求。通过改进，新软件的功能模块与先进的 ERP 软件中财务管理部分基本一致，具备了部分财务管理分析功能，为与其他业务软件的接口打下了基础。增强了软件操作的灵活性、运行的高效性和稳定性。二是建立和开通“中油财务信息综合管理网”。该网站具有账务报表信息综合查询、财务报表对比分析、财务指标分析、标准管理、技术论坛、常见问题解答、技术资料发布等功能，实现由报表到总账、明细账直到凭证的穿透查询，跨账套查询。它的建立和开通，标志着中油财务管理信息系统的功能从传统的基于客户/服务器模式向基于浏览器/服务器模式的扩展，同时也提供了财务管理信息系统规划、组织、实施和交流的平台。三是实现了软件的英文化，对账务处理、辅助管理、报表管理、汇总报表、维护工具、环境配置和账套管理，共 7 个模块进行了英文化，聘请远卓顾问、安盛咨询等咨询顾问进行了审核，并在华北油田等单位的海外项目中进行了应用。

（丁淑颖）

【财税政策】

1. 落实了“十五”期间特定地域油气勘探开发进口物资免征进口环节税政策

2001 年，集团公司就此项政策向财政部等国家主管部门进行多次专题汇报，并受财政部、海关总署委托，经过大量的调查和测算，草拟了“十五”期间陆上进口物资免税清单及相应的税则号，为免税政策的尽快出台提供了基础。12 月 21 日，国家正式下发《财政部、国家税务总局、海关总署关于印发＜关于在我国海洋开采石油（天然气）进口物资免征进口税收的暂行规定＞和＜关于在我国陆上特定地区开采石油（天然气）进口物资免征进口税收的暂行规定＞的通知》（财税字［2001］186 号）文件，正式明确了“十五”期间特定地域油气勘探开发继续执行进口物资免税的优惠政策。

此外，在该项政策正式明确前，由于原免税政策已执行到期，按规定进口物资需交纳相应的税款，经过积极争取，海关总署以署税函［2001］252 号明确，在政策过渡期间，集团公司所属单位进口的勘探开发机器、设备和备件，可凭银行保函先予办理放行手续；凡进口原材料的，征收进口税款的全额保证金后放行。这一做法确保了过渡期内企业生产经营活动的正常运行，节约了企业资金占用。

2. 落实了长距离输送管道工程使用设备的营业税免税政策

国家现行税收制度中对于长输管道工程中的设备及材料如何计缴营业税问题未做出明确规定，对营业税税赋影响较大，从2000年开始，配合国家税务总局对长距离输油、输气管道中的设备和材料进行了界定工作，并提出了政策建议。国家税务总局根据企业的实际情况，于2001年9月11日以《国家税务总局关于长距离输送管道工程是否征收营业税问题的通知》（国税函［2001］695号）明确了：纳税人承包长距离输送管道工程，凡工程所用的构成长距离输送管道工程主体的防腐管段等物品属于设备，如上述设备是由建设单位提供的，则设备价值不计入营业额，不纳营业税。

3. 落实了物探局改制涉及的增值税进项税抵扣政策

集团公司重组后，物探局按照《油气田企业增值税管理暂行办法》的规定应缴纳增值税，但企业体制和税收政策的变化使物探局有上亿元的进项税不能抵扣。经过与税务部门的多次汇报和沟通，2001年6月4日，国家税务总局正式下发《关于中国石油集团地球物理勘探局增值税抵扣问题的通知》（国税函［2001］383号），明确了物探局改制期间外购货物及1999年底的存货可以抵扣增值税进项税，节约了企业的纳税支出。

4. 落实了乌石化发动机检测专用油不征消费税政策

乌石化西峰工贸总公司生产的发动机检测专用油的用途不同于应征消费税的各类柴油，不应征收消费税，集团公司经过反复研究，多次向国家税务总局汇报。2001年12月18日，国家税务总局以《国家税务总局关于乌鲁木齐石化总厂西峰工贸总公司所产发动机检测专用油不征消费税的通知》（国税函［2001］935号）明确了乌石化西峰工贸总公司生产的发动机检测专用油不征消费税的政策。

5. 落实了国际工程公司提取总部机构管理费的所得税前扣除政策

国际工程公司于2001年3月开始正式运营，作为一个行使经营管理的综合机构，无固定性收入，若国际工程公司各子公司上缴的总部机构管理费不能在所得税前扣除，将加重企业的税收负担。根据国家有关规定，集团公司向国家税务总局提出了国际工程公司向其四个全资子公司提取的管理费用在所得税前予以扣除的意见。经过争取，《国家税务总局关于中油国际工程有限公司所属企业总部机构管理费扣除标准的通知》（国税函［2001］956号）正式批准中油国际工程公司2001年度可向所属四个子公司提取1400万元管理费，并允许子公司在税前予以扣除。

（何　焰）

【财产清查】　为了进一步摸清未上市企业的财务状况，加快经济结构调整，深化企业改革，推进建立现代企业制度，确保集团公司“十五”战略目标的实现，同时为执行《企业会计制度》创造条件，2001年在所属非上市企业中开展了财产清查工作。财产清查基准日为2000年12月31日，清查盘点日与基准日的差额采取倒轧账方法计算。

在本次财产清查过程中，集团公司先后下发了《中国石油天然气集团公司财产清查实施细则》（中油财字［2001］205号）、《企业财产清查报表编制说明》等文件和财产清查的软件，在按照现行的工业企业会计制度以及相关补充规定进行全面财产清查的基础上，经中介机构审计和集团公司有关部门组成的固定资产、存货、对外投资、债权、其他资产、土地及计算机数据校验等七个专业组核实验收，初步判定财产清查损失为104.5亿元；按照财政部要求和《企业会计制度》的规定，对资产减值准备作了预计，并聘请会计师事务所对预计资产减值进行了审计，审计报告披露的预计资产减值准备为142.7亿元，占集团公司总资产的2%，占净资产的3.4%。

【成本管理】　2001年集团公司继续实施低成本发展战略，采取各项有效措施降低成本，进一步加大扭亏脱困力度，努力提升企业核心竞争力和实现持续、有效发展。一是继续对企业富余人员实施有偿解除劳动合同，2001年共办理了有偿解除劳动合同11万人，集团公司承担减员费用87亿元。二是积极开展以整体带资分流改制为重点的产权制度改革试点工作，集团公司全年共批准整体带资分流改制试点立项48家，涉及职工1.18万人，资产总额46亿元，其中已完成改制31家，分流职工近7000人。三是继续实施投资回报承诺机制，在按盈利企业8%、亏损企业10%出具投资回报承诺书后安排资金的投入，并将承诺实现的投资收益纳入考核利润指标，以此促进企业加大对投资项目管理力度，从源头管住成本；四是加强内部管理，积极开拓外部市场，落实成本管理责任制，通过增加工作量和挖潜来降低成本；五是根据集团公司主辅分离的原则，通过整体移交、合作办学和整体带资分流等措施，积极推进结构调整和企业办社会职能的分离移交工作，减轻企业负担。

【预算管理】　2001年是“十五”计划的第一年，加强预算管理，完成2001年经营目标对实现集团公司“十五”规划目标具有重要意义。2001年的财务预算编制采用由集团公司按环比方法确定预算利润控制指标，然后直接下达各单位，各单位按照下达的预算利润控制指标，以收定支，量入为出，实行全面预算管理。在建设资金方面，依靠集中资金，优先安排效益明显且对经济结构调整、扭亏解困、增加市场占有率和增强企业生存发展能力具有重要意义的关键项目。在债务规模方面，以生产经营活动产生的净现金流为基础，确保具有还本付息的能力，新增借款规模原则上不大于当年的还债规模，对确需借款的项目，在经充分论证效益和还贷能力，落实还贷资金来源，取得借款银行的承诺后再报集团公司审批。继续对重组企业实行三项费用补贴政策，并将三项费用分解为费用化补贴和注资两部分，其中费用化补贴以年度预算盈亏和内部考核利润的差额确定。

根据集团公司确定的利润分配原则，地区服务公司实现的利润，扣除应交所得税后，由企业全部留用，用于生产发展的再投入；出现的亏损（包括集团公司核定的亏损），集团公司不予弥补；直属专业公司实现的税后利润，在提取10%的法定盈余公积金和9%的公益金后，60%上缴集团公司，40%由企业留用。但是，为鼓励企业建立自我积累机制，增强抵御风险的能力，以丰补歉，实现的利润中超过预算利润指标的部分，在按上述分配程序提取盈余公积金和公益金后，20%上缴集团公司，80%由企业留用；为保持与国家科研体制改革政策的同步，对科研转企单位，5年内实现的利润由其全部留用。

通过进一步强化预算管理工作，深化改革和积极开拓国内外两个市场，实施低成本发展战略，确保了集团公司2001年实现利润有一定幅度的增长。2001年集团公司未上市企业实现收入1046亿元，比2000年1031亿元增加15亿；亏损53亿元（已剔除有偿解除劳动合同支出），同口径比2000年亏损85亿元减亏32亿元，完成了年初确定的预算目标。

（陈　忠）

【资产评估与股权管理】　为做好集团公司资产评估工作，根据集团公司内部改制的实际情况，2001年积极向财政部申请授权委托办理资产评估立项和合规性审核工作。2001年4月4日财政部下发《关于同意委托中国石油天然气集团公司办理部分资产评估项目立项和合规性审核工作的复函》（财办企［2001］204号）文件，同意集团公司办理所属企业被评估账面资产量不超过3亿元，且不涉及有关股份公司、债转股等经济行为的资产评估项目。为加强对授权项目进行资产评估的管理工作，集团公司聘请有关专家对各企业的资产评估报告先进行初审，并将初审意见反馈给企业，中介机构按初审意见对资产评估报告进行修改完善，最后报集团公司复审。2001年批准立项81户，合规性审核予以批复的企业65户，其中组建公司27户，资产并购出售或置换38户；涉及评估的账面资产108亿元，负债68亿元，净资产40亿元，评估后资产总额105亿元，负债总额68亿元，净资产37亿元，平均净资产减值7.28%。

2001年对集团公司所属53家成员企事业单位的1096户法人企业进行了国有资产产权登记。

为加强股权管理，提高集团公司授权股东代表单位的风险防范意识，维护权益人的合法权益，2001年11月2日向各单位转发了《财政部关于上市公司国有股被人民法院冻结拍卖有关问题的通知》（财企［2001］656号）文件，明确各单位持有的上市股权原则不得质押，若需通过股权质押进行融资，需上报集团公司批准，并附报有关资料；如果以前已将其持有的上市公司股权质押的，应向集团公司做出详细的书面报告，对质押被冻结的风险进行分析，并提出解除质押的相应措施等规定。

（吴盛龙）

【财会队伍建设】

1. 开展了“遵纪执法”和“爱岗敬业”两项教育活动，提高了财会人员职业道德素质

2001年在财会人员中组织开展了“遵纪执法”和“爱岗敬业”教育活动，促进提高了广大财会人员掌握国家财经法规和集团公司的各项规章制度，自觉遵守财经纪律，依法办理财会业务，爱岗敬业，搞好服务的意识。财会队伍中涌现出了一大批先进集体和先进个人，在集团公司财务资产工作会议上对45个先进集体和148名先进工作者进行了表彰。

2. 组织了三个层次的培训工作，提高了财会队伍的业务素质

制订了2001年财会人员培训计划，召开了财会人员培训协调会，组织编制了14个培训项目的培训教学大纲，在此基础上，重点抓了三个方面的培训：一是财务处级干部岗位任职资格培训。制定了财务处

级干部任职资格培训管理办法，举办了2期财务处级干部岗位任职资格培训班，培训处级及处级后备干部81人。为提高未上市部分财会主管领导干部的国际财务与会计知识水平，更好地适应集团公司“走出去”的战略，组织了17名总会计师、财务处长赴美国休斯顿大学和石油公司进行培训和考察。二是新准则、新制度培训。集中举办了5期以财政部新颁布的会计准则和《企业会计制度》为主要内容的财会骨干培训班，培训人员达350人。为提高海外项目财会人员专业英语水平，组织举办了对外合作财会英语培训班，培训人员35名。各单位按照集团公司要求，相继组织开展了新制度、新准则的培训。据不完全统计，全系统各单位共举办培训班460期（个），培训财会人员达1.1万余人。三是财会人员继续教育培训工作。各单位按照财政部的要求进行了财会人员继续教育培训工作，受国务院机关事务管理局委托，财务资产部直接组织了13期在京单位财会人员继续教育培训班，培训人员达2000余人，圆满完成了财会人员继续教育的组织管理工作。

3. 加强制度建设，队伍管理水平不断提高

一是依据财政部《会计人员从业资格管理办法》和《会计基础工作规范》等要求，组织制订了《集团公司财务会计人员岗位规范》，配合集团公司干部人事制度改革，将财会队伍管理纳入制度化、规范化轨道。二是完善了集团公司财会人员数据库，全面掌握了系统内财会人员基本情况信息，对加强财会人员管理，进一步提高财会队伍的素质起到了积极作用。

（胡宝顺）

股份公司财务管理

【概述】 2001年是新世纪的第一年，中国石油天然气股份有限公司各项工作进一步理顺，公司持续重组卓有成效、兑现承诺、派息丰厚，增强了投资者的信心，也为公司树立了良好的企业形象和商誉。股份公司财务工作紧紧围绕公司的经营目标，在搞好队伍建设，完善规章制度的前提下，以经济效益为中心，深入基层，调查研究，积极主动地协调好与政府、相关企业的关系，各项工作顺利开展，各项目标圆满完成。以财务工作“规范年”为中心，整章建制和整合财务部的各项工作，组织修订财务部各处岗位职责和业务流程，根据《企业会计制度》重新修订《股份公司内部会计制度》，根据工作中遇到的问题，及时研究、制订、完善内部管理制度。不断加强全面预算管理，在预算的编制、分解、落实方面探索了新的路子。继续推动资金和债务集中管理，管理效益不断提升。与政府部门的政策协调方面有所突破，公司发展的政策环境日益良好。提高对清欠工作的认识，树立了“清欠也是经营”的思想，初步构建股份公司联合清欠体系。夯实会计基础，满足公司决策和对外披露会计信息的需要，进一步推动财务信息系统的集中管理。以效益最大化为中心，与有关部门配合，共同推动股份公司的资产整合工作。资本市场意识日益加强，能够主动把握市场规律，运用市场手段满足企业发展的需要。注重作风建设，员工的服务意识日益增强，服务水平进一步提高。

（沈芳萍）

【预算管理】 2001年在总结以前预算管理工作基础上，改革预算管理程序，完善预算管理机制，进一步强化了预算委员会办公室组织协调的职能，明确了层层负责的预算管理分工体系。按照全面预算管理的要求，采取自上而下、自下而上相结合的方式，组织编制2002年预算，将一切收支纳入预算管理，预算方案报公司董事会审查。根据董事会批准的预算，对预算目标进行层层分解，并纳入业绩合同，按预算目标考核经营者业绩，进一步强化了公司以业绩管理为核心的考核兑现机制。发挥预算控制机制，根据股份公司资金上收下拨情况及公司整体借款、还贷计划，总体平衡股份公司现金流量。建立预算监督和分析制度，加强对预算执行的监督和定期分析，及时反映公司及其所属地区公司的预算执行情况以及存在的问题，为公司管理层经营决策提供信息和依据，为确保公司2001年预算目标的实现奠定了基础。

（潘成刚　洪海军）

【资金管理】 2001年着力起草完成了《中国石油天然气股份有限公司资金授权管理办法》、《中国石油天然气股份有限公司货币资金内部控制实施办法》、《中国石油天然气股份有限公司银行承兑汇票内部管理办法》、《关于进一步明确有关清欠有关问题的通知》等

办法、制度，确保了公司资金管理工作的制度化、规范化。加强资金集中管理，及时处理资金收拨业务。在保障生产建设资金需求的同时，加强银行存款限额管理，有效集中各地区公司的富余资金。外汇资金管理方面，达成接近银行融资成本的存款利率，对募股资金和外汇出口油现汇收入进行保值增值。还贷准备金管理方面，将部分还贷准备金美元存款以外管局公布的中间价进行结汇，最大限度维护公司利益。2001年进一步深化货款封闭结算工作，逐步将石脑油、进口原油和出口炼化产品纳入封闭结算；对新成立的克拉玛依石化分公司、大港石化分公司、华北石化分公司、长庆石化分工司、辽河石化分公司、呼和浩特石化分公司、润滑油公司和大庆石化销售中心等单位纳入封闭结算网。经与中化公司谈判，中化公司久拖不还的对日出口原油款欠款全部清回，同时，对中石化公司欠款达成了以双方债权、债务相互抵冲方式解决欠款的意向。召开股份公司首次清欠工作会议，成立清欠机构，完善清欠政策，协调成立股份公司清欠领导小组和清欠办公室，进一步明确了公司清欠工作政策，启动了清欠信息平台的建立工作。税务管理方面，完成公司2000年所得税合并缴纳工作。

（马　欣）

【债务管理】　股份公司2001年债务集中管理进一步加强，效果显著。根据实际运行情况，及时有效的调整债务结构。2001年8月与中国银行续签了200亿元授信协议，加上中国工商银行、国家开发银行等其他银行的授信额度，公司有效授信总额1020亿元，未使用授信额度404亿元。

加强债务集中管理。到年底有32家地区公司不再代表公司总部管理对外债务，大大减轻了地区公司债务管理工作负担和工作压力，2001年8月，通过与建行协商，抚顺石化分公司兼并洗化厂建行贷款4亿元上转总部，并继续享受国家企业兼并停免息政策。2001年12月20日，将大庆、辽河和大港的中行外汇贷款、辽化的建行外汇贷款集中到总部，总计13.30亿元人民币。2001年降息贴息贷款从年初的360.13亿元上升到年底的519.95亿元，全年由于贷款降息减少利息支出2.45亿元。2001年提前归还了中行美元现汇浮动利率贷款5.12亿美元，同时一次性形成汇兑收益达人民币7000多万元，提前归还交行人民币贷款4亿元，全年累计实现提前还款46亿元人民币。因提前还款减少利息支出2.51亿元。经过调整运作，公司债务与上市之初有较大规模的降低，有息债务由2001年期初的924亿元下降为886亿元，期末资本负债率为23.32%，比期初下降了2.08个百分点。

通过多方征求中介机构书面意见，向控（参）股单位提供委托贷款或担保，就涉及香港联交所关于关联交易方面的有关规定及国内有关法律法规等问题，提出具体操作方案建议。截至2001年年底，股份公司为控（参）股单位提供委托贷款78.45亿元，提供14.7亿元贷款担保，为控（参）股单位节约利息支出800多万元，同时也增加了股份公司的收益。申请发行企业债指标，开拓股份公司债务性融资渠道，降低融资成本，2001年6月顺利完成97中国石油企业债券到期兑付8.68亿元人民币工作。

完成赵东项目担保。为促使阿帕奇因赵东项目未按石油合同进入开发期而起诉中国石油一事撤诉，与阿帕奇进行了艰苦的谈判，坚持以撤诉为备用信用证生效的前提条件，使阿帕奇签署了我方起草的承诺函，到法院开庭前最后时刻最终就备用信用证各项条款达成一致。同时与中国银行就开证方式协商一致，将备用信用证的开证年费率由9‰降为备用信用证项下余额的5‰，降低了备用信用证的成本，为公司节约了费用。

（范　暄）

【资产管理】　一是资产重组。2001年按照公司的重组计划，配合销售企业对未上市企业进行重组。按照资本市场监管要求，设计收购方案，负责对审计、评估的现场工作协调，对企业资产、业务和人员进行整合。为规范股份公司业务管理关系，将原油田所属炼油业务和化工企业的销售业务及财务资产重新划分，完成了长庆、辽河和新疆三家油田炼厂（大港油田炼厂、华北油田一炼厂和呼和浩特炼厂）从原油田公司划出，分立成地区分公司，将吉林油田炼厂与前郭石化合并，大庆石化化工销售中心重组设立，七个化工销售中心全面分立重组，将新疆油田分公司持有的、从事成品油管线输送业务的新捷公司股权划归克拉玛依石化分公司。二是资产管理。对需要报废，变卖盘活的低效无效资产处置问题及时进行处理，并向管理层提出资产整合的原则和措施建议。通过对资产存量逐步关停、盘活和消化，达到资产结构性调整、提升资产质量。三是股权管理。股权管理的重点在于股份公司直接控股的几家有限责任公司的增资扩股和业务规范管理。集输公司的增资扩股在于扩大储气能力，增大股份公司在京津地区的天然气销售的增长和调峰能力。收购庆大公司持有的WEPEC的股权，使股份公司对WEPEC的行政管理权逐步和股权比例相对应。四是对外投资。股份公司和外方合作涩宁兰管线项目，合资设立兰州路博润添加剂公司。另外，为落实国家行业管理规定，对油田设计院进行改制评估；为解决油田和所在地方的社会关系，进行合资合作并投入资产进行评估。

（陆德喜）

【资本市场业务管理】 为合理利用公司富余现金流，2001年继续开展国债回购业务，在扣除交易费用后，全年共实现投资收益18456.18万元，高于同期存款利率1.91个百分点。根据公司资金和国内证券市场情况，尝试开展资产委托管理业务。在财务信息披露方面，根据香港和美国证券监管机构的有关信息披露的规定，编制并按时向香港联交所报送股份公司“截至2000年12月31日止年度之全年业绩公布”和“截至2001年6月30日止六个月之中期业绩公布”（以下简称“业绩公告”），准时刊登于香港“经济日报”和“南华早报”。其中2001年中期业绩公告披露内容有大幅度增加，格式上有较大改进。编制、提供和审核了股份公司2000年度香港年报和美国年报、2001年中期香港年报中相关的财务资料，保证股份公司年报的按时发布。编制股份公司2000年度和2001年中期路演资料，包括“路演数据本”和“路演重要问题幻灯片”（中英文）等，为路演的顺利进行提供数据支持。此外，为财务总监参加各类国际会议准备中英文演讲资料，扩大公司与国际资本市场的交流。在2000年98石油债上市准备工作的基础上，在中油财务公司等各方的通力协作下，终于在9月下旬获得证监会和上交所的上市批文；10月18日，98石油债正式挂牌上市，履行了发债时对债券投资者的承诺。分析和研究工作进一步求实求新，针对日趋波动的国际油价走势，围绕中国石油开展油价风险管理（套期保值）的有关问题展开研究探讨。同时，还着手对国内有关恢复石油期货交易品种方面的问题进行了研究。根据公司的利润分配情况起草公司董事会利润分配方案预案（其中包括股息分派方案），根据董事会批准的方案以及公司上市协议和公司章程的规定等要求，拟定2000年度和2001年中期派息时间表并计算股息港币兑换汇率。2000年末期的股息于2001年6月22日支付予2001年6月7日结束办公时名列股东名册的股东。2001年中期的股息于2001年10月8日支付予2001年9月19日结束办公时名列股东名册之股东。

（王晓峰）

【会计核算】 2001年，为了给使用者提供有用、相关、可靠的会计信息，股份公司加强了数据填报“合理性合规性”审核分析，把会计信息质量视为会计核算工作的生命和关键；根据“规范年”的工作部署，强调规范运作，强化管理，研究会计政策，修订公司会计制度，开展《会计法》执法情况检查，针对核算中存在问题进行通报。一是强化会计数据审核分析，提高会计信息质量，加大会计数据报表的审核、整理和分析力度，圆满完成2000年度决算编制、审计工作。2000年度决算是上市以来的第一次年度决算，为更好地为基层和企业服务，决算前，广泛征求地区公司意见，拟订了决算会计政策，进一步简化决算工作流程，提高了决算审核进度。对各单位有关成本费用和利润指标方面的问题，按决算有关文件进行了调整，并按对外承诺严格审核把关。对各单位决算中存在的具体问题，以会议纪要的方式予以明确。全面配合普华审计，形成股份公司2000年度财务会计报告。普华公司出具了无保留意见的审计报告。对于同期对比中存在较大差异的核算项目，组织专门力量，认真进行定量定性分析，编制完成了2000年度财务分析资料和财务决算分析报告，完成2001年季度、半年度、财务会计报告的审核、审阅工作。二是认真研究会计政策，修改会计制度，规范会计核算。2001年是《企业会计制度》和有关会计准则实施的第一年。新制度加快了我国会计制度同国际惯例接轨步伐，扩大了企业选择会计政策的自主性，体现谨慎性原则，进一步缩小了与国际会计准则的差距。新制度与原制度相比，在形式上和实质内容上都发生了较大变化。根据新制度的变化，股份公司进一步完善修订内部会计制度。组织各地区公司、财务部和专业公司财务人员学习新制度，对现行的公司内部会计制度加以修改完善，修订了《成本、费用核算与管理办法》、《标准会计科目及使用说明》、《决算会计报表及使用说明》等相关制度。针对国家出台住房制度改革政策，研究会计处理意见，及时完善有关制度办法。三是根据财政部和集团公司的统一安排，认真布置《会计法》执法检查工作，严格《会计法》执法检查，提高会计工作质量。四是组织有关生产、技术、财务等部门和地区公司的专家，与财政部共同完成采掘业会计课题，得到财政部和国际会计准则委员会的认可。通过该课题研究，了解了国际上对采掘业会计问题的各种不同意见，拓宽了视野，为以后进一步规范股份公司勘探开发会计核算提供了思路。五是组织召开2001年度决算布置会，对决算和审计工作进行全面布置安排。认真研究决算工作的基本原则和会计政策，根据新制度准则的变化内容和要求，修订完善决算会计报表及使用说明。强调严格按照会计法、会计准则和会计制度编制决算，绝不允许受预算考核因素而影响决算结果的真实性。分别就新制度的修订要点内容、股份公司一年多来会计核算和财务管理方面存在的问题、决算报告编制要求和公司会计制度修订要点等4个专题进行讲座。六是圆满完成涉及部门多、内容新、量大、时间要求紧的企业稽查基础材料的填报。

（胡建忠）

【财税及价格政策】 在财税政策方面，一是2001年9月11日国家税务总局下文明确规定："纳税人承包长距离输送管道工程，凡工程所用的构成长距离输送管道工程主体的防腐管段、管件（弯头、三通、冷弯管、绝缘接头）、清管器、收发球筒、机泵、加热炉、金属容器等物品，属于设备。如上述设备是由建设单位提供的，…不纳营业税"。该项政策的明确，对股份公司未来管道建设具有十分重要的意义。二是为实现石油集团重组上市时承诺的油田因生产性劳务营业税改征增值税造成地方营业税收入减少的，可通过采取适当提高资源税税额的办法解决，同时又维护地区公司利益，争取和落实了新疆、四川的油气资源税调整问题，2001年6月15日，财政部、国家税务总局联合下发财税［2001］102号文，规定新疆三大油田的原油（不含稠油、高凝油）资源税税额自2000年7月1日起由每吨20元调整为每吨24元。2001年11月22日财政部、国家税务总局联合下发财税［2001］181号文，规定吉林油田分公司的原油资源税适用税额自2001年7月1日起由每吨8元调整为每吨12元。2001年3月2日财政部、国家税务总局以财税［2001］29号文规定：自2001年1月1日起，西南油气田分公司所属川南、川西南、川西北的天然气资源税税额由每千立方米13元调减为每千立方米10元。三是为了给西气东输工程创造一个良好的税收政策环境，根据我国现行税法的有关规定，结合西气东输工程项目的实际情况，希望国家能够在所得税、增值税、资源税、关税等税收方面给予项目优惠政策。经过多次反复，目前国家有关部门对于西气东输上游合作开采天然气适用13%的统一增值税率、中游管道享受15%的所得税优惠税率和"免二减三"政策等有关政策基本达成了一致意见。

在价格机制改革方面，第一，为了理顺管输价格，合理反映管道公司的经营成果，2001年7月26日国家计委下发了《关于调整原油管道运输价格的通知》（计价格［2001］1377号），自2001年8月份起，公司执行全国统一运价的管线价格平均提高1.5分/（吨·千米）。第二，为改变石油价格接轨办法存在的与国内市场供求不一致，方法过于直接透明，以及价格变动频繁等问题，2001年10月份国家对石油价格接轨办法作了进一步改进。一是将国内汽、柴油价格单一与亚洲市场挂钩改为与亚洲、欧洲、北美三地市场挂钩，以使国内油价变化更充分地反映国际市场的总体趋势。二是为避免价格调整过于频繁，当国际石油油价变动超过一定幅度时，相应调整国内成品油价格。三是每次调整国内成品油价格时，在不突破根据接轨原则确定的调价总额的前提下，根据国内汽、柴油市场消费结构，参照国际市场比价关系，相对调整汽、柴油价格，以调动企业生产积极性，满足市场需要。四是为扩大企业定价自主权，在放开部分油品价格的同时，进一步扩大汽、柴油零售价浮动幅度，由目前的上下5%扩大到上下8%。五是设定国内成品油涨（降）价区间，当国际市场原油价格超过一定限度时，国内企业要通过成品油价格消化部分涨价因素，即价格适当少提；当国际市场原油价格低于下限指标时，成品油价格适当少降，以减少价格波动的幅度。这次国家完善石油价格接轨机制，为中国石油提供了更为稳定的经营环境，有利于中国石油按照市场需求组织生产，改善炼油与销售板块的经营状况。第三，"西气东输"项目天然气及管输价格形成机制初步落实。西气东输是国家十五规划四大重点工程之一。该项目能否成功招商引资，上游天然气价格、中游管输价格问题是关键。目前国家有关主管部门已经初步明确西气东输天然气和管输价格形成机制：

（1）天然气井口气价，拟采取政府管制与供需双方协商相结合的价格管理方式，即基准价+浮动幅度的政府指导价形式，基准价格由政府核定，具体结算价格由供需双方在规定的浮动幅度范围内自行商定。国家计委报国务院的西气东输天然气首站基期价格为0.45元/立方米。以后年度参考市场的供求关系、用户的承受能力和替代能源的比价关系，由供需双方协商定价。同时，国家将根据市场发育的程度，逐步放开上游天然气井口价格管制。

（2）管输价格将继续维持政府定价，政府根据西气东输项目的投资情况，保证管输企业获得适当投资回报，制定管输运输规则及运价水平。国家计委拟报国务院的管输平均价格为0.84元/立方米。

（杨会杰 陈克全）

【中国石油财务信息管理】 2001年中国石油财务信息工作重点是推进财务管理信息系统由分散式多级管理向集中式扁平化管理的转变。上半年，完成了大庆石化分公司、兰州石化分公司会计核算一级管理，9

月份完成了适合炼化企业集中核算的改进软件FMIS5.1版本，在大庆石化和兰州石化集中核算的基础上，与相关人员一起讨论并制定了《中国石油财务管理信息系统炼化企业集中管理方案》，并在2001年12月正式下发，截至年底，各炼化分公司已做好FMIS集中管理的准备工作。为了进一步扩大中国石油财务管理信息系统集中管理的范围，11月份在大港油田开始了油田企业集中核算试点工作，截至年底初步制定出集中管理实施方案，取得了阶段性的成果。该套信息系统开发完毕后，地区公司可以合并所属单位的全部账套，财务报表可一次生成，财务处人员可随时掌握所属核算单位的财务信息。此外，还完成了总部财务服务器和系统应用软件的升级，为在京单位的财务信息集中管理及最后整个股份公司的财务信息集中管理打下了基础。2001年，中国石油财务管理信息系统在集中管理、简化核算层次、推进报账法实施方面迈出了坚实的一步。

（闵广富）

【关联交易】 按照股份公司董事会确定的2001年关联交易工作目标"一要规范关联交易，二要实现市场开放50%的总体要求"，组织召开股份公司关联交易工作会议，全面总结了2000年关联交易工作，对2001年关联交易工作提出了要求，各专业公司对分管业务作了具体安排。举办关联交易培训班，聘请年利达和金杜律师事务所对股份公司上市时重组协议和产品服务互供总协议等重大协议的起草背景、主要条款，上市地法律的监管要求及地区公司如何操作等进行了详细讲解。整章建制，与集团公司财务资产部联合下发了《关联交易结算管理暂行办法》。与集团公司市场部共同提出了《关于关联交易存在问题的整改意见》。为促使地区公司和存续企业严格执行关联交易总协议确定的各项原则，加快协议签订，财务部和集团公司市场管理部、财务资产部一起积极推动关联交易工作，确保关联交易正常运行。2001年共签订总协议36份、分协议1024份，可量化协议金额566.84亿元。根据香港联交所上市规则和股份公司上市承诺及时提供关联交易资料，严格监控关联交易总量，全面反映关联交易协议签订和执行情况。市场开放方面：积极贯彻落实董事会的2000年市场开放20%，2001年开放50%以上，3—5年内全部放开市场的决议。通过制定市场管理办法、招投标管理办法等制度初步建立起工程技术服务的市场环境。多数企业都能达到或接近规定的市场开放比例。通过招投标，使关联交易总量和一些服务项目的价格有不同程度的降低，促进了市场的有序竞争。按照集团公司党组关于尽快制定工程技术服务类预算定额标准的要求，配合规划计划部，与集团公司协商确定了定额编制总体原则，分别对《钻井系统工程定额编制总体方案》、《物探工程定额的修编方案》提出了审核意见。

（胡炳军　马平原）

【基础工作】 在机关财务管理方面，2001年财务部印发了《股份公司机关财务管理及费用报销暂行办法》、《中国石油天然气股份有限公司机关工作人员通讯费用暂行管理办法》，这是股份公司成立以来首次有关费用报销标准的两个文件。采用科学的方法，编制2002年股份公司总部机关管理费预算，将机关管理费分为日常经费和专项业务费用，日常经费按统一定额标准包干给各部门，总量调剂使用，如差旅费、电话费、纸张费、修理费等。专项业务费用按项目管理，将降低成本的责任和主观能动性由财务部门一家转变为财务部门和使用部门共同努力，并使预算编制有标准可依，避免了主观臆断、经验数据。

在加强队伍建设，提高干部素质方面，财务部围绕"三个一"，努力把财务部建设成为一支能打硬仗的军队，一个温暖的家庭，一所培养人才的学校。同时，积极组织举办总会计师财务处长培训班、新企业会计制度研讨班、中油财务信息系统培训班、生产工艺培训班、岗位管理知识培训班等多渠道、多途径的提高股份公司系统财务人员的业务素质和工作水平，以加强股份公司的整体管理水平，尽早实现管理现代化。为了提高员工的英语交流能力，适应国际交流的需要，组织总部财务人员利用业余时间进行英语学习。

（赵嘉辉　沈芳萍）

资本运营

【概述】 2001年是集团公司加强资本运营工作的一年，也是资本运营部自2000年12月组建后开始行使管理职能和经营职能的第一年。按照集团公司实施资本运营的战略目标，即以生产经营为基础，以资本运营为手段，建立完善的法人治理结构，实现内部结构化和产业化升级，提高资本回报水平，最大限度地实现国有资本保值增值。2001年资本运营工作首先从抓好规划做起，明确了“一年打基础，三年见成效，五年达目标，十年上台阶”的发展思路，并围绕股权管理、资产重组和投资管理三个方面认真探索，积极开展各项工作。

【股权管理】　以建立和完善股权管理基础工作为重点，初步建成集团公司股权管理规范体系，并按此规范实施股权管理。

1.制定并下发集团公司股权管理规范

根据国有股权管理的有关法律、法规，结合集团公司公司制企业的治理状况，编制并下发了《中国石油天然气集团公司股权管理暂行办法》(以下简称《股权管理暂行办法》)。《股权管理暂行办法》重点强调通过所投资公司的法人治理结构，行使集团公司作为股东的重大事项决策权、管理者选择权和收益分配权，保障集团公司的股东权益，提升集团公司的股权价值。

2.构建股权管理决策支持系统

《股权管理暂行办法》颁布后，集团公司成立了战略管理、投融资、收益管理和人事与考核四个股权管理专业委员会，作为集团公司股权管理的决策支持系统，确保集团公司正常开展股权管理。

3.明确股权管理程序

即股权代表通过股权信息渠道获得有关需经股东会决策的议案，经股权管理部门分送集团公司各相关专业委员会；各专业委员会进行研究分析，形成决策建议向集团公司决策层汇报；经集团公司总经理办公会决策，相关专业委员会将决策意见以书面形式送交股权管理部门；股权代表依据决策意见依法行使表决权，并将表决结果及时反馈给集团公司决策层及股权管理专业委员会。

4.股权管理工作初步展开

2001年开始对集团公司直接投资的全资子公司、控股子公司、参股公司和间接控股的上市公司等17家股权管理对象实施规范的股权管理，并指导所属企业对其投资的公司制企业开展股权管理工作。

【资产重组】　2001年集团公司努力推行以整体带资分流改制为重点的改制试点工作，并积极探索了主营业务的公司制改造。

一年来，先后制定了《关于加快产权制度改革的意见》及其补充规定、《关于整体带资分流改制试点中有关问题处理的指导意见》等政策性文件，形成了较为统一、完整的配套政策。为指导企业和改制单位进行改制操作，制定了改制方案编制的基本要求，印发了《集团公司产权制度改革政策文件汇编》和《产权制度改革知识手册》，保证产权制度改革试点工作有组织、有制度、有纪律、按程序规范有序地进行。

企业整体带资分流方面，集团公司地球物理勘探局装备总厂下属的机械厂、特车厂、仪器厂通过实行整体带资分流，改制为三家职工控股的有限责任公司，三家公司国有股权比例均为25%。集团公司管道局铁岭机械厂在整体带资分流改制过程中，引入了社会法人股，改制后职工股占42%、社会法人股占33%、国有股占25%。大港油田运输公司、吉林石油集团汽修厂、中国石油物资装备（集团）总公司宝鸡石油机械厂职工医院等单位通过实行整体带资分流实现了产权多元化。

国有控股公司制改造方面，长庆石油勘探局设计院、吉林石油集团勘探设计院分别采取职工现金入股的方式，改造为国有控股的有限责任公司。中国石油物资装备（集团）总公司咸阳石油钢管钢绳厂向济南柴油机股份公司出售55%的生产经营性资产，由咸阳石油钢管钢绳厂以剩余生产经营性资产出资，济南柴油机股份公司以收购的资产出资，共同组建了咸阳石油钢管钢绳有限责任公司，通过重组联合，实现优势互补。

2001年共有46家企业完成了改制，其中完成整体带资分流改制31家，分流职工6788人，涉及总资产22.58亿元，负债13.67亿元；完成国有控股公司制改造的15家，涉及职工40134人，总资产规模55.03亿元，负债38.58亿元。

【投资管理】　2001年初步建立起资本市场投资管理制度和规范，探索投资渠道，积累投资经验，锻炼投资队伍，提高投资收益。

1.股权投资

全年共审核所属企业股权投资项目16项，审核意见均被集团公司采纳；完成集团公司投资项目论证2项，经集团公司研究决定对中银国际证券有限责任公司投资31500万元（持股比例为21%），对银河基金管理有限公司投资1250万元（持股比例为12.5%）。通过投资证券公司和基金管理公司，使集团公司在金融领域的投资经营平台更加趋于完整。

2.证券投资

在2001年国内证券市场持续低迷的情况下，按照稳健经营方针，通过建立严格的投资决策机制和风险监控机制、加强与券商间的合作以及开展市场调研等方式，使全年收益保持在较高的水平，全年平均动用资金 84764 万元，收益 14446 万元，实现收益率 17.04%。

（集团公司资本运营部）

物资采购与电子商务

【股份公司采购物资分类】 为了便于地区公司实现网上采购，降低物资采购的成本，根据物资料性和生产维修、基本建设的具体情况，把 60 大类石油工业所需物资分为三类。其中Ⅰ类物资是采购额度大，品种集中、通用性强，易于集中管理、实现网上采购的物资。Ⅱ类物资是地域性强、品种相对集中、可形成批量，适合地区公司网上采购的物资。Ⅲ类物资是品种、规格多，不易集中，采购资金额小的物资。通过分类在电子采购平台上，已经有Ⅰ类物资的 8 个大类 18 个中类近 2 万项物资可供用户实施网上采购。

【物资采购管理】 通过把石油物资进行分类，根据物资的不同料性以及开展电子采购的难易程度，对不同类别的物资分别进行管理。其中Ⅰ类物资由电子商务部牵头同质量安全环保部、监察部以及各专业公司，统一招标优选供应商，确定供货价格，规范采购流程。因这类物资价值高、标准化程度高、价格相对稳定、采购频率高，一般采用目录式采购方式。其中部分价格变化较大、采购频率少的物资也采用了电子市场中动态交易方式。对于Ⅱ类物资由地区公司组织实施网上采购。这类物资实行目录式采购或动态式采购。Ⅲ类物资由于自身的特点，由地区公司自行掌握。各种交易方式都必须坚持公正、公开、公平的原则，以达到降低采购成本、保证供应物资质量的目的。

【招标选择部分物资供应商】 2001 年，在电子商务技术平台搭建完工之后，共进行了四期电子采购Ⅰ类物资供应商招标入围工作。在Ⅰ类物资供应商的招标入围工作中，电子商务部协同有关部门、专业公司及行业专家，坚持公正、公开、公平、透明的原则，严格按照国家颁布的“招标法”和有关规定运作，在优选供应商工作中有效发挥了作用。

这部分Ⅰ类物资主要包括部分：石油专用管材、石油专用设备、普通钢材、电子工业产品、电力电工设备、电工材料、石油专用化工产品、催化剂助剂添加剂、橡胶制品、通用机械设备、阀门、炼化专用设备等十二个大类 1 万余项产品，共吸引 400 多家国内外供应商参加竞标。经过专家评委的公正评判、严格筛选，当年已经完成石油专用管材、石油专用设备、普通钢材、电子工业产品、电力电工设备、电工材料、石油专用化工产品七个大类的供应商招标入围工作。有 102 家供应商被优选。

【网站建设】 股份公司、集团公司、香港和记黄埔、高盛（亚洲）建行（国际）、工行（亚洲）、中银（国际）等 7 家股东共同投资建立了电子商务网站——能源一号网，作为股份公司开展电子商务的交易平台，具有目录采购、电子市场、电子销售三大业务板块。

【网上交易】 在 2001 年 7 月 6 日能源一号网开始试运行。截至年底，电子采购完成 2759 万元，节约采购额 165.54 万元，产品主要以计算机类为主。

（张恩怀　袁　伟）

审计监督

【概述】 2001 年，在集团公司党组和各级领导的领导下，石油集团全体审计人员认真贯彻国务院领导提出的“全面审计，突出重点”的方针和集团公司领导指示精神，加大审计力度，扩大审计覆盖，严格审计监督，在加强管理、节支增效、实现经营目标等方面发挥了积极的作用，取得了很好的成果。

全年完成审计项目 6110 个，审出并纠正违纪违规问题 50.74 亿元，占被审计资金量 4600 亿元的 1.1%。取得直接经济成果 23.91 亿元。其中，基建、经济合同审减额 11.04 亿元，内部收缴、罚款 1.37

亿元，调减成本费用、调增收入及以前年度损益9.78亿元，剔除联合账簿不合理费用838万美元。审计人员人均取得直接经济成果131.6万元。

取得其他经济成果5.49亿元，主要是调整少列成本、虚列收入，促进合理净调减计划投资，调减以前年度损益，清理逾期债权等可以计量的部分间接经济成果。

移送违纪违法案件102件，移交纪检监察和司法部门立案查处21人。

其中，未上市部分审计部门在为股份公司提供一部分审计服务的同时，完成本身的审计项目3943个，审出并纠正违纪违规资金32.76亿元，占被审计资金量1303亿元的2.5%，取得直接经济成果11.68亿元，取得其他经济成果5.07亿元，移交纪检监察和司法部门立案查处11人。

（陈维忠）

【主要审计活动】

2001年2月13日布置在3—4月份对集团公司油田、炼化服务企业开展年度经营成果及有偿解除劳动合同专项资金审计。

2001年2月27日在北京召开2001年度审计工作会议。集团公司总经理马富才、副总经理阎三忠到会作重要讲话，集团公司党组成员、纪检组组长李克成出席会议。审计部主任陈维忠做工作报告。各油田、炼化及直属公司主管或协管审计工作的领导、审计处长参加了会议。

2001年3月14日，集团公司下发了《关于中国石油审计服务中心实行内部审计项目计费结算办法（试行）的通知》，改变了过去的经费拨款制，实行按完成审计项目的数量和质量计费结算制，建立了激励和约束机制。

2001年5月14—18日在廊坊中国石油审计中心评审2000年度优秀审计项目。

2001年3月12—31日及9月6—25日、5月21日—6月10日分别在西安石油学院、江汉石油学院举办会计准则培训班，重点培训新企业会计制度和企业会计准则等内容。

2001年7月15—20日，石油内部审计学会组织开展优秀审计论文评审。

2001年12月18日，集团公司下发了《关于加强审计监督有关问题的通知》，从对控股和参股企业的审计、海外公司（项目）审计、内部审计体制、违纪资金处理、内部审计与社会审计关系、实行审效挂钩等六个方面对加强内部审计监督作了规定。

2001年12月27—28日在北京召开了部分石油企事业单位审计处长座谈会。

（陈红兵）

【重大审计成果】

1. 经营成果考核审计

为了核实各单位2001年年度经营成果等情况，根据集团公司工作会议精神，集团公司审计部于2001年3—4月统一组织了审计服务中心和部分企业的审计力量，对31个油田、炼化企业进行了经营成果考核审计。通过审计，核实企业年度经营成果的真实性，为集团公司对所属企业考核兑现提供依据。

在集团公司统一组织对各油田炼化企业年度经营成果考核后，各油田炼化企业对二级单位也进行了经营考核审计。大庆石油管理局对局属46个二级单位和7个驻外办事处进行了经营考核审计，经审计确认有5个单位没有完成局下达的年度经营考核指标，审计过程中还揭示和处理了28598万元的违纪违规问题。辽河石油勘探局在审计中查出违纪违规金额1642万元，取得1382万元直接经济成果。大港油田对51个单位实行就地审计，审计单位覆盖率达100%。华北石油管理局在审计中共查出各类问题金额9196万元，尤其是第二机械厂年报完成了承包指标，盈利140.85万元，审计认定其虚盈实亏2039万元，揭露了其在经营业绩上作假的舞弊行为。物探局通过对局属22个单位的经营成果审计，共调增利润2650万元，调减利润2428万元，调减以前年度损益2650万元。

2. 有偿解除劳动合同资金审计

集团公司审计部组织审计中心和部分企业审计力量，共审计29个油田、炼化服务企业。通过审计，证实各单位执行集团公司规定总体上是好的，发现提高标准多支付补偿金29.2亿元，扩大范围支付补偿金0.47亿元，已将审计结果提交了人事劳资部。

3. 经济责任审计

2001年各单位加大了经济责任审计的力度，当年离任494人，已审计439人，审计覆盖面89%，其中审计覆盖面达到100%的单位占所属单位的71%。集团公司审计部对所属单位领导干部的离任经济责任审计完成率达100%。

大庆石油管理局先后对45个二级单位的行政正职进行了任期经济责任审计，共审出各类问题209个，金额达1.48亿元，取得直接经济成果2517万元。通过审计，一方面揭示出各单位存在的违纪违规问题，规范了经营行为，同时，也为管理局任用和考核干部提供了重要的经济参考。吉林油田在对建设公司原经理和长春运输机械厂原厂长进行了离任经济责任审计，共发现问题金额 7700 多万元，审计收缴 400 多万元。大港油田共进行离任审计 19 个，任期届满审计 4 个，实现离任审计和任期届满审计两个 100%，通过审计共发现各类违纪违规问题金额 9509 万元。华北石油管理局对 57 位厂长（经理）进行了离任经济责任审计。四川局对二级单位厂矿长离任经济责任审计 10 项，局属二级单位开展对其三级单位行政正职离任审计 46 项，共查出违纪违规金额 10421 万元，查出损失浪费金额 369 万元。长庆石油勘探局 2001 年共完成对 16 位处长（经理）的离任经济责任审计，查出不良资产 6363 万元，潜亏金额 1290 万元，潜盈金额 320 万元。新疆石油管理局对局属 12 个单位的领导干部实施了任期经济责任审计，审计覆盖率 100%，查出并纠正违纪违规问题金额 4527 万元，通过审计，晋升使用 2 人，平调使用 2 人，免职 2 人，移送纪检监察部门 1 人。通过任期经济责任审计，还澄清了一些事实真相，落实了一些群众反映的问题。如在对群众反映比较大的某单位任期经济责任审计时，审计人员广泛征求各方意见，审阅大量会计资料，揭示出该公司经济责任人在任职期间，设置账外资金 835 万元，账外资产 563 万元，各站队私设小金库 24.7 万元，累计亏损 1022 万元等问题。吐哈石油指挥部对 15 位领导干部离任，3 位领导届中进行了经济责任审计。他们在审计中不留死角，不漏项，力求证据确凿，以“审计证据支持评价”。通过审计共查出违纪违规资金 7127 万元，有 6 位离任领导没有完成各自任期内的生产经营目标且不同程度存在内控制度失控造成资产流失以及财务核算混乱等问题，指挥部先后对 6 位离任领导的违纪违规行为作出了相应的处罚决定，另有一人被移交纪检监察部门查处。物探局对 10 名处以上干部进行了离任审计，在对多元开发部所属丰汇总公司总经理进行离任审计时，审计出有问题金额达 6597 万元，对责任人的个人问题移交纪检监察部门处理。吉化集团公司共对 11 家二级单位进行了领导干部离任审计。锦西炼油化工总厂对 5 个所属单位的法人代表的离任经济责任审计，做到了有离必审。审计中共查出违规金额 745 万元，审计后有 1 人被免职。管道局完成经济责任审计 37 项。中国石油物资装备（集团）总公司对离任的 28 名同志全部进行了审计。运输公司对离任的 6 名领导进行了离任审计。

4. 外投外借后续审计

2001 年第四季度审计部在 2000 年外投外借资金审计调查的基础上又组织了后续审计，着重检查清欠结果和股权管理状况，使这一不良资产向好的方向转化。

大庆石油管理局通过后续审计确认，落实清理措施的资金 24.03 亿元，包括局外应收款 7.61 亿元，对外投资款 3.77 亿元，局外借款 0.14 亿元，承担担保连带责任款 340 万元，多种经营占用主体资金 12.48 亿元。其中自查自纠资金 4.57 亿元，含局外应收款 4.37 亿元，局外投资款 0.15 亿元，局外借款 321 万元，承担连带责任款项 238 万元。清欠收回资金 2.43 亿元，包括局外应收款 2.15 亿元，局外借款 339 万元，承担担保连带责任款 63 万元，多种经营占用主体资金 2437 万元。处置股权 271 万元。

锦西炼油化工总厂通过后续审计，再一次促进了各单位的清欠工作，共收回外部投资、欠款 793.16 万元。同时，也为总厂的财务清查提供了较为准确的数据。

锦州石化公司通过后续审计追回资金 70 万元。

5. 基建工程预、结算审计

2001 年共完成基建工程预、结算审计项目 9920 项，审计金额 65.04 亿元。通过审计，节约基建支出 2.89 亿元，平均审减率 4.43%。其中外包工程审计审减额 1.7 亿元，平均审减率 4.87%。在基建工程预、结算审计中，审减额在 1000 万元以上的企业有：吉林石油有限责任公司 6199 万元；大庆石油管理局 5296 万元；辽河石油勘探局 2914 万元；新疆石油管理局 2856 万元；锦西炼油化工总厂 1861 万元；长庆石油勘探局 1833 万元；管道局 1220 万元；华北石油管理局 1215 万元；大港油田有限责任公司 1200 万元。兰州化学工业公司、吉化集团公司等单位审减额也都在 500 万元以上。

6. 财务收支审计

集团公司审计部组织审计中心对 19 个单位的财务收支审计，除发现一些单位通过挂账方式隐匿收入外，还发现有的单位违反集团公司规定，擅自外投，已将结果向领导及有关部门做了报告，对收入挂账问题，已下达了审计决定，作了纠正，对个别单位擅自外投问题，有关部门已作了妥善处理。

华北石油管理局 2001 年共开展财务收支审计 41 项，查出截留收入、形成小金库，转移收入到三产，挤占虚列成本，少提折旧费等问题金额 2965 万元，通过整改形成直接经济成果 2420 万元。四川石油管理局财务收支审计覆盖面实现了 100% 的目标，组织全局审计力量开展交叉审计，共查出有问题金额

6620万元，纠正处理金额6148万元。新疆石油管理局集中力量对一些问题比较突出、历年屡查屡犯的单位进行重点审计，对驻外机构和驻港合资公司进行了全面审计，共查出和纠正违纪违规金额及影响经济效益2.52亿元。其中：查处驻外机构的违纪违规金额5500万元。青海石油管理局2001年财务收支审计取得经济成果1445万元。吐哈石油勘探开发指挥部对所属的33个单位2001年上半年财务收支情况进行了审计，共审出违纪违规资金5803万元。同时发现一些单位存在代开发票、出借账户等诸多问题。大庆石油化工总厂、兰州化学工业公司等单位也都加强了财务收支审计。

7. 物资采购审计

2001年各单位继续抓好物资采购审计。冀东油田加大物资采购的事前和结算资料的审计力度，共审查物资采购合同98份，结算付款审计386份，参与采购合同谈判38次。中国石油物资装备（集团）总公司在整章建制、加强内部控制制度基础上，通过招议标、比价采购，进行了价格审计，使采购价格比招标前下浮10%。

8. 经济合同审计

2001年各单位加大了经济合同的审计力度，全年共审减合同价款4669万元。华北石油管理局在工作中积极探索建立起了一套经济合同的审计方法，建立了合同签约前的审计会签制度，重要经济合同签约前审计人员提前介入制度，经济合同执行过程的跟踪审计制度，合同履行完毕财务结算前的审计签证制度。塔里木石油勘探开发指挥部共审计物资采购合同512份，金额34078万元，招标订货合同86份，金额18743万元；审计物资租赁合同21份，合同金额320万元；审计劳务合同11份，合同金额181万元；审计其他合同21份，合同金额169万元。宁夏化工厂规定了各类经济合同的签订，内审部门都应进行审计签证。中国石油物资装备（集团）总公司直接审签的合同481份，审计金额49170万元，审减988万元，极大的减少了无效合同或合同纠纷，有力地维护了企业的合法权益。

9. 内控制度审计

内部控制制度审计不仅是开展各项审计的重要环节，同时也是内部审计的主要内容，是事后审计向事中、事前审计延伸的重要措施。辽河油田以财务收支为切入点，对各工程技术处和驻外办事处的内控制度、经营管理进行了重点审计。华北石油管理局组织开展了对全局医疗、养老和失业保险三项基金内控制度的专项审计，进一步规范了专项基金的管理，确保专项基金的安全与完整。长庆石油勘探局2001年开展的审计项目，都进行研究、测试和评价内部控制制度这一审计程序，并将企业内部控制制度存在的薄弱环节和漏洞，及时向有关领导和部门汇报反馈，得到了高度重视，根据审计意见，先后制定下发了《长庆石油勘探局医疗机构药品集中招标采购管理办法》、《长庆石油勘探局关于加强社会收入管理的通知》、《长庆石油勘探局关于加强票据管理的通知》等文件。中国石油物资装备（集团）总公司重点对二、三级单位的会计、采购、合同、投资管理等内部控制制度，以及企业多种经营内部控制制度进行了审计，对促进企业管理水平的提高起了很大的作用。

10. 企业改制审计

为了配合集团公司产权制度的改革，各单位按照集团公司年初审计工作的安排，对改制或拟改制的企业进行审计，核清家底，为这些单位的改制按照国家和集团公司的规定进行提供一定的保障。辽河油田将多种经营企业改制审计作为审计重点之一，先后完成海园公司、天工集团、机电公司等多家改制企业的审计。华北石油管理局审计处积极配合管理局产权制度改革工作，实现管理局要求的先审计，再改制的工作原则，共完成14项改制项目的审计工作。四川石油管理局在撤消四个运输公司，组建四川石油汽车运输总公司的专业化公司重组中，审计发挥了积极的作用。四个单位报表反映亏损6726万元，经审计调整减亏1737万元，实际亏损应为4989万元。审计还发现，成都运输公司虚报冒领有偿解除劳动合同补偿金362.39万元；资阳运输公司私设“小金库”2.8万元，出纳保险柜长款4.3万元，还在出纳保险柜中查获钢珠手枪一支，当场收缴，交有关部门处理。物探局审计部门配合局改制工作安排，开展公司改制审计，先后20多家公司、厂点进行改制审计，清理资产1.4亿元。管道局为配合局对正泰公司的改制，对该公司进行了经济责任审计，披露了该单位对外投资1092万元，潜亏、不良资产和或有损失1520万元，2000多万元资金未纳入财务核算、突击私分企业资金等重大违纪违规问题。济南柴油机厂对7家分离单位进行了审计。

11. 专项审计和审计调查

各单位围绕领导和群众关心的热点和难点问题，参与企业经营决策，开展专项审计调查，为企业加强管理服务。集团公司审计部组织了对集团公司科技经费使用情况的审计调查，揭示了科技经费使用中存在的问题，为如何加强科技经费的管理提供了依据。吉林油田审计处分别在结算中心和供应处设置了外付款审计组，采取事前控制。共审计资金25.99亿元，共审计出有问题金额4501万元。此外，还开展了医疗保险费用、直属单位陈年欠款、土地费用挂账款等9个专项审计。长庆石油勘探局继续将外付款审计当作审计工作的重点来抓，坚持“不经审计，不预付款”原则。2001年累计审计外付资金10.95亿元，审减2412万元。

12．对外合作审计

2001年，受股份公司委托，审计部组织力量对7个国内合作区块的联合账簿进行了审计，审了两年共14个会计年度的资料，涉及6个外方作业者，审计金额5628万美元，发出备忘录要求从联合账簿剔除的费用834万美元，维护了中方的权益。根据集团公司领导的指示，审计部组织了第二轮对集团公司海外区块的审计，共对六家海外公司和苏丹炼厂进行了审计。通过对海外公司审计，进一步加强了集团公司对海外公司的管理，同时对促进海外公司进一步完善自身的管理起了积极的作用。此外，审计部在工作安排很紧的情况下，克服困难合理安排项目，还接受了中联煤公司的委托，对美国阿科、德士古、非利浦斯油公司为作业者的7个区块，3年共21个会计年度的联合账簿进行了审计。

13．为股份公司提供了审计服务

2001年除为股份公司进行联合账簿审计外，集团公司审计部还组织审计中心为股份公司完成了11个审计项目，其中5个工程结算审计（大庆石化乙烯改扩建，长庆气田产能建设工程，兰化乙烯改扩建，陕京管线北京加气站工程），审计结算资金5.1亿元，审减支出3072万元。长庆石油勘探局受油田公司委托，承担了靖安、安塞两个油气田总投资超过20多亿元的产能建设的全过程跟踪审计。吐哈石油勘探开发指挥部2001年完成油田公司委托的项目24个。大庆石油化工总厂接受股份公司委托，共承担14686万元的工程结算审计资金。锦西炼油化工总厂受股份公司委托，对13838万元金额的工程结算书进行审计，审减486万元，获关联交易78.56万元。此外，还受托对股份公司所属的几家合资公司2001年1—8月预算执行情况进行了审计。

（马　驰）

【优秀审计项目】 2001年集团公司审计部开展了优秀审计项目评审工作。评审组评出优秀审计项目69个，中国石油天然气集团公司以中油审字［2002］第205号文公布，其中：一等奖11个，二等奖22个，三等奖36个。

（陈红兵）

股份公司审计监督

【概述】 2001年，公司内部审计在黄炎总裁和股份公司管理层的正确领导下，在公司各管理部门和地区公司的大力支持下，坚持以“全面审计，突出重点”为方针，以经营审计为主要内容，以事前、事中审计为主要方式，认真履行评价、监督的职能，开拓新的审计领域，扩大审计覆盖面，狠抓审计质量，加大审计力度，为加强管理，促进公司业绩增长做出了积极贡献。

公司两级内审机构共实施了对691个单位的审计，完成审计项目2167个，及时发现、提出整改不合理使用、核算资金17.99亿元。通过审计增强了各级管理者认真履行职责的责任感，加强了管理，提高了规范化运作水平，减少了违纪违规问题的发生。公司各级审计组织2001年完成的审计项目同比增加16%、审计工作日增加3%、审计总金额增加12%，但审出的不合理、不合规使用、核算金额却下降了28%，其所占审计资金总额的比例也从2000年的1.03%下降为2001年的0.72%；工程建设资金的审减率从1998年、1999年的平均审减率3.65%，降为2000年、2001年的平均审减率1.6%；合同价款的审减率2001年比2000年下降了1%。

取得直接经济成果12.23亿元。其中，工程审减额5.55亿元，审减率为1.7%；审减合同价款2.13亿元，审减率为1.88%；违纪违规内部收缴罚款4781万元；调减成本费用和调增收入2.56亿元；剔除联合账簿不合理费用6922万元；收追回各项资金6008万元。另外，协助清理债权等取得间接经济成果4195万元。审计人员人均取得直接经济成果172

万元。

以西气东输审计组为代表的重点工程跟踪审计有了较大发展，已成为防范企业投资风险、控制投资支出的重要途径。

两级审计组织针对审计查出的问题，提出审计建议3585条，被采纳3100条，采纳率为86.5%。

总部审计部九名员工，在认真做好总体审计工作规划，指导各地区公司的审计工作的同时，全年还自行组织完成审计项目87个，审计单位覆盖率为40.5%，工程审减额为5095万元。

审计结果表明，股份公司成立以后，通过加强管理，实行新的体制、机制，所属单位会计核算质量、执行财经纪律的情况有了很大的改善，各方面经营管理活动规范化运作有了很大提高，违规违纪问题明显减少，工程建设、各类合同不合理价款的审减率下降。

2001年，审计部还将公司内部审计理论和机制的创新作为工作重点，通过研究和实践，正在形成具有中国石油特色的内部审计，即：

（1）树立一种新观念，将内审视为公司内部的一个管理过程，要以服务内向性为原则，以经营审计为主题，认真履行评价、监督职能，发挥咨询、控制、服务的作用；

（2）从两个方面创新，主要是搞好审计理论的创新和审计方法的创新；

（3）搞好三个转变，主要是从传统审计向现代审计转变，从查错纠弊为主的审计向经营管理审计转变，从事后审计向事前、事中审计转变；

（4）从四个方面抓好落实，一是发挥置身企业内部的优势，积极参与各种经营管理活动，加快大审计的开展，推进高层次评价、监督职能的落实。二是充分利用基层审计力量，搞好作业链上的精细审计，推动节约、降耗、挖潜，推进低成本战略的落实。三是以资金流为导向，狠抓重点项目审计，监督投资回报率的落实。四是突出各项管理审计，提高内控制度的完善性、有效性，保障管理规范化的落实。虽然这个框架刚刚有个雏形，但我们认为公司的内部审计必须要适应公司管理和发展的需要，建立具有自身特色的理念和机制，这也是中国石油内部审计向国际先进水平过渡的主要途径。

（陈桂儒）

【主要审计活动】　2001年1月，黄炎总裁批准了审计部2001年度审计项目计划，该计划于1月12日以油审字［2001］21号文发布。

2001年2月2日，股份公司以石油审字［2001］27号文，颁布了《中国石油天然气股份有限公司优秀审计项目评选暂行办法》。

2001年2月24—25日，审计部在廊坊召开了预算审计方案研讨会。

2001年2月26—28日，审计部在廊坊召开了审计规范审查会，对《内部审计规范》第1—11部分进行了研讨和修订。5月，这11项标准通过工作组表决，向股份公司标准化主管部门报批。

2001年3月13日，召开了审计工作电话会议，股份公司总部为主会场。会议由股份公司任传俊高级副总裁主持，审计部总经理白新贺作年度审计工作报告，黄炎总裁、王国樑财务总监到会，黄炎总裁和任传俊高级副总裁分别作了重要讲话。

2001年3月1—19日，审计部抽调骨干对财务部进行了审计，重点审了股份公司财务管理和会计核算内控制度的有效性和健全性。

2001年3月，审计部抽调地区公司审计力量，采用交叉审计的方式，对西南油气田等五个油田公司和锦西石化等四个炼化公司2000年预算执行情况进行了审计。

2001年4月和8月，在股份公司董事会和监事会上，审计部分别作了内审工作情况的汇报。

2001年4月18日，油人字［2001］158号文下发后，相关的地区公司审计机构调整得到了很好的落实，大庆油田有限责任公司、新疆油田分公司、华北油田分公司、大港油田分公司、兰州石化分公司、抚顺石化分公司、管道分公司等单位先后将审计部门单独设立。

2001年5月，股份公司优秀审计项目评选会在廊坊召开。

2001年6月5—25日，审计部在北京石油管理干部学院举办了审计处长研讨班，8月3—25日，还举办了审计师岗位培训班。9月5—25日，在南京审计学院举办了国际内部审计师培训班。

2001年6月26日，股份公司审计管理信息系统可行性研究报告评估审查会议在京召开。根据专家意见，项目承担单位大庆油田审计监察部对报告进行了修改。9月28日，石油规划总院提出了评估报告。11月20日，项目通过股份公司科技与信息管理部验收。

2001年7—8月，审计部组织了对13个地区公司2001年上半年预算执行和管理情况、关联交易的审计。

2001年9月，公司管理层对审计部领导作了新的安排，为了使白新贺同志集中精力抓好监事会办公室的工作，白新贺同志不再担任审计部总经理，由陈桂儒同志担任审计部总经理。

2001年10月26—29日，审计规范标准化直属工作组在物探局长沟会议中心召开年会。同时，对长庆油田和兰州石化起草的《内部审计规范》第11—20部分进行了审查。11月27—30日，在廊坊召开会议对这9部分再次进行审查。12月，这批规范通过工作组委员表决并报批。

2001年12月13日，股份公司以石油审字［2001］315号文颁布了《中国石油天然气股份有限公司对外委托审计项目招投标管理暂行规定》，为规范股份公司审计项目对外委托行为提供了依据，还将促进提高外委审计项目工作质量和管理水平，降低审计成本。

（罗正东）

【重要审计成果】

1. 预算审计

2001年公司各级内部审计部门继续坚持以预算审计为中心，共完成预算审计项目203项。从审计情况看，各单位成本管理得到了加强，油气操作费、吨油现金加工成本都能较好地执行预算，关联交易行为与上年相比得到了进一步的规范，违规违纪问题大幅度减少，企业财务管理和核算工作上了新台阶，保证了公司经营目标的实现。总部审计部去年组织开展了两次大规模的预算审计活动。一次是去年四月份组织了对九个地区公司2000年预算完成情况的抽审。通过审计摸清了各级预算管理状况及不足，发现了在预算管理和会计核算方面存在的五个方面计50个具体的不规范行为。针对这些问题，财务总监在去年的财务工作电话会议上进行了批评，提出了整改要求。2001年8月，审计部又组织了对13个地区公司上半年成本预算执行情况的审计，发现的主要问题：

（1）预算漏项，如各单位均未做坏账准备预算，技术开发费、安置职工补偿费、存货盘亏毁损和报废只有个别单位作了预算；

（2）编制的预算较笼统，实际与预算偏差的项目较多；

（3）个别单位编制的预算缺乏合理性。同时查出有影响收入、成本、期间费用、多计少计投资、核算等五个方面71个具体问题。

另外，我们还把未纳入封闭结算的收入作为审计的重点，不仅搞清了这一块占总收入25%的比例，而且审计认为这一块存在着管理风险，提出了应加快扩大封闭结算的建议，并将这一块的审计列入2002年工作的重点，以防止出现问题。对13个地区公司审计后归纳了以下带倾向性的问题：

一是关联交易签订滞后，造成预提费用过大，有的预提依据不足，加大了成本费用控制困难；

二是成本分项预算不准，造成核算串项较多；

三是计提坏账准备依据不足。对此，审计部向管理层做了报告，管理层已指示有关部门落实解决。同时我们与财务部、计划部联合加强跟踪督促，促进了被审计单位的整改，共补列收入6053万元，冲减成本6949万元，冲减期间费用3079万元，调增成本466万元，调减收入43万元。

2. 基建工程预、结、决算审计

2001年坚持以工程建设项目审计为重点，努力将控制关口前移，防止资金流失。全年共完成工程建设类审计项目1072项，占总项目的49%，取得了审减5.55亿元的直接成果。2001年，公司内部审计在继续开展对工程建设项目结算、决算审计的基础上，努力将控制关口前移，积极开展标底和建设期间的审计，以促进规范管理，有效控制投资。大庆油田有限责任公司已将审计领域拓展到概算审计、工程招标审计和检修维修工程审计，实现了全过程审计，全年共审减10438万元。辽河油田分公司坚持工程结算必审制度，全年审减9134万元。长庆油田分公司全年审查标底金额9.7亿元，审减6147万元，审减率达6.2%。玉门油田分公司审减4397万元。新疆油田分公司审减2266万元。抚顺石化分公司审减1705万元。管道分公司审减1465万元。青海油田分公司审减1335万元。大庆炼化分公司审减1131万元。销售总公司组织的销售系统网络建设审计也取得突出的成果，如内蒙古销售分公司审减1280万元，审减率达9.57%。

3. 合同审计

2001年，全系统共审计经济合同金额114亿元，审减2.13亿元，审减率为1.88%。各单位继续开展合同审计，坚持事前、事中和过程控制，坚持“不经审计，不得签约”、“不经审计，不得付款”的制度，取得了较大的审计成果。塔里木油田全年审计各类经济合同2106份，送审合同标的金额22亿元，审减5731万元，审减率为2.6%。2001年合同审计有三个突出的变化，一是物资采购审计成为审计效益新的增长点，许多单位都陆续开展了这方面的工作，特别是辽河油田，把物资采购标底、中标厂家资质、招标全过程及到货情况等纳入审计范围，认真履行业主职能，审减合同价款6857万元，审减率为2.99%，这些单位建有自己的信息数据库，并开发了相应软件，各二级单位联网，全面实现了微机辅助审计。二是在审计领域上和审计深度上有了较大的突破。如辽河油田在搞好原有劳务、运输等类合同审计的基础上，又向科技含量较高的技术合同拓展，而且还将开发计算机软件用于合同审计的深度进一步加大，通过自行钻研业务、向专家咨询及到现场核实工作量等方式，使这两类合同审计取得了重大突破，改变了以往没有审减或审减很少的局面，全年共审计合同116份，审减583万元。三是关联交易合同审计成为了新的领域。公司各级审计部门去年大都开展了此项审计。总部审计部也先后组织了对22个地区公司关联交易的审计，主要是评价关联交易总协议执行情况和市场开放情况。审计及时发现，到7月末，仍有78%的应签关联交易协议、合同未签，已签的协议合同也有近50%存在定价不符合关联交易总协议原则，或是载体不落实，以及市场开放度只有25.6%的情况，引起了董事会、监事会的重视，推动了《关于加快关联交易协议签订工作的通知》的出台。

4.经济责任审计

2001年各级审计部门按照人事部门的委托，共组织完成领导干部经济责任审计163项。通过审计，实事求是地对离任者的经济业绩进行评价，划清接任者和离任者的经济责任，为人事部门考核、任用干部提供了依据。大庆油田有限责任公司完成了20个经济责任审计项目，把审计重点定位于审决策、查大账、摸清家底、清理往来、注意潜亏潜盈、界定责任、评价内控，不细纠一般核算问题，运用风险分析的方法归纳出三类共性问题，这引起公司领导重视，专门召开会议研究，并成立两个专项组负责清理工作。通过审计，不仅界定清经济责任，而且对历史遗留问题、以前遗留现仍延续的问题和一般违纪违规问题都得到很好的解决和处理，使经济责任审计真正落到了实处，效果明显。

5.经营管理审计

2001年，公司各级审计部门以经营管理内部控制制度建立健全以及执行情况为出发点，继续深入进行经营管理审计的探索。2001年4月审计部组织了对公司财务部的审计。这项审计由审计部领导出面任审计组长，从大庆、西南油气田分公司抽调了精兵强将，精心组织，认真实施，历时20多天，对财务部的内控制度进行了测试评价，出具的审计报告管理层给予了充分肯定，财务部也十分重视，不但提出和实施了新的预算编制办法，还陆续出台了五个配套制度，从而促进公司财务工作规范化。辽河油田分公司把物流和信息流有机结合，有效地开展经营管理及效益审计。审计中以物流为主线，注意会计报表上的信息和实物的变化结合起来，例如在实施××院2000年度物资采购和管理效益审计时，通过会计信息揭示出该院2000年度计算机配件及其相关耗材，比1999年多消耗的量比较大，而相关资料表明，该院2000年度的工作量与1999年度相比，并没有显著增加。根据这一信息变化，审计组紧紧抓住“物流”这根主线，追查出了这些计算机配件及其相关耗材的真实去向，挽回了部分损失，而且还根据该院材料核算和管理混乱的情况，顺藤摸瓜，发现该院有四个科研所利用本单位的办公设备及耗材，对外承揽研究项目，并将研究项目获取的收入置于账外，自行支出的问题。

6.西气东输重点工程跟踪审计

把对西气东输项目的审计监督作为审计部的常年重点工作来抓。审计部陈桂儒总经理直接抓该项目的审计工作，驻西气东输审计组按照“标底不经审计，不能进行招标”的原则，对全线27个标段35个项目的施工标底进行了审计，审计金额达150亿人民币。派驻审计组不仅对招投标的标底全部进行了审计，而且深入施工现场核实实际工程量，并且还积极开展非招标合同预算书的审计，共核减了不合理的价款2300万元。特别是及时发现初步设计太粗与现场偏离太大的问题，得到了史兴全副总裁的表扬。在跟踪标底编制的审计中，审计人员严格监督招投标过程，对标底的编制方案、工作程序、依据文件资料、计算方法等实行全面审计，并以“建议书”、“审计意见书”的形式，对工程量计算方法、施工难易程度、应招标而未招标、中标人不合理的报价处理等问题提出了审计意见，得到有关部门和领导的肯定和采纳。在对西气东输分公司的内控制度和财务收支情况进行定期审计中，通过审计及时发现和帮助纠正了存在的合同档案不健全、个别合同签订程序没有严格执行制度、部分符合招标条件的物资采购没有进行招标、有些管理制度缺乏配套的措施、个别支出超过规定标准等问题，提出了审计意见，西气东输分公司都及时进行了认真整改。

7.对外合作审计

2001年审计部组织了7个对外合作区块联合账簿审计项目，审计金额7217万美元，对6922万元人民币的费用提出了疑义，有效地维护了中方的利益。

（刘　毅）

【优秀审计项目】　在地区公司评选推荐的基础上，

审计部根据股份公司优秀审计项目评选办法，组织评审会，从申报的51个项目中评出2001年度股份公司优秀审计项目28个，其中：一等奖5个，二等奖9个，三等奖14个，并对23个审计项目给予表扬。

【培训】　2001年，全系统组织各类审计业务培训26期，受训人员225人，同时还送石油系统外培训126人。审计部先后组织了审计师培训班、处长研讨班、国际注册内部审计师考前培训等三个培训班，共培训了149人。审计部在培训中注意抓好培训质量，严格管理，受训人员普遍反映很好。2001年已有七个同志一次性通过了国际注册内部审计师考试，另有十多人分别通过了两个或三个单科。通过培训对提高审计队伍的整体素质，将起到积极作用。

（苑　锐）

【审计规范标准化制修订】　审计规范是审计机构及审计人员自身素质和工作质量的要求，也是其执行审计业务应当遵守的行为规则。股份公司《内部审计规范》是股份公司设置内部审计机构应遵循的基本原则，是审计人员应具备的资格条件和职业要求，是实施审计、反映审计结果、审定审计报告、出具审计意见书和做出审计决定时应遵循的行为规范，也是加强审计管理，衡量和评价审计质量的基本标准和尺度。

《内部审计规范》编制计划的立项报告由股份公司审计部提出，经股份公司质量安全环保部审查后，以油质字［2001］99号文列为股份公司2001年企业标准制修订项目计划中。由股份公司审计部组织制定，并由股份公司标准化管理部门审定和颁发执行。

股份公司《内部审计规范》是股份公司企业标准的组成部分。股份公司《内部审计规范》为系列标准。按照编制规划，《内部审计规范》由基本要求、具体规范和实施指南三个层次组成。

2001年，股份公司审计规范标准化制修订直属工作组共组织制定了《内部审计规范》中的20个部分，其中11项已经发布，9项已经完成起草、审查阶段的工作。

2001年已经发布《内部审计规范》中的11个部分是：第1部分：基本要求；第2部分：审计工作底稿编制；第3部分：审计报告编审；第4部分：审计审理工作；第5部分：内部控制审计；第6部分：预算审计；第7部分：财务审计；第8部分：经济责任审计；第9部分：合同审计；第10部分：工程建设项目审计；第11部分：工程建设项目竣工决算审计。

（罗正东）

多种经营

【概述】　截至2001年末，集团公司多种经营系统拥有企业法人及经营厂点3163个，其中企业法人2958个。企业法人中，石油化工企业440个，建筑建材企业631个，机械电子企业469个，轻工企业188个，农业及农业产品加工企业95个，运输及商业、饮食、服务企业（以下简称运输及商饮服企业）889个，其他246个。资产总额448亿元，所有者权益155亿元。从业人员共有244380人，其中石油化工企业71695人，建筑建材企业78881人，机械电子企业21204人，轻工企业9203人，农业及农产品加工企业6153人，运输及商饮服企业37306人，其他19938人。2001年完成生产经营总值329.5亿元，经营销售收入321.9亿元，实现利润2.4亿元。

2001年主要石油企业多种经营销售收入及利润完成情况见表1。

【支柱产业】　2001年集团公司多种经营系统按六大支柱产业划分，经营销售收入列前三位的产业是：化工、建筑及建材业、运输及商饮服务业，占总销售收入的81.35%；利润总额列前三位的是：建筑及建材业、其他产业、机械电子。2001年多种经营六大支柱产业基本状况见表2。

表 1　2001 年主要企业多种经营销售收入及利润完成情况　　单位：万元

企业名称	经营销售收入	利润总额	净利润
合计	3219084.42	24474.60	2407.74
大庆石油管理局	851379.56	7461.75	3070.17
辽河石油勘探局	424230.57	5727.19	2613.69
新疆石油管理局	316124.17	11272.60	6142.28
抚顺石油化工公司	251031.00	-7653	-7840
长庆石油勘探局	183120.60	4331.70	2860.43
华北石油管理局	178400.55	1249.33	604.66
四川石油管理局	173403.83	4882.02	3477.96
大港油田集团有限责任公司	144686.66	4539.81	2260.05
吉化集团公司	116373	-2905	-2925
锦州石油化工公司	68551.28	-910.32	-1212.22
辽阳石油化纤公司	67194	-141	-425
大庆石油化工总厂	62873	-1820	-2057
兰州炼油化工总厂	50490	-2997	-3107
兰州化学工业公司	42374.97	-1170.83	-1172.11
中国石油天然气管道局	41350.21	-2751.95	-2854.5
大连石油化工公司	39624	1779	1382.35
吉林石油集团有限责任公司	31555	989	800
乌鲁木齐石油化工总厂	27789.10	40.54	-50.91
东北输油管理局	27566.57	1219.49	474.35
冀东石油勘探开发公司	22185	-446	-769
锦西炼油化工总厂	18752.56	1814.55	1474.59
青海石油管理局	14407	-513	-513
宁夏化工厂	12542	1488	1219
吐哈石油勘探开发指挥部	9359.49	8.37	-10.40
中国石油工程建设（集团）公司	6848.63	-227.30	-227.30
玉门石油管理局	5295.67	65.65	65.65
前郭炼厂	15878	-1591	-1591
塔里木石油勘探开发指挥部	14023	628	628
哈尔滨炼厂	1675	104	89

表 2　按六大支柱产业划分指标完成情况表

指标名称 / 产业类型	企业个数	销售收入（亿元）	利润总额（万元）	净利润（万元）	从业人员（人）
合计	2958	3219084	24475	2408	244380
化工	440	960379	4567	-1963	71695
建筑及建材业	631	893180	11448	5335	78881

续表

产业类型＼指标名称	企业个数	销售收入（亿元）	利润总额（万元）	净利润（万元）	从业人员（人）
运输及商饮服务业	889	765310	-733	-4271	37306
机械电子	469	314617	7183	4660	21204
轻工	188	63188	-4045	-4513	9203
农业及农产品加工业	95	29068	-1294	-1330	6153
其他	246	193342	7349	4490	19938

【企业规模】　2001年集团公司多种经营系统有企业法人及经营厂点3163个，其中产值500万元以上的骨干企业法人有888个，骨干企业总产值为298.8亿元，占总产值的90.7%。

2001年按支柱产业划分厂点规模情况见表3。

表3　按支柱产业划分厂点规模　　单位：个

产业类型＼指标名称	企业个数	产值500万元以下	产值500—1000万元	产值1000—5000万元	产值5000—1亿元	产值1亿元以上
合计	3163	2070	415	552	79	47
农业及农产品加工业	99	83	7	9	0	0
化工	458	251	72	104	12	19
建筑及建材业	662	342	103	172	35	10
轻工	231	197	17	17	0	0
机械电子	479	310	81	82	3	3
运输及商饮服务业	898	624	112	127	21	14
其他	336	263	23	41	8	1

【从业人员】　截至2001年底，集团公司多种经营从业人员24.4万人，其中国有职工7.2万人，集体职工6.1万人，就业青年1.5万人，就业家属1.6万人，外聘职工2.3万人，临时职工5.7万人。

拥有各类技术、管理干部39848人，占总人数的比例为16.3%。中专以上学历、大专以上学历占总人数的比重分别为55.7%和14%。

人员分布情况见表4。

表4　按六大支柱产业划分人员分布情况

产业类型＼指标名称	总人数	国有职工	大专以上	技术干部	管理干部
合计	244380	71557	34305	17976	21872
农业及农副产品加工业	6153	1393	422	332	308
化工业	71695	13427	12103	4176	7330
建筑及建材业	78881	19885	7720	6444	6243

续表

产业类型＼指标名称	总人数	国有职工	大专以上	技术干部	管理干部
轻工业	9203	1751	808	393	643
机械电子业	21204	8173	3361	1989	1674
运输及商饮服务业	37306	16330	6239	2910	3223
其他	19938	10598	3652	1732	2451

【投资情况】 2001年石油多种经营实际完成投资83509万元，比2000年同口径下减少20.3%。

投资去向：化工25978万元，占31.1%；建筑业12615万元，占15.1%；运输及商饮服务业11455万元，占13.7%；机电4787万元，占5.7%；轻工2239万元，占2.8%；农业34万元，占0.04%；其他行业26401万元，占31.6%。

投资来源：企业积累44467万元，占53.2%；主业扶持26818万元，占32.2%；银行贷款6010万元，占7.2%；职工集资5569万元，占6.7%；联营资金605万元，占0.7%；利用外资40万元，占0.04%。

（冯钰评 吴胜利 王爱华）

【改革与管理】 在过去的2001年中，多种经营企业在内外部环境均不乐观的情况下，坚持从服从和服务于集团公司未上市部分经济结构调整的大局出发，积极稳健地推动系统企业以整体带资分流为主要形式的产权制度改革，并取得了可喜的成绩。与去年同期相比，企业法人数减少356个，从业人员减少6.3万人，其中国有职工减少2.9万人。

2001年多种经营企业产权制度改革过程中的主要特点及发展趋势：

1.在详细制定整体规划的基础上，划分企业类型，分类进行指导

现在各油田、炼化单位都依据集团公司的要求，编制了两到三年内全面完成多种经营企业产权制度改革的详细规划，并依据规划，对企业进行逐一研究和细致的分类指导。如大庆石油管理局把860家多种经营企业清晰地划分为融入存续部分、做大做强部分、带资分流部分和放开搞活部分等四类。吉林石油集团有限责任公司则把42家企业分为具备整体带资改制条件的企业、需进一步作好整体带资改制准备工作的企业和采用其他形式改制的企业。其他单位也都有类似对企业改制分类指导的做法。这些做法，一方面可以更科学地确定改制层面，选择改制试点单位，另一方面也能更好地把握改制进程。

2.缓解冗员压力，有偿解除集体职工的劳动关系

随着企业改革的不断深化，多种经营企业冗员压力不断加大，企业资产少，人员多的情况成为阻碍企业改制的主要矛盾之一。2001年，大庆石油管理局、抚顺石油化工公司、吉化集团公司等三家单位通过仔细筹划，采取稳妥的和行之有效的措施，在职工自愿基础上，有偿解除了33358名集体职工的劳动关系，以减缓企业冗员压力。这一步骤的实施，可以极大地缓解企业改制时的冗员压力，改善企业整体带资改制时无资可带的问题，为今后企业产权制度改革的有力实施，奠定了良好的改制基础。

3.积极争取地方政府支持，创造良好的外部环境

多数单位都在改制企业的工商注册、职工劳动关系转移的后续保险和养老统筹等方面，充分与当地政府协商，积极争取地方政府的支持。如抚顺市政府作为辽宁省惟一的试点，计划每年拿出3000万元，用于对抚顺石油化工公司解决有偿解除劳动关系后的集体职工的接续保险和失业救济。

4.以企业重组带动企业产权制度改革

在推进企业产权制度改革的同时，也是引导企业进行产业结构调整的有利时机。大庆石油管理局以企业重组来带动企业产权制度改革，这样依据产业关联度进行的企业重组，可以通过资产整合来理顺股权关系，建立良性的投资回报机制。辽河石油勘探局以“企业重组必须以产权为纽带，以机制为选择，重组时必须有改制企业参与”的原则，通过要素互补的形式，来引导改制企业之间的重组，或改制企业兼并未改制企业，这样对改制企业进一步规范，以及带动未改制企业进行改制都有利处。

5.改制企业的规模正从小企业逐步向大企业过渡

多种经营企业改制规模，不仅仅是在企业数量上增加，而是随着改制的深入，选择改制的企业规模也在逐步扩大，即改制正从小型企业向大型企业逐步过渡，这表明多种经营企业改制进入了一个新的阶段。辽河石油勘探局的天意公司，吉化集团公司的江北建筑安装公司，大庆石油管理局的农工商联合公司、技术实业公司和昆仑集团等企业都是资产过亿元、职工过千人的企业。选择这些企业进行整体带资改制，既是多种经营系统企业改革全面深化的客观反映和改革发展必然趋势，也是广大干部职工直面改革的挑战和迎难而上的具体表现。

6.2001年多种经营企业经营管理难度继续加大

多种经营企业在推进企业改革的同时，也十分注重加强企业管理，要求各企业继续做到“四个严格”：一是对投资要严格论证、严格审批程序，对长期投资尤其要慎重；二是严格控制人员增长；三是严格财务制度和资金管理；四是经营人员要严格要求，严格自律。但伴随企业改革的深化和并入存续企业的优势，多种经营企业越来越多，多种经营系统的企业管理难度在不断加大。从2001年统计数据上可以看出，尽管全员劳动生产力同比有所增长，但多种经营系统整体效益却是下降的，亏损加大，同比利润总额下降18.8%，净利润下降69.4%。导致总体效益滑坡的主要原因有：一是由于部分优势企业调整并入了存续其他业务板块，还有部分效益较好的企业改制后走入了社会，因此削弱了多种经营系统的整体实力；二是一些企业加大了集体职工买断力度，企业要支付有偿解除劳动合同补偿金，增加了成本支出，短期内使得企业流动资金匮乏，经营周转出现困难；三是剩下的企业中有相当部分是产品竞争能力比较弱、经济效益长期不佳的企业。这些原因使得多种经营企业的整体效益下降，企业管理的难度越来越大。

（刘俊戈）

【市场开拓】　在2001年度中，多种经营企业进一步强化质量和服务意识，通过良好的服务提高在客户中的诚信度，加大了开拓市场的力度。2001年，多种经营企业在继续立足优质服务、积极开拓内部市场的同时，因坚定不移地深化企业改革，多数企业都适度加大社会市场的开拓力度，社会市场的销售收入与2000年度相比，增加了15亿元。一些多种经营的优势企业，如大庆石油管理局电缆有限公司、四川石油管理局广汉宏华机械制造有限公司等企业的市场开拓成绩显著。在这些企业的带动下，大庆石油管理局、辽河石油勘探局、新疆石油管理局、华北石油管理局、四川石油管理局、长庆石油勘探局、吉林石油集团有限责任公司、塔里木石油勘探开发指挥部、吐哈石油勘探开发指挥部等，在克服了产品销售价格降低和扣除部分改制企业融入社会等因素的影响下，还实现了销售收入较上年同期相比略有增长的好成绩。

（刘俊戈）

【职工培训】　根据集团公司整体部署，多种经营管理部为了积极稳妥地推进以整体带资分流为主要形式的产权制度改革而加强了职工培训工作，从2001年7月至11月，在石油管理干部学院举办了石油多种经营产权制度改革培训班，共五期，培训各石油、石化企业改制骨干145人。为了增强培训效果，在课程设置上安排了专家授课、案例分析及答题解惑、座谈交流等内容，使参加培训的人员不仅掌握了国家的有关方针政策、企业改制的基本内容和要求，而且还掌握了企业改制的具体操作规范，对推动和加快多种经营企业的改制工作起到了积极作用。另外，5月至6月，在石油管理干部学院举办了一期石油多种经营工商管理培训班，培训21人；在江阴中国石油宾馆管理干部培训中心举办了一期石油宾馆管理干部培训班，培训30人。

随着因特网和全球电子交换系统的广泛应用，经集团公司科技部立项，2001年完成了中油多种经营信息管理网的建设。为了推广该网的使用，提高工作效率，6月在中国石油集团石油经济和信息研究中心举办了一期信息员培训班，为各石油石化单位培训信息管理人员30人。

为全面提高石油石化物业管理人员素质和行业的物业管理水平，按建设部“关于实行物业管理企业经理、部门经理、管理员岗位培训持证上岗制度的通知”精神，5月及10月分别在重庆和上海举办了两期物业管理企业经理岗位培训班，共培训153人。

各石油、炼化企业紧紧围绕企业改制和加强企业管理工作，通过各种形式，也举办了产权制度改革、工商管理和财务会计等知识和业务培训班，全系统共举办了各类培训班133期，共有6500多人次参加了培训学习，为加速多种经营系统产权制度的改革步伐、提高企业管理水平奠定了较好的基础。

（翟迎环）

其　他

【治安综合治理】　2001年是新世纪的开始之年，是实施“十五”计划的第一年。中国石油天然气集团公司各级党政领导，坚定不移地按照党中央、国务院的部署，认真组织广大职工学习贯彻全国社会治安综合治理工作会议精神，紧密结合单位工作实际，把进一步加强社会治安综合治理，当作贯彻落实江泽民总书记“七一”重要讲话，实践“三个代表”要求的一项重要工作来抓；认清形势，明确任务，增强信心，从维护政治稳定的大局出发，紧紧围绕各项中心工作，努力把集团公司机关及所属企业的社会治安综合治理工作提高到一个新的水平，保障了改革发展和生产建设的顺利进行。

1. 领导高度重视，始终把稳定工作当作首要任务抓紧抓好

（1）认真落实领导责任制，签订综合治理和治安目标责任书。年初，遵照集团公司领导的指示，综合治理办公室及时向集团公司所属企业转发了中央社会治安综合治理委员会《2001年全国社会治安综合治理工作要点》；同时集团公司法人授权办公厅领导分别与地区综合治理委员会和北京市公安局签订了《社会治安综合治理责任书》及《北京市治安责任书》。综合治理办公室同机关各部、室签订了30份治安、消防工作目标责任书和25份交通安全工作责任书。基本上形成了一级抓一级、“纵向到底、横向到边”的综合治理工作网络。

（2）从讲政治的高度贯彻落实全国社会治安工作会议精神。2001年4月2—3日，中央召开了全国社会治安工作会议。中共中央、国务院于9月5日正式下发了中发［2001］14号《关于进一步加强社会治安综合治理的意见》以及江泽民等中央领导同志在全国社会治安综合治理工作会议上的讲话后，集团公司马富才总经理立即组织党组成员进行了认真学习，同时批示：“请办公厅结合公司情况，按要求具体贯彻落实”。党组成员、纪检组组长、综治领导小组组长李克成同志批示：“请办公厅综治办组织学习贯彻马总批示，研究提出落实意见”。综合治理办公室遵照领导批示精神起草了“关于贯彻落实《中共中央、国务院关于进一步加强社会治安综合治理的意见》的报告。

2. 夯实基础，加强综治工作制度建设，进一步巩固基层创安活动成果

（1）建立健全各项工作制度，夯实综合治理工作基础。

为强化集团公司机关综合治理工作力度，根据工作需要，2001年重新制定了《关于强化机关办公楼、门卫交接班管理措施》、《集团公司机关处置突发事件工作预案》、《集团公司机关处置火灾预案》和《关于当前维护稳定工作意见》等；同时，为进一步维护机关治安秩序，写出《关于加强集团公司机关和在京直属单位保卫工作的报告》，并重新修改《中国石油天然气集团公司机关治安保卫工作管理规定》，拟征求职工意见后公布实施。

（2）坚持不定期地安全检查，做到防患于未然。坚持做好经常性安全检查，全力以赴做好地下空间安全专项治理整顿工作。根据中央、国家机关综治领导小组和北京市委、市政府及首都综治委关于在北京市范围内，全面开展一次地下空间安全专项治理整顿工作的要求，集团公司机关成立了以办公厅副主任施哲彦同志为组长，综治办、人防办、华服总办公室以及房产和物业部门为成员的地下空间专项治理整顿领导小组。结合单位实际，召开专门会议，分析研究了集团公司机关地下空间的现状，提出了整改的范围、目标和要求，从认真进行摸底、清查、登记工作入手，明确重点解决的突出问题，集中力量，限期整改取得较好成效。

①集团公司管理的现有人防工程总计21处，其中在京单位3处，代管1处，集团公司机关17处。使用面积共计13563.71平方米，其中集团公司机关人防使用面积8170.71平方米。

②地下空间设备层共有空间约21302平方米，其中自己使用的12387平方米，对外出租3910平方米。通过检查发现个别地方缺少管理措施和制度，缺少安全通道，没有安全标志和应急灯；通道堆放杂物，私搭乱接电线，卫生状况较差以及扰民现象严重等问题。针对存在的不安全因素，已责成有关部门，认真清理整改，以防患于未然。

3. 深入开展宣传教育活动，不断提高职工自治、自卫和自防的安全意识

（1）配合全国“严打”斗争形势，综合治理办公室与政治部宣传部联手出专刊。为了认真贯彻全国治安工作会议精神，加强社会治安工作，我们在全国治安工作会议结束后，与政治部宣传部联手出专刊，将中宣部、公安部和司法部等单位编辑的“开展严打整治斗争，加强社会治安工作”宣传画放大后，在机关办公楼1—2层楼道，利用板报形式广为宣传。

（2）结合国内外形势，举行《中华人民共和国安全法》答题、测试活动。2001年，在庆祝《中华人民共和国安全法》施行8周年、国庆52周年前夕和美国发生“9.11”恐怖事件之后，我们为了对机关及在京单位广大职工进行一次国家安全教育，在广大职工中进行一次普及国家安全法知识答卷活动，4925名职工踊跃参加，其中有局级及集团公司领导89名。

（3）指派专人组织开展社会治安综合治理知识答卷活动。为贯彻落实全国社会治安会议精神，纪念中共中央、国务院和全国人大关于加强社会治安综合治理工作的两个《决定》颁布10周年，提高领导和广大职工对社会治安综合治理工作的认识，推动社会治安综合治理工作措施的落实，按照国机综办字［2001］7号文件《关于组织开展社会治安综合治理知识答卷活动的通知》的要求，将数千份答卷统一印刷分发到机关各部室及在京各单位。集团公司机关及在京直属单位共有4096名同志参加此次答题，其中集团公司领导14名，司局级干部104名，处级干部450余名。

4．大力推进企业社会治安综合治理工作，确保生产、经营的顺利进行

在全国治安大气候影响下，各油气区治安案件一直居高不下。2001年初步统计各企业共发生各类案（事）件20941起，全行业被盗抢油（气）、水、电、物资器材及生产在用设备等，造成直接经济损失总计高达4.46亿元。为了给各企业营造良好的外部生产条件，进一步加大综合治理工作力度，3月初，办公厅领导带领综治办的同志前往公安部三局专题汇报了各油气矿区的治安情况。总结出当前油气区治安形势恶化的几个特点，分析了治安严峻的原因，提出了加强油气矿区治安整顿治理的建议。双方形成了共识，并引起了公安部三局领导同志的重视。各油气区和石化、炼化企业在日常工作中，以维护政治稳定和内部治安秩序为重点，持续开展各项治理整顿工作，全力以赴贯彻全国社会治安会议精神，并以此为契机，深入开展“打黑除恶”和“涉枪制暴”等专项斗争。在严厉打击各种违法犯罪活动的同时，积极开展内部“打、防、控”一体化建设，有力地维护了企业生产建设和内部治安大局的稳定，取得了显著成绩。

（1）加大打击各类刑事犯罪的力度，为企业的改革和经济建设创造稳定的治安环境。据对29个企业的不完全统计，2001年各企业共立各类刑事案件8425起，破获4565起，其中重（特）大刑事案件2869起，破获1314起；全年发生治安案件4572起，查处4012起，查处率达99%以上。一年来，共打击处理违法犯罪人员11430名，其中刑事拘留2443人，逮捕1771人，判刑563人，劳教少管405人，治安处罚5150人；打掉犯罪团伙249个、涉案成员1098人。在加大打击力度的同时，各企业不断强化基础管理工作，落实各项防范措施，严厉打击以涉油为主的各类盗抢犯罪活动。2001年发生涉油盗抢案件7944起，被盗放油井15315口。全年因破获各类违法涉油、破坏生产案件收缴的脏物折款为8871.87万元，与2000年同期相比多1614.6万元，增长幅度为22.25%。通过严打、专项治理和加强治安管理等措施，为国家挽回了经济损失累计24286.168万元，与2000年同期相比增长了11151.028万元，增长幅度为84.89%。

（2）同时，各油气区开展多种形式的集中清理整顿工作，坚决取缔寄生在企业周边的非法土炼油炉（厂）、收购站（点）等，堵塞被盗原油及生产物资的销脏渠道。据统计，2001年各企业共打击取缔了土炼油炉、小炼油厂2299个，取缔非法寄生在企业周边的收购站（点）913个，取缔其他类非法寄生厂点460个，三项合计共取缔了非法寄生厂点3672个，与上年同期相比增长了0.22%。

（3）近年来不法分子公然在输油（气）管线上钻孔盗抢油气的犯罪活动愈演愈烈，不仅直接破坏了输油（气）管线的正常运营，造成巨大经济损失，而且还给社会带来极坏的政治影响。据统计，2001年在输油管线上被钻孔打眼8500处，在输气管线上被打眼39处，盗抢油气损失价值32975.95万元。特别是长输管线，甚至在北京地区的长输管线也已出现结伙钻孔盗油（气）的犯罪活动。

（张世显）

【信访工作】 2001年，在集团公司党组的高度重视下，集团公司各级信访部门以“三个代表”重要思想为指导，认真学习贯彻中央领导同志关于信访工作的重要指示，按照中央办公厅、国务院办公厅《关于进一步加强信访工作的通知》和第五次全国信访工作会议精神，紧紧围绕集团公司中心工作，进一步加大信

访工作力度，努力畅通信访渠道，认真处理群众来信来访，全力化解矛盾，为保障集团公司改革和发展的顺利进行，维护企业和社会的稳定，做出了积极贡献。

1. 集团公司党组的正确领导，有力推动了信访工作的深入开展

集团公司党组正确处理改革、发展与稳定三者之间的关系，始终将稳定作为改革和发展的基础和前提，不断加强对信访工作的领导。集团公司党组书记、总经理马富才同志多次强调要深刻认识和高度重视信访工作。2001 年初，马总在集团公司工作会议上指出："在当前改革和发展的关键时刻，各单位都要切实重视和加强信访工作，及时妥善地处理好各类信访问题。"对集团公司重要信访问题，马总都是亲自过问，亲自听取汇报并提出要求。集团公司党组成员、副总经理阎三忠同志多次组织有关部门领导同志听取办公厅关于信访工作的汇报，分析形势，研究解决信访工作中的重要问题，提出进一步加强信访工作的具体要求，并多次赴有关企业进行现场调研，指导解决信访问题，还直接与企业所在省、区、市领导共商解决问题的办法和措施。据统计，2001 年集团公司党组领导对信访工作做出批示达 51 次。党组的高度重视和正确领导，为信访工作指明了方向，有力推动了信访工作的深入开展和信访问题的及时妥善解决。

2. 认真贯彻落实上级主管部门和集团公司关于信访工作的各项指示精神

（1）传达学习第五次全国信访工作会议精神。第五次全国信访工作会议于 2001 年 9 月在京举行。会议总结经验，分析形势，表彰先进，提出了今后五年信访工作的指导思想和主要任务。集团公司及时将国家信访局周占顺局长在第五次全国信访工作会议上的讲话转发各企事业单位，要求结合实际，认真组织学习、贯彻和落实。提出要站在实践"三个代表"重要思想的高度，增强做好新时期信访工作的责任感、使命感和紧迫感，紧紧围绕集团公司中心任务，扎实工作，采取有力措施把信访问题处理化解在基层和萌芽状态，把企业信访工作提高到新的水平。

（2）召开集团公司信访工作座谈会。2001 年 9 月 13—14 日，集团公司信访工作座谈会在京召开。集团公司阎三忠副总经理、国家信访局王月宗副局长出席会议并作重要讲话。集团公司所属单位主管信访工作的领导和信访部门负责人共 70 余人参加了会议。会议总结了一年多来集团公司信访工作情况，认真讨论了信访工作面临的形势和挑战，实事求是地分析了信访工作存在的问题和差距，学习交流了信访工作经验和作法，研究确定了信访工作的方向、任务和重点。会议提出，要进一步提高对新形势下信访工作重要性的认识，加强对信访工作的领导；认真解决信访问题，确保信访渠道畅通；加强信访信息和调研工作，努力为领导决策提供及时可靠的依据；加强对信访事项的跟踪督办，提高办案质量和效率；做好超前预测工作，加大基层化解矛盾的能力，重点处理好集体上访、进京上访的处置和化解工作；加强法制建设，促进依法信访；加强信访队伍建设，不断提高信访干部的素质。这次会议的召开，及时推进了各单位的信访工作，在全系统产生了积极影响。

3. 健全信访工作领导责任制，完善信访规章制度体系

（1）信访工作领导责任制进一步得到落实。各级领导重视信访工作，各单位都建立和完善了党政一把手负总责，分管领导与有关部门各施其职，责任明确，环环相扣的信访工作领导责任制。各单位党政领导，特别是主要领导能够把信访工作作为稳定大局的重要手段，纳入重要议事日程，亲自阅批重要来信，接待集体上访，研究处理疑难信访问题，跟踪督办重要信访案件，并坚持执行领导接待日制度，经常性地直接听取群众的意见和建议，密切了党群关系，保障了职工合法权益，及时化解了矛盾。企业信访工作的有效开展，促进了职工队伍和矿区的稳定。

（2）加强信访工作建章立制和基础建设。修订完善了两项制度：集团公司《信访条例》实施细则；集团公司信访工作归口办法。制定出台了三项新制度：集团公司《信访工作暂行规定》；集团公司《信访信息暂行办法》；集团公司《处理突发事件、集体访工作预案》。通过上述制度的制定和实施，使集团公司信访工作逐步规范化、制度化和法制化，促进了依法行政和依法信访。

4. 强化信访信息工作，积极开展不稳定因素排查和调研工作

（1）高度重视信访信息工作。2001 年 3 月始，针对全系统的信访趋势和特点，集团公司办公厅信访部门全面强化了信息联络方式，对所属企业按照访情态势实行三级分类，随机滚动排队调整，按轻重缓急分工分单位到人，区别不同情况分时分级主动与各企业保持热线联系，保证了各种信息和指令准确迅速地上报和下达。一年中，办公厅编印《信访情况报告》共 86 期，为集团公司领导决策提供了及时可靠的依据。

（2）主动出击，及时排查潜在的不稳定因素。各级信访部门能够超前工作，在各时期、各阶段自下而上地对不稳定因素和隐患进行滚动式摸排，及时采取相应措施，从源头上减少和避免信访问题。各单位重视健全信访排查和信息网络建设，逐步建立健全了集团公司系统横向到边、纵向到底的“三级信访信息网络”，及时掌握、反馈和处理信访动态，确保了信访信息迅捷、灵敏和畅通。

（3）“走下去，请上来”开展信访调研。办公厅先后派员赴大庆油田等10个单位，深入基层了解信访机构、基础建设和信访先进典型、工作经验，与有关企业共同分析研究信访难点和热点问题，及时提出解决办法和预防措施，并分别写出了专题调研报告。办公厅还派员赴上海等地政府和企业的信访部门参观学习信访工作好的经验和作法，结合自身实际，研究制定并充实完善了工作措施。办公厅还先后请十几个企业的有关领导和信访部门负责人到集团公司，共同研究、解决信访疑难问题，取得了较好的工作成效。

5. 认真处理来信来访，及时解决职工群众的实际问题

（1）认真做好进京上访的接待工作。2001年集团公司办公厅受理群众来信514件，接待进京上访群众262起1220人次。办公厅信访部门全体同志团结一致，“上为领导分忧、下为群众解难”，扎扎实实、耐心细致地做好来访接待工作。一是认真学习法律政策，坚持原则，耐心疏导；二是不怕疲劳，连续工作，保障了机关正常工作秩序，保证了上访群众安全不出问题；三是积极协调，上下联动，为群众及时妥善解决实际问题，有效化解矛盾；四是依靠各方面力量，全力做好集体进京上访群众的劝返和稳定工作。通过艰苦努力，处理化解了大量实际问题，使各起集体访的人员安全顺利离京，没有发生任何问题。

（2）重视基层信访工作，增强就地化解矛盾的能力。2001年集团公司各企事业单位共受理群众来信9710件，接待上访群众108598人次。各单位重视做好对初信初访的分级负责、就地化解和一次结案工作，避免因矛盾激化而引发上访事件。为妥善处理进京上访问题，各单位从首都稳定的大局出发，积极主动地协助配合集团公司信访部门，共同学习研究政策，正确把握工作原则，协同处理上访问题，妥善化解矛盾，为首都稳定服务。通过有效工作，实现了北京“两会”和重大活动期间无人进京上访。

（3）为群众办实事，及时解决群众反映的热点问题，切实维护群众利益。各单位从信访工作实践中普遍感到，做好信访工作重在为职工群众排忧解难，重在帮助他们解决实际问题。许多企业克服了各种困难，想方设法创造条件，按照有关法律和政策通过地方政府进行协调和处理，尽力解决与职工群众切身利益密切相关的热点和难点问题，切实保障了职工群众的合法权益，有效预防和化解了矛盾，促进了信访工作的深入开展，维护了企业和社会的稳定。

6. 加强信访机构和队伍建设，提高信访干部素质

（1）信访机构和干部队伍建设取得成效。许多单位认真按照集团公司的要求，在减员增效过程中，注意健全适应形势需要的信访工作机构，并为信访部门配备了必要的办公设备和通讯器材，使信访干部队伍保持了基本稳定，逐步形成了具有较高的政治素质、业务素养和战斗力的信访干部队伍。在第五次全国信访工作会议上，集团公司办公厅信访保卫处被评为“全国信访系统优秀集体”，刘类根同志被评为“全国信访系统优秀工作者”。

（2）认真抓好信访干部业务培训工作。2001年7月，办公厅在广西南宁举办了“新时期信访理论与实践”培训班。各企事业单位150多名信访办主任、专（兼）职信访干部参加了信访业务培训，达到了预期的效果。许多单位采取各种形式培训信访干部，广大信访干部认真学习国家法律和政策，学习社会主义市场经济知识，学习集团公司改革和发展的方案部署，使自身的政策理论水平和处理复杂信访问题的能力不断得到提高。

（于　飞）

【档案工作】　2001年集团公司档案工作以邓小平理论和江泽民“三个代表”重要思想为指导，认真贯彻落实全国档案工作会议精神，在加强档案基础业务建设，推进档案管理现代化进程，为企业改革发展提供有效服务，积极开发档案信息资源等方面都取得较大成绩。截至年底，集团公司系统共有档案机构1628个，档案专职人员2474人，文化程度大专以上2045人；档案专业技术职务1667人，其中高级39人；馆（室）藏档案2487万卷（件），档案排架长度52.3万米，底图1118万张，音像档案21.7万盘，电子档案183万盘（张），资料48万册，档案馆（室）建筑总面积43万平方米，其中档案库房建筑面积24.4万平方米，各种档案专用设备6825台（套）。

（1）制定《集团公司档案工作发展“十五”计划》。为认真贯彻落实国家档案局对“十五”期间全国档案工作的部署，根据集团公司深化改革、加快发展的总体部署和对档案工作的要求，结合实际，制定

并印发了《集团公司档案工作“十五”发展计划》，明确提出“十五”期间，集团公司档案工作的指导思想、奋斗目标和主要任务，为集团公司档案工作发展打下坚实基础。

（2）召开集团公司档案工作会议。6 月 24 日，集团公司档案工作会议在北京召开，国家档案局副局长冯鹤旺、集团公司副总经理阎三忠出席会议并做重要讲话。阎三忠副总经理在讲话中重申了集团公司“［2000］184 号”文件《关于加强档案工作的通知》中四条原则：①重组前的档案要集中管理，双方共享，保证档案的完整；②重组后形成的档案要分开建档，分开管理；③集团公司档案工作办公室负责对国家档案局联系工作，一个口对上，不要把它分散；④在档案管理工作中，明确委托代管的，要建立委托代管的各项管理制度。49 个单位 60 余人参加会议。会议总结了“九五”档案工作取得的成绩，部署了为完成“十五”档案工作的发展目标所要求的主要任务。会议期间，10 个单位进行了档案工作经验交流，为在新形势做好企业档案工作提供新思路。

（3）进一步健全档案工作规范。按照阎三忠副总经理提出的关于“建立重组后档案工作新秩序”批示精神，根据国家有关法律法规，结合实际，补充修改了《中国石油天然气集团公司机关档案管理办法》，使机关档案管理工作沿着科学化、规范化的道路健康发展；制定了《中国石油天然气集团公司档案管理规定》，《规定》中对集团公司档案工作机构与职责，文件材料的归档和档案管理、档案信息开发利用提出要求，同时也明确了奖励与处罚具体办法。根据这一规定，各单位修改、健全各项档案管理规章制度，进一步完善了集团公司档案管理工作。

（4）建立档案业务协作组。为进一步促进档案业务建设，加强各单位档案工作交流，按地域划分为五个档案业务协作组。五个协作组中已有四个组在年内开展了活动，协作组活动内容丰富多彩，通过介绍经验，交流论文，不仅提高档案管理水平，也丰富档案工作理论，大港油田（集团）有限责任公司、四川石油管理局提交的论文分别在天津市、四川省档案局获奖，为推动档案工作向前发展起到先导作用。

（5）大力开发档案信息资源，为企业改革发展提供优质服务。档案部门在竞争中求生存求发展，把焦点放在提高档案信息开发与改变服务手段、服务方式上。各单位档案工作人员解放思想，转变观念，面向生产、科研、经营管理，采取预测、跟踪服务、电话调档、档案信息发布等多种形式，积极为利用者提供主动服务。2001 年档案利用人数 25.6 万人次，利用档案 39.5 万卷（件），利用资料人数 2.5 万人次，利用资料 58.1 万册；档案部门配合企业中心工作积极开展档案编研工作，全年编研档案资料公开出版的 42 种，67 万字，内部出版 604 种，39750 万字，为企业的“战略管理”和“决策管理”提供可靠的档案信息。

（6）积极推进企业档案工作目标管理认定工作。2000 年，集团公司继续深入开展所属单位的档案工作目标管的认定工作，为做好这项工作，根据重组后人员变动情况，经国家档案局审批调整了 8 名国家级评员，聘任 41 名集团公司评审员，并在认定工作过程中，采取以评代培的方法对部分评审员进行培训，保证档案工作认定质量。通过开展这项工作，有力的促进石油企业档案工作的基础业务建设和全员档案意识的提高。

（7）集团公司机关推行文书立卷改革。按照国家档案局制定的《归档文件》整理规则，集团公司首先在机关推行文书立卷改革，其意义在于简化整理，深化检索，减少手工劳动，提高工作效率。参照国家标准结合实际制定了《集团公司机关档案文件整理规则》，举办文书人员归档文件整理培训班。通过培训，保证了文书立卷改革工作的顺利进行，为实现电子文件归档、电子档案管理在网上开发利用的文档一体化工作创造了强有力的条件。

（续桂春）

【股份公司文档工作】　2001 年股份公司所属企业共有档案机构 632 个，其中档案室 624 个、档案馆 8 个。有专职档案人员 1246 人，兼职 2954 人。案卷排架长度 18.84 万米；以件为保管单位档案有 652.13 万件，排架长度 4.83 万米；电子档案 109.97 万盘；档案利用人数 30.33 万人次，利用档案总计 104.31 万卷次、84.10 万件次。编研档案资料；公开出版 21 种，504 万字；内部参考 642 种，469.39 万字；档案库总建筑面积 23.29 万平方米；计算机 1050 台：服务器 59 个。

2001 年股份公司文档工作按照现代企业制度的要求，建立健全新的工作运行规范，大力开发档案信息资源，保证了股份公司信息传递准确、高效与畅通，主要做了以下工作。

1. 建立股份公司文档工作运行规范

文档管理规范化是反映公司管理水平和体现公司形象的一个重要方面。2001 年，股份公司依据国家新发布的公文、档案管理标准和有关规定的要求，制定印发了《股份公司公文处理办法》、《机关公文处理暂行规定和印章管理暂行规定》、《机关档案管理暂行办法》、《机关机要文件管理办法》、《股份公司建设项目档案管理规定》等11个管理规定办法，从而建立起股份公司文档工作规范，保证了股份公司政务信息能够传递准确、高效与畅通。同时，为提高公文运转的质量和效率，我们制作了公文模版供机关人员办文使用，统一规范了股份公司印制文件的要求，缩短了文件运转周期。

2. 文档信息数据化管理、网络化服务水平进一步提高

为充分发挥文档信息资源为股份公司生产经营管理服务的作用，我们完成了《中国石油天然气股份有限公司管理规程》(2000卷）约240万字的排版及上网工作，提供了很好的信息服务；在机关各部门全面推行“中油档案信息管理系统”和新的档案整理规则，简化了立卷程序，初步实现了实体档案的计算机管理，快捷检索档案信息，大大提高了提供档案信息服务的速度和质量。同时积极推进“中油档案信息管理系统”的升级工作，以进一步推动股份公司档案系统数据化管理、网络化服务水平的提高。截至2001年底，“中油档案信息管理系统”（机关版）已修改完毕并在机关各部门安装使用，提高了档案信息服务和管理水平。

3. 加强重点建设项目档案工作，开展档案工作目标管理认定工作

在股份公司档案系统的业务指导方面，我们重点加强了股份公司重点建设项目档案的管理工作，印发了《股份公司建设项目档案管理规定》（石油办字[2001] 213号），汇编并下发了《股份公司建设项目（工程）档案工作必备资料》，规范了股份公司国家重点建设项目档案资料的管理；为做好西气东输管道工程项目档案工作，股份公司总裁办与西气东输管道分公司的档案管理人员组成调研工作小组，对国家长江三峡和秦山核电两个国家重点建设工程档案管理工作进行了调研，了解了重点建设项目档案工作的难点和重点，明确了具体工作思路：建立起易于工作协调，高效运转的档案管理体系网络：建立健全一套完整的档案管理规章制度：以合同作为档案管理的基础，以其为源头，加强对档案的控制管理；跟踪工程进度，使档案管理工作与项目建设同步进行。西气东输管道工程项目的档案工作开始起步，建立了《中国石油西气东输管道分公司档案管理暂行规定》、《中国石油西气东输管道分公司建设项目档案管理办法（试行)》、《中国石油西气东输管道分公司归档文件整理规则（试行)》、《中国石油西气东输管道分公司档案利用办法（试行)》等9项档案管理规章制度，为西气东输管道工程项目档案工作的进一步发展奠定了良好的基础。

2001年，完成了对长庆气田30万方/年产能地面建设工程、牙哈凝析气田地面建设工程、陕甘宁气田至北京输气管道工程、大庆石化乙烯改扩建二期工程股份公司国家重点建设项目竣工资料的验收工作。同时还组织完成了大庆油田公司储运销售分公司、吐哈油田分公司吐鲁番采油厂、吐哈油田分公司销售事业部、辽宁沈阳销售分公司、辽宁鞍山销售分公司、辽宁本溪销售分公司、辽宁营口销售分公司、辽宁朝阳销售分公司、辽宁盘锦销售分公司、辽宁葫芦岛销售分公司、西北销售分公司企业档案工作目标管理国家二级的认定工作。

4. 加强档案队伍建设，提高企业档案管理水平

随着档案管理手段的改革，加强档案队伍建设，以适应企业档案管理工作的发展趋势。2001年3月组织开展股份公司档案学术研讨，围绕建立符合国际规范的公司法人治理结构和新的管理体制、运作方式和经营机制，建成国际一流石油公司的目标，紧密结合股份公司档案工作实际，根据当代国内外档案工作发展均势以及信息技术的发展给档案工作带来的机遇和挑战，共收到所属企业论文240篇72万字。5月组织了股份公司第一期基建档案管理培训班，参加培训的所属企事业单位49家，共有学员103人。培训内容主要是：国家有关基建档案管理规定；基建项目竣工文件编制及档案整理规范；股份公司建设项目管理规定及竣工资料验收办法等。10月组织了股份公司第二期档案馆长培训班，参加培训班的所属企业单位46家，共有学员69人。培训内容主要是：如何面对电子文件带来的挑战与机遇；文件档案工作最新发展趋势及规范和应用；企业计算机网络技术的发展与“OA系统”的研制；第十四届国际档案大会主题内容；新型载体材料档案的技术保护；文件生命周期理论与文件档案管理一体化等。

（尚　真　张桂珍）

【保密工作】　2001年，集团公司保密工作在中共中央保密委员会、国家保密局的指导下，在集团公司保密委员会的领导下，以江泽民总书记“三个代表”重要思想为指导，继续认真贯彻落实《中共中央关于加强新形势下保密工作的决定》，紧紧围绕集团公司和股份公司的中心工作，积极发挥保密工作的保障和服

务作用，主要开展了以下工作。

1. 增强保密意识，加强工作协调

为认真做好保密工作，增强保密意识，集团公司保密委员会办公室与股份公司总裁办，加强了保密工作的宣传，在相关会议和场合反复强调宣传保密工作，对相关工作中涉及保密的事项及时提醒，引起重视，不断增强机关员工的保密意识。同时，加强了集团公司和股份公司两个机关保密工作的联系，同步开展相关工作，并注意做好日常协调工作，使保密工作有效开展。

2. 认真做好国家秘密保护工作，加强集团公司商业秘密保护的管理

根据集团公司新的情况及面对的外部环境，为切实做好企业商业秘密的保护工作，保护企业的合法权益，增强企业在国内外市场的竞争能力，按照集团公司领导的要求，保密办公室对集团公司和股份公司商业秘密的管理工作进行了调研，并依照国家有关法律、法规，制定了《中国石油天然气集团公司商业秘密保护管理规定》（油密字［2001］1号），在企业和机关广泛征求意见的基础上，于2001年9月颁发施行。同时，结合集团公司机关工作实际，制定印发了《中国石油天然气集团公司机关商业秘密范围及管理规定》（油密字［2001］3号）。使集团公司商业秘密保护工作有章可循，规范运作。

3. 加强计算机信息系统保密的管理

为加强集团公司和股份公司机关及所属各单位计算机信息系统的保密管理，根据国家有关法律、法规，结合集团公司和股份公司的实际，制定了《中国石油天然气集团公司计算机信息系统保密管理暂行规定》（油密字［2001］2号），在广泛征求意见、修改完善的基础上印发施行。该规定对计算机网络安全、运行安全及涉密计算机的保密等作出规定，使计算机信息系统的保密工作有章可循，一年来未发现计算机泄密问题。

4. 认真组织开展保密法制宣传教育活动

按照中央保密委员会办公室、国家保密局的部署和要求，在巩固“三五”普法期间保密法制宣传教育成果的基础上，结合集团公司的实际，研究制定了《中国石油天然气集团公司关于“四五”普法期间继续深入开展保密法制宣传教育规划》（油密字［2001］4号），印发集团公司和股份公司各企业、单位参照执行，并要求各单位结合本单位实际，研究制定具体实施方案，认真组织开展好该项工作。各企业结合本单位情况，制定出具体实施方案，并报集团公司保密委员会办公室备案。股份公司也已将《中华人民共和国保密法》的宣传学习列入《中国石油天然气股份有限公司“四五”普法规划》。

5. 了解掌握各企业、单位保密工作机构设置情况，为开展各项保密工作提供组织保障

鉴于集团公司重组改制，机构、人员变化较大的情况，为进一步加强组织保障，以适应保密工作越来越繁重的新形势，对所属企业、单位保密工作机构设置及人员情况进行了解。集团公司所属企业、单位，有56个企业、单位调整充实了保密委员会，建立健全了各级保密工作机构，从集团公司到企业二级单位形成了三级保密工作管理网络；共有专职保密干部98人、兼职保密干部63人。股份公司所属企业也都设立了保密委员会或保密工作领导小组，配备了专职或兼职的保密干部，为开展各项保密工作提供了组织保障。

6. 认真做好日常保密工作

2001年，集团公司保密委员会办公室进行文件资料出境保密审查31件，按照审查程序会同专业主管部门审查，严格把关，做到即方便工作又确保国家秘密、集团公司商业秘密的安全。此外，还按时订阅分发《保密工作》杂志，以及保密专业工具书等，积极做好保密宣传工作。

（蔡　燕）

第九篇

精神文明建设

党建与党群工作

【概述】　2001年，是集团公司实施“十五”计划和应对入世新挑战取得良好开局的一年，也是党的建设及思想政治工作与时俱进、取得明显成效的一年。集团公司各级党组织以邓小平理论和江泽民总书记“三个代表”重要思想为指导，认真学习党的十五届六中全会精神，以“三讲”学习教育活动为动力，以庆祝建党80周年为契机，按照中央企业工委和集团公司党组的工作部署，坚持“围绕中心，服务大局，开拓创新，求真务实”的工作方针，切实加强和改进党的建设和思想政治工作，为集团公司的改革、发展和稳定做出了新的贡献。

【理论学习】　2001年，各级党组织深入学习贯彻“三个代表”重要思想，理论学习上升到新高度。坚持把理论学习作为加强党的思想政治建设的首要任务，深入学习贯彻江泽民总书记“七一”重要讲话和党的十五届六中全会精神，努力把“三个代表”重要思想贯彻落实到企业改革、发展和稳定的各项工作中去。

集团公司党组带头加强理论学习，把“三个代表”重要思想学习和六中全会精神学习作为党组理论中心组学习的重要内容。8月1日，党组在中国石油报发表文章《发扬“铁人”精神，实践“三个代表”》，此文入选中央宣传部“纪念中国共产党成立80周年理论研讨会”。9月11日，集团公司党组理论学习中心成员与部分在京老领导一起深入学习江泽民总书记“七一”重要讲话。

各级党组织把“三个代表”重要思想的学习实践同学习贯彻江泽民总书记“七一”重要讲话精神结合起来。7月1日，集团公司广大党员、干部认真收看、学习江泽民总书记在庆祝建党80年大会上的重要讲话。集团公司党组发出通知，对如何学习贯彻《讲话》提出了明确要求。直属机关党委为部分直属单位和机关各部门购买了学习资料和辅导录像，举办了辅导报告会，为基层的理论学习服好务。政治思想工作部与中国石油报社联合组织了“学习‘七一’讲话，实践‘三个代表’”专栏，营造了学习宣传《讲话》的良好舆论氛围，并通过《简报》和《情况反映》进行学习交流，把学习活动不断引向深入。股份公司直属机关党委在网络主页上连载《每日一问》的学习材料，帮助大家深刻领会精神实质。物探局党委坚持中心组学习制度，做到“确立一个专题，思考解决一个问题，促进带动一项工作”。

各级党组织把“三个代表”重要思想的学习同学习贯彻六中全会精神结合起来。9月27日，集团公司召开干部大会，学习传达中共十五届六中全会精神。9月28日，集团公司党组发出通知，要求认真学习贯彻党的十五届六中全会精神。各单位按照集团公司党组文件要求，采取各种形式组织全体党员干部深入学习贯彻全会精神，把重点放在加强和改进各级领导班子和广大党员干部的思想作风和工作作风上，放在进一步教育引导干部职工解放思想、转变观念、改进工作、凝聚人心上，放在加强党风廉政建设上，并对照“八个坚持、八个反对”，认真查找作风建设方面的突出问题，结合实际提出了贯彻落实的具体措施，取得了明显成效。

各级党组织把“三个代表”重要思想的学习实践同学习贯彻集团公司2001年工作会议精神结合起来。工作会后，各单位按照党组的要求，及时召开干部大会，认真传达贯彻工作会议精神，围绕集团公司“十五”改革和发展的目标，提出了本单位、本部门的工作思路和任务。管道局党委提出了“创造新优势、创造新商机、创造新活力”的新思路，明确了“围绕市场主题，精心组织好重点工程项目施工，把主要精力、设备、队伍用在西气东输工程建设上”的工作重点。冀东石油勘探开发公司党委提出了“再造一个全新的冀东石油”的“十五”发展思路。

在理论学习中，各级党组织坚持中心组学习制度、基层干部年度轮训制度、党员领导干部党校定期培训制度、机关干部学习制度，保证了学习内容、时间、人员的落实。通过集中学习与自学相结合，学习与专题讨论相结合等灵活多样的形式，紧紧围绕深入贯彻“三个代表”的重要思想，坚定搞好国有大中型企业的信心这个主题，进一步形成了“学理论、议大事、出思路、谋发展”的领导干部学习理论新格局。吐哈石油勘探开发指挥部党委制定了《2001年领导干部政治理论学习计划》，建立了“周五学习日”制度。两级领导班子中心组理论学习的坚持率和出勤率达到95%。

各级党组织重视党员干部理论学习工作，通过各种方式对党员干部进行理论培训，重点提高干部的思想政治素质、综合决策能力和领导经济工作的能力，普遍建立了各项学习制度，加强考核，保证了学习质量。政治思想工作部专门举办各种类型的培训班，对企事业单位的党办主任、团委书记及基层优秀党群干部进行集中培训。2001年，集团公司直属机关党校举办两期干部培训班，共有187名局处级干部参加了学习。

【党建工作】 2001年，各企事业单位党组织结合实际开展"三讲"学习教育活动，以庆祝中国共产党成立80周年为契机，大力开展党员先进性教育，党组织的凝聚力和战斗力有了新的提高。在重组改制中，坚持加强和改进党的建设，积极探索新形势下党建工作的新思路。

2001年，根据中央关于在国有大中型企业开展"讲学习、讲政治、讲正气"学习教育活动的部署，集团公司以查找和解决班子及成员中存在的影响企业改革和发展的突出问题为重点，在集团公司党组、总部机关和100多个直属企业，扎扎实实地开展了"三讲"学习教育活动，各级领导班子呈现出新的气象。各单位和部门领导把贯彻落实"三个代表"重要思想贯穿到"三讲"学习教育活动的始终，思想认识到位，思想动员广泛深入，组织领导周全细致，工作程序和方法步骤科学。通过"三讲"学习教育活动，各级领导班子和广大干部进一步坚定了理想信念，加深了对"三个代表"重要思想的认识，提高了搞好国有大中型企业的信心，增强了加快集团公司改革和发展的历史使命感和政治责任感，思想观念更加开阔，工作思路更加清晰。

2001年，各级党组织以纪念建党80周年为契机，开展党员先进性教育，以"颂歌献给党"为主题，开展了形式多样、丰富多彩的纪念活动，唱响了"共产党好、社会主义好、改革开放好"的主旋律。

6月29日，集团公开隆重召开纪念中国共产党成立80周年暨表彰大会，集团公司党组书记、总经理马富才在会上作重要讲话，集团公司领导阎三忠、黄炎、任传俊、陈耕、郑虎、李克成、贡华章、史训知等出席会议。集团公司各单位以多种方式庆祝建党80周年。同日，集团公司党组做出决定，表彰十个模范基层党组织、十名模范共产党员、十名模范党务工作者、二十个纪检监察工作先进集体、十名模范廉洁自律干部、十名模范纪检监察干部。直属党委将先进集体和个人的事迹分别编辑出版了《奉献》《表率》两本书，进行大力宣传。2001年，大庆石油管理局党委、辽河油田分公司兴隆台采油厂党委、吉林油田分公司党委、新疆石油管理局45188钻井队党支部、吐哈勘探开发指挥部井下技术作业公司党委等5个单位荣获"全国先进基层党组织"称号，吉化股份公司供应分公司党委书记经理徐元祥荣获"全国优秀党务工作者"称号。吐哈勘探开发指挥部井下技术作业公司党委、塔里木分公司事业部经理刘建勋、石油物探局党委副书记肖平荣获中央企业工委表彰的先进党组织、优秀共产党员、优秀党务工作者称号。在工委召开的"七一"表彰大会上，吐哈井下作业公司党委的经验被选为局书面发言材料。

通过纪念建党80周年活动，对党员干部职工理想信念教育扎实有效。全系统近30万人参加了《求是》杂志社和《人民日报》社举办的"建党80周年知识竞赛"，大力度地普及了党史知识，集团公司获得优秀组织奖；组织并参加了中央企业工委"我身边的共产党员"征文活动和"心中的旗帜"青年读书演讲比赛；机关和在京单位组织党员参观了"党的80年光辉历程展览"，观看了历史影片《走出西柏坡》；直属机关党委组织了30多名新党员到香山双清别墅——毛主席旧居举行了入党宣誓仪式。各基层党组织都结合实际，过了一次以"纪念建党80周年，增强党员先进性"为主题的组织生活。这些活动使广大党员普遍进行了一次生动的理想信念和党性教育。

各级党组织始终把基层党建作为工作重中之重和基础的基础来抓。在重组改制中保证了基层党组织的健全有力，努力做到一个班子一团火，一个支部一个堡垒，一个党小组一个阵地，一个党员一面旗帜，在企业改革和发展中发挥了中流砥柱的作用。各级党组织广泛开展了"新世纪树新形象"、"党员立项攻关"、"党员责任区"、"党员先锋岗"、"党员奉献日"等活动，争先创优活动不断深入，使广大党员有光荣感和责任感。物探局党委针对主业体制改革后物探作业队组织模式的新变化，制定了《野外作业队党支部书记暂行条例》和《野外作业队流动党员和入党积极分子管理暂行办法》。管道局党委成立了兰成渝管道工程建设党工委，制定了工作条例，围绕"安全、保质、快速、高效"的主题，在机组之间广泛开展劳动竞赛，充分发挥了党员的生产突击作用。勘探开发公司党委针对海外艰苦的外部条件和各种不安定环境，注重在员工中培养具有企业自身特点的"团队精神、敬业精神、奉献精神，形成了为国争光、为CNPC争气、为海外石油事业争荣的良好风气"。

2001年底，集团公司政治思想工作部对集团公司各企事业单位、股份公司120多个油气生产、炼化、石油销售、工程建设、物资装备、科研院所等单位党的组织建设进行了调研统计。截至2001年底集团公司共建有各级党委1639个，党总支2416个，党支部27797个，党小组44857个。共有党员478671名，其中正式党员461536名，预备党员17135名，女党员83944民，少数民族党员20101名。党员中企业管理人员52415名，党员中企业专业技术人员126674名。至2001年底文化程度在大专以上的党员有157308名，占党员总数的32.87%；年龄在35岁以上的118568名，占党员总数的24.77%。

2001年集团公司共发展新党员15518名，占党员总数的3.25%；新党员中女党员4147名，占新党员的26.73%；少数民族党员635名，占新党员总数的4.1%；35岁以下的党员11873名，占新党员总数的76.52%；大专以上学历的8332名，占新党员总数的53.7%；工人党员8456名，占新党员总数的35.16%；管理人员1835名，占新党员总数的11.83%；专业技术人员7630名，占新党员总数的49.17%。发展的新党员中企业生产一线的9152名，占新党员总数的58.98%；新党员中先进模范3004名，占新党员总数的19.36%。2001年地申请入党人员108538名，其中当年申请的15910名，入党积极分子69497名，当年培训入党积极分子42407名。

【宣传思想工作】　2001年，集团公司各级党组织认真贯彻中央的精神和党组的部署，把握改革、发展和稳定中职工的思想脉搏，围绕中心，服务大局，大力加强和改进思想政治工作，在保证改革发展的顺利进行和保持职工队伍稳定中进一步加强。

加大宣传力度，以发展的思路凝聚职工，以改革的成果引导职工。着力宣传了党和国家的一系列方针政策，宣传集团公司“九五”期间改革发展的重大业绩，宣传了集团公司“十五”奋斗目标及配套实施的“五大战略”“十大工程”，向广大干部职工宣传了集团公司发展战略及面临的形势和任务，向广大干部职工进行改革发展重大举措和相关政策的宣传解释。

各级党组织坚持“正面宣传、团结鼓劲”的方针，利用电视、报纸、网络等各种媒体和渠道，大力宣传集团公司“九五”的辉煌成果和“十五”奋斗目标，做到了党和国家的重要精神宣传到位，集团公司的重大决策宣传到位，重大先进典型宣传到位，重点工程和项目宣传到位，重大活动宣传到位，实现了全年重大事项无一遗漏的宣传报道，对内极大地鼓舞了干部职工的士气，对外树立了集团公司的良好形象，营造了更加有利的改革发展氛围。

2001年，对外新闻宣传加强组织联络协调，集团公司、股份公司大事无一遗漏进行了宣传报道。共在新华社、人民日报、中央电视台、经济日报等20多家媒体的重要版面、栏目中发稿400余篇，其中人民日报、新华社32篇，中央电视台新闻联播、《焦点访谈》共播发21篇，引起了巨大的社会反向。2001年初对集团公司认真贯彻中央重组改制决策、生产经营取得显著成果、上缴国家利润600亿元的情况；“两会”期间采访中油两会代表，以西气东输备战为话题，展示集团公司形象；6月至7月在建党80周年期间，分别以“三个代表”和改革开放取得成就为题，先后组织中央电视台、经济日报、中央人民广播电台等采访并播出了马富才、苏树林、计秉玉等专访节目或稿件；科威特海外石油项目竣工、山西煤层气获重大发现乃至中国石油昆仑润滑油西进等全部进行了报道。先后组织首都记者赴国内重点工程和海外石油项目采访及现场报道活动。组织中央电视台赴瑟宁兰管道施工前线，报道管道建设情况；参与策划、协调中央电视台7月1日《旗帜》特别节目的西气东输工程：塔里木油气资源现场大型报道；组织30余家新闻单位报道侯祥麟老部长《我与石油有缘》出版发行座谈会；组织20余家新闻单位参加石油大会联谊会，报道石油大会亚洲会议的准备情况；组织40余家新闻媒体报道中国石油工程设计公司组建成立；组织20余家新闻媒体报道“中国石油奖学金”实施人才战略；编辑制作了“新世纪抉择”电视专题片，在中央电视台、北京电视台播出；组织了七个新闻单位赴委内瑞拉石油项目进行采访。

坚持“以人为本”，加强和改进思想政治工作。各级党组织积极配合集团公司产权制度改革、“三项制度改革”等一系列重大改革，及时分析和掌握职工的思想状况和动态，解疑释惑，疏通思想，理顺情绪，化解矛盾，引导广大干部职工理解改革、以实际行动支持改革。利用报刊、电视等多种宣传媒体组织开展养老保险、产权制度改革等相关政策的宣讲。

在职工队伍建设上，坚持以教育引导与制度规范相结合，目标凝聚与科学管理相结合，着力培养作风顽强、技术精湛、具有团队精神、符合国际大企业集团要求的职工队伍。大力开展“信仰信念”教育，增强职工改革意识、竞争意识、责任意识、使命意识；深入开展岗位练兵、劳动竞赛、合理化建议活动，激励职工投入到改革发展中来。

针对改革发展中出现的带有普遍性、倾向性的问题，集团公司有关部门深入基层进行专项调查研究，总结带有示范性经验，推广可借鉴的经验做法，增强了工作的实效性。总结推广了吉林化建理念创新、体制创新、机制创新，跨出企业、跨出地区、跨出行业求发展，50年未亏损的做法；锦西石化总厂在重组改制后面对新形势，科学定位，严格管理，改革发展的做法；青海石油管理局、青海油田分公司齐心协力、谋求共同发展的做法；辽河油田曙光采油厂创新“知职工情、答职工疑、解职工难”思想政治工作方法；物探局做好有偿解除劳动合同人员工作，确保企业改革和生产经营顺利进行的经验；中国石油勘探开发研究院调动积极因素，做好科技人员政治工作的经验；宝鸡石油机械厂加强厂务公开制度建设，依靠职工办企业的做法等。引导存续企业创新思维求发展、上市企业和未上市企业团结协作共同发展、做好新形势下思想政治工作。

【精神文明建设】　2001年，集团公司系统各单位贯彻中央及集团公司精神，制定本单位精神文件建设规划，坚持两个文明一起抓，把精神文明建设同生产经营和业务工作一起部署、一起落实、一起考核，全方位开展群众性精神文明创建活动，进一步提高企业的文明程度和职工的文明程度，职工队伍在改革与发展的进程中保持了昂扬向上、开拓创新、知难而进的精神风貌，确保了集团公司和及下属企业继续走在全国和所在省市区精神文明建设的前列。

2001年，集团公司、股份公司机关各部门认真贯彻党中央、国务院指示精神，努力实践“三个代表”重要思想，按照集团公司党组的部署和要求，结合“三讲”学习教育，加强机关建设，切实转变作风，牢固树立为基层服务的思想，想基层所想，急基层所急，针对企业深化改革、生产经营中出现的新问题、新情况，深入基层调查研究，创造性地开展工作，为基层解决实际问题，收到了较好的效益，有力地促进了集团公司改革发展的顺利进行和整体效益的稳步提高。

全系统认真组织学习《公民道德建设实施纲要》，坚持不懈开展以职业道德建设为主要内容的道德教育，以良好的行为道德规范约束职工。吉化集团化建工程股份有限公司电调班班长何天伦、大庆石油管理局测井公司套管井研究室主任王建民被评为“全国职工职业道德建设十佳几位标兵”，长庆石油勘探局水电厂被评为“全国职工职业道德建设先进单位”。

认真做好在京直属单位申报2001年度中央国家机关文明单位工作，及时将中央国家机关精神文明建设协调领导小组通知要求及《中央国家机关文明单位标准》印发各直属单位，协助符合条件的11个单位进行检查申报。除1999年度、2000年度的8个单位继续申报外，中油国际技术开发公司、长城钻井公司、石油管理干部学院首次申报文明单位。经努力，物资装备总公司、北京天然气集输公司、技术开发公司被中央国家机关精神文明建设协调领导小组推荐申报北京市文明单位。

各级党组织落实维护稳定工作领导责任制，对“法轮功”痴迷者的帮教转化工作取得较大进展。直属机关党委多次召开会议，根据中央企业工委和党组的要求，对进一步巩固和扩大工作成果进行部署。各级党组织认真组织广大干部职工参观《反对邪教，崇尚科学》展览、收看中央电视台新闻报道，进一步认清“法轮功”的邪教本质。各单位还按要求管好所属印刷厂和复印设备，加强对计算机网络、招待所等场所的管理，深入开展了同“法轮功”邪教组织的斗争，继续坚持“团结、教育、转化”的工作方针，加大教育转化力度，先后使58名“法轮功”练习者得到了有效转化。

【群团工作】　集团公司各级工会和共青团等群众组织充分发挥各自特点和优势，互联互动形成合力，共同做好新形势下的群众工作。

集团公司系统各单位紧紧围绕提高经济效益这个中心，认真贯彻党的全心全意依靠工人阶级办企业的方针，切实履行维护、建设、参与、教育四项职能，着重抓好民主管理、建功立业、送温暖三项工作，继续加大民主管理、民主监督的力度，加大依靠职工办企业的工作力度。加强了新形势下的工会组织建设，严格按照有关文件要求建立和完善各级工会组织。

加强组织，狠抓落实，厂务公开工作取得明显成效，形成了党委统一领导，工会组织实施，纪委监督检查，群众广泛参与的工作格局；初步确立了以职工代表大会为主，以职代会代表团（组）长联席会、专门委员会负责人联席会和职工民主议事会为辅，以报纸、电视、广播、墙报等媒体为补充的基本形式，在实践中不断创新新的形式和新的方法。

以职工代表大会为基本形式的民主管理机制日益完善，内容上不断充实，方法上不断创新，领域上不断拓宽，初步形成了行之有效日益成熟的运行机制，在民主管理中注重源头参与、努力落实职代会职权、不断探索民主管理新形势新途径上取得了较大成效。各单位继续完善职代会民主评议领导干部的民主监督机制，在不断落实职代会实施细则、联席会议制度等多项民主管理工作制度，努力实现运作程序化、活动经常化、行使职权制度化、维护权益法律化。每年通过职代会民主评议领导干部，重点审议提交职代会的有关生产经营的重大决策、重要改革方案、涉及职工利益的重大问题等事项，强化了企业内部监督机制，促进了企业领导班子和干部队伍建设。各单位继续完善评议制度，并纳入领导干部制度改革和干部管理工作中，为企业的改革和发展注入新的活力。

各级工会组织从维护职工的劳动权益，维护企业改革、发展、稳定大局出发，协助企业做好下岗分流职工再就业、有偿解除劳动合同职工工作，完善以“送温暖”和“再就业”工程为基本形式的保障机制，基本形成了全方位、多层次的扶贫济困网络和温暖工程体系，维护了企业改革、发展、稳定的大局。各单位大力实施“送温暖”工程，逐步向细致化、非时令化、多样化方向发展。普遍建立了“送温暖”工程基金，做到“五必访”和“十上门”，开展了“送温暖责任区”和“千、百、万”等形式的活动，及时为职工应急解难，促进了企业深化改革、加快发展。集团公司直属工会深入到济南柴油机厂等企业和困难职工家中做好“送温暖”工作。

集团公司注重对劳动模范的培养工作，把劳动模范看做是先进生产力的代表、两个文明建设的标兵，看做企业的宝贵财富，重视培养劳模、选树先进典型，引导职工顽强拼搏，奋勇争先，为企业改革发展做出新贡献。5 月 1 日，集团公司苏树林等 27 人获得“五一”劳动奖章、辽河油田分公司等 7 个单位获得“五一”劳动奖状。

集团公司各级团组织围绕企业改革发展中心任务，以青年文明号、青年岗位能手和青年创新创效活动为载体，继续大力推进青年文明工程、青年人才工程建设，开展青年文明号、青年岗位能手、青年志愿者、青年创新创效四项活动，坚持“突出重点、着力推进、争创特色、力求实效”的原则，在服务、改革和创新上下功夫。充分发挥青年在企业改革和生产经营中的生力军和突击队作用。

“号”“手”活动在基层站队、销售系统、重点工程和海外项目等青年相对集中岗位深入拓展，与团中央联合命名表彰了 58 个全国青年文明号，两个青年集体被评为全国杰出青年文明号，5 个青年集体被评为全国青年文明号信用建设示范创建单位。

在团中央召开的全国青年文明号信用建设示范行动推进会暨杰出青年文明号表彰大会上，塔里木油田分公司塔中作业区、大庆石油管理局物探公司地震五大队 2287 青年突击队被命名为“全国杰出青年文明号集体”。辽河石油勘探局油建一公司涩宁兰管道工程青年突击队、大港油田集团有限责任公司钻井工程公司 50514 队、抚顺石化公司石化二厂“小红帽”青年志愿者服务站、辽宁销售分公司加油中心、陕西销售分公司西安市公司大庆路加油站 5 个集体被确定为全国青年文明号信用建设示范创建单位。

【企业文化建设】　2001 年，各各单位弘扬“爱国、创业、求实、奉献”企业精神，在继承石油工业优良传统的基础上，不断创新，加强企业文化建设，推动企业改革发展。

企业文化建设是集团公司“十五”期间重点实施的“十大工程”之一，政治思想工作部组织专门力量开展调研活动，借鉴吸收国内外企业文化建设的成功经验，编辑出版了《中外企业文化概览》，精选了 100 个国内外知名企业进行企业文化建设的精粹 100 篇，为企业文化建设提供了参考。在深入调研的基础上，对集团公司企业文化建设现状进行了认真分析，系统总结企业文化建设十个方面的成果。各单位结合实际及企业发展战略，大力开展企业文化建设，大庆油田以“为油奉献”的价值观、信誉第一的道德观、构建平台的人才观、员工为本的管理观等铸就油田发展基础。物探局按照“急用先做，由表及里，逐步延伸”的思路，积极宣传推广了理念系统和视觉识别系统，在国外物探市场树起了良好形象。吐哈石油勘探开发指挥部按照“创造一种精神，打造一个品牌，塑造一种形象，营造一种气氛”和“实现企业管理水平、职工队伍素质显著提高”的工作目标，对企业文化建设统筹规划，总体推进，全面展开，取得了较好成效。

石油政研会以企业改革发展中党建、思想政治工作遇到的难题为课题，加强研究，组织评选了“2001 年度石油优秀政研成果”，其中优秀政研课题 5 个，思想政治工作创新奖 10 个，优秀研究成果 30 个。

2001 年，石油文化体育活动蓬勃发展，石油文联坚持党的“二为”方向和“双百”方针，坚持以“服务大局、围绕中心、发挥作用”的宗旨，紧密结合企业深化改革、提高经济效益的实际，贴近石油、贴近基层、贴近生活，积极开展以群众为主、以基层为主、以小型多样为主的丰富多彩的文化艺术活动，弘扬了集团公司企业精神，有效地推动了两个文明建设。在“庆祝建党 80 周年全国企业职工合唱大赛”上，管道局油龙合唱团获得 A 组金奖，大庆石化总厂合唱团获得B组金奖。

石油文联举办了集邮大赛，33个团体分会的100多部邮集参展，举办了重大工程摄影报道专题展，编辑了大型画册《我为祖国献石油——院士风采录》。承办了中国文联产业文联工作座谈会，会议规模150人，通过这次会议，向全国大型国企宣传了中国石油集团公司。召开了石油文联2001年工作会议。举办了《侯祥麟自述》出版座谈会，到会的有中央领导、著名科学家、三大石油公司领导等100多人。编辑出版发行了《往事让我们心动》。

石油体协坚持贯彻落实《体育法》、《全民健身计划纲要》，积极开展群众性体育活动，促进了石油石化职工体育的发展和两个文明建设。

（集团公司政治思想工作部）

股份公司党建与党群工作

【概述】 2001年是股份公司认真贯彻落实集团公司党组和股份公司管理层各项决策和部署，按照现代企业制度要求和国际规范顺利运作的一年。股份公司总部机关、专业公司及地区公司认真贯彻落实江总书记关于“三个代表”的重要思想和党的十五届五中全会、六中全会精神，在各级领导班子和领导干部中认真开展“三讲”学习教育活动，以纪念中国共产党成立80周年为契机，大力加强党的基层组织建设，紧紧围绕股份公司和本单位的中心工作以及改革、发展、稳定的大局，大力加强思想政治工作和企业文化建设，有力地保证和促进了股份公司各项业绩指标的完成。

【“三讲”学习教育活动】 根据中办发［2001］8号文件精神和集团公司“三讲”学习教育活动领导小组的统一部署，股份公司机关、专业公司和地区公司各企业，从3月下旬至9月底分四批在领导班子及领导干部中认真开展了“三讲”学习教育活动。

3月27日，集团公司、股份公司两个机关“三讲”教育部署会后，股份公司直属机关党委会同总裁办、人事部、机关纪委成立了机关“三讲”教育组织协调组和指导检查组，召开有各单位第一责任人参加的动员部署会，提出了《股份公司机关关于开展“三讲”学习教育活动的实施方案》。机关各部门、专业公司和部分直属单位共16个单位的领导班子和70名副局级以上干部，以饱满的政治热情、认真的学习态度，积极参加了首批“三讲”教育活动。经过“学习理论，提高认识”、“自我总结，查找问题，开展批评与自我批评”、“制定整改方案，落实整改措施”三个阶段的扎实工作，于4月底圆满完成了任务，达到了预期目的。5月22日，股份公司召开机关“三讲”学习教育活动总结大会，股份公司直属机关党委对机关“三讲”教育进行总结，集团公司、股份公司领导对进一步落实整改措施，巩固“三讲”教育成果提出了明确要求。

从5月底至9月底，各地区公司在企业党委领导和集团公司“三讲”学习教育活动指导检查组的指导帮助下，结合企业生产经营的实际，在全体干部职工的积极参与下，严格按规定程序，分三个阶段，扎扎实实地开展了“三讲”学习教育活动。通过“三讲”，使领导班子及其成员的政治理想信念更加坚定，与党中央保持高度一致的自觉性进一步增强；对重组改制、分开分立的重要意义有了更深刻的理解；对企业发展的思路更加清晰，工作目标更加明确，改革的信心更加坚定；廉洁自律意识和领导班子的凝聚力进一步增强；广大职工对领导班子更加信赖，干群关系更加密切。经过上下共同努力，股份公司机关和企业“三讲”学习教育活动达到了集团公司党组和股份公司管理层提出的“三讲”教育与生产经营两不误、两促进的要求，使生产经营与各项业务工作呈现出良好的发展态势。

【党的建设】 根据股份公司新体制、新机制的要求，各级党组织积极主动转变观念，以经济建设为中心，以服务生产经营、保证公司业绩指标的完成为目标，确定各自的工作思路，充分发挥企业党委的政治核心作用，以抓好各级领导班子建设、基层党组织建设和党员队伍建设为重点，大力加强党的建设，保证生产经营和各项业务工作的顺利完成。

一是认真学习贯彻江总书记“三个代表”重要思想和党的十五届六中全会精神，加强党组织的制度建设，建立健全党建责任制和领导班子廉洁自律等一系列工作制度和规定。随着企业持续重组，各新建企业在建立新的行政机构的同时，做到党组织设置与企业改制、组织结构调整同步进行、党务干部同步配备、党建工作同步部署，从而确定了切合实际的党建工作目标，建立了党建工作制度，充分发挥企业党委在生产经营中的政治核心作用，创造性地开展工作。

二是加强基层党组织建设。各级党委注重把加强基层党组织建设放到党建工作的重要位置，紧紧围绕生产经营的中心工作，突出重点，确立目标，广泛开展立意鲜明、赋有特色的党建主题活动。

三是以纪念建党80周年为契机，开展一系列纪念活动。各级党组织认真组织广大党员、入党积极分子参加“中国共产党建党80周年党史知识竞赛”活动。提高了广大党员对党的光辉历史和基本理论、基本知识的认识；结合生产经营的实际，广泛开展“创先争优”评选表彰活动，充分发挥党支部的战斗堡垒作用和党员的先锋模范作用，保证和促进各项任务的顺利完成。“七一”前夕，股份公司机关和直属单位10个先进基层党支部、20名优秀共产党员、10名优秀党务工作者和10名廉洁自律模范干部、10名优秀纪检监察干部受到集团公司直属机关党委、股份公司直属机关党委的表彰。部分先进集体、先进个人的代表参加了集团公司政治思想工作部组织的赴井冈山、韶山等地参观考察活动，使大家受到一次生动的党的历史和革命传统的教育；各基层党支部以“实践‘三个代表’，充分发挥党组织和党员的先进性与纯洁性”为主题，普遍过了一次有意义的组织生活，回顾党的历史，重温入党誓言，激发做合格党员的自觉性；各单位通过组织参观展览、观看文艺演出、召开纪念大会、座谈会、组织党员献礼活动以及新党员入党宣誓等多种活动，隆重纪念党的80岁生日。

四是加强对党员的教育与管理。各级党组织把增强党性，提高素质作为党员教育的出发点和落脚点，在工作中坚持抓教育、抓管理、抓作用三个环节，把教育与管理结合起来，强化对党员的管理，巩固和深化教育效果。各级党组织广泛开展党员责任区、党员先锋岗等活动，紧紧围绕企业发展目标和生产经营及各方面任务，组织和引导广大党员立足本职，建功立业。各级党委注重抓好党支部书记和党员干部培训，用邓小平理论和“三个代表”重要思想教育党员干部。2001年股份公司直属机关和部分企业47名处级党员干部参加了集团公司直属机关党校第35期、36期培训班的培训。各单位认真贯彻“坚持标准、保证质量、改善结构、慎重发展”的方针，积极慎重地做好组织发展工作。2001年直属机关各级党组织共培训入党积极分子630人，发展党员216人。其中，一线职工123人，专业技术人员160人，为党员队伍增添了新鲜血液。

【企业文化建设】　根据股份公司新体制、新机制的需要，股份公司党群工作部（企业文化部）立项成立了《股份公司企业文化建设纲要》研究课题组，落实了大庆、长庆、辽河、大连西太平洋、管道、勘探院、吉林销售等七个单位为企业文化建设试点单位。4月下旬，课题组在长庆油田和陕西销售公司开展调研，召开工作会，讨论确定了《股份公司企业文化建设纲要》的框架结构、内容及具体事项，起草下发了《股份公司关于加强企业文化建设的意见》。课题组通过对股份公司机关部门和专业公司以及部分油田、炼化、销售企业的调查研究、收集查阅资料、征求专家学者的意见和召开讨论会等形式，使课题研究由浅入深不断完善。并对股份公司的核心价值观、企业精神、企业经营管理理念和企业道德等方面广泛征求意见，共收到23个企业的82条意见和方案。在一年的时间里，《股份公司企业文化建设纲要》共20易其稿，于2002年元月通过了评审验收。评审验收委员会主任、中国企业文化研究会副理事长贾春峰同志认为：“中油股份公司管理层高度重视企业文化建设，是很有远见卓识的。与国内各行业已有的研究成果相比，该课题成果是最好的之一。”股份公司管理层对企业文化建设和《纲要》的研究工作也给予了充分的肯定。

与此同时，各地区公司按照股份公司下发的《关于加强企业文化建设工作的意见》，积极大胆地进行企业文化建设的探索与实践，并初见成效。大庆油田有限责任公司注重从造就高素质的员工队伍和全新的企业形象出发，以实施“新形象工程”为载体，大力推进企业文化建设。长庆油田分公司全面实施“五项工程”，即实施形象工程、阳光工程、救助工程、凝聚工程和青年发展工程，以企业文化为主线，大力宣传油田发展，扩大企业影响，职工队伍凝聚力、战斗力得到了提高。吉林油田分公司按照“在继承的基础上创新，在学习的基础上升华、在普及的基础上深化、在巩固的基础上提高”的总体原则，启动了“企业文化普及工程”、“制度建设工程”和“形象塑造工程”。大庆炼化分公司把企业文化建设纳入公司发展规划之中，建立了企业文化组织机构，成立了由总经理和党委书记挂帅的企业文化推进委员会，成立了企业文化研究会，聘请了企业文化顾问。他们加强企业文化阵地建设，两次在员工中征集了企业理念用语、企业歌曲、企业标识，开展了无形资产总结活动，制定员工行为规范，扩大企业宣传，实施了进京列车冠名及报刊、广告宣传等，提高了企业形象和知名度。各单位企业文化建设的实践与探索，有力地提升了公司价值，促进了企业的全面发展。

【党群工作研究与探索】 股份公司成立以来，各油田公司、炼化及销售企业认真贯彻落实“三个代表”重要思想，明确工作思路和工作目标，紧紧围绕企业生产经营的中心任务，努力加强和改进党的建设、思想政治工作、企业文化建设及纪检监察工作，积极探索重组上市新形势下党群工作的新途径、新办法，为企业发展和持续重组以及业绩指标的完成提供了有力的保证。

一是围绕中心、服务大局已成为各级党组织的中心任务。面对股份公司新体制、新机制的变化，各地区公司党委都能积极主动转变观念，以变应变，以变求强。大庆油田有限责任公司党委调整视角，准确定位，提出企业党建、思想政治工作要打破传统的固定模式，突出经济服务职能和政治保证作用，并切实纳入企业管理之中，同管理工作一道去做；玉门油田分公司提出以经济建设为中心，以服务生产经营，保证公司业绩指标的完成为目标，创新改进，为企业发展提供思想政治保证的工作思路；西南油气田分公司以保证业绩指标实现为目标，坚持有所为、有所不为，突出重点，大力抓好基层党组织建设和职工思想政治工作。大庆石化分公司突出把党在国有企业中的政治优势转化为创效优势，实施了党建“先锋工程”，结合开展“成本效益年”和“科技创新年”，组织开展了“形象创新”主题活动。各级党组织紧紧围绕中心，把服务生产经营，保证业绩指标的实现作为党群工作的出发点和落脚点，凡是游离于中心工作的事情尽可能不干或少干，以新的工作思路和工作模式赢得了各级行政领导的欢迎与重视。

二是以精干的机构和人员，保证党群工作的有效开展。各企业根据股份公司重组上市的需要，基本实行党政主要领导“一肩挑”，党委副书记、纪委书记、工会主席一人兼，党政部门合署办公，交叉任职，基层党支部书记兼职的运转机制，坚持“有所为、有所不为”，工作抓大事、抓重点，较好地避免了形式主义。大港油田分公司党委不断探索新的运行模式，在工作思路上，坚持创新、务实、简化、求效的“四条原则”；在工作运行上，实现党建、思想政治工作与生产经营决策、安排部署、组织推动、检查考核、奖励兑现“五个同步”；在实现途径上，坚持把党建、思想政治工作融入公司发展目标、融入经营管理过程、融入企业文化建设的“三个融入”；在工作重心上，做到各级党组织的职责作用、服务功能、整体投入、各种活动“四个下移”，简化工作程序，减少简报材料，还权放权于基层党组织。合并重组后的兰州石化分公司面对机构压缩、定员减少，党群干部“一岗两责”的新情况，改进工作方式，做到党建工作职责不减、程序不乱、标准不降，增强党建的灵活性，突出党建的实效性，把握党建的整体性，在新的形势、新的情况下，做出了有益的探索。

三是工作方式方法进一步得到改进。各单位党群工作逐步适应建立现代企业制度的要求，在工作内容上都能找准最佳结合点；工作方式上更加注重抓规划、抓指导、抓协调、抓服务。注重把工作重点放到基层，让基层有更充分的空间开创性地工作。玉门油田分公司在对下属二级单位工作指导上，减少“规定动作”，增加“自选动作”，采取上下联动、人员互补、相互融合、整体协调的方式，保证了各项工作的有效运行。吐哈油田分公司为适应新机制的建立，推行“整分合、育人才、建文化、大服务”的党建工作新模式，促进了生产经营的正常发展。

四是党群工作在继承的基础上得以创新。各企业坚持继承与创新相结合，既坚持过去在长期实践中积累的行之有效的党群工作的好传统、好作风，又努力适应现代企业制度的要求，针对新情况、新问题不断探索，努力创新党群工作的新思路、新办法。青海油田分公司在条件艰苦的环境中，把发扬“艰苦奋斗、无私奉献、为油而战”的柴达木精神作为企业精神，把做好职工思想政治工作的切入点选在关心野外一线职工的生活上，努力从改善高寒缺氧地区野外职工业余生活和居住条件入手，大力开展党群工作，保持了职工队伍较高的士气和良好的精神面貌。

为研究探讨新形势下党群工作的新思路、新办法，股份公司党群工作部从10月9日至11月23日分西部、华北、东北三个片分别召开党群工作研讨会，对党群工作进行专题研讨，53个地区公司的党委书记、副书记、纪委书记、工会主席及部分党办主任、党群工作处处长共105人参加了会议。其中油田公司13家、炼化分公司20家、销售分公司19家、管道分公司1家。研讨交流了股份公司成立以来各地区公司党建、思想政治工作、企业文化建设、群众工作以及纪检监察工作的基本情况和经验作法，集中讨论了新形势、新体制下党群工作面临的新情况，出现的新问题，以及应采取的新思路、新措施、新办法。党群工作部主任刘敏星就如何贯彻股份公司党群工作的“十六字工作方针”和集团公司党组 22 号文件、认真学习贯彻江泽民同志“七一”重要讲话、党的十五届六中全会《决定》和《公民道德建设实施纲要》，以及党群工作如何开拓创新等方面问题提出了意见和建议。

【群团工作】　各级党组织加强对工会、共青团组织的领导，积极支持群众组织围绕中心，结合实际，开展各具特色的活动，充分发挥群众组织的桥梁和纽带作用，从而调动了职工群众在生产经营工作中的积极性和创造性，促进了企业的发展。

各级工会组织认真贯彻落实党的全心全意依靠工人阶级的指导方针，在服务大局，参与企业民主决策、民主管理、民主监督中充分发挥协调、维护、监督、保证作用，不断调整工作思路，创造性地开展工作，促进了企业经济效益的提高。锦西石化分公司面对企业持续重组，深化改革和劳动关系发生深刻变化的新形势，紧紧抓住“建立民主管理机制”和“投入中心，发动员工为企业发展献计献策”这“两条线”，不断完善以职代会为基本形式的厂务公开制度，把生产经营和改革发展的难点作为职代会和厂务公开的重点，把涉及员工切身利益和普遍关心的热点作为厂务公开的必备内容，增强了企业的凝聚力。华北油田分公司实行了厂务公开责任制，建立了公司、厂、工区(车间)、班组四级民主管理网络，公司工会积极与16 项公开内容的承办部门联系，聘请了 88 名监督员对公开内容的落实情况进行反馈，对厂务公开工作定期考核，努力把公开的内容、形式和结果落实到实处。

各级工会组织充分发挥职工群众的主人翁作用，广泛开展群众性经济技术创新活动。吉林石化分公司发动公司全体职工，广泛开展提合理化建议活动，增强了职工的责任感、使命感，为促进公司扭亏脱困做出了积极的贡献。东北销售分公司围绕企业中心任务，组织职工开展提合理化建议、“双文明单位”、“双文明职工”、“双文明加油站”和降费增效等建功立业和劳动竞赛活动，调动了职工的积极性。

各级共青团组织充分发挥生力军和突击队作用，引导团员青年继承和发扬石油工业优良传统，积极投身企业改革与发展，组织开展青年文明号、青年岗位能手、青年创新创效、青年志愿者等一系列活动，为股份公司改革与发展做出了较大的贡献。集团公司、共青团中央对 2001 年度全国青年文明号进行命名和认定，股份公司共有九个青年集体被新命名为全国青年文明号。在青年工作中，吉林油田分公司组织团员、青年围绕公司生产经营，开展各种主题教育活动，组织开展各种技术练兵、技术比武活动和青年岗位建功活动，提高了青年政治理论水平和技术业务素质，增强为中国石油多做贡献的积极性、主动性。华北油田分公司广泛开展青年创新创效、青年新世纪读书、发展性谈话、注册志愿者和创建青年文明号等活动，促进了青年人才的成长。吉林石化分公司突出服务企业经济效益和服务青年成长成才两项职能，大力推进青年创新创效工程、青年素质提升工程和青年文明工程这“三大工程”，坚持“再塑新世纪吉化青年形象”主题教育活动这条主线，在共青团系统引入KPI 业绩合同，将青年文明号、青年岗位能手、青年志愿者、青年创新创效、青工理想信念教育、推优入党、团费收缴等引入合同内容，量化实施、量化管理、量化考核，受到了较好的效果。

（张　弛）

纪检与监察工作

【概述】　2001 年，全公司各级党组织和纪检监察部门，坚持以“三个代表”重要思想为指导，认真贯彻党的十五届六中全会和中纪委五次、六次全会精神，紧紧围绕企业的中心工作，突出抓好领导干部廉洁自律、查办违法违纪案件和效能监察三项重点工作，坚持标本兼治，注重源头治理，党风廉政建设和纪检监察工作取得了新的明显成效。在中纪委七次全会上，党组纪检组、监察部被中纪委、人事部、监察部授予“全国纪检监察系统先进集体”荣誉称号。

【党风廉政建设责任制】　2001 年，集团公司建立完善党风廉政建设责任制的工作又有新的发展。在总结各单位实施责任制成果和经验的基础上，党组年初制定下发了《中国石油天然气集团公司党风廉政建设责任制实施办法》，进一步明确了各级党政组织和领导干部在党风廉政建设和反腐败斗争中的职责任务，对责任制的检查考核、责任追究进行了具体严格的规定。各单位结合实际，普遍对原有的责任制进行了修订和完善，尤其是把责任制作为领导干部业绩考核的重要内容，进一步增强了落实责任制的刚性。

积极探索，逐步完善了与责任制实施相配套的有关制度和办法。如，建立领导干部廉政档案、实行领导干部诫勉谈话制度和领导干部廉政家访制度等。

加大责任追究的力度。2001 年，全公司有 77 个单位按照党风廉政建设责任制的规定，对 558 名干部实行了责任追究，其中，受党政纪处分 45 人，组织处理 37 人，被诫勉谈话 476 人。

【领导干部廉洁自律】 2001 年，各级党组织和纪检监察部门，以“三讲”学习教育活动为契机，以进一步落实中纪委四次全会提出的国有企业领导人员廉洁自律“五项规定”和中纪委五次全会提出的规范党员领导干部从政行为的“六条准则”为重点，继续深化领导干部廉洁自律工作。

1．“三讲”学习教育活动指导检查工作

2001 年，中央决定在国有大中型企业领导班子及成员中，分批开展以“讲学习、讲政治、讲正气”为主要内容的学习教育活动，集团公司被列为国有骨干企业第一批开展“三讲”学习教育活动的单位。为了使学习教育活动落到实处、见到实效，按照集团公司“三讲”学习教育活动领导小组的安排部署，由党组纪检组、监察部、股份公司监察室牵头，有关部门参与，组成“三讲”学习教育活动指导检查组，对全系统“三讲”学习教育活动进行指导检查。先后成立了 8 个指导检查组，对集团公司、股份公司两个机关及所属 63 家企事业单位的“三讲”学习教育活动进行了指导检查，并对 36 家单位的“三讲”整改情况进行了回访抽查。共发放问卷调查表 5784 份，召开座谈会 252 个，收集各类意见、建议 50279 条，找出问题 2000 多个，制定整改措施 1775 条。各指导检查小组严格履行“了解情况、掌握政策、指导帮助、检查督促”的工作职责，紧紧依靠所在单位党委、依靠“三讲”第一责任人，依靠广大职工群众，坚持高标准、严要求，创造性地开展工作，保证了“三讲”学习教育活动有序进行、取得实效。

结合“三讲”学习教育活动，加强了对局级领导班子及成员的巡视监督。重点对局级领导班子和领导干部的权力运用、廉洁自律情况进行了巡查，对有关局级领导干部的重要信访件进行了核实了解，先后找有关人员谈话 2869 人次。

2．党风廉政宣传教育工作

重点开展了“三个代表”重要思想，党的十五届六中全会和中纪委五次、六次全会精神的学习教育，开展了以“三个想一想”为主题的党性党风教育、警示教育和正面典型教育。以建党 80 周年纪念活动为契机，各单位普遍开展了“评先选优”活动，共宣传表彰处级以上领导干部廉洁自律先进典型 247 个，弘扬了正气。特别是“七一”前夕，党组隆重表彰了大庆石油管理局纪委、监察部等 20 个“纪检监察工作先进集体”、宗志成等 10 名“廉洁自律模范干部”和刘万昌等 10 名“模范纪检监察干部”，在全公司产生了积极的影响。此外，大庆油田公司在领导干部中开展“新形象工程”的做法，在中央企业纪工委工作会议上作了经验介绍。长庆石油勘探局、抚顺石化分公司、集团公司直属机关纪委等单位开展党风廉政宣传教育的做法，被中央企业纪工委收入《万众筑堤——中央企业党风廉政建设宣传教育工作经验汇编》一书。

3．落实领导干部廉洁自律“五项规定”和“六条准则”工作

按照中纪委、中组部的要求，对全公司 4964 名处级以上领导干部及配偶、子女个人经商办企业或在外商独资企业、中外合资企业任职情况，领导干部收受礼金、有价证券情况，领导干部及配偶办理因私护照、港澳通行证、外国长期居留证的情况，进行了清理、登记。有 77 人对违纪违规问题进行了纠正，主动上缴现金、有价证券、贵重物品等，折合人民币 95 万余元。

（姜　凯）

【查处违法违纪案件】 2001 年，全公司各级纪检监察部门继续加大查办案件工作力度，进一步遏制了违法违纪案件的蔓延势头，并取得了阶段性成果。

1．信访举报与初查核实

2001 年，各级纪检监察部门接受群众来信来访电话举报 5161 件次，其中：检举控告类 4894 件次，申诉类 65 件次，批评与建议类 53 件次，其他类 149 件次。检举控告件中，反映局级干部问题的信件 289 件次，反映处级干部的 1501 件次，反映科级干部的 1791 件次，反映一般干部和其他人员的 1308 件次。反映最多的仍是经济类问题，占举报件总数的 62.2%。全年共初核线索 2124 件，初核率为 41.2%，其中转立案 457 件，转立案率 21.5%。

2．立案与结案

全系统全年累计查办案件 741 件（含上年遗留案件 90 件）。其中，本年度新立案 651 件。新立案件中，经济类案件 376 件，占 57.8%；失职类案件 155

件，占23.8%；政治类案件36件，占5.5%；违反社会管理秩序类案件31件，占4.8%；严重违反社会主义道德类案件13件，占2.0%；其他类案件40件，占6.1%。全年共结（销）案649件，综合结案率87.6%。共处分749人。其中，局级干部6人，处级干部67人，科级干部240人，一般干部254人，其他人员182人。有373人受到党纪处分，有514人受到政纪处分，有138人受到党纪、政纪双重处分，有22人被免于处分，有70人受组织处理。受刑事处分111人，还有26人被移送司法机关追究刑事责任。

通过查办案件，全年共挽回直接经济损失11685万元。

3. 查处大要案情况

全年共立大要案276件，占立案总数的42.4%，其中万元以上大案252件，处级以上干部要案69件，现已结案241件，综合结案率为87.3%。在大要案中，涉案金额在10万—50万元的案件51件，50万—100万元的案件13件，100万—500万元的案件16件，500万—1000万元的案件2件，1000万元以上的案件4件。

（李明宇）

【效能监察】　2001年，全公司组织开展了以国有资产管理为重点的效能监察和成本管理等专项效能监察工作。据统计，集团公司所属各单位（含股份公司）共开展各类效能、执法监察909项；检查发现问题14435个，整改问题12173个，提出改进工作、加强管理方面的意见和建议2832项，协助有关业务部门建立和完善规章制度2191项，挽回经济损失15169万元。

1. 国有资产管理效能监察工作

主要检查内容是：(1) 以各种形式存在的账外资产、账外资金情况。(2) 对外投资的资产及产权、股权管理情况。(3) 对外借款和长期拖欠款情况。(4) 对外担保、对外拆借情况。(5) 在国有资产管理中造成资金、资产流失的其他问题。据26个存续企业上报资料统计，共投入专、兼职监察人员1878人，从其他部门抽调或配合检查人员2691人，对基层单位直接检查或抽查面达到64%，检查涉及资金314亿元，查出问题1387个。问题涉及总金额153314万元，其中：账外资产28442万元，账外资金1245万元，违规对外投资17791万元，违规对外借款6783万元，违规对外担保29575万元，三年以上长期拖欠款59233万元，其他问题金额10245万元，已纠正处理问题金额30790万元。

2. 其他专项效能监察工作

各单位在开展国有资产管理效能监察的同时，还针对当前企业管理上的薄弱环节和问题，立项开展了成本管理、产品销售管理、物资采购招标、工程项目招标和在建工程项目管理等专项效能监察工作。中油股份公司在开展资产管理效能监察的同时，继续开展了以生产成本管理、成品油（化工产品）销售管理和西气东输建设项目招投标管理为重点的效能监察，并在股份公司机关开展了正确行使职权，提高工作效率行政效能监察。据统计，全公司共开展其他各类效能监察和执法监察项目552项，检查发现各类问题13048个，问题金额462422万元，已整改问题11235个，挽回经济损失10017万元，通过落实监察建议、加强管理，避免经济损失52526万元。

各单位纪检监察部门还按照要求，积极参与了集团公司统一部署的财产清查工作和清理外投外借资金工作以及对有偿解除劳动合同补偿金的审计工作。

按照监察部、财政部等四部委《关于清理行政事业单位银行账户的意见》的要求，监察部和财务资产部共同组织对集团公司所属七个事业单位的银行账户进行了检查和清理。通过检查清理，撤销银行账户25个，保留银行账户33个。

监察部在抓好全公司效能监察工作的同时，加大了对局级单位直接进行监察的工作力度。2001年对兰化公司违规对外投资问题和管道局对外投资、对外担保、资金运作等方面的有关问题进行了调查处理。

（冯殿钧）

【源头治理】　按照中央提出的“把预防和治理腐败工作寓于决策之中”的要求，党组从理顺体制机制、促进制度创新入手，进一步推进企业改革，为从源头上预防和治理腐败创造了条件。

加大人事制度改革的力度。全公司逐步推行了领导人员竞聘上岗、任前公示的做法，干部选拔任用工作中民主、公开、竞争的程度不断提高，对防止用人上的不正之风起到了积极作用。

大力推进电子商务。初步建立起了新的符合市场要求的采办体制，有效地防止了物资采购中的“暗箱操作”行为。

制度建设进一步加强。集团公司各业务部门结合工作实际，制定了一批针对性、实用性和约束力较强的规章制度，如《重大财务会计事项报告制度》、《科技项目招投标管理办法》、《反不正当竞争管理办法》、《内部控制（资金）审计实施办法》等，进一步规范了企业的决策和经营管理行为。

股份公司集中管理体制进一步完善。对地区公司实行了分公司管理体制，对成品油销售实行了“四个统一”管理，对化工销售进行整合，实行统一销售。尤其是通过对投资和财务实行集中统一管理，实现了对资金的有效监控，提高了企业的整体效益和管理水平。股份公司的上述作法，受到了中纪委和中央企业纪工委的关注和好评。

与此同时，许多企事业单位也结合实际，制定了反腐败抓源头工作的实施办法。所有这些在体制、机制和制度上的创新，都是从源头上预防和治理腐败的新突破。

【队伍建设】 2001年，在党组的高度重视和支持下，重点调整充实了股份公司纪检监察机构和力量。股份公司管理层经过法定程序，将挂靠在人事部的监察室分开单设，成立了股份公司监察部，并增加了人员编制；销售板块的纪检监察机构和人员配置也得到进一步充实和加强。一些单位在深化改革中，还积极探索了加强纪检监察队伍建设的有效形式。

注重基础制度建设。2001年，先后制定下发了《中国石油天然气集团公司效能监察规定》、《中国石油天然气集团公司关于在外投外借资金清查工作中实施责任追究和奖励的办法》及《中国石油天然气集团公司纪检监察部门案件检查工作暂行规定》、《中国石油天然气集团公司纪检监察部门信访工作暂行规定》、《中国石油天然气集团公司纪检监察部门案件管理工作暂行规定》，股份公司制定了《中国石油天然气股份有限公司监察部门参加特别重大事故调查处理的暂行办法（试行）》，使全公司的纪检监察基础工作得到进一步的规范和加强。

加强培训工作。从2001年开始，对纪检监察岗位处级领导干部实施岗位任职资格培训及资格认证制度。要求纪检监察岗位处级领导干部在任期内，需接受指定的任职资格培训并取得相应证书，作为任职和续聘的条件之一。后备干部任职上岗前，亦需接受培训并取得证书。10月，在集团公司广州培训中心举办了第一期纪委书记、监察处长岗位任职资格培训班，有44人取得任职资格证书。全年有92人参加了由集团公司党组纪检组、监察部组织的培训。

按照分级负责的原则，各单位也采取办班培训、以会代训、经验交流、研讨座谈等方式，对基层纪检监察干部进行了业务培训。

（姜　凯）

【理论研究】 2001年，中国监察学会石油分会（下称石油分会）为适应新形势需要，在围绕重点课题的同时，强化了前瞻性研究，努力探讨重组改制后企业的监督体制与监督模式，并确定重点研究课题“石油企业重组改制后反腐倡廉与实施有效监督前期研究”，作为集团公司2001年的软科学正式立项。整个课题由五个子课题组成：

（1）石油企业反腐败现状与监督工作研究；

（2）石油企业重组改制后实施监督面临的形势与任务研究；

（3）建立有特色的中国石油企业监督模式研究；

（4）石油企业行政条规研究；

（5）中国石油企业纪检监察监督专用网页研究。重点组织了大庆等23个会员单位进行研究。截至年底，已有四个子课题完成初稿并上交。整个课题计划二年完成。

各单位在研究分会指定课题的同时，还按照中国监察学会的要求，围绕中国共产党建党80周年，根据本单位的实际情况开展理论研究。石油分会2001年共撰写论文580余篇，评选出优秀论文105篇，在各类报刊杂志上发表、采用的有126篇，在省、市级以上获得奖励的有8篇。长庆、四川、吐哈、辽化、管道、济柴、乌石化、塔指、华北等9个单位召开了理论研讨会，会上交流论文136篇。第二、第三分片小组分别对承担的子课题召开专题研讨会。

2001年石油分会召开理事扩大会议、常务理事会议各一次。长庆、青海、大港、四川等4个会员单位进行了换届改选，管道、乌石化2个会员单位作了领导调整，辽化公司成立了组织机构。

集团公司监察部按照中央纪委纪检监察研究所的要求，组织大庆石油管理局、大港油田集团有限责任公司、四川石油管理局、长庆石油勘探局等十家企业完成了石油企业效能监察的研究课题，撰写了《石油企业效能监察研究》调研报告，组织承办了中央纪委纪检监察研究所在大庆油田召开的效能监察调研成果交流会；参加了中纪委、监察部12月召开的全国行政监察研讨会，撰写的《开展效能监察，促进企业发展》的论文入选为会议交流材料。股份公司监察部等部门共同完成的《体制创新和管理创新是从源头上预防和治理腐败的有效途径》的专题调研材料，得到中纪委有关部门的充分肯定。

（夏文勤）

第十篇

机构与人物

中国石油天然气集团公司组织机构

（机关部门15个，控股及直属单位71个
资料截至日期：2001年12月31日）

一、集团公司机关（15个部）	北京市
1. 办公厅	
2. 发展研究部	
3. 规划计划部	
4. 财务资产部	
5. 人事劳资部	
6. 科技发展部	
7. 资本运营部	
8. 国际合作部（外事局）	
9. 市场管理部	
10. 质量安全与环保部	
11. 多种经营管理部	
12. 审计部	
13. 纪检组、监察部	
14. 政治思想工作部、直属机关党委	
15. 离退休职工管理局（老干部局）	
二、控股子公司（1个）	
1. 中国石油天然气股份有限公司	北京市
三、直属企事业单位（70个）	
（一）油田勘探生产服务企业（16个）	
1. 大庆石油管理局	黑龙江省大庆市
大庆石油管理局电力总公司	黑龙江省大庆市
2. 吉林石油集团有限责任公司	吉林省松原市
3. 辽河石油勘探局	辽宁省盘锦市
4. 大港油田集团有限责任公司	天津市大港区
5. 华北石油管理局	河北省任丘市
6. 冀东石油勘探开发公司	河北省唐山市
7. 四川石油管理局	四川省成都市
8. 长庆石油勘探局	陕西省西安市
9. 玉门石油管理局	甘肃省玉门市
10. 青海石油管理局	甘肃省敦煌市
11. 新疆石油管理局	新疆克拉玛依市
独山子石油化工总厂	新疆克拉玛依市
准东石油勘探开发公司	新疆乌鲁木齐市
中国石油天然气集团公司新疆职工培训中心（新疆石油学院）	新疆乌鲁木齐市

12. 吐哈石油勘探开发指挥部	新疆哈密市
13. 塔里木石油勘探开发指挥部	新疆库尔勒市
14. 浙江石油勘探处	浙江省杭州市
15. 中国石油集团地球物理勘探局	河北省涿州市
技术发展中心（研究院）	河北省涿州市
中油油气勘探软件国家工程研究中心有限公司	河北省涿州市
16. 中国石油天然气勘探开发公司	北京市
南方石油勘探开发有限责任公司	广东省广州市
中油中亚石油有限责任公司	
艾尔瓦哈有限责任公司（绿洲公司）	
中油国际（苏丹）有限公司	
中油国际（尼罗）有限公司	
中油国际（哈萨克斯坦）公司	
中油国际（委内瑞拉）公司	
中油国际（阿克纠宾）公司	
中油国际（加拿大）公司	
喀土穆炼油有限公司	
中美石油开发公司	
（二）炼油化工服务企业（17个）	
1. 中国石油大庆石油化工总厂	黑龙江省大庆市
2. 中国石油林源炼油厂	黑龙江省大庆市
3. 中国石油哈尔滨炼油厂	黑龙江省哈尔滨市
4. 吉化集团公司	吉林省吉林市
5. 中国石油前郭炼油厂	吉林省松原市
6. 中国石油抚顺石油化工公司	辽宁省抚顺市
7. 中国石油辽阳石油化纤公司	辽宁省辽阳市
8. 中国石油大连石油化工公司	辽宁省大连市
9. 中国石油锦州石油化工公司	辽宁省锦州市
10. 中国石油锦西炼油化工总厂	辽宁省葫芦岛市
11. 中国石油宁夏化工厂	宁夏银川市
12. 中国石油兰州炼油化工总厂	甘肃省兰州市
13. 中国石油兰州化学工业公司	甘肃省兰州市
14. 中国石油乌鲁木齐石油化工总厂	新疆乌鲁木齐市
15. 塔里木石油化工工程建设指挥部	新疆库尔勒市
16. 中国石油集团庆阳炼油化工有限责任公司	甘肃省庆阳市
17. 中国石油集团宁夏大元炼油化工有限责任公司	宁夏银川市
（三）油气销售服务企业（14个）	
1. 中国石油销售东北公司	辽宁省沈阳市
2. 中国石油销售西北公司	甘肃省兰州市
3. 黑龙江省石油化工销售总公司	黑龙江省哈尔滨市
4. 吉林省石油总公司	吉林省长春市
5. 辽宁省石油总公司	辽宁省沈阳市
6. 大连石油集团公司	辽宁省大连市
7. 内蒙古自治区石油总公司	内蒙古呼和浩特市

8. 陕西省石油总公司	陕西省西安市
9. 宁夏回族自治区石油总公司	宁夏银川市
10. 甘肃省石油总公司	甘肃省兰州市
11. 青海石油（集团）有限公司	青海省西宁市
12. 新疆维吾尔自治区石油总公司	新疆乌鲁木齐市
13. 四川省石油集团有限公司	四川省成都市
14. 重庆石油（集团）有限公司	重庆市
（四）管道、物资装备、运输、通信企业（5个）	
1. 中国石油天然气管道局	河北省廊坊市
东北输油管理局	辽宁省沈阳市
中国石油天然气集团公司中心医院	河北省廊坊市
2. 中国石油物资装备（集团）总公司	北京市
宝鸡石油机械厂	陕西省宝鸡市
宝鸡石油钢管厂	陕西省宝鸡市
西安石油勘探仪器总厂	陕西省西安市
咸阳石油钢管钢绳厂	陕西省咸阳市
承德司达石油装备开发公司	河北省承德市
中国石油物资上海公司	上海市
中国石油物资天津公司	天津市
中国石油物资沈阳公司	辽宁省沈阳市
中国石油物资西安公司	陕西省西安市
中国石油物资成都公司	四川省成都市
中国石油物资武汉公司	湖北省武汉市
中国石油物资广州公司	广东省广州市
中国石油物资沧州公司	河北省沧州市
中国石油物资郑州公司	河南省郑州市
中国石油物资昆山公司	江苏省昆山市
3. 济南柴油机厂	山东省济南市
4. 中国石油天然气运输公司	新疆乌鲁木齐市
5. 中国石油天然气集团公司通信公司	河北省固安市
（五）经营服务性单位（8个）	
1. 中油国际工程有限责任公司	北京市
中国石油技术开发公司	北京市
中油长城钻井公司	北京市
中油测井有限责任公司	北京市
中国石油工程建设公司	北京市
中国石油天然气第一建设公司	河南省洛阳市
中国石油天然气第六建设公司	广西桂林市
中国石油天然气第七建设公司	山东省胶州市
中国石油天然气华东勘察设计研究院	山东省胶州市
2. 中国石油集团工程设计有限责任公司	北京市
3. 中国华油集团公司	北京市
华油实业开发总公司	北京市
中国石油化学公司	北京市

上海浦东华油实业有限责任公司	上海市
中油建材总公司	河北省廊坊市
中油优特高级润滑油联合公司	河北省廊坊市
4. 华油北京服务总公司	北京市
5. 深圳石油实业有限公司	广东省深圳市
6. 中油财务有限责任公司	北京市
7. 中国石油审计服务中心	河北省廊坊市
8. 中国石油天然气香港有限公司	香港
（六）科研院所及学校（6 个）	
1. 中国石油集团科学技术研究院	北京市
中国石油集团科学技术研究院廊坊分院	河北省廊坊市
中国石油集团科学技术研究院江汉机械研究所	湖北省荆沙市
中国石油集团科学技术研究院江汉测井研究所	湖北省潜江市
中国石油集团西北地质研究所	甘肃省兰州市
中国石油集团杭州地质研究所	浙江省杭州市
2. 中国石油集团工程技术研究院	天津市塘沽区
3. 中国石油天然气集团公司管材研究所	陕西省西安市
4. 石油管理干部学院	北京市
石油教育与人才研究所	北京市
中国石油天然气集团公司考试中心	北京市
5. 中国石油天然气集团公司广州培训中心（广州石油培训中心）	广东省广州市
6. 重庆石油高等专科学校	重庆市
（七）信息、出版、新闻、咨询单位（4 个）	
1. 中国石油集团经济和信息研究中心	北京市
2. 石油工业出版社	北京市
3. 中国石油报社	河北省涿州市
4. 中国石油天然气集团公司咨询中心	北京市

（集团公司人事劳资部）

中国石油天然气股份有限公司组织机构

（截至时间：2001 年 12 月 31 日）

一、机关（13 个） 北京市

1. 董事会秘书局
2. 总裁办公室（外事办公室）
3. 规划计划部
4. 财务部
5. 人事部
6. 监察部

7. 法律事务部
8. 审计部
9. 质量安全环保部
10. 科技与信息管理部
11. 电子商务部
12. 党群工作部（企业文化部）、直属机关党委
13. 监事会办公室

二、专业公司（4个） 北京市

1. 中国石油天然气股份有限公司勘探与生产分公司
2. 中国石油天然气股份有限公司炼油与销售分公司
3. 中国石油天然气股份有限公司化工与销售分公司
4. 中国石油天然气股份有限公司天然气与管道分公司

三、地区公司（59个）

（一）勘探与生产板块（15个）

1. 大庆油田有限责任公司	黑龙江省大庆市
2. 中国石油天然气股份有限公司吉林油田分公司	吉林省松原市
3. 中国石油天然气股份有限公司辽河油田分公司	辽宁省盘锦市
4. 中国石油天然气股份有限公司大港油田分公司	天津市
5. 中国石油天然气股份有限公司华北油田分公司	河北省任丘市
6. 中国石油天然气股份有限公司新疆油田分公司	新疆克拉玛依市
7. 中国石油天然气股份有限公司西南油气田分公司	四川省成都市
8. 中国石油天然气股份有限公司青海油田分公司	甘肃省敦煌市
9. 中国石油天然气股份有限公司长庆油田分公司	陕西省西安市
10. 中国石油天然气股份有限公司玉门油田分公司	甘肃省玉门市
11. 中国石油天然气股份有限公司吐哈油田分公司	新疆哈密
12. 中国石油天然气股份有限公司塔里木油田分公司	新疆库尔勒市
13. 中国石油天然气股份有限公司冀东油田分公司	河北省唐山市
14. 中国石油天然气股份有限公司浙江勘探分公司	浙江省杭州市
15. 中国石油天然气股份有限公司对外合作经理部	北京市

（二）炼油与销售板块（32个）

1. 中国石油天然气股份有限公司哈尔滨石化分公司	黑龙江省哈尔滨市
2. 中国石油天然气股份有限公司大连石化分公司	辽宁省大连市
3. 中国石油天然气股份有限公司锦州石化分公司	辽宁省锦州市
4. 中国石油天然气股份有限公司前郭石化分公司	吉林省松原市
5. 中国石油天然气股份有限公司锦西石化分公司	辽宁省葫芦岛市
6. 中国石油天然气股份有限公司大港石化分公司	天津市
7. 中国石油天然气股份有限公司华北石化分公司	河北省任丘市
8. 中国石油天然气股份有限公司呼和浩特石化分公司	内蒙古呼和浩特市
9. 中国石油天然气股份有限公司辽河石化分公司	辽宁省盘锦市
10. 中国石油天然气股份有限公司长庆石化分公司	陕西省咸阳市
11. 中国石油天然气股份有限公司克拉玛依石化分公司	新疆克拉玛依市
12. 中国石油天然气股份有限公司润滑油分公司	北京市
13. 大连西太平洋石油化工有限公司	辽宁省大连市
14. 中国石油天然气股份有限公司西北销售分公司	甘肃省兰州市

15. 中国石油天然气股份有限公司东北销售分公司	辽宁省沈阳市
16. 中国石油天然气股份有限公司西南销售分公司	四川省成都市
17. 中国石油天然气股份有限公司华东销售分公司	上海市
18. 中国石油天然气股份有限公司华北销售分公司	北京市
19. 中国石油天然气股份有限公司黑龙江销售分公司	黑龙江省哈尔滨市
20. 中国石油天然气股份有限公司吉林销售分公司	吉林省长春市
21. 中国石油天然气股份有限公司辽宁销售分公司	辽宁省沈阳市
22. 中国石油天然气股份有限公司大连销售分公司	辽宁省大连市
23. 中国石油天然气股份有限公司陕西销售分公司	陕西省西安市
24. 中国石油天然气股份有限公司甘肃销售分公司	甘肃省兰州市
25. 中国石油天然气股份有限公司青海销售分公司	青海省西宁市
26. 中国石油天然气股份有限公司四川销售分公司	四川省成都市
27. 中国石油天然气股份有限公司重庆销售分公司	重庆市
28. 中国石油天然气股份有限公司内蒙古销售分公司	内蒙古呼和浩特市
29. 中国石油天然气股份有限公司新疆销售分公司	新疆乌鲁木齐市
30. 中国石油天然气股份有限公司西藏销售分公司	西藏拉萨市
31. 中国石油天然气股份有限公司宁夏销售分公司	宁夏银川市
32. 中国石油天然气股份有限公司大连海运分公司	辽宁省大连市
（三）化工与销售板块（9 个）	
1. 中国石油天然气股份有限公司大庆石化分公司	黑龙江省大庆市
2. 中国石油天然气股份有限公司吉林石化分公司	吉林省吉林市
3. 中国石油天然气股份有限公司抚顺石化分公司	辽宁省抚顺市
4. 中国石油天然气股份有限公司辽阳石化分公司	辽宁省辽阳市
5. 中国石油天然气股份有限公司兰州石化分公司	甘肃省兰州市
6. 中国石油天然气股份有限公司乌鲁木齐石化分公司	新疆乌鲁木齐市
7. 中国石油天然气股份有限公司宁夏石化分公司	宁夏银川市
8. 中国石油天然气股份有限公司独山子石化分公司	新疆独山子
9. 中国石油天然气股份有限公司大庆炼化分公司	黑龙江省大庆市
（四）天然气与管道板块（3 个）	
1. 中国石油天然气股份有限公司管道分公司	河北省廊坊市
2. 北京天然气集输公司	北京市
3. 中国石油天然气股份有限公司西气东输管道分公司	上海市

四、其他单位（4 个）

1. 中国石油国际事业有限责任公司（中国联合石油有限责任公司）	北京市
2. 中国石油天然气国际（勘探开发）有限公司	北京市
3. 中国石油勘探开发研究院	北京市
4. 中国石油规划设计总院	北京市

（股份公司人事部）

中国石油天然气集团公司领导

序　号	姓　名	职　　务
1	马富才	中国石油天然气集团公司总经理、党组书记
2	阎三忠	中国石油天然气集团公司副总经理、党组成员
3	黄　炎	中国石油天然气集团公司副总经理、党组成员
4	吴耀文	中国石油天然气集团公司副总经理、党组成员
5	任传俊	中国石油天然气集团公司副总经理、党组成员
6	陈　耕	中国石油天然气集团公司副总经理、党组成员
7	苏树林	中国石油天然气集团公司副总经理、党组成员
8	郑　虎	中国石油天然气集团公司副总经理、党组成员
9	李克成	中国石油天然气集团公司党组纪检组组长、党组成员
10	贡华章	中国石油天然气集团公司总会计师、党组成员

中国石油天然气集团公司其他在职部级领导

序　号	姓　名	职　　务
1	王　涛	原中国石油天然气总公司高级顾问，现任全国人大常委会委员、全国人大环境与资源保护委员会副主任委员
2	侯祥麟	原中国石油天然气总公司高级顾问，现任中国科学院、工程院院士
3	邱中建	原中国石油天然气总公司副总经理，现任全国政协委员、中国工程院院士、集团公司咨询中心主任
4	史训知	原中国石油天然气集团公司党组纪检组长，现任全国政协委员

中国石油天然气集团公司总经理助理

序号	姓名	职务
1	谢志强	中国石油天然气集团公司总经理助理
2	刘海胜	中国石油天然气集团公司总经理助理
3	周吉平	中国石油天然气集团公司总经理助理
4	段文德	中国石油天然气集团公司总经理助理

中国石油天然气集团公司机关部门主要领导

序号	单位	主任（局长、书记、组长）
1	办公厅	许永发
2	发展研究部	严绪朝
3	规划计划部	刘海胜（兼）
4	财务资产部	林金高
5	人事劳资部	郑虎（兼）
6	科技发展部	刘振武
7	资本运营部	李庆毅
8	国际合作部（外事局）	章　欣
9	市场管理部	安郁培
10	质量安全与环保部	王海森
11	多种经营管理部	陈安家
12	审计部	陈维忠
13	纪检组、监察部	祖凤鸣
14	政治思想工作部、直属机关党委	关晓红
15	离退休职工管理局（老干部局）	蒿　成

中国石油天然气集团公司所属企事业单位主要领导

序　号	单　　位	局长（经理、指挥、所长、厂长、校长、院长、主任、社长）	党委书记
1	大庆石油管理局	曾玉康	徐绍铭
2	吉林石油集团有限责任公司	饶永久	单纪宽
3	辽河石油勘探局	王　革	宋道堂
4	大港油田集团有限责任公司	王　鹏	王　鹏
5	华北石油管理局	张宝庄	单祥国
6	冀东石油勘探开发公司	张国旗	张国旗
7	四川石油管理局	陈应权	陈应权
8	长庆石油勘探局	孙玉辰	孙玉辰
9	玉门石油管理局	田玉军	高玉江
10	青海石油管理局	李建青	郑玉宝
11	新疆石油管理局	唐　健	王宜林
	独山子石油化工总厂	付德新	付德新
	准东石油勘探开发公司	凌　霄	凌　霄
	中国石油天然气集团公司新疆职工培训中心（新疆石油学院）	谢志强（兼）	谢志强（兼）
12	吐哈石油勘探开发指挥部	刘宏斌	李志新
13	塔里木石油勘探开发指挥部	范垂明	徐会举
14	浙江石油勘探处	薛静诚	叶　舟
15	石油地球物理勘探局	徐文荣	王小牧
	技术发展中心（研究院）		张忠民

续表

序　号	单　　位	局长（经理、指挥、所长、厂长、校长、院长、主任、社长）	党委书记
16	中国石油天然气勘探开发公司	周吉平（兼）	史训知
	南方石油勘探开发有限责任公司	石彦民（兼）	石彦民
	中油国际（尼罗）有限公司	孙　波（兼）	
	中油国际（委内瑞拉）公司	祝俊峰（兼）	
	中油国际（阿克纠宾）公司	汪东进（兼）	
	中油国际（加拿大）公司	康明章（兼）	
	喀土穆炼油有限公司	杨　震（兼）	
	中美石油开发公司	王明才（兼）	
17	中国石油大庆石油化工总厂	赵伯超	赵伯超
18	中国石油林源炼油厂	李殿敏	刘自强
19	中国石油哈尔滨炼油厂	孙淑红	刘守信
20	吉化集团公司	张晓霈	李志深
21	中国石油前郭炼油厂	宫云喜	宫云喜
22	中国石油抚顺石油化工公司	于　力	于　力
23	中国石油辽阳石油化纤公司	孙洪来	孙洪来
24	中国石油大连石油化工公司	马平凡	马平凡
25	中国石油锦州石油化工公司	冷述铁	冷述铁
26	中国石油锦西炼油化工总厂	张耀军	张耀军
27	中国石油宁夏化工厂	许　飞	许　飞
28	中国石油兰州炼油化工总厂	戴年喜	戴年喜
29	中国石油兰州化学工业公司	时庆林	时庆林
30	中国石油乌鲁木齐石油化工总厂	杨炳升	杨炳升
31	塔里木石油化工工程建设指挥部	王俊岭	韩建业
32	中国石油集团庆阳炼油化工有限责任公司（董事长：班文）	刘文学	辛克庆
33	中国石油集团宁夏大元炼油化工有限责任公司	焦学义	焦学义

续表

序　号	单　　位	局长（经理、指挥、所长、厂长、校长、院长、主任、社长）	党委书记
34	吉林燃料乙醇有限责任公司	王学泠	
35	中国石油销售东北公司	李绍双	李绍双
36	中国石油销售西北公司	程行策	程行策
37	黑龙江省石油化工销售总公司	王世清	王世清
38	辽宁省石油总公司	郭秀竹	郭秀竹
39	大连石油集团公司	张克清	张克清
40	陕西省石油总公司	石文龙	石文龙
41	甘肃省石油总公司	郭凤岐	郭凤岐
42	新疆维吾尔自治区石油总公司	周进化	曹绪海
43	四川省石油集团有限公司	温明友	温明友
44	重庆石油（集团）有限公司	方　勇	方　勇
45	中国石油天然气管道局	苏士峰	苏士峰
	东北输油管理局	刘国华	吴云海
	中国石油天然气集团公司中心医院	王春寅	
46	中国石油物资装备（集团）总公司	刘兴和	吴大鹏
	宝鸡石油机械厂	张冠军	冯振清
	宝鸡石油钢管厂	王建东	钟裕敏
	西安石油勘探仪器总厂	孙　鹏	刘田福
	咸阳石油钢管钢绳厂	曹家麟	曹家麟
47	济南柴油机厂	王　涛	王　涛
48	中国石油天然气运输公司		姜善亭
49	中国石油天然气集团公司通信公司	张敏文	龚金伟
50	中油国际工程有限责任公司	许大坤	秦安民
	中油技术开发公司	邢祖侗（兼）	邢祖侗（兼）
	中油长城钻井公司	王忠仁（兼）	

续表

序　号	单　　位	局长（经理、指挥、所长、厂长、校长、院长、主任、社长）	党委书记
50	中油测井有限责任公司	李越强（兼）	李越强（兼）
	中国石油工程建设公司	张纬九（兼）	张纬九（兼）
	中国石油天然气第一建设公司	朱忠虎	朱忠虎
	中国石油天然气第六建设公司	黄勇华	杨庆前
	中国石油天然气第七建设公司	汪桃义	伍金堂
	中国石油天然气华东勘察设计研究院	李利民	李海龙
51	中国石油集团工程设计有限责任公司	迟尚忠	刘　毅
52	中国华油集团公司	王煌今	王煌今
	华油实业开发总公司	胡继善	
	中国石油化学公司	陈安家（兼）	
	上海浦东华油实业有限责任公司	王永纯	卢言礼
	中油建材总公司	张二林	张二林
53	华油北京服务总公司	王忠华	王忠华
54	深圳石油实业有限公司	张如椿	李华林
55	中油财务有限责任公司	王毓信	
56	中国石油审计服务中心	孙先锋	李木林
57	中国石油天然气香港有限公司	王明才	
58	中国石油集团工程技术研究院	冯星安	冯星安
59	中国石油天然气集团公司管材研究所	李鹤林	李鹤林
60	石油管理干部学院	段大钧	段大钧
61	中国石油天然气集团公司广州培训中心（广州石油培训中心）	戴向东	戴向东
62	重庆石油高等专科学校	刘业厚	李玉平
63	中国石油集团经济和信息研究中心	严绪朝（兼）	张振明
64	石油工业出版社	魏宜清	韩世全
65	中国石油报社	李秋杰	李秋杰
66	中国石油天然气集团公司咨询中心	邱中建（兼）	

（集团公司人事劳资部）

中国石油天然气股份有限公司董事会成员

序　号	姓　名	职　　　务
1	马富才	中国石油天然气股份有限公司董事长
2	阎三忠	中国石油天然气股份有限公司副董事长
3	黄　炎	中国石油天然气股份有限公司副董事长
4	吴耀文	中国石油天然气股份有限公司董事
5	任传俊	中国石油天然气股份有限公司董事
6	陈　耕	中国石油天然气股份有限公司董事
7	郑　虎	中国石油天然气股份有限公司董事
8	贡华章	中国石油天然气股份有限公司董事
9	王福成	中国石油天然气股份有限公司董事
10	邹海峰	中国石油天然气股份有限公司董事
11	董建成	中国石油天然气股份有限公司独立董事
12	吴敬琏	中国石油天然气股份有限公司独立董事
13	Franco Bernaba	中国石油天然气股份有限公司独立董事

中国石油天然气股份有限公司监事会成员

序　号	姓　名	职　　　务
1	李克成	中国石油天然气股份有限公司监事会主席
2	林金高	中国石油天然气股份有限公司监事会监事
3	陈维忠	中国石油天然气股份有限公司监事会监事
4	白新贺	中国石油天然气股份有限公司监事会监事

续表

序　号	姓　名	职　　　　务
5	孙崇仁	中国石油天然气股份有限公司监事会监事
6	刘鸿儒	中国石油天然气股份有限公司监事会独立监事
7	吴志攀	中国石油天然气股份有限公司监事会独立监事

中国石油天然气股份有限公司总裁班子成员

序　号	姓　名	职　　　　务
1	黄　炎	中国石油天然气股份有限公司总裁
2	任传俊	中国石油天然气股份有限公司高级副总裁
3	苏树林	中国石油天然气股份有限公司副总裁
4	王福成	中国石油天然气股份有限公司副总裁
5	王国樑	中国石油天然气股份有限公司财务总监
6	史兴全	中国石油天然气股份有限公司副总裁
7	刘宝和	中国石油天然气股份有限公司副总裁
8	林青山	中国石油天然气股份有限公司副总裁
9	张新志	中国石油天然气股份有限公司副总裁
10	沈平平	中国石油天然气股份有限公司副总裁
11	贾承造	中国石油天然气股份有限公司总地质师

中国石油天然气股份有限公司
机关部门主要领导

序　号	单　位	总经理（主任、书记）
1	董事会秘书局	李怀奇（秘书）

续表

序　号	单　位	总经理（主任、书记）
2	总裁办公室	李华民
3	规划计划部	汪国良
4	财务部	王国樑（兼）
5	人事部	覃国军
6	监察部	陈　明
7	法律事务部	郭进平
8	审计部	陈桂儒
9	质量安全环保部	贺荣芳
10	科技与信息管理部	刘希俭
11	电子商务部	李　斌
12	党群工作部（企业文化部）、直属机关党委	刘敏星
13	监事会办公室	白新贺

中国石油天然气股份有限公司专业公司主要领导

序　号	单　位	总经理
1	勘探与生产分公司	刘宝和（兼）
2	炼油与销售分公司	林青山（兼）
3	炼油与销售分公司	李润生（党委书记）
4	化工与销售分公司	张新志（兼）
5	天然气与管道分公司	史兴全（兼）

中国石油天然气股份有限公司在京单位主要领导

序　号	单　位	总经理（院长）	党委书记
1	中国石油国际事业有限责任公司（中国联合石油有限责任公司）	王立华	王立华
2	中国石油勘探开发研究院	沈平平（兼）	李学志
3	中国石油规划总院	王功礼	
4	中国石油天然气国际（勘探开发）公司	寿铉成	薄启亮
5	中国石油西气东输管道公司	陈吉庆	陈吉庆
6	中国石油润滑油公司	廖国勤	梁国藩

中国石油天然气股份有限公司地区公司主要领导

序　号	姓　名	总经理	党委书记
1	大庆油田有限责任公司	苏树林（兼）	孙淑光
2	辽河油田分公司	王春鹏	孙崇仁
3	新疆油田分公司	王宜林	王宜林
4	华北油田分公司	于英太	于英太
5	大港油田分公司	姚和清	姚和清
6	西南油气田分公司	夏鸿辉	夏鸿辉
7	长庆油田分公司	胡文瑞	胡文瑞

续表

序　号	姓　名	总 经 理	党 委 书 记
8	吉林油田分公司	王永春	王永春
9	塔里木油田分公司		
10	吐哈油田分公司	蔡志刚	蔡志刚
11	青海油田分公司	黄立功	黄立功
12	玉门油田分公司	刘世洲	刘世洲
13	冀东油田分公司	徐中清	徐中清
14	浙江勘探分公司	叶　舟	
15	吉林石化分公司	焦海坤	焦海坤
16	抚顺石化分公司	刘　强	刘　强
17	辽阳石化分公司	韩述岐	韩述岐
18	大庆石化分公司	喻宝才	勾振东
19	大庆炼化分公司	董孝利	于宝祥
20	大连石化分公司	张　义	张　义
21	锦州石化分公司	吕文君	吕文君
22	锦西石化分公司	刘宝林	刘宝林
23	兰州石化分公司	周国勋	孙　立
24	乌鲁木齐石化分公司	王永明	王永明
25	独山子石化分公司	徐福贵	徐福贵
26	宁夏石化分公司	康建华	康建华
27	哈尔滨石化分公司	李正光	李正光
28	前郭石化分公司	曾宪君	曾宪君
29	呼和浩特石化分公司		白泽生
30	华北石化分公司	刘存柱	金龙欣
31	大港石化分公司	庞晓东	杨彦东
32	克拉玛依石化分公司	张友林	张友林
33	辽河石化分公司	李占宁	刘文华

续表

序号	姓名	总经理	党委书记
34	长庆石化分公司	张喜文	张　锋
35	大连西太平洋石油化工有限公司	蔺爱国	朱廉宝
36	东北销售分公司	董仁平	董仁平
37	西北销售分公司	郭文祥	郭文祥
38	西南销售分公司	杨宁海	王建中
39	华东销售分公司	瞿国忠	瞿国忠
40	华北销售分公司	梅士琪	李　凯
41	黑龙江销售分公司	艾俊良	艾俊良
42	吉林销售分公司	王振刚	顾希山
43	辽宁销售分公司	李万余	李万余
44	大连销售分公司	沈庆凯	纪士寅
45	甘肃销售分公司	张德义	何能祯
46	陕西销售分公司	卢济新	魏光强
47	宁夏销售分公司	严进元	
48	内蒙古销售分公司	卢乃洪	张　昆
49	青海销售分公司	杨顺义	封希声
50	新疆销售分公司	王梓桐	买买提伊明·阿不拉
51	西藏销售分公司	阿　丁	阿　丁
52	四川销售分公司	杨顺成	杨顺成
53	重庆销售分公司	项平生	邝正平
54	大连海运分公司	张本良	
55	管道分公司	黄维和	张加林
56	北京天然气集输公司	刘　勇	刘　勇

（股份公司人事部）

中国石油天然气集团公司两院院士名单

序　号	姓　名	工 作 单 位	学 术 地 位
1	侯祥麟	中国石油天然气集团公司机关	两院院士
2	李德生	中国石油集团科学技术研究院	科学院士
3	王德民	大庆石油管理局	工程院士
4	翟光明	中国石油天然气集团公司机关	工程院士
5	李庆忠	石油地球物理勘探局	工程院士
6	戴金星	中国石油集团科学技术研究院	科学院士
7	郭尚平	中国石油集团科学技术研究院	科学院士
8	胡见义	中国石油集团科学技术研究院	工程院士
9	田在艺	中国石油集团科学技术研究院	科学院士
10	李鹤林	中国石油天然气集团公司管材研究所	工程院士
11	邱中建	中国石油天然气集团公司机关	工程院士
12	韩大匡	中国石油集团科学技术研究院	工程院士

注：按入选时间先后排序。

2001年中国石油天然气集团公司享受政府特贴人员名单

一、中国石油天然气股份有限公司（12人）

郭万奎　侯启军　曹广仁　王　钢　王一刚　董培基　闵　琪　刘桂来　王　彬　贺力奇　赵复来　丁树柏

二、直属企事业单位（18人）

1. 大庆石油管理局（1人）

　周英操

2. 辽河石油勘探局（1人）

　王　旭

3. 大港油田集团有限责任公司（1 人）
路继臣
4. 华北石油管理局（1 人）
张宝庄
5. 四川石油管理局（1 人）
任兴国
6. 长庆石油勘探局（1 人）
赵业荣
7. 玉门石油管理局（1 人）
张　淳
8. 青海石油管理局（1 人）
李西明
9. 新疆石油管理局（1 人）
陆海泉
10. 中国石油集团地球物理勘探局（1 人）
凌　云
11. 中国石油天然气勘探开发公司（1 人）
杨　震
12. 中国石油天然气管道局（1 人）
高泽涛
13. 中油国际工程有限责任公司（1 人）
蔡　凡
14. 中国石油集团科学技术研究院（1 人）
穆龙新
15. 吉化集团公司（1 人）
富　强
16. 中国石油辽阳石油化纤公司（1 人）
孙　全
17. 中国石油大连石油化工公司（1 人）
马宁圣
18. 中国石油兰州化学工业公司（1 人）
周　珩

（集团公司人事劳资部）

局长　曾玉康

大庆石油管理局是以油气勘探、石油化工、油田建设等石油工程技术服务为主的特大型国有企业。经营范围包括地球物理勘探、钻井、测试、油田建设、发供电、通信、精细化工、机械制造、房地产开发等。经过40多年的努力，大庆石油管理局以其独到的技术、精湛的工艺和“三老四严”的队伍作风建成了著名的大庆油田，形成了公认的大庆精神和铁人精神，造就了以王铁人为代表的高素质员工队伍，专业技术人才占员工队伍总数的30%以上。企业严格按ISO 9000质量体系及HSE管理体系运行。40多年来，大庆石油管理局为中国石油工业的发展输出了大批人才和技术。工程施工、技术服务队伍足迹遍布国内，并远赴巴基斯坦、委内瑞拉等国，出色地提供了地震勘探、钻井、固井、油建等多项石油系统工程技术服务；生产的潜油电泵、射孔弹、化工产品等远销东南亚、美国、俄罗斯、中东等国家和地区。进入21世纪，大庆石油管理局按照“三个代表”的要求，确立了“发扬大庆精神，搞好二次创业，实现持续发展，再铸企业辉煌”的二次创业发展战略方针和“1678”的发展部署，正在以新的姿态、新的形象阔步前进在再铸企业辉煌的征程上。

机械化的钻井装备

石油化工建设

大庆石油管理局

DAQING PETROLEUM ADMINISTRATIVE BUREAU

遐思铁人广场

地址：黑龙江省大庆市让湖路区龙南
邮编：163453
电话：(0459)5999191
传真：(0459)6354949

中国石油天然气集团公司

咨询中心

全国政协委员
中国工程院院士
中国石油学会理事长
中国石油天然气集团公司咨询中心主任
邱中建

咨询中心是中国石油天然气集团公司直属单位，成立于1993年。是全国第一批取得甲级工程咨询资质证书单位之一，为FIDIC会员。

咨询中心对集团公司所属油气田的油气勘探开发发展规划、重大勘探部署和油气田开发方案提供咨询意见；对油气田地面工程和炼油化工工程的大中型项目进行咨询评估；对集团公司带有战略性、方向性的重大发展战略技术经济等问题进行调查研究，提供咨询意见。

受集团公司各企业的委托，对油气田勘探开发及重大建设工程项目提供评估咨询服务。接受国内其他行业、单位委托的有关评估咨询工作。面向国际市场，接受国外公司的委托对石油地质、油气上下游工程、技术经济等方面提供咨询服务。中国石油天然气集团公司咨询中心有雄厚实力胜任相关咨询评估任务。

中国石油天然气集团公司咨询中心愿以深厚的技术功底，精细严谨的作风，丰富的现场经验，客观、公正、科学的态度竭诚为广大用户服务。

咨询中心具有甲级工程咨询资质，共设有综合部、勘探部、开发部、炼化部、工程经济部等业务部门。拥有石油天然气勘探、开发、地面工程、炼油化工、经济等领域的知名专家60余人，其中中国工程院院士2名、教授54名、博士及博士后3名，这些专家多年来工作在石油工业第一线，既有丰富的实践经验，又大多是本专业的学科带头人，或是多年的业务负责人而站在现代石油天然气工业技术的前沿。这些专家有着极强的敬业精神、严谨的工作作风、深厚的技术功底、丰富的现场经验，是咨询质量的有力保证。

地址：北京市西城区六铺炕街6号　　邮编：100724
电话：(010)62094383　　传真：(010)62095500

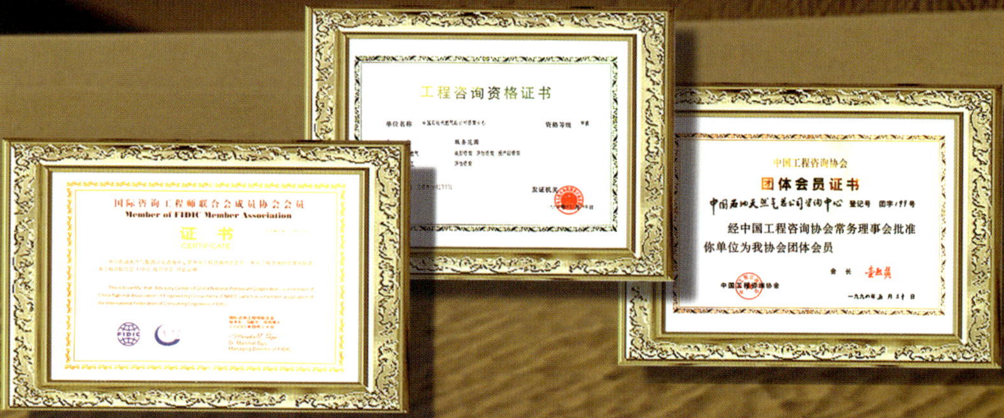

中国石油天然气集团公司咨询中心
China National Petroleum Corporation
CNPC

近年来咨询中心承担和完成的各类部分项目

心的专家正在进行调研

石油、天然气勘探

- 板块构造演化与油气盆地形成评价研究
- 中国石油天然气股份有限公司油田勘探战略研究
- 中国含油气盆地演化研究
- 中国含油气盆地类型、特征与油气勘探新领域研究
- 中国西部大油气田勘探方向与目标选择研究
- 中国陆相含油气盆地的形成与演化研究
- 中国陆相大油田的形成与分布研究
- 中国古生界—元古界沉积盆地含油气远景研究
- 渤海湾盆地资源潜力和进一步勘探方向的研究
- 西气东输塔里木盆地天然气资源勘探方向研究
- 东北裂谷群石油天然气勘探总体设计评估
- 华北古生界石油天然气勘探总体设计评估
- 渤海湾深层石油天然气勘探总体设计评估
- 西北侏罗系石油天然气勘探总体设计评估

石油、天然气开发

- 对苏丹、泰国、印度、印尼、澳大利亚等国家油田项目的咨询评估
- 对塔里木、吐哈、长庆、四川、大庆、吉林等油田采油工程技术调研及咨询
- 大庆、辽河、胜利、大港等老油田三次采油聚合驱现场试验状况调研
- 新疆维吾尔族自治区关于塔里木油气开发与新疆经济发展咨询
- 川中新建 20 万吨原油产能工程可行性研究评估
- 长庆安塞油田坪桥区新建 85 万吨产能建设可行性研究报告评估
- 两江一北、大庆东部地区油田开发进展情况调查
- 伊拉克艾哈代布（AHDEB）油田开发评估
- 秘鲁塔拉拉油田 8 区第一期工程方案评估
- 陕甘宁中部气田初步开发方案评估
- 塔中四油田总体开发方案评估
- 胜利油田海上埕岛油田 100 万吨产能建设开发方案评估

炼油、化工工程项目

- 河油田石油化工总厂“九五”炼油化工发展规划方案评估
- 国石油天然气集团公司炼油、化工发展规划
- 州石化公司扭亏解困根本性措施
- 渤海地区炼油“十五”规划发展框架意见
- 疆稠油集中加工利用规划方案
- 庆油田“九五”炼油化工发展规划评估
- 利油田“九五”炼油化工发展规划方案评估
- 北油田化学药剂厂“九五”技术改造规划评估
- 庆炼化分公司 30 万吨／年 聚丙烯工程预可研报告评估
- 阳石化分公司 35 万吨／年 对二甲苯装置技术改造预可研报告评估
- 化石化分公司 300 万吨／年 炼油配套工程可行性研究评估
- 尔滨石化分公司 100 万吨／年 柴油加氢改质装置可行性研究报告评估
- 州石化分公司 1000 万吨／年 炼油系统改扩建工程预可研报告评估
- 连石化分公……估
- 连石化分公……评估
- 连石化分公……
- 州石化分公……
- 外合资大庆……
- 阳石化分公……评估

咨询中心的专家正在进行调研

咨询中心的专家正在进行项目评审

管道及公用工程项目

- 原中国石油天然气总公司“九五”科技发展规划评估
- “九五”期间油田电力系统总体发展规划评估
- 全国天然气输气管网总体规划评估
- 西气东输工程可行性研究报告评估
- 涩北—西宁—兰州输气管道工程可行性研究报告评估
- 兰州—成都—重庆输油管道工程可行性研究报告评估
- 陕京输气管道三期增压站工程可行性研究报告评估
- 忠县—武汉天然气管道工程可行性研究报告评估
- 靖边—延安输气管道工程可行性研究报告评估
- 沧州—淄博输气管道工程可行性研究报告评估
- 西气东输豫南天然气支线工程（郑州—驻马店）可行性研究报告评估
- 天然气燃料汽车“九五”发展规划

石油工业标准化技术委员会

阎三忠主任委员

石油工业标准化技术委员会（简称油标委）经原国家石油和化学工业局批准，于20
年10月31日成立，在国家标准化管理委员会的指导和国家经济贸易委员会的领导下
作。其主要工作任务是：根据国家标准化的法律、法规和有关政策，确定石油工业上
领域标准化工作的方针和发展战略；组织开展石油工业上游领域标准化的研究工作；
出石油天然气行业标准发展规划和年度制修订项目计划；按照国家标准化主管部门下
的计划，组织各专业标准化技术委员会进行石油天然气行业标准的制定、修订和复审
作；受国家主管部门的委托，承担石油工业上游领域有关国家标准的制修订任务；负
石油工业上游领域重点国家标准、行业标准的宣贯；组织参与有关专业国际标准化交
与合作；承办国家标准化主管部门交办的其他标准化工作。

石油工业标准化技术委员会由中国石油天然气集团公司、中国石油化工集团公
中国海洋石油总公司和中国石油天然气股份有限公司等石油企业的有关领导、标准化
理人员、科研单位及大专院校专家、各专业标准化技术委员会的负责人共46名委员
成。设主任委员1人，副主任委员3人。在油标委委员中，工程院院士2人，占4.3
教授级高工30人，占65.2%，高级工程师（高级经济师）14人，占30.5%，工程师2人，占4.3%。

石油工业标准化技术委员会下设石油地质、石油物探、石油测井、石油钻井、油气田开发、采油采气、油气储运、
油计量、石油节能、石油安全、石油管材、仪器仪表、石油信息、工程设计、工程施工、劳动定额和海洋石油工程等
个行业性专业标准化技术委员会。

石油工业标准化技术委员会同时负责协调全国石油钻采设备和工具标准化技术委员会、全国天然气标准化技术委员
涉及石油天然气行业标准的制修订工作及相关事宜。

石油工业标准化技术委员第三次年会合影

石油工业标准化技术委员会秘书处

石油工业标准化技术委员会下设的秘书处是油标委的常设工作机构，在油标委主任委员和秘书长的领导下负责油标委
日常工作。秘书处设秘书长1人，副秘书长5人。油标委秘书处设在石油工业标准化研究所。秘书处设常务秘书5人，负
秘书处具体事务；联络秘书4人，负责油标委秘书处与中国石油天然气集团公司、中国石油化工集团公司和中国海洋石油
公司、中国石油天然气股份有限公司的联系。秘书处按《石油工业标准化技术委员会秘书处工作规则》开展日常工作。

秘　书　长：杨　果

副 秘 书 长：张振军　万战翔　严培嵘　唐苏东　黄　飞

常 务 秘 书：马志雄　赵襄生　王小娟　郭　军　夏　芳

联 络 秘 书：朱　汇　姚　江　徐晓明　邱少林

秘书处挂靠单位：石油工业标准化研究所

地　址：北京海淀区学院路20号910信箱标准化所　　邮　编：100083

电　话：(010)62097988　62097141　62097140　　传　真：(010)62097422

电子信箱：cpsc@petrochina.com.cn　wxj@petrochina.com.cn

石油工业标准化研究所

石油工业标准化研究所是石油工业标准化工作的技术归口单位，行政上隶属中国石油探开发研究院。现有职工32人，其中高级工程师12人，中初级职称18人。石油工业标化技术委员会秘书处、全国石油钻采设备和工具标准化技术委员会秘书处、中国工程建标准化协会石油天然气分会秘书处、国家计量认证石油评审组办公室，国家实验室认可石油专业能力验证工作组办公室等标准化、计量认证专业职能机构设在本所。石油工业准化研究所是石油天然气工业标准化研究与管理、产品质量监督与检验、计量认证与实室认可等多职能的研究机构，正逐步形成石油工业标准化工作的研究、信息、培训和咨服务中心。

要职能是：

1. 承担石油工业体系研究及中油集团公司、股份公司企业标准体系发展战略和对策研究
2. 负责石油工业国家标准、行业标准、集团公司和股份公司企业标准的制修订、复核报批及备案等技术归口工作和标准化的管理工作
3. 承担ISO/TC67国际标准化的国内技术归口工作，负责组织API等相关领域国外标准草案的投票及国际标准的技术工作
4. 负责石油工业标准的宣贯、培训和标准化信息咨询服务工作；负责石油工业标准化技术委员会、中油集团公司、股份公司标准化网站的维护和运行；承担石油天然气行业标准化的档案、资料管理
5. 负责油品质量监督抽查计划草案的编制和抽查结果的汇总统计；承担油田化学剂和钻井液产品的质量监督抽查和质量认可等管理工作
6. 受国家认可委委托，承担国家计量认证石油评审组和国家认可委石油实验室能力验证办公室工作；组织开展实验室计量认证和实验室能力验证及培训工作
7. 承担石油工业标准化技术委员会秘书处的常务工作
8. 负责全国石油钻采设备和工具标准化技术委员会秘书处的工作
9. 承担中国工程建设标准化协会石油天然气分会秘书处的工作

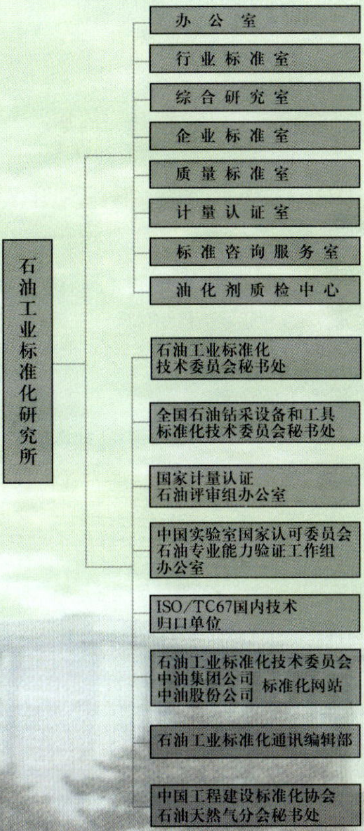

地 址：北京海淀区学院路20号　邮 编：100083　E-mail：bzhs@petrochina.com.cn
电 话：(010)62097988 62097141　传 真：(010)62097422　http://10.122.4.68/bzhs

石油工业油田化学剂质量监督检验中心

石油工业油田化学剂质量监督检验中心于1997年由原中国石油天然气总公司钻井液质量监督检站和油田化学剂北京质量监督检验站合并成立，挂靠在石油工业标准化研究所，隶属中国石油勘开发科学研究院。1998年，通过国家技术监督局计量认证，属于第三方公证检验机构。

质检中心面向石油天然气工业和油化剂企业，承担油田化学剂（包括钻井、采油、地面油气集用各种油化剂）及现场钻井液性能的质量监督检验；油田化学剂产品质量认证检验；产品质量纠的仲裁检验；承担有关标准的制定修定及验证检验；承担检验人员的培训等工作。已成为中国石工业油化剂检验的权威机构。

质检中心现有工程技术人员12人，其中高级工程师6人，工程师3人，助工3人。这些人员中，硕研究生3人，大学本科及专科毕业生8人，均长期从事钻井液处理剂、完井液添加剂、采油用处理、集输用原油破乳剂、降凝剂、降粘剂、油田水质处理剂等检验、研究工作，具有油田化学剂的分、剖析、研究的专业工作经历和经验。

质检中心坐落在中国石油勘探开发研究院工程实验楼C段五层，占有面积近600m²，设有实验室、天平室、样品室、资料室和复印室配备齐全。现有固定资产480万元。配备钻井液及处理剂检设备、采油集输用处理剂检测设备、常规理化分析仪器等相应的检测仪器设备以及必要的化学分装备128台(套)，具有良好的检测条件。

油田化学剂质量监督检验中心严格执行国家产品质量检测的各项法规、政策和标准，以对企业、社会负责的态度，为用户提供公正、科学、可靠的检测数据。为各类油田化学剂及相关产品的生、供应和应用，为提高我国油田化学剂产品质量，提供有力的技术支持。

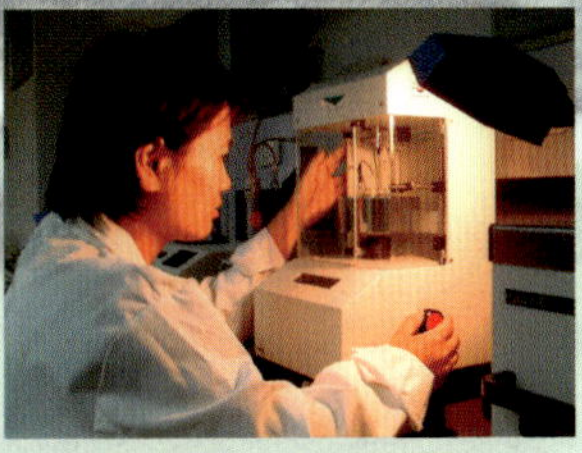
检验工作

址：北京市海淀区学院路20号　邮编：100083
话：(010)62097869　62097689　传真：(010)62097869
-mail：zjwx@petrochina.com.cn

中国石油工程技术领域的重要力量

辽河石油勘探局

辽河石油勘探局隶属于中国石油天然气集团公司（CNPC），是以油气田勘探开发工程技术、施工作业和生产保障服务为主营业务，兼营石油机械加工制造、油田化工、现代建材等多元经营项目的集团式法人企业。

辽河石油勘探局地处辽河大平原，面向渤海湾，总部位于辽宁省盘锦市中心，是中国石油天然气集团公司（CNPC）的骨干企业，2002年初被辽宁省政府确定为重点企业，并入围辽宁省最具影响企业。现下辖50多个二级企事业单位，有在职员工7万人，拥有资产总额221.2亿元。2001年实现总收入132.2亿元，比2000年增长12.2%。上缴税费6.95亿元，实现利润1.06亿元。30多个颇具实力的多种经营独立法人企业，2001年销售收入达42.7亿元，上缴税金1.65亿元，实现利润 0.56亿元，正逐步成为企业的“半壁江山”。

远赴苏丹钻井作业的
钻井一公司ZJ50D钻机

辽河石油勘探局综合实力雄厚，主营业务突出，核心技术领先，市场竞争力强。拥有近2万名大中专毕业生，6000多名中级职称以上专业技术人员；拥有从美、德、法等国进口的世界一流工程施工专业设备器材；拥有处于国内和世界领先水平的石油工程专业特色技术和实用技术。具有工程总承包、工程勘探设计等 14项国家甲级资质和建设部、交通部一级施工资质，通过了中国质量协会GB/T 1900质量体系认证，获得国家(AAA)级信誉等级证书。主要专业工程技术队伍均通过了ISO 9002质量体系认证，还获得国际质量网证书（IQNET）和德国质量管理体系证书（DQS），以及英国PARSON公司颁发的优质施工项目证书。

测井公司拥有代表世界先进水平
的5700测井地面数据采集系统

在确保辽河油田勘探开发建设的同时，辽河石油勘探局积极参与国外市场竞争。仅2001年，在国内外市场中标“西气东输”等工程137项，合同金额4.98亿元；在国外中标合同总额达4000万美元。2002年，又在“西气东输”工程中标2.9亿元的施工产值量，在沈—大高速公路扩建、锦—阜高速公路建设及其他各地中标各类工程工作量几亿元，各路施工队伍正日夜奋战在工地上；在国外市场，有钻井队、修井队、地震队等10支队伍进入中东、北非、南美、东南亚、中亚6个地区施工作业，赢得了良好的经济效益和社会信誉。

辽河石油勘探局曾先后被授予全国“五一”劳动奖状、全国优秀企业奖暨金马奖、中国企业管理杰出贡献奖、中华人民共和国质量奖、全国思想政治工作先进单位、全国精神文明建设工作先进单位、辽宁省文明单位标兵、中国首届建设工程鲁班奖等多项荣誉，并取得重大科技成果4700多项，获国家科技进步奖23项，其中特等奖一项、一等奖5项，申报国家专利1230多项。

地质录井公司
ALS Ⅱ型地质录井仪

辽河油建职工奋战在西气东输施工现场

地址：辽宁盘锦市兴隆台区石油大街
邮编：124010
电话：(0427)7830667
传真：(0427)7830667

吉林石油集团有限责任公司

董事长、总经理　饶永久

党委书记　单纪宽

吉林石油集团有限责任公司（简称吉林石油集团公司）是隶属于中国石油天然气集团公司的特大型企业。1999年9月重组改制后，主要从事石油及天然气的地质勘查、钻井、录井、测井、试油、井下作业、工程建设与施工、机械制造、汽车运输、供电、物业、通讯等业务。

2001年末，吉林石油集团公司职工总数37800人，其中高中初级各类技术人员11165人。公司拥有专业设备6452台，总资产73亿元，固定资产原值59亿元，净值43亿元。

面向新世纪，吉林石油集团公司认真实施“十五”计划和“改革与发展并重”的原则，狠抓了重点工程和重点项目建设。牢固树立“管理也是生产力”的观念，实施外部拓展战略、多元发展战略、低成本战略、人力资源开发战略，加快科技创新步伐、产权制度改革，加强精神文明建设，为吉林石油集团公司继续持续稳定发展作出更大的贡献。

2001年，吉林石油集团公司第二钻井公司15141队（中型钻机）全年实现开钻58口井，创经济效益122.7万元，刷新生产纪录12项，单机钻井进尺突破80000米大关，创当年我国陆上石油系统同类钻机单机年进尺好水平

吉林石油集团公司拥有国内先进的压裂、修井作业设备和配套的辅助生产设备，可在各种复杂地质条件下进行作业施工。该公司通过ISO 9002质量体系认证。图为压裂车组利用二氧化碳新技术在大情字井施工作业

吉林石油集团公司拥有国家批准的化工石油工程总承包一级企业，建设业务涉及到房屋建筑、市政工程、管道安装等许多领域。2001年建设公司施工的乾安油田海陀子工程质量达全优，被甲乙双方树为精品工程

吉林石油集团公司热电联供工程2000年9月恢复建设，至2001年10月实现了“两机四炉”发电、供热的投产目标，并达到安全、稳定、经济的运行要求

2001年，吉林石油集团公司实施经济适用住房工程，人均房建面积21平方米，2000多户职工住户喜迁新居。这是油田建矿40年来，住房面积多、质量好、工期短的一年，获得广大职工赞誉

公司地址：吉林省松原市锦江大街29号
邮　　编：138000
电　　话：(0438)6224561
传　　真：(0438)6224140

吐哈石油勘探开发指挥部

2001年，吐哈石油勘探开发指挥部以发展为主题，明确提出了实施市场开发、多角化经营、凝聚人心三大战略，推出了打造“强精特优”，实现“文化一流、人才一流、管理一流、效益一流”的重大战略举措，用优秀文化凝聚人心，塑造吐哈石油形象，展示吐哈石油品牌，全面提升吐哈石油核心竞争力，推动了指挥部持续稳定发展。

指挥部施工作业区域已跨新疆、甘肃、青海、宁夏等省区，部分作业队伍已进入哈萨克斯坦、乌兹别克斯坦、巴基斯坦等国家。随着对外市场的不断扩大，吐哈石油品牌得到了广泛认可。在钻井、压裂的带动下，修井、气举作业、机械产品、物资、化工、工艺研究等队伍积极实施“跟随战略”，先后打入国际市场。一批老井、报废井，在吐哈石油职工作业后焕发了青春，得到了贝克·休斯公司的高度称赞，并追加了合作项目。指挥部全面完成了生产经营任务，实现收入19亿元。生存问题基本解决，职工收入稳步增长，安全生产和各项生产经营指标创历史高水平。

一年来，指挥部企业文化列入企业发展战略目标，对企业文化建设整体策划，总结提炼了“超越自我，追求卓越”的企业精神和理念，企业文化建设初见成效。指挥部先后荣获全国“五一”劳动奖状、全国绿化400佳称号，哈密石油基地被命名为“全国城市物业管理示范住宅小区”，被授予“全国思想政治工作优秀企业”称号，进入了“全国文明行业”的行列。

2002年6月13日，吐哈石油50201钻井队赴巴基斯坦钻井，指挥部党委书记张国栋，指挥杨盛杰亲自前往壮行

“七一”前夕，吐哈指挥部表彰优秀共产党员

吐哈物探1836队奋战青海水泉工区

吐哈井下公司“铁军”压裂队在鄯善红台6井采用低泡沫质量压裂技术进行大型压裂

地址：新疆哈密市
石油基地
邮编：839009
电话：(0902)2763737
传真：(0902)2764892

新落成的哈密石油基地文化广场

中国石油
兰州化学工业公司

经理、党委书记　时庆林

花园式工厂——兰化有机厂

兰化工程公司设计改造的年产6万吨苯乙烯装置

中国石油兰州化学工业公司（简称兰化公司）是集团公司实施战略重组后的地区服务公司。主要从事有机助剂、塑料和橡胶制品的开发、研制和生产销售，石化工程的设计、建筑和安装，以及为石化行业和社会提供优质的技术等多种服务。截至2001年12月，公司固定资产原值为15.8亿元，拥有职工15000多人。

兰化宏达公司编织袋生产装置

分开分立后，兰化公司分析了企业存在的主要矛盾，竭力在困境中寻求生路，通过大力培植新的经济增长点，做大做强工程服务、技术服务和生产服务等专业，加快移交企业办社会部分，以及对多种经营企业和集体所有制单位实行“整体带资分流”等形式的重组改制，逐步摆脱了困境，初步摸索出一套存续企业改革发展的路子。现在，兰化公司广大干部职工正满怀信心按照“十五”发展目标和产业定位方向，力争塑造新兰化，续写新辉煌。

兰化维达建筑安装工程公司在生产现场进行装置维修工作

地址：甘肃省兰州市西固区
邮编：730060
电话：（0931）7555851
传真：（0931）7555851

中国石油抚顺石油

党委书记　玄昌伟

经理　耿承辉

中国石油抚顺石油化工公司是中国石油天然气集团公司未上市部分资产规模较大的炼化企业。公司下辖10个生产企业、8个专业公司、1个科研及事业单位、14个集体企业。截至2001年底，公司拥有资产70亿元，资产负债率9.1%；有全民职工21000余人。此外，集体企业拥有资产10亿元，集体职工13000余人。

公司主要从事炼化延伸加工产品的生产经营，三剂生产经营，供水供汽供电生产经营，轻工、洗涤剂生产经营，工程施工、设计、监理及社会服务，机加工制造，石化副产品销售，内外贸等业务。同时公司还具有资本经营职能，主要生产装置及产能包括腈纶4.5万吨／年，丙烯腈6.5万吨／年，甲乙酮2.5万吨／年，催化剂1700吨／年，润滑油调合21万吨／年，蜡裂解5万吨／年，合成烃润滑油2.2万吨／年，润滑脂4600吨／年，白土2.5万吨／年，聚丙烯酰胺1000吨／年，脱附剂800吨／年，白油、溶剂油3万吨／年，蜡制品1.2万吨／年，聚丙烯1.25万吨／年，BOPP膜3500吨／年，编织袋1700万条／年，造纸施胶剂ASA1000吨／年，过硫酸钾300吨／年，氰化钠1.9万吨／年，油漆3000吨／年，粉煤灰制砖厂6000万块／年，热电厂锅炉8台，产汽能力1670吨／时；装机8台，装机容量173兆瓦。

2001年，公司以推进产业化发展为主线，以大发展、做快做强为宗旨，以全面强化管理为手段，全面完成了集团公司下达的各项业绩指标，实现了公司"十五"发展计划的成功开局，主要产品产量及经济技术指标均创重组以来好水平，公司经济效益实现了由亏损到赢利的重大转变，整体步入了良性、有序的发展轨道。

"十五"期间，公司将抓住二次创业的发展机遇，充分发挥毗邻抚顺石化分公司的资源优势，尽快建成集团公司催化剂、精细化工两大生产基地，做强做专做精做优化纤、热电、塑料后加工、蜡深加工四大产业，做强做专工程技术服务业，规范、放开、搞活辅助业，实施多元化经营发展战略，将公司建成集主导产业、生产服务、专项服务、辅助业务为一体，兼有生产经营和资本运营双重功能，具备雄厚经济实力和较强核心竞争力的综合性公司。

法人代表：公司经理　耿承辉
通信地址：辽宁省抚顺市新抚区东二街三号
邮政编码：113008
电　　话：(0413)2625777
传　　真：(0413)2629892
网　　址：WWW.FXPCC.COM

化工公司

催化剂厂生产线

热电厂主厂房

甲乙酮装置施工现场

大连西太平洋石油化工有限公司

总经理　蔺爱国

党委书记　朱廉宝

大连西太平洋石油化工有限公司，简称WEPEC，是经国务院批准、由中法七家股东共同投资兴建的我国第一家大型中外合资石化企业。总投资10.13亿美元，占地面积2.5平方千米，年加工原油能力800万吨。

公司拥有12套先进的生产装置和完善的公用工程系统、辅助生产设施，形成了90$^{\#}$、93$^{\#}$、95$^{\#}$、97$^{\#}$系列无铅汽油，$-20^{\#}$、$-10^{\#}$、$0^{\#}$、$+5^{\#}$轻质柴油，航煤，灯煤，石脑油，燃料油，液化气，聚丙烯，硫磺，70$^{\#}$、90$^{\#}$高等级道路沥青等10余大类、30余个牌号的产品生产能力。各种产品不仅畅销国内市场，而且远销至朝鲜、日本、韩国、新加坡、泰国、印尼、澳洲、中东等十多个国家和地区。

800万吨／年常减压蒸馏装置

2001年，公司实现销售收入116.88亿元，上缴税金8.5亿元；出口成品油198.5万吨，出口创汇4.38亿美元，成品油出口量约占全国成品油出口总量的三分之一以上，居行业之首。在2001年中国外商投资企业协会表彰的企业中，名列“十大”高出口创汇企业，并获得“双优”企业称号。企业连续两年名列辽宁省出口创汇明星企业。截至2001年底，公司已经累计加工原油2318万吨，实现销售收入413.34亿元，上缴税金30.9亿元，出口成品油544万吨，创汇12.54亿美元，为国家、地方的建设和发展做出了应有的贡献。

原油、成品油罐区

“十五”期间，公司将通过对现有装置挖潜改造，配套建设相应深加工及产品精制装置，将加工能力提高到 1000万吨／年，从而成为国内领先、国际一流的现代化大型石化企业。

地址：大连经济技术开发区海青岛

邮编：116600

电话：(0411)7506666

传真：(0411)7510033

公司厂景

生活区一角

全国"五一"劳动奖章获得者
中油庆阳炼化公司董事长 班文

中国石油集团
庆阳炼油化工有限责任公司

中国石油集团庆阳炼油化工有限责任公司是随着长庆油田的勘探开发，国家为支援庆阳革命老区发展而投资建设的综合性石油化工企业，即庆阳石油化工厂；1984年起企业由地方管理划归甘肃省进行行业管理；1997年改制为甘肃庆化集团有限责任公司；2001年8月，为了落实国务院关于对地方炼油企业进行重组的重要指示精神，按照有利于石油石化产业发展、有利于企业发展、有利于甘肃经济发展的原则，庆化集团整体划转中国石油天然气集团公司管理，并更名为中国石油集团庆阳炼油化工有限责任公司。

公司在30年的发展历程中，坚持改革开放，依靠科技进步，实现自我积累，发展成为以石油化工生产经营为主的国有大型一级企业。主要生产汽油、柴油、溶剂油、石油液化气、聚丙烯、MTBE、活性炭、破乳剂、纯净水、塑钢门窗、洗涤剂等多种产品；得到了国家有关部委及企业所在省、地各界的肯定和赞誉，先后荣获全国化工设备管理先进单位、全国化工安全卫生先进单位、全国质量效益型先进企业、全国化工文明单位、全国"五一"劳动奖状等荣誉。

地址：甘肃省庆阳县三十里铺镇
邮编：745115
电话：(0934)3266577
传真：(0934)3266002
网址：www.qpcc.com.cn

炼油生产装置

集团公司领导视察庆化

科技支撑

自动控制

生产装置

独山子石化公司

中国石油独山子石化公司已有近百年的石油开发史和66年的石油加工史，是我国西部早期的炼化企业和重要的石油化工基地。

公司有资产120亿元，员工5800多人，年销售收入80多亿元，48套炼油化工装置。具备600万吨/年原油一次加工能力和25万吨/年乙烯生产能力。系统配套完善，装机容量13.5万千瓦，供汽能力达1400吨/小时，供水能力达3.4方/秒。

公司全面通过了ISO 9001、ISO 14001和HSE（健康、安全、环境）标准认证。可生产7大类240多种“天山”牌炼油产品和14个系列100多个品种的“雄鹰”牌化工产品。船用系列用油为顶替进口的独家产品，36种产品获省、部优奖，全封闭冷冻机油、3#喷气燃料、聚烯烃树脂等获国家名牌产品。“天山”牌和“雄鹰”牌化工产品在市场上具有较高声誉，“天山”牌被授予改革开放20年最具影响力著名品牌。

公司设备泄漏率始终保持在千分之零点四以下，炼油装置实现三年一修，化工装置四年一大修。

公司先后荣获全国设备管理先进单位、设备管理国优复查合格单位、设备管理优秀单位、全国绿化先进单位、全国绿化400佳、环境优美工厂、全国环境保护先进企业，两次获得全国质量效益型企业称号，两次荣获全国“五一”劳动奖状。

独山子石化公司将顺应国家西部大开发的号召，按中国石油天然气股份有限公司规划，充分利用临近中西亚的地缘和人文优势，实施“面向中亚，两头在外”发展战略，炼油实现600万吨配套，乙烯通过改造达到经济规模，把独山子建成中国石油股份有限公司船舶用油和化工专用料生产基地。

总经理、党委书记　徐福贵
地址：新疆独山子
邮编：833600
电话：(0992)3863399
传真：(0992)3860758
网址：GSBGS@DSZSH.COM.CN.

发展中的大庆石油化工总厂

厂长 赵伯超

党委书记 郑怀义

大庆石油化工总厂隶属于中国石油天然气集团公司，始建于1962年4月。1999年9月重组以后，大庆石油化工总厂主要承担为大庆石化公司石油化工生产提供工程技术服务、生产技术服务、加工制造、生活服务和社会服务等任务。2002年6月底，资产总额80.8亿元，其中：固定资产原值59.3亿元，净值42.8亿元；总负34.6亿元，资产负债率42.8%。

主要产品有：苯乙烯、聚苯乙烯、ABS、橡胶、石油化工“三剂”，复合肥、特种气体、防水和防火涂料、压力容器、控制仪表、电器设备。

大庆石油化工总厂化工厂现有5套生产装置及1套公用工程装置，生产苯乙烯系列树脂和顺丁橡胶，可为市场提供104个牌号、12.5万吨的产品。通过国家ISO 9002质量体系认证。

大庆石油化工总厂具备从石油化工工程项目可行性研究、论证到设计、施工、设备安装直至投料试车、正式投产全过程工程总承包能力。

大庆石油化工总厂在大型石油化工机械、自动化仪表、电器制造和安装方面具有较强实力；大庆石化计算机开发公司能够承担石油化工装置控制系统组态设计安装、软件开发、化工流程模拟、仿真培训等任务。

进入21世纪，大庆石化总厂在“十五”计划中描绘了未来发展蓝图，开始了新一轮艰苦创业。我们将用诚实的劳动、优质的服务、可靠的信誉和坚定的信念，与社会各界广泛合作，携手共进。

地址：黑龙江省大庆市卧里屯 邮编：163714 电话：(0459)6764586 传真：(0459)6250208

兰州炼油化工总厂

厂长 姚志强

兰州炼油化工总厂（简称兰炼）主要为石油石化工业提供辅助生产、机械仪表制造及维修、生活后勤和多种经营等配套服务，是集机械仪表压力容器制造、工业和民用建筑安装、机电仪维修、石化设计、石化原材料和物资供应、石化产品进出口、房地产开发，兼有教育、医疗等社会服务，并农林、商贸等多种经营的特大型综合性企业。总厂所属中石油第二建设公司拥有固定资产近2亿元，各类施工机具1000余台（套），其中的大型吊装设备、大型土建施工机具等为西北地区所独有。具有一二类压力容器设计及一二三类压力容器制造、现场组装等资质，能够独立承揽千万吨炼厂的建筑安装和大中型石油化工企业设备检修维修等任务。机械厂可生产2000～33000千瓦8个类别的烟气轮机和各种特殊阀、专用油泵、加热炉配件、高温合金铸管等5大类11个系列的石油化工机械产品，高效节能烟气轮机的国内市场占有率达80%以上，并拥有生产目前国内大功率烟气轮机的能力，设计院是国家甲级设计单位和三类压力容器设计单位。设备研究所是中国石油天然气集团公司转动机械技术开发中心。2001年建成8000吨／年PVC异型材生产线和5000吨／年正已烷生产装置，2002年开工建设的万吨顺酐生产装置奠定了兰炼总厂新型建材和精细化工产业的基础。

兰炼总厂愿与海内外及社会各界朋友真诚合作，共同创造美好的明天！

5000吨／年正已烷装置

烟气轮机

先进的吊装设备

8000吨／年PVC型材生产线

地址：兰州市西固区玉门街10号　邮编：730060
电话：(0931)7932500 7932501　传真：(0931)7361920

中国石油集团

局长徐文荣（左）和党委书记王小牧（右）

物探局办公楼

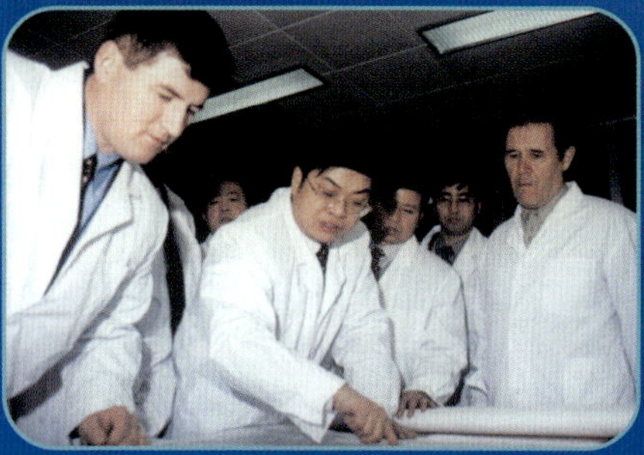

局长徐文荣向国外油公司代表介绍物探局的特色技术

党委书记王小牧到西非项目经理部调研

物探局研究院软件中心机房

中国石油集团地球物理勘探局（简称物探局，英文缩写BGP）2001年在改革发展中突出勘探主业优势，推进产业结构、组织结构和资产结构的调整，把技术创新和管理创新作为企业发展的新动力，积极实施低成本战略，经营效益创历史高水平，在向国际大物探公司目标进军过程中迈出了坚实的一步。

2001年，物探局在国内河北省、北京市、天津市、河南省、新疆维吾尔自治区等地建有11个主要生产生活基地，在国外建有6个项目经理部、11个办事处、3个项目组和4个资料处理中心。按照集团公司重组改制以及提高核心竞争力的战略部署，以队伍结构调整、重组改制为主线，先后完成物探主业骨干队伍和专业技术人员的集中管理，公共事业系统专业化管理，部分多元开发单位整体带资分流。在开展“五定”的基础上，继续坚持“面向国际、面向国内复杂探区、面向社会服务”的发展方向，大力实施“市场开发、技术创新、持续重组和低成本发展”战略，充分发挥党建思想政治工作的保障作用，分别为国内塔里木、新疆、吐哈、青海、长庆、玉门、大港、吉林、浙江等油田分公司和中国石油化工集团以及苏丹、也门、巴基斯坦、伊朗、哈萨克斯坦、莫桑比克、尼日利亚等国家提供物探服务，主要经济指标完成情况良好。针对油田勘探开发的需求和物探技术的难点，认真组织开展复杂地区地震勘探技术、开发地震技术、油气勘探新领域综合研究和物探专用设备及软件开发，取得一批重要成果。其中山地三维勘探技术日趋成熟，塔里木迪那2山地三维勘探项目的成功运作标志着物探局复杂山地三维勘探技术不仅国内领先，亦达到国际先进水平。

地球物理勘探局

直升机支持山地勘探

在塔克拉玛干沙漠作业

在苏丹南部沼泽施工

在戈壁地区施工

沼泽地震队的水上营地

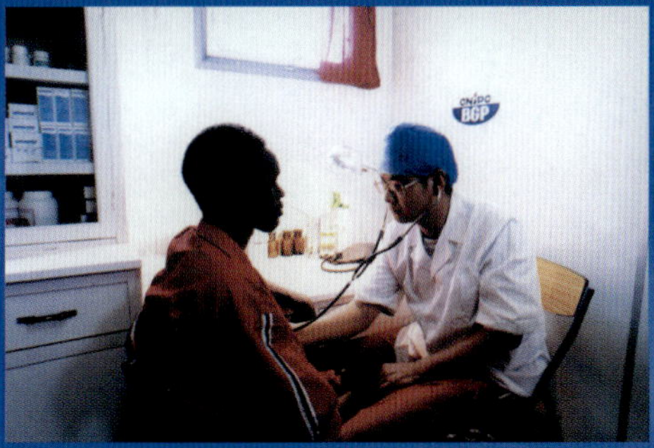
给当地雇员体检

在伊朗海上勘探

地 址：河北省涿州市范阳路65号
邮 编：072751
电 话：(010)81201324
传 真：(010)81201636

创新思维 实现超越 争雄国内 走向世界

党委书记
局　长　苏士峰

中国石油

CHINA PETR

中国石油天然气管道局(CPPLB)隶属于中国石油天然气集团公司(CNPC),是从事长距离管道勘察、设计、咨询、科研、施工、采办、储运技术服务的特大型国有企业。

管道局具有年设计施工ϕ610毫米口径以上3000千米管道及配套工程、年设计安装250万立方米大型储罐和年设计敷设 10000千米通信光缆、1000千米220千伏输变电线路的能力。

管道局有雄厚的技术实力，具有各类介质大口径管道工程、15万立方米原油储罐和LPG低温储罐等的设计、施工技术，全球卫星定位系统(GPS)、遥感技术(RS)和地理信息系统(GIS)、全程计算机化及三维设计等管道勘察设计技术、长输管道集中监控与数据采集(SCADA)自动控制系统的设计安装技术，拥有管道全位置自动焊和半自动焊技术以及大口径长输管道机械化流水作业及双联管工艺，可以进行各种内外涂层防腐机械化施工。

管道局拥有专业化的管道特种技术服务队伍，具有当代国际管道特种技术服务领域的高精尖技术和设备，可进行各种管道内外壁腐蚀检测，管道绝缘层检测及评价，各种管道不停输带压开孔、封堵、换管、陆上石油储罐机械清理，以及无损检测等，具有管道抢修和维护能力。

管道局拥有科学的管道储运管理体系、丰富的运营经验和专业化的运营管理队伍，具有长输管道运行管理能力。在全线密闭储送工艺、全线数据采集和集中控制系统自动化等方面，与国际管道运输技术发展和应用保持同步。管道局具有强大的管道科技开发能力，能够研制开发大型管道施工专业设备和降凝剂，原油热处理输送、添加降凝剂输送等技术处于国际领先地位。

中国石油天然气管道局在国内外管道建设中创造了辉煌的业绩，成功地建设各类介质管

大型储气罐群

中国石油集团

RESEARCH INSTITUTE OF ENGIN

冯星安 教授级高级工程师

中国石油集团工程技术研究院院士、党委书记
天津中油渤星工程科技股份有限公司董事长、总经理
中国石油天然气集团公司“铁人”科技成就银奖
天津市特等劳动模范
天津市优秀企业家

企业精神

忠诚、守信
拼搏、创新
朝气蓬勃
永攀高峰

中国石油集团工程技术研究院是主要从事油井水泥外加剂、特殊地带工程材料及施工技术、防腐蚀涂料及涂装设备、储罐及管道自动焊机、管道直埋保温工程、旧管道修复工程、自动化控制工程、水下混凝土工程、建筑工程设计、技术监督及质量检测等业务的集科研、开发生产、经营和外贸为一体的科技经济实体。

中国石油集团工程技术研究院拥有高中级专业技术人员340名，8名客座教授，其中院士5名；先进的科研仪器设备1600台（套）；5个通过国家技术监督局认证的检测中心和实验室；2个集团公司重点研究室；具有科技产品进出口自营权等各类资质24项；拥有国家专利43项，国家重点新产品13项；1999年通过了ISO 9001质量体系认证。

中国石油集团工程技术研究院拥有先进的自动化生产设备和完善的质量保障体系，可年产符合API标准的油井水泥外加剂10000吨；拥有年产防腐蚀涂料5000吨和建筑涂料10000吨的能力；年预制高温、中温、低温直埋保温管100km。

中国石油集团工程技术研究院发挥专业技术优势，承担国家和石油系统的重大科技攻关项目，其中固井水泥外加剂的研究处于国际领先水平，具有国际先进水平天然气管道减阻耐磨涂料和管道自动焊机已经开始服务于“西气东输”工程，防腐保温产品质量监督检验中心作为油气输送管防腐预制驻厂质量监督单位，确保了“西气东输”管道建设的工程质量，为我国石油天然气工业的发展提供了重要的技术支持。

地址：天津市塘沽区津塘公路40号　　邮编：300451
电话：(022)66310568　66310225　66310329　　传真：(022)25344876

程技术研究院

NG TECHNOLOGY OF CNPC

渤星® 油井水泥外加剂 ISO 9001

- J-2B 油井水泥降失水剂
- W99 油井水泥降失水剂
- BAC 系列油井水泥降失水剂
- TD-S 油井水泥降失水剂
- J60-S 油井水泥不渗透剂
- SQ 系列油井水泥抗盐外加剂
- R90 系列油井水泥抗盐外加剂
- G603 消泡剂
- CF40 分散剂
- FCE 油井水泥缓凝剂
- G64 油井水泥缓凝剂
- H88 油井水泥缓凝剂
- H98 油井水泥缓凝剂
- T-90 系列油井水泥促凝早强剂
- T-93 低密度水泥浆体系稳定增强剂
- T-120 系列水平井油井水泥外加剂
- CA901 系列油井水泥促进剂
- 泥浆转化为水泥浆(MTC)系列外加剂

渤星® 防腐蚀 · 建筑涂料 ISO 9001

- 8701 饮用水容器防腐蚀涂料
- 8703 环氧煤沥青防腐蚀涂料
- JGH 改性氯磺化聚乙烯防腐蚀涂料
- AW-01 天然气管道减阻耐磨涂料
- EP-67 玻璃鳞片防腐蚀涂料
- EP-90 环氧富锌底漆
- EP-91 导静电防腐蚀涂料
- EP-94 无溶剂环氧煤沥青防腐蚀涂料
- EP-95U 水下（潮湿）施工防腐蚀涂料
- JGK 高氯化聚乙烯防腐蚀涂料
- HD 石油钻杆内防腐专用涂料
- WJ 系列水性防腐蚀涂料
- JGK 高氯化聚乙烯防腐蚀涂料
- D-4 防锈可焊涂料
- 1019 注水井油管专用防腐蚀涂料
- 建筑涂料（内外墙乳胶漆）

渤星® 管道 · 储罐自动焊机 ISO 9001

- APW 系列大口径管道全位置自动焊机
- 倒装法储罐自动焊机
- 球形储罐自动焊焊机
- 角缝，罐底埋弧自动焊焊机

渤星® 工程 · 设计 · 技术服务 ISO 9001

- 高温管道直埋保温工程
- 水下不分散混凝土工程
- 特殊地带道路修筑工程
- 旧管道不开挖修复、清洗、检测
- 钢管内外涂层涂敷作业线设计
- 工业与民用建筑设计

中国石油长城钻井

Great Wall Drilling Co

GWDC

2001年各项工作取得了丰硕成果

2001年，是长城钻井公司改革重组后的第一年，新的一年以来，在国际公司的直接领导下，公司全体职工积极实施集团公司“走出去”的战略，在深化改革中重组，通过重组促进发展，坚持以市场为导向，以经济效益为中心，进一步加大国际市场开发力度，加强科学管理，同心同德，开拓进取，艰苦奋斗，扎扎实实做好各项工作，取得了令人振奋的丰硕成果。

- 超额完成了带出国钻机的任务。全年新带出国钻机20台，为上级下达任务指标的2倍，达到了历史高水平。目前，公司累计带出国钻(修)机已达53台。
- 海外钻井市场份额进一步扩大，签订了四个大合同。目前长城钻井公司的钻机已分布在15个国家，其中委内瑞拉、巴基斯坦、伊朗3个国家为去年新进入的国际市场。全年新签订合同额13417.5万美元，新完成合同额为12276万美元，完成合同额为上级下达全年指标的123%。其中签订合同额在1000万美元以上的4个，即委内瑞拉PDVSA钻井项目6600万美元、哈萨克斯坦扎那若尔油田钻井项目5100万美元、乌兹别克斯坦UZPEC公司钻井项目1245万美元、苏丹3/7区PETRODAR钻井项目1200万美元。与此同时，钻井液和顶驱服务的国外市场份额都有新的扩大。
- 完成工作量和营业收入明显增加。共开钻179口、完井163口、钻井进尺352202米、修井85井次；实现营业收入84756万元。实现营业收入及完成钻(修)井工作量均创历史新纪录。
- 经营状况良好、利润明显增长，取得了可观的经济效益。按照全部收入和完全成本核算的要求测算，全年海外项目共实现收入6952万美元，成本费用支出6134万美元，实现利润682万美元。公司本部实现利润总额1568万元，完成上级下达年度指标的105%，创出历史高水平。钻井液公司全年实现利税201万元，顶驱公司实现利税5.65万元。
- 各海外项目平稳运行，顺利实施。据统计，目前公司组织的海外钻井项目共16个。各海外项目部逐步建立健全了相应的组织机构和有关管理制度，为项目实施提供强有力的组织保证和有力的支持，使各海外项目逐步按照国际惯例健康运行，效果显著。
- 又有三个油田赴海外从事钻井工程施工，实现了“0”的突破，即辽河、大港、大庆三个油田，从而使通过长城钻井公司带出的集团公司系统内的钻井队伍扩大到8个油田，占拥有钻井队伍油田总数的80%。
- 有了一定的市场储备，为国际钻井市场的持续稳定发展打下了一定基础。

公司

any

追求卓越、创造一流

据统计，目前在17个国家已投标和正在投标的钻井项目43个，正在跟踪的项目26个，从而为国外市场的持续稳定发展奠定了坚实基础，增强了发展后劲。

- 国际市场竞争实力进一步增强。新带出国钻机装备资产价值约计10.1亿元，从而使带出国钻井装备等资产价值累计达到约25亿元。目前，从事海外项目作业人员共2339人，其中，外方雇员1657人，中方从事海外项目管理及工程技术服务人员682人。
- 培养出了一批海外钻井市场开发和作业管理专业人才。经过这些年，尤其是去年一年的实践，公司培养出了一批精通业务、外语水平高、懂经营、会管理，具有开拓创新、爱岗敬业的国际市场开发和作业管理的专业人才，形成了公司开拓国际钻井市场的中坚力量。
- 职工队伍稳定，凝聚力显著增强。公司重组以来，在领导班子新、职工队伍新、内外部情况变化大等新的情况下，做到了人心稳定，同心同德，忘我工作，无私奉献，这对全年各项生产经营指标的完成和保持公司的持续稳定发展起了决定性的作用。

长城钻井公司总经理　王忠仁

地址：北京市西城区六铺炕街6号　邮编：100724
电话：086-10-62094976 (Fax)

中油监理 CPES

在探索中奋进的

中油勘探监理有限公司

总经理 唐庆宝

中油勘探监理有限公司是在原中国石油天然气集团公司物探监理中心的基础上，经产权制度改革登记注册的具有独立法人地位，专门从事石油天然气勘探监理与技术服务的公司。公司总部设在河北省涿州市，下设四个分支机构和一个子公司，即：中油勘探监理有限公司库尔勒分公司，东部项目经理部，HSE项目部，资料处理项目部，北京康胜得石油技术有限公司。

公司主要从事地球物理勘探监理、技术咨询与服务，HSE监理、咨询与服务，石油勘探其他专业的监理、技术咨询与服务。

几年来，监理范围已覆盖全国各主要探区，其足迹遍及中国石油集团的塔里木、青海、玉门、吐哈、长庆、华北、吉林、辽河、大庆、冀东、大港、西南、新疆油田的13个勘探区域，并为中石化集团承担了部分勘探监理项目。参与了CNPC在委内瑞拉、哈萨克斯坦、苏丹等国家的地震资料采集监理项目。

在几年来的勘探监理实践中，公司逐步探索出一套系统、规范的勘探监理程序和方法，积累了大量实用的勘探监理技术与成功经验，形成了公司独特的监理工作制度、运作方式及管理机制。

公司确立了6项监理工作原则：公正、独立、自主的原则；权责一致的原则；综合效益原则；严格监理、适宜服务的原则；预防在先的原则；实事求是的原则。

建立了8种运作与管理机制：公正、公平的异体监督机制；以项目管理为中心，以合同管理为纽带的监督管理机制；面向市场全方位为甲方服务的经营管理机制；面向全国招聘和择优聘用的竞争上岗机制；先培训后上岗的用人机制；公平合理具有激励作用的分配机制；内部管理与作业方监督相结合的双重纪律约束机制；坚持技术与管理两手抓的创新机制。

公司于2000年11月，通过了ISO 9002质量保证体系认证。

为了确保实现公司发展目标，公司提出了“三赢”战略，即：通过我们的监理，使石油天然气开发商取得优质的勘探工程，实现勘探目标，取得投资回报；促进勘探作业承包商提高施工作业与项目运作水平，按合同完成作业项目，取得施工作业收益；在开发商、承包商获取效益的基础上，实现公司的监理价值，得到发展。

公司向国内外勘探开发商和承包商们郑重承诺：公司将以公正、公平的第三方身份，接受勘探开发商的授权与委托，以勘探作业事实为依据，依行业标准、勘探合同、技术设计为准则，严格地履行勘探监理职责，保障勘探工程质量完全满足设计要求，为石油天然气勘探开发提供优质的监理与服务。

CNPC 首届物探工程监理技术及经验交流会

物探监督在苏丹6区块监理现场

现场监督在塔里木探区监理现场

地址：河北省涿州市58号信箱　　邮编：072750
电话：(0312)3824401　　传真：(010)81201490
网址：www.eslcn.com
电邮：cpesh@eslcn.com

中油建材总公司

总经理　张二林

公司办公楼

华霖现代建筑材料有限公司SP大板生产线

采用砌块厂产品建成的北京万泉新新家园

公司砌块产品的结晶——翠林洲

中油建材总公司是中国石油天然气集团公司投资兴建，以生产新型建材为主的大型国有企业，位于环渤海经济圈中心位置，被誉为“京津走廊，黄金地带”的廊坊经济技术开发区。经过近十年的建设和发展，中油建材总公司已成为华北地区的新型建材基地。下属三个新型建材厂，生产大跨度SP板、高强度承重砌块、大口径砼制管等三大系列新型建材产品，广泛应用于京津冀建筑市场，获得建设单位、建筑设计部门和广大建筑开发商的一致好评。三种产品均荣获国务院发展中心颁发的“中华之最”荣誉证书。

华霖现代建筑材料有限公司生产的大跨度预应力混凝土空心板被建设部列为1996年科技成果重点推广项目。1995年被河北省建材局评为建材行业优秀新产品一等奖，科技进步二等奖。从1997年7月起，被廊坊市建设工程质量监督站列为免检产品。2001年获国家建材局科学技术开发中心颁发的“中国建材世纪精品”和中国质量检验协会颁发的“国家权威检测达标产品”荣誉证书。在2002年3月份举行的河北省墙材革新工作会议和河北建材行业工作会议上，砌块厂被评为2001年全省墙体材料革新先进单位和河北省建材名优企业，产品入选《中国建筑师选材手册》。砼制管厂立式芯模振动成型钢筋混凝土排水管产品1998年荣获河北省科学技术委员会颁发的科技成果证书。华霖公司、砼制管厂被认定为混凝土建筑预制构件二级企业。三个生产厂全部引进美国、德国设备和技术，企业达到现场规范化管理标准，于1999年全面通过ISO 9002质量体系认证。2002年中油建材总公司被河北省建材协会评为河北省建材工业五十强企业。

中油建材总公司坚持“一流技术、一流产品、一流服务”的宗旨，积极致力于新型建材的研制和推广，注重提高产品质量，确保提供优质可靠的售后服务，有力地推动了新型建材的开发和利用，在京津冀地区树立了良好的企业形象。

经营理念

走质量发展之路，创一流建材品牌。凭信誉占领市场，靠真诚赢得客户。

发展目标

告别秦砖汉瓦，促进建材革命，壮大中国石油，创造社会财富。

中油建材总公司企业主要指标

中国石油天然气集团公司新型建材基地，国有大型企业
全套引进20世纪90年代美国、德国先进设备和技术
全面实施ISO 9002质量保证体系
全部达到国标、行标，SP大板、砼制管、砌块均获国务院颁发的“中华之最”荣誉证书
全方位推行现代企业制度
全面实现现场规范化管理

公司的砼制管厂

地址：河北省廊坊市经济技术开发区云鹏道
邮编：065001
电话：(0316)6089120
传真：(0316)6089950
网址：www.hualin-sp.com

深圳市中油器材进出口有限公司

公司原名为深圳石油技术开发进出口公司，于2001年重新进行规范登记，现名为深圳中油器材进出口有限公司。中国石油物资装备（集团）总公司党委书记吴大鹏任公司董事长，陶玉春为执行董事，徐永春为董事，杨观明任总经理。

公司系享有国家二类进出口权和全国报关权的法人实体。主要经营或代理本系统石油机械设备、仪器仪表、配件、材料等商品和相关的技术进出口业务，承办三来一补、转口贸易、劳务输出、对外技术交流等业务，并兼营国内经贸。

公司具有全国报关权，已在九龙海关办理自理报关注册，并在广州、北京、天津、青岛、大连、上海等全国各大海关办理转关备案手续。

公司自成立以来，年进出口量约为10亿人民币。随着业务的拓展，先后与国内各大油田及有关单位开展了进出口业务；相继与美国、英国、法国、德国、日本以及东南亚、南美等地区的客商建立了良好的商贸合作关系。

1998年国家外经贸部组织评选的中国进出口额最大的500强企业中，我公司排序为第397名，在1999年中国进出口额最大的500家企业排序中，我公司业绩归口统计到中国石油天然气集团公司，为集团公司位列全国第9名做出了应有的贡献。2000年，公司被评为深圳十大金融结汇大户。

公司在董事会领导之下，已确立了大规模经贸方针，充分发挥公司的地域优势，用足用活国家给予的特区优惠政策。公司将继续以诚信为本，一如既往，真诚为用户提供全方位的优质服务，热切希望同各方合作，互利互惠，在新世纪与时俱进，共创辉煌。

公司董事会、监事会成员及经营班子

公司地址：深圳市罗湖区爱国路惠名大厦十四楼
电　　话：(0755)25178229
传　　真：(0755)25178328
邮　　编：518021

前进中的 青海石油管理局物资装备公司

经理、党委书记 许霁耀

标准化料场

现代化吊装工具

标准化库房

青海石油管理局物资装备公司位于甘肃省敦煌市七里镇，是集采、供、管、运、储、质检、信息，管道防腐于一体的专业的物资经营单位。

公司拥有固定资产6502万元，占地面积170万平方米。标准物资库房30栋，1.8万平方米；简易库房42栋，2.52万平方米；料场10个，136.02万平方米；铁路专用线9条，5.06千米；吊装运输机具50余台（套），年吞吐量120万吨，可承担各类物资的采购、仓储、中转及质检工作。公司建有两条熔结环氧涂层防腐线，可对各种钢质管道进行防腐。公司拥有完备的供货厂商网络，完善的质量管理体系，并已取得ISO 9001国际质量体系认证。公司恪守“用户对产品的质量要求就是我们的质量目标，用户对服务的需要就是我们的服务内容”的质量方针，竭诚为广大用户提供一流的物资供应综合服务。

地址：甘肃敦煌七里镇新区
邮编：736202
电话：(0937)8934427
传真：(0937)8933708

开放、流动、联合、竞争

中国石油天然气集团公司

物 探 重 点 实 验 室

学术委员会主任　牟永光教授

实验室主任　王尚旭教授

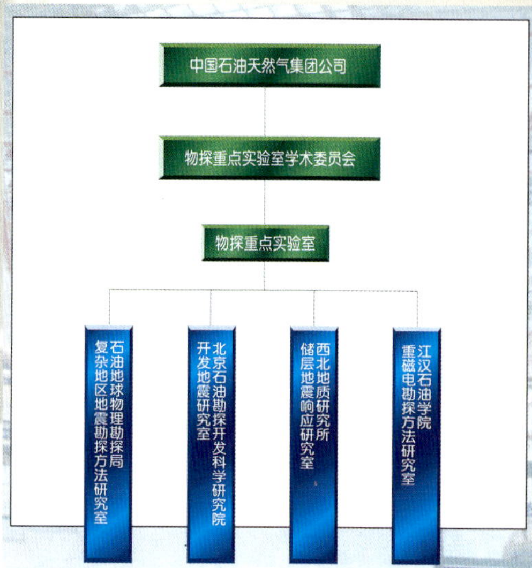

CNPC

中国石油天然气集团公司(CNPC)于1999年6月决定在原地震物理模型重点实验室的基础上，以石油大学为主体，联合石油地球物理勘探局、石油勘探开发研究院、西北地质研究所和江汉石油学院建立物探重点实验室。该实验室将按照“开放、流动、联合、竞争”的机制建成我国石油天然气勘探开发领域中石油地球物理应用基础与前沿技术研究的重点基地。为促进物探重点实验室的成果转化，与石油勘探软件国家工程中心合作，以石油勘探软件国家工程中心为基地，使实验室研究的新方法尽快投入生产应用并转化为软件产品。

重点实验室中近期研究方向主要是1.地球物理模型技术和成像技术：复杂介质中弹性波数值模拟、地震物理模型、震电模型研究及复杂地质体的成像技术。2.复杂地质条件下地震勘探方法：中西部复杂条件下地震勘探方法、东部深层地震勘探方法与技术研究。3.开发地震和储层横向预测技术：岩石物理性质研究、井间地震方法与四维地震方法研究、储层横向预测方法研究。4.综合地球物理勘探技术、重磁电震综合勘探方法研究。

实验室拥有的主要装置和设备有大型精密固体地震物理模型定位系统和数据自动控制采集系统、V6电磁测量系统、模型参数测量系统、并行计算机及工作站群。

实验室近期取得的主要科研成果有KJ8920勘探开发大型地震数据处理系统（获国家科技进步一等奖）、有限元法地震模拟和偏移在石油勘探中的应用（获国家科技进步二等奖）、高分辨率地震勘探技术（获国家科技进步二等奖）、垂直地震剖面法及应用研究（获国家科技进步三等奖）、储层地震物理模型及反演技术研究（获中国石油天然气集团公司1996年十大科技成果）、裂隙性油藏和凝析气藏数值模拟技术（获中国石油天然气集团公司科技进步一等奖）。

实验室近期完成的主要专著有储层地球物理学、地球物理储层参数提取、norton utilities 实用工具使用教程、层析基础及其在井间地震中的应用、高分辨率地震勘探、地震数据处理应用技术、储层预测技术研究新进展。

实验室近期取得和申报的主要专利有可调宽毫微秒组合高压脉冲发生器、可调宽脉冲组合超声震源、井中震电勘探法、地震—测井多信息储层参数反演方法(SEIMPAR)、复杂充填符号模式的定制方法、地震物理模拟多道采集方法与采集装置。

实验室设立研究基金，对全国开放。基金将资助与物探有关的基础性与创新性研究。欢迎有志在物探基础理论和新技术作出贡献的学术界朋友提出申请并进行合作。

实验室为海内外石油公司、地球物理公司、有关研究院所和大学提供各种地震物理模型和地震资料处理服务。欢迎来电、来函洽谈。

地址：北京市昌平区水库路
邮编：102249
地址：北京市海淀区学院路
20号石油大院内
邮编：100083
联系电话：(010)89733364　　62398698
E-mail：wangsx@www.bjpeu.edu.cn　　cgmlab@263.net.cn

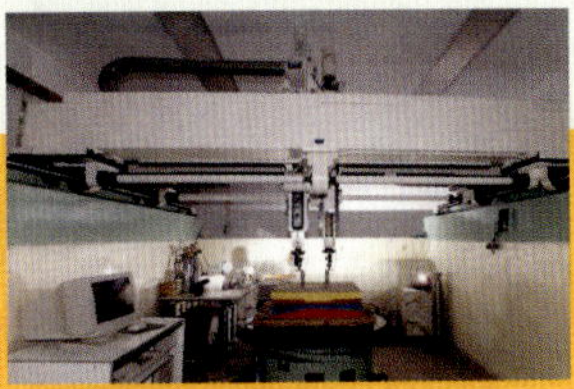
三维坐标仪

控制采集系统

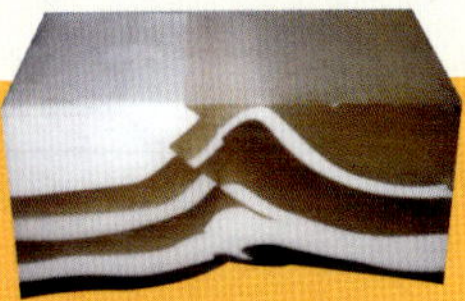
二维复杂模型

三维逆断层模型

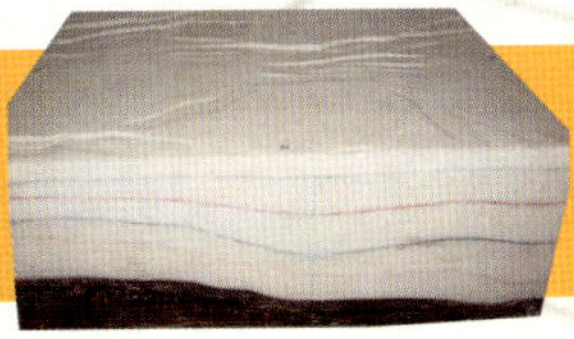
三维物理模型实物

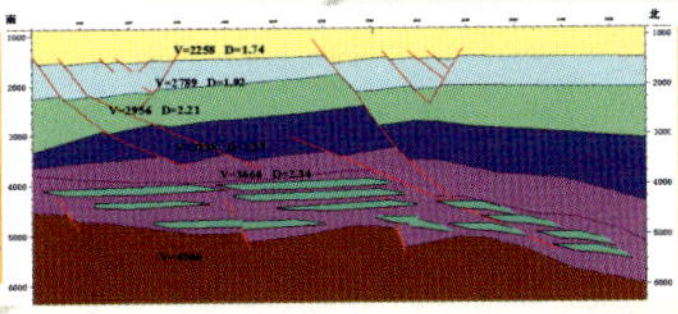
模型剖面构造

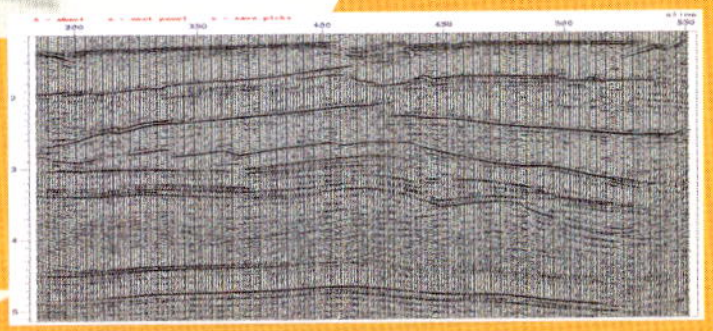
物理模型记录偏移剖面

油气藏地质及开发工程国家重点实验室（西南石油学院）

“油气藏地质及开发工程”国家重点实验室是由中国石油天然气集团公司主管，依托西南石油学院建设的国家开放型研究实验室，是国家、中国石油天然气集团公司创新体系的重要组成部分，是组织高水平基础研究和应用基础研究、聚集和培养优秀科学家、开展学术交流的重要基地。以石油工程学院“油气田开发工程”和“油气井工程”两个国家重点学科为支撑，覆盖了“石油与天然气工程”博士后流动站、“油气田开发工程”和“油气井工程”博士点和硕士点。现任实验室主任是中国工程院院士罗平亚教授，学术委员会主任是中国科学院院士刘宝珺教授。实验室现有研究人员30名，其中享受国务院特殊津贴专家8名、博士生导师11名。

实验室以特殊油气藏为对象，开展“认识油气藏、开发油气藏、保护油气藏、改造油气藏”的系统研究。主要在复杂油气藏开发理论、方法、技术及设计，油气井工作液及保护储层技术，钻井、采油气新工艺、新技术等几个方面开展创新性研究，其目标是获取原始创新成果和自主知识产权。目前已在水平井钻井、油气层保护、油气井工作液、气田开发、提高采收率等几个方面的理论和配套工艺技术研究处于国内领先地位，达到国际先进水平，具有明显的学术优势。

地　址：四川省南充市油院路30号西南石油学院
邮　编：637001
电　话：(0817) 2642901
传　真：(0817) 2642295

学术委员会主任　刘宝珺院士

罗平亚院士指导博士研究生用扫描电镜作分析测试

油气藏流体PVT分析装置

长岩心开发试验装置

吉林石油集团有限责任公司

试油处

处长　王传法

吉林石油集团有限责任公司试油处成立于1981年，主要担负油田探井和开发井的试油、测试、投产作业、油井大修工作，兼营机械维修（加工）、车辆运输等项目，是从事油田试油技术服务的专业化队伍。自建处以来，始终坚持“安全生产，文明施工；以人为本，质量第一”的工作方针，以“协调、高效、科学、全优”为管理目标，现已发展成为一个集完井常规测试、完井跨隔测试、裸眼中途测试、MFE和SPRO对接直读测试、APR地层测试等现代手段与常规试油方法并存，融资料解释、试井、科研配套服务为一体，试油装备先进、测试手段齐全、技术力量雄厚、人员素质优良、经济实力较强的优秀试油技术服务企业。具有年试油300层、测试140层生产能力。全处下设6个部（室）、40个站（队），其中试油、测试、试井队伍24个，有3个队伍达到中国石油集团公司甲级队标准，其他试油队伍达到乙级队标准。现有在职职工730人，其中主体专业技术人员173人，中高级职称59人。近几年来，共取得各类科研成果141项，其中局级以上成果20项，获国家专利8项。于1998年通过质量认证，2001年完成GB / T9001：2000标准版的改版复评工作，并获英国国家质量保证有限公司颁发的质量体系认证证书、中国东北认证有限公司颁发的质量体系认证证书。2001年实施了HSE管理。为美国微生物公司提供修井、试油、测试等技术服务。2002年与中油测井公司首次赴缅甸施工，在进军国际市场上迈出可喜步伐。市场竞争、商贾云集；重组改制，再展雄风。

试油工人在现场精心施工

屡获专利

外国专家在调试设备

热烈欢送试油队伍赴缅甸施工

试油处愿与社会各届携手并进，

共创美好的明天！

地址：中国吉林省松原市宁江区前进街58号　　邮编：138000
联系电话：(0438)6336343　　6336352
传真：(0438)6336343

吉林石油集团有限责任公司

钻井工艺研究院

院长 李小兵

小井眼钻井完井配套技术

吉林石油集团有限责任公司钻井工艺研究院坐落于吉林省松原市经济技术开发区内，其前身为钻采工艺研究院，始建于1982年。主要负责钻井新技术、新工艺的研究、引进与推广应用工作。

我院现有固定资产一千五百多万元，主要科研仪器设备66台（套）。共有职工97人，其中高级工程师15人，工程师30人。下设市场开发部、经营管理部、综合办公室三个机关部室，五个科研室和一个农工商集体企业。多年来，我院科研人员经过刻苦攻关和不断创新形成了包括低渗透油藏油层保护技术、防塌堵漏技术、密闭取心工艺技术、松软地层取心工艺技术、套管粘砂强化固井技术、定向井服务技术、中半径薄油层水平井钻井技术、钻井工程设计及方案编制、小井眼钻井配套技术、调整井固井工艺技术、低密度水泥浆固井工艺技术、水力开窗径向水平井钻井工艺技术、井下陀螺仪测量技术、钻井液、固井水泥浆化验及钻井助剂、固井添加剂检测技术等一整套先进钻井工艺和技术，先后获得国家专利两项，中国石油集团公司及吉林石油集团公司科技进步奖50项。

有线随钻定向配套车

在激烈的市场竞争中，钻井工艺研究院以团结务实、开拓进取的精神走出了一条艰辛的成功之路。科研队伍素质和装备水平不断提高，形成了涵盖钻井科学高学历人才网络；拥有中油集团公司认证的钻井工程设计资质，吉林省和中国石油认证的二级化验室及 MWD无线随钻测斜仪、DST有线随钻测斜仪、陀螺测斜仪等国内先进设备；技术服务市场不断扩大，不但牢固占领了吉林油田技术服务市场，而且把服务扩展到了其他油田。希望有识之士与我院真诚合作，携手并进，依靠科技，共谋发展。

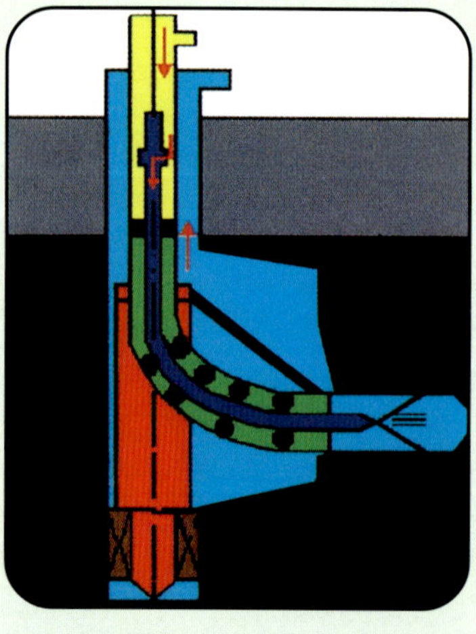

水力开窗径向水平井钻井配套技术

地　　址：吉林省松原市经济技术开发区内
邮　　编：138000
联系电话：(0438)6224979　　6225561
传　　真：(0438)6225561

长庆地球物理勘探处

处长　陈建新

党委书记兼常务副处长　王亚宁

钻井施工

放线途中

沙漠作业

炮点“搬家”

地震资料解释

长庆地球物理勘探处，是中国石油天然气集团公司长庆石油勘探局下属的一家集地震勘探设计、野外资料采集、室内资料处理、解释、测绘、VSP测井、计算机软硬件开发为一体，能够在沙漠戈壁、黄土塬区、高山丘陵、湖泊沼泽等各种复杂地表条件下施工的油气地震勘探工程技术服务企业，是国际地球物理承包商协会（IAGC）和中国石油协会物探分会正式会员单位。

本处现有员工1618人，具有大专以上学历的专业技术人员543人，其中高级工程师69人，教授级高工4人。单位下设地震队9个，研究所1个，装备管理、仪器管理和测绘测井服务公司各1个，配套服务单位7个。其中9个地震队中有4个队获得中国石油天然气集团公司甲级队资格，5个队通过乙级资格，2000年，企业还正式通过了北京三星质量认证中心的ISO 9002质量体系认证。在30余年的发展历程中，企业转战陕甘宁蒙晋青六省区，不仅为青海、玉门、南阳、滇黔桂等油田提供过地震勘探、资料处理和解释服务，还先后与美国哈里伯顿地球物理公司、菲利普斯公司、英荷壳牌公司、欧共体能源部等国外知名石油公司进行过卓有成效的工程与技术合作；2001年又走出国门，在厄瓜多尔承揽到三维地震工作量354平方千米。

近年来，企业还不断加大科研攻关力度，逐步总结形成了以黄土山地直测线地震勘探技术为核心、具有国内外领先水平的“十大特色技术”，为长庆油田苏里格大气田的发现做出了突出贡献。

展望未来，长庆物探人正借助“西部大开发”的良好机遇，满怀信心地向着企业“二次创业”的宏伟目标迈进。在这里，处长陈建新、处党委书记兼常务副处长王亚宁代表长庆物探处广大员工，竭诚希望继续为国内外广大客户提供优质的油气地震勘探工程技术服务。

地址：宁夏银川市燕鸽湖石油城
邮编：751100
电话：(0951)6938988　6938986
传真：(0951)6956888

大庆石油管理局潜油电泵技术服务公司

大庆电泵

大庆石油管理局潜油电泵技术服务公司，是潜油电泵产品开发、生产和销售的专业化公司，是中国石油天然气集团公司惟一的潜油电泵中心。有2000套电泵机组的年生产能力。主要生产适用于5in套管和7in套管两大类，可耐高温150℃、举升高度3000米、日排量从20～2000米，具有防腐、防沙等性能的5个系列的电泵产品。公司于1996年取得了ISO 9001认证证书，形成了完善成熟的质量保证体系。公司致力于为客户提供满意的服务，在国内塔里木、南海西部等5个油田和苏丹市场建有电泵检修厂和销售服务点，产品销往国内11大油田和美国、苏丹、秘鲁、墨西哥等国外油田，被中国质量管理协会评为用户满意企业。

与美国威德福公司签订销售协议

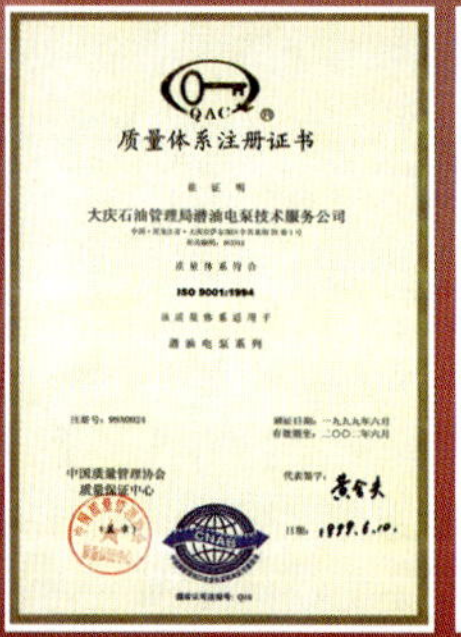

质量体系注册证书

质量体系注册证书（英文版）

地址：黑龙江省大庆市萨尔图区中兴北街28巷1号
邮编：163311
电话：(0459)4602254　　4602512

花园式厂区

第十一篇

企事业单位概览

大庆石油管理局

【概述】 大庆石油管理局（以下简称“管理局”）是中国石油天然气集团公司所属的大型石油企业。经营管理范围包括地球物理勘探、钻井、基建、油气生产服务、供排水、发供电、物业管理、房地产开发、精细化工、机械制造、农副产品生产加工以及文化教育、卫生、公共汽车、消防等诸多领域。其中，钻探、基建、供排水、发供电为主营业务。2001 年末，共设有局属二级单位 61 个，拥有职工 11.7 万人。资产总额 343 亿元，固定资产原值 239 亿元，净值 162 亿元，资产负债率 27%。一年来，全局广大干部职工在“发扬大庆精神，搞好二次创业，实现持续发展，再铸企业辉煌”战略方针和“1678”总体工作部署的指引下，全年共实现经营收入 234.9 亿元，其中，主营业务收入 149.6 亿元，多种经营系统实现收入 85.3 亿元。全局实现利润 1.1 亿元。全面完成了各项生产经营指标。

(1) 钻探系统。完成二维地震 2170 千米，三维地震 1381 平方千米。钻井 1878 口，进尺 243.69 万米，实现收入 31.1 亿元。

(2) 基建系统。完成施工产值 23.03 亿元，实现收入 26.1 亿元。

(3) 生产服务系统。完成总供电量 110.42 亿千瓦·时，自发电量 43.27 亿千瓦·时，总供热量 956.3 万吉焦，完成售水量 2.99 亿立方米。实现收入 60.7 亿元。完成物资供应额 71.8 亿元。

(4) 机械加工制造系统。生产电泵机组 1349 套，生产射孔弹 147 万发，生产抽油机 2150 台（套）。实现收入 6.7 亿元。

(5) 多种经营系统。生产轻烃 12.96 万吨，生产甲醇 12.77 万吨，处理轻烃量 20.25 万吨。工业产品社会销售收入 33.1 亿元。

(6) 社会服务系统。客运实现对外创收 0.4 亿元，物业实现对外创收 6.2 亿元。

(7) 其他方面。实现收入 70.6 亿元。

【确立发展方针和规划】 为应对入世后市场激烈竞争的严峻挑战，更加扎实地推进全局二次创业，管理局从战略管理的高度出发，明确了企业发展的方向和总体工作部署。

(1) 确定了全局二次创业战略方针。在全局上下深入讨论、反复论证的基础上，管理局确定了“发扬大庆精神，搞好二次创业，实现持续发展，再铸企业辉煌”的二次创业战略方针。主要就是，靠提高核心竞争能力，不断扩大市场，实现企业持续发展，充分体现先进生产力的发展要求；坚持与时俱进，以大庆精神为灵魂，创新企业文化，充分体现先进文化的前进方向；通过企业两个文明建设协调发展，使职工不断提高物质文化生活水平，切实代表广大职工群众的根本利益。

(2) 从企业的长远发展出发，制定了“十五”计划，提出了“1678”总体工作部署。主要是，围绕把管理局建设成为国内一流的、具有较强国际竞争能力、以石油工程技术服务为主、加速向新经济领域迈进、全面实施国际化经营的大型现代企业集团，重点完成体制创新、结构调整、强化经营、开拓市场、稳步发展、由大做强等 6 大任务；落实合作双赢、外部拓展、多元发展、低成本、人力资源开发、加快科技创新步伐、加强精神文明建设等 7 项保障措施；具体实现体制、总量及速度、效益、市场、科技、职工总量、职工收入和企业文化建设等 8 个目标。

【加强干部和职工队伍作风建设】 为适应企业进入市场，全面开始二次创业的新形势，管理局提出了“增强五种意识，提高十项工作水平”和“四个敢于”的要求以及“抓班子，树正气，上水平，促发展”的工作思路，对各级领导干部及全体职工的工作作风和精神状态进行整顿。

【着力解决企业管理的“瓶颈”问题】 管理局在全局范围内深入开展了“企业管理年”活动。重点抓了五项工作。(1) 局机关改革。按照“明确定位、调整职能、整合机构、精简人员”的原则，将局机关职能部门由原来的 26 个减少到了 15 个，人员由原来的 497 人减少到了 310 人，运行机制和管理职能也初步向公司制企业总部方向过渡，为全局逐步建立适应现代企业制度需要的管理体制创造了条件。(2) 物资管理体制改革。通过减少管理层次，简化业务流程，明确采购范围和权限，初步理顺了物资系统的管理体制，为各单位在闯市场中降低采购成本创造了条件。(3) 物业系统改革。通过实行监督管理与经营分开，物业管理业务与专业管理业务分开，经营性项目与公益性、福利性项目分开，初步解决了长期困扰企业的物业管理费用高的问题，服务质量有了明显的提高。(4) 清理“双挂”。对各种物资采购和施工队伍挂靠行为，进行了坚决清理，共查出“挂靠”物资企业481家、“挂靠”施工队伍及个人972个，工作量达10多亿元，严肃处理了相关责任人，进一步规范了局内市场，整顿了经济秩序。(5) 清理债权债务。通过有效解决局内单位间相互拖欠问题，加快关联交易结算进度，加大外部清欠力度，在一定程度上缓解了流动资金紧张的状况，大大减轻了企业经营负担。同时，积极推进干部人事制度改革，对49个换届改选的二级单位党政领导班子实行了行政副职差额竞聘和党群副职公开推荐人选，使一批受到群众拥护的优秀中青年干部脱颖而出，走上了领导岗位，树立了正确的用人导向，形成了干部能上能下的良好机制。

【积极调整产业结构】　针对全局产业格局和组织结构不合理的状况，深化改革。对基建系统实行了整体改制，组建了建设集团有限责任公司，在闯市场中形成了规模优势。对多种经营系统按照专业化、规模化的要求进行了重新整合，组建了创业集团，把全局1116家多种经营企业压缩到720家。不断加快机加系统产业产品结构调整的步伐，把二机厂改成特种汽车制造总厂，由生产抽油机转向特种汽车改装和汽车维修，缓解了抽油机生产能力过剩的矛盾，取得了较好经济效益。加大组织结构和队伍结构调整的力度，全局减少科室194个、大队级单位181个，压缩机关人员5434人。组织结构和队伍结构进一步趋向合理。

【大力开拓内外部市场】　面对油田工作量缩减和市场开发难度增大的严峻形势，全局各系统、各单位坚持“立足油田一流服务，面向市场二次创业”的方针，切实加大市场开发力度。为巩固与油田公司、炼化分公司的关联交易，牢固占领油田内部市场，管理局与油田公司、炼化分公司建立了定期的沟通联系制度，及时沟通情况，协调解决重大问题，保证了关联交易的顺利进行。全年共实现关联交易收入129.5亿元。与此同时，全局各系统、各单位努力开辟新的发展空间，在国内外市场开发方面取得了新的突破。钻探系统抓住西部油田上产的有利形势，不断加大对新疆、青海和中西部地区市场的开拓力度，全年共签订工程、技术服务合同49项，实现外部收入3.4亿元。基建系统重点围绕西气东输等国家重点工程项目，精心组织招标和施工，全年共承揽国内外工程35项，实现外部收入5.6亿元。生产服务系统充分发挥自身优势，树立了良好的商誉，市场占有率不断提高，全年实现外部收入7.6亿元。多种经营系统不断加强与地方共融合作，先后组织80多家企业参加了多项国内重大经贸活动，全年实现外部工业品销售收入19.9亿元。社会服务系统通过不断完善服务职能，扩大服务范围，全年实现外部收入3.4亿元。2001年全局共实现外部市场收入52.7亿元。

【党建和精神文明建设】　全局各级党政组织认真学习贯彻江总书记“七一”讲话和党的十五届五中、六中全会精神，紧紧围绕确保改革、发展和稳定协调推进，不断加强改进企业党的建设和精神文明建设。

(1) 切实推进党员队伍的思想作风建设。

(2) 大力加强以大庆精神、铁人精神为核心的企业文化建设。

(3) 不断强化思想政治工作。完善了《加强和改进全局思想政治工作的决定》，进一步创新企业思想政治工作的方式方法，形成了主要领导负总责、分管领导负专责、各部门协调配合、群团组织密切合作的齐抓共管的工作格局。

(4) 切实代表广大职工的根本利益，不断提高物质文化生活水平。全局各级组织不断推进厂务公开的规范化、制度化，保证了职工充分行使民主管理和监督的权利。为维护职工利益，管理局克服各种困难，对集体职工进行了有偿解除劳动合同，保证了集体职工的利益；在资金紧张的情况下，继续实施了1999年房屋建设计划，兴建了25.24万平方米的住宅楼，进一步改善了职工居住条件和居住环境；把职工反映强烈的老职工多、物业管理条件差的六个分散住宅区的住户，全部都迁进了新楼区；加强对职工休闲场所和文化设施的建设，投资兴建了铁人广场和有线电视中心办公楼，完善了离退休职工活动场所，并组织开展了丰富多彩的文体活动，丰富了职工群众的业余文化生活；不断增加就业机会，成立了人才劳动力交流中心，为职工子女就业创造了条件；完善了现行的医疗保险制度和集体所有制职工的养老保险制度；积极开展职工疗养工作，全年出疗职工6721人；大力实施送温暖工程，全年发放送温暖基金及慰问款520多万元，解决了特困职工的生活问题，增强了企业的凝聚力和向心力。

【召开全局共谋发展大会】　为了确保企业战略方针落到实处，增强各项战略任务和战略保障措施的可操作性，管理局组织有关部门在充分调查研究的基础上，对“1678”总体工作部署做了进一步完善和细化，并于12月18—21日召开了近千人参加的全局共谋发展大会，对12个分项实施方案进行了热烈讨论，充分听取干部职工意见和建议，最终形成了一套完善的实施方案，使企业发展思路更加清晰，广大干部职工的思想、行动进一步统一到了发展上来。

（陈立民）

吉林石油集团有限责任公司

【概述】 2001年，吉林石油集团有限责任公司（简称公司）设14个职能部、室，直属单位59个，职工总数37800人，其中各类技术人员11165人（含教授级高级工程师9人，高级职称855人，中级职称3777人，初级职称6273人，未定职称251人）。公司拥有专业设备6452台，总资产73亿元，固定资产原值59亿元，净值43亿元。

2001年是吉林石油集团有限责任公司实施“十五”计划和“改革与发展并重，三年走出困境”战略目标的第一年。吉林石油集团有限责任公司在集团公司和省委、省政府的正确领导下，努力实践“三个代表”的重要思想，认真贯彻落实党的十五届五中、六中全会精神，深入落实江总书记“七一”讲话和集团公司工作会议精神，经过广大职工的共同努力，使整个公司呈现出一个经营机制转换全面深入、科技创新大力推进、经济技术指标明显提高、经营形势全面好转、企业内部改革不断深化、职工精神风貌昂扬向上的崭新局面。各项工作都取得了重大进展，多项指标创造了历史最好水平，实现了“十五”的良好开局。全年实现总收入38.29亿元，比2000年增加10.05亿元；主营业务收入35.14亿元，比2000年增加9.91亿元；其中油田内部市场收入31.55亿元，比2000年增加9.38亿元；外部市场收入3.58亿元，比上年增加0.52亿元；多种经营收入3.15亿元，比上年增加0.1332亿元。出色地完成了集团公司下达的经营指标。

【生产建设】 吉林石油集团有限责任公司认真贯彻落实集团公司工作会议和公司领导干部会议精神，全面完成了生产建设任务。2001年为中国石油天然气股份有限公司吉林油田分公司新增探明石油地质储量6169万吨、新增探明可采储量1287万吨、控制石油地质储量7794万吨、原油生产完成410万吨提供了有力支持。全年完成二维采集495.38千米，记录优级品率达到89.95%，同比提高了6.75个百分点；完成三维采集937.187平方千米，完成资料解释三维1008平方千米，发现构造圈闭411个，落实183个，圈闭面积达654.76平方千米。平均动用30.40个钻井队，动用钻机41台，开钻999口，完成1 029口、进尺163万米，与上年相比创造了动用相同数量钻机实现钻井进尺历史最好水平。油层固井1 023口，录井施工1037口井，同比增加了60%，是录井历史上工作量完成最高的一年。发现油气显示1021层，累计厚度3479.94米。测井完成1 085口，同比增长448口，增长了69.8%。试油完成83口/292层，与2000年同期相比增加了24口/92层，分别增加了40.68%和46%。完成大修井290口、小修井13976口、压裂2241口/2741层，分别比历史最好水平增加65口、314口和300口/444层。

（1）施工速度。平均钻机月速度5312米/（台·月），平均机械钻速19.66米/小时。其中，探井动用钻机72.27台/月，平均钻机月速度2511米/（台·月），平均机械钻速9.84米/小时；开发井动用钻机235.45台/月，平均钻机月速度6172米/（台·月），平均机械钻速22.46米/时。平均钻机月速度与去年历史最好水平相比，在平均井深增加222.81米的情况下，提高1359米/（台·月），提高了34.38%。其中，探井提高420米/（台·月），提高了120.09%，开发井提高1651米/（台·月），提高了36.52%。平均机械钻速与1997年历史最好水平相比，在平均井深增加504.74米的情况下，提高5.64米/小时，提高了40.23%；与2000年同期相比，提高6.04米/小时，提高了44.35%。其中，探井提高1.44米/小时，提高了17.14%；开发井提高7.39米/小时，提高了49.04%。地调处242项目组，以平均日放炮314.5炮的成绩，创造了地调处有史以来的平均日放炮数量最高纪录，以空炮率0.02%、记录优级品率94.59%、合格率100%的质量指标，创造了地调处有史以来的质量最高纪录。

（2）施工质量。完成的三维野外采集优级品率达到了90.44%，比历史最好水平提高了3.73个百分点，在英坨地区完钻的探井和控制井，大多数获得工业油流，形成了具有高效开发条件和规模效益储量的构造岩性油藏区；油层固井 1023 口，合格率 99.51%，优质率为 75.1%，与 2000 年相比，合格率和优质率分别提高了 1.51 和 1.04 个百分点；地质录井油气发现率、井位测放准确率、资料全准率和取心层位卡准率均为 100%；取心质量，一般地层取心进尺 1310.67 米，岩心长 1299 米，岩心收获率为 99.11%，与 2000 年相比提高了 0.52 个百分点；破碎地层取心进尺 72.36 米，岩心长 48.82 米，岩心收获率为 67.47%；井身质量合格率为 100%，与 2000 年相比持平。事故损失率为 0.13%，复杂情况时效为 1.92%，电测一次成功率为 82.50%。测井解释符合率探井为 74.6%，开发井为 95%，分别比历史最好水平提高 2.4 百分点和 3.6 个百分点；试油综合质量合格率为 98.98%，与 2000 年相比提高了 0.9 个百分点；井下压裂卡井率为 1.29%，与 2000 年历史最好水平相比降低 0.51 个百分点；井下作业小修返修率低于集团公司控制标准 0.39 个百分点，大修施工一次成功率为 99.27%，作业施工设计符合率为 100%，作业优质井率为 98%，与 2000 年相比提高了 0.2 个百分点；作业合格率为 100%，资料全准率为 100%；油水井免修期由上年的 383 天延长到 409 天；全年完成油田地面建设施工产值工作量 3.0337 亿元，创造了英台、海坨子中转站建设两项优质工程，红木复线工程焊接实现一次无损检测合格率 96%以上，达到了国内领先水平。

【重点工程和重点项目】 2000 年，吉林石油集团有限责任公司按照“优化增量，盘活存量”和“稳步实施，注重效益”的原则，狠抓了重点工程和重点项目建设。

（1）低产低效油气开发工程。地质研究完成了 24 个区块的开发论证和开发方案编制工作，并上报集团公司审批。已完钻生产井 44 口，投产 30 口，累计产油 9654 吨。在完钻的生产井中，测井解释油水同层、油层单井累计厚度均在 10 米以上，最大厚度为 50 米，达到了开发的预期效果。

（2）房建工程。以“百分之百合格工程，百分之百用户满意”为目标，大力实施“民心工程”，分两期开工兴建了 21 万平方米、56 栋职工经济适用住宅。一期工程 13 万平方米住宅提前 45 天竣工，二期工程 8 万平方米住宅，已有 5 万多平方米交付使用。已完工程质量合格率为 100%。通过强化效益开发和加强项目管理，工程综合造价由上年的 913 元/平方米降低到 910 元/平方米，累计节约投资 226 万元，同时拉动相关产业经济 2 亿多元。去年实施的房建工程是油田建矿 40 年来，住宅建设面积最多、质量最好、工期最短的一年，赢得了广大职工的赞誉。

（3）热电联供和油改煤工程。经过一年来的艰辛努力，顺利实现了二机四炉并网发电和集中供热目标，成功地用 4.58 亿元的投资盘活了近 12 亿元的巨额闲置资产。全年共发电 2.9 亿千瓦·时，互抵电量 2.4 亿千瓦·时，商品率为 82.15%；全年供热 203.8 万吉焦，创产值 13056.7 万元，降低成本开支 727.5 万元，实现现金流量净额 1908.8 万元，取得了较好的经济效益。同时，成功地对地理位置分散、不能纳入热电厂供热系统的 7 处锅炉房 16 台燃油锅炉，实施了油改煤工程，每年可节约燃料费 530 余万元。

（4）二氧化碳开发项目。通过重翻老资料，重新对老井测试，重新开展储量核实，使伊通河西的预测储量达到了 225 亿立方米。同时，对单井管线进行了更新改造，保证了气井的正常生产。通过强化营销环节，努力开拓市场，全年共销售二氧化碳液体 4500 吨，实现销售收入 135 万元，实现利润 16 万元，提高了市场占有率和盈利能力。

（5）白水泥厂盘活项目。通过积极采取有效的营销策略、加大广告宣传的力度、设立代理商等措施，打出了品牌，闯出了生路。在产销两旺的基础上，精心组织了生料线改成熟料加工线，已于 2001 年 11 月正式投产。两条生产线具备了年产 12 万吨水泥的能力。全年共生产水泥 6 万吨，实现销售收入 1355 万元，利润 143 万元，并为全面盘活白水泥厂的闲置资产打下了坚实可靠的基础。

（6）二氧化碳降解材料项目。经过一年来的跟踪和调研，于 2001 年 9 月 4 日成功地与中科院长春应用化学研究所签订了投资意向书，目前正在进行可研报告的编制和向集团公司申请立项工作。

【经营管理】 2000 年，吉林石油集团有限责任公司从提高企业的管理水平、提高盈利能力和提升企业核心竞争力的目的出发，牢固树立“管理也是生产力”的观念，积极采取各种有效措施，切实加强了经营管理工作。

（1）以推行资产经营责任制为主线，进一步修订和完善了《资产经营责任制考核办法》。确定了先进合理的考核指标和不同的奖励政策以及相关的经济政策，明确了每个单位所承担的资产经营责任，建立了按月考核、按月兑现的动态跟踪考核机制，有效地调动了单位和职工的资产经营积极性。

（2）建立和完善了基本生产单元核算体系，切实做到了经营管理的责任重心下移。把资产经营的责任和目标分解到了基层和岗位，落实到了单车、单机、单队、单井、单个项目。通过实行项目管理，实现了管理人员和操作人员的优化组合以及设备、资源的合理配置，减少了人员、设备的闲置和浪费，减少了能源和物料消耗；通过推行单井或单项工程核算，使施工速度、施工质量明显提高，生产成本大幅度下降；通过实行计件工资制，把标准井次可控成本消耗定额、工资含量以及质量、安全等指标与职工工资收入挂钩，提高了工作效率和经济效益；通过实行单车核算，有效地控制了油料、材料以及住宿费、看车费、修胎费、补助费的跑冒滴漏，减少了费用支出，提高了管理水平。

(3) 建立和完善预算管理制度，实施了全面预算管理。重新制定了《预算管理办法》，对预算的执行情况，按月进行分析，半年进行一次检查，变事后核算的管理方式为事前预算、事中控制的管理方式；进一步加强和完善现金流管理，建立了资金管理责任制，健全了内部控制和监督约束机制，对资金统一归口管理，严格按现金流预算安排支出；严格执行资金使用的有关稽核制度和手续，严肃财经纪律，提高了资金的使用效益；强化了结算中心、审计处的结算管理和监督职能作用，对外付款实行了先审计后付款；科学合理地制定了内部定额，基本形成了自上而下、专业配套、先进合理、可操作性强的定额体系；加强了债权债务管理，制定了详细的清理债权计划和目标，实行了责任人和负责人管理制度，全年清回陈欠款2612万元；通过实施债务重组，取得收益1780万元。

(4) 强化了基础管理和专业管理。制定和完善了18项规章制度，使基础管理更加科学化和规范化；对供货厂家重新进行了资质审查，组织招标、招商84次，节约采购资金1926万元；开展了物资盘点活动，清理和处理积压物资559万元，利用账外物资616万元，库存物资结构合理率、物资周转次数都有了较大幅度的提高；从塔里木石油勘探指挥部以较低的价格购置了710吨钻具，装备了9个钻井队，并实施了钻具定队分级管理，使钻具管理工作登上一个新的台阶。

(5) 切实加强了审计监督和效能监察工作。全年共审计资金总额62.6亿元，形成直接经济成果10019万元；把国有资产、资金、油料管理以及物资采购和基建管理效能监察作为重点，全年挽回经济损失176万元，避免经济损失208万元。

(6) 全面加强了物业管理工作。通过深入开展“抓管理、堵漏洞、温暖千万家”活动，实现了均衡供热的目标；宅区卫生达标率在99%以上，绿化美化小区7个，解决了江北小窑区楼房多年来没有下水管道的问题，为职工群众实实在在办了好事。

通过努力，公司被集团公司评为2001年度综合统计工作先进单位；公司职业鉴定站被吉林省评为优秀单位；在集团公司住房制度改革工作会议上，公司的经济适用住房政策和建设工作受到了集团公司领导的充分肯定和高度赞扬。

【开拓外部市场】　吉林石油集团有限责任公司面对日趋激烈的市场竞争，从企业长远发展的战略高度出发，在资金十分困难的情况下，重点武装了具有竞争力的主体专业队伍，增强了市场竞争能力。依靠更新改造后的优势装备和先进技术，千方百计开拓国际、国内工程技术服务市场，并实现了两个新突破。一是抓住长庆油田大规模上产的有利时机，成立了长庆项目组，现已有两部钻机运抵长庆就位，具备了开钻条件。二是通过对苏丹石油工程技术服务市场进行全面、系统的考察，并在充分准备的基础上，积极参加了苏丹3/7区钻井项目投标，并以技术指标第一的成绩中标，迈出了吉林油田工程技术服务队伍赴海外施工的第一步。

【科技创新】　吉林石油集团有限责任公司根据“科技创新战略”的总体要求，大力实施技术创新战略，取得了一定成果。全年形成科技新成果106项，通过验收的技术创新成果95项，通过验收的管理创新成果11项。大情字井地区钻井技术研究，被集团公司评为2001年度10项重大技术创新成果之一，并且是钻井技术创新的惟一成果；地调处承担的“黑地庙、两井地区储层、构造精细解释及油气藏的识别”获得集团公司2001年度技术创新二等奖。“大情字井地区钻井技术研究”，使大情字井地区的平均钻井周期达到16.32天，比2000年缩短了8.71天，缩短了钻井液浸泡油层的时间，减少了油层污染，使平均单井日产量提高了2.59吨。通过在该地区使用两性离子聚合物钻井完井液油气层保护技术，使该地区渗透率恢复值达到了84.8%。特别是欠平衡钻井技术在伊51井的成功运用，使公司的钻井施工技术登上了一个新台阶，填补了公司钻井工艺领域里的一项空白。测井精细解释技术的研究应用，使探井解释符合率比要求指标提高了5—8个百分点；英台地区保护油气层钻井完井及压裂等新技术的应用，使英台地区油井产量比预计产量提高了两倍。

新工艺、新技术在生产中的应用发挥了应有的作用。尤其在通过推广和使用高砂比、防砂和控制裂缝等工艺技术，取得了明显的增产效果。在钻井工作中，进一步优化了钻头序列和类型，完善了钻井液体系和固井工艺技术。全年推广应用有线随钻技术237口井，占全年定向井总数的59.55%，对提高定向井钻井速度和井身质量发挥了应有的作用。试油生产通过使用射孔—测试联作等技术，使试油综合质量指标达到98.98%，比2000年同期提高了0.9个百分点。在地质录井生产中，通过应用岩心、气测和泥浆等录井新工艺和新技术，提高了录井精度，在黑帝庙、杨大成子构造上的14口探井设计层之外发现了油气显示26层113米。

【企业改革】　2001年，吉林石油集团有限责任公司在妥善处理改革、发展和稳定关系的前提下，继续深化企业内部改革。

进一步加大了产权制度改革的力度。按照年初确定的目标，汽修厂改制工作已经结束，成立了吉林石油装备技术工程服务有限公司；机械厂的改制方案已获集团公司批准，即将进入实质运作阶段；监理公司的改制工作正在按程序进行；建设公司、设计院、公路工程公司和房地产开发公司的公司制改造工作已经全面展开。多种经营系统改制工作已取得突破性进展，在原农工商机械修造厂和化工综合厂基础上重新设立的松原市吉油机械化工助剂厂，已于7月8日正式挂牌运行。改制后的企业经营收入明显增加，下半年共实现产值1815万元，比2000年同期增长124.35%。

进一步深化了三项制度改革。在人事制度改革方面，根据中央和集团公司的有关精神，进一步扩大了领导干部公开竞争上岗的范围。全年通过公开竞聘有22人走上副总师岗位，有181人走上科级岗位。深入实施了“3221”人才开发工程，对300名处级后备干部、100名经营管理型人才进行了培养。选拔出77名学科技术带头人，确定了400名专业技术骨干人选。在劳动用工制度改革方面，全年共办理有偿解除劳动合同745人；积极推进了“四岗”制动态运行，全年各单位共上报下岗人员994人次。在工资分配制度改革方面，坚持了按效分配的原则，对效益明显的单位及时兑现了效益工资，对经营出现亏损的4个单位减发工资92万元。通过三项制度改革，进一步调动了广大职工的积极性。

【文教卫生】　2001年，文教卫生事业健康发展。中考和高考成绩再创历史最好水平，中考超过600分的达103人，高考有34名考生总分超过600分，居松原市首位，并取得了文、理科7项单科第一名的好成绩。有12名考生升入清华、北大等名牌大学，有343名考生升入重点大学，有935名考生升入一般本科院校。高考升学率达86.7%。医疗卫生工作坚持以病人为中心，切实加强了医德医风建设，患者对医院综合满意率达到97.4%。

【精神文明建设】　2001年，认真学习江泽民“三个代表”，的重要思想和“七一”讲话精神，紧密围绕完成全年生产经营目标，广泛开展了以“六讲六看六增强”为内容的形势任务教育和解放思想大讨论活动。引导广大干部职工进一步解放思想，转变观念，增强了干部职工的市场意识、质量意识和效益意识，增强了企业的凝聚力和向心力。深入开展了党员“四带头”活动，使集团公司党建工作水平进一步提高，保证了改革与发展的顺利进行。积极开展思想政治工作创新，使思想政治工作在体制上、内容上、方式方法上，更加适应市场经济发展的需要，做到了“四个围绕”、“两个坚持”和“十个结合”，实现了“三个转变”，把思想政治工作与经营管理工作融为一体，增强了针对性和实效性。以“五创一评一树”为载体，以“争三好”、“创文明”为目标，进一步加强了精神文明创建活动。2001年，公司荣获了全省精神文明建设标兵单位、全省先进基层党组织、全国合理化建议和技术改进活动先进集体、全国“三五”保密法制宣传教育先进集体、全国“婚育新风进万家”活动先进集体和全国“五四红旗团委”等一系列荣誉称号。

（杨克军　张占继）

辽河石油勘探局

【概述】　2001年，辽河石油勘探局（以下简称勘探局或局）面对企业发展中存在的诸多矛盾和困难，认真落实集团公司工作部署，围绕局“十五”计划目标，以发展为主题，以结构调整为主线，以壮大企业实力和提高职工生活水平为根本出发点，深化配套改革，推进科技进步，强化经营管理，狠抓落实，各项工作取得了良好成绩。

全年实现总收入 132.2 亿元，上缴税费 6.82 亿元。其中，主营业务收入 82.89 亿元，补贴收入 6.2 亿元，营业外收入 3100 万元；主营业务成本支出 82.85 亿元，管理费用和财务费用 1.91 亿元，营业外支出 4.08 亿元；上缴税费 5.17 亿元，超额完成了年初职代会确定的利润指标；生产经营单位总收入同比增长 6.5%，多种经营销售收入 42.7 亿元，上缴税金 1.65 亿元，实现利润 0.56 亿元。

全局职工总数 69140 人，全员劳动生产率 38662 元/（人·年），年末全局固定资产原值 1031710 万元，净值 593214 万元。

职工收入总量较上年增长 10%以上。按照住房商品化、分配货币化的原则，新建职工住宅 6000 套，共计 50 万平方米。为解决边远地区平房和住房未达标户职工的困难，调整矿区布局，集资建房 1397 套，11.9 万平方米。投资 1.4 亿元，用于职工住房维修、老房电路改造、供暖供水管线维护、生活饮用水质改善、矿区环境整治等，进一步改善了职工生活条件。

【企业核心竞争能力进一步增强】　全局上下进一步明确工作定位，把竭诚服务油气主业作为生产经营工作的首要任务，深入开展形式多样的创优活动，动用主要装备、人员和技术，增加科技含量，降低成本费用，促进工程、产品、服务质量和水平的提高，在确保油田分公司油气生产基本稳定的同时，勘探局也取得较好的效益，实现了“双赢”目标。

钻探和修井作业系统，通过推广使用新技术、新产品、新工艺，强化生产组织和管理，工程质量和生产效率进一步提高。在钻井平均井深较上年增加 145 米的情况下，钻机月速度达到 2649 米/台，井身质量合格率达 100%，固井质量合格率达 99.7%。钻井完井 691 口，进尺 125.9 万米；完成二维地震 1295 千米，同比增加 390 千米；三维地震 769 平方千米，同比增加 97 平方千米。测井合格率达 100%。全年完成辽河油区探井地质录井 55 口，进尺 16.13 万米，探井钻井取心 1078.71 米；开发井地质录井 634 口，进尺 113.88 万米；侧钻井录井 239 口，进尺 34.57 万米；综合录井 19 口/38.27（台·月），气测录井 106 口/134.3（台·月），地化录井 7 口/20.53（台·月）。录井合格率达 100%。全年完成试油 109 层，大修侧钻 219 口，小修作业 4901 井次，压裂 299 井次，其他作业 249 井次，热力注汽 39.5 万吨。修井作业交井一次合格率达 98.8%，优质井率达 90%。建筑施工队伍完成产值 7.67 亿元，同比增加 754 万元。设计、施工质量合格率达 100%，基建工程优良率达 70%。在沈—抚输油管线、冷一联、洼一联、油改煤等重点建设、改造项目中，基建系统优化设计、施工方案，强化过程管理，严格落实责任制，保证投资控制，按期、优质完成施工任务。生产生活保障系统全面推行服务质量标准，努力提高工作质量和服务水平，较好的发挥了后勤保障作用。

【外部市场开发取得突破性进展】　在稳固占领油田区域市场的同时，外部市场开发取得新进展。瞄准目标市场，广泛收集信息，落实政策机制，加强组织领导，注重发挥优势技术，充分调动各方面的积极性，初步形成以局整体优势外闯市场的良好局面，进一步拓宽企业发展空间。

在国内市场方面，以西气东输工程为主线，统一组织油建、筑路、设计、监理等单位参与招投标工作，共投标 50 项，中标 29 项，中标率达 58%，合同金额 4.3 亿元。钻探施工队伍先后进入大庆、新疆、吉林、长庆、冀东等油田市场和本溪、大连等地方施工及技术服务领域，承揽国内项目 39 项。

在国外市场方面，积极参与集团公司对外工程承包项目，加强与各专业公司的合作，钻探、基建战线具有对外工程服务能力的 11 个单位全面参与国际市场竞争，有 5 部钻机、1 部修井机和 4 套地震采集、固井、测井、酸化等专业设备进入中东、北非、南美、东南亚、中亚 6 个地区施工作业。

全局共实现国内社会市场产值 5.5 亿元，其中，基建系统共完成社会市场开发工作量 4.6 亿元，钻探系统完成产值 9136 万元。国际市场完成合同总额 4000 万美元，实现收入 1000 万美元。

【企业改革不断深化】　坚持以结构调整为重点，着力解决企业长期形成的体制弊端和结构性矛盾，取得较大的进展。（1）按照适应市场、提高效益的原则，进一步精干主业，压缩富余能力。全局钻井队从 75 个调减为 65 个，全局作业队从 275 个压缩到 220 个，其中有 20 个作业队转产为捞油队。（2）按照主辅分离的原则，新组建欢喜岭、曙光、于楼 3 个地区公用事业处，全局物业系统区域化布局、专业化管理的格局已基本形成。（3）按照有进有退的原则，对长期处于严重亏损状态的运输公司撤销单位编制，实行分散化经营，实现平稳过渡，取得良好的减亏效果。（4）按照优势互补、合理布局、有效利用资源的原则，对部分同类型单位进行整合。全局 3 个隔热管生产企业进行联合，4 所职工医院进行合并重组，对区域教学管理机构、个别规模较小的学校进行调整，撤销了兴隆堡储运公司。

全局三项制度改革进一步深化。在人事制度改革方面，健全完善干部聘任、绩效考核、选拔培养、监督约束和交流机制。对新聘任的 50 多名处级干部全部实行任前公示。对筑路公司行政领导班子和机关部分处室领导干部进行公开招聘。在用工制度改革方面，重新开展“五定”工作，采取效益或效率定员法，编制 14 个系统、74 个专业队种的劳动定员标准，对工作量不饱满的岗位，实行撤岗、兼岗、并岗。严格控制职工增长和用工总量，对新增的 400 多名职工，全部实行市场工资、短期合同的新型用工制度。积极创造条件，使 1171 名职工子女实现社会化就业。在分配制度改革方面，调整对二级单位的承包考核办法，进一步完善经济效益决定工资总量的分配机制，坚持按季度考核兑现。同时，积极搞活微观分配，主要生产单位搞活分配面达 100%，最大浮动额度已达到职工档案工资的 50%。

【经营管理得到进一步规范】　(1) 坚持以财务资金管理为重点，建立完善监督约束机制，加强资金集中管理，清理撤销一批银行账户，全面开展对外投、外借和对外担保的清查工作，纠正不规范行为，减少了资金风险。(2) 加强投资管理和控制，规范投资决策和程序，加大项目前期工作的力度，强化对项目实施过程的审计监督，确保投资总量不超，杜绝计划外项目。按期完成一批重大装备改造，进一步提高主营业务的竞争能力。高效、优质完成 6 个矿区的油改煤工程项目，降低了矿区供暖成本。(3) 加强成本、费用管理，初步形成全员、全过程降成本、降费用的有效机制。将有关管理指标首次纳入对二级单位承包考核范围，推动管理增效工作的深入开展。(4) 加强内部市场管理，与油田分公司联手清理整顿内部市场，对主营业务工作量实行区域定向服务，减少工作量流失。(5) 局开展第 39 次岗位责任制大检查活动，重点突出冬季安全生产、冬防保温、环境保护三个方面。局 6 个检查团针对检查重点，认真完善检查内容和考核细则。整个岗检活动过程中，先后对全局 36 个二级单位进行抽检，共检查科级单位 92 个，基层小队 119 个，现场询问岗位工人和技术人员 160 多人，提出具体整改意见 190 多条，收到受检单位整改报告 2 份。这次检查活动体现了 3 个显著特点：①各级领导都给予高度重视，及时对岗检工作进行认真安排和精心组织。②全局上下以局第 39 次岗检为契机，全面推动各项基础管理工作再上新水平。③各单位密切结合生产工作实际，有侧重地抓好、抓紧冬季生产管理工作。

【安全环保工作取得好成绩】　2001 年，勘探局认真贯彻落实集团公司年度工作计划，全面建立和实施 HSE 管理体系，从严管理、强化监督，实现了全局安全生产管理年度工作目标。严格落实各级领导安全、环保责任制。(1) 局、处两级主要领导都能亲自主持安全、环保委员会会议，讨论研究安全、环保工作到位。参加各种生产经营会议必讲安全、环保。(2) 局、处两级领导带头执行安全生产、环境保护承包责任制度到位。全年，领导深入承包点开展安全活动共计 3900 余人次，帮助解决 1200 多个各类安全隐患问题。(3) 落实领导安全、环保工作目标到位。采用签订承包责任书的形式，层层将安全、环保责任制落实到各级领导、各个系统、各个基层单位。(4) 考核各级领导责任制落实的制约机制到位。继续实行对处级以上领导安全责任制考核制度和安全生产环境保护风险抵押金制度，局、处级以上领导干部共交纳风险抵押金 28.04 万元。

全局 25 个主要生产单位和辅助生产单位发布并实施 HSE 管理体系，651 个基层单位实施“两书一表”管理，全年共举办 HSE 培训班 85 期，培训各类人员 5214 人。全局在建立 HSE 管理体系中共投入资金 300 余万元，其中投入培训的资金为 84.7 万元。沈阳工程技术处、锦州工程技术处、测井公司、物探公司作为 HSE 管理体系认证的试点单位，通过了认证中心的认证审核。

2001 年勘探局实施“油改煤”工程，对沈阳工程技术处等 8 个锅炉房进行改造，全部进行环境保护评价，三同时执行率达 100%，防污设施运行率达 100%，环保设施投资 2140 万元。与 2000 年相比，排污费、污染赔偿费和生态资源补偿费分别下降 21.4%和 89%。全年共排放污水 817 万吨，排放化学需氧量 45109.42 吨/年、石油类 799.16 吨/年、挥发酚 88.9 吨/年、二氧化硫 3038 吨/年、烟尘 1723 吨/年。

2001 年，勘探局被集团公司评为安全生产、环境保护先进单位。

【技术创新能力明显增强】　坚持以市场为导向，以提高企业综合竞争能力为目标，全年共投入科技资金 7093 万元，重点围绕物探、钻井、测录井和井下作业四个领域，广泛开展科研攻关和新技术推广，较好地发挥科技在企业发展中的技术支撑作用。(1) 加速推进科研成果向现实生产力的转化，对深井钻井综合配套技术，水平井、侧钻井及侧钻水平井技术，深层地震勘探技术，成像测井技术，深层压裂技术等10项核心技术进行整合配套并推广应用。（2）集中力量，突出重点，找准主攻方向，突破一批关键技术难题，提高固井质量技术、热采井套管补贴技术、多底分支井钻井技术、开发地震技术等取得重大突破。（3）瞄准市场，发挥优势，形成侧钻井、侧钻水平井技术，地化气相色谱录井技术，油气水井带压作业技术等5项特色技术，以及长输管道、大型储罐全自动焊接和河流、道路定向穿越等5项基建施工技术，在外闯市场中发挥了巨大的作用。全年运用特色技术获得外部市场工作量6000多万元。完善科技项目管理机制，重大科研攻关项目全部实施课题制、合同管理，落实责任制，一批项目取得重大进展。

全年取得重大科研成果35项，申请国家专利52项，科技创效8000多万元。侧钻水平井、热采井套管补贴等技术居国内领先水平，多底分支井、超稠油集输等技术达到国际先进水平。

【多种经营成绩斐然】 大力推进多种经营集体企业产权制度改革和股份制改造，2001年共审批广源、兴海等45家集体企业改制方案，其中完成了38家企业改制工作。截至2001年底，累计完成75家多种经营集体企业改制工作，从业人员7719人，吸收职工投资1亿多元，改制企业经营规模占集体经济总量的71.4%，人员占职工总数的72.6%，基本完成集体企业改制的工作目标。企业改制后，初步建立了现代企业制度框架和运行机制，经济效益明显提高。2001年改制企业中，通过抽样统计表明，12家改制企业经营状况呈良性发展趋势，销售收入同比平均增长6.8%，利润总额增长31.1%。

以社会市场为发展方向，开发了有机热载体炉、粉煤灰砖、轻型彩板等新项目，取得良好的经济效益。盘锦中兴街改造、双兴路西住宅开发项目已全面展开。同时，采取各种形式，妥善解决一批小企业、小厂点、小商店等资不抵债、扭亏无望的问题。

以市场为导向，促进多种经营产业、产品结构的调整优化。将恒泰利公司与筑路公司管材厂进行重组。PVC型材、管材、门窗、外墙涂料、玻璃工艺品、导热油等产品都形成了一定规模，市场占有率逐步扩大，其中高温导热油、PVC排水管材等四种产品获得本年度辽宁省优秀产品奖。

2001年底，累计完成75家多种经营集体企业改制，改制企业平均社会产品销售率达40%，比改制前提高7.4%。全年局多种经营销售收入同比增长10.14%。

【领导班子建设得到进一步加强】 2001年，局党委以学习、实践“三个代表”重要思想为主线，认真抓领导干部理论武装工作。

为增强党组织的凝聚力和战斗力，加强党的自身建设，2001年，按照党章和上级党组织有关条例规定，经过全局各级党组织的共同努力，在纪念建党80周年之际，勘探局成功地召开第四次党代会。选举产生新一届党委和纪委。全局各单位进一步加强党的组织建设，先后有10个二级党委召开党代会或党员大会，完成换届选举工作；有9个二级党委增补委员（常委），新建二级党委3个，三级党委1个，党总支11个，党支部50个，保证党的基层组织健全，工作到位。

局党委和勘探局先后制定出台涉及干部选拔任用、产权代表管理、后备干部和科级干部队伍建设等一系列干部管理制度。实行领导干部任前公示、公开招聘、竞争上岗和试用期制。全年共调整充实34个二级单位、25个局机关部室及直属单位的领导班子，为30个二级单位配备35名正、副总工程师和6名总会计师，进一步改善领导班子结构，推进干部队伍年轻化进程。

【新形势下思想政治工作在创新中得到加强】 全局各级党组织继续深入贯彻中共中央思想政治工作会议精神，进一步落实党委统一领导，党政共同负责、齐抓共管的“大政工”领导体制和工作格局，围绕中心，突出重点，讲求实效，努力做好新形势下的思想政治工作。

（1）密切结合市场形势和生产经营工作实际，不间断地开展形势任务教育。

（2）注重做好改革中的思想政治工作，推动各项改革措施的顺利实施。2001年是全局改革力度较大的一年。局机关机构调整，运输公司解体，钻井队、作业队缩编，欢喜岭、曙光、于楼三个地区物业管理专业化重组，多种经营集体企业大面积股份制改造，停止住房实物分配，中专不再招生，技校调整办学方向，部分医疗单位合并重组以及内部三项制度改革等措施相继出台实施。各级党政工组织和领导干部始终站在“讲政治、讲大局、保稳定”的高度，不怕困难，不回避矛盾，采取多种形式，积极做好改革政策的宣传解释，认真处理群众来信来访，定期开展矛盾纠纷排查调处工作，坚持把思想教育同解决实际问题结合起来，尽最大努力为职工群众办实事，从而有效地维护了正常的生产和工作秩序，保持了队伍的基本稳定。

(3) 认真贯彻中共中央和辽宁省委的决策与部署，深入开展“严打”斗争，加强油田矿区社会治安综合治理和对干部职工的法制宣传教育。

【精神文明建设取得丰硕成果】　为适应企业走向市场的迫切需要，针对近两年勘探局大规模减员带来的队伍结构变化，全局各级党政工团组织协调配合，大力提升职工队伍素质，取得了明显成效。年初，局党委和勘探局做出决定，表彰 47 名劳动模范和 43 个基层先进集体；5 月份，又做出向全国“五一”劳动奖章获得者杨建新同志学习的决定；9 月份，表彰、奖励 25 名局级学术技术带头人和 92 名局级优秀人才。通过表彰先进，弘扬正气，较好地发挥了先进模范人物的示范导向作用。下半年，局党委和勘探局组织主营业务队伍技术素质状况大调查，召开“加强职工培训，提升队伍素质”经验交流会，举办全局第六届职工技术比赛。还通过不同方式、方法强化职工业务技术培训，全年共培训 61000 多人次，其中举办财务管理等各类专业知识培训班 50 期，培训干部 8300 多人次。

在提升队伍业务技术素质的同时，全局各单位还注重从实际出发，以弘扬“四创”企业精神为核心，加强企业文化建设，广泛开展群众性精神文明创建活动。尤其是各主营业务单位紧密结合生产经营实际，开展“安全、文明、优质”工程创建活动，促进企业管理水平的提高。中共中央颁布《公民道德建设实施纲要》后，全局上下认真学习贯彻，并以强化职业道德建设为重点，抓教育、抓载体、抓典型，推动全局精神文明建设的深入发展。2001 年，全局有 7 个单位被推荐为辽宁省精神文明建设先进单位。

（张学平）

大港油田集团有限责任公司

【概述】　截至 2001 年底，大港油田集团有限责任公司（以下简称油田集团公司或公司）管理国有企业职工总量为 45795 人，职工平均年龄 36 岁。其中：管理人员 5680 人，专业技术人员 9711 人，操作及服务人员 30404 人；大专及以上学历 9748 人，中专、技校及高中学历 18386 人，初中及以下学历 17661 人。油田集团公司机关设置职能部室 19 个，下辖 28 个二级单位，19 个直属处级单位；公司拥有全资子公司 7 个，控股子公司 10 个及一批参股公司。油田集团公司资产总额达 73.99 亿元，其中，流动资产 39.92 亿元，长期投资 1.64 亿元，固定资产原值 54.02 亿元、净值 29.27 亿元；资产总额中负债达 31.42 亿元，资产负债率为 42.5%，所有者权益为 42.10 亿元。

2001 年是“十五”计划的起始之年。油田集团公司突出抓好开拓市场、技术创新、改革调整、强化管理、保持稳定等重点工作，完成了年初预定的各项目标任务，为“十五”计划的实施奠定了良好的基础。全年主营业务收入达到 38.28 亿元；增加值达到 15.06 亿元；按照中油集团公司规定，减人增效等额核减三项费用补贴近 1.3 亿元后，实现了整体盈亏平衡的目标；固定资产投资控制在计划规模以内；用工总量比 2000 年末减少 10% 以上，职工人均实际收入比 2000 年增长 7.8%。全年完成钻井进尺 74.59 万米，比 2000 年增加 10.23%；完成二维地震 817 千米，同比增加 58.3%；完成三维地震 697 平方千米，同比增加 13.7%；完成试油 376 层，同比增加 23.3%；完成井下作业 4217 井次，同比增加 6.7%；完成测井测试 1425 井次，同比增加 12.9%；完成录井 322 口，同比增加 7.3%；完成供水量 2026 万立方米，同比减少 9.5%；完成供电量 13.5 亿千瓦·时，同比减少 7.1%。

【市场开发】　油田集团公司在 2000 年“市场开拓年”取得较大成效的基础上，将 2001 年又定为“效益年”，油田集团公司上下十分注重市场开拓的收益效果，市场开发又取得重要突破。大力巩固了大港油区市场，使市场占有率达到 90% 以上；全年外部市场收入达到 10.9 亿元。市场开发工作在四个方面取得了突破和进展：

一是开拓国际市场取得重要突破。公司所属钻井、井下等主体施工作业队伍首次走出国门，钻井 70111 队于 5 月进入委内瑞拉市场，井下 GW52 队于 10 月进入苏丹市场。定向井公司、中成公司和新世纪公司等单位，也在开拓国际市场上取得了新的进展。滩海、录井和井下公司在赵东合作区块反承包市场上，分别签订了新的项目合同。

二是国内市场又有新的拓展。第一，开辟了新市场。钻井单位发挥打超深井的优势，成功地开辟了新星西北局的钻井市场；其他单位抢抓机遇，成功地扩大了社会市场，石油工程公司、路桥公司、工程监理公司等单位在全国几个地区签订了较大数额的工程项目合同。第二，进一步巩固了玉门、冀东、青海、长庆、辽河、塔里木等油田的原有市场。第三，特色装备、特色技术在市场开发中作用明显，体现出新优势，创造了大大高于通用技术的经济效益。

三是小修作业市场专项治理见成效。2001年6月份以后，油田集团公司在全油区范围内开展了小修作业市场专项治理活动，吊销了不符合作业要求的修井作业队伍资质，制订了新的管理规定，提高了井下公司在油区小修市场的占有率。

四是难采储量合作开发顺利启动。在大港油田公司（以下简称油田公司）的大力支持下，2001年9月13日，油田集团公司与油田公司正式签署了塘沽油田未动用储量合作开发协议。油田集团公司组织精干力量，加快开发步伐，到2001年年底，经修复作业的出油井累计生产原油1485吨。

【技术进步】　2001年，油田集团公司积极筹措科技经费，科研项目投资由2000年的800万元增加到1800万元。以增强核心竞争力为目标，服务市场，科技创效见到比较好的效果：列入科研计划的129个项目正点运行率超过了90%；全年技术市场创收3600万元，科技增效1.18亿元，科技节支1329万元。

构建技术创新体系，整合科技开发资源。油田集团公司完善了以“一院、八所、两站、一部”为主体的技术中心组织机构。技术中心所属成员单位把握新定位、适应新角色、探索新方式，发挥团队优势，实现了技术开发与市场开拓的紧密结合。钻采工艺研究院与井下公司优势互补，中标承担了江苏油田55口井的压裂任务。有关单位在策划实验基地方案、井筒工具中心方案、苏丹压裂防砂方案及大张坨储气库工程施工过程中，均能发挥整体实力，出色地完成任务。油田集团公司还与西南石油学院签订了八个科技协作项目合同，开创了产、学、研相结合的新局面。

大力培育特色技术，壮大市场竞争实力。重点开展了特色技术、关键技术和前瞻技术的攻关。“甲酸盐钻井液、完井液体系研究应用”、“海上四分量地震施工工艺研究”等项目现场试验效果明显，“多级偏心密封螺杆泵研制”、“液—液旋流分离技术”等项目进入了国家技术前沿，全年又有10项技术获国家专利，18项技术提交专利局，1项成果获版权登记。此外，还承揽了国家经贸委项目2个、中国石油天然气集团公司项目7个、大港油田公司项目35个。

注重综合应用技术，推进科技成果转化。针对承揽的青海开2井和玉门窿8井钻井施工所面临的技术难题，开展了首次外部市场单井新技术应用立项研究，使这两口井分别实现了技术突破，其中开2井打破了该井所在构造钻井无成功的记录，为占稳目标市场赢得了信誉。滩海公司在港508、歧24－3等井应用多项新技术，钻井周期连创同地区同类井先进记录。

【改革调整】　2001年，油田集团公司按照中国石油天然气集团公司的整体部署，理顺体制、转变机制、调整结构、深化产权制度改革、分离办社会职能，做了大量的工作。特别在以下三个方面有较大的进展。

一是以资质认证为契机，对工程监理中心、设计院、建设公司和公路公司进行了公司制改造，使这些单位成为油田集团公司控股的有限责任公司，在提高施工作业单位竞争力和自主经营能力以及塑造多元投资主体的法人子公司方面迈出了实质性的步伐。

二是在产权制度改革方面有了重大突破。在理清产权关系、隶属关系和劳动关系的基础上，在所属运输公司实施了整体带资分流；与油田集团公司彻底理清了“产权、隶属和劳动关系”等三个关系；房地产开发公司的产权制度改革也完成了吸收社会法人单位购买国有资产和职工整体带资分流改制。

三是积极慎重地继续推行了以有偿解除劳动关系为主要形式的减员增效工作，内部劳动力市场建设取得了重大进展。全年又有6000多名职工与油田集团公司有偿解除了劳动关系，加上特殊工种提前退休等，共减员7000多人；建立了内部劳动力市场，在部分单位实行了按项目招聘施工队伍的用工管理办法；部分单位（钻井公司、物探公司）在社会上建立劳动力市场基地，保障了临时用工需要。

【经营管理】　2001年，油田集团公司根据“三年打基础”的要求，在管理工作上努力探索，扎实工作，力求实效。对所属单位严格考核兑现，坚持了以毛利保工资为主体的经营承包政策；制订有效措施，加大了困难单位扭亏解困的力度；强化集中控制，提高了资金使用效率；全面清查财产，减少了效益流失；加强了审计工作，开展了以材料物资管理为重点的成本管理效能监察，见到了明显的增效成果；规范QHSE体系运行，强化了企业基础管理；加大激励约束力度，提高了领导干部的工作绩效。在管理工作方面，有四项工作更为突出。

一是采取综合措施，狠抓扭亏解困。通过有针对性的帮促，经营困难的单位内部经营机制发生转变，经营状况明显改善，4个单位全面完成了年度各项经营考核指标。

二是在财务管理方面，按照中油集团公司部署，进行了全面的财产清查，进一步摸清了家底；强化资金全额预算控制，坚持资金集中统一管理，合理调配资金，保证了生产经营各项工作的正常开展，减少了财务费用支出；开展了《会计法》执行情况检查以及外投、外借、对外担保清理等工作，进一步夯实了财务管理基础。

三是干部人事管理力度进一步加大。通过强化绩效考核，加大班子调整力度，加强民主监督，实行动态管理，搞好岗位培训等措施，对所属单位领导班子和干部进行了较大幅度的调整，班子和队伍进一步精干，结构得到优化，素质有所提高。

四是ISO 9000质量管理和HSE体系管理进一步加强，各项指标完成情况良好，特别是安全生产各项措施进一步落实，全年圆满实现了“四个杜绝、三个不超、一个确保”，连续十一次荣获中油集团公司安全生产先进单位的称号。

【多种经营和新兴产业】 2001年，多经系统应对主业重组改制带来的挑战，在调整结构、改革体制、转换机制中艰难地探索前进，取得了较好的经营业绩。全年实现销售收入14.48亿元，增加值达到3.45亿元，实现利润2138万元，较好地完成了年初预定的指标。

继续深化以产权制度改革为主的企业改制，全年新建和改造股份制企业15家，使改制企业累计达到115家，进一步促进了多经企业经营机制的转变；狠抓扭亏解困工作，油田集团公司和各二级单位与44家多经企业签订了扭亏责任状，采取多种措施，使多经系统亏损企业亏损额大幅下降；筹建了集体资产管理中心，推动了对集体企业及其参股企业从行政管理到产权管理的转变，为理清三个关系（产权关系、隶属关系、劳动关系）奠定了一定的基础。

新兴产业呈现出良好发展势头。IC卡、钢板网塑料复合管、PP－R管材、羧甲基淀粉等高新技术项目，在抢占市场、扩大规模、增强盈利能力等方面都取得骄人的成绩。2001年新建的新兴产业项目，共计完成产值3620万元，其效益远远好于传统产业项目。

【社会公益事业】 2001年，油田集团公司认真落实“三个代表”重要思想，积极配合公司党委开展“讲、闯、转、促”主题活动，促进了队伍稳定和职工素质的提高。以高度负责的精神加强油田社区两个文明建设，与油田公司、石化公司密切合作，努力保持社区的稳定，基本做到了小区配套建设、经济适用房建设、老生活小区改造、公用设施完善和矿区环境综合治理五个没有停。

为职工群众兴办的实事好事继续取得进展。4000户成本价住宅建设工程、商业一条街改造工程、低压电网改造项目、中心地区生活污水治理项目等顺利推进。

物业管理水平有新的提高。2001年又有4个小区被评为天津市物业管理示范小区，2个小区被评为天津市优秀小区（大厦），15个小区（大厦）物业管理达标。组建了社区卫生服务网络系统，建立了34个社区服务站，进一步方便了小区居民就医。

普教系统积极进行办学体制改革，全面推进素质教育，又有三所学校被评为市级三A校，2001年高考升学率达到98%。

此外，在计划生育、法律事务、综合治理、信访、民调、离退休工作、文化体育等方面，各级各类组织也做了大量工作，取得了明显成效。

（王凤敏　王凤霞）

华北石油管理局

【概述】 华北石油管理局是中国石油天然气集团公司所属的集工程技术服务、生产服务、物业管理、社会服务和多种经营于一体的特大型国有企业。管理局总部位于河北省任丘市，紧靠京津地区，与著名的“华北明珠”白洋淀毗邻，铁路、公路四通八达，具有良好的经济地理环境和人文社会条件。

2001年末，全局有不同专业类别的直属单位（企业）60个（其中二级单位53个，局直属单位7

个)，职工 56574 人（其中女职工 1907 人，大专以上文化程度的 14049 人，专业技术人员 11790 人)；年末资产总额 80.48 亿元，其中流动资产 44.17 亿元，固定资产 30.91 亿元；全局拥有主要装备和辅助生产设施 10712 台（套)；建成了一批社会服务功能齐全的国家级和省级优秀物业管理小区。企业精神文明建设和文化建设达到较高水平。

2001 年，华北石油管理局各专业队伍以先进的技术、精良的装备、过硬的质量、雄厚的实力和良好的信誉积极开拓国内外市场，在全国各油田和石油化工企业承担完成了大量钻井、测井、测试、井下作业、地面工程和炼油化工等工程项目的建设施工；海外石油工程和技术服务有了较快增长，新开辟了几个国家的市场，增加了原有的市场份额；向国内外销售了大批石油机械产品。

华北石油管理局作为一个由油气生产单位转变为工程技术服务为主，同时承担相当社会服务职能的单位，经过平稳过渡，在求得生存的基础上，应对新挑战，迈出新步伐，实现了稳定发展。2001 年，华北石油管理局以"改革年、发展年、效益年"为工作主题，制定了改革、发展、稳定的各项工作部署，全局各单位和广大职工迎难而上，大力开拓市场，积极调整改革，强化企业管理，推进科技创新，各项工作都取得了新的成绩，实现了"十五"良好开局。

【生产经营】　2001 年，华北石油管理局圆满完成了中国石油天然气集团公司下达的经营指标。全局实现主营业务收入 57.29 亿元，为年预算的 111.65%，比上年增加 4.1%；全年财务收入 52.2 亿元，增收 0.9 亿元；实现主营业务利润 15356 万元；其他业务利润 4179 万元，较好地完成了实现内部利润预算指标。全局职工人均收入达 1.65 万元，比 2000 年增长了 15%以上，超过了年初确定的增长 11%的目标。

2001 年主营业务成本 548210 万元，比预算增加了 23323 万元，其中：工程技术服务板块成本 273570 万元，占主营业务成本的 50%，比预算 232936 万元增加了 40634 万元；生产服务板块成本 189785 万元，占主营业务成本的 35%，比预算 114409 万元增加了 75376 万元；机械加工板块成本 51626 万元，占主营业务成本的 9%，比预算 41812 万元增加了 9814 万元；社会服务板块成本 125462 万元，比预算 135730 万元下降了 10268 万元。

2001 年，全局共下达经集团公司审定的基本建设计划投资额 63493 万元，实际完成 51297 万元，其中：工程技术服务板块计划投资 39017 万元，实际完成 27498 万元；生产服务板块计划投资 4746 万元，实际完成 4367 万元；机械加工板块计划投资 4994 万元，实际完成 6794 万元；社会服务板块计划投资 14736 万元，实际完成 12638 万元。

全面实现了 2001 年安全环保工作目标。全员千人工业死亡率 0.017，千人重伤率 0.035，千台车死亡率 0.26，分别比控制指标下降 66%、86%、85%；全员负伤率控制在下达指标 1‰之内。井下作业无污染率 99.94%，锅炉烟尘外排达标率 100%，医疗废水外排达标率 100%，完成了中国石油天然气集团公司下达的污染物排放削减计划。

2001 年，机修制造业坚持生产一代，研制一代，储备一代的长远发展思路，全面开展技术创新、技术改造和新产品开发并取得丰硕成果。全年实现工业总产值 110314 万元（其中局外工作量 65814 万元)，实现利润 3368 万元。局属第一机械厂抓住西气东输工程这一历史发展机遇，通过各种融资方式积极筹措资金，对内联合，对外合资，同时启动了具有国际水平、国内领先的大螺旋钢管生产线、大直缝钢管生产线、钢管减阻内涂层生产线和直径为 1016 毫米的钢管外防腐生产线四大建设项目。除大直缝钢管生产线还在建设外，其他三个项目都投入了批量生产。全年共向西气东输工程提供成品管 4860 吨，占西气东输用螺旋管总量的 49.7%。

2001 年，全局能源综合消耗量从上年的 56.66 万吨（标煤）下降到 49.32 万吨（标煤)，下降率为 12.96%；企业增加值单位能耗由上年的 3.18 吨（标煤）下降到 2.74 吨（标煤)；钻井进尺柴油单耗从上年的 39.57 千克/米下降到 32.98 千克/米；供水供电单耗从上年的 0.8 千瓦·时/立方米下降到 0.75 千瓦·时/立方米。全年新上节能技术 18 项，建成年节能能力 26681 吨（标煤)，当年技措节能 10337 吨（标煤)，节能价值 644 万元，新增节能能力年节约量占总耗能量的 5.41%，超额完成了全年节能增效目标。

【市场开发】　2001 年全局市场开发呈现良好态势。华北石油管理局把市场开发作为企业生存发展的根本来抓，强化激励机制，制定了鼓励外闯市场的政策和办法，有效地激发开拓市场、创收增效的积极性。全年投资 4.52 亿元，加大装备更新改造力度，使以工程技术服务系统为主的设备状况有了较大改善，增强了竞争市场的能力。

在国内和国际市场上，钻井工程项目开始转入成规模、阵地战，高效率、高效益的稳步发展阶段，展示出可喜的发展前景。在关联交易市场上，始终恪守双赢互利、共同发展的原则，认真执行关联交易协议，搞好优质服务，全年实现关联交易收入29.7亿元；在国内油区和社会市场上，坚持着眼油区占市场，立足西部争市场，面向社会拓市场，优质服务稳市场的方针，不仅巩固和扩展了塔里木、吐哈、青海、冀东和燕山石化等市场，而且进入了吉林油田，中标了沧州—淄博等一批管道工程，并首次打入了中国石油化工集输公司管道工程市场。特别是大手笔开拓了长庆油田市场，陆续抢上钻机12台，钻井进尺9万米，完成工作量6439万元。2001年全局承揽合同工作量8.22亿元，实现收入7.6亿元，比2000年增长15%。

在国外市场上，全局在苏丹、蒙古、委内瑞拉、印尼、哈萨克斯坦、埃及、伊朗等国家，共有10个钻井队、8个修井队、2个油建施工队及录井、测井等队伍施工作业。特别是在委内瑞拉、印尼、阿联酋等国市场，已形成了较大规模。截至2001年底，全局对外工程承包项目共实现合同签约额10799.08万美元，全年完成合同4692.46万美元，占合同总额43%，实现收入2939.21万美元，获得合同额和实现收入分别比2000年增长34%和47%。全年成本支出2598.43万美元，实现利润439.06万美元，综合收益率14.94%。

全局机械加工制造单位以市场为导向抓好新项目建设和新产品开发，全年实现对外销售收入6.09亿元，利润2354万元；多种经营单位狠抓扭亏增盈，积极拓展市场，全年实现销售收入17.8亿元，创利512万元。

【企业改革】　2001年主营业务调整重组有了新的进展，结构调整和深化改革取得阶段性成果。按照集团公司的要求，全年报废了30台钻机，缩编了10个钻井队；对钻井公司进行了主辅分离，对固井和管具业务进行了专业化重组，对油建公司进行了改制；顺利完成了任丘基地供水、供电业务的专业化调整，按照集团公司的统一部署实现了勘察设计研究院与中国石油规划设计总院等单位的联合重组。

产权制度改革稳步推进。第二机械厂整体带资分流试点工作已经开始，商业公司和橡胶研究所两个试点也完成了改制立项报告。中小经营单位和多种经营企业先后进行股份制改造32个，出售、破产、兼并和关闭86个，实现了全年完成1/3的既定目标。结合产权制度改革，选择中心地区的综合二处和外围独立矿区的综合十二处两种不同类型的单位，进行了物业管理专业化改革试点。

解决企业办社会问题有了良好开端。在集团公司的支持下，将职工大学整体划转移交给中国远东国际贸易总公司，与其所属的中国防卫科技学院合并办学。华北石油学校整体划转与天津市教委正在洽谈。油田公安系统已经纳入了河北省公安序列管理。

“三项制度”改革逐步深化。管理局实施人事制度改革，相继对26个单位的领导班子成员进行了调整，选拔、任用了一批年轻干部，促进了班子结构和群体配备的优化。进一步完善内部分配办法，加大了对二级单位领导班子的考核力度，强化了收入与工效挂钩的激励机制，调动了各级干部和职工的工作积极性。按照中国石油天然气集团公司的部署，2001年继续组织实施了第二批有偿解除劳动关系工作，全年共办理了5436人有偿解除劳动关系手续。

【科学技术】　2001年，华北石油管理局实施科技创新计划，在科研立项、经费投入上向钻井、测井、井下作业、油建等行业倾斜。科技项目立项紧密结合生产、科技创新实际，使之有利于形成科技产业和专业技术服务优势，有利于提高科技成果含金量、产品附加值和市场竞争能力。在科技课题（项目）立项上，由“大一统立项”模式转向“双向选题、滚动立项”模式。同时，积极推广应用新技术，促进科技成果向现实生产力的转化，提高企业经营效益。

科研攻关和新技术推广方面，全局共下达科研项目76项，新产品开发项目5项，新技术推广项目16项，开题项目实施率达90%以上，全年取得科研成果56项。其中“深井超深井钻井工艺配套技术”、“网络双测井系统”、“垂直液压弯管机”、“大口径螺旋管国产化”、“埋地钢质管道三层结构防腐补口技术”、“共聚物底胶产品国产化开发”等技术成果达到了国际、国内先进水平。

2001年共取得科研成果67项，其中经集团公司鉴定3项，管理局鉴定64项。成果中达到国际先进水平的2项，国内领先水平的22项，国内先进水平的21项。全年获得河北省科学技术进步奖1项，获得中国石油天然气集团公司技术创新奖1项。

2001年全局评选出技术进步奖30项，其中一等奖10项，二等奖20项；评选出管理局科技管理先进集体7个，科技管理先进个人24名。

【管理工作】　企业重组后，华北石油管理局各项管理工作进一步加强。在投资管理方面，以工程技术服务为重点，加快了设备更新改造，以投资为导向，重点扶植了“西气东输”工程急需的大口径螺旋焊管、大直缝焊管、钢管减阻内涂层、钢管外防腐、共聚物底胶等项目的建设，为企业培育了新的经济增长点。在财务管理方面，进一步健全了动态预算管理制度，促进了预算目标的实现；严格目标成本管理，有效地控制了成本，提高了效益。在审计和效能监察方面，全年完成审计项目 205 项，取得经济成果 1.26 亿元；开展了以物资设备采购、医药采购和矿建工程为主要内容的招标管理效能监察，全年节约资金 2418.29 万元，避免和挽回经济损失 1365 万元。全年建立完善规章制度 345 项。在质量、安全、环保管理方面，坚持了“安全第一，预防为主”的方针。加强质量管理与控制，大力推行 ISO 9000 质量保证体系和 HSE 管理体系，促进了基础管理工作水平的提高；建立了“行政正职负总责、安全总监负专责”的安全生产监督体制，在全局 38 个单位设立了安全总监、副总监，加强了日常安全生产检查，全局安全生产保持了较好水平。

【服务工作】　2001 年，华北石油管理局生产服务和生活、社会服务水平有了新的提高。作为地区服务公司，管理局高度重视做好生产服务和生活后勤服务工作，积极适应重组改制后的新形势，不断强化服务意识，努力提高服务质量，较好地保证了全局和华北油田分公司、华北石化分公司的生产、生活需要。

生产服务方面。供水供电和通信工作实现了全年安全平稳运行，35 千伏以上线路供电时率保持在 98.5%以上，通信市话接通率 65%、电路畅通率 99.98%。完成了一批电网、水网改造工程项目，提高了供电供水保障能力。运输服务市场进一步规范，更新了部分车辆，提高了运输能力，保证了油水拉运、大件搬迁等任务的完成。物资供应坚持 24 小时保生产，主要物资供保率 100%。

生活服务方面。服务管理水平和服务质量不断提高，2001 年文明住宅小区建设跃上新台阶，又有 4 个居民小区跨入局级以上文明小区行列，其中省级优秀物业小区 2 个。各物业单位改善矿区环境，绿化美化住宅小区，共植树 115810 株，植绿篱 11360 延长米，种草坪 42300 平方米，栽草花 17470 平方米，种植攀缘植物 8230 株，建花坛绿地 7850 平方米，并创建了 1 个省级园林式住宅小区。全局文明小区总数达到了 31 个，其中国家级 3 个，省级 13 个。

在社会服务方面。企业所属各类学校的教育教学质量进一步提高，2001 年全局有 2075 名高中毕业生考入高等院校，录取率达 72.05%；医疗卫生工作全年完成门诊医疗 134.5 万人次，病床平均使用率达 56.9%。社会保险、计划生育、商业服务等工作也都取得了较好成绩。

华北油田矿区的通信技术水平和能力在微波化、程控化的基础上，综合通信能力有了进一步提高。全年完成通信工程建设项目 103 个，工程合格率 100%；敷设电缆 205 条千米、光缆 15.1 皮长千米；任丘—沧州光缆竣工开通，完成交换机扩容 12500 线。开通了油田的宽带城域网和国际国内主要城市的 IP 电话业务，提高了因特网接入能力，至 2001 年底，全局共有覆盖华北油区的微波通信站 38 座，数字微波干线 676 千米，光缆 270.5 千米，电缆 1500 条·千米，交换机总容量 15 万线，固定电话用户近 10 万户，无线寻呼用户 4 万户，城市移动市话（随身通）用户 7000 户，互联网注册用户 5000 户。

【多种经营】　2001 年末，华北石油管理局共有多种经营法人企业 280 家，比 2000 年减少了 42 家，其中工业企业 170 家，比 2000 年减少 30 家；从业人员 14286 人，其中全民职工 4259 人，大集体职工 122 人，分别比 2000 年减少 1501 人和 177 人。全系统资产总额 18.85 亿元，负债 10.74 亿元，所有者权益 8.11 亿元，其中集体资产权益 3.03 亿元。资产平均负债率由 2000 年的 59.5%下降到 57%，降低了 2.5 个百分点，企业的经济实力有了一定程度的增强。2001 年，多种经营系统生产经营总值 12.67 亿元，经营销售收入 12 亿元，社会经营销售收入 3 亿元，分别比 2000 年增加 2.4 亿元、2 亿元和 1000 万元；全系统工业企业利税总额 6200 多万元，其中盈利企业利润 2200 多万元，比 2000 年增加 47 万元。

2001 年，全局多种经营工业系统完成固定资产投资总额 1435 万元，其中生产经营总值在 500 万元以下的工业企业约有 110 多家；达到 500 万—1000 万元生产经营总值的企业有 30 家，另有 30 多家工业企业的全年生产经营总值达到 1000 万—5000 万元，较上年都有较好的发展。2001 年，全系统针对市场需要开发新产品、引进新技术，努力提高产品的附加值；针对多种经营企业的特点，狠抓生产经营和企业管理，降低生产经营成本，努力提高企业全员劳动生产率，以集约化生产方式提高企业的经济效益，做大做强多种经营企业；出现了综合十二处京茂公司、公用事业处大路有限责任公司等全年生产经营总值达 5000 万元以上，以及沧州华北石油专用管材有限公司这样的全年生产经营总值逾亿元的多种经营工业企业。

2001 年，多种经营系统工业企业的产权制度结构发生了重大变化。按照集团公司做大做强主营业务的产业结构调整总体部署要求，多种经营企业在全局范围内采取关闭、兼并、破产、股份制改造等多种方式进行企业产权制度改革。改制工作从试点走向全面实质性操作，在组织领导到位、改制对象确定、政策规定明确、实施方案落实的保证下快速、平稳推进。在短短两个多月的时间里，共关闭多种经营工业企业53家，破产2家，出售1家，完成股份制改造14家，进行股份制规范13家，兼并重组4家。

经过企业重组、股份制改造、有偿解除等多种形式的调整，多种经营系统从业人员的构成发生了较大的变化。截至2001年底，在多种经营工业企业的从业人员共有11994人，其中全民职工3232人，大集体职工95人，分别比2000年减少900多人和160多人。而工业企业资产总额增加至124616万元，资产负债率也从66.6%降低到63.8%，所有者权益则增加到了4亿多元。

【精神文明建设】　2001年，华北石油管理局各级党组织面对调整改革和生产经营中大量的热点难点问题，充分发挥政治核心作用，取得了以下比较好的成绩：

政治理论学习和“三讲”（讲学习、讲政治、讲正气）教育活动深入扎实。

领导班子考核和干部人事制度改革力度加大。局党委制定和实施了《管理局人事制度改革实施意见》，并取得阶段性成果，相继对26个单位年龄偏大的52名处级干部进行了调整，选拔了27名精力充沛、富有开拓精神的年轻干部进入了高一层次的领导岗位。同时，根据集团公司人事制度综合改革方案的安排，制定并试点了《健全和完善企业领导人员监督约束机制试点工作方案》。

党风廉政建设有了新的进步。2001年，管理局和各二级单位对党风廉政建设责任进行了修订和完善，推动了党风廉政建设和反腐败工作的深入开展。

基层党建水平得到提高。以建党80周年为契机，各级党组织紧密结合“创先争优”，广泛开展了丰富多彩的迎庆活动和以“思想觉悟高于群众、技术业务精于群众、完成任务好于群众”为基本内容的“党员先锋工程”活动，促进了基层党建总体水平的提高。

“抓、强、树”活动取得重要进展。2001年在不同系统抓了7个“抓、强、树”活动试点，并组织分片交流督导、现场观摩，总结推广好的经验，推动了活动的深入开展。各施工作业和辅助生产单位按照国际通行规则，以贯彻ISO 9000质量保证体系和HSE管理体系为主线，狠抓施工质量和安全、基层干部培训、基础工作创新，使企业的竞争能力和市场声誉明显提高。综合服务系统把服务上水平、管理上档次、效益上台阶，作为“抓、强、树”活动的着力点，使局级以上文明小区达到了31个。社会服务单位以改善服务态度、提高服务质量为重点，完善优质服务标准，实行公开承诺，创建文明窗口，取得了较好的社会效益和经济效益。各级工会把“经济技术创新工程”和多种形式的劳动竞赛纳入“抓、强、树”活动，为提高队伍素质，确保生产经营任务完成发挥了重要作用。各级团组织动员广大团员青年发挥生力军作用，给“青年文明号”、“青年岗位能手”和“安全竞赛”活动赋予新的内涵，在施工作业中创建了12个省、部级，两个国家级“青年文明号”，促进了市场开发和品牌战略的实施。

改革和经营过程中的宣传思想工作扎实有效。

各级党、政、工团组织坚持把关心职工疾苦，努力为群众多办实事，作为实践“三个代表”、维护队伍稳定的具体行动，广泛组织开展了多种形式的送温暖活动，全年慰问特困党员、老党员78人，离退休老同志2万人，劳动模范35人，一线职工300多人，特困家庭61户；共建立青年志愿者服务队1300个，服务站368个，包户服务780户，救助特困学生47名，为困难职工家庭解决了大量实际问题。

社会治安综合治理不断强化。各级公安保卫部门坚持不懈地开展以“打黑除恶”为重点的严打整治斗争，全年共侦破各类刑事案件283起，查处治安案件542起，抓获违法犯罪人员1329人。各综合服务处加强水电管理，与有关部门密切配合，严打盗电盗水行为，全局综合服务用电用水，同比分别下降1121万千瓦·时和183万立方米。

（李玉屏）

冀东石油勘探开发公司

【概述】　2001年是冀东石油勘探开发公司（以下简称冀东石油）实施“十五”计划的第一年，也是经历了改革与发展不平凡的一年。一年来，冀东石油广大干部职工紧密团结，认真贯彻落实集团公司各项工作部署，外闯市场，内抓管理，克服了各种困难，较好地完成了各项生产经营任务，“两个文明”建设取得了新的成果。全年实现经营收入4.49亿元，利润1038万元，同比分别增长5%和1%。其中，主营业务收入2.28亿元，利润51万元；多种经营单位及国有控股单位收入2.21亿元，实现利润987万元。先后获得了唐山市“文明单位”、“社会治安综合治理先进单位”称号；职工收入较2000年增长10%，队伍团结稳定，士气高涨，凝聚力和战斗力显著增强。

【基本状况】　截至2001年底，共有职工2223人，其中：大专以上学历590人，占职工总数的26.5%；中级职称以上378人（其中高级31人），占17%；党员665人，占29.9%。另外，退休人员982人，有偿解除劳动合同人员1201人。资产总值8.83亿元，其中：固定资产净值3.66亿元，流动资产4.13亿元，资产负债率13.8%。固定资产中，工程技术服务类的为0.48亿元，占13.1%；生产服务类的为0.73亿元，占20%；社会服务类的为2.45亿元，占66.9%。共有21个二级及直属单位，分为三大板块：一是石油工程生产技术服务板块，主要从事面向油区的井下作业、交通运输、油田建设、物资供应、通信等业务。二是多种经营板块，主要从事油气报废井开发利用、机械制造、油（日）化产品开发、养殖业、工程建筑施工、餐饮服务、印刷等业务。三是社会服务板块，包括医院、学校、公安处、物业公司、社区管理中心等单位，主要承担油区唐海、唐山、田庄三个基地的后勤服务工作。

【关联交易】　牢固树立大局观念，广泛宣传“油区市场是公司生存的基础”的思想，上下形成了摆正位置、搞好服务的全局观念。本着“双赢”原则，积极抓好关联交易协议的签订工作，确保了油区内部市场份额的落实和生产经营的平稳运行，为公司生存奠定了坚实基础。各单位突出“服务宗旨”，千方百计搞好服务。加强同油田公司各部门的联系，积极参与竞争，坚持以优质的服务、过硬的技术、合理的价格占领油区市场，赢得了甲方的信任和支持。2001年油区内部市场占有率比上年提高了5%。

【主营业务】　加大了硬件设施的投入，努力提高核心竞争力，全年共投资2260万元，对井下、油建、运输等为油工程和生产服务板块的施工设备进行更新；积极宣贯ISO 9000系列标准，建立并实施HSE管理体系，为油工程服务单位先后通过了ISO 9000质量管理体系认证，完成了HSE管理体系文件的发布工作，并有五个作业队通过集团公司甲级队认证，进一步提高了队伍的竞争实力和服务水平。

【多种经营】　树立“大多种经营”的全局发展观念，本着“以效益为中心、以市场为导向、以油气为依托、坚持深化改革、坚持走“四自”道路和持续稳定发展”的六条原则，进一步加大了对多种经营单位的调整、规范和扶持力度。一是加大调整力度，形成了以报废井开发、机械制造、油（日）化产品开发生产、生（种）猪养殖、工程建筑施工和餐饮服务为重点的六大骨干企业。二是严格按照“四自”要求，进一步规范多种经营企业运作。多种经营各单位基本消灭了亏损，初步踏上了“四自”道路。三是大力扶持多种经营骨干企业，继续加大资金投入，实施真空加热炉二期扩建工程，尽快提高生产能力，扩大市场占有份额。根据市场形势的变化以及国家和地方政府有关政策的调整，对正田公司养猪场进行了扩建改造。目前，正田公司年养殖规模已达到3万头，成为唐山市养殖业“龙头”企业和河北省养殖业重点扶持企业。

【市场开拓】　坚持内抓管理、外树形象，积极拓展外部市场，取得了明显成效。井下作业已进入外部油田作业市场；油建施工已进入中石化等社会市场，并以优良的施工质量赢得了甲方的好评；机械公司真空加热炉已进入全国十几个油气田市场，全年销售量达到107台，比2000年增加一倍。正田公司100%、石油宾馆80%的经营收入来自社会市场。在公司全年经营收入中，油区外的收入超过了8000万元，约占18%。

【科技创新】　建立、完善技术创新体系，先后成立了井下作业技术、油气开采技术、石油机电技术等三个创新中心。全年共申报专利九项，已批准六项，实现了公司重组后专利零的突破。《真空加热炉的开发与试制》荣获河北省科学技术进步三等奖。各单位牢固树立“科技是第一生产力”的思想，以科技为先导，依靠技术进步提升产品质量和竞争实力。北田公司与石油院校合作开展油层识别挖潜增产课题研究，并运用到开发生产实践，取得了较好的经济效益。机械公司加快新产品开发力度，相继完成天然气加热炉、无电自控加热炉和分体变相炉的设计开发，投放市场后受到了用户好评。瑞丰化工公司组织力量研制开发出低温破乳剂、微生物破乳剂等新产品相继在高尚堡、老爷庙油田推广使用，较好地满足了油田公司的需求，扩大了油田市场的占有份额。

【企业改革】　以理顺管理体制和经营机制为突破口，加大公司内部改革力度，清理规范，理顺关系，明确权责，取得了较好效果。一是建立健全了激励约束机制，本着创新的思想，改变了以往按行政级别考核经营者的办法，对生产经营单位及经营者实行职级动态管理，经营者的待遇随企业类型的变化而浮动。按照“创利提成、节约分成”的原则，鼓励各单位挖潜增效，多创效益。同时，出台了《关于对违反经营管理规定行为进行责任追究的暂行办法》等约束制度，健全了“五位一体”的监督体系。这些措施，形成了较为完善的激励约束机制，为各项经营目标的全面完成奠定了坚实的基础。二是积极推进三项制度改革，进一步完善了以“公开招聘、民主推荐、竞争上岗、动态管理”等为主要内容的干部聘任制度，初步建立了干部能上能下的机制，同时，《关于改制企业管理人员选聘的有关规定》。对新增劳动力实行“就业指导、双向选择、短期合同、市场工资”，组织了大中专毕业生就业洽谈会，积极稳妥地做好安置工作，职工总量严格控制在计划以内。三是加大企业改革力度。为避免同业无序竞争，增强开拓市场的实力，将从事建筑业务的四个公司重组为冀东石油三达建筑有限责任公司，将油田建设分公司改制为国有控股的有限责任公司，进一步规范了内部市场，提高了专业化管理水平和资质水平；针对改制企业法人治理结构不健全、董事会及监事会作用发挥不好的实际，严格按照《公司法》的有关要求，分不同情况对11家改制企业“新三会”进行了改组改造，配齐“三会”人员，设立专职监事，明确企业董事会、经理班子的责任和权力，健全、完善了改制企业法人治理结构；清理规范公司内部多级法人企业，关闭了25个子公司，堵塞了管理漏洞。四是进一步明确发展思路。通过实践，初步提出了“再造一个全新的冀东石油”的奋斗目标，并不断赋予新的内容，使之更加具体。

【企业管理】　一是强化企业基础管理工作。加强了财务管理，开展了财务大检查，对各单位资金使用、资产管理、成本费用管理与核算、《会计法》执行等情况进行了重点清查，规范了财务管理工作，较好地控制了财务支出。严格了合同管理，严把合同的授权关、签约关、履行关及结算关，对违反规定的行为加大了处罚力度。规范了项目管理，全面实行项目长负责制，严格项目决策程序，开展项目招投标，全年节约投资116万元。加强了市场管理，严把市场准入关，防止效益的流失；认真规范市场秩序，避免了无序竞争。加大了审计力度，实现了基本建设及大修维修等工程结算审计覆盖面、机动设备大修结算审计覆盖面、财务收支审计覆盖面三个百分之百。二是大力加强安全环保工作。狠抓制度落实，严格落实安全环保责任制，修改完善各项安全管理规章制度，夯实安全管理工作基础；建立和实施HSE管理体系，认真做好体系管理文件的发布、岗位风险评估及教育培训工作，努力提高安全环保管理水平；大力开展安全环保宣传教育，进一步增强了全员安全环保意识；强化安全监督检查，全年共组织九次安全大检查，及时整改了存在的问题，有效地消除了事故隐患。三是建立健全各项规章制度和运行程序。结合实际，编制印发了《公司制度汇编》，规范机关部室的运行规则和工作制度，理顺部室之间的关系，促进管理工作的程序化、规范化。在此基础上，相继制定下发了31项管理制度，涉及安全、财务、人事、计划等各个方面，较好地规范了各项管理基础工作。制订了《基层队站建设条例》，不断夯实基础管理，强化基层建设。

（刘金平　卢增龙）

四川石油管理局

【概述】 2001年底，四川石油管理局有从事油气勘探、机械制造、施工作业、科研设计、文教卫生等业务的局属二级单位43个，有从事地震勘探、钻井、试油、测井、井下作业、压裂酸化、油气田建设安装等任务的野外生产作业队217个。全局有在册职工45971人（包括离岗退养4458人），其中干部14592人，工人31379人；具有高级技术职称的986人，中级技术职称的3979人。截至2001年底，全局资产总额为86.91亿元，固定资产原值为51.35亿元，负债总额为33.86亿元，所有者权益为53.04亿元；主要专业设备有4814台（套），其中大中型钻机66台（套）、钻采特车98台（套）、测井及物探设备533台、切削机床758台、运输车辆1601台，设备新度系数为0.6。

2001年，四川石油管理局以加快发展为主题，以扭亏脱困为目标，拓展国内外市场，加强企业管理和结构调整，开展关联交易工作，推进科技进步，完成了主要生产经营指标和集团公司下达的考核指标。全年完成经营收入40.57亿元，实现生产经营总值40.85亿元，完成固定资产投资4.67亿元，在集团公司三项费用补贴减少的情况下，全局实现盈亏持平。

【工程技术服务和市场开拓】 四川石油管理局认真贯彻“走出去”战略，充分发挥自身的技术优势，在巩固川渝市场的同时，加大开拓外部市场的力度，取得显著成绩。完成了本油区的地震勘探、钻井、测井、井下作业等工程技术服务，为西南油气田分公司新增天然气储量和获得高产气井起到重要作用。

1. 地震勘探工程技术服务

2001年，四川石油管理局地震勘探工程技术服务的内部市场主要在川渝地区，外部市场主要在新疆。川渝地区全年共有15个二维队、3个三维项目区块开炮生产，共完成二维地震采集测线296条、总剖面长度4747.73千米，地震记录合格率99.32%、一级品率68.9%；共完成三个三维区块（盐井沟构造、白马庙构造、罗家寨构造）地震采集工作，地下反射点694.8平方千米，地震记录合格率99.98%、一级品率66.82%。在新疆的地震勘探累计完成二维工作量1738千米，各项生产指标均达到甲方要求，地震记录合格率99.4%、一级品率82.4%。全年完成VSP测井7口，共提交89个地震勘探成果报告、74个目标处理解释报告，全年解释工作量509290.44层千米。全年通过大量的资料采集及地质理论解释，获得了丰硕的地质成果。进一步查明潜伏构造17个，主要目的层圈闭面积340.81平方千米；进一步查明潜伏高点1个，主要目的层圈闭面积3.34平方千米；新发现潜伏构造35个，主要目的层圈闭面积458.44平方千米；新发现潜伏高点18个，主要目的层圈闭面积61.25平方千米；进一步查明潜伏高显示66个，主要目的层圈闭面积105.27平方千米。提供建议井位196口，为今后油气勘探开发提供了丰富的地质资料和钻探目标。

2. 钻井、测井、井下作业工程技术服务

（1）全年开钻井149口、完成井121口，钻井进尺42.88万米，比上年增加37%；其中，局内开钻井74口、完成井55口，完成钻井进尺17.2万米。局内耗用钻机195台/月，钻机月速881米/（台·月），比上年提高8%；平均机械钻速2.96米/小时，较上年提高0.25米/时，创近十年最好水平；局内完成井井身质量合格率100%，固井171井次，固井合格率99%，取心进尺1356.79米，取心收获率98.45%；事故时效2.02%，比2000年略有下降。2001年，针对不同地区地质特点，大力推广应用螺杆带PDC钻头技术、偏轴接头和钟摆钻具防斜技术、钻井液防塌技术、综合治漏技术等，使深井钻井速度大幅提高。深井高压气井工艺及配套技术不断完善，在气层井使用膨胀剂、降失水剂，有效控制套管环空的窜气问题，坚持使用套管液压大钳，提高套管的密封能力。在罗家2井运用7英寸分级注水器入井试验取得成功，填补了川东固井的一项空白。侧钻、定向井、取心水平不断提高，在鹰1井、罗永3井等井采用定向侧钻和在磨溪构造多口老井进行开窗侧钻，均取得成功。在海南、渤海、新疆、吐哈、青海、华北、中原、大港等油田进行取心技术服务，受到好评。

（2）全年完成试油83口井、91层，进行地层测试25井次，成功率96%；全年压裂酸化160口井171井次，井次有效率57.9%。

（3）全年共完成各类测井497井次，川渝地区

297井次，外部市场200井次。其中一套5700数控测井设备进入苏丹，完成测井15井次，实现国际市场零的突破。全年综合测井解释473井次（包括外部市场），解释油气层175层，测井解释共计907层，经试油验证（不包括外部市场）233层，解释符合209层，解释符合率为89.7%，其中探井解释成功率为84.62%，开发井测井解释符合率为90.72%。

（4）在川渝地区关联交易中，全年完成油气田地面建设工程470项，新建管线470千米，地面装置31套，共施工完成井场装置35口，集气支线118.3千米。地面建设施工全年共计完成产值8.6亿元。重点工程主要有：沙坪场气田内部集输工程、中河、北河穿越工程、川东两线脱水工程、南干线改造二期工程、眉山至夹江输气管道工程、泸威输气管道工程。

（5）机制机修全行业发扬“二次创业”精神，挖掘内部潜力，强化企业管理，坚持以销售为龙头，效益为中心，质量为根本，开发出了一批新产品，积极拓展产品市场。全年生产三牙轮钻头11837只、天然气压缩机10台、螺旋焊缝钢管30957吨、钻机固控设备85台（套）、钻机供配电装置24台、钻井工具2890件（套）、双金属缸套18160件（套）、仪器仪表114台（套），完成柴油机、发电机组大修45台（套），改装油田专用车辆53台。局属六个机厂（全民部分）总计完成工业产值2.88亿元，销售产值2.83亿元，机械产品实现出口交货值2230万元。一批新产品通过鉴定。南充机械厂研制的J240－D2离心机、JQB－1泥浆聚合物剪切泵、除砂除泥一体化清洁器、ZNJD－1型智能化井场交流供配电装置通过局级鉴定；广汉钻采设备厂新材料双金属缸套、资中机械厂W型CNG充气站压缩机等2项产品获2001年度国家重点新产品资格证书；成都总机械厂研制的17½英寸无体式钻头其性能指标达到国内领先水平；研制的265G22－1型大尺寸镶齿钻头填补了国内空白。

（6）在国际市场上，除巩固泰国、印尼等原有市场，大力开拓中东、中亚、南美和非洲市场。截至2001年底，全局共有10台钻机，其中4台租赁，6台参与钻井工程服务；1套MWD随钻测量系统、2套固井设备、2套测井设备、2套顶驱分别进入泰国、印尼、巴基斯坦、伊朗、委内瑞拉、苏丹、厄瓜多尔等七国进行工程技术服务，并与哈萨克斯坦签订46万美元的技术服务合同。全年实现涉外工程服务合同总额5304.25万美元，完成合同额568.8万美元，工程项目带动劳务人员299人出国工作。缸套、三牙轮钻头、金刚石钻头、钻机配件等机械产品实现出口总额645万美元。

【关联交易】 为保证2001年关联交易工作顺利开展，四川石油管理局制订了2001年关联交易工作指导意见和管理办法，统一部署和开展关联交易工作。加强与西南油气田分公司及所属单位的协调沟通，定期召开联系会议，协调、解决存在的分歧和问题，对提供服务的项目进行全面清理，各分协议的服务项目量价基本明朗，使关联交易进一步规范。在关联交易协议不能一时签订的特殊情况下，采取“边干边谈”的办法，减少合同问题对生产的影响。11月底，四川石油管理局与西南油气田分公司达成2001年关联交易协议，完成关联交易额28.53亿元，同比下降4.6%，基本保持平稳运行。

【多元开发与经营】 2001年，四川石油管理局加大改制力度，做好独立核算的多种经营企业改制试点工作，加强项目开发工作，不断开发新产品，积极寻找新的经济增长点。

（1）运输：2001年，全局四个运输单位实行重组合并，成立了运输总公司，坚持以市场为导向、经济效益为中心，在确保局内和西南油气田分公司运输任务完成的前提下，积极开发社会运输市场。全年共搬迁各型钻机102台（次），其中4000米以上大型钻机40台（次），全年完成货物周转量1.14亿吨·千米，完成吊车总台时1.02万台·时，实现营运收入1.23亿元。

（2）多种经营：全局独立核算的多种经营完成生产经营总值18.15亿元，比2000年增长8.36%；实现销售收入17.34亿元，比2000年增长9.06%；安置各类从业人员11596人，其中：全民职工4426人。全局246个独立核算的多种经营企业中，生产经营总值在500万元以上的有79家，生产经营总值为15.79亿元，占多种经营全部生产经营总值的86.98%。全局多种经营资产总额为21.45亿元，全年实际完成投资3175万元。全局多种经营产品有40余个大类、200余种，出口产品两种。此外，全局多种经营集体企业进行了重组改制试点。确立以川东开发公司四个集体企业整体改制，川东钻探公司渝达公司带资分流为全局集体企业改制工作试点，并开展工作。针对全局多种经营企业在产业结构和产品结构方面存在的问题，根据市场需求，重点发展市场容量大、效益好、技术含量高、具备一定规模并能带动相关产业和行业发展的项目。广汉宏华有限公司开发的科技含量较高的数控钻机和电动钻机，呈现良好的发展趋势，年销售收入达1.34亿元。局内开发的钻井液材料、压裂酸化材料、井下堵漏材料，产销形势好。同时，加大对 CNG 汽车的投入，全局已经有 29 座 CNG 加气站投入经营。强化管理工作，建立和完善扭亏责任制，加强内部管理，严格控制成本。完善《集体企业产权制度改革意见》、《四川石油管理局多种经营企业借改投、债转股管理办法》、《四川石油管理局多种经营借款管理办法》等管理办法和意见。加大扭亏增盈力度，对部分长期亏损、市场前景不好的 20 家企业实行关、停、并、转，全局多种经营亏损企业由上年的 100 家下降到 2001 的 68 家，亏损额由上年的 7376 万元减少到 2001 年的 1714 万元。

【科技进步】　2001 年，四川石油管理局围绕产业开发型、应用型、效益型为主开展科研工作，实施技术创新取得显著成效。全年鉴定科研成果 70 项，获四川省科技进步三等奖两项，获集团公司科技创新一等奖两项、二等奖两项；一名科技工作者获“全国孙越崎科技教育奖励基金优秀科技青年奖”；申请专利八项。“新材料双金属缸套”、“W 型 CNG 充气站压缩机”、“闭式再生循环双床层分子筛干燥脱水装置”三项技术产品获 2001 年度国家重点新产品资格证书。针对勘探领域纵深发展、工程条件越来越复杂的情况，开展强化堵漏技术，提高深井钻速综合配套技术、井控技术、复杂地表和地腹条件地震勘探技术等科技攻关、推广应用螺杆带 PDC 钻头快速钻井、欠平衡钻井、复杂油气藏及碳酸盐岩裂缝特征定量描述、管外封隔固井技术、小井眼侧钻等新技术，提高工艺技术水平和企业竞争力。全年技术市场完成合同交易 112 项，交易额 3236 万元。

【企业改革与管理】　2001 年，四川石油管理局着重进行了结构调整、产权制度改革、三项制度改革以及强化管理等方面的工作。

（1）结构调整。在四个运输单位的基础上重组成立汽车运输总公司；以局设计院的全部资产入股，成为中国石油集团工程设计有限公司的股东之一；成立了局设备租赁中心；对局属二级单位七家设计院所、六个小型油气田建设单位分别进行了重组；对重庆仪器厂实行由整体关闭，以产品为龙头实施重组；加快企业办社会职能的分离，停办了一批技工校、职工医院、机关招待所等。

（2）产权制度改革。完成了油建总公司组建为四川石油天然气建设工程有限责任公司的工商注册工作；监理公司实行整体带资分流改制的立项报告已通过集团公司批复；一批集体所有制企业进行了改制。

（3）人事制度改革。完善领导选拔考核责任制，全面推行企业领导人员任前“公示制”，全年考核调整和组建了 30 个二级单位领导班子、13 个局机关部室，共调整处级领导人员 107 人。组织实施劳动合同到期后的终止和续签工作，办理终止和解除劳动合同 650 人。

（4）加大经济责任制考核力度，制订分类考核奖惩办法。

（5）整顿生产经营秩序，强化投资、资金、成本管理，全局可控费用在上年的基础上降低了 8%，实现人均节约 1000 元、全局管理增效 4000 万元。

（6）加强质量安全环保工作，全年未发生井喷失控着火、重大火灾、爆炸和中毒事故，工业生产千人死亡率 0.034，千人重伤率 0.017，千台车死亡率 0.84。全面推行质量体系认证，有 13 个二级单位和 23 个三级单位通过 ISO 9000 质量管理体系认证，全局各主要专业化公司全部认证合格，获得集团公司施工作业队伍资质证书甲级队 3 个、乙级队 97 个。

（7）加大审计和效能监察力度，全年共开展审计项目 131 项，取得直接经营成果 3766 万元；开展效能监察，挽回和避免经济损失共 1235.6 万元。

（向　英）

长庆石油勘探局

【概述】　长庆石油勘探局（以下简称长庆局）是中国石油天然气集团公司所属的以油气技术服务为主的综合性国有特大型企业。截至 2001 年底，局属二级单位有 43 个（含两个炼厂）；局机关设 15 个职能处室，9 个附属单位。全局有职工 37668 人（含内部退养人员 4422 人），其中干部 11186 人，占职工总数的 29.7%；工人 26482 人，占职工总数的 70.3%。干部中正高级职称 14 人、副高级职称 477 人、中级职称 3255 人、初级职称 4943 人。工人中高级技师 3 人、技师 265 人，高级工 3665 人、中级工 5909 人。全局有离退休职工 13307 人，有偿解除劳动关系人员 6274 人。

2001年是长庆局“二次创业”革新图治、奋发图强的一年。全局广大职工以“三个代表”重要思想为指针，调整结构，开拓市场，加强管理，加快发展。在关联交易市场开放50%、招投标价格下浮5%—10%的困难条件下，主营业务收入44.2亿元；上缴税费3.9亿元；企业增加值15.7亿元，比2000年度增长0.5%；职工工资收入增长7%；全员劳动生产率4.37万元/（人·年），同比增长15.9%，以优异的成绩完成了集团公司下达的考核指标任务，实现了长庆局党委、勘探局年初确定的“争取有个‘好收成’，职工过上‘好日子’”的奋斗目标。

【工程技术（生产）服务】

（1）钻井生产：2001年开钻1011口（其中：天然气探井19口，石油探井74口，天然气开发井15口，石油开发井903口），完井1009口（其中：天然气探井19口，石油探井74口，天然气开发井14口，石油开发井902口），完成钻井进尺179.7181万米（其中：天然气探井6.5828万米，石油探井14.1173万米，天然气开发井4.5539万米，石油开发井154.4641万米）。钻井进尺与2000年同期相比增长23.95%，创历史最好水平。

开钻的1011口，按市场划分：长庆油田市场1008口，社会市场3口（其中国外1口）；完井的1009口，按市场划分：长庆油田市场1007口，社会市场2口；钻井进尺179.7181万米，按市场划分：长庆油田市场179.3393万米，社会市场0.3788万米（其中：国外0.1777万米）。

油层套管固井合格率100%，井身质量合格率100%，取心收获率99.98%，钻机月速度3769.26米/（台·月），钻井全员（实物）劳动生产率212.48米/（人·年），钻井全员（价值）劳动生产率4.2853万元/（人·年）。

（2）地震勘探：全年完成二维地震6981千米，与2000年同期相比下降20.66%，二维生产总炮次7.5991万炮；完成三维地震158平方千米，与2000年同期相比增长4.64%，完成GPS定位点275个，全年提交预探井位160口，提交探井井位符合率81.8%。全年二维地震一级品率75.89%，记录合格率99.82%；三维地震记录合格率100%，地震空炮率0.36%，微测井合格率100%。

（3）测井测试：全年完成测井、测试工作量4197井次（其中：完井1244口，三样1204口，工程测井85口，吸水剖面342口，产液剖面29口），与2000年同期相比增长46.65%，比历史最高水平2000年增长46.65%。完成测井直接工作量5034.1万米，完成射孔7654.5米。完成综合录井38口（其中：探井录井20口，开发井录井18口），与2000年同期相比下降67.24%。测井曲线合格率99.99%，优等品率94.66%，射孔准确率100%，气测录井资料合格率100%，优等品率90.38%。

（4）试油压裂：全年完成试油压裂2232层次（其中：试油880层，压裂酸化1352井次），与2000年相比增长10.77%，完成各类试油压裂交井1014口，比2000年多完成209口，试油压裂完成的总工作量比历史最好水平的2000年增长10.77%。

（5）井下作业：全年完成井下作业7656井次（其中：第一采油技术服务处完成935井次，第二采油技术服务处完成4054井次，第三采油技术服务处完成2667井次），与2000年相比增长14.05%，完成作业井口数7420口（其中：第一采油技术服务处完成933口，第二采油技术服务处完成3869口，第三采油技术服务处完成2618口），与2000年相比增长12.82%。

（6）建筑施工：全年承揽工程合同金额4.533亿元（其中：长庆油田市场2.7911亿元，社会市场1.7419亿元），与2000年相比增长4.08%；全年完成施工产值6.0158亿元（其中：长庆油田市场3.9375亿元，社会市场2.0783亿元），与2000年相比增长32.01%。

（7）供水供电：全年完成供水量1369万立方米（其中：水电厂完成供水量1087万立方米，第三采油技术服务处完成供水量282万立方米），与2000年相比下降3.39%，完成供电量67324万千瓦·时（其中：水电厂完成供电量50511万千瓦·时，第三采油技术服务处完成供电量16813万千瓦·时），与2000年相比增长5.04%。

（8）运输通讯：运输全年完成货运量132.16万吨（其中：运输处完成44.46万吨，第一采油技术服务处完成13万吨，第二采油技术服务处完成63.22万吨，第三采油技术服务处完成11.48万吨），与2000年相比增长22.37%。通讯2001年末交换机总量54556门，比2000年净增1300门，实装单机47188台，比上年净增3238台，中继线路4650条，比2000年净增1870条。

（9）物资供应：全年完成物资吞吐量57.162亿元，与2000年相比增长90.05%，由于物资供应部门适应全年工作量增长的要求，及早动手，积极组织货源，加大销售力度，使全年物资吞吐量大幅度增长，确保了油田各项生产任务的完成。

(10) 机械制造：承担机械制造任务的机械制造总厂全年完成工业总产值1.5563亿元，与2000年相比增长50.11%；完成工业销售产值1.5986亿元，与2000年相比增长58.21%。完成机械加工量1.3926万吨，抽油机837台，压力容器107具，抽油泵2550台，抽油杆54.8万米，振动筛制造96台，均高于上年同期水平。

工程技术（生产）服务刷新11项历史最新纪录，其中2132队创造了沙漠队年生产18705炮次、日生产525炮次；2117队创造了山地队生产1021.88千米剖面的历史最新纪录。钻井进尺上100万米时间比2000年提前29天、队年进尺上5万米井队1个、上4万米井队4个、上3万米井队24个，均创历史最新纪录。

【市场开发】 2001年全局各级市场开发部门积极利用各种渠道和网络等媒介发现、跟踪信息600多条，并进行分析和整理，从中跟踪260条，参与投标126项，中标57项。承揽外部市场工作量36888.61万元，其中石油系统15114.35万元，占40.97%；社会市场21774.26万元，占59.03%。

取得的主要成果有：(1) 公路工程项目承揽取得重大进展。建设工程总公司全年承揽外部工程十项，比上年增长近三倍，达到24000万元。(2) 局内产品外销取得良好成绩。机械制造总厂大力开发新产品，全年机械产品对外销售额达2269.8万元。(3)"西气东输"项目工作量承揽取得实质性的成果。科技工程有限责任公司中标靖边段488万元的勘察及设计工作量。建设工程总公司、器材供应处与西气东输管道项目部达成了有关管道建设施工及物资储运的合作意向。(4) 开拓西部油田市场取得重大进展。物探处中标青海VSP测井项目；第二采油技术服务处、第三采油技术服务处、井下技术作业处、钻井工程总公司、机械制造总厂等单位的机械、化工产品在西部各油田市场上的销售量也有所提高，并与新疆、吐哈油田2002年化工产品供应达成了销售意向。

在国际市场上，经过一年多的调研、开发，2001年实现了零的突破。4月份成立国际市场部，以集团公司"走出去"战略为指针，瞄准国际石油技术服务市场，展开了一系列对外交流合作业务，使长庆局的诸多技术服务施工队伍走出了国门，加入到了国际石油勘探开发市场的行列。在市场开发上，5月23日，与厄瓜多尔的Dygoil公司联合投标，中标区块在厄瓜多尔的AP油田，合同期限为60个月。主要工作量有3D地震作业、钻井、修井作业、发电站、送变电系统等地面工程。尼日利亚Petrolog钻井公司租赁长庆局70LC钻机一部，合同租赁服务期限为两年。8月22日，长庆局与中国石油开发公司签订了乌兹别克斯坦项目，长庆局具体负责项目的工程作业，工作量为一口水平井的钻井、测录井、固井及完井作业。到12月底，厄瓜多尔A-P项目第一口井已完钻。乌兹别克斯坦钻井项目所需要的材料及设备已运到乌国目的地，第一、二批施工人员已抵达钻井现场。11月29日，长庆厄瓜多尔分公司在厄瓜多尔首都基多市注册成功。

【科技进步】 2001年长庆局科技工作进一步贯彻落实"科技进步与人才开发"战略，遵循"企业科技、效益科技"的工作思路，更新观念，转变职能，强化服务，制定措施，有力地推进了企业的发展，取得了显著的成效。

面向市场，结合生产，制定科学合理的"十五"科技发展规划。本着服从服务于总体发展战略、技术创新、效益优先、突出重点、适当超前和技术储备的原则，制定出了《长庆石油勘探局"十五"科技发展规划》，规划对"十五"期间长庆局科技发展的方向、目标及科研攻关的重点进行了战略策划，并提出了实施途径及主要措施。"十五"科技发展规划从物探、测井、钻井、井下作业、地面工程、加工制造、信息工程、软科学等八个方面共提出了83个重点项目，其中技术创新项目42项，新技术应用及新产品开发项目41项。通过实施该计划，长庆局的主体工程技术总体上将达到国内先进水平，部分领域达到国际先进水平；科技成果应用率达到85%以上，科技投入产出比达到1:5，科技贡献率达到50%以上。为提高长庆局的整体技术实力及市场竞争能力提供了强有力的技术支撑。

认真组织实施2001年科技发展计划，获得了一批优秀科研成果。2001年科技发展计划以提高技术实力、开拓市场、降低成本为目标，紧紧围绕工程技术服务中急需解决的技术难点、重点，共安排了技术含量高、应用效益好的重点科技项目38项。通过统一部署，集中力量，重点攻关，科技项目总体进展良好，计划进度完成率89.5%，获得了一批优秀成果。

(1) 黄土塬区多线地震勘探采集、处理方法研究取得了初步成效，形成了一套野外多线地震采集及数据处理系统。经在樊家川、谭家营、志丹、吴旗、靖边等地区的应用，效果良好。

(2) 定向井导向钻具复合钻井技术研究与现场应

用效果显著。现场实施 73 口井，平均机械钻速比常规钻井提高 3.37 米/时，钻井周期较常规钻井缩短了 3.15 天，定向一次成功率达到了 100%。

（3）水平井钻井技术研究得到了进一步发展。通过靖平 2 井、苏平 1 井和苏平 2 井的应用研究，取得了优化井身结构、井眼轨迹控制、钻井液与完井液及水平井固井工艺等五项主要技术成果，为实现苏里格气田和靖安油田盘古梁区长 6 储层高效开发奠定了技术基础。

（4）保护油气层的钻井液抗高温降滤失剂的开发与应用取得好的效果。室内试验指标优于同类产品的评价指标；确定了利用缩聚反应制备 SMSH 的工业化生产工艺，其合成工艺简单、合理，易于控制。试生产证明，该产品配伍性好，钻井液性能稳定，滤饼致密、滤失量小，已具备工业化批量生产条件。

（5）成像测井技术的应用与研究得到了进一步拓展，取得了裂缝拾取、孔隙尺寸分析、侵入特性、地应力及古水流方向分析等六个方面的成果，特别是在储层各向异性及流体可动性研究方面见到了明显效果。

（6）端部脱砂压裂工艺技术研究与应用有所突破，初步形成了一套适应低渗透油田老井复压的现场施工技术。到 2001 年底，已成功试验 12 口井，其中用于老井重复改造 7 口井，压前平均产量为 1.43 吨/日，压后平均产量为 3.84 吨/日，产量得到大幅度地提高；新井改造 5 口井，也取得较好的效果。

（7）压裂施工优化设计及拟三维动态实时监测系统的开发与应用取得良好效益。现场试验 30 井次，其砂量、砂比、流量、液量记录均达到预期目的，整体性能达到国内先进水平。该系统的开发与应用，直接节约资金 250 多万元。

（8）油气矿场装备研制有了新的进展。开发出了天然气三甘醇脱水装置、CYJW8－3－26HF 弯梁变矩复合平衡抽油机及智能井口防盗箱等新产品，取得了良好的经济效益和社会效益。

【重组整合】 2001 年 7 月将油田建设工程处和筑路集团总公司整合重组为建设工程总公司，8 月钻井工程总公司整合重组成立了机修公司等 8 个专业公司；将长庆石油学校和技工学校整合重组为培训中心。2001 年 3 月工程技术处与工程技术研究院合署办公，12 月将钻井工程总公司的地质录井和测井工程处的气测录井整合重组为录井公司。根据市场发展变化和工作需要，成立了发展研究部、市场开发部、国际市场开发部、关联交易处、资本运营部。

【多种经营】 2001 年，长庆局多种经营系统以“改制、扭亏、规范、发展”为工作主线，坚持以经济效益为中心，以发展为主题，大力推进多种经营企业改革改制和扭亏工作，努力拓展生存空间，推动了多种经营持续稳定发展。2001 年，全局拥有多种经营法人企业 106 个，生产经营网点 266 个，其中生产经营总值在 500 万元以上的有 90 个，1000 万元以上的有 52 个，5000 万元以上的有 6 个，有 7 个二级单位或企业年生产经营总值过亿元。2001 年多种经营实现生产经营总值 18.77 亿元，与 2000 年相比增长 6.6%；实现销售收入 18.31 亿元，与 2000 年相比增长 7.45%；缴纳税金 1.52 亿元，与 2000 年相比增长 4.97%；实现利润 4380.5 万元。

全系统入网产品达 2758 个品种、规格，初步形成了石油化工、建筑材料、机械制造、电子电器、橡胶塑料、轻工、农副产品等七大行业。实施培育名牌与开发新品战略，着力开拓油田内外市场，努力培育新的经济增长点。全年共立项 11 个项目，总投资 7331.24 万元。全年实现社会市场收入 3.2 亿元，占总收入的 17.4%以上，其中产品收入 3400 万元。与此同时，积极疏通产销渠道，有效地开拓内部市场，在 2001 年长庆内部产品订货会上，共签订合同和意向性协议 83 份，涉及金额 4.05 亿元，再创历史最高水平。

2001 年扩大了改制试点面，钻井工程总公司、建设工程总公司、第二采油技术服务处、第三采油技术服务处和机械制造总厂等六家多种经营企业，完成了改制方案的论证、编制，有计划、有步骤地进行结构调整，整合重组。同时，扭亏工作初见成效，对扭亏无望的企业或厂点结合改制实行关停并转或拍卖、租赁经营，从而实现了亏损厂点、亏损额分别比 2000 年下降 30%的目标。

【安全、质量、环保】 经集团公司检查考核，长庆局获得集团公司“2001 年度安全生产环境保护先进企业”称号。安全生产各项指标与上年相比大幅度下降，创出历史最好成绩；在集团公司污染物排放达标考核中，长庆局各项控制指标在集团公司下达的控制指标之内。与 2000 年相比，事故起数下降 42.37%，死亡人数下降 62.06%，重伤人数下降 28.57%，轻伤人数下降 62.5%，直接经济损失下降 73.2%。按集团公司考核指标统计，千人死亡率为 0.04‰（集团公司考核指标为 0.05‰），千人重伤率为 0.04‰（集团公司考核指标为 0.30‰），千台车死亡率为 1.4‰（集团公司考核指标为 2‰）。实现了集团公司下达的“四个杜绝、三个不超、一个稳定”的控制目标。全局有控废气排放达标率为95%（集团公司先进企业指标为大于90%），固定源工业污水排放达标率为98%（集团公司先进企业指标为大于90%），杜绝了特大环境污染和环境破坏事故的发生。

全局建立HSE示范队14个，有247个基层队实施了“两书一表”，占全局作业队伍的55%；向集团公司第一批申报市场准入证的230个队，审核通过了190个，占上报队伍总数的82.6%。

2001年，长庆局荣获了“全国质量管理小组活动优秀企业”称号，这是长庆局开展全面质量管理活动以来取得的最高荣誉。另外，一项成果荣获国家优秀QC小组，两项成果荣获石油质协一等奖。

【设备管理】 到2001年底，全局上报集团公司设备3508台，期末设备资产原值158057万元，期末净值107312万元，新度系数0.68。其中主要勘探开发设备数量：大中型钻机59台、沙漠地震钻机12台、钻采特车373台、测井及物探设备108台、运输车辆999台。主要专业设备综合完好率97.07%，主要专业设备综合利用率71.08%，主要专业设备故障停机率0.46%，设备特、重大责任事故发生率0‰。

根据上报集团公司的非安装设备购置建议计划，集团公司批准实施规模为30180万元，其中集团公司投资和注资16000万元。实际购置设备548台（套），完成投资30180万元。2001年非安装设备计划实施的重点是提高工程技术服务单位的设备配套和施工能力，物探、钻井、测井、试油和试气、井下作业等工程技术服务单位的设备购置投资占总计划投资额的77.80%，建设施工单位的设备购置投资，占总计划投资额的8.66%。为了调整资产结构，加快设备更新步伐，增强企业竞争力，2001年对全局技术性能落后、维修费用高、经济效益差的设备进行了清查报损、报废，共报损、报废各类设备、仪器4880台，固定资产原值76873万元，净值18017万元。

【财务管理】 2001年财务管理以提高经济效益为中心，以资金管理、预算管理为重点，在结构调整、开拓市场、挖潜增效等方面都取得了显著成效。2001年财务指标：年初资产负债率47.94%，同口径计算年末资产负债率42.36%，较年初略有下降；年初速动比率94.73%，年末速动比率88%；期初资产新度系数68.31%，期末资产新度系数77.26%。

2001年财务管理所做的主要工作有：（1）实施预算动态管理，强化预算调控力度。全局预算先后经过三次动态调整，使预算管理更加贴近实际，圆满完成了集团公司下达的利润考核指标。（2）加强资金管理，提高资金使用效益。全年压缩贷款1.5亿元，办理承兑汇票3.8亿元，开展对外投外借、对外担保及三年以上应收款项的专项清查，清欠款12939万元。（3）加强会计核算，规范会计工作秩序。认真贯彻落实《会计法》等法律法规，精心组织日常会计核算和报表编制工作，加强了对基层单位的监督检查，以规范核算，控制成本。（4）积极推行“三位一体”成本动态控制管理体系。并制定了具体的考核制度及办法，对成本费用的控制条款、节超金额范围及对应的奖罚比例都做了详细的规定，使成本控制落到了实处。（5）开展财产清查工作，为推进产权制度改革创造条件。经过资产清查、产权界定、资产核实、产权登记等程序，落实财产损失7.03亿元。申报预计减值准备4.73亿元。

【教育卫生】 在职工教育方面，全局2001年共举办工商管理、英语、俄语、计算机、钻井、修井、汽驾、汽修等专业（工种）的各类长、短期培训班641期，培训职工23513人，全员培训率达64%。其中培训干部6297人，工人17216人。在各类培训中，干部继续教育298人，工人技术等级培训6603人，资格培训6826人，短期、应急类适应性培训7918人，其他培训1868人。全局工人中参加岗位练兵16935人，占技术工种工人的74.7%；在岗位练兵的基础上，举办各级技术比武388场次，参加技术比武的工人9419人，占技术工人的41.6%。同时对劳务合同工进行了操作技能培训，当年培训1530人，累计培训5499人，劳务合同工培训率达92.6%。

全局年内共诊治病人73.81万人次，其中：门诊（急诊）67.16万人次；收治住院病人1.04万人次；巡回医疗诊治病人3.59万人次。全局医院住院病人治疗有效率为96.98%（其中治愈率为76.5%）；病床周转率为14.51次/（床·年）；病床工作日为187.9天/（床·年）；病床使用率为51.4%。

（张宏鹏　李三卫　赵玉华）

玉门石油管理局

【概述】 玉门石油管理局2001年共有职工8052人，下设30个独立核算单位，主要担负着油田作业、建筑安装、水电热供应、机械制造、客货运输、通信信息、物资采供、公路筑路、物业管理、农业牧业、教育培训、医疗卫生、离退休职工管理、公安消防、新闻电视、宾馆餐饮等综合服务业务和社会公益事业。截至2001年底，总资产17.55亿元，所有者权益8.35亿元，负债9.20亿元，资产负债率52%。

【经营目标完成情况】 2001年，全局上下瞄准“五大奋斗目标”，加快结构调整步伐，加大市场开发和成本控制力度，不断强化内部管理，努力提高经济运行质量，全年实现营业收入6.6亿元，完成年度计划的112%，同比增长10%；完成企业增加值1.91亿元，同比增长41%；在集团公司三项费用补贴到位后，实现利润136万元，超额完成了集团公司下达的承包指标。水电供应在面临电价下调、供水供热需求减少的情况下，经过努力完成了预定经营指标。全年发电4.1亿千瓦·时，完成年度计划的120.8%；供水2432万吨，完成年度计划的93.5%；供热345.24万千焦，完成年度计划的97.2%。建筑安装职工奋力拼搏，开拓进取，完成价值工作量占年度计划的100.36%。物资供应多方开拓市场，实现了自挣自养。油田作业完成修井作业2353井次。机械制造总吨位完成年计划的161.09%，完成出口交货值比2000年增长3.13%。其他单位都较好地完成了局下达的经营指标。

【战略调整】 局新一届领导班子到位后，抢抓油公司勘探获得重大突破的历史机遇，将“四大发展战略”调整为以“生产技术服务为主导，综合经营业务作补充，新型开发产业增活力，社会公益事业保稳定”。与油公司达成了“相互理解，相互支持，携手并肩，共谋发展”的共识，为油田整体发展创造了良好的区内环境。局领导与基层同志共商生存发展大计，重新定位了各单位的发展方向和战略重点。明确了控股公司的发展战略、管理体制、运行机制、考核办法和未来三年的发展目标，使全局和各单位的发展方向更加清晰，战略重点更加明确，主营业务更加突出，工作目标更加具体。树立“油田发展我发展，油田振兴我振兴”和“服务就是市场，服务就是效益”的服务理念，局领导亲自到油公司主要生产单位互通情况，交换意见，疏通环节，增加理解。基层各单位、机关各处室主动与油公司相互交流，共同商洽改进服务态度、改进服务质量的办法和措施，制定规划，落实到位。加大对油田作业、建筑安装等单位的投入，更新、配套、完善装备，大大提升了服务能力和手段，为拓展市场打下了良好的基础。经过全局上下的共同努力，玉门石油管理局荣获“全国用户满意企业”和“重合同、守信用”单位称号。

【企业管理】 全局上下把“抓管理、降成本、增效益”，作为提高经济运行质量的重点工作来抓，出实招、抓实事、做真功，见到了明显效果。水电厂探索完善“成本控制数学模型法”、“当班收益结算法”，实现了成本降、效益增，局专门召开观摩交流会，予以推广，起到了以点带面的作用。职工医院关停闲置设施蒸汽，减少支出70万元。教培中心采取压缩供热面积、出差人数、公用电话等措施，增收节支106万元。退管中心为了节约费用，把细账算到了人头。局机关将差旅费、运输费、修理费等五项费用承包到处室，各处室精打细算，费用同比节约178万元。全局出差人数同比减少了52%，乘坐飞机的人数同比减少76%，管理费用同比降低257万元；主营业务成本同比降低9%，是“八五”以来首次出现的营业收入增加、成本下降的可喜局面。加大了资金回笼的力度。局、厂两级成立清欠领导小组，制定清欠目标，落实人员，落实责任。局领导分工负责抓单位，单位领导主动出击抓清欠，采取政策清欠、法律清欠、离岗清欠等措施，有效地降低了外欠款，已收回资金1.7亿元。开展财产清查，共处置各类资产162项，变现收入552万元。实行财务科长委派制，进一步理顺了财务管理体制，较好地解决了财务信息不真实的问题，委派人员向派驻单位提出管理建议书17份，经营建议63条，全部被派驻单位采纳。建立了重大违纪事项向局报告制度，全年提交财务监督报告书16份，起到了重要的监督作用。结合集团公司《会计法》执行情况大检查，组织修订完善了31项制度，财务管理步入了制度化、规范化的轨道。健全完善合同审查制度，油田作业公司、建安处被评为酒泉地区“重合同、守信用”单位，管理局被国家工商总局评为全国首批520家“重合同、守信用”单位之一。加大了安全和质量管理的力度。局制定、发布《玉门石油管理局HSE管理手册》，加快HSE体系建设，油田作业公司、建安处通过集团公司HSE预审。水电厂、油田作业公司、建安处、上海大联公司通过ISO 9000质量体系认证，机械厂复审合格。各单位和有关部门注重日常安全管理，并在媒体设立曝光台，通报违章事故、车辆和人员；定期组织公共场所、易燃易爆岗位的安全检查，对查出的问题及时整改。适时开展第59次岗位责任制大检查，规范了岗位建设和内部市场管理。

【市场开拓】　在玉门油田分公司的大力支持下，营业收入同比增加3300万元。油田作业成功地进入探井作业市场，承钻庙南一井，实现了由开发井向探井的转变。建筑安装承揽了青西拉油专用道路改造工程、钻前施工和油田维护工程，收入有了较大增长。物资供应主动配合，上门服务，在勘探市场同比增加了2000多万元的价值工作量。综合服务积极承揽钻井搬迁和油水拉运，抓住炼厂润滑油销量增加的有利时机，抢干快上，包装桶生产同比增长了10万只。积极挤占外部市场。局领导亲自带队，上长庆，赴青海，进新疆疏通协调外部关系，寻求市场，为各单位进入周边市场创造良好的外部环境。油田作业努力稳定吐哈市场、积极扩大青海市场，成功进入塔里木和塔河市场，外部创收已占到总收入的三分之一以上。建筑安装积极参与省内公路工程投标，在省道S312线中标10.2千米路段。机械制造完善销售服务体系，加大产品推销力度，市场份额增幅较大。综合服务不断提高制气、劳保服装质量，严格塑料制品工艺，市场份额有所增加。职工医院内引外联，聘请眼科、妇科等专家来玉就诊，锻炼了队伍，增加了收益。西部公司取得了清华同方电脑在甘肃的总经销权。陕西玉门石化公司积极抢占西安润滑油、化工产品市场，开辟出一片新天地。兰州、成都等办事处想方设法改善服务环境，客房入住率有了新的提高。各驻外子公司积极扩大创收途径，努力增加收入，工作思维、工作方式有了明显转变。积极进军国外市场。油田作业公司与西南局油气测试公司联手合作，有望进入印尼工程技术服务市场。进出口公司、机械厂与印尼合作建厂的商务洽谈取得重要进展，向委内瑞拉每年出口20万米以上抽油杆的商务谈判正在进行；与印尼、印度、叙利亚、土耳其四个国家的企业建立代理关系；组织参加了CNPC在阿塞拜疆的石油展览活动。全年出口创汇707.16万元。

【项目建设】　建设了930万立方米的白杨河水库，现已下闸蓄水；大湾电站已并网发电；酒泉、武威加油加气站已建成投运；建安处聚氨酯防腐保温管厂已开始生产，展现出良好的市场前景；深圳石材厂将于近期建成营运；阳光大厦、成都、福州润滑油调和厂的装修、建设正在按计划进行。油田作业公司组建了钻具检测维修中心，面向全油区开放，扩大了服务的外延。综合服务处主动出击，成立钻探装备搬安大队，已完成11口井的搬迁工作量，打开了局面，赢得了效益；石化产品包装生产线的改造正在加紧进行。物资处新建的石油专用管材检测中心、油井水泥干混站和压裂砂厂改造已完成投运。通信公司与中国联通紧密合作，建设青西130移动通讯基站，保证了青西油田通讯的畅通。科达公司抢抓商机，开发的8种新产品投放油区市场，已占领青西油田化学助剂市场的45%。职工医院在发展社区服务的同时，把医疗服务延伸到青西油区，保障了前线职工的身体健康。教培中心延伸培训服务，为青西参战队伍培训井控人员10期654人。各单位放眼长远、创新思维，细分市场、扩展领域，不断增强服务能力，积极改善服务手段，围绕青西勘探开发的服务市场框架已基本形成。

【深化改革】　按照资源配置优化、业务轮廓清晰的原则，将综合服务处与新兴实业开发处合并，组建新的综合服务处，形成了服务强势。将农牧公司与物业管理公司合并，为物业管理实现市场化经营、提高农牧产品的附加值，创造了条件。将进出口公司、技术监督检测中心纳入局生产经营单位进行考核，同时行使机关职能，减少了管理费用。将广告业务划归新闻中心管理，避免了同业竞争。将综合处维修队划归建安处管理，依托专业优势，提高了服务能力。将沙滩宾馆与北京办事处合并，减少了管理层次。对局机关有关部门的职能及定员编制进行了调整、理顺，减幅达37.6%，提高了管理效能。本着优化结构、精干高效、充实加强、交流提高的原则，对10个单位（部门）的领导班子进行了调整，年龄、学历、知识和职称结构得到进一步优化，一批年轻、高层次的专业技术人员进入领导班子，主营单位的领导力量得到了加强。出台了低职高聘的政策，调动了专业技术人员的积极性。合理调整分配方式，激励机制正在形成。根据各单位的生产经营特点和工作性质，分6类制定了科学合理的工效挂钩指标体系；完善了经营者年薪制，独立核算单位的经营者全部按年薪制考核。各单位层层实行风险抵押，职工利益与企业利益联系愈加紧密，增强了干部、职工的责任意识和风险意识。专门召开“控股企业工作会议”，制定了控股企业运行管理、工程建设项目投资管理、控股企业财务管理、人事劳动薪酬管理和控股企业监督等五个办法，签订了投资回报及投资控制责任书，为控股企业规范运营、搏击市场、良性发展，营造了宽松的环境。

【技术培训】 组织开展了第六届职工技能大赛，局工会启动了以提高职工计算机操作水平为主要任务的技术创新工程，共青团组织在广大青工中积极实施“新世纪读书计划”和科技创效行动。岗位练兵、业务培训、技能竞赛、技术比武活动的广泛开展，促进了职工队伍整体素质的提高，涌现出局级技术能手36人、“全省青年岗位能手”4人、集团公司技术能手1人。

【精神文明建设】 全局各级组织开展经常性的形势任务教育，立足实际讲局情、讲厂情、讲队情，引导职工正确认识面临的困难和挑战，坚定了发展的信心和勇气。各级干部，特别是领导干部，带头抓大事、顶关键，带头跑市场、抓效益，带头解难题、抓经营，带头严要求、树榜样，以实际行动和人格力量影响职工，带动职工；工青妇等群众组织发挥优势，凝聚职工，营造了奋发向上的良好氛围。局在经济形势十分严峻的情况下，尽最大努力为职工办实事、办好事，制定了职工年休假制度；积极拓展空间，为油田187名待业子女的临时就业创造了条件；量力而行，多方筹资资金，改善井下、建安、消防野外职工的工作和生活环境；挤出资金为在校学生配备了电教网络系统；离退休管理中心、西安办事处稳妥有序地组织了西安基地的搬迁工作，400多户职工喜迁新居，企业的凝聚力和向心力有了较大提升，全局整体跨入甘肃省“文明单位”行列。

（卜鹏洲）

青海石油管理局

【概述】 青海石油管理局（以下简称管理局）是以从事石油天然气工程技术服务、生产技术服务和基地服务业务，兼营其他业务，多种所有制共同发展的企业法人。主要经营范围包括：石油天然气勘探、钻井、固井、录井、测井、试油、井下作业，钻井液及化工原料研制、销售；建筑安装、油田建设、规划咨询、勘察测量、工程设计、工程总承包、工程监理、特种工程施工；机电设备制造、加工、修理、防腐；水、电、暖生产与销售；机械制造、加工和维修；客货运输；建筑建材生产和销售；物资采购、存储、批发、零售；锅炉压力容器除垢及修理等其他相关或类似服务。

截至2001年底，管理局拥有固定资产原值34亿元，净值22亿元。有主要专业设备3465台（套）。全局共有在册职工14935人（含内部退养职工1296人），离退休职工4516人。其中专业技术干部4695人（指有职称、有学历人员），占职工总数的31%。具有大学本科学历1002人，大专学历1748人，中专学历1764人，中专以上文化程度人员占职工总数的30%。具有高级以上职称的153人，中级技术职称的1285人，初级技术职称2603人。

【生产经营】 2001年管理局新领导班子带领全局干部职工深化改革，真抓实干，克服重重困难，努力增强服务意识，提高服务水平，各项工作都有新的进展。完成钻井进尺156794米；二维地震888千米，三维地震357平方千米；试油55层组；井下作业（维护）1328井次；测井371井次，射孔247层组；固井246井次；特车修理118台部；供水量2454万吨，供电量24935万度；货运周转量20737万吨·千米，客运周转量8568万人·千米；建筑施工工作量20999万元。全年共完成生产经营总值159340万元，实现收入123165万元，上缴税金6890万元。

【企业管理和改革】 继续实施低成本发展战略，贯彻“三改一加强”方针，全面加强企业内部管理。制定适应市场变化的定额标准和成本预算方案，将管理延伸到现场。为巩固局财务资产清查工作成果，进一步加强了资金管理和预算管理。为压缩费用开支，降低管理成本，出台了《控制开支管理办法》，有效地控制了成本支出，达到了节流效果。成立钻井工程投标及合同管理小组，认真组织内部标准合同制定及实施工作，规范内部管理运行关系。

为建立现代企业制度，实现面向市场、精干高效的组织机构和运行机制，对局机关及直属单位机构和编制进行了改革和调整。建立了“一个机关、两个模拟公司、三个经济责任中心”的管理体制，局机关总人数从546人减少到现在的366人。为了转换机制，实现干部能上能下、人员能进能出、工资能高能低的目标，根据管理局的实际，对全局人事、工资制度改革进行了安排部署。进行干部人事制度改革，公开招聘中层领导干部。

积极准备产权制度改革，在认真调研的基础上，选取了建筑安装总公司、机械工程公司两个单位为试点单位。改革了花土沟食堂的管理办法；完善了医疗制度改革，配套实施了职工大病保险和职工家属商业医疗保险。

【市场开发】　管理局通过提高队伍素质，着重抓好施工作业和工程技术队伍资质认证工作，加快技术改造和主营业务的优化升级，从而增加市场竞争力，见到了良好的效果。地球物理勘探公司、钻井集团公司、油建工程公司通过市场竞标，分别中标了意大利阿吉普公司涩北区块风险勘探项目的二维地震、钻井施工和钻前工程项目。井下作业公司在兄弟油田的酸化压裂和油井大修作业市场上争得一些份额；油建工程公司在青海省公路建设等项目工程中争得一席之地；机械工程公司在青藏铁路建设工程中承揽了一定的加工制造业务；勘察设计研究院在西宁、海东、海西等地承揽了规划、设计项目；物资装备公司与参与青藏铁路建设的7个工程局签订了物质仓储有偿服务合同；炼化维修公司与青藏铁路后勤保障中心以股份制形式合作建设了两座加油站；地质测井公司与新疆、吐哈等测井公司联合，组成了西部测井联合体；化工公司与西北几家同行联合组建了西北油田化学技术服务商协会，为今后扩展服务打下了基础。

【重点工程项目】　结合国家实施西部大开发战略，利用柴达木盆地的资源优势，积极培育新的经济增长点。西宁年产1万吨PVC，敦煌大旅游，昆仑山矿泉水开发等项目正加紧筹建，有的项目已生产并收到了效益。花土沟燃机电站项目已立项，完成了初步设计和设备招标工作，青海柴达木天然气—盐化工开发项目、西宁5万吨氯酸钠项目、格尔木300兆瓦燃机电站建设项目正在做前期工作。

【精神文明建设】　全局各级党组织面对严峻的经营形势，狠抓各级党组织的思想、组织和作风建设，继续开展“抓基础、攻难关、树样板”活动，充分发挥了党组织和党员的作用。局党政班子通过“三讲”活动，加强了各级领导班子建设，提高了领导干部的素质，班子的整体作用得到很好的发挥。成功举办庆祝中国共产党成立80周年系列活动，讴歌我党八十年来的丰功伟绩。依法治企工作得到加强，“三五”普法被评为全国先进单位。局党委与油田公司党委联合召开油田精神文明建设经验交流会，回顾总结了油田近几年精神文明建设取得的成绩。成功举办了首届职工职业技能运动会，加大对职工的培训力度，提高职工的素质和技能，以便更好地适应结构调整的需要，充分发挥工会和共青团组织的作用，开展了文艺演出、职工演讲比赛等一系列丰富多彩、健康向上的文化娱乐活动，形成了良好的企业文化氛围。加强社会治安综合治理，维护企业稳定，坚决取缔“法轮功”等邪教组织，开展严打整治工作，取得了阶段性胜利。

（冯银河）

新疆石油管理局

【概述】　新疆石油管理局（以下简称管理局）是中国石油天然气集团公司下属单位，是以石油工程技术服务为主，生产服务、多元开发并举，生产经营与资本经营并重，在国内外市场都具有较强竞争实力，在区域经济中占有举足轻重的地位，在国内同行业居于领先水平的地区性公司。管理局机关设23个部室，23个机关直属、附属单位；下属54个二级单位。有各种石油工程技术队伍260多个。2001年末，全局有职工59846人，其中干部21449人，占职工总数的35.84%；少数民族职工13301人，占职工总数的22.22%；各类专业技术人员21300人，具有高级专业技术职务的1128人，中级7166人，初级11749人；离岗职工（内部退养、其他待岗和单位内部离岗放长假人员）13193人，占职工总数的22.05%。全局有离退休职工28172人。

2001年末，本企业拥有资产总额144.2亿元，其中固定资产原值90.87亿元，净值57.21亿元。拥有主要专业技术装备5000多台（套），主要生产技术服务设备中，有钻机93台，其中超深井钻机18台、深井钻机37台、中深井钻机24台、浅井钻机14台，年总钻井能力160万米；有地震仪12台（套），总道数10000道，具备25万炮的年服务能力；有测井设备45台（套），井下作业设备155台（套），工程建设机械装备389台（套）；自备发电厂总装机容量171兆瓦；通信程控交换机总容量50430门；有6座水库，总库容22696万立方米。

2001年，是管理局实施“十五”计划的第一年。全局各族职工在集团公司和市局党委的正确领导下，围绕“两增一降两确保”（即经营收入增长4%，达到58亿元，全员劳动生产率增长11%；可变成本有所降低；确保职工人均收入有所增长，确保实现集团公司下达的经营目标）的工作目标及“六做”（巩固传统优势，把技术服务做强；优化改造提高，把生产服务做专；实施多元开发，把替补产业做大；加快改制步伐，把辅助业务做活；实施管理创新，把管理工作做细；深入细致有效，把思想政治工作做好）工作重点，团结拼搏，开拓进取，全面实现了既定工作目标。

全年实现经营总收入60.2亿元（不含集团公司三项费用补贴6.86亿元），增长4.95%；实现企业增加值28亿元，增加值劳动生产率4.31万元/（人·年），增长22%；可变生产成本有所下降；全局年人均收入23098元，较2000年增长8.78%；在三项费用补贴减少9500万元、新增费用近1亿元的情况下，全面完成了集团公司下达的经营目标，整体实现了盈亏平衡。在全局44个经营考核单位中，42个完成了生产经营目标，占考核单位的95%，其中，机械制造总公司、试油公司和小汽车服务公司摘掉了亏损帽子，扭亏为盈。与2000年相比，除二维地震和试油工作量外，其他主要实物工作量均有不同程度的增长。

【科技创新与技术改造】　紧密围绕油田勘探开发和增强企业技术实力、提高企业创新能力，集中优势资源和财力，重点针对工程技术难题、挖潜增效节能降耗和提高劳动生产率项目、配套技术中的单项技术、创新计划项目、多元开发中的高科技产业化项目、国家和集团公司级重大科技攻关项目开展攻关研究，全年投入科技经费2711万元，开展科技攻关项目72项，其中国家科技创新项目3项，集团公司科研项目8项。共获得优秀科技成果奖励52项，其中自治区科技进步奖6项，管理局优秀科技成果奖46项。全年申请专利28项，获国家授权专利18项，其中发明专利1项。“砾岩油藏调堵综合技术”、“随钻信息工程技术研究与应用”等3个项目被列入国家经贸委和集团公司创新计划。

重点科技项目进展顺利，有些已经取得重大突破：国家技术创新计划项目“克拉玛依砾岩油藏综合调堵配套技术应用”针对新疆油田特性和生产动态进行了配方完善和工艺优化，现场实施22井次，效果很好。沙漠区“高分辨率地震技术”研究使高分辨率采集、处理、剖面质量和分辨率明显提高，有效频宽达10—90赫兹，目的层反射2.0—3.0秒，能解释15米左右厚的储层，达到国内先进水平。“三维三分量VSP地震技术”完成了理论研究和处理软件编制，完成了莫002开发三维3D－VSP现场数据采集和资料处理工作，目的层信噪比和分辨率均优于地面三维地震，前景非常乐观。“准噶尔盆地复杂地质条件深井、超深井钻井技术”、“探井保护油气层技术”、“高温高压井试油技术”进一步完善。自行研制开发的新产品“十型前置型双驴头抽油机”获得国家专利，具有节能、安全、可靠、实用、结构简单、操作维护方便等优点，比常规游梁式抽油机节能30%以上。

另外，“新疆油气田高效开采新工艺配套技术”、“低伤害表面活性剂压裂液体系”等一大批新技术新工艺新成果成功应用于生产实践中。同时，积极推进科技产业化进程，加快科技成果转化，大力拓展技术市场，获得良好的经济效益。全年共签订技术合同142项，技术贸易交易总额达9333万元。

为了提升企业的核心竞争能力，管理局瞄准同行业先进水平，全年投资4.38亿元（占设备投资总额的80%），用于工程技术服务业务的装备更新，更新、引进了一批包括14台钻机在内的关键装备和核心技术。

【经营管理】　通过“管理年”活动，企业管理朝着科学化、精细化的方向迈进。一是建立健全投资管理体制。制定和执行了《关于加强投资管理，加快企业发展的意见》，明确投资重点，严格决策程序，加强可研论证，实施投资回报，全年共实施立项审批26项，完成各类投资11.8亿元，使投资决策做到了规范化、程序化、科学化。二是加强资金预算管理。完善了局厂二级预算管理办法，规范了预算委员会制度，定期对预算执行情况进行跟踪分析和监控，重点对预算外资金进行了控制，实行了预算管理同资金管理、投资管理、挖潜增效三结合，有力地促进了全年预算指标的完成。三是加强财务资产管理。严格执行了高度集中和收支两条线的资金管理制度，进行了认真细致地财产清查工作，并对外投外借及对外担保进行了清理。向20个单位派驻财务监督员，杜绝和避免二级单位账外设账、私设小金库、转移资金、搞计划外工程等，实现了资金的集中调度和安全使用。四是全面开展HSE管理体系和ISO 9000质量体系认证工作。局属28家主营业务单位中有19个通过了ISO 9000质量体系认证，14家单位建立了HSE管理体系并发布了文件，6家单位通过了HSE体系认证。通过实施两大管理体系，各项安全指标均控制在集团公司的要求范围之内，实现了安全环保“双达标”，自1994年以来，首次被集团公司评为“安全生产先进单位”。五是以降低物资消耗为重点，深入开展挖潜增效劳动竞赛活动。全局共开展劳动竞赛206项，收到挖潜增效计策1500多条，累计创效益1.7亿多元。六是认真开展人力资源管理和开发工作，建立了博士后科研工作站，建成了克拉玛依人才开发网站，初步实现网上人才招聘、求职。七是加快三项制度改革，人力资源配置得到进一步的优化。在分配制度上，以占有资产及其优良程度为标准，实行“交够局里的，留下自己的”分配政策，进一步搞活内部分配，极大地调动了各二级单位和广大职工的工作热情，促进了生产经营状况的好转。在干部人事制度改革上，率先在全疆对县处级领导岗位实行公开选拔和任前公示。通过“五定”、“三岗”和多渠道分流，继续深化劳动用工制度改革，并初步形成了通过市场配置劳动力资源和职工能进能出的用工机制，连续四年实现职工人数的负增长。八是加强法律事务管理，规范企业经营行为，降低了经营风险，并认真处理了历史遗留的经济案件7起，有力地维护了企业的合法权益。

【企业改革】　根据“十五”期间管理局改革总体部署，2001年管理局在继续实施局属单位组织结构调整工作的基础上，积极推进企业产权制度改革试点，重点推行企业职工整体带资分流，规范和完善多种经营及改制企业的产权制度，加快人事、用工、分配、投资等制度的配套改革，促进企业经营机制的根本转变。

企业内部组织结构的调整和专业重组整合。

企业产权制度改革：按照“有进有退、有所为有所不为”的原则，明确国有资本从一般竞争性行业逐步退出的基本思路，继续调整和完善所有制结构，推行以整体带资分流为主的产权制度改革。2001年，全局共有21家单位提出改制申请，16家单位完成了改制第一次批复，9家单位完成改制正式挂牌运营，注册资本11805万元，分流职工907人。

【市场开拓】　继续实施市场开拓战略，国内以新疆油田市场为根本，兼顾社会市场；国外以哈萨克斯坦阿克纠宾油气股份公司为核心，放眼中东、中西亚、北非市场，凭借优质服务、精良技术、可靠信誉和合理价格，把甲方的最大满意度作为工作追求的目标，通过持续开展承诺服务活动、“创优质产品”、“创用户满意工程”活动、顾客需求与满意度调查活动，大力巩固和开拓内外部市场取得了显著的成绩。在传统市场开放50%的情况下，物探、钻井、试油、录井、测井、油田建设的市场占有率继续稳定在90%左右，试油达到100%。在外部市场竞争日趋激烈的情况下，全年落实外部市场合同金额6.2亿元，同比增加4000万元。其中，在海外市场，全年共签订技术服务、工程承包和物资装备出口合同15项，合同金额1700多万美元。

【环境保护】　加强石油勘探开发过程中的生态环境保护见到明显成效，地调处、钻井公司、试油公司、井下作业公司等主要石油工程技术服务单位按照《新疆石油管理局环境保护办法》和环境保护目标责任制的要求，全面实施HSE（健康、安全、环保）管理体系，独山子石化总厂、工程建设总公司全面实施了ISO 14000环境管理体系，全局全年没有发生任何重特大环境污染和生态破坏事故。

污染防治工作取得新进展，对钻井、修井、试油等作业产生的废弃钻井液、固体废弃物等在完成作业后都进行了无害化处理或处置，并进行分类管理，定期回收，有效利用。工业废气排放得到有效控制，克拉玛依电厂投资3500万元，建成热电联供项目，停开了三座锅炉房的12台锅炉，大大减少了废气排放量。工程建设有限责任公司投资3581万元购置了一批经济环保型设备，从根本上减少了由于设备老化对环境造成的影响。

【精神文明建设】　管理局党委始终坚持精神文明建设与物质文明建设一起抓，两项成果一起要的“两手抓、两手都要硬”的方针，在抓好生产经营工作的同时，狠抓思想政治工作和企业文化建设。一是就热点问题、敏感问题有针对性地做好思想政治工作，维护企业稳定。团结和带领广大职工群众同民族分裂主义、非法宗教活动和法轮功邪教作坚决斗争，并针对退岗家属聚众上访和复转军人、毕业生就业分配等难点热点问题，积极开展政策教育、舆论导向等一系列行之有效的具体工作，妥善化解矛盾、理顺情绪、凝聚人心，避免了大的动荡，职工队伍和社会秩序基本保持稳定。二是用实际行动实践“三个代表”重要思想，大兴调查研究之风，切实转变工作作风。一年来，共组织了3次大规模的调研活动，与基层同志一道共同研究解决事关企业发展和职工关心的重大问题，有力地密切了党群、干群、机关与基层之间的关系。三是加强企业文化建设。通过开展一系列创建活动和丰富多彩的文化体育活动，把广大职工的思想统一到了企业发展目标上来，增强了队伍的凝聚力和战斗力，自强不息、团结向上的企业文化正在逐步形成。2001年，管理局获得全国“五一”劳动奖状，王宜林同志荣获全国“五一”劳动奖章，有4人荣获中国石油天然气集团公司技术能手称号，有36人荣获管理局技术能手称号。新疆油建精神再绽新花，在塔里木哈德油田沙漠公路施工中，油建职工不断挑战生命极限，克服难以想象的困难，仅用70天时间，提前36天建成了一条50千米长的高水平公路，创造了沙漠筑路的奇迹，被甲方誉为“新疆油建精神”。四是把为职工解决困难、办实事同思想政治工作有机结合起来，全年建成住宅1401套，面积11.9万平方米。2001年重点要为职工办好的两件实事全部实现，实行了带薪疗养政策，安排未疗养过的在岗职工一次性带薪疗养2413人；筹资3000万元，对1979年、1980年建造的55栋职工住宅进行了大修、抗震加固，改造了200栋1989年以前建设的住宅配电线路，对45栋住宅室内供暖设施进行了维修、清洗。

通过有效工作，职工队伍的思想观念和精神面貌发生了可喜的变化。

（周继领）

【新疆独山子石油化工总厂】

1．概述

新疆独山子石油化工总厂位于新疆克拉玛依市独山子区，是一个以炼化工程技术服务为主营业务的石化企业，能提供大中型炼化企业检维修、工程建设、水电暖、物资供应、物业管理、通讯等服务。有年吞吐30万吨的仓储设施、6亿千瓦·时的供电能力和3立方米/秒的供水能力，甲级监理、乙级造价咨询和工程设计资质及AR2、AR3级压力容器制造、球罐现场组焊资质。通过OHSMS认证。现有固定资产净值9.46亿元，人员6000余人。曾先后承担青海格尔木炼油厂、新疆独山子乙烯工程、苏丹喀土穆炼油厂等近百套炼化装置及配套工程建设。设计项目曾获国家级优质工程设计奖两项、部级3项。先后荣获“全国‘五一’劳动奖状”、“全国质量效益型先进企业”、“全国设备管理先进单位”、“全国造林绿化400佳”、“全国文化建设先进区”、“自治区文明单位”等荣誉称号。

2．效益指标

全年消化8000多万元的减利因素，全面完成各项生产经营任务，实现各项收入33453万元，比预算增加1.06%；全年各项费用支出33438万元，比预算减少1.89%，实现了“盈亏持平、略有盈利”、职工收入略有增加的目标。改制及法人单位保持盈利，各驻外办事处实现盈利。

3．内部市场

（1）生产服务。供电平衡率97.38%；供水保障率100%；合理调节生活供暖，满足生产用汽。炼化生产通讯线路畅通。检维修服务到位，独山子石化公司炼油厂、乙烯厂非计划停工时间同比减少46.4%和26.7%。物资、燃料供应及时，为独山子石化公司配送物资2.6万吨，供煤60余万吨。特别是在确保独山子石化公司乙烯扩建物资供应上，受到用户的高度赞扬。

（2）技术服务。完成独山子石化公司炼厂北站、南站部分电气线路改造，提高了电网抗电压波动能力；乙烯装置APC项目投用，提高了乙烯收率和裂解炉的运行周期；一酮苯DCS系统改造，实现了一、二酮苯的并网运行。催化重整装置技术改造、火炬回收系统新增气柜及压缩机、丁二烯回收系统改造等3个设计项目获局优秀设计一等奖。

（3）社会服务。民用水、电、暖、液化气供应保障率100%。特别是2001年生活供暖系统改造中增设了自力式平衡系统，使独山子石化安然渡过近十年来最低气温－30℃的严寒天气。社保中心、住房资金管理中心运行正常。多方筹措资金，增加物业、公交、医疗、教育等社会服务系统的硬件投入，基本满足了职工的需要。

4．外部市场

鼓励开拓外部市场，将外部市场创收纳入业绩考核管理。在保住原有市场的同时，外部市场开拓又有一定突破。2001年，总厂直属单位实现社会市场创收8831万元（其中，旅行社实现产值200多万元）；油田钻井实现产值1051万元。实施“走西口”战略，出口煅烧焦3.3万吨，以苏丹工程为支点，炼化工程技术服务输出取得好成绩。基建工程公司、通讯公司等单位的社会市场收入已占本单位总收入的40%以上。供应处争取周边地区的物资采购，发挥铁路专用线和特车维修中心的作用，创收1225万元。

5. 内部管理

(1) 经营管理。一是完善绩效考评体系，实行经营目标和领导业绩考核管理，严格奖罚兑现。二是强化预算管理、审计监督、效能监察和招投标管理。招投标 190 余次，节约资金 2300 万元。三是成立管理诊断小组，进一步规范各单位的经营行为。管理诊断小组，历时半年，整改各类问题 72 项，进一步理顺了各单位的内部管理，提高了效益。2001 年，总厂各经营性单位全部实现了盈利。四是规范内部市场管理，实行准入制，清理各类挂靠队伍，内部服务项目严禁外包。基本理顺了检维修、基建、运输等内部市场。8 月份运输市场理顺后，收入同比增加 373.76 万元。防腐、保温等过去的空档领域正逐步由职工承担。2001 年总厂荣获“全国重合同守信用先进单位”、“全国内部审计先进单位”荣誉称号。

(2) 企业改革。对绿化、房地产、民用液化气等单位实行结构性调整，组建了园林绿化保洁公司、房产公司和液化气公司。设计院改制进入法人治理结构的组建阶段。公安机构 2002 年 1 月 1 日正式移交政府。

(3) 安全管理。职业安全卫生管理体系顺利通过成都认证中心的首次监督审核。全年实现重大安全生产事故为零，千人重伤率为零。荣获新疆石油管理局“安全生产先进单位”荣誉称号。

6. 企业发展

(1) 参与并精心组织独山子石化各发展项目建设。独山子石化公司乙烯改扩建累计完成投资 4.47 亿元，第一阶段各主要控制点按期到达。炼油厂一酮苯改造、乙烯球罐旧球皮利用项目竣工投用。航煤罐、焦炭装车措施及碱渣池项目实现中交。5 万吨石蜡加氢项目、甲乙酮项目开工建设。

(2) 培育新的效益增长点。10 万立方米原料储存设施和两千立方米液化气储存设施开始基础施工；城市集中供暖锅炉建设正做可研报告；C_5 综合利用项目正在进行前期论证。

7. 人才开发

推进人力资本和人力资源开发。建立健全高层次人才培养、选拔和管理程序。中层管理人员实行业绩考核管理。开展了优秀拔尖人才评选活动，对评选出的 13 名优秀拔尖人才予以重奖。提高了工人技师、高级技师的津贴。炼油检修公司职工吴强荣获“中国石油天然气集团公司技术能手”荣誉称号。乙烯钳工车间赵胜年、仪表车间王保健荣获“新疆石油管理局技术能手”荣誉称号。

(潘晓斌)

吐哈石油勘探开发指挥部

【概述】 2001 年，吐哈石油勘探开发指挥部（以下简称指挥部）正式实施“十五”计划，提出突出发展主题，实施市场开发、多角化经营、凝聚人心三大战略，实现“五个一流”和“强精特优”目标的总体发展思路，“十五”开局第一年即全面完成各项生产经营指标。

截至 2001 年底，指挥部拥有资产总额 627258 万元，其中固定资产原值 420907 万元，净值 258457 万元。职工总数 13299 人，其中干部 3647 人，占职工总数的 27%；机关处室 14 个，直属单位 2 个，二级单位 48 个（其中驻外办事处 10 个）。

【经营情况】 全年实现收入 219164 万元（含物资采购 18945 万元）；主营业务完成价值工作量 213061 万元。其中工程技术服务实现收入 127326 万元，占总收入的 60%；生产服务实现收入 54171 万元，占 25%；社会服务等单位实现收入 31564 万元，占 15%。应上缴税费 14706 万元。集团公司三项费用补贴后利润为 309 万元，超额完成了全年盈亏持平的经营目标。

【主营业务】 2001 年，物探完成二维地震 1348 千米、三维地震 142 平方千米；钻井开钻 133 口，完成 123 口，进尺 386960 米；完成井下作业 1094 井次，试油 27 层，地面压裂、酸化 364 井次，特种作业 94 井次；录测井完成裸眼测井 163 口，开发测井 495 井次，射孔 4561 米，录井 9993 天，投捞 355 井次；油建完成价值工作量 18440 万元；筑路完成施工价值工作量 6103 万元；供水供电完成供电量 31391 万千瓦·时，完成供水量 2233 万立方米；物资供应完成物资供应量 103154 万元；运输实现客运量 8581 万人·千米，货运周转量 8919 万吨·千米；机械制造与维修实现工业总产值 9221 万元，工业销售产值 8593 万元。

【市场开拓】 2001年，指挥部围绕“立足吐哈，扩展周边，走向中亚”的市场定位，市场开发取得显著成效：一是稳定了吐哈内部市场，在油公司市场开放50%、投资减少、价格下调的形势下，钻井、井下、录测井、油建、运输内部市场占有率分别达到84%、73%、95%、88%、68%。二是重返了玉门市场，指挥部在玉门作业的队伍达11个单位、1000多人。三是拓展了西部油田市场，相继进入青海、塔里木、塔河、克拉玛依、长庆油田市场，固井、压裂、酸化、大修等服务项目深受甲方好评，树立了良好形象。四是国外市场发展迅速，哈萨克斯坦、乌兹别克斯坦市场工作量大幅上升，队伍总数由2000年底的3部钻机、1部修井机扩展到6部钻机、3部修井机、1部压裂机组；钻采技术服务、机械产品紧随石油工程技术服务也走出了国门，参与国际市场竞争。五是社会市场开发取得新进展，筑路公司社会市场工作量达到总工作量的90%，油建、运输、能源公司、旅游公司等单位社会市场进一步拓展。

【技术创新】　2001年，指挥部坚持“引进、集成、应用、创新”的科研工作思路，加强科技工作领导，不断加大科技创新力度，调动科技人员的工作积极性，推动群众性技术创新活动。一是建立健全组织机构，加强科技管理。年初指挥部及时组织召开工程技术座谈会，部署全年科技工作，补充完善两级科技决策管理体系，初步形成较为完善的技术开发网络。二是以国家级“技术中心”为纽带，以两个研究单位为主体，主要生产单位研发中心组成的技术开发体系得到进一步完善，并按照成熟技术、特色技术、储备技术三个层次开展技术攻关、技术创新和推广应用，形成了六大专业251项成熟技术系列、8项特色技术和6项储备技术。三是开展多种形式的技术交流，促进产学研结合。按照科研单位与生产单位联合发展的协议，先后组织召开8次内部相关单位技术交流会，促进生产与科研单位的有机结合；主动与油公司加强交流与合作，积极营造“一体化”科研创新氛围；在北京组织有哈里伯顿、斯伦贝谢等九家国际跨国公司参与的技术交流座谈会，加强与国际知名公司的交流；邀请贝克休斯、VARCO公司、中国海洋石油总公司、长庆油田等国内外单位来油田进行技术交流。

【多元发展】　2001年，指挥部着眼长远，积极实施多角化经营战略，重点发展以利用吐哈丰富油气资源为主的化工产业，调整多元产业结构，加速项目建设，多元产业呈现勃勃生机。

【安全生产】　2001年，指挥部狠抓安全生产整治，基本实现了“四个杜绝，三个不超，一个确保”的目标。一是贯彻实施QHSE管理体系，加强体系认证和培训力度，先后举办4期350人次的体系培训班。井下、录测井、物探、油建4个单位通过了HSE管理体系认证，钻井等9个单位全面实施HSE管理体系，筑路公司等15个单位编写了体系文件，181个基层队站实施了“两书一表”，占基层队站总数的61%。二是严格监督检查，抓好安全生产，按照集团公司的要求，指挥部及各单位设立安全总监、副总监或专职HSE监督，完善了安全监督管理网络；积极开展“抓宣传、查违章、畅通路、压事故”的交通安全整治活动、民用爆炸物品专项治理、锅炉压力容器和起重机械专项整治、易燃易爆、公共娱乐场所和公共聚集场所消防整治、井控管理专项治理等活动，保障了指挥部生产经营的平稳运行。三是完善环境监测手段，强化环境保护和污染源治理的力度，先后购置了烟尘测试仪、红外测油仪等监测设备，开展水质、空气和废气、噪声、生物等四大类64个项目的监测工作；对钻井液池采取了防渗措施，井下作业污水定点处理，钻井废弃物处置率和井下作业无污染率均达100%；投资改造哈密一号锅炉房、机械厂锅炉房，鄯善所有燃煤锅炉改用天然气，烟尘、污水达标排放，空气质量指数优良。

【企业改革】　适应指挥部生产经营发展的需要，进一步调整优化了内部组织结构。一是在指挥部机关设置了国际合作、外部市场开发和生产协调部门，建立了相关的管理制度，重新界定和完善了职能，理顺了对外市场开发管理关系。二是完成了化学公司划转等11个单位的撤、并整合工作。三是在指挥部及主要生产单位设立了安全、技术和环保监督机构，设置了安全总监岗位，明确了岗位职责，组建了相应的监管队伍，使指挥部HSE管理走上了正轨。四是积极推进干部人事制度改革。建立了干部选拔任用管理制度、干部考核管理制度和领导干部经济责任审计制度等。

【审计监察】　以财务收支审计为基础，以经济责任审计为重点，全面覆盖基本建设工程项目，适时开展专项审计调查，全年累计完成各类审计项目96项，应审单位、应审资金覆盖率均达100%；认真开展资金效能监察，清理追缴各类欠款733万元。

【精神文明建设】　一是紧密围绕指挥部制定的以“三大战略”、“五个一流”、“强精特优”为目标的“十五”发展战略，广泛深入地开展形势任务教育，统一思想，振奋精神。二是深入开展“三讲”学习教育活动，领导干部的思想政治建设进一步加强。三是认真落实党风廉政建设责任制，对班子成员抓党风廉政建设责任区的划分及时进行了调整和完善。开展了领导干部廉洁勤政树形教育活动。四是紧密围绕生产经营和职工队伍稳定，不断推进思想政治工作的改进创新，制定了《指挥部车间（队站）思想政治工作规范》，加强基层建设。指挥部荣获“全国思想政治工作优秀企业”称号。五是贯彻落实《公民道德建设实施纲要》，按照巩固成果、提高水平的总体要求，持续开展“三创一争”、“三优一满意”、“向不文明行为告别”等活动，提高了精神文明建设水平，指挥部荣获“自治区级文明行业”称号，吐哈石油哈密基地进入自治区级“文明社区”行列，吐哈石油大厦被中央文明委命名为“国家级文明示范窗口”，16个单位和班组被自治区命名为“文明单位”和“文明服务示范窗口”。

【企业文化】　指挥部着力建设具有特色的企业文化。一是提炼和总结吐哈企业精神和企业理念。二是导入CIS企业形象识别系统，进行企业文化整体策划、设计、传播，并在办公系统、劳保服饰、车辆设备、公关礼仪、内外部环境和广告传播等六个方面广泛应用。编印了三种文字的宣传画册，制作了吐哈石油专题片。抓住申办奥运会汽车集结赛的机会，组织了新闻发布会，向社会各界展示吐哈石油新形象。三是修建了集休闲、娱乐、教育等功能为一体的文化广场，组织开展首届职工文化大赛，丰富职工的文化生活。四是创作吐哈石油主题歌曲，开展学唱活动，大力弘扬“超越自我，追求卓越”的吐哈企业精神。五是引进先进文化，邀请国内外知名艺术团体来吐哈油田献艺演出，提升了吐哈职工队伍的文化品位。

【社会化服务】　2001年，社会化服务板块主要指标：完成供水量1187万吨，供气量2283吨；医院门诊诊治11万人次；高考上线率75.6%，职工培训8273人次。主要工作有：成立社区管理委员会，加强了社会人的管理；建立和完善离退休党组织，强化了离退休人员的自我管理；创建中老年大学，丰富了中老年人的精神生活；开通哈密石油基地到哈密市的4路公交车，方便了居民生活；以企助民营方式成功开办外国语学校，强化办学特色，增强了竞争能力；文化广场建成竣工、公园文化石的刻制，增添了基地文化氛围；培训和安置职工待业子女，解决了职工家属的后顾之忧。目前哈密、鄯善基地环境进一步美化，生产生活秩序良好，居民综合满意率稳步提高。哈密物业公司切实提高物业管理水平，开发适销对路的新产品，积极创收增效；大力发展种植、养殖业，花卉产业和“菜篮子”工程形成规模。

（韩剑锋　陈来军）

塔里木石油勘探开发指挥部

【人员与机构概况】　塔里木石油勘探开发指挥部（以下简称“塔指”）截至2001年底，共有职工5148名，其中干部1073名，集体家属工863名。指挥部领导班子6人。机关设“九部一室”，为指挥部办公室、生产技术协调部、财务资产部、计划经营部、人事劳资部、市场开发部、党群工作部、审计监察部、房产管理部、公路管理处。经营性单位11个，为工程技术服务公司、物资贸易公司、经济发展总公司、物业管理公司、运输有限责任公司、通信有限责任公司、塔里木华油公司、北京联络处、乌鲁木齐办事处、广州办事处、青岛办事处。事业性单位6个，为职工医院、石油公安局、教育培训中心、文化体育活动中心、塔里木电视台、离退休职工管理中心。

【生产经营】　2001年塔指实现了整体扭亏为盈，实现收入7.43万元，比2000年增长8.6%；其中，与塔里木油田公司签署关联交易总协议和20个分合同，总金额3.64亿元。全年实现利润3658万元，新增固定资产2662万元，资产总值为398643万元。

（1）工程技术服务工作：工程技术服务公司本着“保障钻井生产，提供优质服务，谋求企业更大发展”的指导思想，按照ISO 9000体系严格质量达标，送井和回收钻具170880根次、物资608井次，钻具现场探伤和分级检测67531根，井控技术服务501井次，机修与加工各类钻具111447台件，关联交易合同外泥浆技术服务21井次，为油田生产提供了有力的技术服务保障。

（2）生产保障工作：物资供应全面抓好计划、采购、仓储、配送系统工作，完成关联交易采购计划260份、6853项，采购量4.8亿元，配灰3168吨，配酸3520立方米，实现物资供应及时率、准确率两个百分之百；重点保障了牙哈、哈得逊油田地面建设、塔西南电站、塔中120万立方米气处理装置、轮南原稳工程的物资保障服务；全年仓储作业46万吨，吞吐量30万吨。运输服务突出安全教育、交通安全整治，切实强化设备管理，组织值班车、长途车和机动车147650车次；车辆完好率95%，共计完成2020万车·千米，确保了油田生产和其他各项工作的车辆需求。通信、电力服务，紧紧围绕油田勘探开发，加大组织协调力度，保证了新布井点的通信畅通；加强对基地及油田内已有通信设备及线路的检查维护力度，为探区提供了满意的通信和部分电力服务。

（3）物业管理工作：物业管理公司按照关联交易合同的要求，以落实全年经营指标为龙头，以管理促质量，提高了服务水平，全年完成各类公共设施维修、抢修26366次，确保了水、电、暖、气的供应；绿化、环卫工作成绩显著；前线15个生活点服务质量有所提高。

（4）多种经营工作：经济发展总公司积极调整内部结构，加大科技投入，努力开拓内外部市场，进一步提高产品质量和服务质量，取得了明显的经济效益。化学助剂厂加大科技投入，研制、开发了新型产品，批量打入油田开发、钻井市场；塑钢厂彻底解决了产品质量问题；建安公司积极开拓社会市场，在南疆市场赢得了信誉；路桥公司积极拓宽油田内部市场，工作量明显增长；油田项目组、印刷厂、服装厂的业务量和服务范围也在不断扩大。

（5）宾馆旅游业：华油公司坚持“信誉第一，宾客至上，质量第一”的服务宗旨，在接待和机关办公服务中，成绩显著，服务回访满意率达到98%；同时，积极拓展旅游和其他服务项目，开拓了新的经济增长点，取得了良好的经济效益。乌鲁木齐办事处顺利完成了主楼改扩建工程，塔里木大酒店初步通过四星级资格认证。北京联络处改建后的塔里木石油宾馆，于2001年11月投入运营，并通过三星级资格认证。

【企业改革】　2001年，塔指稳步推进改革，强化经营机制转换，取得了显著成效。一是建立和完善了五种形式的经营承包责任制。指挥部根据各单位的性质，实行了内部利润承包、资产经营承包、费用承包、自主经营承包和目标承包等五种形式的经营责任制。完善责任指标、复合指标考核体系，实行企业效益与职工利益挂钩，层层签订承包合同，严考核，硬兑现，把指标、责任、权利、压力下放到了基层，形成了宏观管理、微观放开、过程监督、结果考核和各单位自主经营、自负盈亏、自我发展、自我约束的经营管理机制。二是稳步推进工资分配机制改革。为了建立能升能降、有效激励的工资分配机制，指挥部通过改革，实行了收入与责任、贡献相统一的工资分配制度，下放了工资、奖金分配权。将全体员工的工资分为基础工资和效益工资两部分，效益工资的浮动额达到30%—50%，各单位根据利润指标的完成情况，自主决定工资分配，体现了多劳多得、效益优先、兼顾公平的原则。工程技术服务公司打破现行工资分配办法，进行了岗薪制试点，取得了良好效果。指挥部对领导班子和领导干部，实行责任指标和复合指标与工资分配挂钩，完成指标的全额兑现效益工资；未完成指标的取消领导班子效益工资兑现，超效益或费用节约部分，承包单位和指挥部按比例分成。对各单位主要领导实行经营指标承包风险抵押金制度。这些措施调动了干部职工的积极性，全面促进了各项经营目标的完成。三是深化劳动人事制度改革。为了深化劳动人事制度改革奠定基础，指挥部认真开展“定责、定编、定岗、定员、定上岗规范”的五定工作，完善了机关部门工作职能和各单位、各部门业务、技术工作职能，并根据工作职能重新确定人员编制、岗位设置、定员数量和岗位规范，有效促进了资源的合理配置。四是稳妥推进了公安机构体制改革。根据集团公司文件精神，塔里木油田加快了公安机构体制改革的步伐。在油田党工委领导下，成立了机构体制改革领导小组，就石油公安局机构体制改革问题，与新疆自治区公安厅和巴州政府进行了积极磋商，提出了“整体移交、平稳过渡、协商一致”的原则，并就人员、资产和工作移交等问题制定了具体、稳妥的方案，既充分体现了集团公司有关文件精神，又充分考虑了广大石油公安干警的意愿，保证了公安队伍的稳定。

【企业管理】　2001年，塔指从完善规章制度和加强基础工作入手，强化企业系统管理，企业管理水平明显提高。一是全面开展了资产清查。通过清查，掌握了资产状况，加快了闲置、报废资产的调剂利用；清理了乙方占用资产，控制了资产流失，提高了资产运营效益；掌握了各单位物资储备情况，平衡、控制了物资消耗总量，盘活了库存积压物资。二是全面优化了劳动组织结构。严格控制了用工总量，压缩了人工成本，制定了“五定”方案，充分发挥了工资分配对劳动力流向的调节作用，为促进动态管理，优化资源配置奠定了基础。加大了临时用工的管理力度，共清退外雇用工550人，实现了减人增效。三是全面实行了预算管理。成立了全面预算管理领导小组，健全了预算编制、审查、执行、监督、信息反馈等工作制度，建立了职责明确、执行严格、监督有力的预算管理体系。四是全面加强了定额管理。完成了服务定额价格管理体系，严格了成本定额和结算价格，强化了成本发生过程的监督、控制。指挥部给各单位下达了指令性成本计划，各单位层层分解落实指标，加强成本总量控制和成本考核，成本考核与工资、奖金分配挂钩，严考核，硬兑现。五是全面进行了经营审计。摸清了家底，掌握了各单位真实盈利能力，找出了存在的问题。同时，根据审计结果，加强了财务监督、审计监督和效能监察，开展了财务审计、专项审计和经济效益审计，严格规范了企业经营行为。六是认真履行关联交易合同，确保了指挥部经营目标的全面完成。为了做好关联交易工作，指挥部加强了关联交易工作的组织领导，统一归口管理和协调，保证了关联交易规范运作。指挥部始终把高质量履行关联交易合同，作为关系企业生存和发展的大事来抓，严格按照合同要求，保证了合同执行质量标准，在油田公司关联交易检查中，得到了充分肯定。七是制定了指挥部21个管理办法。对管理职能、管理程序、管理手段进行了具体规定。21个管理办法的进一步贯彻落实，对指挥部实现管理制度规范化、程序化，提高管理水平发挥了巨大作用。八是开展了ISO 9000质量体系认证和HSE体系建立工作。有七个单位通过ISO 9000质量认证，促进了经营管理的标准化，施工质量、服务质量有了显著提高。九是建立了投资回报机制。制定了投资管理办法，确定了项目投资基准收益率，停止了部分风险大、效益低的投资项目，有效地防止了投资风险，提高了投资效率。

【安全、环保】　2001年，塔指安全与环保工作按照“严格监督、积极服务”的思路，开展了一系列扎实有效的工作。制定下发了《指挥部健康安全环境管理委员会组成及职责》、《指挥部领导定点承包安全生产要害部位实施办法》、《指挥部内部经营承包复合指标考核办法》等规章制度与管理办法，进一步完善了以领导承包要害部位为主线、指标考核为主要管理手段的安全环保责任制，安全环保工作实行严考核、硬兑现、与单位工资总额及领导班子效益奖挂钩。结合实际推进了HSE体系建立工作，举办了HSE编写人员培训班和内审员培训班，经考核50人取得了集团公司HSE体系内审员资格。组织了元旦春节安全检查、夏季安全环保检查、国庆全面检查、冬季安全环保检查，及时整改了安全隐患。完成了大二线成品油库消防整改设计（2002年实施）。新接待公寓消防整改一次性通过自治区消防局验收。完成了运输有限责任公司车库消防整改、巩乃斯疗养院改扩建工程中的污水处理系统排污管线和处理装置整改，取得了巴州环保局的验收合格证。完成了2001年指挥部安全环保自行考核工作，经集团公司审核，为安全环保管理合格。工程技术服务公司因质量事故，质量管理考核不合格。运输有限责任公司和经济发展总公司因事故超标，安全生产考核不合格。

【科技工作管理】　2001年塔指把科技创新摆在优先发展的位置，树立依靠科技进步，开拓生存发展空间的指导思想，按照“实用性、系统性、针对性、超前性”的原则开展工作，制定了《指挥部科技管理办法》，规范了科技管理的组织领导、项目管理、项目转化等工作。优选了十个能推动指挥部持续发展和解决关键技术的项目展开研究攻关，其中，研究项目四项（含上年接转二项）、新技术推广项目四项、计算机应用项目二项。工程技术服务公司承担的《欠平衡钻井压力控制技术》、《NQF 800/0.7钻井液气体分离器配套技术的推广应用》等五项攻关项目，取得阶段性成果；职工医院承担的二项攻关项目，已初见成效；经济发展总公司承担的《气田开发专用化学剂研制与应用》科研项目，正在结合气田开发实际进行调研分析；物资贸易公司承担的《塔里木物资供应电子商务平台系统》和《指挥部管理信息共享系统》项目，已分别完成开发方案和开发前期准备工作。在科研项目管理按攻关内容、技术指标、完成时间确定考核指标，实行项目组管理和风险抵押制度，保证了攻关项目顺利进行。

（郝贵平）

浙江石油勘探处

【概述】　2001年是浙江石油勘探处（以下简称浙江处）按照“十五”计划确定的“两年脱困，三年基本自立”思路开展工作的第一年。解放思想，转变观念，深化改革，增添活力，开拓市场，增收创效，强化管理，提高素质，为摆脱困境，走上“四自”道路开好局，起好步，浙江处做了大量的工作，年初确定的工作目标基本完成，主营业务收入 1465 万元，同比增长 29%；集团公司费用化补贴到位后，内部利润 21 万元。企业改革进一步深化，管理有所加强，治安安全状况良好，职工队伍基本稳定。

2001 年，浙江处撤销了经营状况不好的工程公司，二级单位由原来的 10 个减少为 9 个。截至年底，全处共有职工 965 人，其中在职职工 132 人，内部退养职工 96 人，离退休职工 737 人。此外，还有精简人员 8 人（国家困难时期下放落实政策分摊给我处的其他单位职工），抚恤人员 75 人。固定资产原值 4793 万元，净值 3701 万元。

【工程技术服务】 2001 年勘探工作主要是两块：一块是大地电磁测深 MT 勘探（以下简称 MT 勘探），共承接了五个项目的野外勘探和两个项目的资料处理。项目分别是：安徽南陵—江苏溧水 MT 面积勘探、江苏涟阜地区 MT 面积勘探、江西鄱阳盆地 MT 勘探及资料处理解释、新疆准噶尔盆地 MT 勘探及资料处理解释、广西田林地区 MT 面积勘探及资料处理解释、新疆准噶尔盆地资料处理解释。还有一块工作是从浙江勘探分公司承接来的浅层天然气勘探、开发钻探施工项目，施工地点在浙江加善和萧山。

全年共完成浅层天然气探井 2 口，开发井 2 口，总进尺 412.6 米；MT 测点 959 个，所完成的工作质量在同期施工的单位当中名列前茅，尤其是我们第一次进入中石化西部项目经理部，就以野外采集和资料处理质量获得两个第一名。

【安全生产】 处安全委员会全年组织了 6 次安全生产大检查，1 次安全生产周活动，以及 1 次以液化气和危险围墙为重点的安全专项整治活动。每次安全检查和活动都是着重抓安全生产教育，提高干部职工的安全生产意识，检查各单位的安全生产责任制是否落实，事故隐患是否存在。为确保疗养院、MT 队两个重点单位的安全，处专门为疗养院配备了消防烟雾报警器，帮助 MT 队建立起 HSE 安全管理体系。原工程公司合并到水文队后，安全工作有比较明显的改善，在落实责任制和操作规程的同时，还建立了“一月一会一小查，一季一会一大查”，查隐患、查规章制度的例会例查制度。由于全处对安全工作的重视，浙江处 2001 年没有发生任何大小事故。

【企业改革与管理】 这里讲的改革，主要是指我们在围绕转换经营机制，深化人事、用工、分配三项制度改革方面，又向前推进了一步。即在经营机制上，根据各单位具体情况，实行了“一处多制”的责任制形式。2001 年全处 10 个经营单位分别采取了三种经营责任制形式，其中 5 个单位实行模拟资产经营；3 个单位试行内部个人模拟租赁经营；2 个单位实行工作目标责任制。试行个人模拟租赁经营，不仅仅是经营责任制形式的改变，更重要的是责任和风险的体现，承租人在享有充分的自主经营及用工、分配等方面权利的同时，个人要承担全部经营风险。同时我们还在积极而又慎重地探索整体带资分流转制、整合等有关问题上，包括熟悉政策、学习借鉴成功经验和做法，分析利弊关系等方面做了一些工作，并提出了多个需要进一步深入研究的初步方案。在“三项制度改革”方面，主要是按“三干法”的原则，不拘一格公开招聘经营者。2001 年我们打破常规采取与在职职工一道竞标的方式，聘用了一位退休职工担任疗养院院长，这是浙江处历史上从来没有过的。严格按劳动法的有关规定对合同期满的职工，实行双向选择，如单位工作需要，本人又能服从工作安排的，重新签订劳动合同；不服从工作安排的不再续签劳动合同。鼓励和支持各单位实行档案工资，采取能体现多劳多得，效益优先，兼顾公平的分配方式。各单位出现的富余、待岗人员原则上都由各单位自行负责安排，如交给处里安排，减少一个人，经营单位必须每年向处缴纳 6000 元的人头费。

在管理方面，着重抓了两方面的工作：一是为适应市场经济是法制经济的新形势，及时办理处事业法人、各经营单位的企业工商执照、土地证年检年审及申报工作。我们本着既尊重历史，又面对现实的原则，克服了种种阻力，办妥了疗养院、原运输公司两个地块的土地证，至此，全处的土地都有了合法的土地证。由于效益不好，我们注销了工程公司的工商执照。二是强化了经营管理，无论是对内对外都强调重合同，守信用。在对外业务交往中注意选择诚信的好客户，注重经济合同的每一条款，有效地避免了经营风险。根据对各单位的经营情况考核，2001 年没有发生货款、工程款恶意拖欠现象，避免了新的死账呆账的形成，经营质量大大提高。在内部对不能履行模拟租赁合同的内部招待所及时终止了合同，对不能完成经营指标的单位及时撤销，维护了合同的严肃性。

【社会保险】 主要做了四方面的工作：一是为减轻企业和职工负担，保证职工医疗，积极争取进入省级单位医疗统筹，经过努力，8 月份正式进入。二是为方便职工就医，积极争取使企业内部医务所成为省级医保定点医疗机构，这项工作还在争取当中。三是为确保稳定，认真负责地为有偿解除劳动关系人员做好养老保险接续工作。在做好职工养老保险工作的同时，我们还积极争取到了已故离退休职工的遗属的生活费进入了社会统筹。

【住房制度改革】 浙江处实物房改工作早已停止了，住房公积金也是一直按照属地化管理规定正常缴存和支取的。因此，2001 年我们住房制度改革的主要工作是，根据集团公司的要求，做好住房分配货币化的前期基础工作。(1) 与股份公司浙江勘探分公司共同成立了住房委员会；(2) 结合企业实际情况制定了《浙江石油勘探处关于深化住房制度改革，实行住房分配货币化的实施办法》；(3) 对 1998 年底在册的 1533 名职工的住房情况进行了调查，并在调查的基础上按要求建立好了职工住房档案。

【资产管理】 为摸清家底，核实资产，根据集团公司财务资产部的要求，我们用了将近 3 个月的时间，对全处所有的财产进行了清查，通过清查并经深圳中瑞信会计事务所审计确认，同时报经集团公司批准后，按现行会计制度计算，实际财产损失为 442 万元，如执行企业会计制度将减持 936 万元。在做好财产清查的同时，我们还积极盘活资产，利用现有资产创造效益。全年实际利用闲置资产和报废资产变现收入 105 万元。

【精神文明建设】 2001 年对浙江处来说仍然是比较困难的一年，但在困难条件下如何尽可能使职工的日子能过得好一些，是浙江处领导集体工作的出发点和落脚点，也是我们认真实践江总书记“三个代表”重要思想的最直接和最基本的要求。在具体工作中，我们一方面积极创造条件并在政策允许的情况下，想方设法为各类人员增加经济收入和生活费，包括给精简退职职工增加了生活费，给特困职工进行生活补助。另一方面，在开展各项工作中，我们始终坚持在处党委的领导下，用十五届五中、六中全会精神和集团公司工作会议精神，统一全处干部职工的思想，结合处的实际开展形势教育，分析处情，正视现实，提高战胜困难的勇气和信心。在落实经营责任制，实施紧缩开支措施，医疗保险等工作中，自始至终注意做过细的思想工作，讲清情况，化解矛盾，使有关政策和措施得以顺利实施。在事关企业改革与发展和各类人员切身利益的大事方面，如改制方案、医疗保险实施办法、货币化分房实施办法等，出台前都召开了职代会联席会和有关同志座谈会，征求各方面的意见，其目的是力求使方案或办法更趋合理和完善，并通过职工代表、离退休组织帮助做好宣传工作和广泛的思想工作，以便统一思想和顺利实施。浙江处 2001 年职工队伍基本稳定，这与我们认真做好上述工作有着密切的关系。

（王国良）

中国石油集团地球物理勘探局

【概述】 2001 年是中国石油集团地球物理勘探局（简称物探局，英文缩写 BGP）改革发展取得重要成果的一年，在突出勘探主业优势，推进产业结构、组织结构和资产结构的调整中，把技术创新和管理创新作为企业发展的新动力，积极实施低成本战略，经营效益创历史最高水平，在向国际大物探公司目标进军过程中迈出了坚实的一步。

2001 年，物探局在国内河北省、北京市、天津市、河南省、新疆维吾尔自治区等地建有 11 个主要生产生活基地，在国外建有 6 个项目经理部、11 个办事处、3 个项目组和 4 个资料处理中心。按照集团公司重组改制以及提高核心竞争力的战略部署，以队伍结构调整、重组改制为主线，先后完成物探主业骨干队伍和专业技术人员的集中管理，公共事业系统专业化管理，部分多元开发单位整体带资分流，在开展“五定”的基础上，继续推进减员增效工作。经过调整，2001 年年底机构设置为：局机关职能部室 12 个，局机关附属单位 3 个，局属单位 13 个，较 2000 年度共减少 12 个。全局在册员工总数为 14500 人，其中专业技术人员为 5507 人，具有初级职称的 2511 人，中级职称的 2180 人，高级职称的 635 人。专业技术人员中有中国工程院院士 1 人。

2001 年物探局拥有主要专业设备 2282 台，其中各类钻机 624 台，测井及物探设备 923 台，运输车辆 218 台，船舶 30 艘，各类电子计算机 147 台，固定资产原值 47.45 亿元，净值 29.56 亿元。

【主要工作及经济效益】　2001年物探局继续坚持“面向国际、面向国内复杂探区、面向社会服务”的发展方向，大力实施“市场开发、技术创新、持续重组和低成本发展”战略，充分发挥党建思想政治工作的保障作用，分别为国内塔里木、新疆、吐哈、青海、长庆、玉门、大港、吉林、浙江等油田分公司和中国石油化工集团以及苏丹、也门、巴基斯坦、伊朗、哈萨克斯坦、莫桑比克、尼日利亚等国家提供物探服务，主要经济指标完成情况良好。全年共签订资料采集合同117个（其中地震85个，非地震32个），资料处理合同117个（其中二维处理项目80个，三维处理项目37个），先后投入40个地震队、6个电法队、3个重力队和1个化探队，共完成二维地震资料采集16517千米，获生产记录316292张，其中一级品生产记录287163张，一级品率为91%；完成三维地震资料采集4615平方千米，获生产记录283919张，其中一级品生产记录269968张，一级品率为95%；非地震重磁力勘探共完成73792千米，获生产记录110667张；电法勘探共完成5385千米，获生产记录21526张；化学勘探共完成1596千米，获生产记录2596张。技术服务完成二维地震资料处理40690千米，三维地震资料处理8000平方千米，完成解释研究项目62个，向有关油田提供各类井位188口，被采纳103口。全年主营业务收入达到236001万元，与2000年度同比增长13%，为预算总收入的110%，其中技术服务收入206303万元，比2000年度实际增长13%；生产服务收入4734万元，比2000年度下降33%；社会服务收入14222万元，比2000年度增长37%。扭亏脱困实现新的跨越，在整体经济实力和竞争力不断增强的基础上，全年经营性亏损2850万元，为集团公司控亏指标15000万元的19%。企业劳动生产率大幅度增长，全年实现增加值76263万元，全员劳动生产率4.8万元/人，比2000年度增长37%。

【产业结构调整】　以突出物探主业优势为目标，重点推进产业结构、组织结构和资产结构的调整，全局在册员工由2000年度的25371人下降到14500人，与2000年度同期25371人相比减少11051人，其中有偿解除劳动合同人员9262人。按照集中统一的指导思想，完成了主业管理职能、主业骨干队伍和专业技术人员的集中，原隶属各地质调查处的地震队主体队伍分别划归国际勘探部和勘探事业部，主要勘探设备划归物资装备事业部；“一个整体、三个层次”的科技创新体制初步形成，全局16个各自独立的研究机构经过整合成为拥有1300人的面向国内外市场的技术发展中心。组建了公共事业部，实现物业管理、文化教育和卫生系统集中管理，分离企业办社会职能初见成效，其中石油物探职工大学整体划转北京市财贸干部管理学院。多元开发企业产权制度改革取得稳步推进，2000年度的119家各类公司及辅助生产单位通过改制、清算和内部关闭，以及建立规范的法人治理结构，所属企业减少到10个，其中作为集团公司改制试点单位的装备制造总厂下属的三个分厂，整体带资分流的职工1261名，涉及资产2.97亿元，为集团公司部分企业的产权制度改革探索出一条新路。

【国内勘探】　2001年物探局国内勘探在主业队伍管理体制发生重大变化的情况下，市场开发得到加强，项目运作由年初的新旧两种体制并存到年底全部按新体制运作，“一体化”的优势得到充分发挥。全年共签订资料采集项目合同85个，启动81个，已完工65个，项目启动率和完工率分别为95%和76%。承揽项目的地区和单位包括塔里木、新疆、吐哈、青海、长庆、玉门、大港、吉林、浙江等油田分公司和中国石油化工集团的勘探区块，完成工作量二维地震9148千米，获生产记录177517张，其中一级品率达到84%；完成三维地震2889平方千米，获生产记录163606张，其中一级品率到达到91%；非地震完成电法勘探5385千米，重磁力勘探71592千米，化学勘探1596千米。继2000年圆满完成“西气东输”重点项目克拉2山地三维项目后，2001年把塔里木探区规模最大的山地三维地震采集项目——迪那2山地三维勘探列为全局国内勘探的重中之重，采取“大三维、大投入、大协作”的生产组织方式，优质高效完成任务，为甲方交了一份满意的答卷，同时标志着物探局复杂山地三维勘探技术处于国内领先、国际先进水平。尽管近年国内物探市场工作量呈减少的趋势，但物探局2001年国内勘探实现收入较2000年度增加11%。

【国际勘探】　2001年是物探局国际勘探快速发展的一年，针对国际物探市场变化的新特点，积极开展体制创新、机制创新、管理创新，按照统一开发、统一组织、统一管理的经营方略，在努力提高整体实力的基础上培育核心竞争力，作业队伍达到18支，市场占有率实现新的突破。全年共签订资料采集合同32个，落实二维地震8866千米和三维地震2518平方千米的工作量。至年底，启动项目32个，完工27个，结转5个，项目启动率和完工率分别为100%和84%。履行合同的国家和地区包括苏丹、也门、巴基斯坦、伊朗、哈萨克斯坦、莫桑比克、尼日利亚等，完成二维地震7369千米，获生产记录138775张，一级品率达到100%；完成三维地震1725平方千米，获生产记录120313张，一级品率达到100%；非地震重磁力勘探完成2200千米。由于市场份额扩大，完成的二维和三维勘探工作量分别比2000年度增加22%和80%，实现收入增加82%。在2001年履行的合同中，物探局服务手段的多样化和服务领域的扩大成为吸引用户的重要因素之一，除了为多个国家的用户提供复杂地区包括沼泽、山地、热带雨林、海洋过渡带的二维、三维勘探服务外，还有深海勘探、四维勘探、重磁力勘探等项目，采集、处理、解释的“一体化”以及地震、非地震服务的有效结合使BGP在国际油公司中的地位进一步提高。

【技术服务】　2001年共签订资料处理合同117个，其中二维地震项目80个，三维地震项目37个，落实二维处理工作量50738千米，三维处理工作量12232平方千米，年内实际完成二维地震40690千米，三维地震8000平方千米，项目启动率和完工率分别为100%和74%。

成果解释及综合研究针对股份公司提出的“重点盆地、重点探区、重点问题”，紧紧围绕“突出重点、发挥优势、贴近生产、注重实效”的原则展开工作，全年共完成解释研究项目62个，解释二维地震剖面192786千米，三维地震11211平方千米，重磁力资料40000平方千米，MT1600千米，CEMP3000千米。发现各类圈闭738个，圈闭面积10667平方千米；复查各类圈闭538个，圈闭面积7674平方千米。提供井位188口，被油田采纳103口，其中向塔里木油田提供的50口井位中，有30口被采纳，截至年底已有16口井获得工业油气流或油气显示。

在资料采集、处理、解释“一体化”的进程中，2001年物探局除按甲方要求提供井位外，技术服务工作在完善的基础上尽可能为用户提供超前服务，特别是在物探部署建议方面，在挖掘老资料潜力的同时，及时提交新上项目的构想供用户参考。物探部署建议被甲方认可并采纳的二维地震有8925千米，三维地震3534平方千米，重磁力勘探34300千米，CEMP3950千米，化学勘探360千米，为发挥物探局“一体化”的优势和提高市场占有率创造了条件。

【科技开发】　2001年继续加大物探技术研究与开发力度，针对油田勘探开发的需求和物探技术的难点，组织开展复杂地区地震勘探技术、开发地震技术、油气勘探新领域综合研究、物探专用设备及软件的开发，取得了一批重要成果。全年承担国家级科研项目4个，集团公司科研20个，立项安排局级科研项目56个，取得了一系列成果和阶段性成果。山地三维勘探技术日趋成熟，塔里木迪那2山地三维勘探项目的成功运作标志着物探局复杂山地三维勘探技术不仅国内领先，亦达到国际先进水平。塔里木轮南碳酸盐岩精细勘探技术取得重要进展，塔西南巨厚黄土区采集方法见到成效，塔中沙漠区、吐哈火焰山以及苏丹红土砾石区资料品质得到明显改善。以开发地震为代表的前沿技术通过引进和自主开发形成一定规模，特别是在多波勘探技术、AVO、裂隙检测技术等方面丰富了研究内容，移植、开发出一批配套软件。具有自主知识产权的KLSeis2.0、GRISYS/WS－6.0、GRIstation/WS－3.0系列产品和GeoModel地震成像系统，以及部分新型物探钻机、震源设备的技术改造和定型，增强了解决复杂地区勘探难题的手段。获科技成果奖多项，其中《克拉2大气田的发现和山地超高压气藏勘探技术》获2001年度国家科学技术进步一等奖，《地震采集工程软件系统KLSeis1.0》获2001年度集团公司技术创新一等奖、《塔里木盆地非构造油气田勘探目标选择与评价》和《电磁勘探技术》分别获二等奖。新项目的研究准备工作进展顺利，国家计委《库车地区地球物理勘探技术产业化示范工程》、科技部“十五”攻关项目《矢量地震、山地地震勘探技术研究》、国家经贸委《石油物探数字化技术》等国家级项目完成立项申请和开题论证。

【物资装备】　根据市场开发和生产经营动态，对设备投资加强了前期需求预测和项目论证。通过主管部门——物资装备事业部行使盘活存量、优化增量、集中管理、统一协调的职能，提高了设备使用效率和经济效益。2001年非安装设备购置完成投资76343万元，比2000年度提高70%，所购设备主要用于新增队伍的硬件配备，队伍改型的设备更新，完善提高数据处理、成果解释系统的能力和性能。物资供应保障系统通过靠前服务，充分发挥批量采购、集中统一管理的优势，效率得到提高。

实行专业化重组，完成了全局仪器、震源勘探设备的集中和人员的集中管理，并为全局的钻井、运输专业化重组奠定了基础。在对全局各单位全部资产的清查核实中，共清查核实报废设备7400多台（套），原值17.78亿元，净值2.84亿元。清理不良存货1.5亿元。为提高物探局装备实力，在引进的同时加快勘探装备新产品的研制开发，WTZR－2000型钻机完成定型并投入批量生产，在野外作业施工中发挥了重要作用；新研制开发的50米沙漠螺旋钻机，经小批量生产试验与原泥浆钻井相比，成本降低30%以上，参照国际标准制造的新型营房车批量交付国际项目使用。

测绘技术服务在海上导航测量方面有了突破性进展，攻克了海上定位导航测量中的多个技术难题，填补了物探局在海上导航定位方面的技术空白。测绘技术服务除覆盖苏丹、尼日利亚、也门、伊朗、巴基斯坦等10多个国家和国内多个探区外，还开拓社会市场项目20余个。

【多元开发】　2001年全局多元开发产业以盘活存量资产为基础、以资本运营为手段，在实现体制、机制和管理创新过程中收效明显。由于原有的119家各类公司及辅助生产单位通过改制、清算、内部关闭和重组，总数减少到10个，使全局多元开发事业步入循环的新轨道，企业的竞争力和活力得到增强。在原地调二处岩土公司、地调三处塔建公司、地调四处岩土公司、丰汇岩土公司基础上组建的岩土公司，固定资产原值由2697万元增加到8053万元，净值由2170万元增加到4483万元，设备数量达到81台（套），为进入并发展新疆岩土工程市场打下了坚实的基础。

【企业管理】　2001年物探局企业管理工作根据组织结构的变化，及时调整和完善管理体系，落实各项制度，以利于改革的进一步深化。成立了局董事工作小组和监事工作小组，模拟公司制董事会、监事会开展工作，加快了决策民主化、管理科学化、经营成果透明化的步伐。确立“抓住机遇、整体规划、分步实施、加快运作”的改革指导思想，在主业结构调整中围绕“资源集中、管理集中”，按照“严密组织、精干高效、平稳过渡、确保稳定”的原则实施，确保了生产任务的有序组织和圆满完成，项目管理水平明显提高。完善内部模拟资产经营修订、责任制办法和考核办法，进一步加大内部模拟资产经营责任制的实施力度，体现责任和利益的统一。对29个局属单位和全资子公司及局本部的不良资产的清理，经中友会计师事务所审计、集团公司财产清查办公室审核认定的损失数为61818万元，占全局资产总额的8.99%，占净资产总额的15.43%。扩大财务总监派出的覆盖面，以财务收支审计、经营成果审计、多元改制审计为主要内容的内部审计和财务监督挽回和避免了2769万元的经济损失。以干部人事制度改革为契机，干部聘用打破终身制，扩大了部分领导岗位公开招聘范围，首次对中青年技术专家和职业队经理选拔、评审，加大了人才引进力度。职工养老保险、医疗保险、失业保险更加完善，其中职工失业保险年末由劳资部门向当地政府失业保险管理机构报送“职工个人缴纳失业保险费花名册”，作为职工失业后享受失业保险待遇的依据。

【QHSE工作】　实现年初提出的“两通过，五杜绝，四达标，两保持”的管理目标，借鉴国际石油公司的做法，按照审计程序分别于5月、10月实施HSE审计，促进了全局HSE管理体系有效运行。在主要生产单位配备专职HSE总监，加强局对生产一线的监督力度，提高了信息反馈速度和质量，同时形成监督体制的框架，为完善监督网络奠定了基础。安全生产形势保持稳定，重大事故经济损失由2000年的49.46万元下降至2001年的4.9万元，连续六年获集团公司HSE管理先进企业称号。参加中华全国总工会和国家经贸委在全国大中型企业中开展的2000年度全国“安康杯”竞赛中，获优胜企业称号。在巴基斯坦施工的9501队遭到当地武装分子意外袭击一名员工受伤后，就急反应系统迅速起动，及时挽救了伤员的生命。执行尼日利亚项目的9811队创造了累计工作700万工时无LTI（失时伤害事故）的壳牌尼日利亚公司物探作业的最新HSE纪录；9811队和9912队在接受号称对HSE要求最严的壳牌石油公司的ISO 14001环境体系认证审核时，一次通过审核，成为物探局历史上首批通过国际环境管理体系认证的作业队伍。

【公共事业服务】　物探局公共事业服务在2000年初步与勘探主业分开运作、独立核算指标考核的基础上，2001年在压缩规模、减少补贴、扩大创收方面取得新进展，通过组建公共事业部，实现全局物业管理、文化教育和卫生系统集中化管理。经过多方联系、协调，在2001年5月16日使石油物探职工大学整体划转北京市财贸管理干部学院，由物探局代管的培黎石油学校2001年7月7日经中国石油天然气集团公司与甘肃省人民政府正式签订划转协议书，顺利完成培黎石油学校划转甘肃省管理的工作。在涿州、徐水等主要生活基地成立院区居委会，推进院区管理社会化。医疗与预防工作形势良好，基地与野外生产杜绝了食物中毒，职业病发病率为零，工业卫生管理达到标准，杜绝了医疗事故和严重差错。普通教育质量进一步提高，徐水、涿州两个主要基地的中学高考上线率分别达到85.1%和84.6%，中考成绩亦分别名列所在地区的第一和第二。

【党建和思想政治工作】　为适应企业改革重组的需要，党建和思想政治工作围绕中心，服务大局，对全局的发展和稳定起到了强有力的保障作用。按照集团公司的部署，集中开展了局处领导班子“三讲”教育活动，进一步拓宽领导干部在改革发展思路方面的视野，通过调整充实24个领导班子，交流131名和解聘、免职57名领导干部，并对2001年3月15日以后聘任的领导干部取消终身制，使局、处领导班子凝聚力和战斗力明显增强。在党风廉政建设过程中，坚持惩处和教育保护相结合，将反腐败工作重点向源头预防和治理转变，全年立案查处13件，18人受到党纪政纪处分。深入开展的资金管理和效能监察，清理外投外借历史问题112个，查处账外资金和“小金库”1175.6万元，初步形成抓源治本的工作机制和制度体系。基层党建工作坚持“三同时”原则，在队伍重组过程中及时建立健全新组建单位的党工团组织和机构，继续实施营造“1124堡垒工程”，积极探索新形势下加强和改进基层党建工作的有效途径。企业文化建设初步完成由计划经济向市场经济的转变。大力营造的“精诚伙伴，找油先锋”的企业精神，成为“团结、求实、开拓、奉献”和塔克拉玛干精神的延伸及再创，并在以“西气东输”重点项目克拉2和迪那2复杂山地三维地震勘探中得以深入人心，成为打造BGP品牌工程的创新动力。工会工作在企业发展中继续发挥重要作用，“厂务公开、民主监督”制度更趋完善。广大职工通过技术创新、制度创新、管理创新，为企业核心竞争力的提高增添了活力，全年提合理化建议1996件，技术改进100项，技术革新48项，技术攻关100项，技术创新67项，获直接或间接经济效益3030万元。共青团工作以创建“青年文明号”、争当青年岗位能手等活动为载体，开展青年突击队、创新科技项目、青年志愿者等活动。社会治安综合治理和内部稳定局面得到巩固，通过在主要基地建立居民自治和企地共建的综合治理新模式，促使一些矛盾得到化解。特别是在与“法轮功”的斗争中，各级领导下功夫做好练功者的教育转化工作，重点帮教对象的转化率达到81%。

（周　宏）

中国石油大庆石油化工总厂

【概述】 2001年是“十五”计划的开局起步年，也是中国石油大庆石油化工总厂明确新起点、实现由自求生存向加快发展阶段性过渡的一年。总厂职工干部在艰难困苦中正视现实、顽强拼搏，各项工作有条不紊、平稳推进，年内全面实现重组后的平稳过渡。其中，队伍稳定、士气高昂为实现平稳过渡提供了坚实的思想基础和群众基础；规范关联交易、开拓外部市场为总厂提供了稳固的生存平台；加快建成投产新项目、提升自身企业价值为总厂提供了较强的技术支撑；不断完善装备，壮大自身实力为总厂提供了比较雄厚的物质基础；强化创新管理、规范有序的经营为总厂提供了有效的机制保障；班子团结、凝聚力强为总厂提供了强大的智力支持。经过全厂上下齐心努力，总厂在2001年基本摆脱了被动局面，具备了立足自身、谋求长远发展的能力，初步具备了改革、发展的有利条件。

【取得十项喜人成绩】 2001年，大庆石油化工总厂广大干部职工在集团公司正确领导下，在困境中拼搏前进，克服重组后出现的种种矛盾和困难，顶住压力，保证了大庆石化分公司生产平稳运行，维护了大庆石化的整体稳定，实现了重组后的平稳过渡，在自求生存、自求发展的道路上迈出了坚实的一步，取得了多项喜人成绩。

（1）明确了总厂发展方向和发展目标。编制完成“十五”期间扭亏脱困方案和实施措施，勾画了总厂未来总体框架；编织袋扩建、丙烯丙烷回收、硅芯管扩建和石化主干网改造工程等新建项目实现当年建设、当年投产；总厂第一批内部“做专做强”项目全面启动，为企业发展注入生机和活力。

（2）生产经营再创佳绩。2001年，总厂实现总收入18.9亿元，其中主营业务收入10.7亿元，在消化与大庆石化分公司所签关联交易减额8000万元的情况下，实现控亏2.3亿元，超额4000万元完成了中国石油天然气集团公司下达的2.7亿元控亏指标。

（3）主营业务不断发展壮大。年内，总厂明确了四大支柱产业，加大外部市场开拓力度，施工企业取得各种资质21项，有5个单位获得ISO 9000认证，先后在全国12个省市地区开拓市场，外部创收同比增加2300万元，工程公司在工程竞标过程中取得了21投16中的好成绩。

(4) 安全工作取得较好成绩。实现了重大火灾、爆炸事故为零，生产事故起数下降39%；总厂先后荣获全国工会劳动保护先进单位，全国和黑龙江省安康杯优秀企业等称号，连续三年被集团公司授予安全生产环境保护先进企业荣誉称号。

(5) 关联交易规范运作。全年，保质保量完成大庆石化分公司生产装置检修、抢修和保镖任务，实现关联交易总额5.2亿元，有效保证了大庆石化分公司安、稳、优生产和各项工作的顺利进行。

(6) 改革力度进一步加大。完成了工厂技术服务系统5家企业"强强联合"准备工作和公安处转制划拨工作，两家企业整体带资分流进展顺利，累计办理职工有偿解除劳动合同2512人。

(7) 实现化工厂（原大庆石化分公司所属化工三厂）的顺利交接和平稳过渡。2002年初，苯乙烯、聚苯乙烯、ABS、SAN和顺丁橡胶装置将由总厂自行组织生产经营。

(8) 社区建设进一步加强。年内，卧龙路改造、龙凤大街改造工程顺利竣工投用，物业管理水平进一步提高，全年处理解决各类管理和维修问题5万多项，生活区"脏、乱、差"问题得到有效治理。龙凤物业公司连续两年荣获大庆市容环境卫生管理先进单位称号。

(9) 班子建设成效显著。经过不断锤炼，一批年富力强的复合型人才走上基层领导岗位，两级班子的凝聚力、战斗力进一步增强，各级干部步调一致、团结进取，广大职工士气高涨、干劲十足，保证了大庆石化的整体稳定和各项事业的健康发展。

(10) 精神文明建设喜获丰收。社会治安得到综合治理，侦破各类刑事案件486起（重特大案件259起），维护了辖区良好的治安环境；按照中央要求，坚持同"法轮功"邪教组织进行不懈斗争；开展形式多样的文体活动，丰富职工业余文化生活；文化教育水平不断提高，高考录取人数再次突破600人大关，实际录取753人；医疗卫生和服务质量进一步改善；外事、计划生育、信访、爱国卫生和国防建设等工作均取得较好成绩。总厂先后荣获"全国群众体育先进单位"、"全国职工技协先进集体"、"黑龙江省思想政治工作先进单位"、省级"民主管理先进单位"和"中国企业文化建设贡献奖"等荣誉称号。

【开拓外部市场】 为了增强企业竞争力，针对重组后企业面临的困难，大庆石油化工总厂不仅在政策上给予二级单位特别是分离企业充分的生产经营自主权，鼓励自我积累、自我完善、自我发展。在总厂异常困难的情况下先后投资5000多万元，为施工企业购置部分检修工、机具，对原有部分落后设备进行更新改造，增强了生产服务和工程技术服务竞争能力，为总厂加大外部市场开拓力度、加快企业发展进程创造了良好条件。

【新项目建成投产】 2001年内，总厂紧紧依靠技术进步，积极寻求新的经济效益增长点，在缺少人才、没有项目、没有技术、没有资金的情况下，自力更生、自创条件、从无到有、从小到大，先后建成投产了编织袋厂扩建工程、丙烯丙烷回收项目、硅芯管项目和大庆石化主干网改造工程，实现了当年建设、当年投产。根据企业实际情况，认真研究制定总厂内部"做专做强"项目推进方案，第一批重点支持与发展项目已经全面启动，增强了企业发展后劲和主营业务市场竞争能力，拓展了企业发展空间。

【机械厂业绩喜人】 大庆石油化工总厂机械厂2001年生产产值创下历史最好水平。全年共完成产值1.8亿元，实现利润168万元，人均劳动生产率达到14.7万元，职工收入及福利待遇较上一年有所增加。全年承担的21套（次）装置检修和46项大修、更新、技措项目均按期或提前完成。制造和加工的设备、配件产品出厂合格率达到100%，被评为黑龙江省建设系统优秀施工企业。

【机修厂全面完成生产任务】 大庆石油化工总厂机修厂全年完成产值1.77亿元，利税580万元，利润68万元。年内，该厂先后顺利完成大庆石化分公司炼油厂酮苯、一套、一气分检修，总厂化工厂驰放器安装，大庆华科公司树脂改造等检修安装任务，制造设备262台，总量达1600吨。先后荣获黑龙江省建设系统"用户满意施工企业"、中国质量检验协会"压力容器产品国家权威检测合格产品"、中国质量检验协会"打假扶优重点保护企业"等称号。

【仪修厂科技兴厂】 大庆石油化工总厂仪表修造厂（简称仪修厂）是总厂惟一的自动化专业生产厂。2001年，仪修厂依靠科技进步，积极研制开发仪表新产品，做大、做强产品制造这项辅助业务。经过科技人员攻关，年初在集团公司立项的"高温高压调节阀"研制项目通过大庆市科委组织的专家鉴定。"DQ 991型自动电子计量秤"、"减温减压调节阀"和"高精度系列蝶阀"三项新产品通过集团公司专家鉴定。一年中，通过24小时生产服务热线，为大庆石化分公司解决各种急难险重问题286个，被石化分公司称为"仪表抢修的110"。现已形成仪表检修、制造、安装、检定和产品开发一条龙的服务网络。

【物业管理再上台阶】 2001年，大庆石油化工总厂物业公司（龙凤物业公司和兴化物业公司）通过分配制度改革、物业专业化重组改革、经营机制改革、用人制度改革等一系列改革措施，努力促进经营管理、服务管理、安全管理、设备管理、现场管理、职工队伍管理等方面的达标。一年内，物业公司日常维修服务、计量与收费服务、保洁服务、保安服务、车棚服务、绿化服务、托幼服务、社区综合服务等各方面的工作实行公开承诺并达到了令社区居民满意的效果。先后获得2001年度总厂"深化改革、二次创业"主题教育先进单位、总厂"文明单位标兵"，"大庆市先进职工之家"、"大庆市模范团委"、"大庆市先进工会"、"大庆市纪检先进单位"、"大庆市社会治安综合治理先进单位"、"大庆市市容管理先进单位"、"大庆市幼儿园规范化建设先进单位"、"大庆市社区共建标兵单位"、"大庆市文明单位标兵"，"黑龙江省思想政治工作先进集体"，集团公司"绿化美化先进单位"等光荣称号。

（赵 超）

中国石油林源炼油厂

【概述】 中国石油林源炼油厂位于黑龙江省大庆市大同区林源镇，是中国石油天然气集团公司直属企业之一。工厂始建于1971年，占地15.6平方千米，现有在册职工3045人，资产总额88113万元，是一个辖工程技术、化工、化纤、轻纺及社会服务于一体的综合性国有企业。目前主要实体包括建筑工程安装公司、地毯公司、毛纺厂、龙源公司及物业公司五个二级单位和水泥、编织袋两个经营直属厂；服务行业主要有消防、安全、经警、托幼和职教等。主要产品有：丙纶长丝及加捻定型丝、丙纶、混纺、纯毛提花地毯；羊毛及混纺毛线、粗绒、针织绒、丝光绒线、超柔绒线；6#、120#溶剂油、乙腈；普通、复合硅酸盐水泥；纯净水、矿化水及各种规格的编织袋等。

【生产经营】 2001年，面对重组改制后出现的一系列巨大变化和利益格局的重大调整，全厂广大干部职工在集团公司的正确领导和地方各级党委、政府的大力支持帮助下，以"三个代表"重要思想为指导，认真贯彻落实党的十五届六中全会、中央经济工作会议和集团公司工作会议精神，坚持以市场为导向，以效益为中心，以发展为主题，强化管理，开拓进取，较好地完成了年初确定的各项生产和工作任务。

一是生产运行总体保持平稳势头。全年累计生产地毯298983平方米，比2000年增产162644平方米，生产BCF长丝962吨，比2000年增加4吨；各类毛线产量超过500多吨，其中针织绒达到490多吨，产量比2000年增长一倍；生产溶剂油23927吨，比2000年增加3406吨，生产精乙腈121吨；生产编织袋309吨，比2000年增加6吨，生产纯净水26.76万桶，比2000年增产2.4万桶；生产水泥13302吨。除由于原料供应量少、浓度低，乙腈装置一直处于低负荷运转未达到预期指标外，其他均超额或与去年持平。

二是关联交易完成情况良好。始终把加强对炼化公司的服务当作工作的重中之重，教育引导职工以良好的信誉、规范的运作来占领这块市场，全年共签订关联交易合同34份，关联交易收入10658万元，合同兑现率100%。建安公司观念转变彻底，以诚信赢得了对方的认可。一年来，公司干部职工精诚团结，不畏辛苦，优质高效地完成了大庆炼化公司林源生产区一套、二套催化装置检修、马鞍山生产区常二、糠醛、常一装置检修工作任务，为全年关联交易收入的实现作出了突出贡献；物业公司坚持以关联交易为中心，层层分解落实责任目标，以高效的服务全额完成了任务。

三是企业扭亏工作初见成效。通过一年的运行情况看，全厂大多数的企业已经扭亏为盈或不同程度地减亏，几个主要亏损企业正逐步摆脱困境。地毯公司与2000年相比，实现减亏105万元；毛纺厂虽然账面亏损有所增加，但是在设备、技术准备及产品和市场开发上都为下一步实现增盈积储了充足的力量；根据市场情况，对水泥厂采取果断措施停产促销，加大货款清收力度，使亏损额控制在最低限度内。这些都为实现集团公司提出的存续企业在三年基本平稳过渡，五年左右时间扭亏为盈的目标奠定了坚实基础。

四是经营成果比较显著。建安公司全年实现利润390.1万元，比年初预算增加203.8万元；物业公司实现利润 103.6 万元，比年初预算增加 23.6 万元；龙源公司实现利润 197.6 万元，比年初预算增加 29.2 万元；纯净水厂实现利润 11 万元，比年初预算增利 2.2 万元；地毯公司全年经营亏损 354.9 万元；毛纺厂经营亏损 42.9 万元；水泥厂经营亏损 237.3 万元；编织袋厂经营亏损 14.8 万元。导致几个企业亏损的主要原因是受外部市场变化的影响，但从全厂综合经营情况看，取得了比预想还要好的效益。2001 年，全厂实现主营业务收入 4.04 亿元（其中企业母体实现收入 1.9 亿元，投资子公司实现 2.14 亿元），较年初计划超额 5100 万元，增长 14.3%；全年实现利润 184.8 万元，增长 12%；上缴利税 1571 万元，增长 22%；实现企业增加值 9786 万元。

【从严治企】　针对重组分立后企业的薄弱环节，侧重开展了七项管理工作：

抓资产管理，搞好整合运行。为充分发挥资产的增效作用，积极采取有效措施。一是为企业减负，对地毯公司和龙源公司原有资产进行了整合，不良资产及应收账款划归资产办管理，使企业减轻了经营压力；二是加大不良资产的处理力度，使多年形成的闲置和不良资产转化为现金流；三是通过联营、重组等多种形式盘活存量资产，使其创效增值。

在抓好资产管理的同时，根据《林源炼油厂营业执照管理办法》，对全厂各级法人营业执照进行重新清查造册，帮助龙源公司解决了执照年检和小企业改制中出现的一系列问题。处理了公司自 1997 年以来运行不规范的“后遗症”，先后到省、市办理了公司股本变更和股权转让、股本调整重新注册；为纺织板块办理了营业范围的拓宽和分支机构的执照营运。

抓质量管理，全面贯彻和推行 ISO 9000 标准。继五个质量体系通过认证后，水泥厂又通过了质量体系贯标认证。全年共举办质量培训班 6 期，制定贯标认证管理制度 3 套，集中开展了 4 次综合内审和 1 次监督审核，审核基层单位 232 个（次），审核出 657 个不合格项，跟踪验证 601 项。通过贯标，全员质量意识有所增强，质量管理力度进一步加大。地毯公司针对影响产品质量的问题，从 7 月份开始在两个分厂开展“质量月”活动，并从 10 月份开始在全公司开展质量攻关，先后有 11 个攻关项目得到了不同程度的完善和落实，使产品质量提高了一个档次，第四季度产品销售量比全年平均水平提高了 47%；建安、物业为了搞好服务，继续转变观念，通过不懈地努力已初步得到外部市场的认可。

抓合同管理，提高企业的信誉度。鉴于以前企业合同管理分散、不规范的实际情况，重新修订、完善了《林源炼油厂合同管理办法》，全年共组织各类合同洽谈 40 多次，评审询价合同文本 86 份，标的额达 3400 多万元。积极参加创建“重守企业”活动，靠信誉求发展，本着先卖信誉、后卖产品的原则，来保护已经占领的市场。在继去年被评为黑龙江省“重合同、守信用”企业之后，又被评为全国“重合同、守信用”优胜企业。

抓成本管理，努力挖潜增效。从机制上使成本控制与职工收入挂钩，把降低成本从语言上变为职工的自觉行动，严格控制原料采购、生产加工和产品销售三个关键环节。生产材料的采购多采取以店代库、以厂代库、随用随购的方式，把存货压到了最低限度。地毯公司实行“成本倒推法”，从产品销售价格开始倒推至原料的采购；毛纺厂综合用毛率比 2000 年降低了 1.5%；物业、龙源、毛纺、纯净水等单位也积极采取有效措施和办法强化成本意识，调动了职工的工作积极性，增强了责任感，有效降低了成本。

抓现金管理，加快货币回笼。从内部入手，严格资金管理，尽量减少资金的占用，加速资金周转和存货周转，当年财务费用节支 117 万元；继续加大力度清收账款，在多方配合下，共清回上海、佛山等以前年度应收账款 457 万元；利用贴息贷款政策，为乙腈项目筹措资金 1500 万元。通过采取上述措施，缓解了现金流的不足，使有限现金流发挥了最大作用。

抓审计监察管理，规范企业的经营行为。审计部门认真贯彻落实集团公司提出的“全面审计、突出重点”的工作方针，重点开展专项审计。对毛纺厂进行产品异地库存审计，清理资金 51.7 万元；工程审计 48 项，审减额 44 万元，降低了工程造价；积极开展例行审计和企业经营者的离任审计，全年已审单位资金总额达 34999 万元，提出审计建议或意见 37 条，堵塞了管理上的漏洞。同时，效能监察工作继续围绕企业经营管理过程中存在的效益、质量等方面的突出问题，做到事前预防、事中控制、事后纠正，主动发现、揭露和处理违规、违纪行为，保证了企业生产经营的顺利进行。

抓安全管理，为生产经营提供了保障。继续坚持“安全第一，预防为主，全面管理，综合防治”的安全生产和环境保护工作方针，积极开展各种形式的安全教育和专项治理活动，逐步完善各项规章制度，不断强化安全防范措施，有效杜绝了各类事故的发生。一年来，突出了安全生产第一责任人和直接作业环节指挥者的安全职责，进一步引入风险激励机制，逐级分解考核指标，层层签订安全生产责任状，把安全生产同目标管理和职工的日常工作有机地结合起来，并在原有安全检查制度的基础上推出了“安全检查意见书制度”，避免走形式、走过场。全年结合春防、火灾专项治理和消防安全专项治理开展了6次大型检查活动，组织消防、交通及压力容器等专项检查20余次，查出隐患和问题154项，落实整改144项，整改率达到93.5%，对暂时无法整改的问题均相应制定了监控措施，实现了全年重、特大事故为零的目标；环保治理工作效果良好，全年工业污水处理率达到100%，“三废”综合利用率达到100%。

【技术进步】 按照集团公司的有关意见重新编制了“十五”计划，在确定的项目中毛纺二期改造和乙腈改造两个项目已经落实。由于时间紧、任务重，毛纺各级领导、管理及技术人员在改造工程指挥部的领导下，克服重重困难，抢进度、保质量，拆迁并重新安装旧设备9台（套），安装新设备15台（套），顺利完成了二期改造任务。二期改造工程的顺利实施，扩大了毛纺生产能力，产品质量有了新的飞跃；乙腈改造项目也做到了时间短、效果好，进展顺利，并于2001年10月20日一次开车成功，生产出99.9%的精乙腈产品，为企业带来了新的经济增长点。规划项目的实施，为林炼的生存和发展带来了生机。

在科技攻关方面，着重在接替新产品的开发和降低生产成本上下功夫。全年完成重点科技攻关项目9项，油脂厂内浮顶罐改造后，产品损失率由2000年的5.8%下降至3.03%，泄漏率也低于0.4‰；溶剂油脱臭处理后，产品硫醇含量由过去的40PPM降至5PPM，使制约该产品的销售瓶颈问题得到了有效解决。

【人才培养】 由于过去偏重炼油化工，造成了其他行业和领域的人才储备不足。针对这一情况，年初开始即制定了《关于进一步加强人才培养、使用和引进的意见》，通过各种途径来加大人才储备。一是本着急需人才，高薪外聘的原则，先后在技术开发、新项目规划及毛纺、物业等领域聘请了多位专家；二是根据企业发展对后备人才的需要，加大引进力度。经过深入六所院校宣传、洽谈，共引进相关专业大学本科毕业生11名；三是采取“就地取材，按需培训”的办法，提高现有人才的技术水平。对乙腈装置急需配备的专业人员通过从类似装置抽调培训的办法，使其尽快适应岗位需要，并从现有相关专业毕业生中择优选拔外培深造，为下一步拟建化工和聚烯烃后加工项目注入了新生力量。先后有9名同志被分送到大连理工和天津大学进修，有4名同志顺利通过了集团公司研究生班培训考试；四是贯彻“重岗位、推尖子、带全面、抓特殊”的指导思想，努力搞好职工的岗位培训。全年总计培训5500学时，受培人数达2648人次，安排外培222人次。同时，通过短途劳动竞赛、操运会和岗位技能鉴定等多种形式，提高了职工的操作水平和业务技能。

【市场开发】 全厂各单位不断增强市场竞争意识、服务质量意识和成本效益意识，在努力巩固内部市场的同时，积极开拓外部市场，取得了比较好的效果。地毯公司在保持新疆大客户的基础上，相继在北京、兰州、上海、广州、秦皇岛、哈尔滨等14个地区建立了销售部，其产品目前已远销蒙古和日本；毛纺厂也同多家外部知名品牌公司建立了销售业务，增设了销售网点，其业务在逐步扩大；建安公司在巩固炼化公司林源生产区内部市场的同时，成功进入了马鞍山维护市场，而且连续在黑龙江省粮库建设中中标，既为进入外部市场锻炼了队伍，又积累了经验；物业公司进一步规范和提高物管与服务水平，不断拓宽经营思路，扩大外部市场份额，在成功接管大庆市新华园后，又顺利中标益民小区物业管理，为树立林源物业品牌创造了有利条件；龙源、纯净水和编织袋等单位在外部市场开发上也下了很大力气，并取得了一些成效。

【企业改革】 2001年，工厂继续把调整结构、转换机制和完善、深化企业内部改革作为一项主要工作来抓，重点巩固了改革已取得的成果，并做到从广度和深度上的有序推进。

继续坚持抓大放小原则，对产业规模小、优良资产少、科技含量低、负债率高的小企业进一步进行清理，突出主导业务，形成了较为合理的产业结构格局。

“三项制度改革”稳步推进。分配制度改革继续深化，弹性分配比例有所加大，经营者模拟试行年薪制稳步实施；人事制度改革完善提高，科级以下干部管理权限继续下放；劳动用工制度平稳进行，“能进能出，能上能下”的选人用人机制和激励、约束机制基本形成。

（张玉权）

中国石油哈尔滨炼油厂

【概述】 2001年是企业重组后分立运行的第二年，哈尔滨炼油厂作为存续部分在新机制下逐步完善并走向成熟。在这一年中，企业管理体制、运行方式和经营机制的改革逐步到位，关联交易进一步规范化，工程技术服务和生活服务等项工作均取得了较好的经济效益，发展形势比预想的好，顺利地实现了“稳定、发展”目标。其中建安公司、华安公司成绩尤为可观，成为存续部分的支柱产业。全厂各项工作稳步推进，职工队伍思想稳定。在集团公司组织的安全、环保大检查和财产清查、年终决算审计等工作中，都受到了上级的肯定。职工收入水平和福利待遇水平与石化分公司职工实现了同步增长。

全年实现收入11568万元；实现利润514万元，这为企业今后的发展打下了好的基础。利润增加的主要原因一是在石化分公司积极支持下，关联交易额基本达到了年初的预期目标，使工厂取得了稳定可靠的收入来源。二是从2000年底工厂购入轻油槽车投入运营，成为一支重要的创收力量；三是华安、建安公司积极开拓市场，使工厂非关联交易收入达到总收入的54%。

【机构设置】 现哈尔滨炼油厂设七个机关处室、两个专业公司和九个基层单位。业务主要是工程技术服务、生产服务和生活服务，以及加工制作和成品油销售。

分支机构和隶属关系情况。哈尔滨炼油厂所属的建安公司是具有三级资质等级、从事工程技术服务的建筑安装企业。重组前，建安公司承担着企业的设备检修、日常维护、临时检修、技改技措、设备安装、土木建筑以及零配件加工等任务。重组后，建安公司的工程技术服务成为哈尔滨炼油厂的主要创收企业之一。目前，该公司在加强管理的同时，努力提高其服务质量和技术等级，力争使其成为能够开拓更大市场的专业化建筑安装企业。

哈尔滨炼油厂还根据自身条件、有关政策和哈尔滨市的市场情况，选择经济效益较佳的加气站项目作为新的经济增长点，成立了华安石化公司，经营加气站。现有三座加气加油站，面向社会服务，效益情况良好。

【主要工作】

（1）按照“相互依存，共同发展”的方针，全面实现了与石化分公司签订的关联交易协议。工厂还抓住三催化装置大修等机会，积极寻找战机，在石化分公司领导及机动处等有关部门的支持下，增加了活源，比2000年增收605万元。并为完善今年的关联交易做好各项准备工作。

（2）建安公司发挥主力军作用，工程技术服务收入占关联交易总额的百分之三十以上。该公司全年对四套装置进行了大修，新建两座8000立方米油罐。并完成冷换芯子制作和垫片加工、冷换芯子清洗等多种经营项目。总计建安公司全年完成各项收入达1600万元。

（3）继2000年11月11日哈炼第一加气加油站面向社会营业后，又通过有偿转让的方式收购南直路加气加油站，转让金额727万元。转让后的加油站更名为哈尔滨华安公司第二加气加油站，成为哈炼又一个面向社会服务的赢利性实体。目前由华安公司经营的三个加气加油站在全体员工的共同努力下，运营状况良好，创造了很好的经济效益和社会效益。

（4）通过有偿转让、置换和购买的方式新增油槽车共336辆，大大增强了成品油运力，从而提高了创收能力，成为企业新的经济效益增长点。

（5）关心职工生活，切实解决热点、难点问题。2000年以来，工厂继续从转变观念和降低成本入手，对一些服务窗口进行了改进和加强，以提高生活服务系统的服务质量和盈利能力，取得了一定成效；房产科经与地方有关部门多方协调，历时四个多月，于2001年底为芦家街家属楼开栓送煤气，解决了职工们盼望多年的老大难问题；行政科在取消食堂职工奖金的情况下，自加压力，积极改进工作，提高服务质量。汽车队继续实行单车核算，在确保通勤安全正点的前提下，各项费用都比年初下达的计划有较大幅度的节余。入冬以来有条件的通勤车内全部安装了暖风，受到职工们的欢迎；家属科为改善社区环境，解决职工后顾之忧做了大量工作。此外，保卫武装，消防厂容、职工培训、科技资料、离退休等工作都较好地完成了关联交易规定的任务。

（6）进一步深化内部改革。在劳动用工及薪酬制度改革方面，一是根据严格控制职工总量原则，继续实行内部退养政策；二是重新核定定员标准和优化岗位，精简编制；三是对建安公司实行工程项目人工费提取管理办法，在控制人工费总额的前提下，充分发挥业绩奖金的作用；四是加大对职工医院改革的力度。继前年设立社区服务门诊后，2000 年又争取到“医疗统筹定点医院”。部分费用实行自理，部分职工取消奖金，根据效益情况决定个人收入。

另外，按集团公司要求，工厂货币化分房工作的先期准备工作进展顺利。工作人员在较短时间内完成了建立职工住房档案等基础工作和制定货币化分房实施方案，并于集团公司要求时间内上报实施方案。

(7) 在改革中稳定职工队伍。保持职工思想的稳定，是保证生产和各项工作稳定的基础，是实践“三个代表”的具体体现。工厂认为，职工在改革和发展中出现的思想问题必须认真对待，切实加以解决。工厂的指导思想是：正确处理改革、发展和稳定的关系，坚持对职工的正面引导，通过对形势任务的宣传教育和联系实际进行思想工作，并在经济效益提高的同时确保职工收入同步增长，千方百计改善职工生活。一年来通过这些工作稳定了队伍，增强了职工们的创业信心，调动了职工的积极性和创造性，保证了改革措施稳步推进和各项工作的顺利开展。

(8) 努力搞好党建工作和企业文化建设。2001 年 5—6 月份，在石化分公司党委统一领导下，工厂领导班子参加了集团公司首批“三讲”教育活动，经过深入学习和对照检查，增强了战胜困难，发展企业的信心，为搞好存续部分工作提供了政治保证。另外，工厂按照石化分公司党群组织的统一部署，组织党员参加纪念建党 80 周年系列活动，对领导干部进行警示教育等等，通过这些活动，加强了党组织的战斗力和党员先锋模范作用的发挥。

此外，在开展对“法轮功”邪教组织的斗争中，通过耐心细致的帮教挽救工作，使职工中极个别习练者得到了一定程度的转化。

（王　林）

吉化集团公司

【概述】　吉化集团公司于 2000 年 3 月与中国石油吉林石化分公司、吉林化学工业股份公司正式分立运行。两年来，根据中油集团公司有关政策和要求，加快了改革改制步伐，企业组织结构有了一定的改善。将水泥厂、明城矿、轮胎公司、橡胶机械厂、化工学院整体划转给地方政府，工程公司重组纳入中国石油工程设计有限公司。将原化建公司、仪表厂、机械厂、安利化工厂、农药厂、新闻中心电视网络系统进行了改制重组，分别设立了由社会法人、企业法人和职工参股的股份公司或有限责任公司。

吉化集团公司现有二级企事业单位 41 个，其中：法人单位 31 个，非法人单位 10 个。公司总部设管理部门 21 个，其中，行政管理部门 13 个，党群工作管理部门 6 个，行政党群合署办公部门 2 个。

2001 年末职工总量为 25410 人，其中：专业技术人员 9325 人，专业技术人员中工程技术人员 2336 人，占专业技术人员的 25.1%，占职工人数的 9.2%；在岗人员 20982 人，占在册职工的 82.57%。

2001 年末公司总资产 147.3 亿元，其中：收益性资产 119.7 亿元，占总资产的 81%；非收益性资产 27.6 亿元，占总资产的 19%。拥有实物形态固定资产原值 94.6 亿元（扣除划转企业资产和土地），净值 79.5 亿元，主要有：化工生产专用设备、动力设备、房屋及其他建筑物、通讯及传导设备、为生产服务的仪器和工具，以及社会（生活）服务设施等。固定资产新度系数为 0.84；施工设备新度系数 0.66；机械加工设备新度系数 0.5。

【产业结构】　按中油集团公司板块划分原则，在 41 个单位中，加工制造板块单位 19 个，工程技术服务板块单位三个，生产服务板块单位八个，社会（生活）服务板块单位 11 个。

主营业务是：以化工延伸加工和精细化工为主，机械仪表加工占有一定比例的加工制造业务；以建筑安装为主的工程技术服务业务。

加工制造业务共有 155 套生产装置，生产产品 62 种。其中：化工延伸和精细化工类产品 41 种，建材类产品三种，机械加工类产品九种，仪表产品七种，公用工程电、蒸汽各一种。

主要产品有 19 种，生产能力在国内领先并占有较大市场份额的产品有：丙烯腈、丙酮氰醇、甲基丙烯酸甲酯、CLT 酸、吗啉、三羟甲基丙烷、抗冲击改性剂 ACR、聚烯烃加工润滑剂 EBA、农药除草剂莠去津、部分化工催化剂等。

在机械仪表领域，非标设备加工能力达 2 万吨，其中非标化工容器类设备占有一定市场份额；仪表生产为 1 万台/年智能变送器。

【研发能力】 核心技术有：在化工延伸加工方面，拥有三羟甲基丙烷生产技术、吗啉生产技术、甲基丙烯酸生产技术、甲基丙烯酸甲酯（MMA）生产技术、异丁烯生产技术、草酸电解法制备乙醛酸技术以及催化剂、橡塑加工助剂、农药等生产技术。在机械仪表方面，有 23 种型号的铁道罐车制造技术、专用离心机制造技术、液体集装箱制造技术以及智能变送器生产技术等。

吉化集团公司是中油集团公司精细化工生产基地，在精细化工方面具有较强的科研开发和生产能力。现有四个科研开发机构：研究试验厂研究所、机械有限责任公司研究所、仪表公司研究所、农药公司研究所。从事科研开发专业技术人员 210 人。公司每年投入科技经费 1000 余万元，开展各类开发课题研究 30 余项。目前正在筹建中国石油天然气集团公司技术中心吉化集团公司精细化工技术分中心。

【经营情况】 2001 年，实现工业增加值 50000 万元，超预算 1000 万元；营业收入 26.62 亿元，较 2000 年 27.86 亿元有所减少。主要是轮胎厂等四户企业划转地方，部分亏损装置停产等原因，减少 3.56 亿元。2001 年决算报表亏损总额 5.94 亿元，在中油集团公司定补基础上，实现盈亏平衡并创利 290 万元。

【主要工作】 2001 年，是吉化重组分立后的第二个年头，也是企业克服重重困难，逐步理清改革与发展思路，走上良性循环的关键一年。这一年，按照年初的工作部署，全面把握改革、发展、稳定的方向和目标，顾全大局，积极进取，迎难而上，在各个方面都做了大量艰苦细致的工作，取得了可喜的进展，呈现出良好的发展态势。

1. 进一步明确了三年扭亏脱困的思路和对策

分立运行以来，吉化一直处于全口径亏损状况之中，2000 年特别是中油集团公司扭亏脱困调研组到吉化调研之后，摆脱困境、实现扭亏脱困的任务就越发显得紧迫而重大。按照中油集团公司的总体要求，到 2005 年，吉化集团公司要在取消“三项费用”补贴的情况下，全口径实现盈亏平衡。面对严峻形势和艰巨任务，企业深感身上的责任重大、肩上的担子沉重。同时也深刻认识到，分立运行后，吉化存续部分能够生存下来，除了自身尽了一定努力外，更主要的是中油集团公司给予了大量的政策支持。随着形势的发展、改革的深化和外部政策的调整，吉化清醒地认识到，主观上不应满足于“温床”上的生存，客观上不允许长期依靠“温床”生存，“企业不消灭亏损，亏损就消灭企业”。今后三年，完成扭亏脱困攻坚任务是企业各级干部的一种政治责任，是落实江总书记“三个代表”要求的集中体现，是与全体职工未来命运休戚相关的中心工作。因此，公司经过近三个月的反复酝酿、充分论证和广泛征求意见，初步制订了《吉化集团公司 2002—2004 年扭亏脱困攻坚方案》，并在 2001 年年末召开的公司党委六届六次全委扩大会议暨八届一次职工代表团（组）长会议上获得了一致通过。《方案》明确了扭亏脱困的指导思想、原则、目标及对策，为全公司扭亏脱困工作指明了方向，确定了措施，落实了责任，是我们 2002 年乃至今后三年工作总的行动纲领。

2. 较好地完成了年度生产经营任务

以落实经济责任制为主线，全面优化生产运行、积极开拓市场，确保完成年度经济指标。首先，在年初职工代表大会上，明确了公司总体和各二级单位具体的工作任务，并通过深入调研、科学测算，与二级单位签订了以利润、控亏、费用等经济指标和安全、环保等管理指标为核心内容的年度生产经营目标责任书，做到层层分解、指标到厂、责任到人。在此基础上，以市场为导向组织生产，优化装置负荷，开展挖潜降耗工作，实现增效 3478 万元，13 套主要生产装置中有九套实现达产达标；增强服务意识，既注重巩固区内市场，更致力于拓展外部市场，不断提高企业核心竞争力，区外市场营业收入所占营业收入比重稳步提高。同时，二级单位按照各自承接的任务指标，结合企业实际，立足自身内挖外争，总体上实现了赢利单位多创利润、亏损企业减少亏损、费用补贴单位节约费用支出，推进了公司整体经济运行质量的稳步提升，保证了公司年度经济指标的顺利实现。

3. 积极推进了企业内部改革

坚持从解决管理体制和运行机制上的矛盾问题入手，兼顾资本运营和生产经营双重职能，从广度和深度上有序推进企业内部改革。

一是产权制度改革稳步推进。按照中油集团公司的战略部署，从自身的实际出发，积极探索、大胆尝试，通过规范运作，将松北公司农药厂改制成国有控股、职工参股的有限责任公司，以有线电视网络业务为核心组建了国有控股、职工参股的宽带网络有限责任公司，与抚顺特钢厂合资创立了抚顺吉特化工有限公司，开辟了新的效益增长点；完成了桦甸轮胎有限责任公司、明城矿、水泥厂等四户企业整体划转吉林市工作，有效地尝试了非主营业务领域的退出问题；将吉林化工学院移交吉林省管理，打开了剥离社会职能的良好开端。

二是“三项制度”改革加快实施。坚持以人为本理念，致力于激发广大干部职工的积极性，加大了劳动、人事、分配制度改革步伐。积极探索干部体制改革途径，坚持干部聘任“双推、双考、双评、公示”制度，对新提拔、聘用的18名厂部级干部全部实行了任前公示，解聘、免职和预退厂部级干部26人；同时，选择性吸纳企业急需的各层次人才，通过公开招聘、择优聘用以及建立完善应届大中专毕业生需求计划，规范了人员进出渠道；积极搞活二级单位分配方式，突出效益决定分配作用，增加了按人均创利绝对额度挂提效益工资的分配办法，并将经营者的考核内容，由强调考核经济指标，拓展到兼顾考核控制性管理指标，进一步合理拉开分配差距。

三是产业结构调整取得新的进展。坚持用增量资产盘活存量资产、走内涵发展为主的路子，加快技术改造步伐，突出做强主业，东部、中部、西部精细化工及化工延伸加工基地建设整体规划已经开始实施，高碳醇改造等一批重点项目的前期工作正在按计划推进，乙草胺增产产业化项目顺利实施，三氟化硼催化体系异丁烯和高渗农药等项目通过了中油集团公司验收，有的已经申报了专利。

同时，根据工作需要，加大机构改革力度，公司机关增设了清欠办公室、法律事务部；对职工教育总校、技工学校、党校进行了专业化重组，精简机构50%，减少管理干部职数37%。

4．全方位提升了企业综合素质

立足于建立现代企业制度推进科学管理的总体要求，从构架、完善专业管理模式入手，逐步理清了管理脉络。突出抓好安全管理，注重强化安全意识和防范教育，修订完善了31项安全管理标准和11项环保管理标准；深入开展创无事故工厂活动，全面推行安全生产和重点要害装置包保责任制；HSE体系得到有效推广和完善。突出抓好生产经营管理，适时调整营销策略，完善销售责任制，积极开拓市场；加强生产调度和指挥，严格执行设备检修维护制度；规范公司内部资源市场秩序，促进了公司整体效益最大化。突出抓好财务管理，坚持以全面预算管理为核心，逐月分解预算指标，加大了约束控制力度；加强资金管理，强化资金集中统一调度和使用，充分发挥了资金使用效率；强化费用控制，定期检查考核指标落实情况，管理费用、财务费用、主营业务费用得到有效制约；定期召开经济活动分析会，使公司整体经济运行处于受控状态。同时，注重强化规划计划、人力资源、多种经营以及质量、成本、计量、审计、法律等基础管理，为经济活动顺畅开展奠定了坚实基础。

5．扎实开展了群众性攻坚达标活动

把开展群众性阶段攻坚达标活动作为激发干部职工生产建设积极性的重要方式，不断加以推广和深化。5月中旬，为实现“时间过半、任务过半”目标，公司组织了“学习何天伦，大干50天，向建党80周年献礼”劳动竞赛，取得了良好成果。经考核，五六月份实现控亏174万元，比公司下达的阶段性控亏510万元指标减亏335万元；24个参赛单位有18个单位完成了考核指标。9月中旬，公司开展了“降成本压费用，保安全增效益”百日立功竞赛活动，确定了利润（控亏）、费用减补、压缩三项资金占用、欠款清理、安全生产等五项考核指标，并逐一落实到责任部室、二级单位。经考核，9到12月份，按考核口径实现利润4205万元，超考核指标的18%；费用单位减支122万元；清回二级单位欠缴利润、折旧和逾期借款共计6112万元，超指标32%；三项资金占用降低2504万元；实现了安全稳定生产。通过适时开展群众性阶段攻坚达标活动，既有效地调动了广大职工的积极性，又为全面完成全年任务提供了坚实保障。

中国石油前郭炼油厂

【概述】 2001年，中国石油前郭炼油厂继续加大劳动用工制度改革工作力度，既严格把住入口关，控制企业新增职工，又坚持实施有偿解除劳动合同等项政策，敞开出口，鼓励职工自谋职业。按照集团公司深化改革的部署，完成吉林油田石化分公司存续部分的重组划归后，国有职工总数增至2315人，机构增至38个。在现有在职职工总人数中，专业技术人员532人，其中具有高级职称24人，中级职称244人，初级职称264人。

截至2001年底，前郭炼油厂共拥有总资产4.70亿元，其中流动资产2.64亿元，固定资产原值3.27亿元，净值1.87亿元。主要产品有汽油、车用液化气、石油沥青、塑钢门窗、水泥预制板件、新型防水卷材等20多个品种。

【生产经营指标】 2001年，是前郭炼油厂生产经营和深化改革任务十分繁重的一年，为谋划好企业新世纪第一年的各项工作，确保集团公司下达的经济考核指标和其他各项工作目标的实现。年初厂党政两个班子结合生产经营形势和目标任务，制定了企业2001年各项奋斗目标以及如何摆脱困境、渡过难关的措施和办法。一年里，全厂各级领导干部、全厂广大职工认真贯彻落实党的十五届五中、六中全会、中央经济工作会议和集团公司领导干部会议精神，按照党委、厂部确定的工作思路和工作方针，紧密围绕企业中心工作，立足本职，埋头苦干，同心同德，顽强拼搏。在企业生产经营困难、亏损局面严峻、集团公司给予的“三项费用”补贴削减86万元的情况下，圆满地完成了企业年初确定的各项经济目标和工作目标。全厂全年共实现总产值3.21亿元，利税1322万元，继续实现了集团公司下达的收支平衡、利润为零的经济考核指标。

【服务创效益】 一年来，全厂各级领导干部和广大职工思想统一，认识明确，牢固树立为主业服务意识和互为依存，共同发展思想。所有服务单位都严格按照关联交易确定的服务内容和标准，根据各自所承担的工作任务，进一步建立健全了服务保证体系，并坚持利用各种形式对职工进行提高服务质量教育。在日常服务过程中，全厂各单位不断强化服务意识，提高服务质量，坚持主动热情、及时到位、随叫随到，切实把服务作为一种经济行为，作为企业大局的工作。由于全厂上下牢固树立主辅业共同发展思想，并把自己的本职工作同为主业服务紧密联系在一起，使两个企业始终保持了相互协作、团结融洽的工作气氛，保证了关联交易规范运作和前郭炼油厂服务费用指标的顺利实现。

【生产管理】 前郭炼油厂按照年初制定的各项经济目标，集中力量抓好三套装置的平稳生产。一是采取科学、经济的运行方案，走挖潜增效道路，把开停工费用、水电气风等生产成本降到了历史最低水平；二是以市场为导向，效益为中心，优化生产方案，调整产品结构，提高产品质量。在积极组织原料进厂的同时，根据市场和季节变化生产适销对路产品，并积极做好市场预测和产品销售工作；三是依靠科技进步，实施技术创新，与科研单位合作，加大新技术开发和应用力度，使生产装置在现有条件下，实现了效益最大化，为企业全年经济目标的实现奠定了坚实基础。丙脱装置全年加工原料27380吨，实现利润242万元；叠合装置全年加工原料50964吨，产叠合油18295吨、车用液化气5257吨；聚丙烯装置（该装置是前郭石化分公司闲置装置，前郭炼油厂租赁使用的，规模是1万吨/年，经过检维修，4月18日一次开车成功）全年加工原料6434吨，产聚丙烯树脂5649吨，完成年计划的112.98%，实现转化率达87.8%。

【经营管理】 前郭炼油厂针对重组改制后，企业人员多资产少、经济基础薄弱、亏损局面严峻的实际状况，把实施低成本战略，控制各项费用支出，作为扭亏脱困的重点工作来抓。通过加大成本控制力度，实施全面预算管理，逐级分解、落实企业《2001年生产经营管理方案及考核办法》，使各项费用指标比2000年均不同程度地有所下降。一是大力控制人工成本。把降低人工成本同劳动用工制度改革和下岗分流的各项工作紧密结合起来，严格控制了新增职工和计划外用工，减少工资费用支出。二是实行经济责任制目标管理。根据全厂每个单位的实际运营情况，制定了严格的费用指标额度，节支有奖，超支按本单位职工收入的一定比例扣罚。通过实行经济责任制目标管理，全厂可控费用比2000年下降了10%。三是加强审计监督和效能监察工作。进一步落实“全面审计、突出重点”的方针，大力加强了包括财务支出、建设项目、经济合同、物资采购等在内的经济责任审计，有效堵塞了管理上的漏洞。四是在全厂范围内继续深入开展双增双节活动。全厂各单位在生产、经营、建设等各项工作中，紧密围绕增产节约、增收节支这条主线，发扬艰苦奋斗精神，压缩各种费用开支，企业内部形成了人人精打细算的氛围。

【安全环保】 前郭炼油厂始终不移的贯彻落实“安全第一，预防为主，全员动手，综合治理”的安全工作方针，始终坚持把生产安全、人身安全、交通运输安全和文化娱乐场所安全作为全厂安全工作的重点，并将安全生产、环境保护指标作为控制指标。在建立健全机构，狠抓组织落实；强化安全教育，狠抓思想落实；强化责任意识，狠抓措施落实的基础上，通过开展安全知识竞赛、“安康杯”劳动竞赛和“四查一整改”等多种形式的安全教育活动，极大地提高了全厂职工的安全责任意识。在企业资金十分紧张的情况下，对隐患部位先后投资较大额度进行了彻底治理。由于全厂上下对安全工作的高度重视和不懈努力，全厂既实现了安全生产无事故，又杜绝了交通运输等其他各类事故的发生，实现了集团公司下达的“六个为零”的安全工作目标。

【企业内部改革】 在积极稳妥地推进企业内部改革的各项工作中，前郭炼油厂把着眼点放在解决计划经济体制下积累的诸多深层次矛盾上。首先，根据集团公司关于企业改革的总体部署和要求，集中精力做好产权制度改革的各项工作。年初，专门成立了产权制度改革领导小组，并按照“进而有为、退而有序，抓大要强、放小要活”的原则，编制上报了前郭炼油厂改制试点工作计划。其次，把三项制度改革工作从广度和深度上有序地推进。

人事制度改革方面：对中层领导干部和一般干部继续实行聘任制及竞聘上岗制。在进一步加大管理、监督和政务公开力度同时，严格执行公开招聘、竞争上岗、择优录用制度，使企业内部各方面优秀人才脱颖而出。

劳动用工制度改革方面：在实施职工有偿解除劳动合同等政策的基础上，做好定岗定编的各项工作，坚持依法用工，强化合同管理，完善上岗机制，使企业人员总量继续保持了负增长，实现了集团公司规定的年度减员指标。

工资分配制度改革方面：坚持按劳分配、效益优先的原则，对集体、三产、股份制企业和其他能够创收的单位确定了利润指标和创收指标，形成效益好的多得，效益差的少分，没有效益的只能拿工资 80% 的分配机制，初步拉开了单位之间、职工之间的分配差距，使职工工资收入突出体现在绩效上。

【多种经营】 前郭炼油厂坚持把社会效益作为企业经济增长的必要补充。实施“走出去”战略，充分发挥集体企业、第三产业多种经营优势，利用现有技术装备、技术力量和较成熟的经营管理经验，开拓社会市场，拓展外部生存空间，增强了企业经营活力和经济实力。坚持以市场为导向，效益为中心，不断扩大生产经营范围，增加服务项目，参与社会市场竞争。一年来，上述单位不断强化市场开发意识，充实市场开发力量，真正把技术优势变为市场优势，把市场优势变为经济效益，使企业外部市场占有份额比过去大幅度提高。2001 年，上述单位共实现总产值 2.06 亿元，实现利税 1154 万元。

【企业发展规划】 针对重组后结构失衡、技术落后、社会负担沉重、非经营性资产比例过大等突出矛盾的影响和制约，前郭炼油厂把寻求企业发展，开发新的主导产品，提高企业生存能力，增强企业发展后劲，作为重中之重的工作来抓，竭尽全力在企业发展上做文章。2001 年初，在编制“十五”规划时，制定了“依托主业搞好服务，立足当前强化管理，向化工延伸加工专业发展，开发精细化工产品市场，努力提高企业经济效益”的总体发展战略目标。按照“技术领先、国内先进、产品紧俏、可持续发展”的原则，经过信息收集、考察论证、市场调研和反复筛选，前郭炼油厂已经选定 2 万吨/年四氢呋喃均聚醚项目作为立项项目。

【精神文明建设】 在确保企业物质文明建设取得长足进步的同时，前郭炼油厂还紧密围绕企业经济目标和工作目标的实现，进一步加强企业精神文明建设，取得了两个文明建设的双丰收。各级党组织和各级领导干部在深入学习邓小平理论和江泽民同志“三个代表”重要思想的同时，认真落实党中央关于“坚持两手抓，两手都要硬”的方针，以集团公司“两个走在前列”为目标，以“职业道德教育”为主旋律，以“四塑造（塑造领导干部形象、塑造党团员形象、塑造主人形象、塑造单位形象）”活动为载体，真抓实干，使职工队伍始终保持了昂扬向上的精神，踏踏实实的工作作风，企业继续保持了省级“精神文明建设先进单位”和全国“模范职工之家”等荣誉称号。

与此同时，前郭炼油厂的新闻宣传、信访工作、保密工作、离退休工作和文教卫生等各项工作都紧密围绕经济建设这个中心，加大工作力度，均取得了较好的成绩。

（卢雪峰）

中国石油抚顺石油化工公司

【概述】 重组后的中国石油抚顺石油化工公司，是中国石油天然气集团公司未上市部分资产规模较大的炼化企业。公司下辖10个生产企业、8个专业公司、1个科研及事业单位、14个集体企业。截至2001年底，公司拥有资产70亿元，所有者权益近64亿元，资产负债率9.1%。此外，集体企业拥有资产10亿元。拥有全民职工21000余人，集体职工13000余人。公司主要从事炼化延伸加工产品的生产经营，三剂生产经营，供水供汽供电生产经营，轻工、洗涤剂生产经营，工程施工、设计、监理及社会服务、机加工制造、石化副产品销售、内外贸等业务，同时公司还具有资本经营职能。主要产品有腈纶、丙烯腈、甲乙酮、催化剂、军用特种润滑油和润滑脂、白土、白油、塑料制品、洗涤用品、劳保用品、树脂、蜡制品及水、电、汽动力等共计10多个系列（含集体企业）、600余种产品。主要生产装置及产能为：腈纶4.5万吨/年，丙烯腈6.5万吨/年，甲乙酮2.5万吨/年，催化剂1700吨/年，润滑油调合21万吨/年，蜡裂解5万吨/年，合成烃润滑油2.2万吨/年，润滑脂4600吨/年，白土2.5万吨/年，聚丙烯酰胺1000吨/年，脱附剂800吨/年，白油、溶剂油3万吨/年，蜡制品1.2万吨/年，聚丙烯1.25万吨/年，BOPP膜3500吨/年，编织袋1700万条/年，造纸施胶剂ASA1000吨/年，过硫酸钾300吨/年，氰化钠1.9万吨/年，油漆3000吨/年，粉煤灰制砖厂6000万块/年，热电厂有锅炉8台，产汽能力1670吨/时；装机台数8台，装机容量173兆瓦。

【主要经济技术指标】 2001年，公司立足于解决生产瓶颈问题，狠抓了技术攻关和改造，加强生产计划管理，强化统一调度指挥，整体生产水平有了较大提高。全年共实现发电7.3亿度，供电6.2亿度，供汽198万吨，供水3793万吨。生产各类成品催化剂1000吨，合格率100%；销售900吨，产销率达到90%以上。生产各类炼油化工产品7.6万吨，销售6.9万吨，产销率达到90.8%以上。重合原料油、成品蜡、聚丙烯、液体氰化钠等加工量和产量同比增长1.6倍以上；催化剂、合成润滑油、BOPP、脱氢催化剂、活性白土等装置综合能耗同比有大幅度下降。主要产品产量及经济技术指标均创重组以来最好水平。

【工作成绩】 2001年是抚顺石油化工公司“十五”发展的起步之年。一年来，我们积极贯彻集团公司总体部署，以推进产业化发展为主线，以公司快速做大做强为宗旨，以全面强化管理为手段，经过上下努力，实现了“十五”发展计划的成功开局，全面完成了集团公司下达的各项业绩指标，公司经济效益实现了由亏损到盈利的重大转变，整体步入了良性、健康的发展轨道。

一是实现了企业整体扭亏目标。按报表口径，实现主营业务收入15.52亿元，税费总额9459万元。全年完成工业总产值（现价）8.94亿元，增加值3.18亿元。集团公司考核的收入、工业总产值、增加值等指标均顺利完成。此外，其他产业实现营业收入14.96亿元，实现税费4517万元；集体企业实现营业收入10.17亿元，税费2290万元。

二是“十五”发展计划实现顺利开局。全年完成固定资产投资2.6亿元。2.5万吨/年甲乙酮主体装置按期建成；1000万条/年编织袋、散蜡装船设施改造、DF－2脱氢催化剂扩能改造、蜡制品二期工程等一批项目已建成投产，形成了新的增量效益。9号炉、BOPP、羰基合成有机磷催化剂等项目已得到集团公司批准。聚苯乙烯预聚合反应器科研项目填补了国内空白，系列溴类杀菌剂达到世界先进水平。

三是持续重组取得重大进展，内部改革得到稳步推进。全年公司累计完成工程监理、电视中心、信息通讯等8个系统的专业化再重组以及跨厂际重组，使企业的资源得到了进一步优化，整体竞争力明显增强。同时以工程监理公司为代表的整体带资分流改制工作得到了稳步推进。

四是加强了党的建设和思想政治工作，保持了企业大局稳定。各级党组织全面深入地贯彻“三讲”和“三个代表”要求，切实加强党的建设和思想政治工作，为企业赢得了较为稳定的内部环境，确保了抚顺石化两大公司的整体稳定，同时也有力地维护了地区的稳定。

【产业化发展】 公司围绕快速做大做强主营业务，

构建新的支柱产业体系，实施了以重点项目建设和技术改造为核心的技术创新战略，大力推进技术进步，全面启动了“十五”发展计划。

一是加快项目建设，推动支柱产业体系形成。公司对重点工程项目甲乙酮加大了建设协调和管理力度，提前启动了生产准备、人员培训、催化剂订货等工作，为实现一次开车成功创造了条件。同时其他重点项目也都进展顺利。1000 万条/年编织袋项目、散蜡装船改造、DF－2 脱氢催化剂扩能改造、蜡制品二期工程项目已建成投产，形成了新的增量效益。EDTA、9 号炉、BOPP、RM－17 等项目已得到集团公司批准，前期工作已全面铺开。4400 吨/年催化剂改造项目通过了集团公司可研评估；C_{10}重芳烃、固体氰化钠等项目已报集团公司待批，正在积极争取批准立项。

二是大力推进科技创新，提高装置产能。围绕盘活闲置资产，解决生产瓶颈等问题，公司狠抓了技术攻关和改造，提高了装置创效能力。热电厂全年实现了经济运行，有效地降低了生产成本。脱附剂装置通过技术改造，开发出正戊烷新产品，形成了新的效益增长点；氰化钠装置通过技术攻关，生产能力提高到 1.9 万吨/年，实现 140%高负荷生产。

三是以产业化为方向，加速科研成果转化。公司采取引进技术与自主开发相结合的方式，加大了实用技术开发工作力度，研制开发了一批高技术含量、高附加值、适销对路的产品。催化剂厂完成了 FI－15、RN－22 等催化剂工业中试放大，并实现工业化生产，抢占了市场份额。石化六厂开发的自密封塑料包装桶已成功地打入市场。设备所研制的聚苯乙烯预聚合反应器项目填补了国内空白，三个系列、九个品种的溴类杀菌剂达到世界先进水平，并已成功推向市场。

同时，招商引资工作也取得了实质性进展。白土项目经过多次协商，已经与德方签订意向书；与台湾合作的 EDTA 项目、与美国三星无限公司合作的 PS 木材项目等，均取得了实质性的进展。

【企业改革】　公司以建立现代企业制度为方向，以作为集团公司干部人事制度改革试点单位为契机，全面推进了内部各项改革，在内部结构整合及机制转换方面取得了新进展。

一是以持续重组为切入点，推进内部结构优化。2001 年，公司完成了重组以来规模和力度最大的一次结构整合，将原石化六厂和七厂分别并入石化一厂和三厂；将设计院、设备所与原工程公司工程建设部分合并，组建了工程建设公司；将原工程公司检修维护部分整体划出，组建了检修维护公司；将电视中心由宣传部整体划出，成为新的直属单位，向做专做强方向迈出可喜的一步。同时，公司还完成了工程监理、信息通讯系统的专业化重组，以及北元集团的再重组工作。此外，分离企业办社会职能也取得实质性进展，中小学移交社会已基本具备条件，并彻底解决了有偿解除劳动关系集体职工多年来遗留的欠交保费等问题。

二是以产权制度改革为重点，加快了企业体制转型。公司迅速地确定了体制改革总体思路和框架，明确了发展定位和主营业务。成立了产权制度改革办公室，下发了《推进产权制度改革的指导意见》和改制文件汇编，并确定了工程监理公司等改制试点单位，有效地推进了公司整体带资分流改制工作。

三是以“三项制度”改革为突破口，优化人力资源配置。公司着眼于人才开发战略的实施和建立新的选人用人机制，出台了《专业技术人才开发战略纲要》，完成了各工种的首轮技术等级认证考试。强化了分配激励与约束机制的运作，出台了《经济责任制考核细则》等制度，完善了《风险抵押考核办法》，增强了干部职工的责任意识和风险意识。尤其是在集团公司支持下，继续推进了减员增效工作，有 1000 余名全民职工与企业有偿解除劳动关系，并创造性地以抚顺石化职工“献爱心”方式筹集资金，为 13000 余名集体职工与企业有偿解除劳动关系，为集体企业脱困创造了有利的条件。

【市场开拓】　在规范关联交易和加强内部市场管理的基础上，公司主动出击实施“走出去”战略，有力地拓宽了企业生存与发展空间。

一是强化关联交易契约化管理和规范运行，以优质高效服务，巩固关联交易市场。加强与分公司协调力度，定期召开关联交易协调会，并联合制订了《关联交易结算管理办法》，结算及时率达 85%以上，协议兑现率达 90%以上。同时公司各直属单位针对分公司生产和工程建设的特点，在优质服务方面采取了有效措施，确保了分公司安全生产和工程建设的顺利进行。并且较好地完成了文化宣传、治安保卫、教育培训、消防、通讯、后勤等社会及生活服务，解决了抚顺石化分公司的后顾之忧。

二是强化内部市场管理，严格落实“内内外”政策，发挥集中销售优势。与分公司联合举办的抚顺石化战略联盟暨第八次自产产品订货会上，成交额达 3.8 亿元，创历史最好水平；实现原料互供 4.2 万吨，比2000年翻一番。同时公司紧跟市场变化，采取搭销、直销终端用户等营销策略，最大限度提高产品售价。全年集中销售产品4万吨，比2000年增长近一倍。

三是实施“走出去”战略，全面参与市场竞争。公司响应辽宁省及抚顺市政府号召，组团参加了南昌、乌鲁木齐等地的抚顺“名优特新”商品展销会，共签订合同6项，合同金额达到1.3亿元。同时工程公司出色地完成了西太平洋公司6套装置和沈阳蜡化厂检修任务，赢得了甲方的信任；设备所、设计院也承揽了多项外埠工程任务，树立了良好的商誉；催化剂厂继续在商战中赢得主动，销售产品900吨；四厂超高纯度精乙腈产品成功打入美国和欧洲市场。

【企业管理】　公司从完善制度、优化运行入手，坚持从严管理，优化资源配置和资金运作，强化审计监督，全面提高了企业管理水平。

一是优化生产运行，合理配置资源。公司广泛开展了机动管理基础建设和“创完好”活动，提高了装置运行水平。并且建立健全了生产、计划、统计管理等制度，有效地优化了生产运行。同时节能降耗工作也取得了较好效果，催化剂、合成润滑油、BOPP、脱氢催化剂、活性白土等装置综合能耗同比均有大幅度下降。

二是狠抓整改，安全生产得到了有力保证。针对安全工作的特点，公司认真贯彻集团公司32号文件精神，全年共召开了四次安全工作会议，开展了8次安全大检查和专项检查，共检查出安全隐患1307项，整改率达到98%。同时公司全面开展了HSE管理体系建立和基层单位“两书一表”工作，工程公司、催化剂厂、热电厂3个单位完成了体系文件的发布工作，进入试运行阶段，其他12个单位也基本完成了初始风险评估和编制“两书一表”工作。

三是加大财务、审计和物资供应的管理力度，全面提高公司经济效益。财务管理实现了由报表制向报账制会计核算体系的重大转变，并且建立了新的成本目标、责任和考核体系，有效地控制了费用支出，加强了预算管理；审计部门加强了监督职能作用，全年完成了245家小法人单位资产、负债及所有者权益等审计工作，搞清了全公司法人经济实体的基本情况，为进一步清理整顿创造了条件；物资供应系统在“四个统一”的基础上，突出服务职能，建立了现场服务网络，保证了生产厂的生产需要，同时加强了供货渠道和价格管理，推行比质比价和招标采购，全年节约采购资金1157万元。

【党建和精神文明建设】　公司党委以庆祝建党80周年为契机，突出务实和创新两大主题，创造性地开展工作，维护了公司改革、发展与稳定大局。

一是党建工作贴近企业实际，突出指导性和实效性。公司修订下发了《党委工作暂行条例》，组建了监理公司等3个直属党总支，完成了北润厂等5个直属党委换届。同时广泛开展了创建特色党支部等活动，夯实了企业党建基础工作。并且组织召开了纪念建党80周年表彰大会等活动，极大地凝聚了人心，鼓舞了广大干部职工的士气。

二是加强两级班子建设，增强了领导班子的整体功能和战斗力。公司顺利完成了新老班子的交替，加快干部任用市场化步伐，理顺了干部管理体制和干部管理职级，加强了后备干部队伍建设，出台并实施了《领导干部若干行为规范》，促进了干部队伍作风建设，各级干部纪律养成得到了明显的改观。

三是思想政治工作紧跟形势发展，突出针对性和有效性。公司以开展“三讲”活动为契机，强化理论学习的实用性和创新性，提高了领导干部政治理论和政策水平。围绕公司中心工作，利用各种宣传媒体，选树和宣传了一大批“创先争优”等先进典型，唱响了主旋律，营造了良好的舆论氛围。同时完成了公司大事记、简介、画册、专题片、多媒体的编辑制作，企业形象宣传工作取得标志性成果。

四是公司本着标本兼治的原则，认真落实国有企业领导干部“五项规定”和“六条要求”，强化了纪检监察职能。

同时，群团组织、公安保卫、信访、再就业、统战、武装、女工、计划生育、离退等部门也围绕公司的工作主线，发挥了积极作用，为企业稳定和发展做出了应有的贡献。

（艾中秋）

中国石油辽阳石油化纤公司

【概述】 中国石油辽阳石油化纤公司（以下简称化纤公司）是中国石油天然气集团公司直属的具有独立法人资格的大型国有企业。主要从事石油化工建筑安装、设备检修、机械加工、化工生产、经济贸易和生活后勤服务。截至2001年12月末，公司总资产25.67亿元，其中，固定资产净值11.28亿元；职工15199人，其中，在岗8658人，退养6541人。

2001年，面对严峻的生产经营形势，公司全体干部职工坚定信心，正视困难，以扭亏增效为中心，狠抓各项措施落实，圆满完成了全年各项任务，取得了较好的经济效益和社会效益。公司荣获辽宁省文明企业标兵和集团公司安全生产环境保护先进企业等多项荣誉称号。

【主要经营指标】 全年实现营业收入17.25亿元（含转供成本10.83亿元），超预算计划3%，其中，关联交易收入14.86亿元，超预算计划1.02亿元；社会收入2.39亿元，比2000年有所增加。管理费支出2.76亿元，比预算减少900万元；在集团公司补贴9678万元的情况下亏损962万元。在收入与成本结构基本不变的情况下，连续两年实现亏损额递减5000万元。鞍炼分公司完成了集团公司下达的承包指标。多种经营系统继续保持扭亏控亏势头，其中，亿方公司实现总收入4.9亿元，上缴税金4871万元，实现利润284万元。

【减亏增效】 一年来，面对严峻的扭亏形势，公司内抓管理，外拓市场，积极落实各项挖潜增效措施，取得较好成效。

一是向优质服务要效益。各单位坚持以用户至上为宗旨，自觉推行服务承诺制，全面改进和加强服务，圆满完成关联交易各项任务，保证了石化分公司装置的平稳运行，不仅超额完成全年预期收入，同时也为石化分公司增产增效创造了条件。

二是向严细管理要效益。强化能源管理，落实节能降耗措施，全年累计实现节水518万吨，节电1902万度，节汽14.3万吨，节支2067万元。严格执行费用控制有关规定，大力压缩差旅费、电话费、会议费等费用支出，实现了管理费可控部分压缩5%的目标。

三是向开拓外部市场要效益。各单位积极转变经营观念，主动开拓外部市场，加大促销创收力度。机械厂、电修公司、运输公司等单位积极开拓行业和地区市场，外部收入创历史最好水平；物供、经贸等单位通过外销和代销物资，服务社会创利425万元；联贸公司紧跟国际市场走势，扩大对外贸易，全年完成进出口额4500万美元。

【深化改革】 按照集团公司规定，对后勤物业分公司、第一和第二招待所、后勤服务分公司等改制单位的遗留问题进行调整、完善和处理，进一步规范运营。晨阳食品公司、六区和十九区浴池、后勤物业分公司等单位成功完成改制，实现“四自”经营。亿方公司化工实验二厂等集体企业改制前期工作进展顺利；华金公司废业重组后生产经营基本步入良性循环。公司抓住国家重新审批建筑企业施工资质的契机，对工程公司与建安公司进行持续重组，通过建设部专家评审，取得国家化工石油设备管道安装专业一级资质。经过与宏伟区政府充分协商，将9所幼儿园及幼教中心资产和人员成建制移交宏伟区管理，并从7月1日起按新体制运行。改革经济责任制考核方式，将工资总额与效益指标挂钩考核，由各单位自行确定奖金分配方案，较好地调动了各单位的积极性。

【发展改造】 全年共完成固定资产投资5932万元。东泰公司2万吨/年差别化聚酯装置顺利通过工程验收，新产品开发取得初步效益；粉煤灰改造项目已经完工，生产能力有很大提高；橡胶芳烃油项目工程施工进展顺利，预计2002年4月建成投产；三维卷曲和功能化涤纶短纤装置正在土建施工，预计2002年5月末具备投产条件；采用纳米材料改性尼龙66项目取得阶段性成果；涤纶纺粘无纺布项目的前期论证、市场调研和技术交流工作进展顺利。为确保投资收益，公司从科研院所、高等院校和石化分公司聘请一批高级技术经济顾问，组建技术经济委员会，严把项目投资决策关。

一批重点科研开发项目取得突破性进展。国家重点科技攻关项目——重型压力离心机完成样机总装，填补了国内空白；乙烯压缩机干气密封技术研制与应用通过集团公司验收；阀门、特钢等新产品初步形成了系列和规模；气体流量标定装置、质量流量计样机进入调试阶段；涡阶流量计开发取得阶段性进展。计算机系统应用软件的研制与开发取得显著成果，为鞍炼、辽阳石化分公司等单位开发物资供应管理、实时数据采集等20多个系统管理软件；建成开通ISDN数字光纤网，网络应用水平进一步提高。

10月，公司召开科技工作会议，制订出台《辽化公司技术创新奖励办法》、《辽化公司中青年技术骨干管理暂行规定》和《辽化公司专家管理暂行规定》等一系列激励政策，为调动技术人员的积极性，推进企业技术创新，构建了良好的机制和环境。

【企业管理】 大力推行HSE管理体系建设，深入开展“基层车间安全管理达标”活动，全年实现重大安全事故为零，事故总起数同比下降50%；工业废水、COD等污染物全部实现达标排放，顺利通过集团公司“安全生产环境保护双达标先进企业”考核验收。加强质量管理，严格执行质量标准，化工厂、机械厂、联贸公司分别通过ISO 9001或ISO 9002认证评审；物供、仪表等单位顺利通过年度监督审核；全年未发生重大质量事故，产品质量检验体系建设率和设备、仪表检修一次交验合格率均达到100%。通过加强制度建设，财务基础管理逐步规范；强化资金管理，严格控制对外投资和担保，加大清欠力度，应收款减少4942万元；同时，加大审计监督力度，严肃财经纪律，违规违纪现象得到遏制。

【党建和思想工作】 深入开展以“三个代表”重要思想为主要内容的学习教育活动，使广大党员干部的思想政治素质进一步提高，特别是通过开展“三讲”学习教育活动，领导班子成员的政治素质、思想道德素质和业务素质进一步提高，班子凝聚力和战斗力进一步增强。通过加强干部队伍建设，领导班子的年龄结构、知识结构进一步改善，后备干部队伍素质明显提高；严格落实党风廉政建设责任制，反腐倡廉工作取得成效。深入开展“讲改制、促发展、保扭亏”主题教育和形势任务教育活动，统一了干部职工的思想认识，坚定了扭亏解困的信心和决心，保持了队伍的总体稳定，为圆满完成全年各项任务提供了有力保障。

（王志军）

中国石油大连石油化工公司

【概述】 中国石油大连石油化工公司是中国石油天然气集团公司所属的未上市企业。截至2001年12月末，公司拥有总资产29.23亿元，全民在册职工5230人，其中在岗职工3684人，内退职工1546人。还有全民离退休职工3244人。下设石化建筑安装工程总公司、石化港务公司、油品储运公司、七星工程监理公司、物资仓储公司、石化国际贸易公司、液化气石油公司、有机合成厂、石化服务总公司、石化物业管理中心、盛华运输公司、七星国际旅行社等十几个专业公司（厂），主营业务是以港务为主的生产服务和以机、电、仪为主的工程技术服务，以及石化产品销售、油品储运、物资仓储以及商贸、旅游等项业务。公司拥有“七星”品牌，是中国驰名商标。

大连石油化工公司与中外闻名的大连港共据一个海湾，地理位置十分优越。公司经营三座码头，共有5千吨级至5万吨级的泊位11个，年吞吐能力1800万吨。公司有近20万吨的油品储运、11万平方米的物资仓储、1120万吨·千米/年的货物运输能力，能承接各种油品、液化气的接卸、储存和转运业务，提供各类货物的运输和仓储服务，是我国重要的石油化工产品出口和转运基地之一。

【主要经济指标】 在集团公司和大连石化分公司的大力支持下，经过公司全体干部职工的共同努力，公司全年实现经营收入11.36亿元，实现考核利润550万元（含集团公司三项费用补贴），超额完成了集团公司下达的利润考核指标，比2000年利润增长10%。多种经营实现收入3.85亿元，利润总额880万元，也超额完成了公司下达的内部利润考核指标。

【生产经营】 公司坚持以经济效益为中心，在稳固内部市场的基础上，积极开拓外部市场，取得了明显成效。

一是关联交易运作比较顺畅。我们与大连石化分公司续签了关联交易总协议及各项分协议，各单位普遍开展了“服务承诺”活动，诚心实意当好乙方，关联交易费用月结月清，结算率达到了100%。全年实现关联交易收入1.5亿元，是公司收入的重要来源。

二是外部市场开拓态势良好。各经营单位坚持走出去，勇闯市场，锻炼队伍，争创效益。建安总公司、工程监理公司、七星国际旅行社、开发区液化气石油公司、合成厂机电公司、运输公司、石化服务总公司、职工医院等单位对外创收成效显著。全年公司实现外部收入5000多万元，比上年增长20%。

【工程建设】　新建的大连石化工程基地已经竣工，铆焊新厂房和机修新厂房已经投用；新建的开发区西太平洋石化工程基地已经建成；深水码头4#泊位浚深工程基本完工；码头船舶加油设施已投用并开始收益；新收购的开发区庆连加油站经整修后已经营业；大连双D港南区集中供热项目合同已经签订并着手实施；物资仓储公司新料场和新料库已经建成投用。这些基础设施项目的建成，标志着公司“十五”发展计划已经正式启动，并有了一个良好的开端。

【企业管理】　公司结合实际情况，在投资、成本、制度等重点方面加强管理，并见到成效。

一是坚持从源头抓起，严格投资管理。公司始终坚持“低效项目不投资、系统外项目少投资”的基本原则，所有的投资项目，公司都要组织有关部门认真审议，严格把关，并根据市场的变化，及时对投资项目进行调整，对个别暂时不具备条件或市场前景不佳的项目坚决不上，一些非生产性项目得到了有效控制，避免了失误和浪费。

二是加强成本管理，各项成本费用得到有效控制。通过采取目标分解、效益挂钩、成本否决、经济活动分析等措施，压缩各项支出，全年成本费用总计降低近5%，财务、预算、审计、监理发挥了应有的作用。公司对新建的两个石化工程基地、职工住宅1—7楼加固工程、同仁验光配镜店、码头4#泊位浚深等工程都实行了工程招议标，与工程概算相比，降低工程造价500多万元。通过实施物资采购招议标，使采购成本降低了330多万元。降低成本、挖潜增效在许多单位已深入人心。

三是健全规章制度，实施规范管理。根据企业生产经营发展和专业管理的需要，公司及时制（修）订并实施了《公司领导及职能部门职责范围》、《机关工作管理暂行规定》、《资金管理办法》、《项目投资管理暂行规定》、《物资采购管理办法》、《修理计划及施工管理暂行规定》等22项管理制度，促进了公司各项工作的有序进行。

【企业改革】　主要围绕机制转换、产权制度和三项制度改革用心做文章，增强了企业活力。

一是继续推动持续重组。2001年2月，公司将石化中小学平稳移交给地方，标志着分离企业办社会迈出了重要的一步。2001年10月，设计院整体并入了中油集团工程设计有限责任公司，实现了跨地区的资产重组，转换机制有了新的突破。按照专业化管理的原则，建安总公司所属的防腐绝热公司与检修公司合并，阀门修配厂与机修厂合并，物业管理与绿化、房产管理实现了“三位一体”，较好地发挥了整体功能。

二是积极推进以整体带资分流为重点的产权制度改革。按照抓大放小、有进有退的原则，对能够融入社会的经营实体，实行整体带资分流试点。通过公司改制工作领导小组的积极工作，建安总公司所属的华星电子、铆焊厂两个单位整体带资分流工作顺利完成，已经挂牌独立经营。渗铝厂整体带资分流立项报告已获批准，争取2002年7月挂牌。

三是继续推进三项制度改革。在干部人事制度改革方面，继续推行了领导干部公开竞聘、任前公示、择优聘任制度。还积极创造学习、培训机会，举办了多种业务培训班，加强了对各类人才的培养。在劳动用工制度改革方面，进一步规范了劳动合同管理，实行了职工与所在单位法人代表直接签订短期合同的新举措。建安总公司还根据实际需要与部分职工签订了一年期的劳动合同，初步形成了“按需设岗、竞聘上岗”的机制。在分配制度改革方面，坚持“以效益论高低，凭贡献取报酬”的原则，重新核定了各单位的工资基数，根据各单位完成指标情况，拉开分配档次，促进了职工观念的转变。2001年下半年，公司被集团公司确定为管理人员激励机制试点单位，公司在调查研究，充分听取各方面意见的基础上，确定了经营管理者、关键技术人员、市场营销人员为主要激励对象，同时兼顾有突出贡献的其他职工，制订了改革方案及五个相关的激励办法，将于2002年正式实施。

【企业发展】　经过多次组织座谈讨论，征求各方面的意见和建议，初步形成了公司今后的发展思路。

公司发展的指导思想和战略目标是：以提高经济效益为目标，以改革创新为动力，依托石化内部市场，开拓社会市场，优化产业结构，强化主营业务，开发引进新项目，实现可持续发展，把大连石油化工公司建设成为资本多元化、机制市场化，具有较强竞争实力、效益稳定增长、精神文明建设走在地区前列的现代化企业。

公司发展的基本框架是：（1）做大做优以港务为主的生产服务业；（2）做专做强以机、电、仪为主的工程技术服务业；（3）搞好油品转运、海上运营业务；（4）发展塑料深加工、开发利用海水资源、引进新型建材技术，形成公司新的产业。通过努力，使上述重点业务成为公司今后经济收入的主要来源。

【党建和精神文明建设】　公司党委在市场竞争日趋激烈，企业的生存发展面临巨大压力的挑战面前，始终坚持以“三个代表”重要思想为指导，紧紧围绕生产经营这个中心，抓好党建工作和精神文明建设，通过一年的努力工作，公司继续保持了“省文明单位”、“全国模范职工之家”等荣誉，还第一次被大连市委授予“红旗党委”称号、第一次被评为辽宁省社会治安综合治理先进单位，达到了集团公司党组提出的直属企业精神文明建设走在地区前列的要求。

（高金华）

中国石油锦州石油化工公司

【概述】　中国石油锦州石油化工公司（以下简称锦州石化公司）是隶属于中国石油天然气集团公司的国家特大型石油化工企业。公司主要以工程技术服务、生产服务和石化下游产品加工制造等非核心业务为主，拥有职工 11014 人，其中全民职工 6385 人，集体职工 4629 人。截至 2001 年末，公司资产总额为 31.49 亿元，固定资产净值 8.97 亿元，负债总额 8.88 亿元，资产负债率为 28.20%。公司所属独立注册的法人企业 16 家，其中全民企业 2 家，集体企业 4 家，独立经营企业（全资子公司）10 家，费用承包单位 4 家，控股上市公司 1 家（锦州六陆股份有限公司），参股公司 2 家（锦州港股份有限公司、锦州节能热电股份有限公司）。主要产品有沥青、偏三甲苯、T501 抗氧剂、环丁砜、正丙醇、溶剂油、复合添加剂。

【生产经营】　全年完成生产经营总值 72697 万元，其中工业总产值 26835 万元；实现主营业务收入 8.01 亿元，达到预算指标；实现税费 3456 万元，比预算增加 1325 万元；实现内部利润 319 万元，与 2000 年相比增加近 100 万元，考虑到集团公司注资 500 万元的因素，实现了预算提出的利润 700 万元的目标，超额完成了中油集团下达给我公司的全年利润为零的考核指标。

除受市场因素影响，精制油装置停产，正丙醇、均三甲苯减产较多外，偏三甲苯产量 6611 吨，比 2000 年增加 2828 吨；环丁砜生产 1600 吨，销售 1537 吨，产销均创历史最好水平；塑钢制品、沥青、溶剂油、T－501 产品与 2000 年基本持平。全年完成原油、汽油、柴油仓储合计 180 万吨，创历史最好水平。

【工程建设】　2001 年的装置大修是两个公司重组分开后合作进行的第一次大修，经过精心准备，合理组织，共同努力，使装置大修任务按时间进度要求顺利完成。这次大修不仅开创了锦州石化公司历年来安全检修的最好纪录，提高了工程技术服务队伍的工程检修组织水平和管理水平，也实际锻炼了队伍，展现了锦州石化公司职工队伍的实力和风采。2001 年，先后完成了长输管线二期工程，一台 2 万立米罐、两台 3 万立米罐以及原油液化气港口储运、接卸工程，空分制氮装置，苯酐装置收尾工程等十几个建设项目；还完成了柴油改质装置改造、聚丙烯扩能改造等一批技改技措项目。民用建筑项目完成总投资 3300 万元，建筑面积 3.3 万平方米，全部达到市优工程标准。在完成和平楼危房改造工程的同时，南敬业新区开发工程取得实质进展，已完成 400 户动迁任务和建房申请手续。工程设计以 40 万吨/年航煤加氢装置和西山罐区改造工程为重点，全年共完成设计项目 142 项，完成施工图概算投资 3.7 亿元，设计投资比 2000 年增加 1 亿元。

【科技创新与技术改造】　全年共完成科研项目 18 项，其中，重点科研项目“环氧液体聚丁二烯工业试验”已通过集团公司验收，“异丙醇合成甲基异丁基酮”和“均三甲苯制苯三酸”项目已申报集团公司 2002 年重点科研项目。由我公司所属企业独立开发成功的 T－122 高碱值硫化烷基酚钙产品的各项指标达到国际同类产品质量标准；高比表面活性炭项目已取得合格产品并部分投放市场；由新投建的低聚物蒸馏装置开发生产出的低聚油等三种产品也已开始投放市场。此外，重芳烃分离装置改造提高偏三甲苯收率、重溶剂脱色改质、PP－R 塑管材新产品开发技术等在生产中都得到了实际应用，提高了企业的经济效益。

【企业改革】

（1）产权制度改革稳步推进，中小学移交地方管理任务完成。从2000年初开始，我们按照集团公司2001年工作会议精神及中油集团《关于加快产权制度改革意见》等文件要求，成立了公司产权制度改革领导小组，制定并下发了《锦州石化公司加快产权制度改革的总体思路和办法》，根据集团公司整体带资分流试点的选择原则和试点范围，选择确定了6个试点单位，并从3月份开始，着手化工二厂的改制试点工作。我们先后完成了4个单位的异地委托资产评估工作和改制初步方案的制定，化工二厂改制前215名职工自愿买断工龄、与企业有偿解除劳动关系的工作完成后，在公司的指导下，民主选举产生了新的工会委员会、党支部及法定代表人。2001年8月末和9月初，公司与地方政府正式签订了交接协议书，顺利实现了中小学划转，交地方管理。

（2）积极开展减员增效工作，劳动用工制度有新的突破。2001年，我们按照集团公司加大整体带资分流的力度、继续减员增效和加快产业结构调整、调减队伍总量的要求，进一步深化用工制度改革，通过产权制度改革分流富余人员和鼓励职工有偿解除劳动合同的办法，全年共实现减员535人。天元公司结合企业实际制定出台了《职工自谋职业给予一次性经济补偿的暂行办法》，鼓励职工与企业解除劳动合同，全年共有644名集体职工办理了买断手续。他们还积极与地方劳动主管部门联系，争取支持，为117名在有毒、有害岗位工作的特殊工种职工提前办理了退休手续。长虹公司通过做职工的思想工作，有127名集体职工与企业解除了劳动关系。

（3）完成了全资兼并锦州节能实业公司、成功参股“二热电”的任务，实现了低成本扩张。2000年4月，公司通过全资兼并锦州市政府设立的“锦州节能实业公司”，用较少的投入（1200万元），取得了节能实业公司拥有的1亿多元的资产和其拥有的“二热电”5326万股股权以及全部债权债务，从而成为“二热电”的第二大股东，并协商取得了生产经营权。

【企业管理】　2001年，在企业内部管理手段、管理力度上不断强化，采取的主要措施有：一是建立内部激励和约束机制，对公司所属独立经营单位实行“三考核、三挂钩”方式，对公司机关各处室从严单项费用考核控制，做到严考核，硬兑现。公司年初与所属17家独立经营单位、4家费用承包单位、10个机关处室及5家直属单位签订了经营承包合同，其中，工程质量监督站和印刷厂实行模拟企业化经营。对完不成考核指标的单位或部门给予经济处罚，包括减发奖金和停发奖金，实行工资总额控制，收到了较好的效果。二是规范财务制度，加强内部控制，减少决策失误。根据集团公司的部署，对公司及所属单位外投、外借、对外担保进行了全面清理。经查有14个单位存在不同程度的外投、外借或担保行为，共发生对外投资7691万元，对外借款123万元，对外担保3起。我们采取措施，要求外借款要限期全部收回，并对造成损失的有关责任人进行了处理。我们还采取集中企业内部银行账号的办法，对一些单位在财务公司以外开设的银行账号予以撤销，在提高资金利用率的同时，加强了资金监管和风险控制。三是压缩费用，实行低成本战略。公司下达了内部各项可控费用指标，制订了内部费用指标考核办法，主要费用落实到人，并严格监督执行，实行定期通报，超标不予支付，实行这一办法一年来效果很好。2000年，我们还对费用支出较大的车辆和对闲置、车况不佳、超期使用的车辆进行处理，降低了费用支出。四是对公司的所有财产进行了一次清查，摸清了企业的资产状况，初步解决了重组后资产状况不清、界限不清的问题，多年形成的待报废、毁损及历史遗留问题得到了解决，为下一步推进产业结构调整及改制工作提供了可靠的依据。五是抓了工程公司资质升级和HSE、ISO 9000认证工作。公司进行了资质就位升级的申报工作。经过努力，工程公司已取得了建设部颁布的化工石油施工总承包一级资质。资质升级目标的实现，为我们牢固地占领企业内部市场和开拓外部市场奠定了坚实的基础。2001年8月末至9月中旬，工程公司还先后进行了HSE和ISO 9000管理体系文件的发布，宣贯和运行工作全部展开，HSE已完成外部预审，ISO 9000也于2002年1月15日正式通过了认证。六是加强职业技能鉴定工作，技师评聘顺利开展。2000年，我们对公司职业技能鉴定中心进行了整顿，完善了组织机构，建立了47个工种的题库和近万页的题集，并进一步健全和完善了各种规章制度。我公司有60人通过了集团公司考核并取得了职业技能鉴定证书。公司组织开展了技师评聘工作，来自基层单位的112名职工参加了考试，经过理论知识、实际操作技能考试和论文答辩，最后有49人通过了公司的综合评审，晋升为工人技师，为企业的发展增添了新的力量。七是强化安全管理，安全整治工作初见成效。全年未发生重大事故，实现了安全生产“五个为零”的目标。

（慎清宰）

中国石油锦西炼油化工总厂

【概述】　2001年，中国石油锦西炼油化工总厂（以下简称“总厂”）全面完成了各项生产经营建设任务。全年实现综合收入4.95亿元，完成集团公司考核利润3100万元。关联交易实现主辅双赢。全年实现关联交易总额4.2亿元。总厂以良好的服务保证了石化分公司炼油生产的平稳运行，设备维护创历史最好水平。煤代油工程建设取得阶段性成果。土建完成85%以上，烟囱等单体项目陆续交工，全年完成投资2.65亿元。基础管理取得新的突破。用水一、二级计量网络初步形成；裁减车辆153台，增收节支670万元；用电“两率”分别达到90%和85%的奋斗目标，创历史最好水平。“三个基地”建设稳步推进，“十五”规划重点项目逐步落实。煤代油工程预计2002年下半年建成投产，菊花岛码头前期工程取得重大进展，顺酐、1，4丁二醇项目列入国家重点招商项目。企业用工得到有效控制，年内减员868人，完成集团公司下达的减员指标，实现职工总数持续负增长，用工控制创历史最好水平。发展外向型经济取得新的成绩。总厂获得独立的外贸经营自主权；实现外部收入1.09亿元，比2000年增加1400万元。2001年总厂被国家工商行政管理总局命名为“重合同、守信用”企业。

【生产经营】　2001年总厂煅烧焦加工量完成2.15万吨，完成年计划的114.47%。煅烧焦产量完成1.73万吨，完成年计划的115.11%。全年共销售煅烧焦1.96万吨，完成年计划的130.45%。全年完成发电量1.56亿度，完成年计划的108.85%。销售电量累计完成1.23亿度，完成年计划的112.25%，比2000年同期的1.22亿度多0.01亿度。产汽量累计完成126万吨。销售蒸汽累计完成25.54万吨，完成年计划的127.70%，比2000年同期的18.67万吨多6.87万吨。全年产水量完成1699万吨，完成年计划的97.09%。现代化学公司全年生产量335吨，比2000年同期的445吨少110吨；销售石化产品340吨，比2000年同期的445吨少105吨，实现利润与2000年持平。

2001年，总厂实现工业总产值（现行价）33640万元，完成年计划的140.17%。全年实现增加值21919万元，完成年计划132.04%。财务费用完成－823万元。管理费用完成16827万元，完成年计划的99.39%。三项费用实际发生5188万元，其中：职工医院952万元，离退处3100万元，学校1136万元。

【安全环保】　第一，建立健全安全环保组织机构，强化安全环保队伍建设。2001年，总厂对安全生产委员会、防火委员会和环保委员会重新进行调整，并形成文件下发全厂，总厂所属的公司（厂）和基层单位，也根据具体情况按照总厂文件要求，进行了相应地调整，形成了总厂—公司（厂）—车间三级安全环保管理组织网络。

第二，落实各级安全生产责任制。2001年，总厂对全厂各级安全生产责任制和岗位责任制进行了重新修订和完善，组织各级管理干部和岗位职工，进行安全生产责任制暨“一岗一责制”的考核，并制定出《安全生产、环境保护达标考核细则》，纳入到总厂经济考核之中，年终进行检查验收和总结表彰。

第三，加强安全教育，提高职工安全意识。加强安全第一人的教育。为加强总厂安全环保第一人的教育，总厂每月按时召开由各公司（厂）主管领导、安全科长和全厂安全员参加的“总厂安全工作例会”。加强对外来人员和新职工进行入厂安全教育。2001年，总厂对在2000年度安全生产工作中表现突出的先进集体、先进班组和先进个人进行表彰和奖励。

第四，加强安全环保检查，整改不安全隐患。

第五，加强事故管理，搞好安全评价和“三同时”验收。

2001年，总厂发生上报集团公司人身死亡事故1起，轻伤事故1起。对这些事故单位、责任者和主管领导，总厂按制度进行了考核。对发生在工程一公司的人身伤亡事故，认真进行了处理。

第六，加强消防、气防安全管理。一是队伍建设和战术训练；二是加强消防安全检查，普及消防气防安全知识，提高全员消防安全意识。

2001年，共出警41次，其中火警36次（厂内22次、厂外14次），气警5次。在历次出警扑救过程中，全部做到出警迅速，技战术运用合理，成功率达100%。2001年，总厂配合市劳动、交警部门检验总厂机动车辆399台次、检验企内车辆79人次，审验机动车驾驶员574人次。查出各类交通违章51起，处理一般交通事故5起。

2001年，总厂完成了全厂尘毒、物理因素监测点511个，共1796个样品的监测，覆盖率达100%，合格率为91.3%；完成了健康监护性职工体验2112人次，其中复审497人次。

【重点项目】 煤代油工程自4月20日开工奠基以来，工程进度、施工质量、投资控制初步达到“三个确保”，创造了总厂建设史上的最好成绩。采取一次设计分步实施、比价采购订货、工程招标一次到位等措施，比概算节省4500万元，工程投资得到有效控制，包括系统工程在内的建设资金已全部落实。

菊花岛码头已完成了勘察设计和预可研，获得海军正式批准。国家计委已将顺酐、1，4丁二醇项目作为重大招商项目在APEC第二届投资博览会新闻发布会及因特网上进行发布；BP美国公司与总厂进一步磋商，有合资建设在国际市场具有较强竞争力的生产装置意向。此外，兴城水源改造顺利完成，采水能力由500吨/小时增加到1200吨/小时，成为总厂第一水源，年综合效益400万元。

【企业管理】 大力压缩可控成本。2001年，总厂财务部门在年初编制预算时，把可控费用在2000年基础上压缩10%，分解落实到各个单位，纳入经济责任制按月考核。各单位牢固树立过紧日子思想，全厂费用指标得到有效控制，可控费用比2000年减少300万元。独立核算的13个主要单位全部实现盈利。

生活用水和车辆管理初见成效。2001年总厂以用水和车辆管理为新的突破口，进一步深化企业内部管理，确定年内力争再节支1000万元的目标。宏盛公司、机动处、新水车间等单位，初步建立起一二级用水计量网络，用水计量率达40%，收费总额达到467万元，是2000年的2.2倍。完成车辆减编153台，总数降到400台以下，获取拍卖收入和节省费用670万元。

【企业改革】 2000年，总厂在资产普查的基础上制定了持续重组方案，立足做大做强能源供应、油品储运、工程施工等支柱产业，同时主动退出不适合直接经营的中小产业。2001年，运输公司运输部整体带资分流成立大成公司，总厂产权制度改革迈出实质性一步；同时，总厂采取整体出售、股份转让等方式，退出一些联办企业，平泉油库整体出售给辽宁石油公司，华亿公司、金秋公司、热电公司逐步从乡镇联办企业中退出，以降低投资风险，规避连带责任；沈阳加油站、渤海公司塑编厂、渤海大酒店等采取租赁或股份制经营，盘活了固定资产；职工医院、生产后勤单位的社会化、企业化改革基础工作也在稳步进行，住房分配货币化改革方案已正式上报集团公司审批。

领导干部制度改革进一步推进，高效精干的领导干部队伍初步形成。2001年，总厂按照《干部人事制度改革纲要》和集团公司要求，重新修订了总厂干部管理制度，对培养选拔年轻干部、实行业绩考核、公示制、竞争上岗等做出具体规定。2001年总厂对现代化学、金秋公司、科技公司、运输公司等单位进行了领导离任审计，干部监督方式更加扎实有效。

推进技术干部制度改革，建立高质素的技术队伍。2001年，总厂筹划了“六个一”工程，即引进或培养100名研究生，培养100名专业技术和管理带头人，培养100名技术工种带头人，培养100名高级工程师，培养100名技师和高级技师，引进100名急需专业本科毕业生。通过职称评聘分开试点、在技能大赛中选拔技术状元等具体方式，疏通岗位成才渠道，让技术拔尖人才脱颖而出，使高素质技术人才向主导产业集中。

推进分配制度改革，建立灵活有效的分配机制。2001年，总厂在工程公司、机械厂、设计院、监理公司等4个单位进行了工效挂钩试点，合理拉大个人收入差距，职工积极性和经济效益明显提高。工程公司从2000年开始实行工效挂钩办法，2001年盈利1000万元，产值首次超过亿元大关，创历史最好水平。机械厂实行工效挂钩后，职工积极性明显提高，全年盈利90万元，彻底改变了机加工行业多年不景气多年亏损的状况。宏盛公司液化气站实行了计件工资办法，有效解决了服务质量差、群众意见大等问题。

【关联交易】 关联交易是总厂收入的主要来源，是企业生存的重要基础。总厂从主辅两业整体利益出发，努力搞好关联交易，实现共同发展。2001年关联交易收入累计完成42005万元，完成年计划的115.01%。比2000年同期的38783万元增加3222万元，上升8.3%。其中：工程技术服务板块包括工程建设、机、电、仪、维检修、设计、监理、预算、审计和信息服务。关联交易额13030万元，实际完成18032万元。生产服务板块包括供水、电、汽、通讯、运输、机加工和其他，关联交易额13767万元，实际完成15856万元。物资供应板块关联交易额1500万元，实际完成1619万元。社会服务板块包括物业管理、职工培训、道路维护、绿化、公安消防、福利设施、文体和其他，关联交易额 8226 万元，实际完成 6498 万元。

【科技进步】 新技术、新材料进一步推广应用，设备维护水平和运行状况得到有效改善。2001 年，总厂新增变频调速器、弹性联轴器、波纹管密封、机械密封 140 多台，γ 射线无损探伤、CO_2 手提焊机、无纸无笔记录、智能温变、超声波液位计等新设备在工程施工和仪表控制中普遍应用。热电公司完成了 3# 除尘器、1# 泛渣器和供暖系统改造，锅炉平均运行周期达到 70 天以上，单炉最高运行天数达到 130 天，实现攻关目标，创历史纪录。

加强技术创新，进一步提升技术水平和管理水平。2001 年，总厂设计院开发的"新型玻璃板液面计"获得国家专利。总厂建材实验室建成投用，"粉煤灰及炉渣制承重砖"项目被评为辽宁省职工技术创新优秀成果奖。网络技术在企业管理中得到广泛应用。光纤网络系统覆盖了总厂、分公司机关和所有生产车间。企业 HSE 管理框架初步建立。

注重发挥科协组织作用，开展丰富多彩的学术活动。2001 年，总厂征集科技论文 720 多篇，其中 3 篇在中国科协第三届学术年会上发表并编入优秀论文集，13 篇被评为辽宁省青年科技工作者优秀论文。

（刘　新）

中国石油宁夏化工厂

【概述】 中国石油宁夏化工厂是隶属于中国石油天然气集团公司的大型企业，位于宁夏回族自治区首府银川市。自 1985 年开工建设至今，按照"一业为主，多种经营"的原则已先后建成两套大型化肥装置和 20 多个多种经营及对外控股、参股企业。累计实现利税 14 亿元。在 1995 年"中国脊梁"国有企业 500 强评比中排名第 212 位，并先后荣获"全国精神文明先进单位"、"全国'五一'劳动奖章"、"中国十佳工业企业"、"全国环保先进单位"、"中国化工行业企业形象十佳"等国家和省部级荣誉称号近 40 项，被宁夏回汉人民誉为"塞上江南的一颗明珠"，取得了显著的社会效应，为支持农业和发展少数民族地区经济做出了积极的贡献。

1999 年底，宁夏化工厂在中石油集团公司的统一部署下成功进行了重组改制。未上市部分拥有被评为全国 200 强的塑料制品企业，甲醛、水稳剂等精细化工，产学研一体的高效复合肥，实力雄厚的园林绿化，汽车运输、物资供应和新兴的建筑材料，"禾露"饮用矿化水，房地产开发，旅游服务，工程监理，计算机与通讯信息产业等；拥有宁夏回族自治区内规模和技术均较强的建筑、安装、检修、吊运等工程技术服务和生产服务企业，初步形成了产业多元化、技术含量高、市场前景好的集团化发展的局面，为企业的进一步发展壮大奠定了坚实的基础。

【经营管理】 在分析企业产业结构和通盘筹划的基础上，经过反复斟酌、酝酿，以资产为纽带，围绕着存续企业向现代企业迈进的总目标，坚持从实际情况出发，尽力把现有业务做强，确立了"争创效益求生存、自强创业谋发展、顾全大局促改革、奋发图强创佳绩"的工作方针。在坚持效益第一和向大市场开拓的原则下，加强企业内部管理，完善各类管理规章制度，并以企业管理制度汇编分册的形式逐一印发。逐步推行 HSE 管理体系。分类指导、分灶吃饭、强化成本核算，努力使职工的生活条件不降低，以树立对重组改制的信心和希望。优化生产力的组合，积极推进企业经营机制改革，焕发了较大的生机和活力，创建了新的经营格局。相关单位的资质重新就位工作立足企业长远发展的钻略目标，忙而不乱，富有成效，使企业适应大市场要求的条件和档次进一步提升。随着改革的深入，企业干部职工的观念逐步转变，企业走向社会市场，对外参与市场竞争的能力逐渐增强，厂外市场占有份额逐步扩大，生产经营形势势头良好。2001 年实现生产经营总收入 2 亿多元。其中，社会市场收入占总收入的比例为 43%，比 1999 年提高了 28 个百分点。实践证明，坚定地执行走出去的战略，布好"两个市场"，是存续企业自立、生存、做强的根本途径。

【企业改革】 坚持以产权制度改革带动各项改革。以下属塑料制品厂作为试点，按现代企业制度和公司法要求成功改制为有限责任公司。通过产权制度的改革和加强科学管理，改制比较成功。2001 年在经营环境较为困难的情况下，该公司最终以 18% 的股利回报股东；对于新建的1万吨甲醛项目，按照新项目新机制的原则实现了“投资主体多元化”，并成立了有限责任公司。大胆改革用人制度上的弊端，形成较为完善的“个人申请干、群众推荐干和组织批准干”的选拔、用人新机制；在分配上，坚持单位收入凭效益、个人报酬靠贡献的原则，缩小固定部分，加大浮动部分，各二级企业领导班子与厂长签订了《经营业绩责任书》，有效地建立了新的激励机制和业绩考核机制；企业坚持职工分流不下岗，通过承包租赁，盘活闲置、存量资产等措施，优化人力资源配置。与此同时，按照“小机构、大职能，一人多岗、一岗多能”的原则，对原企业机关组织结构进行调整。努力挖掘人力潜能，建立符合现代企业制度需要的机关模式，由过去的单纯管理型向经营管理型和经营服务型转变，使机关干部更贴近生产经营一线，管理、经营、运筹帷幄的水平进一步提高。

【企业发展】　在各项工作齐头并进的同时，坚持“发展是硬道理”的原则。积极谋求新的经济增长点，培育企业的核心竞争力，筹划将现有企业做强做大。根据企业定位，制定了《宁夏化工厂“十五”发展规划》、《宁夏化工厂机关建设规划》。提出并确定了在两个层次（即总厂与各下属企业）、两个市场（即内部市场、社会市场）、三个方面（即传统产业、高科技产业与资本运营）协调共同发展的工作思路，明确了“十五”规划的具体奋斗目标。在传统产业方面，加大了项目调研力度，通过艰苦努力，由国外全套引进年产14万吨的粉煤灰砌块项目即将开工建设，年产30万吨复合肥项目调研进入关键阶段，利用天然气优势，天然气化工和精细化工的项目正在进行论证；在资本运营方面，主要采取参股、控股、兼并的方式，实施低成本战略扩张，现已与相关企业进行了广泛的接触；在高科技产业方面，加大与科研院所的合作，继续走产、学、研一体化的道路，采取借智与融智的方式进行合作。

【职工培训】　按照用人、育人一体化的原则，把培训和使用有机结合起来，坚持选拔、培养、考核、使用一体化。坚持把转变人的观念、培养人的超前意识、更新人的知识结构、提高人的综合素质和能力、建立学习型企业、促进企业的经营发展作为职工教育培训的首要任务，制定了《宁夏化工厂培训规划》。紧密围绕企业“十五”发展规划确定的发展战略和改革目标，以效益为中心，坚持体制创新、方法创新、内容创新，着眼于企业长远发展和人才的接替与储备。分析和预测企业对不同层次、不同专业人才的需求趋势，超前规划、提前运作，为企业可持续发展有计划、有目的地培训储备各类人才。一方面，采取送出去请进来的办法，利用各种机会让干部与国内外专家学者进行交流。另一方面，制定了一系列鼓励职工勤学上进、岗位成才的激励机制。与西北大学联合举办在职干部MBA研究生班，选派140多人到国内外学习、考察，坚定地把人才资源挖掘和人才结构的调整当做存续企业发展的一项战略任务来筹划，为企业的可持续发展奠定了坚实的人力资源基础。

（谭北平）

中国石油兰州炼油化工总厂

【概述】　中国石油兰州炼油化工总厂（简称兰炼）前身为兰州炼油厂，是我国“一五”期间的156项重点工程之一，1956年4月动工兴建，1958年9月建成投产，是新中国成立后建成的第一座现代化大型炼油厂。经过40多年的发展，兰州炼油化工总厂由一个单一的炼油厂发展成为以炼油为主，既有化工，又有机械仪表制造、炼厂建筑安装、科研、设计的特大型综合性石油化工企业，为国民经济和地方经济建设做出巨大贡献，先后荣获全国“勤俭办企业五面红旗”之一、国家质量管理奖、全国企业管理优秀奖、全国设备管理优秀奖、全国环境优美工厂、全国“五一”劳动奖状、全国思想政治工作优秀企业、全国基层先进党组织等60多项国家级荣誉称号和230余项省、部级荣誉称号，并于1996年和1999年两次正式通过ISO 9001质量体系认证。

1999年9月，根据党和国家关于国有企业改革的方针政策和中国石油天然气集团公司的战略部署，兰州炼油化工总厂按主辅业进行了重组改制。重组后的兰州炼油化工总厂不再从事炼油化工生产经营业务，主要为石油石化工业提供辅助生产、机械仪表制造及维修、生活后勤和多种经营等配套服务，是集机械仪表压力容器制造、工业和民用建筑安装、机电仪维修、石化设计、石化原材料和物资供应、石化产品进出口、房地产开发，兼有教育、医疗等社会服务，并农林、商贸等多种经营的特大型综合性企业。截至2001年末，兰州炼油化工总厂资产总额为17.52亿元，职工总数为8100人，下设30个二级单位。其中，中国石油第二建设公司拥有固定资产近2亿元，各类施工机具1000余台（套），其中的大型吊装设备、大型土建施工机具等为西北地区所独有，具有一、二类压力容器设计及一、二、三类压力容器制造、现场组装等资质，能够独立承揽千万吨炼厂的建设安装和大中型石油化工企业设备检修维修等任务，可批量生产H型钢、V型折板、商品砼、保温材料等建材。机械厂可生产2000—33000千瓦八个类别的烟气轮机和各种特殊阀、专用油泵、加热炉配件、高温合金铸管等五大类11个系列的石油化工机械产品，高效节能烟气轮机的国内市场占有率达80%以上，并拥有生产目前国内最大功率烟气轮机的能力；生产的DN2850气动调节阀和DN1800电滑冷壁双动滑阀、DN1500电液高温蝶阀、DN1100/600电液塞阀、DN1200电动高温平板闸阀均是国内目前同类型阀门中最大的阀门，1998年市场占有率达到80%，以上均由中国企业联合会、中国企业家协会授予专门证书。仪表厂是我国过程控制仪表的专业制造厂家。设计院是国家甲级设计单位和三类压力容器设计单位。设备研究所是中国石油天然气集团公司转动机械技术开发中心。

【生产经营】　2001年，兰州炼油化工总厂坚持“服务石化，开拓市场，突出重点，多元发展”的总体战略，紧紧围绕年初提出的各项方针目标，兼顾内外两个市场，增强服务意识，提高竞标能力，为中国石油股份公司兰州石化分公司提供工程技术服务、生产服务、生活后勤服务，确保了工程设计、建筑安装施工、工程监理、工程质量监督、设备日常检修维护、化工原辅材料及设备器材的采购配额任务，在消防抢险、故障抢修、设备检测防腐、环境监测、客货运输、电讯服务、治安保卫、医疗卫生、环卫绿化、道路维护、物业管理、餐饮服务、普教幼教、职工培训、宾馆接待、文体娱乐、新闻宣传等各项服务中，做到了讲诚信、重质量，不讲条件，服务到位，确保了兰州石化分公司的生产大局；继续规范经营组织，健全营销机制，多渠道、大范围捕捉外部市场信息，开展高层领导公关协调，强化广告策划和宣传，外部市场订货量呈现上升趋势。经过努力，全厂经济运行正常平稳，完成了全年各项既定的方针目标：全年实现主营业务收入9.17亿元（含物资转供收入4.46亿元），比预算提高7020万元，提高了8%。其中：工程技术服务板块2.34亿元，生产服务板块5.3亿元，制造加工板块9542万元，社会服务板块4371万元，机关代核算单位2204万元；实现工业增加值1.81亿元，比预算提高128万元，提高了2%；实现税费3058万元，比预算提高294万元，提高了10.64%；全年实际亏损3977万元，比中国石油天然气集团公司下达的年度控亏指标减亏1023万元。

【海外施工】　2001年，兰州炼油化工总厂中标苏丹喀土穆化工有限公司1.5万吨/年气体分馏、聚丙烯联合装置建设项目的设计与施工，严格执行工程总体部署和施工组织设计，灵活采用超常规的工作思路，按时完成全部施工图设计，及时组织急需材料、国内订货设备的制造、检验和发运，精心组织施工，三具球罐合格率达到99%，工艺管线合格率达到97%，装置试压无一处泄漏，工程建设质量创出新水平，实现了气体分馏、聚丙烯联合装置和挤压造粒系统开工一次成功，完成建安工作量约900万美元，取得较好效益，以优质的产品和服务，赢得中国石油股份公司及苏丹喀土穆化工有限公司的好评，创出了兰炼在海外市场的良好信誉，为进一步参与海外工程竞标积累了经验、创造了有利条件。

【基建项目】　8000吨/年PVC和5000吨/年正己烷两大重点项目顺利建成投运，初显规模，标志着兰州炼油化工总厂新型建材和精细化工两大新兴产业有了一个良好的开端。其中：8000吨/年PVC项目完成投资3964万元，2001年10月初建成，11月28日正式开工，迅速完成了产品配方、模具、混料系统的调试，试生产出各种规格的PVC型材，通过了甘肃省产品质量鉴定，质量优于目前本地市场同类型材；5000吨/年正己烷装置完成投资1014万元，2001年10月底完成了中间交接，11月2日正式开工投料试车，并生产出合格产品。同时，混凝土搅拌站扩改项目完成了一期投资，添置了搅拌运输车等大型关键设备；烟气轮机大型化项目完成了设备购置、材料选购、主要部件设计及试验设备的调试；1万吨/年顺酐项目完成了可研、上报、评估和向中国石油天然气集团公司的汇报工作。

【科研开发】　2001年，兰州炼油化工总厂共实施科研项目36项（新开科研项目23项，上年延续项目13项），其中：12项全面完成合同内容，20项正在按合同进度要求开发，其余4项因市场变化等原因终止实施。机械厂的高压快速电液执行机构、自动化研究院的2000型在线干点分析仪和柴油终沸点分析仪、仪表厂的智能旋进漩涡流量计和光电智能液位仪等三个中国石油天然气集团公司级重点项目通过验收，并取得初步效益；烟气轮机大型化、加氢高压泵、智能变送器、炼厂高温缓蚀剂等四项科研新项目先后通过中国石油天然气集团公司论证立项，正在全力组织实施，其中：烟气轮机大型化新产品开发还被国家经贸委确立为国家“十五”重大技术装备研制项目之一。初步论证上报了机械厂衬里油浆泵等五个新的科研项目。全年科研项目产生经济效益约247万元。

【企业管理】　2001年，兰州炼油化工总厂强化以财务管理为中心的各项管理，稳步推进内部改革，基础管理工作水平有所提高，经营管理效能有所增强。进一步加大资产管理、资金管理力度，开展了深入细致的财产清查、清产核资，对部分单位占用总厂的房屋、土地资产进行了核查并签订了租赁合同，在部分单位试行了单项工程成本核算以及单台（件）产品核算等办法，积极开展了以工程结算审计为重点的专项审计，预算管理水平进一步提高，经济责任制考核继续得到全面落实。内部管理层次和程序逐步理顺，建立、实施了总厂机关办公例会制度、生产经营例会制度，强化了全厂生产经营系统的统一管理，增强了生产调度的协调指挥功能，初步形成了适应服务石化要求的生产经营管理模式。基础管理制度进一步健全和完善，修订了生产调度、经营统计、基建投资、科研开发、物资采购、安全环保等专业管理规章制度，对全厂涉及的26类产品进行商标注册，质量体系认证单位均顺利取得认证资格或通过质量认证监督检查，安全生产实现了“六个杜绝、三个不超、一个确保”。科研管理体制进一步得到健全，组建了总厂研究发展中心，实施了科研课题公开招标制度，试行了项目（课题）组长负责制，探索了新的科研组织形式和科研开发模式。在建立规范的法人治理结构方面进行了探索、尝试，按公司制要求组建了新型建材有限公司，实现了投资多元化，实行了招聘制、合同制和单一工资制。劳动人事分配制度改革进一步深化，制定实施了高层次、紧缺专业人才、内聘高工管理办法；严格控制职工总数，全年通过“五定”裁员、办理自愿解除劳动关系、特殊工种退休等形式，使职工总数减到目前的8100人。在控制工资总量的前提下，逐步放开了二级单位的工资分配自主权，在四个二级单位采用了最低工资加奖金（或计件、计时工资）的办法。对产权制度改革进行了广泛的宣传和动员，成立了改革领导小组，组建了改革工作临时办公机构，积极稳妥地开展了改革方案调研，初步提出了深化内部改革指导意见和相关政策规定。

（李晓星）

中国石油兰州化学工业公司

【概述】　2001年，是中国石油兰州化学工业公司（以下简称兰化公司）改革力度较大、生产经营及各项服务业务发展势头较好的一年。2001年末，兰化公司资产总额为15.8亿元，其中固定资产原值6.46亿元，净值2.71亿元；流动资产10.01亿元；负债总额8.52亿元，权益7.28亿元。资产负债率为54%。兰化公司下设32个单位，其中加工制造单位3个，生产服务单位5个，工程技术服务单位3个，社会服务单位15个，多种经营单位6个。机关设职能处室13个，现有管理人员152名。兰化公司共有在册全民职工12562名，其中在岗7717名，离岗退养4845名。在岗职工中，一线生产3800名，两级机关602名，后勤辅助系统及其他3315名。此外，兰化公司还有离退休人员10069人，退养家属工、遗属1511人，集体职工2547人。

【生产经营】　2001年，兰化公司共完成工业总产值6.76亿元，为年计划的98.04%。完成生产经营和各项服务业务总值13.4亿元，为年计划的126.82%。公司营业总收入12.84亿元，其中全民主营业务总收入8.27亿元，多种经营单位营业总收入4.57亿元。完成增加值2.41亿元，为年计划的96.21%。完成固定资产投资5604万元。全年亏损5827万元，比集团公司控亏指标8500万元减亏2673万元。

【技术改造】　2001年，兰化公司确定和实施了十个基建和技改项目，其中二项为集团公司审批，并注入了部分资本金，其余八项为自筹自建。10个项目中已建成五项：12000吨/年碳八芳烃深加工装置、300吨/年柴油降凝剂中试装置、2000吨/年单层宽幅薄膜装置、2500 吨/年叔丁醇装置和 2000 吨/年高苯乙烯橡胶装置。正在建设的五项：8000 吨/年碳五加氢石油树脂装置、200 吨/年聚丙烯腈基碳原丝及碳纤维装置、3000 吨/年聚合氯化铝装置一期（1000 吨/年）建设、1000 吨/年粉末橡胶装置、500 吨/年促进剂 NS 工业试验装置。同时，兰化公司科研开发及成果转化在一些重点项目和关键技术方面有了突破。十个重点科研课题通过了集团公司中期评估和预验收，五个项目通过甘肃省技术鉴定，全年共取得国家知识产权局九项专利申请受理。完成了液体橡胶中试装置改造和促进剂 NS 以及粉末丁腈中间试验。

【系统管理】 安全管理：兰化公司认真落实各级领导安全生产责任制，健全安全管理网络，开展“创零事故车间”、“无违章班组”和“安全生产周”活动，推进 HSE 管理体系的建立，编写发布 HSE 管理手册，共投入 317 万元完成安措 27 项、环措 4 项。2001 年实现了“五杜绝、四控制、三达到、二建立、一确保”的安全目标。质量管理：重点抓生产过程的质量控制以及质量管理职责与业务培训工作，完善质量管理体系，提高产品质量、施工质量和服务质量，产品总合格率为 99.36%，一次检验合格率达 96.33%。有三项 QC 成果获国家级奖励，20 项 QC 成果获省部级奖励；兰化公司被甘肃省评为“质量管理活动优秀企业”。有四个单位分别通过了 ISO 9001—2000 质量体系审核和 ISO 9001—1994 质量体系扩证、复评认证。工程公司和监理公司分别取得了国家建设部颁发的“石油化工工程总承包甲级资质证书”和“工程招标代理机构甲级资质证书”。生产管理：通过生产经营例会，加强调度指挥和衔接、协调，解决物料平衡和中间产品串换出现的问题。投资 1000 多万元进行工器具更新，改善服务手段，完成了维检修和工程技术服务任务。承接了宁夏化工厂的部分检修任务，承接涩宁兰西气东输的部分爆破工程、兰成渝输油管线的部分工程监理和天水市供热管网的施工监理等，到外部找市场、找活干，多拿效益。财务管理：制定和实施《资金管理办法》、《资金授权管理办法》、《预算管理办法》和《财务管理条例》，严格投资管理，严格控制预算外资金支出。成立兰化公司预算管理委员会，规范预算管理监控制度。通过财产清查，摸清了家底，按照新《会计法》和集团公司的要求，清理外投外借和对外担保。开展“双增双节”活动，加强成本管理，压缩费用开支。

【重组改制】 2001 年，兰化公司根据集团公司关于产权制度改革的意见和企业扭亏脱困的需要，本着“双有利，双发展”的原则，对中凯公司等四个多种经营单位实行了以整体带资分流为主要形式的产权制度改革。中凯公司等四个单位共有职工 1758 人，其中绝大多数为集体所有制职工。通过重组改制，四个改制单位共有 1087 名集体职工参与了整体带资分流，与原企业解除了劳动关系；254 名全民职工自愿与企业有偿解除劳动合同自谋职业；372 名全民职工自愿与企业有偿解除劳动合同后作为自然人被新企业吸收为出资人和员工；对 42 名因各种原因没有与企业解除劳动关系的全民职工进行了妥善安置。经过历时一年的运作，顺利完成了整体带资分流，四个改制单位都已挂牌运行，与兰化公司脱离行政隶属关系，融入社会。年末，兰化公司又决定对宏达公司、翔鑫公司等六个多种经营单位实行整体带资分流，并全面启动了这些单位的重组改制工作。在重点抓好整体带资分流改制的同时，兰化公司还根据实际情况，对部分单位及机关部分处室进行了整合重组。在集团公司的支持下，继续实施减员增效。2001 年，又有 1889 名职工与企业有偿解除了劳动合同。

【职工培训】 兰化公司首先积极组织参加集团公司的处级干部工商管理知识培训及岗位任职资格培训；与四川大学联合办学，培养化学工程硕士研究生 21 名；择优选拔攻读博士学位的 2 人，攻读硕士学位的 51 人。其次，兰化公司充分利用内部现有教学资源，举办各类干部培训班 52 期，培训 782 人；开展了以实用性为主的在职培训，举办各类技术工人培训 21 期，培训人员 1184 人；对 3523 名在岗工人组织了职业技能鉴定考试。兰化公司还采取措施，完善激励机制，稳定专业技术人才。下发《关于调动科技人员积极性暂行办法的实施细则》、《关于取得中专以上毕业学历和执业资格人员奖励的暂行办法》，重奖有突出贡献的专业技术人员和技术成果，吸引高层次人才。2001 年，兰化公司被评为“全国企业教育先进单位”。

（王文江　田种才）

中国石油乌鲁木齐石油化工总厂

【概述】 中国石油乌鲁木齐石油化工总厂（以下简称总厂）始建于1975年，自1998年划归中国石油天然气集团公司，1999年6月重组改制后，总厂领导带领全厂职工克服各种困难，深化改革，加强管理，狠抓经营，使总厂经济指标一年上一个台阶，2001年，顺利实现盈亏持平。总厂所属化工厂、塑料厂、动力厂、设备安装公司等19个二级单位和3个直属单位。

全厂现有职工8163人，其中：男职工5073人，女职工3090人，民族职工1180人，干部2786人。各类专业工程技术人员2412名。

总厂目前资产合计12.3亿元，其中固定资产9.2亿元。所有者权益6.5亿元。总厂拥有各类生产、制造和监测设备8645台（套）。

重组后，总厂定位于综合性服务企业，经过全厂职工近3年的共同努力，已发展成为集生产服务、工程技术服务和社会服务、文教卫生服务于一体的服务设施完善的生产、生活基地。

1. 生产单位

总厂下属的塑料厂现有3套编织袋生产线，年生产能力为3400万条，1套年产1800吨造粒生产线；化工厂现有一套年产3万吨甲醛装置，一套在建年产1.2万吨三聚氰胺装置；动力厂供水系统拥有采水单井27口，供水泵房2座，输水管线实际供水能力达到6500立方米/小时；供热系统拥有6台20吨/小时燃煤热水锅炉，1座高温水换热站；生产生活供电系统共有35千伏变电所3座，中小型配电室95个，全年转供电量1.6亿千瓦·时以上；西峰集团拥有油毡、煅烧石油焦、SBS防水卷材、标准柴油等多套生产装置。

2. 工程技术服务单位

总厂下属工程公司是甲级资质监理单位，并已通过ISO 9002质量体系认证，具有多项大型工程监理业绩；设计院具有石油化工医药全行业乙级、石油天然气（油气库工程设计）甲级等多项设计资质；设安公司具有化工石油工程总承包二级、化工石油设备管道安装专业承包二级等6项专业资质，能够承担大型压力容器的制作和设备安装业务；监测中心拥有国内先进的监测设备，由监测中心自主开发的渗铝钢新技术提高了设备的防腐强度，延长了设备的使用周期，得到了用户的广泛好评，先后为克拉玛依等多家单位完成设备仪器的监测任务；信息技术中心具有承办大型通信工程和软件开发、网络建设的丰富经验，下设电讯站拥有1.5万门程控电话交换机；物装公司具有海港接运、超限物资铁路、空中运输和物资仓储化管理和各种大型设备材料的采购能力。国际事业公司享有进出口贸易权，经营6大类40余种化工产品，同时承办口译、资料翻译等业务。运输公司具有各类型车辆215台，承担了吊装、货运、客运等全方位的生产生活服务。

3. 生活服务单位

总厂所属职工医院已取得社区医疗服务资格，并设立3个社区医疗服务中心和多个医疗保健站，为乌石化及周边地区提供医疗保健服务；教育中心全力抓好普教工作，不断提高教学质量并积极吸收外地学生到石化高级中学就读，高考升学率在自治区始终名列前茅；石化宾馆在自身不断努力下，已被自治区旅游部门定为二星级宾馆；总厂生活服务单位采取多种经营方式，不断拓宽经营范围，放开搞活，多创效益，减少亏损。

【主要生产经营指标】 2001年，化工厂生产甲醛2349吨，塑料厂生产编织袋3007万条，动力厂生产新水3242万立方米，转、供电15401万千瓦·时，供暖21万兆瓦；运输公司拉运原煤112万吨。

2001年，总厂实现主营业务收入35062万元，比2000年增长3.42%。其中：关联交易收入28708万元，占主营收入81.88%；社会收入6354万元，占主营收入18.12%。

【主要产品】 总厂目前有10大类73种产品，主要有：各种塑料编织袋、甲醛、石油添加剂、均四甲苯、半精练石蜡、石油酸、碳黑、中性油、1#—3#溶剂油、复合肥、专用肥、加气混凝土块、沥青油毡、煅烧石油焦、机械加工等。

【企业管理】

1. 加强了以利润为中心的生产经营管理考核

总厂建立了“单挂、双挂计提”的经营考核机制，对不同类型单位实行不同的经济指标考核办法以及对完成不同档次指标所采取不同的奖励办法获得了良好的效果。2001 年，总厂 14 个利润单位中有 13 个完成或超额完成了总厂下达的利润指标；8 个控亏单位中有 7 个完成了总厂下达的控亏指标。

2. 加强了以预算为中心的财务管理

总厂严格实行收支两条线，强化以预算为中心的财务管理，完善财务内控制度，设立结算中心，对二级单位实行预算动态管理，加大了成本考核力度。2001 年，总厂各类成本费用支出同比下降 9.2%。

3. 加强了董事会对独立法人单位的管理

总厂改变用工厂制的办法管理公司制单位，按照《公司法》的要求对公司制企业通过董事会实施管理，通过建立健全制度，加强了各公司董事会对公司经营计划、投资方案、财务预决算、利润分配、人事任免、机构设立等工作的实际管理与决策力度。

4. 加强了各项专业管理

一是健全完善总厂生产服务协调调度管理网络，建立了快捷、强有力的生产指挥系统。二是强化检维修及新建项目的工程管理，严格工程审批制度，使新建项目的质量、进度得到控制。三是狠抓设备基础管理，严格落实《设备管理标准》，加强对设备管理人员的业务培训。四是进行清产核资，重点对各单位外投外借和三产占用资产进行清理，同时，逐步建立总厂固定资产的计算机网络化管理体系。

5. 加强了安全管理

贯彻落实集团公司安全工作部署，组织开展“安全月”、“安全生产周”等活动，强化职工安全意识教育；修订、完善各项质量安全环保管理标准，加大考核力度；以安全大检查为基础，狠抓领导干部安全责任制、安全风险抵押、关键装置重点生产部位领导承包责任制等安全生产责任制的落实；抓好建立 HSE 管理体系的试点工作，初步在部分单位建立起有效的风险评估、隐患治理、监督整改机制。

【企业改革】

1. 积极推进人事制度改革

一是积极推进机关职能化改革，精简机构，压缩人员。总厂结合“五定”工作，进行了以岗位管理为基础，以区分管理职能与服务职能为重点的机关人事改革。到 2001 年年底，总厂机关干部已由 1999 年刚重组后的 143 人削减为 111 人。二是严格控制职工总量。总厂对各单位都确定了用工总量计划指标，并和各基层单位经营者的效益工资挂钩，增强了各单位严格控制职工总量的自觉性，各单位共清退计划外用工 141 人。三是在干部使用和管理上，积极推行干部选拔、考察的办法，实行了考察预告、任前公示的制度，对全厂后备干部进行了摸底考察和推荐，增加了干部任用的透明度，也增强了职工群众对任用干部的认同度，取得了良好的效果。

2. 积极推进结构调整

一是强化经营，成立总厂经营部，使总厂由生产型向经营服务型转变。二是拓展多元化产业，组成乌石化旅行社和广告公司，自主经营。三是对设计院、信息中心、工程监理公司等单位进行公司制改造，现已注册为国有独资公司。四是对建筑安装单位进行专业化重组，已将七家建筑单位重组整合为设备安装公司。五是在物资采购管理方面，与乌石化分公司联合成立了采购办，按照一个机构、两块牌子的体制进行运作，形成了统一的内控市场。六是实现了公安人员向社会的顺利移交。

【工程建设】 总厂年产 3 万吨甲醛项目经过一年的紧张筹备已于 2001 年 6 月开工建设，预计 2002 年 9 月可建成投产。建成后将成为重要的支柱型产业。

【发展规划】 根据集团公司《关于存续企业深化改革的若干意见》和总厂深入调查研究，确定总厂定位于集工程技术服务、生产服务、加工制造和石油化工产品销售的综合服务公司，即总厂的发展方向是石油化工服务型企业，其四个支柱产业是：以石油、石油化工为主的工程技术服务产业；以石油、石油化工为主的生产服务产业（包括承担城市基础设施服务）；以石油、石油化工下游延伸加工及精细化工为主的加工制造产业；以石油化工产品为主的销售业务。“十五”期间，总厂将按照建立现代企业制度的要求，把总厂改造成隶属于集团公司的地区性服务公司，基本完成产业结构、队伍结构的战略性调整，立足服务公司、开拓外部市场、建立支柱产业、实施主辅分离、完善经营机制、提高管理水平，基本完成总厂的公司化改革，初步建立起现代企业制度。

【精神文明建设】 总厂党委坚持精神文明建设与党建工作的密切结合，大力推进党建“1234”工程，即：围绕一个中心，抓好两个建设，发挥三大作用，实现四个目标。通过开展党建目标管理和特色管理活动，使总厂的精神文明建设工作一直走在自治区的前列。总厂先后荣获“全国五一劳动奖状”、“全国环境优美工厂”、“全国模范职工之家”、“全国民族团结进步模范”、“自治区级文明单位”等荣誉称号。

（马　靖　陈　海）

塔里木石油化工工程建设指挥部

【概述】 塔里木石油化工工程建设指挥部（以下简称塔石化）已建成的炼油装置有250万吨/年常减压、80万吨/年重油催化裂化、聚丙烯、精制等7套生产装置，都已经成功地进行了吹扫试压、单机试运和水联运，与炼油装置配套的水、电、汽、风等公用工程全部试运成功，具备投油生产条件。自备电站总装机容量达到11.2万千瓦，包括两台3.9万千瓦燃气轮机和一台3.4万千瓦的蒸汽轮机，经过与巴州电网并网发电试验，完全具备发电条件。组织结构设党政办公室、党群处、纪检监察处、人事劳资处、财务处、审计处、经营管理处、生产管理处、技术开发处9个机关处室及热电分厂、蒸馏车间等13个基层单位。党组织设有一个机关党总支，15个基层党支部。

【生产建设】

1. 认真做好看厂护厂和设备维护保养工作

塔石化炼油装置暂缓开工，看厂护厂和设备维护保养是各单位的主要工作，全厂所有装置设备分类分级维护，厂房门窗封闭，精密仪器、仪表或重要设备全部存放在室内或库房；露天安装的机泵、电机、阀门、仪表等设备全部涂上防护油、刷好油漆后用塑料布包扎；对各类塔、容器腐蚀情况经常进行检测、检查，有针对性地实施气相防腐措施；对小机泵每天盘车一次，大机组每周盘车润滑一次。各基层单位制定了严格的岗位责任制、巡回检查制、闲置设备管理办法等制度，大到一个装置、一个系统，小到一条管线、一台仪表都划分了责任区，指定了责任人。生产部门每月进行一次设备维护和装置区卫生大检查，开展“流动红旗”评比。生产管理处调度室、党群处保卫办每天24小时有人值班，塔石化领导和机关处室长双休日和节假日轮流值班，层层抓落实，实现了集团公司提出的“不丢损一台设备、一块仪表、一米管线、一个阀门”的目标。

塔石化看厂护厂及设备维护保养等工作，得到了自治区、集团领导的高度评价。自治区常务副主席王金祥一行视察塔石化后说：“你们设备维护很好，如果不是亲自到塔石化走一走，看一看，很难想象你们是一个三年不开工的企业。”集团公司咨询中心专家组在对指挥部进行一周的现场调研后，对塔石化设备维护工作给予了高度评价：“塔石化设备虽然外观较旧，但性能良好，维护保养在中石油、中石化的不开工设备中是最好的”。

2. 在完成设备及装置保值的基础上，盘活资产，争取电站早日发电

集团公司对塔石化电站上网发电事宜十分关心。今年上半年，继续积极与新疆维吾尔自治区计委、经贸委、电力公司、巴音郭楞蒙古自治州巴州电力公司等部门和单位联系，争取让塔石化自备电站并入南疆电网并成为南疆支撑电源。同时，积极与周边的企业和经济开发区进行了多次联系，力争能为它们供电、供汽。

3. 利用人才优势，实施走出去战略，树立市场意识，培养职工自我生存与发展的能力

2001年组织仪表车间、中心化验室等单位积极与塔里木油田公司有关单位联系，在自动化控制系统、油品化验分析等方面提供技术服务，锻炼了职工队伍，提高了职工的技术素质。

4. 建立、完善各项管理制度，用制度规范职工行为，鼓舞职工士气

为了适应开工生产的要求，今年继续对生产、经营、党群、监督等有关制度进行修订完善，按业务流程要求对以前制定的各类规章制度进行清理，该完善的完善、该健全的健全；对干部人事制度和收入分配制度进行改革，以有限的工资总额，尽可能大地调动职工工作积极。

5. 加强职工技能培训和岗位练兵，为塔石化的发展造就一支开得起、稳得住、能生产、会管理的职工队伍

首先组织进行岗位培训。塔石化领导放眼未来，利用待开工的充裕时间，积极开展人员培训工作，为开工生产创造必要的人力条件。由于经费不足，不能外出培训，各单位就采取自编教材、轮流教课的方式进行自我培训，熟练掌握各类装置的工艺流程、设备性能、操作技能等。同时在全厂组织开展设备维护培训、英语和计算机培训、安全培训等。

其次开展职工上岗取证培训。2001年，塔石化继续组织职工根据岗位需要，进行电力电缆安装取

证、计量取证、电工取证、电焊工取证、司炉工取证、锅炉压力容器培训取证、质量审核员取证等培训工作，共计有41人/次通过培训取得了上岗证。同时为了今后工程建设的需要，派24人参加了巴州建设局组织的施工员和项目经理培训班。

6. 认真做好水电日常运行和厂区绿化工作

在日常工作中，职工熟练掌握水、电、气系统的工艺流程和操作维护技术，确保水、电、气系统的正常运行。按照集团公司及地方绿化部门的要求，力所能及地对石化基地进行绿化，截至目前，共植树20984棵，种植草坪近13万平方米，厂前区绿化已初具规模，生产装置区绿化也已展开，改善了厂区的环境，向园林化企业迈出了坚实的一步。

（王根相）

中国石油集团庆阳炼油化工有限责任公司

【概述】 中国石油集团庆阳炼油化工有限责任公司是1971年随着长庆油田的勘探开发，国家为了支援庆阳革命老区的农业发展，投资兴建的一个石油化工企业。该企业1997年被列为甘肃省重点试点改制企业，由“甘肃省庆阳石油化工总厂”整体改制为“甘肃庆化集团有限责任公司”；2001年8月，为进一步落实国务院领导关于对地方炼油企业进行重组的指示精神，经甘肃省人民政府和中国石油天然气集团公司充分协商，将甘肃庆化集团有限责任公司整体划转中国石油天然气集团公司管理，并更名为“中国石油集团庆阳炼油化工有限责任公司”。目前，公司固定资产72055万元，拥有职工1800多人，其中各系列专业技术人员680人。主要生产装置有120万吨/年常减压炼油装置，40万吨/年灵活双效催化裂化装置，5万吨/年气体分馏、1.5万吨/年聚丙烯、0.7万吨/年MTBE联合生产装置，0.3万吨/年活性炭装置、200吨/年生物制品提取装置等。主要产品有90#和93#汽油、煤油、0#和-10#柴油、200#溶剂油、石油液化气、4#燃料油、聚丙烯、MTBE、活性炭以及甘草次酸、甘草酸单铵盐、二铵盐、三铵盐、甘草酸单钾盐、二钾盐、三钾盐、甘草酸单钠盐、二钠盐、甘草酸锌、甘草保健糖等甘草甜素系列产品。

【生产经营状况】 2001年全年累计加工原油27.16万吨，加工渣油13.58万吨，成品油综合收率为84.06%；加工原煤1277吨，生产活性炭151吨。

全年完成工业总产值12989万元，完成销售收入47674万元，实现税金3778万元。

【技术改造与技术进步】 为了贯彻落实集团公司关于产品升级换代、炼量逐步有所增加的精神，公司及早着手，及早安排，及早实施，全力解决生产中的技术问题。一是在装置检修期间，以挖潜改造、节能降耗为重点，组织编制了19项技术改造方案，组织实施和投用技改项目17项。二是10万吨/年直馏汽油异构化装置建设的前期准备工作取得了较大进展，进一步完善了可研、初步设计等相关资料，并与兰炼设计院进行了技术衔接、施工图纸委托设计，完成了装置建设区的三通一平工作。三是紧紧抓住加入集团公司的历史性机遇，以实现跨越式发展为目标，集中力量重新编制完成了“十五”发展规划和改扩建工程技术方案。四是2000年5月破土动工的3000吨/年活性炭装置，经过一年的建设，于2001年5月投料试生产，8月份正式投产。五是200吨/年生物制品提取装置于2001年3月开工建设，9月份建成投产，部分产品已投放市场。

【基础管理工作】 2001年，公司以加入集团公司为契机，以适应集团公司新的管理制度为要求，注重落实，注重效果，注重管理质量的提升。从8月份开始，公司开展了为期两个月的第十一次岗位责任制大检查活动，从岗位建设、设备管理、安全消防、质量计量、环境美化绿化等方面进行了认真检查和整改落实。通过评比验收，7个单位被命名为“无泄漏单位”，13个单位被命名为“清洁文明单位”，又有5个班组达到“安全卫生合格班组”标准，这些扎实有效的工作使制度建设、现场管理等方面有了显著提高，各项工作呈现出新的面貌。

（1）生产管理工作。针对全年成品油市场疲软，销售困难，生产任务相对减少，装置运行周期短的实际情况，生产系统一方面调动广大职工，采取各种行之有效的措施，把握生产过程中一切有潜力的因素，最大限度降低生产成本；另一方面抓好抓紧装置检修工作，从安全、节能、高效等方面，进行了重点整改，保持了设备完好率达96.3%，主要设备完好率达97.8%；静密封点泄漏率控制在0.25‰以下、动密封点泄漏率控制在1‰以下。在4月份的装置大检修中注重检修质量、技改、挖潜降耗等工作齐头并进，共完成大修54项。8月份，按照国家化工安全卫生技术协会专家组意见，对液化气球罐进行了检验、修复并取得了圆满成功，通过了专家的评审，使之具备正常运行条件，解决了自1998年以来困扰企业生产经营的一个难点问题。

（2）安全环保工作。通过组织“安全生产周”活动，开展冬季“三防”工作等进行多方位、多层次宣传，并与日常性检查结合起来，查缺补漏，消除隐患，对活性炭、金汉伯生物制品等新装置的安全防范措施进行了完善，建立健全了安全生产制度，“以安全保生产、以安全促效益”在全公司形成了共识。同时，治脏治污、绿化美化环境和严密的治安综合管理工作，为维护良好的生活环境和稳定的生产秩序起到了积极的作用。

（3）质量管理工作。在强化原料、辅助材料、生产过程、贮运销售及计量监测等各个环节质量监控的同时，积极推进和完善标准化管理制度，修订了5套岗位操作规程和360项岗位职责，发布了19项公司通则，并在年底组织实施了GB 252—2000《轻柴油》标准，确保了新旧标准柴油置换工作的按期进行。

（4）劳动人事管理工作。继续做好定岗定员工作，注重人员合理流动，2001年对职工文化层次、年龄结构、工资分配等进行了重新整理和归档，摸清了底子，并结合活性炭装置、生物制品装置投产，合理安排富余人员，组织职工培训201人次。下半年，通过抓紧劳动合同续签考核工作，深入开展了一次劳动法规和规章制度的宣传学习活动，促使干部职工对劳资双方权利和义务关系的认知深度有了显著提高。

（5）计划财务管理工作。针对全年油品严重滞销、资金周转困难的局面，计划部门以年度计划为指导，适时调整月度计划，严格控制费用报批程序，从严从细控制各项费用支出，加强审计监察力度，起到了统筹全局的作用。财务工作把提高经济效益作为着眼点，实行从紧方针，严肃财经纪律，加强审核监督，大力缩减支出，加快清欠回笼资金，并多渠道、多方面融入资金，缓解了流动资金周转困难的状况。

（6）销售工作。切实贯彻执行“四统一”政策，针对原油和成品油统一纳入配置的实际情况，积极争取落实油品配置计划，灵活机动组织调运原油，最大限度地减轻了油品涨库，缓解了产销矛盾的被动局面。这些工作均有效地促进和支持了各项生产经营工作。

【企业改制和划转工作】　自1998年开始，由于国家产业政策的调整和炼油行业的清理整顿，企业的生产经营陷入了困境，生存问题也随之日显突出。为了求得生存，经过三年时间的努力，至2001年初终于逐渐明朗。2月份，国家经贸委地方炼油厂调研组按照国务院调整优化炼油产业结构的要求，到庆化进行了摸底调查；4月中旬，受国家经贸委委托，集团公司再次派调研组对我公司的资产、债务、人员以及基础设施作了更进一步的考察；5月下旬，省政府与集团公司就划转后隶属关系、运行方式、技术改造等方面达成一致意见，并签订了会议纪要；8月20日，签订了整体划转协议，庆化正式成为中国石油天然气集团公司的一员；9月26日，在公司成立三十周年庆典之际举行了“中国石油集团庆阳炼油化工有限责任公司”挂牌仪式，成为全国第一家加入中国石油天然气集团公司的地方炼油企业。

【精神文明建设】　2001年，公司按照深化精神文明建设创建活动若干问题的决定，开展文明车间、文明生活小区、文明职工、文明家庭、文明窗口单位、文明办公室创建评比活动，利用广播、电视、报纸、黑板报等媒介大力宣传公民道德纲要、文明公约，提倡“讲文明、树新风”活动，形成了党政工团、妇女组织齐抓共管，党员干部发挥骨干带头、广大职工积极参与的局面，推动了精神文明建设向生产经营、文化生活各个环节渗透。在各个重大节日和纪念日举办多种丰富多彩、主题鲜明的群众性文化艺术活动。通过这些活动，有力地促进了企业的道德水准和队伍素质、职工文明程度、企业凝聚力和竞争力的紧密结合，使干部职工队伍拥有了适应企业进步和发展所需要的行为规范和价值取向。

（周忠平）

中国石油天然气管道局

【概述】 中国石油天然气管道局（以下简称管道局）是以油气长输管道储运设施、电力通信等工程设计和技术服务为主营业务的专业化管道工程集团公司。具有工程勘察、咨询、设计、监理、总承包五项甲级资质。可按中国标准和国际通用标准为客户提供原油、成品油、天然气、水、矿浆等多种介质的管道、油气库、电力、通讯、建筑等工程的勘察、咨询、设计、监理、采办、施工及管理的一条龙服务；油气储运特种技术服务能够提供管道带压封堵、在线开孔、腐蚀检测、埋深探测等国内最先进的技术和设备；具有国家计量认证的综合实验室和管道材料性能力学实验室、管道焊接培训中心、特种施工机具研究所及国内惟一的长输管道计算机仿真中心，管道科研研发能力强大。截至2001年底，全局资产总额60亿元，负债16.9亿元，资产负债率27.98%；在册职工1.8万人，其中各类专业人员7000多名；下属二级单位38个。

2001年，管道局提出“创造新优势，创造新商机，创造新活力”的新的企业经营理念，确定“做强做大管道设计施工，做专做精油气储运技术服务”的产业定位。通过全力抓好涩宁兰管道、兰成渝管道等几项重点工程建设，不断巩固管道局在管道施工建设方面专业化公司的主力军地位；加大对施工设备机具的引进、研制和更新投入，提升施工企业的竞争实力；积极开拓国内外市场，培育新的利润增长点；推进企业内部改革，通过改造、兼并、关闭、出售、股份合作多种形式大幅减少多种经营企业数量，与主业相关性不大的多元开发业务得到压缩。进一步加强党建工作和精神文明建设，开展领导班子“三讲”学习教育活动，落实“三个代表”重要思想，全面推行厂务公开制度、民主议事制度和干部任前公示制度，切实转变领导干部作风，密切党群、干群关系；在全局开展了关于“创造新优势，创造新商机，创造新活力”的“三创”大讨论；组织有关企业改革、国内外形势和我国加入世界贸易组织后的形势与应对策略的专题讲座；举办西气东输科技成果展览会，西气东输工程誓师动员大会和兰成渝报告团专场报告等。使职工对管道局的未来和发展有充分的认识，增强了信心。

2001年，管道局完成中国石油天然气集团公司（以下简称中油集团公司）减员增效额2亿元的经营目标，全年实现销售收入23.64亿元，其中主营业务收入16.41亿元，占69.4%。

【企业改革与改制】 本着有利于整体发展、合理配置资源的原则，2001年，管道局对所属企业分别进行了结构和产权制度改革。撤销了西北石油管道建设指挥部，成立西安办事处，原指挥部下属单位按照产权及关联业务归并、整合，西安办事处作为管道局派出机构，负责相关关联业务的协调工作；客运公司与特运公司重组成立中油特种汽车运输有限公司，主要承担关联交易的客车运输、大型物资的运输和成品油的配送任务；对12个输油气单位的主营业务、市场协调、人员培训实行了统一管理。产权制度改革是选择连续多年亏损，负债大于净资产的汽修总厂、铁岭机厂、新闻中心印刷厂、物业总公司节能设备厂、华宇商贸有限公司等9个试点单位，本着职工自愿，有利发展，多数人受益，实事求是的原则，针对试点单位生产经营、市场环境、资产性能、人员状况都不相同的具体情况，坚持从实际出发，因企而异，对各试点单位的改制不断深化，逐步完善。汽修总厂的改制较好地解决了土地处置问题；铁岭机厂进行了国有企业引入社会法人股的改制探索；多种经营总公司下属两个企业采取以股权转让的方式改制等等。为进一步规范改制过程中的具体操作办法，先后制定出台了《职工与企业有偿解除劳动关系若干规定》、《职工与企业有偿解除劳动关系养老保险和医疗保险接续的若干规定》等一系列改制配套政策。9家改制试点单位改制前共有国有职工1209人，改制时有偿解除劳动合同739人，进入再就业服务中心92人，参加整体带资分流378人；改制前净资产7022.3万元，负债7609.95万元，通过改制收回资金1550.5万元。

【管道建设】 涩宁兰输气管道工程：管道局中标工程量占总工程量的80%，施工企业克服高海拔地区地形地貌复杂，自然条件恶劣等许多困难，在国内首次使用X70管材，并采用全位置自动焊接技术。为保证质量，采取飞行检测、100%射线探伤等办法，主体焊接一次合格率达到94.5%。首次引进HSE管理体系，使施工对沿线生态环境的影响降至最低。5月21日涩北至西宁段工程竣工投气，9月6日实现全线通气，分别比计划提前9天和24天。

兰成渝成品油管道工程：管道局中标兰成段61.3%的主体工程量，成渝段82%的主体工程量，以及60%以上检测、监理、防腐、站场工程，达到施工总量的近80%。兰成渝管道全长1247千米，是我国第一条线路最长、海拔落差和施工难度最大的输送多品种成品油管道。管道工程有限公司在短时间内完成了管道勘察设计工作，施工单位在秦巴山区、川渝水田等险恶复杂的环境中，克服山高路险、滑坡塌方、阴雨延阻等一系列困难，加强安全管理，全面推行HSE管理体系，创造出近万人施工作业无一人伤亡的记录。线路工程X射线探伤一次合格率达到97.4%，创我国管道焊接最好水平。施工过程中完成的沱江定向钻穿越，为国内首次使用定向钻穿越岩石的记录。通过兰成渝管道工程，管道局施工企业积累了山区作业、水田作业、隧道施工、硅管敷设等多方面管道施工经验。

忠武输气管道工程：管道局在全部13个标段中中标9个，占工程总量的70.2%，目前已做好开工的各项准备工作。

西气东输工程：管道局经过两年精心组织，在施工装备、技术，队伍组织、管理和人员培训等方面已经做好了充分的准备。对涉及西气东输工程的管道线路踏勘、工程穿跨越方案、焊接工艺、无损检测、管道防腐等多项技术进行了科研攻关，完全具备了参加西气东输工程建设的条件和能力。2001年11月份，成功地完成了淮河和曹娥江穿越。特别是淮河穿越工程创造了国内穿越综合难度最大的纪录。

除以上重点工程外，管道技术公司顺利完成平均海拔高度2900米的花格输油管线的内检测任务；电力通信公司中标胜利油田180千米ADSS通信光缆工程；管道二公司在青岛港务局黄岛油港一年建成100万立方米储罐群，工程质量和建设速度刷新了国内新纪录。

2001年，管道局在施工装备方面共投入资金3.45亿元，购置了大吨位吊管机、弯管机、内自动焊机、外焊内成型自动焊机、坡口机、对口器、相控阵B超声检测系统、焊接工程车等设备1256台(套)。设备新度系数由0.32提升到0.61。工程设计、施工、技术服务共实现收入16.4亿元，设计施工企业在社会市场开发方面，跟踪项目60个，签约36个，合同总额4.36亿元。

【国际市场开发】　开拓国际市场是管道局实现跨越式发展的一项重要战略。2001年，进一步加大了开发力度，国际市场开发全方位展开。抽调精干人员，先后设立了8个海外办事处和项目部。通过一年来的工作实践，对所在国家或地区的市场环境，国际管道工程承包和劳务输出方面的运作方式、国际规则等有了更深透的认识，在工程承包、管道技术服务、劳务输出及产品销售等方面取得了很大的成绩。全年参与投标项目20个，中标7个，参加资格预审和正在跟踪的国际项目16个。管道局与印度阿班公司就共同开发印度的油气管道工程建设市场签订了《谅解备忘录》；中标苏丹管道二期工程，由管道技术公司负责苏丹全部1500千米管道的内检测，同时还中标苏丹红海山区新增阀室工程的EPC总承包；中标伊拉克11个3000立方米LPG球罐项目，合同总额约合人民币1.3亿元；中标印度350千米原油管道的检测防腐工程；配合CNODC积极参与哈萨克斯坦460千米输油管道建设项目，并在哈萨克斯坦注册了公司，取得了施工许可证；管道局自行研制的降凝剂产品不仅打开苏丹市场，并有望在哈萨克斯坦得到应用。

【科技工作】　2001年，管道局以西气东输等国家重点工程和中油集团公司“十五”期间地面工程项目为重点，紧密结合管道设计、施工和输油气储运技术服务等主营业务，全年共开展科研项目43项，其中新立项目16项，包括国家经贸委和中油集团公司的“大口径输气管道内涂层涂敷作业线研制”、“西气东输线路工程焊接工艺研究”等10项，局级项目有“大口径埋地管道防腐层补口比选研究”、“沙漠、沼泽、水网地带大口径管道施工技术方案优化研究”等6项。

西气东输工程线路设计成功地应用卫星遥感选线、定线设计技术，解决了线路走向方案比选、大型穿跨越选址、数字管道系统建设等诸多方面技术难题；研究成功西气东输管道内减阻技术、大落差输油管道设计、大口径输气管道调峰技术；通过与日本新日铁公司的合作，引进消化了15万立方米超大储油罐设计技术；研制的大口径管端坡口整形机、内对口器、管口预热设备已开始批量生产，大幅平抑了此类设备引进价格，扭转了这些设备长期依赖进口的局面；自行研制的大口径管道多功能撬装式外防腐作业线和大口径管道内涂层涂敷作业线已能够满足西气东输工程的钢管外防腐、内涂敷工艺要求，填补了国内大口径钢管机械化防腐施工的空白；自行研制的大口径弯管外防腐作业线将实现大口径弯管防腐机械化作业。

管道局所属各管道工程公司也积极开展科技攻关，研制并改造了一批适合西气东输工程施工的工装、机具及设备，如内对口器、射线爬行器、吊管机、细土回填机，焊接综合车等。管道技术公司的漏磁检测技术、带压封堵技术已经打入国际市场，并产生了可观的经济效益。

【企业管理】 经营计划管理的重点是改进计划管理模式，加强并完善关联交易管理工作。为使计划管理更具科学性、针对性和实用性，2001 年管道局把过去各单位年度固定资产投资计划年初一次下达，改为逐级调研、论证、把关，分批下达的模式，有效地控制了投资规模和投资节奏，既满足了生产经营的需要，又提高了资金利用的时间价值，以投资收益决定投资计划的投资理念，取代了传统的量入为出，重规模、轻效益的习惯性作法。为加强关联交易工作的管理与协调，成立了关联交易办公室，引入市场法则规范运作，加强并完善关联交易基础工作，树立乙方思想，强化服务意识，提高服务质量。达到甲乙方互利双赢，互相促进，共同发展。2001 年共签订关联交易合同 35 大类，244 项，结算金额 50451 万元。

财务管理方面，2001 年坚持以经济效益为中心，以现金流转为对象，科学安排来源渠道，谨慎选择筹资方式，平衡资金成本和资金风险两方面因素，以尽可能经济的方式筹集资金，保证生产经营的需要。强化内部结算中心对资金集中管理的作用，提高资金安全系数；规范资产调剂管理，优化配置，提高固定资产装备水平，资产各明细项目布局更趋合理；成本费用突出预算管理职能，把握重点，细化考核标准，严格控制支出；加强对税收政策的研究，搞好税务筹划，注意积累研究税务案例，以不断提高税费管理水平。

根据国务院《建设工程质量管理条例》，2001 年管道局加大了工程质量监督力度，确保工程建设施工质量，为在建工程设立了有效的质量屏障。根据市场的发展和需求，进一步拓宽业务范围，取得压力管道资格评审资格（该资格是国内石油压力管道评审机构中惟一能够进行 GAI 级、GB 类和 GCI 级压力管道资格评审的机构）。2001 年，管道局工程质量监督站先后承担了兰成渝成品油管道工程、沧淄天然气管道工程、天津大张沱地下储气库二期工程、忠武天然气隧道工程、涩宁兰天然气管道收尾工程的质量监理和西气东输的前期监督准备各项工作，共计 151 个单位工程，实际完成 96 个单位工程，包括长输油气管道 2390 千米、站场 27 座、隧道 40 条、大型穿跨越 61 处、地下储气库 1 座、大型储油罐 7 座。

2001 年，管道局积极探索新形势下企业民主管理、民主监督的途径、方式和方法，建立和完善了职工群众参与管理与监督制度体系。在厂务公开方面坚持做到四个结合，一是与职工代表大会制度相结合；二是和生产经营管理相结合；三是与民主评议领导干部工作相结合；四是与建立现代企业制度相结合。年内，在全局推广了管道二公司三级公开的经验。局处两级建立起三个运行机制，即：公开领导机制，各单位成立由党委、行政、纪委、工会负责人组成的领导小组；公开工作机制，成立由行政、党群部门组成的公开工作小组；公开监督机制。平等协商、签订集体合同工作逐步规范化。2001 年全局集体合同履行率达到 98%。

【安全与环保】 2001 年，管道局坚持“安全第一、预防为主”的方针，紧紧围绕“四个杜绝”、“三个不超”、“六个达标”、“一个确保”的安全生产工作目标，全面实施安全目标管理责任制，适时调整完善责任目标，对 20 世纪 90 年代初期制定的《管道施工安全规程》进行了修订。狠抓了特殊工种的安全教育，举办局内特殊工种培训班 24 次，组织员工参加地方特殊工种培训班 5 次，培训人员 705 名，办理特殊工种操作证 585 人。大力开展专项治理，按照国务院“五项专项整治”要求，重点组织对交通运输、火工品、易燃易爆场所、公共娱乐场所的检查整治。全年累计进行公司级以上各种安全生产检查 297 次，查出安全问题和隐患 1055 个，已整改 1041 个，整改率达 98.7%。

2001 年是管道局 HSE 体系管理年，局里成立了 HSE 办公室，指导 HSE 体系运行，并配合完成了对施工单位 HSE 的初审、终审工作，截至年底，管道工程一公司、二公司、三公司、四公司已通过中油 HSE 的最后认证终审，另有 8 个单位也做好了来年认证工作的准备。各施工单位在施工过程中，施工与环保并重，按照“预防为主、保护优先、防治结合”的原则，积极贯彻《全国生态环境保护纲要》，对施工人员进行环境保护教育，并把环境保护作为 HSE 项目计划书中的重点控制要素；在风险评估中注重评价环境风险，预防泥石流、滑坡、滚石等自然灾害；扫线开挖、布管作业中尽量减少对地表植被的破坏，焊接施工的废弃物全部回收，管沟回填尽力恢复地表土，既保证了工程建设顺利进行，生态环境也得到了保护。

2001年，管道局用于安全技改资金1132.76万元，年度安全生产控制指标：全员千人死亡率为0，全员千人重伤率为0，千台车死亡率（有责）为0.3‰。环境保护控制指标：有效废气排放达标率100%，固定源工业污水排放达标率100%。职业健康控制指标：职工上岗前体检率100%，有毒有害场所检测率80%，有毒有害场所检测合格率90%。

【教育培训】　为实现争雄国内，走向世界的战略目标，适应加入世界贸易组织后，国内市场国际化，人才竞争国际化的要求，2001年管道局加强了对高层次人才培养的力度。采取自培、送外培训等形式，开展了俄语、经营管理、专业技术等方面人才及研究生的培养工作。充分利用国家重点工程，选拔了一批年龄在40岁以下，有培养前途的后备干部到西气东输等重点工程中挂职锻炼。继续落实中油集团公司关于加强培训工作的指导意见，在培训项目的人员选拔、培养、考核和使用上加强管理。为搞好科级干部队伍建设，制定了重要科级岗位任职资格培训计划。为不断提升局机关管理水平，聘请有关专家，对局处级领导进行有关知识的专题讲座，利用定时业务学习与集中脱产办班两种方式对机关干部进行全员MBA知识培训。为今后承揽西气东输工程和国外管道运营管理的需要，提前做好人才储备，对操作岗位人员进行专业培训及资格认定工作。全年共培训各类、各层次人员6232人次，其中局内培训班5251人次，送外培训959人次，在培研究生22人。

基础教育经费投入比2000年有所增加，教学质量继续保持稳定。局子弟中学2001年3月23日被河北省教育厅批准为省级重点中学，被廊坊市教委命名为“市教育科研先导型实验学校”、“素质教育明星学校”和“十佳国防教育中小学校”。2001年局子弟中学高考上线221人，上线率达90.2%，比2000年提高3.2个百分点。

（李小伶）

中国石油物资装备（集团）总公司

【概述】　2001年是中国石油物资装备（集团）总公司（以下简称公司）面临严峻挑战，困扰公司生存发展的难点、焦点较多的一年，是公司各级党组织带领全体员工艰苦奋斗、顽强拼搏的一年，也是公司生存发展获得重大转机的一年。总体上看，在过去一年公司面对的主要挑战是，石油物资采办格局的根本变化使国内贸易板块普遍受到重大冲击；出口部分的整体划出使公司在海外市场的业务几乎成为空白；装备制造板块虽然冗员问题得到解决，但不良资产问题仍然十分严重。这样一个接一个的严峻考验，使公司能不能生存发展，如何生存发展，成为我们无法回避的重大问题。面对多重压力和挑战，公司坚决执行集团公司整体发展的战略部署，进一步明确了“构建现代企业制度，建设在国内行业市场占主导地位，在国际市场有影响力的技工贸一体化集团”的公司整体发展思路，强化忧患意识、整体发展意识和服务意识，抓住西气东输和集团公司装备更新的机遇，着力实施重组改制、贸易更新、科技兴业、多元开发四个战略，生产经营和各项工作取得了突出成果，经济效益得到了大幅度增长，企业生存发展出现了根本性的转机。同时，公司改革发展在最为艰难的时候，也是我们得到集团公司领导关怀最多、指导最多的时候。2001年，马富才总经理及阎三忠、黄炎、陈耕、郑虎、李克成、贡华章等集团公司和股份公司领导，驻集团公司国有企业监事会领导等，或者来到公司本部现场办公，或者深入公司所属单位调查研究。不仅为公司改革发展作出指示和要求，还为我们在高息贷款置换、不良资产处置等重大难题上给予关键性的支持。

2001年全公司实现销售收入40.7亿元，比2000年增加2.38亿元，增长6.2%；全公司当年实现利润10273万元。

【工作重点】

1. 积极参与西气东输等重大工程，形成新的效益增长点

在西气东输工程中，我们一是协助进行施工准备和采办的综合协调，共协助组织协调会35次；二是推动项目所需钢材、管材的国产化，使我国大口径、高钢级制管获得突破；三是筹办大型施工机具的租赁工作，已具备了满足当前施工需求的规模；四是对工程所需进口物资和装备的采办、运输及国内采办的协调。组织技术交流90余次，招标22次。一年多来，有效组织和务实的工作，得到业主和集团公司的认

同，赢得了参与西气东输工程的主动权，也形成了公司重大的经济效益增长点。

与此同时，我们还承揽了涩宁兰、兰成渝管线和青海花土沟电站进口设备的采办工作，无论质量还是交货期都达到了业主要求，受到一致好评。

2. 推进直属机厂技术创新和规模拓展，为实现良性循环奠定基础

宝鸡石油机械厂 2001 年生产钻机 40 套，钻井泵 220 台，创造历史最好水平。通过技术改造，生产能力得到进一步提高。由宝鸡石油钢管厂控股与日方合资成立的宝鸡住金石油钢管有限公司，是我公司组建以来吸引外资最多、投资数额最大的合资项目，2001 年共生产钢管及套管 7 万吨，到年底赢利达到 2200 万元。该厂大口径螺旋焊管生产线建成并已于 8 月投产，生产线采用的新工艺和新技术处于国内领先水平，既满足了当前西气东输工程的需求，又着眼长远市场，为即将到来的国际化管线建设奠定了基础。咸阳石油钢管钢绳厂的产品目前在石油市场占有率已达到 90%以上，工厂还通过引进钢丝绳技术，开发了 EIPS 级重要用途钢丝绳，为巩固石油内市场、开拓社会市场打下了基础。济南柴油机厂加大技术投入，开发了 3000 系列柴油机、气体发动机等新产品，增强了竞争实力。

3. 适应变化，主动调整贸易战略，广开思路拓展生存空间

面对采办格局的根本变化和支持股份公司“能源一号”电子商务实施的大局，公司积极主动的调整贸易战略。一是遵照集团公司“当好代理商、供应商”的指示精神，加强对推行代理制的研究和攻关组织，推动经营部门以强化卖方代理为重点，寻求稳定可靠的物资资源。通过帮助生产厂家代储代运、商检、现场服务、理赔、提供市场信息等，与宝钢、宝鸡住金、天钢等国内外厂家形成一定规模的代理关系。公司作为沃尔沃柴油机在石油系统的独家代理，全年共售出柴油机 121 台，总金额 180 万美元。开展煤炭与钢丝绳的多边贸易，拓展代理方式和领域。以油田生产用车为主体，与长征汽车制造厂、陕西汽车制造总厂签订了代理协议，销量良好。到目前为止，全公司与近百家大型和特大型生产厂家保持着代理关系，其中关系稳定的 37 家。二是对订货会的形势与内容进行调整，使订货会与新产品发布会、技术讲座会、产需座谈会相结合，与网络成员动态管理相结合。一年来，全公司组织春秋订货会 31 个，参加的油田、炼厂等需方企业共 218 家（次），网络内供应商及其他有关企业共 1080 家（次）。目前公司组织的 17 个一级供货网络中，入网厂家 1073 家。三是积极向集团公司计划部、市场协调部、股份公司电子商务部汇报接洽，寻找新格局下新的服务形式和空间。目前已经就存续企业修井机等大宗物资，由公司集中采购以降低成本、公司进入电子交易市场运作等问题与有关部门达成共识。四是鼓励向集团外和社会市场开拓，多元发展取得新的进展。各地区公司经营渠道进一步拓宽。集团外经营额有所增长，有的地区公司达到 50%以上。

4. 确定公司重组改制的框架性思路，并成功地迈出了第一步

集团公司党组关于公司的改革方向是利用济柴的壳资源重组上市。根据这一战略部署，公司成立了由公司总经理和集团公司资本运营部领导为组长的公司重组改制领导小组和改制办公室，并由公司一位副总经理担任改制办公室主任，聘请并协调具有证券从业资格的证券公司、审计事务所、评估事务所、律师事务所等中介机构，开始对咸阳石油钢管钢绳厂进行公司制改造。在近 5 个月的时间里，22 次修订重组方案，召集 30 余次中介协调会、专题研究会，设计出重组改制工作流程图、改制文件相互关系图，先后探索解决了非经营性资产剥离、资产减值、土地权属及授权经营、公司法人治理结构的建立、债权债务的转移等重大问题，在取得集团公司批准、济柴董事会和股东大会通过、证券监管部门同意后，以石油济柴收购咸阳厂部分资产并共同设立新的有限责任公司的形式，完成了工厂的公司制改造。对借助上市公司市场化手段对国企老厂实现转机建制，从原则、程序、路径、方法上，都做出了具有指导意义的探索。

5. 认真开展“三讲”教育活动，促进两个文明建设双丰收

为了使“三讲”学习教育活动取得成效，公司党委成立了“三讲”学习教育活动领导小组并设立办公室，组织提前自学理论，提前调查研究，加大学习与培训力度，加大征求意见力度，在落实整改措施上狠下功夫。公司领导班子始终站在讲政治和讲全局的高度，严格按照集团公司党组规定的工作程序和步骤，把解决领导班子及成员存在的影响企业改革、发展、稳定的突出问题作为首要任务，认真制定方案，周密组织运行。公司党政领导班子按照“三个代表”的要求进行对照检查、自我总结、提出整改措施，使领导成员经受了一次重要的党性锻炼和严肃的党风、党纪教育。集团公司“三讲”检查指导组对我们的工作表

示满意。我们还在西仪厂、宝石厂、宝管厂以及济柴厂等单位认真地组织了“三讲”教育活动，取得了良好的收效。以“三讲”教育为契机，在全系统加强党的建设和领导班子建设，用“三个代表”的思想和“三讲”的原则武装党员干部，使顾大局、守纪律、讲奉献成为党员骨干队伍的行动准则，推动了公司思想政治工作和职工队伍建设。公司本部连续两年被评为中央国家机关文明单位，15个直属企业有11个被所在地评为省、市、区级各类先进单位。干部职工队伍表现出了良好的精神状态。

2001年，公司高度重视做好有偿解除劳动合同人员人事档案、保险关系移交地方等后续工作。全系统职工队伍稳定，保证了生产经营和各项工作顺利进行。

（李书龙　龙首敏）

济南柴油机厂

【概述】　济南柴油机厂（以下简称“济柴”）始建于1920年，是中国石油天然气集团公司下属惟一的内燃机制造企业。1964年划归石油工业部直属胜利油田，1994年隶属中国石油天然气集团公司。1996年济柴厂控股68.75%组建了济南柴油机股份有限公司。现有员工2081人，占地面积36万多平方米，主要生产设备1500多台套，为全国机械行业骨干企业。主导产品“驰动牌”190系列柴油机是我国石油钻探的主要动力，现主要生产250—1740千瓦系列的V型机及终端产品，180—600千瓦系列的直列船用机及终端产品，50—550千瓦系列的燃气发动机及终端产品，并承担各类内燃机、气体压缩机大修及配件制造。产品广泛用于油气钻探、厂矿机车、工程机械、舰船、发电等，遍布全国油气田和30个省、自治区、直辖市，并出口到日本、新加坡、印尼、泰国、巴基斯坦、孟加拉等二十几个国家和地区。

【生产和销售】

（1）产量：2001年完成内燃机及发电机组制造725台，总功率42.73万千瓦。

（2）销量：2001年销售内燃机及发电机组656台，其中V型机281台、六缸直列机249台、柴油发电机组70台、天然气发电机组40台，其他配套机组16台，销售配件85.44万套（件），计5029万元。实现主营业务收入23484万元。

（3）损益：2001年实现净利润2012万元，较2000年增加1166万元，再创历史最高水平。

【产品开发】

（1）2001年的V机开发重点是3000系列机的研制和601机的回厂性能复核调试。尤其是3012机通过六次重大整改，10月份开始小批量生产并陆续投入市场。3008机2001年底前也完成了样机试制试验。601机2001年做完了性能复核和全速全负荷考核试验，当年第一台商品机已发运用户装船。

（2）直列机的开发2001年也有大动作。350—540千瓦强化型六直列已完成样机的试制试验并投放市场。四缸直列机实现了当年开发设计，当年试制试验，当年批量生产形成商品。2001年已发出40多台。该机功率160—330千瓦，转速900—1500转/分，同时为满足江船、海船的要求，该机设计了两种不同转向的左右机型。六缸直列左右机2001年也研制完成。四缸机陆用发电机组也在开发生产。

（3）气机开发也有新进展。2001年试制出200千瓦六缸直列天然气机及机组并已投放市场，还组织了40—80千瓦小型气改机的试制试验，形成了生产能力。济柴与中科院合作，利用城市垃圾处理伴生沼气作燃料，开发的450千瓦沼气发电机组已发往用户使用。500千瓦的煤气发动机业已完成设计并投制。

【营销工作】　2001年济柴对过去的销售格局做了重新调整，新设为五部——东北、西北、南方、船机和外贸出口部；资源配置也相应调整，各部选调精兵强将，指标分解落实到人头，销售政策配套到位；各部还实行主机、配件、服务、大修和货款回收一条龙的运作方式。通过销售部门的努力，2001年销售收入超过年初制定的指标，保持了2.2亿元以上的水平，为实现企业经营总目标打下了坚实的基础。

【分厂情况】

（1）按照济柴的“十五”发展规划，2001年，在总装分厂的基础上，新建一个内燃机大修分厂；在配套分厂的基础上，新建一个电器分厂。这两个新分厂于7月、8月份相继建成投产。此外油泵分厂在系列增压器、单体泵、油头偶件的开发，装备分厂在系列耦合器、变矩器、气启动马达的开发以及配套分厂在135系列4缸、6缸天然气机配套发电机组等开发上都在逐步地扩大规模。2001年企业多元开发产品、外揽加工收入已达到1000多万元，基本达到企业的目标。

（2）通过2001年年底审计结果看：九个分厂和四个独立经营单位全部盈利，总计利润额达到1401万元，效益逐年提高。

【质量管理】　2001年济柴追究质量连锁赔偿，对外为120多万元，内部分厂之间为40多万元。在外购件质量控制上，通过对入库件100%的全检，2001年一年济柴拒收不合格品1000多批19.5万多套（件），就地报废211批37700多件，还取消了四家外协厂的供货资格。在自制产品的质量控制上，济柴实行全过程监造，一年中济柴内部质量处罚折合12万多元。此外在制度建设，信息管理，质量攻关和新贯标ISO 9001体系取证等方面都进一步得到加强。

【基础管理】

（1）生产指挥系统益发通畅。济柴建立新型生产运作体系就是以销售为龙头，以销定产，形成生产调度处为指挥中枢，中心仓库为计划中枢，各部门和分厂按计划运营的动态管理系统。2001年，济柴的生产部门强化了指挥协调作用，理顺了工作程序，狠抓了均衡生产，确保了销售合同100%的履约率。同时在新产品试制中，克服了质量反复等不利因素，保证了进度。

（2）财务资金管理见成效。一是针对企业新的运行格局，迅速理顺了厂和公司的财务资产交割，并通过彻底的清查，已办理不良资产核销1800多万元，待核销5000多万元，将不良资产数额降到最低。二是进一步完善价格体系，将价格制订和价格核算分部门操作，使其更趋合理，并通过不断完善价格调整，为企业生产成本控制打下基础。三是在政策范围内为企业最大限度地减免税赋，通过税务部门的审批，2001年仅所得税节支570多万元。四是严格资金管理，落实管理费包干和大额开支专项预算审批制度，杜绝了不合理开支。

（3）采购管理不断完备。2001年，物资供应处和产品配套处在物资采购和外购配套件采购等方面，坚持竞标比价的管理办法。在采购分析、网络信息、计划调控、日常票据和出入库管理等方面已经全部计算机化。配套处2001年采购量达到8000万元，既满足了生产，还对外购件压价60多万元；供应处实行全面费用包干，2001年在增加50多万负担费用的情况下，全年实现利润70多万元。

（4）安全管理常抓不懈。2001年，济柴坚持安全目标管理和重点部位领导安全承包责任制。理顺了安全监督和安全实施的两条线管理职能；开展了多种形式的安全教育活动。全方位地加大对生产现场的安全检查和整改，全年查改各类问题和隐患354项，安全处罚1500多元。制定下发了《强化现场管理工作考核办法》；另外，按照集团公司的部署，济柴还开展了HSE体系建设和“两书一表”的试点工作。由于强化了安全管理，济柴顺利地实现了“四杜绝，三不超，一稳定”的目标。

（5）为充分发挥企业各职能处室的管理效能，济柴针对生产、质量、设备、安全及文明生产等工作内容，界定出各部门和经营单位的工作质量考核指标和实施细则。实行统一管理对口考核，采取经济手段，以评分为依据，月度考核兑现。

此外，济柴在设备管理、计量检测、标准化工作、环保节能、职工培训等方面都取得较好的成绩。

【企业改革】

（1）建立了济柴新的运行格局。2001年初，济柴对厂和公司进行了全面的机构调整，将济柴厂的党群等处室划并到公司，济柴厂资产和人员由公司代为管理。厂和公司合并后，取消了重叠的机构，精简了管理职能，减少了关联交易，法人治理机构更加规范。

（2）启动低成本扩张。济柴利用产品更新换代的时机，以专业化分工和协作为原则，开始组建以济柴主导产品为龙头，以共同利益关系为纽带的集团企业。这些企业在济柴的技术支持和质量监督下，按照济柴下达的生产计划组织配件生产，产品由济柴统一销售管理。济柴将按专业分工逐步将配套产品转移到这些紧密层企业，形成几个（1000—2000）万以上规模的生产基地。

（3）实施腾笼换业。根据济南市政府腾笼换业的要求和企业自身发展的迫切需要，经集团公司和济南市政府批准，同时经过职工代表大会决议通过，济柴将利用2—3年时间，用老厂区土地整体转让换取资金（约净收入4.6亿元），易地到济南市经济开发区，重建一个国际一流的、花园式的、现代化的工厂。2001年以来，济柴一是通过招标和专家评审，确定由中国联合工程公司进行新厂设计，该设计正在展开。二是同济南市长清区草签了征地协议。三是腾笼换业已在市政府立项批复，现正在土地部门的支持下，同有关公司办理土地出让手续。

(4) 企业重组蓄势待发。按照集团公司党组的战略部署，要充分利用“石油济柴”上市公司的优势，加快资本运作，对石油装备企业进行整合重组，做大做强，形成装备制造的企业集团。这次重组对济柴是一个大好的发展机遇，将增强企业抵御风险的能力和在优势互补的基础上实现快速健康的发展。

【精神文明建设】

(1) 领导班子和干部队伍建设进一步加强。

(2) 党风廉政建设见实效。

(3) 培育先进的企业文化。

(4) 加强民主管理。

(5) 充分发挥工会、共青团组织的作用，为职工办好事办实事，丰富职工的文体活动。

另外，在计划生育、消防保卫、教育卫生、离退休职工管理等各项工作，都出现新面貌，取得了新成绩。

(吴志方 王 斌)

中国石油天然气运输公司

【概述】 中国石油天然气运输公司（以下简称运输公司）是中国石油天然气集团公司所属的专业运输公司。截至2001年底，运输公司共有职工3780人，离退休人员1508人。有各种车辆1525台。公司机关设13个部、处、室，公司下辖一公司、二公司、三公司、塔里木运输公司和沙漠运输公司等5个运输主业单位，有机械厂、西北车辆厂、医疗用品公司、复合材料公司、路桥公司、防腐公司等10个多种经营和基建工程单位，还有教育培训中心、职工总医院、生活服务处等6个基地后勤服务单位。公司在乌鲁木齐、昌吉、克拉玛依、独山子、库车、库尔勒、吐哈等地均建有生产、生活基地，并在北京设有亿海物流公司、丰通达货物运输有限责任公司，在西安设有邦泽有限责任公司等3个外点基地。公司主要为新疆三大油田、四大炼厂和石油公司服务。经营范围包括原油、成品油、液化气和各种物资运输、汽车修理、机械加工制造、塑钢门窗、医疗用品和液氮生产、淡化水运行、果蔬仓储保鲜、家禽家畜养殖、特种安装服务、井口房制作、舟桥架设、机泵维修、试油采油作业、油田环保、驾驶培训、路桥建设、工程机械施工、工程设计、房地产开发、节水灌溉、装饰装潢、防腐维修、旅行社业务、计算机信息服务、水电暖系统维修、物业管理和生活后勤服务等。公司固定资产原值9.01亿元，净值2.86亿元。

【主要生产经营指标】 2001年，运输公司通过强化内部管理，大力开拓外部市场，积极创建新的经济增长点，各项经济指标均有大幅增长。

运输产量：全年完成货物周转量36979万吨·千米。

销售收入：全年完成销售收入50078万元。

质量：安全间隔里程532.42万车·千米。

消耗：行车燃料消耗每百千米34.79千克，轮胎行驶里程平均每条胎72325胎千米。

成本：单位成本每千吨·千米409.2元。

劳动生产率：全员劳动生产率人均32.1万吨·千米。

运输效率：车辆完好率为90.21%，车辆工作率为77.04%。

【企业管理】 2001年是运输公司的“管理效益年”。为了达到向管理要效益的目的，公司狠抓内部企业管理。先后制定和完善了人事、财务、物资、生产运行等60多项管理制度；开展了以“资产、存货、往来账项”为主要内容的“三清”工作；实行了“收支两条线”的资金管理办法和公开招标采购的物资集中管理办法；严格执行预算制度，控制了成本费用支出；完善内控制度，加强了审计工作；开展质量体系认证工作，提高了企业信誉；加大设备更新力度，严格了设备管理制度；加强安全监督检查，提高了安全管理水平。通过加强十个方面的管理，使运输公司的整体管理水平有了明显提高。

【企业改革】 2001年，按照运输公司实施“13633”工程的三年规划，企业改革进一步向纵深方面发展。公司从机关组织结构改革入手，按照业务归口和专业化管理的方针，合并处室，精简机构，压缩人员，使机关人员由91人减少到75人；在队伍结构调整方面，公司开展“五定”工作，以产定人，以效定人，精干主业队伍，实行一车一人，将富余人员分流充实到多种经营和基建工程单位。启动“人才工程”，从可持续发展的角度出发，有选择地引进急需的各类专业人才105人，并对在岗职工进行了培训。公司还引入竞争机制，以交流和公开竞聘等方式，配备了部分二级单位的领导班子，对落选干部，实行易岗易薪，使干部队伍的思想观念和工作作风有了较大转变。

【运输主业】　公司坚持做大做强运输主业的方针，对二公司进行持续重组。引入竞争机制，划小核算单位，减少管理层次，实行扁平化管理。在市场开发上，公司根据5个运输主业单位的地域范围和服务优势，以市场为导向，调整了生产布局，进行了市场界定和划分，提高了市场占有份额。另外，公司在开拓物流服务方面也取得了重大突破。控股成立的北京丰通达货物运输有限责任公司和亿海物流公司运作良好。

【多种经营】　按照大力发展多种经营的方针，2001年，运输公司加大了对多种经营项目的调研、立项和生产经营工作的管理。复合材料公司新开发的高压电力电缆护套管和工业排污管等民用产品获得了自治区技术监督局颁发的质量合格证，填补了新疆空白；机械厂开发研制的抽油机曲柄、消烟除尘净化器等新产品，增加了产品的品种，扩大了创收渠道。

【基建工程】　运输公司抓住“西部大开发”和“西气东输”的历史性机遇，成立了工程总公司，下设路桥、防腐、建安、房地产开发、装饰装潢和工程设计6个公司。工程各单位自组建以来，一边办理资质，一边寻找活源，承揽工程，开源创收。路桥公司先后参与了克拉玛依大农业开发、“引额济乌”土石方工程、阿勒泰北屯引水工程以及石彩沙漠公路建设等工程。建安公司开拓思路，积极走出去，承揽外部建筑工作量，实现了外部收入“零”的突破。

【文教卫生和基地后勤】　2001年，运输公司改造文教卫生和后勤服务系统，增加了经营成分，促使其由服务型向经营型转变。教育培训中心扩大社会办学功能，巩固技能鉴定和驾训市场，积极兴办计算机公司，扩展旅行社业务。职工总医院在做好合同家庭医疗服务和周边企业医保工作的前提下，积极加入了乌鲁木齐市社区服务行列。物业公司在油田园林绿化、物探钻具市场上有了较大突破。昌吉基地服务公司在新建加油站和签订地方供暖协议方面，也取得了重要进展，提高了自收自支的能力。

【精神文明建设】　运输公司坚持物质文明和精神文明“两个文明”一起抓的方针，在党员中深入开展了“创先争优”、“党员先锋岗”和向原二公司党委副书记、集团公司优秀党务工作者张署川同志学习的活动。针对队伍不稳的现状，加强思想政治工作。开展了有针对性的形势任务教育和“怎样迎接挑战，如何走自强自立发展路子”的群众性大讨论活动。广泛深入地开展争创“文明单位”、争当“四有”职工和各种形式的文体活动，活跃了职工的文化生活，促进了公司精神文明建设上台阶。2001年，运输公司不但继续保持了自治区“文明单位”的称号，而且社会治安综合治理、民族团结、文明社区活动和离退休职工管理工作都受到了新疆维吾尔自治区的好评。

（朱海君）

中国石油天然气集团公司通信公司

【概述】　中国石油天然气集团公司通信公司（以下简称通信公司）成立于1984年12月，是中国石油天然气集团公司的直属单位，占地153亩，负责建设、管理、经营好卫星电路、微波电路和光纤电路等长途干线组成的石油通信网。

石油通信网是国家电信网的组成部分，是石油和石化工业的基础设施。它由各石油企事业单位区域网、沿油气长输管线建立的地面长途网、石油卫星通信干线网、长途汇接交换系统和19个油田（含中石化6个油田）、11个炼化企业、集团公司机关及12个在京直属单位和23个其他京外石油企事业单位的通信网点组成。

通信公司现有在册职工251人，专业技术人员95人，其中中级职称以上的66%；拥有固定资产原值8088万元。公司设有六个职能处室，下属通信运行管理中心、石油通信设计院等七个基层单位。

通信公司属于通信服务行业，以现代优质通信为石油工业服务，实现集团公司与所属单位之间的通信联络。主要通信业务有：话音通信、数据传输、电话会议、IP电话、宽带网接入、通信工程设计、施工以及通信物资销售代理等业务。

通信公司是石油通信网的长途汇接交换中心，现有长途汇接交换机2600线，长途电路2000路端，TDMA卫星主控站一座，廊坊—固安、涿州—固安、北京—固安数字微波三条，进京光缆一条，具有国家乙级通信工程设计资质和国家二级通信工程施工资质，建有DDN数字数据中心节点、IP电话中心节点以及电话会议系统，建成了石油长途光纤宽带数字通信网，为20多个石油企事业单位进入石油信息网络提供了高速数据信道。同时利用固安—北京的光缆通信电路与北京市电信公网实现了互联互通，解决了石油通信网长途出口问题。各石油企事业单位的本地通信网也与当地公网联网，也实现了互联互通。石油通信网在油气勘探开发、炼化储运、经营销售等方面正发挥着越来越重要的作用。

【主要指标完成情况】 全年通信公司主业经营净收入为949.12万元。TDMA卫星通信本端畅通率达到99.98%；光纤电路本端畅通率达到100%；微波电路本端畅通率达100%，无线寻呼服务差错率为0.25%。

【生产措施和成果】

（1）加强通信主业平稳运行，基本完成生产任务。2001年，通信公司加强了电路的管理和维护，严格各项操作规程和运行管理制度，最大限度地保证了通信稳定畅通。开通了四川、长庆等16个油田的数据电路，完成了EWSD交换机的扩容，加强了设备预检预修，重视全网统计分析工作，通信运行稳定，质量指标都达到或超过了预期指标。

2001年，通信公司试验并开通了股份公司电话会议系统，为中油集团股份公司提供了优质服务，完成IP电话第二路由的开通工作和苏丹小站的转频维护工作。

2001年通信公司电路收费工作由于通信改革和资费下调等因素的影响，面临了重重困难，通信公司领导和有关部门经过艰苦的努力，多次奔波，最大限度完成催缴电路租费工作，并签订了2002年电路租用合同。

（2）建成石油光纤宽带数字通信网，石油通信网实现历史性转变。石油通信网长途干线原以租用卫星电路为主，由于它的租费高，频带窄，抗干扰性能差，一直制约着石油长途宽带业务的发展，近两年，国家对长途光纤电路通信资费大幅下调，为降低石油通信长途业务成本，开通宽带数字电路提供了条件。通信公司及时进行了科学的决策，决定实现石油通信长途干线电路用光纤电路替代卫星电路。从6月份开始，通信公司上下做了大量卓有成效的工作。通信公司成立了光纤组网项目经理部，对石油通信网络进行了深入的调研，审定了石油通信光纤组网总体方案，广泛征求了各石油通信单位的意见，通过比较和多轮艰苦的协商，敲定租用铁道通信有限责任公司的长途光线数字电路。经过大量的设备安装调试工作和多次的油田现场监督协调工作，年底，石油光纤宽带数字通信网基本建成，开通了21个方向的高速数据话音电路。长途宽带数字光纤数字电路的开通实现石油通信成本大幅下降，质量大幅提高的目标，也为进一步提供石油通信网宽带增值业务，提高通信公司经济效益打下了良好的基础。

（3）积极推进石油通信改革，不断加强公司管理工作。2001年年初，中国石油天然气集团公司工作会议对通信改革提出了明确要求，集团公司陈耕副总经理两次听取了通信公司的汇报，并对通信公司的工作做了重要指示。通信公司认真进行了学习贯彻，组成通信公司石油通信改革小组，积极配合集团公司发展研究部，进行石油通信改革的调研工作，通过几个月的努力，全面地调查了解了石油通信总体情况、各石油局（公司）及其所属通信单位的对通信改革的意见、国家电信产业政策、各大通信专网改革动向、对石油通信改革的各种可能方案进行了分析和论证，形成了调研报告。

通信公司内部改革进一步深化，管理进一步加强。通信公司深化了医疗制度改革，医药费用支出仅为2000年的40%；按集团公司要求，住房制度改革得到深化，通信公司132户职工办理了房屋产权证；通信公司进一步的增长了职工工资，提高了离退休和退养人员的生活待遇。为了进一步加强生产经营管理，年初，通信公司制定下发了通信公司生产经营考核细则，坚持月考核，月兑现，严考核，硬兑现，开展了年中和年末两次集中的生产经营考核，有力促进了各项生产经营工作的开展和完成。通信公司按时召开月度计划和资金计划会，按时下达月度生产计划，注重了解计划项目的完成情况和实物工作量的真实情况，做好督促工作；结合公司生产经营情况，按照保生产经营重点的原则，及时进行年度预算的调整，有力地加强了资金支出的有效控制；开展了财产清查工作，处理了不良资产；切实加强安全生产和治安消防工作，加强了督促检查，全年通信公司安全生产无大小事故，无一起被盗、火灾事件的发生。

（4）多种经营工作取得新成绩。通信公司艰苦努力，为划入集团公司的炼化企业加入石油通信网做了大量细致工作，完成了12个KU小站的安全运行工作，加强了全网的维修工作，解决了泽普到固安的通信问题，同时，承揽了恒业卫星网络有限公司的设计、安装工程，取得了较好的经济效益。

通信公司还加强了苏丹卫星系统的运行维护，虽然坏损件返修达40次，也丝毫没有影响苏丹卫星通信网的正常运行。通信公司主动闯市场，建立了自己的国内卫星C波段平台，完成了大港滩海工程公司的卫星通信工程，出版了《中国石油石化电话号簿》，积极参与招标投标，花大力气，做好施工资质的就位工作。

在全国寻呼市场不景气的情况下，通信公司艰苦努力，稳定用户，开创市场，积极推出优质服务月活动，实现业务收入33.6万元，新增用户272户。

（向二虎）

中油国际工程有限责任公司

【概述】　中油国际工程有限责任公司（以下简称国际公司）是中国石油天然气集团公司在深化改革、持续重组中，为进一步实施“走出去”战略，更好地发挥国际石油工程承包、技术服务以及机电产品出口等外经外贸业务的整体功能和优势，加快开拓国际市场，提高综合效益，在对中油技术服务有限责任公司、中国石油工程建设（集团）公司和中国石油物资装备（集团）总公司外贸出口部分进行重组后，于2000年底成立的一个集对外石油工程承包、技术服务和机电产品出口等业务为一体的综合型国际性公司。

集团公司在组建方案中明确提出：“中油国际工程有限责任公司是中国石油天然气集团公司的全资公司，代表集团公司统一规划、管理和协调运作对外工程承包、技术服务和物资装备出口等业务。在管理好所属单位经营业务的同时，充分发挥对外窗口作用，带动各地区公司的技术服务队伍、产品、劳务等进入国际市场，实现集团公司整体效益最大化”。

国际公司主要经营范围是：承包境外石油、石化工程，石油天然气勘探开发中物探、钻井、测井、地质录井、测试、完井以及相关的工程技术服务，石油机电产品与境外工程所需设备材料的出口贸易及一般出口贸易，派遣实施境外工程所需的技术、管理和劳务人员。

国际公司下属四个从事海外业务的子公司，三个从事石油工程建设施工的子公司。其中长城钻井公司提供钻井、修井及相关工程技术服务，中油测井公司提供测井、钻井液录井、测试、射孔及地层评价服务，中国石油工程建设公司从事油气田地面工程、油气管道、大型集油站、集气站、炼油厂、石油化工厂、污水处理厂及土木工程等工程建设EPC总承包，中国石油技术开发公司从事石油机电产品及境外工程所需设备材料的出口贸易。中国石油天然气第一建设公司、第六建设公司和第七建设公司主要从事国内建设施工业务，包括石油石化工程建设、炼化装置安装、油田地面建设、公路、集油（气）站、污水处理厂等建设施工。

【经营成果】　2001年，是国际公司成立后开始运作的第一年，在集团公司领导的关心和支持下，在广大职工的共同努力下，公司大力开拓国际市场，加强资金集中管理，各项主营业务都有新的增长，经济效益有了明显提高。全年实现主营业务收入353200万元（折合42700万美元），实现利润17800万元（折合2155.41万美元）。其中，各国际业务板块新签海外项目合计82900万美元，为2000年55400万美元的150%；完成合同额54800万美元，为2000年31800万美元的172%；实现利润1699万美元，为2000年277万美元的613%。国内工程建设施工业务板块实现营业收入109200万元（折合13200万美元），实现利润4950万元（折合598万美元）。

截至2001年底，在国际市场上作业的钻（修）井机数量达到53台，比2000年增加20台，石油物资装备出口到52个国家。在已进入的国际市场，原有专业的市场份额继续扩大，而且增加了新的服务领域，其中，在委内瑞拉、哈萨克斯坦、苏丹、伊朗等国家已初步形成具有一定规模的市场。同时还开辟了一批新的市场，包括尼日利亚、阿尔及利亚、沙特阿拉伯、卡塔尔、埃及、乌兹别克斯坦、印度尼西亚、巴基斯坦等国家。在委内瑞拉一次中标8台大型钻机的钻井项目、向土库曼斯坦一次销售4台大型钻机和为乌兹别克斯坦改造10台钻机等项目的取得，都充分证明了集团公司服务队伍在国际市场上强大的竞争力和规模优势。

【重点工作】

1. 准确把握国际公司定位，搞好国际公司重组、组建工作

根据集团公司对组建国际公司的要求，集中人力

对原“三定”方案进行修改，制定部门职责、岗位设置、部门定员和任职条件“四定”方案，对各职位人员的学历、经历、专业背景、计算机应用水平、年龄及外语程度做出明确规定，严把进人关，对所有求职者一视同仁，经面试和考试后择优录用，保证员工具有较高的整体素质。按照公开、公平、公正原则，选聘长城钻井、中油测井和技术开发公司领导班子成员，一批政治素质高、业务能力强、外语水平好的年轻干部走上领导岗位，增强了各级领导班子的战斗力。顺利完成四个子公司和一、六、七公司资产划转工作，平稳做好中油技术服务有限责任公司机关人员分流和项目交接工作，保证职工队伍稳定和组建工作顺利进行。

2. 发挥集团公司整体优势，实现整体效益最大化

按照集团公司“处理好两个关系，发挥两个积极性”的要求，国际公司与地区公司之间以诚相见，建立“双赢”新型合作关系，使国际公司所属各子公司的人才、国际市场开发、管理、统一组织协调方面的优势，与地区公司的装备、技术和劳务等方面的优势结合起来，实现优势互补。在委内瑞拉钻井项目投标时，委方业主 PDVSA 公司要求对 7 台钻机同时招标，长城钻井公司联合大庆、辽河、大港、华北、四川和新疆场等地区公司，采取由地区公司提供设备和施工队伍，长城钻井公司全面负责项目管理的运作方式，联合竞标，战胜美国、德国、加拿大、丹麦等国的知名承包商，一举中标 5 台钻机的钻井合同，而在所有竞标方中，只有长城钻井公司具备一次性提供 7 台大型钻机的能力，充分显示了发挥集团公司整体优势的巨大威力。

国际公司还通过统一协调组织，大力支持集团公司海外投资项目，努力实现整体效益最大化。如在苏丹实施的合同额为 1059 万美元的 Bamboo EPF 项目，实际施工期不到两个月，工程建设公司克服业主要求高，施工工期紧，自然条件恶劣，反政府武装活动频繁等各种困难，科学安排工期，精心组织施工，实现投产一次成功，不仅展示了集团公司整体实力和良好信誉，而且由于项目提前投产给集团公司带来 1500 万美元的收益。技术开发公司在实施苏丹炼厂聚丙烯项目（PP）设备、物资出口中，不到 20 天就从兰炼装运 26 车大型设备机具，紧急采购一批钢筋管材，顺利办妥出口批文、商检和报关手续，保证项目按期开工，为项目节约采购资金 30%—40%，受到 PP 项目部的高度赞扬。

3. 部署市场开发整体战略，加大国际市场开发力度

5 月初，国际公司召开市场工作会议，研究部署市场开发整体战略，对市场开发工作统一规划，集中管理，协调运作，加大市场开发力度，提高市场开发层次。

制定市场开发战略，建立市场开发体系。在市场开发区域上，确定将中东、非洲、中南美洲和中亚—俄罗斯地区列为“十五”期间的四个市场开发战略地区。在市场开发策略上，提出在同一战略地区以重点国家为中心，在同一国家开发多个专业服务市场，在同一专业市场向纵深做大做强。在市场开发组织上，分国际公司、各子公司和境外办事处三个层次，明确职责，统一运作。

开展市场开发试点工作，将委内瑞拉市场作为试点，设立国际公司委内瑞拉子公司，从市场开发、资金统筹、税收筹划、资源统一使用和信息共享等几个方面全面试点，积累经验，探索海外业务统一运作、适合国际公司发展的市场开发模式。

做好市场开发基础工作，为满足市场开发需要，制作了一系列针对国外油公司、政府部门、各国驻中国使领馆的国际公司中英文介绍多媒体版本，编写了一整套钻井、测井、工程建设、装备出口等专题技术报告资料，制作了用于参加国内外展览的展品，参加了国内外一系列石油展览会，在塑造国际公司形象，宣传、统一使用集团公司品牌方面发挥了重要作用。

开展市场信息调查，搞好重点市场调研，目前已收到委内瑞拉、埃及、哈萨克斯坦、苏丹、乌兹别克斯坦、巴基斯坦、卡塔尔、泰国、也门、伊拉克、伊朗等地区反馈的市场信息，并着手建立信息库，为市场开发准备背景材料，提供决策依据。

总结识别自身优势，逐步建立优势技术体系。组织各子公司、各专业和有关专家多次研究，分析整理能够充分体现集团公司实力的技术、规模和人才优势，总结天然气钻井、欠平衡钻井、定向井钻井、钻井液、固井、打捞、测井、测试、录井、酸化压裂、工程建设等方面的专项技术，整理出部分文字及多媒体宣传材料，为充分利用自身优势在国际市场中有效竞争、引导市场打下基础。

4. 加强资金集中管理，提高公司经济效益

加强财务管理制度建设，制定国际公司财务管理办法和制度，构建包括财务管理、会计核算和综合管理三个方面 20 多项规章制度的财务会计制度体系。拓宽融资渠道，统一调剂资金，实行资金集中管理。制定国际公司融资方案和管理办法，利用规模优势争

取优惠贷款，与中油财务公司、中国进出口银行、中国银行、浦东发展银行等签订四项授信额度框架协议，通过各种融资手段保证生产经营资金的使用。实行预算管理，确定以资金为龙头、现金流为主线、项目管理为核心、利润最大化为目标的预算管理思路，根据集团公司预算指标，分解下达公司年度预算，各单位按预算组织收入、控制支出，把重大项目作为预算控制的重点，对100万美元以上项目单独编制预算，加强事前控制和项目管理，努力降低成本，提高经济效益。针对公司主要业务在国外、点多面广、会计核算难度较大的特点，组建共享会计服务中心，运用PEOPLESOFT软件系统，筹建公司统一的财务信息操作平台，实现财务远程实时监控和会计信息资源共享，规范会计核算，保证会计信息及时准确和对经营活动的控制监督。

5. 探索新型管理体制，完善国际化公司管理

从组建开始，国际公司就把探索新型管理体制，建立一套国际化公司管理系统作为工作出发点，在组织机构上，本着高效、精干、适应国际化经营的原则设置；在用人机制上，坚持公开、公平、公正原则选聘各子公司领导班子成员，各子公司中层干部采用选聘、聘任方式竞聘上岗，职工实行双向选择、竞争上岗；在经营管理上，各子公司结合自身业务实际，选择适合国际化经营的管理体系，把建立实施HSE管理体系作为重要工作来抓；在制度建设上，按照专业技术、管理技术有形化的原则制定，确保企业真正拥有自己的专业管理技术。

6. 加强企业党组织建设，发挥党委政治核心作用

国际公司党委成立后，根据各子公司职工党员情况和党群组织现状，从有利于各子公司独立开展工作出发，确定党群组织设置方案，及时完成长城钻井、中油测井和技术开发公司党委、纪委、工会和共青团组建工作，调整基层党支部，设立党群工作机构，为加强公司党的建设和思想政治工作提供了组织保证。

针对海外工作特点，积极探索在国际化经营新形势下加强党的建设的新途径、新办法，坚持海外队伍走到哪里，党组织就建到哪里，思想政治工作就做到哪里，建立海外项目党组织，使党员不管在国外工作时间长短都生活在党组织之中，入党积极分子都能得到党组织的培养和帮助，从组织上为发挥党员先锋模范作用创造条件，确保海外项目顺利进行。积极开展群众性精神文明创建活动，努力培育适应国际化经营需要的“四有”职工队伍，国际公司所属的工程建设、长城钻井、中油测井和技术开发公司荣获2001年度中央国家机关文明单位称号，一、六、七公司也都是所在省、市的文明单位。职工思想稳定，队伍安定团结，精神面貌奋发向上。

（谢惠民　赵瑞华）

【中国石油工程建设（集团）公司】

1. 概述

中国石油工程建设（集团）公司（简称CPECC）是中国石油天然气集团公司负责石油、石油化工和其他有关专业工程承包建设的直属企业，已有20多年的历史。随着中国改革开放，CPECC经国务院批准于1980年开始进入国际市场，是我国最早从事对外工程承包和劳务合作业务的公司之一。

CPECC拥有众多优秀的工程技术和管理人才，技术力量雄厚，装备精良，具有按国际标准从事石油、石油化工工程建设项目前期开发咨询和设计、采购、施工、试运投产交钥匙总承包的能力。

20年来，CPECC在中国石油天然气集团公司的支持下，联合国内油田和炼油化工单位，从上游的物探、地面建设到下游的炼油厂、化工厂全面进入了国际市场，创出了良好的信誉，已经成长为一家具有较强实力的石油工程承包商。从1993年至今，CPECC连年被评为全球225家最大国际工程承包商，2000年度名列第38位。

2001年是进入新世纪，实施“十五”计划的第一年，CPECC继续贯彻中国石油天然气集团公司“走出去”战略，加大了国际市场开发的力度，实现了新的发展；同时，内部改革不断深入，企业管理水平进一步提高，增效节支收到成效，精神文明建设得到加强，为实行公司“十五”发展目标打下了坚实基础。

2. 市场营销

2001年，CPECC继续加强和改进营销工作，在拓展原有市场的基础上，培育新市场，狠抓项目接替工作，同时注重在市场开发层次上下功夫，取得了重大成效。

（1）在市场培育方面，巩固了苏丹、科威特、巴基斯坦、哈萨克斯坦等传统市场，努力拓展在当地开发的深度和广度，形成品牌效应。同时继续调整市场布局，在利比亚、委内瑞拉、伊拉克等地注册成立了分公司，派人常驻，对其国情、法律、税收、物资供应等和项目实施相关的基本情况进行了考察调研活动，也对一些项目进行了追踪，并取得了重大成绩，从而推动了公司国际市场向多元化方向发展。

在接替项目准备方面，继续坚持突出石油行业、突出石油工程总承包项目、扩大传统市场占有优势、努力适应国际工程项目承包方式多样化的营销策略，有选择地追踪、承揽新项目。在该方针的指导下，仅苏丹一处即先后签订承包合同13项、合同额达11000万美元，在非石油项目上中标了苏丹6×2000立方米球灌及燃料系统项目。在集团公司和国际公司的支持下拿到了巴基斯坦成品油管线这个大型石油总承包项目，于8月23日签订正式合同，实现了主营业务的突破。

在委内瑞拉重点追踪了委内瑞拉乳化油项目，收集了大量基础资料，保持与业主的密切联系，为投标做好了准备工作。在哈萨克斯坦重点追踪了哈萨克斯坦新油气处理厂项目，公司以商务部和哈萨克项目部为主成立了投标报价组，到现场走访业主，多方收集资料，为中标奠定了良好的基础。在土库曼斯坦追踪了LPG终端、轻烃处理厂、硫磺回收装置等项目。继续追踪也门炼厂项目，进行了原油油品分析，提出了四种不同的经济评价方案，组织专家评估了预科研报告。同时，针对去年伊朗工程承包市场比较活跃的情况，公司迅速调整市场开发部署，派出高级代表团对伊朗市场开发进行了深入考察，为进入该市场作好了准备。

（2）市场开发基础工作进一步加强。为保证项目资审和投标报价工作的规范化、标准化和实效化，组织公司业绩调查，编制了项目资格预审资料包和业绩资料数据库，正在形成完整的系列文件。为了加强项目承揽决策的科学化，公司对项目评估工作进行了规范，制定并实施了《关于加强项目评估立项工作的暂行规定》和《公司项目评估委员会组织方案》，严格按照计划和程序进行。

3. 在建项目实施

2001年，CPECC项目实施任务十分繁重，在建项目规模大，分布范围广，既有总承包项目的收尾，又有大型带资项目的启动。公司上下把项目执行放在重要位置，以项目管理为中心，加强总部机关各部门对项目实施的协调、服务和管理，保工期、重质量、控成本、创信誉，取得了良好效果。公司共完成营业额13223万美元，实现了科威特28号集油站、哈萨克斯坦扎那诺尔油气处理厂原油处理装置、苏丹班布油田集油站项目临时生产设施（EPF）三个项目按期顺利投产的目标，使公司执行国际工程项目的能力得到了显著提高，进一步赢得了国际信誉。

继2000年科威特西部油田集油站27集油站和传输管线投产后，28号站于2001年3月22日建成投油。项目的建成得到了中外各方的高度赞扬，产生了深远的影响。4月22日科威特石油公司在项目现场举行投产庆典，中国政府高级石油代表团及及KOC主席等400多人出席了投产庆典。KOC主席高度评价项目的工作，称赞该项目是按照国际最先进技术标准、最先进规范建成的战略性项目，是科威特迄今为止技术最先进、质量最好、规模最大的集油站。

苏丹项目按计划进行。2001年，苏丹的项目多，在建项目13个，总规模1亿多美元。其中班布油田集油站项目临时生产设施（EPF）的投产是2001年项目执行的一项重要成果。班布油田集油站项目包括黑格里格至班布油田的33千伏输电线、班布油田至黑格里格的30千米输油线、班布油田井口管线及井口地面设施、班布油田临时生产设施（EPF）装置等工程。该项目实施难度大，业主要求高，自然条件恶劣。公司高度重视项目的执行，成立了统一的项目部，合理调配各种资源，精心组织，科学安排，确保项目的正常运行。广大职工战高温、冒酷暑，顽强拼搏，连续作战，掀起大干60天的会战高潮，按业主要求在7月15日实现了临时生产设施投产一次成功，受到业主的高度赞扬，再次展示了公司的形象。业主举行了隆重的投产剪彩仪式，高度评价了临时设施投产一次成功，受到业主高度赞扬，GNPOC总裁说："CPECC在这样短的时间内完成任务，比正式装置提前6个月投产，这将给GNPOC带来巨大的经济利益。"

哈萨克斯坦扎那诺尔油气处理厂改造项目进展顺利。该项目由我公司代理采购、承包施工，当年签约、当年启动。面对场地狭窄、气候恶劣、吹扫滞后、安全生产压力大等困难，公司员工在摄氏零度以下的环境中，七天七夜连续作战，通过科学组织，团结协作，完成了44个连头点1000多道焊缝的工作量，提前三天完成了"停产连头"施工，为在寒季到来之前圆满完成项目打下了坚实基础。项目实施得到了业主的高度赞扬，为公司创造了信誉，再次展示了CNPC的形象。阿克纠宾油气股份总经理发来慰问信，说："你们用汗水为油气处理厂改造工程做出了突出贡献，所完成的工作量是去年的2.5倍。你们团结协作、积极进取、顽强拼搏、吃苦耐劳，事实证明你们是一支高素质、高水平的建设队伍，是值得信赖的合作伙伴。"

巴基斯坦成品油管线项目全面启动。该项目是公司通过国际竞标获得的EPC总承包项目，管线全长

817千米，管径26英寸，设计数量1200万吨/年，共分两期完成。2001年6月18日公司召开“巴基斯坦成品油管线项目（WOPP）实施动员大会”，项目全面启动。为保证工期和防范风险，决定先行启动基础设计审查，统筹安排项目资源配置，严格按计划进行，使项目执行从一开始就处于受控状态。“9．11”事件发生后，项目部顾全大局，不畏艰险，在巴基斯坦的工作一直未停，继续按计划运行，得到巴基斯坦政府有关部门和业主的称赞。

4．经营管理

以提高公司石油工程总承包这一核心业务竞争力和实施低成本战略为重点，CPECC继续全面加强企业经营管理工作。按照国际管理标准建立实施HSE管理体系和ISO 9001质量管理体系，强化管理工作，完善管理制度，使公司的管理水平进一步提高。

（1）全面建立和实施HSE管理体系。建立和实施HSE管理体系是实现现可持续发展的重要举措，公司高度重视这项工作，成立了HSE管理委员，编制了建立和实施HSE管理体系工作计划，结合公司实际编写了《HSE管理手册》、程序文件和作业指导书，8月1日管理体系正式运行。12月份进行了管理评审，并于年底通过了北京中油HSE认证中心的预审核。

（2）ISO 9001质量体系运行正常。公司继续把推进质量体系正常运行作为加强管理的一项重点工作。制定了质量体系运行计划，按进度进行控制，保持了质量体系的有序进行。通过组织员工培训，提高了全员质量意识，丰富了专业人员的质量管理知识。通过质量体系的运行，公司工程产品质量良好，交付的哈萨克斯坦2号脱硫装置、科威特GC28号集油站等项目，一次交验合格率达到100%，焊接一次合格率达到97%以上，用户回访满意率达到100%。

（3）继续增收增收节支、降低成本，提高经济效益。强化预算管理，重点控制成本费用支出，对预算指标层层分解，下达到各部门、项目部。强化项目财务管理，严格项目成本控制，实行预算管理，并对两个境外大型项目派出了财务总监，加大了监管力度。

（4）狠抓职工培训，提高队伍综合素质。针对公司人员不足、任务繁重的实际，从长远发展考虑，制定了职工培训计划，先后派180多人次参加相关专业的28个培训班，内容涉及业务技能、外语和提高资质等方面。由于培训的针对性较强，使参加培训人员在技术水平、业务能力和外语等方面有了显著提高。

（宋立志）

【中国石油技术开发公司】

1．概述

中国石油技术开发公司是中油国际工程有限责任公司的全资子公司，是国内最大的专门从事石油、石化物资装备和技术的国际贸易公司，代表集团公司统一规划、管理和协调石油、石化物资装备出口业务，充分发挥对外窗口作用，带动各机械制造企业的产品进入国际市场，实现集团公司整体效益最大化。

依照以上定位，公司确定到“十五”末，把公司建设成为市场和资源稳固发展，队伍素质不断提高，管理机制高效灵活，与集团公司形象相符，国际知名的石油装备、技术出口公司，带动和促进更多的集团公司所属地区公司的技术和产品进入国际市场，实现2005年出口额4亿—5亿美元的目标。为实现这一目标，公司制定了“十五”发展三大战略。即市场战略：以传统的、一般贸易市场为基础，以集团公司海外项目为依托，以石化产品等新产品、新领域为增长点，形成三个支柱版块、三足鼎立的市场格局。资源战略：与石油装备制造企业建立起新型经济关系，形成核心层、紧密层和网络层三个不同层次的资源体系。人才战略：通过建立新型的用人机制、激励机制等，培养和选拔一支高素质的经营管理队伍。

2．经营成果

2001年，全年执行外贸合同396个，新签合同额27246万美元，完成合同额24700万美元，实现利润173万美元。与52个国家和地区的千余家公司建立了良好的贸易关系，在20多个重点市场设立了办公事处，建立了一批稳定的出口市场。为保障产品资源，提高产品质量及售后服务水平，公司与国内130多个厂家建立了产品供应网络，成立了专门的质检部门，对重要设备进行监制，从产品设计、制造到售后服务严格按照API和ISO 9001标准把关，提高产品质量，赢得了用户的信任和赞誉。在大型成套设备出口项目方面有了新的突破，全年出口钻机、修井机18套，水泥车3台，标志着出口产品由小型低附加值产品向大型成套高附加值产品的转变，使主营业务进一步做强。在充分利用现有市场网络基础上，2001年又把开发民用产品作为新的利润增长点，在苏丹建立了民品展室并取得了民品贸易合同。根据海关统计数据，中国石油技术开发公司在2001年全国机电产品出口额排名中列外（工）贸公司第一位，在国外经济合作营业额排名中列第八位。

3．重点工作

（1）着眼长远，发挥优势，提高市场开发的层次一是发挥背景优势，树立公司良好形象。公司是集团公司所属的国际贸易公司，因此任何工作都离不开集团公司这艘航空母舰，任何工作都要以集团公司为依托。

2001 年，公司代表集团公司组团参加了美国、英国、澳大利亚等六个国际石油展览。在每次展览中，展出产品成龙配套，充分显示了我国石油物资装备的雄厚实力。就品种齐全而言，是世界上任何一家参展商都无法比拟的，因此我们的展台格外引人瞩目，参观者、技术交流者、商务洽谈者总是络绎不绝。这是任何一个工厂和外贸公司单独参展所无法收到的效果。我们的展览由于带有国家色彩，因此备受当地政府和组委会的重视。例如 2001 年 6 月在委内瑞拉展出期间，委总统在百忙中接见了我公司参展人员，并进行了长达一小时的亲切会谈。2001 年 9 月在英国展出期间，英经贸部部长也专程到展台看望我公司代表，并进行了长时间交谈，表示了要加强与我公司合作，努力发展双边贸易的意向。每次展览期间，各种媒体采访报道也不胜枚举，有关我公司的参展消息报道或登在报刊头版，或在电视黄金时间播出，扩大了影响，在国际上较好地树立了中国石油机械制造的整体形象。

二是发挥技术优势，用技术实力打开市场。我公司区别于一般贸易公司的另一个特点就是拥有雄厚的技术优势，不仅拥有大批专家等技术人才，而且还积累了大量的经验。2001 年出口的钻机，公司决定全部自行配套，并创建 CPTDC 配套品牌。经过多次评审和修改，公司配套的土库曼钻机和乌兹别克钻机方案都通过了专家审核。为加大乌兹别克市场开拓力度，针对该国的在用钻机大多数达到了报废年限，已经不能正常作业的情况，公司派技术人员深入现场考察，并及时向乌方国家石油公司提出了对现有钻机进行改造的建议，得到了对方的高度重视。随后公司组织的专家组很快提出了改造钻机的方案，由于我公司的方案在价格、产品质量和技术配套等方面具有很大的优势，战胜了来自德国、美国等国际知名石油装备公司，最终达成了 10 台钻机改造项目协议。

三是发挥信贷融资优势，扩大市场份额。利用优惠贷款和出口信贷扩大出口是许多发达国家广泛采用的方式，采用这种方式一方面可以解决项目运作中的资金问题，更重要的是可以有效地避免激烈的竞争，从而达到占据市场的目的。1998 年我国政府与土库曼斯坦政府签订了我国向其提供 1 亿元优惠贷款的框架协议。在此之前，公司已经与土库曼斯坦的石油康采恩签订了二台修井机出口合同，但由于采购资金一直得不到落实，故合同不能启动和执行。在了解到优惠贷款的情况后，我公司一方面与土方用户合作争取使用贷款购买我方设备，另一方面在国内积极与外经贸部和进出口银行接触，争取该项贷款用于公司的出口项目。在国内外的共同努力下，最终获得了用该项贷款启动已经签订的出口修井机的合同，而且通过大量的工作将原来二台修井机的订量增加到六台。这六台修井机的出口为公司占据土库曼市场起到了非常重要的作用，目前已经与土库曼签订了 16 台修井机的出口合同，比较牢固地占据了当地的市场。2001 年公司又利用两国间优惠贷款与土方签订了一台钻机及配件合同，合同金额 1200 万美元。

四是发挥海外布点优势，加大市场开发力度。近 10 年来公司投入大量人力、物力在海外建立起来 16 个海外办事机构。各海外办事机构在搜集市场信息、跟踪项目、执行合同、售后服务和联络接待等方面发挥了巨大作用。2001 年为加强海外办事机构工作，公司增派驻外人员 15 人次，并进一步完善了对海外办事机构的管理。

(2) 加强合作，互惠互利，探索巩固资源体系的新途径。

在新形势下，如何与工厂建立一种以经济为纽带的新型关系，不仅直接关系到出口产品质量、交货期等，而且还将影响到公司今后的发展。为此，公司除了加强与工厂间的日常业务关系，及时召开出口网络工作会议等常规工作外，还在为工厂改革出谋划策、帮助工厂技术改造等方面做了许多工作，受到工厂的赞誉。如为提高国产石油设备性能，公司利用海外优势，多次为工厂提供产品图纸，有些产品还买来样品，让工厂研究和学习。在北美地区，由于用户使用的标准与我国的存在差异，为此公司对用户的需求进行认真分析，根据用户的要求变更技术标准和规范，帮助工厂重新设计新产品，并保证新产品的出口量，这些作法不仅明显提高了产品性能，而且促使工厂在技术革新等方面向前迈进了一大步，缩小了与国际水平的差距，极大地促进了工厂的发展。金湖石油机械厂的采油树阀门、宝鸡石油机械厂的转盘等产品都是通过上述方式进入北美市场的，这一切源自双方的真诚合作和密切配合。前不久，公司又与美国 WDI 公司和金湖厂签订了 WDI 提供泵配件图纸，金湖厂生产，我公司销售的协议，为工厂发展再添基石。咸阳钢绳厂的钢丝绳一直无法进入国际市场，为帮助工厂，公司专门聘请外国专家为工厂把脉诊断，并与外方签订了技术改造协议，这些不仅使该厂产品具备国际市场水平，而且也扩大了国内市场份额。另外，为解决工厂资金困难问题，公司还经常为工厂筹资或借款，目前，公司已为各工厂筹资达6000多万元。这一切都超越了一个普通贸易公司的工作，充分体现了公司与工厂心连心、互惠互利、共同发展的宗旨。

（3）加强服务，保持市场稳固发展。

服务始终是公司的经营宗旨，要使市场得到持续稳固发展，就必须立足长远，加大服务力度，完善服务方式。公司出口的设备，经常因为外方不懂操作规程，或对产品性能不了解而使设备出现故障。鉴于这种情况，公司加大了海外服务力度，派出售后服务队伍，组织技术讲座，为客户解决具体问题。去年共向海外派出近200人次的服务队伍，良好的服务赢得了客户的信任，也为公司赢得了稳定的市场。

2000年公司与苏丹大尼罗河公司签订了34台电潜泵的租用合同，项目初期，由于质量问题，外方一度要求退货并中断合作。在此情况下，公司及时与生产厂家联系，研究解决办法，并多次派人到苏丹现场为用户解决实际问题，经过努力，所有电潜泵在过去的18个月中保持了良好性能，保证了大尼罗河公司的生产，赢得了大尼罗河公司的高度赞赏。该公司去年10月份专程派人给公司送来感谢信，并续签了30台电潜泵租用合同，金额超过2500万美元。

为保证海外项目的顺利实施，公司努力为项目提供全方位、一条龙服务。为此，公司专门成立了运输保险公司，并承担了许多大型项目的设备运输工作，去年运保公司共运输钻机13套，完成港口接转运合同5000多万美元。

（4）健全机构，加强培训，培养和选拔一支国际贸易的生力军。

培养和锻炼一支素质好、业务过硬，并熟练掌握外语的外贸经营队伍是公司发展的重要保证。为此，公司重组以来，把人才的培养和建设作为一项重要战略来抓。

一是尝试人才选拔和激励新机制。公司在重组初期，就积极采取新机制加强管理。通过民主测评和择优录用，使一批业务骨干和人才走上领导岗位，个别不合格的部门经理被调离原岗位，由新人接替，实现了干部能上能下。通过职工的双向选择，以及借调、社会招聘、雇用等多种用人方式，使各经营部门的人员配置都尽量达到科学合理。总之，通过新的用人机制，不仅做到人尽其才，并真正做到了职工能进能出，现有1人被解聘，1人被除名。

在人才选拔方面，首先严把进人关。把外语成绩作为新进人员的首要考核标准，托福成绩不够500分的人员坚决不能接收。同时，还把人的能力、素质和品德作为重要考核标准，保证队伍的综合素质水平。其次做好用人工作。在用人方面公司对待全体职工一视同仁，不论是何种身份，只要是人才，有才能，公司就尽量创造机会让其发挥，在提职、报酬和待遇等方面正式职工、借调人员全都同样对待。目前，有五名借调和聘用人员担任部门经理和助理等职务，在公司中发挥着重要作用。

二是加强人员培训，提高队伍素质。去年以来，公司把职工培训作为重要工作来抓，制定了相应政策鼓励职工学知识，学本领。通过请进来，送出去等多种途径，脱产学习、业余学习、有学位和无学位等多种方式，对职工进行有组织的培训，今年以来，已有167人次参加了公司组织的不同形式的培训，还有大量员工自发参加了各种各样培训班。为提高职工英语水平，公司筹办了英语培训班，聘请有经验的外语老师，每周三次为全体员工讲课，并定期组织考试，通过学习和考试相结合，提高了员工外语水平。为了真正了解石油专业知识，公司安排了新职工到油田、机厂实习，在实践中学习石油专业知识。另外，公司把外销员资格考试这项工作落实到人头，对每个业务员排出学习计划，分步骤实施，确保在三年内，公司每个参与经营的人员都要取得外销员资格证书。

（杜　娟）

【中油长城钻井公司】

1. 概述

中油长城钻井公司隶属于中油国际工程有限责任公司，是从事海外钻井工程承包和技术服务的国际钻井公司。主要业务范围包括钻/修井和相关技术服务、设备租赁、石油勘探开发技术咨询和培训等。公司总部共设八部一室，下辖钻井液、顶驱两个专业公司，有海外合资公司3个，海外项目部11个，驻外办事处1个。现有职工194人，固定资产原值3.34亿元，净值2.87亿元。

2. 经营成果

2001年，是长城钻井公司改革重组后的第一年。在国际公司直接领导下，长城钻井公司积极实施集团公司“走出去”战略，坚持以市场为导向，以经济效益为中心，加大国际市场开发力度，加强企业科学管理，扎扎实实做好各项工作，取得了丰硕成果，营业收入、利润及完成的钻井、修井工作量均创公司历史最高纪录。全年签订钻井技术服务项目合同额13418

万美元，实现营业收入 12717 万美元，实现利润 283 万美元。在国际市场上作业的钻井、修井机新增 20 台，总数达到 53 台；海外项目共开钻 186 口，完井 148 口，修井 79 口 108 井次，钻井进尺 355021 米；成功进入委内瑞拉、巴基斯坦、伊朗、尼尔利亚等国钻井市场，钻井队伍在 16 个国家执行钻（修）井合同，其中合同金额在 1000 万美元以上的钻井合同有四个：委内瑞拉 PDVSA 钻井项目 6600 万美元、哈萨克斯坦扎那诺尔油田钻井项目 5100 万美元、乌兹别克斯坦 UZPEC 公司钻修井合同 1245 万美元、苏丹 3/7 区 PETRODAR 钻井项目 1200 万美元。还拓宽了服务领域，钻井液、压裂酸化、定向井、顶驱等业务取得可喜成绩，钻井液服务在完成委内瑞拉 28 口井服务基础上又相继中标 10 多口井的服务合同。

3. 重点工作

（1）进一步加大国际市场开发力度，市场份额又有新的扩大。

2001 年，公司始终坚持把开拓国际钻井市场作为企业的生命线，摆在各项工作的首要位置来抓，进一步加大国际市场开发力度。加强对市场开发工作的领导，及时收集市场信息，研究市场动态，确定市场目标，制定市场策略，确保市场开发目标的实现。调整机构，专门成立了三个市场部，把一批综合素质较高的人员充实到市场开发部门，从而为市场开发工作提供了重要保证。实行市场开发目标管理，把全年带出国钻井队数量指标进行分解，落实部门、落实责任、认真考核，使国际钻井市场开拓工作不断取得新进展。牢牢把握战机，看准目标，果断决策。2001 年在委内瑞拉项目中，从接到标书到投标只有五天时间，公司全力以赴，一举中标。公司全年相继在 17 个国家共投标 43 次，中标 16 个，中标率达 37.2%。扩大了原有国际市场的份额，且第一次在委内瑞拉、巴基斯坦等国家和地区，开辟了新的市场。

（2）加大对海外项目作业的支持力度，确保项目顺利实施。

加大对海外项目的支持力度，提高作业水平是各项工作的重中之重。公司专门成立了作业部，充实骨干人员，并由一名公司副总经理专门分管海外项目和施工工作，对规模较大的海外项目，公司领导还亲临现场组织指挥。狠抓了原中技服伊朗项目、也门项目和印尼项目的交接，逐渐扭转了被动局面。在生产设备、工具和材料、技术、人力、资金支持等方面，对海外项目提供强大支持。狠抓现场作业的基础工作，建立了 HSE 管理信息网和数据资料库、编制了钻井现场 HSE 操作手册以及相关文件、向重点海外项目派驻 HSE 管理代表，设计制作了钻井井场和生活区的安全标志牌等。海外各项目均顺利进行。

（3）强化成本控制，努力降低成本。

积极采用先进技术，实现优质高效钻井。中哈长城钻井公司因地制宜地把国内优化钻井和高压喷射钻井等先进实用的钻井技术作为降低成本最有效的途径，应用到哈萨克斯坦钻井施工中去，因而大幅度地提高了钻井速度，钻井成本显著降低。努力降低采购成本，严格实行物资采购计划管理，积极推行比价或招标采购办法。加强与业主的沟通，尽量减少不必要的投入，伊朗项目中，通过可行性论证，向业主提出用国产设备代替合同中要求的价格昂贵的进口设备的方案并被采用，大大降低了固定资金投入。加强对国外项目资金的合理调剂，盘活用好资金存量，搞好现有资金的周转，保证项目需要，节约筹资费用。

（4）发挥整体优势，在带领地区公司共同开拓国际市场中摸索出新的途径。

公司在准确获取市场信息的基础上，从市场考察开始，就让地区公司人员早期介入，并参与投标报价、谈判、签约等全过程的工作，从而使地区公司从一开始就对项目有一个全面的了解，以利于项目的顺利执行。摆正公司与地区之间的关系，增加工作的透明度，既按照公司定位发挥应有的组织协调作用，又与地区公司在共同维护集团公司整体利益和各方利益的基础上，达成一致意见，增进相互信任；通过与地区公司签订内部书面协议的形式，增强相互联合的机制。先后与大庆、大港、华北、四川、辽河油田签订了《国外钻井项目内部协议》以及《委内瑞拉钻井项目内部合作协议》。

（5）打基础，抓管理，企业管理水平进一步提高。

针对公司重组后队伍结构、专业组织结构发生的新变化和形势发展的新要求，公司坚持从加强基础工作入手，全面强化企业管理工作。制定工作目标、工作程序，建立健全各项管理制度。制定出了市场开发、海外作业、生产经营、财务资产管理、HSE/合同条法、工程技术、行政管理等方面的工作职责、工作目标、工作程序及与之相配套的管理办法数十项。实行经营目标责任制。将实现合同总额、营业收入和利润总额三项经营指标落实到各个项目；加强 HSE 管理体系的建立，HSE 工作受到了集团公司马富才总经理的嘉奖。加强了职工培训工作，全年共培训 290 人。其中，英语 96 人次、西班牙语 110 人次、

HSE179 人次，井控 144 人次，涉外合同 4 人次，现代项目管理 30 人次，财务管理 24 人次。

（6）转换用人机制，认真搞好竞聘上岗，“双向选择”工作。

在集团公司对所属专业公司进行改革重组、面向集团公司系统钻井行业公开招聘并组建公司领导班子的基础上，按照国际公司的部署和要求，在公司全体员工、原中技服机关人员和项目组人员中开展竞聘上岗、“双向选择”工作。对报名应聘人员进行挑选，同时应聘人员对部门和工作岗位进行挑选，开展“双向选择”，竞聘上岗。报名参加公司应聘人员共计 165 人，竞聘上岗人员 140 人。通过此项工作的开展，进一步转换了用人机制，增强了职工的紧迫感、危机感和竞争意识，职工队伍的整体素质得到一定提高，为公司更大发展创造了有利条件。

（曹海霞）

【中油测井技术服务有限责任公司】

1. 概述

中油测井技术服务有限责任公司是 2000 年底由原中油测井有限责任公司、北京地质录井技术公司、中油金华龙测试技术公司合并重组的，具有测井、录井、测试综合服务能力的测井技术服务公司。中油测井技术服务有限责任公司作为中油国际工程有限责任公司的全资子公司，是以从事国内外测井、录井、测试项目市场开发和作业的专业公司，在保持国内难度井、重点井、反承包服务市场的前提下，积极开拓和进入国际市场，并争取好的经济效益。

2. 经营成果

2001 年，是中油测井技术服务有限责任公司重组改革后的第一年，也是公司各项工作取得新进展的一年。按照年初确定的“认真贯彻集团公司工作会议精神，加快重组改制步伐，加大市场开发力度，努力寻找新的经济增长点”的工作指导思想，在国际公司领导下，经过全体职工大量艰苦、富有成效的工作，公司生产作业安全进行，市场工作不断取得新突破，职工队伍稳定，各项经营指标呈现良好发展态势。全年海外测井、录井、测试专业新签合同额 3800 万元，完成合同额 3300 万美元，实现利润 231 万美元。录井和测试专业首次分别实现收支持平和开始盈利。市场主要分布在委内瑞拉、伊朗、苏丹、哈萨克斯坦、埃及和泰国等国家。

在苏丹作业区，在连续三年为 1/2/4 区块提供测井技术服务的基础上，以突出的作业业绩再次与甲方签订了一年合同，测井、录井、测试在苏丹 3/7 区块及 6 区块的井筒服务招标中一举中标。该地区 2001 年实现作业收入 1000 多万美元。

在伊朗作业区，2001 年 10 月同 NIOC 公司签订了二年期测试服务合同，合同额 1000 多万美元。11 月又中标 NISOC 公司测井项目，19 口气井项目的测井、录井、测试三个专业服务队伍已在年底开始作业。

在委内瑞拉作业区，成功的从中美公司、委内瑞拉国家石油公司（PDVSA）及其他油公司取得服务项目，从单一的射孔服务扩展到测井、录井和定向井服务。

在哈萨克斯坦作业区，通过合资公司 SANESKO 与哈萨克阿克纠宾油田签订了测井、射孔和资料解释服务合同。

在埃及项目组，2001 年公司已中标 PETROZEIT 公司的录井项目，包括海上四口井和陆上四口井。

在国内反承包项目中，为壳牌石油公司（SHELL）提供长庆两口井录井和测试（地面测试、电缆和钢丝作业）技术服务，特别是测试服务获得安全率 100%，资料质量合格率 100%以及测试工艺成功率 100%的成果，壳牌石油公司对该项目的服务给予了较高评价。

3. 重点工作

（1）加大国际市场开拓力度，努力增大市场份额，降低市场经营风险。为了在日益竞争激烈和相对垄断的国际石油技术服务市场中面对各种挑战，得以生存、发展与壮大，年初中油测井公司制定了“突出重点，以点带面，提高水平，做大规模，实现公司效益最大化”的市场开发战略，即：以我公司现有的伊朗、苏丹、哈萨克斯坦和委内瑞拉作业区为中心，以拥有一批具备当地市场开发经验、熟悉专业技术和外语，以及当地作业习惯的人才优势为基础，向周边油田和国家辐射我们的技术服务，将市场逐步由点扩展成面。2001 年公司市场部与各事业部密切配合，发扬开拓拼搏的精神，不断加强市场开发力度，提高市场开发层次，在海外工作中取得了一定进展。

（2）加大人员培训的投入，努力形成公司人力资源优势。人才是企业发展的根本，是企业最宝贵的资源。中油测井技术服务有限责任公司把人才资源开发的着眼点放在培养一支年轻、高效、具有丰富国际作业经验的队伍，实行多渠道培养，多岗位交流，全方位锻炼。结合公司的具体情况，采取各种形式进行专业技术、HSE 和英语等方面的培训，从而提高人员的整体素质。

(3) 加强财务管理工作。测井、录井和测试三家公司的合并，对公司的管理，特别是财务管理提出了更高的要求。公司运营的根本目标就是获得经济效益，因此加强核算、加强财务监管、加强资金管理是今年财务经营部门的主要工作。

(4) 加强物流管理。公司重组后成立后勤支持部统一进行全公司生产物资的计划、采购、保管、运输及保险，改变过去各专业各作业区都有一套后勤组的作法。统一后公司的人力、物力资源得到了有效的整合，大大提高了工作效率，同时制定了相应的管理制度，从采购计划、采购合同的签订到货款的支付都有严格的审查、审批手续，有效地堵塞了漏洞、减少了库存的压力并且降低了成本。

（王　京　姚玲玲）

【中国石油天然气第一建设公司】

1. 概述

中国石油天然气第一建设公司（以下简称公司）1954年成立于抚顺，是新中国成立最早的石油化工工程建设专业公司。40多年来，伴随着石油工业的发展，先后参加了大庆、胜利等油田开发会战，建成了国内外45座大型石油化工厂，200多套大中型装置。创造出数十个第一，被誉为“中国炼建第一军”。公司现有员工4753人，资产上升到7.16亿元，是全国质量效益型先进企业、全国先进建筑安装施工企业、河南省文明单位、省级重合同守信用单位、省建行AAA级信用企业。主营业务为化工石油工程建设、非标设备制造、无损检测、建筑工程、设备租赁维修等。

2. 资质管理

公司的专业资质证书主要有：(1) 三类压力容器（球罐类）设计资质证书；(2) 一、二、三类压力容器制造（含球片压制）、安装证书（AR2，AR3）；(3) 二级锅炉安装证书；(4) 美国机械工程师协会ASME规范产品（压力容器（U）、锅炉制造（S）、锅炉安装（A）、动力管理（PP）、锅炉压力容器修理（R）等）授权证书和认证钢印。综合资质有：(1) 高压容器（AR1）制造安装证书；(2) 甲级自动消防设施安装证书；(3) 化工石油建设一级资质证书；(4) ISO 9002—1994《质量体系—生产安装和服务的质量保证模式》认证证书；(5) 中华人民共和国对外经济合作资格证书；(6) 中华人民共和国进出口企业资格证书；(7) 中华人民共和国海关自理报关单位。

目前公司根据国家关于资质重新就位的要求，正在申报化工石油工程施工总承包特级、房屋建筑工程、市政公用工程、机电工程施工总承包一级，及化工石油设备管理安装工程、无损检测工程、管道工程、机电设备安装工程、钢结构工程等五个专业承包一级资质。压力管道施工许可证正在申报。公司的企业资质将更加完备。

3. 经济指标

按照“全面贯彻党和国家的方针政策，坚持以市场为导向，以效益为中心，以发展为主题，以结构调整为主线，以科技创新、体制创造和管理创新为动力，突出主营业务，搞好改革重组，全面提高核心竞争力，努力实现公司整体持续、稳定、发展”的总的工作指导思想。经过努力，2001年公司完成企业总产值7.16亿元，其中自行完成6.21亿元，分别是计划的119.3%和103.5%，总体实现利润3379万元，达到了历史的新水平。

4. 市场开发

按照“开辟北方，巩固南方，面向全国，扩展海外”经营战略，经过努力拿到手的工程主要有：兰州乙烯裂解炉，克拉玛依50万吨/年催化改造，独山子聚乙烯、聚丙烯改造，苏丹六台2000立方米球罐安装，呼炼、前郭的重整、加氢装置，重庆万州油库工程，兰成渝和京石线的89.5千米管道检测任务，还有14台球罐制造、11台球罐安装。保持有利的市场格局。

5.HSE管理体系建立

HSE管理体系建立具有满足政府对健康、安全和环境的法律、法规要求，也为企业提出的总方针、总目标以及各方面具体目标的实现提供保证，可以减少事故发生、保证员工的健康与安全，保护企业的财产不受损失等重要意义。在项目管理上，积极实施HSE管理，获得良好效果，现场文明施工水平不断提升。公司在充分调研后，正在积极组织编制HSE程序文件汇编和健康、安全、环境管理手册，使规范管理得到进一步的提高。

6. 体制改革

公司按照集团公司的改革要求，积极深化改革。在体制方面，完善了内部市场，建立起了以垂直管理、集中调控、高效率运行为基本特征的“扁平化”管理体制；在运行机制方面，制定了新的经营承包和工程项目运行实施办法，加重了风险承包、效益考核的分量；在三项制度改革方面，采取实质性步骤精干队伍，规范管理，继完成2514名职工有偿解除劳动合同后，又完成了2478名人员的劳动合同续签。这些新的体制和机制，正在推动公司加速向管理效益型发展。

7. 科技进步

公司紧紧围绕市场趋势和工程实际，大力落实科技进步。其中塔器焊缝承载状态，现场电热法局部处理工法被评为国家一级工法，长庆加氢重整联合装置、长庆气田产能建设、辽河临氢降凝装置等3项工程获得部级、国家优质工程奖。

（李显杰）

【中国石油天然气第六建设公司】

1. 概述

中国石油天然气第六建设公司（以下简称中油六建公司）是国家建设部第一批颁发的化工石油施工总承包一级资质企业，国家二级企业。成立于1968年，总部设在广西桂林市。主要承担石油、石油化工、化工工程及其他工业与民用工程建设。1998年通过了ISO 9002质量体系认证，现已取得压力管道安装许可证、锅炉安装A级许可证、消防系统安装许可证(甲级)、80吨以下桥式起重机安装安全许可证、完善计量检测体系合格证书，公司中心试验室获得一级建材试验室资格及理化检验评定证书。曾获全国施工企业管理优秀奖、全国先进施工企业、全国用户满意施工企业等多种荣誉称号。连续18年保持广西区和桂林市文明单位称号。2001年7月完成了公司领导班子换届调整，隶属关系由中国石油工程建设（集团）公司移交给中油国际工程公司托管。

2. 生产经营

中油六建公司广大干部职工紧紧把握改革、发展和稳定的关系，在国内外施工、市场开发、企业管理、深化改革、精神文明建设等方面都取得了较大进展，实现了新世纪和“十五”计划的良好开局。全年共完成国内外施工产值21748万元，实现国有资产保值增值率100.83%。工程交验合格率100%，单位工程质量优良率91.6%，全年杜绝了重大伤亡事故。

市场开发取得新的突破，新的市场格局逐步形成，顺利进入集团公司的锦西（锦州）、大连、抚顺、兰州四大炼油基地，成功打入西南的重庆、成都市场。企业管理迈上新台阶，大力推行体系化管理，促进公司管理与国际惯例接轨，ISO 9000质量体系已通过转版换证审核，HSE管理体系正着手进行认证工作；切实抓好企业资质就位工作，成为第一批获得国家化工石油工程施工总承包一级资质企业。企业改革持续深化，调整了公司机关的机构、职能分配和定岗定员，由于23个处室调整为13个部室，并淡化了行政级别，强化了机关的指导、服务和监控职能。产业结构调整，主辅分离等工作取得新突破。施工主业方面，重新调整了一、二、四分公司，组建专业化的压力容器分公司、工程技术服务分公司。多种经营方面，由“安置型”向“经营型”转变，撤消了金属结构厂经营部、塑钢门窗厂装饰工程部、科特电脑信息服务部、综合商店、虞山液化气站、西环液化气站等九个分支机构，停止了华油物资分公司、塑钢门窗厂的生产经营业务和油品批发业务。对外出租公司影剧院、阳朔加油站等，进一步放开搞活，盘活资产，增加赢利，控制了亏损。干部人事制度改革取得新的突破，公司副总师、机关部室正职和二级单位党政正职都经过民主推荐、组织考核、公司党政领导研究、上级审批、任前公示等程序，并实行6个月试用期制度。同时对机关部室副职实行公开招聘，55名符合竞聘条件的职工进行公开竞聘，18名职工通过竞聘被聘任到机关部室的副职岗位，为公司下步在更大范围内实行竞聘上岗、建立干部能上能下的选人用人机制积累了宝贵经验。社会治安综合治理、计划生育工作都达到了责任状指标要求，保持了广西区和桂林市文明单位称号。

2001年，中油六建公司还荣获了“中国企业形象最佳单位”、“中国建设系统企业信誉AAA级单位”称号，涠洲岛终端处理厂工程被评为“全国用户满意工程”，公司“P3软件在工程施工管理中的应用”和“全国统一安装定额通用单位估价表预算软件的设计与开发”分别荣获中油集团公司企业管理现代化成果一、二等奖。其中，“P3软件在工程施工管理中的应用”正由中国石油工程建设协会推荐上报全国工程建设企业管理现代化成果奖，企业形象和社会信誉大大提高。

（谢继友　李晓文）

【中国石油天然气第七建设公司】

1. 经营指标

提前一个月全面完成了各项施工生产任务。完成企业总产值32595万元，实现利润1086万元，全员劳动生产率达159936元/（人·年）。在减员1098人的情况下，完成企业总产值比上年增长了1.9%，实现利润和全员劳动生产率分别为2000年的6.4倍和1.57倍，这三项指标均创历史新高。

2. 市场开发

全年共签订各类工程项目合同103项，合同金额3.3亿元，不仅弥补了当年任务缺口，而且为2002年新增任务资源储备2亿元。社会市场开发有较大突破，先后承接了山东地区小炼厂、青岛石化及大连、青岛港口贮运工程等十多个项目，占全年承揽任务的21%。国外建设市场开发有新的发展，自主开发承接了叙利亚储罐工程，在新加坡注册成立了中油七建新加坡公司。加工制作市场开发成绩显著，承揽钢结构来料加工任务15336吨。

3．工程建设

全年竣工投产工程项目11个，装置工程9套，全部实现高水平一次投产成功。大庆炼化公司60万吨/年柴油加氢改质工程气密试验无一处泄漏，竣工投产再创一流水平，受到建设单位的高度评价。泽普日产1050吨尿素工程、辽化乙烯脱瓶颈装置工程的投产成功谱写了公司化工和乙烯施工新篇章。青岛和大连港五台10万立方米油罐工程，按国优标准组织施工，凭借实力和质量赢得了建设单位的高度赞誉。青岛港第二台10万立方米罐主体安装工期仅45天，创造了10万立方米储罐安装工期最短的全国新纪录。哈萨克斯坦项目部在扎那诺尔油气处理老厂改造工程施工中，克服种种困难，艰苦奋斗，提前完成了改造工程“停产连头”的施工任务，工程打得十分漂亮，被中油股份公司领导确定为形象工程，谱写了为国争光的新篇章，为公司承接哈萨克斯坦扎那诺尔油气处理厂新厂建设工程奠定了基础。乌石化40万吨/年催化重整装置工程、兰州2000立方米球罐工程等新开工程出手水平高，为公司赢得了市场信誉。

4．体制改革

公司管理体制改革方案顺利实施，完成了组织结构调整和人员重新聘任上岗。在组织结构调整方面，按照市场化经营和发展施工总承包，推进公司由劳动密集型企业向管理密集型企业转变的总体要求，构筑公司组织结构框架，建立科学的企业管理体制和高效的内部运行机制。改革后的管理体制在纵向上形成了三个组织层次，即由公司机关组成的经营决策层，由分公司和项目部组成的项目管理层，以各种专业施工人员为主体组成的作业层。公司组织结构由公司机关、生产经营单位、生产要素单位、设计研究单位、项目经理部、办社会职能单位六块组成。并且对各单位和机关部室的职能重新进行了定位和调整。按照专业系统化管理的要求，设计了各个专业管理系统的运行方案。在人员聘任方面，按照干部“四化”方针和岗位任职条件，贯彻“三干法”和公开、公平、公正、竞争、择优的原则，根据干部聘任权限和程序自上而下依次聘任上岗，共有400多名人员参加了投聘工作，一批较为优秀的年轻干部充实到了各单位和机关部室领导岗位，给公司注入了活力。

5．管理工作

实施低成本战略初见成效，盈利能力有所增强。突出了项目在公司成本管理中的中心地位，对项目效益考核统一采用了直接费用考核办法，落实项目经济责任制，生产经营单位全部完成利润指标和上缴货币资金指标，项目盈利水平普遍有所提高。大连港三台10万立方米罐中标价较低，预计亏损200万元，但在大连项目部精心组织下，加强目标成本管理，处处精打细算，实现了扭亏为盈，实际盈利380万元。桓台、青州、济南项目取费标准低，各项目部积极探索创新项目管理模式和方法，扩大分包规模和范围，通过人力资源外引，降低了人工成本，缓解了低价位竞标的成本压力，实现了盈利目标。管理基础工作得到进一步加强，公司作为中油集团公司第一批资质换证单位，顺利通过了建设部的审查，获得国家化工石油工程施工总承包壹级、市政公用工程施工总承包叁级、化工石油设备管道工程专业承包壹级、管道工程专业承包壹级、无损检测工程专业承包贰级资质。三类压力容器制造及现场组焊资质、B级锅炉安装资质通过了四年一次的换证审查。管理现代化工作继续得到推进，计算机技术在管理工作中普遍得到应用，公司内部局域网基本健全，管理效率明显提高。

6．质量与安全

质量体系通过中建协认证中心的监督审查，质量体系文件2000版换版工作顺利完成，质量体系持续有效运行。公司质量目标基本实现。单位工程交验一次合格率100%，产品出厂合格率100%，单位工程优良率88.6%，工程质量回访满意率100%。公司再次荣获全国质量管理先进企业称号，并首次获得国家3A级企业信誉。安全生产四个体系运行基本正常，为施工生产提供了适宜的环境。HSE体系文件编写工作基本完成，HSE体系认证前期准备工作正在进行。安全生产、交通和消防安全控制指标基本实现。

7．科技与培训

全年完成科技进步成果18项。重点攻克了超低碳不锈钢焊接技术、高度为80米的烟囱滑模施工技术、SPV490Q高强钢冬季焊接技术、电渣焊技术、球罐计算机系统软件、超宽超长超重球壳板冲压技术等技术难题，为确保工程产品质量和工期，提高经济效益提供了有力的技术服务和支持。共举办各类技术和管理业务培训班77期，培训职工1648人次，其中外培职工475人次。145名焊工取得压力容器焊接操作证432项，培训特殊工种204人次，委托院校和专业培训机构脱产培训英语、预算等紧缺专业人员55

人。举办假日课堂，在两级机关管理人员中普及财务知识培训。举办了焊工技术比武选拔赛，职工队伍技术业务素质有新的提高。公司青年焊工战强在全国建设系统焊工技术比武中获得集团公司第一名，全国A组第八名的好成绩，为集团公司和公司赢得了荣誉。

（宓幼康）

【中国石油天然气华东勘察设计研究院】

1. 概述

中国石油天然气华东勘察设计研究院（以下简称华东院）始建于1974年，坐落在黄海之滨，胶州湾畔的青岛市市中心延安三路113号甲。是国家综合性甲级设计院，全国百强院之一。主要从事石油炼制、化工、天然气加工、油气储运和建筑等设计，勘察测量、工程监理以及环境影响评价、劳动安全卫生预评价等。

该院现有职工522人，其中工程技术人员432人，占职工总数的83%，国家、部级专家7人，高工126人，工程师近300人，硕士研究生30人。

2001年来，全院职工以市场为导向，以效益为中心，以质量求生存，坚持领导、专家、经营人员“三位一体”的经营方略，狠抓内部管理，坚持低成本发展，加大科技开发力度，努力占领技术制高点，强化思想政治工作，不断增强竞争实力，实现了物质文明和精神文明建设的持续、稳定、快速发展。

2. 生产经营

2001年，全院落实任务资源5000余万元，同比增长30%，实现利润153万元，为年度计划指标的110.05%，超额完成了工程建设（集团）公司下达的年度利润指标，又一次谱写了华东院人新的篇章。

3. 质量管理

质量管理是企业发展的永恒主题。2001年，华东院在全院范围内深入开展了“质量年”活动。全年有二个设计项目荣获省部级优秀设计奖，一个设计项目获青岛市优秀设计奖，三个QC小组分别荣获省部级优秀QC小组奖，其中工艺室QC小组获得国家工程建设优秀QC小组称号。

4. 科技开发

华东院与美国CDTECH公司合作设计的国内首套汽油醚化装置已正式在南充炼油厂立项建设，与石油大学联合开展的汽油降烯烃、两段提升管催化裂化技术是中国石油集团“十五”科技攻关项目，取得了阶段性成果；同时，作为技术支持单位，受中油股份公司委托，组织并参加了炼油板块的38个项目评估与审查，为股份公司审减投资近3亿元，大大提高了华东院的知名度。济南二化催化，杭州脱硫、桓台加氢和焦化、辽河重交沥青等一批装置相继投产成功，都标志着华东院在炼油化工设计领域迈出了可喜的一步。

5. 党群工作

2001年，华东院紧扣生产经营这个主题，深入学习江泽民总书记关于“三个代表”的重要论述，思想政治工作面向职工、面向一线，收到了良好效果。

华东院将思想政治工作与解决职工关心的热点难点问题紧密结合起来，认真贯彻集团公司关于稳定政治、稳定经济、稳定社会的方针政策，对职工敏感的问题，如干部聘任、职称评定等，本着公开、公正、公平的原则，解疑释惑，协调关系，进一步提高了队伍的凝聚力，战斗力。理顺情绪，化解矛盾，保证了各项工作的顺利进行。

（刘建庄）

中国石油集团工程设计有限责任公司

【概述】　为贯彻落实集团公司重组改制的总体要求，依据国家关于勘察设计单位改革的有关文件精神，集团公司2001年3月15日下发了《关于成立中国石油集团工程设计有限责任公司的通知》，决定由中国石油集团、四川石油管理局、华北石油管理局、吉化集团公司作为股东，分别以中国石油天然气集团公司规划设计总院（存续部分）、四川石油勘察设计研究院、华北石油勘察设计研究院、吉化集团公司设计院评估后的净资产作为出资入股，联合组建中国石油集团工程设计有限责任公司。重组成立的公司拥有甲级工程勘察、甲级工程设计、甲级工程总承包、甲级工程监理、甲级工程咨询、甲级工程造价、甲级环境影响评价和甲级测绘等39项甲级资质证书，还拥有一、二、三类压力容器设计证书和进出口企业资格证书。公司按照ISO 9000系列标准建立了质量体系，并已通过国家权威认证机构的认证。

四家设计单位按照“强强联合、优势互补、互利互惠、共同发展”的原则实施结构调整和战略重组，组建国内目前惟一的石油化工上下游一体化的大型工程公司，这既是为了适应国内外市场激烈竞争的需要，也是为了提高石油设计水平和设计能力，逐步与国际接轨，培育具有工程总承包能力的国际型工程公司的需要。

通过重组，工程设计公司实现了企业制度创新和经营机制转换，初步形成了制度和政策优势、资源和规模优势、技术和人才优势、地缘和信息优势，重组的成效已初步显现，公司市场份额逐步扩大，为公司今后的更大发展奠定了基础。

【公司组建】　2000年11月工程设计公司筹建工作正式启动，四家设计单位认真贯彻落实集团公司领导关于四院重组改制的指示精神，研究制定了详细的工作计划，加快公司筹建步伐，在较短时间内组建了工程设计公司。

一是召开公司股东会、董事会及监事会。四家重组单位在顺利完成重组改制实施方案和资产评估基础上，于4月3日召开了公司第一次股东会、首届董事会和监事会第一次会议，审议通过了公司章程和组织机构设置方案，按照规范的程序产生了公司董事会、监事会，聘任了公司总经理及副总经理，从而按公司法的要求确定了法人治理结构。

二是完成公司注册并组织公司庆典。4月25日，公司在国家工商局完成了工商注册登记，标志着公司的成立按法律程序已生效。5月17日，公司成立庆典仪式成功举行，标志着公司正式成立。

三是成立各分、子公司。北京分公司、华北分公司、西南分公司、东北分公司于6月份陆续完成挂牌。迪威尔公司、兴油监理公司、环境工程技术中心也分别于6月、7月、10月成立。

为进一步增强整体优势，公司成立后积极开展大连石油化工公司设计院加盟的筹备工作，并于10月正式成立大连分公司。

【生产经营】　在完成大量筹建工作的同时，工程设计公司一手抓重组，一手抓生产，做到重组生产两不误。公司坚持以市场为导向，以市场开发为龙头，充分发挥公司整体优势，加大市场开发力度，公司全年共运行大中型项目120余项，完成产值2.5亿元，实现主营业务收入2.0亿元，实现利润835万元，分别为董事会下达指标的167%、200%、167%。公司股东会还研究决定将375万元可分配利润按股权比例分配给了各股东单位，初步展示了公司的实力和强劲的发展势头。

1. 加大市场开发力度

公司高度重视市场开发，及时制定出台了市场开发政策，建立了激励机制。召开了市场开发工作研讨会，提出了“依托本系统、面向外行业、立足国内、走向国外”的市场开发战略。一年来，公司全员、全方位、多领域开拓市场，承揽了西气东输工程、塔里木气田、长北气田和苏里格庙气田集输工程、吉林60万吨/年燃料乙醇工程、苏丹六区块油田地面工程、沧淄输气管线工程等一批工程勘察、设计、总承包、监理项目，全年新签合同额38191万元。

2. 加强项目管理，确保工作进度和质量

公司借鉴国内外先进的项目管理经验，积极推行项目管理，努力探索新体制下的项目组织形式，制定出台了公司项目管理办法。公司狠抓项目组织与协调，努力保证工作进度。同时，加强质量控制，不断提高产品质量，强化了为顾客服务意识，确保为顾客提供高质量的产品和服务，力争以优质的服务、过硬的技术、良好的信誉赢得顾客、赢得市场，树立公司“文明、正派、大气、真诚、重情”的形象。

3. 积极发展国际工程业务

为了适应集团公司奋力开拓国际市场的发展趋势，加大国际市场开发力度，公司专门成立了国际工程部，加强与勘探开发公司、中油国际工程公司等单位的合作，积极筹建驻哈萨克斯坦办事处等驻外分支机构，扩大在海外技术市场的影响，广泛收集市场信息，积极承揽工程项目。经过努力，公司2001年在哈萨克斯坦阿克纠宾油气处理厂、苏丹六区块Fula油田地面工程等项目取得进展。

4. 不断加大科技开发力度

公司积极推动科技创新，瞄准21世纪油气田、长输管道、炼油和石油化工的技术水平，努力开发主业前沿核心技术，逐步形成公司自身强项技术系列。2001年公司开展了含硫气田腐蚀检测技术研究、腐蚀机理研究、天然气分离除尘设备研究、天然气管线风险分析、三层PE防腐补口技术研究等课题，同时注重成果质量，多项成果获股份公司科技创新奖。此外，公司还根据集团公司当前油气生产关键技术的需求及集团公司“十五”科技发展计划，认真分析公司科研实力和技术优势，在全公司开展了科研立项申报工作，仔细筛选、突出重点，提出了一批科研课题。

【规范公司管理】　公司成立以来，坚持改革与创新，积极按照现代企业制度要求，不断完善法人治理机构，规范公司运作。同时，公司还积极探索新体制下的各项管理，加大制度建设力度，狠抓制度落实，使公司管理逐步走上了制度化、规范化的轨道。

1. 研究制定管理体制和运行机制

公司按照现代企业制度要求和公司章程，结合异地管理实际，制定了管理体制和运行机制纲要，实行所有权与经营权分离，并按照"总分公司管理体制、委托法人授权经营"方针，分级管理，两级营销，初步形成了独具特色的、激励与约束相结合的经营机制。并研究制定了综合考核办法，与各分（子）公司签订了生产经营承包责任书，初步建立了责、权、利统一的考核奖惩机制。

2. 规范市场开发及项目管理

一是建立市场开发激励机制。制定了《项目承揽管理规定》和《科技项目承揽管理规定》等管理制度，加强内部资源的合理配置，鼓励员工参与市场开发。

二是加强投标管理和合同管理。制定了《投标报价管理规定》，对不同的项目根据公司的要求和实际需要，实行统一策划、分工组织。制定了《合同管理规定》，强化合同评审。

三是严格项目管理制度。制定了《项目管理及考核奖励办法》和《项目产值及劳务结算管理办法》，参照国际惯例，积极推行项目经理负责制和按人工时计算项目产值的分配办法，促进内部生产要素的优化配置。

3. 加强质量管理

一是完成质量体系文件换版工作。组织人力开展文件编制工作，并于 2002 年 1 月 1 日颁布实施了新的体系文件。

二是加强技术质量考核与检查。加大重大工程项目的质量检查力度，并在 11 月对技术质量进行了专项考核。

三是规范设计评审程序。制定了《设计评审管理规定》，严格各级项目评审的程序，保证了设计文件质量。

4. 做好人事劳资管理

一是加强组织机构建设。编制了《公司组织机构设置和人员编制方案》，明确了公司总部各单位的机构设置、人员编制和职责范围等，抽调 43 人组建了公司总部。

二是做好干部选拔任用工作。陆续任命了 20 名总部中层干部和 28 名各分公司班子成员。积极探索现代企业制度下干部选拔任用新机制，制定了《经营管理者职务竞聘办法》和《选拔任用领导干部实行公示规定》。

三是加大人才引进力度。不仅从各单位抽调了一批技术和管理骨干充实总部力量，还在全国范围内招聘专业技术人才，坚持标准，严格程序，共招聘了 8 名技术及管理人才，全年共引进各类专业技术人员 89 人。

四是加强职工工资管理。积极探索适应现代企业制度要求的薪酬制度，在坚持工资总额控制基础上，加大分配制度改革，制定了《聘用员工薪酬管理办法》，坚持薪酬市场化的发展方向，充分调动职工的积极性。

五是做好职称评审工作。成立了公司职称改革工作领导小组和工程系列高级专业技术职务任职资格评审委员会，制定了《专业技术职务评聘工作规定》，并组织开展了 2001 年度职称评审工作。

5. 规范财务管理

一是加强投资和预算管理。制定了《投资管理办法》，严格规范各种投资决策程序。成立了公司预算委员会，对预算工作进行统一的组织与领导，并坚持以经济效益为中心，研究制定了《预算管理规定》。

二是加强资金管理。制定了《资金管理规定》，将公司各项资金收入纳入统一财务核算，努力确保公司资金安全。

6. 加强行政管理

一是加强制度建设。先后制定了《印章使用管理办法》、《信访管理规定》、《会议管理办法》、《公文处理办法》等多项制度，规范了公司行政管理工作。

二是做好关联交易。与实业开发公司签订了服务协议，加强各项服务的监督检查力度，努力为各项业务及管理工作提供服务。

三是努力做好安全、综合治理、保密、档案、计划生育等项工作。

【精神文明建设】　公司自成立伊始，就十分注重党建和思想政治工作，及时建立健全了党组织。在党委的统一领导下，公司各级党组织紧紧围绕公司生产经营活动，大力开展公司整体意识教育和企业文化建设，努力培养、树立良好的队伍作风，并以此带动了精神文明建设的深入开展。

1. 建立健全党的组织机构

一是召开了公司党代会。公司召开了第一次党代会，选举产生第一届党委会和纪律检查委员会。

二是健全各级党组织。完成了北京、华北、东北、西南、大连等 5 个分公司党委和迪威尔、工程监理、实业开发、离退休、环境工程等 7 个党支部的组建工作。

2. *加强党的建设*

一是认真学习贯彻江总书记“七一”重要讲话及党的十五届六中全会和中央经济工作会议精神。党委中心组坚持带头学习，并联系公司实际，就公司的发展开展讨论，统一了思想。

二是积极开展宣传工作。紧紧围绕公司成立和业务工作，充分利用中国工人报、中国经济参考报、中国石油报等新闻媒体，加强宣传报道，树立公司形象，扩大公司知名度。

三是加强廉政建设。认真贯彻落实党的十五届六中全会《关于加强和改进党的工作作风的决定》，加大党风廉政建设力度，增强了广大党员遵守党纪政纪的自觉性。

四是加强制度建设。先后组织制定了《精神文明建设考核办法》、《加强领导班子建设的若干意见》、《公司经营管理者管理办法》、《党风廉政建设实施意见》、《公司宣传工作管理规范》等工作制度，进一步规范了公司的各项工作。

3. *加强队伍建设*

一是加强公司一体化教育；二是加强公司精神文明建设；三是做好改革与生产过程中的思想政治工作。

（钟吉昌）

中国华油集团公司

【概述】　中国华油集团公司（以下简称华油集团）是中国石油天然气集团公司直属的专业公司。主要从事油气产品的生产与销售、天然气的开发与利用、酒店旅游业、高级润滑油的生产和销售、新型建筑材料的生产与房地产开发、油田和炼油化学试剂开发及大宗贸易。注册资本 84403 万元，实收资本 180915 万元；到 2001 年底资产总额 289969 万元，固定资产 134001 万元。

华油集团以华油实业开发总公司、上海浦东华油实业有限责任公司、中国石油化学公司、廊坊中油建材总公司、中油优特高级润滑油联合公司等大型骨干企业为龙头，以北京华油石油公司、湖南中油华中石油销售有限公司、天津华北石油新技术开发实业总公司、北京华油万通房地产公司、中油国际旅行社、北京华油联合燃气开发有限公司等专业公司为依托，发挥集团整体优势，大力开拓市场，努力培育新的经济增长点，初步形成了发展重点突出的多元发展格局。

【生产经营指标】　2001 年，是华油集团实施“十五”发展计划的开局之年。一年来，华油集团认真贯彻落实一届三次董事会精神，以经济效益为中心，齐心协力，迎难而上，扎实工作，积极采取各种措施增收节支，努力挖掘已有经济资源的盈利潜力。2001 年华油集团完成利润 2035 万元，较 2000 年同期 395 万元增长了 4.15 倍。实现营业收入 113013 万元，为年计划的 125.57%，比 2000 年增加 3 亿多元，增长 37.95%。其中，油气销售市场份额进一步扩大，全年油气销售收入 67461 万元，较 2000 年增加 13754 万元，增长 25.61%；酒店旅游业实现销售收入 8854 万元，增加 2319 万元，增长 35.49%；建材产品全年实现销售收入 6982 万元，同比增长 54.57%；润滑油产品增长 61%；油田化学产品销售、大宗贸易等也都有不同程度的增长。

【生产经营策略】　由于历史原因，华油集团成立时，既没有强大的核心企业，联合舰队缺乏旗舰，集团内部也没有关联度大的产业链，经营缺乏集中度和聚合力。针对这个现实，华油集团集中精力，大力实施四大工程，即效益工程、管理工程、人才工程、形象工程。强化经营目标责任制，构建以理财为核心的管理体系，使企业管理逐步走上了规范化、制度化的轨道，集团整体优势初步显现。

1. *以效益为中心，生产经营取得可喜成绩*

（1）市场开拓取得较大进展。2001 年，各公司根据自身的经营特点和经营理念，在市场开拓上下功夫，抢占市场份额。上海浦东华油实业有限责任公司采取各种措施，加强酒店营销，使与酒店直接签约的企业客户由 275 家增加到了 551 家，航空公司从 4 家增加到了 13 家。中油建材总公司强化营销队伍，加大激励力度，实行领导挂帅，分片包干的销售责任制，对重点合同重点攻关。砼制管销售取得了前所未有的好成绩，实现销售收入 2570 万元，增长 356.94%，利润达 626 万元，而且将 1383 根积压管全部销售。华油实业开发总公司白砂糖贸易项目充分发挥现有优势，业务规模出现较大幅度增长，全年经营白砂糖1.6万吨，实现利润480万元，市场地位日益巩固。

（2）产品竞争力进一步增强。中油优特高级润滑油联合公司注重品牌战略，“尤特”牌润滑油荣获河北省消协颁发的《河北省第六届消费者信得过产品》称号，并被推荐参评河北省著名商标，知名度进一步扩大。全年润滑油销售首次突破了1万吨，其中销售利润率较高的中高档润滑油占76.5%。中油建材总公司加强技术改造和产品开发，使砌块产品种类增加到了50多种，改变了过去只能生产一级砼制管、产品单一的状况，目前已能生产一极管、二极管、三极管，提高了市场竞争力。中国石油化学公司研制生产的“刻灵”汽柴油清净剂品牌效应已开始显现，形成批量销售，实现销售利润157万元，比上年增长2.6倍；特种白油开发研制成功，注册了“奥科”牌商标，去年毛利率达到21%，呈现出了良好发展前景。

2．以产业定位为突破口，优势产业有新发展

2001年，华油集团结合实际，立足现实，着眼未来，从充分发挥华油集团自身和CNPC两大优势出发，把旅游酒店业和油气相关产业作为主要发展方向，明确了产业定位，在产业结构调整上迈出了重要步子。华油集团的产业定位，集中在“油”、“游”两大产业，但对其他现有优势产业并不舍弃，而是要巩固成果，走内涵式发展道路，重在提高竞争能力，提高营运质量，形成了主营业务跨越式发展，非主营业务综合素质不断提高的发展局面。

（1）难动用储量开发取得突破。经过一年多积极运作，5月份，同吉林油田分公司签署了合作开发乾153区块协议。截至12月底，生产原油3056吨。

（2）浅层天然气开发利用扩张发展。2001年生产天然气590万立方米，完成年计划110.2%；销售压缩天然气2122万立方米，比2000年增长9.3%，实现净利润767万元。同时，在成都新建了两座加气站，其中大邑站已正式投入运转，日加气量由700立方米/日达到了4000立方米/日，显示了较好的增长势头。到2001年底，该公司上市辅导期即将结束，并在媒体正式发布了公告，上市工作进入到一个新的阶段。

（3）成品油销售网络不断扩展。2001年成品油销售政策变化快，价格波动大，各公司及时调整经营策略，扩大销售区域，加强网络建设，销售量仍比2000年增加了6万多吨，使市场份额进一步扩大。

（4）酒店旅游业运营规模进一步壮大。2001年10月16日，在集团公司的大力支持下，常州中油国际大酒店正式开业，使华油集团在上海、常州、大庆、苏州等四个酒店投入了运营，运营资产达到了12亿多。常州中油国际大酒店在试营业期间成功接待了常州国际中小企业博览会的产品发布会、电子商务研讨会等大型商务活动，到2001年底，客房平均入住率达到87%，实现了开门红。上海中油大酒店利用各种国内外媒体扩大酒店知名度，在浦东酒店业树立了自身品牌，入住率达76.38%，创造了历史最好成绩。中油国旅注重树立旅游品牌，采取各种方法快捷、全面、高效地宣传新开发的旅游线路，推出了30多个线路产品，接团能力不断增强。2001年4月，成功举办了“情满香濠、世纪良缘”大型婚礼活动。婚礼活动共有15家石油石化单位职工，120对新人参加。中央电视台、凤凰卫视、亚视、工人日报、澳门日报等媒体都进行了跟踪报道，向世人展现了石油工人的精神风貌，展示了中国石油的良好企业形象和企业文化。2001年8月，组织了有近300人参加的国际科技文化交流夏令营。

3．以理财管理为核心，增效成绩明显

2001年，继续推行以理财管理为核心的企业管理理念，采取有力措施，挖潜力、增效益，管理水平进一步提高。狠抓“四项清理”，财务状况进一步改善，资产结构进一步优化，资产运营质量进一步提高。

（1）进一步推进财务管理的规范化、制度化。2001年，华油集团重点围绕资金、债务、财务。信息工作，积极实施了“三个集中统一”，制定了《资金结算管理办法》、《负债管理办法》、《会计核算办法》、《审计管理办法》等，强化监督约束机制，发挥集团整体优势。

（2）挖潜增效，狠抓“四项清理”，资产质量明显优化。华油集团组建时，整个集团的不良资产总额高达138240.33万元，占当时全部资产总额的50.01%，全部实收资本的69.54%，这是华油集团前进中最大的包袱。华油集团努力变包袱为财富，变不利因素为有利因素，专门成立了以总经理为首的“四项清理”领导小组，制定工作部署和具体措施，狠抓落实。至2001年，华油集团共计清理各类公司18个，其中股权转让五家，注销五家，吊销二家，关闭清算四家，合并法人二家。通过追缴欠款、置换资产、盘活存量等各种方式，清理各类不良资产95010.24万元，占集团全部待清理不良资产总额的68.73%。2001年华油集团完成“四项清理”总额

59408.59 万元，占待清理总额的 52.47%。

【精神文明建设】　2001 年，华油集团以弘扬“务实创新，敬业守信，团结奋进”的华油企业文化为纽带，以学优秀企业、优秀经营者、优秀员工（以下简称“三优”）、创“三优”为主线，企业党的建设和思想政治工作都取得了可喜成果。

在2001 年初华油集团工作会上，华油集团对“三优”进行了表彰，并号召企业全体员工向“三优”学习，人人争创“三优”，通过用身边的事、身边的人教育、引导广大员工，使企业的精神风貌焕然一新，企业的凝聚力增强。

（吴　芳）

华油北京服务总公司

【概述】　华油北京服务总公司下设七个公司、五个直属单位：工程公司、房地产公司、生活公司、中油宾馆、科隆公司、中聚公司、物业公司；门诊部、车队、幼儿园、退休职工管理中心、农场。

华油北京服务总公司现有职工 590 人，其中机关工作人员 25 人。

资产总额 102792 万元，所有者权益 80714 万元。

2001 年，全公司干部职工共同努力，全面完成了各项服务经营指标。

【后勤服务】

1. 提供精品服务

华服总 2001 年工作会议作出部署，2001 年华服总在已开展服务承诺等活动的基础上，开展精品服务活动。

机关食堂在搞好一层职工餐厅的同时，充分利用二楼餐厅开展服务经营，把福利型服务和经营型服务相结合，形成了小炒、外卖、送餐、零点、宴会等多种服务形式。服务质量和水平是华服总成立 9 年来最高的一年，机关口碑很好。测评结果表明，服务满意率机关食堂一层、二层均达 95%以上。9 月份，机关食堂开展优质服务月活动。

工程公司负责管理建设的水电综合楼获得集团公司机关成立以来基本建设最高奖 ——“长城杯”，他们还因出色完成机关办公大楼后院绿化工程，荣获“北京市绿化文明先进单位”称号。

物业公司引进海尔一流服务经验，对服务标准进行修订完善，对职工进行理论与实际操作培训，确立精品服务工程，在石油小区开展精品服务，及时为住户解决热点、难点问题。2001 年 9 月，华服总正式注册成立北京石油鑫诚物业管理有限责任公司。

门诊部健全岗位职责，严把药品采购关，全年无一例医疗事故发生，无一例伪劣药品出现。全年门诊量达 3.8 万人次，体检 1200 多人次，工作量超过往年。在保证机关医疗门诊的前提下，将社区医疗服务纳入服务范围，他们还负责 6 个居委会 15000 人的医疗保健工作。

机关车队严格执行服务标准和服务承诺制。全年出车 2.1 万次，行驶 134 万千米。

2. 创新服务内容

房地产公司采取在石油信息网主页开辟“房改政策”专栏、设立电子信箱、设立政策咨询接待日以及编印《房改政策百题问答》等形式，加大房改政策宣传力度；完成了 972 件产权证的办理工作，于 12 月份向符合发放条件的 911 户职工发放产权证。管委会被评为北京市优质供暖先进单位，实现“八连冠”。

幼儿园在幼教改制、补贴逐年减少的严峻形势下，努力提高办园质量。“蒙台梭利实验班”开办一年多来，教师们潜心钻研，不断创新，洋为中用，开展丰富的社会实践活动；深入开展“环境育人”与“幼儿社会化”两个课题的研究，其教研组被评为“北京市优秀教研组”。2001 年，幼儿园被共青团中央正式命名为全国“青年文明号”。

【生产经营】　2001 年，华服总各经营单位都完成经营任务，均取得了好于往年的业绩。

中聚公司重组后，消化历年潜亏并当年实现利润 91 万元，上缴国家各种税费 148 万元，超额完成了目标责任书下达的任务指标，经营业绩创历史最高水平。

中油宾馆全年营业收入 2187 万元，创招待所成立以来的最好效益；自 1999 年起，连续三年被评为西城区“双优”先进单位，并在 15 个先进单位中始终排名第一。

科隆公司效益达到成立以来的最高水平，其交联剂产品的市场覆盖面进一步扩大，销量比 2000 年增加了 30%。

农场稳步经营，积极稳妥地解决了发展中遇到的水电资源等问题。

【企业管理】

1. 加大工资改革力度

2001年，华服总首次实行工资总额与经费和主要任务指标挂钩的浮动考核办法。职工工资与单位效益挂钩，多创效益多分配，没有效益只发生活费。为体现公平原则，调动职工积极性，一些单位逐步减少职工工资的固定部分，增大"活"的部分。幼儿园、科隆公司、中聚公司结合本单位的实际，打破原有工资结构，以岗位定薪酬，按工作业绩和有效工作量分配收入。

2. 推行"三项制度"，建立职工考核档案

2001年，华服总各单位推行"首问责任制"、"问题负责制"和"投诉追究制"，结合实际制定操作性较强的指标考核体系，对在岗人员进行考核和评议，排出名次，并把考核结果与职工薪酬、与末位淘汰结合起来。

3. 完成财产清查工作

2001年，华服总各单位于六七月份开展了财产清查活动：对货币资金进行了盘点和函证（取得往来账项函证16件）；完成清查盘点存货21.6万件、固定资产1610台；清查土地76处，面积42.7万平方米；对申请报废的固定资产与存货进行了实物盘点与核实；对于申报的损失原因进行审核认定；按时完成报表填报工作。

4. 成立机关服务中心

2001年，为理顺内部核算关系，华服总申办了机关服务中心事业法人注册登记。服务中心的成立，使华服总对集团公司内部服务收入一年可节支流转税129万元。

5. 严把工程概预算关

工程公司严格审核，全年审减金额535万元，审减比例为8.3%；对商住楼空调系统工程进行招投标，压缩投资100多万元；在拆除旧食堂活动板房，并在农场重新恢复的工程中，进行编号拆除，节约资金20多万元，还多建造了200平方米用房。

6. 加强安全管理

华服总开展了两次覆盖面广、知识性强的群众普法教育，组织职工进行综合治理知识问答。在节假日前后，认真组织安全大检查；对于单位内部的治安防范工作以及重大隐患的整改，做到人防、技防、物防的三防并举。针对出现的事故，华服总完善规章制度，严格管理，并于12月份认真开展了安全月活动。

【精神文明建设与思想政治工作】

（1）开展形势教育活动。

（2）开展"三讲"学习教育活动。

（3）加强党建和思想政治工作。

（4）加大民主管理力度。

（王　琼）

中油财务有限责任公司

【概述】　中油财务有限责任公司是中国石油天然气集团公司发起，并有23家油田企业入股，经中国人民银行批准，国家行政工商管理局注册的一家非银行金融机构。公司成立于1995年12月28日，现有30家股东，注册资本为18亿元人民币（含8000万美元）。

【公司机构设置基本情况】　截至2001年底，公司本部设有八个部室：财务部、信贷部、国际部、证券部、营业部、管理稽核部、信息发展部、总裁办公室。为了适应集团管理和公司发展的需要，公司在大庆、沈阳设立了办事处，在西安、吉林设立了代理处。为了保证集团货款封闭结算工作顺利开展，先后在部分集团成员单位设立了28个业务受理处。受理处的主要任务是：准确、及时、完整的传递结算原始凭证。

【公司经营范围】　公司经营以下本、外币业务：吸收成员单位3个月以上定期存款；发行财务公司债券；同业拆借；对成员单位办理贷款及融资租赁；办理集团公司成员单位产品的消费信贷、买方信贷及融资租赁；办理成员单位商业汇票的承兑及贴现；办理成员单位的委托贷款及委托投资；有价证券、金融机构股权及成员单位股权投资；承销成员单位的企业债券；对成员单位办理财务顾问、信用鉴证及其他咨询代理业务；对成员单位提供担保；境外外汇借款；办理成员单位之间内部转账结算业务。

【经营发展概况】　公司在集团公司和中国人民银行的正确领导下，全面贯彻、执行了国家各项金融方针和政策，认真执行了股东会、董事会的各项决议，在

集团公司的领导和各成员单位的大力支持下，积极开拓各项金融业务，经过六年多的金融实践，公司资产质量保持优良状态，利润指标不断创新。

2001年年末公司资产总额为780.8亿元，比预算增加230.8亿元。全年公司实现利润56990.6万元，比预算增加10852万元。

1. 存款业务

2001年末各项存款余额715亿元，其中：人民币信托存款412亿元，外汇32055万美元，折合人民币26.5亿元，人民币委托存款195亿元，外汇99902万美元，折合人民币82.6亿元。

2. 结算业务

2001年共办理成员单位人民币结算业务285531笔，累计结算金额29981.6亿元。办理外汇结算业务1226笔，累计结算金额114427万美元，29626万英镑，8283万新加坡元。

3. 人民币贷款

2001年累计发放各项贷款935笔，金额1041.52亿元。其中：发放信托流动资金贷款443笔，金额808.79亿元；办理贴现259笔，金额21.39亿元，发放信托固定资产贷款11笔，金额57.47亿元；办理委托贷款222笔，金额153.87亿元。

2001年累计收回各项贷款1407笔，金额1068.60亿元，其中：收回信托流动资金贷款278笔，金额839.27亿元，收回封闭贷款391笔，金额48.43亿元，承兑贴现446笔，金额15.50亿元，收回信托固定资产贷款11笔，金额1.70亿元，收回委托贷款281笔，金额163.70亿元。

年末各项贷款445笔，贷款余额394.82亿元。

4. 外汇贷款

2001年共发放外汇信托贷款13笔，14001万美元、委托贷款3笔，26236万美元，收回信托贷款21笔，13952万美元，委托贷款9笔，15171万美元。实现外汇利润587万美元。

5. 证券业务

2001年国债回购累计成交数量2907万手，成交金额290亿元，收入1707万元；代理国债回购获取手续费收入218万元。

购买国债、企业债、金额债100.9亿元，手续费收入合计1677万元。

全年共卖出国债面值为19.35亿元，获得价差收入1918万元。

股票投资共计获利218万元，基金投资获利834万元。

完成委托理财2笔，获利615万元。

完成委托投资2亿元，委托方分利1160万元，公司获利473万元。

（公司办公室）

中国石油审计服务中心

【概述】 中国石油审计服务中心（原中国石油审计所）是中国石油天然气集团公司直属事业单位，始建于1990年，主要承担集团公司下达的内部审计任务，并为全系统审计人员的培训提供服务。

中国石油审计服务中心2001年在册职工143人，其中高级职称人员15人，中级职称人员61人，初级职称人员30人，办公及培训用房1.1万平方米。全中心固定资产净值1815万元。具有比较先进、配套的办公、教学培训设施，办公、生活环境恬静幽雅，三季有花，四季常绿，优美怡人。按照“小机构，大服务”的原则，设置处级机构11个，其中职能管理部门3个：党政办公室、人事劳资处、计划财务处。业务部门7个：审计一处、审计二处、审计三处、审计四处、审计五处、基本建设审计处、审计业务开发处。另有经营性实体（廊坊市龙翔商贸实业公司）1个。

【审计工作】 中国石油审计服务中心是集团公司的一个专职内审部门。随着中国加入WTO和集团公司改革的进一步深化，现代企业制度的逐步建立和完善，内部审计的任务和地位发生了显著的变化。现在，内部审计作为企业内部的一个管理部门，其主要任务是贯彻执行国家的财经法规，对企业执行财经法规的情况进行检查监督，为企业的改革发展和提高经济效益服务。审计中心作为内审部门的执行层，审计实务由原来着眼于财务收支的合法性转到着眼于检查财务收支资料的真实性和经济活动的有效性。在这一认识的基础上，审计服务中心认真地组织实施了集团公司下达的审计任务，2001年共完成各项审计任务

69项，11766个定额工作日，与2000年的6186个工作日相比增加5580个，提高90.2%；共查证金额1062.68亿元，审出违纪违规问题金额61.72亿元，已纠正、处理违纪违规问题金额8.06亿元；取得经济成果2.55亿元；提出审计建议138条，已采纳43条。被集团公司评为2001年度优秀审计项目6个，其中一等奖1个、二等奖2个、三等奖3个。

【改革与管理工作】 由于历史原因，审计中心业务处（室）领导干部缺员较多，在新形势下很难适应审计工作要求。机关职能处（室）也存在机构改革和中层领导配备问题。因此，党委研究决定，从加强处室领导班子建设入手，深化干部人事制度改革，努力建设一支高素质的专业审计队伍。首先，按照集团公司《关于加强企事业单位领导班子建设若干问题的意见》和《审计服务中心干部人事管理暂行规定》的精神，严格干部选拔聘任程序，按照“公开、公平、竞争、择优”的原则，把业务水平高、工作能力强、有组织能力、受群众拥护的干部选拔到领导岗位。改变了审计服务中心中层领导干部严重缺员的局面。其次，审计业务处（室）人员进行了双向选择、择优录用的试点工作。中心党委制定了双向选择的意见和措施，有计划、有步骤地开展了这项工作。通过双向选择，绝大多数业务人员都得到了满意的选择。这一改革对业务人员触动很大，人人都有了危机感、紧迫感，特别是双向选择碰到困难的人员，更是感到有压力，对自己的不足开始有了一定的认识，压力变成了动力。业务处（室）开始出现了一种比纪律、比团结、比贡献，积极向上的氛围。三是调整了队伍结构，充实和加强了专业队伍，压缩了机关职能处（室），将党委办公室和行政办公室合并，成立了党政办公室。机关职能处（室）由原来的4个减少到3个；增设了审计四处、审计五处，业务处（室）由原来的5个增加到7个。业务处（室）与机关处（室）的比例由过去的5:4提高到7:3。机关处（室）的人员由过去的30人减少到22人，业务处（室）的人员则由56人增加到72人，业务人员所占比例超过70%。从而改变了长期以来业务人员所占比例过低的状况，为审计服务中心今后的发展奠定了基础。

【培训工作】 中国石油审计服务中心在完成集团公司下达的审计任务的同时，按照年初制定的计划，继续狠抓业务人员的培训工作。2001年，在有关部门的精心组织和努力下，共举办了培训班5期，培训学员338名（见表1）。

表1 2001年度培训情况

序 号	培训班名称	培 训 对 象	人数
1	第二期中油财务软件培训班	全系统人员	35
2	第三期中油财务软件培训班	全系统人员	26
3	企业会计制度讲座	审计中心及有关单位	65
4	注册造价师考前培训班	与廊坊市国有资产局合办	103
5	注册造价师考前强化班	与廊坊市国有资产局合办	109
人数合计	338		

（沈忠良　肖春兰）

中国石油集团工程技术研究院

【概述】 中国石油集团工程技术研究院（简称研究院）主要从事油井水泥外加剂、特殊地带工程材料及施工技术、防腐蚀涂料及涂装设备、储罐及管道自动技术、管道直埋保温技术、旧管道修复技术、自动化控制技术等方面的研究开发；承担集团公司地面工程建设的标准、质量监督等行业服务；设有集团公司油井水泥及外加剂质量监督检验中心、防腐保温产品质量监督检验中心、集团公司施工标准化委员会、施工质量监督总站、石油工程建设编辑部等行业技术服务机构；1999年通过ISO 9001质量体系认证。

中国石油集团工程技术研究院现有职工332人，其中高、中级专业技术人员占52%，清华大学赵玉芬院士、李龙土院士、陈肇元院士、覃维祖教授和吉林大学徐如人院士、沈家骢院士、吴通好教授以及集团公司内知名专家4名为研究院客座教授和学术委员会成员；固定资产净值4370万元，其中科研仪器设备1199万元（560台（套）），科研、办公建筑物3171万元；5个通过国家技术监督局认证的检测中心和实验室；2个集团公司重点研究室；具有科技产品进出口自营权等各类资质24项；拥有国家专利43项，国家级重点新产品15项。

中国石油集团工程技术研究院拥有先进的自动化生产设备和完善的质量保障体系，可年产符合API标准的油井水泥外加剂1万吨；防腐蚀涂料5000吨；建筑涂料1万吨；年预制高、中、低温直埋保温管100千米。

中国石油集团工程技术研究院重视精神文明建设，连续3年6次被中共天津市委、市政府授予“天津市精神文明建设文明单位标兵”。院党委书记、院长冯星安同志荣获天津市特等劳动模范。

【科研和生产】 2001年全院干部和职工始终坚持以邓小平理论为指导，努力实践“三个代表”重要思想，开拓进取，全面完成了2001年各项工作指标，实现了全年完成产值亿元的目标，为“十五”期间实现跨越式发展打下了坚实的基础。

2001年全院共完成产值10276万元，实施科研课题36项，其中，续研项目18项，新开课题18项。达到有突破性进展的课题9项，取得成果30项，已通过鉴定5项，验收15项；见到经济效益的8项。发表论文57篇。申报专利5项，获专利权4项。在技术创新过程中，重视知识产权保护，2001年被天津市专利局授予专利工作先进单位称号。

2001年是研究院实施“十五”计划的第一年，同时创造了研究院建院史上的六个第一：

(1) 产值最高的一年，比2000年总产值增长19.5%，人均创产值为历史最高。

(2) 产能建设增长最快的一年，建成1万吨外加剂生产线，产能一个多亿元。1万吨涂料生产线正在建设中。

(3) 效益最好的一年，2001年全年利润557万多元。

(4) 院区变化最大的一年，实现了天津市提出的“白天绿起来、晚上亮起来”的目标。

(5) 职工收入增长较快的一年，采纳集团公司一些政策，增加职工收入，对稳定职工队伍起到了很好的作用。

(6) 职工思想发生变化最大的一年，职工增强了团结，形成了很好的院风，队伍很有战斗力，取得了丰硕成果。

1. 科研工作成效显著

为加强和提高科研立项及研究水平，聘请清华大学、吉林大学和石油行业的院士及专家为院专家委员会委员，组建了院学术委员会，并召开了“2001年学术论坛”。为鼓励技术创新，在固井、防腐保温、特种工程材料、焊接等主要专业中评选出学术带头人8名。“欠平衡钻井的固井水泥浆技术研究”、“韧性固井水泥浆体系研究”、“FL-01固井降失水剂的研究”等课题研究获重大突破；“天然气管道减阻耐磨涂料”、“FL-01固井降失水剂的研究”、“土质固化剂的研究”、“西气东输线路管道焊接工艺评定”等项目获得较大的成果和较好的经济效益。

(1) 针对西气东输工程的需要，研究院研制出具有自主知识产权的“APW型管道全位置自动焊机”，其部分性能优于国外同类产品。该焊机具有焊接参数在进行设定的同时，焊接过程中随时可分别实时调节的技术特点，最具实用性。提高了我国长输管道自动焊的施工技术水平，使我国在该技术领域跨入世界先进行列。在西气东输工程焊机采购招标中，平抑了外商的高报价，为施工企业节约资金8000余万元。

(2) 由于在输气管道内壁涂敷减阻涂层可以大幅度减少输送阻力、提高输气效率，具有明显的经济效益。研究院的内涂层减阻试验及港沧输气线上9千米试验段充分论证了这一点。西气东输工程在国内首次采用内减阻涂层技术，在集团公司的支持下，研究院在国内率先研制成功AW-01型天然气管道减阻耐磨涂料。经过测试，满足西气东输管道分公司企标和API RP5L2等相关标准的要求，在西气东输工程内减阻涂料的投标中平抑了国外产品的报价。

(3) 承担的“西气东输线路工程焊接工艺的研究”是针对X70钢的可焊性、焊接材料的匹配选择、焊接方法、焊接设备以及不同方法应具有的坡口形式等开展系统的研究。该技术成果完成的厚壁钢管对接接头的复合坡口形式设计，在保证焊接质量的前提下可提高焊接施工效率，减少焊接材料的消耗，在国内首次针对管道自动焊、STT半自动根焊进行的焊接工艺试验，为西气东输工程提供了基础性研究资料，并为工程应用提供决策依据。

(4) 研制开发的固化剂已在涩宁兰长输管线湿陷性黄土地区的水工保护建设中进行了应用，解决了湿陷性黄土地区水工保护中存在的湿陷性黄土遇水溶陷的难题。采用土质固化技术与原有技术方案比较，综合费用可降低15%，经济效益显著。

（5）防腐保温产品质量监督检验中心是集团公司防腐保温产品质量管理的技术归口单位，制订的《埋地钢制管道三层结构聚乙烯防腐涂层施工及验收规范》等5个标准为陕京管线和西气东输管线施工提供了技术依据。目前该中心承担了西气东输管道防腐材料的检验及防腐施工的驻厂监督工作，确保了管道预制的质量。

（6）石油天然气工程质量监督总站按照政府授权，履行强制性工程质量监督管理职能，下设29个监督站。总站依据国家经贸委经济运行局的委托，按照《建设工程质量管理条例》依法对西气东输工程实施工程质量监督管理。

（7）工程技术研究院针对复杂井和疑难井的固井技术，近年来开发出十大系列50多个品种符合API标准的固井水泥外加剂。“低密度水泥浆体系、深井及超深井固井水泥浆体系和泥浆转化为水泥浆体系等”分别在长庆、辽河、大港等15个油田累计固井2500井次，一次合格率达到98%，优质率达到76%，为油田创经济效益2.4亿元。新开发的“低密高强水泥浆体系”等技术成果解决了复杂地质条件下固井难题，对集团公司海外市场的拓展提供了优质的技术产品，在伊朗项目的应用进一步扩大。

（8）工程技术研究院在防腐保温专业领域具有技术优势，近年来开发了40个品种的防腐和保温产品，拥有专利技术20项，防腐涂料累计应用5000吨；拥有旧管道修复的配套技术和装备。

（9）充分利用中国石油天然气集团公司的优势，发挥专业技术特点，扩大国外市场销售并完善其技术服务。2001年通过长城公司向伊朗出口了油井水泥防窜外加剂、早强剂、增强剂、抗盐降失水剂、缓凝剂、分散剂等。

2．产业化发展进一步加快

2001年有8项科研成果转化到产业中去，如“高强低密水泥”、“欠平衡固井技术”等多项新产品已成为主要产品。固井外加剂产品出口伊朗，创产值300万元。防腐涂料产品在零下20℃大连的“引英入连”工程中应用，创产值1300万元。高温直埋工程在淮阴项目一举中标，高质量的施工得到用户的信赖。水下混凝土工程材料全年实现产值538万元。

【深化改革，为工程技术研究院的发展提供强大的动力】

1．进一步深化以“三项制度”为重点的改革

完成了“六定”工作，建立了员工岗位目标考核体系，形成一套能上能下、易岗易薪的用人和分配制度。继续实行“三倾斜”政策，科研人员的收入与承担项目的等级、课题数量的多少、责任大小、研究进度和成果水平的高低挂钩，并根据科研转化成果情况，实行效益提成；主要经营人员实行年薪制；市场营销人员实行五费合一；管理人员按照年度完成工作业绩的考核结果，给予一次性奖励；对评选出的学术带头人及专家委员会和学术委员会的成员等科研、产业和管理的部分关键岗位人员实行上岗津贴，考核发放。对新增员工，根据科研生产的需要，通过人才市场进行双向选择，择优录用。

2．进一步完善管理体系，提高工作效率

加强科研管理的过程控制，对重点项目及西气东输项目进行重点检查、协调，收到了显著的效果。强化财务管理，加强成本控制，开展“开源节流，挖潜增效”活动，增强了成本意识。完善规章制度，对1995—2000年间颁发的186项规章制度重新审定，废止94项，继续有效92项。实行了“资金统一控制”、“人员统一调配”、“物资统一采购”、“车辆统一使用”、“成本统一核算”、“合同统一管理”的“六统一”管理，进一步提高了管理水平和工作效率。

（程殿玺　叶松滨　唐海燕）

中国石油天然气集团公司管材研究所

【概述】　中国石油天然气集团公司管材研究所是国内惟一从事石油管科学研究和技术服务的研究所，是国内外有影响的石油管工程研究基地及质量检测、认证和仲裁中心。管材研究所拥有一支精干高效的科技队伍和一批精良的试验设备。职工队伍中科技人员占85%以上，拥有从国外引进的先进仪器设备260多台

(套)，其中石油管材全尺寸模拟试验系统、高温高压腐蚀试验系统具有国际先进水平。

2001年是我所实施"十五"计划的第一年，我们在集团公司的领导下，贯彻执行二届三次职代会工作报告的部署，科技创新、质量技术监督和技术服务等方面均取得可喜成绩。特别是为西气东输提供了大量技术支持和技术服务，以及圆满举办20周年所庆，使我所地位进一步提升，在新世纪第一年开了一个好头。

【具有资质】　挂靠有中国石油天然气集团公司石油管力学和环境行为重点实验室、石油管检测国家认可实验室、石油管进出口商检国家认可实验室、石油工业专用管材质量监督检验中心、石油工业专用螺纹量规计量站、CNPC石油管道与重大装备劳动安全卫生评价中心、CNPC无损检测人员资格考核和发证机构、中国科协失效分析和预防中心石油管材与装备分中心、石油工业标准化技术委员会石油管材专业标准化委员会秘书处、国际标准化组织ISO/TC67/SC1、SC5中方技术归口单位、API第一委员会中方投票单位等10多个技术机构。

【主要科研领域】　包括石油管的力学行为、石油管的环境行为、石油管失效的诊断及预测预防。(1)石油管的振动、疲劳和断裂；(2)油井管柱的稳定性；(3)套管的挤毁；(4)管柱的结构完整性与密封完整性；(5)井下高温高压环境下的CO_2腐蚀；(6)H_2S应力腐蚀和氢致开裂；(7)炼化工艺流程中的腐蚀行为；(8)失效案例库和失效诊断、监测技术；(9)适用性评价和风险管理技术。

【主要技术服务领域】(1)石油管材的质量评价、检测及监造；(2)石油管材、容器、成套炼化设备的风险评估及适用性评价；(3)石油管材及装备的失效分析；(4)深井及苛刻井油井管选择和管柱设计；(5)石油工业防腐设计与防腐工程；(6)技术咨询、培训和API、ISO 9000认证咨询。

【科技创新】　2001年承担了国家和集团公司科研项目19项，在集团公司新立科研项目9项。其中完成或基本完成了国家经贸委重点技术开发项目"西气东输工程大口径输气螺旋焊管国产化研究"等14个项目、承担的3项(12个课专题)"九五"集团公司重大应用基础研究项目、1项重点项目及2项1999年滚动计划项目通过集团公司组织的鉴定或验收，得到了评审专家的高度评价。配合西气东输的科研项目取得了阶段成果，为西气东输工程提供了有力的技术支持。有2项科研成果获集团公司科技创新二等奖，发表论文52篇，申报专利1项。

【质量技术监督】　2001年质量监督与失效分析中心独立运行后，行业服务的公正性和权威性得到加强。一是完成了对28个厂家的油气输送管、套管、钻杆、钻杆接头、油管、钻铤六大类产品的抽检，发出检验报告28份；二是进行了10家生产厂的生产许可证的考核评审工作；三是完成各类进出口石油管材商检报告21份；四是检定API工作规1600套，校对规143套，抽油杆螺纹量规355套，其他螺纹规108套，单项仪670件，并赴新疆等5个油田提供现场服务，赴南海油田进行特殊螺纹现场检测技术服务。

【标准化工作】　全年组织制订国家和行业标准4项，完成8项行业标准的复审工作；参加了2项标准的讨论审查工作；完成了国际标准化技术归口的管理和技术工作，推进ISO技术归口单位信息电子化。

【资质培训】　举办无损检测培训班7期，培训超声波及X射线探伤人员326人，磁粉探伤人员35人。

【失效分析】　完成失效分析项目45项，发出失效分析报告41份，涉及石油专用管、输送管、炼化管、钻井工具等。重大的失效分析有"辽阳石化分公司电厂阀门爆裂分析"、"大庆和中海油输送管线开裂和断裂失效分析"等。

【技术服务】　2001年管材研究所技术服务工作取得了重大进展，尤其是驻厂监造的规模进一步扩大，已基本形成了产业化。驻厂监造、油井管技术服务、安全评价、防腐工程4个支柱产业取得明显发展。

【西气东输】　西气东输钢管的科技攻关和技术服务是管材研究所2001年的工作重点，管材研究所充分发挥在输送管监造领域的技术优势和地位，全力支持西气东输工程，成为"西气东输"用钢管方面不可替代的技术支撑单位。作为主要承担单位的"西气东输工程高钢级热轧板卷及大口径螺旋输气焊管研究开发"项目通过国家验收，使西气东输用螺旋焊管基本实现国产化；管材研究所承担的"西气东输管道的安全可靠性研究"项目的研究，提出了"西气东输"管线的断裂控制方案，为管道的安全可靠性打下了基础；完成了"西气东输"工程用钢板、钢管和弯管的标准制订；完成了"西气东输"工程焊管的生产许可证评审工作；完成了"西气东输"管道安全评价和风险分析；完成了两批国外直缝焊管、16万吨钢管和首批进口热轧板卷的监造任务，完成4万多吨国内螺旋焊管的监造任务，同时也进行国内螺旋埋弧焊管的监造。

【20周年所庆】　2001年是管材研究所组建的第20

个年头，集团公司马富才、阎三中、黄炎、贡华章及股份公司罗英俊等领导先后来所视察，给予管材研究所非常高的评价。集团公司陈耕副总经理等领导、陕西省安启元主席等领导以及李天相老部长、曾慎达老省长等老领导出席了所庆典礼。陈耕副总经理评价我所是“起步晚、发展快，所小贡献大，人少成果多”，新老领导和专家对管材研究所的发展提出了许多宝贵的意见和建议。国内外100多家知名石油企业、钢管生产厂和研究机构的200多名代表出席管材研究所20周年庆典并进行了学术交流。所庆的圆满举行进一步扩大了管材研究所在国内外的影响，提高了管材研究所的知名度。

【精神文明建设】　家属区经过一年多的改造面貌焕然一新，职工活动中心和活动场正式启用，工作区绿化环境更加优美，精神文明建设取得显著成果，顺利通过西安市精神文明单位的考核，被授予市级精神文明单位称号。

（贯立仁　武子麒）

石油管理干部学院

【概述】　石油管理干部学院是集团公司的干部培训基地，始终坚持为集团公司服务的办学宗旨。2001年，学院面对来自各方面的压力和挑战，面对竞争激烈的培训市场，坚定信心、知难而进、迎接挑战。根据学院发展的总体趋势和集团公司2001年工作会议的要求，制定了年度工作总的指导思想，就是：深入贯彻执行党的十五大、十五届五中全会精神，全面落实集团公司2001年的工作部署，按照现代培训规范和培训理念的要求，坚持以市场为导向，以发展为主题，以培训为主线，以效益为中心，以机制创新和管理创新为动力，积极巩固和扩大培训市场，提高培训与服务质量，稳步推进各项改革，培育新的经济增长点，为把我院建成特色鲜明、质量一流的高级管理培训中心而努力奋斗。年度工作目标是：计划培训人数3000人，努力实现5000人；降低总体运行成本，各承包部门根据不同情况核减经费指标5%—10%；充分利用闲置资产，创收突破100万元；控制人工成本，合理开发人力资源、控制用工总量。在落实这一工作目标中，重点采取了6个方面的措施：

（1）抓市场，实现市场占有率的稳步增长。巩固已有市场，对已经做过的项目，进行认真总结，在有新的创意上下功夫。深入石油石化企业调研，摸准企业需求，从企业生存与发展的角度去开发课题，把培训触角延伸到企业及社会的多个层面。依靠管理、项目创新，充分利用集团公司、社会、企业和政府资源，进一步拓展发展空间。着眼长远发展，在项目选择、设计、管理、包装上进行创新，开发“适销对路的产品”，探索开放式教学和远程教学，为不断提高培训档次和竞争力铺路架桥。

（2）抓质量，保证教学水平持续提高。树立品牌意识、创造精品项目，以质量求生存、求发展。从组织领导、课程设计、教学形式、师资水平、评估检查、信息反馈、监督整改等各个环节上下功夫，做到环环相扣、处处严谨，使培训项目真正走向责、权、利的统一。继续改进与完善项目管理办法，加强教师队伍建设，加快学术带头人的培养。

（3）抓改革，降成本，提高应变能力。进一步完善管理体制改革，推进分配制度改革。完善承包责任制，加大效益指标考核力度，坚持开源与节流降耗并举，进一步提高学院的经济效益。

（4）抓管理，上水平，各项工作都要有条有理，体现管理者的思想和理念，要在规范化、科学化方面有所进展。

（5）抓领导班子、党员队伍建设，提高党员和干部素质及其号召力、影响力，用人格的力量去影响人、感召人、带动人。认真解决关系学院改革发展和职工生活中的各种紧迫问题。

（6）抓职工队伍建设，继续开展“凝聚工程”，建设高素质职工队伍。并为把学院建成中央国家机关“文明单位”创造条件。

【培训与科研】　2001年，培训工作以积极开发培训市场、坚持抓好项目管理、严格监控教学质量、认真做好颁证工作、提供优质的电教服务作为工作重点，取得了令人满意的成绩。全年完成各类培训数量创造了学院建校以来的最高纪录，办班123个，共培训7099人。完成班次比2000年增加20个，即增加22%；人数增加1076人，即增加18%。收入创学院历史上自创收入的最高水平。一年中的工作有以下几个特点：一是培训管理部门与培训部门紧密配合，以市场及集团公司的利益为重，积极公关，认真做好教学管理，全力以赴确保已有培训市场，根据需要开发新项目。在新市场的开发上，积极配合集团公司及股份公司下属部门，承办新项目，坚持“用质量开发市场”的理念，特别注重重点班的设计以及实施，在实施过程中做好质量监控和项目组的后台支持，培训质量得到新客户的认可。二是严于管理。一年中，坚持执行学院项目管理办法，坚持在实践中继续积累经验，开展管理创新，把项目管理思想引入培训管理，坚持对各教学班的教学质量进行跟踪测评，认真对待违规操作的人与事，注重了自身工作的质量，教学质量有了切实保证。三是在全年培训授课中，本院教师占 50%，本院专职教师的作用得到进一步发挥。

在做好培训工作的同时，学院还积极开展科学研究工作，为集团公司和本院教学服务。一年中，完成部级课题二项，其中验收部级课题一项，完成两项部级课题立项，拟定 2002 年部级立项目一项；完成院内课题四项，横向二项：参与部级课题研究四项；参与一项计委项目的研究，三项横向课题的研究工作。编著一项，发表论文 22 篇。全院科研经费动用额达 130 万元。

【党校工作】 2001 年，党校办公室在各级领导的关怀和领导下，紧紧围绕培训局、处两级党员领导干部这个中心工作，按照中央规定的“基础理论，世界眼光，战略思维，党性修养”教学新布局开展教学活动，取得了较好的教学效果。教学管理进一步规范，教学内容日趋合理，教学质量稳步提高，受到上级领导的充分肯定和学员的普遍欢迎。一年中共培训 188 人，其中局级干部 13 人，处级干部 175 人，是历年来培训人数最多的一年，创了历史新高。

党校函授完成了函授部日常工作；年内招收新生 235 人，超计划完成了招生工作；承担了分院交给的三个年级 1542 人的教学和期末考试组织工作；全年共组织面授课 80 次约 39584 人次；组织期末考试 15 次，参考人员 7422 人次。

【党群工作】 2001 年，党群工作主要体现在 7 个方面：一是，带领党员干部深入学习“三个代表”的重要思想和十五届六中全会精神，加强党员干部队伍的思想建设和作风建设。二是，具体组织开展“三讲”学习教育活动，经过规定的三个阶段，历时二十七天，领导干部受到了一次深刻的自我教育，广大党员干部也普遍受到一次思想作风教育。三是，组织召开第二届教代会，讨论、审议、通过了学院“十五计划”，院长工作报告，财务报告、提案委员会的提案报告，提高了民主管理、民主监督效用。四是，利用建党八十周年之机开展系列纪念活动，对党员和干部进行了教育。五是，加强组织建设，健全基层党支部班子。完成了基层党支部班子的换届工作，举办党支部班子成员和处室长参加的学习班，提高了领导艺术；加强对入党积极分子的教育和培养并按照“坚持标准、保证质量、改善结构、慎重发展”的方针，2001 年发展新党员 4 人。六是，深入开展“凝聚工程”活动，组织职工认真学习《公民道德建设纲要》，结合本职工作找差距，加强了精神文明建设，提高了服务质量。七是，调整完善工会组织，发挥工会、团组织作用。

【纪检监察】 2001 年，纪检监察工作坚持为学院中心工作服务的思想，重点抓好对党员和干部党风廉政建设的宣传教育，不断增强党员和干部的廉政意识方面，完善和落实监督制约制度，不断加大对党员领导干部廉洁自律工作的监督等方面的工作：对党员干部进行经常性的党风廉政建设教育。认真学习贯彻中央纪委五次全会和集团公司 2001 年纪检监察工作会议以及机关党工作会议精神，确定了学院纪检监察工作的要点。坚持利用重大典型案例和廉洁自律模范事迹进行宣传教育。围绕学院“三讲”教育活动工作，查找在思想、作风、组织纪律观念等方面存在的不足。加强对党员干部经常性廉洁自律的监督，修订和完善学院党风廉政建设方面的规章制度并抓好有关制度的执行。继续开展对外投资效能监察工作，做好对外投资欠款的回收工作。

【人事与劳资】 一年里，一是抓夯实基础、规范管理。按高起点、高标准做好基础工作，台账齐全、数据准确，填报及时、使用方便、满足各部门的要求，上报集团公司的干部人事、劳动工资报表连续三年被评为集团公司全优报表单位。职工养老保险按照北京市社会保险中心要求和市府有关规定进行了重新核定，全院建立了保险联络组织并进行了培训，工作得到了集团公司社会保险中心的好评。二是积极稳妥地进行劳动人事改革，把如何建立适应学院发展实际的人力资源开发和管理体系作为工作重点。在 1998 年改革的基础上，以逐步实现“岗位管理”为重点，积极稳妥地推进劳动人事改革，并建立与之相配套的考核评价体系和薪酬激励机制，为由身份管理到岗位管理的过度做准备工作。三是以“加强学习、突出培训、严格考核、规范制度建设”，加强了干部的上岗证书培训，提高业务水平，全年 24% 干部接受了培训。同时，做好科以上干部的日常考核和届满综合考核，处科级干部的换届综合考核聘任。四是在劳动工资工作方面，通过与用工单位的平等协商，定额包干，完成了集团公司下达的劳动用工及工资计划，有效地控制了用工成本的增加。研究劳动合同相关政策，提出我院劳动合同的续订、终止、解除等具体处理意见，使劳动合同的续订、终止工作得以顺利进行。五是继续坚持为离退休人员服务，做好离退休人员的管理工作。

【财务与资产】 2001年，财务在事业经费开支方面坚持为教学科研服务、为职工生活服务，从财力上保证了学院各项工作的顺利进行。通过加强财务管理，加强会计核算，坚持按预算制度办事，严格执行预算，确保了全年事业费预算平衡，较好地完成了2001年的财务预算，年度内经费自给率比2000年增加7.92%。全年实现总收入为3200万元，总支出3022万元。全年工作重点体现在：向教学科研倾斜，为教学科研办实事。挤出资金，为教师添置了计算机，新建了语音室，购置投影机。强化细化预算管理，加强资金集中统一管理，严格内部资金控制，加强了资金动态监督。在稳定内部市场的同时，大力开拓外部市场，不断拓宽事业、拓宽资金来源渠道，确保收入指标的完成。强化目标成本管理，实行指标控制，给各部门领导一定的财权，并将目标责任与业绩挂钩，定期分析水电气及日常修缮费用的使用情况。加强物资采购管理，全年消耗性开支得到较好控制。完善财务制度建设，规范各项管理工作。

固定资产年初为16887万元，本年增加固定资产490万元；同时，减少资产289万元，年末固定资产结存为17088万元。

【后勤与基建】 后勤处紧紧围绕以教学为中心的大局，认真贯彻学院2001年工作思路和工作目标，以加强队伍建设为核心，甘当配角，任劳任怨，团结协作，克服困难，积极进取，努力向上，为学院教学、科研的正常运行，提供了有力的后勤保障，较好地完成了学院下达的各项任务。

（傅友刚）

中国石油集团经济和信息研究中心

【概述】 2001年中国石油集团经济和信息研究中心党委认真贯彻集团公司工作会议精神，坚持以深化改革为主线，一方面积极推动全成本核算管理，建章立制，规范管理；一方面积极加强主业建设，落实经费，确保信息研究服务工作全面开展。一年来，经过广大职工的共同努力，各项工作取得新的进展。

【机构人员情况】 中心机构按行政、科研、信息技术服务、行业服务、经营、出版等6部分27个部室设置。其中，机关行政部门有办公室、党群工作部、计划财务部、业务管理部；科研部门有经济信息研究部、科技信息研究部、海外信息研究部；信息技术服务部门有信息资源开发部、信息技术工程部；行业服务部门有知识产权与科技信息工作部、文献服务部、石油工程造价管理中心（挂靠）；经营性部门有北京中油联合信息技术有限责任公司、北京赛兰德科技评估中心、北京太科石油科技咨询公司、北京实信物业管理有限公司、北京朝华石油服务公司、影视中心；出版部门有《石油商报》、《国际石油经济》、《世界石油工业》、《中国石油文摘》、《石油天然气文摘》等编辑部和《集团公司年报》工作室。年度职工总数为274人（含内退12人和挂靠单位24人），平均年龄为41.3岁。其中领导干部4人（陈建新副主任退休、石兴春副主任调出），处级干部46人（平均年龄46岁，35岁以下2人）。专业技术职称结构为：专业人员总数242人，其中高级职称71人（正高4人、副高67人），中级职称125人，初级及以下职称46人。

【计划完成情况】 根据集团公司和股份公司的需求，向集团公司申报各类课题23项，与股份公司签订关联交易协议20项。全年业务工作以信息研究、咨询服务和网络建设为核心，重点安排了一批为集团公司领导决策服务的信息研究项目。

1. 项目完成情况

全年实际开展各类项目共计101项。其中，新开纵向项目54项，新开专项项目10项，结转纵向项目

12项，结转专项项目25项。截止到2001年底，54项新开纵向项目中已完成39项，其余15项跨年度项目正在按计划进度进行，新开项目计划的实际完成率为100%。2000年结转的37项纵向项目已验收的项目36项，1项延期进行，结转项目的完成率为97.3%，比2000年的计划完成率提高8.4%。

2. 信息报道工作

《石油情报》、《石油商报》、《世界石油工业》、《国际石油经济》、《石油与天然气文摘》、《中国石油文摘》、《每日石油电讯》、《国外油气投资市场信息》、《每周石油公司动态》、《公司股市周报》、《石油综合信息》等18种正式出版物和内部资料，按计划完成任务，共出刊932期，约2000万字。

3. 临时咨询

全年完成来自国家经贸委、国家开发银行、铁道部、国家计委办公厅、集团公司和股份公司领导、各司局下达的临时咨询任务97项。

4. 科技评估

全年完成科技查新咨询251项，科技成果鉴定42项，项目验收30项，完成或部分完成评估、信息服务与研究10余项，共计333项。

5. 计算机检索课题

计算机检索课题共完成196个。

6. 专利代理

组织办理集团公司（含股份公司）专利申请200项，商标注册12件，软件登记3件，办理专利新颖性检索20件，处理集团公司（含股份公司）已获得专利权及在审专利申请项目的法律事务1295项。

7. 影视制作

为集团公司编辑制作了“2001年版CNPC对外宣传片”（英文版）；为石油勘探开发科学研究院廊坊分院、山西风雷机械厂（专门生产石油钻艇）制作了中英文版对外宣传片；还承揽了美国霍尼韦尔公司、美国威德福公司以及中央电视台、北京电视台、青少年音像出版社、光华管理中心等外单位的电视专题片及教学片的后期制作等。同时，与三宝音乐工作室的合作情况良好，取得一定的经济效益。

8. 文献采集服务

全年共采购外文期刊417种、外文会议资料100册、外文图书23册、API标准98册、国外石油专利2739件、美国能源部报告中有关石油和天然气方面的研究报告133册、中文期刊237种、中文图书249册、中国石油专利1587件；共收集国际大石油公司年报和公司资料100份、国际会议资料12套、中文会议资料785篇；与内、外部交换外文期刊6种，外文资料50份；接待读者约6000人次；开展代查询服务180项，做专题资料6项。此外，还为中国石油天然气与管道分公司建立了管道文献数据库。

9. 会议管理与对外交流

全年中心组织或参加各类专业会议百余次。其中，自办或协办各类专业技术会议26次，主要有“信息化如何为石油主业服务研讨会”、“我国石油工业海外勘探开发政策研讨会”、“石油企业资本经营与上市策略研讨会”、“2001年上半年经济形势与能源形势研讨会”、“石油储备建设报告会”和“中日石油经济研讨会”、“第二届海外油气市场开发研讨会”、“2001年石油石化信息交流会”、“21世纪石油关键技术研讨会”、“2002年国内外石油经济形势研讨会”等，做专题发言和报告80多个。同时，积极推动国际交流与合作，有16人次赴美国、加拿大、苏丹、委内瑞拉、日本、秘鲁等国家参加国际会议、考察和培训，并接待英国、俄罗斯等国的外宾5人次。

【信息研究与服务】 全年科研业务工作从抓好课题立项入手，注重加强战略课题研究，积极为集团公司领导决策、国际化经营、石油科技进步和油田生产建设提供服务。

1. 加强战略课题研究

中心根据集团公司改革和发展的需要，受集团公司委托开展了几项高层次战略课题的研究工作。

（1）参与集团公司关于提高国际竞争力的方案研究工作。国家经贸委根据江泽民主席等领导人的指示，针对国内已经基本完成国有企业三年解困任务的现实，提出要培育20—30个具有自主知识产权、具有较高国际竞争能力的大型企业集团的设想，我集团公司被列入其中。国家经贸委要求各有关单位提出进一步提高国际竞争力的方案。经济部组织开展了《国外大石油公司发展战略研究》、《国外大石油公司内部管理体制研究》、《国外大石油公司体制变革及经营战略跟踪研究》，并参与了集团公司关于提高国际竞争力方案中的“集团公司的竞争力与国际大石油公司的对比分析”的研究，研究成果被收入集团公司向国家经贸委提交的方案中。

（2）为集团公司提供油价预测服务。经济部多年来坚持开展世界石油价格预测和市场跟踪研究，随时为集团公司提供油价预测分析意见。2001年“9.11事件”发生后，中央财经领导小组、国家经贸委向集团公司提出要加强油价监测，并及时报告的要求。经济部根据要求，立即组织研究人员对石油市场发展形势做出基本判断，并将国际油价变化情况、产油国、OPEC、主要消费国对“9. 11事件”的反映以及国外主要机构的分析每日翻译上报，为国家和集团公司领导决策提供参考。

(3) 参加集团公司关于存续企业深化改革的调研和方案研究工作。根据陈耕副总经理和集团公司发展研究部的安排，经济部派人参加了研究工作，在深入了解企业的实际情况的基础上，针对企业定位、专业重组、公司制改造等问题，完成《集团公司存续部分发展战略研究》等报告。

(4) 加强对国内外大石油公司投资动向的监测研究。经济部加强了对国内外大石油公司投资动向的监测研究工作，除每季度提供分析报告外，还完成了《国际国内石油资本市场监测研究》报告，对集团公司分析竞争对手，制定和调整投资部署，有很好的参考价值。

(5) 积极参与石油科技发展战略研究。中心参加了《集团公司“十五”科技发展规划》和《集团公司国际科技合作“十五”规划》的制定，科技研究部开展并完成《加入WTO对我国石油科技的影响及对策研究》、《21世纪初世界石油工业关键技术调研》、《高新技术在石油工业中的应用及潜在影响》等研究，提供了“推进集团公司技术创新的部署和措施”，为集团公司制定石油科技发展战略及时提供服务。同时，还参与了《物探系统“十五”发展战略研究》、《国外石油工程技术服务公司竞争力分析》等研究，为集团公司制定“物探规划”及时提供了“1999年西方大型石油公司的主要生产数据”、“国外主要石油物探公司应用技术简介”、“国外物探技术进展”、“美国能源部资助的物探项目”、“北海地区4维地震技术产生经济效益的实例”等信息研究成果。此外，中心还开展并完成了《石油企业绩效评价》、《建立健全我国石油行业监管体制研究》、《国外天然气发展战略研究》、《国外石油公司发展战略与科技创新战略研究》、《技术进步与油气供给关系研究》、《集团公司三项制度改革研究》、《国外石油工程技术服务公司经营模式与科技管理体制研究》、《股份公司薪酬制度研究》等，还为集团公司参加招标国家“十五”攻关课题提供了《我国油气开发科技发展现状与趋势》的咨询报告等。

2. 积极为领导提供信息咨询服务

先后向全国人大环境和资源委员会副主任王涛同志提供《2000年亚洲油气产储量占世界总量比例》、《尼日利亚石油工业情况和国家概况》、《中国何时开始产量位居世界第五及当年产量》、《渤海湾盆地各大油田历年产量及占全国百分比》等四份咨询报告，并为王涛同志在“世界石油大会亚洲地区会议”上的讲话提供了大量的基础材料；根据全国政协的要求，向全国政协委员史训知同志提供《对有关单位提供的今后50年我国能源供需状况的预测的意见》的咨询；为集团公司阎三中副总经理、陈耕副总经理、郑虎副总经理分别提供了《1999年和2000年世界原油产量》、《国外四大石油服务公司经营管理概况》、《美国“石油情报周刊”对世界最大的50家石油公司排名的依据》、《关于西德克萨斯中油和米纳斯油差价的说明》、《中石油和中石化未进入恒生指数成分股的有关说明》等咨询报告；为国家计委办公厅提供《世界各地区、各国家可采油气资源量》的咨询报告；为国家开发银行提供《国内外石油市场现状及前景》的咨询报告；为铁道部提供国内多种油价数据查询；为集团公司咨询中心邱中建主任、翟光明院士分别提供《2001年世界油气产储量排名》、《世界天然气储量大于2000亿立方米的气田》等咨询报告。

3. 为集团公司跨国经营服务

中心进一步加大为集团公司国际化经营服务的力度，在较短的时间内拿出新的研究成果，显示出中心在研究国外石油信息方面所具有的优势和潜力。

(1) 加强国外油气合作信息监测研究。中心针对集团公司的跨国经营战略开展了《国外投资环境与合作机遇调研》和《国外重点国家法律法规调研》，重点调研了国外产油国的油气合作机遇和投资环境，以及其中重点国家与油气相关的法律、法规和对外合作政策，为集团公司实施跨国经营战略服务。海外信息研究部加强国外油气投资市场信息监测工作，基本做到相关信息的实时监测、实时发布，及时为用户提供国外各类合作信息。同时，进一步加强世界石油工业发展监测，在年度《世界石油工业综述》中增加了世界油气总供需、贸易量及预测等内容，使综述更具有预测和年度分析之间的连续性。此外，还充分发挥IRIS21国际石油勘探开发数据库的作用，对全球50多个盆地、数百个油田进行全面、系统的调查，参与国外油气资源分布和勘探潜力研究，为集团公司对外合作提供服务。

(2) 积极提供对外合作翻译服务。为集团公司和股份公司等对外合作项目提供25万字《苏丹六区工作总结》的中译英翻译，10万字的《Tishrin和Gbebei油田标书》的中译英翻译，《土库曼古姆达格油田和加拉塔什雷油田》的中译俄翻译等。全年完成集团公司101.5万字的翻译工作，完成股份公司委托的81万字的翻译工作。

(3) 为集团公司和油田企业提供对外宣传服务。中心除了承担集团公司对外宣传材料和年报的制作、出版工作，还承担了中国石油规划总院、大庆石油管理局、青海石油管理局等单位的对外宣传画册的翻译等工作。

4. 为石油科技进步和油田生产建设提供最新情报与信息

在加强科技信息监测的基础上，努力提高《石油情报》的出版质量，及时报道世界石油科技的最新动态；同时加强对国外重大石油技术的发展进行跟踪调研，除了完成《2000年度世界石油工业综述》、《2000年世界石油科技综述》、《2000年度世界石油市场综述》及《国内石油市场综述》等项目外，还开展并完成了《国外高效钻井新理论、新方法调研》、《国外油气勘探管理方法、新技术应用与商业储量评价方法跟踪调研》、《欠平衡钻井技术》等研究和咨询项目。

【网络维护与资源开发】　为适应集团公司发展的需要，信息技术工程部积极做好集团公司网络运行的维护与管理，同时信息资源开发部在研究部门的大力支持下，进一步加强了网上信息资源的开发服务。

1. 加强集团公司信息化基础设施建设

(1) 积极改善网络运行环境。一是认真做好对联网单位的技术支持和咨询工作，随时解答联网单位的各种问题并积极做好技术服务工作。二是组织专人做好同股份公司间的无线微波设备的维护工作，并于11月底实现了同股份公司总部机关局域网间的1Gb连通。三是针对电子邮件系统处理速度缓慢和电子邮件用户大量增加的实际情况，把原来同中国电信连接的4条共7Mb的信道，整合为一条10Mb的信道，从而较大幅度地提高了企业网络对因特网的接续能力。四是承担网络二期工程的设计和前期准备工作，先后完成《石油计算机网络二期工程框架设计》、《石油计算机网络二期工程技术规范书》、《石油计算机网络二期工程（主干网部分）工程说明和技术要求及招标书》、《集团公司“十五”办公自动化系统建设规划》等多项工作。

(2) 做好机关局域网在用设备的维护。为保障集团公司总部局域网和微机设备的正常运行，努力做到维护工作随叫随到。据不完全统计，2001年对机关在用设备维修1300次，股份公司机关计算机桌面系统维护1600多台次，工作量较2000年增长30%以上。

2. 促进集团公司网站建设规范化

信息资源开发部自承担集团公司和股份公司对内、对外网站建设与维护工作以来，在总结以往工作经验的基础上，对网站建设和维护工作进行了规范化管理。首先，确定各网站的主要负责人，对各个网站的发展和完善由专人负责，对网站的系统集成、美术设计、网页设计与制作等统筹规划，按用户需求不断改进完善；其次，对网上信息的发布制定了工作流程，明确各环节的工作重点和责任，保证信息收集、加工整理、翻译、编辑和发布全过程的通畅，使网站建设更加规范化。

3. 加强网上信息资源的开发

信息资源开发部除继续做好外部相关信息的收集，除进一步丰富信息来源外，还多渠道开展信息交流，增加网上信息的发布内容和信息发布量。全年中心在网上发布信息共约14000多条（约1120万字），内容涉及国内外石油石化新闻、石油石化市场动态、热点透视、石油石化科技发展动态、石油证券、宏观经济和管理等方面的内容。同时，还积极办好《石油综合信息》和《石油参考》等信息综合快讯，全年共出版46期专供集团公司领导决策参考的《决策信息》，获得了较好的社会效益和经济效益。

4. 不断开拓信息技术服务市场

全年在集团公司机关和油田获得的项目主要有《中油多种经营管理信息系统》、《市场部石油工程技术承包商协会》、《质量安全环保》、《中国石油奖学金网站》、《长庆石油勘探局和长庆油田公司的网站建设技术培训》、《大连石化信息中心的网站方案编制以及网站建设和部分维护工作》以及《房改办项目》等，还组织开发并推广了成品油销售管理信息系统。

【行业管理与服务】　中心受集团公司科技发展部委托承担全行业的基层科技信息管理和知识产权保护工作。

1. 集团公司基层科技信息管理

一是对所属企业2000年上报的1060项科技成果进行了统计分析。二是为贯彻国家科技部成果登记办法，配合集团公司科技发展部编写、制定了《集团公司科技成果登记管理办法》，并举办了“石油科技成果登记软件培训班”；还邀请有关单位对国家科技部推出的科技成果登记软件进行了修改，使该软件更适合集团公司对成果登记管理的需要。三是更新了成果光盘检索系统的数据，将2000年的1048项成果数据更新到集团公司科技成果光盘检索系统中，并利用石油科技成果库为集团公司有关领导和部门提供服务。四是实现了成果登记公报网上发布。五是根据国家和集团公司有关科技出版工作的方针、政策和规定，对集团公司和股份公司下属企业主办31种科技期刊（其中13种由股份公司主办、15种由集团公司未上市部分主办、3种合办）进行统一管理，组织参加了新闻出版署的“建设‘中国期刊方阵’”的活动，还组织在京的8种石油科技期刊参加了中国期刊展。

2. 集团公司知识产权保护工作

一是加强知识产权管理工作。先后对35个单位的企业知识产权工作进行检查考核与评价；13次下基层，到9个单位开展企业知识产权工作，贯彻落实集团公司知识产权管理各项规定和要求，组织开展工作；还采取多种形式加大知识产权法制宣传教育培训工作力度，并帮助股份公司及所属企业开展知识产权管理工作，提出意见和建议。二是加强知识产权保护工作。除了组织、办理集团公司（含股份公司）的专利申请、商标注册、软件登记及处理集团公司（含股份公司）已获得专利权及在审专利申请项目的法律事务外，还继续编辑出版《石油知识产权》，报道相关政策法规和专利信息，进行工作交流；组织编写了知识产权宣传培训教材；对已开发的“石油专利管理信息系统”组织了验收，现中国石油石化专利数据库收录专利信息达2万条，并实现了网上查询。三是组织开展知识产权战略研究。完成催化裂化催化剂专利技术、抽油设备及高能气体压裂专利技术、分支井钻井专利技术等课题研究，组织开展了物探、钻井、测井3个专业的专项技术专利战略研究。

【深化改革与内部管理】　在中心党委领导下，各职能部门扎实工作，为深化全成本核算管理，先后制定并下发了《石油经济和信息研究中心进行企业化管理的实施方案》、《石油经济和信息研究中心财务管理办法（暂行）》、《石油经济和信息研究中心资产管理办法（暂行）》、《石油经济和信息研究中心项目管理办法》、《关于在直属公司或合资公司工作的职工管理规定》、《石油经济和信息研究中心对外创收经营活动的暂行管理办法》和《石油经济和信息研究中心经营公司暂行管理办法》等，在中心内部实施企业化运作，使中心的全成本核算管理向前迈进了一步。

（褚晨耕　王　虹）

石油工业出版社

【概述】　石油工业出版社2001年职工人数为235人，其中高级专业技术人员29人，中级专业技术人员78人，初级专业技术人员44人。全社设置处级机构13个，固定资产净值0.87亿元。

2001年，石油工业出版社以邓小平理论和江泽民同志“三个代表”重要思想为指导，认真贯彻集团公司2001年工作会议精神，坚持“立足石油，面向社会”的出版定位思想，狠抓工作目标和措施的落实，全面完成了各项工作任务。全年共出版图书和标准693种，其中新版图书395种，标准199种，重印图书99种；总印数231.3万册，出版总码洋6277万元；实现图书销售码洋2550万元，均比2000年有较大幅度增长。图书编校质量优良率达到37.2%，合格率达到91.9%。有4种（套）图书获奖，其中《中国油气勘探》获第九届全国优秀科技图书二等奖，《当代石油工业科学技术普及丛书》（10册）获第四届全国优秀科普作品三等奖；《英汉石油大辞典》获集团公司科技创新二等奖，《中国石油天然气集团公司年鉴》（2000卷）获中国版协第二届中央级年鉴编纂出版综合质量二等奖。

【图书出版】　石油图书出版加强深度开发，重点图书出版工作得到较好落实。2001年出版石油类图书共274种，占全年新书品种的69%，其中油气勘探类86种，油气田开发开采类98种，石油机械和炼油化工类12种，大中专及培训教材15种，石油经济和石油文化综合类图书63种；出版总码洋（含标准）4085万元。2001年配合集团公司战略发展和技术创新，经过对石油书的深度开发，出版石油重点书和精品书约40种。其中，组织300多名专家，经十余年艰辛工作，收集词条8万多、约800万字的《英汉石油大辞典》首次出版发行，引起广泛赞誉和较好反响。还出版了《中国油气新区勘探》（7册）、《中国油气发展战略》、《石油测井新技术适应性典型图集》、《海上采油工程手册》（上、下册）、《天然气工程技术培训丛书》（3册）、《石油沥青产品手册》、《面向21世纪课程教材—油藏地质学》等一批有较高质量的重点书。2001年，出版了石油天然气行业标准、集团公司企业标准、股份公司企业标准和海洋石油标准共166种，合订本26种，以及标准光盘2001年升级版1套4盘。标准合订本的出版因改变了往年按年度分专业的组合方式，结合了实际，深受油田广大工程技术人员和职工的欢迎。同时完成了《年鉴》（2000卷）和《中国油气》、《中国石油勘探》杂志共8期的出版任务，质量进一步提高。

社会图书出版实现了投入产出的基本平衡，迈出了社会图书出版历程中的重要一步。2001年，出版社巩固和发展社会图书优势板块，并积极探索开拓社会市场，全年共出版社会类图书121种，占全年新书品种的31%，其中计算机类4种，英语类12种，教辅类17种，经济类88种，出版总码洋2192万元。出版了《合同示范文本书系》（5册）、《新世纪抉择丛书》（7册）、《时尚生活新视点》（7册）以及《高中英语手册》（4册）等重点图书，获得了较好的社会和经济效益。由于积极采取措施调整编、发关系，调动了双方的积极性，社会图书的销售回款创出较好水平，基本实现投入产出的平衡，为进一步推进社会图书出版奠定了基础。

加强选题策划研究，积极推进选题策划取得成果。2001年，出版社首次制定了图书选题策划制度，并积极推进，其中编辑室第一策划人、重要策划人工作的推进，取得一定进展，各专业组每月一次选题策划分析基本开展起来，社会图书板块带头人也得到明确。9月份举办第五期编辑岗位培训班，改变方式，组成六个调研小组深入有关出版社和图书市场调研，拓宽了选题策划思路。在此基础上，社选题策划管理委员会全年召开六次图书研讨会，进行图书选题决策，取得了五个方面的成果：一是确定了石油图书重点选题"十五"规划；二是确定了出版社近三年的重点书、"看家书"修订出版计划；三是确定了石油重点教材近三年的修订计划和主攻方向；四是确定了2002年石油重点书选题方案；五是进一步明确了社会图书出版努力方向和工作重点。

【经营与管理】　2001年，出版社拓宽经营门路，加强经营创新，努力增加经济收入，实现了全年内部创收目标，经营工作迈上了新台阶。一是图书和标准出版营销努力探索新路。图书发行销售以指标带动网点，网点促进指标，直销与网点销售并重，进一步扩大石油图书销售，实现社会图书回款的良性循环，同时挖掘图书资源潜力，结合石油图书市场实际，创造性地实施了"整合书架"工作，推出七个"书架"，大大推动了石油图书的销售。标准发行销售积极配合生产管理需要，推进标准配备工作，落实网络建设，使2001年标准销售码洋创较好水平。进一步重视和加强重印书工作，全年完成重印书99种，其中社会书33种，创较好水平。开发电子出版物工作开局良好，出版《采油技术手册》光盘1100套，码洋168万元。二是编辑室在完成了编辑出版任务外，加大了为集团公司和股份公司机关服务的力度。完成了股份公司《HSE年报》、《HSE管理体系总体指南》、三套"十五"规划和油气田开发技术座谈会《论文集》等材料的翻译、编印任务；配合集团公司"三讲"办编印了"三讲"学习教育活动文件资料汇编。三是石油彩色图文中心安全顺利地完成搬迁整合工作，理顺和强化了管理，对外积极开拓社会市场，尤其是高质量、按期完成了股份公司《年报》印制任务，树立了良好声誉，全年实现销售收入及内部创收任务，均比2000年有较大增长。四是展览工作积极开拓市场，不断提高编辑设计制作水平，加强内部管理，取得了较好社会效益和经济效益。2001年圆满地完成了奥林匹克走遍中国展、国有企业改革与发展暨技术创新成果展览会、国际石油大会展、第三届全国塑料博览会展、第三届上海国际工业博览会展、全国人才交流展览会共六项大型展览任务。

2001年，出版社突出重点，强化管理，取得了重要进展和阶段性成果，为进一步提高全社管理水平打下较好基础。一是以单书核算和加强成本管理为重点，大力推进，制定并完善了《图书核算管理办法》（试行），规范了核算程序，为提高经营管理水平和落实奖励措施打下了良好基础；结合实际出台了《成本管理暂行办法》并试行，引起多数单位的重视，推进了成本管理。二是加大调整编、发之间工作的力度，出台措施，狠抓工作落实，并大力查处图书出版发行中的"体外循环"现象，密切了编发关系，规范了出版管理。三是调整和完善了2001年各单位经济目标责任制，调动了各方面的积极性。四是继续加强图书编校印装质量管理，坚持每季进行质量抽查，针对问题及时整改，进一步提高了图书质量。

2001年，出版社在集团公司的关心和支持下，先后完成了科技出版实验楼的全部和综合资料楼的部分改造维修，以及综合楼供暖煤改气等六项基建项目，进一步树立了出版社整体形象，改善了离退休职工活动环境，有利于石油彩色图文中心和展览、广告公司等经营单位走向市场。2001年，出版社狠抓安全责任制的落实，坚持定期安全检查，常抓不懈，保证了全年无重大安全事故。

【50周年社庆】　2001年是出版社建社50周年，为庆祝建社50周开展了系列纪念活动。总结出版社50年发展经验，撰写了"与时俱进，再立新功"的总结

报告；编印了《石油工业出版社50年图书目录总览》、《石油工业出版社建社50周年纪念画册》，制作了建社50周年纪念书标和图片展览，回顾过去难忘的历程，展示新世纪石油出版工作的风采。12月20日，召开石油工业出版社建社50周年座谈会，原石油部、石油天然气总公司和中石油、中石化、中海油的8名正副部级领导，集团公司机关有关部门领导、有关出版社和新闻单位、出版社部分历任领导、离退休职工和在职职工代表共120多人参加了会议。12月25日、26日又连续召开了两次著译者座谈会。系列纪念活动的开展，社内外反响良好，扩大了影响，增强了凝聚力。

【精神文明建设】 2001年是党的建设年，是理论学习年。社党委根据集团公司党组和直属机关党委的部署，紧密围绕出版社图书出版和生产经营，重点抓好了以下工作：一是在集团公司指导检查组的帮助下，认真开展“三讲”学习教育活动，加强领导班子建设，达到了预期目的，对出版社的改革和发展产生了重要影响。二是围绕纪念建党80周年，先后开展了党的历史学习教育、评选模范基层党支部和模范党员、举办纪念建党80周年大会等重要活动，党的建设得到了进一步加强。三是先后组织了江总书记“七一”讲话、党的十五届六中全会精神、《公民道德建设实施纲要》，以及出版法规和政策方针等理论学习，进一步提高了党员和领导干部思想政治素质。2001年还开展了“救助贫困母亲”、向内蒙灾区捐助、以及丰富的文体活动，并积极参与社区精神文明建设，取得良好成绩。

（柴燕军）

中国石油报社

【概述】 中国石油报社是中国石油天然气集团公司直属单位，是以出版中国石油报为主要任务的新闻事业单位。《中国石油报》是中国石油天然气集团公司党组机关报，是以报道石油勘探开发、炼油化工、管道运输、油品销售为主，涵盖相关产业，以百万石油职工为主要读者群，面向国内外公开发行的报纸。当跨入新世纪门槛的时候，中国石油报的编印质量、发行量、编采力量及其经济实力，已成长为全国行业报中颇具影响力的报纸之一。

《中国石油报》自1987年1月7日创刊已走过15年的办报历程。15年来，《中国石油报》始终坚持马克思主义的新闻观，始终坚持政治家办报的方针，始终坚持正确的舆论导向，始终坚持鲜明的石油石化特色，得到了石油工业历届领导人和百万石油石化职工的关心、支持和厚爱，报纸事业不断发展壮大，报纸由创办初期的周一刊增加到目前的周七刊日报，报社职工队伍从创办初期的30多人增加到现在的240多人，其中，高级专业技术人员28人。同时，《中国石油报》在石油、炼化、销售等大型企业单位设有51个记者站。《中国石油报》的发行主要在北京邮发，同时在乌鲁木齐市设有分印点，实现了远程传版印发。《中国石油报》的报道内容，已由创办初期的较单一的宣传报道，发展到传递政治、经济、市场、管理、文化信息等全方位的新闻报道。《中国石油报》辟有《要闻版》、《经济新闻版》、《综合新闻版》、《副刊版》四个正刊和《经济周刊》、《市场导刊》、《星期刊》三个专刊。其大量的产业政策信息，丰富的内容，活跃的版面，基本满足了广大石油职工对多层次新闻信息的需求，为石油工业的改革发展稳定工作，展示石油工业及其相关产业的业绩和形象，促进集团公司的两个文明建设，发挥了不可替代的作用。

在办好《中国石油报》主报的基础上，报社顺应报业发展的时代潮流，正向着报业集团化的方向发展，报社相继主办、承办、联办了《中国石油画报》、《石油政工研究》、《新闻之友》、《地火》、《石油商报》、《塔里木石油报》、《石油新闻网站》等报纸、期刊和网站，这些报刊和网站都在各自领域有着不俗的表现和广泛的影响力。同时，报社还承担着中国石油记协和中国石油作协的日常工作，为全石油石化行业的新闻文化建设做出了不懈的努力。

【报纸工作】 2001年，《中国石油报》以江总书记“三个代表”重要思想为指导，紧紧抓住新世纪到来的历史机遇，紧紧围绕集团公司改革与发展大局，以增强新闻性、权威性、可读性、服务性为主攻方向，下大力量进行了办报思路的战略调整，较好地实现了增刊改版的目标，很好地完成了全年报纸的出版发行任务，报纸工作在十个方面迈上了新台阶。一是报纸宣传迈上了新台阶。2001年报纸宣传紧紧围绕集团公司中心工作，宣传主题明确，报道重点突出，舆论导向正确，信息传播及时。在搞好正常宣传报道的同时，围绕集团公司各个不同时期的重点工作，有效地组织了十大重点报道战役，即跨入新世纪和“九五”成就回顾、“十五”计划全面实施的宣传报道战役；贯彻集团公司2001年工作会议精神的宣传报道战役；纪念建党80周年的宣传报道战役；股份公司规范发展的宣传报道战役；以“西气东输”为重点的油气管道建设的宣传报道战役；集团公司开展“三讲”学习教育活动的宣传报道战役；迎接和应对入世挑战的宣传报道战役；以整体带资分流为重点的持续重组的宣传报道战役；应对油价下跌挑战，进一步降本增效的宣传报道战役；贯彻十五届六中全会精神，加强党风廉政建设和公民道德建设的宣传报道战役。这些战役性报道的实施，真实地记录了集团公司前进的步伐，为集团公司的改革与发展营造了良好的舆论氛围。二是报纸容量迈上了新台阶。2001年成功的实现了从周六刊向周七刊日报的跨越，全年共出版报纸355期，1428块版，比2000年增加47期，196块版，版面增长率为15.9%。三是彩报出版迈上了新台阶。自报纸创刊至2000年底，总共出版了不到10期彩色报纸，2001年每周三期专刊全部实行彩色印刷，全年出版彩色报纸150多期。四是“无纸化”办报迈上了新台阶。按照集团公司领导关于“缩短与党组的距离”的要求，报社进一步加强了北京的采访力量，并在股份公司总部设立了采访办公室，积极开发集团公司总部机构的新闻源，使新闻采访与党组要求更加合拍。六是编采工作效率迈上了新台阶。全年主报编辑部在减少10余名编采骨干的情况下，确保了增刊改版工作的完成。编辑的月工作量提高33%以上，记者的月平均用稿量超定额20%。七是报纸时效迈上了新台阶。改出周七刊日报之后，将每日报纸付印出版时间向后推迟了六个小时，确保了集团公司和各企事业单位重大信息及时在次日见报。特别是12月在新疆设立了分印点并试印成功，实现了远程传版异地印刷零的突破。八是通讯报道队伍建设迈上了新台阶。我们首次在大型炼化企业成立了记者站，记者站总数达到了51个。同时，特约记者队伍经过调整得到了进一步加强，记者站记者、特约记者的年用稿量超过了历年。九是联合办报办刊迈上了新台阶。《石油商报》作为本社与石油经济和信息研究中心联办的子报，创刊一年来，影响力正在不断扩大。一个以党组机关报为龙头，拥有多种报刊的石油报业集团的雏形正在形成。十是报纸的知名度迈上了新台阶。我们积极参加一系列社会公益活动，特别是承办了由《求是》杂志社发起的全国纪念建党80周年知识竞赛，石油赛区有30万党团员及群众参加，答卷优良率高达95%以上，良好地展示了石油集团形象，得到了中宣部领导的高度评价，报社也获得了全国总组委会颁发的优秀组织奖。

与此同时，报纸以增刊为契机，积极推进报纸结构的调整，增强了报纸的可读性和核心竞争力。在报纸结构方面，进一步界定了《市场导刊》和《经济周刊》两个专刊的定位，实现了优势互补。在报道结构方面，加强了对持续重组、整体带资分流等热点、难点、疑点的报道，更好地进行了舆论引导工作。在功能结构方面，强化报纸信息传播功能，除了重大政策性信息报道之外，在一版公布石油、石化、海洋三大公司的每日股价行情和国际原油、成品油价格行情，增强了报纸的服务性和实用性。

【经营工作】　2001年，在集团公司党组的亲切关怀和正确领导下，报社全体职工树立全局意识、忧患意识、发展意识，加快实施自我生存与发展战略，积极探索政治家办报、企业化管理、市场化运作、集团化发展的新路子，始终以办报为中心，以报业经营为主线，以服务集团公司和石油职工为根本出发点，初步实现了报纸发行主导产业、广告经营主体产业新的历史性跨越，为尽快实现报社自我生存与发展目标迈出了关键性的一步。2001年，报社实现广告收入1500多万元，经营产值比上年增加400多万元。创造中国石油报创刊15年来最好水平。报纸征订在集团公司减员分流、报纸增刊订阅费用增加的情况下，仍然保持了10万份以上的期发行量，发行收入1100多万元。

建立新的广告运行机制，促进广告产值大幅度增长。一是广告经营由过去一个经营实体创收变为多个广告经营实体创收，形成了良好的竞争局面。二是对子报子刊下放经营自主权，分配自主权，推行“四自”运行机制，为报业经营培植了新的经济增长点。三是推行巩固主阵地、开拓新领域、探索多元化战略，使广告创收始终保持持续、快速、稳定发展的后劲。四是组织企业形象宣传，开办地区专版，有效的拉动了广告的增长。

发行工作主要是攻克征订难点，开拓新的征订领域。在集团公司、政治思想工作部、各石油企事业单位的高度重视和支持下，发行工作克服集团公司减员分流和报纸增刊增加费用给报纸征订带来的困难，接连召开了发行工作会议和片区会议，在贯彻党组领导关于把报纸发行到科室、班组的要求，疏通经费渠道，研究征订方式，部署落实指标，督察征订情况，反馈征订结果，制定保障措施等方面，做了卓有成效的工作。同时积极开拓中石化和社会订阅市场，从而保证了10万份以上的发行任务的完成。

（张文业）

北京华油天然气有限责任公司

新世纪实现开门红

新千年伊始，集团公司马富才总经理等领导来公司检查工作

一、效益类指标

利润总额：目标值实现利润11372万元，实际完成17913万元，超额完成6541万元，超额完成任务57.5%。

投资资本回报率：目标值实现5.87%，实际完成6.74%，超额完成任务8.7%。

二、营运类指标

天然气管道单位运营成本：目标值89.16元／千方，实际78.94元／千方，减少成本10.22／千方，成本降低11.5%。

天然气销售量：目标值15.4亿立方米，实际完成16.1亿立方米，超额完成0.7亿立方米，超额完成任务4.5%。

应收账款：目标值比年初降低20%，实际比年初降低35.7%，应收账款100%收回。

重点建设项目投资控制率：目标值100%，实际完成100%。

三、控制类指标

质量安全环保：全年工程建设项目验收一次合格；死亡责任事故0；30万元以上经济损失责任事故0；10万元以上环境污染责任事故0。全面完成中国石油天然气股份有限责任公司布置的工作任务。

加强思想政治工作和党风廉政建设，保持职工队伍稳定，公司连续四年被评为中央国家机关文明单位，2001年又被评为首都文明单位。

地址：北京市朝阳区慧忠里甲118号　　邮编：100101
电话：(010)84976804　　传真：(010)84980928

公司董事会、监事会成员合影

PetroChina 中国石油

大庆油田有限责任公司

中国石油天然气集团公司副总经理、中油股份有限公司副总裁、大庆油田有限责任公司董事长、总经理兼党委书记　苏树林

铁人纪念馆

大庆油田有限责任公司是中国石油天然气股份有限公司的全资子公司，是集油气勘探、开发及其产品销售和科研与技术服务为一体的特大型工业企业。注册资本475亿元，员工90436人，固定资产原值、净值分别为1152亿元和610亿元。

大庆油田是中国大型的油田，也是世界上为数不多的特大型砂岩油田之一。

大庆油田历经40多年开发建设，取得了举世瞩目的辉煌业绩。截至2001年底，大庆油田已探明各类油田30个，含油面积4511.87平方千米，石油地质储量56.83亿吨；探明天然气田21个，含气面积2224.97平方千米，天然气地质储量3181.80亿立方米。已开发或部分开发油田27个，动用地质储量483689万吨，年新增可采储量3433万吨；开发气田或含气区块18个，动用天然气地质储量2129.10亿立方米。全油田共有各类井50947口(其中采油井32106口)，累积生产原油16.76亿吨。

2001年，大庆油田有限责任公司深入贯彻“高水平，高效益，可持续发展”方针，按照“适应新形势，建立新体制，树立新形象，谋求新发展”的总体要求，实行规范化管理，市场化运作，高效益经营，企业生产经营保持良好的态势。

目前，拥有丰富的油气资源、先进的科学技术、雄厚的经济实力和人力资源优势的大庆油田有限责任公司，正朝着二次创业宏伟目标昂首挺进，续写支撑陆上石油工业“半壁江山”的神话。

与美国雪佛龙海外石油公司（中国）签订合作协议

大庆石油技术博物馆

现代化的职工住宅区

地址：大庆市让胡路区龙南小区　邮编：163453
电话：(0459)5994050　传真：(0459)5973125

中国石油辽河油田分公司

总经理 王春鹏

党委书记 孙崇仁

中国石油辽河油田分公司是以石油天然气勘探开发为主营业务的油田企业。油田地跨辽宁、内蒙两省区的13个市（地）、32个县（旗）。勘探开发分为辽河盆地陆上、辽河盆地滩海和外围盆地三个区域。总面积9.2865万平方千米，辽河盆地陆上是勘探开发的主战场，动用储量和年产量均占油田总量的97%。油田原油年产能力1400万吨。现有员工29538人，拥有各类井20940口，固定资产原值483.3亿元，净值238.9亿元。

1999年下半年，根据党中央、国务院的决策，按照集团公司统一部署，辽河油田实施重组改制、分开分立。中国石油辽河油田分公司组建两年来，积极适应上市公司新体制、新机制的要求，不断创新管理，努力降低成本，集中精力抓好勘探开发主营业务，各项工作都取得好成绩。

2001年，中国石油辽河油田分公司深入学习贯彻江泽民总书记“七一”重要讲话和十五届六中全会精神，贯彻落实集团公司、股份公司部署要求，认真开展“三讲”学习教育活动，围绕一届二次职代会确定的“十大工作目标”，广泛开展“创新管理年”活动，实施“三个五工程”，大打勘探开发进攻仗，强化生产经营管理，加强党建、思想政治工作，加强领导班子和员工队伍建设，实现了生产、安全、队伍“三个稳定”，全面完成了股份公司下达的各项业绩考核指标。全年新增探明石油地质储量5801万吨，可采储量1109.9万吨；新增探明天然气地质储量10.39亿立方米，可采储量6.62亿立方米。生产原油1385万吨，生产天然气11.77亿立方米，外供5.5亿立方米。实现销售收入159.58亿元；实现国内利润50.19亿元；投资和油气单位操作成本控制在计划指标之内。油田分公司荣获全国“五一”劳动奖状，在全国党的知识竞赛活动中荣获优秀组织奖，在辽宁省委组织的党的知识竞赛中荣获二等奖。

地址：辽宁省盘锦市兴隆台区石油大街87号
邮编：124010
电话：（0427）7823306　传真：（0427）7823306

戈壁瀚海竞风流

中国石油天然气股份有限公司
青海油田分公司

总经理、党委书记　黄立功

开拓创新的领导班子

黄立功总经理与意大利阿吉普公司专家交谈（左二为黄立功总经理）

中国石油天然气股份有限公司青海油田分公司的主要勘探开发领域在素有"聚宝盆"之称的柴达木盆地，面积约25万平方千米，工作区平均海拔2700～3600米，气候十分干燥，氧气含量仅为内地的70%，是国内自然条件最艰苦的油田。目前，公司有职工5750多人，平均年龄31岁。

柴达木盆地的勘探开发工作从1954年开始，截至到目前，累计探明石油地质储量2.66亿吨，探明率为12%；控制和预测石油地质储量3.24亿吨；累计探明天然气地质储量2198亿立方米，探明率为12%，探明和控制天然气地质储量超过了3500亿立方米，累计三级储量超过6000亿立方米，是全国第四大气区。

经过近50年的艰苦创业，青海油气事业取得了蓬勃发展。特别是20世纪90年代以来，青海油田不断深化改革，加快发展步伐，自1991年原油产量突破100万吨以来，连续9年稳产在100万吨以上。2000年原油产量突破了200万吨大关，2001年生产油气当量260万吨，2002年将实现生产油气当量300万吨的目标，油气产量取得了较大幅度的增长。

随着涩—宁—兰管道的建成投产，天然气产量突飞猛进，逐步形成了青海油田新的经济增长点，取得了良好的社会效益和经济效益。目前，已建成了涩—格、涩—敦、仙—花、涩—宁—兰四条输气管道，形成了盆地外供气至西宁、兰州、格尔木、敦煌，盆地内东西部天然气联网互供的局面，具备了33亿立方米的管输能力，年生产天然气达到了10亿立方米。

进入新世纪，开拓创新的公司领导班子弘扬柴达木石油精神，以创造公司最佳业绩、提升公司价值为宗旨，突出油气勘探工作，坚持油气并举，依靠体制创新、观念创新、管理创新、技术创新，加快油田的发展步伐。"十五"期间力争在石油的勘探上获得重大突破，找到一至两个5000万吨级以上的优质储量，在"十五"末，实现油气500万吨，做好战略接替的准备。在"十一五"中期全面实现"5355"中长期发展目标，即：实现累计探明和控制石油地质储量5亿吨，累计探明和控制天然气地质储量3000亿立方米，年生产原油500万吨，年生产天然气50亿立方米。

公司管理着的尕斯库勒油田曾先后荣获集团公司、股份公司"高效开发油田"称号

加大柴达木盆地的勘探力度，力争油气勘探大突破

地址：甘肃敦煌七里镇　　邮编：736202

电话：(0937)8926811　　传真：(0937)8926812

中国石油玉门油田分公司

总经理、党委书记　孔繁瑾

迈向新世纪的玉门油田

中国石油玉门油田分公司是集勘探开发、炼油化工上下游为一体的综合性企业，有采油厂、炼化总厂、勘探事业部、勘探开发研究院、规划设计院等单位，现有员工5092名。

玉门油田开发于1939年，是中国第一个现代石油基地，被誉为中国石油工业的摇篮。油田对甘肃酒泉、花海、潮水，内蒙古雅布赖、银根等盆地拥有勘探权，具有广阔的勘探前景。现投入开发的有青西、老君庙、鸭儿峡、白杨河、石油沟、单北6个油田。

新井试油放喷

综合加工能力300万吨/年的炼化总厂

勘探开发中的青西油田

大型酸化压裂现场

油气勘探按照“十五”期间新增储量亿吨，产量重上百万吨的目标，在老区精雕细刻保稳产的基础上，集中精力在勘探新区找储量、建产能。2000年原油产量走出低谷，开始回升，使开发了60多年的老油田重新焕发出了新的生机。

炼油化工也有62年的发展历程，现主要生产装置达到了国内先进水平，综合配套加工能力300万吨/年，主要生产汽、煤、柴、润、特种油品、化工产品等78种“祁连”牌产品。10多种特油产品为全国独家产品，享有良好的信誉。

油田公司十分重视精神文明建设，2001年被甘肃省授予省级文明单位称号。

地　址：甘肃玉门市
邮　编：735200
电　话：(0937)3921345
传　真：(0937)3250557

大发展的长庆油田

长庆油田分公司业绩成果

地址：陕西省西安市未央区长庆兴隆园 邮编：710021

总经理、党委书记胡文瑞在探区一线

原油生产连年大幅度攀升

天然气开发驶入快车道

长庆油田分公司勘探开发的鄂尔多斯盆地被誉为国家战略资源的“聚宝盆”，是中国石油21世纪潜力巨大的战略接替地区，是中国西部发展前景广阔的石油天然气工业基地，是中国具有鲜明成长性和前瞻性的未来又一能源中心，被国家确定的西部矿产资源十大集中开发区之一。作为具有现代色彩的国有控股上市企业，长庆油田分公司企业规模迅速扩大，企业效益跨越式增长，油气储量产量大幅度攀升，核心竞争力不断增强，西部龙头产业中的龙头企业；西部大开发中相关省区经济调整的“定盘星”和经济增长的“增长极”。

长庆油田分公司总结形成的理念体系，是企业取胜的法宝，是长庆油田分公司作为具有现代色彩的国有控股上市企业的主要特征之一，是长庆油田分公司加快发展的基本条件的主要组成部分。企业精神：攻坚、啃硬、拼搏、进取。企业宗旨：完成业绩目标，提升公司价值，提高股东回报，谋求持续发展。企业管理理念：一切注重实际效果。企业价值：创造公司价值最大化；实现利润最大化；争取效益最佳化；谋求企业长期持续稳定发展。企业基本思路：以发展推动长庆各项事业的进步；以市场促进企业管理水平的提高。企业战略：结合长庆实际的生存战略；有效益的持续发展战略；合理的低成本战略；符合低渗透油气田特征的科技创新战略。

被确立为中国石油未来战略接替区的长庆油田，加快发展步伐，努力做大搞强，2001年提前超额全面完成了各项业绩指标，实现了鄂尔多斯盆地油气勘探开发的历史性突破。

富有特色的企业文化建设体系

内蒙古气探区又有一口气探井获高产工业气流

2001年，油田公司做大搞强，加快发展，油气勘探开发取得了辉煌的成就，又是一个硕果累累的丰收年。两个全国之最屹立于世：一是诞生了中国最大天然气区——长庆万亿大气区，二是诞生了中国最大天然气田——苏里格气田。长庆还创造了四个全国第一：一是石油探明储量完成1.2亿吨；二是天然气探明储量完成4327亿立方米；三是生产原油520万吨，比上年净增56万吨；四是生产天然气33.8亿立方米，比上年净增13.2亿立方米。长庆还跨越了两个历史台阶：一是原油累计探明储量上10亿吨台阶，三级储量上20亿吨台阶；二是天然气累计探明储量上1万亿立方米台阶，三级储量上2万亿立方米台阶。连续三年建设产能超100万吨油气当量，累计达到530万吨油气当量；连续三年油气产量净增长超100万吨当量，累计达到411万吨油气当量。

长庆油气生产实现历史性跨越，这是长庆油田分公司确立正确的企业理念，用前瞻性“三个层面业务”、成长性“三步走”战略目标指导工作的结果；这与以重新认识鄂尔多斯盆地、重新认识长庆低渗透、重新认识我们自己这“三个重新认识”转变观念，抓住机遇，实施低成本战略、科技兴气战略，坚持科技创新、体制创新、管理创新是分不开的。鄂尔多斯盆地资源基础雄厚，具备加快发展的条件和优势，从目前的油气储量增长、产能建设速度、老油田稳产形势看，长庆油田已踏上长庆油气并举加快发展的步伐，为实现加快发展目标奠定了可靠的基础，提供了切实保证。

送走了大丰收的2001年，迎来了充满希望的2002年，长庆油田分公司瞄准大目标，抓住大机遇，奋战大场面，实现大发展。2002年油气年产（当量）锁定1000万吨目标，力争实现换字头，变位数，以四位数运行。把2005年实现1900万吨（当量）目标在2002年各项工作中体现出来，加快发展步伐，实现历史性跨越，为我国石油天然气工业发展做出新的、更大的贡献。

中国石油吐哈油田分公司

2001年是中国石油吐哈油田分公司实施"十五"计划的第一年，吐哈油田以"稳油、增气、提效，保持经济总量不降"为目标，以科技创新为动力，以成本控制为重点，深化企业改革，规范企业管理，提升公司的竞争能力和赢利能力，努力创建"管理一流、技术一流、素质一流、效益一流"的现代化石油企业。全年探明石油地质储量1255万吨，生产原油255.3万吨，生产天然气10.48亿立方米；新建原油生产能力30.7万吨/年。全年实现销售收入41亿元，上缴国内准则利润16.42亿元；全员劳动生产率87.78万元/人。油气操作成本完成了股份公司下达指标；投资资本回报率达到20.97%；安全生产实现"四个杜绝、一个保持、一个为零"目标；全面完成了"188"工程目标和股份公司下达的各项业绩指标。

截至2001年底，吐哈油田累计探明石油地质储量2.593亿吨，天然气267.14亿立方米，探明油气当量合计2.8065亿吨。目前共动用石油地质储量1.8亿吨，开发和管理着鄯善、温米、丘陵、红连、葡北等20个油气田，共有油水井1387口；累计生产原油2282.05万吨。"十五"期间，吐哈油田将继续以"稳油、增气、提效，保持经济总量不降"为目标，进一步加大油气勘探开发力度，保持油田的可持续发展，创造吐哈油田更加辉煌的明天。

总经理兼党委书记
"五一"劳动奖章获得者　　蔡志刚
新疆维吾尔自治区劳动模范

吐哈油田分公司发布
QHSE 管理体系文件

丘东气田戊烷生产装置

地址：新疆鄯善火车站镇　　邮编：838202
电话：(0995) 8372821　　传真：(0995)8371354

吐哈油田分公司轻烃外运站

新疆油田分公司

总经理、党委书记　王宜林

新疆油田分公司是我国西部地区的大型石油生产企业，主要从事油气勘探开发、集输、销售及勘探开发研究等业务。2001年末，共有员工15654人；资产总额为325.26亿元；当年实现利润37.94亿元，上缴利税60.48亿元；拥有原油生产能力1048.4万吨，天然气生产能力19.5亿立方米；装备有世界先进的化验分析设备、计算机服务器和并行机，配备有多套欧美先进的勘探开发配套软件；原油产量连续12年居中国陆上石油工业第四位，是陆上石油工业“积极调整东部，加快发展西部”最为现实的战略接替地区。

新疆油田分公司的主要勘探开发领域——准噶尔盆地，油气资源十分丰富，石油总资源量为86亿吨，天然气总资源量为2.1万亿立方米，油气资源总量达到103亿吨，为我国陆上油气资源总量超过100亿吨的三大盆地之一。目前，盆地石油、天然气资源探明率分别仅为21.51%和3.08%，资源潜力巨大，发展前景广阔。

准喀尔盆地沙漠腹部获重大突破

沙漠腹地的石油公寓

2001年，新疆油田分公司荣获全国"五一"劳动奖状。油气勘探又获战略性突破，相继取得一批重大成果，探明油气地质储量近亿吨。其中，获得历史性突破的盆5井，被中国石油列为2001年一大发现。油田开发创历史好水平，2001年生产原油968万吨，创造了日产水平高、原油产量近15年来增幅最大等七项历史新纪录，保持了新疆油田原油产量连续21年稳步增长。

新疆油田分公司大力实施加快发展战略，低成本战略和科技创新战略，正朝着加快发展"三步曲"目标奋进。第一步是到2002年年产原油1000万吨，天然气20亿立方米；第二步是到"十五"末，年产原油1200万吨，天然气30亿立方米；第三步是到2010年，年产原油1500万吨，天然气50亿立方米。

2002年，新疆油田原油产量将突破1010万吨，成为我国西部第一个千万吨的大油田。

地址：新疆克拉玛依市友谊路100号
邮编：834000
电话：(0990)6865841
传真：(0990)6887790

团结奋进的领导班子

油田公司职工代表大会

大型计算机处理中心

中国石油冀东油田

总经理、党委书记　徐中清

团结奋进的领导班子

经济运行会

勘探开发一体化

中国石油冀东油田是中国石油天然气股份有限公司直属地区公司，主营石油、天然气勘探、开发及销售业务。工作区域分布在唐山市与秦皇岛之间，北起燕山南麓，南至渤海5米水深线，西起涧河，东至秦皇岛，总面积约8332平方千米，其中陆上4632平方千米，滩海3700平方千米，油气总资源近7亿吨。目前共有高尚堡、柳赞、老爷庙、北堡、唐海、柏各庄等6个油田25个区块投入开发，年原油生产能力60余万吨。最近在股份公司支持下，又获得了江苏洪泽凹陷、广东三水盆地等地区的探矿权，为油田实现健康稳定发展拓展了更大的空间。

进入“九五”以来，冀东油田在“三高一靠前”（油田小，经济效益要高；总产量少，人均产量要高；小断块油田勘探开发难度大，水平要高；油田规模靠后，各项工作要靠前）的企业精神鼓舞下，积极实施科技兴油、低成本战略和人才开发战略，油田各项工作取得新的进展。

积极推行勘探开发一体化。我们认为勘探开发是一个有机的整体，勘探是开发的基础，开发是勘探的目的，两者互相依存，不能完全分开，于是创造性地提出了勘探开发一体化管理模式。经过数年的摸索实践，勘探开发一体化在冀东油田收到了很好的效果：连续6年探明可采储量大于当年采出油量，实现了储采良性循环；产量稳步上升，由原来的5字头换为6字头；开发水平明显提高，采收率年均提高1个百分点。

针对重组改制后，作为股份公司的地区公司，油田的甲方地位更加突出，面对市场，为了确保经济活动有效，降低成本费用，避免不正之风和违法乱纪事情的发

地址：河北省唐山市新华西道51号甲区
邮编：063004

TIAN

生，制定并执行了《中国石油冀东油田经济活动运行程序》，把油田经济活动全面纳入管理程序，使整个经济活动公开规范，提高了经济运行的效率和质量，成本得到有效控制。在近三年的实践中，效果良好，杜绝了“三超”现象的发生，工程质量优质率明显提高。

深入细致地做好员工思想政治工作。一是抓好政治理论学习。油田党委认为：搞好企业，重在队伍建设。队伍建设的关键在思想建设，思想建设的关键在于政治理论学习和政治素养的提高。提高员工的政治理论水平和政治素养是一项基础工作。为此，油田党委始终把加强员工政治理论学习作为一项重要工作来抓。通过分层次、有组织、有计划地对油田党员干部和普通员工进行邓小平理论教育，油田员工思想政治素质明显增强，精神面貌焕然一新。

二是加强形势任务教育。将党中央、国务院各项方针政策、石油行业重大部署和油田的发展前景及油田员工关心的热点、难点问题及时做好宣传教育、正面疏导、解疑释惑工作，确保了员工队伍的稳定。

三是做好一人一事的思想政治工作。坚持“四必访、五必谈”，深入基层，深入群众，开展员工思想动态调查，及时掌握员工所思所想，使一人一事的思想政治工作更有针对性，帮助员工消除产生思想问题的根源，使员工体会到组织的温暖，感受到我们党确实是代表最广大人民群众的根本利益，党群、干群关系更加密切。

四是加强企业精神的培育和宣传。多年精心培育的“三高一靠前”的企业精神，通过油田上下的共同努力已成为鼓舞广大干部员工热爱油田，爱岗敬业的原动力和精神支柱，促进了各项生产经营任务的完成。

电话：(022)25506065
传真：(022)25506065

办公大楼

油田夜色

高素质的职工队伍

认真学习邓小平理论

PetroChina
中国石油

中国石油天然气股份有限公司塔里木油田分公司

总经理、党委书记　孙龙德

塔里木盆地是中国最大的内陆盆地，总面积56万平方千米，经两轮资源评价，全盆地油气总资源量191亿吨，是中国油气资源量大于100亿吨的三大盆地之一。

塔里木油田共探明24个油气田，累计探明石油地质储量3.2亿吨、天然气5580亿立方米，累计三级储量折合油气当量15.42亿吨。天然气勘探取得了重大突破，为西气东输奠定了坚实的资源基础。原油产量从1989年的3.4万吨上升到2001年的472.63万吨的原油生产能力。

塔里木油田是以石油天然气勘探开发、销售、石油化工为主的大型石油企业，实现市场化运行、合同化管理、专业化服务、社会化依托。采用新的管理体制和新的工艺，初步形成了具有国内外领先水平的沙漠和山地地震勘探技术、深井及超深井钻井试油技术等技术系列。13年来累计实现销售收入372.14亿元，主营业务34.86亿元，实现利税101.62亿元，利润总额60.74亿元，促进石油会战取得了高水平和高效益。

油田员工正在为实现跨越发展而奋斗，到2005年力争原油产量达到550万吨以上、天然气产量120亿立方米、炼油加工量50万吨、化肥产量50万吨，销售收入力争达134亿元，利润达到40亿元。投资资本回报率不低于12%。

克拉2井

沙漠钻井

地址：新疆库尔勒市78号信箱
邮编：841000
电话：(0996)2171210
传真：(0996)2171986

中国石油大庆石化公司

地址：黑龙江省大庆市龙凤区　邮编：163714　电话：(0459)6763987　传真：(0459)6767025

中国石油大庆石化公司是中国石油天然气股份有限公司所属地区公司，是以大庆油田原油、轻烃和油田气为主要原料，从事炼油、化工、化肥、化纤生产的特大型石油化工联合企业。

大庆石化公司位于黑龙江省大庆市，是我国重要的石油化工生产企业和科研基地。到2001年，总资产113亿元，生产装置127套。年销售收入160亿元，员工1.4万人，下属8个生产厂，一个石油化工研究院和一个储运公司。原油年加工能力600万吨，年产乙烯48万吨，聚乙烯40万吨，聚丙烯10万吨，合成氨33万吨，尿素56万吨，腈纶丝6万吨，并生产石蜡、石油焦、芳烃、丁辛醇、硝酸铵、丁二烯、醋酸、甲基叔丁基醚、丙烯腈、丙酮氰醇等产品，共计60种151个牌号。

公司遵循“帮助客户实现愿望，帮助员工实现价值，帮助企业创造效益”的经营理念，把创造优质品牌，提供优质服务作为永恒的追求，每年都有几十种新品种或新牌号的产品投放市场，是国内产品种类较全的石油化工生产企业之一。轻柴油系列7个产品被评为全国用户满意产品，1#灯煤和5000S聚乙烯获国家优质产品金质奖，“大庆”牌尿素荣获西班牙马德里国际质量管理金奖，并获得中国名牌产品称号。产品畅销全国，远销美国、法国、日本、韩国、澳大利亚、新加坡等29个国家和香港地区，在市场上树立了依法经营、诚实守信、创新高效的良好形象，被评为诚信纳税先进单位，先后荣获全国“五一”劳动奖状，全国思想政治工作优秀企业，黑龙江省文明单位标兵。

展望未来，大庆石化公司将通过对炼油、化工、化肥三大系统进行扩能改造，将企业做好、做强、做大，成为中国石油大型的聚烯烃生产基地、天然气化工利用和聚乙烯树脂研究开发基地，核心竞争能力和盈利能力明显提高，步入高水平、高效益、持续发展轨道，为社会创造更多的财富，为发展我国石油化工事业做出更大的贡献。

总经理　喻宝才

党委书记　勾振东

大庆石化公司
通过ISO 9002质量体系认证

公司化工生产区

140万吨／年重油催化装置

毛条车间

中国石油抚顺石化分公司

中国石油抚顺石化分公司

中国石油抚顺石化分公司是中国石油天然气股份有限公司所属的地区性分公司，拥有总资产131亿元，员工9898人，年销售收入200亿元以上，是一个炼化一体化的特大型石油化工联合企业。现有3个大型炼油厂、3个大中型化工厂和1个油品集输储运公司，原油一次加工能力920万吨／年，主要生产装置63套，乙烯、洗涤剂原料年生产能力分别为17万吨、20万吨。公司主要产品有汽油、航空煤油、柴油、润滑油、石蜡、聚乙烯、聚丙烯、烷基苯、脂肪醇等150多种。公司主要商标有“双菱”、“远航”、“顺邦”、“尔驰”、“三环”等。其中蜡的年产量为62万吨，润滑油基础油年生产能力为35万吨，烷基苯年生产能力20万吨。

2001年公司加工原油831万吨，实现销售收入200.9亿元，居中油炼化企业之首；实现税金15.7亿元，结束了7年亏损历史，实现利润1.9亿元，利润总额列中油股份公司炼化企业前列。

“十五”期间公司将大力推进技术改造和技术创新，形成石油化工和表面活性剂两大优势产业，加大优质石蜡、树脂专用料等特色产品的生产，确立在国内国际的优势地位，实现做强做大抚顺石化的目标。

总经理、党委书记 **刘强**

我国第一套加氢裂化装置

新建150万吨／年重油催化裂化装

炼油厂夜景

炼油厂鸟瞰

大型的合成洗涤剂原料生产基地
——烷基苯、脂肪醇生产装置

我国第一套延迟焦化装置

抚顺石化分公司乙烯夜景

抚顺石化分公司鱼发鱼圈成品油码头

址: 辽宁省抚顺市新抚区凤翔路45号
政编码: 113008
话: (0413)2433312
真: (0413)2420988

制氢装置

常减压装置

辽阳石化分公司

辽阳石化分公司（以下简称辽阳石化）隶属于中国石油天然气股份有限公司，位于辽阳市东南郊，占地近16平方千米，是中国北方大型的化纤生产基地。

辽阳石化由原辽阳石油化纤公司主营业务改组成立，主要从事炼油化工产品的生产、销售等业务。现拥有资产总值135亿元，其中固定资产净值 110亿元。1999年6月，根据中国石油天然气集团公司重组改制的统一部署，辽阳石化按照现代企业制度运作方式设立组织机构，大幅精简机构，压缩从业人员。公司下设9个职能处室、10个生产厂、7个直属单位和2个大型合资企业，1.2万员工中管理人员只占8%，实现了精干高效运行的目标。

辽阳石化建有大型生产装置39套，原油一次加工能力为750万吨／年。其中，炼油部分拥有常减压、加氢裂化、延迟焦化、加氢精制和催化裂化等完备的原油加工手段，年可生产成品油145万吨、化工轻油90余万吨；化工部分拥有乙烯、芳烃及尼龙66盐等装置，年可生产塑料原料9万吨，尼龙盐（含己二酸）7万吨；化纤部分拥有PTA、聚酯、涤纶、锦纶丙纶等装置，年可生产聚酯40万吨，纤维产品16万吨。公司积极开拓国内、国际两个市场，坚持名牌产品发展战略，产品远销全国30个省、市自治区，年出口创汇达1300万美元；主导产品ISO 9000认证率达100%，0#柴油获国家质量银质奖章，聚酯切片、尼龙66盐、乙二醇、聚丙烯等先后获辽宁省名牌产品称号，精己二酸被评为辽宁省用户满意产品。

辽阳石化在原辽阳石油化纤公司主营业务基础上，剥离了化建安装、运输、检修、后勤、多种经营及企业办社会等职能，实现了主辅分离；与辽阳石化化纤公司相互依托，改善了经营条件，产业、产品结构更加趋于合理，生产要素得到了有效配置，总体经济实力进一步增强。

今后，辽阳石化将充分发挥中国石油天然气股份有限公司资本运营的优势，加大“三改一加强”工作力度，以乙烯节能降耗、增产瓶用聚酯、扩大PTA产能等技术改造为重点，进一步提高“油、化、纤”联合优势。预计在新世纪初期，辽阳石化将初步建设成为生产技术先进、系统完整配套、经营管理规范、经济效益良好的特大型石油化工化纤生产基地，为发展国民经济做出更大的贡献。

地址：辽宁省辽阳市宏伟区火炬大街 5号
邮编：111003
电话：(0419)5152266
传真：(0419)5154911

聚酯装置

芳烃装置控制室

中国石油锦州石化分公司

锦州石化分公司的前身（原中国石油部石油六厂）始建于1937年，距今已有65年的发展史。1999年7月，根据中国石油天然气集团公司关于企业重组改制的工作部署，以原企业优良资产部分为主体改组分离成立中国石油锦州石化分公司，隶属于中国石油天然气股份有限公司。分公司现有员工5200名，拥有70余套炼油化工装置，可生产80多种炼油化工产品，其中20多种产品出口（93#汽油、石油针状焦、异丙醇等），原油加工能力550万吨／年。2001年企业完成工业总产值29.04亿元人民币，实现销售收入85.2亿元，上缴国家税金8.71亿元。由锦州石化分公司控股的“锦州石化”A股股票在国内上市流通，流通股1.5亿股。

团结奋进的领导班子

锦州石化分公司重组改制后，严格按照现代企业制度的要求规范管理，人员管理达到了科学、精干、高效；生产管理面向市场，形成了品牌优势。目前，锦州石化分公司生产的90#车用汽油全部实现无铅化，开发的97#高档汽油和高标号航空煤油其质量位于市场同类产品的前列。7万吨异丙醇装置目前是国内惟一大型生产装置，异丙醇产品国内市场占有率一直保持85%以上，产品质量曾获国家银质奖。企业于1998年整体通过ISO 9002国际质量认证审核，获得产品国际通行证。2001年又通过复审，企业质量管理又迈上一个新台阶。

锦州石化分公司现有各类专业技术人员1000余名，其中工程技术人员824名，拥有高级职称人员80多名，中级职称人员300多名，形成并储备了一支能适应企业发展的人才队伍。

近年来，企业重视并积极加强企业文化建设，确定以“团结、奋进、求实、创新”为企业精神；以“以人为本、科技先行、质量取胜、诚信永恒”作为企业理念；以“追求利润最大化，争取效益最佳化，实现股东最大回报，谋求公司持续稳定发展”为企业价值观，企业形成了良好的内部发展环境。

装置一瞥

地　址：辽宁省锦州市重庆路二号
邮　编：121001
电　话：(0416)4152240
传　真：(0416)4567532

中国石油哈尔滨石化分公司

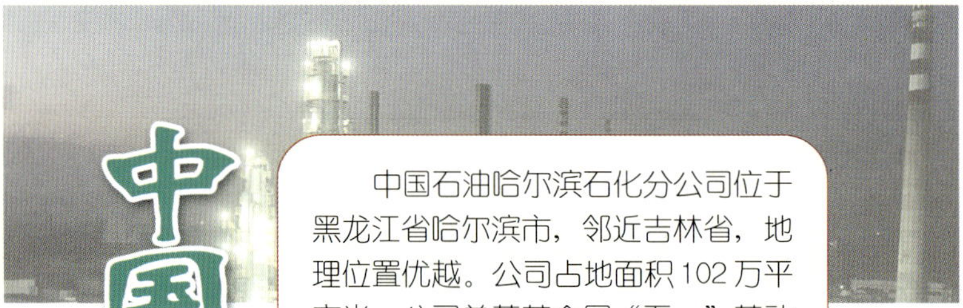

中国石油哈尔滨石化分公司位于黑龙江省哈尔滨市，邻近吉林省，地理位置优越。公司占地面积102万平方米。公司曾荣获全国“五一”劳动奖状、全国优秀基层党组织和省文明单位标兵等称号。公司以石油加工业务为主，一次加工能力400万吨/年，经过多年技术改造，形成了短流程、深加工的工艺流程，控制手段先进。轻质油收率、综合商品率等主要指标在国内炼油企业中处于比较先进的地位。公司主要产品有汽、煤、柴等6大类16个牌号的油品和聚丙烯树脂粉料等化工产品。2001年公司加工原油239.1万吨，其中俄罗斯含硫原油37.4万吨，实现销售收入52.6亿元，实现利润7203万元。利税总额在哈尔滨市列第一位。截至2001年末，公司资产总值28亿元。

面对石油石化市场日益国际化的激烈竞争和挑战，公司在集团公司和股份公司的正确领导下，努力建设适应时代需要的“团结、敬业、创新、求实、廉洁、学习”的领导班子和高素质的干部职工队伍，坚持以经济效益为中心，以内涵发展为主线，以改革和创新为动力，坚定不移地实施低成本战略，注重形成企业特色，不断增强竞争和赢利能力，努力开创企业发展的新辉煌。

总经理兼党委书记　李正光

谋求企业特色，规划发展蓝图

公司主要装置均采用了先进的DCS

汇集了炼油行业先进技术的120万吨/年重催装置

俄罗斯原油进厂并在国内首家试炼成功

地址：哈尔滨市太平区化工路173号
邮编：150056
电话：(0451)5606875　5606876
传真：(0451)2423657

渤海之滨的璀璨明珠

中国石油大港石化公司

地址：天津市大港油田
邮编：300280
电话：(022)25921144
传真：(022)25924117

中国石油大港石化公司，是中国石油天然气股份有限公司（海外上市）直属的地区分公司。地处国家重点石油化工基地——天津市滨海新区，毗邻天津港、黄骅港，商务交通便利，基础设施完善。拥有15.52亿固定资产和250万吨／年一二次加工配套能力，可生产7大系列50多种产品，被誉为渤海之滨的一颗璀璨明珠。

大港石化公司始建于1965年，在近40年的发展历史中，不断进取创新，发展壮大，生产装备和工艺技术达到了国内同行业先进水平。1996年该公司通过了ISO 9002国际质量体系认证，1998年QHSE体系正式运行，奠定了企业管理制度化、标准化、规范化的基础。公司生产的“滨海”牌系列产品，多次荣获国家和省、部级优质产品称号，行销国内20多个省市和东南亚地区，深受国内外用户赞誉。

中国石油大港石化公司愿与各界朋友真诚合作，共创美好明天!

液化气罐区

庞晓东总经理接见外国同行

250万吨／年蒸馏装置

120万吨／年重油催化装置

中国石油天然气股份有限公司
克拉玛依石化分公司

中国石油天然气股份有限公司克拉玛依石化分公司（原名克拉玛依石油化工厂），是中国石油天然气股份有限公司所属年加工能力为300万吨的燃料油—润滑油—沥青型石化企业。现有主体装置34套，固定资产原值32.18亿元，可生产各类石油化工产品160多种，其中主导产品 40多种。

克拉玛依石化分公司紧贴市场需求，充分发挥企业的特色优势，利用克拉玛依油田丰富的环烷基重质原油，实行分采、分输、分炼，保持低凝原油的特有性能，将资源优势转化为产品优势，生产优质的低凝润滑油，年产量达40万吨，成为我国大型的环烷基润滑油生产基地。利用先进的高压加氢工艺生产的"翼龙"牌变压器油、高档橡胶油、冷冻机油、 BS光亮油及高等级道路沥青是本公司的拳头产品。28种产品获省、部优产品称号，L-DRA/A46冷冻机油等5种产品荣获国家银质奖。"翼龙"牌润滑油被中国质量管理协会评为"全国用户满意产品"，并被自治区人民政府评为新疆著名商标。克拉玛依石化分公司先后通过了中国船级社ISO 9002质量体系认证、ISO9001 2000版质量认证及ISO 14000环境管理体系认证。

地　址：新疆克拉玛依市　　　　邮　编：834003
电　话：(0990)6833414　　　　传　真：(0990)6991149

总经理、党委书记 张有林

中国石油天然气股份有限公司总裁黄炎在公司视察工作

厂区概貌

厂区夜色

中国石油天然气股份有限公司宁夏石化分公司

总经理兼党委书记　康建华

中国石油天然气股份有限公司宁夏石化分公司，位于被誉为“塞上明珠”的宁夏回族自治区首府银川市新市区，毗邻包兰、宝中铁路和109国道。公司拥有两套大化肥装置，是全国大型的百万吨尿素生产企业之一。一化肥装置以渣油为原料，设计能力为年产合成氨30万吨，尿素52万吨，1988年建成投产，1999年装置达到年产尿素69万吨，2000年实现长周期连续运行734天，装置运行周期和质量达到国际国内同行业先进水平。二化肥装置，以天然气为原料生产大颗粒尿素，设计能力为年产合成氨27万吨，尿素48万吨，1999年9月建成投产，2001年尿素产量达到52.5万吨，实现装置全面达标达产。

宁夏石化分公司是全国首家取得中国和英国ISO 9002质量体系双认证的大化肥生产企业，并且以过硬的产品质量获得国家质量技术监督局颁发的产品质量免检证书，产品销往国内外市场，“宁化”牌是宁夏回族自治区著名商标。企业先后获得了全国“五一”劳动奖状、全国环保先进单位等30余项荣誉称号。

面对日趋激烈的市场竞争，宁夏石化公司将继续以高效、开拓、进取的企业精神，迎接挑战，再创新辉煌!

园林化的一化肥生产装置区，尿素年产量保持着69万吨的同类型单套装置最高纪录

公司地址：宁夏银川市新市区北京西路139号
邮　　编：750026
电　　话：(0951)2972361
传　　真：(0951)2021379
企业网址：www.nxsh.com.cn
E-mail：zgsynxhg@public.yc.nx.cn

中国石油长庆石化公司

中国石油长庆石化公司（原咸阳长庆石油助剂厂）位于咸阳化工工业区。公司拥有固定资产13.01亿元，加工能力为280万吨／年。

公司现有在册员工705人（包括内退人员60名）。人员精干，组织机构设置合理，在全国同行业中具有示范效应。

公司从1992年建厂至2001年累计加工原油488.82万吨，完成现价工业产值110.79亿元，上缴税金8.76亿元。其中2001年加工原油140.02万吨，完成现价工业产值27.85亿元，上缴税金2.99亿元。

工作室

炼塔

联合装置

夜景

地址：陕西咸阳金旭路
邮编：712000
电话：(029)6509125
传真：(029)6509123

中国石油天然气股份有限公司
前郭石化分公司

中国石油天然气股份有限公司前郭石化分公司隶属于中国石油天然气股份有限公司，地处吉林省松原市，毗邻吉林油田，有优越的原料来源和便利的交通运输条件。

目前企业主要拥有250万吨／年常减压装置、80万吨／年重油催化裂化装置、44万吨／年重油催化裂化装置、16万吨／年气体分馏装置、4万吨／年聚丙烯装置、2万吨／年MTBE装置等10套主要生产装置，并拥有比较完善的辅助生产设施和公用工程系统。

主要产品有汽油、煤油、柴油、聚丙烯树脂、石油液化气、甲醇等近20多个产品品种。

公司总占地面积3. 48平方千米；拥有固定资产21.38亿元；员工总数2378人。公司连续多年被吉林省政府评为重合同、守信誉单位荣誉称号。

在新千年里，公司致力于谋求更快的发展，为用户提供质量一流的产品，为中国石油石化工业和地方经济建设做出新贡献！

总经理、党委书记
曾宪君

4万吨／年聚丙烯装置

80万吨／年
重油催化裂化装置

地址：吉林省松原市宁江区石化街56号
邮政编码：138008
电话：(0438)6135223
传真：(0438)6135229
http://www.qgpec.com.cn
E-mail：qgsh@qgpec.com.cn

塔里木石油化工工程
建设指挥部

地址：新疆库尔勒市132#信箱　　邮编：841000
电话：(0996)2132109　　传真：(0996)2132888

塔里木石油化工工程建设指挥部位于新疆库尔勒石化工业园区，现已建成250万吨／年常减压、80万吨／年重油催化裂化、12万吨／年气体分流、2万吨／年聚丙烯及硫磺回收、污水气提等7套生产装置和11.2万千瓦的燃气电站、仪表、机修、储运、通信等公用工程。工程累计完成投资26亿元，远景规划包括30万吨／年对二甲苯、两套30万吨／年合成氨、两套52万吨／年尿素装置。

1998年7月，塔石化催化装置、气体分馏装置、聚丙烯装置、石化铁路专线、DCS中控室、燃气电站等42个单项工程先后中交，整个工程合格率100%，优良率为85.9%。已建成的水电汽风、储运等辅助工程试运行均获一次成功，生产装置试车正常，塔石化炼油装置达到设计运行要求，具备投油生产条件。

1998年9月，集团公司决定塔里木石化炼油部分暂不投产，塔石化围绕看厂护厂、设备维护、生产准备、稠油加工方案研究、带好职工队伍等开展工作。

塔里木石化工程大量采用目前国内先进技术和设备，部分关键设备和仪表从国外引进，生产系统使用DCS集中控制，辅助系统使用PLC。塔里木石化工程的建设，对合理利用塔里木丰富的石油天然气资源，加快塔里木油气资源开发，实现上下游一体化发展，意义重大；对实现地方优势资源的经济转换，促进边疆地方经济繁荣和社会稳定影响深远。

高度自动化的DCS中央控制系统

塔里木石化工地一角。总装机容量11.2万千瓦的燃气电站

已建成待开工的塔里木石化装置

中国石油天然气管道工程有限公司

总经理　董鲁生

党委书记　刘春林

中国石油天然气管道工程有限公司(CPPE)是由中国石油天然气管道勘察设计院和中油管道建设有限责任公司依照《中华人民共和国公司法》重组、改制设立的国有控股有限责任公司。

CPPE具有中国国家的工程勘察、工程咨询、工程设计、工程监理、工程总承包甲级资质，业务范围遍及石化、民航、冶金、港口、市政等多个行业。

CPPE曾先后在国内外成功地设计、建设了大口径、长距离输送各种介质的管道30000多千米，大型储罐1000万立方米；其中在伊拉克、科威特、马来西亚、巴基斯坦、突尼斯、苏丹等国设计、建设了各类管道4000余千米。

CPPE锐意改革，实施内部分配制度调整和人事聘用制度改革，按照国际工程公司模式理顺内部管理体制，积极开拓国内外市场。2001年，CPPE实现产值2.89亿元人民币。

中国石油天然气管道工程有限公司(CPPE)将以在国内外工程中积累的先进技术和丰富经验及良好信誉竭诚为国内外客户提供满意而优质的服务。

长输管道及站场勘察、设计、总承包

长输管道大型河流穿跨越勘察、设计、总承包

大型油库勘察、设计、总承包

建筑工程

地址：河北省廊坊市金光道22号
邮编：065000
电话：(0316) 2074757
传真：(0316) 2073756

中国石油管道公司

党委书记、副总经理张加林（右二）与青海省、青海油田等领导在涩北首站检查工作

中国石油管道公司隶属于中国石油天然气股份有限公司天然气与管道板块，承担中国陆上大部分油气田油气外输管线的规划、建设及运营、管理任务，是中国大型的管道运营管理专业化公司，在中国管道运输领域占有主导地位。公司员工近6000人，拥有资产170亿元。

公司机关设总经理办公室（党委办公室）、运销处、生产技术处、工程处、质量安全环保处、规划计划处、财务资产处、商务处、人事处（党委组织部）、审计处、纪检监察处、党群工作处（企业文化处）等12个部门，以及管道工程建设第一、第二、第三项目部。沈阳调度中心为公司生产指挥派出机构。管辖的二级单位主要有大庆、长春、沈阳、大连、锦州、丹东、秦京、中原、长庆、库鄯、乌鲁木齐、兰州、成都13个输油(气)管理处以及科技中心、油品销售中心等。公司所属单位分布在全国15个省、市、自治区。

公司运营输油（气）管线9000余千米，年输油能力7100多万吨，输气能力80多亿标准立方米。共有输油（水）泵机组231台，总装机容量 9.6万千瓦；加热炉112台，总热负荷47.4万千瓦；锅炉27台；压缩机组11台，总容量1.8万千瓦。所属站库110座，国内用户49个，原油装船码头2个（年吞吐量3500万吨），油库12座，储油罐104座（总容量233.62万立方米）。

精益求精，核对检测纪录

设备保养

沙漠施工

小站夜景

位于秦皇岛输油管理处秦皇岛首站的油库区

当前和今后一个时期，中国石油管道公司面临着难得的历史机遇和广阔的发展空间。集团公司从战略发展的高度，精心谋划未来，决定"十五"期间重点抓好"十大工程"，输油输气管道建设工程被列为其中之一，其目标是最终形成横跨东西、纵贯南北、连接海外的我国输油、输气干线管网。"十五"期间，将建成5条油气长输管道，包括西气东输、涩—宁—兰、忠—武和陕—京复线4条输气管道以及兰—成—渝成品油管道，新增管道长度将达8000多千米，超过公司现管理的管道长度总和。目前，由我公司承建的涩—宁—兰、沧—淄输气管道、兰—成—渝成品油管道已经建成投产，和田输气管道工程已经完工，淄博—潍坊、忠—武输气管道即将开工建设，中—俄输油管道正在加紧进行前期准备工作。

管道科技研究中心是国内惟一集管道科技、新技术开发、工程技术服务与技术培训为一体的管道科技研发机构，拥有高中级专业技术人员165人。多年来，紧密围绕管道工业发展、管道生产和建设的需要开展科学研究与技术开发，共取得科研成果200余项，科研成果与技术得到了广泛应用，成果转化率在全国石油行业居于前列。

在过去30多年里，随着管道事业的发展，中国石油管道公司造就了一支高素质的管理者队伍、管道科技开发和运行操作人员队伍。无论是在管道运营管理，还是管道工程建设项目管理方面都积累了丰富的实践经验，形成独特的管道企业文化，为加快管道事业的发展奠定了坚实基础。

调控中心

管道下沟前进行防腐检漏

原油装船码头

地　　址：河北省廊坊市广阳道87号甲
邮　　编：065000
电　　话：(0316)2177108
传　　真：(0316)2170808

润滑油公司
bricant Company
KunLun
LUBRICANT
昆仑润滑油
润滑之巅
技创造卓越 以品质拓展市场 以网络保障服务
位: 中国石油华东润滑油销售中心
址: 上海市浦东南路855号
世界广场12层
编: 200120
话: (021)58885151转228-231
务热线: (021)58885151转228
系人: 李 健
单 位: 中国石油中南润滑油销售中心
地 址: 广州市体育西路109号
高盛大厦11楼CDG座
邮 编: 510620
电 话: (020)38795566转605-612
服务热线: (020)38795566转605
联系人: 李德春

中油燃料油股份有限公司

秦皇岛子公司减压蒸馏装置安装现场

中委奥里乳化油公司注册成立的签字仪式，委内瑞拉共和国总统查韦斯（中右二）与中国驻委内瑞拉大使（中左二）出席

奥里乳化油项目配套工程可行性研究报告评估会

地　址：北京朝阳区农展南里 12 号通广大厦 16 层
邮　编：100026
电　话：(010) 65389666
传　真：(010) 65389966
E-mail：petrochina@fueloil.com.cn

中油燃料油股份有限公司是由中国石油天然气股份有限公司等8家股东组成的股份制企业，成立于1997年元月，注册资金38619万元。公司以经营进口委内瑞拉产奥里乳化油为主，主要经营燃料油、汽油、煤油、柴油等化工产品的批发、零售及相应的进出口业务。除公司本部外，还设有北京分公司、青岛分公司、深圳分公司、秦皇岛子公司、温州子公司、海南子公司等下属企业，是集进口贸易、国内销售、生产加工于一体的综合性公司。目前，公司每年进口奥里乳化油80～120万吨，作为燃料广泛应用在发电、陶瓷、玻璃、冶金等行业，营销网络遍布沿海各省。几年来，公司取得了较好的经营业绩，仅2001年经销各类油品186万吨，实现收入18亿元，利润总额1.9亿元，为国家创税22631万元，到2001年末，公司资产总额 90415万元，负债总额37498万元，所有者权益52917万元。

总经理　吴国志

承载委内瑞拉产奥里乳化油的巨型油轮(VLCC)正在过驳中

随着中委两国在石油领域合作的进一步深入，2001年4月份中国石油与委内瑞拉国家石油公司签订了《关于合作开发奥里乳化油区块的协议书》，同年12月，由中油燃料油股份有限公司参股30%，总投资3.6亿美元的中委奥里乳化油公司在委内瑞拉正式注册成立。到2004年，该区块每年生产的650万吨奥里乳化油将由中油燃料油股份有限公司负责销往国内市场。同时，通过充分论证和深入调研，作为国内市场配套开发项目，公司将在广东地区建设储油能力为90.5万立方米大型储运中转设施及控股建设装机容量为2×600兆瓦的燃用奥里乳化油发电厂项目。

此外，由我公司作为专利发明人研制的奥里乳化油固硫剂技术，成功地解决了奥里乳化油燃烧过程中的脱硫问题，采用以奥里乳化油、燃料油、固硫剂调合的“节能环保型”燃料得到了推广，满足了用户对不同油品的需求及国家对燃料油的环保要求。

“十五”期间，公司将充分发挥进口奥里乳化油的资源优势，在现有的营销网络和用户基础上进一步开拓市场，同时适度兼顾燃料油销售等业务，形成以奥里乳化油营销为主，燃料油营销为辅，固硫剂生产、沥青生产及奥里油发电厂投资作补充的多种利润增长点，力争保持公司利润以每年6%～7%的速度递增。

位于黄岛的燃料油库，总库容15万立方米

中国石油四川销售分公司

总经理　杨顺成

2001年四川销售分公司积极拓展市场，加快网络建设，推进持续重组，强化内部管理，实现了企业的稳步发展。全年销售成品油220.34万吨，零售成品油121万吨，实现销售收入60.35亿元，实现利润3067万元。全年投资3.73亿元，新购建加油站220座。

企业持续重组稳步推进，2001年8月，四川省石油集团公司与四川销售分公司合署办公，全面接管了存续县公司的主营业务，继续实施减员增效，全年裁减员工1993人。

积极探索创新成品油营销体制，在所属的绵阳、乐山、南充三个单位进行了组建成品油配送中心的试点工作，三个试点单位组建的成品油配送中心于2001年12月1日正式运行。

企业信息化建设取得新进展，完成了成品油销售信息系统和成都市区加油站IC卡的安装工作，所属市州公司实现了以计算机代替手工记账，财务管理基本实现了电算化。

注重干部队伍建设和精神文明建设，选拔了14名具有本科学历的年轻干部交流到市州公司任职锻炼。举办了职工演讲比赛和巡回演讲，参加了中国石油炼油与销售分公司“销售风采”演讲比赛并获得一等奖，有15座加油站被中国石油炼油与销售分公司评为“双文明加油站”。

全系统没有发生三级以上等级事故，被中国石油炼油与销售分公司评为安全生产先进单位。

绵阳磨家加油站

都江堰李冰加油站

都江堰聚源加油站

成都羊西加油站

成都青羊加油站

代表中国石油四川销售分公司形象的四川国际大厦

地址：成都市顺城大街206号
四川国际大厦28楼
邮编：610015
电话：(028)86520001
传真：(028)86520001

中国石油甘肃销售分公司

总经理 张德义

党委书记 何能祯

大厦夜景

中国石油甘肃销售分公司（原甘肃省石油总公司）始建于1953年10月，主要承担甘肃省石油成品油的配置、调运、供应和调剂任务，从事汽油、煤油、柴油、润滑油及特种油品的批发零售业务。1985年实现了省地县石油公司人财物的统一管理，成为独立承担成品油流通业务的大型骨干企业。1998年国家对中国石油天然气集团公司和中国石油化工集团公司实施重组时，划入中国石油天然气集团公司，成为中央企业在甘直属单位，从而揭开了公司发展的新篇章。

1999年8月，甘肃销售分公司内部资产重组，核心业务划入甘肃销售分公司，非核心业务划入甘肃省石油总公司。2000年，为了规范成品油市场流通秩序，减少流通环节，降低销售成本，甘肃销售分公司大胆进行经营体制和管理体制改革，撤销73个县级公司，成立经营部。成品油的配置、批发业务由省地两级公司负责，彻底打破了计划经济体制下按照行政区域设置经营机构的传统模式。同时，公司正确处理改革、发展和稳定的关系，积极推行劳动、用工、人事分配三项制度改革。大力推行全员竞争上岗，通过有偿解除劳动合同，实施内部退养等方式推动减员增效工作；以吨油工资含量包干为主的新的分配制度调动广大员工的工作积极性；中层干部实行竞聘上岗，建立干部能上能下的新机制，在巩固和扩大县级公司体制改革和减员增效成果的基础上，2001年下半年，甘肃销售分公司进一步理顺了股份公司与存续企业的关系，合并了主营业务，整合了集体所有制企业，真正实现了内部管理一体化和市场配置统一化，在建设现代流通企业的进程中迈出了重要一步。

经过近50年的发展，特别是近几年来公司管理体制和运行机制的持续改革，以及配合甘肃省贯彻落实国务院关于治理整顿成品油流通秩序的一系列指示，集中力量净化成品油市场流通的外部环境后，甘肃销售分公司市场竞争能力和抗风险能力得到了很大提高，经营销售规模和经济实力得到了增强，公司两个文明建设迈上了新台阶：成品油的销售量由1998年的70.74万吨增长到2001年的135.34万吨；1999年上缴税金1.2亿元，2001年在国内成品油连续降价的情况下仍上缴税金9135万元，为甘肃人民生活水平的提高和经济的发展做出了应有的贡献。2001年公司在中油销售系统创出了市场占有率、零售率和通过ISO 9001质量体系认证三个第一，骄人的业绩备受同行业关注。

目前，甘肃销售分公司资产总额达22.06亿元；拥有油库21座，总库容30.8万立方米；加油站800多座，占甘肃省内加油站总数的$^{2}/_{3}$以上；铁路专用线1.9万米，输油管线12.2万米，铁路自备槽车120余辆，油罐汽车300余辆。精干的员工队伍，高效的管理思路，雄厚的经营规模，健全的销售网络，良好的服务质量，必将为公司参与国内外市场竞争注入活力。

油　库

面对加入WTO后日趋激烈的成品油市场竞争形势，甘肃销售分公司认真贯彻中国石油天然气集团公司建设具有国际竞争力的企业集团这一战略目标，继续深化内部改革，调整营销策略，加大营销网络建设，加强党建和思想政治工作，争创国内一流石油销售企业，塑造"中国石油"行业形象，全方位地增强企业发展后劲，将以崭新的姿态迎接入世的挑战。

加油站

地址：甘肃省兰州市互助巷60号
电话：(0931)8448375
传真：(0931)8465647
邮编：730030

中国石油重庆销售分公司

油库罐区

中国石油重庆销售分公司是中国石油天然气股份有限公司所属地区分公司，公司前身是1952年成立的中国石油公司西南储油所。50年来，一直作为重庆地区成品油供应主渠道，为重庆市的工农业生产和保障人民生活做出了重大贡献，是重庆市各级政府机关和事业单位公务用油定点单位。

重庆销售分公司下辖4个地市公司（30个区县公司)、5个专业分公司。拥有大小油库34座，总储量38.33万立方米。加油站500座。年销售成品油约90万吨。

近年来，重庆销售分公司审时度势，更新观念，确定并实施市场扩张战略，品牌战略，低成本发展战略，持续重组战略，人才开发战略，公司面貌焕然一新。通过几年的快速发展，销售网络遍布全市主要城区，主要干道。严格的管理、优质的服务及现代化的IC卡加油系统树立了“中国石油”的良好形象。公司不断改革创新，持续重组，建立完善了一系列适应国际上市油公司运行要求的管理制度并严格执行。财务管理、计量质量管理、安全管理、投资经营活动等逐步规范。决策、执行、监督工作和谐、高效、统一。公司连续几年大力引进各类人才，并加速人才培养，开展企业文化建设，有效地提高了公司员工的整体素质，企业参与市场竞争的能力大大增强。

随着国家西部大开发战略的不断深入实施，给重庆销售分公司带来了新的巨大发展机遇。特别是兰州—成都—重庆输油管道的建设，将为公司的发展提供更大的空间。公司将严格按照中国石油管理体制强化基础管理工作，充分利用兰—成—渝输油管道所带来的资源优势和公司强大的销售网络，稳定区内，辐射区外，不断提高市场占有率，为国家西部大开发的发展战略和重庆市的经济发展作出新的更大的贡献!

环境优美的油库罐区

加油站外景

车来车往的加油站

江北红旗河沟加油站洗车点

公司办公大楼

营业大厅

重庆市技术监督局授权的质量、计量监督站化验室

渝北回兴加油站制度墙

地 址：重庆市渝中区五四路46号
邮 编：400010
电 话：(023)67325512
传 真：(023)67325514

长江、嘉陵江上的水上流动加油站

中油淮海销售有限公司

中国石油天然气股份有限公司高级副总裁任传俊在公司检查工作

中油淮海销售有限公司，成立于1998年9月，经国家工商总局预核准，在河南省工商局登记注册，注册资本为人民币 5000万元，属中国石油天然气股份有限公司控股的有限责任公司。公司主要经营成品油、石油制品、化工产品的批发、零售及咨询服务。

所属的郑州油库是公司独资兴建的一座现代化油库。位于郑州市南郊小李庄火车站附近，距郑州市16千米，与107国道、郑新公路和机场路等主要交通干线相连。一期工程总计投资3200万元，设计油罐8座，库容30000立方米（其中柴油罐4座，容量20000立方米，汽油罐4座，容量10000立方米），8组发油货位，24组装卸车鹤位，铁路专用线1373米，具有付贷微机自控化、接卸监控机械化、经营管理规范化、网络建设一体化等一整套的先进设备和管理模式。

郑州油库发油台

公司运行4年来，在董事会的领导下，公司党政领导班子偕全体员工按照集团公司积极开拓市场、扩大经营规模的总体战略，对外开拓、稳固市场，对内加强管理和控制，实行新的人事用工制度、工资分配制度，实施企业文化建设，企业呈现出一派持续发展的良好态势。公司成立之初，年销售成品油不足2万吨，2001年发展到年销售成品油25万吨，为中国石油开拓区外市场做出了努力和贡献。

郑州油库罐区

公司在成长的过程中，初步形成了具有本企业特色的文化内涵，造就了一支素质高、业务精的职工队伍，为企业的健康发展积聚了强有力的后劲。在新世纪，公司正以昂扬的斗志、稳健的步伐，与时俱进，开拓进取；以发展高效为主线，改革创新为动力，向新的目标迈进，为中国石油持续发展和铸就辉煌做出新贡献。

郑州油库

地址：郑州市中原西路220号裕达国贸1901室
邮编：450007
联系电话：（0371）7713901/7714435/7443882
传真电话：（0371）7714339

天津中油武清石油销售有限公司

办公楼

加油站

公司正门

天津中油武清石油销售有限公司是中国石油天然气股份有限公司华北销售分公司控股的股份公司，以销售石油成品油为主营业务，注册资金880万元，注册地点在天津市武清区，在北京、天津、河北廊坊三市交界处，位置优越，交通发达。公司自2000年6月28日开业以来，从无到有、从小到大，主营业务不断扩展，逐渐成为武清成品油供应市场的主力军。目前，公司投入资金对现有油库进行技术改造，改造完成后，将实现微机定量装车付油，是一座工艺先进，设施齐全，安全可靠，储量合理的经营性油库。公司总经理王岩廷携全体员工将信奉“先交朋友，后卖油品”的经营理念，树立“中国石油”品牌形象，竭诚为武清及周边地区群众服务，愿“中国石油”成为您永远的朋友。

地　址：天津武清开发区逸仙科学工业园　　电　话：(022)82101721　29349697
邮　编：301700　　传　真：(022)82101721

天津市蓟县中油石油销售有限公司

正门

办公楼

天津市蓟县中油石油销售有限公司成立于2002年5月16日，公司注册资本1549万元，现有油库一座，库容10200立方米，员工32人，是一个以成品油批发业务为主的石油销售企业。2001年销售成品油8.6万吨，预计2002年可销售成品油10万吨。

蓟县是一座历史悠久的古城，地处京、津、唐三省市的交汇处，地理位置优越，自然环境优美，是京、津地区有名的旅游胜地，也是京、津两市建筑用砂石主要产地，区内公路交通发达，石油市场需求旺盛。公司以中油品牌、质量优、数量足及优质的服务，赢得了当地广大用户的信任，目前市场占有份额已近40%，石油销售辐射半径为100千米。

公司以诚信为本，竭诚欢迎广大用户惠顾。

工作站

库区

泵站

地　址：天津市蓟县火车站南二库院内
邮　编：301900
电　话：(022) 29169785
传　真：(022) 29169785

中国石油天然气股份有限公司西藏销售分公司

中国石油天然气股份有限公司西藏销售分公司，始建于1963年，经过30多年的发展，已成为具有相当实力的石油销售企业，在长期的实践中，积累了许多宝贵的经验，现已拥有14个分公司和专业经销公司。

西藏销售分公司现有职工1157人，其中专业技术人员72人，高级职称1人，中级职称36人，初级职称35人。资产总额5.2亿元，其中固定资产达1.9亿元，流动资产3.3亿元，资产负债率77.65%，所有者权益年末1.2亿元，人均销售收入51.87万元。现有成品油储存库12座，总容积量24万立方米，加油站107座，形成设备完善、配套，遍部西藏120多万平方千米的辽阔地域和其他省份的成品油运、储、销经营体系。

西藏地处祖国西南边陲，地域辽阔，有两万多千米四通八达的公路网，是中国惟一不通火车的地方。进藏物资全靠汽车运输，因此，构成了西藏独特的石油经济。就此而言，喻公路为“血管”，石油便是西藏经济的“血液”。1998年7月4日，根据国办发(1998)14号文件的有关规定，西藏销售分公司上划到中国石油天然气集团公司以来，以市场为导向，以经济效益为中心，抓经营、抓改革、促效益、促稳定、促发展，企业两个文明的发展迈上了新的台阶。2001年完成成品油销售17.6万吨，较上年增长1.28%；完成商品销售收入6亿元，较上半年增长7.31%；实现利润201万元，按可比口径计算，较上半年增长402.48%，使企业经营管理水平“横向到边、纵向到底”，进一步得到提高。

面向新世纪，西藏销售分公司正在筹划未来发展蓝图，开始新一轮的艰苦创业。按照中国石油天然气集团公司和销售总公司的整体部署，西藏销售分公司以市场为导向，以经济效益为中心，进一步解放思想，深化改革，转换经营机制，强化终端销售，不断提高市场竞争力。通过扩大销售，调整结构，推动价格到位等措施，全区成品油在资源配置、市场销售、价格管理、环境经营、企业经济效益等方面均比上年同期有所突破，并实现了预期的预算指标奋斗目标。今后，我们在全力抓好企业经营、管理、改革等各项工作的同时，以诚实的劳动、优秀的服务、可靠的信誉和坚定的信念，开辟西藏销售分公司更加美好的未来。

阿丁同志在视察工作

抢救途中遇险车辆

阿丁同志陪同领导视察工作

725油库自动化加油站

地址：西藏拉萨市北京中路71号
邮编：850001
电话：(0891)6835826

奋进中的稠油“摇篮”

中油辽河油田分公司高升采油厂

党政领导深入基层调研

业余文体活动丰富多彩

科技人员现场开展攻关

高升采油厂位于辽宁省盘锦市境内，现有职工2191人，1977年投入开发，是国内第一个正规开发的深井稠油开采基地，在国内外稠油开采领域享有盛名。

投入开发26年来，高采人发扬大庆精神，艰苦创业，克服重重困难，累计为国家生产原油1600多万吨，将一个年产不足一万吨的稠油试采小组，发展壮大为集稠油、稀油、高凝油为一身，号称出人才、出经验、出原油的三出“摇篮”，成为石油工业的一面光辉旗帜。

“八五”末期以来，随着开采时间的延长，产量递减呈现加快趋势，加上开采成本越来越高，致使稠油开采的难度越来越大。面对严峻形势，我厂适应油田勘探开发阶段要求，抓住制约油田稳产和效益提高的关键问题，大打勘探开发管理进攻仗，强化老区综合治理，努力降本增效，有效遏制了“八五”初期原油产量以每年10万吨速度下滑的局面，连续8年保持稳产，经济效益逐年提高，谱写了稠油开发和企业管理的新篇章。

近几年，我厂居安思危，积极探索转换稠油开发方式和提高采收率的新途径，把蒸汽驱试验作为重中之重，2001年启动高3376井组蒸汽驱现场实验，并于2002年与埃姆特(香港)石油天然气公司建立合作关系，联合在高升油田实施蒸汽驱开发。相信在不远的将来，高升采油厂将再次创造出稠油开发的奇迹。

地　　址：辽宁省盘锦市兴隆台区高升街
邮　　编：124125
电　　话：(0427)7500196
传　　真：(0427)7500004

采油女工精心录取资料

冀东石油机械有限责任公司

我公司是 CNPC冀东石油勘探开发公司所属的二级法人企业，公司致力于加热炉、燃烧器、油水分离器、水处理装备的研发与制造。

主导产品有：真空加热炉、分体相变加热炉、二合一组合加热装置、自动燃烧器、三相分离器、相变采暖炉、含油含水分析仪、石油套管等。

证书

分体相变加热炉

采用水的相变传热技术，适用于稠油加热、大功率加热和腐蚀介质加热的新炉型。它将现代锅炉技术与换热器技术有机结合，获得了十分理想的性能。

该专利产品相比有机热载体炉、管式炉具有使用寿命长久、运行成本低廉等显著优势。

分体相变加热炉

二合一组合加热装置

将掺水工艺中污水加热、缓冲功能合一的组合加热装置。它利用水的相变传热间接加热污水，可有效避免采用火筒式直接加热炉，因火筒烟管等受热面结垢严重，而导致热效率降低、火筒过热失效等问题。

具备运行安全节能、寿命长久、方便运输的优点，能够与原二合一加热工艺流程配套。

三相分离器

该产品根据原油物性、污水特性、伴生气组分的不同，进行有针对性的结构设计，与常规油水分离器相比，具有结构简单、功能分明、分离效果好等特点。该设备可以简化生产管理程序，降低生产成本，减少集输过程中的油气损耗。

三相分离器

自动燃烧器

该燃气燃烧器是面向恶劣工作环境开发的高可靠性系列产品。产品严格执行EN676欧盟标准：关键部件采用世界著名品牌的专业产品；具有独特的耐低温特性、烧湿气功能、高度的点火可靠性和可手动运行等优势。

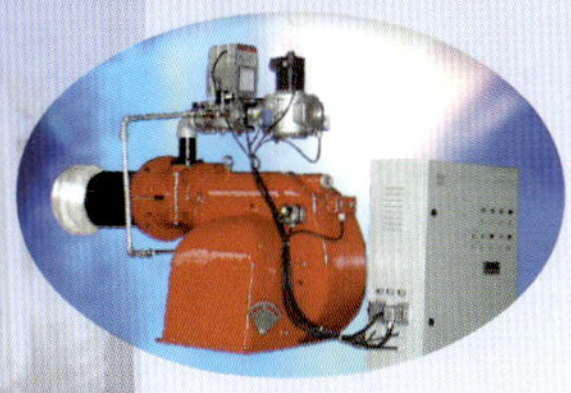

自动燃烧器

真空加热炉

该专利产品具有锅壳在微负压下运行，安全高效等诸多优点。可广泛适用于油气集输领域原油、天然气、污水和生产生活热水等介质加热。

产品被 CNPC 推荐为油田传统加热炉换代产品。已在大庆、吉林等十几个油田得到广泛应用，得到用户的普遍认可与欢迎，并已成为一些油田的主力炉型。

真空加热炉

联系人：尹建新

地址：河北省唐山唐海新城大街29号　　邮编：063200

电话：(0315)8715705　　传真：(0315)8765167

吉林油田分公司 新立采油厂

新立

厂长　王乃辉

党委书记　宿德全

党政班子成员共谋企业发展前景

中国石油天然气股份有限公司吉林油田分公司新立采油厂位于吉林省松原市西北部，1983年元月7日创建，现有员工1271人，拥有7个机关科室，下属10个采油队，2个科研单位，5个生产辅助单位。经过20年的艰苦创业和改革发展，已经成为吉林油田石油开发的重要采油基地。

现有油田面积108平方千米，已探明地质储量6262万吨，动用地质储量4752万吨，共有油水井1061口，其中油井779口，注水井282口。20年来累计生产原油954万吨，年生产能力40万吨以上，年实现利润2亿元以上，曾两次被原中国石油天然气总公司授予“高效开发油田”称号。

通过全厂员工的共同努力，现已发展成为采油工艺先进，油田高效开发，经济效益良好，厂区环境优美，员工安居乐业的具有现代化水平的石油矿区。

新立采油厂机关大楼

中国石油天然气股份有限公司总裁黄炎同志到我厂基层单位调研

注重企业文化建设

王乃辉厂长到联合站检查安全工作

认真检查设备运转情况

两次被中油公司评为"高效开发油田"

地　址: 吉林省前郭县长白山镇
邮　编: 131109
电　话: (0438)6231310
传　真: (0438)6231313

中国石油勘探开发研究院 RIPED

中国石油勘探开发研究院是中国石油的上游综合研究机构和战略决策的参谋部、油气勘探与开发生产的高新技术支持中心、技术服务中心和高水平人才培养中心。总院在北京，京外设有廊坊分院、西北分院、杭州地质研究所、江汉石油机械研究所、江汉石油测井研究所等单位。科研人员中先后踊现出中科院和工程院院士11人，现有博士后55人、博士73人、硕士367人。具有一大批石油勘探、开发等领域的学科带头人和高水平研究人才及现代化的实验室。

院主要任务是面向油田，承担重点油气田的年度勘探、开发方案部署的研究、初审和中长期战略规划的决策研究；负责中国石油重大勘探、开发项目的研究、咨询、评估、论证、技术服务和跟踪实施；承担大型油气田开发方案的前期研究、设计编制工作；承担中国石油海外勘探、开发项目的研究、评估、方案设计、技术咨询和服务等工作；承担重要钻井工程项目的研究、评估、方案设计、技术咨询和服务等工作；承担重要钻井工程的技术监督和石油钻采机械设备、油化产品的研发；承担博士后、博士、硕士等高水平科技人才的培养工作；承担石油标准化、环保、档案等公益性研究和服务工作。

院累计取得国家科技进步奖成果101项，省部级成果奖346项。“八五”期间，国家攻关项目对国民经济有重大贡献的十大成果中，院牵头和参加的占四项（名列1、2、5、6位）；“九五”期间，院研究的勘探、开发成果推进了中国石油特别是天然气在国内外的储量和产量的迅速增长；“十五”期间，已经开展了两项国家973重点项目的研究工作。研究院是国家批准的博士、硕士学位授予点，设有博士后流动站，已经培养出博士后45人、博士119人、硕士619人。经国家科委评定在全国4700多个科研院所中，研究院综合实力名列前茅。研究院正在为建设成为具有国际竞争力的大型企业集团研究院的目标而奋勇向前。

建设具有国际竞争力的大型企业集团研究院

院士们在讨论院发展目标

与油田开展科技与人才培养的广泛合作

与世界主要产油国家科研院所进行合作与交流

培养高水平科技人才的摇篮

地址：北京市海淀区学院路20号
邮编：100083
电话：(010)62097229
传真：(010)62097046

大庆油田有限责任公司

【概述】　大庆油田有限责任公司是中国石油天然气股份有限公司的全资子公司，是以油气生产为主的特大型工业企业。成立于2000年1月1日，注册资本475亿元。公司下辖油气勘探开发、科研设计、技术服务单位22个，员工90436人，固定资产原值、净值分别为1152亿元和610亿元。

截至2001年底，大庆油田已探明各类油田30个，含油面积4511.87平方千米，石油地质储量56.83亿吨；探明天然气田21个，含气面积2224.97平方千米，天然气地质储量3181.82亿立方米。已开发或部分开发油田27个，动用地质储量483689万吨，年新增可采储量3433万吨；开发气田或含气区块18个，动用天然气地质储量2129.10亿立方米。全油田共有各类井50947口，其中采油井32106口，注水井16765口；累积生产原油16.76亿吨，采出可采出量的73.9 %，剩余可采储量59216万吨；年末全油田综合含水87.7 %；年注水50481万立方米，年注采比1.12，累积注采比1.090。

【油气地质储量】　全年预测石油地质储量11274万吨，控制石油地质储量6762万吨，探明石油地质储量6609万吨；预测天然气地质储量159.15亿立方米，控制天然气地质储量113.3亿立方米，探明天然气地质储量26.21亿立方米，均超额完成了计划指标。

全年生产原油5150.16万吨，天然气22.02亿立方米，均完成了年度计划。

经济效益：总收入789.84亿元，总支出305.40亿元，利润484.44亿元，税费294.67亿元，利税总额620.20亿元。

关键业绩指标：油气单位勘探成本1.37美元/桶，比考核指标减少了0.26美元；油气单位开发成本3.71美元/桶，比考核指标减少了0.83美元；油气单位操作成本4.16美元/桶，比考核指标减少了0.22美元；投资资本回报率61.7%，比考核指标提高了15.97%。员工总量控制、人员伤亡事故死亡率，均控制在股份公司下达的规定指标之内。

【油（气）田开发总体效益稳步提高】　大庆油田开发工作继续按照发展稳油控水技术，加快三次采油步伐，深化油层地质研究，优化规划方案设计，强化油田科学管理，提高开发总体效益的要求，搞好长垣“两驱”调整和措施优化，加快外围油田开发步伐，圆满完成年度计划指标，连续26年实现原油5000万吨以上高产稳产。

（1）全面完成储层精细描述工作。按照当代沉积学理论，采用储层层次分析法，将大庆油田的整套河流——三角洲相储层划分为六个描述层次，并采用储层模式预测描述方法，描述了井间砂体的连续性、方向性、砂体几何形态、厚度和渗透率的分布规律，实现了对地下储层的深层次精细解剖。经过三年多艰苦的努力，全面完成了大庆长垣萨葡高油层38000多口井的储层精细描述工作，共编制单砂层微相分布图7542幅，并将这一成果应用于高含水后期调整挖潜的各个领域，使油田精细地质研究工作跨入一个新阶段。同时，培养了一批年轻的储层描述技术人才。

（2）实施长垣水驱综合调整。长垣老区在深化精细地质研究的基础上，以“五项控制”为重点，实施了油田开发综合调整工作。全油田共调整注水井方案3303口，注采系统调整油井转注94口，实施油井压裂、换泵等措施2599口，进一步改善了两类油层的动用状况，水驱综合受效新增可采储量200余万吨。同时，长垣水驱自然递减率和年均含水上升值比2000年分别减缓1.69和0.85个百分点，水驱开发继续保持较好效果。

（3）聚驱开发效果良好。针对各注聚区块的开采阶段和动态变化特点，加大了综合调整力度。同时，开展了采油六厂二类油层上返聚合物驱油试验、多段塞深度调剖试验、清水配制暴氧污水稀释抗盐聚合物驱油试验，采油二厂南三区东部CDG调驱扩大试验，并取得阶段性成果。

（4）外围油田新区成功地进行勘探开发一体化尝试，已开发区块综合治理取得成效。开发前期工程评价力度继续加大，保证了新区上产工作的顺利进行。全年钻井768口，基建780口，建成产能66万吨，开发井钻井成功率达99.22%。尤其是在未探明地区，成功地进行了勘探开发一体化的尝试。在新肇、海拉尔、葡31三个区块评价过程中，与勘探工作密切结合，17 口开发控制井同时承担了详探评价及提交储量的任务，节省了勘探投资，并部署开发井 209 口，完钻 157 口，建成产能 11.91 万吨。这样不仅为 2001 年勘探新增含油面积 175.9 平方千米，石油探明储量 6609 万吨，也为新增探明储量的加快动用创造了条件。

已开发区块继续围绕中高含水葡萄花油层提高采收率以及改善特低渗透扶杨油层开发效果两个方面开展了综合治理工作。葡萄花油层坚持以精细地质研究成果为指导，继续开展精细调整挖潜，在高含水井压裂、低效井治理等方面取得了较好效果。特低渗透扶杨油层继续推行分类研究、分类治理的做法，努力探索井网加密、渗吸采油等改善开发效果的途径，同时系统进行了对注气、热采等新的开发方式的可行性研究。

在气田开发方面，加大前期评价力度，对未动用区块的储量及产能进行综合评价，深化了对气田开发潜力的认识。

（5）先导性试验效果显著。①全面完成了油田精细地质描述研究攻关任务，发展完善了高含水后期剩余油综合描述方法及综合挖潜技术。②具有公司自主知识产权的表面活性剂研制和工业化生产取得重大突破，以其为主剂的三元复合驱油体系已投入工业性现场试验。③组织开展了 46 项矿场试验，其中水驱综合调整挖潜、三次加密、泡沫复合驱、二类油层聚驱上返、“两三结合”、外围油田扶杨油层井网加密、渗吸采油、葡扶合采等试验，均取得了新的进展或突破。

【油气勘探全面完成储量计划指标】 2001 年，大庆油田勘探工作根据“追求一个目标，加强三个勘探，做好七项工作”的总体要求，坚持以经济效益为中心，以商业储量为目标，科学部署，优化设计，精心施工，规范管理，全面完成储量计划指标。

【油气勘探】

（1）海拉尔盆地勘探获得 1 项突破、2 项新发现。一是位于贝尔凹陷西部的呼和诺仁构造带上的贝 302 井于南屯组 1153.4—1273.0 米井段获 135.84 吨/日的高产工业油流，实现了海拉尔盆地石油勘探产能上的重大突破。二是位于苏德尔特构造带上的贝 10 井于布达特群压裂后获 39.769 吨/日的高产工业油流，发现了新的勘探层位；呼伦湖凹陷海参 3 井于铜钵庙组 2068.0—2094.0 米井段压裂后获 24972 立方米/日的工业气流和 0.072 吨/日的少量油流，发现了一个新的含油气凹陷。

（2）天然气勘探取得 2 项新进展。一是通过采用欠平衡钻井技术，位于徐家围子断陷西北部的卫深 5 井于登一段 3089.07—3182.10 米井段经裸眼钻杆中途测试，获得日产 57347 立方米/日工业气流，计算无阻流量 183240 立方米/日。卫深 5 井是松辽盆地深层砂砾岩中第一口自然产能达到工业气流的探井，对松辽盆地深层火山岩以外气藏的勘探具有重要的指导意义。二是徐家围子断陷中部徐深 1 井于营城组 3450.0—3522.4 米井段经中途测试，获 68000 立方米/日的工业气流。据初步估算，徐深 1 井区所在的“凹中隆”中段火山岩带圈闭资源量为 500—1000 亿立方米。

（3）松辽盆地北部中浅层勘探在泰康隆起带发现高产气藏。成功应用新采集的二维高分辨率地震资料进行井位部署，在泰康地区东吐莫构造群上的杜 53、杜 54 井均在萨尔图油层组获得工业气流。杜 53 井在萨零、萨一组油层 1074—1080 米井段试油自喷，采用 10 毫米油嘴、51 毫米挡板求得日产 148309 立方米的工业气流。杜 54 井在萨二、萨三组油层 1090.8—1093.8 米井段试油自喷，采用 16 毫米油嘴、38 毫米挡板求得日产 87210 立方米的工业气流；萨零、萨一组油层 1071.2—1073.8 米井段试油自喷，采用 8 毫米油嘴、38 毫米挡板求得日产 37307 立方米的工业气流。

（4）新技术推广应用成效显著。①应用千道地震仪高分辨率三维地震勘探技术、全三维解释技术、地震资料反演技术，部署并钻探成功徐深 1 井、肇深 10 井。②将欠平衡、近平衡钻井配套技术作为发现和保护低渗透、致密油气层有效手段，2001 年在 4 口井实施后，均见良好效果，其中徐深 1 井中途测试即获工业气流，葡 333、英 141 井压裂后获较高产量。③复杂油气层识别技术研究和应用也取得新进展，如贝 302 井油质轻，采用常规录井、测井手段均解释为水层，而地化录井、阵列感应测井均解释为油层，试油后日产油达 135.8 吨。④压裂试油技术进步带来明显效果，新肇地区采用大排量限流法压裂工艺，压裂 27 口井，其中 24 口井获工业油流，近半数日产 10 吨以上；塔 9 井采用 CO_2 压裂使扶杨油层日产量由 1.34 吨提高到 9.62 吨；海拉尔压裂 9 口井，7 口井获工业油流，其中贝 10 井通过个性化压裂设计，压裂后日产量 39.8 吨，从而发现了古潜山新领域。⑤勘探工程环保技术有了长足的发展，钻井液固化已达 70%以上，有效地恢复了耕地，保护了草原；密闭试油工艺技术的成功应用，大大减少了试油对环境的污染。

【科技攻关】　大庆油田以解决制约企业长远发展的“瓶颈”技术为出发点，开展了复杂油气藏勘探和高含水后期开发三大主体配套技术攻关。其中，松辽盆地深层天然气勘探、海拉尔盆地勘探取得重大成果，松辽盆地东西部、外围盆地评价优选与勘探部署研究等重点勘探攻关项目取得新的进展；储层精细地质描述、高含水后期剩余油挖潜、外围低产油田有效开发等重点开发攻关项目取得一定成效。三元复合驱主剂攻关取得新突破，聚合物驱开发调整技术进一步配套完善。科学技术的不断发展，进一步提高了勘探开发水平，探明储量可动用程度大幅度提高；油田地层压力保持稳定，含水上升率控制在1.2%以内，老区油田采收率和外围难采储量动用程度进一步提高。

【市场开发】　大庆油田适应资源采掘型企业可持续发展的需要，进一步优化调整了主营业务。(1) 在抓原油生产的同时，加快天然气产业化进程。立足21世纪的能源需求，把天然气作为一个支柱产业来规划、经营和发展，成立天然气利用研究所，发挥天然气分公司和各采油厂两个积极性，按照“着眼长远、规划研究、培育市场、形成产业”的总体要求，规范用气管理，开辟民用商用气市场，加快烃类产品研发，发展计量仪表、燃气器具等相关业务，初步形成了产业化发展的雏形。(2) 在立足油田发展的同时，加快走出去的步伐。把开辟国内国际两个市场、利用国内国际两种资源，作为缓解公司资源接替矛盾、实现可持续发展的重要途径，加强领导，加大力度，加快攻关，使国内市场份额进一步扩大，国际市场开发实现新的突破。全年外部市场创收8578万元，同比增长183%。同时，国内对外服务队伍由40个增加到56个、市场由8个增加到11个；国外与马来西亚、伊朗、埃及、俄罗斯签订5项技术服务合同，并同蒙古、印尼、俄罗斯、西非达成多项合作意向。

【科学管理模式】　大庆油田围绕建立油公司管理体制和运行机制，进一步加快了同国际接轨的步伐。(1) 探索推进了项目管理模式。对勘探、科技、基建、小油田开发等试行项目管理，按新体制运作，保证了重点项目的顺利进行。(2) 探索推进了作业区管理模式。采油九厂各矿全部改为作业区，采油五厂四矿进行了老油田作业区改造试点，进一步积累了作业区管理经验。(3) 探索小油公司经营模式。扩大合资合作范围，新成立龙虎泡等4个小油公司，并制定出台相应的管理办法，进一步规范了外围小油田的合资合作开发。同时，按照专业化管理的要求，把各采油厂测试大队划归生产测井研究所，成立测试技术服务分公司，优化了人才、技术、装备等资源配置。储运销售分公司进行了以岗定薪、按贡献取酬的绩效管理试点，设计院着手启动了股份制改造工作，为公司搞活内部管理机制积累了经验。

【推进勘探开发一体化初见成效】　大庆油田为提高油田总体经济效益，以葡31、新肇和海拉尔盆地呼和诺仁3个探明石油储量区为切入点，着力推进勘探开发一体化，初步实现了勘探开发双向介入、相互延伸，做到了规划部署、信息资料、综合研究、效益评价“四个结合”。海拉尔贝尔地区，专门成立一体化项目组，开发工作提前介入，边评价边打开发井，积极开辟开发试验区；葡31区块，利用已开发葡萄花油层进行加密或滚动扩边，加深钻探评价扶杨油层，既满足了扶杨油层区块优选的需要，又满足了葡萄花油层扩边部署的要求；新肇油田，把4口勘探评价井改为开发控制井，有效地节约了钻井成本和勘探投资。2001年，全油田有17口勘探评价井改为开发控制井，实现经济效益3600多万元。

【人事制度改革】　2001年，大庆油田以二级单位领导班子换届调整为契机，深化人事制度改革。对厂、矿两级领导班子副职调整全面引入竞争机制，实行差额竞聘，初步形成了干部能上能下的管理人员选拔任用机制。公司已调整的16个二级单位领导班子中，有148人报名参加84个副职岗位的竞争，差额比例达到76.2%；有44名原班子成员退出领导岗位，有25名新同志进入班子；领导班子成员年龄结构由调整前的47.5岁下降到43.9岁，大学以上文化程度由调整前的80.4%提高到89.2%。同时，按照“机构精简，人员精干，运作高效”的原则，全面推进厂、矿两级机关机构改革，对机关工作人员的聘用推行竞争上岗、择优任用，使厂级机关内设机构压缩50.78%，管理人员精简25.22%，进一步提高了工作效率。

【生产经营】　大庆油田按照市场化运作，高效益经营，规范化管理的要求，以安全生产检查、违章建筑拆除和债权债务、资产清查为重点，开展了第104次岗检活动。安全生产专项检查，以消防安全为重点，认真开展以“六防”为主的“四查一整改”活动，共健全完善各种消防及事故处理预案822个，进行重点消防部位复查1094个，有效地消除了不安全隐患对油田生产构成的威胁；违法违章建筑拆除，以根除“钉子户”为重点，把问题多、难度大、情况复杂的采油一厂、二厂和四厂作为主战场，配合市城管、公安等部门集中力量打歼灭战，共拆除违法违章建筑3.6万户，面积160多万平方米，初步解决了困扰油田多年的“老大难”问题；债权债务和资产清查，以账外债务为重点，围绕债权债务、货币资金、固定资产等8个方面，开展申报核实、跟踪追查、清欠追缴工作，进一步摸清了公司的生产经营状况。同时，坚持规范管理、标本兼治的原则，把工作的出发点和落脚点放在建立后续管理的长效机制上，做到边自查、边整改、边整章建制，为公司生产经营管理的规范运作奠定了较好的基础。

【经营管理】　大庆油田通过强化投资管理，实施区域整体优化和方案优选工作，严格执行设计技术标准和工程量定额标准，强化计划管理的“三保三压”，全年核减、节约各种投资费用4.95亿元，设计概算准确率94.7%，工程结算核减率控制在平均3%以下；强化资金管理，实行收支“一个漏斗”进出，资金结算“柜台前移”，以及银行存款日对账和交叉对账制度，全年减少银行账户23个，实现上存资金利息收入3.86亿元；强化成本控制，通过建立与区块、产量结构相匹配的级差定额预算管理模式，加大事前控制的力度，使成本指标控制在股份公司预算要求之内；强化清欠工作，通过采取签订还款协议、先款后货及征收滞纳金等方式，较好地完成了股份公司下达的清欠任务；强化资产管理，搞好增量资产中重大装备的投资论证，加强存量资产的调剂利用，加大逾龄资产的报废力度，全年盘活存量资产5.58亿元，报废资产23.59亿元，处理报废资产变现0.13亿元；强化物资管理，对基建、化学药剂和关联交易物资等实行不同的采购方式，推行无采购员采购制度，进一步规范了物资采购工作，降低了采购成本，节约了采购资金。同时，加强公司内部审计，避免经济损失1.22亿元；加强产能建设、生产检修等6个领域的效能监察，核减工程款5914万元。

【队伍建设】　大庆油田高度重视人力资源开发，大力开展人才培养和储备工作，为公司可持续发展提供了保证。在人才导向上，大力选树先进典型，以计秉玉等六大功勋员工为代表的新时期典型群体在队伍中形成；在人才机制上，认真落实原有人才政策，配套完善新的激励措施，先后评选公司级学术技术带头人45名，公司级技术能手30名，并有262人通过技师、高级技师的考聘；在人才引进上，强化《人才观》宣传，实行特薪政策，全年引进石油工程等主体专业和经济、法律等紧缺专业毕业生298人；在人才培训上，以培养高层管理人才、专业技术人才为重点，选送10名中高层管理人员继续参加清华大学工商管理培训班，选送64人赴上海财经大学及美国、加拿大、俄罗斯等国内外著名高校学习深造，并采取校企联合、委托办学等方式培养硕士、博士研究生92名。此外，公司机关各部门还根据本系统工作的需要，完成培训项目134个，培训人员12036人次；各二级单位共举办各类培训班1200多个，培训人员67844人次，员工培训面达到80%以上，有力地促进了队伍整体素质的提高。

【关联交易】　大庆油田从讲政治、讲大局、讲稳定的高度出发，把搞好关联交易作为合作双赢、共同发展的纽带，切实加强了同存续企业的团结协作。除定期召开关联交易协调会外，公司领导和机关部门负责人，主动到管理局征求意见、沟通信息，深入管理局二级单位调查研究、了解情况，共同研究解决关联交易中存在的具体问题，努力为存续企业的发展创造有利条件；各二级单位对管理局的施工作业队伍，特别是从主体中分离出去的多种经营企业，积极给予工作上的大力支持，充分体现了“分开分立不分心，共举大庆一面旗”的思想。同时，从规范关联交易行为、维护双方共同利益出发，完善关联交易管理办法，修订关联交易价格，理顺招投标、合同签订、质量监督、结算付款等工作程序，保证了关联交易的顺利进行。2001年，公司同管理局共签订关联交易协议40个、合同1571份，发生金额139.36亿元，已结算136.92亿元，结算率达98.25%。

【松基三井成为国内最年轻文物】　我国发现大庆油田的标志性井位——松基三井，被国务院列入第5批国家文物保护单位，成为目前国内最年轻的文物。松基三井素称大庆油田“第一井”，是我国勘探大庆油田初期打下的3口基础井之一，位于大庆市大同区高台子镇西南6千米处。1959年9月26日，松基三井喜喷工业油流，标志着大庆油田的发现。

【与杜尔伯特县签订合资开发龙虎泡油田协议】　2001年3月12日，大庆油田与杜尔伯特县正式签订了合资开发龙虎泡油田的协议。龙虎泡油田开发面积为150.65平方千米，含油面积为831. 1平方千米。油田公司本着经济合理开发低渗透油田，带动地方经济发展的互利互惠原则，积极与当地政府协商，拟以注册资本2.5亿元，占有注册资本90%；杜尔伯特县龙泰矿产资源开发有限责任公司以货币出资2500万元，占注册资本10%。龙虎泡油田的开发范围为石油、天然气的开采及产品生产与销售，开发经营期限为20年。

【与中科院签订新一轮科技创新合作协议】　2001年3月24日，中科院副院长陈宜瑜率中科院领导、专家60余人与油田公司有关领导、专家共商大庆油田可持续发展的重大科技问题。会议期间，双方签订了新一轮科技创新合作协议；表彰了在知识创新工程重大项目研究上为大庆油田做出突出贡献的先进个人；举行了"油气勘探科技联合研究中心（大庆）"揭牌仪式。"大庆油田年产5300万吨至2000年稳产技术研究"验收一次通过。2001年9月21日，国家科技攻关重点项目"大庆油田年产5300万吨至2000年稳产技术研究"成果通过了国家科学技术部验收。13名国家科学技术部组织的专家听取项目承担单位的自评估报告后，一致认为"该项目成果取得了重大的经济效益和社会效益，使大庆油田2000年在油田综合含水高达87%的困难条件下，实现了年产油量5300.09万吨的高水平，对国民经济的发展具有重要的意义。

该项目针对大庆油田在高含水后期提高水驱采收率、外围低渗透油田经济有效开发和聚合物驱工业化应用三大技术难题而设立，通过攻关使主要技术达到国际先进水平，最终使"三难"采收率提高3、5、10个百分点；整个大庆油田可采储量增加2亿吨以上；年产原油5300万吨到2000年。

经过五年的攻关，全面完成了预期的研究内容，形成了大庆油田高含水后期及低渗透油田开发的一系列配套技术。专家组认为，该项目通过"九五"攻关研究，全面完成和部分超额完成了合同规定的技术经济指标，在发展一套适合于大庆喇萨杏油田高含水后期提高采收率的新技术和一套适合于大庆外围低渗透复杂油藏特点的多学科油藏综合描述技术及注采调整方法，形成了一套行之有效的聚合物驱开发方法，在配套的工程技术方面取得了创新和突破，而且各项技术资料齐全可靠，经费使用合理，成果技术先进、配套性强，具有良好的推广应用前景。

（权哲洙）

中国石油天然气股份有限公司吉林油田分公司

【概述】　2001年是进入新世纪、实施"十五"计划的第一年，也是中国石油天然气股份有限公司吉林油田分公司（以下简称"分公司"）按照新体制规范运作、加快发展的关键一年。一年来，在中国石油天然气股份有限公司的正确领导下，分公司各级管理者和广大员工坚持以党的十五大、十五届四中、五中全会和中央经济工作会议精神为指针，认真贯彻落实集团公司工作会议精神，牢固树立实现利润最大化、公司价值最大化和对股东回报最大化的新的经营理念，充分发挥资源、政策、资产"三个优势"，全面实施主营业务发展、削减成本、科技创新和持续重组"四大战略"，努力实现观念、技术、管理、机制和思想政治工作"五个创新"，全面超额完成了全年生产经营及各项工作任务。

（1）全年主要效益指标圆满实现。按国际会计准则计算，全年实现销售收入51.28亿元。按预算口径，全年实现利润17.24亿元，完成年度考核指标的146%。投资资本回报率为9.94%，比股份公司考核指标提高3.13个百分点。

（2）油气勘探超额完成全年三级储量任务。坚持以寻找规模效益储量为目标，本着立足中央、突破伊通、探索东南、发展滚动的原则，深化地质研究，优选勘探项目，加强项目管理，采用先进适用的勘探技术，油气勘探获得一批重大成果。全年提交探明、控制、预测储量分别为6169万吨、7794万吨和9053万吨，为年计划的102%、111%和113%，超额完成了三级储量任务。全年新增探明石油可采储量1233.8万吨，完成股份公司考核指标的102.8%。

（3）原油产量攀上历史最高峰。按照"稳定老区生产，加快新区上产；推进科技进步，提高开发水平"的总体思路，开展了卓有成效的工作，全年原油产量实现404.3万吨，超额完成股份公司下达的404万吨加快发展目标，创造了吉林油田历史最好水平。

（4）各项成本指标明显降低。油气单位操作成本为5.46美元/桶，控制在股份公司考核指标以内，比2000年压缩了6.67%。油气勘探成本为1.02美元/

桶，开发成本为 3.07 美元/桶，均控制在考核指标以内。

【油气勘探】 2001 年，分公司以勘探效益和勘探发现为最终目标，注重新理论、新认识对勘探部署的指导作用，引进实用的勘探技术，实施全过程项目管理，完成的各级储量达到吉林油田勘探史上最高水平。全年油气勘探按照战略展开、战略突破、战略准备三个层次的勘探部署原则展开工作。以松辽盆地南部中央坳陷区为主要探区，以中上部组合为主要目的层，以隐蔽油藏为主要勘探对象，总体部署大情字井、英台—四方坨子等地区的勘探工作，实施展开勘探，保证储量的规模和质量；利用新技术、新工艺突破西部斜坡、莫里青的勘探局面；加快扶新隆起、孤店地区、大安—红岗地区的滚动评价勘探，扩大勘探成果；积极探索东南隆起深层断陷、莫里青断陷、岔路河断陷和外围盆地的勘探工作。共设立三个勘探项目，即松辽盆地南部石油、松辽盆地南部天然气、伊舒地堑勘探项目。全年完成二维地震测线 567 千米，三维地震偏前满覆盖面积 1002 平方千米，地震记录总张数 78456 张。地质录井 47 口，仪器录井 86 口。全年探井开钻 91 口，完钻 96 口，完井 97 口，进尺 191848 米。全年探井完井测井 97 口井。探井试油结束井 82 口，完成 282 层，新获工业油气流井 53 口，综合钻探成功率达到 59%。新增探明石油储量 6169 万吨，超过年度计划 169 万吨。石油储量丰度每平方千米 64 万吨，每口探井获得探明储量 42 万吨，每米进尺探明储量 321 吨。新增天然气控制储量 23.14 亿立方米。

【坚持勘探开发一体化，新区增储上产】 为加快新区储量的动用速度，缩短产能建设周期，针对吉林油田复杂的地质特点和地面实际条件，坚持勘探开发紧密结合，有效实施一体化方针，积极应用先进技术，全面实施项目管理，在提高勘探开发综合效益的同时，实现了新区储量大幅度增长和原油产量的提高。全年共完钻开发井 672 口，新建产能 70.42 万吨。英台—四方坨子地区会战取得全面胜利。2001 年共部署完钻探井 30 口，试油 32 口，获工业油流井 19 口。其中，方 75、方 58、方 68、方 79、方 83 等 5 口井获日产 20 立方米以上高产工业油流。该区全年共提交探明、控制、预测储量 1.0076 亿吨。共完钻开发井 220 口，投产 204 口，新建产能 31.32 万吨，没有出现一口低效井，原油日产由上产前的 800 吨上升到年末的 2500 吨以上，英台油田实现了高效开发，展现出百万吨产能建设规模。按照勘探开发一体化工作思路，大情字井、海坨子地区勘探开发也取得了重要成果。坚持先打预探井、控制井，再打生产井的方针，在大情字井地区共部署探井 42 口，完钻 38 口，获工业油流井 24 口。其中，黑 75、黑 80 分别获日产 23.5 立方米、24.1 立方米高产油流，黑 79 井在青一段获自然产能 29.5 立方米。该区全年共提交探明、控制、预测储量 1.1261 亿吨。通过经济评价，本着先肥后瘦的原则，在该区共完钻开发井 45 口，建产能 8.58 万吨。海坨子地区共计外扩探明含油面积 6.7 平方千米，储量 352 万吨，完钻开发井 93 口，新建产能 7.98 万吨。

【拓宽勘探新领域】 在加快“热点”地区勘探开发同时，坚持勘探向新区、新领域进军，加大了滚动勘探和外甩勘探力度，进一步扩大了勘探成果。一是滚动勘探取得新进展。在扶新地区发现了一批新的构造圈闭，扶新隆起带呈现出储量大面积连片趋势。海坨子地区全年滚动勘探共落实探明储量 343 万吨，新增可动用探明石油地质储量 1124 万吨。二是外甩勘探获得新发现。乾安大布苏地区花 9 井试油获自然产能 48.6 立方米工业油流，开拓了情字井地区勘探新领域；伊通地堑莫里青断陷小孤山斜坡带伊 52 井压后获日产油 12.4 吨，揭示了小孤山斜坡带勘探潜力；怀西断洼怀德构造自 2000 年杨 4 井获工业油流后，2001 年杨 5 井单层试油分别获得 2.5 立方米、2.7 立方米工业油流，预测石油地质储量 2400 万吨；红岗阶地红岗构造北部的红 73 井，压裂后初期获自喷日产 40 立方米高产工业油流，目前日产油仍稳定在 23 立方米，据初步测算，该井区有利勘探面积约为 150 平方千米，储量规模约 1000 万吨，展示出良好的勘探开发前景。

【油田开发生产】 截至 2001 年末，吉林油区累积探明 25 个油田，探明含油面积 1728.1 平方千米，探明石油地质储量 9.4 亿吨。现有 20 个油田不同程度地投入开发，共动用含油面积 644.2 平方千米，动用石油地质储量近 5 亿吨，这些油田绝大多数属低渗透或特低渗透油藏。截至 2001 年末，吉林油区共有采油井 9851 口，注水井 2697 口，注采井数比为 1∶3.65；累积注采比 1.18。2001 年，油田开发生产在抓好新井投产的同时，采取有效的技术和管理对策，确保实现老区硬稳产。一是加强了以注水为核心的区块综合治理工作。坚持从油藏研究入手，在深化储层的沉积微相和非均质性研究基础上，根据剩余油分布和油藏特点合理调整井网格局。坚持一厂一策，制定科学注水政策，实施有效注水，实现控水稳油。全年自然递减为 10.50%，综合递减为 6.75%，均得到较好控制。二是加强了措施增产工作。遵循“没有方案不实施、方案依据不充分不实施、方案效果不好不实施”的原则，根据区块的不同特点，进一步优化措施结构，加大主导措施应用力度，注重提高方案设计水平和施工质量，措施效果明显增强。与 2000 年相比，全年措施工作量减少 28.2%，措施增油量基本持平，措施有效率提高 6.78 个百分点，单井次增油提高 20.73%。三是加强了油田开发基础管理工作。坚持落实行之有效的油水井“三个层次”管理和日常管理制度，充分挖掘单井生产潜力，油水井“三率”得到提高，全年免修期达到 409 天，不正常井影响产量控制在 2.7%以内。四是加强了老区调整和井网完善工作。通过优选剩余油富集区打高效聪明井等措施，全年共增加可采储量 209.2 万吨。

（1）原油生产。吉林油区 2001 年计划生产原油 392 万吨，实际年产原油 404.3 万吨，完成年度计划指标的 103.14%，比 2000 年增产 29.3 万吨，增幅为 7.79%。其中，老井实际综合产油 350.49 万吨，完成计划 353.4 万吨的 99.18%；新井当年产油 53.81 万吨，完成计划 38.63 万吨的 139.4%。国有区实际年产油 358.11 万吨，完成年计划 353.4 万吨的 101.18%。合作区实际年产油 46.19 万吨，完成年计划 38.06 万吨的 121.36%。

（2）天然气生产。吉林油区 2001 年计划生产天然气 1.75 亿立方米，其中伴生气 1.23 亿立方米，气层气 0.52 亿立方米。全油区实际生产天然气 1.91 亿立方米，完成计划的 109%。其中，伴生气完成 1.2767 亿立方米，完成计划的 103%，气层气 0.6327 亿立方米，完成计划的 122%。

（3）油田注水。2001 年全油区计划年注水 3350 万立方米，实际年累积注水 3226.82 万立方米，完成年计划的 96.32%，比 2000 年增加 58.63 万立方米，增幅为 1.85%。其中，国有区年注水 3031.66 万立方米，完成年计划的 95.91%，比 2000 年增加 36.76 万立方米，增幅为 1.23%；合资、合作区年注水 195.16 万立方米，完成年计划的 104.40%，比 2000 年增加 21.87 万立方米，增幅为 12.62%。

（4）产能建设。吉林油田国有区 2001 年计划新建原油生产能力 87.84 万吨，安排新钻井 711 口，其中投产油井 590 口，投注水井 121 口，进尺 127.03 万米。2001 年实际新钻开发井 654 口，完成年计划的 91.98%；投产油井 585 口，完成年计划的 99.15%；投转注水井 89 口（包括转注老井 27 口），完成年计划的 73.55%；钻井进尺 102.08 万米，完成计划的 80.4%，新建产能 70.42 万吨，完成年计划的 80.17%。

（5）增产措施。2001 年生产运行计划中安排国有区共采取各类增产措施 3193 井次，增油 20.41 万吨，平均单井次增油 64 吨。其中，构成内措施项目 2489 井次，增油 16.45 万吨，平均单井次增油 66 吨；构成外措施项目 704 井次，增油 3.95 万吨，平均单井次增油 56 吨。国有区实际全年共采取各类增产措施 3331 井次，完成计划指标的 104.3%；累积增油 23.39 万吨，完成计划指标的 114.62%；平均单井次增油 70 吨，完成计划指标的 109.7%。合作区年初没有做运行计划，全年共完成各类措施 353 井次，增油 1.9063 万吨，单井增油 75 吨。

（6）油藏监测。2001 年吉林油区计划安排测产液剖面 180 口，实际全年测产液剖面 358 口，完成年计划的 198.9%。计划测吸水剖面 500 口，实际全年测吸水剖面 679 口，完成年计划的 135.8%。计划安排碳氧比测井 10 口，全年实测 36 口，完成年计划的 360%。计划安排油井测压 920 口，全年实际测压 1141 口，完成计划的 124%。其中，计划安排定点测压 830 口，全年实际定点测压 1029 口，完成年计划的 124%。计划安排注水井测压 180 口，全年实测 102 口，完成年计划的 408%。完成试踪剂 15 个井次。

【企业经营管理】　2001 年，按照中油股份公司新体制、新机制的需要，坚持以创造公司最高价值和实现利润最大化为目标，以投资管理、成本管理为重点，转换机制、深挖潜力，完善制度、推进管理创新，提高了分公司整体经济效益和管理水平。

（1）严格投资管理，提高了投资质量和效益。一是按照效益优先、确保生产急需的原则，进一步优化投资结构，合理安排投资项目，重点加强油气勘探开发产能建设投资，适度安排老油田改造、科研、装备等投资。全年勘探和产能建设投资为 25.48 亿元，占总投资的 89.6%。二是严格投资决策和审查程序，严把效益关。三是切实加强预决算管理，提高了投资管理水平。四是全面实施项目管理，提高了产能建设等重点项目的工程质量和投资效益。全年新建百万吨产能直接建设投资控制在 25 亿元以内。

（2）加强成本管理，提高了公司盈利能力。围绕全年油气单位操作成本指标，坚持开源与节流并重、挖潜与创效并举，大力实施削减成本战略，切实提高公司的经营管理水平和创效能力。一是实行严格的预算管理，完善财务运行体制。按照“一个全面”、“三个集中”的财务管理制度，各采油单位全部成立了预算委员会，建立和完善了“三级”核算体系，细化分解各项成本控制指标，落实到班组和个人，增强了全员成本效益观念。完善了资金集中管理办法，简化结算手续，提高了结算效率。严格执行有关的法律法规和会计制度，规范核算收支。加大了陈欠清理和货款回收力度，降低了财务费用支出。全年共清理应收账款 1401 万元，当年货款回收率为 100%。二是积极探索降成本的有效途径。通过优化方案设计和生产工艺，改变生产方式和组织方式降低成本；通过对一些低产低效井实行间抽、捞油，降低操作费用；通过加强科技攻关，降低自然递减和综合递减；通过强化油水井日常管理，提高潜在效益。三是坚持挖潜增效和开源节流。对于具有复活价值的报废井和长停井采取措施加强利用，对老的二维地震资料等进行重新处理解释，切实活化了沉淀资产。

(3) 规范经营行为，积极稳妥推进关联交易和市场开放。按照股份公司工程技术服务类市场开放 50%，3—5 年全部放开的要求，分公司认真贯彻落实集团公司 2001 年工作会议和股份公司关联交易工作会议精神，坚持以稳定为前提，以“双赢”为目的，按照公平、公开、公正、合理有序竞争的原则，坚持从吉林油田实际出发，按照“三步走”的方针，推进关联交易和市场开放，促进吉林油田共同发展。即按照上级有关关联交易和市场放开的文件要求和领导讲话精神，在满足投资形象、工艺技术、工程质量和工期要求的前提下，首先由吉林石油集团公司在应交易量中挑选 50%作为关联交易量，剩余 50%作为市场开放量；考虑吉林油田的整体稳定和发展，对市场开放的全部工作量，首先邀请吉林石油集团公司所属单位进行议标；在投资形象、工艺技术、工程质量和工期等不能满足要求时，按照市场化运作方式，再向中油集团公司内部施工单位进行招标，同时仍邀请吉林石油集团公司所属施工单位参加，在同等条件下，吉林石油集团公司所属施工单位优先。按照上述原则，关联交易和市场开放实现平稳运作。

为规范企业经营行为，从抓制度建设入手，制定下发了市场管理办法、市场准入管理实施细则、招投标管理实施细则、合同管理办法等文件。通过采取系统市场准入制度，严格资质审查，严把市场准入关，禁止资质低、服务质量差、信誉不佳的队伍进入油田市场。通过全面实施公开招投标制度，达到优选队伍、优化价格、降低成本的目的。仅物资采购一项，按市场可比价就节约成本 2630 万元。同时，加强了审计效能监察、法律事务及合同管理工作，减少了企业风险，有效维护了企业效益。

(4) 夯实基础工作，企业管理日趋规范。

(5) 狠抓安全环保工作，促进了公司整体经济效益的提高。本着安全与生产并重、开发与环保同步的原则，强化了安全教育工作，完善了安全生产监督体系，全面推行了安全生产合同制管理，组织开展了安全风险评估、评价工作，分公司全年死亡事故频率为 0.026 人/百万工时，控制在股份公司下达的 0.05 人/百万工时的指标以内。同时，加大了资金投入力度，对套返井、落地原油等环境污染问题进行了重点治理，全年没有发生 30 万元以上经济损失责任事故，各项安全环保指标均好于 2000 年。

【深化改革】　按照分公司发展要求，抓住转换经营机制这个关键，进一步深化内部改革，理顺了管理体制，完善了运行机制，增强了企业竞争力。一是进一步理顺管理机构，规范岗位职责。按照新的管理体制要求，对组织机构进行了优化调整，在 2000 年的基础上又压缩了 3.54%；顺利完成了石化公司的重组分离工作；完善了“五定”工作，相继制定了 755 个岗位职责、90 个职责范围、57 个岗位规范。二是积极推进三项制度改革，完善激励约束机制。深化劳动用工制度改革，充分挖掘人力资源潜力。通过有偿解除劳动关系、清理辞退各类临时用工、老区显现化的富余人员向新区合理调剂等方式，实施减员增效工程，有效控制了劳动用工总量。全年实际减员 308 人，完成了股份公司下达的全年减员指标。在增加 600 多口新井的情况下，员工总量控制在股份公司考核指标以内；深化人事制度改革，提高了人事工作透明度。制定下发了《公司机关干部动态管理办法》以及《“两院”科研人员和采油厂双向交流方案》，建立和完善了干部日常考核机制，进一步规范了干部选拔、任免制度。机关缺员的补充采取公开招聘方式，先后有 53 名基层优秀人才走上了机关工作岗位。公司科级以上人员的聘任实行了任前公示制；深化分配制度改革，完善了业绩（绩效）考核体系，将工资分为固定、浮动、效益三部分，按业绩和绩效考核结果核定管理者和员工收入，坚持硬考核硬兑现，激发全员增产创效的积极性，有效驱动了分公司业绩指标的实现。三是加快了对外合作步伐，提高了对外投资收益。为加快难采未动用储量开发进程，积极探索高成本、亏损采油区块产权制度改革的新路子，充分依靠自身资源优势吸引外部资金、技术，加大对外合作力度，借助外力促进油田的发展。全年合资合作单位完成原油产量 46.19 万吨，实现分成收入和投资收益 12680 万元。

【科技工作】　牢固树立科研为生产服务的思想，切实加强对科技工作的领导，增加科研经费的投入，改革和完善科技管理体制。针对制约油田勘探开发的主要矛盾，坚持实行项目长负责制，加大对主导技术、“瓶颈”技术、储备技术的攻关力度，取得了积极进展。全年科研项目开题 116 项，课题完成率 100%。开展各类应用技术研究和推广项目 94 项。科技成果转化应用率提高到 60%。一是加强基础、长远和重大项目的研究。主要包括《吉林探区有利区带预测及评价》、《储层预测及油气藏精细描述研究》、《吉林探区油气地质分布规律研究》、《老油田剩余油分布规律研究》、《老油田稳产综合研究》以及《低渗透油藏有效开发配套技术研究》等。这些研究项目的开展有力地指导了油田勘探开发工作。二是加强勘探开发主导技术研究，努力攻克“瓶颈”技术难关。通过加强三维地震技术攻关，极大地提高了钻探目标的准确率；通过引进先进的测井系列，使测井解释符合率与以往相比有了一定幅度提高；在低渗透油藏压裂改造上，通过加大攻关力度，优化压裂方案设计，引进先进工艺技术，压裂成功率得到明显提高。三是积极发展储备技术，在三次采油等技术攻关上取得了明显进展。CO_2 驱先导试验，见到明显增油效果。每吨 CO_2 增油 2312 吨，投入产出比为 1∶3.2；三元化学复合驱先导试验进入了全面见效阶段，投入产出比达 1∶2.87；在深化室内研究基础上，通过对扶余东区 2 口注水井进行微生物连续注入试验，周围 13 口油井平均日增油 1680 吨，平均综合含水从原来的 90% 下降到 70%。同时，为解决套保油田稠油开采固井难题，积极引进应用国外先进螺杆泵，对 16 口井进行出砂冷采试验，见到较好效果。试验后单井日产油量达 3.1 吨，比常规开采提高 2—6 倍，目前已进入大规模试验阶段。四是推广应用先进适用技术，节能降耗见到实效。积极开展节能降耗技术研究，降低了各种消耗。全年用电量与计划比减少 5579.11 万千瓦·时。

【精神文明建设】　(1) 全面加强党的建设，深入开展了“三个代表”重要思想、“七一”讲话及十五届六中全会《决定》精神的学习和教育，使广大党员和干部的政治思想素质进一步提高。油田公司党委被评为“吉林省先进基层党组织标兵”，并获得了“全国先进基层党组织”荣誉称号。(2) 紧密结合改革和发展实际，扎实有效地开展了思想政治工作。(3) 群众性精神文明创建活动开创新水平。2001 年，分公司被评为吉林省精神文明建设标兵单位，所属四个单位被评为吉林省精神文明建设先进单位。(4) 在企业文化建设上进行了有益的探索和实践。

（赵　晶　刘玉梅　吴德玲）

中国石油天然气股份有限公司辽河油田分公司

【概述】　中国石油天然气股份有限公司辽河油田分公司（以下简称“油田分公司”）地跨辽宁、内蒙古两省（区）13 个市、32 个县（旗），勘探开发分为辽河盆地陆上、辽河盆地滩海和外围盆地三个区域。辽河盆地陆上是勘探开发的主战场，总面积 1.24 万平方千米；辽河盆地滩海以 5 米水深为限，面积 3605 平方千米；外围盆地包括陆家堡凹陷、张强凹陷、钱家店凹陷和阜新盆地，面积 7.686 万平方千米。辽河油田是复杂断块油田，油品类型多样，具有稀油、稠油、高凝油等多种油品性质，地质构造复杂，勘探开发难度大。2001 年，油田分公司大打勘探开发管理进攻仗，油气勘探、开发都取得了可喜成果，全面完成和超额完成了股份公司下达的各项业绩考核指标。

全油田完成二维地震采集 759.5 千米，三维地震采集 741.63 平方千米。完钻各类探井 63 口，进尺 18.6 万米。探明石油地质储量 5801 万吨，可采储量 1109.9 万吨，分别完成年度计划的 105.5% 和 100.9%；探明天然气地质储量 10.39 亿立方米，可采储量 6.63 亿立方米，分别完成年度计划的 103.9% 和 102%；控制石油地质储量 4798 万吨，完成年度计划的 106.6%，预测石油地质储量 5252 万吨，完成年度计划的 210%。

全年生产原油1385万吨，超产10万吨；实现原油配置商品量1260.35万吨，超计划指标9.1万吨；生产天然气11.77亿立方米，超产1.3亿立方米；外供5.5亿立方米，超供0.5亿立方米；油田自然递减率31.97%，综合递减率9.22%，分别比2000年下降0.63和1.19个百分点，综合含水上升率1.3%，与2000年持平。

全年投产新井703口，日产油水平4409吨，年产油123.3万吨；完成油田注水2748万立方米。

在下半年油价持续走低的情况下，全年实现销售收入159.58亿元；实现国内利润50.19亿元；实现国际准则利润71.01亿元，超交26.92亿元；上缴税费33.44亿元；投资和油气单位操作成本控制在计划指标之内。

油田分公司年末有员工人数29538人，全员劳动生产率436287元/（人·年）；拥有固定资产原值4831756万元，净值2389333万元。

【新老区勘探】 在老区勘探程度高、新区勘探目标复杂的形势下，大打勘探进攻仗，通过加强前期研究、优选勘探目标，深入开展三维资料精细处理解释、储层预测追踪及“三老”资料复查，优化井位部署，精心组织实施，新区勘探和老区滚动勘探都取得了可喜成果。

全年新区勘探上报探明石油地质储量3277万吨，可采储量610.5万吨；完成控制石油地质储量4798万吨，预测石油地质储量5252万吨。主要取得了五个方面成果：一是东部凹陷欧35、欧36、欧37块在2000年工作基础上，2001年上报探明石油地质储量424万吨；小25井获得工业油流，预计探明石油地质储量430万吨。二是海上勘探通过海南20、24井钻探成功，实现了东营组控制储量升级，探明石油地质储量599万吨；仙鹤3井钻探成功，预测石油地质储量2825万吨。三是西部凹陷东部陡坡带雷60井获得工业油流，控制石油地质储量685万吨；洼101井在沙一、沙二、太古界潜山见到较好的油气显示，预测石油资源量1000万吨。四是高升斜坡带高101井在杜家台油层获得工业油流，控制石油地质储量300万吨。五是曙一区杜821、822井兴隆台油层超稠油热采出油，实现控制储量升为探明储量2254万吨。

滚动勘探上报探明石油地质储量2524万吨，可采储量499.4万吨，储备1000万吨；探明天然气地质储量10.39亿立方米，可采储量6.63亿立方米。主要取得了五个方面成果：一是老区新块勘探取得了突破性进展，在沈625、沈628、锦611、锦612、齐2－22－14、欢103、海南602等区块年内上报探明石油地质储量453万吨，储备800万吨，其中沈625、628井分获初期日产200吨和100吨以上高产油流，锦612块3口滚动探井锦612、锦613、锦619大凌河油层均获日产30吨以上工业油流。二是老区新层勘探有新发现，在欢629、热24、高18、兴28等区块探明石油地质储量727万吨、天然气地质储量2.44亿立方米。三是老区扩边勘探取得了新进展，在沈179、欢23、双602等区块探明石油地质储量412万吨、天然气地质储量1.37亿立方米。四是通过超前研究、优化部署、精心实施，在锦2－19－15、边台潜山、雷15、双38－14、欢24－8、龙611等区块探明石油地质储量932万吨，储备200万吨，探明天然气地质储量7.88亿立方米，其中龙611井解释气层36.7米/18层，射开底部6.9米/5层，8毫米油嘴初期日产气3.3万立方米，上报探明天然气地质储量6.58亿立方米。五是滚动探井和开发控制井试油试采成果显著，年内累计产油11.34万吨，相当于建产能17万吨，有效缓解了产能建设不足的矛盾。

【产能建设】 针对产能建设目标复杂，新区稀油油藏埋藏深、低渗透、特殊岩性比例大的特点和老区剩余油高度分散、调整难度大的现状，产能建设工作坚持“超前研究、精心部署、优化实施、跟踪分析、及时调整”的原则，在总结以往经验教训基础上，及时制定了产能建设管理办法，明确了方案实施程序和钻井运行顺序，对新区新块先实施控制井，确保钻井成功率和产能建设到位率；对特殊岩性油藏和深层低渗透砂岩油藏实行全过程管理，发现变化及时调整。全年计划安排新老区83个断块钻开发井和开发控制井730口，进尺153.1万米，建产能170.3万吨，配产110万吨。由于产能建设投资缺口大，通过多次优化调整，实际钻井672口，进尺124.77万米，建产能137万吨。截至2001年12月，按方案统计共投产新井652口，开井590口，日产油能力4640吨，日产气能力58.7万立方米，年产油122.49万吨，年产气1.67亿立方米。全年安排钻气井20口，进尺5.18万米，建产能1.65亿立方米，由于天然气后备资源不足，实际钻井11口，进尺2.9万米，建成天然气年产能力1亿立方米。

【油田稳产】 在认真分析注水开发油田存在的注采井网不完善、注水井井况变差、停注井增多、注水管网老化、注水压力满足不了注水需要及注入水水质严重超标等诸多问题的基础上，及时调整了2001年和今后一个时期的注水工作部署。全年投转注水井120口，日增注水7750立方米；老井复注40口，日增注水量4724立方米；新增分注井174口，有效地改善了水驱效果。针对热采稠油进入高轮次吞吐阶段出现的诸多矛盾和问题，通过增加大修侧钻井和局部加密井，进一步完善了井网，提高了油层平面动用程度；通过实施分注选注，优化注汽参数，提高注汽质量，提高了油层纵向动用程度，延缓了稠油递减，热采稠油年油汽比与2000年持平。

2001年油田分公司、厂、区三级综合治理区块67个，地质储量11亿吨，占油田动用储量的67.9%。其中油田分公司级综合治理区块18个，地质储量5.1亿吨，占油田动用储量的31.5%。按方案检查，三级综合治理区块基本达到了治理目标，其中18个分公司级综合治理区块实施各类措施2368井次，年底日产液水平65800吨，比治理目标71515吨低5715吨，日产油水平15464吨，与治理目标持平，综合含水76.5%，比治理目标78.24%低1.74个百分点；热采稠油区块阶段油汽比0.51，比治理目标0.5高0.01。重点治理区块锦16块根据油藏精细描述成果，在局部微幅度构造上钻加密井7口，取得较好效果，平均单井年产油3000吨以上；通过加强动态跟踪分析，调整间歇注水周期，在采出可采储量83.5%、综合含水93%的情况下，日产油水平仍保持1100吨，与2000年12月持平。锦45块通过加密调整和老井大修、侧钻、优化注汽参数、分注选注等措施，整体开发水平进一步提高，断块日产油水平仍保持在3000吨以上，在采出可采储量79.3%的情况下，年底采油速度仍保持2%，年综合递减只有8.2%。

【企业管理】　加大生产经营基础设施投入，沈一抚管线更新改造工程一次投产成功；投资1.44亿元新建冷家油田集输系统；投资3200万元实施超稠油集输工程；投资5000万元更换隔热管。加强原油特别是超稠油外销组织，保证了生产的连续、稳定运行。加强对外协调，锦州采油厂周边盗用电治理取得初步成效，日用电量下降15万千瓦·时。强化治安防范措施，严厉打击涉油犯罪，全年破获涉油案件369起，挽回直接经济损失330多万元。做好关联交易和市场开放工作，全年累计完成关联交易总额64.81亿元，完成预算的99.7%；基本实现了市场开放50%的工作要求。同时，加强培训工作，对1998年以后提拔任用的处级干部和全分公司科级干部近1500人进行了集中培训，油田分公司全年举办各类培训班48期，培训2500多人次，提高了员工素质，为进一步强化企业管理奠定了基础。

【企业内部改革】　继续深化干部人事制度改革，普遍实行业绩考核，与200多名处级领导干部和1000多名科级干部签订了业绩合同。认真实施劳动组织改革和劳动组织结构调整，完成了石化总厂2800多名员工的归并和特种油开发公司、浅海勘探开发公司两个公司近600名员工的划转工作；挖掘人力资源潜力，全年实现劳动力挖潜1600多人。健全完善新的薪酬分配机制，建立单位薪酬总量随效益指标完成情况浮动的激励机制，实现了业绩奖励随业绩指标同步增长。调整完善油田分公司机关管理职能和机构设置。

【开展“创新管理年”活动】　针对全年开发投资不足，加强七个方面工作。一是优化产能建设方案，优化录井、测井系列，优化射孔方案，优化投产方式，确保产能建设一次达标。二是完善产能建设规章制度，加强钻井成本概预算及审计管理。三是开发人员早期介入，对当年发现产能较高的区块，当年实施产能建设。四是加强控制井的实施，对储层、产能变化大的区块及时调整。五是对油层埋藏深、渗透率低、产能不落实、钻井周期长、投资大的区块，用老区稠油加密井替换，按年初部署，全年累计调出深层、低效井131口，调进浅层稠油井79口，减少进尺26.8万米，节省投资4亿元以上。六是加强大修侧钻工作，弥补产能建设不足。七是依靠科技进步，对新区低渗透区块采取产前压裂措施提高单井产能。

针对生产成本紧张，采取了六项措施。一是开展全员降成本活动，建立了成本跟踪管理制度，定期组织分析。二是严格执行措施方案优选论证和三级把关，推广应用新工艺、新技术；加强作业质量监督管理，全年减少无功低效作业1083井次，措施有效率明显提高。三是优选注汽层段，优化注汽参数和配套措施，全年节汽114.5万吨，其中分层注汽实施1075井次，节汽25万吨。四是推广节电新工艺35项，全年节电1.13亿千瓦·时。五是规范市场交易行为，降低物资采购成本。六是加强设备购置管理，压缩管理费用和非生产性支出。

针对原油商品率低的问题，开展了三项工作。一是燃料结构调整，全年增加自用气9067万立方米，节省自用油7.4万吨。二是加强油品管理，认真落实治安防范责任制，对冷家油田开发公司等公司实施拉油全过程控制，安装单井罐防盗阀门1409个；严厉打击涉油犯罪。三是新建冷一联合站和杜229块集输管线，使冷家油田原油实现管输，特种油开发公司一半以上的超稠油实现管输。通过开展以上工作，提高了原油商品率。

【增效节能】 面对天然气已采出可采储量82%、后备资源严重不足的实际，深入开展天然气挖潜增效劳动竞赛活动，全年投产新井11口，实施调层、排水采气等措施101井次，恢复停产井18口，增加日产气45.2万立方米；实施高含水区块冷输、更换节能火管炉、安装新型节能火嘴、新建稠油套管气回收装置等节气措施，日节气30万立方米。

【安全环保】 认真执行HSE管理体系，不断增强员工安全环保意识。按照“谁主管、谁负责”的原则，进一步落实各级领导安全生产责任制，健全安全监督体系，加强安全生产合同管理，层层建立安全考核兑现制度，以“一个实施、二个坚持、三个突出、四个强化”为重点，进一步夯实基础工作，各类事故均控制在股份公司下达的考核指标之内。全年共发生工业生产事故4起，无死亡，无重伤，轻伤4人，直接经济损失3.75万元；发生火灾事故3起，无死亡，无重伤，轻伤2人，直接经济损失15.32万元；发生交通事故5起，次要责任死亡2人，重伤2人，直接经济损失14.5万元，实现了“七杜绝、三不超”的安全生产目标。环保工作严格按照“预防为主，防治结合”的方针，加大资金和技术投入，狠抓重点污染源治理，积极推进ISO 14001体系认证，“一控双达标”工作通过了辽宁省政府验收，采油污水回注率100%，化工污水外排达标率100%，落地原油回收率95%，废弃钻井液无害化处理率100%，全年未发生重大责任污染事故。

【岗位责任制大检查】 油田分公司组织了第二次岗位责任制大检查，成立了检查总团和三个分团，先后对采油站、热注站、联合站、轻烃厂和15个二级单位进行了系统检查与综合检查，按照标准进行了综合考评，总分数比2000年提高了0.7个百分点，及时消除了事故隐患，保证了冬季安全生产和各项工作的落实，促进了基层基础工作水平的提高。

【科技贡献率】 锦90非混相驱、齐40蒸汽驱转换开采方式试验通过专家评审验收，特别是齐40蒸汽驱取得成功，为下步工业化生产奠定了基础。加热炉改烧煤技术取得突破性进展，已成功通过技术验收，为全面推广做好了技术准备。通过压裂设计优化、压裂液体优选、新型压裂工具试验与推广，完善不同类型油藏压裂工艺技术，全年实施压裂280多井次，增油13.5万吨。重点推广稠油分选注、机械防砂、高温测试和微生物采油等4项技术，取得明显效果，累计增油21.45万吨，其中稠油分选注实施1054井次，增油16.9万吨。对科研单位实行有效政策调整，加大科研经费投入，设立重大科研成果专项奖，有力地调动了科技人员的积极性。全年实现科技增油105万吨。

【员工福利】 在资金十分紧张的情况下，积极为员工办好事办实事，组织了64批、2218名员工健康疗养；组织了油田分公司以上级别的劳动模范到南方考察调研。为油田会战以来332名劳动模范和油田分公司全体女工进行了身体检查；为全体员工进行了结核病普查、健康体检。各单位普遍建立、完善了井站“小伙房”，员工的工作、生活环境进一步改善，收入有新的增长。

【加强班子建设和党建工作】 按照上市公司新体制、新机制的要求，结合油田劳动组织改革的实际，油田分公司党委把筹备召开两级党代会作为加强党的建设的重要工作进行全面安排部署，按程序、按步骤认真抓好落实。分公司党委以召开党代会为契机，按照相关规定配备二级单位党委书记、副书记11人，调整充实了二级单位的党委班子9个，配齐二级单位党委班子成员76人。全分公司13个二级单位先后召开了党代会，选举产生了二级单位“两委”委员158名。油田分公司于2001年11月16日召开了第一次党员代表大会，选举产生了中共辽河油田分公司第一届委员会和纪律检查委员会。

油田分公司党建工作取得了可喜成绩。分公司党委荣获了石油系统惟一的全国党的知识竞赛活动“优秀组织奖”，荣获辽宁省党的知识竞赛二等奖。兴隆台采油厂党委被评为“全国先进基层党组织”；欢喜岭采油厂欢二联合站集输党支部被评为“辽宁省先进基层党组织”。全年分公司新建基层党总支5个，基层党支部26个，发展新党员480名，解决无党员班组75个；创建共产党员工程548个，共产党员责任区1463个，共产党员示范岗1477个，创造了可观的经济效益和良好的社会效益。

两级纪检监察部门以提高企业经济效益为中心，以贯彻落实党风廉政建设责任制为主线，不断强化领导干部廉洁自律、案件查处和执法效能监察工作，实现了党员违纪率不超过5%、案件查结率不低于85%、避免和挽回经济损失额不低于500万元的工作目标。

【两个文明建设】 分公司荣获“全国五一劳动奖状”，在辽宁省“安康杯”竞赛中荣获先进单位称号。

兴隆台采油厂荣获辽宁省“三五”普法依法治理先进集体；辽河金马油田股份公司洼一联荣获全国青年文明集体称号；沈阳采油厂作业二区206号站荣获全国职业道德“十佳班组”荣誉称号；曙光采油厂工会荣获“辽宁省职工思想政治工作先进集体”荣誉称号；兴隆台采油厂团委荣获全国百佳优秀青年志愿者服务集体；油田分公司纪委监察处获中国石油天然气集团公司纪检监察工作先进集体荣誉称号。特种油开发公司注汽公司经理张广台荣获“全国五一劳动奖章”，勘探开发研究院郭克圆荣获“全国自学成才先进个人”，油气集输公司曙光泵站技术组长王英芝荣获全国职业道德先进个人和辽宁省职业道德“十佳标兵”荣誉称号。

（杨振喜）

中国石油天然气股份有限公司大港油田分公司

【概述】　2001年，中国石油天然气股份有限公司大港油田分公司按照简化、务实、继承、创新的工作原则，以增储稳产为主题，以成本控制为主线，充分发挥“科技+管理+政策导向”的推动作用，圆满完成了股份公司下达的各项业绩指标。全年新增可采储量当量614.7万吨，为计划的101.8%；生产原油395万吨，天然气3.89亿立方米，分别为计划的101.3%、101%；实现利润17.24亿元，为计划的108.2%；油气单位勘探、开发、操作成本分别为1.19美元/桶、4.19美元/桶、5.83美元/桶，均控制在股份公司最终核定的成本指标范围内；安全生产无重大伤亡责任事故，员工总量控制在股份公司要求的范围内。

在完成各项业绩指标的同时，油田分公司各项重点工作也取得了显著的成效，并创出近年来的较好成绩。探明优质储量比例达到68.8%；原油生产超出股份公司下达计划5万吨；原油产能建设新井当年产油达到30万吨；完成了体系的换版、ISO 9000和HSE体系的认证审核，实现了两大体系的有机融合；清理回收各类油气井438口；各类成本始终在控制范围内运行；开展“三心一忠实”活动成效较为突出，促进了生产经营任务的完成。

【油气勘探】　坚持以经济效益为中心，依靠科技进步，强化项目管理，积极预探潜山和非构造油气藏两个领域，深化老区挖潜，有效推进滩海勘探，取得了丰硕成果。一是中浅层精细勘探成效显著。通过应用三维地震连片处理解释技术，进行精细评价、深挖细找，在官东高成熟探区发现一个1000万吨级的优质高效储量区块，在北大港构造带唐南构造发现一个500万吨级可供开发的整装储量区块，在孔店—羊三木油田外围发现一个500万吨级高效区块，在港西北坡发现小而肥的效益储量区块。二是预探取得新的发现。在关家堡滩海断阶区形成一个3000万吨级的勘探战场，在千米桥东潜山中生界火成岩见到良好油气显示。全年新增探明石油地质储量1813万吨，石油可采储量407.4万吨，新增天然气地质储量44.68亿立方米，天然气可采储量26.02亿立方米，合计新增油当量可采储量614.7万吨，新增控制石油地质储量533万吨，新增预测石油地质储量1334万吨，以上新增储量均超额完成了年度计划。新增潜在石油资源量2072万吨，潜在天然气资源量105.1亿立方米。

【油气开发】　坚持以经济效益为中心，强化油藏精细描述，深化老油田综合治理和控水稳油，提高油田采收率；强化早期描述，深入开展新区综合研究，不断提高油田开发水平。重点开展了六项工作：一是加强有效注水工作，努力提高水驱采收率；二是加大滚动勘探力度，深化未动用储量评价，积极寻找开发可采储量；三是搞好新区评价，加快勘探成果转化为生产能力的步伐；四是推广油藏精细描述，完成重点油田的重建地质模型工作；五是强化效益分析，提高油田整体经营效益；六是加强开发成本控制，提高油田抗风险求生存求发展的能力。2001年，油气产能建设，建成原油生产能力52.206万吨，建成天然气生产能力0.33亿立方米。滚动勘探开发，先后在板桥—北大港、南大港、孔店、孔南等地区展开，新增探明地质储量523万吨。区块控水稳油综合治理，在26个区块展开，有22个区块产量保持稳升，累计增油36.4万吨。未动用储量评价，共落实地质储量1981万吨，提交开发储量510万吨。油藏精细描述，共描述储量

6672万吨，应用描述成果增加可采储量120万吨，并找到了一批优质井位和高效措施，与2000年相比，在措施减少171井次的情况下，措施增油量增加1.37万吨。全年生产原油395万吨，天然气3.89亿立方米，分别为计划的101.3%、101%。

【技术创新】　依靠精细勘探技术在老区找到了官东等一批中浅层优质高效区块，探明储量优质比例达到68.8%；规模应用油藏精细描述成果，产能建设井位落实率达到100%，当年产油比计划超出10万吨；六大工艺专项工程年增油20万吨，超出计划10万吨。全年共组织实施课题112项，其中油田分公司新开课题80项，股份公司新开课题12项，油田分公司跨年课题20项。共验收通过118项成果，有80项成果获油田分公司级科技成果奖（占总验收项目的2/3），其中，评出特等奖2项，一等奖8项，二等奖27项，三等奖43项。此外，获中油集团公司技术创新一等奖1项（中国东部深层石油地质与目标评价）。

【企业管理】　完成了ISO 9000和HSE两大体系的有机融合，并通过了认证审核，基本实现了生产经营全要素、全过程闭环管理，理顺了接口，分清了界面，避免了交叉，规范了管理。与此同时，通过推动QHSE体系的有效运行，促进安全管理向科技延伸、向工艺延伸、向市场延伸和向家庭延伸，安全生产实现了”五个杜绝、三个为零、一个稳定”的工作目标。成本控制以强化预算管理为重点，通过细化指标分解、实行预算控制、优化方案设计、推行招投标工作、压缩非生产性支出、依靠政策激励和强化审计监督等工作，确保了各项指标始终在计划范围内运行。关联交易初步形成了沟通及时、监控有效、运作规范、互惠双赢的运行格局。

【机构调整】　本着明确管理职责、简化管理层次、实现统一管理的原则，对油田分公司的测试、专采、集输系统和南部油气开发公司进行重组调整，进一步理顺了管理体制。2001年2月，将原油气勘探开发技术研究中心所属测试公司和南部油气开发公司所属测试站从原单位独立出来，成立大港油田测试公司，列油田公司所属单位管理。2001年5月，调整专采管理体制，实行专采井管理委员会、油气专采公司（管委会办公室）、油气生产单位专采工作站及专采队的新体制；调整充实油气专采公司管理力量，由按所属单位管理调整为按直属单位管理；对专采井生产实行严格科学界定，统一管理，独立核算与考核。2001年8月，撤销南部油气开发公司下属3个作业区及其所属单位，按照开发生产单元组建6个采油工区、1个集输工区、1个专采工区，形成“南部油气开发公司—采油工区—采油站”的管理新模式。2001年11月，将作业一、二、八区所属对外集输队站划转原油集输公司，实行专业化管理。

【员工培训】　以人才开发、培养和员工培训为重点，着重抓了高级管理人才、高级专业技术人才、高级操作人才“三高”队伍开发与培养工作。出台了《大港油田公司技术专家管理实施细则》和《二级单位技术专家队伍建设指导意见》，首批评选9名油田分公司技术专家，规范了油田分公司两级技术专家队伍培养、选拔、使用、培训、业绩考核等程序。通过组织理论培训、现场技术比武及导师带徒等活动培养了一批操作技术骨干，新增高级技师8名、技师7名，完成41个培训班次的外送培训任务，组织了安全管理知识培训班、工商管理知识培训班、计算机财务软件培训班，共38个班次2192人次的内部培训。全年培训操作人员7279人次，其中，组织技术比武活动及技能鉴定工作，专业理论考核28个工种1994人次，实际操作技能鉴定考核7个工种2239人次。通过“以考促培”，“以赛促培”活动的开展，促进了员工操作技能和操作水平的提高。

【外部环境】　通过探索实践市场经济体制下油地关系新模式，依靠政府，主动联系，密切了油地关系。南部公安处被纳入地方公安序列，为油区的长治久安提供了有力的保证。尤其是清理回收各类油气井工作，在错综复杂的形势下，克服重重阻力，取得了重大进展。全年共收回各类油气井438口。此外，打击偷抢破坏的不法分子，取缔周边土炼炉，巩固外电治理成果等工作，也收到良好效果，油区治安形势整体趋于好转。

【领导班子建设】　坚持两级中心组学习制度，坚持开好民主生活会，坚持重大问题集体讨论，领导班子成员之间，既分工负责又紧密协作，驾驭能力和工作水平有了新的提高，确保了各项工作的平稳、高效运行。开展了为期一个月的油田分公司领导班子及成员“三讲”学习教育活动，召开各种座谈会12次，征求了公司内部、存续企业和地方政府等多方面的意见和建议，对汇总的6个方面、85个问题进行逐一解剖，制定整改计划，其中的61个问题已经解决或明确答复。同时，在油田分公司机关和直属单位开展的以整顿作风、创建文明示范岗位为内容的“整创”活动收到良好成效。特别是开展的“集中办公日”活动，全年共办理各类合同手续3800份次，大大缩短了合同手续的办理时间，促进了工作作风的转变和工作效率的提高，强化了管理者队伍廉政建设，受到了基层和乙方单位的广泛好评。

（陈凤萍　王松华）

中国石油天然气股份有限公司华北油田分公司

【概述】　中国石油天然气股份有限公司华北油田分公司（以下简称公司），主要从事石油天然气勘探和生产、石油天然气集输及储运销售、石油天然气勘探开发工艺研究及规划研究等石油勘探开发核心业务。公司拥有油气资产原值192.56亿元，净值75.97亿元。公司的油气勘探区域主要集中在冀中地区、内蒙古中部和冀南—南华北等三大探区。其中，在冀中和内蒙古二连两大油气生产基地共拥有54个油气田，油气集输管线3000多千米，原油生产能力441.29万吨，天然气生产能力7.07亿立方米。

中国石油华北油田机关设在河北省任丘市。公司机关设有公司办公室（党委办公室）、生产运行处、计划财务处、企管与法规处、科技与信息管理处、质量安全环保处、人事处（组织部）、监察处、审计处等九个职能处室，下属五个直属单位、六个采油生产单位、三个科研单位。

截至2001年底，公司共有员工13965人，其中，专业技术人员3640人，占26.1%（高级专业技术人员322人，占专业技术人员的8.8%；中级专业技术人员1240人，占专业技术人员的34.1%）。在员工队伍中，获国务院有特殊贡献专家津贴的2人，获得研究生学历的37人，大学文化程度的1148人。

2001年是公司实施“十五”计划的第一年。公司认真落实集团公司和股份公司的工作部署，围绕“低成本、有效益、可持续”发展战略和“两稳、一升、一提高”的基本目标，发扬创业精神，勇于创新发展，圆满完成了各项业绩指标。全年油气生产实现经营收入68.98亿元；实现利润总额按国内会计准则计算为18.83亿元，其中油气勘探与生产板块18.64亿元、天然气及管道板块0.18亿元；按国际会计准则计算为25.84亿元，其中油气勘探与生产板块25.66亿元、天然气及管道板块0.18亿元。

2001年，公司新增探明石油可采储量539.5万吨、天然气可采储量3.22亿立方米；油气可采储量当量565.2万吨，为年计划的108%。探井成功率51.5%。生产原油450.72万吨，为年计划的100.16%，天然气4.63亿立方米，为年计划的102.98%；原油商品量426.41万吨，为年计划的101.36%，原油商品率94.61%，同比提高0.69%；外供天然气3.85亿立方米，其中向北京供气3.15亿立方米，分别为年计划的120.31%和112.43%，天然气商品率83.17%，同比提高6.64%；新建原油生产能力60.87万吨，为年计划的100.12%，天然气生产能力0.62亿立方米，为年计划的103.3%。

【油气勘探】　2001年，公司勘探工作坚持以经济效益为中心，以最大限度地获取经济可采储量为目标，积极转变勘探思路，创新地质认识，加强技术攻关，相继取得了一批重要勘探成果，确保了储量任务的完成。

（1）全面完成年度勘探工作任务。物化探工作在冀中、二连和南华北三大探区完成1:10万重磁力详查9499平方千米，为年度计划的128.3%，完成电法勘探281.5千米，为年度计划的118.4%；完成二维地震资料采集248.18千米，三维地震资料采集263.22平方千米。完成各类探井61口，进尺15.24万米，分别为年计划的117.3%和113%。完成试油作业井43口85层，酸化、压裂10口13层，中途测试5口11层，新获工业油气流井33口，探井成功率51.5%。全年探明石油地质储量2077万吨，探明天然气地质储量5.36亿立方米，合计探明可采油气当量454.5万吨，为年度计划的103.3%；滚动探明石油地质储量526万吨，可采储量110.7万吨。全年总计新增探明油气可采储量当量565.2万吨，为年计划的108%。

（2）油气勘探取得重要突破和进展。一是二连探区巴音都兰凹陷勘探取得重要突破。在勘探持续20多年的巴音都兰凹陷，发现并整装探明一个千万吨级的埋藏浅、物性好、产能高、中丰度、较整装、可动用的宝力格油田。该油田已钻生产开发井21口，建成产能1.68万吨/年。在该油田北部的巴Ⅰ号构造上钻探的巴24井，油层压裂后获较高产量，控制了千万吨级储量规模。另外在乌里雅斯太凹陷，木日格构造砾岩勘探，突破自然产能工业油流关和自喷油流关，控制储量1000万吨以上，为二连探区2002年的增储创造了条件。二是冀中探区勘探取得新进展。评价饶阳凹陷大王庄构造带路70井区岩性油藏，探明石油地质储量617万吨。新钻探的路73井在馆陶组获日产40.32吨的高产油流，进一步扩大了大王庄油田储量规模。留西地区馆陶组浅层评价勘探，新增优质储量160万吨，已全部投入产能建设。饶阳凹陷南马庄潜山西20井，在潜山内幕寒武系获日初产206吨的高产油流，开辟了冀中坳陷新的找油领域。冀中北部柳泉北地区新钻的四口探井均发现油气层，其中固29、固32和固33等三口井已获工业油气流。三是新区勘探工作逐步展开。新区的矿权登记和立项论证工作已经完成，资料收集、整理工作进展顺利，资料重新处理工作取得良好效果，地质综合研究取得一定进展。

【油气开发】 2001年，公司通过优化开发和建设方案，加强生产组织管理，积极推广应用新工艺新技术，增强老油田稳产基础，实现了油气生产的平稳运行，提高了油气田开发水平。

（1）全面完成年度开发工作任务。截至2001年底，华北油田动用油气田54个，动用石油地质储量92423万吨，动用石油可采储量25559.5万吨，剩余石油可采储量4542.87万吨，油田平均采收率27.7%。年度新投入开发区块增加石油地质储量954万吨，增加石油可采储量203.6万吨，老区通过调水增油等综合治理增加石油可采储量284.8万吨，新老区合计增加动用石油可采储量488.4万吨。动用天然气地质储量196.54亿立方米，动用天然气可采储量87.48亿立方米，当年新增动用天然气地质储量6.23亿立方米，动用天然气可采储量7.46亿立方米。共计增加油气可采储量当量547.8万吨。公司共有开发井5859口，其中采油井4321口、注水井1450口、观察井88口。采油井开井3159口，累计产油21016.6万吨；注水井开井970口，年注水2217.96万方，完成年度计划指标的101.93%。全年完成各类油水井动态监测工作量1604口2053井次，完成年度计划的135.1%。新建原油生产能力60.8万吨，完成年度计划的100%。2001年生产原油450.72万吨，生产天然气4.63亿立方米，合计生产油气当量487.63万吨，油气田开发实现了年度储采平衡。

（2）油气开发取得明显工作成效。一是以“调水增油”为重点的老油田综合治理不断深入。在实施中，注重由单一井点挖潜向井组、断块整体调整转变，由直接增油措施向增强油田稳产基础转变，由笼统治理向分层治理转变，由以主力油藏为主向非主力油藏转变，由以平面调整为主向剖面接替转变。在马2、岔15等十个重点区块实施后见到了效果，日产液由1.44万吨上升到1.49万吨，日产油由2000年底的2646吨上升到2687吨，综合含水和自然递减率基本保持稳定，综合递减率同比下降3%。二是滚动增储和产能建设促进了增储建产一体化。坚持立体滚动，深挖细找，全年滚动探明石油地质储量526万吨，控制石油地质储量347万吨，在一定程度上缓解了后备资源接替紧张状况。坚持打破新老区产能建设界限、打破新建产能与恢复产能的界限，圆满完成了产能建设任务。百万吨产能建设投资控制在20.31亿元。三是加大了三次采油技术攻关和推广应用力度。完善了三次采油研究机构和工作程序，增加了三次采油资金投入。河间东营组油藏注微生物、文31断块注EC表面活性剂、赵108断块二期调驱、晋95调驱等项目均取得较好增油效果，全年增油3万吨，比2000年多增油2.2万吨。四是老油田油井措施效果明显。全年完成措施油井494口，措施有效率90.69%，措施增油量达到32.38万吨。

【科研管理和科技工作】 2001年，公司科研管理和科技工作紧紧围绕勘探开发中心任务，完善科研管理制度，加强跟踪检查、协调等工作，积极开展科技攻关和新技术推广，并取得了一批成果。全年组织实施科技攻关项目99项，其中集团公司级12项、油田公司级87项，有4项达到国际先进水平、6项达到国内领先水平、68项达到国内先进水平，优良成果率达到80%，成果应用率达到90%。2001年度获股份公司科技进步奖2项；获河北省科技进步奖6项；油田公司科技进步奖58项。

（1）科技项目管理不断规范。围绕油田急需解决的技术难题，优选科技课题；对重大项目进行重点管理，对重大长远项目整体规划、逐年立项，对在2—3年内能形成规模效益的项目给予重点支持；科研经费做到专款专用，使科技项目管理实现了制度化、规范化。

（2）应用技术研究成绩突出。勘探系统组织开展了20项科技攻关课题的研究，相继在二连探区和冀中探区取得了一批重要成果。开发系统组织开展了53项科技攻关，滚动增储成效显著、产能建设进展顺利、采油工艺技术不断完善。

（3）新工艺、新技术的推广应用取得较好效果。

组织了14项勘探开发先进适用技术的推广应用，见到了较好的经济效益。围绕提高生产时率和管理水平，在部分油区建立并完善了油井管理快速反应系统和油水井自动化检测技术，推动了油井精细管理。

【改革与管理】　按照建立现代企业制度的要求，公司进一步深化改革，精细管理，经营机制和运作方式有了深刻变化。

（1）投资决策和使用效率有了明显提高。投资安排与生产经营实际需要紧密结合，调动了二级单位增产、增效的积极性，较好地保证了生产的正常运行。

（2）圆满实现了股份公司下达的成本指标。油气勘探和油气田开发成本分别比预算降低7.6%和1.48%，油气操作成本控制在调整指标以内，实际用电量同比下降4500万千瓦·时，实现连续四年负增长。

（3）深化内部市场管理，严格市场准入和招议标、合同等管理，实现了关联交易方的双赢目标。

（4）完善分配办法和劳动用工管理。修订了薪酬总额与经济效益挂钩考核办法，出台实施了员工动态管理办法，初步建立了动态用工管理机制。

（5）制定并落实对科技人员及操作员工的奖励政策。建立了专业技术人员考核与激励办法。公司评选表彰了41名公司级专业技术带头人和31名公司级技术能手，对泽70、泽10断块滚动勘探开发和廊东地区勘探获得规模储量的项目给予了重奖。

（6）不断理顺公司管理体制。对公司机关及直属单位的部分职责进行调整，在采油单位实行了厂—工区—井站的三级管理模式，进一步规范了公司的管理。

（7）治理外部环境取得进展。充实健全了油田综合治理内保机构，全年减少被盗电量3070万千瓦·时，减少被盗原油3000余吨，偷油盗电案件同比减少了12%。

（8）加强健康、安全、环保和质量管理，各项指标得到较好控制。

（9）加强了钻井工程现场管理监督，提高了油气层保护水平。

（10）审计监督工作发挥了重要作用。共完成审计项目25项，取得经济成果2378万元，直接经济成果1240万元。

（11）开展了以材料消耗为主的生产成本管理效能监察，节约和降低成本1230余万元。

（12）油气储运销管理得到加强。加强计划平衡和调度管理，圆满完成了股份公司下达的原油配置计划；加强凝析油销售管理，为公司多创效益2000万元；加大天然气销售和油气货款回收力度，提高了公司整体经济效益。

【质量安全环保】　2001年，公司杜绝了重大工业和交通责任死亡事故、重大环境污染责任事故和职业病的发生，一般事故频率得到有效控制，工业“三废”基本实现达标排放或无害化处理。

（1）认真抓好HSE管理体系运行。组织HSE体系的管理性评审，完成联合站、接转站、输油站等风险评估报告69份。对外来施工作业队伍及涉及安全环保有关产品进行HSE资格审查，办理《HSE许可证》399个。

（2）进一步强化了安全生产管理和监督。建立和完善了安全监督管理体制，设立专职安全监督142名、兼职安全监督157名，兼职安全员1026名，制订实施了《华北油田安全监督实施办法》。组织开展了“安全隐患大排查”等活动，共排查和检查生产场所970个次，对检查出的问题，均及时下达了隐患整改通知书和通报，督促整改。

（3）进一步提高了环保管理水平。全面实施废弃钻井液无害化处理工程，全年实施开发井钻井液固化285口，勘探井钻井液固化24口，两次通过股份公司和河北省环保工作检查验收。

（4）加强了质量、标准、计量管理和工程质量监督。公司批准发布企业标准100项，制订实施了八项有关计量管理、标准化管理和质量管理的制度、办法。对部分单位的交接计量器具进行检验、检定51台（次），对采购物资产品进行两次质量抽检。组织了年度工程质量大检查，共检查24个工程项目，对查出的问题进行了督促整改。

（5）认真搞好安全、环保宣传教育及培训。组织开展了“六五”世界环境日等宣传活动。公司和各单位组织安全监督、安全员培训39期，培训1330人，培训特种作业人员1740人。

【企业文化建设】　2001年，公司把加强企业文化建设作为油田提升竞争力、增强凝聚力、实现可持续发展的重要工作来抓，在生产经营实践中，初步培育形成了“在挑战中铸造辉煌”的企业精神和“精细管理、全员创新”的经营理念。

（1）不断深化精细管理。精细管理作为一种大管理概念，涵盖了公司的各项管理工作。广大干部员工按照公司的要求，将精细管理贯穿于企业生产经营的全过程，突出重点，抓住关键，在决策、投资、成本、勘探开发研究、技术、现场、生产运行和思想政治工作等方面，全面深化精细管理，见到明显效果，使公司的科学管理水平不断提高。

（2）积极推进全员创新。为了推进公司“低成本、有效益、可持续”发展战略和“两稳、一升、一提高”的基本目标的顺利实现，公司适时提出了“发扬创业精神，勇于创新发展”的要求，通过认识和思维方式的创新，不断推动技术、管理和思想政治等各项工作的创新，取得了一系列新的成果，增强了企业的活力。

（3）培育并初步形成了具有公司特色的企业精神和经营理念。

（赵伟平）

中国石油天然气股份有限公司新疆油田分公司

【概述】 中国石油天然气股份有限公司新疆油田分公司是中国石油天然气集团公司根据党中央、国务院关于国有企业进行战略性重组的重大部署和1999年7月18日中油办字［1999］第383号文批复成立的，自2000年1月1日起与新疆石油管理局正式分开、分离，独立运营。

新疆油田分公司是中国石油天然气股份有限公司（Petro China，以下简称股份公司）所属地区分公司。主要从事石油勘探开发、油气集输、原油和天然气销售及勘探开发研究等主营业务，是中国西部地区最大的石油生产企业。到2001年末，年产原油968.3万吨，居股份公司第三位，已连续12年原油产量居中国陆上石油工业第四位，在国内油气行业上游领域占有重要地位，是我国石油工业“稳定东部、发展西部”重要的、最现实的战略接替区。2001年末，新疆油田分公司拥有资产总额325.26亿元；当年实现利润37.94亿元，上缴利税60.48亿元。

新疆油田分公司公司机关设有11个处室，8个附属单位。公司所属单位13个，其中有9个采油生产单位、1个油气储运单位、1个科研单位、1个油田消防单位，其中，公司所属克拉玛依石油化工厂于2001年7月1日上划股份公司炼油与销售分公司直管。新疆油田分公司年末在册职工人数15654人，管理人员和技术人员4772人，其中具有高级专业技术职务474人，中级1629人，初级2530人，分别占管理人员和技术人员总数的9.93%、34.1%、53.02%。操作和服务人员10882人，其中高级工1325人，中级工7123人，初级工1599人，分别占操作和服务人员的12.18%、65.46%、14.7%。

2001年是新疆油田分公司提出了加快发展“三部曲”奋斗目标。即：第一部是“36512”工程，到2002年年产原油1000万吨、天然气20亿立方米；第二部是到“十五”末，年产原油1200万吨、天然气30亿立方米；第三部是到2010年，年产原油1500万吨、天然气50亿立方米。在新世纪的第一年，新疆油田分公司在生产建设、经营管理、科技兴油和企业文化建设等各项工作中都取得了突出业绩，为实现加快发展“三部曲”奋斗目标奠定了基础。由于业绩突出两个文明建设走在新疆前列，2001年新疆油田分公司荣获全国“五一”劳动奖状。

【油气勘探】 2001年，新疆油田分公司油气勘探继续坚持“突出预探、重在发现、择优探明、注重效益”的16字指导方针，全年新增探明油气当量9060万吨、可采储量2368万吨，新增控制石油地质储量3470万吨，新增预测石油地质储量10689万吨。油气勘探取得“一个战略突破、五个重要进展和五个好苗头”。其中，历经36年的不懈勘探，终于在盆地腹部马桥凸起侏罗系中获得战略性突破，初步呈现出一个亿吨级规模的大油田。腹部陆梁油田、莫北油田、南缘卡因迪克油田、西北缘风城油田评价勘探和西北缘滚动勘探等五个勘探项目获得重要进展。三个泉凸起、车排子隆起、陆南凸起、石南断凸、准东五个勘探项目发现好苗头。全年新增探明和预测油气当量分别为计划的118%和119%。在股份公司2001年新探明的6个3000万吨以上较整装的优质储量区块中，陆梁油田已累计探明石油地质储量1.2亿吨，成为新疆油气勘探近十年来发现并投入开发的规模最大、评价勘探时间最短的一个亿吨级油气田。

【油气生产】 2001年，新疆油田分公司油田开发生产积极主动。老区开发以“稳油控水”为目标，保持了较好的稳产势头；新区开发坚持方案优化，精心组织，产能建设到位率高。在全年的油气开发中，7项指标创历史最高水平。一是原油产量968.3万吨，创历史新高；二是原油日产在9月下旬达到28666吨，创历史日产水平历史最高；三是新建原油产能175万吨，是历史上建设规模最大的一年；四是提前4.5天完成股份公司下达的全年生产任务，全年超产11.3万吨，是历史上原油生产最主动的一年；五是原油产量比2000年增长48.3万吨，是近15年来增幅最大的一年；六是污水处理创历史最好水平；七是实现了全年安全生产“零事故”目标。其中，原油产量比2000年增加48.3万吨，增产量居股份公司第二。陆梁油田，自发现以来，在一年内发现、探明、开发，日产水平超过1000吨，创造了新油田开发史上的新纪录。2001年陆梁油田新建产能53.5万吨，当年新井产油36.2万吨，当年产能产油率高达67.6%，创造了油田开发史上的奇迹。

新疆油田分公司全年生产原油968.3万吨，完成年计划的101.2%，比2000年增产48.3万吨；生产天然气17.6亿立方米，完成年计划的101.2%，比2000年增产1.4亿立方米。经济效益实现总收入120.2亿元，考核利润32.25亿元，比2000年增加6.9亿元，增长27%；油气单位操作成本4.23美元/桶，比2000年降低5.2%，完成总投资57.47亿元，投资资本回报率8.5%，比2000年增长0.36个百分点；油气单位勘探成本0.95美元/桶，油气单位开发成本3.15美元/桶。年末新疆油田分公司拥有原油生产能力1048.4万吨。

2001年，全年完成新区产能建设任务175万吨，新井产油106万吨，同比增加了34.8万吨。

【炼化生产】　炼化装置运行平稳，业务划转完成顺利。上半年，集中力量完成了克拉玛依石化厂主体装置连续运行两年后的首次大检修，确保了炼油加工装置安全、平稳、长周期运行。炼化产品以市场为导向，不断优化产品结构，中高档润滑油比例与2000年同期相比提高58.6个百分点，达到98.35%。开发研制了15种润滑油新产品并实现了工业化生产，增强了产品的市场竞争能力和盈利水平。上半年加工原油104.16万吨，实现考核利润7994万元，现金单位加工费为137.40元/吨，低于预算指标。按照股份公司业务归口统一管理的部署，2001年7月1日，新疆油田分公司所属的克拉玛依石化厂上划股份公司炼油与销售分公司直管。

【经营管理】　2001年，新疆油田分公司按科学化、规范化、制度化加强了企业内部管理。在经营管理上大力实施低成本战略，实行全面预算管理，突出预算的刚性，杜绝了预算外支出。通过采取目标成本倒推，坚持成本控制向生产经营的全过程渗透等有力措施，挖掘内部潜力，油气操作成本逐年下降。加强了投资控制，统管立项审批资金，推行服务队伍业绩管理，切出操作费20%的权重与采油效益挂钩。初步建立了以新疆油田分公司为主体的市场管理体系，突出了自身的甲方地位，按照市场管理规范化，关联交易价格化的要求规范运作，全面完成了股份公司下达的投资控制和削减成本的任务。

2001年，新疆油田分公司共完成投资64.35亿元，比2000年增加14.97亿元，其中勘探开发投资49.19亿元，占总投资76.44%，投资回报率为8.5%，高出业绩指标1.58个百分点。

严格控制资金运作，管理水平进一步提高。按照股份公司的各项规定和新疆油田分公司的生产经营实际，大力实施低成本战略，取得了良好的经营业绩。一是千方百计争取投资，确保了产能建设资金到位；二是严把投资方向，坚持跟踪研究，加强了基建项目管理，严格执行基本建设程序，实现了工作到位投资不超。三是加强了成本管理，通过采取目标成本倒推，坚持成本控制向生产经营的全过程渗透，全方位跟踪分析检查，对边、远、低产、低效区块采用灵活多变的管理模式等措施，深挖内部潜力，圆满完成了成本削减目标。四是加强了应收账款的清理，应收账款余额由10198万元下降到7647万元，降低率达到25%。五是强化生产运行管理，油田生产后路畅通，稠油生产用气量占到用气总量的80.8%，比2000年提高8.8个百分点，节约渣油6.9万吨。

全面开展了定责、定编、定岗、定员、定上岗规范的“五定”工作，使劳动组织结构进一步优化。缩编大队（科）和车间（队）60个、班组149个，显性富余职工2073人，基本上建立了“采油厂—作业区—站（队）”的管理模式，为强化企业管理奠定了基础。

【安全生产】　安全环保工作成绩显著。继续贯彻落实“安全第一，预防为主”的方针，安全生产责任制得到进一步落实，出台了《新疆油田分公司安全生产责任制》。修改完成了《安全生产管理规定》、《工业动火实施细则》、《安全生产监督检查规定》和《锅炉压力容器、油田专用容器安全管理办法》等8份安全生产管理文件。坚持实行大型施工作业“七到位”管理制度、有限空间作业和动火作业审批制度。全年未发生一起重大人身伤亡事故、火灾爆炸事故、道路交通事故，实现了安全生产“零事故”的奋斗目标。加大了环境污染治理力度，建成新疆油田分公司2001年头号环保工程——克拉玛依油田六—九区稠油污水处理系统，日处理稠油污水35000立方米。新疆油田公司荣获股份公司勘探与生产分公司2000—2001年度安全生产先进单位称号。

【科学技术】 科技创新取得显著成绩，人才激励机制进一步健全。全年科技成果应用率达到90%以上，科技进步对经济增长的贡献率达到51%以上，居股份公司所属油田前列。

经过40多年的生产实践，新疆油田公司在油气勘探开发综合技术方面日趋成熟，整体已达到国内先进水平，其中，水平井开采、稠油热采、砾岩油藏开发、三次采油开发配套技术等多项技术均接近或达到世界先进水平。

（1）油气勘探　盆地基础研究进一步加强。重点对“隐蔽圈闭勘探技术”等勘探项目进行技术攻关。在地震解释、油藏描述等油气勘探各个环节，研究和应用了低阻油层评价、低幅度构造圈闭识别等一批先进适用的新技术，特别是MDT测井技术的研究应用，为低孔隙、低渗透油气层测井解释评价提供了可靠依据，被股份公司列为向各油田推广的技术项目。

（2）油田开发　广泛推广应用“2+3”调剖与调驱、微生物采（驱）油等高效适用的科技增油新技术，全年实现科技增油25万吨。“老油田综合治理研究”等项目见到明显成效，火烧山油田被股份公司授予“控水稳油”典型油田称号。六—九区稠油油藏通过实施整体加密、转汽驱开发等技术，原油产量由1995年的142.3万吨增长到2001年的206.9万吨，成为国内第一个大规模实现蒸汽驱开发的稠油油田。

（3）信息建设　以勘探开发信息系统为代表的一批计算机应用系统和数据库系统得以开发。油气勘探生产信息系统2.0版本，成功应用一年多，已在全国各油气田推广，荣获新疆维吾尔自治区科技成果奖。

（朱维亚）

中国石油天然气股份有限公司西南油气田分公司

【概述】 2001年底，中国石油天然气股份有限公司西南油气田分公司（以下简称分公司）有员工21469人，其中干部5199人，具有中级以上职称的2021人。所属二级单位19个，其中石油天然气勘探开发、输气、油气销售单位8个，炼油化工单位5个，科研、信息、计量单位6个。拥有主要油气专业队伍64个，其中采气采油队54个，基层单位分布在川渝100多个市县。分公司机关150人，设有11个处室，另有5个机关直属单位。分公司现有输（配）气站、增压站500余座，天然气净化厂7座，50万吨炼油厂1座，10万吨甲醇厂1座，输气主管道近万千米。现有固定资产总值278.6亿元，其中固定资产净值138.4亿元，流动资产19.3亿元。经过近50年的勘探开发，已在四川盆地发现地面构造259个、潜伏构造459个，获气田100个、油田13个，形成了重庆、蜀南、川西北3个气区和川中油气区。截至2001年底，分公司累计天然气探明储量6238亿立方米，剩余可采储量2499亿立方米，有天然气剩余控制储量2121亿立方米，剩余预测储量2776亿立方米。按2001年生产天然气83.59亿立方米计算，储采比为30:1，初步建立起了良性循环的资源储量序列。

【主要生产经营指标】 全年生产天然气83.59亿立方米，为年计划78亿立方米的107.2%，创历史最好水平，占全国总产量的27.6%；生产原油14.28万吨，为年计划的102%。经济效益显著提高。实现销售收入61.3亿元，比2000年增长9.7%；按国内准则账面亏损18.09亿元，扣除其他因素的影响后，实现利润3.34亿元；实现税费3.97亿元。成本得到有效控制。油气单位勘探成本0.68美元/桶当量，比预算下降了0.33美元/桶当量，油气单位开发成本2.73美元/桶当量，比预算下降了0.5美元/桶当量；油气单位操作成本4.86美元/桶当量，比预算下降0.185美元/桶当量；吨油现金加工成本173.98元，比预算下降了2.82元。

【油气勘探】 2001年，分公司始终坚持将勘探工作放在首位，树立“以科技求突破，以发现促发展”的指导思想，加强综合研究和技术攻关，主攻川东北部飞仙关鲕滩气藏、川西侏罗系次生气藏和川中侏罗系油藏。全年完成二维地震 3178 千米，三维地震 195 平方千米；新开钻井 33 口，完成井 33 口，钻井进尺 8 万米，试油结束井 36 口，新获工业油气井 18 口，新发现圈闭 18 个，含气构造 3 个，气藏 6 个。全年在川东北部金珠坪、川西苏码头、盐井沟、川中南充、川西南麻柳场等 5 个构造取得重要新发现，在川东铁山坡、五宝场、川中公山庙、磨溪气田东部雷－1、麻柳场构造嘉二、川西白马庙浅层和熊坡构造北端侏罗系气藏等 7 个构造或地区取得勘探新进展，在川北矿山梁构造获新苗头。全年新增天然气控制储量 645 亿立方米，为年计划的 161%；新增天然气预测储量 411 亿立方米，为年计划的 137%；新增石油预测储量 3658 万吨，为年计划的 122%。

【开发建设】　分公司坚持以确保完成全年油气产量任务为目标，加快输配系统“瓶颈”工程技改；以确保上产为目标，努力抓好骨干工程建设、新井产能准备、新区新项目前期论证等三项重点工作的质量和进度；以实现重点新区新气田高效开发为目标，大力推进川东北部等气藏开发配套技术的攻关研究。全年，分公司狠抓项目管理，加快运行节奏；坚持高效合理开发与措施挖潜、产能配套相结合，加强井位论证和优化开发方案，整装气藏开发井成功率达 100%，滚动勘探开发井获油气成功率 77.8%。狠抓气田地面重点工程建设，完成了南干线两路—白沙段管线改造、龙忠线、万卧线、白沙—佛荫复线等一批确保上产和东输配套工程，白马庙试采二期工程、眉夹乐管线彭山—眉山段、北干线渠江穿越复线等工程也相继开工，忠县净化厂建设已进入招投标阶段。同时，完成了《川渝地区天然气东输 30 亿立方米/年总体开发方案》、《四川盆地东部地区天然气上产 100 亿立方米/年总体规划方案》以及高含硫气田净化、完井及投产工艺技术研究等多项前期论证和研究工作。全年开钻井 41 口，完成井 23 口，试油结束井 24 口，获工业油气井 19 口；新建日处理 40 万立方米天然气净化厂 1 座，干法脱硫装置 34 套，集配气站 1 座（改扩建 9 座），集输气干线 124 千米，井场装置 23 套，新建天然气配套产能 3 亿立方米/年。

【市场营销】　分公司以市场营销为龙头，天然气销售效益大幅增长。一是突出发展重点，加大市场开拓力度。重点发展了一大批县乡民用气市场和以夹江陶瓷基地为中心的工业用气市场，加快了 CNG 汽车用气市场的发展，全年新开天然气用户 84 家，新增用气规模 5.8 亿立方米。建成并投产 CNG 加气站 8 座。加强对接替市场的开发，先后对陕西汉中、贵州遵义、湖北十堰等省区的用气需求和市场前景进行了多次调研和考察，为下一步天然气市场的发展储备了新的地区和用户。二是优化供气结构，加大促销提价工作力度。在弄清用户用气结构和性质的基础上，对气价高、发展前景好的行业在气量上给予充分保证；对前景较差的中小化肥行业，严格控制用量；对竞争地区的用户，实行优胜劣汰。同时，通过积极做工作，向四川省政府争取到了提高天然气净化费标准的政策，每立方米增加净化费 0.03 元；按照股份公司的要求，对新增用户和新增用气量增收管输费。三是完善清欠机制，加大货款回收力度。对用户实行先款后气、照付不议的结算方式，辅之以签订还款协议、压气催款、以物抵欠、法律诉讼等措施，确保了货款回收和清欠目标的实现。通过扎实的工作，分公司天然气市场的供需关系基本实现了由过去的买方市场向卖方市场的转变，出现了“两增长，一降低”的良好局面：天然气销售量有较大增长。全年销售天然气 80.06 亿立方米，比 2000 年增长 3.65 亿立方米，商品率达到 95.8%。天然气平均销售价格有所增长。随着供气结构的调整，与 2000 年相比，化肥用气比例明显下降，工业、民用、商业用气比例均有不同程度的增长，天然气均价比 2000 年提高了 0.019 元/立方米。产品欠款大幅度降低。在天然气新款不欠的同时，老欠款催收也超额完成了股份公司下达的考核指标。

【炼油化工】　面对炼化市场出现的严峻形势，分公司从调整产品结构入手，立足现有装置和生产能力，强化对达标、节能、装置安全运行的管理，全面推行班组经济核算，确保了主要产品产量目标和经济技术指标的实现。南充炼油化工总厂下大力气抓好原油引进工作，克服了成品油市场持续低迷等困难，千方百计降低炼油成本，提高产品回收率，93# 汽油、润滑油等畅销产品的产销量比 2000 年增长 1—3 倍，综合商品率、吨油利润等多项经济技术指标位居股份公司炼油板块前列。川西北甲醇厂经过整改，通过了装置考核和工程竣工验收，能耗、物耗等指标达到国内同行业最好水平。全年分公司加工原油 50.2 万吨，为年计划的 111.5%；生产精甲醇 10 万吨，为年计划的 111.5%；生产硫磺 6.2 万吨、氦气 5.56 万立方米。全年创炼化产值 13.05 亿元。

【科技进步】　分公司全年开展各级科技项目（课题）170 个，新技术推广 15 项，课题完成率 98%，科技成果优良率91.3%，科技成果应用率96.9%；获国家科技进步二等奖1项、集团公司科技创新一等奖1项。《裂缝型气藏多波勘探方法及应用》等8个项目通过由集团公司和股份公司组织的项目验收，均获“优秀”评价。在勘探开发方面，通过研究的深化，在川中地区公山庙构造沙溪庙组油藏砂体预测和川南、川西南老区嘉陵江组气藏的重新认识上取得重要突破；通过应用侧钻修井、加砂压裂、井下节流及水合物防治、超正压射孔完井等新工艺、新技术，为气田稳产发挥了重要作用。在炼油化工方面，以挖潜增效为重点，先后实施了芳构化装置工艺改造、甲醇厂合成催化剂更换等技改项目，研制开发了CNG汽油发动机润滑油等一批新产品，其中超纯炭黑的生产填补了国内空白。在信息技术方面，网络建设速度加快，完成了分公司信息网络建设二期工程，建成了天然气生产数据管理系统，为实现办公自动化和开展电子商务创造了条件。在软科学研究方面，完成了《国内天然气市场及价格的战略研究》等一批课题。

【持续重组】 分公司按照股份公司的统一部署，将减员增效、优化组织结构、业绩考核作为深化改革的主要内容。一是严格控制员工总量。加大了劳动计划管理、劳动合同到期人员的考核和末位淘汰的工作力度，通过大量艰苦细致地工作，全年净减员167人。二是优化队伍组织结构。针对老区天然气产量递减、成本逐年攀升的实际，拟定了劳动组织从低效区块向高效区块转移的方案，对川南、川西南气矿进行了合并，成立了蜀南气矿；成立了川东北项目部，正在组织开发建设川东北新区的一系列工作；制定了精减管理层次、组织机构扁平化的方案，已在部分单位实施。三是推行全员业绩考核。研究制定了2001年分公司薪酬总额与业绩指标挂钩考核办法，将薪酬总额的30%与基本任务、计划指标和工作目标挂钩。通过层层签订业绩合同并考核兑现，初步建立起了全员业绩管理体系和以业绩为基础的分配激励机制。

【企业管理】 为了确保股份公司下达的成本控制目标的实现，分公司大力推行成本分级负责制，实行全方位、全过程、全员的成本控制。一是建立新型的计划财务管理体制。按照效益优先原则，区别不同单位类型编制下达了财务预算指标，促进了各专业板块资金、债务和资产结构的优化；建立了财务预算预警系统和财务预算分析制度、概预算复核制度，对南干线改造等66个地面建设项目进行了复核，共审减投资6700万元；规范货币资金管理，通过减少在途资金、加强银行承兑汇票贴现管理等方式，全年节约财务费用5500万元；加强大修理费用管理，采取分批下达、分块控制的办法，提高了使用效益；积极争取价税优惠政策，向国家和地方政府有关部门提交的下调天然气资源税率、减免部分矿产资源补偿费的请示得到批准，全年减少税费支出1600万元。二是强化生产运行管理。积极协调与关联方在工程技术服务方面的关系，狠抓钻井工程各环节的衔接，加快了施工进度；强化天然气调度管理，在净化厂检修、南干线技改过程中，通过调整天然气流向、挖掘老区生产潜力等措施，最大限度地确保了重点用户的生产用气。三是强化物资采购管理。成立了物资采购管理部门，通过询价采购和公开招标采购等办法，降低了生产建设成本，全年采购大宗物资节约资金2700万元。四是强化工程监督管理。成立了工程监督处，建立了工程监督体系并拟定了管理办法，全年派驻现场监督107人次，及时发现并协调处理了钻井过程中出现的技术问题和安全环保隐患。五是强化内部审计监督职能。通过开展基建项目、经济合同等审计，取得直接经济效益1754万元。六是强化HSE管理。建立并逐步完善了HSE管理体系，发布了分公司HSE管理手册，配置各级HSE监督人员2000余名，与关键岗位员工签订安全生产协议书1.7万份，组织开展了7次安全生产检查；投资6亿多元对部分油气设施隐患进行了整改，对241个外销天然气场站进行了计量改造；全面开展了ISO 9000质量体系认证，有两个单位已获通过；全年百万工时工业生产事故死亡人数为零、一次直接经济损失30万元事故为零，工业废水外排达标率94.37%。七是强化法律事务和合同管理。全年利用法律手段追收欠款2000万元；严把合同和协议签订关，全年无一例合同纠纷案件，分公司荣获“省级重合同守信用企业”称号。

【关联交易】 分公司组建了两级关联交易办公室，制订了一系列工作办法和制度。按照市场开放的要求，开展了工程施工作业队伍资质的审查认证、工程项目的招投标管理和施工作业队伍的动态管理等工作，先后对紫1井、万卧线改造等数十项钻井、地面建设工程进行了市场开放和公开招投标。在“有量有价，量价结合”的基础上，全年签订关联交易分协议37份，分协议及其他具体分项协议（合同）金额28.08亿元，累计支付关联交易款32.16亿元。

【精神文明建设】 分公司以“外树形象、内聚人心”为主线，从提高员工队伍素质入手，积极培育和建设企业文化，努力确保员工队伍的稳定。一是加强各级党组织和领导班子建设。二是大力提高员工队伍业务技能。分公司与西南石油学院等两所院校签订了联合培养人才协议，选派了30名优秀专业技术骨干攻读勘探、开发、储运等专业的工程硕士学位，选送了58名经营管理人员攻读MBA；有900员工参加了不同专业的函授学历教育。同时，分公司还选派了667人（次）到股份公司、系统外和国外培训；举办各类专业培训班33期，培训专业技术、管理人员1800人（次），培训生产操作人员7200多人（次）。举办了分公司首届采输仪表专业技术比赛。有3名员工获得集团公司技术能手称号。三是加强企业文化建设。

（伍建国　谯华平）

中国石油天然气股份有限公司青海油田分公司

【概述】　中国石油天然气股份有限公司青海油田分公司是隶属于中国石油天然气股份有限公司的地区分公司，主要勘探开发领域在素有“聚宝盆”之称的柴达木盆地。公司于2000年正式独立运作，其主营业务包括石油、天然气勘探，石油、天然气生产、销售，石油炼制，油气化工生产、销售，石油天然气管道运营，石油天然气勘查、研究、技术服务等。目前，公司拥有固定资产原值88亿元，固定资产净值66亿元；具有得天独厚的资源优势，石油总资源量达22亿吨，天然气总资源量20000亿立方米；累计探明石油地质储量2.66亿吨，累计探明加控制天然气地质储量3500亿立方米；2000年油田原油年产突破200万吨大关；2001年实现油气当量260万吨。2001年度被国家工商管理总局评为全国520家“重合同、守信用”企业，2000年、2001年，连续被青海省人民政府命名为“青海省财政支柱企业”。公司总经理、党委书记黄立功被青海省授予“青海省第三届优秀企业家”称号。

2001年，油田公司工作总的部署是：在集团公司和股份公司的领导下，以邓小平理论和党的十五大精神为指导，认真贯彻落实“七一”讲话和十五届五中、六中全会精神，按照“三个代表”要求，紧紧抓住西部大开发的机遇，按国际规范运作，努力降低成本，以“谋突破，求发展，降成本，严管理”统揽全局，努力实现“增储两千万，谋求勘探大突破；油气二百六，实现油田新发展”的工作目标。

【生产经营】　生产原油206万吨；生产天然气5.78亿立方米；管道输油194.16万吨；加工原油62.44万吨，外销原油134万吨；生产甲醇90066吨，生产聚丙烯12155吨；完成二维地震2626千米，三维地震357平方千米，CEMP剖面1571千米，钻井进尺27万米，新开探井12口，进尺3.25万米；新增探明石油地质储量1264万吨，新增控制天然气地质储量980亿立方米；新增预测天然气储量430亿立方米；新建和调整原油生产能力30万吨，新建天然气生产能力4亿立方米。共完成投资工作量15.08亿元；实现销售收入32.66亿元；完成了股份公司下达的利润指标，实现了原油操作成本由5.17美元/桶降至5.10美元/桶的挖潜增效任务，上缴税费4.28亿元。

【勘探工作】　坚持把油气勘探放在一切工作的首位，根据柴达木盆地油气勘探的实际情况，及时调整勘探方向、转移工作重点，提出了“深化西部，扩展三湖，研究北缘”的勘探总体思路。把石油勘探的主战场转移到柴西地区，依靠技术增加三湖天然气储量，在区域上甩开勘探，力求发现。通过一年快节奏的运行，基础研究有了长足进展，储量有了较大增长，圈闭钻探有了良好的油气显示，三湖天然气勘探在新区、新层系获得了重要发现，滚动勘探取得新的成果，老油气田储量再次大幅度增加，柴北缘研究深度不断加大，认识上有了新的提高。

南翼山通过滚动勘探新增探明石油地质储量1264万吨，探明溶解气13亿立方米。在跃进油区跃中断块滚动勘探取得重大进展，在阿拉尔断层下盘E31地层发现新的油层，并获得高产工业油流，成为下一步评价勘探的重要目标区。在大风山风西潜伏构造获得工业油流，上交预测石油地质储量7388万吨，成为今后区域勘探的重要战场。加强柴北缘综合研究，提高认识水平，柴西地区的石油勘探已经被列为股份公司的重点勘探项目。

东部天然气勘探取得重大成果。第四系天然气储量大幅度增加，在涩北二号和台南气田新增天然气控制储量980亿立方米。第三系生物成因天然气勘探获得重要突破，在伊克雅乌汝钻探的伊深1井，获得高产工业气流，开辟了天然气勘探新的领域。西部开特米里克构造在浅层和深层分别获得工业气流，上交预测天然气地质储量430亿立方米。在油砂山构造大乌斯高点钻探的评价井砂34井获得工业气流，预示着油砂山构造具有良好的勘探前景。南八仙油气田在基岩和E32地层中发现新的气层，并获高产工业气流，新增天然气预测储量100亿立方米以上。

【开发工作】 油田开发工作坚持以老油田"稳油控水"为中心，积极采取综合治理措施。围绕尕斯主力油田精雕细刻，深化研究，做好稳油控水和综合治理工作，实现了主力油田的高产稳产。坚持勘探开发一体化，在尕斯油田周边和跃进油区进行滚动勘探，新增了可采储量。依靠科技进步和措施作业动用南翼山、七个泉、狮子沟难采储量，实现了原油上产。特别是在七个泉油田应用油基压裂技术，增产效果明显。按照"积极主动、抢建快上、效益开发"的原则，加快产能建设，满足了油气上产需要。狠抓现场管理和新技术推广，提高了油水井措施作业效果，减少了无功作业，降低了油气操作成本，实现了效益开发。花土沟油田获得中油股份公司高效开发老油田奖、尕斯库勒油田获得"控水稳油"典型油田奖、涩北气田分层开采提高单井产量技术获得先进开发技术奖、油基压裂获得了高效开采工艺技术奖。

【工程建设】 为了加快油田的发展，积极筹措资金，集中力量进行油田重点工程建设。南八仙至南翼山天然气管线优质、快速建成投产，实现了柴达木盆地东西部天然气的联网互供，为花土沟生产基地提供了稳定的能源。涩北气田开发利用工程取得阶段性成果，已累计建成产能9.5亿立方米，在保证三个基地用气的同时，5月18日，正式向涩宁兰管线供气。南八仙天然气试采工程按时建成投产，该工程首次采用了天然气膨胀制冷工艺，首次采用了液相减压控制技术，使南八仙油气田日产天然气达到40万立方米，南八仙天然气开发利用进入了一个新的阶段。完成了花格输油管线的内检测工作，为花格管线扩能改造工程提供了定量依据。

【改革和管理】 按照与国际上市公司接轨的要求，进一步深化改革，严格管理，建立和完善与现代企业制度相适应的管理体制和运行机制，促进了公司整体经济效益的提高。

加强制度建设，各项工作逐步迈向制度化、规范化。在资金、财务、资产、物资采购、工程监督监理、合同、招投标、科研攻关、质量、安全、环保和党风廉政建设等方面建立和完善了一系列的规章制度和办法，使公司各项工作办事有程序，奖罚有依据，决策有落实。

经营机制不断创新，进一步完善对经营管理者的业绩考核体系，实行严考核，硬兑现。股份公司下达的成本指标层层分解，使经营管理者和职工人人对成本负责，做到职责分明，奖罚分明。强化前期工作，强化生产过程管理，强化生产现场管理，实行计划统一下达，资金统一管理，数据统一上报，严把资金结算、物资采购、项目投资、工程结算等关口，堵塞了漏洞，维护了公司的经济利益。坚持财务、预算、成本费用和工程建设审计制度，避免了企业的经济损失。加强资金结算，提高了公司的信誉度，塑造了公司的良好形象。在与管理局共同发展的同时，运用市场机制，适当引进施工作业队伍，开展有序竞争，促进了施工作业和油田建设工程质量的提高，降低了工程项目支出和生产建设成本。根据实际调整了组织机构，新增了机关处室和直属单位，强化了管理职能。新能源公司归并到南翼山天然气公司、乌南油田划归采油二厂，促进了管理的加强和生产经营的协调运行。

实施科技兴油战略，技术创新、创效成果显著。采取科研与生产相结合、走出去与请进来相结合的方式，开展生产技术难题的科研攻关，启动油田公司级以上课题92个，有的项目已取得阶段性成果。部分成果应用于勘探开发和油田生产建设，已发挥出了明显的经济效益，科学技术在油田发展中的贡献率进一步提高。去年科研项目获青海省科技进步奖五项，获集团公司技术创新奖一项，向国家科委申报科技进步奖二项。

【对外合作】 与阿吉普公司进行涩北风险勘探合同签订后，得到股份公司和省政府的高度重视，双方进行了密切合作，围绕涩北地震采集和钻井作业项目进行了招标，管理局争取到了钻前土方、地震资料采集和探井钻探三个工程的反承包。目前，外方已完成投资570多万美元，完成地震资料采集345千米，提交了探井井位，为2002年开钻做好了准备。

【关联交易】 根据集团公司和股份公司的要求，按照"双赢互利，共同发展"的原则，在调查研究总结经验的基础上，进一步完善了关联交易的内容，顺利地和管理局签订了关联交易总协议和各项分协议。在协议执行过程中，公司和管理局相互理解，相互支持，及时做好沟通协调工作，协商解决关联交易工作中出现的问题和矛盾，确保了关联交易协议的顺利实施。

（王宝军　宗福军　胡明广）

中国石油天然气股份有限公司长庆油田分公司

【概述】　中国石油天然气股份有限公司长庆油田分公司（以下简称油田公司）总部设在西安市。主营鄂尔多斯盆地石油、天然气及共生、伴生资源和非油气矿藏的勘探开发和生产、油气集输、储运、炼油化工、油气产品销售、勘探开发规划和科研等业务，是全国500强特大型重点骨干企业之一。国家实施西部大开发的战略，给长庆油田带来了加快发展的商机。

2001年，是长庆油田公司独立运行第二年。一年来，坚持"一切注重实效"的公司理念，以提升公司价值和投资回报为核心内容完善体制建设，实现与国际规范公司的体制对接；贯彻业绩考核体系，构建内部控制和激励的动力系统；以公司理念体系和制度体系建设的基本完成为标志，实现公司制度创新、机制创新和管理创新，推动勘探开发、生产建设走上快车道，取得开创性的成果和突破性的发展，经营成果再创新高，企业文化建设和精神文明建设取得丰硕成果，员工队伍稳定，士气高昂，公司凝聚力和活力进一步增强。

到2001年底，油田公司共有厂（处）级单位37个，员工11506人。其中高级技术专家257人，中级技术人员814人，博士、硕士57人。生产原油520万吨，生产天然气34.6亿立方米，油气年产（当量）达到866万吨。完成基本建设投资55.79亿元。固定资产273.93亿元，资产净值234.66亿元。

【石油勘探】　2001年，长庆油田公司中生界石油勘探完成二维地震2800.62千米，完钻探井82口，进尺15.43万米，试油交井76口（其中跨年井19口），291层次，39口井获得工业油流（其中跨年井6口），探井成功率51.6%。滚动石油勘探完钻探井25口，进尺3.87万米，试油交井24口，36层次，16口井获工业油流，探井成功率64%。

新增石油探明储量1.23亿吨，为年度计划7000万吨的1.75倍，比2000年多探明1534万吨；控制8068万吨、预测1.22亿吨，三级储量合计达到3.25亿吨。截至2001年底，长庆已累计探明石油储量10.05亿吨、控制3.6亿吨、预测7.21亿吨，三级储量合计达到20.85亿吨。通过2001年的勘探，一年就探明1.2亿吨，创长庆会战以来31年勘探历史之最；中石油年计划4.3亿吨储量，长庆完成1.2亿吨；三级储量历史性的突破20亿吨。

（1）坚持勘探开发一体化，确保勘探的龙头地位。油田公司注重储量结构，深化地质认识，跟踪相变方向，大胆甩开，探寻区域联系；立足已有的探井和资料，强化纵向研究，细化油层描述，构建储层序列。以001、002、003和七大主力区块为主战场，实施短平快勘探。使陕北安塞、靖边、吴旗"三大油田"的七大主力区块呈连片趋势。并在杨米涧、青阳岔、沿河湾等地区发现了新的含油富集区。陕北主力油区大连片，使该区储量规模升级，提升了陕北低渗透油藏开发在中国石油的地位，也为长庆油田的生存和发展、矿权保护、开发建设营造了规模经济的优势。

（2）甘肃陇东长6－8勘探获得重大突破，使陇东老油区焕发青春。陇东油区是长庆油田创业的发祥地。稳定陇东、发展陇东，始终是长庆大发展战略的重要组成部分。2001年，公司继续把陇东地区的勘探和采油二厂的持续上产作为重中之重。坚持滚动勘探，重上长6－8，完钻26口井，完试23口井，20口井获工业油流，探井成功率87%。发现了西16、城88、庄9、元52等四个含油富集区，在中生界石油勘探中获得了重大的新发现。同时，在传统主力层侏罗系发现8个新油藏，并探明储量4001万吨、控制4974万吨、预测5101万吨，三级储量合计达到1.41亿吨。

【天然气勘探】 2001年，天然气勘探完成二维地震4150.24千米，三维地震157.67平方千米，完钻天然气探井20口，进尺6.94万米，试气交井28口，101层次，18口井获得工业气流，探井成功率62.1%。

新增天然气探明储量4327亿立方米，为年度计划300亿立方米的14.6倍，比2000年多探明238亿立方米；控制2012亿立方米、预测1803亿立方米，三级储量合计达到8142亿立方米。截至2001年底，长庆累计探明天然气储量11831亿立方米，提前实现了天然气储量上万亿立方米的目标、控制3064亿立方米、预测5763亿立方米，三级储量合计达到20658亿立方米。

苏里格成为中国第一大气田。继2000年苏里格天然气勘探获得举世瞩目的重大突破后，2001年油田公司集中力量，以苏里格为重点，在区域上大幅甩开，南延北扩，气田面积继续扩展；在探井上细化储层描述，强化储层改造。完钻探井23口、进尺6.9万米；试气交井21口，16口井获得工业气流，探井成功率76.2%。提交天然气探明储量4300多亿立方米，在长庆勘探史上是绝无仅有的。两年就使苏里格气田累计探明储量达到6025亿立方米，成为国内最大的整装气田。加上乌审气田，填补了内蒙古自治区能源大省的空白，使内蒙古自治区成为我国天然气第一大省。

长庆油田已拥有苏里格、靖边、榆林、乌审旗等四个探明储量超千亿立方米的世界级大气田，成为国内第一个上万亿立方米的大气区，在世界排名15名以内。为实施国家“西气东输”的宏伟工程和加快发展准备了充足的储量，为长庆可持续发展奠定了基础。

【油、气生产】 2001年，油田公司油气生产保持了良性循环、均衡生产、平稳运行的势头。油气年产当量866万吨，比2000年净增198万吨。年产油气当量和净增长量均创长庆历史新高；是继1999年之后，第三个以超百万吨级规模攀升的年头。

生产原油520万吨，为年计划490万吨的106.1%，比2000年净增56万吨。原油产量净增长量占股份公司总增长量的2/3。

生产天然气34.6亿立方米，为年计划28.2亿立方米的122.7%，比2000年净增14亿立方米。长庆“油气并举、协调发展”的局面已经形成，新兴业务构筑了新的经济增长点。

2001年底，油田公司原油日产水平达到16000吨，天然气冬季高峰期日产水平1500万立方米。已具备2002年年产油气当量1000万吨的能力。

【油、气田开发】 2001年，长庆油区有油田33个，探明含油面积1747.2平方千米，地质储量88194万吨（开发系统上报数据）；动用含油面积836.8平方千米，动用地质储量50105万吨。长庆油区油井开井5336口，平均单井井口日产油水平2.9吨，按地质储量采油速度1.09%，采出程度10.32%；按可采储量，采油速度4.96%，采出程度46.74%；剩余可采储量采油速度8.55%。综合含水50%。共有注水井1749口，开井1439口，平均单井日注28立方米。全年注水1175.13万立方米，为年计划1122万立方米的104.7%；月注采比1.10，累积注采比0.91。油田自然递减7.09%；综合递减2.95%；含水上升率1.9%。

与2000年相比，全油田油井开井数由4557增至5336口，日产液由2.66万吨上升到3.14万吨，日产油由1.35万吨上升到1.57万吨，平均单井井口日产油水平稳定为2.9吨，平均动液面稳定在1128—1135米，综合含水稳定；注水井开井数由1174口增加到1439口，日注水量由3.19万立方米上升到4.01万立方米，平均单井日注水量稳定在27—28立方米左右。

天然气开发，全年开井97—186口（其中投产新井15口），实际井口产气量34.65亿立方米，工业产气量33.67亿立方米，为年度计划的119.4%。井口产气量比上年净增13亿立方米，工业产气量比2000年净增13亿立方米。其中：井口年产气层气33.63亿立方米，伴生气1.02亿立方米。

在油气田开发中，长庆油田公司认真落实并不断完善油田开发技术政策，针对不同类型油藏的主要矛盾采取有效措施，使油藏管理水平进一步提高。

根据油藏分类及开发水平分级结果统计，参加分类的74个油藏，可采储量10093万吨，年产油量454.27万吨。其中：一类油藏45个，可采储量6959万吨，年产油量384.25万吨，占总产量的84.6%，含水42.8%，可采储量的采油速度5.5%，采出程度40.77%，一类油藏比上年增加7个，产油量比例由77.7%提高到84.6%。二类油藏17个，可采储量2318万吨，年产油量54.45万吨，占总产量的12%，含水67%，可采储量的采油速度2.35%，采出程度62.59%。三类油藏12个，可采储量816万吨，年产油量15.57万吨，占总产量的3.43%，含水67.1%，可采储量的采油速度1.91%，采出程度53.42%。根据油藏分类评价结果，一、二类油藏产量比例为96.58%，说明长庆油田开发形势良好。

【油、气田建设】　2001年，油气田产能建设是长庆历史上建设规模最大、工作量最大、重点工程最多的一年。

油气田产能建设170万吨。其中油田产能建设原计划100万吨，6月份以后追加50万吨，共计150万吨，钻井1157口，钻井成功率98.5%，建油井958口，注水井251口，单井平均日产5.24吨，高于设计水平，建成150万吨原油生产能力。

气田产能建设2亿立方米。钻井11口，主力气层钻遇率100%，钻井成功率90.9%，靖边气田平均无阻流量50.11万立方米，榆林气田13.88万立方米。

重点工程建设。建成投产年输油能力320万吨的靖安油田至咸阳的集输工程、靖安油田50万吨规模的联合站、25亿立方米处理能力的第二净化厂第一套装置、第二净化厂到榆林气站的52千米大口径输气管线。截至2001年底，天然气净化处理装置7套，年处理能力达55亿立方米。

【油、气运销】　2001年，长庆油田分公司销售原油466万吨，产销率达98.98%；销售成品油162.78万吨；销售天然气24.23亿立方米，完成年度计划的112.13%；销售甲醇8.09万吨。实现销售收入118.48亿元（不含税），为年度计划的104.78%。

原油、天然气运销网络不断完善。靖—咸原油集输工程北起志丹县境内的靖安油田，南至咸阳市化工区，全长463千米，穿越陕北各主要油区，工程总投资7.2亿元，年输油能力320万吨，是陕北原油通向关中的重要通道。这条集输管道工程建成投产，使原油运销以靖—咸管线为骨干，辅以马—惠—宁线、靖—吴—华—马线、华—悦线、安—延线、靖—候—王线、油—红—惠线等集输管网，构成了年运销600万吨原油的网络。

天然气运销。已建成陕西—北京线、靖边—西安线、陕西—宁夏线等外输管线，管线总长为1705千米，年输气能力已达41亿立方米，加压输送能力可达48亿立方米。北京大张坨储气库储气量为6亿立方米，为北京地区冬季高峰用气调峰提供了保障。

【炼油与化工】　2001年，油田公司第一、二助剂厂以市场为导向，调整产品结构，高效安全组织生产。加工原油44.23万吨，轻质油总收率80.4%，比年计划提高1.98个百分点；生产液化气2.6万吨；甲醇厂生产甲醇8.18万吨；减亏控制在业绩合同规定的指标之内。继续保持了在所在地区的影响力。

两个助剂厂拥有原油加工能力95万吨/年。其中第一助剂厂45万吨/年，第二助剂厂50万吨/年；拥有原油二次加工能力43万吨/年，其中第一助剂厂24万吨/年，第二助剂厂19万吨/年。石油产品可比综合商品率88.91%，石油产品质量合格率100%。实现柴、汽比1.83。

【科学技术进步】　2001年，油田公司投入科研基金1.41亿元，加大了科研投入、科技攻关和技术合作的力度。科技进步真正起到推动低渗透油气田勘探开发、生产建设的作用。获得科技成果128项。其中，获得油田公司重大科技成果奖10项；集团公司科技成果特等奖1项，省部级技术进步奖2项。

通过科研攻关，取得了苏里格气田综合地质研究及工艺技术评价、鄂尔多斯盆地中生界石油勘探评价技术的重大突破；三叠系延长统超前注水开发取得革命性成果；下古生界气层改造、清洁液压裂、陇东、吴旗长6-8大型压裂、上古生界气藏优化压裂、陇东50个出油井点筛选评价等11个重点项目，取得较好效果，为加快发展提供了强有力的技术支撑。

2001年，油田公司在总结、完善长庆低渗透油气藏勘探开发、生产建设理论、技术的基础上，着力健全科研体系，加强科研力量，分别与石油大学、中科院、物探局、石油勘探开发研究院等院校，组建虚拟研究中心和博士后流动站；并从各种渠道引进人才，补充和加强“两院”和10个厂级研究所的科研力量；又与国内外50多家公司和研究单位进行技术合作与交流，形成了“以我为主、校企合作”的科研体制。

【HSE管理】　2001年，油田公司投入HSE资金7000多万元；开展HSE培训8400多人次，占员工总数的68%。机关干部进点检查1200多次，油田公司和二级单位检查350余次，消除隐患974个。实现了“四个杜绝”、“一个不超”：即杜绝重、特大油气着火、爆炸事故；杜绝重、特大环境污染事故；杜绝重、特大锅炉压力容器爆炸等工业生产事故；杜绝重、特大经济损失责任事故；百万工时死亡责任事故指标不超。油田公司还对14924名员工进行了体检。油田公司的HSE管理上了新的台阶，被股份公司评为两年一度的先进单位。

【企业收入】　2001年，在股份公司持续重组、长庆炼化总厂独立运作的情况下，油田公司仍然保持了收入上百亿元，实现企业收入122.8亿元，人均109.7万元；实现国际利润39.4亿元，人均35.16万元，比2000年增长13.2%；上缴税费19.3亿元，人均17.2万元，比2000年增长37.9%；操作费每桶4.95美元，比年度预算5.13美元下降0.18美元。

【对外合作】 油田公司对外合作力度的不断加大，吸引着国内外石油天然气公司前来寻找合作机会。与壳牌公司在陕141井区的合作项目，共有生产井16口，其中探井7口，开发井9口，累计生产天然气6.94亿立方米。与江汉油田合作开发的坪桥北区已运作五年，累计建成原油生产能力25万吨；2001年新建产能8万吨，产油17.9万吨。与吉林省澳华经贸有限责任公司合作开发的胡尖山油田，建成原油生产能力3.63万吨，开井22口，生产原油1.7万吨。

【企业改革与管理】 2001年，集团公司、股份公司把长庆列为中国石油"十五"期间加快发展的重点，油田公司进一步确立了"三步走"的战略目标。在持续重组的基础上，移植市场机制，整合传统管理，进一步推动了管理创新、机制创新。

(1) 理顺中游业务，把管道输送、库容调控、油气集输系统作为重组的重点，组建了第一、第二输油公司；在建设靖咸集输管线的同时，着手规划靖惠集输管线、长陇、靖延天然气集输管线、靖宁甲醇管线以及油田集输体系的储罐建设，构建随时随机可调控的集输网络；为适应"西气东输"的需要，组建第二、第三采气厂，健全了100亿立方米规模的天然气生产体系。

(2) 强化业绩考核、健全运行机制，以总经理业绩合同为主要框架，完善了公司《中级管理人员业绩考核办法》和《薪酬总额与业绩指标考核办法》。突出业绩指导的过程性、保障性，跟踪分析，分层管理，交叉延伸，构建了充满活力的内动力机制。

(3) 改革劳动组织结构，推行了扁平化管理模式。公司对老采油厂推广"作业区—井区"的组织形式，撤销采油队建制。在新建单位试行"厂—作业区"两级管理模式，减少管理层次，有效地控制了定员。

(4) 公司进一步完善和推行了"一全面"、"三集中"的计划、财务管理体制，注重决策优化，实行全面预算管理，强化源头控制；加强投资和成本的过程控制，实现动态化、精细化管理；完善造价管理体系，健全完善长庆定额体系，见到了显著成效。

(5) 公司采取多种用工形式和"集中工作、集中作息"的劳动组织，做到增产不增人；建立灵活多样的用人机制，推进干部考核任用制度改革，拓宽了识人用人的渠道。

(6) 健全油田保卫体系，强化综合治理工作。公司成立了1个保卫处、4个公安分局、5个经济民警大队、43个经济民警中队，配备了859名专业保卫人员，形成了"公安、民警、员工"联防的保卫体系，震慑和打击了各种涉油犯罪活动，维护了油田生产秩序，保护了国家资源。

(7) 规范关联交易。油田公司与勘探局协商，确定了关联交易的"五项基本原则"，按照集团公司关于"规范运作、扩大开放、稳步推进"的总体思路和"减少费用分摊，实行价格化服务"的要求，采取灵活多样的协商机制，就工程技术服务和社会服务的关联交易价格、价外补贴、资金结算、运作模式、市场开放等问题进行了不同层次、不同形式的协商，签订关联交易分协议19份，工程技术服务合同384份。从而使公司关联交易价格体系基本形成，关联交易工作基本步入了健康、规范、有序的运行轨道。

按照集团公司的要求，2001年，拿出320口井的钻井工程、163口井的测井工作、305口井的井下作业、270剖面千米的二维地震、靖咸管线70%的工作量和第二净化厂建设等项目，进行招标，发挥了市场机制动员、配置资源的作用，提高了施工质量、加快了建设速度。

(8) 法律事务工作。处理诉讼和非诉讼纠纷案件52起，涉及总金额2698万元。为公司避免和减少经济损失1492.26万元，挽回经济损失62万元。两级法律事务部门共审查各类合同7151份，金额53.94亿元。

(9) 企业基础管理工作进一步加强。建成第三采油厂靖安区块等23个站、第一采油厂塞1井等63口井为示范区块、井站，现场管理水平明显提高。获得企业管理现代化成果23项。其中《油气生产成本的单井核算》荣获国家企业管理现代化创新成果二等奖；荣获中国石油企协二等奖1项、三等奖4项；荣获甘肃省企协一等奖2项、三等奖2项。

【纪检监察及审计】 公司纪委健全和完善了党风廉政责任分工、责任监督、责任检查、责任考核、责任激励和责任追究等"六大体系"，促进了党风廉政建设各项重点工作的落实。纪检监察部门被集团公司党组评为先进集体。

【企业文化建设】 油田公司各级组织坚持"一切注重实效"的公司理念，用企业文化总揽、融合宣传、工会、共青团等各项工作，开展了各具特色的活动，企业文化建设在创新中得到发展。组织实施"形象工程"，塑造了公司良好的社会形象；实施"阳光工程”，增强了员工的归属感；实施“凝聚工程”，增强了公司的凝聚力与亲和力；实施“青年发展工程”，为青年建功立业、成长成才提供了广阔的舞台。具有长庆特色的企业文化，促进了精神文明建设，激发了员工的积极性、创造性，公司油气兴旺、人气兴旺。

【党的建设与领导班子建设】　2001年，公司党委、油气公司认真开展“三讲”学习教育活动，着力提高领导班子的领导水平和政治素质，把加快发展作为实践先进生产力代表的具体行动，受到集团公司“三讲”回查组的肯定和好评。进一步健全、完善党建工作机制和制度，党的组织建设、领导班子建设不断加强。

精神文明建设取得新成果。公司有21人、12个集体获得国家、省部级荣誉称号。油田公司获“全国五一劳动奖状”，西安市长庆兴隆园小区荣获“全国青年文明社区”称号；油田公司3位同志荣获“陕西省劳动模范”、甘肃省“优秀党务工作者”称号。

（方仲祥　吴晓敬　尹寿银）

中国石油天然气股份有限公司玉门油田分公司

【概述】　2001年，玉门油田分公司设11个职能管理部门，5个二级单位，截至年底，共有职工5092人，固定资产原值32亿元，净值17亿元。

2001年，是玉门油田加快发展、提高效益、拼搏奋进的一年。一年来，公司上下围绕盈利、成本、储量、产量“四大”业绩目标，齐心协力，艰苦拼搏，全年完成原油产量52万吨，完成原油加工量218.79万吨，实现销售收入41.67亿元。

【油气勘探】　石油勘探按照“加快酒西，拿下窟窿山，准备酒东”的勘探方针，瞄准“十五”期间“新增储量亿吨，产量重上百万”和2001年增储上产目标，推进勘探开发一体化，集中力量大打石油勘探攻坚仗，取得了三个方面的新成果：（1）石油地质储量继续增长。全年提交探明石油地质储量1255万吨，可采储量225.9万吨，青西累计探明加控制石油地质储量达到4334万吨，为玉门油田上产打下了基础。（2）青西油田评价勘探获得重要成果。基本控制含油面积57平方千米；获得了砾岩为青西油田主力油层的重大发现，窿6井在砾岩获得高产；窿8井向南预探取得重大进展，表明窟窿山冲断片整体含油、妖魔山冲断片有着广阔的勘探前景；一年之中有5口井获日产原油百吨以上，展现了青西勘探开发的良好前景。（3）对酒泉盆地认识进一步深化。通过综合研究认为：窟窿山逆冲构造带是近期内勘探的主战场，老君庙逆冲构造带是老区扩边的重要领域，青头山掩伏构造有形成大型油气藏的构造特征和成藏条件，白杨河逆冲构造带具有老区扩边挖潜和新领域预探的双重目标，长沙岭构造带、花海凹陷是下步勘探的主攻对象。

【油气开发】　油田开发瞄准加快目标，全力以赴促上产，油田生产能力跨上了一个新的台阶。（1）新区建产成效显著。把新区上产作为油田开发的重点，按照少井高产的要求，精心优选井位，使新井起到了增产和建产的双重作用，全年新区新建产能19万吨，完成产量18.99万吨。加大措施的实施力度，先后对13口重点井分两批进行了大型深度酸化，部分井取得了明显的增产效果。认真探索油井生产规律，实施针对性的管井措施，保证重点井高产稳产。（2）老区稳产再立新功。加强剩余油分布研究，采取大修、侧钻、新钻井、调层补孔等措施，努力挖掘油层潜力。加大油田综合治理力度，实施积极的稳油控水措施，提高注水效果，油田开发状况得到进一步改善，综合含水、三个递减率基本保持了稳定。努力优化措施结构，大力压缩低效无效工作量，提高了措施的经济有效性，为稳产做出了贡献。（3）不断推进勘探开发一体化。积极探索项目管理运行方式，推进勘探开发一体化，坚持勘探开发紧密结合，协同作战，开发早期介入，向前延伸。加强勘探与开发资料的统一录取与信息共享，将地质研究、钻井工程、油田开发有机结合，加快了原油生产能力建设速度。

【炼油与销售】　炼化销售在油品价格一路下滑的不利形势下，坚持推进“特色＋效益”发展战略，以销定产，奋力拼搏，为上游利润实现、后路畅通做出了积极努力。（1）根据市场变化，优化生产运行。紧盯油品市场走势，密切产销衔接，按市场需求组织生产运行。合理调整原油比例，平稳操作参数，优化重油加工方案，最大限度地减少渣油量，提高了掺渣比。按照市场需求和物料平衡，优化加工方案和工艺路线，推进整体产品结构继续向好的方面调整，柴汽比平均达到1.54。在润滑油生产上，增产重负荷车辆齿轮油、液力传动油、软膜防锈油等高利产品；在特油生产上，增加航空液压油、变压器油、石蜡、液压油、聚丙烯等高附加值的产量，超额完成生产计划，实现了依靠高附加值产品增效的目的。(2) 加快技术改造，增强创效能力。强化对炼化技改工作的组织，加快推进炼化技术改造的步伐。50万吨/年柴油加氢装置完成了初步设计审查和施工图设计，工程项目全面启动；45万吨/年催化汽油脱硫醇装置建成并投运；特油、白土、石蜡精制系统技术改造，聚丙烯循环水扩径和南站航煤发车线改造工程均按期投运，为提高油品产量和档次，实现系统能力完善，加速物流转输提供了“硬件”条件，增强了创效能力。(3) 努力开拓市场，提高经济效益。按照“四统一”的要求，积极争取配置计划，执行率达到100%。加大非配置产品的营销力度，努力拓宽销售渠道，增强促销手段，挤占用户市场。加强运输协调工作，使油品运销再上新水平，全年外进原油175.99万吨，实现产销率100%。同时，加大清欠力度，以前年度欠款回收率达到21%，当年货款回收率实现了100%。

【科技进步】　公司上下以科技增效为重点，全面开展了“科技增效年”活动，通过勘探开发技术创新、炼油化工技术创新、引进技术创新、利用信息技术等方式增效，取得了较好的成绩。全年科技增油3.6万吨，取得了明显的科技增效成果。(1) 石油勘探采用容积法完成了青西裂缝型油藏的储量计算，得到了国家储委的认可；青西复杂油藏的描述技术有了新的进步，对构造、沉积、裂缝、储层、油藏等有了更深的认识；以窟窿山二维技术攻关初见成效为标志，物探资料采集、处理等技术得到进一步发展，逐步形成了一套适合玉门探区的物探技术系列；固井技术不断进步，一些固井难题逐步得到解决；成像测井、油气层识别、酸化压裂、快速钻井等技术得到不断完善和提高。(2) 油田开发在承担股份公司级两项研究课题的同时，开展了青西油田稳产、油层改造等技术的研究，取得了一定进展；老油田充分利用聚合物驱油、水力压裂、侧钻大修等适用工艺技术，为油田稳产做出了贡献。(3) 炼油化工相继开发了硬膜、软膜防锈油等市场急需产品，研制了抗磨型油膜轴承油、无灰抗磨液压油等10个项目配方；研究应用了“原油强化蒸馏技术”，将常减压装置总拔出率提高了两个百分点；15#航空液压油成为创“第六届中国企业新纪录”的优质产品。

【企业管理】

(1) 内部管理进一步加强。对规章制度实行统一归口审查、统一规范格式、统一分类汇总、统一编印的“四统一”管理，初步达到了规范化管理的要求。进一步加强合同管理，坚持重大合同报审与自审制度相结合，对合同履行情况实施全过程监督，减少了经济合同纠纷。

(2) 内部市场进一步规范。加强内部市场管理，完善公平竞争、统一开放的内部市场，对进入油田市场的厂商和队伍，严格进行市场准入管理。按照市场开放的要求，理顺关联交易，公开优选施工服务队伍，推进公平、有序竞争，内部市场得到了进一步规范。

(3) 安全环保得到强化。积极建立HSE管理体系，编写管理体系文件和程序文件，建立员工健康监护档案，提高了管理水平。公司健全了安全监督体系，实行公司与全员、与承包商、与关联交易方签订安全生产合同制度，强化了安全管理。

（梁从晖）

中国石油天然气股份有限公司
吐哈油田分公司

【概况】　2001年，中国石油天然气股份有限公司吐哈油田分公司共有员工3598人，其中干部1694人，占员工总数的47.1%；机关设处室9个，基层设3个事业部，8个厂，1个科研院所和工程技术、物资管理2个中心；截至2001年底，累计探明石油地质储量2.5289亿吨，凝析油647.4万吨，天然气267.14亿立方米，探明油气当量合计2.8065亿吨。目前共动用石油地质储量1.8亿吨，开发和管理着鄯善、温米、丘陵、红连、葡北等20个油气田，共有油水井1387口；累计生产原油2282.05万吨。公司拥有固定资产原值104.94亿元，净值55.01亿元，资产负债率44.16%。

2001年是吐哈油田分公司"十五"计划实施的第一年，油田分公司以"稳油、增气、提效，保持经济总量不降"为指导思想，以"188"工程为奋斗目标，以科技创新为动力，以经济效益为中心，以成本控制为重点，大力发展油气勘探开发，经过全体员工的顽强拼搏和艰苦奋斗，出色地完成了各项业绩指标和生产经营任务。

（1）全年实现销售收入41亿元，其中向股份公司上缴原油价差5.06亿元。实现国际准则利润总额13.33亿元，完成股份公司计划的109%；2001年上缴折旧、折耗8.85亿元，上缴税费总额6.3亿元，上缴国内准则利润16.42亿元。2001年全员劳动生产率87.78万元/人。

（2）油气操作成本4.84美元/桶，完成了股份公司下达的指标；完成投资10.83亿元，控制在预算指标之内；投资资本回报率达到20.97%，比股份公司计划提高1.49个百分点。

（3）探明石油地质储量1255万吨（不含2.5万吨凝析油），生产原油255.3万吨，完成年度计划指标；生产天然气10.48亿立方米，完成年计划的104.8%；生产液化气16.5万吨，完成年计划的103%；新建原油生产能力30.7万吨/年。

（4）安全生产实现"四个杜绝、一个保持、一个为零"的目标。环保指标达到国家要求。

（5）认真贯彻"三个代表"重要思想，圆满完成"三讲"学习教育活动，领导班子和党员干部队伍建设进一步加强，思想政治工作为生产经营提供了有利保证，员工队伍保持稳定。2001年，分公司有1人获得全国五一劳动奖章，两人获得新疆维吾尔自治区劳动模范称号，丘陵采油厂联合站荣获全国青年文明号，精神文明再上新台阶。

【油气勘探】　2001年，油田勘探系统围绕油田分公司"稳油、增气、提效，保持经济总量不降"的发展战略，按照"油气并举，区域勘探和滚动勘探并举"的勘探思路，优化"立足吐哈，评价三塘湖，准备民和"的部署方案，强化项目管理，深化地质研究，取得了较好的勘探成果。2001年完成二维地震1935千米，三维地震194.18平方千米，完钻探井22口，完成进尺75941米（含滚动井6口，进尺18111米），试油完成14口22层；完成勘探投资33489万元。对22个圈闭进行了预探和评价，在6个圈闭6口井获得工业油气流井，探井成功率37.5%，圈闭预探成功率40%。全年新增探明石油地质储量1255万吨（不含2.5万吨凝析油）、可采储量303.7万吨；新增控制天然气地质储量71.31亿立方米；预测天然气地质储量48.68亿立方米；每口探井探明储量78.44万吨；每米进尺探明储量217.01吨；每吨石油地质储量探明成本26.68元；吨可采储量成本110.27元。

2001年，勘探工作做到了"一个加强，两个创新"。

加强综合地质研究。油田分公司通过多次召开咨询会、研讨会，邀请全国知名专家和学者，对勘探工作进行咨询和研讨，进一步深化地质认识，提出了"进凹勘探"、"浅层找气"的新观点，在胜北次凹、小草湖次凹和北部山前带浅层取得新进展。胜北302井、红台6井、勒11井获得工业油气流，开拓了勘探的新领域。

创新技术体系。抓住影响勘探发现的物探、钻井两大关键技术，开展火焰山构造带山地地震攻关和近平衡定向井钻井技术攻关，搞清了火焰山中、东段构造格局，有效保护了油层。火焰山构造带西段神北2号构造上的神北4井获得日产72立方米的工业油流，复杂山地油气藏勘探取得成效。

创新勘探体制。成立了区域勘探、新区勘探、天然气勘探和滚动勘探四个项目经理部，探索研究、部署、实施一体化的项目管理新模式，做到了责权利相统一。

【油气田开发】　2001年，油田开发工作紧紧抓住影响油田稳产的注水、地层压力、水驱储量动用等突出问题，采取有效措施，夯实油田稳产基础，全年生产原油255.3万吨，完成年度计划指标，取得了四个方面的新进展并创出了三项新水平：

一是注水稳产工作取得新进展。通过加大油田调整和注水工作力度，共实施5套调整方案，完钻调整井75口，增加可采储量150万吨，当年新井产油14.6万吨。完成油水井措施778井次，措施增产17万吨，增注30.4万立方米，油田主力区块地层压力出现了恢复的趋势。全年油田自然递减率控制在22%以内，水驱采收率提高3.9%，含水上升率控制在6%，剖面动用程度保持在70%以上。

二是三次采油试验取得新进展。三大主力油田注气驱整体规划和温5块注气驱提高采收率方案，通过了股份公司评审，现场试验在试注氮气获得成功的基础上，确定了设备技术参数，完成了关键设备、材料的定货工作。

三是滚动勘探开发取得新进展。分别在温5南夹片、温西6东块等区块获得新发现，新增探明滚动储量403万吨，增加可采储量123.8万吨，建成产能7.3万吨，当年产油6.8万吨。

四是设备管理取得新进展。强化三级保养和四级检查制度，开展状态监测和故障诊断，对查出隐患的设备，及时进行督促整改。完成各类设备保养3761台次，设备监测438台次。全年设备综合完好率达到98.2%，综合利用率达到69.8%。

创出了地质研究和油藏认识的新水平。编制了主力油田小层油水分布图，提出了主力油田中含水期合理地层压力、合理注采比及压力恢复速度、含水上升率、自然递减率、合理采液速度等“五大技术政策界限”，实现了年初工作会提出的“四深化”、“四提高”目标，为实现不同开发阶段油藏管理目标提供了依据。

创出了地面工程建设的新水平。一是2000年跨年项目正点组织，实现了5项跨年工程上半年完工投运的目标；二是2001年10个工程项目，加快运行节奏，优化设计，加强监督，于11月中旬全面完工投运；三是2002年工程项目前期工作超前准备，完成了项目立项批复并开展初步设计工作。全年工程对号率达到85%，正点运行率达到90%，质量优良率达到80%以上。

创出了节能降耗的新水平。抽油机、注水泵系统效率和平均单耗处于国内同类油田领先水平。单井节电无功补偿及计量改造效果明显，项目实施后，每年可节约电费660万元。

【科技进步】　2001年，吐哈油田分公司科技工作紧密围绕油田生产实际，加强科技管理，科技工作贴近现场，狠抓科研经费、人员、措施、目标与进度“四落实”，共承担11个国家级和股份公司级科研项目，《吐哈盆地侏罗系石油地质综合研究》获得自治区科技进步二等奖，《鄯善油田中含水期开发技术研究》获得自治区科技进步三等奖，高效开发丘陵油田、低渗透油田老井侧钻水平井技术等四个优秀开发项目受到股份公司的表彰和奖励。同时，积极推广应用先进适用技术，解决生产难题。勘探工作围绕寻找优质储量和三大盆地勘探目标评价和部署设计，配套应用物探、钻井、测井先进技术，开展研究课题16项，取得一批研究成果与认识，为勘探发展提供了科技支撑。油田开发强化老油田地质特征的再认识及中含水期油田开发规律研究，开展研究课题35项，地质认识进一步深化，方案编制水平有所提高。采油工艺技术配套上，重点引进化学调剖PI决策技术以及高砂比压裂、高压分注、抽油井防气等新技术，现场应用取得较好效果，单井日增油1.5吨以上，施工成本降低10%，抽油机泵效平均提高3%—5%。

针对油田地质情况复杂、勘探开发技术难度大的特点，广泛开展科技合作，与多家国外石油科研单位和石油公司进行技术合作，同时走厂校合作之路，选择国内有科研实力和技术优势的单位，组建科研联合体，签订了16项技术合同，取得多项技术成果，促进了科技人才的成长和公司整体技术水平的提高。

【企业改革】　2001年，吐哈油田分公司继续深化企业内部改革，新的激励约束机制初步形成。

一是推行全员业绩管理。建立全员业绩考评体系，制定并落实各层次人员业绩、绩效考核办法，做到了体制、分配、激励政策和兑现“四个创新”。总经理与副总经理、总经理与机关处室长、基层行政正职签订了业绩合同；通过逐级授权，与全体员工签订了业绩合同，合同覆盖率达97.6%。通过推行全员业绩考核，促进了经营管理人员思想观念的转变，增强了员工的责任心和竞争意识，打破了分配上的平均主义，以工作论英雄、以业绩论成败的观念深入人心，全员业绩考核走在股份公司的前列。

二是加快内部改革进程。改进物资采购方式，加强采购管理监督，增加采购招标的透明度，通过比质比价、厂商询价及价格审查，降低采购费用2100万元。探索网上采购新模式，通过电子商务在网上采购油管1450吨，交易额达到1700万元。实行食堂管理改革，实现了大宗生活物资统一采购、集中配送目标，节约了资金，提高了员工生活水平。实行分配货币化改革，对员工交通费、通讯费、部分差旅费等实行定额标准，初步实现了“市场化、商业化”的运作目标。

三是进行组织结构调整。对原工程技术中心与勘察设计院进行重组，组建新的工程技术中心，承担公司采油工程、地面工程设计、工程技术服务、信息网络等业务，促进了设计与工程技术优势互补，精干了机构和人员，内部管理水平进一步提高。

【企业管理】　2001年，油田分公司企业管理工作进一步夯实基础工作，建立健全物资采购、市场管理等规章制度，编撰公司管理规程，合同管理、法律事务管理进一步规范。同时，规范与吐哈指挥部的关联交易，制订了《关于进一步加强合作、共同发展的意见》，成立协调委员会，建立定期联席会议制度，共同协调处理有关问题。在工作运行中，及时签订各项协议和合同，做到了合同清、价格清、工作量清、施工质量清、结算清、问题清，关联交易进一步规范。全年与指挥部签订合同832份，价值工作量14亿元，指挥部施工作业单位市场占有率为87.5%，与2000年比总体呈上升趋势，各专业队伍在油田公司保持了较为稳定的市场份额。

计划管理严格控制投资规模，积极优化投资结构，提高了投资效益；项目实施加强前期工作，向方案、设计要效益；加强项目施工“三要素”管理，向施工管理要效益；加强“三算”工作，向基础工作要效益，提高了投资回报率。财务管理围绕降低成本的“六个关键作用”，以预算管理、成本控制和资金管理为核心，推行目标成本责任制，突出成本控制重点，实施全员、全方位、全过程的成本控制，确保了年度财务预算指标全面完成，管理费用、营业费用和财务费用等期间费用均控制在股份公司预算之内。

生产信息网络建设经过近两年的努力，共投入2500万元，以工程技术中心网络机房为中心，将14个单位联为一体，实现1000兆互联；利用DDN专线和指挥部数字微波通道，实现边远站点的拨号入网，与哈密基地三个单位实现互联，并实现了与吐哈信息网、因特网的互联，初步实现勘探开发数据网上发布和查询、生产实时数据上传等功能，形成了油田分公司生产信息网络系统骨干网。

员工培训在重视员工整体素质提高的基础上，突出中层管理人员和技术骨干的高层次培训，采取厂校合作、油田办学的方式，举办了工商管理、石油工程两个专业共45人的硕士研究生班和35人的财务“专升本”学习班。全年共举办各种培训班36期，培训员工2900人次。以采油工为重点，深入开展技术比武活动，评选出了分公司“十大技术能手”和“十名优秀选手”。

【安全环保】 2001年，吐哈油田分公司安全环保工作从夯实安全基础、完善制度入手，加强安全教育，举办各类培训班10期450人次，易燃易爆作业场所操作人员培训781人次，组织“安全生产月”、“11.9”消防宣传日活动，制定、完善《安全生产管理规定》、《事故、违章处罚规定》等10项规章制度；实行全员安全合同管理和安全环保风险抵押金制度，分公司与全体员工签订安全生产合同3435份，进一步规范了安全、环保工作；建立安全监督体系，设两级安全总监16人，专职监督员56人，兼职安全员74人，监督网员163人，覆盖了分公司所有生产层面，有效地发挥了监督职能。全年完成一级动火作业44次，保证了安全生产；结合生产及季节特点，开展锅炉压力容器、消防安全、交通安全、重点要害部位、井控安全以及“八防”等专项安全检查活动，在检查中对查出的问题及时进行整改，提高了安全管理水平；建立QHSE管理体系，编制完成公司《质量手册》和《HSE管理手册》，达到了发布实施的要求。

【思想政治工作与精神文明建设】 2001年，吐哈油田分公司党委认真贯彻江总书记“七一”讲话精神及党的十五届六中全会精神，以“三个代表”重要思想为指针，探索、实践“整分合、育人才、建文化、大服务”和“一岗双责”的工作模式，深入开展“三讲”学习教育活动，取得了显著成效。

(1) 领导班子和党员干部队伍建设做到了“三个加强”。一是加强责任意识、大局观念，增强了工作信心。二是加强理论学习。三是加强作风建设。

(2)抓纪检监察，为分公司的发展营造了良好环境。

(3) 抓宣传和思想工作，增强了员工对分公司发展的信心。

(4) 抓创建活动，精神文明建设再上新台阶。以庆祝建党80周年为契机，深入开展“两创一争”系列活动，公司有1人获得全国“五一”劳动奖章，两人获得新疆维吾尔自治区劳动模范称号，丘陵联合站荣获全国青年文明号，有10个先进党支部、15个党员先锋岗和党员10大先锋受到公司表彰奖励。同时，积极发挥工青妇组织作用，员工民主管理、“职工之家”建设、团徽闪光行动、巾帼建功活动深入开展，促进了精神文明建设上水平。

（翟红国 朱晓龙）

中国石油天然气股份有限公司塔里木油田分公司

【概况】 2001年，中国石油天然气股份有限公司塔里木油田分公司机关设13个处室（其中二个处与直属单位合署办公），直属单位九个。共有长期员工9780人。其中油田分公司本部2080人，塔西南公司7700人；少数民族员工2830人，女员工3175人；管理人员1226人，专业技术人员2964人，操作服务人员4778人，内部退养人员812人；硕士以上学历34人，大学本科1436人，大专1921人，中专1000人，技校1745人，高中1256人，初中2016人，小学372人；有高级专业技术职务员工337人（含教授级专业技术职务员工59人）。

全年生产原油472.63万吨，天然气9.57亿立方米，液化气7.34万吨，尿素15.39万吨，炼油30.09万吨。主营业务收入657355万元，其中油气主营业务收入583001万元，炼油主营业务收入54975万元，化工主营业务收入19379万元；生产经营支出314203万元，其中油气生产支出161024万元，输油支出5558万元，输气支出762万元，炼油生产支出47255万元，化工支出15260万元，管理费用支出26145万元，营业费用支出3119万元，财务费用支出6002万元。其他支出49078万元；上缴利润225872万元；上缴税费116556万元，其中增值税40198万元，资源税11017万元，消费税6679万元，企业所得税45082万元，其他税费13580万元；年末资产及负债总额1254466万元，其中固定资产1045747万元，流动资产205671万元，长期投资2630万元，无形资产及其他418万元；负债总额544150万元，上级拨入资金及股东权益710316万元。油气操作成本每桶当量2.76美元，油气开发成本每桶当量3.46美元，吨油现金加工成本214.9元。

全年计划投资349635万元，完成投资364641万元，其中油气勘探完成投资168005万元，油气开发完成投资109426万元，炼油与销售完成投资205万元，化工与销售完成投资63756万元，公用工程完成投资23249万元；生产性建设完成投资341217万元，非生产性建设完成投资23424万元；建筑工程完成投资224074万元，安装工程完成投资11559万元，设备器具购置完成投资52353万元，其他投资完成76655万元。新增固定资产45035万元，其中油气勘探新增固定资产1356万元，油气开发新增固定资产14813万元，化工与销售新增固定资产5617万元，公用工程新增固定资产23249万元。

【油气勘探】 完成二维地震6735.11千米（含山地二维1455.695千米），三维地震1111.885平方千米。新采集的地震资料年内全部处理完毕。完成二维老资料处理6722.9千米。完成重磁力2640千米，CEMP1111千米，MT716千米，化探2396千米，建场280千米。钻探井49口，其中跨年井21口，新开钻井28口（含滚动探井3口）；完井33口，探井进尺141841.63米，取心进尺1167.1米，心长1082.11米，获各级含油气岩心366.56米。20口探井获工业油气流，钻探成功率60.6%，其中预探井成功率44%，圈闭钻探成功率45.45%。新增探明石油地质储量1943万吨，天然气334.19亿立方米；控制石油地质储量394.1万吨，天然气1600.6亿立方米。累计探明石油地质储量32548.6万吨，天然气5572.9亿立方米。

（1）两大战略突破。位于英吉苏凹陷的英南2井首次获日产天然气14.48万立方米，是塔里木盆地东部历史性突破，这一地区目的层埋藏浅、圈闭发育、易于钻探，是有利的勘探接替区；位于塔西南喀什凹陷北缘的阿克1井在中测中用8毫米油嘴获日产天然气11.9万立方米，实现喀什凹陷勘探近50年来的首次突破。

（2）三大重要发现。库车坳陷继发现克拉2特大型气田后，2001年在秋里塔格构造带迪那2井、迪那11井获高产凝析气流，发现迪那1号气藏和迪那2号气藏。在秋里塔格西段发现却勒油藏。在轮南奥陶系潜山有轮古9井、轮古12井、轮古15井、轮古18井、轮古16井均获高产油气流，并在轮古13井、轮古30井、轮古41井见到油气显示。

（3）五项新进展。大北2井发现较厚气层，大北气藏储量更为可靠。哈得逊滚动开发使油田面积扩大，新增探明储量 1062 万吨（可采储量 442.7 万吨）。塔中北坡在石炭系和志留系获油气流，评价勘探取得新进展。柯克亚油气田的柯深 101 井在白垩系首次获新发现。

（4）一个重要苗头。位于塔里木盆地中央隆起带塔东低凸起塔东背斜构造带上塔东 2 井对 4561.9—5040 米井段裸眼中测试时，获稠油 0.03 立方米。这是塔里木盆地首次直接获得源自寒武系—下奥陶统烃源岩的原油，勘探意义重大，展示塔东地区良好勘探前景。

【石油钻井】　2001 年，塔里木油田分公司共钻井 107 口（包括跨年度钻井），其中探井 36 口、评价井 13 口、开发井 58 口。当年开钻井 80 口，其中探井和评价井 28 口、开发井 52 口。完井 72 口，其中探井和评价井 33 口、开发井 39 口。钻井总进尺 365977.74 米，其中探井和评价井进尺 150086.43 米、开发井进尺 215991.31 米。完井平均井深 4622.22 米，其中探井和评价井平均井深 5006.39 米、开发井平均井深 4314.88 米。钻井总时间 219587.41 小时。生产时效 82.43%，进尺时效 59.35%、事故时效 8.6%。在钻井过程中，根据地质目的层不同情况，成功地应用了深井 4⅛英寸小井眼钻井技术、8½英寸井眼扩眼技术，超薄油层深井水平井钻井技术，欠平衡钻井技术，钻头防斜提速技术，安全钻高压气井综合配套技术、长裸眼水平井水基钻井液技术，有机盐钻井液技术，环保钻井液技术，强封堵、强抑制高密度钻井液技术，固控设备配套应用技术等先进技术和工艺。

【油气开发生产】　2001 年，塔里木油田分公司共有原油开发井 364 口，其中自喷井 181 口、机采井 183 口。当年开井 281 口，其中自喷井 146 口、机采井 135 口。全年生产原油 472.63 万吨，其中自喷井生产原油 348.65 万吨、机采井生产原油 123.98 万吨。油井产水 451.57 万吨。注水井 35 口，开井 30 口，年注水 435.81 万立方米。全年生产天然气 9.57 亿立方米，其中 27 口采气井生产天然气 2.23 亿立方米、油井生产天然气 7.34 亿立方米。有注气井 11 口，开井 11 口，年注气 7.31 亿立方米。

为确保全年油气生产任务顺利完成，一是加强生产组织管理，不断提高生产运行质量；二是实施增油措施 59 井次，措施增油 22.77 万吨；三是加快哈得 4 油田产能建设投产步伐和 43 口新井投产，增产原油 27.12 万吨；四是科技对原油生产的贡献率达 10%，精细堵水技术应用使轮南 90 万吨原油生产含水率下降；实施高压气井剖面及压力恢复测试技术，测试、测井及解释获得成功。五是从物资材料管理入手，加强成本核算，提高了经济效益。由于措施得力，全年生产原油比计划 466 万吨多 6.63 万吨，天然气比计划 9.2 亿立方米多 0.37 亿立方米。

【炼油与化工】　全年加工原油 300897 吨，生产汽油 108792 吨，生产柴油 136764 吨，生产煤油 702 吨，生产液化气 18410 吨。汽、煤、柴、润总收率 81.8%，石油产品综合商品率 90.67%。生产化肥 153971 吨，完成工业总产值（现行价）75657 万元。

【油田建设】　2001 年，塔里木油田分公司开工油气开发产能建设项目 48 个，总投资 109426 万元，其中新区原油产能建设项目 2 个，完成投资 52195 万元：（1）塔中 40、塔中 10 油田钻井工程、地面工程和塔中 1 号公路工程建设完成投资 8241 万元；（2）哈得 4 油田扩建项目钻井井工程、地面工程和哈得 4 油田公路工程建设完成投资 43954 万元。老区原油产能建设项目九个，完成投资 41037 万元：（1）轮南油田钻井工程和地面改扩建工程完成投资 12568 万元；（2）其他油田 8 个改扩建项目完成投资 28469 万元。老油田地面系统改造工程项目 18 个，完成投资 3184 万元。和田河天然气产能建设前期准备及道路建设项目完成投资 9862 万元。油气开发配套工程项目 18 个，完成投资 3148 万元。化工与销售改扩建工程项目十个，完成投资 63756 万元，其中化肥扩建项目完成投资 59254 万元、尿素储备库完成投资 1903 万元、其他 8 个项目完成投资 2599 万元。公用工程建设项目四个，完成投资 23249 万元，其中塔西南热电厂改扩建工程项目完成投资 17708 万元、塔西南加油站工程建设完成投资 3400 万元、塔西南基地供热工程项目完成投资 1501 万元、塔西南基地开关站项目完成投资 640 万元。

【油气销售】　2001 年，塔里木油田分公司共销售原油 449.21 万吨、天然气 21241 万立方米，油气销售收入 58.3 亿元，原油货款在途款由年初的 2.16 亿元降至年底的 1.6 亿元。销售尿素 19.13 万吨（含 2000 年淡储尿素 3.7721 万吨），完成年计划的 132%；销售油品 24.69 万吨，完成年计划的 105.9%；销售液化气 5.92 万吨。炼油和化工产品销售收入 74354 万元。

【科技工作】　2001 年，塔里木油田分公司承担股份公司重点科技工程项目三项、股份公司上年度结转科技工程项目四项；油田分公司 2001 年度重点科技项目六项、一般科技项目九项，新技术推广项目 21 项。全年投入科研资金 7900 多万元。

“九五”国家重点科技攻关项目《塔里木盆地石油天然气勘探（99—111）》通过国家验收；集团公司“九五”重点科技攻关项目“沙漠石油工程技术研究”和中国石油天然气总公司“九五”科技工程课题“塔里木盆地复杂地层深探井保护油气层技术研究”及“凝析气田开采新技术研究”分别通过股份公司验收；“西气东输塔里木年输120亿立方米天然气总体开发方案”通过集团公司审查。

全年获国家、自治区和集团公司科技奖六项。其中，“塔里木克拉二大气田的发现和山地超高压气藏勘探技术”获2001年度国家科学技术进步一等奖；“塔中油田和沙漠公路沙害防治与生态环境建设技术研究与示范”、“库车坳陷钻井配套技术研究与应用”及“塔里木盆地生油岩与油源研究”分别获自治区科学技术进步二等奖；“轮南油田中含水期以水平井为主的调整挖潜稳产技术研究与应用”获集团公司技术创新二等奖；“塔里木盆地深层、超深层沙漠油田开发新技术及其应用”获自治区科学技术进步三等奖；油田分公司总经理助理周新源获中国科学技术发展基金会孙越崎科技教育基金青年科技奖。

2001年，塔里木油田分公司科委从12个单位申报的104项科研成果中，评出2000年度塔里木油田分公司科学技术进步奖28项，其中一等奖10项，二等奖18项。

【关联交易】 2001年1月，成立塔里木油田分公司和塔指有关领导及有关部门负责人组成的关联交易领导小组，在油田分公司企管与法规处设立关联交易办公室，按照油田党工委确定的“两个不依赖，双赢，整体发展，持续深化改革、市场逐步开放”四项原则，全面负责关联交易指导、管理、监督和考核。签订关联交易总协议1份、分项合同22个，关联交易总预算额36437万元，与2000年预算额36876万元相比，减少439万元；与各单位2000年实际结算额39812万元相比，减少3375万元；与各单位上报的2001年预算额45517万元相比，减少9080万元。

【企业持续重组改革】 2001年，塔里木油田分公司进一步加大了持续重组和深化改革的力度。一是按照“主辅分开、精干主业、优化辅业、专业重组、四自经营、共同发展”的思路，逐步解体塔西南“大而全、小而全”传统模式，基本建立“油公司”体制框架；二是成立塔西南改革领导小组，对塔西南在深入调研的基础上，根据实际情况，提出以“带资分流”为主要形式的深化改革思路；三是对油田分公司本部持续重组，成立基建处、工程管理处，分别与工程项目管理部、油建管理项目部合署办公。将开发事业部的水电大队、技术服务公司合并组成生产技术服务部，理顺了工作关系和管理层次，使管理更加明确。

【安全与环保】 2001年，塔里木油田在安全工作上一是强化制度建设，制定和下发了《塔里木油田分公司安全生产管理规定》等七个安全规章制度。二是继续推行安全基础工作规范化和安全“三标”建设活动。三是加大对员工的安全知识和技能培训力度，开展安全系列宣传。四是开展安全检查和油田安全隐患专项治理。五是建设三级安全生产监督体系，实行承包商安全资质证书和安全合同制度。全面完成股份公司下达的生产指标，实现安全生产，被股份公司评为2000—2001年度安全生产先进单位，这是塔里木油田自会战以来首次获此殊荣。

在环保方面，一是进一步规范建设项目环境保护管理，从源头上控制污染。二是加大污染治理力度，投资近300万元，改扩建轮南工业区生活污水处理站。三是积极开展环保科研，进行《塔里木盆地生态环境功能区划与油气田污染物排放标适宜性》等科研项目的研究。四是组织完成西气东输开发建设项目、库车山地区域勘探项目、和田电站供气工程、喀什液化气站、哈德4油田开发建设（扩建）项目的环境影响评价工作。其中西气东输开发建设和库车山地区域勘探两个项目的环境影响评价工作，得到国家环保总局、集团公司和股份公司环保部门一致好评。

（温永怀）

中国石油天然气股份有限公司
冀东油田分公司

【概述】 2001年是中国石油天然气股份有限公司冀东油田分公司（以下简称“油田”）“十五”计划实施的第一年。一年来，油田广大干部员工认真贯彻落实集团公司及股份公司一系列指示精神，以提高经济效益为中心，积极实施科技兴油、低成本、人才开发三大战略，积极进取，取得了物质文明和精神文明建设双丰收，队伍稳定，士气旺盛，圆满地完成了股份公司下达的各项业绩指标，实现了新世纪的开门红。新增探明石油可采储量114.9万吨，为股份公司考核指标的164%；生产原油62.5万吨，为股份公司考核指标的104.2%；新增原油生产能力7万吨，为股份公司考核指标的100%；投资资本回报率为14.6%，比股份公司考核指标增加1.33个百分点；实现利润2.45亿元，比股份公司考核指标增加0.45亿元；油气勘探成本、开发成本、操作成本分别为1.25美元/桶、4.15美元/桶、6.47美元/桶，分别比股份公司考核指标降低了32.8%、12.3%、4.85%。实现工业增加值6.82亿元。上缴税费1.21亿元。

【地质勘探】　继续坚持勘探开发一体化，依靠技术进步，实现了老区勘探和新区勘探工作“双进展”。

一是南堡陆地，滚动勘探取得重要进展。高尚堡地区在2000年高精度三维地震勘探基础上，进行构造整体评价和油田地质重建，重新认识了背斜主体的油气富集规律；柳赞油田利用迭前深度偏移处理资料，应用层序地层学理论，重新认识了沙三$^{2+3}$油藏；老爷庙地区勘探开发紧密结合重新评价中浅层油藏；北堡地区进行火成岩油气成藏条件研究，北12×3井火成岩试油获得工业油流；西南庄断层下降盘鼻状构造通过林3井、南38－12井的钻探，发现东营组油藏。全年部署滚动探井6口，新增探明石油地质储量459万吨，可采储量114.9万吨，优质控制储量1000多万吨，为今年乃至今后几年的勘探工作奠定了基础。

二是南堡滩海及外围地区，新区勘探取得重要进展。几年来的对外合作工作为滩海地区的进一步勘探奠定了基础。在收回滩海地区探矿权后，积极开展构造连片解释、加强地质综合研究和预探目标的评价，发现和落实9个浅层构造，构造圈闭面积近150平方千米；优选了可供勘探的浅层目标；落实了预探井位，为今年滩海地区的勘探打下了良好基础。

2001年油田把寻找外围新区块作为一项重要工作，在股份公司的支持下，获得了苏北洪泽凹陷的探矿权。管1井重新试油获得了日产14吨的工业油流，实现了冀东油田外围新区勘探历史性的突破。同时，相继获得了广东三水盆地、江苏的大丰—兴化、常州—太湖等地区的探矿权，新登记矿区面积1.87万平方千米，拓展了油田发展空间。

【油田开发】　深化老区地质认识，推广成熟工程技术，实现了原油生产和产能建设“双主动”。

油田成立了提高采收率领导小组，组织开展专题研究与矿场试验。编制了庙101等8个重点区块的滚动开发和开发调整方案。开展了高104－5区块边水调剖试验，柳16区块深部调驱试验和高13断块沙三$^{2+3}$试验。

大力推广两级三段分注技术，分注井数由2000年底的28口，增加到2001年底的47口，分注率由56.1%上升到68.2%。提液、解堵、防砂和举升等配套工艺技术不断成熟与完善。2001年措施增油7.96万吨；老区老井产油59.4万吨；油田自然递减、综合递减分别为17%、4.2%，分别比2000年降低了2.2和2.4个百分点；采收率达到18.6%，比2000年提高了0.5个百分点。

以提高产能建设符合率和投资效益为目标，坚持深浅结合，加强前期研究，做到有条件的区块整体部署，整体实施，优选井位，加强随钻分析和跟井研究，在庙北、高南、柳中等地区共钻井30口，新建产能7万吨，产能符合率100%。

【科技进步】　油田召开技术座谈会，总结了油田多年来的科技成果，这些成果形成了适合冀东油田发展的技术体系，它标志着油田的勘探开发技术、管理上了一个新水平，是油田今后发展的技术基础。

不断找出制约油田发展的“瓶颈”问题，集中力量加以攻克，这是我们油田依靠科技进步的切入点。2001年又取得新成果。

利用迭前深度偏移技术处理柳赞地震资料，沙三$^{2+3}$油藏获得重新认识，使老地震资料的潜力挖掘有了新途径。采用PDC钻头，提高钻井速度，保证井身质量，降低钻井成本。优化钻井液体系保护油层取得成功。使用MDT测井技术，对油气层的现场识别快捷、直观，减少了完井试油费用，降低了综合成本。PDC钻头、优化钻井液、MDT测井配套使用，使钻井、测井技术上了新水平。小井眼侧钻，使油水井大修、挖掘剩余油潜力又有了新方法。

油井固砂剂防砂技术取得突破。电热杆、双作用泵等采油技术成功应用。高效清蜡剂解决了油井防蜡问题。

采取常温输送工艺和加热炉自控节能火嘴，日节气2.0万立方米。油气处理厂主要生产车间实现全程自控；南堡油库装车电动阀PLC控制系统等，提高了管理水平和劳动生产率。实现了35千伏电网的合环运行，减少了停电时间。各单位的小改小革，也为油田增效做出了贡献。

【企业管理】　以降低成本为主线，加强企业管理，经济效益不断提高。抓增收，增产原油2.5万吨，增加收入3195万元；天然气和轻烃的外销增加收入1189万元；成品油销售创利132万元。

抓节支，主要通过加强管理和依靠科技进步，节能降耗，使油气操作成本继续降低。

加强项目前期研究论证工作，提高了决策的科学性，保证了投资的有效；按照既积极进取，又留有余地的原则，完成了“十五”加快发展方案和五年滚动计划的编制工作；集中决策、集中管理，用于勘探开发的直接投资占总投资的94.7%。

强化项目管理，实行勘探与开发、科研与生产、地质与工程等人员的“三个结合”，实现了勘探开发一体化、科研生产一体化、地质工程一体化，促进了“一块一策”和“一井一法”工作的进一步深入，确保了整体工作水平和整体效益的提高。

完善了经济运行程序，保持了运行程序畅通。2001年投资成本又下降了5.89%，重点工程优质率连续两年达到100%。

实行财务负责人（成本核算员）委派制度，落实责任，发挥管理与监督职能；深入开展《会计法》执行情况大检查活动，夯实和规范了会计核算基础和经营管理行为，提高了会计信息质量；加强预算动态管理，定期开展经济活动分析和财务联席会议，及时发现和解决存在的问题，促进了油田经济效益的提高。

加强企业内部管理，依靠地方政府，用法律武器维护企业合法权益，两年来诉讼案件保持全胜；参股控股公司超额完成预定指标；以“百问不倒”为核心的现场管理工作，使基层企业管理工作更加扎实。经济合同全面覆盖油田经营活动，千余份合同无一纠纷。合同管理连续两年获得唐山市“重合同、守信誉”称号。

关联交易平稳运行。油田整体市场开放率90%，工程服务类市场开放率50%，既完成了上级任务，又保证了存续公司的工作量，油区稳定繁荣。

推行员工业绩考核制度。通过这两年的运行，以业绩定收入、凭业绩论英雄的理念已深入人心，业绩合同成为促进生产经营指标完成的助推器。根据《劳动法》的规定，给每名员工建立健全了养老、医疗、工伤、生育、失业等五大保险，保证了员工的基本利益，解决了员工的后顾之忧，减少了劳动纠纷，有效地激发和调动了员工的积极性、创造性。推行了油区巡井管理试点；油气处理厂实施了自动化全程监控改造，取得了良好的效果，既提高了工作效率和劳动生产率，又改善了员工的工作条件。

开展成本管理效能监察，堵塞管理漏洞，经济效益和管理水平进一步提高。以建设工程审计、财务审计、预算审计、合同审计、离任审计为主要项目，以勘探开发、基本建设项目审计为重点，对物资采购、工程招评标、现场踏勘、竣工验收等实行全过程审计，不断拓宽审计领域，前移审计环节，向管理审计延伸，取得了较好效果。全年共完成审计项目8个，审计单位、审计资金覆盖率均达到100%，审出问题金额255万元，比2000年同期减少了79.6%。

【人才开发与培训】　按照建设“四支队伍”要求，坚持“领导干部重点培养，优秀人才优先培养，紧缺人才加速培养，全体员工整体提高”的原则，采取“长期与短期相结合，内部与外部相结合”的培训办法，不断加大了培训力度。一是增加了培训投入；二是扩大了培训面，解决了一个“需”的问题，员工需要提高哪方面的文化和技能，就安排哪方面的培训。几十个科研项目展开研究，既解决了我们生产需要，又使技术干部在实践中得到了锻炼，提高了水平。全面开展员工技术比赛、岗位练兵等活动，员工的技能大幅提高，许多原来自己干不了、不会干的工作，现在可以自己干了，基本实现了一人多岗，一岗多能，提高了劳动生产率。

【安全生产】　油田始终坚持“安全第一、预防为主”和“综合治理、防治结合”的工作思路，认真贯彻落实国务院及集团公司、股份公司关于安全环保工作的重要指示精神，着力加强HSE管理工作，加大安全隐患和污染源的治理力度，进一步夯实了安全生产基础。

以岗位风险评估为切入点，严格按照HSE管理体系程序规范运作，做到了领导组织、责任分解、体系建设、资金投入和监督审查“五到位”，有效地控制了生产建设中可能发生的事故。

强化以岗位风险评估为主要内容的培训教育，使员工对岗位存在哪些危险源，容易发生什么事故，应该采取什么预防措施等做到了心中有数。

加大隐患整改力度。2001年共投入资金207万元，整改了信息中心计算机房消防装置等26个隐患项目；安排经费64万元，完成安技措项目4个；投入治理环境污染资金1346万元，改造高一联污水集中处理、成品油库排水、柳103管线护坡等32项环保工程，消除事故隐患。解决了边远井站通讯问题，使员工工作环境得到了改善。

安全清洁生产步入法制化轨道。与员工签订《用工合同》的同时签订《员工安全生产合同》；对外经济活动中，在签订《经济合同》的同时签订《安全环保合同》。

各级安全监督较好地发挥了监督职能，使 HSE 管理责任落到实处，推动了油田文明生产水平的不断提高。

（付建华）

中国石油天然气股份有限公司浙江勘探分公司

【概述】 中国石油天然气股份有限公司浙江勘探分公司（以下简称浙江勘探分公司）是 1999 年中国石油天然气集团公司重组时，按照上市核心业务划分原则从浙江石油勘探处分立出来的，是中国石油天然气股份有限公司（以下简称股份公司）在南方惟一一家以油气勘探为主的地区分公司。浙江勘探分公司总资产 3435 万元，下属单位有研究所、天然气公司、浙江中油石油天然气销售公司和杭州中油海华石油有限公司。浙江勘探分公司现有员工 69 人，其中高级职称 13 人、中级职称 34 人、初级职称 7 人。机关设置按照精简、高效、一人多岗的原则设立总经理办公室、勘探与生产部、人力资源部和计划财务部 4 个职能部门。

浙江勘探分公司以浙江省及其周边省份乃至中国南方的油气勘探开发为主，兼营成品油销售和石油技术对外合作。

在勘探方面，按照股份公司“十五”油气勘探的总体规划，从 2000 年开始，对江西鄱阳盆地南鄱阳坳陷开展新一轮油气勘探工作，以坳陷西区为重点，对中国石油开发公司与美国能源开发公司（中国）有限公司（以下简称 EDC 公司）合作完成的 653.70 千米老地震资料进行重新处理和解释，新近完成了 1106 千米的二维地震勘探任务。

在油品销售方面，按照股份公司“发展区内，开拓区外”的成品油销售战略，加强与股份公司华东销售分公司的业务联系和合作，共同开发浙江成品油销售市场，为不断扩大“中国石油”品牌在南方的市场份额而努力。同时，按照股份公司成品油销售归口管理的要求，逐渐将成品油批发销售业务移交给华东销售分公司经营管理。

【油气勘探】

1．南鄱阳坳陷地震勘探

为 2002 年提交准确的区探井井位，股份公司勘探与生产分公司、勘探开发研究院、中国石油集团地球物理勘探局（以下简称物探局）和浙江勘探分公司的 30 多位领导和专家，于 2001 年 8 月 2 日在物探局长沟石油会议中心召开“鄱阳盆地地震勘探技术研讨会”，认真总结了以往南鄱阳坳陷地震勘探采集、处理的成功经验，围绕鄱阳盆地地震勘探技术问题，针对各项资料进行了全面、深入、细致的分析，就野外采集提出了“三个靠前”即技术、高层次专家和处理靠前的要求，由于勘探生产管理到位，新采集的资料质量和工作效率都有明显提高。

（1）超额完成了 2000 年度地震采集任务。2000 年地震采集工作是跨年度实施的。在 2000 年冬季点试验、段试验和试生产的基础上，实际完成满覆盖地震测线 355.26 千米，为年计划的 111.02%；其中，一级品率 71.67%，合格率 99.3%，废品率 0.70%，总合格率达到和超过合同及行业标准。

（2）2001 年度南鄱阳坳陷计划安排二维地震 700 千米，实际完成二维地震测线 35 条，满覆盖长度 751 千米；其中，一级品率 80.3%，二级品率 19.2%，废品率 0.5%。

（3）完成包括 2000 年度、EDC 老资料在内共 1442.22 千米的二维地震资料连片处理，通过专家评审验收，处理出站剖面品质评价结果为：一级品率 71.7%，二级品率 28.3%。经初步构造解释，基本解决了坳陷西区的构造形态和样式，基本查明了断裂展布和组合特征。初步解释发现了 3 个有利构造带、10 个局部构造、38 个层圈闭，圈闭总面积 655.10 平方千米。圈闭类型以断块、断背斜为主，特别是南昌凹陷的中部断垒带上的局部构造最具备油气勘探的有利条件。

2．南鄱阳坳陷东区大地电磁测深（简称 MT）勘探

2001 年春在南鄱阳坳陷东区完成 MT 勘探 180

个测点的野外采集，同时结合 2000 年度的 MT 工作进行整体处理和解释。通过解释成果分析，获得三个初步认识：（1）查明了工区内的基本地质构造特征和白垩系地层分布规律（即南矶凹陷、中央凸起、渡头—珠湖凹陷等）。（2）查明渡头—珠湖次凹在工区内西段基底埋藏浅，向东逐渐加深，在西段发现两个局部构造形迹。（3）证实工区内基底存在着南北对冲的基底构造特征，进一步深化了对南鄱阳坳陷东区地质结构的认识。

3. 实施了鸣检 1 井浅井钻探工程

根据南鄱阳坳陷东区盆地评价研究的需要和地表露头的实际情况，将原定的槽探工作改为浅井工程，浙江勘探分公司于 2001 年 12 月 11 日，在江西乐平实施鸣检 1 井钻井工程。设计井深 560 米，实际完钻井深 515.28 米。在 437.2—449.8 米（Pz_l）井段发现厚度近 12.0 米的含油—饱含油粗砂岩，油质较轻（原油密度为 0.82—0.83 克/立方厘米）说明该区有过油气生成、运移、聚集的过程，客观地反映鄱阳盆地有较好的油气勘探前景。

4. 浅层天然气勘探

2001 年度计划安排 150 千米地震勘探工作量，由于勘探区内浅层天然气生、储、盖组合情况不理想，及时调整了部分工作量，实际完成了 38.4 千米，完成计划工作量的 22%；其中，一级品率 84.7%，二级品率 14.9%，废品率 0.4%。

为配合东南沿海浅层天然气研究课题，争取深部浅层气勘探有较大的突破，还进行了“薄膜”、“微生物化探”和遥感等勘探方法的研究，确定了天Q1、天Q2和双Q1三个井位。完成了天 Q1 井、天 Q2 井的施工，并在 50 米至井底进行了取心，岩心收获率分别达到 83% 和 90%，虽未获得较深层浅层天然气的显示，但圆满地完成了地质任务。

【地质研究】　2001 年研究项目主要是南鄱阳坳陷油气勘探前期评价。

南鄱阳坳陷西区评价研究：一是开展了南鄱阳坳陷的盆地模拟研究。对南鄱阳坳陷的沉积埋藏史、热史、生烃史等进行了较系统的分析研究，为区带优选和圈闭评价打下了基础。二是对南鄱阳坳陷进行地震相划分和层序地层划分对比，取得了以下四点重要认识：

第一，鄱阳盆地具有多套海相烃源岩，还具有特殊母质类型的树质煤。以二叠系为主的海相烃源岩具有特殊的演化史，具备在晚白垩世—古新世伸展盆地发育阶段晚期生烃（含二次生烃）的条件，为晚期成藏提供了充足的烃源基础。

第二，南昌凹陷是油气勘探最有利的地区，该区上古生界烃源层保存好，烃源相对丰富，其断垒带具有南北两侧断槽的供油、气条件，上覆中生界地层一般都大于 2000 米，最厚可达 4000 米，盖层条件较好，具备油气突破的基本条件。

第三，局部构造发育。以 2000 年度采集的 9 条线地震资料为依据编制的构造图上，南昌凹陷即反映了 10 个局部构造，在中央断垒带上局部构造尤为发育。所作三层构造图共有层圈闭 38 个，比较好的有店里、高田、灌溪 3 个构造，构造圈闭面积较大，达 30—40 多平方千米，高点埋深适中，白垩系底面埋深在 2000—2300 米。

第四，南鄱阳坳陷具有良好的资源基础。据盆地模拟的初步成果，南鄱阳坳陷的资源量约 1.7—2.8 亿吨油当量。

南鄱阳坳陷东区评价研究：经过野外有关剖面的测制和收集大量煤矿钻井资料，结合 MT 资料进行综合研究分析，完成了《南鄱阳坳陷东区油气勘探前期评价报告》，进行了以建立地质剖面为主要目的鸣检 1 井工程、地质设计，并实施钻探。东区评价研究成果和鸣检 1 井良好的油气显示，进一步明确了以二甲村凹陷、南矶凹陷为主体的东区具有较好的含油气远景，是继西区之后另一个油气勘探的接替区。

【企业管理】

1. 规范勘探项目的设立与合同管理

根据 2001 年度油气勘探项目总体设计的安排，设立了南鄱阳坳陷西区地震详查勘探、南鄱阳坳陷东区 MT 勘探、杭州湾地区第四系浅层天然气勘探 3 个勘探项目。按照股份公司勘探项目管理的目标和要求实行甲乙方项目合同制管理，签订了统一、正规的甲乙方项目合同书，并对乙方提供的各项目设计书进行严格审查。

2001 年度对外签订 9 个勘探工程项目合同，组织完成了 7 个勘探项目的验收。项目坚持按工作量拨付资金，项目结算严格履行“申请—审批—拨付”的工作程序，提高了勘探效率和效益。

2. 切实履行全程勘探施工现场监督职责

在鄱阳盆地南鄱阳坳陷地震勘探、MT、第四系浅层高分辨率地震勘探、地震资料处理以及鸣检 1 井钻井工程等项目的实施过程中，严格按合同规定和行业技术标准进行全程监督、检查和管理。

在南鄱阳西区地震勘探施工中，实行分线设计—分线踏勘—分线审批的工作程序，做到在上线生产前严格审查分线设计书、观测系统图、激发分区表、覆盖次数统计表、测量草图、测线近地表模型曲线等，提出书面具体审查意见并签字批准后上线采集。发现存在质量问题及时发出“质量问题备忘录”和“项目实施质量要求”，限期整改，确保采集质量。

3. 设备管理

对设备进行动态管理，及时对固定资产进行清理；对技术报废及接近报废年限的资产在提取减值准备金后，实行提前报废，优化了资产状况，减少了成本支出。

4. 勘探成果资料、综合档案管理

完成接收2000年度有关南鄱阳坳陷西区地震勘探采集和处理的磁带、光盘118盘，文书档案732份，资料12份，初步建立了浙江勘探公司资料查询系统。

5. 浅层气田管理

浅层天然气田开发已进入后期，气井生产不稳定。为避免由于供气不足带来的偏远用户用气安全和收费困难问题，通过加强气田管理，减少了居民用户，保证了厂矿用户用气的稳定。在总用户大幅度减少的情况下，2001年售气收入29.6万元，超额完成指标的18.5%。全年产气338067立方米，产销气转化率为87.6%，探井成功率为100%，开发成本下降近20%。

【员工培训】　2001年浙江勘探分公司员工人均受培训教育天数为5天，总计培训费用为58540元（不包括差旅费），人均848元。全年培训费占浙江勘探分公司工资总额的4%。

培训的内容主要有：财务管理知识培训、管理业务及岗位适应性培训、员工精神素质培训、专业技术人员培训、操作人员岗位培训等5个方面。

【减人增效】　股份公司核准浙江勘探分公司人员编制为93人，通过有偿解除劳动关系等减员措施，2001年底员工总人数减至69人。浙江勘探分公司成立两年来，员工总数逐年减少，而油气勘探工作任务逐年增加，各单位根据工作岗位性质，优化配置，一人多岗，没有因为减员而影响到工作的正常开展，并保质保量地完成了各项油气勘探工作任务，达到了减员增效的目的。

【效能监察】　认真落实上级纪检监察部门有关厉行节约、制止奢侈浪费的具体规定，制定措施，增效减支。业务招待费实行目标控制，建立健全申报、签批、审核等制度，按照“必须、节约、合理”的原则，执行业务招待费财务单独列项制度。浙江勘探分公司机关办公电话费实行限额包干，坚持每月跟踪考核监督，超额自付。对关联交易、浙江勘探分公司机关配备办公电脑、购买工具用车等项目，纪检监察部门自始至终参与项目的决策、市场调查、货比三家和职能监督。通过效能监察，规范了企业操作行为，提高了办事效率和经济效益。

（谢乃强）

中国石油天然气股份有限公司
哈尔滨石化分公司

【概述】　中国石油天然气股份有限公司哈尔滨石化分公司以石油加工业务为主，属燃料型炼厂，占地面积102万平方米，加工能力400万吨/年，现有生产装置13套，主要产品有汽煤柴等6大类16个牌号和聚丙烯树脂粉料、工业丙烯、丙烷、液化气等化工产品。截至2001年末，公司固定资产原值达到28.2亿元，资产总值27.3亿元。公司党政领导班子6人，员工1700多人，各类专业技术人员399人。企业曾获全国五一劳动奖状、全国优秀基层党组织及省文明单位标兵等称号。

【主要指标】　全年共加工原油239.1万吨，同比增长24.53%，其中掺炼俄罗斯原油37.4万吨；综合商品率90.5%，比预算提高0.5个百分点；轻质油收率82.08%，比预算提高了1.29个百分点；原油加工损失率1.2%，比预算降低0.18个百分点；综合能耗85.73千克标油/吨，同比下降3.77个单位；单位能量因数耗能12.99千克标油/（吨·因数），比预算降低0.01个单位。

全年共生产汽煤柴油品193.9万吨，同比增长23.8%。其中：汽油84.9万吨，同比增长22.8%；柴油103.9万吨，同比增长23.5%，柴汽比1.22，创公司最好水平；航空煤油5.09万吨，同比增长

51.5%；精丙烯5.53万吨，同比增长11.5%；聚丙烯2.78万吨，同比增长22.57%；MTBE1.93万吨，同比增长19.14%；液化气11.1万吨，同比增长19.7%。

全年实现销售收入52.6亿元，比预算提高7.6亿元；实现税费5.84亿元，比预算提高785元；实现利润7203万元。利税总额列哈尔滨市第一位，受到市政府的表彰。吨油销售收入、吨油利润、轻质油收率等主要指标在国内炼油企业中处于比较领先的地位。

【生产经营】 2001年，是新世纪开始的第一年，也是“十五”计划起步的重要一年。由于成品油市场竞争日益激烈，油品市场变化频繁，销售不畅，原油与成品油比价严重不合理，企业的生产经营面临比较严峻的考验。公司坚持以经济效益为中心，通过技术进步，提高产品质量，优化产品结构，努力增强市场竞争力；坚持眼睛向内，挖潜增效，通过强化管理，努力降低各种消耗，控制成本费用，较好地完成了全年的各项任务。

（1）生产经营再创高水平。2001年的生产面临着比较大的考验：原油加工量达到了239.1万吨，比上年增加了46.5万吨，创历史新高，由于俄罗斯原油进厂时间不均衡，掺炼比例经常变动，增加了接卸工作和产品结构调整的难度；受市场供大于求影响，公司的原油和成品油都处于高罐存，给安全生产带来了很大的威胁；2001年有8套装置进行了检修和改造，装置开停工频繁。公司通过强化管理，精心操作，严格工艺纪律，强化设备维护，杜绝了非计划停工等各类事故，主要生产装置实现了安全平稳生产的目标。8套检修装置也圆满完成了检修任务，并一次开车成功。经营系统克服了一季度几十年不遇的雪灾和严寒，克服了市场需求疲软，产品价格下滑的困难，共销售汽油、柴油、煤油、石脑油200万吨，创下公司历史最好水平；同时与中联油、铁路、满洲里口岸加强沟通，组织好进口俄罗斯原油的接卸工作；根据原油价格的变动，及时调整原油进厂时间为公司降本增效1190万元。

（2）优化产品结构，提高经济效益。根据国家新的油品质量标准及市场需要，公司积极采取措施优化产品结构，提高产品质量。通过优化工艺流程，优化装置运行，提高常压装置的拔出率，降低催化负荷，按利润最大化原则控制产品分布；积极应用新技术、新工艺，努力降低汽油中的烯烃含量，努力增产柴油和低烯烃汽油等高附加值产品。全年共生产柴油103.9万吨（其中催化柴油100%经过加氢精制），生产低烯烃汽油17万吨，占汽油总量的20.02%，既满足了市场需求，也提高了企业的经济效益。

（3）节能降耗取得成效。2001年，公司结合达标工作加强了节能降耗的考核力度，充分发挥了节能技改与管理的作用，取得较大成效。公司共进行了28项节能技术改造，总计投资446万元，同时还重点抓好催化烟机组、余热锅炉等各类节能设施的管理和运行。在加工量大幅增加的条件下，与2000年同期相比，共节电232万度，节水17万吨，全年综合能耗同比降低3.77千克标油/吨，单位能量因数耗能同比降低0.62个单位。

（4）强化管理，降低成本费用。2001年公司继续推进目标成本费用否决工作，修订完善内控制度，将成本指标层层落实到处室、车间、班组，不断提高标准化和精细化程度，坚持严考核、硬兑现，有力地控制了成本费用，单位加工费比2000年降低了8.7%，财务费用比预算降低了1663万元。

【技术进步】 2001年公司用于技术进步方面的投资总计1.17亿元。其中MTBE装置由1万吨改造成5万吨，当年投资3663万元；芳烃装置投资6852万元进行了前期土建，设备订货全部完成；此外，还对三催化液态烃精制系统进行了改造等。这些项目的完成进一步增强了公司的技术实力。

【环境保护】 在环保工作方面，公司于2000年通过了黑龙江省“一控双达标”验收。2001年，由于公司加工量大幅上升，并加工了37.4万吨含硫俄罗斯原油，含硫等各种污染物总量大幅上升，环保指标监控的难度增大。公司坚持“三同时”原则，严格控制外排合格率，外排污水处理率达100%，做到增产不增污；继续开好污水净化装置，实现污水净化回用，降低新鲜水单耗，减少污水的排放量，努力做到环境效益、社会效益和经济效益并重。

【干部队伍建设】 根据集团公司的安排，哈石化被列为干部人事制度改革工作的试点单位。为落实好此项工作，公司制定了《中国石油哈尔滨石化分公司干部人事制度改革试点工作方案》，并从2001年10月1日起，在干部选拔任用上按新的机制运行。在设计室、职工医院进行了处级领导干部的试点工作。12月底，股份公司通过民主推荐、公开竞聘等方式对哈石化公司党政领导班子进行了调整，为进一步深化公司干部人事制度改革打下了基础。以竞聘为核心的新的干部任用方式对提高干部素质、加强干部队伍建设起到了促进作用。

（马志新　杜文斌）

中国石油天然气股份有限公司大连石化分公司

【概述】 2001年，中国石油天然气股份有限公司大连石化分公司在原油、成品油市场大幅波动，产品价格不断下滑，下半年后路不畅，减利因素不断增加的不利情况下，经过不懈的努力拼搏，在生产经营和工程建设上均取得了较好的业绩。

【生产经营】 2001年，面对市场供过于求的矛盾和公司有13套装置停检、改造的不利情况，在严格执行股份公司限量加工计划的前提下，努力从优化生产组织和产品结构上挖潜增效。结合装置停检改造和市场情况，合理安排加工进度，搞好装置的平衡衔接；及时调整和优化生产流程，努力提高柴汽比、掺渣比和轻油收率，减少加工损失及重油产量；及时测算综合效益情况，合理关停部分生产装置，降低生产运行成本；在保证完成统配产品计划的前提下，适时增产低烯烃汽油，稳定硬蜡产量，扩大汽油出口，提高丙烯和液化气产量，为全年总体赢利增加了保障。全年累计加工原油600.6万吨，实现利润3.55亿元，名列股份公司炼化企业前茅；实现销售收入119.6亿元，上缴税费12.38亿元，继续保持了大连市纳税大户的榜首。

【降本增效】 为降低成本提高效益，公司进一步加强费用控制，严格预算管理，精细测算抓落实。将指标层层分解，并通过设定基础奖和增收奖两档指标的办法压缩费用指标，严格考核兑现，使各项费用明显下降；坚持从大处着眼，小处入手，实行全面预算管理。通过经济活动分析，抓管理、堵漏洞，并结合企业重组以来的运行实践，重新修订完善了一系列管理制度，大到维修费用、物资采购费用、工程建设费用、财务费用、管理费用，小到办公用品和低值易耗品，都实行了严格的审批程序；还与新制定的《效能监察管理办法》相结合，狠抓监督和落实，使各项费用指标得到较好控制，促进了降本增效。2001年炼油含期间费用的单位现金加工费143.56元/吨，比2000年降低2.32元/吨，比预算降低6.52元/吨；发生管理费用2.45亿元，比2000年减少259万元，比预算节约3008万元；发生销售费用3948万元，由于产品价格不到位，比2000年增加258万元，比预算节约852万元；应收账款余额为2520万元，比年初下降769万元。

【技术进步】 为提高生产技术水平和产品质量，该公司把当前的增效与长远技术进步相结合，2001年确立科技开发项目55项，完成15项，年内共有11个项目完成了科技成果鉴定，还申报实用新型专利一项；为提高柴汽比，积极尝试增产柴油的新方法；为降低因新装置增加给完成能耗指标带来的压力，在保证产品质量的前提下，通过采用新工艺，改进清洁汽油调合方法和下调加剂量等措施降低能耗物耗，并努力提高节能措施的投用率，勤检查、勤分析、勤调节，严格工艺纪律，对所有装置的能耗、剂耗实行严格考核，使水、电、汽、风和燃料消耗明显下降。全年单因能耗、综合能耗与2000年相比，分别降低0.33和2.96个单位，加工每吨原油耗水从0.85吨降到0.74吨，比2000年节约淡水54.32万吨。

【安全生产】 为实现生产安全平稳运行，通过实行全员安全风险抵押，认真落实安全生产责任制，狠抓班组安全活动，进一步完善HSE目标管理体系等措施，并配合开展HSE宣传月、安全生产宣传周等宣教活动，有效地增强了职工安全生产的自觉意识。同时加强对重要装置、关键部位的监控，重点强化对“施工、操作、交通”三个现场的督察，全年组织了4次岗位责任制大检查和9次专项安全大检查，确保了安全生产的良好势头。在安全上实现了各类重大事故为零的目标，其他各类一般事故1起，比2000年同期下降了87.5%，被股份公司评为安全生产先进单位。

【设备管理】 公司通过实行对设备分承包方的选择评价、严把设备进货质量关、签订设备保运合同、开展设备管理达标竞赛和检查、总结推广设备管理先进经验、狠抓施工质量等措施，使装置和设备完好水平普遍上升，维修费用相对下降，各项设备技术指标控制在理想状态，主要设备完好率达到99.10%，静密封点泄漏率为0.18‰，设备事故为零，为安全生产和提高效益保障奠定了基础。

【“十五”计划全面启动】 按照股份公司要把大连石化分公司建设成中油标志性炼化企业的意见，“十五”期间，该公司将通过新建和改造部分生产装置，将生产规模扩大到2000万吨/年，成为中国石油最大的炼油基地。该工程于2001年11月被列为国家“双高一优”项目，并得到了国家经贸委的认可。为加快“十五”建设步伐，该公司精心实施“十五”计划。2001年5月，2000万吨/年加工俄罗斯原油方案环评通过专家评审；6月，国家环保局批准了该方案的总体环评；方案总体项目建议书也通过了股份公司专家组的评审。几个重点项目的技术论证、设计和设备、施工招标等按计划全面实施。

【重点工程】 2001年，“十五”扩建、改造工程全面启动，进展顺利。

1.350万吨/年重油催化裂化装置奠基

5月28日，国内同类装置规模最大，总体技术达到世界先进水平的350万吨/年重油催化裂化装置奠基。股份公司高级副总裁任传俊、副总裁兼炼油与销售分公司总经理林青山、辽宁省委副书记兼大连市委书记孙春兰、市长李永金，以及股份公司、大连市委、市政府有关部门和部分炼化企业的负责人参加了奠基仪式。作为“十五”的龙头项目——350万吨/年重油催化裂化装置的开基建设，在公司的发展史上又翻开了具有重要历史意义的新篇章。它标志着公司“十五”计划的正式启动，意味着中油股份公司在大连建设炼油基地宏大工程的开始。它的建设，增强了企业应对加入WTO后的灵活性。

2.60万吨/年连续重整装置建成投产

为解决产品质量不高，市场竞争能力不强，特别是汽油高标号产品少，出口难度大等问题，2000年9月18日，公司投资37928万元，动工兴建60万吨/年连续重整装置，2001年10月28日21时30分，装置一次开车成功，生产出合格的产品，并创下国内同类装置开工周期最短的记录。该装置采用美国环球公司（UOP）的重整第三代催化剂连续再生工艺，是目前世界上最先进的重整工艺。按设计能力计算，年可生产RON高辛烷值汽油36万吨，含氢气体5.87万吨，$C_6$16万吨，将大大提高汽油产品质量。

3.热电厂二期扩能改造工程建成投用

为适应“十五”发展的需要，以及解决现有锅炉存在的安全隐患问题。公司投资35240万元，于2000年2月28日动工，对热电厂实施二期扩能改造，新建220吨/小时高压燃油锅炉两台、25兆瓦汽轮发电机组两台。使电厂装机容量由4.9万千瓦·时扩大到7.9万千瓦·时。历经18个月，于2001年9月22日，热电厂二期改造工程投产成功。

4.二蒸馏改造投料试车成功

这是公司“十五”形成500万吨/年加工大庆原油计划实施技术改造的第一套装置，投资9868万元。2001年7月19日开始施工，经过45天的日夜奋战，于8月25日工程中交并实现了改造一次开车成功。装置能力由280万吨/年，扩大到了450万吨/年。经过标定，改造后的装置已达到设计负荷，产品技术指标完全满足设计要求。

5.铁路扩能改造顺利完成

公司有史以来最大的铁路改造项目——铁路移位改造工程于12月7日通车成功。该铁路过去横穿厂区中部，影响公司发展与布局。为此，公司投资1642万元对铁路实施改造。改造后的铁路全长4.3千米，西起机务车间西侧745号道岔处，东到海茂市场南100米处，与大连宝丰港务公司（原五二三厂）铁路相连通，该铁路名为东海岸线。

【企业管理】 为适应重组改制的运行需要，公司不断深化内部改革。采取强化劳动组织管理，实施“五定”，减少管理层次，加强业绩考核，健全激励制度，实行竞争上岗等措施，激励了员工队伍、促进了劳动组织的优化；强化部门职能作用，在节约资金、降低工程造价、施行效能监察等方面取得了成效；及时修订完善《管理制度汇编》，明确了职责，理顺了关系，为企业新机制的运行提供了制度保证。还按计划完成了386项各类标准的制修订工作，并运行了网上查询系统；在加强物资供应管理上，扩大了厂家直接进货范围，降低了资金占用，节省了采购资金，并初步建立了电子商务系统，为进一步强化物资管理创造了条件。2001年还顺利通过了ISO 9002质量体系的复评。

【思想政治工作】 按照“搞好服务、相互联合、求真务实、开展活动小而精”的工作原则和“党群工作一体化”的工作思路，积极探索和改进党建和思想政治工作的新路子、新方法，促进了企业生产建设，保证了职工队伍的稳定。通过制定《党组织工作条例》等规章制度，规范了企业党的建设工作；“三讲”学习教育和党风廉政主题教育活动，提高了党员干部思想道德素质和拒腐防变能力；通过开展转岗培训、技术练兵、技术比武、劳动竞赛等活动，提高了职工队伍素质，调动了职工的积极性；“知百家情、解百家难、连百家心”活动，有效地理顺了职工的思想情绪，化解了矛盾，稳定了职工队伍，为企业生产经营目标的实现提供了有力的思想保证。

【公司荣获“国家 863 计划 CIMS 应用示范企业”称号】　公司从 1999 年 9 月份开始实施计算机集成生产系统，即 CIMS 一期工程。该工程以产供销为主线，在 10 个罐区和 6 套控制系统上开发了装置数据采集和监控系统；开发了质量管理、计划调度、统计分析、营销等管理信息系统；集成了财务管理和物资管理等系统；建立了覆盖全公司的计算机网络系统；完善了“炼厂图形建模”和生产过程优化控制等系统。2000 年 10 月，CIMS 一期工程通过了国家 CIMS 炼油行业专家组的验收，2001 年 3 月被授予“国家 863 计划 CIMS 应用示范企业”。

【主要经济指标及主要产品产量完成表】　大连石化分公司 2001 年主要经济指标完成情况见表 2、表 3。

表 2　大连石化分公司 2001 年主要经济指标完成情况

指标名称	2001 年	比 2000 年
原油加工量（万吨）	600.60	10.25
工业总产值（1990 年不变价）（亿元）	38.30	0.12
利润（亿元）	3.55	6.26
其中：化工（万元）	1326	-3358
销售收入（亿元）	119.61	-8.09
资产总额（亿元）	74.45	13.08
资产负债率（%）	32.16	8.88
出口创汇（亿美元）	1.754	-0.003

表 3　大连石化分公司 2001 年主要产品产量表

产品名称	产　量（万吨）	比 2000 年（%）
汽　油	170.26	7.27
煤　油	28.95	-5.91
柴　油	197.29	11.71
燃料油	46.07	7.09
基础油	23.12	-35.49
化工轻油	17.35	-26.70
石　蜡	21.43	-2.68
商品液化气	33.31	-0.48
丙　烯	13.99	-3.18
聚丙烯	13.87	-0.07

（邹玉华）

中国石油天然气股份有限公司锦州石化分公司

【概述】　2001年是中国石油天然气股份有限公司锦州石化分公司实施"十五"计划的起步年，也是全面推进企业改革和发展的关键一年。一年来，我们锦州石化分公司承受了国际市场形势风云变幻的冲击和挑战，经历了国内外原油、成品油价格几次较大波动和调整使企业效益下滑等严峻现实的考验。在中油股份公司的正确领导下，在地方政府、油田、铁路、港口、银行等各部门的大力支持和锦州石化公司的密切配合下，分公司全体员工同心同德、振奋精神、努力工作，认真贯彻落实股份公司的各项生产经营部署和年初分公司职代会提出的"优化生产保安全，深化改革抓关联，扭亏降耗增效益，确保四开五实现"的奋斗目标。坚持以市场为导向，以效益为中心，优化生方案，积极推进改革，强化企业管理，努力消化生产装置大修和国内成品油降价等减利因素，实现了企业生产经营各项工作的平稳运行。职工队伍经受了考验和锻炼，企业两个文明建设都取得了可喜的成果。

【2001年主要工作】

1. 完成主要生产经营指标及生产运行指标

2001年是企业外部减利因素较多，内部生产调整、强化管理任务较重的一年。从全年看对企业效益的影响主要来自三个方面：一是装置大修影响有效生产时间一个月，检修期正值国内成品油市场最好的三、四月间，同时，因检修开停中个别装置的波动及产品质量问题，影响了企业的效益。二是今年国内市场成品油八次较大幅度的价格调整，其中二次涨价、六次降价，使全年成品油销售含税加权平均价格比2000年降低266元/吨，仅此一项就减利8亿元。三是2001年国家和股份公司对成品油出厂质量指标的特殊限制，如柴油胶质、密度，对煤油、溶剂油的限产等以及我们在柴汽比调整等方面的原因也影响了企业的效益。尽管面临如此之多的减利因素和困难，分公司上下团结一致，以内部的调整优化适应外部市场的变化，依靠提高企业的盈利能力和竞争能力消化各种减利因素，强化管理，立足挖潜增效，减亏解困，坚决完成中油股份公司下达的各项生产经营指标和考核指标，取得了较好的成绩。

全年实现原油加工量463.8万吨，比2000年增长3.43%，其中加工辽河油247.6万吨，大庆油124.4万吨，进口油72.08万吨，外购海洋油及重质蜡油等各种原料油19.73万吨，与2000年相比加工量合计净增加15.4万吨。

全年完成汽煤柴溶四大类商品总量307.83万吨，比2000年增长4.04%；煅烧焦产量合计7万吨，比2000年增长81.3%；化工、添加剂产量合计13.71万吨。全年主要装置加工量和各项技术经济指标完成年预算目标并再创历史最好水平。

全年完成工业总产值29.04亿元，比2000年增长3.34%；实现销售收入85.2亿元；实现税金8.71亿元，比2000年增长6.72%；实现利润6336万元，如剔除原油、成品油全年实际平均价格与预算的价差，完成了股份公司下达的年度利润指标。

全年完成固定资产投资3.23亿元，圆满完成了装置大修任务，二常、二加氢扩能，异丙醇，西山栈桥，高压消防水、327储罐、变频器等技术改造项目和长输管线、空分制氮、集中供风等在年内相继投产。在科研攻关方面全年完成计划重点项目9项，一般项目13项，其中高碱值磺酸镁中试、稀土胶工业化和CIMS一期工程实现了预定的目标，这些项目的完成和投产，为企业今后的生产发展奠定了较好的基础。

全年围绕完成股份公司下达的KPI业绩考核指标，我们从强化成本管理，降低物料消耗，狠抓开源节流、节能降耗入手，轻油收率完成68.29%，比2000年增长0.2个百分点；综合商品率完成88.63%，比2000年增长1.58个百分点；加工损失0.93%，比2000年降低0.22个百分点；全年炼油现金单位加工成本完成80.45元/吨，比预算目标下降0.05元/吨；含期间费用的炼油现金单位加工成本完成132.71元/吨，比预算目标下降1.59元/吨；财务费用、销售费用支出均低于预算目标；管理费中的办公费、招待费、电话费、差旅费、消耗材料等五项指标也控制在预算之内，主要KPI指标均达到了股份公司的考核要求。

2. 以降低成本为核心，优化组织生产

2001年，锦州石化分公司的生产经营工作，坚持从市场需要出发，以效益最大化为核心，通过调整结构，优化生产，努力实现产量与效益的统一。从年初开始职能处室与生产单位就认真根据市场成品价格的变化测算加工效益，适时调整生产方案全年坚持按柴油方案组织生产；下半年焦化采取20小时生焦方案运行，减少渣油外售，增产轻质油，取得了明显的效益。根据市场需求，我们从计划入手，生产稳中求变，采取重整满负生产、多产高辛汽油方案，利用高辛汽油、MTBE、头尾油、戊烷等组分成功调制低烯烃汽油10万吨，创造了可观的经济效益。全年分公司还通过狠抓装置达标，向节能降耗要效益，完成节能措施22项，实现每小时节水80吨、节电550千瓦、节汽11吨、节油0.9吨。综合完成107万大卡/吨。比2000年下降5.6%。全年通过节能降耗增效1900万元。

3.狠抓亏损产品的扭亏减亏工作取得理想的成绩

2001年，锦州石化分公司领导班子为实现顺丁橡胶、煅烧焦减亏和添加剂扭亏为盈的目标，年初成立了由三位副总经理分别任组长的产品扭亏工作组。在组织职能处室和生产单位对各项生产成本指标进行科学合理的细化分解与严格控制的基础上落实相应的承包激励机制，对生产经营全过程实行监督与控制。添加剂厂落实了产供销一条龙承包机制，按全年有效生产时间11个月统计，完成产量1.4万吨，销售量1.25万吨，完成考核利润241万元，扣除折旧和工资及调整因素全年完成考核利润100万元，实现了扭亏为盈的目标。煅烧普焦全年产量5.72万吨，销售量6.8万吨；煅烧针焦2558吨，销售量3544吨，全年实际亏损656万元，比控亏指标1700万元减亏1044万元。如果剔除折旧和产品调价因素，煅烧焦产品全年实现了不亏损的目标。顺丁橡胶全年产量1.74万吨，销售量1.72万吨，剔除计提折旧等因素实际账面亏损1000万元，如按全部生产成本考核，与2000年相比减亏800万元。

4.强化安全监督管理，安全生产实现“五个为零”

2001年，锦州石化分公司，按照中油股份公司232号《关于切实加强安全生产若干意见》文件精神，结合公司实际情况，实行了专业监督、分区负责，完善和建立起全员、全过程、全天候、全方位的安全监督体系，使安全工作落到了实处，收到较好的效果。全年未发生重大人身伤亡、火灾、爆炸、交通、设备事故，上报股份公司一般事故4起，完成了年初制定的安全生产目标。为强化安全监督与管理，我们集中在节假日、春、冬两季，对有毒有害、高温高压，装置开停工等重要环节进行消防、气防及设备安全检查。全年迎接股份公司安全检查共计9次，查出各类隐患问题130余项，并做到及时整改。全年共投入隐患整改资金546万元，计划整改革23项，现已完成20项，其余3项也按计划达到施工进度要求，安全生产实现了“五个为零”。

5. 企业改革和管理迈出重要步伐

2001年，锦州石化分公司结合加强设备管理、现场管理、基础管理，以安全隐患治理，开展设备创优活动和进行业绩考核为载体，组织开展了两次岗位责任制大检查，共自查整改了安全、设备、管理等方面的问题和隐患2000余项，使分公司领导班子到各级管理层以至生产单位的领导和员工都普遍增强了强化企业内部管理，狠抓现场管理和基础管理，实现安全运行、稳定运行、效益运行的责任感和紧迫感，各生产装置现场环境面貌有了改观，建立了在日常生产运行中抓管理、查隐患、促整改、保安全的有效工作渠道和检查考核体系。

在企业改革方面全面推行了全员业绩考核工作，坚持公开、公正、公平的原则对全体员工的日常工作表现及贡献实行量化考核，极大地调动了员工的积极性。对专业技术职务评聘分开工作在取得试点经验的基础上也正逐步的在分公司全面推行。此外，在干部任用机制改革方面，对分公司团委书记、安全监督和工程管理中心及电子商务部的岗位位置与人员任用实行了公开招聘，增加了干部任用的透明度，有利于群众监督和干部能上能下、能进能出竞争机制的建立和完善，为分公司今后深化改革探索了路子，创造了条件。

6. “十五”规划的完善和启动取得明显成效

2001年，锦州石化分公司基本确定的“十五”规划炼油板块，共上报项目19项，总投资24.45亿元。中油股份公司要求分公司在“十五”末期实现原油加工能力550万吨/年，并做好系统配套工作。计划批准完善配套的项目有一、二套常减压装置的扩能改造；深加工项目有二加氢、重整、焦化等装置的扩能改造；新建40万吨航煤加氢；系统公用工程项目有铁路专用线西扩、栈桥扩能改造、新建储罐、汽油脱硫醇改造等。预计到2002年底，装置扩能发行可基本完成，系统公用工程改造分四年实施，目前已经启动，2005年全部完成。

（吴　浩）

中国石油天然气股份有限公司前郭石化分公司

【概述】 中国石油天然气股份有限公司前郭石化分公司始建于1969年5月。按照中国石油天然气股份有限公司的统一部署，进一步优化炼化企业区域布局和资源配置，加强炼化企业专业化管理和提高整体效益，原前郭石化分公司与原吉林油田石化公司于2001年6月23日正式合并重组，新的前郭石化分公司成立。

合并后公司有：250万吨/年常减压、102万吨/年常减压、80万吨/年重油催化裂化、44万吨/年重油催化裂化、20万吨/年重油催化裂化、16万吨/年气体分馏、4万吨/年聚丙烯、1万吨/年聚丙烯、2万吨/年MTBE和3万吨/年甲醇等10套主要生产装置。

主要产品有汽油、煤油、柴油、聚丙烯树脂、石油液化气、甲醇等近20个产品品种。

公司总占地面积3.48平方千米，拥有固定资产21.80亿元，员工总数2380人。

【主要经济技术指标完成情况】 2001年以装置达标为重点，细化工艺管理，各项生产技术指标再上新台阶。累计实现销售收入38.35亿元，上缴利税4.19亿元。全年生产油品总量135.71万吨。其中：汽油62.92万吨、煤油1.23万吨、柴油71.56万吨，全年生产聚丙烯树脂4.29万吨、液化气9.7万吨、甲醇1.08万吨。

前郭生产区：全年首次加工原油137.24万吨，较上年增加23.64万吨；综合商品率达到91.37%，高出预算0.13%；轻油收率达到78.99%，高出预算0.18%；炼油加工损失率为1.23%，较预算降低0.05%；综合能耗达到89.61千克标油/吨，单因耗能达到13.92千克标油/（吨·因数），分别比预算下降了0.39和0.98个单位。

综合利用厂生产区：全年加工原油51.33万吨；综合商品收率达到89.12%，高出预算1.62%；轻油收率达到78.88%，高出预算1.38%；炼油加工损失率为1.46%，较预算降低0.45%。

【安全环保】 安全管理方面，年初以来，我们结合公司实际，深入贯彻“以人为本，健康向上，安全第一，预防为主，环保优先，持续发展”的健康、安全与环境方针，加强安全生产管理工作。紧密围绕“四个杜绝、三个不超、一个确保”的安全生产总体目标，狠抓安全生产责任制的落实，进一步加强劳动纪律和安全检查，强化关键生产装置和要害生产部位的监督管理，加强隐患治理和直接作业环节的现场安全监督力度。全年共投资280万元对部分安全设施和隐患进行了整改。以建立和实施HSE管理体系为主线，进一步提高了安全管理水平，实现了全年安全生产“六个为零”的目标。

环保方面，我们强化了环保设施的运行管理，狠抓源头治理和分级控制，各项环保指标均好于股份公司控制标准，成为股份公司环保年度检查免检单位。

【企业改革】 我们继续深化“劳动、人事、用工”三项制度改革，与公司2380名员工重新签订了劳动合同。并针对机关部分缺员干部岗位，严格规范用人制度，本着“公平竞争、择优录用”的原则，采取考试选拔的办法，公开招聘录用15名工作人员，择优选才，开拓了人事工作新局面。另外进一步规范专项业务管理，重新组建了工会、计划处。为了更好地实施网上低成本采购，成立了电子商务中心，使专项管理水平进一步提高。

【产品结构调整】 2001年，我们继续采取“短流程、深加工”的生产方案，紧密跟踪市场变化，加强销售与生产环节的密切沟通，及时调整产品结构，组织生产适销对路产品。在汽油生产方面，提高MTBE装置的生产负荷，力争多生产高标号汽油，全年共生产93#汽油8.17万吨，比去年增加近3万吨；在柴油生产方面，利用加工俄罗斯原油的有利条件，争取少生产效益低的+20#柴油产品，多产效益好的0#柴油和-35#柴油。同时，在优化生产方案和操作条件上做文章，努力提高柴汽比。上半年公司柴汽比仅为1.05，而公司下半年柴汽比达到了1.25，创造了较好的经济效益。

【技术改造和技术创新】　面对世界石油燃料产品正向低硫、低烯烃、低芳烃、低密度方向发展和我国实行的油品新标准，一年来，我们一边继续巩固和应用近年来的先进生产工艺技术，一边加大更新换代产品的技术攻关。一是为解决柴油出厂问题，进行了非加氢精制系统改造和柴油新型稳定剂试验工作，解决了柴油氧化安定性差的难题，为产品出厂奠定了基础。二是与石科院合作承担了股份公司的科研课题，应用第二代降烯烃DOCO催化剂，在重油催化裂化装置上基本取得了成功，在国内首次实现了在催化裂化装置直接生产低烯烃汽油，为产品升级换代做出了贡献。三是在加工俄罗斯高含硫轻质原油方面，我们进一步优化俄罗斯原油掺入量，监控常压塔压力，合理进行产品的切割和调合，全年共加工俄罗斯原油14.74万吨，比2000年增加9.45万吨。四是综合利用厂生产区利用大检修的有利时机，对旋风分离器、两器系统等进行了改造，消除了影响加工量和效益的瓶颈。五是在四万吨聚丙烯装置推广应用了N型催化剂，对粒料均匀度和熔融指数的控制进行了技术攻关，取得了良好的效果。六是油浆过滤器的长周期运行取得较大进展，为锅炉、常压装置长周期平稳运行创造了条件。

另外，我们在节能降耗的技术改造和细化管理方面下真功夫。一是投资126万元将原油管输进厂及产品出厂的四台国产流量计分别改为进口的刮板流量计和质量流量计，从根本上解决了多年来原油损失大的瓶颈问题。二是在2000年污油直接送到常压回炼取得成功的基础上，调整技术方案，使污油回炼工作有了新的进展。全年回炼污油2402吨，比2000年增加200多吨，不仅降低了加工损失，而且减轻了环保的压力。三是在节能降耗工艺调整方面，提高常压渣油的热出料温度，减少了循环水冷却负荷。将原来只能排入污水系统的二催酸性水汽提单元净化水并入了常压电脱盐注水系统，将气分装置冷凝水并入锅炉除盐水系统，二催增压风改供一催作外取风，均取得了较好的节能效果。四是加强电站、四机组、余热锅炉、气柜等主要节能设施的运行管理。电站利用余热全年发电1964万千瓦·时；四机组创造了连续运行200天的历史新纪录，全年发电486万千瓦·时；余热锅炉安全运行335天。

【企业管理】　成本管理方面，2001年，我们进一步实施低成本战略，加大成本否决力度，大幅度压缩各项费用，特别是下半年以来，在企业出现连续亏损的困难情况下，非常时期采取非常措施。按照股份公司的要求，重新核减各项指标，调整了考核方案。对可控费用部分严加管理，按核减后的指标严格控制。在物资管理上，严把订货、采购、运输关，比质比价、择优选购，同时降低库存物资，减少资金占用。在财务管理上，加强资金控制，提高使用效率，加大清欠力度，努力降低财务费用。在基本建设上，采取招投标制，严格工程管理，认真审查工程预决算，进一步降低工程价款。狠抓成本控制和费用支出，积极优化产品结构，累计增效1500多万元，全年原油损失比预算减少2733吨，达到历史最好水平。

设备管理方面，一年来，我们在加强设备日常巡检、维护、使用和故障的及时抢维修的同时，进一步规范和细化设备管理制度，强化检维修质量管理，加大设备工况监测力度。与存续企业“三修”单位紧密配合，加强对设备管理、维护队伍的业务培训，攻克了一些影响和制约企业生产的设备技术难题。对部分转动设备进行了更新换代技术改造。加大科技攻关力度，使部分进口设备配件实现了国产化，既节约了进口配件的昂贵费用，又缩短了维修时间。二催化装置实现了连续运行525天。公司主要生产装置基本达到两年一修的较好水平。

质量管理方面，强化生产全过程质量监测力度，积极开展产品采标工作，使产品出厂合格率始终保持100%。并获得吉林省“质量管理先进企业”、“重合同、守信誉单位”荣誉称号。

计量工作方面，我们加大计量设施改造力度，继续加强监督管理，顺利通过了国家ISO 10012计量检测体系确认。

员工培训方面，加强对工人、专业技术人员、中层领导干部岗位培训，聘请专家学者来我公司进行专题讲座，进一步提高全体员工技术业务素质。深入开展了星级操作员考核评定工作，为实现系统操作和扁平化管理做好了前期准备工作。

（孟祥涛）

中国石油天然气股份有限公司锦西石化分公司

【概述】 2001 年是“十五”发展的第一年，中国石油天然气股份有限公司锦西石化分公司（以下简称锦西石化）在中国石油天然气集团公司和中国石油天然气股份公司的领导下，坚持以提高盈利能力为中心，以预算管理为主线，以精细管理为重点，大力降低加工成本，提高加工水平，优化产品结构，提高产品质量，狠抓环保达标，加快科技创新，全面完成了集团公司、股份公司下达的各项任务，并创造了原油加工量、销售收入、上缴利税、主要生产指标、主要产品产量、主要装置加工量、大机组长周期运行等 13 项历史最好水平。全年实现销售收入 95.91 亿元，实现工业总产值 254807 万元（1990 年不变价），较 2000 年增长 8.3%。截至 2001 年末，公司固定资产原值已达 44.63 亿元，净值为 21.7 亿元。生产经营建设上取得的良好业绩，为“十五”开了一个好局，为企业今后的发展奠定了坚实的基础。

【生产情况】 2001 年，原油加工能力为 550 万吨的锦西石化共加工原油 520 万吨，创历史最好水平，比 2000 年多加工 31.57 万吨，增长 6.44%。主要生产指标创历史新高，其中，综合商品率达到 90.27%，比 2000 年提高 2.19 个百分点；轻油收率达到 66.8%，比 2000 年提高 2 个百分点；汽油、柴油、液蜡、石蜡、液化气、丙烯等主要产品和效益好的产品产量创历史最好水平。高标号清洁汽油首次大量生产，全年达到 40 万吨。2001 年与 2000 年主要生产指标比较见表 4。

2001 年，锦西石化把实现“安稳长满优”生产作为所有工作的基础，紧紧围绕市场需要，调整产品结构、优化生产方案，加强生产装置的生产指挥和优化操作，充分挖掘和发挥装置能力，提高生产水平，在确保满负荷加工前提下努力实现长周期运转。催化装置、南蒸馏装置及重油催化装置等一批主要装置的运行周期都突破了历史最好水平，其中，南蒸馏装置连续平稳运行 15 个月；北蒸馏装置平稳运行 17 个月；催化二套装置平稳运行 22 个月，打破了装置运行周期最长 12 个月的纪录；重油催化平稳运行 16 个月，加工量达到 150 万吨，创装置 1998 年 7 月建成投产以来的开工周期和加工量的最好水平。在保证装置平稳生产的同时，各生产装置紧紧抓住产品质量、设备攻关、技术改造、成本控制等主要环节，盯住指标不放松，主要装置轻质油收率、高附加值产品产量等均超过规定的指标，物耗、加工损失、单位加工费等指标均有所降低。

表 4　2001 年与 2000 年主要生产指标比较

项　　目	年计划	2001 年	2000 年	同比
综合商品率（%）	87.52	90.27	88.08	2.19
实际商品率（%）	87.52	89.04	87.34	1.70
综合自用率（%）	11.43	10.09	11.62	-1.53
加工损失率（%）	1.05	0.86	1.04	-0.18
轻油收率（%）	64.5	66.87	64.52	2.35
柴汽比（%）	1.83	1.78	1.59	0.19

【经营销售】 2001 年，成品油 11 次调价，给企业的销售工作带来了很大压力。锦西石化及时调整市场营销策略，及时掌握市场行情，预测市场动态，为调

整产品结构、提高产品档次、增加销售收入做文章。为了缓解重油堵库问题，经过多方面努力，3月份开通了重油下海工程和重油零售工程，全年重油下海、零售近10万吨。锦西石化又在锦州港的碧海公司建成35吨锅炉，解决了柴油冬季下海的瓶颈问题，减少了过去把 $-10^{\#}$ 当作 $0^{\#}$ 销售的损失。2001年，锦西石化充分利用地缘优势和现有条件，进一步发挥铁路、公路、海路运输三路并举的优势，千方百计打通葫芦岛港的运输渠道，不断探索优化产品出厂方案，在市场频繁变化的情况下，锦西石化实现了产销率100%，销售收入95.91亿元，创历史新高；炼达公司、联华公司、云华公司三家合资公司的利润及销售收入等多项指标也均创历史最好水平。经营销售主要经营指标对比见表5。

表5　经营销售主要经营指标对比

项　目	年计划	2001年	比计划	2000年	同比
销售收入（亿元）	87	95.91	8.91	89.41	6.50
产销率（%）	100	100.43	0.43	97.88	2.55
吨油现金加工成本（元/吨）	163.17	158.52	-4.65	160.27	-1.75

【重点工程】　2001年，是锦西石化建设任务最重的一年，也是基建投资最多的一年，经过公司各职能部门和全体参战职工的共同努力，锦西石化胜利地实现了100万吨/年柴油加氢改质和60万吨/年连续重整两个大项目基本建成的目标。100万吨/年柴油加氢改质是中油股份公司十大重点项目之一，总投资3.5亿元。这个装置的建成投产，可使公司柴油质量全部达到优级品，同时增产航煤30万吨/年，还可以取消现有的碱洗工艺，减少环境污染。投资4.5亿元的60万吨/年连续重整装置的建成，可满足公司日益增加的进口原油加工的发展需要，提高汽油质量，大量生产清洁汽油和高标号汽油，同时为柴油加氢改质装置提供氢气。这两套装置计划在2002年7月份同步开车。

【技术进步】　2001年，锦西石化通过开展装置达标、技术攻关、技术改造和技术开发工作，提高了装置运行水平和产品质量，向科技进步要效益。

2001年锦西石化的节能工作取得了很好成果，单位能耗大大降低，由2000年的119.65千克标油/吨油下降到112.42千克标油/吨油，折算共节油3.202万吨，增加效益3000多万元。在科技开发和技术改造上，完成了多项股份公司和分公司立项的工业实验以及100万吨/年柴油加氢改质、60万吨/年连续重整两个大的基建项目建设及轻油栈桥扩建等技改技措项目。其中，投资500万元的气相高硅Y型分子筛催化剂在重油催化装置上的应用，预计每年创效益2800万元；重油催化装置先进控制技术，每年可创效益1400万元。为了给下一年的技改创造比较好的条件，焦化装置、南蒸馏装置扩能改造等项目的前期准备工作也在2001年完成，为今后企业的可持续发展做了必要的技术准备。

在加快科技创新，落实人才开发战略上，锦西石化又推出两项重大举措：一是建立新的科技进步激励机制。二是制定重要生产装置设立技术负责人制度，增设技术负责人岗位，并明确了岗位职责和待遇。这两项举措的推出，为广大科技工作者提供了更大的创新的动力和空间，使企业科技创新的步伐不断加快。

【安全环保】　在安全环保工作中，公司坚持“安全第一”的思想，紧紧围绕抓管理保安全，抓安全保效益这一中心，采取各种有效方式开展安全教育活动，全面启动了HSE管理体系，全员安全生产意识的提高为装置“安稳长满优”提供了可靠的保证。公司全年上报股份公司重大生产事故为零，千人轻伤率为1.2，5万元以上的环境污染事故为零，实现了预期目标，公司被股份公司评为“安全生产先进单位”。公司的环保工作也取得了很大成绩，2001年公司环境污染治理责任状工程完成投资1153.4万元，完成计划投资的94.93%。2000年兴建的污水二期工程于11月30日投产进水，之后进行生产调整和存在问题的整改，2001年5月污水排放通过了国家进行的达标验收。2001年，通过全体员工的共同努力，实现了各项污染物排放总量达标。

【内部管理】　2001年，锦西石化按照上市公司新的管理体制和新的管理机制的要求，在企业内部的财务管理、产品计量、销售管理、效能监察、人事用工制度等方面全面实施了新的管理办法和制度，内部综合管理工作有了全面的进步。

公司继续以预算管理为主线，坚持效益优先和责任落实的原则，把预算管理贯穿于生产经营工作的始终。通过强化预算约束机制，严格考核兑现，收到明显效果。全年辅材消耗比进度预算降低1478万元，加工费用指标有了大幅度的降低，全年单位加工费158.37元/吨，比预算降低4.80元/吨。为加强资金管理，不断追求资金效益最大化，公司积极做好资金管理与预算管理的有机结合，加强资金收支管理，规范各项资金收支行为，严格执行资金预算。有关部门积极调度资金，盘活资金，实施资金动态管理，不断提高资金使用效率。同时，根据资金占用的性质，分别与各有关部门签订了清欠合同，层层落实清欠任务，各有关部门进一步加大清欠力度，针对每一笔应收账款的不同情况，采取不同方法进行清欠，保证了清欠的按时完成。通过做好资金收支预算控制工作，积极调动资金，保持了资金的良性循环，财务费用比预算大大降低，确保了本年度财务费用指标的完成。

在计量管理方面，公司增加了计量设施的投入和计量监督手段的完善。从把住原料、产品计量关入手，在相关部门的配合下，2001年完善了加氢原料罐区计量设施、在新水系统增加计量表、对汽柴油零售栈台装车系统、热电厂蒸汽计量、南油槽贮罐计量系统进行了改造，同时加强了计量监督，全年成品损失率比2000年降低1.3‰，减少损失3392吨。目前，公司各生产装置能源、物料计量全部实现以表为准进行核算和考核，进一步提高了计量管理的科学性和权威性。

按照股份公司的人事工作新机制的要求，锦西石化积极稳妥地进行了机构重组和队伍结构调整，改革了干部管理体制，制定了《中层领导干部业绩考核暂行办法》，并按照暂行办法，层层签订了业绩合同。同时强化员工绩效考核，推行了末位淘汰制度。2001年3月份和6月份按照新的劳动合同，对两次末位的16名员工解除了劳动合同。

（刘　峰　刘　欣）

中国石油天然气股份有限公司大港石化分公司

【概述】 中国石油天然气股份有限公司大港石化分公司始建于1965年，前身是大港油田炼油厂，隶属原大港油田集团有限责任公司，2000年重组改制后成为地区石化公司。经过37年的发展建设，大港石化分公司已经形成一次加工能力350万吨/年，一、二次配套加工能力250万吨/年，固定资产原值22.21亿元，净值15.52亿元。公司拥有员工2010人，其中各类专业技术人员596人，工人技术师43人。公司1996年通过ISO 9002质量体系认证，1998年建立HSE管理体系，2000年合版形成QHSE体系。2001年，公司被评为天津市“重合同、守信誉”单位。

公司拥有燃料油、润滑油两条生产线。燃料油生产线加工大港混合原油，主要生产汽油、柴油、液化气等产品。共有10套装置：250万吨/年常压蒸馏装置，30万吨/年减压蒸馏装置，120万吨/年重油催化裂化装置，10万吨/年催化重整装置，40万吨/年催化柴油加氢精制装置，30万吨/年干气、液化气脱硫装置，90万吨/年液化气、汽油脱硫醇装置，1万标米^3/时催化干气氢提浓装置，65吨/时污水汽提装置，0.2（0.35）万吨/年硫磺回收装置。润滑油生产线加工大港低凝环烷基原油，主要生产各种润滑油。共有4套装置：20万吨/年常减压蒸馏装置，8万吨/年糠醛白土精制装置，8万吨/年润滑油加氢精制装置，10万吨/年釜式、塔式氧化沥青装置。

【主要经济技术指标】 2001年，公司加工原油237.01万吨，同比增加38.69万吨；生产汽油56.89万吨，同比增加10.21万吨；柴油75.17万吨，同比增加14.58万吨；液化气15.3万吨，同比增加5.77万吨；实现销售收入41.56亿元，同比增加3.99亿元；完成利润－1.88亿元，同比减亏1.46亿元；综合商品率90.0%，同比降低0.58个百分点；轻质油收率63.45%，同比降低2.31个百分点；加工损失率1.20%，同比降低0.29个百分点；单位能量因数耗能14.0公斤标油/（吨·因数），同比降低0.76个单位。

【技术进步】 一年来，公司加大了新工艺、新技术的研究开发力度，开发了在役压力管道安全评定、UPS电池在线监测系统，进行了LAP汽油降烯烃助剂及降烯烃催化剂工业试验等6个地区公司级科技项目和渤海高酸值原油加工方案研究、减渣深度溶剂脱沥青技术研究2个股份公司级项目。截至2001年底，共完成7个项目，其中UPS电池在线监测系统和炼化污水处理及回用技术已经申报国家专利。另外，完成了30万吨/年汽油重整装置、50万吨/年柴油加氢改质装置的立项和方案设计。

【安全环保】 公司以强化HSE管理体系有效运行为手段，严格控制生产经营全过程。在安全管理上，突出了关键装置、要害部位的管理监控和安全生产责任制的落实，完成了各装置HSE风险评价和固定场所HSE工作计划书的编写，对A级危险场所风险评价提出的问题进行了认真整改。在环保管理上，强化了污染物排放的规范管理，建立了与大港区环保局联网的污水流量、COD在线监测系统，实现了外排污水24小时监控。与同济大学合作的污水回用项目取得重大进展，自主开发的炼化污水处理及回用工艺已经申报国家专利。2001年，污水、废气全部达标排放，实现了“四个杜绝，三个不超，一个稳定”的安全工作目标，并被评为炼油与销售分公司的“安全生产先进单位”。

【设备管理】 通过强化日常维护和状态监测，开展红旗设备竞赛活动，狠抓现场管理，确保了设备的正常运转。全年设备完好率98.68%，比计划提高3.68个百分点；装置泄漏率0.37‰，比计划降低0.13‰；主要机组故障率0.55%，比计划降低0.25个百分点；仪表完好率98.1%，比计划提高3.1%；仪表控制率99%，比计划提高4个百分点；仪表泄漏率0.1‰，比计划降低0.4‰。2001年，公司被评为“天津市设备管理先进企业”。

（郭勇刚）

中国石油天然气股份有限公司华北石化分公司

【概述】 中国石油天然气股份有限公司华北石化分公司一次加工能力为300万吨/年，主要生产装置有一套300万吨/年常压装置，80万吨/年、100万吨/年催化裂化装置各一套，一套20万吨/年的气体分馏装置，一套6万吨/年聚丙烯装置。配套有完善的水、电、汽、风系统，以及成品油汽车和火车装车系统。公司总占地面积759056平方米，固定资产净值约17.9亿元，2001年含税收入40亿元。职工总数1608人，设12个机关部室和21个基层单位。主要产品有汽油、柴油、船用燃料油、液化气、石脑油、200#溶剂油、聚丙烯粒料和7#燃料油。

2001年，华北石化分公司在股份公司的正确领导下，认真贯彻落实集团公司工作会议精神，面对市场的严峻形势，克服重重困难，深化改革，强化管理，开拓创新，各项工作取得了新的成绩。

【2001年主要生产经营指标完成情况】 2001年加工原油167.7万吨，炼油完成利润总额7900万元，炼油投资资本回报率7.21%，高于6.68%的考核指标。含期间费用的吨油现金加工成本为143.36元，比考核指标低5.07元/吨。综合商品率完成88.2%，高于88.18%的考核指标。轻质油收率77.49%，高于考核指标0.72个百分点。炼油能耗预算为103.05千克标油/吨，实际完成93.03千克标油/吨。

化工生产精丙烯3.9万吨，生产聚丙烯2.8万吨。

【主要产品及销量】 全年生产汽油42.17万吨，柴油52.61万吨，石脑油14.33万吨，溶剂油8.92万吨，液化气12.6万吨，聚丙烯2.81万吨，粗丙烯1.5万吨，油浆4.51万吨，轻燃料油11.63万吨。销售汽油41.35万吨，柴油53.71万吨，石脑油14.18万吨，200#溶剂油8.74万吨，液化气8.64万吨，聚丙烯2.76万吨，粗丙烯1.5万吨，油浆4.48万吨，轻燃料油10.88万吨。

【安全生产】 强化生产日诊断、周总结制度，生产指挥协调的有效性得到加强，现场指挥到位，高效运作，把损失降到了最低。生产管理由指挥型向技术创新型转变，初步建立起技术总结和分析制度，生产装置及系统相关各车间每周作技术分析，四个生产部门每月发简报，增强了生产管理的可预见性。在安全上强化了预案管理，实行严格的责任追究制度；宣贯HSE管理体系，使安全管理的科学性、系统性和可靠性增强。强化设备的巡检，建立和完善了仪表、电气和机动设备动态检测制度，完善动态检测档案。气压机、三机组、造粒机、冰机等关键设备实行厂级特护，A类设备实行车间级维护，责任到人，发现问题及时解决，为装置安全平稳运行创造了条件。质量管理上突出抓好进厂化工原材料的把关，加强馏出口产品质量的检测，采用厂内或外送的方式，进行定期检查或不定期抽查。全年抽查成品 11 次，合格率100%，保证产品出厂合格率 100%。

【产品营销】 在生产装置的安全范围内多生产适销对路、附加值高的产品，以销定产，降低市场风险，提高效益。如开发生产轻燃料油，不但为产品找到了新的出路，而且创效益 2000 多万元。提高柴汽比，由计划的 1.31 提高到 1.5，确保了股份公司的整体利益；开发聚丙烯新产品，提高产品质量，加强优质服务，在市场竞争中逐步占据了主动。实行销售激励机制、灵活的定价机制和配送制，大大提升了销售工作的水平。成立自销产品价格委员会，根据市场行情，适时调整价格，确保利润最大化。部分燃料油实行单项奖励政策，销售人员收入与销售业绩挂钩，调动了销售人员的积极性。自销产品打破了中间商的控制，进一步拓展了利润空间，如液化气、溶剂油等在周边地区已占主导地位；液化气、油浆的直销和配送率达 90%以上，200#溶剂油达 40%以上；聚丙烯销售由河北延伸到山东、山西、浙江等地区；工业燃料油已逐步打开周边市场。

【工程建设】 6 万吨/年聚丙烯装置和 100 万吨三催化装置进入施工收尾阶段。二联合车间为确保聚丙烯装置顺利投产，强化培训，制定预案，反复演练，在公司有关领导和部门的指导下，攻克了造粒机自停、加氢计量不准等难题。6 万吨聚丙烯装置 6 月 13 日一次投产成功。加强组织协调，加快 100 万吨/年催化装置收尾、整改、试运，5 月 26 日实现中交。催化装置的管理车间三联合车间强化岗位练兵，熟练掌握设备、工艺流程，8 月 8 日开车成功。配套装置新硫磺回收、除盐水站、空分、四循等投产也做到了安全平稳一次成功。加强与地方有关部门的协调，铁路专用线突破了三年建设停滞局面，大干 100 天，6 月下旬初步建成实现了中交，10 月份达到了投运条件。

新建项目建设速度加快。重整加氢装置土建工程开工，把质量、施工、仪表电器、设备、土建、安全各专业管理责任到人，每周一次施工例会，加强各路工作协调。该项目的设备基础基本完成，设备订货完成 80%，地下给排水完成 30%。9 具万立方米成品油罐工程，9 个罐的地基处理完，6 个罐主体完。2 具2000 平方米球罐设备安装及工艺配管基本完成，进入投产前的整改收尾阶段。

【成本管理和投资控制】 成本指标在分解到位的情况下加强了过程管理，一季度公司就召开了经济活动分析会，在公司内部营造了良好的节约成本的气氛。通过盘活库存，修旧利废，降低物耗成本 60 多万元。三循、四循并网，每天节约电费 1 万元。常压电脱盐注水由新鲜水改为凝结水，年可节约水 25 万立方米。计量站强化两头控制，抓好原油进厂、油气出厂计量关，减少了损失。英格索兰、聚丙烯 PK705 和 C301 压缩机等进口设备配件国产化，节约 90%资金。在严峻的市场形势下，公司两次调整成本指标，确保加工费比预算节约 5.07 元/吨，全年节省成本 850 万元。严格控制非生产项目的支出，压缩出差人数次数及外出参加会议费用。电话费、交通费、印刷费、办公费、接待费等切块包干，降低管理费 1210 多万元。加强资金管理，加强资金应收账款的考核力度，坚持先款后货，实现当年货款回收 100%，往年账款回收30%，在资金缺口 5 亿元的情况下，全年节约财务费用 970 万元。

投资控制在开放市场、加强管理上不断创新。投资 50 万元以上的基建工程项目和检修维修项目，实行招标，大幅度降低了工程造价。如 2 台 2000 立方米球罐的预制安装引进中油一公司，比原同类设备节约投资 40%。重整加氢采用工程量清单报价法招标，取得了投资控制的主动权。未招标的项目灵活采用定额降本法，土建、安装项目在总价的基础上降本3%。“三单”实行项目责任人与项目经理两级会审二次核对制，比 2000 年减少 20%。设备原材料采用直达现场形式，三催余热锅炉改整体运输安装为大件组装，节约大件运输吊装费 70 万元。大检修扩大自检，减少外委项目 40%，削减大检修项目计划 20 多项，压缩大检修支出 1000 多万元。设计所承揽技措、生产、维修、大检修设计任务 170 多项，节约大量设计费。物资部、机动部等有关部门组织设备招标 40 多次，2001 年 2 亿元的物资采购，比重组前节约资金2000 多万元。

【人事和分配制度改革】 基层单位实行有效和储备定员动态管理，通过对员工理论、实际操作、工作业绩考核的综合测评，每季一动态，首位给予奖励，年内两次3%末位进培训中心，全年共有8人次进入培训中心。在基建部、销售部、仪表车间、一联合车间等七个单位开展了新分配制度的改革试点，通过对员工技术、学历、工龄、工作质量等的综合测评，实行考评条件、程序公开，绩效工资封闭的方法，确定聘任岗位工资，收到了一定的效果，为公司进一步深化改革奠定了基础。

【科技创新与技术改造】 2001年安排了一批见效快效益高的技措项目。如气柜上压缩机，改造干气调峰系统；投用低压瓦斯回收系统，增加利润700多万元。对三机组软件、硬件进行升级。通过吸收国外先进技术，对气压机控制系统进行了改造，独立解决了WP软件不合理的参数，稳定性、可靠性、技术性都达到了国内先进水平。建立覆盖全公司的计算机网络系统，实现资源共享，文件上网发行，信息网上传递，提高了办公自动化水平。围绕汽柴油升级换代，调整产品结构等，开展研究及技术推广项目9项。聚丙烯发泡材料研制通过了股份公司的验收。催化装置试用齐鲁MLC－500HB催化剂，提高液化气收率约2个百分点。聚丙烯装置试用国产催化剂，生产成本下降50%。

（丁元杰）

中国石油天然气股份有限公司呼和浩特石化分公司

【概述】 中国石油天然气股份有限公司呼和浩特石化分公司是年加工130万吨原油的中型炼油厂，主要从事石油加工及深加工产品生产。现有130万吨/年常减压、60万吨/年催化裂化和产品精制及酸性水汽提、20万吨/年溶剂脱沥青、6万吨/年氧化沥青、7.5万吨/年气体分馏、1.5万吨/年聚丙烯、20万吨/年伴气常压等8套生产装置。有汽油、柴油、聚丙烯、重油、液化气、沥青等6大类22个品种。现有职工1640人，其中干部374人，大专以上文化程度361人，高级技术职称34人，中级技术职称158人，初级技术职称130人。公司设机关处室15个，车间15个，直属单位4个。

2001年共加工原油122.54万吨，超过预算目标2.54万吨，首次突破120万吨大关。全年实现轻油收率68.65%，比预算指标提高2.65个百分点；综合商品率为92.99%，比预算指标提高1.04个百分点；加工损失率1.18%，比预算指标下降0.22个百分点；能耗13.77千克标油/（吨·因数），比预算指标下降1.23千克标油/（吨·因数）；综合自用率5.81%，比预算指标降低0.69%；柴汽比达到了1.56，较2000年提高0.26。这些指标都是历史最好水平。

【生产运行】 全年共入厂长庆原油43.93万吨，超配置计划4.93万吨；入厂科尔沁油6.03万吨，超配置计划0.03万吨，采购川井原油3353吨，进口蒙古原油7354吨，为创造加工122.54万吨的新水平提供了原料保证。针对油品市场一度疲软，成品油销售困难局面，一面抓石脑油销售，科学安排各装置的物料平衡，一面加强与销售公司的联系，准确把握市场走向，适时组织生产93#汽油与－35#柴油，做好对蒙古国出口成品油工作，既减轻了生产后路压力，又增加了销售收入。在没有进行越冬整修的情况下，创造了装置连续运行21个月的新水平，基本实现了两年一修的奋斗目标。这是生产管理工作的又一新突破，也是生产管理水平再上一个新台阶的重要标志。

【安全工作】 全年没有发生一起重大特大生产事故，安全生产形势有了新起色。一是设立了由主管安全工作的副总经理兼职的安全总监，进一步加强了对安全工作的领导。二是与现场施工的每一家队伍签订了安全施工合同，把安全工作纳入合同化管理轨道。三是进一步建立和完善安全管理制度，使安全工作更加有章可循。四是改进了安全教育方式方法，扩大了职工受教育面。五是认真开展安全大检查。坚持一月一次的安全专项检查和每季度一次的设备、安全、现场管理“三合一”联合大检查。六是继续开展了“安全教训月”活动，提高了抓安全、保安全的自觉性。一年中，全公司没有发生一起上报事故，为新世纪的安全工作开了一个好头。

【经营工作】 首先是调整挂钩考核指标。加大员工总量控制指标，实行向“三高”倾斜政策，加大奖罚力度，从四个方面完善了内部分配制度，进一步调动了员工为实现公司经营目标而努力工作的积极性。其次是加强财务管理。严格成本核算，认真做好成本费用考核，强化了低成本战略。切实抓好资金封闭运行工作，减少资金沉淀，努力加速资金周转。仅这一项就节约财务费用718万元。三是继续组织好清欠工作。全年共清理欠款2279万元，欠款总额比年初下降了41.78%，超计划完成股份公司下达的清欠任务。四是加强投资管理。修订了《招投标管理办法》，继续推进招投标管理，共组织采购招标44项；进行工程招标5项。制定了《重整加氢项目投资控制分解计划》、《重整加氢项目管理费分解计划》，初步建立了投资控制监测报警及纠偏分析体系，完善了投资控制体制，加大投资审计力度，为实现投资控制目标奠定了基础。五是坚持经营例会制度，一周一次及时通报公司的经营工作动态，分析经营环境和经营形势，研究制定具体经营战术，较好地推进了公司经营方针的落实和经济效益的提高。六是开展了ISO 9000质量认证工作，与天津大学合作进行了“呼和浩特石化公司实态研究、发展战略、经营再造”课题研究。五是认真做好销售工作。液化气、聚丙烯、渣油等产品销售较好，其中液化气百分之百地实现了按合同销售，其价格始终比周边炼厂高出50—100元/吨，取得了较好的经济效益。尤为难能可贵的是，在市场形势十分严峻，成品油价格一跌再跌，不少盈利炼化企业出现亏损，亏损企业加剧亏损的情况下，由于采取了积极的应对措施，最大可能地增加了销售收入，有效地控制了亏损指标。把亏损控制在14178万元，比上级下达的控亏指标减亏2791万元，从而保持了自1996年以来连续六年大幅度减亏的好成绩。

【技术攻关】　增加轻收。攻关组开动脑筋，扎实工作，取得了可喜的成绩。通过优化原料结构、优化生产方案、优化操作，实施油品加剂调合、选用新型降凝剂等手段，达到了增加轻收的目的。

节能的主要工作内容就是努力减少水、电、汽、煤的用量。全年比计划少用新鲜水42万吨；回用污水7.2万吨；节约用电60万度。为节约蒸汽，提前减、停了蒸汽伴热，进行热网改造，用厂里平衡不掉的热水代替汽给油罐加温，给管线伴热；加强催化余锅的维护与操作，全年发汽26万吨，直接减少了动力锅炉的发汽量。经过努力，全公司的能耗降到了13.77千克标油/（吨·因数），再创历史最好水平。

经原油损失小组的艰苦工作，加上公司与二连油田、长庆油田和辽河油田重新签订了较为完善的原油交接计量协议，规范了供油方的计量器具、化验设备，解决了按计划供油问题。尤其是在3月份实现了用流量计代替大罐人工检尺，改变了二连油田原油交接方式，从根本上改善了由人为因素造成原油亏吨现象。长庆油田驻站小组监督检查原油装车和发运过程，索赔原油781吨，为全年把原油入厂损失控制在0.91%，完成0.95%的奋斗目标提供了保证。同时，认真搞好瓦斯的回收利用，使装置少烧液化气408吨，少烧重油1422吨；积极搞好三顶瓦斯利用，全年回收利用瓦斯821吨。综合损失率为2.56%，比攻关目标降低0.24个百分点。

【重整加氢装置建设】　一是在项目确定后，马上组建了工程建设指挥部，用最短的时间排出了工程建设网络计划图和物资采购运行图，完成了土建、安装队伍的招标。二是为加快出图进度，在加强与图纸设计方协调，派专人驻设计院现场催图的同时，公司领导先后两次亲赴设计院，敲定图纸设计和到图时间。三是在广泛考察，充分论证的基础上，精心组织物资和设备的订货和催交催运工作，努力满足工程建设的需要。四是加强现场指挥协调。五是强化质量管理工作。坚持做到每一批物资、每一台设备进现场都严格把关检查，每一个重点施工部位都旁站监督。六是完成了重整加氢车间领导班子和职工队伍的组建工作，职工队伍的实习工作正在进行，实现了队伍培训与工程建设的同步进行。到年末，原料罐区已具备了投用条件，装置区的土建工程、地下给排水工程、办公楼及高低压配电间的土建工程基本完成，八台压缩机已安装就位四台，四台塔和八台电机已全部就位，非标设备安装完毕26台，换热器就位15台，完成了四合一加热炉钢结构和四台圆筒炉钢结构的组焊工作，与工程相配套的外围系统管网工程已完成了90%的工作量。

【技术工作】　一是积极实施了改造项目。2001年，根据生产的轻重缓急，共实施了六个改造项目，收到了比较理想的效果。其中，常减压电脱盐罐改造后，大幅度提高了长庆原油单炼量，同时优化了催化装置原料；动力站4#、5#炉改造后，吨煤发汽量由4.5吨提高到5.37吨，锅炉热效率由62%提高到75%，起到了节煤、省电的双重效果；催化裂化装置先进控制改造已完成了吸收稳定系统的调优控制部分，实现了产品卡边优化操作；液化气罐区安全自控改造后，消除了原设计存在的安全隐患；聚丙烯装置自控改造的完成，对于降低员工劳动强度，进一步优化操作，提高车间管理水平都具有积极的意义。

二是完成了诸如催化裂化装置关键仪表整改、主要装置计量仪表整改，溶剂脱沥青装置蒸汽专用线改造、空压空分车间隔音室改造等一批特修项目，达到了预期目标。

三是继续做好科研开发工作。研究所在催化油浆综合利用、完善水质稳定剂复配应用以及强化蒸馏方面进行了探索，为公司今后在发展精细化工，提高循环水浓缩倍数，提高轻油收率方面有新突破创造了条件。

【环保工作】　由于各方面认识一致，措施得力，工作到位，环保工作继续保持了良好的发展势头，全年的废气排放合格率和废渣处理、利用率都达到了100%，污水合格率进一步提高，平均值达到了94%，高出目标值7个百分点，污水回用工作也有了新进展。

（王利军　李正智）

中国石油天然气股份有限公司润滑油分公司

【概述】　中国石油在润滑油业务方面经过40多年的发展，已成为中国最大的润滑油生产商和供应商。但由于分散经营、各自为战，没有充分发挥出在资源占有、生产能力和科研等方面的优势。为此，股份公司上市后，作为持续重组战略的一个重要举措，就是将润滑油业务作为一个业务单元，进行重组、整合，组建中国石油天然气股份有限公司润滑油分公司，对润滑油的生产、科研和销售实施集中统一管理。其目的就是要适应市场经济的需要，充分发挥出优势，最大限度地占领市场，最大限度地增加利润，提升润滑油业务的价值，提升股份公司的价值，形成新的增长点。

根据股份公司管理层的决定，2000年3月，炼油与销售分公司组织专门人员，对润滑油行业和市场情况开展调研，提出组建润滑油公司的设想。7月12日，董事会第六次会议通过决议：同意设立润滑油分公司。10月12日，股份公司和集团公司党组分别任命廖国勤为润滑油公司总经理、梁国藩为党委书记。10月23日，任传俊高级副总裁主持召开总裁办公会，听取润滑油公司组建方案的汇报，确定了润滑油公司的业务范围、机构设置及人员配备等问题，标志润滑油公司开始筹建。10月25日，股份公司印发了《关于组建中国石油天然气股份有限公司润滑油分公司有关问题的通知》，明确提出润滑油公司“资源统一配置，产品统一标准，网络统一布局，价格统一管理，科研统一组织，集中力量推出名牌”的经营战略。11月9日，任传俊高级副总裁主持专门会议，确定润滑油科研、生产调和、销售的划转原则。11月22日至12月3日，在人事部主持下，基本完成克拉玛依、独山子、兰州、大庆一厂、大庆二厂五个调和厂和兰州、大连两个研究院的划转工作。11月26日，股份公司公开招聘润滑油公司副总经理和总会计师。12月7日，公司完成工商注册。12月12日，股份公司人事部宣布各润滑油厂负责人。12月19日，润滑油公司正式挂牌成立。20日，任传俊高级副总裁出席润滑油公司干部会议，宣布领导班子，提出工作要求。至此，按照股份公司管理层的要求，润滑油公司初步完成了组建工作。

到2001年底，公司共拥有七个润滑油厂、六个销售中心和两个研究开发中心分部，公司机关设“五部一室”，即：计划部、财务部、销售与市场开发部、生产技术部、人力资源部和总经理办公室。公司总资产326346万元人民币，固定资产原值127171万元人民币，员工2803人（含租赁企业）。可生产13个大类近300个牌号的润滑油产品；建立了覆盖全国的营销、服务信息网络；润滑油科研能力在国内处于领先水平。

【生产经营】　2001年共接受基础油131万吨，生产润滑油成品油90.3万吨。实现主营业务收入330390万元，产品平均销售收入3180.48元/吨，比原各炼化公司2000年平均收入2506元/吨提高674.48元/吨，上升了26.9%。产品结构改善，高档油占润滑油总量的比例提高8.5%；成品油销售比例提高7.7%，基础油+全损耗油+HL油的销售比例降低5.3%。

【企业管理】　2001年，润滑油公司以“五统一、一集中”经营战略为指导，以股份公司领导提出的“最大限度开发市场、最大限度提高经济效益”为奋斗目标，全体员工团结一致，按年初制定的“千方百计增加销售收入，千方百计降低营运成本，千方百计严格内部管理”的工作目标开展工作，完成了股份公司下达的生产经营任务，整合润滑油业务、实行集中统一管理见到明显成效。

1. 资源统一配置结束了多年分散经营的局面，实现了特点突出，流向合理，优势互补

润滑油公司组建以后，首先在合理利用好资源上做文章。在摸清各企业基础油特点的基础上，确定东北地区重点发展中高档内燃机油；西北地区重点发展中低档内燃机油、电器用油、橡胶油、船用油和工业用油，改变了过去各企业都在品种上追求多而全，重点不突出的局面，为充分发挥资源特性，集中优势形成拳头产品，创造了条件。

在内部资源调配方面，我们把西部地区多余的BS油调给重组分不足的东北地区，实现了内部组分互供，替代进口；把大庆二厂的异构脱蜡油供给大庆一厂，大连厂，实现了优质资源的优化利用；把独山子船用油的品牌优势同大连地处沿海，贴近市场的优势有机结合起来，实现了品牌、资源、技术、市场的优势互补，进一步挖掘了现有产品的市场潜力。同时，实现了各企业在市场信息、销售网络、库存空间、运输设备等方面的统一安排、互相调剂，大大提高了各种资源的使用效率。

2. 统一标准为提高产品质量，实现产品生产、销售规范化奠定了基础

统一标准是实现润滑油生产、科研、销售规范化的先决条件，公司从开始组建，就把统一标准作为一项重点工作来抓。公司充分利用科研力量，历时10个月，将现有100多个牌号的基础油标准进行了修订归纳，制定了中国石油系统润滑油基础油标准；历时11个月，对润滑油产品进行统一分类和命名，制订出286种产品标准和产品目录，结束了中国石油系统润滑油基础油和产品多年来没有统一名称和标准的状况。

在进行深入细致地基础油适应性研究的基础上，通过大量试验工作，对各企业产品配方进行了质量、经济性能的综合评价，确定并推广了部分经济配方；使用量大、对产品质量影响较大的添加剂品种，实行了技术准入制度，由公司统一组织招标采购。

3. 统一产品销售和价格制定工作，发挥整体实力起到了行业主导的作用，取得了良好的经济效益

公司组建之后，我们牢记股份公司领导“要树立强烈的市场观念，没有市场就没有润滑油业务生存和发展”的指示精神，始终把销售工作作为公司的核心业务来抓。从2001年1月1日正式运作开始，就实行了计划管理下的销售。根据市场需求，按照流向合理、效益最佳的原则，统一调动各地资源，统筹安排各企业的仓储能力和运输设施，并利用掌握资源的优势，采用全国市场协调一致，统一制定价格，同时针对不同时期，不同地区的市场变化情况，发挥价格杠杆的作用，积极抢占商机，大幅度地提升了润滑油的销售价格，获得了较好的经济收益，起到了主导市场的作用。彻底改变了中国石油润滑油业务过去分散经营时期，内部企业之间无序竞争的局面。

在统一组织销售的同时，按网络统一布局的原则，着手建立统一的销售体系。在历时两个月，深入进行市场调研及驻外销售机构人财物调研的基础上，对各企业的驻外销售机构进行了整合，把全国市场划分为六个大区，组建了销售中心，赋予其管理、销售、信息和服务四大职能，初步形成了销售人员贴近市场前沿，产品、库存贴近市场前沿，强化管理，强化服务，以市场为核心，以计划为导向，层次分明的销售网络，为进一步建成覆盖全国，不断向终端延伸、专业化、规范化的营销和服务网络奠定了基础。

4. 科研统一组织、紧密配合生产和市场开发，为“五统一”战略的实施发挥了重要作用

科研是润滑油发展的基础和保障。公司组建之后，归纳合并了内容有交叉重叠的科研项目108项，集中使用台架装备，撤消了一些较小的科研机构，重点加强兰州、大连两个力量较强的研究院，大幅度减少了科研经费。

作为企业的科研机构，我们坚持科研为生产经营服务，科研是市场开发的主要力量，科研要着眼于未来发展的方针，在基础油、产品标准的制定，添加剂技术准入和招标采购，经济配方的优选推广，电力、汽车、铁路机车等行业用油的市场调研和OEM攻关等方面，研究院的同志做了大量深入细致的工作，发挥了重要作用。

在新产品开发上，科研人员紧紧跟踪润滑油发展的前瞻性技术，多方位开展技术交流与合作，多种方式培训人才，根据未来市场的发展趋势开发了第五代铁路机车用油、CF－4油和燃气车用油等新产品，并成功地将CF－4油作为东风的装车油，真正起到了为生产、销售提供技术支持的作用。

5. 启动品牌战略，树立中国石油润滑油的旗帜

按照“集中力量推出名牌“的战略，公司从开始组建就着手开展了统一品牌的工作。在仔细比选、公

开征集、专家评定的基础上，最终确定以“昆仑”作为中国石油润滑油的品牌名称，并请著名广告公司为“昆仑”设计了标识，于 2001 年 11 月在中国国际润滑油脂展览会上隆重推出“昆仑”品牌，正式开始启动中国石油润滑油统一品牌，集中力量推出名牌的战略。

为使新品牌一面市就给人以高品质、高质量、名牌产品的认知，经过反复研究，制定了品牌规划，从品质、价格定位，到生产、包装、营销策略都做出了详尽的安排。新品牌的推出树起了中国石油润滑油的旗帜，标志着润滑油业务的发展开始了新起点。

6. 内部基本理顺，初步形成了润滑油专业化管理体制和运行模式

在管理上，按照业务单元重组，润滑油在中国石油是第一个，将润滑油的产研销组合在一起，在中国石油也是第一个，没有现成的模式和经验，一切都需要从头开始。2001 年完成了七个润滑油厂、两个研究院、六个销售中心的财务资产划转、租赁、财务机构组建、会计核算体系建立等工作，完成了润滑油厂、销售中心、研发中心的一整套管理制度，完成了《中国石油润滑油公司财务管理办法》、独特的《润滑油公司主营业务利润表》等 40 多种规章制度，理清了工作程序；完成了滑油厂班子搭建，完成了销售中心班子公开评聘、搭建，并对润滑油厂、销售中心班子进行了考核；组织了十余次有关销售、财务、投资业务的培训工作；初步实现了销售系统的计算机管理；建立了符合润滑油公司特点的党群组织结构，并结合生产经营特点开展了“为了润滑油公司的两个最大化，我能做什么”的系列活动。

（李　楠）

大连西太平洋石油化工有限公司

【概述】　大连西太平洋石油化工有限公司（简称 WEPEC），是经国务院批准，由中法共同投资兴建的我国第一家特大型中外合资石化企业，总投资 10.13 亿美元，占地面积 2.5 平方千米，目前原油加工能力 800 万吨/年。厂区位于风景秀丽的大连经济技术开发区海青岛。作为燃料化工型炼油企业，WEPEC 拥有 12 套先进的生产装置、完善的辅助生产设施以及公用工程系统，装置布局合理，工艺技术先进，自动化控制水平高，是目前我国惟一一家可全部加工高含硫原油和为数不多的全加氢型炼化企业。主要产品为 90#、91#、92#系列无铅汽油，0#、－20#轻质柴油，航空煤油、液化气、聚丙烯、石脑油、硫磺、高等级道路沥青。

【生产经营情况】　2001 年，大连西太平洋石油化工有限公司实施“立足国内，开拓国际，适应加入 WTO 挑战”的经营策略，优化生产，强化管理，克服了石化行业不景气的种种困难，实现了安、稳、长、满、优生产，加工能力大幅度增长，由 500 万吨/年增加到 800 万吨/年；保本点显著下降，比公司年初目标降低 2.4%；管理水平不断提高，各项工作取得了较好成绩，基本完成了公司董事会年初确定的各项目标任务。各主要经济指标如表 6：

表 6　主要经济指标

指　标 ＼ 年　份	1999 年	2000 年	2001 年
原油加工量（万吨）	426	622	610
产品产量（万吨）	395	565	573
产品出口量（万吨）	102	205	199
销售收入（亿元）	61.50	130.36	116.88
出口创汇（亿美元）	1.90	5.48	4.38

【成品油出口继续保持全国第一大户】 2001年，大连西太平洋石油化工有限公司强化管理，狠抓经营，扩大出口，开拓国际市场成绩显著，产品不仅销往日本、韩国、新加坡、印尼、泰国、中国香港，而且远销美国、澳洲，成品油出口量达199万吨，出口创汇4.4亿美元，出口量占产品总量的33.9%、液体产品总量的38.1%，约占全国成品油出口总量的三分之一，仍为国内成品油出口第一大户。

【科技创新与技术改造】 自1998年春天大检修以后，公司各装置一直安稳运行到2001年春天，实现了“三年一检修”的目标，创出了国内同行业领先水平。2001年三四月份，公司按照下一周期安、稳、长、满、优运行“三年一修”的目标，进行了35天的检修，通过精心准备、周密组织，严细施工，实现停、修、开一次成功。同时充分利用本次停工检修的有利时机，一举成功完成了常减压（CDU）、催化裂化（FCC）、气体加工（GP）、聚丙烯（PP）四大主要效益装置的技术改造，仅投资1.7亿元，使常减压装置加工能力由500万吨/年提高到800万吨/年；催化裂化装置由200万吨/年提高到300万吨/年；气体加工装置由30万吨/年提高到40万吨/年；聚丙烯装置由6万吨/年提高到10万吨/年，改造效果十分明显。

【名列全国外资企业高出口创汇和高营业额榜】 2001年，在中国外商投资企业协会表彰的企业中，大连西太平洋石油化工有限公司名列“十大”高出口创汇企业第8名、“十大”高营业额企业第6名，企业还连续两年名列辽宁省出口创汇明星企业第1名。

【安全生产】 大连西太平洋石油化工有限公司高度重视企业的安全生产工作，一直把安全工作放在各项工作之首。公司从法国TOTAL公司引进生产装置操作规程专利，结合公司实际，编制了自己的操作规程。新版操作规程更加细化操作程序、操作步骤。2001年生产装置停工检修后部分装置采用新版操作规程进行开工，取得良好效果。开工过程没有出现任何差错，员工普遍反映操作更加程序化、规范化，简单实用，大大降低了人为误操作的概率。

【党建及精神文明】 2001年，大连西太平洋石油化工有限公司党建工作进一步加强，全年发展党员21名，党员总数达到251名，占员工总数的22.6%。入党积极分子总数达到140名，比2000年增加20名。认真开展了“三讲”学习教育活动，成功组织召开WEPEC第二次全体党员大会，进行了党委换届选举。广泛开展了工会职工之家及文体活动，丰富了员工文化生活。员工队伍精神面貌进一步改善，素质有较大提高，企业的凝聚力增强。

（薛　鹏）

中国石油天然气股份有限公司西北销售分公司

【概述】 中国石油天然气股份有限公司西北销售分公司是中国石油天然气股份有限公司所属大区销售公司之一，主要负责对西北地区成品油资源的配置和陕、甘、宁、青、新、川、渝、藏、内蒙（西三盟）等省区销售公司成品油销售业务的管理、指导、监督、检查；按照“资源统一配置、价格统一制定、运输统一组织，货款统一结算”的要求，组织西北地区14家炼厂的成品油、煤油和化工轻油的销售。

公司总部设在兰州市城关区，下辖新疆、玉门、青海、永登、兰州、宁夏、宝鸡、西安8个全资公司及中油销售长江有限责任公司、湖北南顺中油销售有限公司、宝鸡西北运销公司3个控股公司，拥有成品油油库5座，总容量37.24万立方米。

【基本情况】 2001年，西北公司紧紧围绕“管理升级，服务深化，机制创新，着力发展”的指导方针，以持续发展为主题，以管理服务为主线，以机制创新为动力，进一步深化大区管理服务，提高产销衔接水平；推行“送货制”，完善“四统一”，强化内部机制创新；推行全面预算管理，建立三级考核体系；深化HSE管理体系，加大重组整合力度；推行人才发展战略，取得了较好的成绩。

2001年，结算成品油1198万吨，销售1194万吨，实现销售收入269.2亿元；吨油费用27.2元/吨，比预算降低了7.58元/吨；实现利润-2.05亿元，吨油利润-17.16元/吨；吨油现金营销成本24.05元/吨，比预算降低了6.1元/吨；应收账款余额8899万元，较年初下降了36%；零售量10.95万吨，超年度计划9.5%；生产柴汽比1.65，较上年增加0.1；其中，中油炼厂生产柴汽比1.82，较上年增加0.12；HSE管理体系通过审核认证，实现安全生产“四个为零”。

【市场产销形势】　2001年以来，西部辖区成品油资源供过于求，市场长期低迷，销售疲软，价格波动较大，运输持续紧张，库存一直较高，产销矛盾十分突出。针对这种情况，公司积极采取各种办法和措施，缓解产销矛盾，实现了股份公司要求的确保西部辖区油田不关井、炼厂不停产、管道不停输的根本目标。具体措施有以下几点：一是加强配置计划管理，维护了计划的严肃性。狠抓各炼化企业超计划加工问题，对超产部分的成品油按规定降价收购或不收购；严肃配置计划的管理，督促省区公司均衡接货，努力完成配置计划，全年省区公司的配置计划完成率达到了101%；加大区外销售，减轻区内库存和销售压力。区外全年销售成品油356.78万吨，同比增加了149.28万吨。二是加强运输组织，保证运输畅通。调运部门坚持做铁道部和各路局的协调工作，在车流紧张，炼厂面临堵库的情况下，从乌鲁木齐铁路局、兰州铁路局各炼厂组织倒短中转，共中转入库油品27.14万吨，缓解了炼厂、省区公司库存的压力，确保了炼厂后路畅通。优化运输组织，提高自备车的运营效率，新疆自备车的运行周期比2000年平均缩短了1.5天，相当于日增加10个车。为了解决西部辖区运力不足的问题，多方联系租用自备车434辆，投入到玉门炼化总厂和兰州炼油化工总厂，缓解了运输矛盾。三是深化产销服务，引导炼厂和销售企业调整了产销结构。制定鼓励政策，引导炼化企业提高柴汽比，对通过提高柴汽比多生产的柴油，收购价上浮30元/吨。经过产销共同努力，西部辖区中油炼厂的柴汽比达到了1.82，同比提高了0.12。积极推广高标号汽油，通过宣传促销，西部辖区高标号汽油的销售有了明显增长，全年共销售高标号汽油43.97万吨，同比增加了15.63万吨，其中四川、重庆、陕西已成为辖区内高标号汽油的销售大户。四是规范辖区市场，增强市场控制力。公司制定下发了《区内省区交界市场成品油销售管理办法》，对辖区内省区交界市场的销售行为进行规范，避免了内部竞争；出台了《西北地区出口成品油管理办法》，加强对出口油的管理，防止油品回流；及时检查处理个别炼厂的自销行为。地炼资源管理有了突破，分别于2001年11月和2002年1月，将庆阳炼化有限公司、宁夏大元化工有限公司炼资源纳入了“四统一”。根据两家炼厂的加工生产量，每年将有近100万吨成品油资源纳入公司统一配置，在一定程度上缓解了地炼自销对甘、宁、内蒙三省成品油市场的冲击。

【经营管理】

1. 改进管理模式，促进机制创新

（1）推行“送货制”，优化了资源运行，降低了营运成本。按照炼油与销售分公司关于西部地区实施“送货制”的安排，公司于2001年4月1日对西部辖区正式实施了“送货制”；9月1日，对新疆区公司的“送货制”进行了完善；10月17日，对西南公司推行了“送货制”。实施“送货制”后，公司充分利用炼厂地附设施，加大了省区地附配置量，减轻了铁路运输压力。全年公路配置量达到了123.1万吨，同比增加11.71万吨。提高路用车使用量，降低运输费用。路用罐车的排入量达到了210辆/日，日均使用量比2000年增加31车，路用车比自备车节省运费37元/吨，全年节约运费1926元。狠抓单车装载量，单车装载量由原来平均47.111吨/车提高到了47.217吨/车，吨油成本降低了0.45元，三个季度共节约运费316.98万元。将铁路运输油品的保险保价业务全部纳入公司统一管理，保险费率也由原来的6‰（或4‰）降为3‰，降低了保险费用。截至12月底，保险保价费用较统一运作前减少了1509万元。

（2）初步建立了市场快速反应机制，提高了市场应变能力。调运业务信息系统按期建立并投入运行，初步建立了信息采集、传输、分析网络，及时跟踪辖区内生产、销售、库存及市场价格的变化，指导经营决策。开展价格采集、分析工作。上半年三次建议中国石油炼油与销售分公司调整炼厂柴汽油出厂价格比和大区公司调拨柴汽油价格比，缓解了汽柴比价不合理带来的产销矛盾。8月、10月两次建议中国石油炼油与销售公司回让出厂价，8月份出厂价回让销售系统20元/吨、11月份回让了50元/吨。在价格、市场供求信息采集分析的基础上，及时应对市场变化，化解产销矛盾。4月份，新疆地区产销矛盾一度极为突出，58万吨成品油，疆内配置不足23万吨，其余35万吨必须出疆销售。但是，当月铁路安排运能只有29万吨，剩余6万吨一旦压库，将严重影响炼化企业的正常生产。对此，公司紧急协调新疆销售分公司代储成品油2.8万吨，同时积极组织租用自备车，东调扩销和入库倒短2.2万吨。经过努力，疆内炼化企业当月库存仅上涨1万吨。6月中旬，根据上半年辖区市场疲软、销量锐减、价格到位率低的不利形势，公司及时召开了西部辖区“规范市场、扩销促价”工作会议，要求省区公司扩大销售，降低库存。三季度省区销售量达到226.7万吨，通过扩大销售，9月末区内省区公司库存降为88.22万吨，较6月末下降了15.4万吨。为了提高市场应变能力，公司对新疆的低凝点柴油实行了夏储冬用策略。

（3）初步建立了薪酬凭业绩、收入看贡献的分配激励机制。公司系统基本建立起三级考核管理体系，实现了全员业绩管理。根据业绩考核奖励办法，按照“严考核、硬兑现”的要求，对各单位、部门实行月度考核、季度兑现，有奖有罚，奖罚分明，考核兑现的结果基本上反映了各单位、部门以及员工的业绩与贡献。对在各项工作中做出突出贡献的集体和员工，进行了专项奖励。今年，公司系统共有31个单位和班组、50名个人受到了年度奖励，另有10人获得年度岗位能手称号。

（4）推进劳动用工制度改革，初步建立了竞聘上岗的用人机制。开展了竞聘上岗和减员分流工作。在股份公司和存续企业合署办公的基础上，机关和四个油库实行了全员竞聘上岗，驻外分公司开展了末尾淘汰工作。经过重组整合和竞聘上岗，机关处室长由26人减为21人，二级单位领导班子成员由27人减为23人。有213人与企业解除了劳动关系，公司每年可节约人工成本1300多万元，有28人成为富余人员。三年来，公司累计减员616人，劳动生产率有了明显的提高。为了增加干部选拔任用工作的透明度，完善监督机制，对60名拟提拔任用的干部进行了任前公示。在员工的调配上，改变了以前组织选派的方式，逐步实行了内部公开招聘，全年公司系统共有88人参加应聘，有24人被招聘录用。加大人才培养的力度，出台了《西北销售分公司员工教育培训暂行办法》，规范了员工培训。开展多层次的培训工作，先后组织了三期加油站站长培训班、一期加油站财会人员培训班、一期计量人员培训班、两期管理人员工商管理培训班、一期档案管理人员培训班、一期会计人员培训班，开办专升本及工商管理学历培训班，有45名业务骨干参加了学历培训。全年累计培训员工340人，占公司员工总数的39%。目前，公司有4人取得了硕士研究生学位，另外还有5名员工参加了硕士研究生班的学习。

2．加强基础工作，促进管理升级

（1）HSE管理体系通过了认证，安全管理水平迈上了新台阶。2001年8月份，公司建立的HSE管理体系一次通过了审核认证，使安全管理水平迈上了一个新台阶。在建立HSE管理体系中，质量储运安全处按计划组织完成审核认证。兰州分公司积极主动，工作扎实，体系运行好，在四个分公司中起了带头作用；玉门分公司重视基层现场管理，岗位人员对HSE的理解和掌握比较扎实，风险管理措施比较完善。通过HSE体系的建立，培养了一批基层HSE管理人才，提高了安全管理水平。截至2001年12月31日，公司实现安全生产3818天。

（2）财务管理得到加强，成本费用得到控制。实施月度滚动预算，强化了成本费用控制。从3月份开始，公司实行了月度滚动预算，制定了《预算工作实施办法》，完善了预算的制定、下发、执行、分析、考核、通报体系，建立了预算执行的周报制度和月度预算简报制度。通过对经营活动的事前安排、事中控制和事后分析，公司的各项费用成本都控制在炼油与销售分公司下达的预算之内。公司全年管理费用完成4384万元，比预算降低19.7%，即1079万元。在各分公司中，西安、新疆和兰州分公司预算工作领导重视，工作扎实，月度预算执行比较严格。加强资金管理，降低财务费用。公司开展了账户清理工作，对长期未使用、重复开户、不合规范的账户进行了清理，共清理42个闲余账户，保证了公司系统资金的统一调度和安全。加强结算管理，提高了结算速度。财务部门采取催票、主动取票等方式，减少了票据传递时间，加快了结算速度，缩短了结算周期。目前，兰州石化、咸阳助剂厂、独山子石化、乌石化和玉门炼化总厂的结算周期都控制在3—5天内，较以往平均减少了1天左右，节约财务费用406万元。对票据实行招标贴现，月贴现率由3.6‰下降为3‰，全年节约财务费用173.7万元。严格执行“双盖章”制度，进一步加强了应收账款的管理，全年无新的欠款发生，同时清回陈欠款560万元。

（3）数（质）量管理工作逐步规范，管理水平日趋提高。对数（质）量管理实行自上而下的归口管理，设立了41名基层质量监督员，化验人员达到了14人，初步建立了质量监督网络。投资95万元，配备化验仪器60套，使西固中心化验室化验项目达到22项，基本满足了汽、柴油各项指标的化验，其他三个化验室也可进行常规化验项目的检验。在质量管理中，兰州、玉门分公司每月的质量抽查和自查工作比较好，对公司不能检验的项目，主动送玉门炼化总厂、兰州石化公司质检中心检验，强化了质量控制，保证了油品质量的稳定。在实施“送货制”后，公司及时解决炼厂与用户的质量纠纷，全年共出现质量纠纷14笔，318车，在年底前都已处理完毕。加强了油品的数量管理，共派48名计量员到9家炼厂进行现场计量交接，实行“双检尺”计量，亏吨问题正在逐步减少。从“送货制”开始到12月底，公司共收到损耗问题291笔、2163车，损耗1763.417吨。其中四季度损耗问题比二季度减少了46笔，亏吨减少了186.359吨。

（4）主要投资建设项目进展顺利。两湖作为西北成品油的延伸市场，销售网络建设初具规模。炼油与销售分公司下达全年销售网络建设投资计划17749万元，计划新增油库两座，加油站22座。截至12月底，实际发展油库4座，库容3.6万立方米（收购1座、合资3座），发展加油站29座（其中收购16座、合资8座、租赁5座）。有2座油库（2.2万立方米），25座加油站正式投入运营，完成投资16544万元，投资计划完成率93%。西固油库改扩建工程进展顺利。该工程计划建5000立方米油罐10座、兰炼—北滩油库输油管线3条、铁路专用线1.148千米，成品油装卸车货位42组，工程概算为9561万元，计划2002年6月30日投产试车。该工程2001年8月4日动工，目前已完成10座油罐的制安工程，其他配套工程也按计划进度进行施工，已按合同支付资金2512.03万元，占工程概算的26%。

（5）加油站管理和经营水平有所提高，零售量有较大增长。新增加油站并入股份公司财务报表工作进展顺利。到2001年年末，公司系统有54座加油站纳入了股份公司财务报表，其中股份公司48座，存续公司6座，并表率达到了71.1%。加油站管理工作逐步规范，零售能力进一步提高。各加油站普遍建立了以吨油含量为主要形式的激励机制，促进了服务质量和营销水平的提高。两湖公司在加油站管理和经营上开创了“资产委托经营，利润超额分配”的经营模式，实行了所有权与经营权的分离，实现了资产优势和管理优势的强强联合，有效地提高了加油站的经营水平。公司全年零售量完成了10.95万吨。

（6）审计监察进一步深入，促进了公司经营管理工作。按照事前介入、事中预审和事后综合审计的原则，积极参与经营管理工作。加强销售网络建设投资审计。2001年5月至7月，对两湖地区的加油站建设进行了事中审计，指出了存在的问题，提出了改进的建议，对规范加油站投资起到了积极的作用。9月中旬，对宝鸡分公司6座加油站、玉门分公司玉田加油站和青海分公司格尔木加油站进行了审计检查。在对玉田加油站的检查中，发现其1－8月日销售量只有6.7吨，远远低于日销售15吨的预期值，审计监察处积极帮助分析原因，提出了改进建议。到12月份，该加油站的日销量达到了14吨。

在进行专项审计的同时，开展综合审计。8月份，对兰州分公司2001年上半年经营管理情况进行了审计，指出了经营管理工作中存在的问题，并提出了4条整改建议。通过审计，规范和推动了兰州分公司经营管理工作。

3.规范存续公司，提高服务水平，狠抓增收节支

为规范关联交易的运作，改进服务水平，公司制定了《关联交易协议运作暂行办法》和《关联交易费用结算办法》，采取了由基层单位具体操作，机关职能部门审核付费的运作模式，在各分公司的股份和存续部分之间签订了更加详实的关联交易协议，有效地促进了存续公司的服务深化，确保了关联交易协议的兑现。

在做好服务工作的同时，积极开展创收降费工作。调整自备车的租用，使自备车全年的纯收入达到了782万元。为改变以往水、电、暖、物业管理、房租费收取难的问题，在公司系统安装了1138块IC卡全电子预付费电表，实行了“一卡控五费”。全年家属区的水、电费收支大体平衡，与预算相比节约了99万元，办公区域和公共用水、用电相比，也有了明显的降低，三项费用与预算相比，节约了10%。

（赵剑春　徐海峰）

中国石油天然气股份有限公司东北销售分公司

【概述】　2001年，中国石油天然气股份有限公司东北销售分公司在集团公司、股份公司、辽宁省委企业

工委和炼油与销售分公司的正确领导下，按照年初公司工作会议确定的“一个中心，三个服务，两个确保”的指导思想，统一认识、深化改革、强化管理、扎实工作，克服各种困难，组织好成品油销售运行，有效保证了上游企业的正常平稳生产和下游企业的资源供应，同时积极推进存续公司的各项工作，为实现集团公司、股份公司整体效益做出了应有的贡献。

【主要经营指标】 公司全年完成商品购进总量2866万吨，同比增加261万吨；完成销售总量2873万吨，同比增加299万吨；实现销售收入678亿元，同比增加29亿元。全年商品流通费用完成36.15亿元。全年清回外欠款0.59亿元。剔除预算外因素，全年实际实现利润1.91亿元，同比增加1.52亿元；上缴国家、地方税费3.3亿元，同比增加0.6亿元。

【2001年的主要工作】

1. 全力抓好销售运行组织和市场规范工作，切实保证了炼化企业的正常生产和股份公司整体效益的提高

2001年，面对资源总量过剩、油价一路下滑、市场需求增长减缓、冬季油品运输困难等种种不利因素影响，公司上下同心同德，形成合力，出色地完成了销售运行组织这项核心工作。

一是建立快速的信息反应机制。从年初开始，每日一期的调运简报和每月一期的东北地区生产、配置计划完成情况通报，及时向华东、华北、海运和区内炼化企业、地区销售分公司通报日间及月度的产销运行情况，使各单位共同了解产销大局，并根据市场变化情况，迅速做出反应，信息反馈更加快捷，产销环节更加顺畅。

二是有效做好运输组织。坚持“松东部，紧西部”的原则，努力协调处理好沈哈两局的关系，有效解决了进港龙组压车等各类运输问题。坚持“保后路、多下海”的原则，在区内和进关销量萎缩的情况下，全力组织好下海销售。全年下海1503万吨，超过预算268万吨，同比增加423万吨。大连分公司的年度调运量首次超过千万吨，对保生产、保运行发挥了十分重要的作用。针对冬季运输组织的困难，整备了四列加温龙组，改进冬季卸车工艺，破例在鲅鱼圈、笔架山港小码头靠泊3万吨以上级大船，确保了冬运顺利进行。

三是继续强化“规范区内”工作。与辽宁销售分公司组成联合监察组，检查了与河北交界地区的回流油问题；调查了海上煤油回流问题，向炼油与销售分公司建议后，问题得到了处理。进一步加强了对地方炼厂销售行为的监管，严格按照2000年核定的收率监督检查其交货情况，地炼成品油统购率比上年增长了12%，增加了20万吨，净化了区内市场环境；对直拨油、自用油、地炼石脑油也做好了统一配置、统一结算的各项准备工作。

2. 积极搞好以送货制为中心的优化运行组织，有效降低了商流费用，为进一步推进配送制改革奠定了基础

区内送货方面，继续按照梯次配置资源的原则，加大东部炼厂对区内的供应量，增加辽宁地区炼厂下海量，按可比口径，同比减少进港运费支出1.4亿元。在组织送货过程中，规范了对铁路、港口、保险等单位的付费项目和标准，节省费用支出6082万元。大庆分公司经过艰苦细致的谈判协商，降低了铁路部门收取的保价费、自备车管理费等各项费用支出1286万元。海上送货方面，全力组织好大船运输，2万吨以上级大船月均运量同比增加了10.22万吨，吨油海上送货费用比预算降低5.25元，节约海上送货费用8640万元。全年海上和区内送货费用比预算降低9846万元。

为了进一步推进送货制改革，组织力量深入开展了东北地区储运设施情况的调研，开展了规范铁路运杂费付费项目与标准的调研，开展了区内成品油长输管线建设的前期调研，开展了利用江运进行送货的可行性调研。抓住销售存续企业整合理顺的机遇，组织各地区销售分公司研讨了配送中心试点方案。为今后深化送货制改革，降低营运成本创造了条件。

3. 大力推进科学管理，夯实基础工作，企业管理水平有了新的提高

（1）企业管理基础工作。组织开展了基层基础工作巡回检查，各分公司对检查出的问题及时进行了整改。大连分公司开展的“质量月”和“管理月”活动，解决了长期存在的质量管理环不严密和个别员工作风懒散问题，窗口形象大有改观。哈尔滨分公司充分发挥员工的主观能动性和创造性，深入开展技改技措和技术革新，油库设备设施管理上升到一个新的水平。

（2）体制与机制改革工作。按照炼油与销售分公司部署，进行了企业整合理顺，机关实现了合署办公，哈尔滨、大庆股份与存续分公司的事权职责重新

进行了界定。在用人机制上，实行了竞聘制、聘任制和任前公示制；在激励机制上，健全完善了全员业绩考核体系，营造了人尽其才、人尽其力的良性竞争氛围。

(3) 财务管理工作。一是以迎接财政部《会计法》执行情况大检查为契机，通过自查、互检、办班、财务知识竞赛等多种形式，强化了财务管理基础工作和财务工作标准化建设。二是推行月度滚动预算，依靠精细管理和严格管理，有效控制了各项成本费用支出。三是与地方政府和税务部门积极协商，用好用足优惠政策，减少河道费和印花税等支出3700多万元。

(4) 审计、监察和法律事务工作。公司两级审计部门全年开展专项审计49项，其中基建维修工程项目26项，取得直接经济成果163万元。全年开展销售效能监察7项，促进了区内市场的规范、有序；对应收账款、预收账款等资金使用情况进行监察，督促收回资金1100万元，收回陈欠款1036万元。全年审定收档法律合同96份，合同金额9701万元，维护了企业的合法权益。

(5) 计量、质量和HSE工作。一是健全完善了两级管理机构，充实了管理人员，从组织上为计量、质量和HSE工作的开展提供了保证。二是从管理制度、检测手段上强化了计量、质量基础工作，全年妥善处理计量、质量纠纷400余起，树立了公司的良好形象。三是在全系统开展了HSE管理体系的建设。公司系统全年环境污染、重大安全责任事故为零，滨江、龙凤两个油库在板块组织的安全大检查中双双被评为“先进油库”。

(6) 经济运行分析、统计和信息系统建设工作。分析工作不断推陈出新，获得了板块领导的充分肯定。2001年，公司连续第三年被板块评为统计工作先进单位。以财务管理为核心的企业管理信息系统，实现了远程结算、自动生成会计报表和商流报表等功能，做到了一次录入基础数据，会、统信息资源共享，提高了工作效率和管理水平。

4. 存续系统进一步深化改革、强化管理、搞好经营和服务，有力地支持了股份公司的各项工作

2001年，存续系统围绕经营、服务、管理三条主线，做了大量扎实而富有成效的工作，保持了平稳发展势头。一是下大力气狠抓了经营服务工作。突出以提升服务内涵为着力点，进一步增强了履行关联交易的能力，全年实现关联交易收入8495万元。二是改革并理顺了管理体制。对哈尔滨公司和滨江分公司进行了机构整合，机关管理层实现了精干高效。三是加快了产权制度改革步伐。组织开展了营口制桶厂改制的各项准备工作。四是经过艰苦细致的工作，较好地解决了一些历史遗留问题。五是强化了自备车的运营管理，应用管理软件提高了管理水平，切实提高了车辆的运行效率，单车全年平均运行达到202天，同比提高了82天。六是营口制桶厂通过狠抓成本控制，努力扩销增效，实现了扭亏为盈，全年实现利润269万元，是近几年来效益最好的一年。

5. 加强两级班子和员工队伍建设，为全面完成各项工作任务提供了组织保证和有力支持

（孙　伟）

中国石油天然气股份有限公司西南销售分公司

【概述】　2001年，中国石油天然气股份有限公司西南销售分公司（以下简称公司）根据集团公司工作会议精神和股份公司的经营发展战略，提出“以集团公司工作会议精神为指导，以提高竞争能力和盈利能力为宗旨，以网络建设和加强管理为中心，以提高市场占有率和零售比例为方向，以深化改革和持续重组为手段，以加强班子建设、廉政建设、思想政治工作为保证，加快网络建设，提高管理水平，为实现“十五”规划奠定良好的基础。”的指导思想，并把2001年作为公司的“网络开发经营管理年”。

【机构设置】　2001年，公司机关设5处1室，即经理办公室（党办）、人事处（组织部）、财务资产处、综合业务处、质量安全处、审计监察处。公司下属成都新成石化公司、云南中油英茂石化公司、云南中油

强林石化公司、云南中油雄海石化公司、中油广西经贸石化公司5个控股公司和云南大理、广西、贵州3个直属分公司。到2001年底，公司有员工3781人，其中：中油系统员工101人。

【主要经营指标】 2001年，公司销售成品油145.16万吨，零售成品油45.46万吨；实现销售收入37.46亿元；网络建设总投资49285万元，建设和收购改造油库2座，收购、租赁加油站76座。

【经营管理】 2001年，公司紧紧抓住“网络开发、经营管理”这条主线，进一步完善销售网络，提高零售比例；分析市场，制定措施，不断提高经营水平；加强管理，挖潜增效，降低成本；强化基础，完善制度，不断提高管理水平；认真搞好领导干部“三讲”教育，以“三讲”促管理、促经营；充分发挥思想政治工作的宣传鼓动作用，调动全体员工的工作积极性和创造性，各项工作取得了较好成绩。

1. 分析市场，研究策略，成品油销售量大幅度增加

2001年，受全球经济滑坡的影响，石油需求不旺，国际油价不断走跌，由于国内外市场不景气，炼厂长期在高库存状态下运行，国内成品油市场总体呈供大于求的局面，成品油价格长期低迷，经营相当困难。面对严峻的市场形势，公司根据不同区域市场的特点，分析市场，研究策略，主动出击，取得了良好的经营效果。2001年公司销售成品油145.16万吨，为年计划的145%，比2000年增长54%。全年成品油销量占滇黔桂三省区社会需求总量的23%，市场份额增加了八个百分点。

2. 销售网络进一步完善，零售量有突破性提高，抗卸市场风险的能力有所增强

2001年公司始终按照库站配套、完善网络的原则进行网络建设。各基层单位都能严格按照“前期论证、谈判、评审、付款、稽查监督、接收、验收”等程序和“分级负责、逐级上报、统一管理”的投资管理模式开展工作。全年新增油库2座，新增加油站76座。狠抓新增加油站的建设、投运率、并表率工作，投运率、并表率达到了84%和82.3%以上。现有成品油销售网络基本匹配，抗卸市场风险的能力有所增强。2001年成品油零售有突破性增长，全年零售成品油45.46万吨，比2000年增长246%。零售量占销售总量的31%，零售比例提高十七个百分点。

3. 健全制度，强化基础，管理水平不断提高

随着销售网络的不断扩大和经营量的提高，公司完善了各种制度，强化基础，各项管理工作逐步走上了正规化、制度化的轨道。

在经营管理方面：公司每周一召开经营碰头会，每季度召开经营活动分析会，研究市场，有针对性地制定经营措施。根据市场情况，及时向炼油与销售分公司反映我公司在实际经营中遇到的困难，积极争取资源和价格政策。在加油站管理方面，采用先进的油罐自动化计量系统，通过网络连接，为实现加油站区域管理奠定了基础。积极推广炼油与销售分公司进销存信息系统，提升了办公自动化水平。

在财务管理方面：按照股份公司开展《会计法》执行情况检查的要求和理顺销售企业财务管理体制的暂行办法，开展了《会计法》执行情况的检查工作，完成了会计集中核算的试点工作。加强资金管理，加油站基本实行了收支两条线。积极与地方税务部门联系，在滇、黔、桂三省区都不同程度的开始了集中纳税工作，为公司全面实行会计集中核算奠定了基础。对加油站进行了本、量、利分析，对资产进行了清查盘点。认真抓了对吨油商流费用、管理费用、招待费用的考核工作，较好地落实了年初的预算计划。

在安全管理方面：认真学习贯彻国务院关于重大安全事故行政责任追究的规定和股份公司安全工作会议精神，有针对性地开展了安全工作大检查，对查出的500多个事故隐患，狠抓了整改工作。公司购买了2000多册有关安全管理的书籍，组织加油站、油库的员工学习，增强了员工的安全知识。通过做好数质量工作，在集团公司组织的4次销售油品质量抽查中，公司被检4个单位、3个油库、10座加油站、3个品种的20多个样品，都是100%的合格。昆明质监局对英茂、强林公司的加油站进行质检，有20个加油站被评为“计量、质量信得过加油站”。2001年，公司没有发生任何上报事故。

（杨德华）

中国石油天然气股份有限公司华东销售分公司

【概述】　2001年，是近年来国内成品油市场持续低迷周期最长、油品经营销售最为困难的一年，也是华东销售分公司承担任务最为繁重、经受压力最大的一年。

在严峻形势和艰巨任务面前，按照上级的统一部署，以确保东北油田、炼厂后路畅通以及中国石油整体效益实现为己任，千方百计扩大油品销量，想方设法开拓销售市场。一年来，公司在经营销售、网络建设、市场开发、企业管理、队伍建设以及党建和思想政治工作等各方面都取得了可喜成绩。

【经营销售】　从年初开始，南方成品油市场就呈现出低迷态势，公司一方面要千方百计增加销量、卖高价格、创好效益，另一方面，又要缓解东北炼厂高库存的压力，确保东北油田、炼厂后路畅通。在这种情况下，公司多次召开紧急会议，群策群力研究促销方案，深入分析研究市场，加大销售力度。全年平均月接卸和销售下海油120多万吨，其中，最为困难的3月份接卸油品147万吨，创公司成立以来的月购进及月销售的最高纪录。

公司全年购进成品油1516万吨，其中汽油468.7万吨，柴油1047.3万吨，完成年计划的122.83%；销售成品油1531万吨，其中汽油468万吨，柴油1063万吨，完成年计划的124.04%；零售量为141万吨。有效地保证了东北油田、炼化企业的正常生产运行和后路疏通，保证了股份公司及炼油与销售分公司整体效益的实现。

【网络建设】　按照“一级集散、二级批发、三级零售”的网络开发建设原则，不断健全完善三级销售网络，为抢占市场、提高市场占有率、增加销量和效益打下了基础。全年共开发资产型加油站802座，使公司资产型加油站总数增加到1294座，零售能力有了很大的提高；开发建设二级库42座，增加库容67.3万立方米，进一步增强了网络抗风险能力。

按照上级要求，公司加强了加油站的工商登记注册、投产运行以及财务合并报表等工作。截至2001年底，公司近两年新开发加油站的工商登记注册完成率91%，投产运营率达到92%，财务并表率达到了91%，三项指标均达到了上级的规定要求。

【企业管理】　按照炼油与销售分公司统一部署，公司深入开展了“转观念、找差距、上水平、增效益”活动，并以此为契机，联系公司实际，继续以管住人、财、物为目的，以考核关键点为核心，以物流、资金流和信息流为主线，以严格的管理制度为手段，强化监督审核，实现精细化、科学化管理。

（1）财务管理方面。进一步加强了资金监管力度，严格执行货币资金“收支两条线”的管理办法，堵塞了资金管理方面的漏洞；银行存款额基本控制在核定的限额之内，没有出现资金流失等违纪现象；加大了对应收账款的清收力度，使应收账款额由年初的8.9亿元降低到5.5亿元，降幅为38.22%。

（2）质量管理方面。为确保公司销售的油品质量，公司从建立健全质量保证体系入手，相继成立了两级质量管理领导小组和质量计量管理部门，并开展了卓有成效的工作。通过彻底清理质量隐患、把住进油品源头关口、开展不间断的拉网式检查等一系列强有力的措施，严禁多种组分油品进入我们的销售网络，使质量管理水平不断提高。广州技术监督局在事先没有通知的情况下，抽查了市内一批加油站，其中我们加油站的油品全部符合国家标准。上海分公司5月中旬对所属加油站进行了90号、93号无铅汽油质量大检查，共采油样78个，经上海质检站检验，合格率达到100%。

（3）安全管理方面。公司及下属分公司全年组织安全普查、抽查2次，检查油库42座次、加油站60座次，消除事故隐患935个，公司实现全年安全生产无事故。

（4）信息管理方面。公司及6个下属分公司全部建立了信息管理中心，配备了必需的硬件设施和管理人员，初步实现了公司、分公司及全资加油站的信息化管理。

【党群工作】　年初，在认真贯彻落实集团公司、股份公司及炼油与销售分公司2001年工作会议精神的基础上，公司专门召开了党群工作会议，明确了2001年公司党群工作要以提高员工队伍整体素质为目标，党群工作要为企业机体注入新活力。并号召全体党员、干部统一思想，团结奋斗，开创具有区外特色的党群工作新局面。7月17日，公司召开了第一次党代会，选举产生了公司第一届党委，使公司党建及思想政治工作进一步走上正轨。结合学习“七一”重要讲话，公司领导班子认真开展了“三讲”学习教育活动，健全和完善领导干部理论学习制度，建立严格的民主决策机制。两级单位按照党委要求，建立健全了党委（支部）、纪委、工会和共青团组织，各级党群组织围绕公司的中心工作，开展了一系列卓有成效的工作，为公司建立大政工格局奠定了坚实基础。

（曾祥浩）

中国石油天然气股份有限公司华北销售分公司

【概述】 2001年是中国石油天然气股份有限公司华北销售分公司经受严峻考验的一年，也是取得迅猛发展的一年。公司全体员工以江泽民总书记“三个代表”重要思想为指导，在中国石油天然气股份公司、炼油与销售分公司的正确领导下，面对资源总量过剩，价格持续下滑的不利局面，积极探索，勇于实践，团结一心，顽强拼搏，深入开展“转观念、找差距、上水平、增效益”活动和“三讲”学习教育活动，大力加强党的建设和思想政治工作，促进企业稳定、健康、快速地发展，为实现中国石油天然气股份公司整体效益最大化做出了积极的贡献。

截至2001年底，华北销售分公司共有员工6431名。拥有独资、控股及实质性参股公司24家。加油站456座，油库19座，总库容31.9万立方米。

【主要销售指标】 2001年成品油自营完成762万吨，同比增加359万吨，增长89.1%，销量大幅增长；市场占有率由2000年的17%提高到30%以上，区外市场的战略地位显著提高。全年成品油零售完成74万吨，同比增加44万吨，增长147%，其中资产型加油站零售量47万吨，同比增加27万吨，增长135%，市场控制力有所增强。实现销售收入188亿元，平均吨油销售收入2350.27元，平均吨油商流费用165.16元，平均吨油毛利38.07元。

【主要措施和成果】 公司所属各单位为保证炼厂的正常生产，认真研究销售策略，努力开拓市场，千方百计促销降库。

1. 全力促销保价，销售能力进一步增强

2001年，华北地区成品油市场竞争十分激烈，价格起伏不定、持续低迷。2月份，东北地区炼厂憋罐涨库，后路告急，公司当月购进油品82.56万吨。8月份，汽柴油销售总量达87.46万吨，超出平均月销售量20万吨，销售任务急剧增加。各分公司、控股公司能够顾全大局，主动承担分销油品任务，加大销售力度，促进了整体任务的完成。从4月份开始，各分公司由过去单一的以加油站网络建设转到经营销售与网络建设并举上来，克服可控库容严重不足的困难，全年销售190.46万吨；控股公司克服了零售网络薄弱，销售渠道不稳定的不利情况，完成销售成品油158.95万吨。

在保产促销的同时，努力做好定价和推价工作，最大限度地减少损失、争取效益。公司价格领导小组根据市场情况，按照“以量定价、以价保量、量价互动、增效创利”的营销策略，抓住一切有利时机，适时调整油品价格，并先后10多次与中石化联合推价。在8月份的推价中，汽油单价总计上推了280—450元，柴油单价总计上推了20—250元。汽油、柴油实际销售价与国家到位价的差距分别缩小到66—231元、40—161元。

为最大限度控制亏损，公司积极调整了经营思路，实施低成本战略，加强了分公司和控股公司队伍建设。冀中分公司、中油太原分公司在这方面措施得力、收效明显，全年分别实现盈利6612万元、720万元。

2. 进一步扩大市场网络规模，投资运作日益规范

2001年完成投资7.99亿元，其中，油库投资8172万元，加油站投资71758万元。二级网络建设稳步推进，调研开发项目36个，通过评审项目13个，实施完成油库投资、控股公司项目5个，整体租

赁油库5座，新增可控库容6.78万立方米；零售网络建设又取得新成果，新增加油站143座。油库19座，总库容31.9万立方米，同比增长26.7%；加油站总数达到456座。终端网络薄弱的局面有所改进，销售网络进一步完善，增强了市场调控能力。

加强投资规范运作和管理，避免网络建设投资风险。坚持“严格管理、规范操作、减少风险、确保效益”的指导思想，完善了网络建设和项目评审管理办法，进一步严格收控标准和工作程序，形成了规范、畅通的工作流程，有效地提高了收控项目质量和工作效率。同时，加快了加油站投运工作步伐。公司在五六月份组织各分公司集中进行了一次“投运、变更和纳入核算”的“突击战”。到年底，投运加油站达90%，完成名称变更的加油站达到77%，防止了效益的流失，进一步明晰了油站产权。

3.管理体制改革迈出新步伐，运行机制调整取得新进展

公司成立了企业管理处，各分公司对口设立了企业管理部，弥补了综合管理的空白和职能交叉环节的缺位，突出了依靠制度管理企业和注重发展战略研究的新思路，完善了公司的组织机构及功能建设。对按照经济区划进行营销体制改革的方案做了初步探讨，明确提出了同一经济半径内，只能有一个经营主体的框架雏形。进一步改进了对控股公司的管理方式，以各分公司为主体，重新按照章程规定委派董事、监事，已有17家控股公司完成了董事会、监事会机构的调整，占已设控股公司的85%，使基于股权的各项管理得到加强。

经营职能下移取得初步成效。2001年4月份，以“三个最大化”为宗旨，首先对业务基础较好的河南分公司实施了经营管理下移试点工作，业务运作的效率有所改善，市场信息的反馈速度有所加快，客户的交易成本有所降低。

积极推进劳动用工、分配制度改革和激励机制的建立。目前，公司系统社会用工已达6431人，依靠市场吸纳人才及劳动力的机制正在形成，有力地改善了队伍的年龄结构、专业结构和学历结构。分配制度有所改进，以岗定薪、岗变薪易的工资制度初步建立，率先对加油站推行了“目标经营考核”管理办法，加大了工效挂钩的力度，调动了员工的积极性。

【经营管理】

1.经营业务管理不断细化

各单位在销售计划安排、销售价格制定、市场信息收集、油品损耗管理等方面都逐步建立健全了各项管理制度，加强了业务操作规范化、程序化。特别是在价格管理上，各单位健全了价格领导机构及价格调控决策制度，加强了对市场、竞争对手、价格走势和经营策略的研究，强化了价格的集体决策职能，避免价格制定的随意性和不良经营行为的发生。

2.财务管理不断加强

按照炼油与销售分公司的部署，根据财务工作实际，对各分公司进行了《会计法》执行情况检查，对财务制度建设及执行、财务核算规范等方面存在的问题，提出了整改措施和方法，整体提高了会计基础工作水平。为了保障资金安全，严格执行“收支两条线”的规定，使各单位资金能够集中使用、统一运行，避免资金沉淀，减少在途时间。加强货币资金内部控制程序，在岗位设置、授权审批、票据传递等方面严格程序、明确了职责。对投资管理及控制不断加强，完善投资审批手续，坚持按计划进度拨付资金，最大限度保证资金安全。同时我们成立了专门清欠机构，加大清欠力度，分解清欠指标，严禁经营过程中的赊销等不规范行为，应收账款余额较2001年初减少5.98亿元，下降了70.8%。

3.审计监督作用显现

坚持“内审和外审相结合，重点审计与全面审计相结合”的原则，加大了审计工作力度。在企业经营管理审计中，通过对各分公司经营管理情况进行综合调研，及时反映所属企业在网络建设、油品销售等方面的基本情况和薄弱环节，提出了意见和建议60多条。坚持对企业领导实行任期经济责任审计和离任审计，审计资金总额6.39亿元，提出各种审计意见和建议40多条，客观反映了企业领导的经营业绩和存在的问题，为企业健康发展起到了监督促进作用。同时加强了对预算执行情况的审计，及时揭露和查处预算执行过程中存在的问题，维护了预算计划的严肃性。

4.质量安全管理与监督体系进一步完善

健全了质量安全管理职能机构，加强了专业化管理的力量。依托大港石化分公司建立了质检中心，部分油库建立了常规化验室。建立了储运和销售环节油品质量监督抽查制度，油品抽查合格率不断提高，下半年加油站抽查合格率100%。公司安全生产合同化管理日益规范，各级单位签订《安全生产责任状》183份，签订《施工安全合同》425份，与关键要害岗位员工签订《安全生产合同》5182份，签订率分别达到100%、100%和99.1%。安全检查和隐患治理工作取得成效，隐患整改率达98.6%。对5座新建、改扩建油库竣工验收及试运方案进行严格审查，

确保安全投运。实行风险抵押金制度，岗位安全生产责任制进一步落实。实现全年安全责任事故为零，环境污染责任事故为零。

5. 各项基础管理工作手段、方式不断改进

进一步完善了各项管理制度和工作程序，保证了机关工作快捷、有序运行。增强依靠法制手段管理企业的意识，重大投资等决策事项严格履行法律程序，有效防范了经营风险。购销存信息系统初步建立，零售信息管理系统已完成项目调研及设备购置谈判签约，为推进企业信息化，提高经营管理效率奠定基础。

【精神文明建设】

(1) 加强基层党组织的建设，发挥党员的先锋模范作用。

(2) 完善制度、增加约束，控制和避免腐败现象的发生。

(3) 加强精神文明建设，弘扬企业文化精神。

2001 年上半年公司党委组织全体员工参加了中宣部举办的纪念中国共产党成立 80 周年党史知识大赛活动，并获得石油赛区组织奖。11 月下旬，公司举办了“销售风采”演讲比赛，有 12 个单位的 16 名选手参赛，并推荐了两名选手参加了炼油与销售分公司的“销售风采”演讲比赛。

公司在本部和条件成熟的分公司、控股公司成立了工会和共青团组织，开展了“争先创优”活动，开展了创建“青年文明号”加油站和“双文明”加油站活动，收到很好效果。公司所属的南湖和龙江奔达两座加油站获得中国石油天然气集团公司“青年文明号”称号，有 7 座加油站获得炼油与销售分公司“双文明”加油站称号。

(徐玉霞)

中国石油天然气股份有限公司黑龙江销售分公司

【概述】 中国石油天然气股份有限公司黑龙江销售分公司是中国石油天然气股份有限公司在黑龙江设立的地区销售分公司，现有机关处室 9 个，公司下属 18 个地市公司，1 个润滑油公司及 58 个县级公司，主要经营成品油和化工类产品。省市公司（股份公司）实行统一经营，分级管理，收支两条线的营销体系；县级公司（存续公司，暂未进入股份公司）则独立核算，自负盈亏。截至 2001 年末，股份公司资产总值为 172847 万元，负债为 207295 万元；存续公司资产总值为 128096 万元，负债为 101312 万元。股份公司在职职工 4212 人，存续公司在职职工 4482 人。

【油品销售】 2001 年共购进成品油 215.2 万吨，其中汽油 91 万吨，柴油 124.2 万吨；销售成品油 215.2 万吨，其中汽油 93.1 万吨 ，柴油 122.1 万吨，销售总量比 2000 年增加 0.8 万吨，增长 0.5%。实现销售收入 722293 万元，实际完成利润 6269 万元。

【库站管理与网络建设】 全系统拥有油库 111 座，总容积为 70.7 万立方米，加油站（点）972 座，其中独资 873 座、联营 45 座、租赁 54 座。按照中油集团、股份公司、炼油与销售分公司颁布的条例、办法、细则等规范化文件要求，油库、加油站实行标准化管理，公司每年组织一次联检达标活动，省市公司优秀油库比例达到 91%，优秀加油站比例达到 85%，全系统油库、加油站已连续 14 年未发生重大责任事故。公司及所属企业多次被评为省、市级安全先进单位。

网络建设成果喜人。在连续两年稳步发展的基础上，2001 年网络建设又有了飞跃发展。全系统共投入网络建设资金 1.6 亿元，新建加油站 34 座，收购加油站 36 座，改造加油站 17 座，全省网点布局发生了可喜的变化。

【经营管理】 2001 年，成品油市场总体上是挑战大于机遇，逆势多于顺势，动荡大于稳定的发展态势。市场价格不断下滑，竞争日趋激烈。面对困难局面，全省各级公司协调一致，强化计划调配力度，合理安排资源。省公司在部分县域组建了直属经销处。同政府职能部门紧密配合，加大了对市场的整顿力度以及对炼厂、直供用户的监管力度。通过上述措施，大大缓解了总量过剩的困扰、市场竞争的压力、价格波动的风险，打开了市场销售的新局面，市场占有率达到了 92%。服务管理方面，全系统通过贯彻规范，强

化稽查，争先创优，外树形象，内强素质，使服务质量有了显著提高。各公司广泛开展了加油站“争优创先”活动，全省各地涌现出一批“双文明加油站”、“零售大户”和加油能手。质量计量管理。加强了油品购、销、存等环节的质量管理，普遍采取了清洗油罐、增设管线、专车专用、专管专输等具体措施。拨付176万元专项资金，购置常规化验仪器，筹建维修十几个化验室，培训了20多名化验员。同时加大了对计量人员的培训力度，规范了计量报表，及时盘点库存，堵塞漏洞，为企业经营和核算提供准确的商品数量、数据。安全管理方面，除了坚持常规的管理措施外，重点是按照中油股份公司的要求，建立了四级安全监督体系，设立了安全总监、副总监、专职监督和兼职监督员。全省系统在七台河分公司进行了HSE（安全、健康与环境）试点工作。对全省系统油库、加油站进行安全大检查，针对库站存在的安全隐患问题，公司投入了1100多万元，对90多个重点项目进行整改，七台河、伊春、绥化等公司油库的面貌发生了根本性变化。信息系统建设。经过近一年的努力，全省购销存信息管理系统，省公司信息中心数据库建设、宽带网建设，电气及通信系统的改造，IC卡零售系统的建设都已初具规模。特别是IC卡零售系统，已通过炼油与销售分公司验收，得到充分肯定。目前全省15个市级公司基本上都能完成数据上传，鸡西、哈尔滨IC卡零售系统已经和即将进入运行。队伍建设方面，在班子建设方面，通过公开竞聘，先后调整了哈尔滨、牡丹江、绥化、黑河、大兴安岭、大庆等公司的党政一把手9人，副职12人，调整、提拔机关及驻厂办副处级以上干部28人，调整聘任了依兰、汤原、兰西等五个支公司的一把手，新组建了富锦、北安、嫩江分公司，并考核聘任了党政一把手，初步实现了企业经营管理者的优化配置，建立了能上能下、优胜劣汰的选人用人新机制，提高了班子的整体素质。在职工队伍建设方面，整体结构发生了很大变化。加大了有偿解除劳动关系的工作力度，职工总量共减少3651人，其中，股份公司有偿解除劳动关系278人，占职工总数的6.29%；存续公司有偿解除劳动关系3373人，占职工总数的42.59%。员工培训方面，共有59人次参加了中油组织的学习，其中班子成员6人，处级干部9人。举办三期培训班，共培训了260名加油站站长，130多名计量员、化验员、HSE内审人员，还培训了财务、微机等专业人员。

（柳　汀）

中国石油天然气股份有限公司吉林销售分公司

【概述】　2001年中国石油天然气股份有限公司吉林销售分公司在集团公司、股份公司和炼油销售分公司的正确领导下，抓住机遇，发挥优势，强化管理，狠抓落实，企业经营管理和各项工作均取得了显著成绩。

全系统销售汽煤柴油161.2万吨，比2000年增长3.1%。汽柴油零售91.5万吨，比2000年增长14.8%。汽柴油零售比重57%，比2000年提高6.05个百分点。

股份公司销售收入实现450344万元，比2000年增加7340万元；实现利润2277万元，上缴税费6070万元。存续企业销售收入实现194308万元，上缴税费3604万元。

【市场营销】　2001年各项工作按照年初全面开展“管理效益年”活动和“转观念、找差距、上水平、增效益”主题活动的总体部署，围绕年度受约任务，加强了人、财、物、信息、文化等要素组合运营的全过程精细化管理，较好地解决了油价持续走跌给我们造成的诸多矛盾和问题，大多数主要经济指标按可比口径计算，创历史最好水平。

（1）整合内部营销体制。一是按经济区域对同一市场但分属不同管理单位的公司进行撤并，实行了一体化管理，终止了内部无序竞争，市场占有率大幅上升。二是积极推进县公司营销体制改革。通过全系统积极稳妥工作，从9月份开始，39个县公司逐步变为市公司经营处，实行非独立核算、报账制和资金收支两条线。

（2）严格执行配置计划。年初省公司顶住资源过剩、价格持续下跌、库存爆满、销售不畅的巨大压力，从大局出发，积极接储油品，疏通炼厂后路，为保证上游正常生产做出了积极的努力。同时加强了对地炼油品的收购、调运和管理。

(3) 优化组织运输。按照配置计划和各单位实际库存，合理确定运输流向，安排到站计划。以成品油合理流向为原则，依据现有铁路运输优势和油库辐射能力，打破行政区划，按经济区域建立了两个成品油配送中心，进行试点。

(4) 保持合理库存。省公司加强了对市场供求变化和价格走势的调查预测，及时调整库存结构，尽量把库存跌价损失降到最低点。

(5) 进一步拓宽分销渠道，由过去的大批发、小零售向合理批发、尽量扩大零售、代销、特许经营等多渠道分销转变。同时积极开展非主营业务，促进主营业务增长，主辅互动，实现了双赢。

(6) 大力开展优质服务活动。省公司制定完善了《加油站优质服务工程实施方案》及相关配套办法。经检查和综合考核评比，全系统加油站优质服务全部达标。

(7) 加强市场监管工作。紧紧依靠政府，配合执法部门，加强市场监管，有效规范了市场秩序。把好市场准入关，尽量避免重复建设。全系统共捣毁土炼油 60 户，清理系统外违规批发企业 4 户，执法部门罚没款 600 万元。

(8) 加强终端销售网络建设和管理。

2001 年共投入资金 12386 万元，加快了终端销售网络建设步伐。市公司以抢占中心城市、交通主干道重要地段为重点，向外延伸；县公司以乡镇为重点，以夫妻店、代销点等形式向村屯延伸。在项目管理上，加强了对投资决策、立项审批、资金拨付使用、施工作业、物资采购和工程预决算的管理。

【企业管理】

(1) 加强财务管理。树立预算第一意识，把预算管理作为财务管理的龙头，实行事前预测、事中控制、事后监督。大力压缩费用，把招待费、旅差费、维修费、办公费等作为硬指标，严格控制支出。2001 年省市级公司管理费用比 2000 年下降 18%，比预算下降 6%。强化资金管理，完善了“收支两条线”和长期负息资金管理办法，将股份公司下达给我们的每月银行存款 1 亿元的限额，基本控制在 5000 万元以内。建成了省市公司财务局域网，实现了财务信息的内部共享，提高了会计工作的效率。

(2) 加大清欠工作力度。2001 年全系统共清回资金 7194 万元，其中股份 5887 万元，存续 1307 万元。

(3) 加强了内部审计。全年共完成审计项目 69 个，审计金额 28 多亿元，审计覆盖率达到 92%。

(4) 加强安全管理，全年没有出现生产事故。各级公司始终把安全工作摆在第一位，落实一把手是第一责任人制度，坚持“谁主管，谁负责”的原则，完善安全包保体系和安全监督体系。严格审查施工单位的资质，签订施工安全合同。加强安全大检查，落实整改措施，集中使用整改资金，及时整改安全隐患。加快了 HSE 管理体系的建立和实施步伐，狠抓试点工作，以点带面，向前推进。四平泉沟油库、吉林阿什油库在炼销分公司年终油库安全大检查中，被评为“优秀油库”。

(5) 加强数质量管理。完善数质量管理保证体系和监督体系。加强了计量管理，保证了量值传递准确。投入资金为市级公司的油库化验室配齐了化验设备、仪器，提高了计量、质量管理水平。加强油品输转全过程质量监控，把好油品入库、在库、出库质量关，杜绝了质量事故。

(6) 加强绩效管理，完善考核机制，发挥激励约束作用。基层库站全面推行吨油工资、吨油费用含量包干办法，传递竞争压力，多劳多得，少劳少得，调动了职工促销积极性。机关处室按照职能、作用，合理确定权重，与分担的业绩挂钩，根据完成情况兑现奖惩。

(7) 信息工程建设取得了显著成绩。按照上级公司建立 IC 卡成品油零售管理系统的要求，省公司在长春地区进行了加油机 IC 卡改造试点，改造后的加油机已试运行。

(8) 加强领导班子和职工队伍建设。选人用人全面推行竞聘制。大力推进减员增效工作，2000 年、2001 年共有偿解除劳动合同关系 3821 人，占上划时总人数的 32.8%。

（陆文波）

中国石油天然气股份有限公司辽宁销售分公司

【综述】　2001年，中国石油天然气股份有限公司辽宁销售分公司销售系统经历了库存偏高、跌价严重、“倒流”冲击、亏损激增的严峻考验。面对复杂局面，辽宁销售分公司紧紧依靠中油股份公司的正确领导，在地方政府的大力支持下，克服重重困难，较好地完成了新世纪开局之年的各项工作，取得了两个文明建设的新成绩。

2001年，全系统销售成品油276万吨，其中零售117.6万吨；实现销售额73亿元，上缴利税1.36亿元。2001年，主要经济指标没有达到中油股份公司确定的预算目标，既有客观因素又有主观原因。从客观上看，一是2000年底，为了给炼厂疏通后路，辽宁销售分公司从全局出发，接卸高价位油品32万吨。这些成品油品入库后价格一路下跌，不卖潜亏，卖了明亏。2001年，国家7次下调成品油价格，辽宁销售系统出现了库存价和销售价倒挂的反常现象，给经营工作带来巨大压力。二是成品油市场供大于求，国内油价在起伏波动中下滑，总体上降多升少，价格严重不到位。三是社会经营单位投机运作，掺兑油品，低价倾销，以及关内市场油品倒流，对本已低迷的辽宁成品油市场起了雪上加霜的作用。四是受美国经济衰退的影响，世界性成品油需求不旺。尽管国际石油组织采取限产保价行动，但仍未能阻止国际油价下跌的趋势。在这种情况下，已经与国际接轨的国内成品油价格陷入低谷不足为怪。从主观上看，观念滞后，机制不活，信息不灵，管理粗放，服务欠佳，也是导致主要经济指标完成不够好的重要原因。

【在困境中创造发展亮点】　实事求是地说，2001年，辽宁销售分公司虽然出现经营亏损，但是，广大干部职工都有一种共同感觉：这一年花费的心血最多，付出的努力最大。在困难和压力面前，各级领导班子坚持“两手抓，两手都要硬”的方针，带领广大员工顽强拼搏，扎实工作，在经营环境十分不利的条件下，全系统各项工作仍然取得了可喜的进步，在新世纪起步之年创造了许多发展亮点：

（1）主题活动深入人心，发展战略与时俱进。2001年3月初，中油炼油与销售分公司党委关于开展“转观念、找差距、上水平、增效益”活动指示下达后，立即引起辽宁销售分公司党委的高度重视，领导班子专门研究，迅速布置，从上到下立体展开。以思想解放为宗旨，以各级干部为重点，以改善管理，促进发展为目标，全员参与，全面受益，在经营管理上找差距，在思想观念上找原因，在改革发展上见成效。经过层层讨论，辽宁销售分公司党委明确提出全系统要着重转变10个观念、强化10个意识，即：①转变各行其是的分散主义观念，强化令行禁止的集中统一意识；②转变单纯追求费用的本位主义观念，强化效益第一、整体发展的大局意识；③转变靠批发过日子的计划经济观念，强化以零售求生存求发展的市场经济意识；④转变“皇帝女儿不愁嫁”的独家经营观念，强化油品质量是企业生命的竞争意识；⑤转变“以赊促销”的盲动观念，强化成本否决的风险意识；⑥转变重经营、轻管理的粗放观念，强化向管理要效益的创新意识；⑦转变“动油无大过”的投机观念，强化像管钱那样管油的责任意识；⑧转变“坐门等客”的官商观念，强化以用户为中心的服务意识；⑨转变“进了石油门，就是国家人”的传统用工观念，强化优胜劣汰、能进能出的人事改革意识；⑩转变重投入、重规模、重外延发展的观念，强化依靠人才、科技、信息，重内涵发展的意识。“转变10个观念，强化10个意识”的提出，标志着辽宁销售分公司划转中油集团以来又一次思想解放，对企业走向国际化竞争发挥了重要的思想基础和舆论导向作用，受到上级的重视与肯定。

作为转变观念、增加效益的重要成果，辽宁销售分公司调整了企业发展战略。重组改制以来，按现代管理体制和经营机制运行，许多新情况、新问题引发班子成员思考。促进“转观念、找差距、上水平、增效益”主题活动的开展，使班子成员的理性思考迅速升华，一系列新的思想观念和经营理念逐步确立起来。李万余总经理率先提出修改企业发展战略，新的企业发展战略是：全面贯彻“三个代表”重要思想，以整体经济效益为中心，以改革为动力，以终端销售为突破口，以提高市场占有率为目标，集中统一，强化管理，优质服务，节支降耗，卧薪尝胆，真抓实干，努力把辽宁石油销售系统建成管理一流，效益突出，实力雄厚的现代化企业。新的企业发展战略对统一思想认识，强化经营管理，发挥了意志凝聚和行为导向作用，它的重大意义将随着时间的推移充分显现出来。企业发展战略的修改，既是转观念的重大成果，又是企业发展方向上的有力指导。

（2）省内销量有所增加，终端销售大幅提高。2001年，虽然全系统总销量有所下降，但是零售量有新突破，全年成品油零售达117.6万吨，零售比率达42%，创历史最高纪录，零售量比2000年增加22.1万吨，增长23.44%。涌现出79座样板加油站和62名千吨加油员。其中：万吨级16座，7000吨级9座，5000吨级21座，3000吨级34座，成为中油销售系统“万吨加油站”和“千吨加油员”最多的省份。企业竞争能力和创效能力有了新的提高，经营进入良性循环轨道。这是新世纪第一年，辽宁销售系统出现的最大亮点。

（3）网络建设投资加大，发展后劲明显增强。全年完成网络建设投资5亿元，新增加油站124座，截至2001年底，全系统加油站总数达到557座。这一可喜变化不仅是量的增加，更是质的飞跃，为企业持续稳定发展增强了后劲。与终端网络建设相适应，信息网络平台快速搭建，范围不断扩大，服务逐渐延伸，成品油购、销、存信息网络正式投入使用，为强化经营管理提供了先进手段。

（4）大力整改事故隐患，连续实现第7个“安全年”。2001年，辽宁销售分公司投资895万元，完成84项隐患整改。在油库人员减少三分之一、付油量增加三分之一的情况下，所属21座油库实现吞吐量398万吨，等级责任事故为零，胜利实现第七个安全年。采取跟踪盘点、交叉盘点等强制性措施，加强库存商品管理，油品损耗率比国家规定标准降低1个千分点，油品合格率达到100%。辽宁销售分公司被中油股份公司评为安全生产先进企业，3座油库、4座加油站被中油炼油与销售分公司评为安全管理先进库、站。

（5）以财务管理为核心的综合管理水平有所提高。严格执行“四统一、三集中、收支两条线、资金封闭运行”的经营机制和财务管理体制，基础工作日趋规范。财务、业务、审计、人事等部门密切配合，落实规章制度，完善考核办法，形成30项综合指标考核体系，进一步强化了激励约束机制。眼睛向内挖掘潜力，大力压缩费用，降低经营成本，取得良好效果。2001年，辽宁销售分公司吨油费用为182.39元，吨油现金营销成本126.61元，为东北三省最低。

（6）资金管理和清欠工作取得明显成绩。2001年初，全系统有1999年以前的应收款9.1亿元，压占进货资金，增加财务费用，制约经营发展。2001年，各单位认真执行“清欠工作五项原则”，综合运用行政、经济、法律等手段加大清欠力度。截至2001年底，清回2000年以前外欠款6.1亿元，占外欠款总额的67%。是清收外欠款力度最大、效果最好的一年。在加强清欠工作的同时，严格经营纪律，防止前清后欠，当年货款回收率达到99.82%，是货款回收最好的一年。

（7）内部经营管理体制和市场运行机制更趋合理。本着“顾全大局，规范自身，整体发展”的原则，2001年，辽宁销售分公司撤并了8个直属子公司，经营业务交当地公司统一管理，增强了市级公司调控市场的能力。根据上级部署，从8月份起，辽宁销售分公司和辽宁省石油总公司领导班子合署办公，实行市县公司经营管理一体化，减少同业竞争，为进一步整合机构，理顺关系，统一管理创造了条件。

（8）地炼管理成绩显著，区外经营开局良好。规范小炼厂的生产经营行为，加强地产油购销管理，全年收购地炼油品50万吨，实现利润5000万元，在一定程度上缓解了企业亏损的压力。为了减少区外周边市场对辽宁的冲击，构筑抵御区外“倒流油”的坚强屏障，经上级批准，辽宁销售分公司在秦皇岛设立了分公司，同时负责管理在河北平泉的经营机构。秦皇岛分公司运行6个月，销售油品21万吨。随着经营触角进一步向河北境内延伸，油品“倒流”的势头得到有效遏制。

（9）分配机制和用工制度改革不断深化。努力发挥薪酬的杠杆作用，所属各公司全部封存档案工资，推行“吨油工资含量”分配办法，实行薪酬与批发量和零售量挂钩，极大地调动了广大员工的积极性和创造性，一线员工人均收入明显增加。有4个单位由于销量大、人员少、费用低，员工收入比2000年增长40%以上，一些加油员月工资超过1500元。灵活的分配机制吸引员工向经营一线有序流动，企业劳动组织管理更加顺畅。随着定岗定员、绩效考核、竞争上岗、末位淘汰等机制的建立和实行，减员增效工作继续推进，2001年全系统又有1296人与企业有偿解除劳动合同。

（10）精神文明建设和思想政治工作取得可喜成果。

（吴　杰）

中国石油天然气股份有限公司大连销售分公司

【概述】　中国石油天然气股份有限公司大连销售分公司，直属中国石油天然气股份有限公司炼油与销售分公司管理，担负大连地区石油成品油市场的计划、供配及规范、管理等职能。截至2001年底，公司所辖县区公司6个、直属经营机构5个、控股公司5个，职工1152人。拥有固定资产22489万元，油库9座，储存能力19.24万立方米，铁路专用线7条，加油站143座，专用油罐汽车62辆，油轮2艘，油港2个。2001年全年销售成品油91万吨，比2000年增长3.41%。

【市场营销】

（1）分析市场形势，调整经营思路。提出"巩固陆地市场求生存，开发海上市场求发展"的经营思路，实施"海上市场前移"的经营战略，有效的遏制了"低价油"返流上岸，堵住非标产品流入，对稳定内陆市场、完成全年销售任务、增加企业效益起到了重要作用。

（2）加强营销管理，完善激励机制。实行以业绩考核为主要内容，以工效挂钩、吨油工资含量为重点的考核制度和办法，调动了广大员工的销售热情。针对各时期市场的不同情况，采取全员销售、组合销售、合同销售等营销对策，保证了全年销售任务的顺利实现。

（3）调整库存储备，规避跌价风险。适时控制进货，对销售品种实行内部调库，大幅降低库存积压，消化前期客存，避免价格调整后的库存折损。

（4）搞好市场调查，加强用户联系。对大连地区市场需求的品种、数量及流向进行细致地调研普查，为市场细分、营销细化提供了决策依据，保证了销售工作的科学性。

（5）加强市场整顿，规范市场秩序。强化内部经营的"四统一"，形成合力，稳定市场份额；在市政府的领导下，成立专门的市场秩序管理部门，加强对成品油市场的管理和监控，及时向上级汇报市场出现的问题，维护成品油市场秩序。

（6）建立销售职责，完善运行体制。实行财务业务联合办公的运行方式，完成购销存系统网络的搭建并正式投入运行；建立了用户需求档案，成立了配送中心，巩固和提高了市场份额。

【网络建设】

（1）增强加快发展网络建设的思想意识。通过宣传教育和经营形式分析，使全体员工认清公司现有的零售市场份额还很低，还不能适应日益激烈的市场竞争，确立把网络建设当作企业生命工程来抓的指导思想，增强了加快发展网络建设的责任感。

（2）确定了公司零售网络发展建设的战略目标和工作思路。提出了"优先发展北三市、重点建设在市区，努力扩大海上零售市场"和加快步伐"三年并成一年走"的战略目标，并把重点转移到加油量大、位置好的加油站上，形成统筹规划，严格程序，购、建、租、控相结合的完整体系。全年零售网络总投资18363.3万元，新增加油站44座。

（3）逐步完善成品油零售信息网络管理系统建设。完成了71座加油站450条枪硬件配套改造，首期10座加油站的IC卡管理系统，2001年1月正式向社会售卡运行，二期61座加油站355条枪计划在2002年售卡联网。

【企业管理】

（1）深化人事制度改革。①建立"能上能下"的用人机制。按照科学合理的劳动定额标准和单位的实际情况，管理人员以销量、油库以吞吐量、加油站以加油量、车队以单车运量定编，在定岗定员的基础上，全面实行竞聘上岗。②建立"能进能出"的用工机制。根据股份公司有关劳动合同的规定，加大考核和终止劳动合同的力度，推动有偿解除劳动合同工作的稳步进行，全年302人自愿解除劳动合同，占员工总数的21.3%。积极引进企业急需的专业技术人才和复合型人才，共招聘大学本科毕业生7名、研究生1名、计算机副教授1名。全地区大专以上人员占职工总数的18.2%。③形成"能多能少"的分配机制。建立起薪酬分配与企业利益和员工个人利益挂钩的自动调节效益与收入的新的分配机制。加油站全面推行吨油工资含量，调动了各单位和员工多卖油、卖好价、促销增效的积极性。

（2）突出重点，抓好财务和资金管理。①坚持管理和清欠同时抓，2001 年收回陈欠 516 万元，占年初应收账款的 29%，当年货款全部收回。②强化预算管理，加大预算指标的考核力度，杜绝预算外开支。③实行加油站单站核算，加强了加油站经济效益的评估。④严格各单位银行存款限额的核定，杜绝资金闲置现象。⑤加强税收管理工作，杜绝查补、滞纳和罚款现象。

（3）引进新的管理手段，不断提高企业经营管理水平。①完善了财务信息系统网络化管理。②建立人力资源网，实现人事管理科技化。10 月份通过了中油集团档案目标管理验收评定，成为销售系统第一家档案管理晋一级的单位。③建立人员信息库，开发人事应用软件，为员工统计和动态管理提供了保证。④新增电脑 23 台，实现机关管理人员人手一台，基层的各项业务工作和行政管理工作全部微机化，提高了办公自动化水平。

（4）坚持"安全第一、预防为主"，做好安全管理工作。①建立了由分公司、各基层单位、各生产班组组成的三级安全监督体系，层层签订安全生产合同，完善安全生产承包责任制。②坚持从基础工作抓起，消灭事故隐患，提高了油库和加油站的安全防范能力。③加大对设备的技术改造和隐患整改工作的投入。全年未发生任何等级事故。在上级的现场检查考核中，受检的 8 座油库、6 座加油站全部达标，其中 6 个库、站被推荐为 2001 年炼油与销售分公司安全生产先进库、站。

（俞　津）

中国石油天然气股份有限公司陕西销售分公司

【概述】　中国石油天然气股份有限公司陕西销售分公司（以下简称陕西销售公司）设有 6 个职能处室，下辖 10 个地市公司、一个润滑油公司、一个成品油质量监督检验站。在册员工 2768 人，资产总额 17.05 亿元，其中固定资产净值 5.55 亿元，拥有营运油库 11 座，库容 25.14 万立方米，加油站 380 座。陕西省石油总公司设有 6 个职能处室，5 个经济实体，下辖 87 个县级公司，共有在册员工 4578 人，资产总额 5.46 亿元，其中固定资产净值 3.19 亿元，拥有营运县级油库 31 座，库容 6.60 万立方米，加油站 424 座。

【经营指标】　2001 年购进各类成品油 173.46 万吨，较 2000 年增长 3.77%，完成年计划的 108.41%；销售各类成品油 166.49 万吨，较 2000 年增长 7.38%，完成年计划的 104.06%；其中资产型加油站零售油品 40.17 万吨，较 2000 年增长 98.42%。

全年实现商品销售收入 40.80 亿元，较 2000 年增长 3%；剔除有偿解除劳动关系补偿金后，商品流通费 26995 万元，较 2000 年减少 4789 万元，下降 15%；吨油费用 162.24 元，较预算减少 50.60 元；吨油现金营销成本 120.81 元，较预算减少 48.85 元。剔除消化年初高价库存 8908.40 万元，有偿解除劳动关系补偿金 1477 万元后，基本完成了全年各项经济指标。

【内部管理】　2001 年，陕西销售公司面对油价一路走低，库存价高量大，地炼自销不止的严峻形势，深入开展"转观念、找差距、上水平、增效益"活动，坚持以经营工作为龙头，以零售为重点，千方百计抢市场，保零售、降成本、增效率，在深化改革、强化管理、扩销提效、安全生产及精神文明等方面做了大量行之有效的工作，较好地完成了板块下达的任务。

（1）千方百计扩大销售，提高市场占有率。一是层层分解、逐项落实销售量、零售量目标任务，按月考核通报，严考核硬兑现。二是组建配送中心，实施油品配送。年底除陕北两地市公司因距地炼较近，没有必要成立配送中心外，其余八地市公司均建立了以地市公司油库为主、保留的县级油库为辅的油品配送体系。三是建立健全用户档案，积极开发机构用户。共建立批发用户档案 1982 户（其中机构用户 762 户，社会批发企业 17 户，社会加油站 1203 户）。全年对机构用户销售 19.80 万吨，占机构用户年需求量 27 万吨的 70.4%。四是积极发展农村网点，占领农村市场。共建立农村网点 892 个，全年销售油品 6.60 万吨。五是充分发挥地理优势，千方百计扩大出区销售量。下半年，公司按照板块要求，把开拓边缘市场，扩大出区销售量作为一项重要工作来抓，全年共出区销售油品 17.37 万吨，较 2000 年增加 8.1 万吨，有效地起到了“防火墙”的作用，维护了陕西乃至西北地区成品油市场的稳定。

（2）强化终端销售，努力提高零售比率。一是建立健全加油站管理制度，规范加油站管理，制定下发了《陕西销售公司加油站管理办法》，按照“十统一”规范加油站经营行为。二是广泛开展高销量加油站的培育工作，努力提高加油站单站销量。对列入培育计划的 82 座 3000 吨以上高销量加油站全面推行站长竞聘制、年薪制和吨油含量工资制。全年 82 座高销量培育站销售油品总计 23.5 万吨，占全省零售总量的 58.5%。三是加快新购建加油站投运步伐，省公司积极与省经贸委联系，使我系统新购建站建成一个，《成品油零售经营资格证书》颁发一个，全年建成并投运的加油站 107 座，新增销量 3.1 万吨。

（3）加大市场整顿力度，创造良好经营环境。各地市公司积极配合当地政府部门加大市场整顿力度，进一步规范成品油市场秩序。全年与政府部门配合查处非配置油品 1.38 万吨。同时，积极与当地工商部门取得联系，坚决制止社会加油站盗用“中国石油 Petro China”名称、标识行为，维护了中国石油商标专属权。

（4）不断加强内部管理，实现企业效益最大化。一是加强财务基础工作，围绕资产保值增值和效益最大化目标，不断探索和完善企业内部资产经营责任制及相应的考核指标体系；实施目标成本管理，严控费用开支；严格清理银行账户，省、地市公司在银行只开立一个“结算户”，一个“费用户”，同时加强网上银行账户管理与监督；在全系统全面实行“收支两条线”管理，大幅度提高了资金运营效益。二是加大清欠力度，加快资金回笼。工作中坚持“谁经手、谁负责”的原则，将清欠责任落实到人。三是转变企业管理机制，增强企业发展后劲。为充分发挥薪酬的激励作用，省公司在全系统推行了加油站站长竞聘制、年薪制，新的选人、用人机制，为优秀基层管理人才的脱颖而出创造了机遇，极大地调动了一线员工的积极性。

【重组改革】 根据股份公司整合地市、县两级销售体制部署，8 月 13 日，陕西销售分公司与陕西省石油总公司机关合署办公，两公司班子成员按照板块北京会议、廊坊会议、内蒙古会议有关重组改革精神，结合陕西的具体情况，形成了《陕西公司重组改革方案》及 7 个配套办法，9 月 3 日，全省重组改革工作正式全面铺开。

重组后，全省存续 95 个县级公司组建为 87 个股份县级分公司，全省存续 95 座县级油库打破行政区划，按照油品合理流向及配送半径仅保留了 31 座油库为地市公司分销库，其余 64 座油库全部关闭。截至 12 月底，全省存续企业的 445 座加油站中有 385 座完成了租赁、并表、注册登记工作。在主营业务并入股份的同时，对县级分公司人员按照定编、定岗、定员、定责、定岗位规范的“五定”原则进行核减，富余人员一律参与加油站竞聘。由于“五定”工作先行，有力地促进了有偿解除劳动关系工作，全省全年有偿解除劳动关系 3150 人，超额完成了计划减员目标。

【网络建设】 2001 年，陕西销售公司从迎接入世挑战、企业持续发展的战略高度着眼，继续加大零售网络建设力度，零售网络建设取得了突破性进展，网络布局日趋合理。全年新购新建加油站 150 座，转入 2002 年续建工程 30 座，实际完成网络建设投资 2.46 亿元。

【安全管理】 陕西销售公司在油库、加油站管理中，以安全管理为重点，千方百计提高经营设施的运营质量。一是建立和完善了全省安全保证监督体系，自上而下层层签订《安全生产合同书》，合同签订率达到 100%。二是将安全工作重点放在基层，同时狠抓安全教育，强化全员安全意识，实行领导干部不定期查岗制度，使全体干部职工时刻绷紧安全工作这根弦。三是认真开展安全生产大检查，以查促改。省公司于 9 月中旬到 10 月初，对全省油库、加油站进行一次全方位的安全大检查。四是抓好宝鸡福临堡油库 HSE 管理试点工作，11 月省公司审定了宝鸡公司 HSE 管理体系文件，为全面推行 HSE 管理奠定了基础。五是重视技改及隐患整改工作。全年投入 1178 万元对全省油库进行了技术改造。由于工作扎实、责任落实，确保了全省库站全年安全无事故。

【廉政建设】 陕西销售公司党委十分重视对党员干部的党风廉政教育，全年共开展党风廉政教育和党纪条规教育 23 次，科级以上干部参加学习达 1300 多人（次）。在强化学习教育的基础上，先后在 6 月和 12 月对各单位党风廉政建设责任制落实情况进行了半年抽查和年终检查及考核，按照“对照检查、民主测评、综合打分”的方法重点考核了各地市公司领导班子成员。

（刘梦泽）

中国石油天然气股份有限公司甘肃销售分公司

【概述】 中国石油天然气股份有限公司甘肃销售分公司（原甘肃省石油总公司）是1998年中国石油天然气集团公司和中国石油化工集团公司实施重组时，由省属企业划入中国石油天然气集团公司的，1999年划入中油股份公司。在经历了体制上划、内部资产重组、撤销县级石油公司、推行三项制度改革、持续开展市场清理整顿工作后，甘肃销售分公司市场竞争能力和抗风险能力得到了很大提高，经营销售规模和经济实力得到了增强。2001年，资产总额达14.98亿元，下属14个所属分公司，2个直属公司，机关设7处3室；公司员工总数3688人（其中内退606人），在岗人数3082人，员工平均年龄36岁，拥有大专以上文化程度的占员工总数的20.2%，具有高、中级专业技术职称的有174人；拥有油库21座，总库容30.8万立方米；加油站809座，占甘肃省内加油站总数的三分之二以上；铁路专用线1.9万米，输油管线12.2万米；铁路自备槽车120余辆，油罐汽车300余辆。

【业绩指标】 2001年，甘肃销售分公司购进四大类成品油133.57万吨；销售135.34万吨，其中零售93.12万吨，零售率为68%，市场占有率为96%以上；股份公司与存续企业合并计算实现销售收入46.3亿元，实现商品销售毛利3.43亿元；股份公司与存续企业合并后实际吨油收入为2716元，吨油费用为392元。股份公司吨油现金营销成本154.74元，上缴税金9157万元；股份公司全年实现利润3716万元。2001年，甘肃销售分公司在中国石油天然气股份有限公司销售系统创出了市场占有率、零售率和通过ISO 9001质量体系认证三个第一的佳绩。

【经营管理】 面对连续9次的成品油价格下调的严峻形势，甘肃销售分公司把坚持完成配置计划，确保炼化企业后路畅通作为一项政治纪律来执行。由于价格下调，造成销售收入同比减少5681万元；坚决执行炼油与销售分公司关于给大区公司、炼化企业加油站在零售价基础上倒扣8%的规定供应资源，全年供应资源10.7万吨，共计让利1089万元；严格执行省物价局关于对省内社会批发单位、社会加油站供货的政策规定，造成价格倒挂，全年供应资源14.2万吨，共计减少盈利额685万元。为消化减利因素，实现效益最大化，首先抓住国家及甘肃省全面整顿经济秩序的机遇，狠抓市场整顿，规范市场秩序。其次，加强了资源的宏观调控、统筹安排，合理调整库存结构。第三，积极开展市场调研，准确把握市场变化规律，定期召开经营活动分析会，密切关注市场动态，不断调整经营策略和经营方式，采取在分析日、周零售情况的基础上抓重点，在总结月、季销售情况的基础上促全面，收到了明显效果。全年销售绝对量比上年增加12万吨左右，零售绝对量增加18万吨。润滑油销售也上了一个新的台阶，市场明显扩大，全年销售各类润滑油1.07万吨，完成计划1.1万吨的98%，较上年相比减亏148.4万元。

【内部改革】 一是进一步理顺了股份公司与存续企业的关系，合并了股份公司与存续企业，实现了资源统一管理、市场统一配置。甘南、陇南两个分公司纳入股份公司统一管理。取消了所有集体企业，真正实现了内部管理体制的彻底理顺和市场的高度统一。二是实施了以吨油工资含量包干为主的新的分配制度，改变了以前按人头下拨工资总额的办法，实行了以销售量决定工资高低，以效益决定收入多少的分配原则。三是建立了以全员竞聘上岗为主的新的人事用工制度。对甘肃销售分公司机关处室、直属单位及河西5个公司副处以上岗位实行全面公开竞聘。通过公开竞聘，新提拔任用正处级干部2名，副处级干部7名，8名原副处以上干部落聘，被安排到一般干部的工作岗位。各二级公司也严格按照程序对本单位副科以上干部进行了全面竞聘。四是持续推行股份公司减员增效政策。在2000年减员1853人的基础上，2001年自愿、有偿解除劳动关系1493名，两年共减正式员工3346人；通过收购集体企业加油站等措施，有偿解除集体员工劳动关系867人。两年累计减幅为52.3%，截至2001年底，在册员工3688人（含内退606人），在岗员工3082人，在岗员工人均销量达

439 吨。甘肃销售分公司也被列为 2001 年销售企业“三项制度”改革的试点单位。

【网络建设】　2001 年，甘肃销售分公司以加油站为重点的销售网络和基础设施建设取得重大进展。全年共投资 2.3 亿元用于零售网络建设、储运设施建设和信息系统的开发，完成计划投资的 103%。全年共收购、新建、改造加油（加气）站 192 座，使现有加油站总数达到 809 座，占全省加油站总数的 64%。完成了兰—成—渝管线陇西、临洮和成县三座分输油库油罐主体安装及附属设施主体工程；完成了天水油库油罐改建、武威油库锅炉改造、兰州五星坪油库油罐更新等 5 项技术改造；完成了兰州、酒泉、张掖等 11 座油库化验设备的配置；实施推广了全公司成品油销售业务信息系统。储运设施逐步向现代化、多功能方向发展。

【企业管理】　一是全面质量管理体系已经建立。从 2001 年 4 月份开始，在北京新标咨询公司的大力协助下，ISO 9001 质量体系认证工作正式启动。经过各级领导干部和广大员工 8 个多月的共同努力，12 月底如期顺利通过了质量认证。二是建立了以成本控制为重点的全面预算考核指标体系。“收支两条线”健康运行，会计核算进一步科学化和精细化。加强了对基本建设资金、银行存款、工资及各类社会保险的严格管理，实行了甘肃销售分公司机关、二级公司和加油站三个层次吨油费用含量包干，确保了资金的有效运营和规范运作。全年清回应收款项 4774 万元，超额完成了炼油与销售分公司下达的清欠指标。三是继续加大了审计监督和效能监察力度。对住宅建设、加油站的新建、改建、油库建设、大宗物品采购和经济责任进行了重点审计监督；对价格管理、销售纪律、财务管理及“五项规定”的执行情况进行了全面效能监察，及时纠正了工作偏差，堵塞了管理漏洞，确保了企业健康发展。四是广泛开展加油站“达标创优”活动，全年有 553 座加油站通过达标验收，45 座加油站达到“优秀”标准，24 座加油站达到“红旗”标准。五是狠抓了以落实岗位责任制为重点的安全管理工作，金昌油库、五星坪油库被股份公司评为“安全管理先进油库”；兰州东岗加油站和玉金加油站、武威平安加油站、白银公司白银路加油站被股份公司评为“安全管理先进加油站”。六是加大了培训工作力度，全年共举办加油站长、计量员等各类培训班 23 期，共参加 908 人次，参加集团公司和股份公司举办的各类培训班 171 人次，员工队伍整体素质得到提高，为公司发展储备了后备力量。

（朵银川）

中国石油天然气股份有限公司青海销售分公司

【概述】　截至 2001 年年底，中国石油天然气股份有限公司青海销售分公司共有员工 749 人，存续公司 868 人，其中具有大中专以上学历职工 530 人；专业技术人员 369 人，具有高级职称的 5 人，中级职称的 90 人，初级职称的 274 人。资产总额 44809 万元，存续公司资产总额 22602 万元；拥有大、中、小油库 7 座，总储容量 58010 立方米，铁路专用线总长 7498 米，通槽点 8 个；全公司共有加油站 164 座。

【主要经济指标】　2001 年全省石油公司汽、煤、柴、润滑油四大类油品购进 34.87 万吨，比 2000 年 31.5 万吨增加 3.37 万吨，增长 10.71%；完成销售总量 35.35 万吨，比 2000 年的 30.55 万吨增加 4.80 万吨，增长 15.47%，销售收入完成 13.24 亿元，比 2000 年的 11.28 亿元增长 17.3%。全年实现税金 2469 万元，再一次被青海省政府评为上缴利税大户。

【经营管理】　一是按照中国石油天然气集团公司和炼油与销售分公司确定的经营战略，青海销售分公司于 2001 年年初制定了全公司的工作目标和具体措施，并与所属各单位签订了经营业绩合同、安全生产管理合同、党风廉政建设责任书，将任务指标层层分解，年底进行严考核、硬兑现。二是内部监督进一步加强，2001 年共完成审计项目 21 个，取得经济成果 654.95 万元，审减工程预算资金 125.98 万元，审计资金和审计单位两项覆盖率均实现 100%，一项审计项目获中油销售系统三等奖。接办职工来信来访 43 件次，在效能监察中纠正违规违纪行为 2 项，审计监察的监督作用得到不断发挥。三是清欠目标基本实现，通过采取各种有力措施和手段，共清回欠款4225万元，完成了股份公司下达的清欠任务。四是减员任务超额完成，为解决员工多、人工成本高、效率低的矛盾，我们在全公司范围内进行了减员工作，同时改革用工制度，取得了一定的效果。

【安全生产】 HSE管理体系开始推行。通过各种形式强化安全管理，2001年实现了无等级、火灾、爆炸等事故的安全责任目标。

【网络建设】 根据市场竞争和企业发展的要求，中油青海销售公司把经营网点建设作为“生命工程”和重点工作来抓。2001年用于网点建设投资3500万元，新建、收购、改扩建加油站38座，其中新建17座，收购10座，改扩建加油站11座，新增网点是历年来最多的一年，对于我司提高零售比例、扩销增效、增加市场占有率创造了有利条件。

【精神文明建设】 有2个加油站荣获中油炼油与销售公司“双文明加油站”称号，财务处获中油销售系统先进集体，多巴油库获中油公司安全生产先进油库，3个加油站获股份公司安全生产先进加油站，3名个人获中油销售系统财务资产管理先进工作者，1名同志获集团公司“技术能手”称号，石油质检站获青海省“九五建功立业先进集体”，公司团委获青海省“五四红旗团委”创建单位，公司系统涌现出一批先进集体和个人；四是开展了“送温暖、献爱心”活动，全年共捐款15372元，组织“爱心助残”捐款16809万元，捐资助学5000元，慰问补助特困职工10人，支援灾区捐物1200件，受到各方面好评。

（刘文艺）

中国石油天然气股份有限公司四川销售分公司

【概述】 中国石油天然气股份有限公司四川销售分公司2001年按照中国石油天然气股份有限公司的工作部署，坚持“销量与效益并重”的经营方针和“一盘棋”的经营思想，积极拓展市场，加快网络建设，推进持续重组，强化内部管理，实现了企业的稳步发展。全年销售成品油220.34万吨，零售成品油121万吨，实现销售收入60.35亿元，实现利润3067万元。

【成品油销售】 根据2001年油品资源供大于求、销售价格难以到位、库存高位运行的特点，加强市场分析，注重处理好量价关系，积极抢占市场，扩销创效。一是加强经营工作的指导。坚持每周一的经营活动分析会议和每季度全系统经济活动分析会议制度，及时分析市场走势，研究解决经营工作中存在的问题，适时调整经营策略。二是制定科学的价格策略。根据不同时期、不同区域的市场特点，采取“小步快跑”、“差异价格”、“贴近市场作价”、“最低限价”、“零售价格保持相对稳定”等价格策略，规避经营风险，提高销售收入，获取最大经营效益。三是积极开发机构用户和高标号汽油市场。通过推行送货制和承诺服务，加大机构用户的配送直销，全年机构用户销售量达到40.84万吨。大力宣传和推销93#、97#汽油，全年高标号汽油销售量达到18.14万吨。四是努力提高零售比重。通过设立专门的加油站管理机构、开展“争创五千吨级、万吨级加油站”活动、加强加油站站长的选配和培训、推行吨油含量工资制、增加网点设施、实行“星级服务”和“承诺服务”等措施，努力提高加油站单站日加油量和综合规范管理水平，零售比重稳步上升，由2000年的32%上升到2001年的46%。

【网点建设】 2001年，四川销售分公司继续加快零售网络建设，全年投资3.73亿元，新购建加油站项目220个，其中新建及改扩建120座，收购100座，续建27座。通过2000年和2001年两年的建设，初步形成了以大中城市为主、控制重要经济区域和交通干道、覆盖城乡的零售网络体系，为企业的持续发展打下了基础。

在抓好网点建设的同时，完成了兰成渝输油管道沿线9座油库配套技改施工前的各项准备工作。

【持续重组】 按照中国石油天然气股份有限公司持续重组的战略要求，四川销售分公司在企业内部改革上取得了新的进展。一是推进了存续企业与股份公司的持续重组。2001年上半年，对部分存续县公司的有效资产实施了租赁经营，将存续县公司的经营业务和市场纳入了统一管理。2001年8月，又实现了四川省石油集团公司与四川销售分公司的合署办公，全面接管了存续企业的主营业务。二是继续实施减员增效。根据中国石油天然气股份有限公司的有偿解除与职工劳动关系的政策规定，全年裁减员工1993人，其中股份公司减员887人，减员幅度16.9%，存续公司减员1106人，减员幅度32.4%。三是开展组建成品油配送中心的试点工作，探索创新成品油营销体制。2001年9月，四川销售分公司在所属的绵阳、乐山、南充三个单位进行了组建成品油配送中心的试点工作，三个试点单位组建的成品油配送中心于2001年12月1日正式运行。配送中心本着精干高效、管理扁平的原则，重新构建了企业内部组织机构；按照市、县市场一体化和经济流向合理的原则，打破行政区域限制，重新划分销售区域，确定配送片区和零售片区，实行销售代表和零售经理负责制；按照销售、运输、服务一体化的原则，以油库为中心，集中调度运力，优化运输路径，实行"就近配送"，实现物流流程最短、信息传递最快、资金效益最佳；在销售代表和零售经理中推行差额夺标竞聘，实行吨油薪酬制和费用包干制。

【企业管理】　一是加强预算管理、资金管理和商品管理。坚持年度预算与月度滚动预算相结合，层层分解落实预算任务，实行按月考核兑现，较好地发挥了预算的激励约束作用。严格检查"收支两条线"的推行情况，加强货款回笼的监督管理，保证了资金安全。加强库存商品管理和损耗管理，坚持月度盘存制度，统一组织了全系统商品盘点工作，减少了跑冒滴漏。二是加强费用控制，努力清收欠款。加强与中国石油天然气股份有限公司、炼油与销售分公司的联系，努力降低付息资金，财务费用与预算相比降低了2887万元。严格控制费用支出，全系统吨油费用、吨油现金营销成本均控制在预算范围之内。采取责任人下岗清欠、法律诉讼、风险代理、以物抵债等多种方式，全年收回欠款9195.93万元，占年初应收账款的39.53%。三是完善业绩考核。年初省公司与所属各单位签订了业绩合同，将各单位业绩目标完成情况与职工薪酬挂钩，逐月考核兑现，从9月份开始又实行了职工薪酬与吨油销售收入和实现利润逐月考核的办法，促进了企业经营效益的提高。四是加强企业内审和效能监察工作。开展了2000年预算执行情况和业绩目标完成情况审计，完成了5个市州公司经理离任经济责任审计和新购建加油站外委审计、县公司外借外投资金和财务收支审计，全年完成审计项目29个，取得直接经济成果195万元。先后四次组织工作组对所属各单位配置计划完成情况、销售价格执行情况进行了检查，全年完成效能监察项目109个，取得直接经济成果203.7万元。五是加强企业信息化建设。2001年完成了成品油销售信息系统和成都市区加油站IC卡的安装工作，18个市州公司实现了以计算机代替手工记账，财务管理基本实现了电算化。

【安全工作】　认真贯彻落实国务院、中国石油天然气集团公司、股份公司安全生产的一系列重要指示，层层签订安全生产责任书，推行风险抵押金制度，建立安全巡查制度，重视油库、加油站隐患整改和技术改造，注重员工安全技术素质培训，加强车辆安全管理，全系统没有发生三级以上等级事故，被中国石油炼油与销售分公司评为"安全生产先进单位"。

【党群工作】　一是在省公司领导班子中开展了"三讲"集中学习教育。二是考核调整了领导班子，对全省9个市州公司领导班子进行了考察，调整充实了12个市州公司班子的领导力量，选拔了14名具有本科学历的年轻干部交流到市州公司任职锻炼。三是召开了庆祝建党80周年纪念会，举办了职工演讲比赛和巡回演讲，参加了中国石油炼油与销售分公司"销售风采"演讲比赛并获得一等奖。四是在企业重大改革过程中，坚持做过细的思想政治工作，保证了改革的顺利进行。继续实施"群众性扩销创效工程"，开展了"红旗加油站"、"十佳加油站站长"、"十佳岗位能手"、"十佳营销能手"评选活动，有15座加油站被中国石油炼油与销售分公司评为"双文明加油站"。五是召开了全系统纪检监察工作会议，对党风廉政建设和反腐工作进行了专题研究和部署，层层签订了《党风廉政建设责任书》和《领导干部廉洁自律承诺书》，建立完善了信访招呼卡、厂务公开、物资采购和工程建设招投标等相关配套制度，召开了专题民主生活会，推进了企业党风廉政建设。

（杨保平）

中国石油天然气股份有限公司重庆销售分公司

【概述】 2001年，中国石油天然气股份有限公司重庆销售分公司贯彻落实集团公司、股份公司工作部署，紧紧围绕企业“十五”发展战略和业绩指标，统一思想，坚持以发展为主题，积极推进改革，努力开拓市场，加强网络建设，狠抓内部管理，不断转变观念，落实措施，扎实工作，积极进取，奋力拼搏，完成和超额完成了全年各项工作任务。

【经营管理】 成品油销售量创历史最高纪录，达88.29万吨，零售量达48.8万吨，零售市场占有率由上年的52%上升到58.8%。零售量占销售总数的比例55.3%，利润1500万元。区外市场开拓工作取得一定进展。新增加油站122座。内部管理进一步加强，逐步适应中国石油国际上市油公司管理体制。

【加油站管理】 强化加油站管理，开展“达标创星”活动；加强对加油站油品的数量、质量管理，维护了中国石油的良好形象和信誉，吸引了更多的用户；严格检查考评，全面整顿加油站经营纪律；优化加油站员工结构，全面培训加油站长，实行择优上岗和优秀站长“一长多站”式的管理办法，把竞争机制引入加油站管理之中；强化加油站配套设施，增设洗车、便利店、餐饮等服务。

【降本增效】 全面实施业绩合同考核和与薪酬直接挂钩的内部管理办法。建立目标、指标和合同管理，加强资金监控，完善收支两条线管理，提高资金使用效率，严格预算管理，从严审核各项管理费用支出，积极监控管理费用支出的合理性。对业务招待费、办公费、差旅费等可控费用核算到部门、处室、油库。狠抓清欠工作。全年清回欠款额5219万元，使公司的应收账款下降32%。实行了工程建设项目招投标制度。完善投资手续，严格招投标制度。

【安全管理】 坚持“安全第一，预防为主”的安全生产方针，将安全工作与业务经营工作同时部署，同时安排。实施了“五个杜绝”、“四个为零”、“三个达标”、“两个百分之百”、“一个稳定”，即“54321”目标管理，完善监督体系，严格制度管理和合同管理。制定公司车辆管理办法，推行健康、安全、环境即HSE管理体系等，有力地保证了安全管理目标的落实，取得了无上报等级事故的好成绩。

【企业改革】 按照集团公司的要求，完成了两个机关合署办公。开展了推行地县公司一体化管理和组建油品配送中心的调研、规划和试点工作。推行住房货币化改革工作，制定了实施方案，培训了骨干人员，完成了房屋普查等大量基础性工作。改革用工制度，推进减员分流，在基层单位开展定编定员，竞聘上岗等工作，提高了工作效率，转变了工作作风，增强了员工的事业心和责任感。

（国　民）

中国石油天然气股份有限公司内蒙古销售分公司

【概述】 2001年，中国石油天然气股份有限公司内蒙古销售分公司（以下简称内蒙古公司）认真贯彻中国石油集团公司、股份公司、炼油与销售分公司各项战略决策和工作部署，加强市场营销、扩大终端销售，强化内部管理、降低营销成本，克服由于高库存、高成本、高跌价损失带来的严重负效应，较好地完成了年初确定的主要工作任务。内蒙古公司现所属12个盟市销售分公司、15个旗县销售分公司、1个直属库、1个零售公司，68个旗县经营部。截至2001年末，公司在册职工7792人，资产总额16.87亿元，负债11.13亿元，所有者权益5.74亿元，负债率为65.94%。有加油站858座，有油库107座。

【经营指标】　2001年，内蒙古公司成品油销售完成156万吨，与2000年持平。零售量完成101万吨，同比增加13.45万吨，增长15.54%，完成预算目标的106.32%；零售比重65%，较2000年增长了9.2个百分点。吨油销售收入2729元，较预算目标增加239元；吨油现金营销成本172.56元，控制在预算目标内；实现利润剔除消化库存跌价损失9290万元、有偿解除劳动关系补偿金1835万元后完成了预算目标；上缴税费近亿元。

【经营销售】　2001年，内蒙古公司在区内市场不规范和竞争日益激烈的严峻形势下，全力开拓市场，将销售工作抓紧抓好。于年初召开全系统2001年工作会议，制定工作目标和措施，与各直属企业签订业绩合同，将目标层层分解，加强考核，年中检查，年末考评兑现。一是加强市场营销，扩大终端销售。在全系统广泛开展“转观念、找差距、上水平、增效益”活动，制定相应的整改措施。二是开展市场调研，注重市场信息，为科学决策提供依据。三是进行市场细分，不同市场，采取不同的营销策略。北部纵深市场，确保价格到位，最大限度地扩销增效；中心市场，保价促量，努力追求销售和效益最大化；交叉市场保量促价，形成防火墙，保护大后方。各单位加强市场调研，建立用户档案，实行全方位跟踪服务；四是转变大批发观念，实施高零售营销。针对一季度高库存高成本，账面亏损5131万元的严峻形势，我们提出并实施转变大批发观念，全力开拓零售市场的营销策略。要求盟市公司柴油零售比重要达到70%以上，汽油要达到60%以上，追加的柴油全部放到股份公司零售环节销售；盟市公司销售能够辐射到的支公司，柴油100%地零售，辐射不到且有重点工程用油的支公司零售比重也要达到80%以上；高标号汽油、低凝点柴油等竞争对手没有的品种全部零售。五是实施集约化经营，逐月就每个经营品种的库存成本价与各销售环节的销售价格进行对比分析，哪个品种在哪个环节经营有利，就在哪个环节销售哪个品种，最大限度地减少跌价损失，将零售量作为刚性指标分解到各单位。六是开拓机构用户，扩大终端销售。对机构用户实行专人联系，积极争取“政府集中采购”中标，为宾馆、饭店送油。七是全力扩销压库，保持合理库存，减少跌价风险。封停油库45座，取消小到站7个，绝大多数公路运输的旗县公司全部零售。年末库存压到7.85万吨，较年初减少20.7万吨，下降72.63%；年末短期付息资金占用降到3.13亿元，较年初减少5.25亿元。八是全力协助政府及有关部门加强市场清整工作，努力改善外部环境。九是强化润滑油销售，提高市场份额，2001年润滑油销售1.79万吨，较2000年增长14.07%。

【网络建设】　全年共完成租、买、建加油站86座，投产率100%，新增加油站平均单站日加油量达到4.5吨，比2000年提高1吨；改扩建加油站25座；将股份租赁给存续经营的48个加油站收回直营。加强加油站软件建设，通过强化管理，规范服务，扩大零售。2001年，我公司858座加油站，零售油品105万吨，以占全区全社会32%的加油站数量，取得了72%的零售市场份额。

【企业管理】　全面实行预算管理，严格执行收支两条线。强化资金管理，努力扩销压库。从严控制费用，努力降低营销成本。坚持每月的经营活动分析，及时剖析经营中的问题，制定整改措施。加大清欠力度，盘活存量资产，全年应收款降低30%。加强人力资源开发与管理，全力激活“第一资源”。严格执行人事劳资纪律，从严控制员工总量，严格工资总额的使用管理，努力探索新的用人、用工和分配机制。加强储运安全管理和HSE管理，加大监督检查、隐患整改、设备管理的力度，确保安全、环保和质量无事故。坚持企业主要领导是安全生产经营第一责任人的原则，实行安全生产经营一票否决制。对全区15座万吨级以上油库和近200座加油站进行安全检查，整改了安全隐患，提高了安全系数。实行严格的责任制，企业的各项工作都目标明确，责任到人，严格考核，奖罚严明，通过责任追究，刚性约束，促进各项工作目标的完成。

【企业改革】　加大有偿解除劳动关系力度，降低人工成本，全年有2513人办理了有偿解除劳动合同手续（股份公司299人、存续企业2213人）。改革分配制度，强化激励机制，全面实行吨油含量工资，从8月1日起加大促销奖励力度，每批发一吨奖励5元，零售一吨奖15元，零售每超销一吨奖30元，有效地调动了员工的促销积极性。在用工方面，加油站实行站长竞聘上岗，员工实行竞争上岗。

【纪监审计】　加强党风廉政建设责任制的落实，与96名副处级以上领导干部签订了《党风廉政建设责任书》，做好信访工作，案件结查率达86%；开展了成品油销售和资金管理效能监察工作，堵塞了漏洞。

加强了成本费用、财务预算和基建工程决算内部审计，股份公司审计取得经济成果4442万元。存续企业审计取得经济成果197万元。

【法律事务】 加强法律事务工作，健全组织机构，组织开展普法宣传教育，增强全体员工法律意识，规范法律工作流程，认真抓好合同管理和纠纷案件的处理，向依法治企迈进。

【职工培训】 组织员工培训，不断提高员工队伍特别是管理者、专业技术人员和服务操作人员三支队伍的政治业务素质。在参加集团公司、股份公司组织的培训的同时，全年举办加油站站长培训班6期，培训人员425人，并组织计量、化验、财会、营销、计算机等培训。

（郑新龙）

中国石油天然气股份有限公司新疆销售分公司

【概述】 中国石油天然气股份有限公司新疆销售分公司（简称新疆公司）是隶属于中国石油天然气股份有限公司（简称股份公司）炼油与销售分公司的大型石油销售企业，主要经营汽、煤、柴、滑油的购、销、调、存业务，总部位于新疆乌鲁木齐市民主路83号。截至2001年底，新疆公司所辖地、州、市级分公司19个，职工总数为7265人，拥有固定资产14.99亿元，油库36座，储存能力为49.80万立方米，加油站总数为803座，其中属于资产型的加油站641座。新疆公司在新疆区内始终发挥着成品油流通的主渠道作用。

【主要经营指标】 2001年，全系统共购进汽、煤、柴油品总量为185.27万吨，较2000年的181.37万吨增长了2.15%；销售总量185.36万吨（含铁路机车专项供油），同比增加0.53%；全疆实现零售98.64万吨，零售率达到63.57%，比2000年同期的57.15%上升了6.42个百分点。

实现主营业务收入46.02亿元，完成预算107.64%；实现毛利5.76亿元，吨油现金营销成本237.94元，比预算减少1.63元；实现利润6891万元；比预算增加了1891万元。

【主要措施和成果】 2001年，新疆公司认真贯彻落实股份公司和炼油与销售分公司的工作部署，抓住西部大开发的有利契机，克服经营销售工作中诸多不利因素，做了大量卓有成效的工作。

1．营销管理方面

（1）紧抓销售量不放松，采取灵活的销售策略和价格政策，既促了销量又增了效益。（2）加大市场调研力度，多次深入各地区，召开市场分析专题会，积极寻求新的增长点。（3）及时调整收购政策，加强效益收购。直属企业成立了14个油品配送中心，积极完成配置计划。（4）狠抓市场整顿工作，促进了各地市场进一步扩展。（5）重点推广“成品油购销存信息管理系统”，完成了区公司中心机房建设和局域网的完善及系统安装工作。

2．销售网络建设方面

2001年新疆公司全力开拓终端市场，公司领导历时一个月时间分赴南北疆地区进行市场调研和实地考察，加快落实网点建设步伐。全年完成上级下达的投资计划3.20亿元，新建、收购加油站220座，并于9月底全部投产运行，超额完成年初提出的目标，由于进度快、工期短、质量好受到上级公司的通报表扬。全年加油站改造17座。全系统有4个万吨级加油站脱颖而出。乌鲁木齐市IC卡加油站工程全面完成系统安装调试，并投入运行。完成了数据中心的建设。在全系统进行了加油站税控装置安装工作。

3．财务管理方面

（1）公司下发了29个内部财务管理制度，细化了《会计法》执行情况检查评分标准，并在全系统对执行情况进行了自查、复查和整改，使会计基础工作走上了规范化轨道。（2）进一步加强了资产管理，银行账户经过清理由原来的219个减少到168个，货币资金沉淀程度由上年平均12000万元下降到平均6000万元以下，节约利息支出328万元，到年底已收回陈欠6426万元，新欠年底全部收回。（3）配合普华、中企华、中地等中介机构完成对存续公司的全面审计评估工作，为进一步重组打下基础。

4．库站管理方面

2001年以油库管理规范化建设为重点，库站综合管理水平上了新的台阶。(1) 狠抓基础工作，制定了管理规范手册和加油站窗口形象手册，油库管理实现了四个统一。全面推行了加油站的规范管理工作。(2) 加强油品质量管理，确保油品质量合格。经兰炼质检中心对我公司油品进行的四次质量抽查，合格率均为100%。

【安全生产】　2001年新疆公司一是加强安保基金使用管理，做好企业防灾防损工作，一年内完成了7亿元资产投保转向工作，并在股份公司系统内推广了我公司的先进经验。二是做好油库改造，加强安全管理。全年油库改造16座，关停了51座低效油库，总容量为6.27万立方米，核定立式卧式罐510座，并加大了安全生产大检查力度。新疆公司因安全工作突出，被炼油与销售分公司确定2001年度安全生产先进企业。

【企业改革】　2001年，新疆公司在减员增效，"五定"工作，持续重组等方面做了大量工作。(1) 与企业解除劳动关系员工达1135人，在岗职工平均年龄为33.5岁。(2) 在全系统开展了"五定"工作，按照《成品油销售企业劳动定员》标准，对19个直属分公司实行了定岗、定编。(3) 在干部管理方面，实行了管理人员职务竞聘制度。(4) 重组后取消了存续公司机关和县级公司建制（保留县公司牌子），两套机构合署办公，实现了原县级公司业务全部纳入新疆公司经营。目前共有67家县级经营部全部实现平稳过度。(5) 全面推行了全员业绩考核体系，层层签订了业绩合同。在加油站全面推行了吨油含量工资办法。

【精神文明建设】　一是新疆公司领导班子认真开展"三讲"教育活动，为增收创效开拓了新的思路；二是在全系统开展"学法规、学党风"，落实党风廉政责任制活动，签订了多种廉洁自律承诺书、责任书965份；三是各级企业认真开展"转观念、找差距、上水平、增效益"主题活动，有利促进了全年目标实现；四是坚持开展民族团结教育月活动，保持职工队伍稳定。全系统获国家、自治区、地、县各级"精神文明单位"称号的共63个；五是编辑下发了《新疆销售分公司管理制度汇编》，出台了87个管理办法，使各项工作有章可循；六是新疆公司记者站向《中国石油报》等期刊杂志共发表稿件207篇，取得了较好的新闻宣传效果。

【其他】　一年来，存续公司在清收陈欠、多种经营管理、维护国有资产安全、保持职工队伍稳定等方面做了大量的工作。共清回陈欠4245万元，股权1410万股，实物房产价值200万元。

（穆拉提·阿不力米提）

中国石油天然气股份有限公司西藏销售分公司

【概述】　中国石油天然气股份有限公司西藏销售分公司（简称西藏销售分公司），地处平均海拔3800以上的世界屋脊——青藏高原，主要从事成品油销售经营的经济实体，是具有相当实力的石油销售企业。在长期的经营实践中，公司积累了许多宝贵的经验，形成了设备完善、配套，遍布西藏120多万平方千米的辽阔地域和其他省份的成品油运、储、销经营网络体系。公司机关位于西藏拉萨市北京中路71号。

西藏销售分公司机关设总经理办公室（含党委办公室和信访办公室）、财务资产处、综合业务处、人事处、审计监察处、储运安全处。西藏销售分公司下属15个公司和专业经销公司，从业人员1141人；其中，藏族633人，其他少数民族6人，汉族502人；干部260人，工人608人，合同制工人273人，女职工297人。大中专毕业生193人，初、中、高级职称人员102人。党员人数451人，其中预备党员13人，离退休党员106人。资产总额89570万元，其中固定资产净值21265万元，流动资产33698万元，资产负债率为50.3%。现拥有成品油储存库11座，总容积量为18万立方米，加油销售网点108座。2001年，西藏销售分公司面对成品油销售市场复杂，竞争激烈，困难重重，但始终坚持集团公司、股份公司的战略部署，结合西藏销售分公司的实际，抓住最好的时机，争取更大的效益。主要以下几个方面狠抓企业管理，一是抓销量，提效益，全面做好成品油营销工作。二是加强财务管理，加大财务制度改革。三是深化人事制度改革，建立健全新的用工机制。四是加大油库站安全隐患整改力度，确保安全生产，进一步提高企业管理水平。五是加强经检监察工作，强化内部监督约束机制。六是加强企业党建工作和精神文明建设，增强企业的凝聚力。

【销售指标】 2001年，按照中国石油天然气集团公司和中国石油炼油与销售分公司的整体部署，西藏销售分公司以市场为导向，以经济效益为中心，进一步解放思想，深化改革，转换经营机制，强化终端销售，不断提高市场竞争力和控制力。通过扩大销售，调整结构，推动价格到位等措施，全区成品油在资源配置、市场销售、价格管理、经营环境、企业经济效益等方面均比上年同期有所突破，实现了各项工作指标。

（1）销售各类成品油175504吨，完成年度预算160000吨的109.7%，较2000年同期的173375吨相比增销2129吨，上浮1.23%。其中，资产型加油站零售量为130232吨，完成年度预算100000吨的130.2%，与2000年同期121563吨相比增销8669吨，上浮7.1%，占销售总量的74.20%。

（2）实现商品销售收入60016万元，完成年度预算52685万元的113.91%，与2000年同期的55928万元相比收入增收了4088万元，上浮7.31%；吨油费用为998.15元，与预算1171.06元相比下降172.91元；吨油现金营销成本827.70元，与预算946.69元相比下降118.9元。

（3）实现净利润总额为201万元，完成年度预算500万元的40.2%，与2000年同期的3212万元相比利润减少2915万元，下浮90.8%。

（4）油库（站）没有发生任何等级事故：30万元以上经济损失事故为零；1万元以上环境污染事故为零。

（5）通过有偿解除劳动关系，企业减员24人，批准退休45人，减员幅度超过了股份公司的要求。

（6）精神文明建设取得了丰硕成果。各级领导班子进一步加强党总支的政治核心作用，党支部的战斗堡垒作用和党员的先锋模范作用得到进一步发挥，广大员工思想稳定，积极向上，全公司呈现出了较好的发展局面。拉萨分公司机关党支部被集团公司党组评为“先进党支部”的荣誉称号，功德林加油站、日喀则东郊加油站分别被中国石油炼油与销售分公司授予“双文明加油站”荣誉称号，功德林加油站被自治区团委、区质量技术监督局分别授予“青年文明号”、“计量信得过单位”荣誉称号，七二五油库、日喀则东郊加油站、昌都加油站被股份公司系统授予“安全生产先进单位”荣誉称号。谭晓玲、次仁同志被分别评为股份公司、中国石油炼油与销售分公司“先进工作者”荣誉称号。

【经营管理】

1. 千方百计扩大销量，努力提高零售比率

把握市场，抓好购销存的综合平衡，为扩销、提效奠定基础。公司业务部门在分析市场的基础上，严格执行“四统一”的工作方针，2001年，各地区分公司始终把扩大销量作为增效的重要途径。一是基本形成了以各地区分公司为中心的油品配送中心。各地区分公司运力严重不足，为解决运力难这一突出的矛盾，公司决定以贷款形式由部分地区分公司购买油罐车辆，缓解了运力困难问题。现地区分公司运力基本上得到了保证，已形成了以地区分公司油库为主，向各县配送分运的管理机制，保证了销售货源。二是各地区分公司经过近几年的营销工作，都摸索出了一套适合各自的销售经营手段，转变了销售理念，为促销增效打下了良好的基础。拉萨分公司实行了“按劳分配，多劳多得，效益优先，以销定薪”的加油站业绩考核管理办法，建立、完善了加油站工资分配机制，将加油站的销售、营业款上交、应收款、赊销油料、油料盈亏、安全、服务质量、设备使用、维护、社会治安综合治理等指标有机地联系起来，探索出了一套适合该公司加油站管理的方法和手段。日喀则地区分公司制定了“加强中心，促进干线，辐射周边，纵深发展”的营销思想，为各地区分公司提供了管理腹心、干线、偏远加油站可以借鉴的管理经验。林芝地区分公司从完善内部监控机制入手，加大了对库、站账目、油料清查、物资采购、油料调度、市场整顿工作的力度，从管理上促销售、争效益，为我们提供了建立规范的地区分公司内部监控制度的经验。在经营管理工作中，各地区分公司加强了零售业务管理，提高了加油站的营运水平，促使扩销、提效工作取得了良好的成绩。

2. 全面推行预算管理业绩考核制度

严格预算管理，严格控制费用开支。预算管理是股份公司企业内控制度最为显著的基本特征之一。一是为严格预算管理，扩大销售，公司与下属各地区分公司签订了业绩考核责任书。公司财务部门对各单位的预算执行情况进行了控制与监督，及时反馈存在的问题，做到了“预算—控制—分析”三结合。二是加强了货币资金、清欠工作管理力度，加快资金回笼。

根据公司加大清欠工作力度的精神，各地区分公司加强货币资金管理，对赊销油料的单位和个人责令限期收回赊销油料款。三是在调整成品油零售价格时，积极争取地方优惠政策，为企业带来了一定的经济效益。

3.以油库（站）安全管理为重点，加强质量管理，提高设施运营质量

2001年，根据股份公司有关文件精神，建立和完善了全区安全保证监督体系。公司各级领导班子成员对安全生产要害重点部位进行了承包，安全监督体系日趋完善，使安全生产工作有了组织保障，形成了安全生产工作层层负责，事事有人抓，点与面相互配套、相互衔接的安全保证监督体系。同时，加大了安全监督检查力度，公司组成安全检查领导小组，进行了三次综合性大检查，查制度、查设备、查隐患、查整改。共查出问题305条，其中重大隐患32条，属设备隐患145条，安全制度方面124条，并下了隐患整改通知书，做到了对存在的安全隐患心中有数，并力所能及地采取了一些整改和防范措施。

公司储运安全处为摸清库站家底，做了大量艰苦、细致的工作。通过对油库（站）的实地、实物考查、清查，设立了固定资产台账和固定资产投保账，详尽地绘制了121张油库（站）平面草图，为公司固定资产、储油设施、设备、车辆用具等摸清了家底，填补了公司这方面资料不齐全的空白，为公司油库（站）下一步的建设工作收集了第一手资料。

强化油品数量质量管理，维护“中国石油”良好的信誉。我们从强化油品质量管理入手，加强了油库（站）收、发、存各个环节管理。各地区分公司对配送车辆，严格实行复核、复检、复查制度，有效地杜绝了因运输造成的油品质量问题。

（成亚明）

中国石油天然气股份有限公司宁夏销售分公司

【概述】　2001年，中国石油天然气股份有限公司宁夏销售分公司面临着严峻的经营环境和恶劣的市场形势。一年来，油价一路下跌，宁夏市场资源过剩，小炼油、土炼油猖獗、低价自销严重。尽管如此，宁夏销售分公司面对恶劣的外部环境，上下团结一致，深化改革，强化管理，外拓市场、内降成本，在十分困难的情况下，紧紧围绕年初制定的“改革、稳定、提高、效益”的工作方针，零售量超额完成任务，企业改革成效显著，为企业的进一步发展奠定了良好的基础。

【主要指标】　2001年，宁夏销售分公司销售四大类油品23.396万吨，其中零售19.3万吨，批发4.09万吨，实现销售收入61749万元，零售量创宁夏历史新高。2001年，完成投资计划5600万元，新建、购建加油站20座，投入运营19座，投用率95%。

【经营管理】　2001年，宁夏销售分公司一是加强了集约化管理。变掌为拳，将原来的分散经营改为集中经营，从财务上和资源上统一调配，资源配置进一步优化，管理费用大大降低。

二是经营管理灵活度提高。针对上半年库存过高，库存成本过大的实际情况，下半年，对销售量实行滚动预算，实行成本一票否决制，开展了多种形式的有奖销售活动，同时制订了灵活多变促销激励措施，经营方式不再死板教条。

三是加强了加油站的管理。加油站管理是2001年管理工作的重点，各地市公司都实行了站长竞聘、单站考核、吨油工资含量包干等一系列管理办法，有条件的站还上了便利店、司机之家等更多的方便顾客之措施，从而使公司的零售量大大提高，在今年经营状况非常严峻的形势下，宁夏公司的零售量达到19.3万吨，创历史最好水平。

四是加强了信息化管理。组建了计算机商务中心，完成了购销存信息管理系统的试运行和推广工作，统一了全系统计算网络系统的IP地址，实现了财务、业务、信息系统在同一网段上运行，从而使各种数据的传输更加准确及时，给管理层提供了正确的决策依据。

五是加强了投资管理。在投资管理中，经过前两年的实践与总结，先后制定了宁夏公司《投资管理办法》、《建设工程施工投资招投标管理办法》、《基建工

程管理程序及要求》，成立了“投资项目评审委员会”和“招投标领导小组”，使投资管理从组织领导到操作方法都更加规范。

六是加强了审计管理。2001 年，宁夏公司发挥审计职能，扩大审计覆盖面，从基建投资到财务执行情况，从经济合同管理到各实体公司，审计工作早介入、早参与，严把关、降成本，取得了较好的经济成果，充分发挥了审计的监督作用。

【企业改革】 在 2001 年的工作方针中，宁夏公司把改革提到了首要位置，在改革方面迈了大步，上了台阶。

从 1 月 1 日起，《中国石油宁夏销售分公司管理体制改革实施方案》正式运行，以县公司改制为重点，以集中、精简、高效为目的，彻底改变了县公司职能。使原来的县公司由一个管理人、财、物的小社会，变为只管理加油站的零售单位。由一个单独考核的单位，变为一个报账单位；财务上从三级核算过渡为二级核算；业务上实行由各地市公司统一配送。通过改革，优化了管理结构，减少了管理层次，强化了市场控制力度。建立了以地（市）级分公司为中心的统一管理、统一经营、统一核算、统一配送的全新管理体制，形成财务统一核算，资源统一配置，销售统一管理的集约化经营管理格局。

7 月 1 日，出台了《财务集中核算管理办法》及《一级核算实施细则》，正式对股份公司实行财务一级核算，从而真正做到了财务管理的高度集中。

在人事制度改革方面，宁夏销售分公司今年按照中油公司《中高级管理人员竞聘办法》，制定了《宁夏管理人员竞聘办法》，采取公开竞聘的方法，对初级经营管理人员的任用进行了探索，由过去的“相马”变为“选马”和“赛马”，从而使干部人事制度变得更加透明和公正。

在用工制度改革方面，宁夏公司鼓励职工自谋职业，一方面减员增效，一方面“拴心留人”。2001 年，有偿解除劳动合同 210 人，全部稳妥进行。

【网络建设】 宁夏公司将终端网络建设视为企业的生命工程，在 2001 年加油站的新建、购建过程中，总结了过去几年的经验教训，注重了地理位置的选择和投资回报率，在确保效益最大化的前提下开展工作，既争市场，又讲回报，新建的银川中心站、平罗大武口站、固原南苑站地理位置都相当优越。

同时，宁夏公司在“占领城市、控制国道、辐射农村”的大原则下，本着“三足鼎立”、“中间开花”或者是“管住两头”的方针，只要对公司有利的，就立即动手，2001 年的网络建设特点是，当年建设，当年收效。由于 2001 年宁夏市场混乱，小、土炼油及地方炼厂自低价自销，致使公司销售工作严重受阻，如若不是网络建设方面的成功着陆，宁夏公司 2001 年的市场将是不堪设想，经营情况将会更加困难。1999 年，宁夏公司零售占总销售量的 33.5%，2000 年，零售占总销售量的 60.1%，2001 年零售占总销量的 82.8%。由此可见，终端网络建设的确是“生命线工程”。

【安全管理】 2001 年，是事故多发年，各类事故接连不断，国务院、股份公司先后四次召开电视、电话会议。把安全工作提到了很高位置。宁夏公司将别人的事故作为自己的教训，查找隐患、堵塞漏洞，从“严”字入口“细”字入手，实行了“全员、全过程、全方位、全天候”的安全管理。

首先，实行了安全监督制。根据股份公司《安全生产监督暂行规定》，制定和建立了宁夏公司安全监督管理体系及实施细则，明确了安全监督人员的职责和监督方法。同时，我们按照“谁主管、谁负责”的原则，全力抓好安全生产责任制的落实，强化“风险管理”，领导干部继续承包油库、加油站等重点要害部位。

其次，结合石油销售行业的特点，积极开展各项专业安全检查和组织定期全面检查。2001 年，组织各类检查八次，发现问题 869 条，整改率 98% 以上，及时消除了隐患，避免了各类事故的发生。

第三，安全教育常抓不懈。结合全国“安全生产周”、“119 消防日”等活动，各公司大力开展安全教育，不断提高职工的安全意识，通过举办安全培训班、开展安全生产签名、举行消防演习等活动，使职工的安全意识大大增强。与此同时，还首次举办了由施工单位参加的安全教育培训班，使加油站的建设从一开始就注意安全问题，从源头上早预防、早根治，避免建成后再发现隐患进行整改。

（胜秋月）

中国石油天然气股份有限公司大连海运分公司

【概述】　在“机构重组，体制上划”的过程中，组建成立中国石油股份有限公司大连海运分公司（下称“大连海运公司”）是战略性的一项重要举措。在炼油与销售分公司的正确领导和大力支持下，大连海运公司按照专业分工的要求，把“以人为本，科技领先；精心管理，提高效益；求真务实，锐意进取”作为企业精神，秉承“疏通东北后路，规范海运市场，降低运输成本，满足市场需求”的宗旨，以经济效益为中心，从科学管理，提高效率入手，认真抓好计划、航运、商务和经营管理等各方面工作，效果显著。2001年完成运量1505万吨，与2000年相比增加480万吨，上升46.83%。其中汽油运量459万吨，同比增长36.05%；柴油运量1046万吨，同比增长51.31%。实现运输收入12.76亿元，同比增长36.75%；实现利润1.24亿元，超额完成利润727.93%。单位运输成本74.95元/吨，略低于计划指标。

大连海运公司的总体工作分为两个部分：

【航运管理】　航运管理是大连海运公司生产经营的中心工作。在运力组织工作中，大连海运公司遵循船舶租赁程序，实行“单船单航次考核，末位淘汰，有进有出”的原则。2001年减少了期租船，调整了运力结构。运力控制由2000年的80艘、40万载重吨增加到100艘、62万载重吨。这样，不仅优化了运力结构，保证了运量的完成，又增强了航运抗风险能力。

(1) 安全工作方面。要求业务工作严格做到所租船舶“适航性、适货性好，船公司和船舶等资质符合条件，租船合同中安全条款必须完善。实际操作中，实行不定期抽检制度，并聘请专业验船师对船舶进行全面勘验，出具勘验报告，对船舶概况、船舶证书、船体及其各类系统和设备、轮机及其各类系统和设备等进行评价。全年共检船42艘。同时，形成公司HSE管理体系，对公司安全工作实施“全员，全方位，全过程”监督。

(2) 成本管理与控制。完成北油南运的任务，降低海运成本，是公司的主要业绩指标。主要措施是：

根据船程、码头自然状况、港使费用标准及船舶吨位等因素，结合油品价格波动和流向，合理配置资源，优化运力结构，及时调整租船价格，降低营运成本。

对勘验结果一般、长期在其他区域运作和临时性强的运力区别定价。此项工作节约航租费240万元。

加强燃油管理，减少超保费用。加强对大船加油量和加油频率的控制。事前预测，事后考检；调整油品调和比例，抓好燃料油排序工作。截止到2001年10月末，实现燃料油零库存。

【经营管理】　2001年，大连海运公司从建立系统的经营管理机制，建设高素质的员工队伍入手，一手抓制度建设，一手抓队伍培训。年内大连海运公司相继出台《岗位基薪工资管理暂行规定》、《变动薪酬管理暂行规定》、《岗位基薪工资、变动薪酬管理实施细则》、《财务制度汇编（试行）》《内部考核管理办法》等有关规定，进一步建立和完善了规章制度；财务管理实现资金、债务、会计核算“三集中”，全面普及会计电算化。这样使公司干部考核、人事管理、财务管理和业务工作等逐步实现规范化、制度化、科学化。针对关键环节，公司组成由主管领导，计划、财务、航运、商务、信息等部门参加的效能监察、项目评审、资金管理和经济合同评审小组，严格界定工作责任，全面实行合同化管理。

员工队伍的培训主要从三个方面抓起，一是专业培训。结合实际工作，以船舶、港口、码头、航运和消防安全等专业知识为主要内容；二是综合素质培训。根据工作需要，通过法制讲座、集体授课等形式，对航运相关的法律、国际惯例、企业管理等方面的知识进行全员培训；三是思想政治素质培训。以宣传教育为主，结合观看爱国主义影片，举办知识竞赛等系列活动，宣扬爱国主义、集体主义精神。

（范志敏　谢宏伟）

中国石油天然气股份有限公司大庆石化分公司

【概述】 中国石油天然气股份有限公司大庆石化分公司隶属于中国石油天然气股份有限公司，是以大庆油田原油、轻烃和油田气为主要原料，集炼油、化工、化肥、化纤生产于一体的特大型石油化工联合企业。公司位于大庆市龙凤区，现有生产装置127套，总资产113亿元，年销售收入160亿元。原油加工能力600万吨/年，年产乙烯48万吨，聚乙烯40万吨，聚丙烯10万吨，合成氨33万吨，尿素56万吨，腈纶丝6万吨。产品60种，151个牌号。在中国石油天然气股份有限公司中，公司原油加工能力占6%，乙烯生产能力占33%，合成树脂占32%，合成纤维占24%，化肥占20%。

【主要生产经营指标】 2001年，公司全年加工原油538.02万吨，为年计划的99.76%；炼油四大类产品总量完成335.25万吨，为年计划的100.83%；合成氨完成39.80万吨，为年计划的101.80%；尿素完成55.01万吨，为年计划的103.78%；腈纶丝总量完成6.26万吨，为年计划的104.35%；乙烯完成50.42万吨，为年计划的107.27%，产量首次突破50万吨大关；聚乙烯总量完成41.51万吨，为年计划的108.39%。全年实现销售收入148.9亿元，为年预算的103.4%。开发新产品12种，塑料专用料比例达到29.5%，腈纶丝差别化率达到30.6%，建成投用了天然气转化合成气、超临界甲醇合成中试装置和二甲醚合成、甲醇合成模试装置，大庆石化分公司研究院被确定为中国科学院与中国石油合作的天然气化工中试基地。大庆牌尿素被评为国家首批免检产品，腈纶短纤等八个产品被评为黑龙江省名牌产品。公司积极推进QHSE管理体系，连续四年实现安全生产，被评为股份公司和黑龙江省安全生产先进单位。

【生产优化】 2001年，采取“日平衡、旬测算、月分析”的方法，对生产过程进行动态监控。一是充分发挥炼油、化工联合生产的优势，在原料配置上向效益好的装置倾斜，关停无边际利润的装置。针对石脑油、柴油的价格情况，确定石脑油的外购量和尾油炉的开停，仅4—8月份，乙烯裂解装置减少柴油裂解料用量5万多吨，增加经济效益1690万元。为了提高炼油装置加工深度，乙烯裂解装置采取以焦油顶出减压渣油等措施，全年节约减压渣油6.5万吨。二是根据市场状况及时调整产品结构。优化工艺流程和生产方案，多产柴油，压缩汽油，全年柴汽比达到2.17:1。组织增产低烯烃汽油，生产低密度柴油214万吨，增效7980万元。三是全力抓好安稳长满优生产，非计划停工同比降低17.4%。

【成本管理】 2001年，大庆石化分公司从成本管理入手，不断强化预算控制、物资采购、工程项目管理等工作。一是进一步强化资金的计划管理，先后出台了资金结算、招待费、通讯费、差旅费等管理办法，实行二级单位财务主管委派制，并将二级单位的财务核算纳入公司统一管理，撤并二级单位财务账户12个，仅此一项降低资金占用额5000万元。二是加强物资采购管理。成立了电子商务管理部，行使业主职责，对各类物资实行集中管理，采取了比质比价采购、框架贸易采购和招标采购等措施，建立了严格的管理程序和考核办法，全年节约采购资金7000万元。三是进一步规范工程管理程序，强化工程项目管理。加大了设计、施工及基建物资采购招标力度，严格控制工程投资，节约工程投资2011万元。四是加强设备管理，延长检修周期。在保证装置平稳运行的前提下，借鉴先进管理经验，提高检修计划的准确率，压缩材料修理费40%，节约材料修理费1.5亿元。五是深入开展节水工作，降低生产成本。通过强化用水管理、严格水汽工艺指标考核、优化节水措施和加强水资源综合利用，努力实现一水多用、废水回用，减少污水排放，新鲜水、循环水、脱盐水、蒸汽用量均比上年大幅度降低，增效3970万元。

【隐患治理】 一是进一步落实领导干部安全生产责任制和关键装置、重点部位安全包干制。明确安全生产责任，签订安全合同187份，完善了以车间为单位的QHSE管理体系，量化了安全责任目标，形成了从公司领导到一般员工的安全监督体系。二是加大隐患治理力度。全年投入资金6000万元，治理隐患30项。加强安全检查，及时发现并杜绝事故苗头，全年开展安全专业检查23次，发现各类问题1983项，避免重大事故3起，实现了传统安全管理向安全技术管理的过渡。三是加强员工的安全教育和培训。开展了QHSE知识和典型事故案例教育，坚持班组安全活动，提高了员工的安全意识和应对紧急事故的能力。

【科技创新】 大庆石化分公司把2001年确定为“科技创新年”，积极开展技术改造、技术攻关。一是眼睛盯住市场，及时调整产品结构，大力开发新产品，全年开发新产品12种。二是开展科研攻关活动。针对工艺、设备上存在的问题，组织科研攻关65项，完成42项，当年增效1500万元，2002年全部投用后将每年增效3000万元。降低乙烯裂解装置能耗、提高丙烯腈精制回收率和提高柴油收率的技术攻关，使装置生产技术水平和产品产量得到明显提高。三是积极引进和消化吸收国外先进技术。与英国KBC公司合作，实施了炼油系统PIP增效项目，通过建立准确模拟全厂生产的模型，寻找增效机会和评估实施的预期效益，已经实施的项目取得了阶段性成果，每桶原油增效10美分，并发现了40美分/桶的增效机会。同时，还积极开展了装置达标和专业达标活动，促进了生产技术水平和管理水平的提高，增加了企业经济效益。

【开拓市场】 2001年，大庆石化分公司克服铁路运输紧张等困难，积极拓宽经营思路。在市场日趋疲软的形势下，制定了有效降低自身和客户经营风险的营销策略，确保了产销两旺。以优质的产品和周到的服务开发国内外市场，创造了良好的经济效益。在化肥销售上，努力保持供需平衡，在黑龙江省上半年用肥高峰期来临时，从外省购进化肥，保证了大庆牌尿素在省内市场上的占有率，获得了较好的经济效益。

【完善内部运行机制】 为了加快建立适应市场经济运行机制的人事管理制度，大庆石化分公司从加强各级领导班子建设入手，不断深化内部改革。一是引入竞争机制，试行了领导干部竞聘制。加强对中高级管理人员的管理与监督，对各级领导干部的业绩完成情况定期进行考核。二是继续完善全员业绩考评制度。针对员工绩效考评过程中出现的新情况、新问题，调整了考核内容和考核办法，由半年一次考评向日常考评过渡。三是加大分配制度改革力度，建立了人工成本考核机制。各单位按核定定员计奖，增人不增奖金，减员不减奖金。同时，设立了专项奖励资金，对有突出贡献的科技人员给予重奖，激发了科技人员投身科技创新的积极性和创造性。

（姜继民 雷雪峰）

中国石油天然气股份有限公司吉林石化分公司

【概述】 中国石油天然气股份有限公司吉林石化分公司坐落在中国东北部风光秀丽的吉林市，其前身吉化集团公司，是国家“一五”期间兴建的以“三大化”为标志的全国第一个大型化学工业基地。经30年的建设，发展成为跨地区、跨行业的特大型石油化工企业集团。1994年通过企业重组和股份制改造，创立了吉林化学工业股份有限公司，成为我国第二家境内外三地上市公司。1998年，吉化集团公司正式上划中国石油天然气集团公司，1999年，按照中油集团公司新一轮的重组，新组建了中国石油吉林石化分公司。吉林石化分公司和吉化股份公司下属二级单位20个，包括：双苯厂、乙二醇厂、聚乙烯厂、合成树脂厂、染料厂、化肥厂、电石厂、有机厂、炼油厂、江南炼油厂、乙烯厂、动力厂、污水处理厂、铁运分公司、供应分公司、销售分公司、研究院、营销中心、计量中心和压检中心。另有3个控股和3个合资合作公司。2001年末吉林石化分公司总资产243.8亿元，拥有石油化工生产装置102套，其中包括：原油加工一次能力530万吨/年、两套乙烯共45万吨/年、ABS 10万吨/年、线性低密度聚乙烯15万吨/年、丁辛醇12万吨/年、乙二醇10万吨/年、苯酚丙酮8万吨/年、丁苯橡胶8万吨/年、苯胺6.6万吨/年和乙丙橡胶2万吨/年等。吉林石化分公司可生产115种石化产品。

【主要指标】 2001年，吉林石化分公司原油加工量434万吨，成品油产量188.6万吨。产品产量有：乙烯 47.4 万吨、ABS10.88 万吨、聚乙烯 16.1 万吨、丁醇 6.6 万吨、辛醇 6.1 万吨、乙二醇 11.7 万吨、苯酚 4.1 万吨、丙酮 2.5 万吨、丁苯橡胶 8.6 万吨、苯胺 6.1 万吨。炼油产品综合商品率 91.69%，轻油收率 71.94%。乙烯装置收率 31.9%，其中大乙烯装置收率 33.15%，大乙烯综合能耗 746.49 千克/吨。实现销售收入 128.7 亿元，账面亏损 284 581 万元，扣除计提的各项减值准备等考核剔除因素 127 703 万元，考核口径亏损 156 878 万元。面对巨额减利因素，公司上下眼睛向内，深入挖潜，全年消化了 2.98 亿元减利因素。

【结构调整】 认真组织完成了“十五”计划修订及重点技术改造项目的方案优化。反复优化调整“十五”计划方案，进一步明确了企业发展目标、发展定位和重点技术改造项目，优化了以建设延迟焦化、柴油加氢项目为主的炼油结构调整方案；30 万吨/年 ABS、27 万吨/年聚乙烯装置技术改造等重点项目开展了前期准备工作。全力加快技术改造项目的实施。全年完成投资 123 722 万元。作为吉化走出困境重要依托的 30 万吨/年乙烯一期挖潜技术改造、ABS 技术改造、催化裂化技术改造等重点建设项目按计划进度推进，其中，乙烯一期挖潜改造中的乙烯、苯酚丙酮、芳烃、聚乙烯粉料等项目已陆续开车，乙二醇、苯乙烯、聚乙烯、ABS、催化裂化等装置的技术改造，2002 年上半年将全部开车。同时，完成 12 项“短平快”项目，收到了明显效果。积极稳妥地完成了 67 套淘汰装置的善后处理。在 2000 年末完成淘汰 67 套落后生产装置报废审批和财务处理的基础上，安全稳妥地组织了装置的关停和保护工作，处置了各种产成品、原材料；支持有偿解除劳动合同职工组织的民营企业投入运行，实现了部分职工的再就业；对闲置设备进行处置，盘活了部分资产。

【技术进步】 围绕提高主导产品的竞争能力，积极开展科研立项和技术攻关，积极推进科研项目产业化。全年有 18 项科研成果通过鉴定，9 项科研成果实现产业化。开发的乙丙橡胶系列新牌号 J－0050、J－2070、J－3080、J－3092E 正式投产，MDI 级苯胺开发成功。全年申报专利 8 项，试生产新产品 14 种，3 种新产品通过省级鉴定。

【集约管理】 2001 年，吉林石化分公司全面加强了财务资金的统一集中管理。通过建立完善各项内部控制制度，强化了内部约束机制，进一步规范和理顺了财务核算管理内容和程序。实施了资金的预算管理，提高了资金的利用率；减少沉淀资金 5 亿多元，贴现及支付承兑汇票 24 亿元。在中油股份公司支持下，积极开展债务重组，完成了 20 亿元企业债券和 12 亿元高息贷款的置换工作，节约利息支出 4923 万元。全面加强了产品销售的统一集中管理。成立了销售分公司，建立健全了区域销售网络和管理机制，建立了贴近市场的价格管理体系，规范了内部互供产品价格，抓住市场有利时机，促进了产品向高价位区域流动。全面加强了物资供应的统一集中管理。对所有物资全部实行统一采购、统一调配、统一管理和结算。制定出台 20 项管理制度，规范了采购供应行为；优化采购网络，推行招标采购，全年共降低采购成本 14 123 万元。对工程预决算和审计管理也实行了集中。

【安全生产】 吉林石化分公司始终把安全生产放在突出重要位置，认真抓好。年初召开公司安全大会，总结安全生产经验，落实安全生产责任制。继续开展创“无事故工厂”、安全月、百日安全无事故竞赛等活动，进一步强化了重点装置和关键部位的特保特护，加强设备维护和管理，保证了装置实现安全稳定长周期运行。认真组织实施 HSE 管理体系，建立了管理手册和作业文件，全面开展了风险识别与评价。强化环保意识和环保管理，综合污水排放达标率达到 95.2%，污染物排放总量得到控制，达到控制目标。

【企业改革】 2001 年有效实施了大规模减员增效，全公司在册职工总数由 2000 年末的 35230 人减少到 26340 人，净减员 8890 人，其中，有偿解除劳动关系 8460 人。在岗人数由 2000 年末的 25375 人减少到 17971 人。初步完成了两级机关机构调整。二级单位机关机构由 190 个减少到 148 个，减少 22%；机关管理人员定员由 1755 人减少到 1301 人，减少 25.8%。竞争上岗、末位淘汰等激励约束机制逐步建立和实施。继续推进持续重组，2001 年对公司内维修力量进一步向建修公司整合。

【企业管理】 年初吉林石化分公司把 2001 年确定为“成本管理年”，制定了各产品的单位目标成本，并分解落实到车间、班组和职工，与分配挂钩，实行成本绩效考核，使成本管理贯穿于生产经营的各个环节。加强成本核算控制与分析管理工作，初步建立起以预算和现金流控制成本费用的有效管理体系。继续开展达产达标、节能降耗活动，强化达产达标的考核，全年有 23 套装置完成中油股份公司和分公司内部达产达标考核指标。全面开展节能降耗攻关和合理化建议活动，节能降耗折合效益 9088 万元。加强质量管理，产品出厂合格率保持 100%，产品质量监督抽检合格率达到100%，获全国石油化工优秀质量管理成果8个。坚持以市场为导向，以效益为中心，对各套装置进行效益测算。开展了原料优化、产品优化、用能结构优化、工艺条件优化。通过优化，外购石脑油裂解量比2000年增加17.9万吨，完成了炼油板块下达的炼油经济技术指标，大小乙烯加工损失率分别比2000年降低0.57%和1.37%，加热炉调优节约燃料13 992吨。采取措施压缩三项资金占用，应收账款比年初下降2.47亿元，开展清仓利库，活化资金5600万元。

（韩为民）

中国石油天然气股份有限公司抚顺石化分公司

【概述】 中国石油天然气股份有限公司抚顺石化分公司是中国石油天然气股份有限公司所属地区性分公司，公司是国内集"油、化、塑、洗"加工手段最全的特大型联合企业，有3个大型炼油厂、3个大中型化工厂和1个油品集输储运公司。公司总资产为131.65亿元，其中流动资产25.66亿元，固定资产104.96亿元。负债总额为88.91亿元，其中流动负债45.66亿元，长期负债43.25亿元。股东权益41.69亿元。资产负债率67.53%。共有主要生产装置63套。主要原料为大庆原油和沈北原油，全部为管输进厂。原油一次加工能力920万吨/年，炼油二次加工能力787万吨/年，原油加工量居国内炼厂前列。化工生产装置装备和技术大部分从国外引进，具有一定的规模和产品特性优势。具有年产乙烯14万吨、烷基苯20万吨、蜡62万吨 、润滑油基础油35万吨等生产能力，蜡产量和石蜡出口总量居全国第一；润滑油基础油年生产能力居国内第一；烷基苯年生产能力为亚洲第一。公司员工9898人，平均年龄33.2岁。

【主要经济指标完成情况】 2001年，公司取得了股份公司满意的经营业绩，跨入了中油炼化企业盈利骨干行列。实现销售收入200.9亿元，居中油炼化企业之首，居辽宁省第3位；实现税金15.7亿元，增长18.5%；炼油、化工同时扭亏，结束了七年亏损历史，实现利润1.9亿元，其中炼油11089万元，化工7886万元，同比减亏13.92亿元，吨油利润增长172.6元，利润总额列股份公司炼化企业第4位。加工原油831万吨，增长3.44%，创历史最高水平；生产汽煤柴润529万吨，增长12%；石蜡33万吨；化工产品产量达到113万吨，其中生产乙烯17.4万吨，增长11%，腈纶5万吨，增长77%，聚苯乙烯4万吨，增长64%，烷基苯13万吨。原料互供220万吨，增长7%；南输管线输油200万吨，增长10%。炼油总损失率1.35%，下降17.7%；加工损失率0.98%，下降19%；综合商品率91.12%，提高1.38个百分点；轻油收率73.74%，提高2.8%；炼油综合能耗100.17千克标油/吨，下降6%；单因耗能12.19，下降11%；40套装置能耗降到历史最低水平，占在运装置的70%，6套炼油装置能耗列中油第一，可比节标油6.5万吨。炼油单位加工费下降16%；管理费下降26%；营业费下降22%；财务费下降18.5%。实现商品销售740.8万吨，产销率101%，回款率100%。成品油海运量202万吨，增长14.8%；产品出口46万吨，创历史最好水平。完成物资采购金额15.1亿元。

【大力推进整体优化和效益化生产】 按效益原则实施整体优化，在总量控制的情况下，保证了计划内原油100%兑现，外找分子筛料等化工原料6.5万吨。坚持按盈利高低配置资源，公司原料互供创历史新高；化工用油、石油苯等全部自给，优化了乙烯裂解、聚丙烯原料，化工生产负荷达到100%，同比增长10个百分点。按市场需求优化产品结构，按目的产品效益和装置边际利润组织生产，关停了9套低效装置；柴汽比达到1.89，增产柴油32万吨；乙烯、聚乙烯、聚丙烯、环氧乙烷、腈纶和聚苯乙烯产量均创历史最高水平。围绕生产难点开展攻关，年初确定的11项生产攻关均取得进展，其中提高轻蜡分了量、改善烷基苯质量、重催3.5兆帕蒸汽利用如期完成；为生产高标号汽油和提高柴油质量，试用了新型催化剂，开展了柴油加剂试验，生产低烯烃汽油4000吨；

特种蜡生产有突破，共生产3个牌号的特种蜡1.5万吨；树脂、腈纶专用料和差别化率达到31.85%，比上级规定高1.85个百分点；二厂重催、一厂酮苯采用了先进控制。此外，解决了一厂催化柴油悬浮物、二厂原油进厂管线挂蜡、东部蒸汽平衡、三厂加工4#苯、腈纶污水COD高等技术问题，还解决了三厂至桃仙机场航煤管线防腐问题，使这条停用三年的管线开始投入运营。装置操作平稳率达到99.98%，非计划停工次数下降52%，有19套装置实现达标，装置能耗普遍有所降低；加强了加热炉和“三剂”管理，吨燃料单耗下降1.5个单位，23台主要加热炉有22台热效率达到规定标准；输转、调合和三渣带油损失下降到0.23%，加工损失率降到0.98%；设备完好率提高0.92个百分点，大机组故障率下降30.5%，泄漏率降到0.04‰，下降21.6%，公司达到无泄漏工厂标准；14套装置实现“三年一修”，二厂重催经过检修改善了余热炉、外取热器和蒸汽发生器运行状况，使二厂蒸汽消耗下降83%。在14座水场推广了AEC水处理技术，公司在运的18个水场全部达标。连续三年杜绝重特大事故，一般事故下降37.5%，直接经济损失下降56.5%，重伤率、千人负伤率为零。

【技术改造　技术创新】　全年完成资本性投资14.7亿元，达到十年来最高，开展技术改造44项，争取科研资金3004万元。按期完成了120万吨/年柴油加氢、12万吨/年分子筛脱蜡、聚丙烯和烷基苯扩能等重点技术改造；脱氢、分子筛脱蜡、聚丙烯改造等实现一次开车成功。分子筛脱蜡工程在股份公司首次推行“EPC”总承包管理并取得良好效果。一厂东蒸馏改造和40万吨/年酮苯脱蜡初步设计获得批复，开始土建施工和设备订货。建成了重油接触裂解制乙烯工业化试验装置；丁苯透明抗冲树脂装置即将建成；驱油剂试验和应用取得较好效果；开发了HY425聚丙烯专用料和HIPS166系列产品，其中HY425聚丙烯专用料投放市场后反应良好；独立开发的喷雾脱油工艺取得突破，试验生产的70号、75号微晶蜡达到优级品标准；聚丙烯专用料比例达到了45.8%，聚乙烯达到30.9%，均比2000年有明显提高。三厂至洗化厂输苯、氢气管线基本建成，一厂供三厂渣油线施工即将完成；东气西输管线设计已经完成，开始进入施工阶段；完成35项限下改造项目，二厂北蒸馏节能、污水回用、计算机网络等重点改造取得预期效果。公司已经形成了730万吨/年的污水回用规模。全年对55个项目先后组织90多次审查会，举行20多次施工招标和10多次施工技术研讨。在完成的28项科研成果中，1项获国家级科技创新奖，4项获省部级科研成果奖，喷雾脱油等6项工业化试验有重要突破，其他12项试验也取得进展，获得专利3项，开发10种新产品，3种化工产品通过省级新产品鉴定。先后与几十家国外大公司和国内科研院所开展了30多次技术交流，组织了信息化技术、国际石油化工发展等7次学术报告。树脂研究所正式挂牌。

【落实低成本措施　强化集约经营】　强化成本管理和财务预算，层层制订成本削减计划，可控费用同比下降3.3%，管理费、修理费、销售费和财务费均比2000年有较大幅度下降，抢市场促销售，最大限度增加收入。面对市场不旺、海港封冻等困难，我们主动加强产销衔接，积极配合疏通航道和运输，注重信息收集和方案调整，密切了与港口、铁路、海运、中联油、润滑油和东北公司的联系，加强了自销产品价格控制。合理利用销售、库存、结算的时间和价格差，争取出口汽油配额，开辟了石油焦、烷基苯出口途径，出口汽油28万吨、石蜡16万吨、石油焦0.6万吨、烷基苯1600吨；鲅鱼圈港单船装载由3万吨提高到6万吨，成品油管输量、海运量、产品出口和鲅鱼圈港单船装载均创历史最高水平。自备车修理费下降14%，收取租车费550万元，商务处理下降10次，清回应收账款1.6亿元。规范了采购管理，突出为生产建设服务，完善了以价格和费用控制为核心的内部机制，坚持公开招标和零库存管理。克服了采购量大、制造周期短等困难，保证了生产和建设需要；供应费用下降2.3%，通过清仓利库盘活闲置物资1000万元。招标采购比例进一步提高，有效利用了社会库存、资金等资源。各单位制订落实57项挖潜增效措施，增效1.12亿元。

【积极推进改革　实施管理创新】　公司加快了组织、机构和人事改革，并迈出了坚实步伐。组建了企划处、企管处和计算机信息中心等专业处室，对部分处室职能重新进行了界定。公司机关形成了综合管理、专业管理和监督约束三个层面相对健全的组织结构，职能得到强化。按组织结构扁平化、作业流程科学化的原则，对部分管理业务进行了重新研究，从机构、人员上进行了专业整合，为实施扁平化管理做了必要的准备。集中了财务职能，设立了生产厂财务总监并实行公司委派制，将物装处结算职能和人员划归财务资产处。在审计集中的基础上，对审计系统的机构和人员设置进行了重组。对纪检监察、审计、法律等监督职能进行了科学定位和职能理顺。在公司和生产厂设立了专兼职安全总监。股份公司将抚顺石化作为深化人事干部改革试点，对公司行政副职实行了公开竞聘，对党群副职人选实行了民主推荐，公司制订了《干部人事制度改革框架方案》，在领导干部提拔使用上坚持市场化配置和组织考核相结合，推行公开竞聘、民主测评和量化考核，打破了机关与生产厂、现职与后备的界限，对财务、企管、财务总监等12个高层管理岗位进行了公开竞聘，对企划、审计、预算等人员实行了公开招聘和考聘。公司招收了58名应届本科毕业生，并向上级机关输送了一批优秀人才。各生产厂按公司要求大力推进人事和分配制度改革，坚持推行公开竞聘和末位淘汰等措施。实现了乙烯股权转让，完成了腈纶化工厂人员和管理移交抚顺石油化工公司。进一步强化了监督约束机制，突出了对重点部门和岗位的监督，坚持在销售、采购、工程、设计和检修系统实行“五公开”，公司专门设立了“三个招标厅”，各厂按公司要求设置了“四块揭示板”。纪检监察系统提出监察建议和决定47项，综合创效3000万元；审计系统开展审计22项，工程审计审减率3.27%，审减额1653万元；预算系统审查结算2987份，审减率达到17%，审减额达到1.17亿元；法律系统处理重组前纠纷53件，结案36件，为公司避免损失700余万元。进一步规范了污油、废渣、废丝、废旧物资、报废设备处理办法，污油量比2000年减少50%。公司各专业共开展安全、纪律等各类检查50多次，按规定解除了36名员工的劳动关系；各厂坚持经常性的检查督促，按制度处罚各类违纪1700人次。全面开展了HSE体系建设，公司顺利通过ISO 14001环境管理体系认证，基本形成了全公司统一的计算机网络，开发了机动、供应、人事、销售、审计等计算机管理子系统，网络连接了两级机关1500个用户、77个重点车间，全年电子邮件达52万份。对商标、产品标识和合格证进行了统一规范，商标由10个并为7个。公司荣获国家级“重合同守信用”先进单位。

（杨凤强）

中国石油天然气股份有限公司
辽阳石化分公司

【概述】　2001年是中国石油天然气股份有限公司辽阳石化分公司生产经营工作压力巨大、检修改造任务十分繁重的一年，也是公司强化管理、加快发展的重要一年。一年来，公司以实现最佳业绩为目标，以开展“企业管理年”活动为手段，紧紧抓住“保指标、抓管理、求发展、促稳定”的工作主线，坚持把功夫下在现场，层层分解技术经济指标，积极落实挖潜增效措施。虽然受市场价格影响，公司全年实现销售收入79.32亿元，账面亏损11.12亿元，比预算增亏11.75亿元，但在优化生产运行、推进技术进步、深化内部改革、规范基础管理、加强精神文明建设等方面也取得了新的成绩和进步，重点工作得到较好落实。

【主要产品】　全年累计生产炼油产品320万吨，化工化纤产品82.89万吨。其中：柴油产量达124.75万吨，完成年度计划的105.9%；化工轻油产量达87.35万吨，完成年度计划的87.25%；生产煤油2.55万吨，聚乙烯3.48万吨，聚丙烯3.68万吨，尼龙66盐（含精己二酸）7.52万吨，聚酯40.758万吨，涤纶短纤维12.84万吨，涤纶长丝2.36万吨。

【生产经营】　公司以最佳业绩为目标，最大限度地挖掘生产经营内部潜力，努力提升公司价值。

（1）炼油生产严格控制加工总量，生产方案优化成效明显，成品油质量进一步提高。公司克服原油加工限量、装置停产大修给物料平衡带来的困难，坚持以市场为导向，在保证下游原料需求的前提下，优化原油资源进厂，优化炼油装置产出，努力增产目的产品，增创经济效益。全年实际加工原油309.4万吨，为年计划的93.8%，实际比预算多加工辽河原油38万吨，增效3600万元；生产成品油127.3万吨，其中柴油124.7万吨，超计划5.9%。充分利用柴油优质优价政策，优化调整装置运行参数，实施常减压干点前切、提高蜡油收率等措施，保证柴油优级品率，全年有103万吨柴油实现优质优价，实现加价收入5000万元。根据季节变化，选用新型降凝剂，加大调合力度，实现油品增值，全年共调合生产船用重油

3万吨、200#燃料油8.3万吨、0#柴油1.4万吨、-10#柴油2.9万吨，合计增效1260万元。优化加氢裂化装置工艺生产流程，解决过剩轻石脑油销售难问题，全年共生产190#溶剂油3.8万吨，增效500万元。同时，通过选用新型阻泡剂，实施拓宽柴油流程等措施，焦化装置比计划多加工重油6万吨，全年增产柴油6万吨。鞍山炼油厂克服装置负荷低、原油性质变劣等困难，全年加工原油109.1万吨，实现销售收入16.6亿元；轻油收率、综合商品率分别超预算考核指标4.74%和1.95%，原油现金单位加工费、加工损失率、单位能量因素耗能均完成年初预算考核指标。

(2) 化工生产努力克服销售困难，积极调整品种结构，降低生产成本，增强市场竞争能力。面对市场形势格外严峻、设备处于三年一修运行末期等不利因素，公司把稳定、优化装置运行作为增效的重要手段，坚持每周召开优化会议，强化生产组织管理，主要产品基本实现稳产高产，其中，聚酯产量在聚酯二厂暂停生产的情况下达到40.75万吨，完成年计划的97.0%；己二酸（含盐、胺）产量达到7.6万吨，完成年度计划；涤纶短纤维产量达到12.84万吨，超计划4.4%。坚持装置边际贡献动态监测，进行生产方案调优，先后实施改产83dtexDTY和50dtexPOY、开发阳离子涤纶纤维、停止间断聚酯和粗旦涤长POY生产等挖潜增效措施。及时根据市场变化，增产高附加值产品，烯烃线充分利用品种优势，增产增销环氧乙烷7000吨，合成树脂专用料比例达62%；尼龙线充分发挥装置改造潜力，灵活调整盐酸比例，共组织外进己二腈6000吨，增产增销环己烷1350吨、精己二酸2900吨，酸、盐比例达到3.1。公司考核的33项单耗收率指标，有21项完成计划，15项达到或好于上年同期，11项创历史最好水平。其中尼龙盐耗苯、小聚酯耗甲醇、涤长FDY耗切片比计划降低4千克/吨以上，己二酸耗液氨、丙纶耗树脂比计划降低11千克/吨。

(3) 深入开展“企业管理年”活动，挖潜增效措施得到较好落实，基础管理进一步加强。公司各二级单位坚决贯彻公司大力开展“企业管理年”的工作要求，坚持眼睛向内，深挖管理潜力，狠抓管理年九个方面62项具体措施的落实，收到较好效果。各生产厂把节能降耗作为挖潜增效的主攻方向，全面深化班组成本核算工作，动员广大员工集思广益，紧紧围绕蒸汽管网、电气系统、疏水器、加热炉等能源管理的重点环节，细化管理，优化运行，全年实现节水580万吨，节电1100万千瓦时，节汽1万吨，综合节煤2.1万吨。公司严格规范采购行为，大力推行招议标订货，全年节约三剂、C8、乙二醇等大宗原料采购资金2300万元，物资和备件采购招议标订货率为37.5%，节约资金3180万元。公司严控维修费支出，转变工程造价中心审核重心，加大维修预算审查力度，全年共审查各类预算总金额1.49亿元，核减费用2540万元，概算承包的技改项目审核率达到100%。加大清欠力度，强化资金管理，最大限度减少贷款占用，实现全年清欠工作目标，累计转让和贴现承兑汇票12.6亿元，节约财务费用1486万元；加强资产管理，实现废旧物资回收1032万元。不断细化和改进质量管理，ISO 9002质量体系实现持续有效运行，烯烃厂、尼龙厂、纤维厂、聚酯一厂和公司整体顺利通过质量体系年度监督审核；大力推行清洁生产，ISO 14000管理体系通过认证审核，尼龙厂己二酸、炼油厂硫回收装置清洁生产试点工作取得阶段成果，公司外排废水综合合格率达到93.8%，达到股份公司考核要求；安全管理上实施“两个合同”，加大安全监督力度，发挥了较好的作用。

【工程建设】 公司全力以赴抓好装置停产大检修和重点改造项目实施，克服生产、检修和改造交叉进行的困难，实现了预期工作目标。公司设备、生产、安全和工程项目管理等部门认真贯彻公司总体部署，优化施工力量组织，加强工作衔接协调，各生产厂积极适应检修维修队伍管理体制发生的变化，反复优化检修维修方案，在保证检修维修质量的前提下，实行24小时连续作业，最大限度地压缩装置停产时间，圆满完成两个阶段的停产大检修工作，实现“三个一次成功”。特别是公用工程系统在保证生产装置水、电、汽、氮供应的同时，圆满完成各项检修任务，为保证下一个运行周期公用工程的平稳供应奠定了物质基础。同时，公司加强装置日常技术监测和质量检验，为公司的生产经营正常运行提供了有力的技术支持和保障。通过停产大检修，装置技术性能得到恢复和提高，设备运行工况明显改观，为实现安、稳、长、满、优生产奠定了物质基础。同时，利用一阶段停产大检修“窗口”，完成了聚酯一厂2万吨FDY装置、焦化装置增建“一炉两塔”等项目的部分甩头，进行了加氢裂化装置160万吨/年加工能力完善和轻石脑油处理设施缺陷整改工作。特别是乙烯节能降耗改造作为公司全年的重点项目，与二阶段停产大检修同步实施，在技术、设计、工程和生产人员的共同努力下，较好地保证了工程进度，胜利完成全部改造任务，于10月5日实现一次开车成功。10万吨/年瓶级聚酯改造是公司聚酯产品实现升级换代的重要项目，始终坚持抢进度、保质量的原则，加快实施，全部工程已经中交，目前装置开始投料试车，已生产出合格产品。纤维厂1.5万吨差别化涤纶短纤维后纺项目、1万吨/年涤纶FDY改造项目按期完工投产，目前生产情况良好，产品质量达标。列入股份公司专业公司的投资计划全部完成，在节能降耗、安全生产、环境保护等方面都发挥了应有的作用。

【科研与技改】　公司积极推进技术进步，加快规划发展步伐，重点项目进展顺利，当年完成19个限上限下项目施工，累计投资额达52857万元。公司加强科研开发工作组织协调，小聚酯装置新型聚合技术工业化试验项目通过大流量标定考核，乙烯及聚乙烯装置国产化扩能改造胜利竣工投产，己二酸装置新型过滤技术投用有望彻底解决己二酸产品质量隐患，生产装置HYSYS动态模拟优化、丙烯压缩汽轮机攻关改造收到实效。污水回收利用、烟气脱硫、聚酯和聚烯烃中试装置完善及产品开发项目均按进度计划实施。甲烷致稳、高声强声波除灰、BI废水综合处理等六项科研项目通过股份公司验收。立足现有装置完善，改进新产品质量，加大市场推广力度，全年新开发阳离子纤维、1.2D有光高强涤短、细旦DTY、POY等13种新产品，氯化聚乙烯、细旦、粗旦和中长纤维产量增幅较大，合成树脂专用料比例达62%，纤维差别化率达25.09%，新产品产量累计达到2.6万吨，增效1500多万元。加大重点规划项目前期工作力度，7万吨己二酸、80万吨PTA及配套原料工程技术改造项目列入国家重点技术改造“双高一优”项目导向计划，目前PTA及配套原料工程技术改造项目可行性研究报告已经报送股份公司。同时，2万吨/年FDY差别化、延迟焦化装置增加一炉两塔改造项目也分别得到股份公司及专业公司的批复，已开始进行设计和设备采购工作。重点规划项目取得突破性进展，为进一步提高公司生产规模和技术水平，加快技术进步和产业升级，牵动企业长远发展迈出了坚实的一步。

【企业改革】　为确保员工动态管理工作的实效，经反复征求多方面、多层次人员的意见，公司进一步修改了《员工动态管理办法》，制定了《员工行为准则》，积极推行末位待岗制度，贴近实际严格考核，员工思想观念受到较大触动，危机感、责任感明显增强，竞争激励机制初步形成。按照股份公司要求，积极稳妥地推进新一轮机构改革，在尼龙厂、纤维厂率先进行试点，为今年全面铺开积累了经验。全面实施干部竞争上岗和公开招聘制度，处级和科级干部缺员一律竞争上岗，一般岗位补充人员也全部按照公开竞聘程序产生人选，用人制度改革进一步深化。稳妥推进员工培训工作，全年列支费用230多万元，培训员工达19万人次。加强制度建设，修订完成技术、人事、项目、党群四项工作规范，细化检维修工程管理、工程造价管理补充规定、优化工作管理办法、工业加热炉考核细则和审计百分考核方案等管理标准，各项管理行为逐步严格和规范。积极探索加强工程项目全过程管理，推行协议设计制度，灵活施工管理方式，建立奖惩约束机制，在控制项目投资、保证质量工期，提高投资效益方面取得可喜成效。HSE管理体系在全公司普遍建立并实现有效运行，各项要求通过股份公司验收审查，安全、环保管理走上系统化、规范化、程序化运行轨道。物资采购集中管理、业主自行采购的措施基本到位，成立了电子商务部，建立了新的工作流程和管理制度，电子商务技术平台建设初具规模，物资供应体制实现平稳过渡。妥善完成合资企业撤股转制工作，烷基铝厂实现各项业务正常运行，产品市场占有率进一步扩大。

（马龙兴　冯长生）

中国石油天然气股份有限公司兰州石化分公司

【概述】　中国石油天然气股份有限公司兰州石化分公司，是由原兰州炼化公司和兰州石化公司于2000年10月10日合并组建的。兰州石化公司集炼油、化工和化肥生产为一体，拥有原油一次加工能力750万吨/年，能生产汽、煤、柴、润等油品，石蜡、沥青、苯类产品，合成树脂、合成橡胶、合成纤维、化肥，以及催化裂化催化剂、石油添加剂等多种石化产品，是西部地区最大的石化企业。目前，兰州石化分公司共有15个业务处室，17个二级单位，1.3万余名员工，并为股份公司代管一个上市公司（甘肃三星石化公司）和四个合资公司（兰港公司、兰炼中旅公司、天津路博润公司和兰州路博润公司），资产总额为130亿元。

【生产经营】 2001年是兰州石化公司合并重组后正式运行的第一年。在集团公司党组和股份公司的领导下，兰州石化公司紧紧围绕扭亏脱困和改革发展两大目标，群策群力，坚持一手抓生产经营，一手抓合并重组，克服了原油加工量受到限制、成品油价格大幅下调、化工产品价格持续下滑、铁路运输紧张等不利因素，公司总体呈现出生产运行平稳、产销基本平衡、合并重组有序、职工队伍稳定、经营效果较好的局面。主要产品产量和经济技术指标均达到和好于预算水平，全年加工原油636.22万吨，生产汽、煤、柴油总量361.55万吨，生产乙烯17.35万吨、合成树脂29.9万吨、合成橡胶5.45万吨、合成纤维1.83万吨、化肥35.12万吨、催化剂2.7万吨、石蜡3.64万吨、沥青32.17万吨。全年炼油轻油收率68.7%，综合商品收率92.9%，四大类及相应半成品收率72.65%，原油加工损失率1.04%。化工乙烯耗油3.162吨/吨，合成氨耗重油714.94千克/吨。全年实现销售收入140.62亿元，实现税费11.2亿元。

【内部改革】 2001年，兰州石化公司坚持积极稳妥的原则，稳步推进企业的内部改革工作。一是正式组建了新的公司机关机构，实现了生产经营的统一指挥和管理。机关各职能部门按照“四个到位”的要求，以构建高效、灵活、流畅的运行机制为目标，初步建立了公司的制度体系，形成了基本的办事程序，使企业的各项管理工作逐步进入了正轨。二是按照股份公司的要求，加快了实施内部合并重组工作的步伐，在深入调研的基础上，对炼油、供销、计量和科研等四个方面的业务进行了整合，同时还积极配合股份公司和专业分公司，慎重稳妥地进行了化工销售业务的划转工作。

【企业管理】 在稳步推进企业内部改革的同时，不断强化企业管理工作。一是充分继承和发扬“两兰”好的管理传统和经验，提出了“继承发扬、融合渗透、发展创新”的管理工作总体思路，初步建立了公司统一的生产调度管理系统、统一的质量管理系统、以HSE为主的安全生产管理系统、快速反应的信息管理系统、人才培养激励机制和以业绩目标为核心的经济责任制考核体系等公司统一的内部运行机制，先后对财务资金、物资采购、工程项目、产品销售和关联交易实行了集中统一管理。二是根据股份公司2001年业绩考核方案，初步建立了以业绩考核为主的激励机制，充分调动了全体员工的工作积极性和主动性，确保了公司各项任务的完成。三是在人才的引进和任用方面进行了有益的尝试，出台了吸引和任用人才的六条政策，颁布了科技创新奖励制度。四是进一步规范了关联交易、审计和法律事务工作。

【科技进步】 成功实现了丁苯透明抗冲树脂成套技术的转让，实现了计算机网络升级及宽带接入，建成了生产装置的实时数据库。全年获股份公司技术创新奖三项，获甘肃省科技进步奖三项；申请职务发明专利24项，获授权专利12项；公司被国家知识产权局和国家经贸委确定为第一批40家全国企业专利工作试点单位之一。

【企业发展】 自合并重组以来，公司始终把加快企业的发展当做公司从根本上扭亏脱困、走出低谷、实现新的腾飞的头等大事来抓。一是按照股份公司的要求，在原“两兰”发展规划的基础上，精心编制了兰州石化公司炼油化工一体化发展方案，成立了兰州石化公司炼油基地工程建设领导小组、大化肥油改气领导小组和乙烯改造领导小组，统一指挥工程项目的建设，加快发展规划的落实。二是强化工程项目管理，努力抓好三项重点工程建设。300万吨重催、24万吨乙烯改扩建工程于2001年10月10日正式开工，标志着兰州石化公司大型炼油和化工基地的建设正式启动。

（赵云枫）

中国石油天然气股份有限公司乌鲁木齐石化分公司

【概述】　中国石油天然气股份有限公司乌鲁木齐石化分公司现有资产总额690693万元，其中流动资产为234727万元，长期投资9006万元，固定资产原值近78亿元，净值为41亿元，企业负债345958万元，资产负债率为50.09%，所有者权益合计344735万元。公司现有职工4569人，其中专业技术人员1010人。公司机关设九个业务处室（含党群各部门）。公司下属炼油厂、化肥厂、化纤厂、热电厂、净化水厂、原料处、经销公司、科研所等八个二级单位。炼油厂原油加工能力为500万吨/年，由两套250万吨/年的炼油装置组成；化肥厂尿素生产能力为110万吨，由两套大化肥装置组成，其中一化肥装置以渣油为原料，年产30万吨合成氨、52万吨尿素，二化肥装置以天然气为原料，年产30万吨合成氨、52万吨尿素，是全国最大的氮肥生产基地之一；化纤厂现有四套生产装置，即：7.5万吨/年精对苯二甲酸装置、5.2万吨/年聚酯装置、1.5万吨/年涤纶短纤装置、0.5万吨/年涤纶长丝装置；热电厂总装机容量为10万千瓦，有两台2.5万千瓦和一台5万千瓦发电机组，两台220吨/小时锅炉和一台410吨/小时锅炉，为炼化各装置及生活区提供动力。目前公司可生产九大类56种石油化工化纤产品。

【生产及效益指标】　2001年，乌鲁木齐石化分公司全年原油进厂363.52万吨，天然气3.4亿立方米，加工原油354.23万吨，生产轻质油272.52万吨，PX5.2万吨，原油及原料油加工量再创历史新高。

生产尿素113.27万吨，其中一化肥生产尿素57.6万吨，二化肥生产尿素55.67万吨。两套化肥继续实现连年达标。

生产PTA 9.15万吨，聚酯5.86万吨，短丝1.99万吨，长丝5600吨。四套装置均提前、超额实现产量达标。

全年发电6.42亿千瓦·时，产汽497万吨，圆满完成了全年发电产汽任务。

新峰股份公司通过采用新技术、新工艺，聚丙烯装置产量突破3.2万吨，较装置设计能力增产113%。

全年销售汽、煤、柴油总量223万吨，比2000年增加11万吨。销售尿素121万吨；销售化纤产品9.6万吨。全年实现销售收入72亿元，比2000年增加2.5亿元。

全年实现工业总产值32.14亿元（90年不变价），比2000年增加2477万元；实现税金64204万元，比2000年增加14696万元。在消化13342万元的油品价格下跌减利因素的情况下，仍实现内部考核利润10247万元，比2000年增加12380万元。利税总额创历史最好水平。

【技术改造】　2001年，乌鲁木齐石化分公司计划投资为43818万元，当年实际完成投资42769万元。共完成投资项目56项。主要工程项目进展顺利。40万吨/年连续重整装置按总体部署，完成了预定的工程进度；航煤脱臭项目已完成建安工程，实现中间交接；一尿素大颗粒改造项目已于2000年11月12日一次投料试车成功；化纤厂新增三台DTY机已经完成并一次开车成功。全公司的网络实时信息管理系统投入试运行。

2001年，乌鲁木齐石化分公司共有八套装置，总计73个考核指标参加了中油股份公司达标考核，共有61个指标完成了达标，达标完成率为83.5%，其中轻质油收率等11项指标创历史最好水平，共降低成本和消耗8000多万元。技术部门还完成了24项技术创新项目。

【设备管理】　2001年，乌鲁木齐石化分公司共进行了一常、蜡催、重催、加氢、一合成、PTA、3#机炉等11套主要生产装置停工大修，通过大力开展修旧利废活动和设备国产化，节约了1600多万元的资金。化肥厂通过开展“设备管理质量年”活动，创造出二合成和二尿素装置分别连续运行627天和555天的国内同类装置最好成绩；化纤厂依靠自己的力量提前完成了3台DTY机的安装任务。

【质量管理】　2001年，乌鲁木齐石化分公司完成了年初制定的各种产品质量考核指标，全年接受国家、中油股份公司、自治区质量技术监督部门抽检16次，产品质量全部符合标准要求，聚酯切片、3#喷气燃料通过复审，获自治区名牌产品称号。尿素产品获得首批国家免检产品称号。长年坚持群众性的QC活动，2001年有两项QC成果首次荣获国家级QC成果奖。

【企业管理】 2001年，乌鲁木齐石化分公司启动人力资源开发战略，开创学习型企业建设并呈现良好开端。全年分层次、分专业抓了人员培训工作，先后举办了人事、财务、仪控、办公室和班组长等专业系统业务培训班和劳动竞赛，对部分人员进行了外培，全年培训总人数达1000余人次。在抓好中高级人力资源开发上，以先培训后考察的方式，举办了为期三个月的中青年干部培训班，拓宽了管理人员的视野。举办了企业管理前沿问题讲座，为公司管理人员导入了新观念和新思维；实行了干部任前公示制，交流调整了部分中层管理干部。对17套装置及辅助生产单位的职工进行了职业技能鉴定工作。首次对公司各装置进行了综合测评，设定了装置技师职数，开展了技师考评工作。启动了“1682”人才培养计划，成功举办了21世纪知识经济（新疆）论坛，使企业受到了一次系统性学习和交流，管理干部的创新意识、操作人员的技能都有了不同程度的提高。

（孙　正）

中国石油天然气股份有限公司宁夏石化分公司

【概述】 中国石油天然气股份有限公司宁夏石化分公司地处宁夏回族自治区首府银川市西郊，拥有从国外引进的两套大化肥生产装置，分别生产大、小颗粒尿素，是全国百万吨尿素生产企业之一。目前公司有员工1300多人，资产总计24亿元，年销售收入近10亿元。两套化肥装置自投产以来，已累计生产尿素722.6万吨，实现利税13.1亿元，曾创造跨年度长周期连续运行734天、单套装置年产尿素69.2万吨的佳绩，目前仍保持着国内同类型单套装置年产最高纪录。

【生产经营】 2001年，对于宁夏石化分公司来说，是非常不平凡的一年。上半年，由于受化肥市场持续疲软，尿素价格低迷，原料渣油供应紧张，价格波动上扬和一化肥装置检修，二化肥装置运行不稳定等多种因素影响，企业的生产经营面临巨大压力，预计全年亏损4980万元。面对严峻形势，公司上下紧紧围绕扭亏脱困主题，按照“向安全要效益、向科技要效益、向管理要效益”的思路，认真分析形势，不断强化内部管理，狠抓科技创新，在生产管理、安全管理、财务管理、设备管理、技术管理、质量管理、人事管理等诸多方面做了大量艰苦、细致、富有成效的工作，克服了重重困难，取得了较好效果。至2001年底，共生产合成氨55.4万吨，尿素94.1万吨，不仅全面完成了股份公司下达的生产经营指标，而且一举扭亏为盈，实现销售收入9.97亿元，实现利润839万元，摆脱了亏损局面。

【生产管理】 在生产管理方面，一化肥装置通过油改气项目投用、调整汽化炉油气掺烧比例、实施CO_2回收、优化各项工艺指标等一系列措施，使原料消耗逐月下降，生产成本不断降低，尿素平均日产由1513吨提高到1841吨，仅油改气一项就使总成本下降了3411万元。针对二化肥试生产运行不稳定的实际情况，公司坚持“管理与技改并重、优化工况和平稳运行同步”的原则，围绕“提三率、降两耗”工作，加大关键设备和特护设备管理力度，对直接影响装置“安、稳、长、满、优”运行的关键设备，在加强特护工作的同时，积极开展技术攻关，狠抓精细管理，保证了装置的平稳运行。同时，通过进一步优化工况，生产负荷和产品质量不断提高，装置运转率、负荷率以及各项技术指标均创生产以来的最好水平，彻底扭转了试生产初期生产不稳定的被动局面。尿素单位制造成本与年初相比下降了210元/吨，使二化肥装置在试运行的第二年实现了达标达产，全年共生产大颗粒尿素52.5万吨，超过了年产48万吨尿素的原设计能力。

在安全管理方面，通过实施“安全管理专业化”、“零事故”目标管理模式，充分发挥“五级”安全监督网络作用，推行安全生产红黄牌制度，强化了事故的事前预防、严肃了事故事后处理；加强了事故预案管理和关键生产装置、重点生产部位及直接作业环节的安全管理。开展了一系列安全活动，建立了全员安全合同制，强化了末位离岗学习制度。同时，HSE管理体系开始试运行，并通过了集团公司HSE体系预检查。通过狠抓安全管理，全年重大安全事故为零，实现了“抓安全促管理、向安全要效益”的目标。

【营销和计划财务管理】　在营销方面，面对严峻的营销形势，通过深入研究市场特点，制定了灵活的营销策略，本着既避免经营分险又创造最佳利润的目的，密切关注市场热点、及时捕捉市场信息，抓住时机果断决策。在对传统小颗粒尿素市场采取形式多样的广告宣传手段进行大力促销的同时，全力以赴推广大颗粒尿素，为不断扩展大颗粒尿素产品市场奠定了良好的基础。2001年，在内外部销售环境异常严峻的情况下，仍然销售尿素106万吨（大颗粒59万吨，小颗粒47万吨），产销率112.8%，平均销售价格1042元/吨，取得了“产销率、货款回笼率双百”的佳绩。

在计划财务管理方面，加强了生产经营综合计划管理和资金管理，建立并运行了全面预算管理新体制。围绕控亏指标，有针对性地调整了下半年生产经营综合计划，并提出了“降2创3增4”（平均成本降低20元/吨，平均销售价格再创30元/吨，产量再增加4万吨）的目标，严格控制各项开支，进一步压缩各项费用。通过采取提前进行债务偿还和置换等措施，减少利息支出1135万元，回笼货款12.39亿元，降低管理费用275万元。通过积极争取税收优惠政策，返还增值税3895万元，为公司完成KPI指标并实现利税839万元奠定了基础。

【设备管理】　在设备管理方面，紧紧围绕十项目标，一化肥重点抓稳定运行，二化肥重点抓隐患治理工作，保证了高负荷下两套装置的安全生产。全年设备完好率一化肥高于98.03%，二化肥高于98.01%。在日常设备管理中，树立超前意识，狠抓事故预案、计划检修、预防检修和大机组、气化炉、高锅、转化炉等关键设备专项管理工作，克服了管理中的随意性。同时，积极开展修旧利废和盘活存量资产活动，为两套装置的安全长周期运行创造了条件。

【质量管理】　在质量管理上，严格按照ISO 9002质量管理体系的要求，重新修订和完善了程序文件和质量手册，对产品质量从原料采购、生产加工到包装出厂等进行全过程监督检查，保证了产品出厂合格率100%；2001年，公司被中国质量协会化工分会评为“质量管理活动先进企业”，“宁化”牌尿素被国家质量技术监督局评为国家首批质量免检产品，产品市场竞争力和知名度有了进一步提高。

【人事管理】　在劳动人事管理方面，加大了劳动、用工、人事三项制度改革力度。对职责相近的部门进行了合并，对处室管理职责进行了调整和修订，特别对物资采购、工程施工、技改技措等管理工作进行了职责界定。按照公开、公平、公正的原则，对五个处室的十个处级职位进行了公开竞聘，对部分车间领导班子成员进行了调整，强化了“能者上、平者让、庸者下”的选人用人机制，推动了各项工作的开展。与中层干部签订了完成KPI指标责任书，细化了公司KPI指标考核细则，进行了业绩考核与薪酬管理尝试，取得了较好效果。

【科技进步】　按照可持续发展的战略方针，本着投资少、见效快，挖潜增效，推动生产发展的目的，结合公司“十五”规划，充分发挥本企业优势，实施了一系列技术改造项目。两套化肥装置通过实施CO_2回收等技改项目，解决了油改气后氨碳比不平衡、氨库液位高的难题，日增加产量100多吨，年创效益600多万元。二化肥通过空气管线改造等技改项目，解决了空压机打气量不足制约高负荷生产的难题，年增效益80多万元。按照股份公司的要求，开始搭建电子商务平台，完善了计算机网络系统。此外，根据生产装置的实际情况实施的一些针对性技改项目也取得了较好的经济效益。

按照“大规模、低成本、短流程、差别化”的思路，加快了二化肥扩能改造、一化肥气化炉二系列油改气、一、二化肥装置冷凝液回收工程以及高压燃煤锅炉干式排灰技改工程等技改项目的技术准备和实施力度。为了落实股份公司领导视察公司时“把宁夏石化分公司建设成为股份公司精细化工基地”的指示精神，按照增加品种、提高质量和效益的原则，完成了碳酸二甲酯、硫衣尿素的可行性研究，编制了公司《“十五”科技发展规划》。

（王建清）

中国石油天然气股份有限公司独山子石化分公司

【概况】 中国石油天然气股份有限公司独山子石化公司已有65年的历史，拥有资产总额120亿元，年销售收入80多亿元，48套炼油化工装置。具备600万吨/年原油一次加工能力和14万吨/年乙烯生产能力。系统配套完善，装机容量13.5万千瓦，供汽能力达1400吨/小时，供水能力达2.8立方米/秒，是我国西部重要得石化基地。

【炼化生产】 2001年，原油加工量、乙烯产量及重要技术指标创历史新纪录。全年加工原油362万吨，同比增长5%，柴油收率同比提高4%，柴汽比达2.26，居行业首位；石蜡、苯类产品产量增长39.4%和35.8%；轻油收率、可比综合商品率分别增长0.09%和0.14%，被中国石油股份公司确定为首批跟踪国际先进水平的形象炼厂。生产乙烯17万吨，同比增长4.8%，化工专用料比例处于行业领先水平。乙烯厂五台裂解炉联运时间达到186天，目的产品综合能耗降低74.6千克标油/吨，加工损失率降低0.43个单位，专用料比例提高到了42%。全年实现销售收入82亿元，利税7.4亿元，其中报表利润5000万元。

【营销工作】 实施“面向中亚、两头在外”战略，“走西口”势头良好。全年加工进口哈萨克原油56万吨，组织来料加工3.15万吨，全年出口石油焦、锻烧焦、汽柴油、聚丙烯等石化产品8万吨。主动拓展销售业务，全年销售石化产品285.68万吨，多销售石化产品6万吨。大力开拓国内市场，LL0209销量独占了疆内市场，聚乙烯产品疆内市场占有率90%，聚丙烯达100%。

【技术创新】 技术创新能力有所提高。试产新产品五个，完成八项重点科研项目，申请专利权11项。开展船用油研制和化工专用料开发，成立精细化工研究中心。完成高抗冲聚丙烯注塑专用料系列产品开发等八项重点科研项目。LL0209RF、GK0970G实现了工业试生产，HD6060R实现了中试。解决了柴油精制乳化、己烷溶剂油生产问题，完成了汽油降烯烃室内试验；聚丙烯装置抗冲单元连续运行20天，实现了EPF30R等多种共聚产品的正常生产。顺丁橡胶防老剂、聚丙烯主催化剂等实现了国产化，三剂化学品国化产率达75%。完成了局域网的升级改造，开发电子商务平台，实现网上物资采购。强化专业技术培训，全年举办各类培训班58期，培训1104人次，其中派外培训152人次。400名员工通过夜大、电大和自学考试。

【经营管理】 科学管理的理念基本形成。ISO 9001，ISO 14001，HSE，OHSMS系列标准成为公司的重要管理工具，体系通过认证后，运作正常并通过了认证复审。全年实现重大事故为零目标，获“中国石油天然气股份有限公司安全先进单位”称号。完善绩效考评体系，强化经营目标和业绩合同管理，严考核，硬兑现，成本控制达到了预期目标。狠抓装置达标，瞄准国际先进水平设置形象装置达标特级指标，炼油加工损失率、裂解加工损失率、乙烯目的产品综合单位能耗分别降到了1%、0.78%和585千克标油/吨。积极推广“系统操作”，培养熟悉全流程能手，减少管理层次，精干职工队伍；高度重视安全工作，以“零事故”为目标，签订了覆盖全公司的安全生产责任状，实行安全风险抵押承包、安全要害部位承包，加强危害识别和风险控制，确定重大危害180余个，一般危害近2000个，制定风险削减措施190项。加强质量管理，严格执行ISO 9001体系，强化生产作业现场的过程监督，国家技监局、股份公司、自治区对我公司汽、柴油和顺丁橡胶等产品监督抽检14次，合格率100%。公司被中质协评为“全国质量管理小组活动先进企业”。加强设备管理，确保长周期运行，实施抗电网电压波动措施取得了良好的效果，建立了全公司的防腐蚀监测评价体系，设备完好率达99%，泄漏率0.16‰。

【企业发展】 公司始终把增强经济实力，加速发展作为工作的重中之重，按照既定的600万吨/年炼油配套、乙烯改造扩建；上下游结合、大小项目结合的规划，上报了公司“十五”规划，多方努力，取得了突破。22万吨/年乙烯改扩建掀起施工高潮，第一阶段各主要控制点按期到达。600万吨/年炼油配套方面，被股份公司确定为船用油和化工专用料生产基地，干气脱硫和硫磺回收项目通过初设审查，酮苯改造项目竣工投产，5万吨/年石蜡加氢项目土建工程基本完工，航煤罐、焦炭装车措施及碱渣池项目实现中交。

（白继晨　李全文）

中国石油天然气股份有限公司大庆炼化分公司

【概述】　中国石油天然气股份有限公司大庆炼化分公司组建于2000年10月18日，由中国石油大庆油田有限责任公司化工总厂和中国石油林源石化公司合并重组而成，是集炼油—润滑油—化工—化纤于一体的大型炼化企业。截至2001年底，在册员工总数7247人。其中，具有大专以上文化程度的2499人，占员工总数的34.5%；各类管理及专业技术人员1760人，占员工总数的24.3%；在职在读博士生5人、硕士生53人。员工平均年龄30.2岁。

公司机关设总经理（党委）办公室、人事处（组织部）、财务处、规划计划处、生产运行处、安全环保处、机动设备处、审计监察处（纪检办）、企业文化处9个处（室）；下属林源生产指挥部和炼油厂、润滑油厂、聚合物厂、腈纶厂、动力厂、储运厂7个专业厂；销售公司、工程技术服务公司、运输公司3个专业公司以及16个直属单位。拥有主要生产装置45套，总占地面积20.3平方千米，固定资产原值为114.22元，净值为88.05亿元。公司现有800万吨/年原油一、二次加工配套能力，以及5万吨/年聚丙烯酰胺、20万吨/年润滑油、10万吨/年石蜡、3万吨/年腈纶等生产能力，主要生产无铅系列汽油、系列轻柴油、20#重柴油、燃料油、基础油、丙烯、聚丙烯酰胺等38种、100多个牌号的石油化工产品。

2001年是炼化公司重组后正式运作的第一年，按照“安全、稳定、整合、发展”的方针，广大干部职工迎难而上，开拓进取，各方面工作取得明显进展，实现了“十五”计划的良好开局。

【经济效益】　2001年，炼化公司在市场供过于求、油品和化工产品价格大幅度下滑及预算外支出较大的情况下，仍保持了各项经济技术指标的持续攀升。全年累计加工原油546.18万吨，生产聚丙烯酰胺5.63万吨；综合商品率91.56%，比股份公司下达计划提高0.36个百分点；轻油收率72.98%，比计划提高1.16个百分点；加工损失率0.84%，比计划降低0.06个百分点；单位能量因数耗能12.99千克标油/（吨·因），比计划降低0.51个单位；柴汽比1.48，比计划提高0.13；产品出厂合格率100%；实现销售收入113.98亿元，上缴税费11.76亿元，按股份公司考核口径实现利润6039万元。

【成本控制】　强化预算源头控制，层层分解指标并签订业绩合同，通过单装置效益核算、联合装置统一核算、模拟市场的班组核算三个步骤，把成本控制落到实处。其中，仅节约外购水、电、汽一项，就使动力费较预算下降9.42元/吨。强化生产过程控制，实行装置达标考核，合理调整检修时间，停开、闲置、报废部分无效装置，提高有效装置负荷，资源配置得到优化，全年共优化调整生产方案34次，增效6000多万元。强化物资的采购管理控制，实行采购招标、议标、比质、比价，既满足了生产需要，又节约资金3553万元；狠抓代储、返销平库及废旧物资回收利用，处理积压物资1240万元，降低库存3100万元，回收资金123万元。强化专项工作的辅助控制，效能监察核减基建项目款360万元；审计核减工程造价1132万元，对公务车辆进行集中管理，停封、报废、拍卖及带资分流小型车辆113台，回收资金120万元，年节约费用800万元；对通信费用实行包干，节支48万元。通过以上措施，炼油单位现金加工费降到105.90元/吨，比预算降低10.21元/吨；管理费用支出29998万元，按考核口径比预算指标节约744万元。

【安全生产】　公司始终把安全生产作为各项工作的重中之重，在落实以往好经验、好做法的同时，重点完善了安全监督体系，设立了专职安全总监，在9个二级单位派驻了安全监督，使每项生产作业活动得到有效地预防监督和控制；扩大了安全环保风险抵押范围，实行全员安全生产合同管理，避免各类安全事故

49起，实施奖励7万多元；强化了生产过程的安全控制，把安全操作作为班组核算的一项重要内容，全员安全意识和安全技能进一步提高，各项安全环保指标均好于年初下达指标。与此同时，把设备管理作为安全生产的关键环节来抓，强化了从设备选型到施工安装的全过程管理，实施关键机组的特护和包修奖励办法，清查处理系统隐患，应用新技术、新材料，启用发电机组，强化装置检修，减少停机次数，保证系统稳定，设备完好率和仪表三率均高于年初指标，为实现长周期安全生产创造了有利条件。

【科技发展】 炼化公司坚决贯彻科技是第一生产力的思想，全年科技投入1.4亿元，实施科研开发、科技攻关、技改技措100多项，取得了良好的经济效益和社会效益。一是围绕油田化学品这一主线，完成了阳离子、复合离子、低分子量聚合产品、细粉造粒4个科研开发及抗盐聚合物的中试试验，为建设油田化学品基地奠定了基础。其中，阳离子聚丙烯酰胺产品填补了国内空白，抗盐聚合物将成为企业的拳头产品，所有产品已创效1500万元。二是抓住生产的重点、难点和关键问题，完成了过程能量优化改造、低温热利用和蒸汽系统优化、机泵电机增设变频器等20个项目的科技攻关。其中，丙烯腈焚烧炉余热回收，年可创效1700万—2600万元；全厂燃料气系统改造，彻底熄灭火炬，年可创效1155万元；马鞍山生产区生产清洁燃料改造，实现了汽柴油产品的升级换代，年可提高效益4830万元；林源生产区成为全国首家能够全部生产清洁汽油的生产区，全年增效2395万元。三是以完善现有装置工艺技术为目的，完成了62个项目的技改技措。其中，MGD技术改造方案设计，使柴油收率提高了2个百分点，汽油烯烃含量下降了10个单位。这些项目的实施，极大地提高了企业的科技含量和发展后劲。

【企业改革】 炼化公司按照“精简、效能、横向不交叉、纵向不重叠、专业化管理”的原则，优化了内部管理体制和组织机构，在各分厂推行了扁平化管理模式。其中，润滑油厂、腈纶厂推行联合装置管理模式，取消车间，实行横班管理；炼油厂、聚合物厂和动力厂实行单元装置管理模式，取消机关科室，管理人员实行单元装置派驻；在机电仪、质检、储运等系统实行了专业化管理；上述举措共减少非生产人员321人，缩短了管理流程，提高了工作效率。按照“公开、公平、竞争、择优”的原则，对领导干部岗位和部分管理岗位公开竞聘，有87名同志走上科、处级领导岗位，16名同志走上了一般管理岗位，加快了干部制度改革的进程，一批优秀干部脱颖而出。按照“按劳分配为主、效率优先、兼顾公平”的原则，坚持工资分配向“三高一关键”岗位倾斜，固定工资项目由原来的21项简化到4项，效益工资与固定工资的比例提高到44:56，有效调动了广大员工的工作积极性。对医疗、养老、失业、生育、工伤等保险制度进行了整合，仅医疗保险一项，年支出933万元，为员工就医提供了有力的保障。建立健全了业绩考核体系，实行经济责任制考核、一岗双责及交叉任职，各级领导干部的责任心和主动性有了很大的提高。

【企业管理】 炼化公司从建立现代企业制度入手积极开展ISO 9001认证，编写企业制度16篇175项，涵盖31个专业，获得了国家质量认证机构颁发的2000版ISO 9001标准质量管理体系认证证书，为企业管理提供了强有力的制度保证。大力推行HSE管理体系，完成了标准培训、初始评审、大检修风险管理、环境因素识别评价、安全卫生风险评价等项工作，开始进行体系文件的编制工作。重点加强了物资采购管理和产品销售管理。组建了信息电子商务中心，建立了电子采购平台，为实现网上采购奠定了基础。加大了市场营销力度，建立了符合市场规律的营销及分配机制，充分调动了销售人员开拓市场的积极性，聚丙烯酰胺产品首次远销美国、东南亚，全年产品销售量494.86万吨，产销率达98.8%；自备车收入4105万元，超计划364万元；清回欠款1.35亿元。

（任美珏）

中国石油天然气股份有限公司管道分公司

【概述】 中国石油天然气股份有限公司管道分公司业务归口中国石油天然气股份有限公司天然气与管道

板块，承担中国陆上大部分油、气田油气外输管线的规划、建设及运营、管理任务，是中国最大的管道运营管理的专业化公司，在中国管道运输领域占有主导地位。公司员工近6000人，拥有资产130亿元。公司机关设总经理办公室（党委办公室）、运销处、生产技术处、工程处、质量安全环保处、规划计划处、财务资产处、商务处、人事处（党委组织部）、审计处、纪检监察处、党群工作处（企业文化处）等12个部门，以及管道工程建设第一、第二、第三项目部。沈阳调度中心为公司生产指挥派出机构。管辖的二级单位主要有大庆、长春、沈阳、大连、锦州、丹东、秦京、中原、长庆、库鄯、乌鲁木齐、兰州、成都13个输油（气）管理处以及科技中心、油品销售中心等。公司所属单位分布在全国15个省、市、自治区。公司运营输油（气）管线6300余千米，年输油能力7030万吨，输气能力48亿标准立方米。

2001年是“十五”计划的开局之年，一年来，在股份公司的领导下，按照年初的工作部署，以成本控制为中心，以安全和高效为目标，比较好地完成了输油气生产和管道工程建设任务，全面完成了各项业绩指标。思想政治工作和党风廉政建设得到加强。及时化解矛盾，保持了队伍稳定，实现了两个文明建设健康、协调发展。

【主要指标】　2001年，累计输送原油4243万吨，为年计划的101.4%；输气7.815亿立方米，为年计划的101.5%。全年实现销售收入283223万元。原油管道运营成本为43.84元/吨，比控制指标降低1.37元/吨；天然气管道运营成本也比控制指标有所降低；原油管输损耗率低于控制指标。完成固定资产投资270851万元，投资完成率达到98%。投资资本回报率为1.01%，实现利润总额16533万元，员工总量控制在指标以内。全年没有发生上报责任事故，实现了预期安全工作目标。

【主要工作】

（1）克服两大矛盾，强化运行管理，圆满地完成了输油气生产任务。受油价波动影响，2001年春节前后和第三季度，全公司油罐两次长时间达到警戒罐位，运销矛盾十分突出；同时，针对部分管线老化的实际情况，集中资金安排了庆铁线北二站站场改造和铁大、秦京、中沧、马惠宁等管道的电气改造。全年一级动火100余次，技术改造与生产运行之间的矛盾也比较突出。针对生产上的矛盾和问题，一是加强调度指挥，制订合理的运行方案，确保了输油气生产正常进行。二是科学制订动火方案，加强协调和现场监督，保证了改造和生产两不误。三是强化了设备日常维修和管理，使设备缺陷和隐患得到及时整改。通过开展“红旗设备评比”活动，促进了设备管理水平的提高。四是强化安全管理，落实安全生产责任制。积极推行HSE管理体系，初步规范了作业程序。各单位注重风险管理，按管辖管道的特点，普遍制定了事故处理预案，妥善处理了输油气生产中的突发事件，避免了重大事故的发生。根据需要增加了维抢修设备，组织了技术大比武，维抢修力量得到加强。五是坚持依法治线。各管理处结合所辖区域实际，与地方公安部门和沿线群众紧密配合，严厉打击了打孔盗油犯罪活动。大力宣传《石油天然气管道保护条例》，通过法律途径妥善处理了一批管道侵权问题，维护了公司的合法权益。

（2）坚持高标准，探索新办法，管道工程建设实现预期目标。涩宁兰输气管道工程2001年5月22日涩北—西宁段投产一次成功，9月6日全线投产，比计划工期提前24天，投资控制在概算之内，工程建设速度和质量创造了国内同类管道建设史上最高水平。在兰成渝成品油管道建设工程中，加强现场管理，精心组织协调，克服了自然环境恶劣、施工难度大等困难，目前已基本完成线路主体工程施工，16座沿线站场已进场施工13座。忠武天然气管道工程前期准备工作取得重要进展，基本完成了“照付不议”合同签订和可研报告上报工作，为全面开工建设奠定了良好的基础。沧淄天然气管道工程于2001年11月6日正式开工，目前管道干线主体已贯通，正在加紧进行站场施工和投产准备工作。中银输油管道于2001年4月23日建成投产，实现了当年投产，当年盈利。

一年来，总长3000多千米的五条管道工程同时展开，任务非常艰巨。在实施过程中，我们始终坚持高标准，积极探索新办法，为今后管道工程项目管理积累了有益的经验。一是全面实行项目经理负责制和工程项目招投标制、监理制，初步建立了与国际惯例接轨的项目管理模式。二是建立了以合同为纽带的甲、乙方关系，以合同约束双方的权利和义务，有效保证了工程投资、进度、质量控制三大目标的实现。三是进一步完善了管道建设市场资质审查（准入）管理办法等20余项规章制度，建立明确的工作程序，使工程管理在各个环节和各个方面都有章可循、规范运作。

【企业管理】　在役管道成本管理以降低能耗为重点，实行目标管理，通过把能耗指标层层分解并纳入业绩考核，形成了成本管理责任体系，取得显著成效。在燃料油消耗控制方面，组织开展热力系统节能竞赛等活动，调动了各级管理人员和岗位员工节能降耗的积极性。东北管网在制定了一系列事故处理预案的基础上，将进站温度普遍降低到规范允许的最低限度，燃料油消耗明显下降。强化了计量化验管理，降低了输差损耗。在节约用电方面，各单位充分利用“避峰用谷”电价差，适时修改运行方案，降低了用电费用。加强了以油电消耗为重点的效能监察工作，完成了全公司热力系统监测和检查。

加强工程项目的投资管理，以概预算管理为重点，进一步完善了项目前期工作和投资管理办法，充分发挥审计的监督作用，加强工程项目投资的全过程审计，为公司赢得了显著的经济效益。

加强财务管理工作，全面实行资金、债务、会计核算三个集中，进一步提高了资金使用效益。加强了原油款催收力度，超额完成了股份公司下达的应收账款回收指标，加速了资金周转，节省了财务费用。积极开展管道价税工作，经多方努力，国家对执行统一运价的原油管道输送价格进行了调整，扭转了公司政策性亏损局面。管道工程建设的管段作为安装设备减免营业税工作取得突破，创造了良好的管道建设纳税环境。进一步规范关联交易工作，在明确关联交易载体、理顺结算程序上取得了进展。

【深化改革】　按照股份公司精简管理层次的要求，首先进行了机关业务重组工作，重新调整了业务处室及其职能定位，取消了科级建制，设立业务主管。按扁平式管理模式，撤消了西安调度中心和机关附属单位。其次，按管线或区域设置管理机构的原则，对二级单位进行重组试点工作，将北京和秦皇岛两个输油管理处合并为秦京输油（气）管理处。第三，在总结中银管道生产运行受托管理办法和经验的基础上，着手开展了塔输管道生产运行受托管理的业务重组工作。第四，公司调度中心和ERP系统建设作为公司业务重组和管理流程再造的基础工作，开始起步。

在处级干部中推行业绩考核，初步建立了管理人员业绩考核体系。以涩宁兰管道为试点，推行新的管理模式和用工机制。在管理模式上，管道运行管理实行了运检分开，站队只负责生产管理。在劳动用工上，除重要的管理和操作岗位人员由公司选派骨干外，一般操作、后勤岗位人员全部在当地录用。目前涩宁兰管道生产人员130人，平均每千米不到0.14人。在薪酬分配上，兰州输气管理处着手按照工作环境、岗位责任、工作业绩实行易岗易薪，基本建立了新型的薪酬分配制度。

【科技开发和员工培训】　围绕重点技术难题组织科技攻关58项，其中股份公司重大科技项目25项，申报专利6项。管道减阻剂不仅成功地应用于长庆油田和马惠宁管道，保证了长庆原油外输和上产，而且打入国际市场，经过同国外产品竞争，与苏丹签订了近300万美元的销售合同。紧紧围绕公司主营业务发展战略进行队伍结构调整和人才储备，大力开展员工培训。组织了成品油、天然气输送2个专业培训班，为新建管道输送了200余名骨干。从生产岗位抽调160余人，参加为期两年半的专业基础和岗位培训。

（龚树鹏　马云飞）

北京天然气集输公司

【概述】　2001年是北京天然气集输公司继续上规模和上水平的重要一年，在中油股份公司和北京市的亲切关怀下，在公司股东会的直接领导下，经过全体职工的不懈努力，公司全面实现了年初确立的各项工作目标，被集团公司马富才总经理誉为“取得新世纪开门红”。

【生产经营指标】　陕京管道全年输气16.12亿立方米，超额完成年初下达的15.4亿立方米的输气任务，增长4.68%。实现销售收入75221万元，比预算销售收入增收2496万元，增长3.4%。实现利润17898万元，比预算利润增收4363万元，增长57.39%。单位运营成本控制在78.4元/千立方米，比预算单位运营成本89.16元/千立方米降低12.07%。应收账款实现100%的收回。重点建设项目投资控制率达到100%。做到重伤、死亡、火灾爆炸、直接经济损失30万元以上的工业事故和重大交通事故以及10万元以上的环境污染事故“六杜绝”。

天然气市场进一步扩大，其中老用户的用气量增长38%，衙门口加气母站全年累计加气1590万立方米，比上年增长了近1.7倍。

【2001 年重点工作】

1. 采取切实有力措施，千方百计确保向京、津等地安全供气

（1）不断强化生产调度管理。明确了主副岗调度的职责与分工，强化了生产调度的统一协调职能；借助模拟软件编制了管网气量调配和优化运行方案，并根据当日的输量和系统压力情况及时对方案进行调整；制定了事故应急预案，并通过加强理论与现场的培训，全面提高了生产调度人员处理突发事件的能力。（2）保证各压气站和地下储气库的安全运行。在健全制度、加强设备维护保养并制定应急预案的基础上，每季度还对其安全生产运行情况进行检查，平时进行了抽查，发现问题及时整改，使机组、设备的完好率达到 100%，确保了北京市高峰期的用气需求。（3）对相关设备进行改造。在工艺方面，先后完成了沿线清管站分离器排污系统、末站去加气站计量撬、自贡阀门排污嘴等项改造，同时对全线存在内漏情况的阀门进行了重点处理；在通信方面，先后完成了主站卫星系统和石景山站、大港分输站卫星系统的改造；在自控方面，先后完成了各 RTU 阀室、朔州站备用路由的加装调试，石景山站和大港首站自力式调压器的改造，以及全线 RMG 自力式调压器双过滤器的改装，从而确保了设备完好率均达到规定标准以上。（4）进一步搞好清管工作。清管工作首次采取了在正常输气条件下作业的方式，在各输气处的积极配合下，全年共进行了 42 段次的作业，清管里程达 4307 千米，清除粉尘 3326 千克，确保了管线的安全运行。（5）完善水工保护工程。根据近两年完善水保工程的经验，首先编制了《水工保护工程管理办法》，然后组织相关人员对全线水害情况进行了调查。在此基础上，组织设计院、各输气处及施工单位结合险工、险段的实际情况拟定了 139 处水保方案，并请当地的水保技术人员和国家有关水利专家再次进行了审查论证，最后由设计院出图。为了降低工程造价和确保施工质量，水保工程全部实行了招投标制和监理制。在施工过程中，严把质量关，对隐蔽工程还进行了重点监督。由于水保方案考虑周全，施工组织严密，施工措施落实，工程监理到位，2001 年的水保工程经受住了汛期考验。（6）认真抓好管道防汛工作。根据国家总的防汛部署和集团公司领导的批示精神，2000 年汛期过后就开始为 2001 年的防大汛做准备。由于各级领导高度重视，汛前准备充分，汛期防范严密，2001 年的汛期有汛无险，确保了管道的安全运行。

2. 以安全生产责任制为核心，重点加强了各项安全生产管理工作

（1）建立安全监督体系，落实各级安全生产责任制。2001 年初，根据股份公司安全管理工作的部署，首先健全了安全监督体系。公司设立了安全总监，各输气处、压气站、通州站和地下储气库设立了专职安全总监或安全监督，各计量站设立了兼职安全监督。在此基础上，重新确定了公司局、处两级领导干部要害部位承包点和承包人，领导干部检查到位率达到 100%。为了进一步落实各级安全生产责任制，公司上下层层签订了安全生产合同。与此同时，还与陕京管道各施工单位签订了安全施工协议，实行了安全作业风险抵押金制度，这一措施大大提高了安全生产的保障系数。（2）制定安全监督制度，加强现场的安全检查。首先制定了现场安全生产监督检查和安全生产监督汇报制度。在此基础上，配合股份公司并自行安排每季度对所属各单位的站场、线路、各专业和各种设备以及应急预案演练情况进行检查，发现安全隐患及时整改。（3）加强对施工现场的监管和重要设施的看护。由于措施得力，2001 年全线无论大小动火作业均实现了安全无事故。（4）对重点部位的安全设备进行了改造和维修。为了确保安全设备的完好率，对山西输气处基地、榆林压气站消防水系统进行了改造，对石景山站消防水池进行了维修，从而大大提高了安全设备的完好率。（5）进一步加强管道巡线工作。采取了聘用农民工巡线的办法，使偏僻山区、无人地段出现的问题都能得到及时发现，人口稠密区出现的违章建筑都能得到及时制止和排除，从而进一步确保了管线的安全。（6）组建陕京管道抢修中心。为了从根本上解决陕京管道的应急抢修问题，2001 年 7 月初，从各输气处抽调力量正式组建了陕京管道抢修中心。在完善原有抢修预案的基础上，对抢修人员进行了专项业务培训。另外，对原有抢修设备进行了维护保养，同时还新购了部分机具。通过培训和演练，抢修队伍的业务素质和应急抢修能力有了明显提高。

3. 从严管理企业，带动和促进各项基础管理工作上水平

（1）建立健全 QHSE 管理体系。在完善各项制度、标准和规范的基础上，重点加强了 QHSE 管理体系的建设，并要求于年内完成企业质量认证工作。为此，公司专门成立了贯标办公室，在各部门的大力配合下，首先编写完成了 QHSE 体系文件，并于 2001 年 9 月份开始狠抓了贯标工作。在深入学习贯彻 QHSE 体系文件的基础上，先后对这一体系的运

行情况进行了两次内审和管理评审，并进行了相关法律、法规文件的收集、危险源及环境因素的识别与评价，同时还加强了环境保护和职工的劳动防护管理。通过贯标工作，公司各项管理工作更加规范化和制度化。特别是在公司全体职工的共同努力下，2001 年底公司顺利通过了中国船级社的质量认证，取得了 ISO 9000 质量认证证书。（2）以节能降耗工作为重点，进一步完善能源管理体系。为了实现节能降耗，生产运行部把节能降耗工作作为重点，逐步完善了能源管理体系，建立健全了能源管理工作制度，初步制定了各类能耗。在此基础上，每季度对各输气处、站发生的气、水、电、油等项消耗进行统计分析，为节能降耗工作奠定了基础。（3）进一步加强各项基础管理工作。为了使管理标准实现条理化、数字化，对 56 项压气站管理规定和 44 项操作规程进行了修订完善，使管理标准覆盖率达到 100%；为了确保储气库的安全运行，根据生产实际先后编写完成了应急、采气、注气、井口、油气藏等 6 个方面的规范性文件；为了进一步加强对线路的管理，根据近几年的经验编制完成了线路、水工、埋深整治、巡线等规范性文件，同时还完成了防腐专业四个标准的编写工作；为了改变传统的物资供应管理方式，在全线库房管理中积极推行了信息管理系统，实现了数据远程传输、信息共享，为真正实现物资供应的动态管理奠定了基础。为了确保北京市公交车的加气需要，公司下属的汇园公司将衙门口加气母站的安全生产纳入公司 QHSE 体系进行管理。通过内审循环管理，解决了消防水管线连接、压缩机阀片消耗过快、进气计量管理、加气区与运行区分开、备品配件管理等问题，保证了压缩机的正常运行。（4）狠抓公司信息化建设。为了进一步加强公司的信息化管理，抽调人员成立了信息化小组，委托有关专业公司制定了公司信息化总体规划，并先后完成了与各输气处、压气站、地下储气库和大型计量站的计算机联网，建立了公司网站，实现了企业信息共享和办公自动化，同时还开通了个人电子邮件服务器，方便了办公和与外界的沟通。另外，供应部还积极与股份公司实现计算机联网，运用其电子商务平台为尽快实现网上物资采购做了大量准备工作。（5）继续深化了公司内部“三项制度”改革。在劳动管理方面，进一步规范了劳动合同管理。除及时办理劳动合同的签订、续签、终止和解聘等手续外，对合同即将到期的职工还加强了考评；在用工制度方面，积极推行了新的劳动用工制度。2001 年上半年，结合“五定”工作重新核定了所属三个输气处的岗位设置和人员编制。在分配制度方面，对各输气处原有的分配制度进行了适当调整，薪酬分配突出向“高技术”、“关键生产岗位”和“高级管理岗位”倾斜。另外，根据劳动力市场供求关系和市场价格对公司内部和各项目部中部分岗位的外聘和借聘人员的工资水平进行了调整，并实行了谈判工资制，较好地发挥了薪酬的激励作用。

4．以大张坨地下储气库扩建工程为重点，按期完成各项建设任务及收尾工程，同时配合板块公司承担了第二条陕京管道工程项目的部分前期准备工作

（1）以大张坨地下储气库扩建工程（板 876 气库）为重点，按期完成了各项建设任务及收尾工程。大张坨地下储气库扩建工程于 2001 年 8 月份全面开工，已先后完成地面设备交接、5 口注采井的钻井、集注站场整治、全部设备基础、站间集输管线及电力线的建设，按期达到注气条件；大张坨注气系统收尾工程于 2001 年 6 月 30 日完工并已开始注气；府谷、应县压气站、永京输气管线和朔州抢修中心等收尾工程已分别于 2001 年 6 月和 9 月完工并投入使用；北京输气处生产基地去年底前完成了竣工验收，目前已交付使用。所有这些工程均达到或超过了合同规定的质量要求。

（2）配合板块公司承担了第二条陕京管道工程项目的部分前期准备。为了满足京、津、冀 2005 年以后的用气需求，板块公司责成我公司协助做好第二条陕京管道的部分前期准备工作。为此，公司确定一名领导挂帅，专门成立了工作小组，并先后完成了《北京天然气集输公司“十五”期间天然气供需平衡建议方案》、《2001—2002 年华北地区天然气供需平衡及陕京复线建设建议方案》和《陕京复线建设建议方案》等编制工作，同时还参与了预可研的讨论。所有这些工作都为股份公司确定项目的投产时间、路由方案和融资方式提供了参考。

5．配合完成了陕京管道的竣工验收和中间压气站、储气库配套管线的竣工决算审计

（1）按期完成了陕京管道竣工验收工作。陕京管道的竣工验收是公司 2001 年初确定的一项重点工作，要求年底前完成。经过共同努力和有关专家的评审，2001 年 10 月份顺利完成了工程的初步验收。工作组的同志再接再厉，又经过 3 个多月的精心准备，通过了国家级最终验收。

（2）配合完成了中间压气站和大张坨地下储气库配套管线的竣工决算审计。为了满足陕京管道竣工验收的需要，根据股份公司审计部的安排，2001 年 10 月下旬

以来，公司配合集团公司审计中心和廊坊金城会计师事务所两家受委托单位，分别完成了陕京管道中间压气站和大张坨地下储气库配套管线的竣工决算审计。虽本次审计覆盖面较大，但审减率仅为0.34%。

（邓迪群）

中国石油天然气股份有限公司西气东输管道分公司

【概述】　中国石油天然气股份有限公司西气东输管道公司是中国石油股份公司直属地区性公司，主要负责完成西气东输工程项目的前期工作、招投标组织及工程建设管理、天然气市场开发和管道投产后的运营等工作。2001年，公司全体员工以高度的责任感和使命感，以饱满的工作热情和艰苦细致的工作，开拓进取，奋力拼搏，取得了优异成绩：按期完成并上报项目可行性研究报告，国家计委正式批复；招商工作取得实质性进展，与外商达成阶段性重要协议；线路优化成效显著，线路长度比预可研缩短近200多千米；钢材生产、钢管制造在国产化方面实现重大突破，国内X70管线钢和大口径螺旋管实现批量生产，填补了国内X70钢生产和制管的空白；五个试验段按期展开，长江、黄河穿越等控制性工程开始施工，淮河定向钻穿越一次成功，在西部试验段应用全自动焊接工艺和全自动超声波检测技术，管道施工达到新的水平；23项专题研究取得阶段性成果，长江通过方案等16项技术专题通过有关部门组织的专家评审验收，圆满完成了地震安全评价等五项课题的评价、评估；市场开发获得重要进展，与45家天然气用户签订了供用气意向书，2006年意向用气量超过120亿立方米。

【与国际惯例接轨】　技术标准方面，在与API国际标准接轨的基础上，结合西气东输工程特点，完成了19项技术标准的制订，标准水平达到或超过了国际同行业标准。项目管理方面，实现了“五制”即：项目法人责任制、招投标制、合同制、监理制和监督审计制。施工工艺方面，大力推广采用半自动焊和全自动焊施工技术，使管道施工水平发生了质的飞跃。质量安全方面，围绕建成国优工程的目标，强化设计、采办、操作三个环节的控制，逐步建立从业主到承包商的HSE管理体系，强化以人为本、回报社会的HSE管理理念，完善管理手册并在工程管理上全面贯彻实施。

【技术设计】　线路优化方面，以市场为导向，将现场实地踏勘与应用卫星遥感技术相结合，实现了路由的进一步优化；管径比选方面，坚持实事求是的科学态度，借鉴国际经验，充分论证，反复比选，管径由1118毫米优化为1016毫米；管材选择方面，成功地在涩宁兰管道进行了国内首次X70钢应用全过程试验，组织了管线延性断裂及止裂国际研讨会，解决了关键性技术难题，节省了几千万元的实验费用。初步设计方面，通过组织专家和有关部门反复研究论证，系统配置压比由1.25优化为1.45，压缩机站从18座减少到10座，使站场固定资产投资比预可研减少12亿元。初步设计（A）版已经完成，施工图设计完成70%。

【施工准备】　施工装备方面，针对国内施工队伍缺乏管径1016毫米管线施工经验、施工技术装备不适应的现状，广泛联系国内外施工企业和设备、材料生产厂家，结合工程特点，组织线路踏勘和研究方案，为各施工企业备战西气东输、提前做好施工投标工作创造了条件；焊评试验方面，制订了52个焊接工艺规程，确定了52种焊接工艺措施，并组织完成了1253人次的焊工考试取证工作；征地工作取得30多平方千米先行用地的审批，在一定程度上缓解了施工用地紧张的矛盾；施工管理方面，通过招标完成了监理总部和各监理分部的组建，公司设立了新疆、苏浙沪、陕晋、豫皖四个地区管理处，经过试验段的磨合，施工管理体系逐步得到了完善。

【物资供应】　在时间紧、任务十分艰巨的情况下，物资采办工作抢时间、赶进度，完成直缝管、卷板等12个采购项目招标，签订合同金额约13.7亿元，现场供应各类钢管101千米，按期完成了试验段所需工程材料的准备。在采办工作中，坚持“四个严格”，即严格承包商资格审查，严格按国家法规进行招标，严格执行驻厂监造制度，严格履行验收标准和程序。首批采购的16.3万吨钢管比前期平均市场价格降低约1434元/吨，完成的采购物资实际采购成本与前期市场价相比，节约采购资金4亿多元。

【对外招商】 西气东输工程对外招商是党中央、国务院的重大战略决策。参加谈判的领导和工作人员以辛勤的汗水、智慧和毅力，经过近7个月的招商前期准备和半年艰苦谈判，与壳牌、俄罗斯天然气股份公司、埃克森美孚等组成的国外投资集团达成阶段性重要协议。在合作期限、合作投资比例等一些重大问题上达成了共识。实行中外合作，世界级大公司的加入，使西气东输引起国际上更加广泛的关注。

【市场开发】 为切实搞好天然气市场开发，公司围绕长江三角洲地区，重点加强了上海、江苏、浙江、安徽、河南的市场开发工作。在国内天然气开发、利用没有成熟经验可借鉴的情况下，树立为用户服务的思想，不怕困难，迎难而上。通过富有成效的工作，消除了下游用户对天然气资源和管道运输安全的担心，让用户对技术方案有了清楚的认识和了解。通过供需双方共同学习研究国外天然气运行规则，加深理解“照付不议”合同内容，使双方对天然气运营的认识进一步提高，为签订照付不议合同奠定了基础。2月底，与45家天然气用户签订了供用气意向书。统一规划建设23条支线，落实规划方案，初步构成了天然气管道运输网络，前景令人鼓舞。

【资金与合同管理】 财务管理方面，以强化投资控制、规范财务管理为重点，加大监督和审查力度，严格程序，规范操作，完成投资12.87亿元，无一出现违纪违规行为。合同管理方面，为有效控制投资，所有项目全部采取合同管理，并严格合同审查，签订合同213项，标的额为28亿元，与当期市场价格相比，工程投资和采办资金显著降低，并且无一发生合同纠纷。资金管理方面，严格资金预算制度和费用开支审批制度，采取各种办法，有效控制项目管理费用。计划管理方面，实施年度计划、季度计划、月度计划环环相扣的管理制度，实现了项目管理的有效运行。审计监察方面，逐步建立了项目管理全过程全方位监督机制和约束机制，关口前移，防患于未然，收到显著效果。

（总经理办公室）

中国联合石油有限责任公司

【概述】 中国联合石油有限责任公司（简称中联油）成立于1993年1月8日，1998年，随着国家石油体制重大改革，中联油成为中国石油天然气集团公司的控股专业外贸公司，1999年，中国石油天然气集团公司重组，中联油成为中国石油天然气股份有限公司（以下简称中国石油）的控股专业外贸公司，具有原油、成品油进出口经营资格和境外期货贸易经营资格。主要职责是归口管理和经营中国石油的原油、成品油、石化产品和技术装备的国际贸易业务。公司总部设有9个职能部室，即：总裁办公室（党委办公室）、人事劳资部、财务计划部、风险控制部、原油部、成品油部、石化产品部、技术装备部；下设15家分支机构，其中：国内8家，即：大连公司、青岛公司、上海公司、大庆公司、锦西公司、抚顺公司、西北公司、锦州公司；海外7家，即：香港公司、新加坡公司、美国公司、日本公司、哈萨克斯坦公司、莫斯科办事处、伊拉克办事处。

【经营指标完成情况】 2001年公司经营成效显著，股东权益保持了连续3年增长30%以上的优异业绩。实现经营额313亿元，公司境内外实现利润较2000年同期增长24%。利润构成中46%来自石油系统外的业务收入，比2000年同期的30%增长了16个百分点；按业务区域划分，利润的44%来自境外国际贸易的收入（非进出口贸易收入）。反映出公司参与国际市场的程度有了进一步的提高，市场开拓能力和盈利能力得到了进一步增强。

从实物工作量看，2001年完成原油贸易量1520万吨，成品油贸易量602万吨，石化产品出口4万吨，技术装备进出口完成4500万美元，租船运输量实现1005万吨。

【主要工作】

1.编制“十五”发展规划，确立公司发展方向

在规划的编制中，公司详细地分析了国内外市场的变化趋势，自身发展的优劣势，发展的市场空间及效益的潜在增长点，从而确定出原油、成品油、石化产品、技术装备四个主营业务和其未来发展规模，并

据此确定了各分支机构的核心业务。公司的产品就是服务。要提高服务质量，就要在改善服务手段、提高服务水平上下功夫，公司总结了以往经营中的不足，提出了在“十五”期间完善海外营销网络建设的目标。

2. 突出主营业务经营，经营实力有较大增长

(1) 原油业务运作水平在逆境中稳步增长。

原油业务是公司的支柱单元，在获得境外期货经营资格后，原油业务从单纯的进出口发展到进出口、转口、加工、境外期货多种形式，并取得了丰硕成果。一年来，公司精心组织中国石油天然气集团公司海外分成原油的运作，与海外油田签订风险买断协议，最大限度地保证海外油田的收益，全年代销了全部海外分成的苏丹原油，并在日本、台湾进行了原油代料加工。原油业务单元实现利润较 2000 年同期增长 14%，人员素质也有较大提高，培养和造就了一批熟悉国际市场、敢于与国际知名贸易公司竞争的业务骨干。

(2) 从代理到自营，成品油业务日趋成熟。

2001 年开始，国家放开了燃料油的进口经营权，国内汽、柴油的批发环节的利润大幅减少，在这种情况下，公司及时调整市场经营策略，针对大量进口燃料油的市场机遇及国内成品油市场低迷的情况，确定了三项工作重点，即：开拓燃料油市场，开拓汽油出口市场，巩固和发展航煤、蜡油等产品的进口业务。2001 年实现一般贸易项下的汽油出口 210 万吨，比 2000 年同期增长 60%，燃料油的进口自营业务实现了规模经营。同时，为了配合中国石油西部原油、成品油资源的整体配置，实现“走西口”、开发中亚市场的战略目标，公司积极组织西部炼化企业开展了来料加工业务，目前，西部出口的 91 号、93 号高标号汽油已成功进入哈萨克斯坦等中亚国家市场。东部汽油以扩大直接用户的销售比例为目标，先后开发了印尼、越南、印度、朝鲜等国家的直接用户。并在国内开辟了抚顺公司汽油出口业务新的基地，降低了经营成本，提高了出口收益。

(3) 推动石化产品的统一出口，创造新的业务增长点。

石化产品单元是公司新增业务单元，发展较快。一年来，公司积极组织石化产品出口，石蜡、石油焦等十大类化工产品已销往美国、欧洲、东南亚等 64 个国家和地区，提高了中国石油的品牌形象，为生产企业开拓了市场。为增进中国石油石蜡生产、销售企业与国际用户间的交流与合作，扩大石蜡出口，公司还主办了“2001 中国石油石蜡会议”，来自美、德、日、意等 14 个国家和地区的石蜡生产商和贸易商及国内有关部门和生产企业的代表出席了会议，会议对石蜡发展、生产技术及应用、国际石蜡市场及其他共同关心的话题进行了交流和讨论，为未来加强合作，扩大石蜡出口奠定了基础。

此外，各分支机构在开拓市场，开发新品种上下功夫，青岛、锦西、大庆、大连等分支机构先后开辟烷基苯、化工染料、石油焦、基础油等产品的出口，一年中，大连中联油被辽宁省评为出口明星企业，抚顺、大庆、西北公司也被地方省市评为出口先进企业。

(4) 技术装备进出口业务实现了大幅上升。

为落实专业服务，加强管理的职能，2001 年 8 月，中联油公司设立了技术装备部，承担了中国石油大庆石化分公司 KBC 引进项目、中国石油锦西石化分公司重整项目和中国石油抚顺石化分公司脱氢脱蜡技术引进项目的商务谈判工作，为公司进一步扩大技术装备的引进打下了良好的基础。全年技术装备进口额达到 4500 万美元，较 2000 年增长 150%。

3. 理顺管理流程，实现管理创新

(1) 通过 ISO 9001 国际标准认证。

2001 年，公司开展了 ISO 9001 质量管理体系认证工作。制定了符合公司实际的质量管理体系文件，按照认证标准要求重新修订了岗位职责，规范了管理流程和业务流程，明确了质量监控点，确保了业务运作质量。2001 年 12 月，公司正式通过了中国进出口商品质量认证中心北京评审中心的审核，取得了 ISO 9001 质量管理体系的认证，使公司的管理水平迈上了新的台阶。

(2) 在全系统内实施了业绩合同管理。

2001 年初，公司领导与各业务部门和各分支机构的负责人签订了年度业绩合同，为确保业绩合同中各项指标的完成，各单位采取有效措施，严格控制经营成本，将费用指标分解核算到人，同时，公司加大了监督管理职能。主要措施有：

①建立了月度报告分析和季度进行经营效果分析制度，使业绩观念、成本观念、人员总量控制等指标深入人心，经理人员有明确的经营目标。②加强了对境内外各分支机构的内部审计和领导班子考核工作，确保了有效经营。③在全公司系统内开展了人力资源状况问卷调查，为今后人力资源的优化配置提供了基础资料。同时，加大员工培训，抓好持证上岗工作，全年员工培训率达到 100%，外销员考试合格率为 53%，会计人员考试通过率为 100%。

(3) 加强人力资源管理，建立考评机制，择优上岗。

2001年，在全公司范围内实行了全员劳动合同制，对公司中层干部和员工进行了评议考核，实行择优上岗，末位淘汰。此外，公司严把进人关，建立了业务考试、外语考试和心理测试等多种招聘手段，保持了人员素质的不断提高。

(4) 加强合同管理，搞好风险控制。

2001年，在公司的各项业务运作中坚持从合同会签到执行的全过程管理，加强了客户资信调查，并结合业务特点聘请了境内外知名律师事务所担任法律顾问，大宗进出口业务都执行了公司制定的标准合同，对业务运作中容易发生风险的环节开展了保险业务。全系统签订各类合同4133个（不包括海外），全年运作资金达313亿元人民币，由于加强了风险管理，没有发生一笔坏账和拖欠款，实现了业务的有效运作。

4. 强化以财务管理为中心，提高业务运作的质量

2001年，公司进一步加大了财务管理力度，完善了财务核算体系，实现了境内各分支机构使用统一的财务软件，提高了财务核算水平。

2001年是公司在全系统范围内大力推行资金统一运作的一年，总部财务部充分发挥公司整体优势，统一运作资金，取得了显著成效，总部将境内10亿元人民币的综合授信额度和海外3亿美元的额度和优惠条件在全范围内统一调配使用。尽管去年新开发品种多，且经营规模达313亿元，但由于实现了资金的统一运作、统一融资，全年共减少利息支出1277万元。截至年底，公司总部贷款为零。同时争取合作银行支持，努力争取费率和利率的优惠，全年汇兑收益和收回退税及贴息款共计6818万元，节约税费支出1900余万元，使有限的资金得到了充分的利用。

5. 加强精神文明建设，党、团、工会工作取得新成果

一年来，公司党委始终围绕公司中心工作开展党风廉政建设和企业文化建设工作。按照中国石油直属机关党委的统一部署，在公司领导班子中开展了“三讲”学习教育活动，促进了班子成员理论水平和工作能力的全面提高。党委抓好党员的理论学习，加强党员先进性教育，注重在青年知识分子和业务骨干中发展党员。一年来，公司共发展和转正了一批新党员，加强了党的组织建设，没有发生党员干部违纪违法现象。2001年3月，在公司全系统内开展了“专题合理化建议月”活动，全体员工积极参与，为公司发展献计献策，收到了良好的效果。工会还组织员工参加植树、郊游活动，并举办各种体育比赛，组织了向贵州贫困地区捐献活动，扩大了公司的影响。

目前，“诚信、进取”的企业文化已成为公司员工的自觉行动，连续三年的稳健、高速发展极大地鼓舞了广大员工的斗志，我们有决心有信心将公司建成国内领先、国际一流的石油贸易公司，给股东最优的回报。

（中联油总裁办公室）

中国石油勘探开发研究院

【概述】 2001年是“十五”计划的第一年，是集团公司全面推进企业改革与发展、股份公司保持强势发展的关键年，也是院全面落实新定位和新职责，实现跨越式发展的关键年。院继续贯彻“以提高集团公司和股份公司的整体经济效益为中心，以科技创新和人才发展为根本”的指导思想，按照院党委年初制定的工作思路，以提升综合实力、实现持续发展为目标，以落实新定位和新职责为主线，在集团公司和股份公司的领导下，在全体干部职工的共同努力下，各项工作均取得了新的业绩，为进一步提升院在股份公司战略决策中的地位与作用以及在各油田公司的影响力开了一个好头，为全面完成院“十五”发展目标奠定了扎实的基础。

一年来，院的科研工作贯彻执行了年初确立的“贯彻‘三个坚持’、做到‘三个统一’、真正实现‘三个见实效’”的总体思路，即坚持战略决策和规划部署研究，做到近中期目标与长远规划的统一，力争在股份公司的上游主体投资优化和战略决策中见到实效；坚持面向主战场，加强生产研究，做到技术攻关与解决重点地区勘探开发急需的统一，力争在股份公司的增储上产中见到实效；坚持加强应用基础理论研究和前沿技术攻关，做到研究方向与股份公司未来发

展需求的统一，力争在理论创新和技术研发上见到实效。一年来，院的科研工作在“四抓”的基础上，基本实现了“四个提速”，出现了“四个强势发展”，即认真抓好战略决策参谋部地位与作用的发挥，队伍建设、实施效果和影响力全面提速，决策建议的层次与水平出现强势发展；认真抓好重点地区技术支持与服务的组织力度，服务生产的针对性和时效性大幅度提速，建议和方案的采纳率以及在相关油田公司的作用出现强势发展；认真抓好有重大应用前景的应用基础理论研究、前沿技术攻关和综合配套技术研究应用的组织和投入，成果的质量和水平全面提速，理论和技术积累的应用价值出现强势发展；认真抓好海外、信息化与标准化和公益性研究的组织和管理，成果的水平和应用效果全面提速，技术支撑与服务能力出现强势发展。

一年来，院的人才培养、改革与管理工作按照“立足全院、服务科研”的工作思路，以深化改革、加强管理为动力，转变观念，积极开拓，在以往工作的基础上，乘势而上，顺势推进，出现了“三个新局面”，即积极贯彻人才为本的发展战略，高层次人才的培养出现了新的局面；继续深化改革，确立了与股份公司新的运行机制相适应的管理体制，改革与发展势头良好，出现了新的局面；进一步加大管理力度，服务意识和管理水平有了明显增强，出现了新的局面。

一年来，院党的建设与思想政治工作坚持以邓小平理论为指导，以“三个代表”重要思想为指针，积极贯彻落实江泽民总书记“七五”重要讲话和十五届六中全会精神，以开展“三讲”学习教育活动和纪念建党80周年为契机，加强党的领导，进一步改进思想政治工作，两个文明建设和干部职工的精神面貌取得了“双丰收”，为院的改革与发展和各项工作的顺利开展提供了强有力的思想动力和政治保障。

【2001年的各项工作及科研成果】

一、落实新定位和新职责，充分发挥“一部三中心”的作用

股份公司下发文件，明确了院的定位和职责，即股份公司上游综合性研究机构和公司战略决策的参谋部、油气勘探与开发生产的高新技术支持中心、技术服务中心和高水平人才培养中心，简称“一部三中心”，肩负着为股份公司上游发展提供战略决策与规划部署建议、为公司通用与重大技术的研发、集成提供支持和保障、为勘探开发生产的重点地区提供技术服务、为公司培养高水平人才的重要职责。

1．开展战略规划研究，努力提升决策参谋部的地位和作用

2001年，院按照高层次、高水平的要求，进一步充实了规划研究队伍，加大了工作力度，圆满地完成了股份公司勘探开发年度计划及中长期规划、五年滚动勘探开发计划、原油业务发展计划、海外发展战略、科技发展战略等多项规划编制与战略研究任务以及重点探区目标优选、重大油气田开发方案编制等一系列工作，决策建议的层次和水平有了明显提高，参谋部的作用更加突出，实施效果更加明显。由地质所完成的“重点勘探项目目标评价优选跟踪分析研究及年度计划编制”、“东部油区油气富集规律与战略方向研究”、“股份公司油气勘探中长期规划发展战略研究”，由地物所完成的“股份公司2001—2003年物探技术发展规划”，由开发所、采油所、热采所、采收率所完成的“股份公司原油生产、采油工艺‘十五’规划及中长期规划编制”，由开发所完成的“股份公司原油业务发展计划编制价值评估模型”、“未动用储量动用战略研究”，由科研处完成的“‘十五’科技发展战略研究与中长期规划编制”等项目均在2001年和2002年股份公司相关领域的决策落实中被不同程度地采纳使用，有些已经下发执行，见到了明显的实效，得到了股份公司领导的充分肯定和高度评价。

在股份公司勘探年会上，院做了“中油股份公司勘探形势分析与重点勘探领域和目标优选”、“以效益为中心，努力寻找大气田”两个主题报告，对全国各油气田的重点勘探区带目标和领域进行了优选排队，实行末位淘汰，提出了2002年勘探投资优化和重点区带与目标选择的意见，得到了股份公司和各油田公司领导的认可，研究成果已经在勘探与生产分公司2002年的投资安排中被采纳使用。在股份公司开发技术座谈会上，院做了“油田开发形势分析与技术对策”、“天然气开发形势与技术发展”、“发展采油工程技术，提高油田开采效益”三个专题报告，股份公司领导给予了充分肯定和高度评价。会上，黄炎总裁、刘宝和副总裁做出重要指示：为了更好地发挥研究院参谋部的作用，从2002年开始，研究院要面向各油田公司，承担重点油气田的年度勘探开发方案部署研究和中长期勘探开发规划研究，及时协助有关生产部门解决所遇到的科技和决策问题。2003年股份公司的勘探开发部署方案优化工作要先由研究院进行初审，最后由勘探与生产分公司决策落实。

总之，围绕着股份公司上游发展的战略决策和规划部署，院在队伍建设、作用发挥、实施效果三方面

均取得了很大的成绩，为今后更好地发挥决策参谋部的作用开了一个好头。

2. 围绕油气勘探开发生产和重点地区，充分发挥好“三个中心”的作用

作为股份公司的高新技术支持与服务中心，院紧紧围绕股份公司增储上产的需求，充分发挥科技增效的作用，加大了面向油田、服务生产的力度，努力为股份公司降低成本、提高效益服务。一年来，在吉林、大庆、塔里木、玉门、渤海湾滩海、大港和青海等重点地区的勘探开发生产中加大了参与和服务的力度，成果的数量和水平均有大幅度提高，取得了很好的应用效果，使院在油田公司进一步树立了良好形象，扩大了影响力，技术支持与技术服务中心的地位和作用得到进一步提高。

由地物所完成的“松辽南部英台地区三维地震精细解释与目标评价”提交6口井位，全部被采纳，目前已钻5口井，全部获得较高的工业油流；由地质所、地物所完成的“渤海湾滩海石油预探区带与目标评价—滩海燕南潜山带目标评价及井位优选”与油田一起确定了首批上钻井位，燕南1井的钻探在上第三系发现良好油气显示，展示了良好的勘探前景；由地质所、地物所完成的“松辽盆地南部黑帝庙次凹资源潜力、成藏条件与目标优选”部署了黑93井，经钻探，见到了8.6m油层，证实黑帝庙次凹是一个具有良好勘探前景的找油新领域；由地物所完成的“塔里木盆地轮南地区油气聚集条件及勘探目标预测”优选了8个有利勘探目标，油田已从中采纳了4口井进行部署实施，其中一口井目前油气显示良好；由开发所等完成的“玉门青西柳沟庄裂缝型油田开发方案研究”编制了开发方案，油田根据此方案部署了11口井，现有4口井获得单井100吨/日以上的高产油流；由开发所、开发软件中心等完成的“大港千米桥凝析气藏开采方案研究”重新核算了储量，编制了开发方案，提出了井位部署意见，目前正在实施，初步效果很好；由开发所等完成的“吉林大情字井油田油藏工程地质开发方案研究”编制了总体开发方案，已通过股份公司的方案审查；由开发所、采油所、塔里木分院完成的“克拉2大型异常高压气田气藏地质及气藏工程方案研究”完成了开发方案，为“西气东输”工程的实施奠定了基础；由钻井所完成的“复杂深井快速钻井完井配套技术研究”的成果在玉门和青海油田进行了成功的应用，提高了钻井效率，降低了钻井成本；在渤海湾、大庆、四川、吉林等重点地区开展的大位移井钻井技术、欠平衡钻井技术、套管错断井修复投产技术、波纹管堵漏技术以及深部调剖技术，应用效果良好，取得了比较显著的经济效益。

作为股份公司的高水平人才培养中心，一年来，院进一步加大了面向油田的技术培训工作力度，取得了长足的进步。培训中心全年主办油田培训班8期，培训420人次，培训质量有了较大提高。其中，“三次采油技术”培训班的学员人数达到了94人，取得了显著效果，得到了股份公司和油田的高度评价。

同时，为了更好地发挥“三个中心”的作用，院坚持面向主战场，加强与油田的合作，多次赴油田公司和重点地区协商合作事宜，进一步扩大了院在油田公司的作用和影响力。

为了更好地为长庆油田的增储上产提供技术支持，院领导赴长庆油田分公司协商有关合作事宜。11月16日，股份公司下发文件，同意组建“中国石油勘探开发研究院鄂尔多斯分院”。分院将主要承担勘探与生产分公司下达的有关鄂尔多斯盆地的研究任务以及长庆油田分公司委托的项目。

院紧密结合工程技术领域的迫切需求，多次深入油田了解情况，积极和勘探与生产分公司的领导、专家进行探讨，认真分析制约勘探开发生产发展的工程技术难点，协商成立工程监督中心的有关事宜。12月10日，股份公司下发文件，同意在院组建“中国石油天然气股份有限公司勘探与生产工程监督中心”。监督中心主要为股份公司的勘探生产工程提供技术支持，协助做好有关技术规程、规范和企业标准的制订与宣贯工作以及工程监督人员的日常管理及培训工作，并向重点工程项目选派工程监督人员，负责对现场工作进行监察、考核。

二、坚持抓好有需求市场的理论与技术积累，取得一批质量较高的成果

1. 科研工作进展顺利，按计划全面完成科研任务

2001年，院承担了科研课题155项，其中，股份公司科技信息部课题32项，勘探与生产分公司课题105项，国家、集团公司课题18项。课题总数、战略决策与规划部署研究课题及生产性课题的数量均有不同程度的增长。

根据股份公司的课题中评估、课题验收以及院内组织的年终科研检查考评的结果，所有科研课题均按专项合同或年度计划完成了任务，相当一部分课题在理论与技术的创新性和成果的现场应用方面取得了明显进步，为有效解决油田生产的实际问题发挥了重要作用。

（1）获得23项科技成果奖励。

由地物所完成的“测井解释工作站系统”获得国家级科技进步二等奖，另有11项成果获得集团公司技术创新奖，其中特等奖1项，一等奖3项，二等奖7项，它们是：

①苏里格特大型气田的发现及综合勘探技术

特等奖，廊坊分院、地质所

②中国东部深层石油地质综合研究与目标评价

一等奖，地质所

③储层露头精细描述与应用研究

一等奖，开发所

④委内瑞拉CARACOLES复杂老油田挖潜开采技术研究

一等奖，海外中心

⑤煤层气勘探技术研究与实验

二等奖，廊坊分院

⑥中国未成熟—低成熟石油的成因机制、成藏条件和资源预测

二等奖，实验中心

⑦青藏高原石油地质综合评价与勘探目标研究

二等奖，遥感所

⑧新盆地、新地层、新领域研究和科学探索井选择与实践

二等奖，地质所

⑨（CPSZ5型）深井超深井钻机盘式刹车装置

二等奖，机械所

⑩高陡构造防斜打快技术研究与应用

二等奖，钻井所

⑪OFA—1型石油荧光分析仪

二等奖，标准化所

同时，院还获得北京市科技进步一等奖3项、二等奖5项、三等奖3项。

（2）评选出院科技进步奖25项。

经过严格认真的筛选和评比，全院（北京总院）共评出2000—2001年度院科技进步奖25项，它们是：

勘探方面共10项：

①陆上主要含油气盆地石油地质理论新进展及中油股份公司未来勘探重点领域评价，地质所

②塔里木盆地油气地质与大油气田勘探方向，地质所

③板块构造演化与含油气盆地形成和评价，地质所

④大庆北部深层火山岩气藏识别与预测技术，地物所

⑤塔里木盆地油气源与成藏研究，实验中心

⑥地震资料处理新技术研究，地物所

⑦黄土源地区油气遥感信息综合应用，遥感所

⑧中国北方侏罗系划分、对比研究，实验中心

⑨吉林油田大情字井储层预测及综合研究，地物所

⑩川西观音寺三维地震储层预测研究，地物所

开发方面共11项：

⑪低渗透油田高效开发技术，开发所

⑫大庆油田复合驱用磺酸盐表面活性剂国产化研究，油化所、采收率所

⑬三维油藏物理模拟的饱和度测量技术研究，采收率所

⑭Intercampo油田地震地质研究，海外中心

⑮油藏数字模拟软件系列及应用，开发软件中心

⑯注水井深部调剖技术，采油所

⑰股份公司原油生产、采油工艺、热采“十五”规划及中长期规划，开发所、采油所、采收率所、热采所

⑱稠油、超稠油蒸汽吞吐蒸汽驱开采宏观决策及新方法应用基础研究，热采所

⑲克拉2大型气田异常高压气田气藏地质及气藏工程方法，开发所

⑳油田开发应用基础实验研究，采收率所

㉑中国石油勘探与生产经营策略研究，开发所

工程方面共3项：

㉒科学探索井钻井技术，钻井所、机械所

㉓DQ—20Y钻修两用顶部驱动装置，机械所

㉔钻井液用复合金属两性离子聚合物，油化所

科技发展规划方面1项：

㉕中国石油天然气集团公司“十五”科技发展计划，科研处等

（3）专利申请、论文发表及专著出版创出历史最高水平。

一年来，院十分注重营造技术创新与知识产权保护的良好氛围，进一步加大了对专利发明的奖励和宣传力度。2001年院获得发明专利3项、实用新型专利14项，申请专利14项，均创历史最高水平。

2001年院在国内外刊物或国际会议上发表论文345篇，其中在国际刊物上发表36篇，出版专著15部，充分反映了院的学术影响力和综合科技实力在逐年提高。

专家室的老专家们不辞辛苦，努力工作，不仅参加了集团公司、股份公司有关发展战略研究和部分重大科研项目攻关，而且还积极为院的发展定向把关，

献计献策，为院主要科研项目成果的取得做出了令人尊敬的贡献。

2. 围绕股份公司主业发展需要，开展科技攻关，取得明显成效

（1）前沿技术研究取得丰硕成果。

一年来，院科研工作紧紧围绕集团公司和股份公司勘探开发生产中的关键性技术难题，积极开展前沿技术攻关，在陆相层序地层学研究、前陆盆地断层相关褶皱理论与几何学研究、含油气系统模拟与评价、地震资料处理解释与储层反演技术、高精度遥感物化探综合评价技术、精细油藏描述技术、聚合物驱油技术等方面均取得了一批高水平的研究成果。

由地质所完成的“陆相坳陷盆地层序地层学技术方法研究”将层序地层学理论与三维地震解释技术紧密结合，初步建立了一套陆相层序地层学研究的新方法；由地质所完成的“前陆盆地断层相关褶皱理论与几何学研究”以准噶尔盆地南缘为解剖对象，在模式建立、指导提高地震资料处理解释精度方面均取得了突破性进展；由遥感所完成的“高精度遥感物化探油气勘探集成技术研究”建立完善了多源遥感数据与物化探数据综合分析评价的新方法；由实验中心完成的“含油气盆地有效烃源岩评价标准”提出了海相碳酸盐岩的有效烃源岩评价方法和标准；由地物所完成的“四维三分量地震储层表征技术方法研究”在国内首次提出地震动态油藏描述的概念，完成了基于叠后地震资料的互均化处理，提高了剩余油分布的预测精度；由采油所完成的“取套井、大裸眼井井壁岩石应力分析及深部取套管柱受力分析研究”建立了取套井、大裸眼井的井壁力学稳定分析方法、分析模型及分析软件系统，在大庆油田取得了良好的应用效果；由采油所完成的“港东污水配制聚合物现场试验—污水配制聚合物室内评价及新型聚合物研究”采用类梳形结构设计新型聚合物来解决污水配制用聚合物的抗盐问题，已申请发明专利，部分研究成果已在大庆、大港等油田进行了工业化应用；由油化所完成的“复合驱用磺酸盐表面活性剂的研究”确定了磺化合成的最佳条件，进行了烷基苯磺酸盐主剂合成，研制出了适合于低碱条件的表面活性剂主剂产品：由油化所完成的“新型抗盐聚合物及抗盐机理研究”成功地研制出新型抗温抗盐聚合物，并已通过工业化中试研究，产品性能良好；由采油所完成的“预交联本体弱凝胶体系深部流体转向技术研究”筛选了多种有机和无机交联剂体系，确定了适合于预交联本体弱凝胶的铝体系和复合树脂交联体系；由采收率完成的“复合可动凝胶调驱技术研究”研制出了新型交联剂，凝胶体系具有聚合物用量低、成胶时间易控、成胶能力强、成胶 pH 值范围宽等优越性；由机械所完成的“连续加砂装置的研制与结构试验”研制的连续输砂车填补了国内空白，预计比进口国外同类型的设备节约资金 60%。

（2）应用基础理论研究和重点实验室建设取得重要进展。

一年来，院以国家 973 项目和集团公司重点实验室为窗口，进一步加大了有市场需求的应用基础理论研究的组织管理力度，强化了原创性成果的培育，取得了一批有重大应用前景的成果，为增强院持续发展的能力做出了新的贡献。

有开发所、采收率所、采油所、开发软件中心、油化所、地物所参加的 973 项目“大幅度提高石油采收率的基础研究”进展良好，在国家科技部组织的专家中期评估中，该项目位居 34 个项目的前两名，得到了科技部的高度评价。在该项目中，分工设计合成的烷基苯磺酸盐已经进行了中试，聚合物研制创造性地提出了聚合物增粘的新机理并合成出耐温抗盐的新型聚合物；油藏精细描述研究朝着“厘米级×10 米级”的预期目标前进了一大步；物理模拟研究研制出了能够测量三维油藏物理模拟饱和度的探针，填补了国内外这一领域的空白。

973 项目“高效天然气藏形成与低效和凝析气藏经济开发研究”瞄准加速我国天然气工业发展节奏、有效缓解原油短缺给国家安全造成的巨大压力等重大需求，抓住大规模增加储量和大幅度提高产量两个关键所在，选择高效天然气藏形成、分布与低效气藏经济开发相关的理论作为研究重点，力求在理论认识和配套技术上有新的突破，培育新的理论技术增长点。

重点实验室一年来，研究工作又取得了一些重要进展，其中，“含油气盆地有效烃源岩评价标准研究”、“中国典型叠合盆地碳酸盐岩储层形成机理与预测”、“油田开发应用基础实验研究”、“井下无线短传实验样机下井实验”、“压裂开发技术与实现特低渗未动用石油储量经济开采研究”等都是在理论认识和方法技术上具有创新性的研究成果。

（3）加强综合配套技术研究，为股份公司做好技术支持与生产服务。

一年来，院在做好前沿技术攻关和应用基础理论创新的同时，继续贯彻集成战略，鼓励优化资源配置，进一步加强综合配套技术的研发与应用，在为油田的生产服务中取得了良好成效。

院综合运用地质、构造、沉积、储层、生油等多学科研究方法以及三维地震精细解释、叠前深度偏移成像、人机连作全三维解释、储层预测、烃类检测、数值模拟等多项先进技术，形成了勘探目标评价综合配套技术，在松辽盆地南部英台地区目标评价与优选、渤海湾滩海预探区带与重点目标优选、塔里木盆地轮南地区勘探目标预测等研究中取得了很好的实施效果，优选的十余口井位多数被油田采纳，并获得重要发现，进一步提高了院在相关油田的声誉和影响力。

院综合运用开发地质、储层地质、渗流力学、油藏工程等多学科研究方法以及裂缝识别、储层预测、精细油藏描述、数值模拟、经济评价等多项先进技术，形成了特殊类型油气藏开发配套技术，在裂缝型油田开发方案配套研究、低渗透油田油藏工程地质开发方案配套研究、凝析气藏开采方案配套研究、异常高压气田气藏地质及气藏工程方案配套研究等方面取得了一系列新成果，完成了玉门青西油田、吉林大情字井油田、大港千米桥凝析气田、塔里木克拉2气田等重大油气田开发方案的编制。方案投入实施后，在相关油田的上产中发挥了重要作用，取得了明显实效。

院开展了一系列深井—超深井钻井、完井工艺技术的研究工作，形成了复杂地质条件下深井—超深井的钻井工程综合配套技术，针对玉门、青海油田部署的重点探井，进行了技术攻关，优选出的井身结构和钻井液体系已在油田推广应用，提高了钻井效率，节约了钻井成本。

此外，由地质所、天然气所和计算所完成的“主要含油气盆地油气资源评价与有利勘探目标优选”综合运用盆地分析、含油气系统、经济评价等方法和技术，建立了油气资源分类体系和评价方法体系，建立了油气资源评价数据库和图形库系统，初步建立了适合油公司一体化管理的通用评价系统；由地质所完成的“全国陆上石油预探区带与目标评价”综合运用层序地层学、构造演化、地球化学、遥感、地震、重力、磁力等多种方法和技术，重点对塔里木、松辽、鄂尔多斯盆地的勘探新领域进行了研究和评价，取得了新进展；由地质所完成的“中西部油气富集规律与战略方向研究”综合运用地质、构造、生油等研究方法，对主要前陆盆地含油气前景进行了评价，提出了进一步勘探的有利区带；由采收率完成的“微生物提高采收率潜力分析研究”建立了我国第一个较全面的微生物提高原油采收率技术的筛选标准，研制了微生物潜力评价筛选软件；由热采所完成的“水驱油藏热采提高采收率技术可行性研究”整理了股份公司近500个开发单元的详细资料，对初步筛选出的14个开采单元进行了热采开发效果评价和经济效益评估。

3．海外研究与技术支持工作成绩斐然

2001年是院海外研究与技术支持工作取得全面发展并获得大丰收的一年。海外研究中心充分发挥“海外油气勘探开发生命线”的作用，在集团公司、股份公司的海外项目技术支持、新项目评价等方面取得了突出成绩。

海外研究中心在苏丹、委内瑞拉和哈萨克斯坦三个老项目的增储上产方面做了大量的精细研究工作，为油田的增产和稳产做出了重要贡献：苏丹项目加大了技术支持力度，1/2/4区新增一批探明储量，6区勘探发现亿吨级储量规模，3/7区构造研究为明年探井部署提供了依据；委内瑞拉项目开展了精细油藏研究工作，为油田稳产提供了科学依据；哈萨克斯坦项目坚持把研究工作向生产一线延伸，派人到现场参与生产研究，为增储上产服务，技术支持组的出色工作得到了集团公司领导的高度评价。

海外研究中心进一步加大新项目的评价力度，开展了中东、北非、俄罗斯、北美等20多个国家和地区、100多个区块的评价工作，为集团公司海外项目的开拓和中标做出了贡献。

在集团公司的领导组织下，海外研究中心建立起了集团公司海外业务的技术管理体系，首次制订出了CNODC的《海外石油及天然气储量规范》、《海外石油及天然气储量管理暂行规定》和《海外石油及天然气储量评审程序》，建立了一套与国际接轨的石油储量定义、分类和评价方法；在此基础上，逐一摸清了海外各项目的储量情况，编制了2000年CNODC储量公报，首次在统一的标准下，对集团公司的海外储量和产量状况有了较系统的摸底。

海外研究中心还承担了建立CNODC HSE管理体系的任务，同时加大了信息研究的力度，完善了集团公司所有海外油田勘探开发信息系统的整体规划，初步建立了海外总体勘探开发数据库系统。

在中俄油气管线合作项目中，院完成了伊尔库茨克、科维克金气田开发可行性研究，萨哈共和国恰杨金等四个气田开发预可行性研究以及原油管道选线研究等多项工作，为项目决策提供了重要依据，得到国家计委、集团公司和股份公司的充分肯定。

4．信息化、标准化工作，公益性研究和新技术推广取得新进展

一年来，院强化了信息化工作的组织管理力度，明确了院信息技术规划总体目标，确立了信息技术发

展的总体思路和管理措施；加大了信息技术研究的投入，在电子商务、中国石油网络应用技术集成研究、油气田开发生产管理信息系统软件及数据库、勘探开发信息系统研究、计算机与信息标准化研究等方面取得了一批重要成果。

在勘探与生产分公司的直接领导和支持下，计算所已经基本建立起了以地震资料和探井测井资料为主的勘探数据银行，全年按计划完成了资料的拷贝、录入与编辑任务，为全系统快捷使用资料打下了良好的基础。

文献中心主办的《石油勘探与开发》、《石油科技论坛》、《国外石油动态》等刊物在论文的层次、质量等方面有了长足的进步，图书馆增强了服务意识，为广大科研人员提供了方便、快捷的借阅和专业信息检索服务。

标准化所充分发挥技术支撑作用，完成了石油天然气行业、集团公司、股份公司的标准制订、修订计划和复审计划，协助集团公司和股份公司加强油品和油化剂质量管理工作。

储量评审办公室承担了全国油气储量评审及油气探明储量评审表的汇总和出版工作，完成了油气资源/储量分类管理等多项研究成果。

档案处建立了《院士全宗档案》及《院士文集摘要》，进行了大量的勘探开发资料数据处理，为院和油田提供利用档案资料5万3千份，比2000年增加了27%。

石油机械厂加大了新产品的开发力度，完善了营销机制。震击器、减震器等产品显示出了很强的市场竞争力；同时，积极开拓国际市场，产品已打入17个国家，出口额达1866万元。全年完成销售收入7千万元，实现利润709万元，创造了历史新纪录。

中石公司和瑞德公司在新技术和新产品的推广应用等方面也取得了新成绩。

【人才培养】 一年来，院继续贯彻人才为本的发展战略，进一步加大了对紧缺人才、复合型人才、高层次人才的培养力度，为年轻干部迅速成长铺路搭桥。通过开展“走出去、请进来”、开展学术交流活动、请专家讲学、压担子、下现场等多种方式，使一批年轻人在学习工作中得到了锻炼和培养；多渠道、分阶段、分层次地抓好职工培训，为院的长远发展奠定了雄厚的人才基础。

1. 加大国际学术交流力度，努力建设一支具有国际水平的学术队伍

为加快培养既懂专业、又懂管理、适应国际油公司要求的跨国经营人才，在集团公司的统一部署和安排下，院积极做好出国人员的选派工作。2001年，院共派出77个团组180人次赴32个国家和地区进行专业培训、考察调研和学术交流活动；同时，还邀请了国外著名学者、知名专家来院讲学30余人次。这些举措进一步推动了院与国际上的学术交流，一支具有国际化水平的技术干部队伍正在逐步形成。

2. 正确引导与传帮带相结合，坚持在实践中培养选拔优秀人才

2001年，院更加注重给中青年骨干压担子、指路子，院领导和各路专家亲自听取部分重点科研项目、重点科研人员的工作汇报，对成绩予以肯定，对问题进行重点分析，为他们把握好研究方向；继续坚持把后备干部送到油田现场挂职锻炼，以培养他们的现场管理能力和实际工作经验。经过严格评审程序评审出来的薛良清等9名同志，全部通过集团公司教授级高工专业组的差额评审，顺利通过任职资格。同时，院还进一步加大了优秀人才的选拔力度，15名40岁以下的优秀人才走上了所、处级领导岗位。目前，院研究所的主要领导干部大都是高学历、高层次的优秀年轻干部，课题负责人以上的技术干部中，85%是45岁以下的中青年人。

3. 强化人才培训和再教育，加快专业知识更新步伐

2001年，院进一步加大了职工的培训和再教育。全年共完成英语培训班3期，为各研究所培训中青年技术骨干95名。另外，还有26名技术骨干参加了在职硕士研究生的学习，有10名所、处长被推荐攻读在职博士研究生。

4. 发挥自身优势，培养高层次人才

2001年，院博士后流动站的研究工作取得了突出成绩。在中国博士后学术研讨会上，院有11篇博士后论文被大会录用，有9位博士后在大会上发了言。院培养的博士后廖广志出站后到大庆工作站工作，因其工作出色，被国家人事部、全国博管会联合推荐为中国十大优秀博士后，并且是企业界惟一的当选者。院博士后流动站分别与大庆、胜利等油田联合培养了5名博士后。院的第一位外籍博士后考斯特先生，已顺利通过出站答辩，并获得专家好评。另外，经国家人事部、全国博管会批准，院博士后流动站与塔里木油田分公司联合建立了博士后科研工作站。

2001年，从院研究生部圆满完成学业并取得硕士和博士学位的达59人，有13名博士后出站，在站期间共发表论文50多篇，申请专利32项。经过各所

初选、组织答辩、专家评审，8名博士后、2名博士、6名硕士留院工作，其余的学生也大都分配到石油系统的其他单位工作。

5. 人才培养结硕果，一批优秀人才茁壮成长

经过努力，院的优秀人才不断脱颖而出，形成了一个快速发展的良好势头。今年，韩大匡同志当选为中国工程院院士；赵文智同志等三名青年科技干部获得了政府特殊津贴；薄启亮同志被选派出国学习，获得了美国麻省理工学院MBA学位；袁士义等三名同志入选国家人事部“百千万人才工程”计划；宋文杰同志在塔里木挂职锻炼期间，由于工作成绩突出，被塔里木油田分公司列为重点培养的后备干部。

【科学化管理】　一年来，院加强科学化管理，全院各项管理更加规范动作，提高水平，管理和服务又上新台阶，呈现新面貌。院办公室尽职尽责，认真工作，努力当好领导的助手和参谋，积极协助院领导做好全院的组织、协调和管理工作；强化窗口职能，修订、完善了各种规章制度，进一步提高服务意识和管理水平；围绕院中心工作，积极、热情地为各职能部门和全院职工服务，更好地发挥了桥梁和纽带作用。

科研管理处从加强和完善科研管理、提高管理和服务水平入手，进一步理顺科研管理体制和奖励机制，修订和完善了“院科研项目管理条例”等多项办法，出台了新的管理措施，保证了科研工作的顺利进行。一年来的工作体现了“三个加强”：一是加强了在观念、思路、管理上与股份公司运行机制和我院新定位的进一步融合，继续完善科研项目的科学化管理，实行了课题全成本核算、课题制管理试点、项目考核兑现等一系列行之有效的管理措施，加强了对科研经费及项目外协的管理；二是加强了科研成果与专利的管理，鼓励技术创新，加大奖励力度，加强了知识产权的保护力度；三是加强了信息技术研究和科研设备管理，逐步实现了设备资源的开放与共享。

人事劳资处全面推行三项制度的配套改革。坚持“公开、平等、竞争、择优”和“能上能下”的原则，按照严格的选拔程序，进行了部分单位的领导班子调整和补充，使一批德才兼备的年轻干部被聘任到新的领导岗位上来；积极协助做好工资总额相关工作；严把人员入口关，注重吸收高层次人才来院工作；继续完善政策，保证减员增效工作落到了实处，清理长期不在岗位人员26人。

计划财务处严格按照全面预算管理、资金和债务集中管理以及会计统一核算的新体制运行，修订和完善了《资金管理实施细则》等四项财务管理制度，积极筹措资金，加强计划管理，做好财务预、决算和会计核算管理工作，加强关联交易管理，进一步提高职工的服务水平。

企管法规处建立了以目标管理、目标考核为特征的管理和运行机制，实行了院内部业绩考核办法，并组织了对二级单位的考核验收和全院对物业中心工作的验收打分；积极做好企业化转制及清产核资工作，北京总院及杭州所、西北分院申报的《企业占有产权登记证》已获财政部核准，工商登记注册的前期工作也已完成：进一步规范关联交易，基本上达到了公平合理、协调发展。

国际合作处充分发挥对外窗口的职能，完善了外事工作、国际科技合作与智力引进项目的管理办法，在国际合作与交流项目的管理，技术服务等方面做了大量工作，对中俄管线等项目给予了大力的支持。

安全环保处、大院管委会、居管会、交通安全委员会等单位严格落实各项规章制度，加强综合治理，杜绝了重大安全生产事故的发生，实现了重大、特大事故为零的目标。社会治安综合治理被评为海淀区先进单位，安全防火被评为学院路先进单位，交通安全被评为北京市先进单位。

京外管理室积极做好京外单位的接待工作，较好地完成了北京总院与京外各院、所的沟通与联系。

物业管理中心坚持严格管理，努力提供优质服务，圆满地完成了各项工作。全年完成基建大修项目34项，对全院基础设施、生活设施、实验室进行了有计划的大修改造，完成了部分住宅楼的防水工程、电梯专项大修，为部分住宅楼安装了对讲式防盗门，为四个住宅小区加装了卫星闭路电视，顺利地完成了水、电、气、暖供应；深入开展“规范化服务月”、“满意服务月”等活动，受到职工的好评，经验收，满意率达到了85%；职工食堂新增自助餐，服务质量进一步提高；继续做好大院的绿化和环境卫生工作。

在基建办公室的努力下，8号住宅楼竣工，卫生所装修改造工程完工，科技学术活动中心完成了主体工程和装饰工程，地质楼装修改造工程开工，研究生公寓完成了规划审批，科技楼的装修改造工程正按进度顺利组织。

印刷厂、汽车队、卫生所、通讯站、材料供应与国外订货以及声像室圆满完成了各项工作。幼儿园被评为海淀区示范幼儿园，大院绿化保持了北京市“花园式单位”称号，锅炉房连续第七年被评为“北京市供暖先进集体”，游泳馆连续第五年被评为“北京市

游泳场馆先进单位”。

【京外院所】 按照大研究院整体协调发展的思路，院理顺大研究院的管理思路，进一步加强了对京外五家单位的领导、管理和组织工作。廊坊分院、西北分院、杭州地质所、江汉测井所、江汉机械所充分发挥各自的优势，在科研及各项工作中均取得了优异成绩。

廊坊分院围绕天然气、低渗透、环保三大业务领域，突出天然气勘探开发理论与技术的研究与服务，在技术支撑、服务现场等方面又有新进展；西北分院积极拓展技术服务市场，在油气地质综合研究、软件开发、服务生产等方面取得了新成绩；杭州地质所积极开展新技术、新方法攻关，强化现场服务，在油气储层研究等方面取得了新进展；江汉测井所加强了重点实验室建设和新产品开发力度，以特色产品和技术开拓市场；江汉机械所加强了改革管理力度，形成了独具特色的石油新技术装备研究体系。

党建和思想政治工作进一步加强，两个文明建设出现新局面。

（刘兴汉　吴克伟）

中国石油规划设计总院

【概述】 2001年，中国石油规划设计总院顺利完成院领导班子新老接替和院存续部分的持续重组工作，实现平稳过渡。新一届领导班子是在总院与存续部分分开运作的特殊历史时期上任的。在把握和应对复杂局势，解决因重组带来的一系列问题的过程中，一方面院领导班子顾全大局，按照以集团公司整体利益为重，积极支持改革重组的指导思想，积极支持设计公司的重组，在办公条件等方面给予全力协助；在关联交易上，总院按照有关规定和要求，与设计公司主动沟通，多次协商，签订并较好地执行了各项关联交易协议。另一方面，院领导班子团结协作，认真研究和审慎处理技术资质等有关重大问题，先后向集团公司和股份公司领导书面或当面作了汇报。马富才总经理等领导同志对此给予高度重视和关心，并明确指示要保持总院的资质。经与各有关部门反复沟通，目前，总院的分公司登记注册已经完成，技术资质已由集团公司批准上报建设部。同时，领导班子还审时度势，适时提出“统一思想、振奋精神、齐心协力、发展总院”的指导思想，号召全院职工正确面对遇到的暂时困难，把精力集中到各项业务工作上来。

全院广大干部职工也经受了特殊时期的考验和锻炼。大家在做好本职工作的同时，对总院的技术资质，特别是总院发展前景等问题，表现出极大地关注，大家积极出谋划策，反映出心系总院、关心总院、爱护总院的高度主人翁责任感和振兴总院、发展总院的信心与决心。院属各单位的负责同志针对职工队伍中出现的思想波动，主动做好思想工作，正确引导大家立足岗位，努力工作，为保持队伍的稳定和生产任务的完成起到了至关重要的作用。在集团公司、股份公司领导和有关部门的大力支持下，经过全院上下的共同努力，我们克服了从未遇到过的困难，确保了各项工作的有效开展，实现了平稳过渡。

【改革与管理】 围绕全年工作目标，生产业务、改革与管理工作喜结硕果。

2001年，按照“两个建设，一个提高”的工作目标，深化规划研究，取得一批高水平的技术成果；加大改革与管理力度，管理水平进一步提高；开展“三讲”教育活动，加强企业文化建设，取得了两个文明建设双丰收。

一、生产业务工作

2001年，全院运行项目共230项。其中规划研究类68项，咨询评估类66项，科技开发类56项，初步设计审查与设计咨询类7项，标准类21项，工程造价类12项。工作计划完成率100%，成果优秀率76%，主要成果核心内容采纳率80%以上，为实现院“十五”业务发展目标开了个好头。

1.规划研究成果丰硕

总院的传统业务优势得到进一步加强，决策支持作用更加明显，取得了一批涉及国家和中国石油发展的影响大、水平高的规划研究成果。

(1) 西气东输工程可行性研究项目，由总院牵头，按照国际项目管理模式组成设计联合体，开展了大量的市场调研、线路优化、工艺方案比选、燃压机组选型、管材调研比选、技术经济测算及相关专业的调研等工作。完成了总报告、分报告及附件共14册，60余万字。顺利通过中咨公司评估。目前，国务院已正式批准了可研报告。

(2) 中俄原油管道工程项目，在预可行性研究通过中咨公司评估后，经国家计委批准立项，与俄方签署了合作开展可研工作的总协议，完成了线路走向方案及输油工艺等部分可研工作；还为股份公司与俄方就引进原油价格谈判提供技术支持。伊尔库茨克天然气管道工程项目，也已进入可行性研究阶段，先后召开多次协调会，完成了1.1万千米的线路踏勘工作及部分工艺方案比选。

(3) 油气田地面工程滚动业务发展计划的研究与编制项目，在分析股份公司13个油气田地面工程现状的基础上，编制了2002年至2006年油气田产能建设地面工程和老油气田地面调整改造工程滚动计划，重点对改造项目的可行性及投资效果进行了研究，为股份公司油气田地面工程的业务发展提供了决策支持。

(4) 油田地面生产系统节能技术发展研究项目，通过对国内地面生产系统节能现状现场调研和认真分析，明确提出油田地面系统生产能耗的重点部位和节能潜力，并结合油田综合含水率达82%的生产现状，提出了8项有推广应用价值的先进配套节能技术。

(5) 京津冀鲁天然气管网规划研究项目，从天然气市场调研入手，在确定了目标市场及其需求方案的基础上，考虑了利用该地区现有天然气管道的输气能力，对长庆气田、大港和华北油田的天然气资源进行了优化配置，提出了切实可行的京津冀鲁地区天然气管网规划方案。

(6) 我国天然气市场发育规律研究课题，提出包括我国在内的世界各国天然气市场发育规律都要经过“三个阶段”，以及在发育过程中具有“五个特点”和影响天然气市场发育的“五大因素”，为天然气生产、运输、销售、管道建设、市场开发等部门的决策提供依据，对我国天然气市场发展具有重要指导意义。

(7) 化工与销售分公司“十五”计划和2015年远景规划课题，在对销售系统现状进行详细、客观的定位评价和国内外石化行业发展趋势及竞争力全面分析的基础上，提出了实施科技创新、差异化、低成本及两条线并进的四大发展战略，编制了在大庆等地建设7大各具特色的石化基地规划，制定了建设、生产、科技和投资计划及2015年长远规划。

(8) 加入WTO，中国石油炼化企业的对策研究项目从炼化产品市场竞争力入手，对炼化企业的发展作出了准确定位。润滑油分公司“十五”计划及2015年长远规划项目分析了国内外润滑油产品品种、质量、档次现状，为国内第一大润滑油生产供应商提出了发展思路和战略设想。

(9) 西气东输环境影响评价和劳动安全卫生预评价项目，由总院牵头，沿线9个省市环保部门参加。其工作量之大，难度之高，影响之广，在我国的环境影响评价和劳动安全卫生预评价领域中尚属首次。两个评价大纲相继通过了国家环保总局和国家安全生产监督管理局组织的评审。

(10) 股份公司业务发展计划价值评估模型研究项目，完成了勘探与生产、炼油、化工、天然气与管道、销售、汇总等六个业务发展计划的价值评估模型的编制工作，编写出《业务发展计划价值评估实务》一书，配合组织了两期价值评估培训班，并应用模型开展了股份公司2002年滚动规划价值评估等项工作。

(11) 经济评价方法与参数案例与软件项目，完成了加油站项目经济评价软件的开发，并指导吉化、四川设计院、华北研究院和勘探院万庄分院等单位完成了油气田建设项目、炼油建设项目、化工建设项目、油气管道建设项目、中外合资开发项目经济评价软件及案例的编制工作。

(12) 咨询评估工作从承担和完成的项目数量来看，都创历史新高。“收购山东日照鲁齐油库可研”，“中国石油管理信息系统可研”、“抚顺HCC试验可研”等项目评估报告均得到采纳和好评。还不断开拓新的业务领域，承担了“沙漠油田地面工程技术研究”等5项集团公司“九五”重点科技攻关项目验收评价工作。由于加强调查研究，注重专家的选用和组织工作，评估成果的技术和质量水平又有新的提高。

(13) 造价管理工作完成了《石油建设工程量清单计价规则》和《石油建设安装工程概算指标》等，推进了工程计价模式改革和控制工程投资管理；协调办理长输管道工程管材管件免税取得成功，为西气东输等工程节省投资5.2亿元；参加了评标和概算、结算审查等项目；举办了6期造价专业人员、造价师培训班和提高班：完成了《石油建设工程投资参考指标》、《西气东输工程临时补充计价依据》等项目，为股份公司提供造价管理咨询和技术支持。

(14) 标准化和节能工作全面展开。完成了“股份公司2000年节能工作年报”，对“五大区块”所有生产企业节能技术现状进行调研，筛选了29项节能技术研究项目；组织召开股份公司节能节水技术交流座谈会，研究落实节能节水示范工程项目等：完成13项标准的制定、修订的审查和报批工作，组织2002年全行业171项标准的制定、修订立项申请；

开展油气田及管道建设设计专业标准体系研究，对标准体系结构层次和管理模式等提出重大改革；还结合标准的制定、修订和管理，开展《油气田生产系统地面建设防火技术研究》等标准科研工作，积极加强国内外标准化信息交流；还认真做好各专标委及院企业标准的各项工作。

（15）本着锻炼队伍原则，有针对性地抓好设计论证工作。湛江奥里乳化油库初步设计是中油燃料油公司委托的横向项目。为降低工程造价，项目从设备到材料反复比选论证，对总平面布置、总工艺流程、大罐建设方案和材料选配等方面进行了专项评审和研讨，取得了较好的成果。“陕京输气管道卫星通信和程控交换机系统改造工程”、“咸阳石油钢管钢绳厂钢绳生产线改造工程初步设计”项目也已完成。

2. 拓展业务领域，增加新的经济增长点

总院积极实施业务多元化战略，生存空间不断拓展，正在向国际咨询公司模式的领域靠拢。

2001年，总院把拓展业务领域、增加新的经济增长点作为一项重要工作来抓，承担的国际咨询方面的项目明显增多，对外的影响力逐渐加大，不少业务已实现与国际对接，呈现出一个个新亮点。

（1）扎那诺尔油气处理厂监理始于1998年，是中国石油在国外的第一个石油工程监理项目，也是总院新的业务领域。2001年完成了老厂改造施工监理的交接、新厂初步设计文件答辩和施工图的监理。项目组及时组织各方召开设计协调会，分别向四川、新疆设计院派驻工作组，代表集团公司对设计进度、质量进行监理，完成了新厂29个工程单元、2231.75（标准）张施工图纸的现场审核，共向哈萨克斯坦方发运中俄文两种版本设计文件20套。该项目为在中亚地区开拓国际业务奠定了基础。

（2）股份公司ERP和IT技术研究项目，是一项具有挑战性的新业务。在股份公司科技信息部的支持和普华永道专家的指导下，总院牵头组成项目组，完成了12个专题的可研报告编制研究工作。该项目为我们掌握最新信息技术，在更高层次上发挥总院决策支持作用提供了机会。

（3）中国石油与BP公司合资经营成品油零售市场可研项目，是国家经贸委下达的课题，对在尚未开放的成品油流通领域中设立合资公司进行可行性研究，涉及的问题和内容都是从未碰到过的。该项目为总院在我国加入WTO后进一步开辟新的业务领域，抓住了机遇，打下了基础。

（4）壳牌长北合作区块天然气勘探和生产项目环境影响评价项目，是壳牌勘探（中国）有限公司委托总院牵头，与阿特金斯国际有限公司和陕西省环境科学研究设计院共同承担的环境影响评价工作。此项目采用地理信息系统（GIS）进行环评，既满足了国家环保总局对大纲的要求，也符合壳牌公司的国际惯例要求。

（5）西气东输工程设计招标标底编制工作，是总院在造价咨询领域的又一项新的工作，完成的标底涉及西气东输勘察设计、线路施工等10个方面，内容编制合理、科学、严谨，并采取了严密的保密措施，为西气东输工程项目经理部定标及合同谈判提供了有力的依据。

（6）广西沿海炼油厂预可行性研究项目，要考虑两个厂址平行进行研究，业主要求的很多内容已达到可研的深度。项目组先后3次聘请专家进行讨论，提出四种方案进行比较，最后确定了技术上具有世界先进水平、各项技术经济指标较为合理的总工艺流程方案。

3. 积极与股份公司各部和业务板块沟通

总院的业务工作更加贴近股份公司决策，许多业务已融入股份公司各部门与各专业板块工作。

院属各单位积极与股份公司各部门和业务板块沟通思想，加大服务力度，深入做好项目开题，为下一步加大项目研究深度创造了条件。

（1）大庆炼化分公司林源生产区结构调整方案研究项目，全面论述了林源炼油结构调整的必要性和可行性，首次提出具有可操作性的结构调整方案及配套措施，为股份公司提供了决策依据，也为今后大型炼化企业结构调整提供了借鉴。

（2）股份公司六大炼油企业绩效评估及方法研究项目，结合炼油企业特点和实际生产经营情况，对比国外炼油企业采用索罗门的指标体系与我国现行指标体系的差异进行业绩评估，发现了生产运行中阻碍提高竞争力的问题，为制定挖潜增效的整改方案提供科学依据，有利于股份公司形成既适合自己企业特点，又符合国际惯例的KPI指标体系。

（3）直接为油气田、炼化企业和各专业板块提供服务的规划前期类项目，如“大庆石化分公司炼油发展规划优化方案研究”、“高效节能清洁环保新型民用合成燃料及专用燃具可研”、“收购深圳新鸿光油库可研”和“锦州石化分公司炼油基地扩建规划”等10余个项目，由于我们技术支持及时，服务工作周到，得到有关部门的肯定。

（4）股份公司油气田开发技术座谈会后，总院迅速组织贯彻，形成了《加强股份公司油气田地面工程建设的意见》，针对目前油气田地面工程建设存在的“六个方面”的矛盾，提出了加强地面工程需要做好的“五个方面”工作，整体思路得到勘探与生产分公司领导的肯定，成为今后一段时期指导总院加强地面工程决策支持工作的一个重要文件。

（5）积极提供应急技术服务。为降低股份公司生产成本，总院发挥专业、技术优势，派专家参与板块组织的对克拉玛依、辽河、塔里木等油田主要产能项目的研究工作，对项目总体方案、初步设计审查提供技术支持。总院还按照股份公司安排，积极参加西气东输工程招商谈判和评标议标工作，有力地推动了谈判的进展。为应对中国加入WTO后面临的挑战，总院选派专家参与板块组织的课题研究，积极提供决策支持服务。

二、改革和管理

2001年，总院在稳步推进业务工作的同时，不断加大改革力度，在与存续部分分开运作后，结合实际，深入探索适应股份公司运行模式的机构和机制改革，进一步强化管理，取得了成效。

1．制定《“十五”计划纲要》，提出总院发展总体思路和目标

新领导班子上任后的第一件事，就是组成专门班子，广泛征求干部职工意见，研究制定了《中国石油规划设计总院“十五”计划纲要》，对总院“十五”期间的指导思想和主要发展目标进行了全面阐述，首次明确提出把总院建成“国内一流的与国际接轨的咨询顾问公司模式的决策支持机构”的体制发展目标，以及人才培养、业务发展、科技进步和技术装备等目标。同时，提出“十五”期间要坚持以发展为主题，以为实现集团公司整体协调发展和提升股份公司价值当好参谋、服好务为主线，实施精品、人才和低成本三大战略，实现总院的持续快速发展的总体发展思路。《纲要》是指导和推动总院在新世纪、新阶段发展的一个纲领性文件。

2．制定《“十五”人力资源规划》，提出总院“3223”人才培养目标

要把总院建设成为国内一流的、与国际接轨的国际咨询顾问公司模式的决策支持机构，就必须建设一支高素质的规划研究人才队伍。为此，经过深入调查研究，制定了《中国石油规划设计总院“十五”人力资源视划》，提出“3223”的人才培养目标。即，在集团公司、股份公司具有较高声誉的复合型规划研究学术带头人30人；能够获得集团公司、股份公司以上奖励（主要贡献者）、能够获得发明专利的创新型科技专家20人；掌握现代工商管理知识和技能、熟悉规划研究业务的复合型管理人才20人；硕士以上学历人员占职工总数的30%以上。我们要按此目标要求，努力做好人力资源开发和管理的各项工作。

3．深入开展ISO 9001质量体系贯标工作，进一步完善质量管理体系

（1）加强新版质量体系文件发布及宣贯，采用多媒体、网页等先进手段，有针对性地对总院领导、职能部门、业务部门进行了9次宣讲，170余人参加，并取得很好的效果。

（2）开展QC小组活动，召开2000年度QC小组成果发布会，共发布两项成果。

（3）开展质量体系内审和管理评审，顺利通过中设质量体系认证中心对总院质量体系进行年度监督审核。

（4）举办质量月活动，开展了项目成果质量抽查、顾客满意度调查、质量知识竞赛和价值评估讲座等一系列有创新、有特色、有实效的活动，为提高职工素质，确保成果质量，起到了很好的作用。此外，还组织了2000版体系文件大纲的编写，为进一步完善总院质量管理体系打下基础。

4．不断深化三项制度配套改革，经营机制的转换和创新见到实效

（1）深化劳动用工制度，在职能部门中积极推行以“定岗、定责、定编、定员、定上岗规范和定薪酬系数”为内容的“六定”工作，较为合理地划分了岗位，明确了职责，打破了职能部门分配上的“大锅饭”现象。

（2）实行民主推荐、任前公示制度和公开招聘、竞聘上岗等办法，对院内部分二级单位领导班子进行了调整，加强了处所领导班子力量。为鼓励技术人员成才，还首次采用公开推荐和评审相结合的办法，评选出院内学术技术带头人20名。

（3）加大用人制度改革力度，强化和规范劳动合同管理，修改有关规章制度10项，对75名合同到期人员进行了签约、终止工作。为适应业务发展的需要，积极招聘急需的业务骨干，在加大人才引进力度上取得初步成效。同时，顺利完成2001年技术职称评定工作。

（4）积极引进国际咨询公司的管理理念，制定并颁布《综合考核奖惩办法（试行）》、《中层管理人员及职工业绩考核办法（试行）》等规定，建立综合考核、业绩考核和项目考核的激励机制，实现了部门利益和职工利益的一致，推动了总院各项任务的完成。

（5）成立专门改革小组，深入研究总院机构改革

方案，已经基本形成机构调整改革的思路，使总院的机构设置更符合作为股份公司决策支持机构的要求。

5. 逐步完善和落实各项管理措施，管理水平又有新的提高

（1）进一步规范计划管理和项目管理。2001年，计划管理针对呈现出的项目来源多元化、时间不均衡性、评估项目增多、重组后专业人员不配套等情况，加强动态管理和协调工作，提高了项目存档率；修改了项目管理办法，使规则更加透明；认真做好项目完成后的奖酬兑现，激发了项目人员的积极性。在科技项目运行中积极推行ISO 9001管理模式，重点对项目立项、策划、启动、大纲编制、中评估等关键环节进行控制。同时，做好科技成果申报、评选和技术资质管理工作。2001年共评出总院科技进步奖36项，优秀管理成果奖两项；《大庆地区石化企业结构优化调整的初步方案》首次为总院争得集团公司技术创新二等奖；《全国天然气管网规划研究》获集团公司2001年度优秀工程咨询成果二等奖。

（2）加强会计核算和预算管理。开展《中华人民共和国会计法》执行情况自查和整改，加强会计基础工作，进一步规范会计核算，提高了财务会计信息质量；为控制成本费用支出，制定《费用报销暂行办法》、《预算管理暂行办法》，同时妥善安排资金收付，在与存续部分分开运作后货币资金极度短缺的情况下，通过周密的安排和积极催收，确保了必须的资金支持；积极搞好内部核算，及时与各单位核对成本费用；强化对三个院属公司的财务管理与服务。全面完成了年初确定的财务预算指标。

（3）进一步完善法律事务和合同管理制度。在重大经营决策、合同谈判等方面，严格执行法律规定，规范运作。积极开展与企业生产经营有关的法律咨询；实行总院对合同统一管理、归口审查的办法，规范了合同审批与结算程序，促进了相关部门的相互协调和合同的顺利履行。

（4）进一步强化审计和效能监察工作。在做好日常的内部审计工作的同时，重点开展了配合会计师事务所对总院财务收支情况审计工作、财务收支和基建项目审计、经济付款合同的审计以及国外项目费用报销审计等工作；对总院公务用车和会议费支出情况进行效能监察，提出了加强成本控制的建议；较好地发挥了审计和效能监察的监督保证作用。

（5）进一步加强外事管理和保密工作。针对项目进展情况，2001年共组织29批60人次出国考察和参加会议，在京组织中俄油气管道和哈萨克斯坦监理项目工作会议8次。保密工作从今年开始，加强出国人员携带资料和在国际会议上的发言资料的审查程序，全年未发生泄密事件。

（6）档案图书管理工作上了新的台阶。我们严格依据《中华人民共和国档案法》和集团公司有关文件精神，对重组带来的档案管理问题进行了妥善处理；同时，在短时间内清理了图书馆库，完成了档案室的搬迁，实行了档案、图书统一管理的新运作模式，确保了全院业务的正常开展。同时，开发了“文档一体化系统”管理软件，保证了文件目录传输的准确性和可靠性。

（7）行政管理工作水平有新的提高。与存续部分分开运作后，行政管理工作也随之加重。特别是关联交易涉及面广、工作量大、关系复杂，有关部门一方面积极落实各项关联交易协议，另一方面本着规范程序、完善制度、加强协调、细化管理的工作原则，对物业管理、会议服务、招待费控制、房产管理、车辆使用等方面的管理模式和方法，进行了一系列的改革与探索，取得了初步成效，积累了很好的经验。

（8）基建和装备管理得到新的加强。基建管理抓好项目的立项审批、运行管理和检查验收工作，先后完成综合楼环保实验室整改、办公楼玻璃幕墙开窗、计算机房空调安装以及计算机局域网和通信系统改造等一系列工程；装备管理通过资产的重新登记和标注，摸清了家底，研究制定了办公装备五年配置计划，完成了2001年装备购置计划。

（9）综合治理和安全保卫工作取得新成绩。贯彻落实主管部门有关精神，进一步落实安全责任制，加大安全教育和检查考核力度，在做好日常工作的同时，重点强化了车辆出行、消防检查等项工作，为全院提供了一个安全的工作环境。以交通安全90分，消防安全97.5分的好成绩通过了地方组织的安全验收。我院被评为海淀区综合治理工作先进单位。

（10）计划生育、医疗管理工作有新的转变。改进计划生育的宣传形式，组织宣传员培训班，开展相关知识答卷活动，保持了总院学院路地区计划生育先进单位称号；严格执行院医疗费用管理办法，较好地控制了医疗费用的支出；组织了全院职工体检，建立健康档案，为大家提供健康状况和医疗保健咨询；组织完成了义务献血任务，有9名同志光荣献血。

此外，我们先后组织集团公司及有关部门领导同志和全院职工开展义务植树活动。2001年，我院被中央国家机关授予绿化先进单位。

三、精神文明建设

2001年，总院紧密联系实际，以“三讲”教育活动带动领导班子建设，精神文明建设和思想政治工作得到加强，企业文化建设取得实质性进展。

1. 深入开展“三讲”学习教育活动

院党委把开展“三讲”学习教育活动作为事关总院改革、发展、稳定的政治任务和促进总院“十五”计划落实的大事来抓。加强组织领导，精心部署安排；抓好理论学习，提高思想认识；发动群众参与，广泛征求意见；找准突出问题，批评与自我批评；抓住重点问题，研究落实整改。通过学习，班子成员的政治理想信念进一步坚定，与党中央保持高度一致的自觉性进一步增强；加深了对“三个代表”重要思想的认识，增强了加快总院改革发展的历史使命感和责任感，明确了党组织建设的方向和重点，对党委如何充分发挥政治核心作用，紧密结合业务工作实际，探索新形势下思想政治工作的新方法、新途径，有了更深刻的理解。

2. 深入做好思想政治工作

（1）以共同前景统一职工思想。院党委两次召开全院处以上干部大会，分析重组后总院面临的形势，明确总院的定位。结合贯彻落实《总院“十五”计划纲要》，组织处以上干部展开讨论，用总院美好的前景鼓舞职工，基本稳定了队伍。

（2）坚持思想政治工作创新。院党委多次分析职工队伍的思想现状，研究做好思想政治工作的对策，帮助大家认清形势、了解政策，使职工的思想观念得到了初步的转变。党委成员多次找有关同志交流思想、沟通情况，帮助职工转变思想观念，解决实际问题，达成了共识。

（3）注重思想政治工作效果。院党委坚持把思想政治工作与帮助职工解决实际问题结合起来，收到实效。工会帮助新来院的职工搜寻经济适用房的信息，为职工购房提供信息服务，受到职工的欢迎。加强与石油附中、附小的联系，解决职工子女的入学问题，解除了大家的后顾之忧。

（4）紧密围绕重大项目开展宣传工作。利用各种载体，反映项目的进展情况和职工的精神风貌，宣传总院的实力和涌现出的先进事迹。先后在《中国石油报》、《石油商报》上发表了10多篇文章。还利用《总院新闻》、《规划研究动态》、《情况反映》、《总院风采》、宣传橱窗等载体多方位宣传总院的各项工作以及涌现出的好人好事。

（5）加强企业文化建设。按照股份公司“关于加强股份公司企业文化建设的意见”文件精神，院党委把搞好总院的企业文化建设列入今年全院的工作目标之一。在院企业文化建设领导小组的指导下，课题组经过深入调研，反复讨论修改，已经初步形成了总院企业文化建设方案。

3. 加强党群工作

（1）深入学习江总书记“七一”讲话和十五届六中全会精神。党委中心组带头学习，结合总院实际，就如何更好地做好规划研究，发挥决策支持作用，实践好“三个代表”重要思想，展开座谈讨论。各支部结合本单位实际交流了学习体会，达到了提高认识、统一思想、互相学习、共同提高的目的，促进了业务工作的开展。

（2）开展丰富多彩的活动。组织开展了多姿多彩的“三八”妇女节文艺演出活动以及“在党旗下成长”演讲比赛等建党80周年系列纪念活动；组织团干部、青年团员分别赴井冈山、大港油田等地，进行革命传统教育和社会实践活动；组织了以质量、安全、环保和学习十五届六中全会精神为主要内容的国庆知识竞赛等活动，以及多媒体汇报演示比赛等；还开展了青年杯足球赛、职工集体跳绳比赛等体育健身活动。总院被石油体协授予1998—2001年度体育工作先进单位。此外，组织职工欣赏诗歌朗诵会、乐曲欣赏会、芭蕾舞剧和歌曲演唱会等高水平的中外艺术演出，使大家陶冶了情操，增强了队伍的凝聚力。

（3）认真做好组织建设工作。全年共发展新党员7名，为3名预备党员办理了转正手续，还对8名入党积极分子进行系统培训学习，进一步端正了入党动机，提高了思想觉悟。此外，总院通过了中央国家机关授予的“文明单位”称号的复查；天然气所和咨询经济部两个单位通过了“青年文明号”和“先进职工之家”的复查；还有4个单位、8位个人获集团公司和股份公司直属机关的表彰。

（4）加强廉政建设。坚持把局处两级干部和全体党员作为党风廉政建设的主体，坚持重在思想建设，预防为主。坚持以党规党纪与典型案例教育相结合，坚持经常性学习与重点教育相结合，坚持集中学习与个人自学相结合，坚持教育与建立完善规章制度相结合。开展了加强对小轿车和会议费使用、管理为重点的效能监察工作，收到良好效果。

（范　宁）

第十二篇

中国石油天然气集团公司大事纪要

中国石油天然气集团公司大事纪要

一　　月

1日　集团公司党组书记、总经理马富才接受《中国石油报》记者采访，回顾集团公司“九五”期间两个文明建设取得的成绩，展望“十五”主要发展目标和发展战略。

同日　股份公司正式启动中油化工产品统一销售业务，四个大区销售分公司开始正常运行。

同日　经国家新闻出版署批准，原《石油消息》更名为《石油商报》。

3日　集团公司办公会议确定，将信息化的管理职能划入规划计划部，设立相应机构，负责集团公司信息化工作的规划、管理与协调等8项事项。

8日　中共中央组织部（组任字〔2001〕12号）任命陈耕同志为中国石油天然气集团公司党组成员。

8—16日　股份公司勘探与生产分公司组织对所属13个油田分公司2000年原油产能建设完成情况及老油田产能核减进行审查。这是继1992年中断以来首次恢复审查。

同日　集团公司党组决定瞿国忠同志为华东销售分公司党委委员、书记。

同日　宁夏石化“12.12”空分事故分析会在北京召开。股份公司副总裁张新志在会议结束时作了重要讲话，针对空分事故以及下一步安全工作提出了具体要求。

10日　集团公司任命王忠仁为中油长城钻井公司总经理。

11日　集团公司副总经理阎三忠在北京会见德国BASF公司亚洲地区董事，双方就BASF扬子合资公司参与西气东输项目的可能性交换意见。

12日　国务院副总理吴邦国听取集团公司工作汇报并作重要指示：（1）在2000年改革取得成绩的基础上，要从上到下做好职工的思想工作；（2）中国石油集团上市的股份公司，要向着世界一流的、有竞争性的、大型的油公司目标努力；（3）存续企业，要继续深化改革，不断调整结构开拓国内、国外市场，搞好多种经营和产权制度改革；（4）中国石油集团各级领导和组织，要认真做好改革、发展中的队伍稳定工作。

同日　中国石油与ABB　LGI举行关于丙烯生产技术合作协议的草签仪式。

同日　股份公司与上海高桥石化公司签订《6000吨/年丙烯氧化制丙烯酸（两步法）催化剂工业试验合作开发技术合同》及《主要技术经济指标（合同附件）》。

13—16日　集团公司2001年工作会议在北京召开（详见专稿）。

同日　中国石油天然气股份有限公司与壳牌勘探（中国）有限公司签署《关于中华人民共和国鄂尔多斯盆地长北区块天然气运输和市场开发预可行性研究协议》。

同日　中央机构编制委员会调整集团公司所属事业单位，确定石油管材研究所、教育与人才研究所、机关服务中心、审计服务中心、重庆石油高等专科学校、石油管理干部学院、培黎石油学校、石油工业出版社、中国石油报社、中加石油技术交流培训中心及新区勘探事业部11个单位为事业单位。

19日　集团公司副总经理、股份公司高级副总裁任传俊、副总裁张新志等一行6人到抚顺石化分公司走访慰问广大干部员工。

20日　集团公司总经理、股份公司董事长马富才及股份公司副总裁罗英俊等一行9人到大港油田分公司检查指导工作，并看望了一线员工。

21日　中国石油审计所更名为中国石油审计服务中心。

本月　股份公司成立西气东输项目招商工作临时机构——西气东输招商工作小组。工作小组由规划计划部、财务部、外事办、法律事务部、审计部、勘探与生产分公司、天然气与管道分公司、对外合作经理部、西气东输工程项目经理部、规划总院等单位组成。规划计划部副总经理刘凯信任组长，外事办主任章欣、西气东输工程项目经理部副总经理谢戈果任副组长。设立西气东输管道工程招商工作办公室，作为招商工作小组的具体办事机构，设在西气东输项目经理部。

二　　月

6日　股份公司印发《油田地面工程项目可行性研究报告编制规定》（石油计字［2001］31号），该规定包括油田地面工程项目、气田地面工程项目、天然气净化厂工程项目、输油管道工程项目、输气管道工程项目等5个编制规定，作为股份公司选择项目可行性研究编制单位招投标及可行性研究报告评审的依据。

6—8日　股份公司在北京组织兰成渝管道工程初步设计审查，初步设计方案获得通过。

8日　股份公司首届董事会第九次会议在北京召开。马富才董事长主持了会议，股份公司董事出席了会议，股份公司监事和总裁班子成员列席了会议。本次会议共有两项议程：（1）审议公司2001年度财务预算报告；（2）审议关于制定总裁班子成员2001年度业绩合同和修改总裁班子成员业绩考核办法议案。

同日　股份公司总部组建电子商务办公室（详见专稿）。

10日　集团公司副总经理黄炎出访美国。

12日—3月1日　股份公司勘探与生产分公司组织有关部门和专家对2001年股份公司所属10个油气田分公司的13个重点油气勘探项目的总体部署设计进行了为期18天的集中审查。通过审查，突出了重点，使年度重点油气勘探项目计划进一步细化，井位部署和地震部署进一步落实，施工运行也得到了进一步明确，把好了勘探效益的源头，为2001年勘探任务完成和2002年勘探目标的准备奠定了坚实的基础。

13日　投资3000多万元的中国石油天然气股份有限公司科技开发项目——大庆石化分公司腈纶研究开发中心试验装置，实现试车成功，生产出合格产品。这套目前我国乃至世界最大的腈纶中试装置，具有年产腈纶500吨能力，主体装置聚合、纺丝生产线设备国产化率达到98%以上。

17日　集团公司在北京召开了“集团公司质量与节能节水工作会议”。阎三忠副总经理在会上作了重要讲话。

同日　中国石油天然气总公司石油勘探开发科学研究院更名为中国石油集团科学技术研究院；中国石油天然气总公司工程技术研究院更名为中国石油集团工程技术研究院；中国石油天然气集团公司石油经济和信息研究中心更名为中国石油集团经济和信息研究中心。

同日　集团公司印发了《中国石油天然气集团公司“十五”计划纲要》、《中国石油天然气集团公司未上市企业“十五”计划纲要》和《关于加快未上市企业经济结构调整的若干意见》。

19日　国务院任命陈耕为中国石油天然气集团公司副总经理（国人字［2001］30号）。

21日　股份公司决定张本良为大连海运分公司总经理。

同日　股份公司决定王功礼为中国石油规划总院院长。

21—22日　股份公司勘探与生产分公司组织对新疆陆9、莫北、百重7油田开发方案进行了审查。

23日　集团公司党组决定朱开成同志为中国石油勘探开发研究院廊坊分院党委书记。

26—28日　集团公司直属机关党委七届三次全委（扩大）暨2001年党的工作会议在京召开（详见专稿）。

27日　集团公司副总经理郑虎主持召开了办公会议，经会议研究确定如下事项：（1）集团公司信息化要坚持“统一规则，合理分工，资源共用，信息共享”的原则；（2）成立集团公司信息化工作领导小组；（3）组织力量，编制好集团公司整体信息化“十五”发展计划，并将其纳入集团公司“十五”发展计划；（4）抓紧完成石油计算机网络畅通工程，加强网络管理，编制石油计算机网络工程初步设计方案和详细设计方案。

同日　集团公司审计工作会议在北京召开（详见专稿）。

27—28日　中国石油炼油化工节水和水资源综合利用技术交流会议在抚顺召开。国家经贸委资源节约与综合利用司副司长翟青，股份公司副总裁张新志等领导及股份公司所属32家企业有关单位的领导、专家近150人参加了会议。会议对国内外一些先进的节水技术进行了交流，抚顺石化分公司、锦州石化分公司等单位作了节水经验介绍。会议提出炼化企业必须走资源节约型和效益型的发展道路。

28日　国家西气东输工程建设领导小组办公室和中国石油天然气股份有限公司在北京联合举行西气东输项目天然气购销及管道运输意向书签字仪式。33家意向用户与中国石油签订了供用气意向书。

同日 股份公司直属机关党的工作会议在北京召开，总部机关各部门党支部、各专业公司及直属单位党委领导和党群部门负责同志150余人参加会议。集团公司党组成员、副总经理、股份公司高级副总裁任传俊，集团公司党组成员、股份公司监事会主席、直属机关党委书记李克成出席会议并作重要讲话。

28日 集团公司成立信息化工作领导小组，副总经理陈耕任组长，股份公司副总裁王福成、集团公司总经理助理刘海胜、股份公司科技与信息管理部总经理刘希俭任副组长，办公室设在集团公司规划计划部。

三 月

1日 股份公司高级副总裁任传俊在股份公司贵宾室会见了阿姆斯壮董事长麦瑞尔.H.阿姆斯壮先生。

同日 西气东输管道工程可行性研究阶段咨询服务招标开标仪式及评标会在北京召开，经过专家对美国UNIVERSAL ENSCO INC公司、美国海湾洲际工程公司GIE、法国SOFREGAZ公司、德国管道工程公司PLE、加拿大SNC—兰万灵公司等五家国际管道工程公司的评审，确定美国UNIVERSAL ENSCO INC公司为第一中标候选人。

同日 集团公司在海外的第一座加油站——苏丹喀土穆AIAmarat加油站落成。集团公司副总经理吴耀文、苏丹能矿部总秘书长哈桑、中国驻苏丹使馆大使邓绍勤为加油站开业剪彩。

2日 在国家863－CIMS主题15周年总结表彰大会上，乌鲁木齐石化分公司CIMS一期工程被评为应用示范单位。

7—11日 股份公司化工与销售分公司在抚顺石化分公司召开化工整体竞争力分析项目培训会。会议由美国著名的所罗门咨询公司介绍了化工装置的核算模型，并从宏观和微观方面对化工企业及产品的竞争力进行了全面分析。股份公司所属炼化企业近200多人参加了会议。

同日 中纪委常委兼秘书长吴定富、中央大型企业工委纪委书记张轰，在股份公司总裁黄炎、监事会主席李克成的陪同下视察能源一号网站。

9日 中国石油集团工程设计有限责任公司成立。工程设计公司机关设9个部门：办公室、财务部、人力资源部、计划与市场开发部、科技开发部、施工开车部、采购部。工程设计公司主要经营范围是：国内外石天然气、石油化工、长输管道和工业民用建筑的前期规划、工程总承包、相应的工程监理、技术服务等业务。

12日 集团公司印发《关于调整集团公司住房制度改革领导小组成员的通知》。《通知》明确集团公司房改领导小组组长由陈耕副总经理兼任，副组长由集团公司发展研究部主任严绪朝和股份公司总裁办主任李华民兼任。集团公司房改领导小组下设办公室，具体负责集团公司和股份公司住房制度改革日常工作。办公室设在发展研究部，发展研究部副主任黄望平兼任办公室主任。

13日 集团公司任命曾玉康同志为大庆石油管理局局长、党委副书记，徐绍铭同志为大庆石油管理局党委书记、副局长，免去张树平同志大庆石油管理局局长、党委书记、常委、委员职务。

同日 集团公司副总经理陈耕等一行7人对抚顺石化两大公司生产经营及改革发展情况进行调研。

15日 集团公司党组决定孙淑光同志为大庆油田有限责任公司党委书记，苏树林同志不再兼任大庆油田有限责任公司党委书记职务；于宝祥同志为大庆炼化分公司党委委员、书记，纪士寅同志不再担任大庆炼化分公司党委书记、委员职务。

同日 集团公司决定迟尚忠任中国石油集团工程设计有限责任公司总经理，集团公司党组决定刘毅任中国石油集团工程设计有限责任公司党委书记。

同日 为明确监察部门参加特别重大事故调查处理工作的职责，股份公司印发了《中国石油天然气股份有限公司监察部门参加特别重大事故调查处理的暂行办法》（试行）（石油监字［2001］66号）。

同日 西气东输工程钢管国产化工作正式开始，华北、宝鸡、沙市三个管厂参加试生产工作。

同日 根据股份公司上市后投资决策的需要，为了加强建设项目后期管理工作，提高项目经济评价水平，规范经济评价工作，股份公司印发《建设项目经济评价工作的若干规定》和《建设项目经济评价方法与参数》（石油计字［2001］68号）。

17日 集团公司召开“三讲”学习教育活动电视电话动员会议，中央组织部赴集团公司“三讲”学习教育活动指导检查组组长关敦到会讲话。集团公司党组书记、总经理马富才作动员报告，党组成员、副总经理郑虎对集团公司“三讲”学习教育活动作了具体安排，党组成员、纪检组组长李克成主持了会议。

集团公司党组成员阎三忠、黄炎、吴耀文、任传俊、陈耕、苏树林、贡华章以及股份公司领导在北京会场出席会议，126个企事业单位党政领导班子成员及有关负责人近3000人在59个分会场参加了会议。

17日　股份公司高级副总裁任传俊在钓鱼台国宾馆会见并宴请俄罗斯GAZPROM公司代表团。

同日　苏丹4区Shelungo－1井获商业发现，用19毫米油嘴自喷求产，折合日产原油532.7桶。这是苏丹大尼罗作业公司1997年接管1/2/4区作业以来，在4区勘探上首次获得的突破性进展。

22日　股份公司与美视电力集团（控股）有限公司签署《深圳美视妈湾油港油库有限公司股权转让合同》，股份公司收购深圳美视妈湾油港油库有限公司70％股权。

同日　中国石油天然气股份有限公司与BP GLOBLE INVESTMENTS LIMITED签署《经修订和重撰的合资经营合同》、《中油BP江门石油有限公司章程》、《成品油供应框架协议》、《加油站投入与运营管理协议》、《补偿金分担协议》。

同日　中国石油天然气股份有限公司与江门市旅游总公司签署《江门阿科威登堡燃料有限公司中方权益转让协议》。

23—24日　全国总工会书记处书记纪明波，全国政协委员、全国总工会书记处原书记张富友，工人日报社社长刘玉明，辽宁省总工会副主席张永福一行到辽河油田调研指导工作。

27日　股份公司机关“三讲”活动正式启动（详见专稿）。

27—28日　国家西气东输工程建设领导小组办公室、中国机械工业联合会、西气东输工程项目经理部，在北京联合召开西气东输工程建设装备国产化会议。会议就西气东输工程装备国产化问题对机械行业提出了目标和要求。

29日　马富才总经理、吴耀文副总经理在北京会见苏丹第一副总统塔哈。

30日　集团公司决定田玉军同志任玉门石油管理局局长、党委副书记，高玉江同志为玉门石油管理局党委书记，免去张东泉同志玉门石油管理局局长、党委书记、常委、委员职务。

31日　乌鲁木齐石化分公司化肥厂二尿素装置安全连续运行555天，刷新了全国四套布朗尿素生产装置连续运行最长的全国纪录。

四　月

2日　前郭石化分公司与吉林油田分公司石化公司合并重组，组建新的前郭石化分公司。

3日　股份公司召开2001年科技与信息工作电话会议。股份公司副总裁王福成出席会议并作重要讲话。会议总结了2000年科技与信息工作情况，部署了2001年科技与信息工作任务。

3—5日　《西气东输塔里木年输120亿立方米天然气总体开发方案》在北京通过了股份公司组织的专家组审查。

6日　股份公司机关召开“三讲”理论学习交流会（详见专稿）。

7日　中国石油天然气股份有限公司境外上市一周年。

9日　集团公司党组决定纪士寅同志为大连销售分公司党委委员、书记。

同日　股份公司决定沈庆凯为大连销售分公司总经理。

11日　股份公司总裁黄炎在北京会见埃克森高级副总裁达瀚（Rene Danan）先生。

12日　股份公司印发《中国石油天然气股份有限公司培训项目招标投标管理暂行办法》（石油人字［2001］99号），明确规范了股份公司培训工作招投标的原则和程序，为建立公司培训工作的市场化机制，提高培训质量，降低培训成本提供了依据。

同日　股份公司勘探与生产分公司组织对辽河冷家堡油田对外合作开发项目的开发方案进行了审查。

13—15日　集团公司2001年安全生产环境保护健康工作会议在大港油田无锡休养院举行。集团公司阎三忠副总经理、国家安全生产监督管理局郭新庆副司长出席会议并作了重要讲话。会议对大庆石油管理局、大连石油化工公司等11个先进管理企业和先进管理部门进行了表彰。

16日　苏丹喀土穆炼油厂航煤装置经过4个多月的紧张施工，一次投产成功，生产出合格产品，填补了苏丹航煤产品生产的空白。

17日　集团公司总经理马富才和委内瑞拉国家石油公司（PDVSA）总裁拉梅达将军代表双方在《奥里乳化油合作协议》上签字。江泽民主席和委内瑞拉总统查韦斯亲自出席了签字仪式。

同日　股份公司与 Jadeway International Limited (嘉德威国际有限公司) 签署《中国石油与 Jadeway International Limited 合作创办盘锦中油辽河沥青有限公司合同》、《盘锦中油辽河沥青有限公司章程》，成立辽河盘锦中油辽河沥青有限公司。通过合作，引进加拿大宝利福公司的全套改性沥青技术，为股份公司占领改性沥青市场提供了可靠的技术保障。

18 日　股份公司与日本 COSMO 公司签署人员培训协议。根据协议规定，双方利用日本国际石油交流中心资助的部分款项互派技术人员进行销售业务、信息管理培训及工厂管理、环保业务技术交流。

19 日　股份公司高级副总裁任传俊在北京会见 BP 集团中国公司总裁 Gary Dirks 先生。

同日　股份公司总裁黄炎在北京会见联合技术公司总裁兼首席运营官克拉派克先生。

20 日　股份公司总裁黄炎在北京会见日本亚洲交流协会代表团。

同日　中国石油天然气股份有限公司首届监事会第五次会议在北京召开。会议由李克成主席主持。会议议题如下：(1) 审议通过《首届监事会第五次会议有关议案表决办法》；(2) 听取财务部、普华永道中天会计师事务所和审计部关于公司 2000 年度财务决算和审计情况等汇报，审议通过《监事会关于审议公司 2000 年度财务报告的意见书》；(3) 听取人事部 2000 年度对总裁班子成员业绩考核情况汇报，审议通过《关于中国石油天然气股份有限公司总裁班子成员 2000 年度业绩考核意见书》；(4) 审议通过《监事会 2000 年度工作报告》；(5) 审议通过《关于聘用公司 2001 年度境内外会计师事务所的议案》；(6) 通报监事会工作。

22—23 日　股份公司首届董事会第十次会议在北京召开，会议由马富才董事长主持。股份公司董事出席了会议，股份公司监事和总裁班子成员列席了会议。本次会议共有七项议程：(1) 审议公司 2000 年度财务决算报告（附 2000 年度利润分配预案和截至 2000 年 12 月 31 日止年度之全年业绩公布）；(2) 审议公司 2000 年度报告；(3) 审议公司 2000 年度总裁工作报告；(4) 审议总裁班子成员 2000 年业绩完成情况的报告；(5) 审议关于召开 2000 年度股东年会的通告；(6) 审议提交 2000 年度股东年会关于修改公司章程议案的报告；(7) 审议提交 2000 年度股东年会授权董事会决定 2001 年中期利润分配的议案。

23 日　中国石油发布 2000 年度业绩公告。2000 年净利润达 552.31 亿元人民币，盈利为 H 股公司之冠，每股净利润 0.32 元人民币，增幅为 88.2%，资本回报率达 15%。

同日　集团公司党组决定方克礼同志为中国石油勘探开发研究院西北分院党委书记；股份公司决定刘全新为中国石油勘探开发研究院西北分院院长。

24 日　阎三忠副总经理会见阿曼石油大臣鲁姆希一行，共同探讨了中阿之间在石油天然气方面开展合资、加强合作以及进口阿曼天然气、发展工业领域合作的可能性。

同日　股份公司高级副总裁任传俊在北京会见壳牌中国公司总裁 Martin Bradshaw 先生。

同日　集团公司决定王根海任中国石油集团杭州地质研究所所长。

25 日　阎三忠副总经理会见俄罗斯战略研究所长科诺金，双方探讨了中俄双边合作及中国西部开发战略等问题。

同日　集团公司副总经理陈耕一行 6 人到大港油田，就生产、改革、发展以及“十五”计划等问题进行调研。

同日　集团公司召开了科技委员会第三次会议。会议审议并通过了集团公司“十五”科技发展计划、2001 年科技计划及中油股份公司 2001 年科技计划。

29 日　在全国总工会进行的 2000—2001 年年度先进评比中，集团公司苏树林等 27 人获得“五一劳动奖章”、辽河油田分公司等 7 个单位获得“五一劳动奖状”。

同日　“西气东输工程项目经理部”更名为“中国石油天然气股份有限公司西气东输管道分公司”，简称“中国石油西气东输管道分公司”，为股份公司直属地区公司，在业务上归口天然气与管道分公司管理。同意西气东输管道分公司在上海注册。

同日　迪那 2 井由于井喷失控着火。

30 日　集团公司和中国石化集团公司联合向国家计委报送西气东输工程项目可行性研究报告。

4 月　股份公司勘探与生产分公司组织审查了“西气东输”塔里木年输 120 亿立方米天然气的总体开发方案。股份公司副总裁罗英俊出席并听取汇报。该方案涉及“一大五中”六个气田。其中包括克拉 2 气田、英买七等 5 个凝析气田。动用天然气地质储量 4225 亿立方米，产能建设 139 亿立方米。

4 月　中国石油“九五”十大新闻揭晓。它们是：中央第三代领导集体亲切关怀中国石油工业；中国石油天然气集团公司“九五”为国家做出巨大贡献；中国石油天然气集团公司成立；集团公司实施重组改制，中国石油首次在海外成功上市；我国原油、成品油价格与国际接轨；我国政府决定兴建西气东输工程，天然气开发利用进入工业化阶段；王启民、秦文贵等重大典型走向全国，“石油英模现象”备受社会关注；第十五届世界石油大会在北京隆重召开；海外份额油产量大幅度增加；集团公司开展十大科技攻关。

五　月

1 日　在泰国曼谷召开的第二届亚细安化学工业科技成果博览会上，大庆石化分公司“大庆牌”尿素荣获优质产品金奖。这是该产品继今年被国家确认为首批免检产品后，再次获得的一项殊荣。

9 日　股份公司高级副总裁任传俊在北京会见 ABB 鲁玛斯总裁兼首席执行官 Joergen Centerman 先生。

10 日　股份公司印发《进一步加强工程项目管理工作的通知》（石油计字［2001］121 号），并要求对 1999 年以来竣工以及在建项目基本情况进行清查，加强工程项目管理，整顿建设市场，做到规范运作。

10—25 日　股份公司监事会办公室与监察室、炼油与销售分公司组成两个检查组，分别对东北、西北地区的部分炼厂 2001 年 1—4 月份成品油销售“四统一”规定执行情况进行了检查。另外，东北组还到大庆石化分公司和大庆炼化分公司进行了调研工作。

11 日　经国务院批准，国务院派驻中国石油天然气集团公司监事会正式进驻。集团公司在机关召开欢迎大会，监事会全体成员与机关各部门负责人和在京直属单位领导见面，集团公司总经理马富才、监事会主席王天凯分别在欢迎大会上作重要讲话。

同日　中国石油天然气总公司石油管材研究所更名为中国石油天然气集团公司管材研究所。

14 日　股份公司高级副总裁任传俊在北京会见 ASPEN 公司董事长兼首席执行官 Larry Evans 先生。

同日　集团公司副总经理吴耀文会见科威特加哈拉省省长谢赫·阿里·贾比尔·萨巴赫，双方就促进双方在石油化工及其他经贸领域的合作、在华投资等问题进行了探讨。

同日　股份公司印发《关于改进和加强股份公司法律工作的通知》（石油法字［2001］120 号），明确建立公司法律工作“双重管理，双向负责”的新体制和新机制，并开始在辽河油田等 6 个地区公司进行试点工作。

同日　股份公司炼油与销售分公司召开《两段提升管催化裂化技术工业化试验设计方案》评审会。

同日　乌鲁木齐石化分公司化肥厂二化装置连续安全运行 600 天，刷新了它自己创造的全国同类型装置连续安全运行最高纪录。

15 日　股份公司总裁黄炎在北京会见洛希尔国际投资银行集团董事长依扶林·洛希尔爵士。

同日　由股份公司化工与销售分公司组建的中国石油化工销售系统信息电子网络建成投入，从而全面推进了电子信息化。

同日　外商参与西气东输管道工程项目招商递交投资建议书工作顺利结束。股份公司共收到由 12 家外商分别组成的 7 家外国集团或公司递交的西气东输管道工程项目投资建议书。它们分别是：香港中华煤气；埃克森美孚与中电企业组成的集团；俄罗斯动力机械出口股份公司（集团）；BP 公司、马来西亚国家石油公司、三菱商事株式会社、日商岩井株式会社、伊藤忠商事株式会社五家公司组成的集团；美国管道公司（美国休斯敦国际检测公司）；由俄罗斯天然气股份有限公司和天然气建设运输公司财团组成的集团（OAO“GAZPROM”）；壳牌国际天然气有限公司。

同日　异型腈纶丝在大庆石化分公司腈纶厂研制成功。经显微镜观测及化验分析，产品的异型度、可染数、纤偏、纺丝上色率等质量指标均达到设计标准。用异型腈纶丝纺织出来的成品织物，除了具备腈纶化纤正常耐磨性、耐蛀性、高染色性等优点外，还具有良好的光泽性、透气性及挺括性。该种新产品在我国属第一次面世。

同日　股份公司高级副总裁任传俊在股份公司会议室接受华盛顿时报记者龙沛玲女士采访。

同日　为规范监察部门在招标投标活动中的监督行为，股份公司印发《中国石油天然气股份有限公司监察部门在招标投标工作中实施监督检查的暂行办法》（石油监字［2001］124 号）。

同日　苏里格庙地区上古生界砂岩储层及物性含气性预测项目在西安进行了公开招标，勘探开发研究院等 8 家科研单位及国外公司参加了投标。最终优选了 4 家单位承担了该项目的研究工作，并于 11 月通过验收。该项目的开展对在股份公司范围内进一步推广气藏预测技术起到了积极的促进作用。

17 日　集团公司副总经理吴耀文出席勘探开发公司与中国北方工业公司《战略伙伴合作协议》签字

仪式。集团公司副总经理郑虎宴请俄罗斯经济统计大学副校长霍罗申洛夫。

同日　新疆油田分公司克拉玛依石油化工厂、辽河油田分公司石油化工总厂、长庆油田分公司炼油化工总厂归股份公司直接管理，并分别更名为中国石油天然气股份有限公司克拉玛依石化分公司、中国石油天然气股份有限公司辽河石化分公司、中国石油天然气股份有限公司长庆石化分公司。

同日　国家对外贸易经济合作部印发《关于同意设立“中国石油天然气国际有限公司”的批复》（外经贸合函［2001］32号），批准中国石油天然气股份公司在英属维尔京群岛独资设立“中国石油天然气国际有限公司”。

同日　国家西气东输工程建设领导小组在北京召开会议，听取西气东输工程项目进展情况汇报。会议由国家计委副主任、国家西气东输工程建设领导小组组长张国宝主持。集团公司、中国石化集团公司汇报了可行性研究编制进展情况，豫、皖、苏、浙、沪五省市汇报了下游市场用气项目可行性研究进展，国家电力公司汇报了发电用气项目的可行性研究情况。

同日　长庆石化公司正式划转股份公司管理，成为直属地区分公司。

同日　柴达木盆地涩北气田正式向国家重点工程涩宁兰天然气管道供气。

18日　集团公司副总经理吴耀文会见委内瑞拉Bitor公司董事、PDVSA勘探开发板块计划部经理Marco Rossi，就双方合作事宜交换了意见。

19日　股份公司与山东省淄博市签订照付不议长期供用气合同。合同约定淄博市从2002年开始用气，2006年用气量达到3.4亿立方米，天然气门站价格为1.48元/立方米。

21—23日　长庆气田30亿产能地面工程整体通过股份公司组织的竣工验收。该工程是集团公司“九五”期间建设的国家大型能源建设项目，其建成投产为改善北京、西安、银川等大中城市的大气环境，改善能源结构，提高人民的生活质量有着显著的经济效益和社会效益。

21日　涩宁兰输气管道在完成主体工程安装后，在涩北至西宁段点火成功（详见专稿）。

22日　股份公司机关召开“三讲”学习教育活动总结大会（详见专稿）。

23日　股份公司高级副总裁任传俊在北京会见康泰斯总裁兼首席执行官Thomas McGannon先生。

同日　股份公司总裁黄炎在北京会见SPP公司董事白伯乐（Norton Belknap）先生。

同日　股份公司总裁黄炎在北京会见埃克森天然气营销副总裁Rob Fisher先生。

同日　集团公司召开2001年科技工作电话会议。集团公司副总经理阎三忠在会上作重要讲话。会议提出了“十五”期间集团公司科技工作的任务和要求。大庆石油管理局、吉化集团公司、地球物理勘探局和管材研究所等4个单位作了发言。

23—31日　股份公司副总裁罗英俊带队到长庆、玉门油田分公司就加快上产步伐进行现场调研。

24日　股份公司总裁黄炎在嘉里中心饭店会见普华永道合伙人James Crump先生。

28日　股份公司副总裁王福成到大港油田分公司调研指导安全工作。

30日　国家计委《关于西气东输管道工程外商投资建议书评估意见及有关问题的批复》（计办产业［2001］604号），同意中国石油天然气股份有限公司关于拟定埃克森美孚集团、壳牌公司、BP集团为招商评估第一轮短名单的意见。要求按照计产业［2001］2310号文件精神，根据实际情况确定中外合营方式、投资股比等。

同日　股份公司设立中国石油天然气股份有限公司大连润滑油厂、中国石油天然气股份有限公司抚顺润滑油厂，隶属中国石油润滑油公司管理。

31日　集团公司副总经理阎三忠会见新加坡石油公司执行总裁利昂·考德荣（Leon Codron），探讨了双方未来发展合作的可能性。

5月　集团公司承担的“叠合盆地油气形成富集理论与分布预测”和“大幅度提高石油采收率的基础研究”两项国家“973”应用基础研究项目通过了由国家科技部组织的专家评估。

六　月

1日　集团公司总经理马富才会见美国菲利普斯石油公司董事长兼首席执行官J.J.Mulva，探讨了双方今后的发展与合作。

3日　股份公司以《关于西气东输工程首批直缝钢管招标中标推荐单位的批复》（石油气字［2001］142号），同意欧洲钢管公司作为西气东输管道首批直缝钢管招标第一中标商，授标的合同数量控制在总招标量的三分之二，其余采购量同意授予日本住友金属、新日铁和意大利 ILVA。

5日　集团公司副总经理陈耕出席世界石油大会中国国家委员会及四大集团联合举办的联谊活动。

6日　马富才总经理会见俄罗斯天然气公司副总裁雷祖年柯，就共同感兴趣的问题交换了意见。

7日　股份公司决定王立学为中油 BP 江门石油有限公司总经理。

8日　中共中央政治局常委、国家副主席、中央军委副主席胡锦涛视察哈密石油基地（详见专稿）。

同日　集团公司党组决定曾宪君同志为前郭石化分公司党委书记；股份公司决定曾宪君为前郭石化分公司总经理。

同日　股份公司 2000 年度股东年会在北京中国大饭店召开（详见专稿）。

8—19日　塔里木盆地库车坳陷秋里塔格构造带东段迪那 2 号构造上钻探的迪那 2 井，在第三系获日产油 145.2 立方米、日产天然气 217.8 万立方米；4 个月后，迪那 1 号构造上钻探的迪那 11 井，在第三系获日产油 70.4 立方米、日产天然气 116 万立方米。这是继克拉 2 气田发现之后，在库车坳陷勘探上取得的又一重大突破。

9日　集团公司党组决定张国旗任冀东石油勘探开发公司党委委员、书记，免去李允富同志冀东石油勘探开发公司党委书记、委员职务。

12日　集团公司总经理马富才，集团公司副总经理、股份公司总裁黄炎、股份公司副总裁罗英俊等一行到宁夏石化分公司实地调研，并对企业生产、经营、改革、发展等各项工作做出重要指示，点明了企业的发展思路。

同日　股份公司印发《中国石油天然气股份有限公司“十五”业务发展计划》，计划分 6 个分册：《总论及勘探与生产》、《化工与销售》、《炼油与销售》、《天然气与管道》、《科技与信息》、《质量安全环保》。

13日　集团公司马富才、黄炎等领导到苏里格气田调研，明确指出“十五”期间长庆天然气勘探开发新目标。

14日　股份公司勘探与生产分公司组织对吉林大情字井油田开发方案进行了审查。

18日　集团公司副总经理陈耕带领集团公司、股份公司有关部门领导到大庆石化检查工作。

同日　中国石油天然气总公司中心医院更名为中国石油天然气集团公司中心医院。

19日　集团公司总经理马富才、股份公司总裁黄炎、副总裁罗英俊一行到陕西销售分公司视察工作。

同日　在团中央召开的全国青年文明号信用建设示范行动推进会暨杰出青年文明号表彰大会上，塔里木油田分公司塔中作业区、大庆石油管理局物探公司地震五大队 2287 青年突击队被命名为“全国杰出青年文明号集体”。辽河石油勘探局油建一公司涩宁兰管道工程青年突击队、大港油田集团有限责任公司钻井工程公司 50514 队、抚顺石化公司石化二厂青年志愿者服务站、辽宁销售分公司加油中心、陕西销售分公司西安市公司大庆路加油站 5 个集体被确定为全国青年文明号信用建设示范创建单位。

20日　集团公司与苏丹聚丙烯项目合同签字仪式在北京举行，勘探开发公司总经理周吉平和苏丹能矿部总秘书长哈桑代表双方在协议书上签字，集团公司副总经理吴耀文出席签字仪式。

21日　西气东输工程招标确定，中油郎威监理有限公司作为西气东输管道工程监理总部的中方中标商；大庆/四川石油天然气监理联合体中标库尔勒监理分部；中油郎威监理有限公司中标临汾监理分部；兴油/中洲监理联合体中标郑州监理分部；胜利/辽河/大港监理联合体中标南京监理分部。

同日　国土资源部与股份公司在郑州联合召开了西气东输工程建设用地协调会，西气东输管道公司及西气东输工程沿线各省、自治区、直辖市国土资源厅（局）的代表出席会议。国土资源部就管道地下使用权（通行权）的用地问题、建设征（占）用地的报批程序和费用、先行用地问题、管道维修道路问题给予了明确答复。会上，由国土资源部耕地保护司牵头，西气东输工程沿线各省、自治区、直辖市国土资源厅（局）及西气东输工程建设单位共同组成西气东输工程用地协调小组，并确定了小组成员名单，同时要求沿线各省、自治区、直辖市成立县（市）级西气东输建设用地协调小组。

22日　股份公司总裁黄炎在北京会见通用电气公司高级副总裁 John Rice 先生。

同日　集团公司党组决定陈吉庆同志为中国石油西气东输管道分公司党委书记；股份公司决定陈吉庆为中国石油西气东输管道分公司总经理。

同日　集团公司决定张国旗为冀东石油勘探开发公司经理，免去李允富冀东石油勘探开发公司经理职务；集团公司党组决定王宜林同志为新疆石油管理局党委书记，免去谢志强同志新疆石油管理局党委书记、常委、委员职务。

26日　股份公司直属机关党委召开“纪念中国

共产党成立80周年暨创先争优评选表彰大会”。股份公司管理层领导出席大会，股份公司高级副总裁任传俊主持大会，股份公司总裁黄炎、股份公司监事会主席、直属机关党委书记李克成作重要讲话。会上，股份公司直属机关党委对先进基层党支部、优秀党务工作者、优秀共产党员、廉洁自律模范干部、优秀纪检监察干部进行了表彰。先进集体和先进个人的代表在会上作了交流发言。

27日 集团公司总经理马富才会见了美国高盛公司董事总经理、全球股本市场部主管 Michael J.Evans，双方就合作中的具体事宜交换了意见。

29日 集团公司在北京召开纪念中国共产党成立80周年暨表彰大会（详见专稿）。

30日 大港至沧州输气管道建成投产。

同日 “西气东输工程钢材国产化工作协调会”在北京召开。会议贯彻落实国家计委关于西气东输管道工程用钢材国产化的要求，加速X70级钢材国产化进程，具体落实国内钢厂、制管厂设备安装、技术改造进度及供货周期和供货能力，为西气东输工程用钢材、钢管招标做好准备，国内4家钢铁公司、8家制管厂以及有关单位的代表出席会议。国家西气办、国家经贸委、中国钢铁工业协会、中国石油天然气集团公司、中国石油天然气股份有限公司等有关部门的领导应邀出席会议。

七　　月

1日 集团公司党组发出通知，要求广大党员干部认真学习贯彻江泽民总书记在庆祝中国共产党成立80周年大会上的重要讲话。

2日 集团公司党组决定张友林同志为克拉玛依石化分公司党委书记；刘文华同志为辽河石化分公司党委书记；张锋同志为长庆石化分公司党委书记。

同日 股份公司决定张友林为克拉玛依石化分公司总经理；李占宁为辽河石化分公司总经理；张喜文为长庆石化分公司总经理。

同日 集团公司决定黄勇华任中国石油天然气第六建设公司经理，免去邹学绅中国石油天然气第六建设公司经理职务。同日，集团公司党组任命杨庆前同志为中国石油天然气第六建设公司党委书记，免去梁福源同志中国石油天然气第六建设公司党委书记职务。

3日 集团公司副总经理吴耀文会见了厄立特里亚能源矿产部部长特斯法耶·格布勒塞拉西，双方探讨了今后合作的可能性。

同日 集团公司对所属单位印发了《中国石油天然气集团公司高新技术产业科技贷款项目管理暂行办法》。

同日 股份公司炼油与销售分公司在大连主持召开“SOLOMON炼油企业竞争力评价分析报告会”。

4日 人大副委员长邹家华视察大连西太平洋石油化工有限公司，在听取了生产经营情况汇报后，邹家华对公司各项工作和取得的成绩表示赞赏。并指出，各企业要千方百计研究节水问题，同时搞好污水处理，争取中水利用，为城市节水作出贡献。

4—6日 国家西气东输工程建设领导小组办公室在郑州召开照付不议合同文本研讨会。中外专家就照付不议合同的机制、要点、结构、风险等方面进行了讨论。国家电力公司、上海市计委、浙江省计委分别介绍了各自拟订的照付不议合同。

6日 中油和黄信息技术有限公司召开董事会第一次会议，并举行开业庆典。“能源一号”电子商务网站投入试运行，标志着石油天然气行业的电子商务工作正式展开（详见专稿）。

7日 集团公司总经理马富才赴乌鲁木齐石化分公司检查指导工作，并对乌鲁木齐石化发展提出了要求。

8日 华北石油钢管厂大口径螺旋管生产线建成投产，填补了国内空白。

10日 集团公司副总经理吴耀文会见了伊拉克石油部部长拉希德，双方就合作中的有关问题交换了意见。

同日 塔中四油田产能及配套工程获国家颁发的“国家优质工程金奖”。该工程是针对塔里木盆地，特别是塔中地区特殊的地质条件建成的国内最大的流动性沙漠腹地油气处理联合站及系统工程。

12—13日 股份公司化工与销售分公司归口管理企业物资采购经验交流会在大庆石化分公司召开。股份公司张新志副总裁作了重要讲话。会议认真总结交流了股份公司物资采购管理工作经验，讨论并出台了《化工与销售分公司物资采购管理暂行规定》。在化工与销售分公司归口管理企业全面推行电子商务。

12—15日 塔里木牙哈凝析气田通过股份公司组织的竣工验收。该项目为目前国内规模最大的采用循环注气部分保持地层压力方式开发的高压整装凝析气田，对今后深层凝析气田的开发建设具有指导意义。牙哈凝析气田在深层高压气田开发建设方面所取得的成功经验，对西气东输气田建设具有重要的先导作用。

14—22 日　塔里木盆地塔西南坳陷喀什凹陷阿克莫木构造上钻探的阿克 1 井，在白垩系获日产天然气 11.9 万立方米，新增天然气控制储量 123.7 亿立方米，实现了喀什凹陷勘探的首次突破。

15 日　中国国家发展计划委员会、俄罗斯联邦政府能源部、中国石油天然气集团公司、俄罗斯管道运输公司、俄罗斯尤科斯石油公司签署《中国石油天然气集团公司和俄罗斯管道运输公司、俄罗斯尤科斯石油公司关于开展铺设俄罗斯至中国原油管道项目可行性研究主要原则的协议》。

同日　中国石油天然气集团公司和俄罗斯尤科斯石油公司签署《关于安加尔斯克—满洲里—大庆原油管道俄罗斯原油定价原则和价格公式的会谈纪要》。

17—18 日　集团公司住房制度改革工作会议在北京召开。集团公司领导阎三忠、任传俊、陈耕、贡华章等出席会议。副总经理阎三忠、陈耕作重要讲话。126 个单位、200 余人参加会议。与会代表对集团公司深化住房制度改革、实行住房分配货币化的实施方案进行讨论，并达成共识。

20 日　我国最大的污水回用装置在抚顺石化分公司石油二厂净水车间一次开汽成功。

23 日　股份公司勘探与生产分公司组织对吉林英台地区滚动开发方案进行了审查。该方案是股份公司第一个规模较大的滚动开发方案，是在只有极少探明储量，绝大部分都为预测和控制储量的条件下编制的。由此打破了过去开发方案编制必须以探明储量为基础的规定，为勘探开发一体化工作思路的提出奠定了实践基础。

同日　西气东输项目招商合作谅解备忘录签署（详见专稿）。

同日　股份公司印发《中国石油天然气股份有限公司建设项目后评价工作管理办法和后评价报告编制规定及后评价情况简表》（石油计字［2001］195 号）。

25 日　股份公司石蜡升级项目“喷雾脱油生产微晶蜡”在抚顺石化分公司石油一厂新建试验装置上进行了正式试验，得到合格的 70#、75# 微晶蜡，达到了一级品标准，完成了工业验证试验方案考察，为 8000 吨/年工业化装置的建设奠定了基础。

25—28 日　股份公司勘探与生产分公司与集团公司中加阿尔伯达石油中心共同举办了第一次“油气勘探项目管理研讨会”。

26 日　国家计委发布了《国家计委关于调整原油管道运输价格的通知》（计价格［2001］1377 号），决定自 2001 年 8 月 1 日起适当提高执行国家统一运价的输油管线价格。

同日　集团公司成立环境工程技术中心。

27 日　全国石油行业第七届国税征管研讨会在辽河油田召开。国家税务总局、集团公司、股份公司、辽河油田分公司、勘探局以及盘锦市有关领导出席了会议。

27—28 日　塔里木盆地库车坳陷秋里塔格构造带西段却勒 1 号构造上钻探的却勒 1 井，在下第三系获日产油 82.5 立方米、天然气 3 万立方米，实现了库车坳陷找油新突破。

30 日　集团公司印发《中国石油天然气集团公司关于贯彻质量管理体系国家标准的实施意见》；《中国石油天然气集团公司石油工程技术服务企业及施工作业队伍资质管理规定》。

31 日　股份公司与美国贸易发展署签署《建立中国石油污染物排放在线检测系统可行性研究》的资助协议。此协议总金额为 37.5 万美元，由勘探开发研究院廊坊分院与美国格恩实公司联合实施。

7 月　大庆石油管理局党委、吉林油田分公司党委、吐哈石油勘探开发指挥部井下作业公司党委、新疆石油管理局钻井公司 45188 队党支部 5 个单位被中组部评为“全国先进基层党组织”；吉化股份有限公司供应分公司党委书记、经理徐元祥被评为“全国优秀党务工作者”。

7 月　集团公司派人参加了国务院支援三峡工作会议。会后，集团公司按照会议要求，从讲大局、讲政治的角度出发，自 1994 年以来，在对口支援开县资金 1200 万元、8 个项目和一个医院的迁建的基础上，决定继续支持三峡库区的发展。并按照国务院朱总理关于“三有一无”（有市场、有资源、有效益，无污染）的要求，本着双方共同受益、共同发展的原则，选择了支持项目。根据四川的天然气资源丰富，能源需求潜力比较大，地方政府、交通、用户都参与了投资，各个方面都有积极性的情况，由集团公司出资 400 万元，共同建设一座加气站，为支援三峡做出了积极的贡献。

八 月

1日 股份公司高级副总裁任传俊会见泰克尼蒙特驻中国首席代表葛莱克先生。

同日 西气东输管道公司发布实施《西气东输管道工程线路施工及验收规范》等16项中国石油西气东输管道分公司企业标准（西气东输工技字［2001］25号文）。

3日 股份公司印发《人身安全十大禁令》等8项安全制度（石油化字［2001］205号）。

同日 股份公司印发《中国石油天然气股份有限公司炼化专业工程承包商安全管理规定》等11项安全管理规定（石油化字［2001］206号）。

4日 中央机构编制委员会批复同意石油大学广州培训部更名为广州石油培训中心，事业编制不变。

5日 全国催化裂化协作组第八届年会在大庆石化分公司炼油厂召开，石油石化系统81个单位的246名代表参加会议。中国科学院院士侯芙生等领导及有关专家出席了本届年会。

9日 股份公司总裁黄炎在北京会见汇丰银行全球总裁 Stephen Green 先生。

10日 陕京输气管道地下储气库扩建工程开工建设。

13日 中国国际工程咨询公司主办，股份公司协办，在北京陶然大厦召开“西气东输工程可行性研究评估会”，会议分别由中咨公司总经理王武龙、副总经理任苏行主持，新疆自治区、河南省、安徽省、江苏省、浙江省、上海市以及国家计委、国家电力公司、中国石化集团的代表出席了会议。股份公司汇报了有关西气东输工程可行性研究评估情况，与会各省市及国家电力公司和中国石化集团公司的代表对可行性研究评估提出了修改意见。

同日 股份公司陕西销售分公司与集团公司陕西省石油总公司两机关合署办公。历经三个多月的未上市销售企业重组改革工作10月底全面完成。重组后，存续公司95个县级公司撤销了同城同区8个县级公司后，新组建为87个股份公司县级分公司。

15日 集团公司党组决定张晓霈同志任吉化集团公司经理、党委副书记，李志深同志任吉化集团公司党委书记、副经理，免去朱忠民同志吉化集团公司经理、党委书记、常委、委员职务。

同日 集团公司总经理马富才在莫斯科会见俄罗斯天然气公司副董事长，中俄油气合作交换意见。

20日 国土资源部组织专家组审查由中国地质环境监测院编制的《西气东输管道沿线建设用地地质灾害危险性评估报告》。

同日 甘肃省庆化集团有限责任公司划归集团公司管理。

同日 宝鸡石油钢管厂举行了大口径螺旋钢管生产线竣工投产剪彩仪式。全国政协常委、原陕西省委书记张勃兴、集团公司副总经理郑虎、中油股份公司副总裁史兴全出席了剪彩仪式。

21日 股份公司与BP AMOCO p.l.c天然气公司签署了《中国石油天然气股份有限公司与BP AMOCO p.l.c 天然气公司合资框架协议的补充协议》。

21—22日 国家安全生产监督管理局组织专家审查由北京中油建设项目劳动安全卫生预评价有限公司编制的《西气东输管道工程劳动安全卫生预评价报告》。

同日 抚顺石化重油接触裂解制乙烯（HCC）工业化试验工程建设总体部署落实会在抚顺石化 HCC 工程现场召开。

22日 中国石油、中国科学院天然气化工利用中试基地在大庆石化分公司研究院揭牌。集团公司党组成员、副总经理、股份公司高级副总裁任传俊，中国科学院副院长江绵恒、杨柏龄，大庆市委书记刘海生为基地揭牌。股份公司张新志副总裁以及大庆市人民政府、大庆油田有限责任公司、大庆石油管理局、大庆炼化分公司和林源炼油厂等单位的领导同志出席了揭牌仪式。双方签署了《中国石油、中国科学院天然气化工中试基地合作协议》。

22—23日 国家环境保护总局环境影响评估中心组织专家对新疆环境保护科学研究所、国家环境保护总局南京环境科学研究所分别编制的《西气东输工程新疆段环境影响报告书》和《西气东输工程江苏—上海段环境影响报告书》进行了审查，并已批复。

23日 西气东输工程招标委员会第九次会议研究决定：中国石油管道第三工程公司中标西气东输管道工程线路施工第1标段；大庆油田建设公司中标第24标段；中国石油天然气管道第一工程公司中标第25标段；胜利石油管理局工程建设一公司中标第26标段；中国石油天然气管道第二工程公司中标第27标段。

28日 重油接触裂解制乙烯工业化试验工程建

设开工典礼仪式在抚顺石化分公司石油二厂举行。股份公司高级副总裁任传俊、副总裁张新志，辽宁省副省长刘国强、省长助理杨宝善，抚顺市市长彭益民以及股份公司有关部门和抚顺石化等单位负责人参加了开工典礼仪式。任传俊、刘国强、彭益民等领导在开工典礼仪式上讲了话。

同日　股份公司任命李斌为电子商务办公室副主任。

28日　阎三忠副总经理会见了马来西亚PETRONAS公司副总裁马瑞·本·穆罕默德，就双方合作问题交换了意见。

29日　股份公司首届董事会第十一次会议在北京召开。阎三忠副董事长主持了会议，股份公司董事出席了会议，股份公司监事和总裁班子成员列席了会议。本次会议共有五项议题：（1）审议公司2001年上半年度财务决算报告（附：截至2001年6月30日止6个月之中期业绩公布）；（2）审议公司2001年度中期利润分配方案；（3）审议公司关于2001年投资计划调整议案；（4）审议公司机构及人事变更议案包括：①审议董事会秘书变更议案；②审议公司副总裁人事变更议案；③审议公司机构设置方案；（5）审议关于中国石油天然气股份有限公司发行上市A股的议案。

同日　股份公司首届监事会第六次会议在北京召开。应到会监事7人，实际到会7人。会议由李克成主席主持。会议议题：（1）听取财务总监王国樑关于《中国石油天然气股份公司2001年度上半年财务决算报告》和《中国石油天然气股份公司2001年度中期利润分配方案》情况汇报；（2）听取普华永道会计师事务所王明甫关于《2001年6月30日审阅发现事项》情况汇报；（3）听取审计部副总经理陈桂儒关于《上半年公司内部审计工作报告》；（4）审议通过《关于首届监事会第六次会议有关议案表决办法》；（5）审议通过《中国石油天然气股份有限公司首届监事会第六次会议关于公司2001年度中期财务决算报告审查意见书》；（6）审议通过《中国石油天然气股份有限公司首届监事会第六次会议关于公司2001年度中期利润分配方案审查意见书》；（7）讨论通过《中国石油天然气股份有限公司监事巡视制度》。

30日　股份公司总裁黄炎会见高盛亚洲总裁Richard Gnodde先生。

同日　股份公司高级副总裁任传俊在股份公司会议室会见苏尔寿公司董事长L.E.Vannotti先生。

同日　股份公司高级副总裁任传俊在股份公司贵宾室会见国际能源署副署长。

同日　集团公司党组任命刘海胜、周吉平、段文德为集团公司总经理助理，史训知不再担任集团公司总经理助理职务。集团公司党组任命冯振清同志为宝鸡石油机械厂党委书记，免去张冠军同志宝鸡石油机械厂党委书记职务。

同日　集团公司对所属单位印发了《中国石油天然气集团公司石油工程技术服务企业及施工作业队伍资质管理规定》。

同日　准噶尔盆地腹部马桥凸起盆4井北背斜钻探的盆5井在侏罗系三工河组获日产油82立方米、天然气25万立方米，发现了莫索湾油田，探明、预测储量近亿吨。盆5井的突破，揭开了腹部勘探的新篇章，标志着整个莫索湾地区勘探进入一个崭新阶段，使莫索湾油田已初步呈现出一个亿吨级规模的大油田雏形。

同日　台湾中鼎工程股份有限公司中标西气东输管道工程长江三江口盾构法隧道工程设计及施工总承包。

九　月

3日　股份公司组建中国石油国际事业有限责任公司，为股份公司控股子公司。

同日　股份公司组建中国石油天然气国际（勘探开发）有限公司。该公司在英属维尔京群岛（British Virgin Islands）注册，为股份公司境外全资子公司。

同日　经股份公司首届董事会第十一次会议审议通过，将监察室与人事部分立，单独成立监察部，内设两个处，人员编制由8人调整为10人。

同日　股份公司决定刘宝和为股份公司副总裁兼勘探与生产分公司总经理，罗英俊不再担任股份公司副总裁兼勘探与生产分公司总经理职务；寿铉成为中国石油天然气国际（勘探开发）有限公司总经理；陈桂儒为股份公司审计部总经理，免去白新贺股份公司审计部总经理职务；陈明为股份公司监察部总经理。

4日　股份公司总裁黄炎会见日石三菱株式会社社长渡文明先生。

5日　股份公司机关召开干部大会，宣布股分公司副总裁、勘探与生产分公司总经理罗英俊退休，刘宝和接任股份公司副总裁、勘探与生产分公司总经理职务。

6日 股份公司总裁黄炎在北京会见壳牌公司亚洲及环太平洋地区勘探与开发执行董事长 Tim Warren 先生。

同日 涩宁兰输气管道在完成主体工程安装后，在西宁至兰州段点火成功（详见专稿）。

同日 集团公司印发《关于办公自动化系统建设立项实施的通知》和《关于石油计算机网络二期工程立项实施的通知》，这标志着集团公司两项“十五”信息化工程正式启动。

7日 集团公司对所属单位印发《关联交易结算管理暂行办法》。

8日 国家计委、中国石油天然气集团公司同俄罗斯联邦能源部、俄罗斯尤科斯石油公司、俄罗斯管道运输公司签署了《中俄关于共同开展铺设俄罗斯至中国原油管道项目可行性研究工作的总协议》。

9—10日 国家西气东输工程建设领导小组第三次工作会议在上海召开（详见专稿）。

11日 股份公司高级副总裁任传俊在股份公司贵宾室会见美国卫星视频技术公司罗纳德·莫纳克董事长。

同日 股份公司与美国贸易发展署签署“西气东输工程监理人员培训”的资助协议。此协议总金额为46.8万美元，由西气东输分公司与美国国际工程公司联合实施。

12日 股份公司经国家科技部批准在大连召开“中日石油研讨会”。150人出席会议，其中日方45人，任传俊高级副总裁出席会议并讲话。会议就石油天然气市场需求预测、石油天气发展战略与环境问题、资源开发战略及投资风险等进行了研讨。

同日 股份公司组建中国石油天然气股份有限公司大庆化工销售中心。

13日 股份公司大港油田分公司与大港油田集团有限责任公司合作开发塘沽油田已探明未动用储量签字仪式在大港油田举行。股份公司副总裁刘宝和以及相关领导出席了签字仪式。

14日 集团公司决定将原由中国石油工程建设（集团）公司所属的中国石油天然气第一建设公司、第六建设公司和第七建设公司作为中油国际工程有限责任公司的直属企业管理。

同日 甘肃省庆化集团有限责任公司更名为中国石油集团庆阳炼油化工有限责任公司。

15日 全国政协副主席周铁农及全国政协部分无党派委员考察团一行22人，在盘锦市政协有关人员的陪同下到辽河油田考察指导工作。

16日 集团公司印发《中国石油天然气集团公司关于在外投外借资金清查工作中实施责任追究和奖励的办法》的通知。

17日 集团公总经理马富才出席在上海召开的世界石油大会首届区域会议纪要——亚洲地区会议，并代表中国石油天然气集团公司、中国石油化工集团公司、中国海洋石油总公司几中国化工进出口总公司致辞（详见专稿）。

18日 集团公司总经理马富才会见印度石油及天然气部部长 Shri Ram Naik，探讨今后开展合作的可能性。

同日 集团公司总经理马富才会见韩国国家石油公司总裁李秀勇，探讨了合作的可能性。

同日 集团公司总经理马富才、吴耀文副总经理出席中国石油天然气集团公司、中国石油化工集团公司、中国海洋石油总公司、中国化工进出口总公司联合举办的世界石油大会亚太地区分会招待会。

同日 集团公司副总经理吴耀文出席2001年上海石油石化展览会开幕式。

集团公司副总经理吴耀文会见伊拉克石油部第一副部长 Taha Humud Musa，就双方的合作项目交换了意见。

同日 西气东输管道工程（试验段）第25标段（丹徒丹阳界—常州无锡界）开工。同日，延水关黄河隧道施工开工。

同日 股份公司中国联合石油有限责任公司和抚顺市政府2001年中国石油石蜡会议在抚顺召开。集团公司副总经理阎三忠、中国联合石油有限责任公司总裁王利华、抚顺市市委书记周银校、抚顺市市长彭益民等领导和来自国内外200多名石蜡生产商、销售商、客户和技术专家出席了会议。

同日 股份公司印发《关于下达股份公司2001年第三批投资计划的通知》（石油计字［2001］248号），追加勘探开发投资23.36亿元，以确保原油产量计划完成。

同日 股份公司印发《关于下达第一批建设项目后评价计划的通知》（石油计字［2001］247号），并首先下达了第一批股份公司管理的3个后评价项目计划。

20日 西气东输管道工程（蚌埠）淮河定向穿越工程开工。

21—24日 西气东输价格课题研究第四次会议在新疆乌鲁木齐召开。出席会议的有国家计委价格司、股份公司、西气东输管道分公司、塔里木油田分公司、管道沿线各省市物价局及中国石化集团公司的有关领导和专家。

22日　西气东输管道工程新疆轮南—库尔勒试验段（第一标段）开工。

23日　中国石油西气东输管道分公司与中国石油管道公司在京签署了《西气东输管道运行管理框架协议》，股份公司副总裁史兴全、西气东输管道分公司总经理陈吉庆、管道公司总经理黄维和出席了签字仪式。

24日　股份公司印发《关于加强小汽车管理工作的通知》（石油计字［2001］256号）。规范小汽车审批程序和管理办法。

25日　中国石油天然气集团公司、俄罗斯尤科斯石油公司、俄罗斯管道运输公司签署《中俄原油管道项目可行性研究指导委员会第一次会议纪要》。

26日　全国最大稠油污水处理厂——新疆六、九区3.5万立方米/日稠油污水处理厂投产。通过技术攻关，2万立方米稠油污水达到外排标准，另1.5万立方米污水达到回注标准。

同日　西气东输管道工程第26标段（常州无锡界—十字洋河西）试验段开工。同日，长江三江口盾构穿越施工开工。

28日　股份公司总裁黄炎在股份公司贵宾室会见高盛集团总裁约翰·宋唐先生。

同日　股份公司监事会主席李克成一行5人向中国证监会汇报工作。

同日　西气东输管道工程江苏—上海试验段（第27标段）开工。

29日　全长463千米靖咸输油管道顺利投产。该管道投资74199.35万元，是长庆油田分公司第一条最长、落差最大、变径最多、施工最难的管线，也是陕西省境内的第一条长输管道。

十　　月

8日　集团公司总经理马富才会见美国通用电气公司董事长兼首席执行官伊梅尔特，双方就今后的合作交换了意见。

同日　股份公司总裁黄炎在股份公司会议室会见JP摩根亚太区主席 Ralph Parks 先生。

9日　集团公司总经理马富才会见了台湾中国石油股份有限公司总经理潘文炎。阎三忠副总经理会见台湾中国石油股份有限公司总经理潘文炎并出席中国石油天然气集团公司与台湾中国石油股份有限公司合作意向书签字仪式。

同日　股份公司与台湾中油公司在北京召开“石油贸易研讨会”。双方就今后在石油炼制技术及贸易方面的合作事宜进行了探讨。台湾中油公司总经理潘文炎先生率团出席会议。股份公司高级副总裁任传俊、副总裁林青山分别会见代表团。会后，代表团赴大庆油田责任公司、大连石化分公司及大连销售分公司参观访问。

9日—11月5日　股份公司在成都召开油气勘探年会。13个油气田分公司和直属研究院所领导及有关人员参加了会议。会议全面总结了2001年勘探成果，对石油天然气三级储量完成情况进行了审查，明确了2002年油气勘探工作安排、实现2002年油气勘探发展目标的思路与做法以及油气勘探的部署原则与预期工作目标。股份公司副总裁、勘探与生产分公司总经理刘宝和、股份公司总地质师贾承造出席了会议，并在会议结束时做了重要讲话。

10日　集团公司决定于力同志为抚顺石油化工公司经理、集团公司党组决定于力任抚顺石油化工公司党委委员、常委、党委书记，免去孙圣贵同志抚顺石油化工公司经理、党委书记、常委、委员职务。

13日　集团公司副总经理吴耀文会见美国非洲问题专家，美国佛罗里达大学政治系教授戈兰·海登及美国依阿华大学政治系教授约耳·巴肯，我方介绍了中国在非洲的石油开发情况。

15日　股份公司副总裁张新志在股份公司贵宾室会见加拿大阿尔伯达环境部高级政策顾问 Don Macdonald 先生率领的代表团。

17日　股份公司董事长马富才在北京会见俄罗斯铝业总裁 Deripaska 先生。

18日　集团公司技术能手表彰大会在北京召开，总经理马富才在大会上作重要讲话，副总经理黄炎主持会议，党组成员、纪检组组长李克成代表集团公司宣读了表彰决定。劳动和社会保障部副部长林用三出席会议并作重要讲话。106名技术能手受到表彰与奖励。

同日　集团公司决定蒿成任集团公司离退休职工管理局局长，免去李文振集团公司离退休职工管理局局长职务。

22日　陕甘宁盆地陇东地区西16井区、西18井于长8油层获日产油18.7吨工业油流。

23日　股份公司高级副总裁任传俊在京城大厦

会见了 BP 中国公司德开瑞总裁先生。

同日　股份公司在廊坊召开油气田开发技术座谈会。会议认真总结交流了“九五”以来油气田开发生产成果、技术发展状况和管理经验，分析了面临的形势，明确了开发生产必须承担的重要使命，确定了今后一个时期油气田开发生产发展战略、技术对策和工作部署。董事长马富才、总裁黄炎、高级副总裁任传俊、李克成、王福成、罗英俊、史兴全、刘宝和、林青山、张新志、沈平平、贾承造等领导出席了会议。

25 日　股份公司高级副总裁任传俊在股份公司贵宾室会见了道达尔菲纳埃尔夫中国公司杜博思总裁。

同日　股份公司中美微生物采油技术研讨会在大港油田召开。

26 日　集团公司对所属单位印发了《中国石油天然气集团公司信访工作暂行规定》。

同日　股份公司电子商务办公室更名为电子商务部。

30 日　股份公司总裁黄炎会见了德意志银行首席执行官 Michael Cohrs 先生。

同日　股份公司高级副总裁任传俊在股份公司贵宾室会见了高伟绅律师行全球主席 Keith Clark 先生。

同日　股份公司董事长马富才到炼油与销售分公司，听取销售信息网络建设汇报。副总裁林青山和炼油与销售分公司有关负责人参加。

同日　股份公司董事长马富才视察能源一号网站（详见专稿）。

31 日　集团公司党组决定：孙崇仁同志为辽河油田分公司党委书记，王春鹏同志不再担任辽河油田分公司党委书记职务；刘强同志为抚顺石化分公司党委书记，段文德同志不再担任抚顺石化分公司党委书记、委员职务。

十一月

1 日　股份公司决定刘强为抚顺石化分公司总经理，段文德不再担任抚顺石化分公司总经理职务；瞿国忠为华东销售分公司总经理，免去高振怀的华东销售分公司总经理职务。

1—20 日　按照国务院关于安全生产的要求，集团公司组织 6 个检查组，对所属的 25 个企业进行了冬季安全生产大检查，并对其中 19 个申报集团公司“安全生产环境保护先进企业”的单位进行了考核。此次共检查二级单位 209 个，基层单位 354 个，深入施工作业现场 537 处，并将发现的问题和隐患当场进行了整改，其余问题各企业也制定了整改措施并及时进行整改。

同日　集团公司决定吕功训任奥里乳化油公司总经理。

6 日　股份公司大庆石化 60 万吨/年乙烯工程可行性研究报告获国家正式批准，该项目的建设将使大庆石化分公司成为股份公司最大的乙烯生产企业。

同日　股份公司抚顺石化分公司石油二厂举行了重油接触裂解制乙烯工业化试验装置中交暨投料试车剪彩仪式，石油三厂举行了 12 万吨/年分子筛装置和 120 万吨/年中压柴油加氢装置竣工暨投产剪彩仪式。股份公司总裁黄炎、副总裁张新志、集团公司总经理助理段文德和抚顺市有关负责同志参加了剪彩仪式。

同日　集团公司副总经理陈耕会见美国通用电气油气公司总裁兼首席执行官克劳迪·圣地亚哥，双方就西气东输项目合作的可能性交换了意见。

7 日　以全国政协常委、辽宁省政协主席肖作福为团长的全国政协委员视察团一行到辽河油田视察。

同日　集团公司副总经理吴耀文会见日本石油资源开发株式会社副社长中山劝，双方就在中国国内及海外合作的可能性共同进行了探讨。

8 日　股份公司一批重大项目列入第二批国家重点技术改造“双高一优”项目导向计划，其中包括大连石化分公司含硫原油改造工程、辽阳石化分公司 80 万吨/年精对苯二甲酸（PTA）及配套原料改造工程等。它标志着股份公司“十五”炼油化工重点项目正式启动。

同日　沧州至淄博输气管道开工建设。沧淄输气管道途经河北、山东两省的 7 个市、县，全长 219.7 千米，设计年输量 4 亿立方米，工程总投资 29716 万元。

8—9 日　股份公司电子商务工作会议在北京召开（详见专稿）。

9 日　股份公司总裁黄炎在股份公司贵宾室会见了 BP 集团首席执行官 John Browne 先生。

10 日　集团公司对所属单位印发了《中国石油天然气集团公司档案管理规定》。《规定》重点强调了集团所属单位档案机构（人员）的职责、归档文件材料的收集和管理、档案信息开发与利用的规范化管理。

同日　股份公司董事长马富才、总裁黄炎和副总裁史兴全在北京会见了壳牌执行董事 Harry Roels 先生。

同日　股份公司乌鲁木齐石化分公司化肥厂一尿素大颗粒改造一次投料试车成功。

同日　股份公司与武汉市签订《天然气销售和输送合同》。忠武管道投产后第一年，武汉市的用气量将达到2亿立方米，长沙等5个城市的用气量将达到2.4亿立方米，第五年武汉市用气量将增长至12亿立方米。

12日　集团公司总经理马富才会见了壳牌集团董事长罗贺利，双方就西气东输合作项目交换了意见。

14日　股份公司决定庞晓东为大港石化分公司总经理，免去齐庆利的大港石化分公司总经理职务。

16日　集团公司出资3000万元在清华大学、北京大学、人民大学、复旦大学、西安交通大学、中国地质大学、哈尔滨工业大学、大连理工大学、四川大学、石油大学（华东）、石油大学（北京）、西南石油学院、大庆石油学院、江汉石油学院、西安石油学院等15所高等院校设立了“中国石油奖学金”基金。奖学金分优秀生奖和优秀特困生奖两个奖项，从2002年起，每年将发放奖金188万元。

同日　宝鸡石油钢管厂与日本住友金属、住友商事合资成立宝鸡住金石油钢管有限公司。全国政协常委、原陕西省委书记张勃兴、集团公司总会计师贡华章参加了开业典礼。

19日　集团公司制定并下发了《中国石油天然气集团公司股权管理暂行办法》（以下简称《股权管理暂行办法》）。《股权管理暂行办法》重点强调通过所投资公司的法人治理结构，行使集团公司作为股东的重大事项决策权、管理者选择权和收益分配权，保障集团公司的股东权益，提升集团公司的股权价值。

20日　股份公司与斯伦贝谢公司举行了《中国石油E&P信息系统解决方案合作意向书》签字仪式，副总裁刘宝和出席了签字仪式。

同日　股份公司抚顺石化分公司首批1512吨烷基苯在大连港化工码头顺利装船，驶往墨西哥。它标志着股份公司实现了烷基苯出口零的突破，同时也拓宽了烷基苯的销售渠道。

同日　股份公司大庆石化分公司加氢评价实验室完成建设并投入使用，首次开工进行UHVI催化试验寿命评价的2套重油型100毫升加氢装置一次开车成功。

22日　西气东输淮河定向钻穿越管线回拖成功。该项工作的成功为西气东输工程其他定向钻穿越施工提供了宝贵的经验。

23日　马富才总经理会见俄罗斯驻华大使，就西气东输项目交换了意见。

26日　股份公司与湖南省长沙、岳阳、湘潭、株洲和醴陵5个城市签订了《天然气销售和输送合同》。

27日　股份公司总裁黄炎在股份公司会议室接受了《商业周刊》亚洲局主管马克·克里夫德先生的采访。

同日　在贯彻《公民道德建设实施纲要》动员会暨第七届全国职工职业道德建设“双十佳”表彰会上，中国石油吉化集团化建工程股份有限公司何天仑、大庆石油管理局王健民荣获“全国职工职业道德建设十佳标兵”；长庆石油勘探局水电厂获得“全国职工职业道德建设十佳单位”荣誉称号。集团公司党组成员、副总经理郑虎代表党组于28日接见石油系统参加全国“双十佳”表彰会的会议代表。

30日　股份公司决定成立清欠工作领导小组，任传俊高级副总裁任组长，王国樑财务总监任副组长。

同日　西气东输管道工程第二批螺旋埋弧焊钢管用板卷招标结束，宝山钢铁股份有限公司、大宇国际株式会社（代理浦项制铁）、武汉钢铁集团公司、鞍钢新钢有限责任公司中标。

本月　股份公司辽河油田分公司使用二氧化碳干法压裂技术在冷家油田深层稠油井冷42－75－594井试验成功。二氧化碳干法压裂技术在稀油井已经成熟使用，但在井深1700多米，50摄氏度，地面原油脱气粘度在24000多毫帕·秒的深层稠油油井试验成功，在全国尚属首例。该试验的成功，为全国深层稠油提高采收率探索出了新的路子。

十二月

1日　股份公司陕西销售分公司成品油购销存信息系统开通，并于即日起在全省内试运行。该系统的建立，实现了陕西销售分公司统计数据传递及时化、规范化、有序化，为企业经营决策提供了及时、客观的数据依据。

4日　股份公司高级副总裁任传俊在股份公司会议室会见了美国俄克拉何马州州农业部长 Dennis

Howard 先生。

同日　股份公司对外合作项目赵东初始开发区总体开发方案获得国家计委批准。合同执行进入开发期。2001 年总体开发方案开始实施，已完成工程建造项目、服务项目及设备采办项目招标。

7 日　股份公司高级副总裁任传俊在北京会见了 KBC 公司首席运营官 Wayne Hutchinson 先生。

同日　股份公司与香港中汇公司在凯宾斯基饭店举行《大庆肇州油田州十三（三至六）区块开发和生产石油合同》签字仪式，副总裁刘宝和出席了签字仪式。

同日　中央机构编制委员会批复同意集团公司新区勘探事业部更名为集团公司国际事业部。

10 日　股份公司高级副总裁任传俊在京城俱乐部大使厅会见了 BP 中国公司德开瑞总裁。

11 日　股份公司高级副总裁任传俊在昆仑饭店静安厅宴请了我国驻朝鲜大使武东和先生。

同日　集团公司总经理助理兼勘探开发公司总经理周吉平与缅甸国家石油公司（MOGE）总经理 SAN LEWN 签署 IOR4 区块提高采收率合同，马富才总经理、缅甸能源部部长、副部长等出席了签字仪式。

12 日　集团公司总经理马富才、缅甸能源部副部长 U TIN TUN 分别代表集团公司和缅甸能源部批准 IOR4 合同，中国国家主席江泽民和缅甸领导人出席签字仪式。

同日　国务院第 117 次总理办公会议听取并审议了西气东输工程可行性研究报告，并一致同意西气东输工程项目的可行性研报告以及与外方谈判的主要程序。黄炎总裁向国务院汇报了西气东输工程整体准备情况。

同日　涩宁兰输气管道工程竣工典礼在兰州举行（详见专稿）。

13 日，苏丹政府正式批准股份转让协议，集团公司在苏丹 3/7 区项目的权益达到 41%。

同日　股份公司任命李斌为电子商务部副总经理。

15 日　股份公司高级副总裁任传俊会见塔吉克斯坦共和国能源部副部长。

18 日　股份公司副总裁王福成在股份公司贵宾室接受了日本《经济新闻》记者的采访。

19 日　集团公司网络二期工程和办公自动化项目实施领导小组召开第一次会议。同时成立专家组，负责石油计算机网络二期工程、集团公司机关办公自动化系统建设技术方案的把关和技术协调；网络二期工程项目管理部负责网络二期工程各项工作的具体实施；机关办公自动化项目管理部负责集团公司机关办公自动化项目各项工作的具体实施。两项工程都已进入实施阶段。

同日　股份公司首届董事会第十二次会议在北京召开。马富才董事长主持了会议，股份公司董事出席了会议，股份公司监事和总裁班子成员列席了会议。会议共有两项议题：（1）审议公司 2002 年度预算报告；（2）审议公司 2002 年度投资计划的议案。

21 日　股份公司组建化工与销售西南分公司，同时撤销中国石油天然气股份有限公司化工与销售西北分公司。

同日　股份公司组建乌鲁木齐化工销售中心、独山子化工销售中心、抚顺化工销售中心、吉林化工销售中心、兰州化工销售中心、宁夏化工销售中心、辽阳化工销售中心。

22 日　集团公司总经理马富才陪同国家经贸委副主任谢叙仁会见了巴基斯坦总统穆沙拉夫，就两国石油合作交换了意见。

25 日　股份公司组建中俄原油管道项目组，对外称“中国石油天然气股份有限公司中俄原油管道项目部”，股份公司委托项目组，代行中俄原油管道项目可行性研究阶段的业主职责。

25—27 日　集团公司副总经理吴耀文出访委内瑞拉，并签署了《奥里乳化油合作协议》。

同日　集团公司党组决定勾振东同志为大庆石化分公司党委书记，贺荣芳同志不再担任大庆石化分公司党委书记、委员职务。

同日　股份公司决定：喻宝才为大庆石化分公司总经理，贺荣芳不再担任大庆石化分公司总经理职务；李正光为哈尔滨石化分公司总经理，免去王化国的哈尔滨石化分公司总经理职务。

同日　集团公司党组决定：薄启亮同志为中国石油天然气国际（勘探开发）有限公司党委书记；股份公司决定贺荣芳为股份公司质量安全环保部总经理。

同日　国家工商行政管理总局发布公告，公布在全国范围内优选的 520 家“重合同守信用”企业名单，辽河油田分公司入选。

27 日　股份公司董事长马富才在集团公司贵宾室会见了 GAZPROM 副董事长拉里奥诺夫一行。

同日　股份公司副总裁王福成主持召开股份公司总部“四五”普法和依法治理工作会议，代表管理层对股份公司“四五”普法和依法治理工作进行全面部署。

同日　集团公司决定章欣任集团公司国际合作部（外事局）主任（局长），免去李怀奇集团公司国际合作部（外事局）主任（局长）职务；严绪朝为中国石油集团经济和信息研究中心主任（兼），免去傅志达中国石油集团经济和信息研究中心主任职务；任命陈安家为中国华油集团石油化学公司经理（兼），免去李本忠中国华油集团石油化学公司经理职务。

同日　集团公司总经理助理兼勘探开发公司总经理周吉平、中油燃料油公司总经理吴国治与 BITOR 执行董事 Alfredo Riera 签署了奥里乳化油《合资经营协议》。中国驻委内瑞拉王珍大使及委内瑞拉总统查维斯主持了签字仪式，吴耀文副总经理出席了签字仪式。

28 日　股份公司副总裁兼化工与销售分公司总经理张新志代表股份公司与环球公司何立山总经理签署重油催化/接触裂解气净化回收、分离技术合作协议。

同日　宁夏大元炼油化工有限责任公司划归集团公司管理。

29 日　股份公司与壳牌国际天然气有限公司、OAO GAZPROM（俄罗斯天然气股份有限公司）、OAO STROYTRANSGAZ（俄罗斯动力机械有限公司）、香港中华煤气有限公司签署《为完成西气东输合营框架协议奠定基础的阶段性协议》。

30 日　集团公司总经理马富才会见了俄罗斯 YUKOS 公司董事捷梅尔科，双方就两公司合作事宜交换了意见。

同日　股份公司高级副总裁任传俊在凯宾斯基莫扎特厅会见了美国俄克拉何马州亚洲事务委员会委员李勇先生。

同日　宁夏大元炼油化工有限责任公司更名为中国石油集团宁夏大元炼油化工有限责任公司。

同日　集团公司党组决定李华林同志任深圳石油实业有限公司党委书记，免去张如椿同志深圳石油实业有限公司党委书记职务。

同日　国家经贸委、财政部、国家税务总局和海关总署认定中国石油天然气集团公司技术中心为国家级技术中心。这是国家特大型企业集团中首家取得国家级认定的技术中心。

31 日　《西气东输管道工程可行性研究报告》获国家计委批复（计产业［2001］2857 号）。

同日　股份公司“克拉 2 大气田的发现与勘探技术”获 2001 年国家科技进步一等奖。

（续桂春　邹春英　李海燕
尚　真　刘北生　宛亚军　张桂珍　杜久霞）

第十三篇

附　　录

2001年集团公司工业总产值

单位：万元

项 目	合 计	中油股份	未上市企业
工业总产值（不变价）	11225096	10287094	938002
工业总产值（现价）	35478959	33837805	1641154
工业销售产值	35229216	33615105	1614111
企业增加值	18212529	15589649	2622880
工业增加值	16012679	15573182	439497

2001年集团公司原油、天然气产量完成情况

项 目	原油（万吨）	天然气（万立方米）
合 计	11484.32	2115764
一、国内小计	10652.56	2058070
1. 中油股份	10336.16	2058070
大庆油田有限责任公司	5150.16	220266
吉林油田分公司	404.30	19094
辽河油田分公司	1385.01	117671
华北油田分公司	450.72	46341
大港油田分公司	395.16	38908
冀东油田分公司	62.50	4335
新疆油田分公司	968.30	176036
吐哈油田分公司	255.01	104779
塔里木油田分公司	472.63	95660
长庆油田分公司	520.08	336714
青海油田分公司	206.02	58678
玉门油田分公司	52.00	3722
西南油田分公司	14.28	835866
2. 其他	316.40	
延长油矿管理局	316.40	
二、海外权益产量	831.76	57694
苏丹	441.64	
委内瑞拉	167.45	
哈萨克斯坦	196.47	53071
秘鲁	20.87	3427
加拿大	0.92	1196
其他	4.40	

2001 年集团公司炼油主要产品产量

单位:吨

单位	汽、煤、柴、润					燃料油		商品液化气	溶剂油	沥青	化工轻油	其中:石脑油	石油焦
	合计	汽油	煤油	柴油	润滑油	合计	商品燃料油						
合计	55318811	19278039	3112576	31730958	1197238	7501774	5797779	3589618	546022	1646258	5886655	4233734	1564298
一、中油股份	51568776	17612841	3108058	29650639	1197238	7152946	5475203	3327660	528694	1469598	5869574	4216653	1564298
新疆泽普石化厂	246258	108792	702	136764				12646					
长庆马岭炼油厂	201189	69503		131686		12223	4253	15959			5180		
长庆马家滩炼油厂	147166	53767		93399		1328	440	18756					
青海格尔木炼油厂	467238	217652		249586		42683	42683	61017					
玉门炼油厂	1538334	524730	113401	806339	93864	33388	29782	48289	22221	129654	37828	37828	
西南南充炼油厂	317580	103442	54969	134094	25075	39339	13055	41844	31130	13980	13986		
大庆石化分公司	3322252	987867	189635	2144750		347938	96308	182114	7630		485463	348991	168488
大庆炼化分公司	3592059	1492834		2099225		589922	560927	298291			237913	237913	
哈尔滨石化分公司	1938972	849063	50852	1039057		38192	17675	110887			43182	43182	
吉林石化分公司	1916437	782978		1103511	29948	700802	700802	112495	57578	11715	657128	75497	
前郭石化分公司	1357081	629206	12301	715574		65086	49329	108021	1435		120983	120983	
辽阳石化分公司	1272953		25501	1247452		345797	157971	67283	48122		873484	684073	338058
鞍山炼油厂	378220	146656		231564		568254	549907	35626			41792	41792	
抚顺石化分公司	5290602	1750251	229459	3310892		234622	102967	347767	8852		594433	413808	231018
锦州石化分公司	2970034	1110790	101353	1757891		480189	226475	284668	108272		56165	56165	294919
锦西石化分公司	3433117	1133499	166486	2013458	119674	563328	392684	151463	－42	55880	163489	163489	326795
大连石化分公司	3965025	1702588	289500	1972918	19	460695	305524	332603			173527		

续表

单　位	汽、煤、柴、润					燃料油		商品液化气	溶剂油	沥青	化工轻油	其中：石脑油	石油焦
	合计	汽油	煤油	柴油	润滑油	合计	商品燃料油						
乌鲁木齐石化分公司	2257864	722837	91357	1443670		376302	124552	159811	80967	27900	159022	159022	71065
独山子石化分公司	2318992	681388	97808	1539796		24958	24958	79809	19948		495177	265561	88969
兰州石化分公司	3615482	1077361	379527	2158594		682420	639199	106753	20143	321660	551202	408729	
大连西太平洋有限公司	3833571	1049443	1214428	1569700		570794	508182	278077		62805	763338	763338	
华北炼化分公司	947302	420599		526703		168964	161480	86325	95479		142859	142859	
呼和浩特炼化分公司	741302	289880		451422		234269	223849	52945		3949	99660	99660	
大港炼化分公司	1320576	568883		751693		133653	127949	153031	21034				
辽河石化分公司	839890	257794		556911	25185	267260	245799	42782		607238	97390	97390	
长庆石化分公司	1094029	397080	71919	625030		8766	6679	99968			56373	56373	
克拉玛依石化公司	1341778	483958	18860	838960		161774	161774	38430	5925	234817			44986
润滑油公司	903473				903473								
二、其他	3750035	1665198	4518	2080319		348828	322576	261958	17328	176660	17081	17081	
延长炼油厂	971933	416139	4518	551276		262353	249543	52980					
延安炼油厂	1783817	822687		961130		50662	50662	136089			17081	17081	
胜华炼油厂	163462	42597		120865		17251	7265	10724	17328	176660			
庆阳炼化有限公司	212744	83966		128778				17216					
大元化工有限公司	618079	299809		318270		18562	15106	44949					

2001年集团公司化工主要产品产量

单位:吨

单位	合成氨	丙烯腈	尿素	乙烯	丙烯	纯苯	冰醋酸	合成树脂	合成橡胶	聚酯	精对苯二甲酸	合成纤维
合计	2046250	217514	3068079	1571241	1640064	570162	304164	2169582	243024	466134	347374	328918
一、中油股份	2019010	217514	3068079	1571241	1640064	570162	304164	2162981	243024	466134	347374	328918
新疆泽普石化厂	91391		153947									
长庆靖边甲醇厂												
青海格尔木炼油厂								12141				
玉门炼油厂					174			12309				
川西北气矿甲醇厂												
大庆石化分公司	398025	75113	550008	504168	265015	93078	99088	635493	42259			62828
大庆炼化分公司		41293			143886							1882
哈尔滨石化分公司					55332			27773				
吉林石化分公司	77118			473726	276250	166525	205076	270804	106338			
前郭石化分公司					1117			42869				
辽阳石化分公司				75933	40663	101684		43970		407489	255845	161551
抚顺石化分公司		70178		173766	173756	66069		234766				49908
锦州石化分公司					76564	8961		17458	17880			
锦西石化分公司					63272	−103		42584				
大连石化分公司					152899	7912		141923				6772
乌鲁木齐石化分公司	653449		1132678			19200		31621		58645	91529	25445
独山子石化分公司				170091	113079	48966		218784	22035			
兰州石化分公司	244291	30930	289915	173557	136502	57870		299038	54512			20532
宁夏石化分公司	554736		941531									
大连西太平洋有限公司					90124			86384				
华北炼化分公司								28077				
呼和浩特炼化分公司					18075			14425				
辽河石化分公司					11550			2562				
克拉玛依石化公司					21806							
二、其他	27240	0	0	0	0	0	0	6601	0	0	0	0
大元化工有限公司	27240							6601				

2001 年集团公司主要机械制造产品产量

指标名称	单　位	数　量	产　量
一、石油设备	台（套），吨		105166
1. 地震勘探及钻井设备	台（套），吨		20782
(1) 钻机	套，吨	384	14344
(2) 井架	套，吨	21	819
2. 采油设备	台（套），吨		76515
(1) 抽油机	套，吨	4938	66219
(2) 抽油杆	万米，吨	432	12066
(3) 抽油泵	台，吨	21855	1654
3. 炼化设备	台（套），吨		2318
二、内燃机	台，千瓦		355378
三、发电机组	台，千瓦		67960
四、石油专用仪器仪表	台（套），吨	810	126

2001 年集团公司石油冶金产品产量

主要装备制造冶金产品	产　量（吨）
合　计	325625
一、石油焊接钢管	231251
1. 螺旋焊接钢管	200176
螺旋双面埋弧焊钢管	200176
2. 直缝焊接钢管	31076
(1) 高频直缝电阻焊钢管	28607
(2) 高频小直缝焊钢管	2469
二、石油套管	70148
1. 石油套管	62425
2. 石油套管管坯	7723
三、冷拔钢管及钢丝绳	24226
1. 冷拔无缝钢管	1287
2. 钻井钢丝绳	20151
3. 钢绞线	234
4. 钢丝	2554

2001 年集团公司收入及利税

单位：亿元

指标名称	销售收入	利润总额	上缴税费
数　值	3434.9	434.4	628.0

2001 年集团公司多种经营情况

项目名称	单位	总计	经济类型							农业及农副产品加工	工业					运输及商饮服务业	其他
			国有	集体	联营	股份	外商投资	港澳台投资	其他		合计	其中 化工	建筑及建材业	轻工	机械电子		
一、企业法人	个	2958	382	2034	7	434	14	18	69	95	1728	440	631	188	469	889	246
二、厂点数	个	3163	421	2164	7	464	15	18	74	99	1380	458	662	231	479	898	336
其中:亏损厂点数	个	954	166	613	4	129	7	7	28	36	514	143	167	73	131	302	102
三、生产经营总值	万元	3294784	693369	1729074	7237	763863	21065	32858	47320	32979	2284122	954512	931463	66603	331544	775754	201929
四、经营销售收入	万元	3219084	676503	1701839	7229	736229	20289	31574	45422	29068	2231364	960379	893179	63188	314617	765310	173342
其中:出口商品收入	万元	6778		5182			1101		495		6778	3763	572	2267	176		
五、增加值	万元	607077	118080	324979	1363	137800	5707	7884	11265	6096	439556	179483	189735	12445	57893	91349	70076
六、业务税金及附加	万元	138104	23078	77894	220	29813	1871	2997	2231	665	106948	43413	43287	4485	15762	19274	11217
七、利润总额	万元	24475	−2884	4329	4	17053	800	2062	3111	−1294	19152.4	4566.8	11448	−4046	7183.6	−732.89	7349.3
其中:应缴所得税	万元	22067	880	11842	14	7807	319	178	1027	38	15633	6530	6112	468	2523	3538	2859
八、年平均人数	人	223284	38785	147615	469	32291	1014	1002	2108	5613	164318	78433	57477	9193	19215	34133	19220
九、年末从业人数	人	244380	43448	152599	578	43267	1082	1231	2175	6153	180983	71695	78881	9203	21204	37306	19938
其中:国有职工	人	71557	23110	37027	204	9478	315	450	973	1393	43236	13427	19885	1751	8173	16330	10598
十、各类专业技术人员	人	17976	5278	9154	16	3114	92	91	231	332	13002	4176	6444	393	1989	2910	1732
十一、工资总额	万元	262921	53567	147057	733	55001	1599	1651	3313	4187	190536	69055	88759	7246	25476	42698	25500
十二、投资完成额	万元	83509	23894	31635	357	26068	298		1257	6	51216	29646	16833	1343	3394	22133	10154
其中:集团公司借款	万元																
主业借款	万元	26818	16234	9708		876					15917	11794	3844	260	19	10901	
利用外资	万元	40				40					40	40					
企业积累	万元	44467	4947	18011	357	19597	298		1257	6	29442	13668	11324	1083	3367	6817	8202
职工集资	万元	5569	2275	962		2332					1979	1489	482		8	1968	1622
银行贷款	万元	6010	438	2693		2879					3484	2301	1183			2447	79
十三、固定资产原值	万元	1846981	421815	967272	12480	338101	29825	54300	23188	59606	1219330	655468	365880	67249	130733	304502	263543
十四、固定资产净值	万元	1201323	287169	596409	10296	234074	23073	33319	16983	35543	791545	422877	237916	45102	85650	205627	168608
十五、负债总额	万元	2928326	552056	1645477	2356	604944	33049	45387	45057	58965	1864384	700401	845335	79355	239293	473721	531256

2001 年集团公司多种经营农业情况

单位：公顷，吨

单位名称	耕地总面积	当年新增耕地面积	当年减少耕地面积	实播总面积	其中：复种面积	粮食总产量	蔬菜总产量	肉类总产量	禽蛋总产量	水产品总产量	水果总产量	农用机械总台数（台）	农用机械总动力（千瓦）
合 计	13155	240	637	9202	530	34851	16128	6106	12189	428	704	1079	61391
大庆石油局	5284	2	100	4353	68	17069	14743	4863	7211	68	17	577	47326
吉林石油局	30	0	0	30	0	0	0	0	0	0	0	0	0
辽河石油局	1692	213	173	1529	7	9423	20	254	2466	97	0	16	272
大港石油局	1115	0	0	0	0	1200	495	251	520	25	0	149	2330
华北石油局	736	23	324	558	279	1290	10	77	266	11	0	138	3382
四川石油局	136	2	0	104	46	525	10	16	353	117	145	32	2480
长庆石油局	501	0	5	501	130	3170	0	102	671	0	432	47	1507
青海石油局	266	0	0	266	0	174	850	521	492	10	110	39	3315
新疆石油局	1300	0	0	1300	0	0	0	0	0	0	0	0	0
大庆石化总厂	1725	0	6	219	0	530	0	0	0	100	0	19	15
兰州炼化总厂	370	0	29	341	0	1471	0	21	211	0	0	62	764

股份公司按照国际会计准则编制的财务概况　单位：百万元人民币

项　　目	1997年	1998年	1999年	2000年	2001年
营业额	157381	147287	175969	241992	238893
经营支出					
采购、服务及其他	(56980)	(58190)	(61470)	(62598)	(76859)
雇员酬金成本	(8826)	(9752)	(11064)	(14430)	(13992)
勘探费用（包括勘探干井）	(6830)	(5990)	(7344)	(8680)	(7344)
折旧、损耗及摊销	(16450)	17803	(23533)	(33760)	(33367)
销售，一般性和管理费用	(9827)	(9838)	(12596)	(16649)	(20837)
裁员费用及关闭生产设施	—	—	—	(6579)	(478)
重估值损失	—	—	(1122)	—	—
由中油集团保留的资产耗减损失	—	(310)	(2007)	—	—
除所得税外的其他税项	(9279)	(9579)	(10278)	(13230)	(13916)
其他收入/（支出）	(557)	(336)	345	(307)	117
经营支出总额	(108749)	(111798)	(129069)	(156233)	(166676)
经营利润	48632	35489	46900	85759	72217
融资成本					
外汇收益	3291	44	129	1406	390
外汇支出	(165)	(1916)	(2362)	(234)	(140)
利息收入	1048	1326	632	584	799
利息支出	(10928)	(12276)	(8896)	(6048)	(4149)
融资成本总额	(6754)	(12822)	(10497)	(4292)	(3100)
应占联营公司的利润	331	88	128	584	341
税前利润	42209	22755	36531	82051	69458
税项	(12200)	(7537)	(9403)	(26985)	(23054)
除少数股东权益前利润	30009	15218	27128	55066	46404
少数股东权益	(161)	57	(127)	165	404
净利润	29848	15275	27001	55231	46808
每股基本及摊薄利润（人民币元）①	0.19	0.10	0.17	0.32	0.27
非流动资产					
由中油集团保留的净资产	7494	8478	—	—	—
物业、厂房及设施	212970	228710	324990	341229	365063

续表

项　　目	1997年	1998年	1999年	2000年	2001年
长期投资	3152	3579	3799	4784	5436
无形资产和其他资产	1361	1724	1888	2586	3963
	224977	242491	330677	348599	374462
流动资产					
存货	17924	17493	17602	31514	27961
应收账款	14676	19355	14883	12695	7909
预付款和其他流动资产	22249	20582	28788	11397	24667
短期投资	16	53	1487	—	—
有返售协议之应收款项	—	—	—	5815	11505
现金和现金等价物	16456	15109	17848	18060	14370
流动资产总值	71321	72592	80608	79481	86412
流动负债					
应付账款及应计负债	36906	39462	45190	36802	51214
应付税款	4325	3884	4739	16570	14423
短期货款	55195	63474	59959	39076	23111
	96426	106820	109888	92448	88748
流动负债净值	(25105)	(34228)	(29280)	(12967)	(2336)
总资产减流动负债	199872	208263	301397	335632	372126
资金来源					
股本			160000	175824	175824
留存收益			3326	33057	40724
储备			47085	64076	76574
股东权益	72867	78133	210411	272957	293122
少数股东权益	3291	3798	4200	4989	5136
非流动负债					
应支付给中油集团的款项	7494	8478	—	—	—
长期借款	105522	105354	84458	53341	65484
递延货项及其他长期负债	929	2119	1146	1176	1354

续表

项　　目	1997 年	1998 年	1999 年	2000 年	2001 年
递延税项	9769	10381	1182	3169	7030
	123714	126332	86786	57686	73868
	199872	208263	301397	335632	372126
其他财务数据					
资本支出②	(53440)	(43420)	(42870)	(56759)	(51118)
经营活动产生的现金净额	54809	37651	54053	104169	84492
用于投资活动的现金净额③	(52469)	(38832)	(40418)	(60401)	(61624)
用于融资活动（融资活动提供）的现金净额④	(2063)	(166)	(10896)	(43556)	(29811)
扣除累计摊销、损耗和折旧后的固定资产	212970	228710	324990	341229	365063
总资产	296298	315083	411285	428080	460874
股东权益	72867	78133	210411	272957	293122

①计算截至 1997 年、1998 年和 1999 年 12 月 31 日每股基本及摊薄利润的假设是在中国石油天然气股份有限公司于 1999 年 11 月 5 日成立时所有已发行和发行在外的 1600 亿股国有股在所有的时期均已发行在外。截至 2000 年 12 月 31 日，每股基本及摊薄盈利是按照净利润除以本会计年度已发行股份之加权平均之数 1716.3 亿股计算。截至 2001 年 12 月 31 日，每股基本及摊薄盈利饲按照净利润除以本会计年度已发行股份之数 1758.2 亿股计算。

②不包括由中油集团保留之资产开支，在上述各年度分别为 16.92 亿元人民币，16.87 亿元人民币、1.11 亿元人民币、零元人民币和零元人民币。

③包括由中油集团保留之资产的资本开支，在上述各年度分别为 16.92 亿元人民币、16.87 亿元人民币、1.11 亿元人民币、零元人民币和零元人民币。

④包括中油集团对其保留之资产的出资，在上述各年度分别为 16.92 亿元人民币、16.87 亿元人民币、1.11 亿元人民币、零元人民币和零元人民币。

股份公司各业务板块的资本性支出①

项　　目	2000 年		2001 年		2002 年预测值	
	（百万元人民币）	（%）	（百万元人民币）	（%）	（百万元人民币）	（%）
勘探与生产	38654②	64.7	41193②	67.4	38637②	62.5
炼油与销售	13227	22.1	11048	18.1	11251	18.2
化工与销售	4104	6.9	4062	6.6	4090	6.6
天然气与管道	3214	5.4	4557	7.4	7392	11.9
其他	563	0.9	321	0.5	513	0.8
合　计	59762	100	61181	100	61883	100

①截至各年度 12 月 31 日。

②如果包括与地质和地球物理勘探费用相关的投资部分，勘探与生产板块 2000 年和 2001 年的资本性支出以及 2002 年资本性的预测值分别为 429.68 亿元人民币、451.15 亿元人民币和 426.54 亿元人民币。

股份公司原油、天然气已评估探明储量和探明开发储量

项　　目	原油（百万桶）	天然气（十亿立方英尺）	合计（油当量百万桶）
探明开发和未开发储量			
基准日 1999 年 12 月 31 日的储量	10999.4	24602.3	15099.8
对以前估计值的校正	138.3	339.6	194.9
扩边和新发现	296.4	8237.5	1669.3
提高采收率	362.9	0.0	362.9
当年产量	－765.2	－646.8	－873.0
基准日 2000 年 12 月 31 日的储量	11031.8	32532.6	16453.9
对以前估计值的校正	189.6	487.6	270.9
扩边和新发现	360.4	3773.4	989.3
提高采收率	140.8	35.8	146.7
当年产量	－763.5	－726.8	－884.6
基准日 2001 年 12 月 31 日的储量	10959.1	36102.6	16976.2
探明开发储量			
基准日为 1999 年 12 月 31 日	9744.1	12098.0	11760.4
基准日为 2000 年 12 月 31 日	9545.7	12502.5	11629.4
基准日为 2001 年 12 月 31 日	9308.8	12945.6	11466.4

股份公司综合损益表

单位：百万元人民币

项　　目	2000 年	2001 年
营业额	241992	238893
经营支出		
采购、服务及其他	(62598)	(76859)
雇员酬金成本	(14430)	(13992)
勘探费用（包括勘探干井）	(8680)	(7344)
折旧、损耗及摊销	(33760)	(33367)
销售、一般性和管理费用	(16649)	(20837)
裁员费用及关闭生产设施	(6579)	(478)
除所得税外的其他税赋	13230	(13916)

续表

项　　目	2000 年	2001 年
其他收入/（支出）净值	（307）	117
经营支出总额	（156233）	（166676）
经营利润	85759	72217
融资成本		
外汇收益	1406	390
外汇损失	（234）	（140）
利息收入	584	799
利息支出	（6048）	（4149）
融资成本总额	（4292）	（3100）
应占联营公司的利润	584	341
税前利润	82051	69458
税项	（26985）	（23054）
除少数股东权益前利润	55066	46404
少数股东权益	165	404
净利润	55231	46808
每股基本及摊薄盈利	0.32	0.27

2001 年度股份公司各业务板块的财务报表　　单位：百万元人民币

项　　目	勘　探 及生产	炼　油 及销售	化　工 及销售	天然气 及管道	其　他	合　计
销售及其他经营收入（包括板块间销售）	148277	169534	31776	11321	—	360908
减：板块间销售	（110738）	（8436）	（462）	（2379）	—	（122015）
外部销售及其他经营收入总额	37539	161098	31314	8942	—	238893
折旧、损耗和摊销	（21419）	（5556）	（5171）	（1113）	（108）	（33367）
板块业绩	81679	10366	129	1142	（378）	92938
其他成本	（4747）	（12612）	（2503）	（420）	（439）	（20721）
经营利润	76932	（2246）	（2374）	722	（817）	72217
融资成本						（3100）
按权益法入账应占联营公司的利润	162	38	29	（9）	121	341

续表

项　　目	勘　探 及生产	炼　油 及销售	化　工 及销售	天然气 及管道	其　他	合　计
税前利润						69458
税项						(23054)
少数股东权益						404
净利润						46808
利息收入						
(包括板块间利息)	1893	1181	493	104	4955	8626
减：板块间利息收入						(7827)
外部利息收入						799
利息支出						
(包括板块间利息)	(2896)	(2408)	(1991)	(310)	(4371)	(11976)
减：板块间利息支出						7827
外部利息支出						(4149)
板块资产	268955	116524	73341	22370	412684	893874
对销板块间结余						(436922)
在联营公司的投资	1194	919	590	627	592	3922
总资产						460874
板块资本性支出：						
物业、厂房和设备	41193	11048	4062	4557	321	61181
	84369	65886	49526	11547	115097	326425
其他负债						21553
板块抵消						(185362)
总负债						162616

股份公司石油及天然气勘探及生产活动经营业绩　　单位：百万元人民币

项　　目	2000 年	2001 年
销售及其他经营收入	170928	148277
第三方销售	49663	37539
板块间销售	121265	110738
除税外生产成本	(31237)	(29224)
勘探费用	(8680)	(7344)
折旧、损耗及摊销费用	(17716)	(18423)

续表

项　　目	2000年	2001年
除所得税外的其他税赋	(4758)	(4921)
税前利润	108537	88365
税项	(35817)	(29160)
生产活动经营业绩	72720	59205
联营公司生产活动经营业绩的利润	174	178

世界原油供需与库存情况

单位：百万桶/日

项　　目	2001年				2002年	
	11月	12月	4季度	全年	1月	2月
需求						
OECD	47.5	48.6	48.3	48.0	47.9	48.9
非OECD	29.4	29.3	29.1	28.9	28.9	29.0
总计	76.9	77.9	77.4	76.9	76.8	77.9
供给						
OPEC原油	26.8	25.9	26.5	27.3	25.1	25.1
OPEC天然气液	2.7	2.9	2.9	2.9	3.0	3.0
非OPEC	45.8	46.4	45.5	44.7	46.3	46.6
加工增量	1.7	1.7	1.7	1.7	1.7	1.7
总计	77.0	77.0	76.6	78.0	76.2	76.4
供需差额	0.1	−0.9	−0.8	1.1	−0.6	−1.5
原油库存						
OECD	2.58	2.61			2.61	2.60
全球	4.57	4.54			4.55	4.53

1991—2001 年世界主要国家和地区石油产量

单位:万吨

国家和地区	1991 年	1992 年	1993 年	1994 年	1995 年	1996 年	1997 年	1998 年	1999 年	2000 年	2001 年
世界总计	299430	298800	297720	301400	307980	315160	323340	331512	322760	336170	318474
中国	13940	14120	14480	14750	14970	15580	15990	15978	16010	16187	16475
印度尼西亚	7030	6700	6610	6570	7460	6930	6870	6445	6442	6337	6000
马来西亚	3250	3290	3210	3190	3240	3220	3210	3656	3634	3450	3600
澳大利亚	2710	2650	2470	2660	2520	2670	2840	2960	2369	3500	3200
印度	3110	2720	2660	3100	3350	3270	3220	3297	3303	3230	3200
越南	400	520	610	700	880	870	900	1132	950	1520	1525
文莱	720	820	790	810	750	770	720	678	756	890	900
泰国	220	260	260	270	250	300	290	418	375	555	570
巴基斯坦	360	370	310	280	270	290	280	277	262	267	295
巴布亚新几内亚	1	260	630	600	500	570	380	396	501	349	290
新西兰	200	180	200	210	160	210	310	219	225	180	170
日本	80	90	80	70	70	70	70	68	63	64	64
缅甸	60	60	70	80	80	50	60	50	75	40	40
孟加拉国	3	6	5	6	6	8	8	10	15	17	17
菲律宾	15	45	50	25	15	7	4	4	4	6	5
中国台湾	10	10	10	10				5	4	3	4
亚太小计	32100	32100	32440	33330	34520	34820	35150	35591	34984	36591	36354
挪威	9340	10680	11270	12850	13850	15400	15810	15247	14843	16060	15663
英国	9080	9280	9570	12300	12770	12710	13050	13300	13677	12569	11300
丹麦	710	780	830	920	930	1030	1150	1175	1464	1815	1675

续表

国家和地区	1991 年	1992 年	1993 年	1994 年	1995 年	1996 年	1997 年	1998 年	1999 年	2000 年	2001 年
意大利	440	410	440	440	490	540	540	544	504	454	370
德国	340	320	300	280	290	280	270	288	275	313	338
土耳其	420	410	370	350	340	330	340	320	340	280	280
法国	300	290	280	290	250	210	180	170	154	142	138
荷兰	320	290	260	410	340	280	270	283	293	147	135
奥地利	120	120	120	120	110	100	100	105	105	96	93
西班牙	100	100	90	80	70	60	40	55	32	23	35
希腊	70	70	60	50	40	50	40	32		26	20
西欧小计	21240	22750	23590	28090	29480	30990	31790	31516	31684	31922	30045
俄罗斯								30434	29515	31625	34475
哈萨克斯坦								2560	2640	3375	3935
阿塞拜疆								1142	1275	1375	1500
土库曼斯坦								637	635	700	733
乌兹别克斯坦								818	840	775	715
罗马尼亚	700	680	690	690	690	670	660	675	625	615	600
乌克兰								235	245	365	370
白俄罗斯								183	180	175	175
匈牙利	190	170	290	350	170	150	130	130	121	129	118
克罗地亚	220	210	200	180	160	150	150	148	124	115	107
波兰	20	20	20	60	30	30	30	36	22	72	85
塞尔维亚	110	110	110	100	100	100	110	115	90	90	85
阿尔巴尼亚								25	28	30	30
捷克								42	35	16	18

续表

国家和地区	1991 年	1992 年	1993 年	1994 年	1995 年	1996 年	1997 年	1998 年	1999 年	2000 年	2001 年
格鲁吉亚								13	10	10	10
保加利亚	20	5	5	5	5	4	4	4	5	5	5
吉尔吉斯斯坦								5	5	5	5
斯洛伐克								10	10	5	5
立陶宛								28	15		
塔吉克斯坦								5	5		
前苏联	51270	44570	39110	35010	35460	33620	34100	36247			
捷克斯洛伐克	10	10	20	40	10	40	40				
东欧和独联体小计	52690	45820	40490	36490	36670	34800	35260	36304	36424	39481	42969
沙特阿拉伯	40630	40520	39380	38900	39140	39030	39340	40290	37248	39975	32350
伊朗	16720	17210	18280	17850	17990	18270	17980	17985	17309	18409	15650
伊拉克	1410	2120	2230	2740	2990	2870	5330	10570	13267	12834	9800
阿布扎比	9700	9170	8960	9140	9120	9730	9960	9465	8445	9500	7775
科威特	680	4380	8420	9020	8920	9000	9090	8980	8165	8825	7200
阿曼	3490	3700	3880	4020	4230	4410	4460	4473	4475	4667	4800
卡塔尔	1920	2120	2140	2030	2260	2430	3020	3320	3163	3442	2870
中立区	640	1700	1790	1880	2140	2410	2640	2735	2500	3150	2700
叙利亚	2380	2580	2760	2860	3010	2870	2790	2775	2684	2613	2575
也门	990	910	1110	1680	1680	1820	1820	1909	2029	1770	1750
迪拜	2160	2000	1740	1680	1600	1330	1250	1573	1503	1400	1150
巴林	190	180	530	520	520	520	520	511	509	512	513
沙迦	170	200	220	250	250	350	350	350	350	250	225
哈马尔角	4	5	5	5	4	3	3	3	3	3	3

续表

国家和地区	1991 年	1992 年	1993 年	1994 年	1995 年	1996 年	1997 年	1998 年	1999 年	2000 年	2001 年
以色列	1	1	1	1	1	1	2	1	1	1	1
中东小计	81080	86790	91440	92570	93850	95040	98550	104938	101647	107347	89361
尼日利亚	9300	9470	9490	9380	9410	11190	11300	10400	9846	10150	10500
利比亚	7510	7440	6780	6870	6920	6940	7050	6975	6679	7050	6800
阿尔及利亚	4000	3840	3720	3740	3800	4070	4230	4090	3829	4040	4100
埃及	4370	4350	4400	4450	4590	4260	4360	4212	4254	4050	3775
安哥拉	2480	2640	2550	2730	3090	3440	3560	3629	3809	3700	3425
加蓬	1460	1490	1560	1640	1810	1830	1830	1800	1696	1625	1500
刚果共和国	790	860	920	920	870	1100	1340	1192	1200	1325	1300
苏丹								63	60	925	1000
赤道几内亚								415	425	838	850
喀麦隆	760	680	590	550	510	550	620	625	625	425	375
突尼斯	540	530	480	450	440	440	400	397	416	380	330
刚果(前扎伊尔)	140	120	110	120	140	150	140	139	126	125	120
南非								173	100	130	110
科特迪瓦								50	50	60	50
加纳								25	25	30	30
贝宁								15	15	5	5
摩洛哥								1	1	2	2
象牙海岸	17	5	3		55	140	140				
非洲小计	31380	31470	30730	30980	31760	34320	35330	34200	33156	34858	34272
阿根廷	2440	2760	2930	3320	3590	3900	4160	4240	4034	3754	3800
美国	36930	35710	34100	33170	32670	32190	31870	31874	29879	29110	29050

续表

国家和地区	1991 年	1992 年	1993 年	1994 年	1995 年	1996 年	1997 年	1998 年	1999 年	2000 年	2001 年
墨西哥	13810	13290	13310	13370	13560	14750	15060	15241	14657	15060	15500
委内瑞拉	11700	11520	11630	12270	12990	14630	15810	15540	13913	15140	14150
加拿大	7710	7990	8350	8680	8990	9130	9360	10100	9313	10175	10200
巴西	3110	3120	3180	3310	3430	3890	4210	4779	5442	5640	6050
哥伦比亚	2140	2280	2270	2270	2860	3100	3160	3714	4125	3437	3125
厄瓜多尔	1490	1600	1690	1890	1930	1910	1920	1915	1858	2006	2000
特立尼达和多巴哥	720	670	610	640	640	630	620	604	622	595	560
秘鲁	570	580	630	640	620	600	600	550	516	490	465
古巴	70	100	90	110	140	160	160	35	135	220	220
玻利维亚	110	110	110	130	140	150	130	140	140	138	150
危地马拉	20	30	30	40	50	60	100	132	121	104	100
苏里南								51	59	61	63
智利	90	80	70	60	50	50	50	45	45	35	35
巴巴多斯								8	10	8	7
西半球小计	80795	80045	79315	80134	81625	84919	37627	88964	84866	85971	85474
欧佩克小计	112530	117790	121520	122970	125470	127705	137070	139235	132660	140500	121275

注:2001 年为预测数。

1990—2001年世界主要国家和地区天然气产量

单位:亿立方米

国家和地区	1990年	1991年	1992年	1993年	1994年	1995年	1996年	1997年	1998年	1999年	2000年	2001年
世界总计	21397	21651.9	21582	21770.5	21800.1	22206.6	23379.2	22997.1	23388	23484	23884.2	24802.8
印度尼西亚	391	385.2	483.1	532.7	524.3	614.3	646	660.9	679	705.5	741.2	644.4
澳大利亚	212	213.8	241.6	239.9	282.2	294.9	299.1	300.8	302.6	306.2	311.3	325.3
马来西亚	161	165.6	208	207	206.4	261.8	257.6	247.8	239.7	240.3	241.5	409.8
印度	123	137.3	161.2	156.2	170	195.6	215.5	223.4	232.1	229.2	270.2	280.8
中国	147	153	155	165.6	169.6	172	196.7	209.5	216.9	243.4	273.0	303.0
巴基斯坦	128	144	148.9	147.2	142.9	178.3	174.4	183.2	203.9	221.5	242.1	255.3
泰国	60	74	79.7	89	99.2	104.7	122.1	147.7	163.3	163.2	190.8	185.2
文莱	79	82.5	87.4	88.5	89.8	99.8	101.2	101.9	97.6	94.9	106.0	109.2
新西兰	46	41.6	48.1	47.6	47.6	47.6	47.7	47.6	47.6	47.6	47.7	53.3
日本	16	16.1	20.8	21.4	21.8	21.8	21.9	22	22.5	21.9	23.5	24.4
越南			7.1	7	7	7	7	7	10.9	11	11.4	11.0
巴布亚新几内亚				0.8	1	0.9	1.4	1.3	1.4	1.3	1.4	1.4
缅甸	10	9.9	8.4									
其他亚太国家	59.8	58.6	65.2	79.7	82.7	99.4	101.7	103.2	106.2	117.4	123.5	128.3
亚太小计	1435.6	1481.5	1714.5	1783	1844.4	2098.8	2191.2	2256.4	2323.8	2403.4	2583.7	2731.4
荷兰	741	831.2	822.8	855.1	784.4	772.5	897	843.1	738.3	833.2	711.9	710.3
英国	481	552.4	534.9	631.8	718.8	749.8	892.3	917	958.7	1047.7	1157.5	1126.8
挪威	254	246.1	258.2	248	268	277.9	373.6	426	434.5	473.7	504.5	535.4
意大利	209	208.6	169.3	193	203.3	202.8	203.8	202.7	194	182.6	167.4	154.4
德国	160	273.8	210.8	177	185.2	190.8	205	203.3	202.2	219.8	200.0	196.6
丹麦	29	37.7	38.3	42.2	45.6	49.5	60.2	73.4	69.9	71.4	74.9	77.1
法国	30	34.4	33.3	35.6	35.4	33.7	29.2	25.9	21.9	16.4	18.3	18.2
奥地利	12	13.5	14.4	15	13.4	14.8	14.2	13.9	14.4	15.9	18.3	19.4
西班牙	13	13.4	12.3	6.4	6	1.9	2	2	2	1	0.4	
土耳其	2	2	2	2	2	2	2	2	2	1	4.9	2.6
其他西欧国家		26.1	26.1	25.8	26.3	26.1	28.7	27.7	27.8	27.7	28.1	15.2
西欧小计	1932.2	2232.6	2122.3	2232	2288.4	2321.7	2708	2736.9	2665.7	2890.3	2886.3	2857.1
独联体					7265.7	7044.8	7288.4	6746.8	6999.1	6891.5		
前苏联	8150	8104	7880	7609							6795.8	

续表

国家和地区	1990 年	1991 年	1992 年	1993 年	1994 年	1995 年	1996 年	1997 年	1998 年	1999 年	2000 年	2001 年
俄罗斯												5687.7
罗马尼亚	334	260.5	251	213.2	194.5	212.9	213.5	212.7	212.9	210.4	207.2	47.4
匈牙利		49.8	47.9	53.4	59.9	55.5	42.7	41.8	39.8	37.1	29.3	32.2
克罗地亚				19	19	18.7	18.7	13	13.5	13.1	14.9	15.7
塞尔维亚				9	7.6	7.6	7.7	7.6	7.6	7.6	7.8	6.5
阿尔巴尼亚		7	1.4	1.4	1.4	1.4	0.7	0.3	0.2	0.1	0.1	0.2
其他东欧国家		48.5	66.1	56.8	53.7	54.1	52	50.4	48.2	43.9	46.8	50.4
东欧和前苏联小计		8488.1	8254.7	7961.8	7601.7	7395	7623.6	7072.5	7321.3	7203.9	7101.8	7054.8
阿尔及利亚	449	458.3	520.3	505.9	503.5	519	571.7	593.3	0.2	602	654.0	820.4
埃及	68	74.8	89.2	96.9	84.2	117.6	132.4	136.9	134.7	134.7	133.2	154.8
利比亚	57	65.4	67.7	63.6	64	63.4	64.2	65.6	63.6	59.7	61.0	59.7
尼日利亚	38	32.8	47.1	47.1	45.7	42.6	40.1	40.2	38.3	34.7	35.0	69.1
安哥拉	6	5.8	5.7	5.6	5.6	5.6	5.6	5.7	5.8	5.6	5.8	5.3
突尼斯	4	4	2.4	2.4	2.8	3.4	3.4	3.4	3.4	3.4	19.7	23.9
加蓬	1	1	1	1	1	1	1	1	1	1	1.0	1.0
其他非洲国家	0.3	0.3	0.3	0.3	0.3	0.2	19.4	19.6	19.7	19.7	19.8	31.9
非洲小计		642.5	733.6	712.7	707	752.8	837.8	865.8	851	860.7	929.5	1168.6
沙特阿拉伯	397	450.7	328.2	321.3	316.9	377.8	374.2	368.4	355	316.9	318.9	442.1
伊朗	242	220.9	266.4	288.2	281.5	319.2	329.2	335.1	339.5	312	302.5	502.8
阿联酋	309	332.5	255.3	243.3	239.3	243.2	247.8	240.2	244.3	212.2	233.2	236.4
卡塔尔	75	71.1	89.9	79.9	68.8	134.2	137.5	172.2	193.6	194.8	205.9	237.1
巴林	59	44.3	46.9	51.1	51.7	52.4	55	57.4	60.8	62.5	67.2	66.3
科威特	42	4.4	26.5	44.7	46.6	59.9	59.6	59.2	58.6	51.8	56.8	70.6
叙利亚	7	13.4	34.8	37	41.6	44.1	43.9	43.7	40	39.1	38.6	59.9
阿曼	25	25.8	34.6	35.5	35.5	43.5	44.3	46.6	45.9	46.4	48.3	64.2
伊拉克	40	6.1	165	19.1	24.9	34.3	34.8	43	65.4	76.1	68.7	29.1
其他中东国家	2.5	1.9	1.8	2.3	3.1	3.2	3	3.1	2.8	3.3	2.9	2.9
中东小计	1198.9	1170.8	1101	1122.3	1109.8	1312.4	1329.1	1368.8	1404.8	1314.9	1343.1	1711.4
美国	5195	5288.2	5271.2	5444.8	5609.6	5561.5	5663.7	5630.9	5636.2	5566.6	5679.5	5758.5
加拿大	1208	1302.1	1430.2	1564.7	1666	1753.8	1836.3	1831.7	1881.7	1909.1	2004.2	2057.7

续表

国家和地区	1990年	1991年	1992年	1993年	1994年	1995年	1996年	1997年	1998年	1999年	2000年	2001年
墨西哥	377	380.5	371.4	371.1	374.4	388.3	434.6	461.1	496.9	496	484.7	465.9
委内瑞拉	244	284.7	229.6	222.9	236	253.9	269.6	282.8	273	258.3	237.8	279.6
阿根廷	231	211.6	171.7	172.8	174.2	173.3	290.8	274.2	295.8	341.6	376.6	367.6
特立尼达和多巴哥	50	46.6	54.1	52	60.5	60.7	72.3	73.8	86.4	94.2	97.5	140.2
哥伦比亚	40	40.7	40.8	40.7	47.9	44.4	44.5	60.1	64.7	53.4	59.9	61.7
玻利维亚	31	30	30.5	30.8	32.8	32.9	23.4	20.4	20.4	20	32.5	48.4
巴西	32	28.7	31.2	33.2	30.5	32.1	32	37.1	39.8	45.5	46.9	70.6
秘鲁	13	12.8	13.1	13	13	13	9.7	9.7	9.9	9.8	2.8	3.5
智利	11	9.1	10.7	11.4	11.5	11.7	11.5	12.8	15.3	15.1	15.0	19.5
厄瓜多尔	1	1	1	1	1	1	1	1	1	1	2.0	1.1
其他拉美国家		0.3	0.3	0.3	0.3	0.3	0.3	0.3	0.4	0.4	0.4	5.4
西半球小计	7437.4	7636.3	7655.7	7958.6	8248.8	8326.7	8689.5	8696.7	8821.4	8810.8	9039.8	9279.6
欧佩克小计	2286	2313.9	2332.6	2369.6	2774.6	2352.4	2663.5	2861	2856.6	2790	2881.1	3323.0

注:科威特和沙特的产量各包括中立区一半的产量。

资料来源:美国《油气杂志》。

编 后 记

本卷年鉴是《中国石油天然气工业年鉴》自1996年正式出版以来连续出版的第七个卷本；也是更名为《中国石油天然气集团公司年鉴》后的第四个卷本。

本卷年鉴基本沿用了前六卷业已形成的框架结构、基本内容和装帧风格。同时，根据股份公司正式上市运营的实际情况，对篇目、栏目和条目相应进行了调整。在编辑过程中，我们试图更加注重其资料性、工具性和实用性，同时尽量让版式设计更加严整，力求使文字叙述更为流畅，对年鉴内容的信息含量也进行了扩充。

集团公司机关和股份公司机关各部门、各石油企事业单位的领导为本卷年鉴的出版提供了各种形式的支持和帮助，各单位负责年鉴工作的联系人和撰稿人为本卷年鉴的出版付出了艰辛的劳动，在此谨向他们致以崇高的敬意和深深的感谢。还应该特别感谢集团公司办公厅、发展研究部的领导，股份公司总裁办的领导，他们除了直接参与年鉴内容的审定和编写外，还做了大量的组织协调工作。此外，中国石油报社(中国石油画报社)等单位为本卷年鉴出版提供了大量辅助资料和照片。在此，对这些单位和同志、对所有支持年鉴工作和为年鉴出版提供帮助的人们致以深深的谢意。

尽管在编辑过程中我们做出了很大的努力，但限于工作经验和编辑水平等方面的原因，本卷年鉴难免存在疏漏和不足，诚恳地欢迎大家提出批评、意见和建议，以利于我们把这项工作做得更好。

《中国石油天然气集团公司年鉴》编辑部

2002年12月

中国石油天然气管道第三工程公司

经理　陈兵剑

中国石油天然气管道第三工程公司是承建各类化工、石油装置及配套工程、市政工程、防腐保温、大型金属油罐安装、大型河流穿越、电力通信自动化仪表安装以及无损检测的国家一级施工企业。2001年度全国优秀施工企业。

公司具有年建设输油气管线(以ø529mm为例)800千米以及相应配套工程的施工能力。施工足迹遍布全国27个省、市、自治区，香港特别行政区，以及科威特、突尼斯、苏丹等国家。先后建成国内外长距离输油(气)管道56条，累计长度近6000千米。

公司积极引进国外先进设备，掌握先进技术，不断开拓施工新领域，在中国管道建设史上取得了可喜成就。

管道施工领域攻克沙漠、沼泽、山区、水网、热带雨林五大难关。

焊接技术在国内同行业率先实现手工下向焊、半自动焊、全自动焊三大突破，多项工程被授予“全国优秀焊接工程”。

公司在秦皇岛建成七座国内大型的10万立方米金属油罐。公司先后建成大型金属储油罐113座，总容量192万立方米。

大型河流穿越，开创国内非开挖水平定向钻穿越之先河。公司从美国引进目前世界上较大的RB-5型水平定向穿越钻机，创造出钱塘江2308米穿越纪录。9次成功穿越黄河、五穿松花江，穿越苏丹尼罗河。在西气东输淮河穿越中，创造出大口径、长距离、大壁厚、综合难度大等国内外纪录，使中国管道穿越技术水平居于世界前列。

公司在西气东输工程中，以形象一流、装备精良、管理科学、质量高超享誉全线，树立了排头兵地位，全面展示了中国管道建设主力军队伍的风采。

“重合同、守信用、质量第一、用户至上”是公司的经营宗旨。公司注重施工管理与国际接轨，取得了健康、安全、环境(HSE)管理体系认证和中质协ISO 9002质量体系认证。

创世界最长纪录的钱塘江2308米穿越

西气东输全自动焊接施工作业场面

兰成渝山区段施工

金属油罐全貌

地　址：河南省中牟县
邮　编：451450
电　话：(0371)2152369
传　真：(0371)2152369

THE 6TH CONSTRUCTION COMPANY OF CNPC

CNPC 中国石油

中国石油天然气第六建设公司

获得国家优质工程银奖的中海油涠洲终端处理工程

经理　黄勇华

党委书记　杨庆前

中国石油天然气第六建设公司总部位于山水甲天下的桂林市，是中国石油天然气集团公司隶属国有施工企业，国家二级企业。经国家建设部批准，第一批获得国家化工石油工程施工总承包一级资质企业，具有压力管道安装许可证、A级锅炉安装许可证等证书，通过了ISO 9002 质量体系认证。曾荣获全国施工企业管理优秀奖、全国先进施工企业、全国用户满意施工企业、中国企业形象最佳单位、全国用户满意工程国家银质奖等多种荣誉称号。公司“施工企业成本目标管理法”获全国工程建设企业管理现代化成果二等奖，“P_3软件在工程施工中的应用”获得全国工程建设企业现代化成果（2002）二等奖。连续多年保持广西壮族自治区和桂林市文明单位称号。

公司自1968年成立以来，施工足迹遍及全国21个省、市、自治区，先后派出8支队伍远征非洲和中东五个国家，承建的炼油、储运、石化、轻工、化工、电力等工程和其他工业及民用工程建设项目近400项，工程质量均达到国家有关标准或设计规定的标准，所有工程项目全部实现了一次投产成功。有20多项工程分别获得国家优质工程银奖、省（部）级优质工程金奖。

公司现有职工3000多人，其中专业管理人员800人，技术工人1600多人。职工队伍中，大专以上学历占23%，高中、中技以上学历占70%；管理人员中，中高级专业管理人员400人；获得国家建设部考核颁发的项目经理资格证书的高级管理人员59人。公司具备承建大中型石化工业工程和其他行业工程的总承包能力，自行施工产值8亿元／年。

苏丹喀土穆250万吨／年炼油

科威特GC28号集油站工程

地　址：广西桂林市空明西路7号　　邮　编：541004　　电　话：(0773)5886510
传　真：(0773)5884421　　电子邮件：ljgs@public.glptt.gx.cn

CNPC 大型的石油机械制造企业

宝鸡石油机械厂是中国石油天然气集团公司(CNPC)所属的大型石油机械制造企业。主要从事油、气、地质勘探开发所需的成套钻机、采油设备、井口装置、井控系统、特种工程车辆和钻采工具、量具等产品的研发与制造。

宝鸡石油机械厂始建于1937年，1953年开始生产石油机械，是国内最早生产石油天然气勘探、钻井、采油、测井装备的大型国有企业。经过60余年的发展，已成为拥有职工3000余人，占地81万平方米，资产近8亿元，各类设备2490台（套）的集研究、开发、制造、服务于一体的大型石油机械制造企业。

宝鸡石油机械厂拥有很强的科研开发和生产能力，工厂下设铸造、锻压、热处理、机加工、总装及配件等十几个生产分厂和由设计、工艺、计量、计算机、材料试验等研究开发机构组成的技术开发研究中心，具有先进的设计、加工、试验和质量控制手段，是国家一级计量单位。工厂拥有工程技术人员600多人，其中高中级职称占60%。工厂产品全部采用二维、三维计算机辅助设计，计算机技术已广泛应用于工艺和材料研究。工厂有两个大型钻机试验场和各种产品的试验台架，拥有引进的数控加工中心等大型、精密、稀有设备百余台。工厂已初步建成集科研、生产、管理于一体的局域网，形成高效率的运行体系。宝鸡石油机械厂可以设计、制造适应各种工况的沙漠钻机、斜井钻机、顶驱钻机、井架底座、抽油机、F系列泥浆泵、石油特种工程车、泥浆净化装置、井口装置、防喷器、地层测试器、射孔枪、绞车、天车、游车、大钩、转盘、吊环、吊卡、吊钳、钻杆接头、螺纹量规等各类各种石油钻采设备及配件共53大类、600多个品种、1000多个规格。其中有8大类55项产品获美国石油学会API会标使用权，是目前世界上获得API授权证书和授权产品较多的厂家之一。

工厂近年来共获46项国家省部级新产品奖，30余项产品列为国家重点新产品或火炬计划，64项产品获国家、省部级科技进步奖，39项产品获国家、省、部优称号。“宝石”牌钻机、F系列泥浆泵被中国质量协会评为全国用户满意产品，ZJ20B钻机、F系列泥浆泵被评为陕西省名牌产品。工厂1986年获全国企业管理金马奖，1999年被中国市场调查中心评为质量无投诉企业，1995年在CNPC率先通过ISO 9001（挪威船级社DNV公司)质量体系国际认证，2001年通过ISO 9001(2000版）质量体系国际认证。

1998年工厂研制的ZJ50D电驱动钻机，首次实现了石油钻机传动的机电一体化，是CNPC生产的第一台直流电驱动5000米钻机，具有国际20世纪90年代先进水平。

宝鸡石油机械厂于1999年研制生产的GW-M1000拖挂式移运钻机，DQ-60D顶部驱动钻井装置填补了国内空白，达到了国际同类钻机的先进水平，入选中国企业新纪录。其中GW-M1000钻机是我国第一台轮式半拖挂整体移运钻机，采用了众多国际先进技术，性能先进、结构紧凑、模块化程度高、移动性好，该钻机在总体设计、结构设计、移动性设计等方面取得了突破进展。

厂长 张冠军

2000年宝鸡石油机械厂研制的ZJ70D直流电驱动钻机，被评为中国石油集团2000年十大科技进展项目，是10个项目中惟一的机械装备项目。ZJ70D钻机还承钻我国大陆科研钻探第一井。

2001年，工厂研制的DC127GJ2膨胀式地层测试器被法国科技质量监督评价委员会推荐为高质量产品，同时被中国国际贸促会和法国科技质量监督评价委员会列为中国进入WTO推荐产品。

F-1300 泥浆泵

“九五”以来，宝鸡石油机械厂的工业总产值、销售收入、利润以两位数的年增长率成长，2001年工厂实现产值5亿元人民币，出口创汇1000万美元。工厂的产品遍布中国各油气田，远销美国、德国、加拿大、中东及东南亚等20多个国家。目前，工厂与全球70多家厂商有着广泛的商务和技术往来。

宝鸡石油机械厂愿在平等互利的基础上与世界各地的厂商进行广泛的、形式多样的合作。

ZJ50D 电驱动钻机

地址：中国陕西宝鸡市东风路2号
法人代表：张冠军
邮编：721002
电话：(0917)3215599
传真：(0917)3213839
网址：www.bpmmp.com.cn
E-mial：FZC@bpmmp.sina.net

渤海能克钻杆有限公司

总经理　刘来成

渤海能克钻杆有限公司是由中国石油物资装备(集团)总公司、华北石油管理局、日本钢管株式会社(NKK)、日本伊藤忠丸红钢铁株式会社、日本三菱商事株式会社于1995年12月共同投资建立的。生产和销售API标准的E75～S135钢级，外径从$2^3/_8$～5系列钻杆以及具有高抗扭性能的双台肩接头钻杆和特殊钢级的防硫钻杆。公司使用日本NKK的钻杆生产设备，采用NKK公司开发的技术进行生产。年设计生产能力1.68万吨。

公司于1997年5月取得美国API证书，1997年12月取得中国船级社ISO 9002质量体系认证书。

公司的宗旨：按用户要求规范和标准制造高质量的产品。

公司自1997年3月投产以来，生产各种规格钻杆5万余吨，产品不但销往国内各个油田，而且出口到中南美、东南亚、欧洲的十几个国家和地区。产品质量和售后服务得到了一致认可。

公司将竭诚为中国石油工业的发展做出贡献。

地址：河北青县东环路102号
邮编：062650
电话：(0317)2571931
传真：(0317)4028121

公司新貌

生产车间

吉林石油集团有限责任公司第二钻井工程公司

经理　王守信

吉林石油集团有限责任公司第二钻井工程公司，是一家专业化钻井施工企业。多年来，公司承担并出色完成了大斜度井、小井眼丛式井组等多项吉林油田及原总公司“九五”重点科研项目。成功完成了水平井、套管开窗侧钻井、欠平衡井等重点井的钻井施工，填补了吉林油田钻井史上的多项空白。公司拥有20支钻井队伍及全套装备，具有年钻井进尺80万米以上，钻井队平均年进尺4万米以上的生产能力。

团结奋进的领导班子

公司依照现代企业制度，构建了新的经营理念和发展战略。凭技术实力、装备质量、队伍素质，靠服务、质量及合作意识，兑现为顾客提供优质满意的油气水井、做一流钻井承包商的承诺。以完备的生产、技术管理和HSE管理体系为保障的钻井二公司，于1998年顺利通过GB／T19002（ISO 9002）质量体系认证，取得了国际认可论证多边承认协议质量证书和英国皇家UKAS证书。

GW56钻井队赴苏丹整装待发

公司致力于开发钻井新技术，推广新工艺。确定的“更优、更快、更强”的企业精神，已成为二钻人共同的价值观念和行为准则，企业的凝聚力和影响力在不断加强。公司奉行“为顾客提供满足要求，质量更优的油气水井”的质量方针，愿与一切致力于油田开发的中外企业与人士合作，互惠双赢，携手走向成功!

公司采用国内先进的2112型柴油机

工作人员在研究循环设备

地址：吉林省松原市宁江区
锦江大街2423号
邮编：138000
电话：(0438) 6227144
传真：(0438) 6225477

吉林石油集团工程建设有限责任公司

地址：吉林省松原市青年大街3980号　邮编：138000
电话：(0438)6226219　传真：(0438) 6224710　E-mail:linyong@cpii.cnpc.com.cn

总经理　赵彦龙

党委书记　王存仁

公司承建的吉林油田电视台

公司承建的大型联合站一角

公司承建的全国优秀住宅小区——锦西小区

公司承建的炼油厂一期工程

吉林石油集团工程建设有限责任公司成立于1961年，拥有国家建设部批准的化工石油工程总承包一级，房屋建筑工程总承包二级等8项资质，1999年通过ISO 9002质量体系认证，2000年4月通过国家压力管道资格联审，2000年12月12日发布了HSE安全管理体系。

公司技术力量雄厚，有工程技术人员327人，中级以上职称89人，项目经理78人，其中一级项目经理23人。公司有82个专业工种，电焊工有86人取得了德国EN287-1高级焊工证书，有46人取得中油管道焊接中心颁发的合格证书，37人取得哈尔滨焊接研究所发放的焊工合格证书。

公司装备精良，施工设备先进。拥有固定资产原值13450万元，净值9617万元，共有各种设备1255台（套），其中有美国产自动焊车，林肯SAE－400、PANCER－275、V3000、DC－600等型号弧焊机，XL－500的OTO电焊机、美国CRC公司生产的EVNSPBI6″～30″的冷弯管机，德国产γ源管道遥控爬行器及国内生产的道口穿越机，大吨位吊管机，对口器机及埋弧自动焊机等先进设备。

公司成立40多年来，始终坚持“以质量求生存，以信誉求发展”的方针，先后荣获部级优质工程22项，40余项省优工程，100余项市优工程。

公司全体员工愿以“求新、求真、求实；创业、创造、创效”的企业精神，竭诚为国内外客户提供精品工程、优质的产品和满意的服务，与社会各界朋友一起挥巨笔同书建设长卷，蘸浓墨共绘发展蓝图。

塔里木石油勘探开发指挥部工程技术服务公司

塔里木石油勘探开发指挥部工程技术服务公司是塔里木石油勘探开发指挥部下属的一家专业化的技术服务公司，主要为油田钻井、试油、修井提供钻具、工具、井控装备的租赁、检测、维修以及欠平衡、抢险、泥浆技术服务。

公司办公大楼

公司位于有“华夏第一洲”美称的新疆维吾尔自治区巴音郭楞蒙古自治州的首府 —— 库尔勒，主要生产基地在距该市约15千米处的大二线，并在塔西南、库车、轮南、塔中分别设点，总占地面积约3.5万平方米。公司具有大中专以上学历的员工占61%，具有高中级以上职称的专业技术人员占27%，拥有一批钻井、泥浆、井控等专业的国内知名专家，可提供强有力的技术支持。公司始终坚持按照“优质服务求生存、科技创新求发展”的指导思想，倡导“团结、勤奋、服务、效益”的企业精神，建立了完善的质量保证体系，通过了ISO 9001： 2000质量体系认证，可为用户提供高质量的专业服务。公司拥有资产原值约6亿多元，可同时为60口以上超深井提供钻具、工具及井控装备的物资保障。公司拥有各类加工、检测及试压设备，有可加工3SB、TM、FOX螺纹的日本数控车床，美国产7100型旋转防喷器及SV3钻杆检测系统，加拿大液压扭矩机等进口专业设备。

ISO 9001 体系认证

NFQ800

环行防喷

主要业务范围：

提供钻具、工具、井控设备租赁；提供井口技术指导、欠平衡技术服务；提供现场探伤、井场抢险、事故处理、旋转防喷器租赁技术等特殊服务；提供机加工服务；提供泥浆技术服务。

公司愿竭诚为海内外各油田发展提供优质服务，原广交各界朋友，携手发展，共创美好未来。

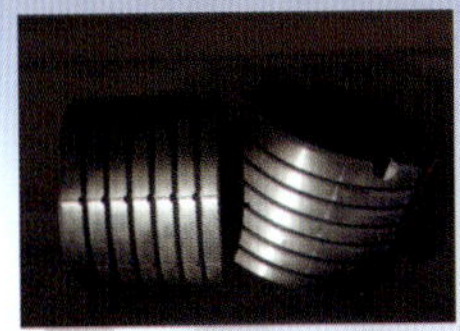
配件

双闸板防喷器

塔指工程技术服务公司 CNPC

公司地址：新疆库尔勒市93号信箱
邮　　编：841000
电　　话：(0996)2179060　2179130
传　　真：(0996)2179283　2179130

数控车床

加拿大产扭矩机

泥浆室内研究

青海石油管理局井筒工程公司

青海石油管理局井筒工程公司常年工作在平均海拔3000米以上的柴达木盆地，现有职工1919人，各类专业技术人员322人，拥有固定资产3亿元。主要从事油田钻井、试油试气、地层测试、油井维护、压裂酸化、油井大修（测钻）、边远小油田开采等施工作业，经营收入占全局的1/4以上，是青海石油管理局的龙头单位。

早在1956年，公司就开始了钻井和井下作业施工作业工作，先后为兄弟油田培养和输送了大批优秀的专业技术和经营管理人才，为新中国石油工业的发展做出了重要的贡献。40多年来，青海石油管理局井筒工程公司与世界上高海拔的油田——青海油田一起成长，创造了一大批具有全国先进水平的施工成绩和施工纪录，为促进新中国石油工业的技术进步，为柴达木盆地成为全国第四大气区，做出了积极的贡献。

现在公司已拥有了40多项适应柴达木盆地和周边油田地质特点的先进的钻井和井下作业技术，项目管理和风险施工走在了全国同行业的前列。先进的技术和良好的形象，赢得了周边地区和油田的信赖。在西藏地区，民族同胞唱起了“吉祥如意”的祝福歌；在青海湟中，被称为“幸福的使者”；在吐哈油田，被称为“柴达木石油精神的传播者”；在玉门油田，赢得了“玉门有铁人，青海有铁军”的赞誉，打造了“青海井筒工程”品牌。

以技术竞争市场，以管理提高效益，以目标凝聚人心，以创新激发活力，以服务构筑优势，建设具有自己鲜明特色的企业文化，一支技术精湛、装备精良、素质较高、信誉良好、善打硬仗、敢于创新、追求卓越的油田工程技术专业服务队伍，正沐浴着“三个代表”的春风，迎着西部大开发的曙光，踏着新世纪的旋律，阔步前行。

地址：青海茫崖花土沟
邮编：816400
电话：(0937)8911405
传真：(0937)8911116

励精图治　开拓创新

吉林石油集团运输公司

总经理　解运起

生产经营实现微机化管理

吊装运输作业现场

蓄势待发

吉林石油集团运输公司是以油田市场为主、社会服务为辅的专业运输企业，是集重型物资装卸、公路运输、汽车综合性能检测和车辆修理于一体的综合服务性单位。公司现有职工640人，其中专业技术人员78名；固定资产2.18亿元，经营性资产1.56亿元；拥有16～50吨吊车47台，9～40吨重型卡车、拖车220台。总吨位4442车吨。年货物周转量可达1.7。

几年来，公司始终奉行“精益管理，高效快捷，团结奋进，求是创优”的工作宗旨，大力开展“市场创效、满意服务”活动，着力增强职工的市场意识、质量意识和服务意识，艰苦创业、开拓创新，并以文化建设为载体，不断提升队伍的凝聚力和向心力，促进了企业两个文明建设的协调健康发展。

在开拓市场、优质服务中，企业的信誉度和知名度不断攀升，经济效益和社会效益不断提高。2001年，实现运输产量1.7亿（综合）吨千米，创利润2400万元。

在石油运输行业重组改制的新形势下，公司将本着“扎根松辽，拓展吉林，辐射东北，走向全国”的市场战略，以诚实守信、科学管理的经营理念，按照现代企业制度的要求，大力实施机制创新、管理创新、服务创新，在激烈的市场竞争中，让用户100%满意，让100%的用户满意。

地址：吉林省松原市宁江区
邮编：138000
电话：(0438)6224227
传真：(0438)6224227

公司全貌

吉林石油集团有限责任公司客运公司
吉林石油集团有限责任公司外运工程公司

吉林石油集团有限责任公司客运公司、吉林石油集团有限责任公司外运工程公司是隶属于吉林石油集团的一套机构两种职能的专业化运输单位。公司始建于1995年12月，现已发展成为拥有各种专业化运输设备261台(套)，设备精良、齐全、配套，具备较健全综合运输能力的企业。

直属二分公司停车场

公司下设4个直属分公司，主要从事吉林石油集团公司和吉林油田公司职工、家属、学生通勤，矿区交通，油田前线客运生产值班，油田内外土石方工程运输及松原市旅游业务。

“九五”期间，公司全体职工在总经理王远鹏、党委书记刘伟民的带领下，专业化水平不断提高，经济效益不断增长，连年超额完成集团公司下达的各项指标。连续四年被吉林石油集团评为双文明先进单位。

2001年是新世纪的开局之年，也是国家实施“十五”计划的第一年。吉林石油集团客运公司以“三个代表”重要思想为指导，紧紧围绕年初确定的“围绕一个中心、突出一个重点、加强四项管理、实现一个目标”的总体工作思路，突出以经济效益为中心，以市场为导向，以结构调整为主线。在深化内部改革、转换经营机制和开拓市场上做文章。减少管理层次，大力压缩非生产岗位人员。本着安全是最大效益的原则，将安全管理全部纳入HSE管理体系。实行以单车为基本单元的核算体系，单车利润指标与经济责任制挂钩，极大地调动了职工的积极性；公司把开拓市场作为一项重要内容，为吉粮赛力事达玉米工业有限公司提供了较好的职工通勤服务，收到了较好的经济效益。同时，以公司下属的松原市三亚旅行社为依托，利用精良的设备，开展对外旅游运输业务，先后在大连、长春、吉林、哈尔滨、长白山等地进行旅游运输，取得了较好的效果，受到游客的好评。

机关办公大楼

面对加入WTO的新形势，吉林石油集团客运公司将抓住历史新机遇，乘风破浪，激流勇进，谱写新的篇章。

地址：吉林省松原市宁江区长宁北街56号

邮编：138000

电话：(0438)6335875

传真：(0438)6335891

公司党政班子会议

玉门油田工程建设有限责任公司

玉门油田工程建设有限责任公司，始建于1966年。先后使用过玉门石油管理局老君庙油矿地面工程队、玉门石油管理局玉龙建筑工程公司等企业名称，2001年7月，玉门石油管理局建筑安装工程处改制为具有独立法人资格的建筑业企业。

公司现有员工1400多人（含800名季节性用工），各类专业技术人员123人，其中：具有中高级职称的专业技术人员47人，中级及以下的专业技术人员77人。公司具有大中专以上学历的人员168人，高中级技术工人382人，总经理具有管理工程硕士学位。

公司固定资产5132.2万元，流动资产1129.9万元，具有300吨塔器整体吊装能力和工业与民用建筑工程、化工石油管道安装工程、机电安装及防腐保温工程施工的成套机械设备等310台(套)，无损检测专业设备设施齐全。拥有建设部核发的石油化工管道设备安装专业施工二级资质，防腐保湿专业施工二级资质，机电设备安装专业施工三级资质，公路、路基、路面专业施工二级资质。甘肃省劳动厅颁发的GB级压力管道施工许可证，甘肃省建设厅核准的建筑企业一级试验室资格。于2001年先后取得了ISO 9002质量体系认证和健康安全环保HSE体系认证。

公司主要经营工业与民用建筑、石油化工装置改造、石油场站建设、油田地面产能建设、大中型土石方施工、10000立方米以下容器制作安装、各种设备及压力管道安装，年施工能力达1亿元以上。近年来，公司先后承担了油田公司炼化总厂南站10万方罐工程建设、炼化总厂成品油装车系统工程、炼化总厂南站液态烃汽车发槽及灌装线工程、炼化总厂30万吨／年酮苯工程、炼化总厂300万吨／年污水处理建设工程、油田公司采油厂输油管线安装和油田地面建设等工程建设施工任务，工程施工质量均受到建设单位的好评，部分工程被评为优良工程，在社会上树立了良好的企业形象，公司现已成为西部建设市场中知名度高、信誉好、竞争实力强的建筑业施工企业。

承建的玉门油田分公司10万方罐区工程

公司始终坚持以“以质量开拓市场，以诚信赢得用户”的质量方针和“第一次就让您满意”的服务承诺，求真务实、开拓创新，努力打造建筑施工企业名牌，近三年分别被玉门石油管理局评为双文明建设先进单位、安全生产先进单位、优秀施工企业，被甘肃省酒泉地区授予重合同、守信用单位。公司将一如既往地竭诚为社会各界提供优质的服务和一流的产品，进一步提升企业的知名度、信誉和形象，努力向更高、更新的目标迈进。

正在施工的甘南WD5标段公路施工现场

承建玉门油田分公司青西公路大桥在吊装桥板

路面工程沥青砼拌和站

玉门油田分公司炼厂总厂成品油装车系统

经　　理：张作祥
党委书记：张彦云
地址：甘肃省玉门市新市区
邮编：735200
电话：(0937)3958425 3958424
传真：(0937)3923957

四川石油管理局钻采设备制造厂

双级套管头
TFQ13 $^{3}/_{8}$X9 $^{5}/_{8}$X7-70

2FZ35-70 双闸板防喷器

工厂坐落在历史悠久、风景秀丽的四川省广汉市区，距省会成都市40千米，距工业重镇德阳市20千米，有铁路和高速公路直达，交通十分便利。广汉市郊有闻名世界的具有三千年历史的广汉三星堆古文化遗址。

工厂以市场为中心，以满足油气勘探需要为己任，励精图治，奋发进取，集近40年的技术和经验，形成了井口装置、井控装备、钻采工具和泥浆泵配件四大类支柱产品。井口装置1999年取得API Spec 6A证书（证书号6A-0507），井控装备2001年取得API Spec 16A证书（证书号16A-0217），钻采工具2001年取得了API Spec 7证书（证书号7-0360），泥浆泵配件自1986年起便取得并保持了API Spec 7k证书（证书号7K-0016）。1998年取得挪威船级社（DNV）认证的ISO 9001质量体系证书（证书号QSC6597）。

工厂生产区占地110亩，拥有包括数控机床在内的各类机加工设备和试验设备200余台，铸造、锻造、各类热处理等手段齐备。工厂计量检测楼1300平方米，计量和检测手段先进，能进行化学分析、金相分析、力学性能试验、表面探伤、超声波探伤以及长度、压力、热工等计量器具的检定。

工厂依靠科技进步，实施以质兴厂，获得国家、行业和四川省多项质量荣誉称号，产品销往国内各油气田及美国、加拿大、中亚、东南亚等十多个国家和地区。

KQ78/105 采油（气）井口

WLY311.2-59DA 硬地层钻具稳定器

JG-SY-70 节流管汇

地址：四川省广汉市中山大道南二段
邮编：618300
传真：(0838)5103101
电话：(0838)5101414　5101042
E-mail：zcczccgh@dy-public.sc.cninfo.net

华北石油廊坊华星能源设备厂

我厂是华北石油管理局第一综合服务处所属的华星实业总公司下属的集体企业，是中国石油天然气集团公司一级网络成员厂、中国石油天然气股份有限公司能源一号网会员，地处京津之间的河北省廊坊市万庄石油基地。

我厂主要产品：HJC-50DⅢ、HJC-70D电动钢绳绞车，HZCQ240F泥浆真空除气器，KHS62/32-14A型双回转偏心井口装置，H200SB240-34A新式砂泵，KY/250-65采油树，GM2.4m × 11m、GM2m × 3m、GM2m × 4m钢木基础，5 1/2in、7in、9 5/8in、10 4/6in、11 3/8in套管快装护丝，ZJGH-350泥浆管汇，NJB7.5/700-W泥浆搅拌器及钻采配件。设备有CQ250球面车床，CA6163C、C6140车床，CKJ614A、SI-325数控车床，XA5032A立式铣床，T4163A坐标镗床，B665牛头刨床，B5032插床，ZX7-400直流焊机。

我厂有工程师、工人技师十余人，职工60余人，年生产HJC-50DⅢ、HJC-70D电动钢绳绞车80台，HZCQ240F泥浆真空除气器100台，H200SB240-34A砂泵180台，套管护丝300套，KHS62/32-14A双回转偏心井口装置300台，Z43H-250-65阀门500套，采油树500套，泥浆管汇60套。

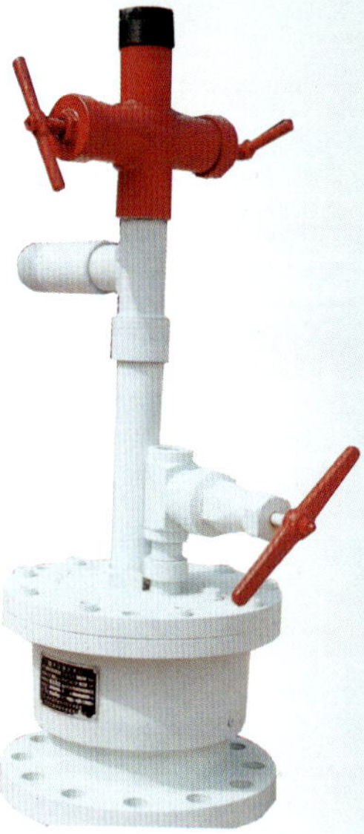

▲ KHS62/32-14A
环空测试井口

▲ GM2m × 3m、GM2m × 4m GM系列钢木基础

▶ HZCQ-240-F
泥浆真空除气器

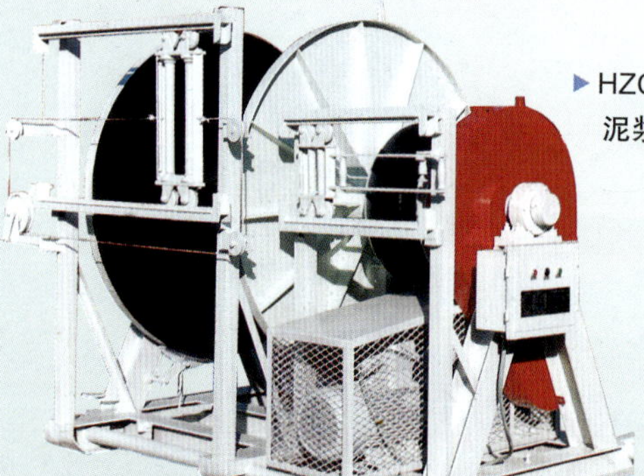

▲ HJC50D-Ⅲ
HJC70D
钻井钢绳绞车

地　　址：河北省廊坊市万庄石油基地
厂　　长：马　志
E-mail: info@hexing.net.cn
油田网址：www.hq.cnpc.com.cn
网　　址：www.hexing.net.cn
邮　　编：065007
电　　话：(0317)2558811
手　　机：13803226719

华北录井

华北石油管理局录井处位于河北省任丘市境内，是国内从事石油勘探开发的专业化施工作业服务企业，录井业务涉及中国陆上约18个重要的勘探区域和国外部分探区。

一、基本情况

组织结构及员工素质：录井处的员工队伍是一支技术过硬、经验丰富、能适应在不同勘探区域服务的施工队伍。

▲ 录井处有职工888人，其中女职工194人。具有大专以上学历的287人，占员工总数的32%；有中级以上职称的188人，有高级职称的28人。基层党组织由5个党总支，2个直属党支部组成，下属15个党支部，有党员188名，有团员127名。职工总数889人，技术人员600人，其中地质工程师160名，高级工程师28名。

▲ 录井处机关设五部两室，即生产管理部、财务计划部、市场管理部、人事培训部、质量与安全环保管理部、综合办公室和工会办公室。处下属生产单位有综合录井大队、三个常规地质录井大队、技术服务大队、研究所六个大队级单位，共有73个常规录井小队、20个综合录井小队、11个气测录井小队。获中国石油天然气集团公司资质认证的甲级综合录井小队2个，乙级综合录井小队和气测录井小队8个。拥有固定资产总值6457万元，净值3545万元。

▲ 处长、党委书记：王弥宗。

录井装备：

▲ 拥有各类设备360台(套)，其中录井及化验石油专用设备仪器净值2100万元。

▲ 拥有包括国际录井公司DLS型综合录井仪、法国ALS-2型综合录井仪、SBL9000综合录井仪等国内外先进的综合录井仪19台。

▲ 拥有先进的计算机资料处理站6个，有完整的数据采集、处理、解释、应用系统。

二、服务范围

◆ 各类钻井的地质录井服务，包括综合录井、气测录井、常规录井、地化录井、罐顶气、酸解烃、P-K仪、H2S录井等。

◆ 地质勘察、测绘、各类钻井的井位测量。

◆ 单井地质设计和钻井地质监督技术服务。

◆ 地质科研项目的综合研究。

◆ 地热资源研究及开发利用。

◆ 地质分析化验、单井评价服务。

◆ 录井新技术、新方法、新设备的研制、引进、开发及推广。

◆ 计算机录井软件开发。

◆ 录井技术培训。

三、质量、环保体系

▲ GB/T19002（ISO9002）质量管理体系

▲ HES管理体系

办公大楼

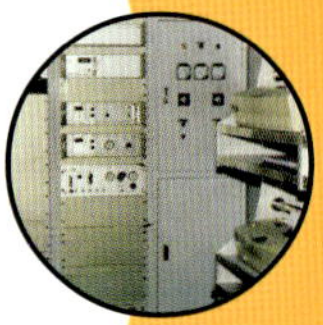

综合录井仪器

与国外同行进行技术交流

地址：河北省任丘市
邮编：062552
电话：（0317）2729290
传真：（0317）2700254

中国石油青海油田分公司钻采工艺研究院

中国石油青海油田分公司钻采工艺研究院成立于1995年，2001年通过九千国际质量认证，是一个集钻井工艺、采油工艺、机械采油、油田化学、采气工艺等新技术的研究开发、应用推广、质量检测、产品生产和施工服务为一体的科技型单位。现有职工108人，直接从事科研和技术服务的各类专业技术人员74人，高级工程师10人，工程师37人，助理工程师21人，技术员3人，员工平均年龄33.8岁。资产总计1807.5万元，现有各类室内试验设备102台(套)，其中进口设备5台(套)，高精密检测仪器10余台(套)。主要承担酸化压裂、调剖堵水等增产措施工艺以及钻井液性能评价的室内研究，为科研项目提供试验数据；承担青海油田钻井工程设计和化工产品（钻井液添加剂、水处理剂、水泥添加剂等各种入井流体）的检验、检测工作。

钻井工程设计科于1998年8月通过了中国石油天然气集团公司钻井工程设计资质认证。

试验中心于1999年10月通过了青海省计量认证。

建院7年来，针对青海油田油气勘探、开发和油气藏保护等关键技术难题开展攻关研究，共完成了33项科技攻关课题，成果应用率100%。其中有1项成果获得国家专利，1项成果获得原中国石油天然气总公司勘探局科技进步二等奖，1项成果获得青海省科技进步二等奖，多项成果获得局级科技进步奖，取得了显著的经济效益。

作为青海油田的主力科研单位，我院将继续发扬开拓、创新、进取的精神，按照ISO 9001：2000标准，以一流的设备，一流的管理，一流的技术，为油田提供优质的技术服务，为油田的高水平、高效益开发做出新的贡献。

精益求精

办公大楼

地址：甘肃省敦煌市七里镇　　邮编：736202
电话：（0937）8934573　　传真：（0937）8930104

延川县石油开发总公司

总经理　刘抗美

团结战斗的领导班子

延川县石油开发总公司于1987年3月组建，现下辖青平川、永坪、鲍家河三个油田指挥部，主要从事地质勘探、钻井采油、运输销售。

公司设有一办一站八科室，党政工团组织机构健全。现有职工760余名，党员98名，团员166名，工程技术人员86名，管理人员32人，设备90台（件），油井800余口，采油面积130平方千米，固定资产达2.03亿元。

公司历年累计生产原油30万吨，实现税利9897万元。上缴财政7383万元，现生产规模达8万吨，为延川县财政收入支柱产业和税利大户。

目前，公司已形成集科研、勘探、钻采、固井、压裂、运销为一体的较为完备的中型石油生产企业，先后两次被市委、市政府授予文明单位，连续十年受到县委、县政府的重奖。1999年跻身于市级明星企业行列，2001年被陕西省百杰评审委员会授予“陕西百杰”荣誉称号，同年底跨入省级文明单位行列。

2002年，是实施“十五”计划的关键年，也是公司实现第三次腾飞，原油产量在2003年底突破十万吨大关的攻坚年。公司党、政、工一班人，继续坚持“两手抓、两手都要硬”的方针，按照“抓勘探、上产能、重科技、增效益”的工作思路，提出在今年完成钻井330口，生产原油8万吨，实现销售收入7910万元，产值2160万元，税金1943万元，利润2263万元的奋斗目标。

办公大楼

为了使企业两个文明建设向更高层次迈进，公司结合自身实际，确定了两个文明建设的新框架，以人为本，进一步加大形象工程建设投入，加快六个文明小区（总公司机关、总公司家属区、总工办机关、青平川油田机关、永坪勘探指挥部机关、鲍家河油田机关）建设步伐，营造石油企业文化氛围，力争在2004年跨入省级文明单位标兵行列。到“十五”末，年生产能力达15万吨，为带动县域经济的发展和社会全面进步做出积极的贡献。

让我们紧紧抓住西部大开发这一千载难逢的机遇，坚持江总书记“三个代表”重要思想，咬定发展是硬道理这一真理，按照“从石油上谋发展”的特色经济思路，将全力加速发展，实现新的跨越。全体干部职工正以饱满的热情，昂扬的斗志，攻坚啃硬，拼搏进取，为夺取两个文明建设的新胜利而努力奋斗！

邮编：717200
地址：延川县黑龙关
电话：(0911)8402166
传真：(0911)8402170

大庆油田总医院

大庆油田总医院（大庆市第一医院）始建于大庆油田开发建设初期的1960年，是集医疗、科研、教学、预防、保健于一体的综合性医院，是大庆地区惟一的一所国家三级甲等医院，是黑龙江西部地区医疗卫生中心。

医院占地面积16万平方米，建筑面积11．4万平方米，医疗用房7.1万平方米，固定资产近4亿元，病床900张，临床有一级专业科室22个，二级专业科室34个。机关设部处室9个。年门诊量70万人次，年出院病人2.1万人次，年住院手术1万例。全院现有职工 1676人，其中卫生技术人员 1250人，副教授以上高级医疗技术人员128人，博士生、硕士生53人，在读83人。

医院拥有当今世界先进的医疗设备，如美国GE数字减影机、以色列Alson核磁共振仪、美国 GE数字化胃肠机、CT、彩色B超、直线加速器和后装机、数字化胸片机、德国“小巨人”体外震波碎石机、麻醉工作站、自动生化分析仪、快速细菌培养箱、人工肾、主动脉球囊内反搏仪、高压氧舱、射频仪和超声刀、多导睡眠监护仪、神经内窥镜、神经外科手术导航系统等。

医院十分重视利用先进的现代化管理手段加强管理，在投入大量资金购置先进医疗设备的同时，于1996年引进了卫生部“八五”攻关研究成果——北京众邦慧智公司开发的“医院管理系统”的全部 13个子系统，医院的各个岗位上都采用了计算机管理，提高了工作质量和工作效率。医院还与国内科研单位共同开发成功了医学影像资料的存储、调阅、联网系统，此系统在影像图片的管理、科间影像图片的调阅及科间和异地会诊等方面又向现代化迈进了一步。

医院始终坚持“科学技术是第一生产力”的思想，把科教兴院作为医院生存与发展的长远战略。近年来先后成功开展了原位肝移植、肾移植、角膜移植、骨髓移植，腹腔镜胆囊切除术，冠状动脉搭桥术，血浆置换术，支气管灌洗，心脏多瓣膜置换术，肺、脑、肝、肾、膀胱、腰间盘、股骨头、子宫等部位的“介入治疗”。医院自行研制了国家一类新药“乙氧苯柳胺”及国家四类新药“诺氟沙星锌”。

医院坚持“一切以病人为中心”的服务宗旨，从患者的利益和医疗市场的需求出发，深化改革传统的医疗模式，实现了院前一院中一院后的全程、全方位医疗服务。院前，通过社区卫生服务中心，对社区人群进行了较大规模的健康普查和慢性病管理，使人民群众真正感受到方便、快捷。院中，在坚持抓好服务工作的同时，在全院实行了整体护理；门诊实行了患者选医制、弹性工作日制；加强了急诊急救，畅通了绿色通道；手术室全天候开放；实行住院患者药费一日清单制。院后，各科室建立了出院患者热线电话，随时指导出院患者的有关事项。同时，通过医院、社区卫生服务中心的双向转诊，为患者提供优质的全方位服务。院前一院中一院后整体医疗模式的确立，使医护人员与患者的沟通更加密切，真正把自己摆在服务者位置，赢得了人民群众的广泛赞誉。

1983年以来，医院先后两次被卫生部授予全国卫生文明先进集体；1992年被卫生部评定为三级甲等医院，并先后被哈尔滨医科大学、佳木斯医学院确定为临床教学医院，1994年和1996年分别被原中国石油天然气总公司授予文明医院、石油企业“八五”期间卫生工作先进单位；1999年被评定为全国百佳医院；2000年被评为全国卫生系统先进单位。2001年被卫生部推荐为百姓放心医院。

大庆油田总医院将会以更加崭新的风貌，解放思想，改革奋进，以病人为中心，以医德为根本，以质量为生命，以信誉赢市场，实现“人才高层次、知识复合型、专科有特色、效益双提高”的目标，把医院现代化建设推向新阶段。

地址：黑龙江省大庆市萨尔图区中康街9号
邮编：163001
电话：(0459)5805216　传真：(0459)5813184

候诊大厅

辽河油田中心医院

——老百姓首选的医院

地址：辽宁盘锦市兴隆台区振兴街
邮编：124010
电话：(0427)7821068
传真：(0427)7820476

辽河油田中心医院是一所集医疗、教学、科研、预防、急救为一体的功能齐全、技术精湛、设备先进的大型综合性医院，是锦州医学院的临床学院，大庆医学院和华北煤炭医学院的实习医院。1994年进入国家三级甲等医院行列，1996年被评为辽宁省爱婴医院，2000年底被评为辽宁省十佳爱婴医院、形象工程最佳形象单位。

院长　孙百信

中心医院经过30年的努力，不断地发展壮大。1997年投入使用的住院部大楼，建筑面积2.7万平方米，编制床位600张，年收治病人近万次。1999年投入使用的门诊楼，建筑面积9515平方米，内设上下自动扶梯、优雅的候诊厅，年门诊量达35万人次。通过借鉴先进的管理经验、结合中心医院的实际，门诊部和住院部全部实现了微机化管理，使挂号、划价、收款、结算、咨询、取药等关键环节实现了自动化管理，居国内领先水平。医院现有职工1025人，其中高中级卫生技术人员280人。医院科系齐全，各具特色，有临床科室27个，医技科室12个，职能科室19个，其中循环内科、腹部外科、泌尿外科、烧伤整形科为重点专科。

党委书记　荆爱虹

医院坚持“以人为本、科技兴院”战略，采取“请进来、走出去”的办法，聘请省内、院内知名教授为资深专家、荣誉职工，进行业务指导。鼓励支持医务人员积极开展新技术、引进新项目，其中冠状动脉造影术，经皮穿刺冠状动脉腔内成型术及金属支架置放术，肾移植手术，经尿道前列腺气化电切术，心脏直视手术，眼角膜移植术，腹腔镜胆囊切除手术，腹主动脉瘤切除术，胰、十二指肠切除手术，全脑血管造影术等均填补了本地区医疗技术的空白。

中心医院现有万元以上先进设备仪器299台（件），固定资产2.8亿元。大型先进仪器设备有：核磁共振成像仪、DSA数字减影机、大型D94X光机、螺旋CT、CR、800mA光机、体外循环机、腹腔镜、碎石机、彩色多普勒成像仪、自动生化分析仪、血球仪、血透机、高压氧舱等。床均装备费位居全省大型医院前列。1997年2月，医院开通了120急救热线（7821111），建立了急诊患者绿色通道。该院已救治了大量的急诊患者，抢救成功率达90%以上。1998年医院成为国际急救中心网络医院；急诊科成为辽宁省急救中心盘锦市辽河油田急救站。

多年来，辽河油田中心医院博采众长，不断攀登医学高峰，不断树立名院名医的良好形象，展示国家三级甲等医院的风采。整洁优雅的花园式环境，高效优质的宾馆化服务，为就医者营造了一个温馨、祥和的就医氛围。这里地理位置优越，交通便利，服务热情、周到，技术力量雄厚，设施环境一流，价格低廉、合理，使你不出本市，花最少的钱就可以得到高水平医院的服务水平和治疗效果。

在新的世纪里，中心医院的广大医务人员将以一流的技术人才、一流的医疗水平、一流的服务质量、一流的设施环境，更加竭诚地为油田职工家属和盘锦市人民提供方便、放心、精心、有效的医疗服务，努力把中心医院办成油城人民首选的医院。

成都市卓新实业有限公司

成都市卓新实业有限公司是一家集矿山、石油机械设备及其配件的设计、生产、销售以及技术服务为一体的专业化公司，有多年为各油田、矿山、铁路等部门提供生产服务的丰富经验，是中国石油天然气集团公司一级供应网络成员和四川石油局供应网络成员单位。

质量体系认证证书

CERTIFICATE OF CONFORMITY OF QUALITY SYSTEM CERTIFICATION

中、英文质量体系认证证书

多年以来，公司坚持以科技开发为先导，以产品质量求生存，靠优质服务求发展的原则，不断提高技术水平，完善检测手段，并通过了ISO 9001质量体系认证，进一步确保我公司的各项产品从设计开发、生产制造、产品检验到售后服务的各个环节都有先进、科学的管理和质量保证体系，从而使我公司的产品因质量可靠、价格合理、供货及时、售后服务好等优点深得用户好评。

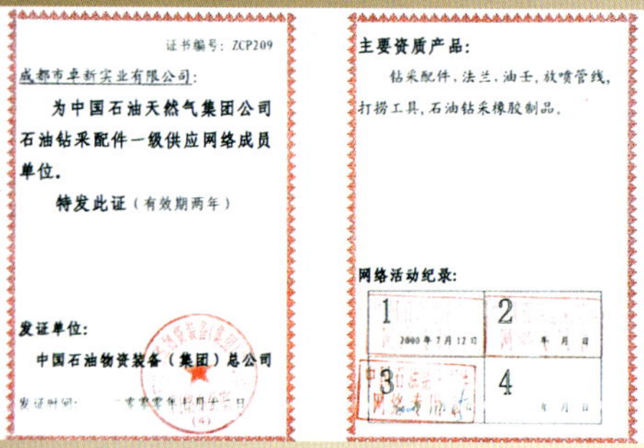
证书编号：ZCP209

成都市卓新实业有限公司：

为中国石油天然气集团公司石油钻采配件一级供应网络成员单位。

特发此证（有效期两年）

发证单位：

中国石油物资装备（集团）总公司

主要资质产品：

钻采配件、法兰、油壬、放喷管线，打捞工具、石油钻采橡胶制品。

网络活动纪录：

1 2000年7月12日	2 年 月 日
3	4 年 月 日

成都市卓新实业有限公司位于成都市新都工业开发区内，占地20000多平方米，处于成都市近郊，距成绵高速公路和108国道不到5分钟车程，与中外闻名的新都宝光寺和桂湖公园相邻，优越的地理位置和便利的交通条件使我们能随时为全国各地客户提供更周到快捷的服务。

厂区全景

成都市卓新实业有限公司愿以自身的优势与更多的海内外朋友携手共进，真诚合作，为社会创造财富，为员工创造机会，为客户创造利益是我们永远的追求。

车间生产景象

地址：四川省成都市新都工业区南一路东段
邮编：610500
电话：(028)83934930　83930829
传真：(028)83934591

品质源于科技
双界面IC卡加油机真正实现
“一卡在手，各地加油”
“三金”牌全系列税控加油机
多种加油站管理系统
连锁油站远程网络管理系统
SANKI
盈动科技——致力中国油站现代化。
防爆合格证号：54081-99　税控功能合格证号：税控准字　99Y007　制造计量器具许可证号：国制　00000023
广东盈动机电科技有限公司
GUANGDONG KINGDOM SCIENCE&TECHNOLGY CO.,LTD.
地址：佛山市弼塘东二路25号电器工业区
电话：(0757)3983333(28线)　传真：(0757)3987999　24小时服务热线：(0757)3989898
邮编：528000
http://www.sanki.com.cn　e-mail：fskingdo@pub.foshan.gd.cn

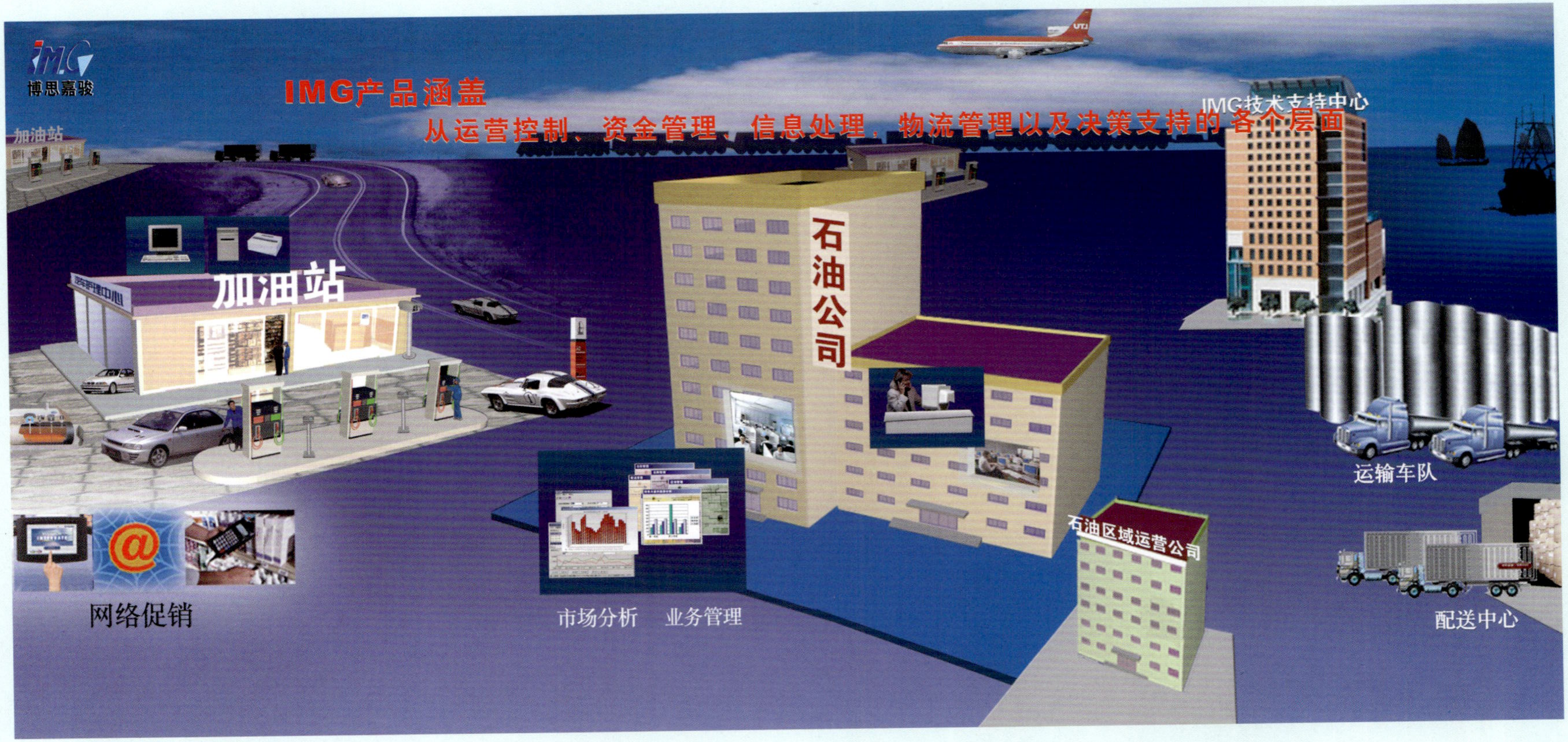

IMG
博思嘉骏
IMG产品涵盖
从运营控制、资金管理、信息处理、物流管理以及决策支持的各个层面
IMG技术支持中心
加油站
石油公司
运输车队
网络促销
市场分析　业务管理
石油区域运营公司
配送中心

北京恒聚油田化学剂有限公司

董事长、总经理　郭文礼

公司（其前身为北京市朝阳水处理剂厂，以下简称北京恒聚）位于北京市通州区工业开发区，是一个集科研、生产、销售为一体，以生产油田化学剂为主的大型化学工业公司。其主要产品为油田三次采油用超高分子量阴离子聚丙烯酰胺；用于油田调剖剂、堵水的两性离子聚丙烯酰胺；用于高盐、高温油田三次采油的三元共聚型聚合物；用于环境保护的污水处理、饮用水处理、选矿、印染等行业的阴离子、阳离子、非离子聚丙烯酰胺。还有用于造纸行业的各种造纸助剂及利用微生物催化技术生产的丙烯酰胺结晶单体。公司也生产各种型号的高浓度乳液聚丙烯酰胺。

北京恒聚成立近12年来，在广大用户的支持和帮助下，已发展成为国内外同行业中有相当规模的企业，产品畅销全国，已进入国际市场，并以很高的速度提高了国际市场的占有率。公司目前拥有三个生产基地，一个研究所。其中第一生产基地位于北京市通州区，即公司总部所在地，是国家“九五”科技攻关规划重点项目。研究所由恒聚和华东理工大学联合建立，聚集了很多多年从事高分子化学合成、微生物技术开发与研究的专家学者。由于充分实践了“尊重人才，以人为本”的理念，公司新产品的开发速度是超前进行的，产品不断得到更新。

发酵车间

北京恒聚立足于高新技术，立足于坚实的产品基础，着眼未来，不断开发新产品，开拓新市场。我们要最大限度地采用先进的工艺流程和世界领先的技术，生产出一流的产品，提供给我们尊贵的客户。

北京恒聚真诚地欢迎海内外朋友来公司指导工作，洽谈业务，交流技术！

产品化验室

地　址：北京市通州区漷县工业开发区
电　话：(010)80585511
传　真：(010)80587077
Http://www.Hengju.com.on
E-mail：Hengju@Hengju.com.cn

恒聚公司总部大楼

瓦房店通达机械有限公司

总经理 刘仁庭

公司坐落在辽东半岛海岸线上，占地面积39000平方米，建筑面积为20000平方米，现有员工200人，工程技术人员15人。

公司的主要产品：TJ12P-1、TJ12P-2型轮式通井机、TJLSIZP轮式捞沙机、TJLY12P轮式捞油机、履带式通井机、滚筒离合器总成AT10A-3型通井机变速箱、角传动箱、修井机转盘等产品。其中TJ12P-1、TJ12P-2轮式通井机获国家专利，专利号：ZL01240906.5，AT10A-3型通井机变速箱获国家专利，专利号：ZL00210016.9。

上述产品主要用于油井修井作业，完成修井时起下油管、抽油杆、抽油泵、抽吸、捞沙、捞油、打捞井底落物、磨铣、安装井口、辅助起重和牵引作业等。2001年11月末通过GB／T19001—2000（idt ISO 9001：2000）标准认证，并覆盖上述产品。

公司近年来曾获辽宁省技术监督局、大连市瓦房店市质量信得过单位、大连市重合同守信用先进单位，产品获中国技术监督情报协会中国行业优秀产品，该专利技术获英国国际专利博览会金奖。

总经理刘仁庭热忱欢迎全国同仁、各界人士光临、洽谈。

设备

办公室电话：（0411）5250138
销售电话：（0411）5250065
传真：（0411）5250138
地址：辽宁省瓦房店市炮台镇炮台村
邮编：116308

设备

质量管理体系认证证书

瓦房店通达机械有限公司

质量管理体系证书（中文）

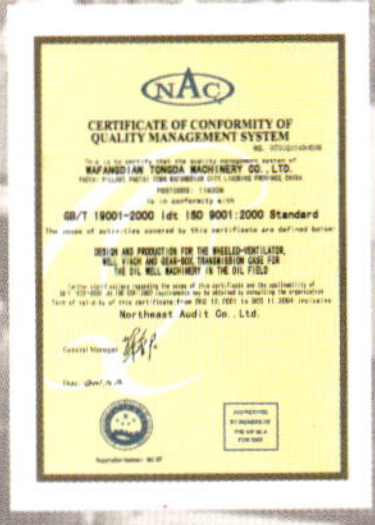

CERTIFICATE OF CONFORMITY OF QUALITY MANAGEMENT SYSTEM

WAFANGDIAN TONGDA MACHINERY CO., LTD.

质量管理体系证书（英文）

设备

无锡压缩机股份有限公司

锡压牌

日本SNK公司HF-4M数控五面体加工中心

作为国内早期研制炼油用氢气压缩机及相应工艺介质的流程用压缩机的企业之一，无锡压缩机股份有限公司从20世纪60年代开始就专业生产石油、化工和气体工业用各种流程压缩机。在20世纪80年代中后期，对工艺压缩机进行了更新换代，并参考美国石油学会API618《石油、化工和气体工业用往复压缩机》标准要求，重在可靠设计，产品向中大型、新型、工艺型和高技术含量型发展，开发了从活塞力3.5吨到50吨的中大型氢压机，氮氢气、解吸气和其他各种介质的压缩机。20世纪90年代初，公司又与日本石川岛播磨株式重工业会社（IHI公司）合作生产氢压机基础件，并已达国外同类产品的技术水平。

公司目前的主要系列产品为D(M)W3.5、W4.5、W5.5、W6.5、W8、W12、W23-D(M)、W50吨系列。

该系列型式为固定水冷，对称平衡型，2(4)列单（多）级无油润滑往复活塞式。机型配套功率最大至2200千瓦，容积流量可适应相应装置工况要求。

作为中国石油天然气集团公司、中石化集团的主渠道市场资源之一，公司生产的各种流程压缩机，通过用户实际使用验证，使用状况良好，取得了用户一致认可和好评，并已有多台（套）流程压缩机出口到缅甸等东南亚国家和地区。

系列齐全

机型有P型、D型、M型、L型

机组活塞力吨位有：2T、3.5T、4.5T、5.5T、6.5T、8T、12T、16T、25T、32T、50T

产品可靠性高，压缩机技术性能完全达到工况及设计要求，主要易损件寿命大于8000小时

生产车间

地　　址：中国江苏省无锡市场塘南路114号
邮　　编：214026
电话总机：(0510)5024889
营销中心：(0510)5016437
客户服务：(0510)5012165
传　　真：(0510)5021724　5019865
电话（配件公司）：(0510)5012437
传　　真：(0510)5014104
http://www.compressor-xy.com
E-mail：market@compressor-xy.com

盐城特达钻采设备有限公司

（盐城市特达石油机械有限公司）

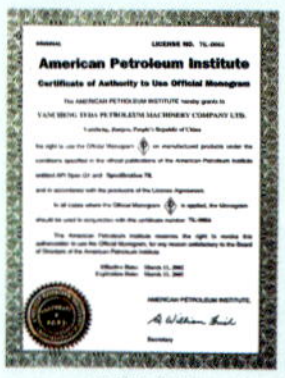

API7K

API8A

ISO 9001

公司前身为建湖县矿山石油机械厂，于2000年8月30日改制为“盐城市特达石油机械有限公司”，2001年12月20日，与加拿大阿尔伯特供压有限公司合资组建盐城特达钻采设备有限公司。公司现为中国石油物资装备总公司和中国石化集团物资装备公司石油钻采配件一级供应网络成员单位。是从事采油、钻井、固井机械系列产品科研、开发、生产与经营的厂家。

公司具有较先进的技术力量、生产设备和检测手段。先后荣获国家标准化二级水平证书、计量保证确认证书、ISO 9001质量管理体系认证证书和API认证证书。历年来，企业被评为盐城市高新技术企业、江苏省明星企业、省重合同守信用企业、中国专利江苏百强企业、省科技先进企业、省综合管理示范企业、省专利先进集体、农业部中国乡镇科技进步先进企业。

ZQ203-100型钻井钳

主要生产“特达”牌采油、钻井、固井系列机械产品，包括：XYQ-1.8型抽油杆动力钳；XYQ-2.6型液压动力钳；XYQ3型液压动力钳；XYQ6型液压动力钳；XYQ12型液压动力钳；YNJ－200／15型液压拧扣机；ZQ203－100型、75型钻井钳；与上述动力钳配套使用的NKS－A型扭矩自动控制系统；CDQ抽油杆吊卡；BD油管吊卡；J178钻井用冲击器；S178钻井用冲击器；系列固井工具；FZQ扶正器；H950型旋转器；XYBQ8型闭口钳等产品。产品内含25项国家专利，凭借先进设计、可靠质量和优良服务，产品不仅畅销国内各大油田，占据80%以上的市场份额，并批量销往南北美、亚非、独联体等国际市场。

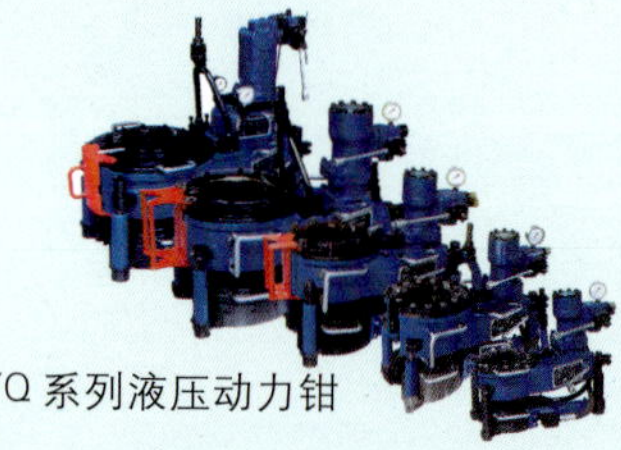

XYQ系列液压动力钳

CDQ抽油杆吊卡

BD油管吊卡

邮　编：224763
地　址：江苏省盐城市建湖县恒济镇
法定代表人：姜启罗
联系人：袁文汉
电　话：(0515) 6582548
传　真：(0515) 6582386

中国核工业集团公司苏州阀门厂
中核苏阀科技实业股份有限公司

SUFA公司简介

DET NORSKE VERITAS
MANAGEMENT SYSTEM CERTIFICATE
SUFA TECHNOLOGY INDUSTRY CO., LTD., CNNC
(FORMER: SUZHOU VALVE FACTORY)
ISO 9001:2000
DESIGN AND MANUFACTURE OF NON-NUCLEAR INDUSTRIAL VALVES

(DNV) ISO9001质量认证

CERTIFICATE
Quality-Assurance System
CE 0035

欧共体CE "H" 模式认证

中核苏阀科技实业有限公司（以下简称中核苏阀）具有50年专业制造工业阀门的经验。公司控股股东中国核工业集团公司苏州阀门厂，建于1952年，是目前中国大型的阀门供货和出口基地，苏阀产品遍涉国内外各主要工业领域，远销北美、中东、欧洲等50多个国家和地区。多次在国内外工程招标中获成套中标。

公司位于苏州市区主干道人民路，紧靠苏州火车站、高速公路，交通十分便利。厂区占地30万平方米，设有中美合资和中德合作两家高品质阀门制造公司，拥有铸、锻、焊、热处理和当代先进的加工中心、数控机床，成套的检测仪器以及CAD阀门科研设计所和信息中心，多个阀门专业装配车间。公司技术力量雄厚，加工设备齐全，检测手段完备，是国家首批一级计量单位。生产规模、技术优势居国内阀门制造业之首，是中国阀门工业的排头兵。

中核苏阀在国内阀门行业中率先获得国际权威认证机构的证书：1982年获得美国石油学会API证书，1993年获得挪威船级社（DNV）ISO 9001质量体系认证，2001年6月获取欧洲联盟CE"H"模式的产品准入欧盟市场权威证书，这一系列的国际认证和国内核电、电力、石化、石油、天然气、船用阀门制造资格证书等显示了中核苏阀的整体实力。

中核苏阀采用以API、ANSI为主的美、英、德、法、日等12个先进国家标准以及国家GB标准，对阀门进行设计、制造、检测、验收。主要产品有各类闸阀、截止阀、球阀、止回阀、高温高压电站阀、核电级阀门、保温夹套阀、金属密封蝶阀、软密封蝶阀、闸阀、截止阀、止回阀，以及调节阀、旋塞阀、隔膜阀、真空阀、仪表阀等。产品广泛应用于国内外石油化工、石油、天然气、炼油、化工、核电、火电、冶金、造船、机械、制药、科研等工业部门。

苏阀产品一贯以质量优异、服务良好为宗旨，向各界用户提供安全、可靠的高、中压阀门和特种阀门产品。欢迎中外厂商考察、选用H牌、SUFA牌苏阀产品。

PIII系列电动球阀

电动硬密封蝶阀

引进先进的加工中心和数控机床

厂址：中国苏州市人民路679号　邮编：215001　总机：(0512)67533655
传真：(0512)67525632 67511301　销售热线：(0512)67525632（中核苏阀销售公司）

KBR

ABB LUMMUS GLOBAL

ABB鲁玛斯

ABB鲁玛斯公司是一家以专利和专有技术为先导的国际著名工程公司和EPC承包商，为气体处理、石油、炼油和石化领域提供广泛的工艺技术、工程设计、采购和施工服务，并提供控制系统及软件，是ABB集团在石油、天然气及石化领域的重要成员。

ABB鲁玛斯公司成立于1907年，项目遍布全球70余个国家和地区，共有员工近6000余名。

自从1973年ABB鲁玛斯公司为北京燕山石化提供乙烯技术后，ABB鲁玛斯公司的炼油和石化工艺在中国被广泛采用。

目前ABB鲁玛斯公司在中国乙烯及苯乙烯技术市场均占有超过50%的市场份额。

ABB鲁玛斯公司正积极地在渣油处理、清洁燃料及聚烯烃项目上与中国石油进行合作。

乙烯厂全貌

加氢裂解装置

服务范围

- 工艺技术
- 传热技术
- 项目管理
- 基础工程设计
- 项目规划和可行性研究
- 项目开车、投料试车服务及培训
- 项目采购
- 项目施工
- 技术服务
- 详细工程设计

Novolen PP 装置

ABB 鲁玛斯公司与中国石油有着广泛的合作关系

- 为抚顺石化提供乙烯、聚乙烯工艺技术、工程和承包服务
- 为独山子乙烯及丁二烯抽提项目提供工艺技术和工程服务
- 为南充炼化提供降低汽油烯烃含量、提高汽油辛烷值的专利技术
- 2000年与中国石油天然气股份有限公司达成合作协议，共同开发最大限度生产低成本丙烯的集成工艺

气体处理和硫磺回收装置

ABB 鲁玛斯海外公司北京办事处

地址：北京市朝阳区酒仙桥路10号恒通广厦B5-L1

邮编：100016

电话：(010)84566688

传真：(010)64323813　64323852

智慧的力量　ABB

全球化工50强的46家
全球石油25强的23家
全球医药20强的18家
我们选择了美国艾斯苯

海蓝科技
HAILAN

拥有11项测斜仪国家专利
通过ISO 9001质量体系认证

YST-48X型无线随钻测斜仪

被列为2001年国家重点新产品

已投入批量生产，截至2002年6月底有25套设备在油田使用

仪器特点

YST-48X型泥浆脉冲随钻测斜仪是一种采用正脉冲信号传输方式的无线随钻测斜仪。通过改变循环泥浆的压力将测量参数传输到地面，去掉了用来传输信号和供电的电缆线及缆车。由于没有信号传输电缆，续钻杆时不必提升井下仪器，并且使用钻杆钻具也能随钻造斜和稳斜，可节省时间和费用，是有线随钻测斜仪升级换代的新产品。

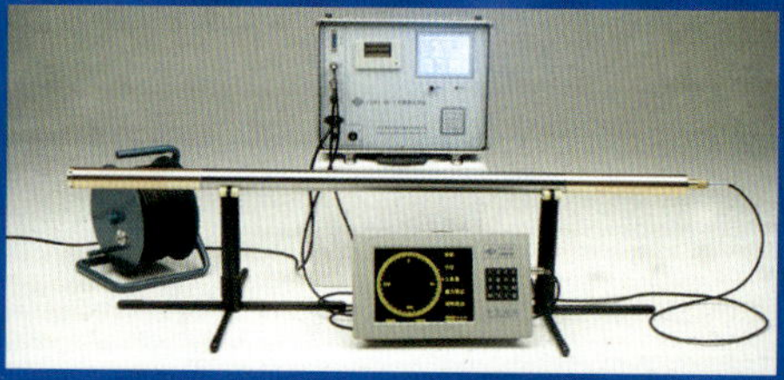

规格、技术参数

井斜：± 0.2°
方位：± 1.5°
工具面：± 1.5°
最高工作温度：125℃
探管外径：ϕ 48mm
仪器总长：≤ 6.8m

仪器系列	型号	特点	振动	存储点数	等待时间	测量间隔	精度、工作温度
有线随钻测斜仪	YST-35型	通用型	3g(10 ~ 50Hz)				井斜：± 0.2° 方位：± 1.5° 工具面：± 1.5° 工作温度：+ 6℃ ~ + 125℃
	YST-25型	特别适用于短半径侧钻、开窗井、水平井	6g(50 ~ 150Hz)				
电子单多点测斜仪	YSS-32型	通用型		1 ~ 1945点	1s至18h连续可变	5s至18h连续可变	
	YSS-25型	适用于小井眼					
	YSS-45G型	耐高温，可保证在150℃工作7h					
电子单点测斜仪	YSS-45D型	一体化设计		单点			
	YSS-48F型浮筒式	抗压高，上浮快					

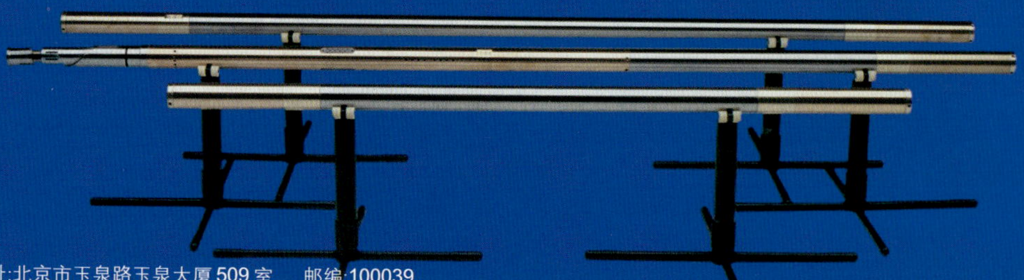

地址：北京市玉泉路玉泉大厦509室　邮编：100039
电话：(010)68284583　68284573　传真：(010)68284586　http://www.b-hl.com.cn　E-mail: bhl@b-hl.com.cn